Современный англо-русский словарь по вычислительной технике

Составитель С. Б. Орлов

•

Издание второе,
переработанное и дополненное

56 000 терминов

ИЗДАТЕЛЬСКОЕ
ПРЕДПРИЯТИЕ
РадиоСофт

МОСКВА
2000

УДК 030
ББК 81.1-4
С66

С66 Современный англо-русский словарь по вычислительной технике: 56 тыс. терминов / Составитель С. Б. Орлов.— 2-е изд, перераб. и доп.—М.: ИП РадиоСофт, 2000.— 608 с.

ISBN 5-93037-028-1

Предлагаемый словарь представляет собой переработанное и дополненное издание Современного англо-русского словаря по вычислительной технике, вышедшего в 1998 году. Издание содержит 56 тыс. терминов, словосочетаний и сокращений по прикладному и системному программному обеспечению, базам данных, микропроцессорам, компьютерным сетям, системам и средствам передачи данных, технологиям Internet, мультимедиа и графике, системному анализу и информационным технологиям.

Словарь предназначен для пользователей компьютеров, специалистов по вычислительным системам и переводчиков.

ББК 81.1-4

СЛОВАРЬ
Составитель С. Б. Орлов

СОВРЕМЕННЫЙ АНГЛО-РУССКИЙ СЛОВАРЬ ПО ВЫЧИСЛИТЕЛЬНОЙ ТЕХНИКЕ

Издание второе, переработанное и дополненное

Ответственный за выпуск *А. А. Халоян*
Технический редактор *М. Ю. Нефедова*

Сдано в набор 10.09.99. Подписано в печать 5.10.99. Формат 84×108 $^1/_{16}$. Бумага газетная. Печать высокая. Печ. л. 38,0. Тираж 5000 экз. Заказ .586

Издательское предприятие РадиоСофт. 109125, Москва, Саратовская ул., д. 6/2
Лицензия № 065866 от 30 апреля 1998 года

Изготовлено во Владимирской книжной типографии Министерства печати и информации России. 600000, г. Владимир, Октябрьский проспект, д. 7

ISBN 5-93037-028-1

ISBN 5-93037-028-1

9 785930 370287 >

Предисловие

Предлагаемый англо-русский словарь по программному обеспечению, информатике и вычислительной технике содержит 52 тыс. специальных терминов и словосочетаний, наиболее часто встречающихся в различной документации, статьях и литературе по соответствующей тематике. В приложение включено свыше 4200 англоязычных сокращений и дана их расшифровка. Перевод большинства из них можно найти в словаре.

При подборе терминологии составителем использовались существующие отечественные и зарубежные словари по вычислительной технике, информатике, компьютерным сетям, математике, специальные издания и статьи, технические журналы, книги зарубежных издательств, а также глоссарии и документация по программным продуктам.

Словарь охватывает терминологию по таким разделам как операционные системы и среды для компьютеров различного класса, локальные и глобальные сети и сетевые технологии, Internet и Web, прикладные и системные программные продукты, информатика, программирование, кибернетика, моделирование, базы данных, языки программирования, микропроцессоры, компьютерная графика, мультимедиа, системный анализ, технические средства и архитектура вычислительных систем, персональные компьютеры, системы и средства передачи данных, а также по некоторым смежным областям. Кроме того, он содержит множество сокращений по указанной тематике. Словарные статьи расположены в порядке английского алфавита (без учета пробелов, цифр и разделителей), что, по мнению составителя, облегчает поиск сложных терминов, состоящих из нескольких слов, и соответствует стандартному порядку словарных статей, используемому в большинстве англо-русских словарей.

Составитель постарался включить в словарь терминологию, которая позволила бы читать и переводить литературу по информационным технологиям, как можно реже обращаясь к другим словарям и справочникам. Работе над словарем способствовал многолетний опыт составителя, ныне руководителя службы новостей компании «IT InfoArt Stars», в области перевода литературы по программному обеспечению, подготовка авторских статей для компьютерных изданий, сотрудничество с рядом фирм и издательств.

Словарь будет полезен как начинающим пользователям, так и профессионалам, работающим в соответствующих областях. Он предназначен для специалистов, использующих вычислительные системы и компьютеры в своей повседневной работе, переводчиков и учащихся. Отличительной его особенностью является то, что составитель постарался привести различные варианты переводов одного и того же термина, которые встречаются в современной литературе. Значения термина, имеющие различный смысл, и разные части речи выделены в отдельные пункты.

Следует отметить, что в такой динамичной и быстро развивающейся области как информационные технологии постоянно возникают новые понятия — терминология непрерывно меняется. В случае отсутствия устоявшегося русскоязычного эквивалента составитель приводит свой вариант перевода англоязычного термина.

По сравнению с предыдущим это издание дополнено большим количеством новых терминов, в него внесены исправления, учтены пожелания специалистов и удалены некоторые устаревшие словарные статьи.

– Aa –

AA автоматический ответ (в модемах)

AACS асинхронно-адресная система связи

AAD дисплей с активной адресацией

AAI интерфейс связи между приложениями

AAL уровень адаптации ATM

AAP Американская ассоциация издателей

AAR автоматическая альтернативная маршрутизация; маршрутизация с автоматическим обходом неисправных узлов

AARP таблица отображения адресов (протокола AARP)

AAS система автоматизации с дополнительными возможностями

abacus 1. счеты; 2. сетчатая номограмма; 3. координатная сетка

abandoned event отвергнутое событие

abbreviate сокращать; укорачивать

abbreviated сокращенный; укороченный

abbreviated addressing укороченная адресация

abbreviated dialing сокращенный набор (при вызове); сокращенный набор номера

abbreviated text сокращенный текст

abbreviation сокращение; сокращенное наименование; аббревиатура

ABC 1. классы построения приложений; 2. функционально-стоимостный анализ; 3. оплата на базе фактического использования; вычисление расходов на основе выполняемых действий; 4. аналоговый периферийный элемент

ABCA Американская ассоциация по коммуникациям в сфере бизнеса

ABCD усовершенствованный язык описания топологии СБИС

ABCD language усовершенствованный язык описания электрических схем

A-B converter преобразователь из аналоговой формы в двоичную

ABDL линия автоматической передачи двоичных данных

abelian group абелева группа

abend преждевременное прекращение выполнения задачи; преждевременное завершение задачи; аварийный останов

abend dump дамп аварийного завершения; разгрузка результатов аварийного завершения задачи; распечатка результатов аварийного завершения задачи

abend exit аварийный выход

abend message сообщение аварийного завершения

aberrant behavior аномальное поведение

ABI двоичный интерфейс прикладных программ; двоичный интерфейс приложений; двоичный интерфейс прикладного программирования

ability возможность; способность; средство; способность; умение

ABIOS усовершенствованная BIOS

ABM усовершенствованная технология управления аккумуляторной батареей

abnormal 1. не соответствующий норме; анормальный; непредусмотренный; нештатный; 2. неработоспособный; аварийный

abnormal end аварийное завершение

abnormal end of task преждевременное прекращение выполнения задачи; преждевременное завершение задачи; аварийный останов

abnormality аномалии

abnormal program termination аварийное завершение выполнения программы; непредусмотренное завершение

abnormal termination ненормальное завершение; аварийное завершение; непредусмотренное завершение

abonent абонент; пользователь

abonent call вызов абонента

abort 1. преждевременное прекращение; выбрасывание задачи; аварийное завершение; 2. прерывать выполнение программы; аварийно завершаться; аварийно заканчиваться; срываться; преждевременно завершать работу; прекращать работу

aborting group прерывающаяся группа

abortive прерванный; неудачный

abort statement оператор преждевременного прекращения программы

abort timeout тайм-аут прекращения работы

about около; вокруг

about axis вокруг оси

about box информационное окно; блок уточнений

above-market prices цены выше рыночных

above the average выше среднего

A-box устройство управления загрузкой/сохранением данных

ABR 1. автоматическое определение скорости передачи двоичной информации; 2. доступная скорость передачи двоичных данных; передача с доступной скоростью

Abrial model модель Абриаля

abridge 1. сокращать; укорачивать; проводить усечение; 2. замыкать; закорачивать; 3. ограничивать

abridged division сокращенное деление

abridgement 1. сокращение; сокращенный вид; 2. усечение; 3. замыкание; закорачивание

A-B roll editing редактирование (видео) с двумя источниками

abrupt distribution распределение с разрывом

abrupt end аварийный останов

abruption отказ; поломка; выход из строя

abscissa абсцисса

abscissa axis ось абсцисс

abscissa of absolute convergence абсцисса абсолютной сходимости

absence of aftereffects отсутствие последействия

absence of degeneracy невырожденность

absence of pattern бессистемность; отсутствие регулярности; отсутствие закономерности; неупорядоченность

absentee-user job задание, выполняемое в отсутствие пользователя

absolute address 1. абсолютный адрес; 2. истинный адрес

absolute addressing абсолютная адресация; истинная адресация

absolute assembler абсолютный ассемблер

absolute black абсолютно черное тело; абсолютно черный цвет

absolute code машинный код; абсолютный код

absolute coding абсолютное кодирование; кодирование в абсолютных адресах

absolute completeness абсолютная полнота

absolute congervence абсолютная сходимость

absolute constant абсолютная постоянная

absolute coordinate абсолютная координата

absolute data абсолютные данные

absolute delay абсолютная задержка

absolute disk address абсолютный дисковый адрес

absolute divergence of parameter абсолютное отклонение параметра

absolute error 1. абсолютная ошибка; 2. абсолютная погрешность

absolute expression абсолютное выражение

absolute functions функции вычисления абсолютного значения

absolute inequality абсолютное неравенство; безусловное неравенство

absolute instruction 1. команда на машинном языке; 2. графическая команда в абсолютных координатах; 3. абсолютная инструкция; абсолютная команда

absolute jump переход в абсолютных адресах

absolute loader абсолютный загрузчик

absolutely unbiased estimator абсолютная несмещенная оценка

absolute magnitude абсолютное значение; модуль

absolute mail address абсолютный почтовый адрес

absolute median абсолютная медиана

absolute module абсолютный модуль

absolute name абсолютное имя

absolute order абсолютная команда

absolute pathname полный маршрут; абсолютный маршрут

absolute program абсолютная программа; программа в абсолютных адресах

absolute-program loader программа-загрузчик для программ в абсолютных адресах

absolute programming программирование в абсолютных адресах; абсолютное программирование; абсолютное кодирование; кодирование в абсолютных адресах

absolute references эталонные образцы

absolute section абсолютная секция

absolute skip переход в абсолютных адресах

absolute symbol абсолютный символ; константа

absolute term абсолютный терм

absolute time абсолютное время

absolute time lag абсолютный интервал времени

absolute value абсолютное значение; абсолютная величина

absolute value computer компьютер, работающий с абсолютными значениями

absolute value representation представление абсолютного значения

absolute variable абсолютная переменная

absolute vector абсолютный вектор

absolute white образец абсолютно белого цвета; абсолютно белый цвет

absorb поглощать

absorbent поглотитель; поглощающий фильтр

absorbing barrier поглощающий экран

absorbtion laws законы поглощения

absorbtance коэффициент поглощения

ABSTI Консультативный совет по научной и технической информации

abstract 1. реферат; резюме; аннотация; конспект; 2. абстрактная конструкция; абстрактный объект; 3. абстрактный; отвлеченный; 4. абстрагироваться; рассматривать отвлеченно; 5. реферировать

abstract alphabet абстрактный алфавит

abstract automaton абстрактный автомат

abstract class абстрактный класс

abstract code абстрактный код; псевдокод

abstract computer абстрактный компьютер

abstract concept абстрактное понятие

abstract data type абстрактный тип данных

abstract declarator абстрактное описание; неявное описание

abstract family of languages абстрактное семейство языков

abstract file абстрактный файл

abstract file name имя справочного файла

abstract information реферативная информация

abstract information retrieval system абстрактная информационно-поисковая система

abstracting 1. реферирование; 2. абстрагирование

abstract interface абстрактный интерфейс; абстрактное описание интерфейса; абстрактное представление интерфейса

abstraction 1. абстракция; абстрагирование; отвлечение; 2. выделение главных признаков; 3. отделение; выделение

abstraction hierarchy иерархия абстракций

abstraction of reality абстракция действительности

abstract machine абстрактная машина

abstract method абстрактное правило

abstract network абстрактная сеть

abstract number абстрактное число

abstract semantic network абстрактная семантическая сеть

abstract syntax notation стандартный язык описания; абстрактное описание синтаксиса; система обозначений для описания абстрактного синтаксиса

abstract system абстрактная система

abstract testing methodology абстрактная методология тестирования

abstract theory of automata абстрактная теория автоматов

abstract window toolkit набор инструментов обобщенных средств оконного интерфейса

ABT автоматическое лабораторное испытательное оборудование

ABU Союз радиовещания Азии

A-buffer А-буфер

abuse 1. неправильная эксплуатация; неправильное использование; неверное обращение; эксплуатация с нарушением установленных режимов; 2. неправильно обращаться

ABVS усовершенствованная служба видеовещания

AC 1. аналоговый компьютер; 2. класс доступа; 3. аккумулятор; 4. переменный ток; 5. управление доступом

AC-3 decode декодирование AC-3

ACA 1. Американская ассоциация связи; 2. область памяти для хранения активной конфигурации; 3. архитектура управления приложениями

AC adapter адаптер питания для включения (компьютера) в сеть переменного тока

ACB 1. автоматически возврат вызова; 2. микшер для речевой конференц-связи; 3. мост аудиоконференции
ACBA Американская ассоциация по коммуникациям в сфере бизнеса
AC biasing импульсное подмагничивание
ACC 1. плата преобразования; 2. сумматор; накапливающий регистр; 3. зональный центр управления
accelerated carriage return ускоренный возврат каретки
accelerated graphics port ускоренный графический порт
accelerated mode ускоренный режим
acceleration 1. разгон; 2. ускорение; 3. улучшение
acceleration by powering улучшение сходимости путем возведения случайных чисел в степень
acceleration of tape разгон ленты
acceleration time 1. время ускорения; время разгона; 2. время пуска
accelerator 1. акселератор; ускоритель; ускоряющее устройство; 2. командная клавиша; кодовая комбинация клавиш; клавиши быстрого вызова; оперативные клавиши; 3. ускоритель операций; 4. графический ускоритель
accelerator file файл клавиш быстрого вызова
accelerator keys клавиши быстрого вызова; оперативные клавиши
accelerator table таблицы оперативных клавиш
accent 1. характерная особенность; 2. знак ударения; диакритический знак; штрих
accent key клавиша знака над символом
accents for all caps диакритические знаки для прописных (букв)
accept 1. ввод; 2. согласие; 3. принимать
acceptable emission limit допустимый уровень изучения
acceptable program приемлемая программа
acceptable use policy правила допустимого использования; принятые правила пользования
acceptable value приемлемое значение
acceptable variation допустимое отклонение
acceptance 1. принятие; признание; акцепт; 2. приемка; одобрение
acceptance acknowledgment подтверждение приема; подтверждение принятия; квитирование
acceptance inspection приемочный контроль
acceptance of data ввод данных; запись данных
acceptance sampling выборочный контроль
acceptance testing приемо-сдаточные испытания; испытания при приемке; критерий приемки
accept an information принимать информацию
accepted 1. принятый; 2. допущенный
accepting прием; приемка
accepting state состояние «принято»
accepting station принимающая станция
acceptor 1. акцептор; 2. получатель
acceptor of data получатель данных
accept/reject level уровень разбраковки
accept statement оператор принятия
accept the challenge браться за решение проблемы
ACCESS автоматическая электронная система сканирования с компьютерным управлением
access 1. доступ; обращение; 2. выборка; 3. иметь доступ; обращаться
access address адрес обращения; указатель; ссылка
access administrator администратор доступа
access amplification расширение прав
access arm выборочный рычаг; рычаг выборки
access audit контроль за доступом
access boundary control управление границами адресов
access by key доступ по ключу

access certification подтверждение прав доступа
access circuitry схемы выборки; схемы доступа
access class класс доступа
access code 1. код вызова; 2. код доступа
access coding кодирование обращения
access control 1. управление доступом; контроль доступа; контроль за доступом; 2. управление выборкой
access control bit бит управления доступом; двоичный разряд управления доступом
access control category категория управления доступом
access control entry запись управления доступом (в списке ACL)
access control equipment аппаратура управления доступом
access control key ключ управления доступом
access controller контроллер выборки
access control list список доступа; список полномочий пользователя; список управления доступом; список контроля доступа
access control lock блокировка управления доступом; блокировка контроля за доступом
access control machine устройство управления доступом
access control mechanism механизм контроля доступа; средства контроля доступа
access control method метод управления доступом
access control right право управление доступом
access cycle время доступа; период выборки; период обращения; цикл обращения
access denied доступ запрещен; нет доступа; ошибка доступа; в доступе отказано; доступ не разрешен
access efficiency эффективность доступа
access facility средства доступа
access feeder node узел, обеспечивающий доступ
access file attribute атрибут доступа к файлу; описание обращения к файлу
access for operand selection обращение для выборки операндов
access function функция доступа
access hole окно доступа
accessibility доступность; достижимость
access inconsistency противоречивость доступа
access information информация о доступе; информация о сеансе связи
accessing formula формула доступа
access interval интервал доступа
accession прирост; пополнение
accession rate коэффициент прироста; коэффициент пополнения
access key 1. клавиша доступа; 2. ключ доступа
access level уровень доступа
access line линия доступа
access list список доступа; список пользователей
access list authorization matrix матрица распределения полномочий доступа
access lock блокировка доступа
access mask маска доступа
access matrix матрица права доступа; матрица доступа
access mechanism 1. механизм доступа; 2. механизм выборки
access method метод доступа
access method executer метод обращения; метод выборки; механизм выборки
access method program программа метода доступа
access mode режим доступа; права доступа
access module модуль доступа
access multiplexer мультиплексор доступа

access number номер доступа

access on the key доступ с помощью клавиши

accessor 1. аксессор; ссылка на объект более низкого уровня; 2. средство доступа

access organization 1. метод обращения; 2. метод выборки; организация выборки

access-oriented method вычисления, управляемые обращением к данным

accessories 1. вспомогательные средства; дополнительные принадлежности; 2. комплектующие изделия; 3. стандартные (в интерфейсе Windows)

accessory 1. стандартная программа; реквизит; небольшое приложение; 2. вспомогательное устройство; дополнительное устройство; периферийное устройство; аксессуар; 3. вспомогательный; дополнительный

accessory program вспомогательная программа

access path маршрут; пусть доступа

access path length длина пути доступа; длина маршрута

access period период доступа

access permission разрешение на доступ

access point точка доступа

access port порт доступа

access privileges права доступа (к данным); привилегии доступа; полномочия доступа

access protocol протокол доступа

access provider поставщик услуг доступа

access request требование выборки

access restriction ограничение доступа

access rights полномочия доступа; права доступа

access rights list список прав доступа; список пользователей, имеющих право доступа

access server сервер доступа

access speed скорость выборки

access store address адрес выборки из памяти

access switch коммутатор доступа

access time 1. время доступа; время обращения; 2. время выборки

access token маркер доступа

access type 1. тип доступа; 2. ссылочный тип

access unit модуль доступа; устройство доступа

Access Unit Interface интерфейс устройств доступа; интерфейс AUI

access vector вектор доступа

access violation нарушение доступа; нарушение правил доступа; нарушение прав доступа

accidental error случайная ошибка; несистематическая ошибка

accommodation адаптация; приспособление

accommodation capability способность к адаптации

accompanying items сопутствующие принадлежности

accordion folding складывание гармошкой; фальцевание гармошкой

account 1. счет; 2. отчет; доклад; 3. основание; 4. выгода; 5. причина; 6. отзыв; оценка; 7. бюджет; смета; 8. учет; 9. расчет; 10. заказчик; пользователь; 11. бюджет (пользователя); учетная запись; 12. формуляр; 13. считать; рассчитывать

accountability 1. отчетность; подотчетность; 2. учитываемость; 3. отслеживаемость; 4. ответственность

accountable file учитываемый файл

accountant бухгалтер

accountant-general главный бухгалтер

account balance остаток на счете; баланс бюджета

account card учетная карточка; карта счета; карта-счет

account card feed ввод карт счетов

account card feed device устройство для ввода карт счетов

account code учетный код

account data учетные данные

account database база данных с информацией о пользователях; учетная база данных; база данных с учетной информацией

account department бухгалтерия

account detector искатель счетов

account for вычислять

accounting 1. бухучет; бухгалтерский учет; бухгалтерия; 2. система учета; ведение учета; 3. отчетность; 4. учет; учет использования ресурсов; учет системных ресурсов; учет сетевых ресурсов; учет пользовательских ресурсов; 5. расчет; 6. учетный

accounting amounts суммы бухгалтерского учета

accounting and statistics center центр учета и сбора статистики

accounting automaton бухгалтерский автомат

accounting calculation бухгалтерский расчет; бухгалтерские операции

accounting card учетная карта

accounting check бухгалтерский контроль

accounting computer бухгалтерский компьютер

accounting department бухгалтерия

accounting file регистрационный файл; учетный файл; файл бюджетов

accounting form счет; расчетная карточка; бланк счета; формуляр счета

accounting information 1. учетная информация; информация о бюджете пользователей; 2. бухгалтерская информация

accounting machine бухгалтерская машина

accounting machine program программа для бухгалтерской машины

accounting management учет работы в сети

accounting message учетное сообщение

accounting method метод бухгалтерского учета

accounting price учетная цена

accounting problem бухгалтерская задача

accounting services сервис системы учета

accounting sheet бланк счета; формуляр счета

accounting software ПО бухгалтерского учета

accounting system 1. система учета; учетная система; 2. бюджетная система

accounting technique техника учета

account locked блокировка бюджета

account lockout блокирование учетных данных пользователя

account manager 1. менеджер бюджета; 2. менеджер по работе с корпоративными заказчиками

account mask учетная маска

account name учетное имя; имя пользователя; регистрационное имя пользователя

account number 1. номер счета; 2. учетный номер

account numbering нумерация счета

account of checking контрольное вычисление; контрольный расчет

account outline иерархическая структура учета

account propagation перенос пользовательских учетных данных

account reset time время переустановки бюджета

account restrictions ограничения бюджета

account sequence последовательность счетов

account server сервер учета

account sheet формуляр счета; бланк счета

accounts payable счета, подлежащие оплате; учет кредиторов

accounts receivable 1. счета, подлежащие получению; 2. принимаемые бюджеты

accounts supervision обработка счетов

accreditation аккредитация; санкционирование; гарантирование

Accredited System Engineer уполномоченный инженер-системотехник

accrual accounting учет по нарастающему итогу

accrual basis метод начислений (в бухгалтерских системах)

accrual method метод приращения

accrue увеличиваться; накопляться; нарастать

accrued interest наросшие проценты; начисленные проценты

accrued liability срочное обязательство

acct счет; расчет

accumulate 1. накапливать; концентрировать; 2. суммировать нарастающим итогом

accumulated declarations добавляемые объявления; добавляемые описания; накапливающиеся объявления

accumulated deviation накопленное отклонение

accumulated distribution распределение кумулятивных вероятностей; распределение накопленных вероятностей; интегральная функция распределения

accumulated error накопленная ошибка; суммарная ошибка

accumulated operating time суммарное рабочее время; суммарная наработка

accumulated value накопленное значение

accumulating counter накапливающий счетчик

accumulating factor процентный множитель

accumulation накопление; суммирование

accumulation curve кумулятивная кривая; кумулянта

accumulation cycle цикл накопления

accumulative addition сложение с накоплением

accumulative carry накопленный перенос

accumulative multiplication умножение с накоплением

accumulator суммирующий регистр; накапливающий регистр; регистр сумматора накапливающего типа; аккумулятор; сумматор

accumulator battery аккумуляторная батарея

accumulator bit двоичный разряд сумматора

accumulator overflow переполнение сумматора

accumulator register сумматор; накапливающий регистр; регистр сумматора

accumulator shift сдвиг в сумматоре

accumulator shift instruction команда сдвига содержимого регистра

accumulator sign знак числа в сумматоре

accuracy 1. точность; 2. погрешность; 3. правильность; безошибочность; 4. четкость

accuracy control 1. контроль правильности; 2. контроль точности

accuracy control character 1. символ контроля ошибок; 2. знак управления точностью

accuracy error постоянная ошибка; систематическая ошибка

accuracy in the mean средняя точность; точность в среднем

accuracy matching точное сопоставление

accuracy of measurement точность измерения

accuracy of reading точность чтения

accuracy of recording точность записи

accuracy rating класс точности; степень точности

accurate approximation точное приближение

accurate blends плавные цветовые переходы

accurate image реалистичное изображение

accurate programming 1. точное программирование; 2. аккуратное программирование

accurate to с точностью до

accurate to N decimal place точность до N десятичных знаков

ACD 1. автоматическое распределение звонков; 2. устройство автоматического распределения вызовов

ACE 1. аппаратура управления доступом; 2. перспективная вычислительная среда; 3. асинхронный элемент связи; 4. усовершенствованный вычислительный элемент; 5. Ассоциация экспертов по вычислительной технике; 6. запись управления доступом (в списке ACL); 7. шифрование управления доступом

AC erasing стирание переменным током

ACF 1. автокорреляционная функция; 2. развитая функция связи; 3. усовершенствованная технология коллаборативной фильтрации

AC field поле контроля доступа

ACH 1. Ассоциация по компьютерам и гуманитарным наукам; 2. автоматизированная клиринговая палата; организация для взаиморасчетов банков

ACI 1. индекс цветов AutoCAD; 2. помеха от соседнего канала

ACIA адаптер асинхронной связи; интерфейсный адаптер асинхронной передачи данных

ACI bus усовершенствованная шина для связи интегральных схем; открытая шина ACI

ACID 1. атомарность, непротиворечивость, изоляция, надежность; 2. автоматическая классификация и интерпретация данных

ACK положительная квитанция; символ подтверждения приема; подтверждение; квитирование

Ackermann's function функция Аккермана

acknowledge подтверждать прием; квитировать

acknowledge character знак подтверждения приема; символ подтверждения; квитанция

acknowledged connection operation работа с подтверждением приема; квитируемая связь без установления логического соединения

acknowledge error ошибка подтверждения

acknowledge run flag флаг подтверждения; индикатор подтверждения

acknowledge timeout тайм-аут подтверждения

acknowledgment 1. подтверждение приема; квитирование; 2. положительная квитанция

ack wait timeout тайм-аут ожидания подтверждения

ACL 1. список управления доступом; список контроля доступа; контрольный список для санкционирования доступа; 2. Ассоциация по компьютерной лингвистике

A-class network сеть класса A

ACL property свойство «список управления доступом»

ACM 1. устройство управления доступом; 2. Ассоциация по вычислительной технике (США); 3. ACM-диспетчер; диспетчер сжатия звука

ACMS 1. система контроля и администрирования приложений; 2. сервер автоматизированного управления соединениями

acoustic cabinet шумопоглощающий корпус

acoustic charge transport акустический заряд переноса

acoustic coupler акустический адаптер; акустический модем; акустический соединитель; устройство сопряжения на базе акустического модема

acoustic echo cancellation эхоподавление

acoustic modem акустический модем

acoustics акустика

acoustic storage акустическая память

acoustoelectronics акустоэлектроника

ACP вспомогательный управляющий процессор

ACPA Ассоциация программистов и системных аналитиков

ACPI усовершенствованный интерфейс управления конфигурацией и питанием; расширенный интерфейс управления конфигурацией и питанием

acquire image сканировать изображение

acquire more memory запрашивать больше памяти

acquisition 1. сбор; приобретение; получение; 2. захват; извлечение

acquisition of information сбор информации; извлечение информации

acquisition processor процессор сбора данных

ACR 1. отношение затухания к перекрестным помехам; 2. автоматический возврат вызова; 3. кассетный магнитофон

acronym акроним

across 1. на концах; 2. параллельно

across-the-wire через сеть; по проводам; по кабелю

across-the-wire installation дистанционная инсталляция; инсталляция через сеть

across-the-wire migration миграция через сеть; обновление системы с передачей данных по сети

ACS 1. накопитель управления доступом; 2. автоматизированная картриджная система; 3. сервер асинхронной связи; 4. автоматизированная коммерческая система

ACSE сервисные элементы управления ассоциациями

ACT 1. терминал для речевой конференции; 2. автоматическое преобразование кода; 3. акустический заряд переноса; 4. оконечная аппаратура для речевой конференц-связи; оконечная аппаратура для речевой конференции; 5. Ассоциация по цветной термопечати

act действовать; влиять

actigram актиграмма

action 1. действие; воздействие; влияние; эффект; 2. операция; 3. макрокоманда; 4. поведение; линия поведения; 5. выполнение

action arguments аргументы макрокоманды

action button командная кнопка

action chart функциональная диаграмма

action cycle цикл операции

action entry panel панель функциональных переключателей

action failed ошибка выполнения макрокоманды

action in error condition действие при наличии ошибок

action message сообщение, требующее реакции пользователя; сообщение к действию

action name имя макрокоманды

action on return code действие по коду возврата

action query запрос-действие

action specification спецификация действия

action spot рабочее пятно

action time рабочее время

action to take что необходимо сделать

activate активизировать; активировать; инициировать; приводить в действие; вызывать; запускать

activate an OLE object активизировать объект OLE

activate as активизировать как

activate a window вывод окна на экран

activate button пусковая кнопка; кнопка активизации

activated fault активизированная неисправность

activate key 1. клавиша активизации; пусковая кнопка; 2. ключ активации

activate next document window вывод на экран следующего окна документа

activate specified window отображение указанного окна

activate task list активизировать список задач; вывести список задач

activation 1. активизация; активация; активирования; приведение в рабочее состояние; 2. вызов (процедуры); 3. запуск; включение; пуск

activation call активизирующий вызов

activation key 1. ключ активации; 2. клавиша запуска; кнопка пуска

activation of a block активизация блока

activation record запись активации

activator 1. активизатор; модуль активации; 2. блок управления

active 1. активный; текущий; 2. возбуждаемый; активизируемый

active abonent активный абонент

active accounts активные счета

active addressing display дисплей с активной адресацией

active broadcast control активное управление широковещательной передачей

active buffer address активный адрес буфера

active card активная карточка; интеллектуальная карточка

active channel state активное состояние канала

active circuit активная схема; активная цепь

active component 1. активный компонент; активный элемент; 2. активная составляющая

active computer активный компьютер

active configuration area область памяти для хранения активной конфигурации

active construction активная конструкция

active content активное содержимое (в Web); Web-страницы с активными объектами

active CPU state активное состояние процессора

active database window object объект активного окна базы данных

active desktop «активный рабочий стол»

active disk активный диск

active domen активный домен

active equipment активное оборудование

active fault действующая неисправность

active file активный файл; открытый файл

active-high возбуждаемый высоким уровнем сигнала

active hub активный хаб; активный концентратор

active index register активный индексный регистр

active job 1. активное задание; текущее задание; 2. продолжающаяся работа

active learning активное обучение

active leg активная ветвь

active line 1. активная линия; 2. действующая строка

active line-tap активное чтение с линии связи

active-low возбуждаемый низким уровнем сигнала

active-matrix LCD жидкокристаллический дисплей с активной матрицей

active matrix liquid-crystal display жидкокристаллический дисплей на активной матрице

active matrix screen жидкокристаллический экран с активной матрицей

active-matrix thin-film transistor screen дисплей на активной матрице тонкопленочных транзисторов

active memory активная память; память с вычислительными возможностями

active network активная сеть

active oscillator автогенератор

active page активная страница

active page queue очередь активных страниц

active partition активный раздел

active plane активная плоскость

active position активная позиция

active program активная программа

active program state активное состояние программы

active RB-queue очередь активных запросов

active record активная запись

active redundancy активная избыточность

active repeater активный ретранслятор

active request block queue очередь активных запросов

active-standby mode режим активного резервирования

active star активная звезда (топология соединения)

active state активное состояние

active station активная станция

active storage активное запоминающее устройство

active switching element активный переключающий элемент; активный коммутирующий элемент

active task активная задача; решаемая задача; текущая задача

active task list список активных задач

active template library библиотека активных шаблонов

active terminal активный терминал

active testing активное тестирование

active time активное время

active Token Ring network активная сеть типа Token Ring; активная сеть с доступом по системе маркерного кольца; активная кольцевая сеть с маркерным доступом

active value активное значение

active variable активная переменная

active video lines активные видеостроки

active window активное окно

ActiveX control элемент управления ActiveX; элемент управления на базе ActiveX; ActiveX-элемент

ActiveX Data Object объект данных ActiveX

ActiveX document документ ActiveX

ActiveX platform платформа ActiveX

activity 1. работа; действие; функция; 2. транзакция; обработка запроса; 3. коэффициент активности файла; 4. процесс; 5. активность; деятельность

activity allocation распределение активности

activity allocator распределитель действий; распределитель активности

activity analysis анализ процесса

activity-based costing 1. функционально-стоимостной анализ; 2. оплата на базе фактического использования; вычисление расходов на основе выполняемых действий

activity controller контроллер действий; блок управления активностью

activity count индекс активности

activity factor коэффициент использования

activity file 1. рабочая картотека; текущая картотека; 2. рабочий файл

activity identificator идентификатор функционирования

activity level уровень активности

activity list перечень работ

activity loading распределение по активности; загрузка по активности

activity log журнал операций

activity memory память действий

activity register регистр активности

activity rate частота изменений; степень активности

activity ratio коэффициент активности; степень активности; коэффициент использования; коэффициент используемости файла; частота изменений

actor 1. действующий субъект; 2. актор; 3. программа-агент; 4. узел-оператор (в блоке потоковых данных)

actual 1. фактический; действительный; 2. абсолютный

actual activity completion фактическая дата окончания работы

actual address 1. исполнительный адрес; 2. абсолютный адрес; 3. фактический адрес; действительный адрес

actual argument фактический аргумент; фактический параметр

actual color действующий цвет

actual cost фактические затраты

actual data реальные данные

actual decimal point реальная десятичная точка; явная десятичная точка

actual derived data item реальный производный элемент данных

actual device number фактический номер устройства

actual duration фактическая продолжительность

actual duration/baseline duration as percent фактическая продолжительность/базовая продолжительность в процентах

actual event completion фактическая дата события

actual finish фактическое окончание

actual hours эффективное рабочее время

actual infinity актуальная бесконечность

actual instruction рабочая команда; действующая команда

actuality актуальность

actualization актуализация

actual key действительный ключ; фактический ключ

actual length фактическая длина

actual operation выполняемая операция

actual palette действующая палитра; текущая палитра

actual parameter фактический параметр

actual parameter part совокупность фактических параметров

actual performance index percent процент индекса фактической производительности

actual point фактическая точка; явная точка

actual resource total hours фактические общие часы ресурса

actual result data item элемент данных — реальный результат; элемент данных — реальная копия источника

actual rights фактические полномочия

actual size реальный размер

actual speed истинная скорость; действительная скорость

actual start фактическое начало

actual storage физическая память

actual time фактическое время

actual value фактическое значение; действительное значение

actual viewable size реальный размер видимой области экрана

actuary актуарий; статистика страхового общества

actuate 1. воздействовать; 2. возбуждать; 3. активизировать; активировать; приводить в действие; инициировать; 4. срабатывать

actuating mechanism исполнительный механизм; приводной механизм

actuating motor серводвигатель; сервомотор

actuating rod приводной рычаг

actuator 1. исполнительный механизм; 2. рабочий орган; 3. привод дисковода; 4. привод головок; позиционер

actuity 1. острота; 2. резкость (контура); четкость (изображения); 3. коэффициент резкости

ACU 1. автоматическое устройство вызова; автоматическое вызывное устройство; 2. устройство управления доступом; 3. автоматическое обновление клиента

acutance 1. коэффициент резкости; 2. резкость; четкость; 3. разрешающая способность

ACWP фактические затраты на выполненные работы

acyclic graph ациклический граф; граф без петель

AD 1. приложение; дополнительный документ; 2. аналого-цифровой

ad реклама

ADA 1. автоматический сбор данных; 2. адаптивный доступ к данным

Ada АДА

Ada Programming Support Environment средства обеспечения программирования на языке Ада; среда поддержки программирования на языке Ада

adapt 1. адаптировать; приспосабливать; 2. настраивать

adaptability адаптируемость; способность к адаптации; приспосабливаемость

adaptable 1. адаптивный; 2. совместимый

adaptable system 1. совместимая система; 2. адаптивная система

adaptation адаптация; приспособление
adaptation field поле адаптации
adaptation level уровень адаптации
adaptation parameter параметр настройки
adaptation rate protocol протокол с адаптацией скорости передачи данных
adaptation through identification адаптация путем идентификации
adapter адаптер; сопрягающее устройство; переходное устройство; согласующее устройство
adapter card плата адаптера; адаптерная плата
adapter definition file файл определения адаптера
adapter description file файл описания адаптера
adapter for data channel согласующее устройство информационного канала; адаптер информационного канала
adapter port порт адаптера
adaptive адаптивный; настраиваемый
adaptive algorithm адаптивный алгоритм
adaptive behavior адаптивное поведение
adaptive bridge адаптивный мост
adaptive channel allocation адаптивное распределение каналов
adaptive character reader адаптивное устройство считывания
adaptive control адаптивное управление
adaptive control action адаптивное управляющее воздействие
adaptive control system система адаптивного управления
adaptive delta pulse code modulation адаптивная импульсно-кодовая модуляция
adaptive dialog адаптивный диалог
adaptive differential pulse code modulation адаптивная дифференциальная импульсно-кодовая модуляция
adaptive element адаптивный элемент; адаптивное устройство
adaptive equalization адаптивная компенсация
adaptive learning адаптивное обучение
adaptive learning system самонастраивающаяся самообучающаяся система
adaptive logic адаптивная логика
adaptive maintenance адаптивное сопровождение
adaptive management гибкое управление
adaptive mechanism приспособительный механизм; адаптивный механизм
adaptive mutex lock адаптивная блокировка взаимного исключения; адаптивные взаимно исключающие блокировки
adaptive network security module модуль адаптивного управления безопасность сети
adaptive noise canceler адаптивный подавитель шумов
adaptive optimization адаптивная оптимизация
adaptive oversampling адаптивное изменение размера
adaptive pattern recognition processing технология адаптивного распознавания образов; адаптивная технология распознавания
adaptive process адаптивный процесс
adaptive program адаптивная программа
adaptive quadrature адаптивная квадратура
adaptive ray tracer адаптивный трассировщик лучей
adaptive recognition technology адаптивная технология распознавания
adaptive routing адаптивная маршрутизация
adaptive sampling адаптивная выборка
adaptive system самоприспосабливающаяся система; адаптивная система
adaptive unsharp filter фильтр «адаптивная резкость»
adaptivity адаптивность
adaptor адаптер; сопрягающее устройство; переходное устройство; согласующее устройство

Ada real-time executive диспетчер Ада-программ реального времени
ADAS 1. система проектирования и оценки архитектуры; 2. система автоматического сбора данных
ADB шина настольных систем фирмы Apple Computer; шина ПК компании Apple; шина ПК Macintosh
ADC аналого-цифровой преобразователь
AD conversion аналого-цифровое преобразование
AD converter аналого-цифровой преобразователь
ADCP усовершенствованная процедура управления передачей данных
add 1. сложение; 2. складывать; суммировать; 3. добавить
add a folder добавить папку
add carry перенос при сложении
add/drop multiplexer динамический мультиплексор
added-in slots гнезда для плат расширения
addend слагаемое
addend register регистр слагаемых
addendum 1. приложение; 2. дополнение; добавление; 3. слагаемое
addendum document приложение; дополнительный документ
adder сумматор
adder-accumulator сумматор накапливающего типа; сумматор-аккумулятор
adder carry перенос в сумматоре
adder circuit суммирующая схема; схема сложения
adder gate вентильная схема сумматора
adder output выход сумматора
adder stage суммирующий каскад; суммирующее звено
adder-subtracter сумматор-вычитатель; суммирующее вычитающее устройство
adder with stored addition table сумматор с хранимой таблицей хранения
add form header and footer добавление заголовка и примечания формы
add-in 1. дополнительная программа; надстройка; расширение; встраиваемое дополнение; дополнительное средство; 2. дополнительный встроенный ресурс; 3. встраиваемое дополнительное устройство; 4. включаемый; встроенный; дополнительный
add-in card плата расширения; расширительная плата
add-in computer device дополнительное компьютерное устройство
adding a color cast добавление цветового оттенка
adding a section добавление раздела
adding canvas texture добавление текстуры холста
adding circuit 1. схема сложения; 2. суммирующая схема; суммирующая цепь
adding 3D perspective добавление трехмерной перспективы
adding jump приращение адреса
adding light sources добавление источников света
adding-listing machine счетная машина с выдачей на печать; сумматор с выводом на печать
adding mechanism суммирующий механизм; суммирующее устройство
adding texture добавление текстуры
add-in memory дополнительная память; память для расширения
add-in menu command команда подменю надстроек (в Access)
add-in module модуль расширения
add-ins дополнения
addition 1. добавление; присоединение; 2. сложение; прибавление; суммирование
additional дополнительный; добавочный
additional area добавочный диапазон
additional attribute дополнительный атрибут

additional bit дополнительный двоичный разряд
additional code дополнительный код
additional coupling дополнительная связь
additional data дополнительные данные; добавочные данные
additional dialing дополнительный набор номера
additional index дополнительный индекс
additional information дополнительная информация
additionally indexed folders дополнительно индексированные папки
additional peripheral unit дополнительное оконечное устройство
additional program cycle дополнительный цикл программы
additional sense byte дополнительный байт при считывании
additional tape attachment подключение дополнительной ленты
addition assignment operator операция сложения и присваивания
addition bit дополнительный бит
addition by subtraction сложение путем вычитания
addition item добавляемый элемент
addition operator операция сложения; знак операции сложения
addition record добавляемая запись
addition speed скорость сложения
additive 1. добавка; 2. аддитивный
additive colors аддитивные первичные цвета; аддитивные цвета; цвета RGB
additive color system система с аддитивным синтезом цвета
additive function аддитивная функция
additive identity 0 нулевой элемент аддитивного закона композиции
additive inverse 1. закон симметрии; закон обращения; 2. аддитивная инверсия; инверсия относительного сложения
additive licensing аддитивное лицензирование
additive mask mode режим «дополнение выделения»
additive model аддитивная модель
additive operation аддитивная операция
additive primaries аддитивные первичные цвета
additive value аддитивная величина; аддитивное значение
additivity аддитивность
add noise filter фильтр «добавление шумов»
add-on 1. дополнение; расширение; 2. добавляемый для расширения; добавочный; сделанный в дополнение к основному продукту
add-on device добавочный элемент; навесной элемент
add-on enhancements улучшения в дополнительных компонентах
add overflow переполнение при сложении
add page header and footer добавление колонтитулов
add processing power наращивать вычислительную мощность
addr адрес
add reference добавление ссылки
add report header and footer добавление заголовка и примечания отчета
address 1. адрес; 2. адресовать; направлять
addressability адресуемость
addressable адресуемый; имеющий адрес
addressable area адресуемая область
addressable clock адресуемый счетчик времени
addressable-clock adapter согласующее устройство для адресуемого счетчика времени
addressable cursor адресуемый курсор
addressable location адресуемая ячейка
addressable memory адресуемая память
addressable point адресуемая точка

addressable real memory адресуемая физическая память
addressable register адресуемый регистр
addressable resources адресуемые ресурсы
addressable space адресуемое пространство
addressable storage адресное запоминающее устройство
address accumulator сумматор адресов
address adjustment настройка адреса; корректировка адреса
address alignment выравнивание адреса
address allocation присвоение адресов; распределение памяти
address arithmetic адресная арифметика; вычисление адресов
address array поле адреса; адресная сетка
address assignment присваивание адреса
address attribute атрибут адреса
address binding привязка по адресам
address bit разряд адреса
address blank пустое адресное поле
address book адресная книга
address buffer буфер адресов
address builder построитель адресов
address bus шина адреса; адресная шина
address calculating sorting сортировка с вычислением адреса
address card адресная карта
address catcher адресная ловушка
address chain цепочка адресов; последовательность адресов
address change изменение адресата; переадресация; модификация адреса
address character символ адреса
address check контроль адресов
address checking контроль адресов
address code код адреса; код номера ячеек
address comparator устройство сравнения адресов
address-comparison logic логические схемы сравнения адресов
address computation формирование адреса; вычисление адреса
address computing вычисление адреса
address constant адресная константа
address counter счетчик адреса
address couple адресная пара
address data адресные данные
address-data transceiver приемопередатчик адресов-данных
address decoder дешифратор адреса
address decoding расшифровка адреса
addressed device адресуемое устройство
addressed field адресованное поле
addressed memory адресуемая память
addressed storage адресное запоминающее устройство
addressee адресат; получатель
address error ошибка в адресе
address expression адресное выражение
address field адресное поле
address file 1. массив адресов; таблица адресов; 2. файл адресов
address filtering фильтрация адресов
address format формат адреса
address function адресная функция
address generation формирование адреса
address information информация об адресах
addressing 1. адресация; 2. способ адресации; 3. указание
addressing array адресная матрица
addressing authority 1. организация, отвечающая за распределение адресов; 2. источник адресов
addressing capabilities возможности адресации

addressing character адресующий знак; символ адресации; знак адресации

addressing circuit схема вычисления адреса

addressing error ошибка адресации

addressing format формат адресации

addressing information адресная информация

addressing level уровень адресации

addressing line адресная шина; линия адреса

addressing mode 1. режим адресации; 2. способ адресации

addressing operation операция адресации

addressing program программа адресации

addressing schemes схемы адресации

addressing space адресное пространство

addressing system 1. система адресации; 2. система адресов; адресная система

addressing unit наименьший адресуемый элемент

addressing with prefixing адресация с префиксом

address input адресный вход

address input box поле ввода адреса

address instruction адресная команда

address interpretation интерпретация адреса

address language адресный язык

address latch фиксатор адреса

address learning автоматическое запоминание адресов

addressless безадресный

addressless instruction безадресная команда

addressless instruction format безадресный формат команды

address lifetime expectation ожидаемое время актуальности адреса

address linkage сцепление адресов

address list перечень адресов; список адресов; адресный список

address-map memory память таблицы адресов

address mapping отображение адресов

address mapping table таблица отображения адресов (протокола AARP)

address mark адресная метка; метка адреса; маркер адреса; адресный маркер

address mark detection распознавание адресных меток

address marker адресная метка; маркер адреса

address marker area область действия адресной метки

address mask маска адреса

address match совпадение адресов

address matching адресное соотношение; сопоставление по адресу

address matrix дешифратор адреса

address modification переадресация; модификация адреса; изменение адреса

address modification instruction команда модификации адреса

address modifier модификатор адреса

address name resolution преобразование имени в адрес

addressness адресность

address of address косвенный адрес

address-of operator операция вычисления адреса; знак операции вычисления адреса

address operand адресный операнд

address operation адресная операция

address operator операция взятия адреса

address-out line шина внешних адресов

address parameter адресный параметр

address part адресная часть

address program адресная программа

address programming адресное программирование

address range диапазон адресов

address-recognition logic логические схемы распознавания адресов

address reference адресная ссылка

address reference number номер адресной ячейки

address register адресный регистр; регистр адреса

address register decoding декодирование регистра адресов

address register modification модификация регистра адреса

address register position разряд регистра адресов

address-relative с относительным адресом

address relocation настройка адресов

address-reorder buffer буфер переупорядочивания адресов

address resolution преобразование адресов; разрешение адресов; присваивание адресов

address resolution message запрос на получение адреса

Address Resolution Protocol протокол разрешения адресов; протокол преобразования адресов; протокол определения адресов

address search поиск адреса

address selection выборка адреса

address-selection logic дешифратор адреса

address sorting адресная сортировка

address space адресное пространство; пространство адресов

address spoofing имитация адреса; подделка адреса

address start пуск по адресу

address stop останов по адресу

address substitution переадресация; замена адреса

address substitution command команда замены адресов; команда подстановки адресов

address switch переключатель адресов

address table абонентская таблица; таблица адресов

address table sorting сортировка по таблице адресов

address-to-name mapping преобразование адресов в имена

address track адресная дорожка

address transfer operation операция передачи адресов

address transfer sequence последовательность передачи адресов

address-transition detector детектор изменения адреса

address translation переадресация; преобразование адреса

address translation cache кэш-память преобразования адресов

address translation table таблица трансляции адресов

address translator адресный транслятор

address-two двухадресная (команда)

address type тип адреса

address unit минимально адресуемая единица

address value значение адреса

address vector table таблица адресных векторов

address-wire адресная шина

address word адресное слово

address-write wire шина записи адреса

add-subtract time время сложения-вычитания

add time время сложения

add to favorites добавить в папку «Избранное»

add to storage ввод в память

add up складывать; подытоживать; находить сумму

add watch 1. добавление контрольного значения; 2. добавить контрольное значение

ADE среда разработки приложений

adept знаток; эксперт

adequacy 1. адекватность; соответствие; 2. достаточность; пригодность; 3. достоверность

adequate соответствующий; надлежащий; адекватный

adequate accuracy требуемая точность

adequate memory достаточный объём памяти

ADES автоматическая цифровая система кодирования

A

ADF 1. автоматический загрузчик документов; автоматический загрузчик оригиналов; кассета для автоматической подачи документов; 2. механизм автоматической подачи документов; механизм автоматической подачи бумаги; 3. файл определения адаптера

ADFM автоматическое управление потоком данных

adheography адгеография

adhere придерживаться

adherence function функция соответствия

adherence to следование

ad hoc специальный; подходящий к данному случаю; созданный для данного случая; специально подобранный

ad hoc access эпизодический доступ; незапланированный доступ

ad hoc algorithm специальный алгоритм

ad hoc analysis специальный анализ; анализ специального вида

ad hoc command произвольная команда

ad hoc join произвольная операция соединения

ad hockery решения, предназначенные специально для данного случая

ad hoc query случайный запрос; произвольный запрос; незапланированный запрос; незапрограммированный запрос; нерегламентированный запрос

ad hoc queries случайно распределенные запросы

ad hoc update обновление таблицы вследствие случайного доступа пользователя к данным

ADHS система обработки аналоговых данных

ADI интерфейс внешних устройств фирмы Autodesk; интерфейс с периферийными устройствами Autodesk

ADI driver ADI-драйвер; драйвер, использующий интерфейс ADI

ADIS система автоматического обмена данными

adjacency смежность; близость; соседство

adjacency list список смежных вершин

adjacency matrix матрица смежности

adjacency structure структура смежности

adjacent смежный; соседний; примыкающий; прилежащий

adjacent channel соседний канал

adjacent channel interference помеха от соседнего канала

adjoining surface смежная поверхность; примыкающая поверхность

adjoint equation сопряженное уравнение

adjoint function сопряженная функция

adjoint process сопряженный процесс

adjunct program дополнительная программа

adjust 1. регулировать; настраивать; юстировать; 2. устанавливать; 3. округлять; 4. подгонять; корректировать; вносить поправки; приспосабливать; 5. выравнивать

adjustable настраиваемый; регулируемый

adjustable array массив переменной длины; массив с переменными границами

adjustable bail roll переставляемый валик

adjustable delay настраиваемая задержка; регулируемая задержка

adjustable dimensions переменная размерность; переменная граница индекса

adjustable length переменная длина

adjustable parameter настраиваемый параметр

adjustable resistor переменный резистор; подстроечный резистор

adjustable striking регулируемый удар

adjust boundaries изменять параметры изображения

adjusted data скорректированные данные

adjusted ring length длина восстановленного кольца

adjusting коррекция

adjusting fade-out rate настройка скорости истощения

adjusting graininess коррекция зернистости

adjusting position корректировка положения

adjustment 1. регулировка; регулирование; настройка; юстировка; установка; 2. подгонка; 3. проверка; 4. вычисление; 5. выравнивание; 6. округление; 7. упорядочение; 8. коррекция; корректировка; внесение поправок; согласование; 9. регулировочное приспособление

adjustment of data выравнивание значений данных; устранение выбросов

adjust table таблица коррекции

ADL 1. язык описания анимации; язык описания мультипликационных изображений; язык ADL; 2. автоматизированная библиотека данных

ADM динамический мультиплексор

ADMA американские изготовители усовершенствованных дисплеев; консорциум ADMA

ADMA controller усовершенствованный контроллер прямого доступа к памяти

ADMD домен административного управления

administering администрирование

administration 1. администрация; 2. администрирование; управление

administration and management services службы сетевого администрирования и управления

administration console консоль администрирования

administration database административная база данных

administration features средства администрирования

Administration Management Domain домен административного управления

administration program административная программа; программа администрирования

administration server сервер администрирования; административный сервер

administration tool инструментальные средства администрирования; административные средства; средство управления

administration utility административная утилита; утилита администрирования

administrative административный; исполнительный

administrative action 1. решение совета директоров компании; 2. действия администрации; 3. управляющее воздействие; действие по управлению

administrative framework среда администрирования

administrative information административная информация

administrative password пароль администратора

administrative privilege административная привилегия

administrative process процесс управления

administrative rights административные права

administrative shares административные совместно используемые каталоги

administrative subsystem административная подсистема

administrative tasks административные задачи

administrative terminal system исполнительная терминальная система

administrative traffic административный трафик; служебный трафик

administrative utilities административные утилиты; утилиты администрирования

administrator 1. администратор; распорядитель; 2. организующая программа

administrator-configurable задаваемый администратором; настраиваемый администратором

administrator console консоль администратора

administrator mode режим администратора

administrator object объект «администратор»

administrator setup административная установка
ADMIN object объект ADMIN
admin shell административная оболочка; командный процессор администратора
ADMIN user object объект «пользователь ADMIN»
admissibility 1. допустимость; возможность; 2. степень допустимости
admissible допустимый; приемлемый
admissible basis допустимая база
admissible character допустимый знак; разрешенный символ
admissible deviation domain допустимая область отклонения
admissible error допустимая ошибка
admissible estimate допустимая оценка
admissible hypothesis допустимая гипотеза
admissible mark допустимый знак
admissible number допустимое число
admissible value допустимое значение
admission control контроль допуска; контроль за соединением
admittance 1. полная проводимость; 2. проводимость
ADMS автоматизированная система управления данными
ADO объект данных ActiveX
ADP 1. шаблон обнаружения отвечающего; 2. автоматический графопостроитель; 3. платформа для разработки прикладных программ; 4. автоматизированная обработка данных; применение ЭВМ
ADPCM адаптивная дифференциальная импульсно-кодовая модуляция
ADPE оборудование для автоматической обработки данных
ADP equipment вычислительная техника
ADPS система автоматической обработки данных
ADS 1. система проектирования для AutoCAD; 2. административный сервер
ADSI line абонентская линия цифровой асимметричной связи
ADSL асимметричная DSL; асимметричная цифровая абонентская линия
ADT приемопередатчик адресов-данных
advance 1. продвижение; распространение; 2. опережение; упреждение; 3. прогресс; 4. опережение по фазе; упреждение; 5. продвигаться; распространяться; 6. прогон; 7. опережать; упреждать; 8. продвигаться
advance angle угол опережения
advanced 1. усложненный; «продвинутый»; развитый; 2. перспективный; прогрессивный; 3. новейший; передовой; 4. опытный
Advanced Application Architecture расширенная архитектура приложений
Advanced Automation System система автоматизации с дополнительными возможностями
advanced BIOS усовершенствованная BIOS
Advanced Broadcasting Video
　Services усовершенствованная служба видеовещания
advanced calling предварительный вызов
advanced communications function развитая функция связи
advanced computational element усовершенствованный вычислительный элемент
Advanced Computing Environment передовая компьютерная среда; перспективная вычислительная среда
advanced data communication
　procedure усовершенствованная процедура управления передачей данных
advanced development перспективные разработки; разработка опытного образца

advanced facilities средства для опытных пользователей
advanced feature connector соединитель для подключения новых средств; интерфейс AFC
advanced feature service provider поставщик улучшенного набора услуг
advanced filter/sort расширенный фильтр
Advanced Function Printer принтер с расширенными функциональными возможностями
Advanced Graphics Adapter усовершенствованный графический адаптер
Advanced Intelligent Network развитая интеллектуальная сеть
advanced interactive video улучшенное интерактивное видео
advanced laboratory workstation лабораторная рабочая станция с расширенными возможностями
Advanced Mobile Phone System усовершенствованная система мобильной радиотелефонной связи
advanced network design and management
　system усовершенствованная система разработки и управления сетями
advanced options дополнительные параметры
advanced overlay supervisor модернизированный оверлейный супервизор
Advanced Parallel Technology развитая параллельная технология
Advanced Peer-to-Peer Internetworking развитая архитектура связи одноуровневых сетей
Advanced Peer-to-Peer Networking развитая архитектура одноуровневых сетей
Advanced Peer-to-Peer Networking — Network
　Node развитая архитектура одноуровневых сетей — сетевой узел
advanced planing fields поля продвинутого планирования
advanced power management усовершенствованные средства управления питанием; усовершенствованное управление питанием; улучшенное регулирование расхода энергии
advanced printing улучшенное качество печати
advanced programmable interrupt
　controller усовершенствованный программируемый контроллер прерываний
advanced programmer опытный программист; квалифицированный программист
advanced program-to-program
　communications расширенный интерфейс межпрограммной связи; развитая связь между программами
advanced query functionality развитые функции формулирования запросов
Advanced Radio Data Information
　Services усовершенствованная информационная служба радиопередачи данных
Advanced Recovery Mode усовершенствованный режим восстановления информации
advanced research перспективные исследования
Advanced Research Projects Agency Управление перспективных исследований и разработок
Advanced Research Projects Agency Network сеть ARPA
advanced run-length-limited усовершенствованный код с ограничением длины; усовершенствованный код с ограниченной длиной
advanced scientific computer усовершенствованный компьютер для научных задач
Advanced SCSI Programming Interface развитый интерфейс программирования SCSI
advanced search расширенный поиск

advanced separations расширенное цветоделение
advanced settings дополнительные параметры
advanced stacked job control управление оптимальной очередностью прохождения заданий
advanced technology передовая технология; развитая технология; новейшая техника
advanced text management system усовершенствованная система управления текстом; усовершенствованная система редактирования текста
advanced user опытный пользователь; квалифицированный пользователь
advance-feed tape лента со смещением отверстий синхродоржки
advance query расширенный запрос
advancer фазокомпенсатор
advancing circuit продвигающая схема
advantage преимущество; достоинство; выгода
adventure game игра-приключение; приключенческая игра; игра с неизвестным заранее сценарием; сюжетная компьютерная игра
adventure-type game игра-приключение; приключенческая игра; игра с неизвестным заранее сценарием; сюжетная компьютерная игра
adverse effect отрицательные последствия
advertise рекламировать; объявлять
advertisement реклама; объявление
advertising name объявляемое имя
advertising packet пакет объявления (сервиса)
advertising print server сервер печати, объявляющий свой сервис
advertising protocol протокол объявления (сервиса)
advertising time source объявляющий свой сервис источник времени
advise 1. совет; информация; 2. советовать; извещать
advise-giver советчик; консультант; консультативная система
advise-giving system консультативная система
advise menu меню рекомендаций; меню советов
advisor советчик; консультант
Advisory Board on Scientific and Technological Information Консультативный совет по научной и технической информации
advisory committee консультативный совет
advisory connection консультативная связь (в OLE)
advisory council консультативный совет
ADW инструментальная система разработки приложений
ADX автоматический обмен данными
AE объект прикладного уровня
AEA Американская ассоциация электроники
AEC 1. авторизованный учебный центр; 2. автоматическое исправление ошибок; 3. архитектурное или техническое проектирование
AEL допустимый уровень изучения
AEP 1. среда прикладных систем; 2. профили прикладной среды
aerial 1. антенна; 2. воздушный; надземный
aerial window окно панорамного представления; панорамный вид сверху
AES 1. спецификации среды прикладных программ; 2. автоматическое переключение эмуляции; 3. Общество инженеров по звуковой технике; 4. асинхронный планировщик событий; 5. усовершенствованный стандарт шифрования
AF вспомогательный флаг переноса
AFC 1. соединитель для подключения новых средств; интерфейс AFC; 2. автоматическая подстройка частоты (в приемниках)

AFD 1. блок-схема прикладной программы; 2. автоматическое распространение файлов
affected patch неисправный маршрут; путь с неисправностью
afferent branch центростремительная ветвь
affine mapping аффинное преобразование
affinity родственность; близость; сходство; аффинность; аффинное преобразование
affirmative character знак подтверждения приема; квитанция
affix аффикс
affixment привязка
affordable solution приемлемое (по цене) решение
AFI идентификатор полномочий и формата
AFIPS Американская федерация обществ по обработке информации
AFL семейство абстрактных языков
AFM приложения на базе моделей
AFN узел, обеспечивающий доступ
AFNOR Французская ассоциация стандартизации
AFP 1. файловый протокол AppleTalk; 2. принтер с расширенными функциональными возможностями
AFP rights права AFP
AFP server сервер AFP
AFP Server object объект «сервер AFP»
AFR автоматическое распознавание формата
AFSP поставщик улучшенного набора услуг
aftereffect последействие
afterglow послесвечение; световая инерция
afterimage остаточное изображение; последовательный образ
after insert после вставки
after-look journal журнал изменений
afterproduct последующий продукт
after update после обновления
AGA усовершенствованный графический адаптер
AGC 1. автоматическая регулировка усиления; 2. аудиографическая конференция
ageing 1. старение; 2. выдержка; 3. тренировка; 4. изнашивание с течением времени
ageing failure отказ из-за старения
ageing of information старение информации
ageing test 1. испытания на старение; 2. испытания на долговечность
age limit предельный срок службы; ресурс
agenda 1. повестка совещания; 2. план решения; 3. список основных операторов; 4. перечень основных операций
agent 1. агент; программный агент; программа-агент; исполнительная программа; 2. компонент; 3. исполнительное устройство; посредник; 4. субъект действия; агент; 5. средство; фактор
aggregate 1. агрегат; 2. множество; 3. заполнитель; 4. составное значение; составные данные; агрегат данных; 5. множество; 6. агрегировать; группировать; укрупнять; 7. составной; комплексный; агрегированный
aggregate chart составная статистическая таблица
aggregated агрегированный
aggregated data агрегированное значение; составное значение; агрегированные данные; укрупненные данные
aggregated failure агрегированный отказ
aggregated model агрегированная модель
aggregated system агрегированная система
aggregate function агрегатная функция
aggregate hardware test объединенный тест аппаратных средств
aggregate relocatable expression составное переместимое выражение

aggregates агрегаты

aggregate throughput суммарная пропускная способность

aggregate type составной тип

aggregation объединение; соединение; собирание; агрегирование; агрегация

aggregation matrix матрица агрегирования

aggregative index составной индекс

aggressive pricing агрессивная ценовая политика

aglet аглет; мобильный программный агент Java

AGP ускоренный графический порт; быстродействующий графический порт

AGP texturing AGP-текстурирование

AGRAS антибликовое, антиотражающее, антистатическое (покрытие экрана)

agree согласовываться

agreement 1. соглашение; 2. согласование; согласие

agreement form бланк соглашения

AGTL усовершенствованная логика приемопередатчика Ганнинга

aha factor озарение (принцип, применяемый в искусственном интеллекте)

AHT объединенный тест аппаратных средств

AI 1. прикладной интерфейс; 2. искусственный интеллект

AIA 1. Американский институт архитекторов; 2. архитектура интеграции фирмы Apple

AID идентификатор приложения

aid 1. помощь; 2. пособие; 3. вспомогательное средство

AIE американский информационный обмен

AIFF файловый формат для обмена аудиоданными

AI formalization формализация в терминах искусственного интеллекта

AIIM Ассоциация изготовителей и пользователей средств обработки информации и изображений; Ассоциация по системам управления обработкой информации и изображений

Aiken code код Айкена

AIM 1. ассоциативный индексный метод доступа; 2. тест для проверки многопользовательских и многопроцессорных систем

aim algorithm алгоритм поиска цели

aiming spot lights нацеливание точечных источников света

aiming symbol символ прицеливания; символ прицела; символ локализации

AIM Performance Rating тест на максимальное быстродействие относительно VAX 11/780

AIMS 1. усовершенствованная система обработки изображений; 2. массовая память с автоиндексацией

AIN усовершенствованная интеллектуальная сеть; развитая интеллектуальная сеть

AIO 1. асинхронный ввод-вывод; интерфейс асинхронного ввода-вывода; 2. модуль ввода-вывода аналоговых данных

AIO driver драйвер асинхронного ввода-вывода

AIO interface интерфейс асинхронного ввода-вывода

air brush инструмент «аэрограф»

air brushing эффект пульверизации (в графике); ретуширование с помощью аэрографа

air-conditioning requirements требования к кондиционированию воздуха

airline reservation system система резервирования авиабилетов

air-time эфирное время; продолжительность передачи

AIS 1. аварийная индикация; сигнал тревожной индикации; 2. автоматизированная информационная система

AI software программные средства систем искусственного интеллекта

AIS security безопасность автоматизированной информационной системы

AI thumbnails этикетки AI

AIV улучшенное интерактивное видео

AKO «является видом»

AL 1. адаптационный уровень; 2. управляемая петля

ALAP планирование «как можно позже»

alarm 1. предупредительный сигнал; аварийный сигнал; сигнал тревоги; 2. сигнальное устройство; аварийная сигнализация; устройство аварийной сигнализации

alarm acknowledgment подтверждение восприятия предупреждающего сигнала

alarm circuit цепь аварийной сигнализации

alarm clock сигнал тревоги; будильник

alarm condition тревожная ситуация

alarm level 1. граничный допустимый уровень; 2. аварийный уровень

alarms flow поток предупредительных сигналов

alarm status аварийная ситуация

AL ATM уровень адаптации ATM

A-law codec кодек A-типа

album identifier идентификатор альбома

album root корневой каталог альбома

album set sequence number номер диска в альбоме

album view просмотр альбома; альбомный вид

ALE 1. связывание и встраивание модулей приложений; 2. ожидаемое время актуальности адреса

aleph naught алеф нуль

aleph null алеф нуль

aleph zero алеф нуль

alert 1. уведомление; предупреждение; сигнал; оповещение; 2. сигнальный; предупредительный; 3. приводить в готовность; 4. предупреждать

alertable file I/O «тревожный» файловый ввод-вывод

alert box окно с сообщением об ошибке; окно с предупреждением; окно предупреждений

alert condition аварийная ситуация

alerter сигнализатор; средство оповещения

alerter service служба оповещения

alert escape sequence «подача сигнала предупреждения»

alerting system система оповещения

alert manager аварийный администратор

alert message предупреждающее сообщение; предупреждение

aletheutics алевтика

algebra алгебра

algebraic алгебраический

algebraic adder алгебраический сумматор

algebraic comparison алгебраическое сравнение

algebraic equation алгебраическое уравнение

algebraic function алгебраическая функция

algebraic language контекстно-свободный язык

algebraic number алгебраическое число; относительное число

algebraic process алгебраический метод

algebraic semantics алгебраическая семантика

algebraic specification алгебраическая спецификация

algebraic structure алгебраическая структура

algebraic symbol manipulation language язык манипулирования алгебраическими символами

algebra of logic алгебра логики

algebra of residue classes алгебра остаточных классов

algorithm алгоритм

algorithm and program library библиотека алгоритмов и программ

algorithm approach алгоритмический подход; алгоритмический метод

algorithm/architecture solution реализация алгоритма на конкретной вычислительной архитектуре

algorithm-based fault-tolerance алгоритмическая отказоустойчивость
algorithm collection библиотека алгоритмов
algorithm complexity сложность алгоритма
algorithm convergence сходимость алгоритма
algorithm elaboration построение алгоритмов; разработка
алгоритмов
algorithm equivalence эквивалентность алгоритмов
algorithm flexibility гибкость алгоритма
algorithm for arithmetic operation алгоритм арифметической
операции
algorithm for path connections алгоритм трассировки по
сетке
algorithm for the inversion алгоритм инверсии
algorithmic 1. алгоритмика; 2. алгоритмический
algorithmic access алгоритмический доступ
algorithmic algebra алгебра алгоритмов; алгоритмическая
алгебра
algorithmic analysis алгоритмический анализ
algorithmic animation алгоритмическая анимация; процедурная анимация
algorithmic description алгоритмическое описание
algorithmic font алгоритмический шрифт
algorithmic insolubility алгоритмическая неразрешимость
algorithmic instability алгоритмическая нестабильность
algorithmic language алгоритмический язык
algorithmic manipulation алгоритмическая манипуляция
algorithmic model алгоритмическая модель
algorithmic procedure 1. алгоритмический метод; 2. алгоритмическая процедура
algorithmic process алгоритмический процесс
algorithmic redundancy алгоритмическая избыточность
algorithmic reliability алгоритмическая надежность
algorithmic variable алгоритмическая переменная
algorithmization алгоритмизация
algorithm optimization оптимизация алгоритмов
algorithm properties свойства алгоритма
algorithm scheme схема алгоритмов
algorithm-specific алгоритмически специализированный;
функционально специализированный
algorithm system алгоритмическая система
algorithm theory теория алгоритмов
algorithm translation перевод алгоритма; трансляция алгоритма
algorithm validation проверка правильности алгоритма
alias 1. помеха дискретизации; побочная низкочастотная составляющая (в спектре дискретизированного сигнала).
2. альтернативная точка входа (в подпрограмму) 3. альтернативное имя; псевдоним; алиас; имя-псевдоним; псевдоним; 4. паразитный сигнал; 5. результаты эксперимента,
безразличные к проверяемым гипотезам
alias declaration объявление дополнительного имени; объявление альтернативного имени
aliased name псевдоним
aliased object объект с псевдонимом
aliased object name истинное имя объекта; имя объекта
с назначенным псевдонимом
aliased selector селектор-псевдоним
aliasing 1. эффект наложения; 2. неровность; ступенчатость;
3. смешивание; смешение; наложение; 4. использование
псевдонимов; 5. совмещение; 6. совмещение имен; 7. дефект изображения линий; искажения из-за недостаточной
частоты выборки
aliasing artefacts искажения из-за недостаточной частоты
дискретизации
alias object объект «псевдоним»; объект-псевдоним

align 1. выравнивание; 2. выравнивать; располагать на одной
линии; 3. налаживать
align bottom по нижнему краю
aligned выровненный
aligned block move передача выровненных битовых блоков
aligned sample выровненная выборка
aligned table выровненная таблица; отцентрированная таблица
aligner 1. установка совмещения; 2. согласователь элементов структуры данных
align general общее выравнивание
align height выровнять по высоте
align left по левому краю; выровнять по левому краю
alignment 1. выравнивание; 2. юстировка; настройка; расположение; 3. центрирование; центровка; 4. корректировка;
уточнение; 6. синхронизация; фазирование; 7. ориентация;
упорядочение; 8. подгонка элементов; 9. линирование
строки (в полиграфии); 10. приведение модели в соответствие с конфигурацией
alignment chart номограмма
alignment error ошибка центровки; ошибка юстировки; установочная ошибка
alignment guides направляющие выравнивания
alignment of picture within frame выравнивание рисунка в
пределах рамки
alignment of text in control выравнивание текста внутри элемента управления
alignment of the sheet выравнивание листа
alignment space интервал выравнивания
align on gravity выравнивание объекта по гравитации
align on universe выравнивание по пространству
align right по правому краю; выровнять по правому краю
align space horiz выровнять интервалы по горизонтали
align space vert выровнять интервалы по вертикали
align to a surface выровнять по поверхности
align to grid выровнять по узлам сетки
align top по верхнему краю
alkaline battery алкалиновая батарейка
all colors as black все цвета черным
all colors as grayscale все цвета как оттенки серого
all-digital полностью цифровой
Alliance for Strategic Token Ring Advancement Альянс для
стратегического продвижения Token Ring
alligator clip зажим типа «крокодил»
all-in-one 1. «все в одном» (тип интегрированных приложений); универсальность; 2. функционально законченный;
функционально полноценный; целостный
all-in-one cartridge единый картридж; функционально-закон-
ченный картридж
all justification полное выравнивание
alloc 1. распределение ресурсов; 2. выделяемый; распреде-
ляемый
allocate распределять; выделять; размещать; назначать
allocate a device забронировать устройство
allocated memory выделенная память
allocated variable распределенная переменная
allocation 1. размещение; определение места; 2. назначение;
4. распределение; 3. ассигнование; 4 выделение
allocation chain список занятых файлом кластеров
allocation counter счетчик распределения
allocation granularity гранулярность выделения ресурсов
allocation map 1. схема распределения; 2. таблица распределения
allocation of addresses распределение адресов
allocation of data series размещение наборов данных
allocation pages страницы размещения

allocation per day распределение на день
allocation record закрепленная запись
allocation routine подпрограмма распределения
allocation scheme схема распределения; схема размещения
allocation space распределяемое пространство
allocation table таблица распределения
allocation unit 1. единица выделения (памяти); единица распределения; 2. блок размещения
allocation wait time время ожидания выделения
allocator 1. распределитель; блок распределения; устройство распределения; 2. программа распределения; распределитель ресурсов; 3. генератор
alloc memory pool пул выделяемой памяти
alloc short-term memory краткосрочно распределяемая память; пул краткосрочного распределения
allomorph алломорф
allophone аллофон
allophone address аллофонический адрес
allophone string generation преобразование последовательности букв в последовательность аллофонов
all-or-nothing approach принцип «все или ничего»
allot размещать; распределять
allotment предоставление; выделение; распределение
allotment of storage распределение памяти
allotment procedure процедура распределения
allotting предварительный выбор
allowable value допустимое значение
allowance 1. допуск; 2. норма; 3. поправка
allowed increment допустимое приращение
allow editing разрешение изменений
allow right-click menus включение контекстных меню
allow tabbing into control разрешение перехода к элементу с помощью клавиши Tab
allow unlimited credit неограниченный кредит
alloy recording запись путем преобразования сплава записывающего слоя поверхности
all picture transfer передача полного изображения
all points addressable 1. графический режим вывода «все точки адресуемые»; 2. дисплей с адресацией пикселов; графический дисплей; полноадресуемый дисплей; 3. полноадресуемый; адресуемый на все точки
all points addressable display графический дисплей; полноадресуемый дисплей
all-purpose многоцелевой; универсальный
all-purpose computer универсальная ЭВМ
all rights reserved все права защищены
all route broadcast frame широковещательный фрейм, направляемый по всем маршрутам
all-transistor logic чисто транзисторные логические схемы
alone отдельный; автономный
ALP автоматическая обработка текста
alpha 1. коэффициент усиления по току; 2. буквенный; 3. алфавитный
alphabet алфавит
alphabetic буквенный; алфавитный
alphabetic addressing символическая адресация
alphabetical 1. буквенный; 2. алфавитный
alphabetical class list алфавитный список классов
alphabetical list алфавитный список; список в алфавитном порядке
alphabetically в алфавитном порядке
alphabetical markings алфавитные маркеры; алфавитные метки
alphabetical sorting алфавитное упорядочение; расположение в алфавитном порядке
alphabetic code алфавитный код; буквенно-цифровой код

alphabetic coding буквенное кодирование
alphabetic data алфавитные данные; буквенные данные
alphabetic field алфавитное поле
alphabetic file 1. алфавитная картотека; 2. алфавитный файл
alphabetic item буквенный элемент
alphabetic-numeric буквенно-цифровой
alphabetic order алфавитный порядок
alphabetic pointer алфавитный указатель
alphabetic print control управление алфавитной печатью
alphabetic printer буквопечатающее устройство
alphabetic sequence алфавитная последовательность
alphabetic sheet установка регистра букв
alphabetic string алфавитная строка; буквенная строка; текстовая строка
alphabetic transmission передача алфавитной информации
alphabetic word буквенное слово
alphabetize располагать в алфавитном порядке
alphabetizing упорядочивание по алфавиту
alpha blending смешивание по альфа-каналу; альфа-сопряжение; наложение полупрозрачного изображения на другое изображение; «взвешенное» наложение цветов текстуры и фона
alpha-channel альфа-канал
alpha character текстовый символ; буква
alpha error ошибка первого рода
alpha-expression альфа-выражение
alphageometric буквенно-геометрический
alphageometric coding буквенно-геометрическое кодирование
alphageometric graphics буквенно-геометрическая графика
alphageometric method буквенно-геометрический метод
Alpha-language альфа-язык
alpha mapping альфа-наложение
alpha mode текстовый режим
alphamosaic буквенно-мозаичный
alphamosaic format алфавитно-мозаичный формат
alphamosaic graphics буквенно-мозаичная графика
alphanumeric алфавитно-числовой; буквенно-цифровой; текстовый
alphanumeric character алфавитно-цифровой символ
alphanumeric code алфавитно-цифровой код
alphanumeric coding буквенно-цифровое кодирование
alpha-numeric comparison сравнение алфавитно-цифровых данных
alphanumeric data алфавитно-цифровые данные; текстовые данные
alphanumeric display алфавитно-цифровой дисплей; текстовый дисплей
alphanumeric field алфавитно-числовое поле
alphanumeric information алфавитно-числовая информация
alphanumeric keyboard буквенно-цифровая клавиатура; символьная клавиатура
alphanumeric keys буквенно-цифровые клавиши
alphanumeric literal буквенный литерал
alphanumeric positions алфавитно-цифровые позиции
alphanumeric representation алфавитно-цифровое представление
alphanumeric string буквенно-цифровая строка
alphanumeric terminal текстовый терминал
alphanumeric universal keyboard алфавитно-цифровая универсальная клавиатура
alphaphotographic буквенно-фотографический
alpha testing заводские испытания; лабораторные испытания; альфа-тестирование
alpha-version альфа-версия

already exists уже существует

ALS структура прикладного уровня

Alt-click щелчок мышью одновременно с нажатием клавиши Alt

alter изменять

alterable read-only memory программируемое ПЗУ; перепрограммируемое ПЗУ

alteration 1. изменение; перестройка; преобразование; 2. логическое сложение; включающее ИЛИ

alteration of program преобразование программы; изменение программы

alteration of program segments преобразование сегментов программы

alteration program программа преобразования

altering edges изменение краев (объекта); подчеркивание краев (в графических пакетах)

altering error 1. нерегулярная ошибка; неповторяющаяся ошибка; 2. ошибка перемещения; ошибка передачи

alternate 1. чередоваться; переставлять; 2. чередующийся; переменный

alternate block 1. чередующаяся группа; 2. альтернативный блок

alternate code переменный код

alternate coding альтернативное кодирование

alternate collating sequence альтернативная упорядочивающая последовательность

alternate console альтернативная консоль; запасной пульт

alternate device альтернативное устройство

alternate key альтернативный ключ

alternate keyboard альтернативная клавиатура

alternate key handler альтернативный обработчик клавиши

alternate mark inversion знакопеременная посылка; чередующаяся инверсия единиц

alternate mode режим попеременного доступа; режим переменного доступа

alternate path альтернативный путь; альтернативный маршрут

alternate path retry смена каналов связи с внешним устройством

alternate phonebook дополнительная телефонная книга

alternate routing 1. дополнительный тракт передачи; альтернативная линия связи; 2. альтернативная маршрутизация

alternate switching переключение (на альтернативный канал)

alternate tape сменная лента

alternate text in Web альтернативное описание для Web-графики

alternate track альтернативная дорожка; резервная дорожка; запасная дорожка

alternating переменный; знакопеременный; альтернативный

alternating behavior альтернативное поведение

alternating current переменный ток

alternating direction method метод альтернативного выбора направления

alternating graph чередующийся граф

alternating priority discipline дисциплина с чередующимися приоритетами

alternating voice and data попеременная передача голоса и данных

alternation 1. периодическое изменение; 2. полупериод; 3. попеременное обращение; 4. изменение; преобразование; 5. чередование; перемежение; 6. дизъюнкция

alternation switch двухпозиционный переключатель

alternative 1. альтернатива; вариант; 2. альтернативный; 3. различный; 4. взаимоисключающий

alternative attribute альтернативный атрибут

alternative channel альтернативный канал

alternative denial дизъюнкция отрицаний

alternative hypothesis альтернативная гипотеза

alternative library дополнительная библиотека

alternative module альтернативный модуль

alternative path альтернативный маршрут; альтернативный маршрут

alternative publishing независимое издательство

alternative route альтернативный маршрут

alternative strategy альтернативная стратегия

altitude 1. абсолютная высота; 2. высота над уровнем моря

ALU арифметико-логическое устройство; АЛУ

ALW лабораторная рабочая станция с расширенными возможностями

always on top поверх остальных (окон)

a.m. до полудня

AM 1. ассоциативная память; 2. внешнее запоминающее устройство; 3. амплитудная модуляция; 4. поправка (к стандарту)

AMA абсолютный почтовый адрес

AMAS автоматическая система учета сообщений

amber янтарный оттенок (у монохромных терминалов)

ambient рассеянный

ambient light рассеянный свет; общая освещенность; общее освещение

ambiguity неоднозначность; двусмысленность; неопределенность; омонимия

ambiguity error ошибка неоднозначности; погрешность из-за неоднозначности

ambiguous неоднозначный; двусмысленный

ambiguous grammar неоднозначная грамматика

ambiguous reference неоднозначная ссылка; неразрешимая ссылка

ambivalent двойственный

AMCA архитектура управления носителями информации фирмы Apple

AM display активно-матричный дисплей

AMDS автоматическая система распространения сообщений

AME усовершенствованная лента с металлическим напылением; носитель данных с металлическим напылением

amend 1. изменять; 2. редактировать

amendment 1. модернизация; модификация; изменение; 2. уточнение; поправка; исправленная версия; редакция; 4. дополнение

amendment record 1. запись файла изменений; 2. корректурная запись

amendments file файл изменений

American Association of Publishers Американская ассоциация издателей

American Business Communications Association Американская ассоциация по коммуникациям в сфере бизнеса

American Communication Association Американская ассоциация связи

American Electronics Association Американская ассоциация электроники

American Federation of Information Processing Societies Американская федерация обществ по обработке информации

American Information Exchange американский информационный обмен

American National Standard американский национальный стандарт

American National Standards Institute Американский национальный институт стандартов

American Society for Information Science Американское общество по информатике

American Software Association Американская ассоциация программного обеспечения

American Standard Code for Information Interchange американский стандартный код обмена информацией

American Standards Association Американская ассоциация по стандартизации

American Wire Gauge американская классификация проводов; расстояние между жилами

AMF многостраничный автозагрузчик

AMI знакопеременная посылка; чередующаяся инверсия единиц

AMI coding кодирование с чередованием полярности элементов

AMIN, ASEC, AFRAME минуты, секунды, кадр; абсолютная временная шкала адресации содержимого компакт-диска

AMIS спецификация обмена аудиосообщениями; спецификация на обмен речевыми сообщениями

AMLCD жидкокристаллический дисплей на активной матрице

A-modem акустический модем

amortization амортизация

amount 1. величина; 2. количество; объем; 3. сумма; итог

amount of bet величина ставки

amount of feedback глубина обратной связи

amount of information количество информации

amount of ink количество краски

amount of inspection объем инспекции

amount of latency величина временной задержки

amount of simulation объем моделирования

AMP 1. асимметричная многопроцессорная обработка; асимметричная мультипроцессорная обработка; 2. процессор-модуль доступа; 3. технология использования металлического порошка, обеспечивающая запоминание больших объемов данных

amperage сила электрического тока в амперах

ampere ампер

Ampere rule правило Ампера; правило буравчика

ampermeter амперметр

ampersand амперсанд

amphibology неоднозначное предложение; неоднозначная команда

amplification усиление

amplification factor коэффициент усиления

amplifier усилитель

amplifier gain коэффициент усиления

amplifier of intelligence усилитель умственных способностей

amplitude амплитуда

amplitude adder амплитудный сумматор

amplitude distorsion амплитудные искажения

amplitude error амплитудная погрешность

amplitude limiter амплитудный ограничитель

amplitude modulator амплитудный модулятор

amplitude quantization амплитудное квантование

amplitude resonance амплитудный резонанс; резонанс амплитуд

amplitude-shift keying кодирование со сдвигом амплитуды; амплитудная манипуляция

amplitude suppression ratio коэффициент подавления амплитудной модуляции

AMPS усовершенствованная система мобильной радиотелефонной связи

AMP system система с асимметричными процессорами; асимметричная многопроцессорная система

amputate отсекать; выключать из работы

amputated bus отсеченная шина

AM-quality качество звучания амплитудной модуляции; качество обычного радиоприемника

AMR автоматическая запись сообщений; автоматическая регистрация сообщений

AMS 1. подсистема централизованной выдачи предупреждений; 2. службы сетевого администрирования и управления

AMSS службы мобильной спутниковой и аэросвязи

AM-TFT активно-матричная тонкопленочная технология

AM-TFT display дисплей на активной матрице тонкопленочных транзисторов

A/N алфавитно-цифровой; буквенно-цифровой

anaglyph анаглиф; объемное стереоскопическое изображение

anaglyphy 1. анаглифия; анаглифическая печать; 2. иллюстрация со стереоэффектом

analog 1. аналог; 2. модель; 3. аналоговый; 4. моделируемый

analog adder аналоговый сумматор

analog boundary cell аналоговый периферийный элемент

analog calculations аналоговые вычисления

analog channel аналоговый канал

analog circuit аналоговая схема

analog clock стрелочные часы

analog communication аналоговые коммуникации; передача данных по аналоговым линиям

analog computer аналоговый компьютер

analog correlator аналоговой коррелятор

analog data аналоговая величина; аналоговые данные

analog data handling system система обработки аналоговых данных

analog dial-up line аналоговая телефонная линия

analog-digital data аналогово-цифровые данные

analog display аналоговый дисплей

analog equipment аналоговая аппаратура

analog function непрерывная функция

analogical inference вывод по аналогии

analog input 1. аналоговые входные данные; 2. аналоговый вход

analog input/output module модуль ввода-вывода аналоговых данных

analog integrator аналоговый интегратор

analog interface аналоговый интерфейс

analog machine аналоговая вычислительная машина

analog method of cost estimating метод аналогии при оценке затрат

analog microcircuit аналоговая микросхема

analogous 1. аналогичный; сходный; моделирующий; 2. аналоговый

analog output аналоговый вывод

analog simultaneous voice and data аналоговый стандарт передачи речи и данных

analog telephone line аналоговая телефонная линия

analog test input вход для аналогового тестирования

analog test output выход для аналогового тестирования

analog-to-digital converter аналого-цифровой преобразователь

analog-to-digital time conversion преобразование временных интервалов в код

analog transmission аналоговая передача

analogue 1. аналоговое устройство; 2. аналог; 3. модель

analogue computer аналоговая вычислительная машина

analogue information аналоговая информация

analogue input basis база входных аналоговых величин

analogue input expander расширение аналогового ввода

analogue magnetic tape магнитная лента для записи аналоговых величин

analogue model аналоговая модель

analog-variable delays задержки, определяемые значением управляющей аналоговой переменной

analog video аналоговый видеосигнал

analogy аналогия

analysis 1. анализ; изучение; исследование; теория; 2. оценка; 3. разработка

analysis block блок анализа

analysis by synthesis анализ через синтез

analysis of causes причинный анализ

analysis of covariance ковариационный анализ

analysis of regression регрессионный анализ

analysis of variance дисперсионный анализ

analysis-of-variance breakdown схема дисперсионного анализа

analysis of variance by ranks дисперсионный анализ рангов

analysis report аналитический отчет

analysis tool pack пакет средств анализа

analyst аналитик; исследователь; постановщик задач

analyst-programmer системный программист

analytic аналитический

analytical аналитический

analytical complexity сложность анализа

analytical engine аналитическая машина

analytical form аналитическая форма

analytical function аналитическая функция

analytical instruction word аналитическая группа символов команды

analytical language model аналитическая модель языка

analytically теоретически

analytical model аналитическая модель (данных)

analytical programming аналитическое программирование

analytical representation аналитическое представление

analytical set аналитическое множество

analytical simulation аналитическое моделирование

analytic completion аналитическое расширение

analytic form 1. аналитическая форма; 2. аналитическое выражение

analytic process аналитический метод

analytic truncation error ошибка аналитического усечения

analyze анализировать; повергать анализу

analyze performance анализ быстродействия

analyzer 1. анализатор; распознаватель; 2. универсальный электроизмерительный прибор; тестер

analyze table анализ таблицы

anamorphosis анаморфированное изображение

ancestor предшественник; предок; предшествующий элемент

ancestor chart древовидная диаграмма

ancestor methods методы предшествования; правила предшествования

ancestor object объект-предок; порождающий объект

ancestor of the window предшественник окна; порождающее окно

ancestral наследственный; унаследованный

ancestral features унаследованные свойства

anchor точка привязки; привязывать

anchor box to text привязать объект к тексту

anchor cell базовая ячейка

anchored toolbar закрепленная инструментальная линейка; инструментальная линейка, зафиксированная в конкретном месте экрана

anchor links ссылки привязки

anchor object базовый объект

anchor point 1. центр трансформации; 2. опорная точка; точка привязки

ancillary служебный; вспомогательный; подсобный; подчиненный

ancillary control processor вспомогательный управляющий процессор

ancillary devices дополнительные устройства

ancillary equipment вспомогательное оборудование; дополнительное оборудование

ancillary information вспомогательная информация

AND И; конъюнкция; логическое умножение

AND component элемент И

ANDF независимый от архитектуры формат электронного распространения программного обеспечения

and-fork И-разветвление

AND function функция И; конъюнкция

AND gate элемент И

ANDing 1. выполнение операции И; 2. пропускание через схему И

ANDMS усовершенствованная система разработки и управления сетями

AND operation операция И

and/or tree И/ИЛИ дерево

android адроид; антропоморфный робот

and vice versa и наоборот; и обратно

and V.V. и наоборот; и обратно

ANG группа усовершенствованных сетей

angle 1. угол; 2. знак больше (меньше); 3. точка зрения; 4. фаза гармонических колебаний; 5. угловой

angle dimensions угловые размеры

angled text 1. текст в угловых скобках; 2. текст, выводимый под углом

angle-to-digital converter преобразователь углового положения в код

anglicize формулировать на английском языке

angstrem ангстрем

angular acceleration/угловое ускорение

angular coordinate угловая координата

angular deviation угловое отклонение

angular dimension line размерная линия угла

angular fall-off угловое ослабевание (света)

angular fall-off light угловое ослабление света

angular position encoder шифратор углового положения

ANI автоматическая идентификация номеров (в телефонной сети); определение номера звонящего абонента; автоматическое определение номера; АОН

animated cursor курсор с анимацией

animated image динамическое изображение; «оживленное» изображение

animated push button анимированная командная кнопка

animated story book интерактивный мультфильм; «живая книжка»

animated video clip анимационный видео клип

animation мультипликация; анимация; «оживление» изображения; формирование иллюзии движения объектов

animation application анимационное приложение; программа анимации

animation capability способность к воспроизведению динамических изображений

Animation Description Language язык описания мультипликации

animation mode режим мультипликации; покадровое выполнение программы

animation of model execution визуализация прогона модели

animation score партитура анимации (в программах трехмерной графики)

animation sound effects эффекты звуковой анимации

animation tools инструментальные средства анимации

animcel многокадровый кель

anisochronous неравномерный; асинхронный

anisotropic анизотропия
anisotropic axis ось анизотропии
annex memory буферная память; буферное запоминающее устройство
annonciator 1. сигнализатор; оповещатель; 2. известитель; 3. нумератор
annotate давать примечания; комментировать; аннотировать
annotation 1. аннотация; примечание; комментарий; 2. комментирование
annotation mark 1. метка примечания; 2. метка сноски
annotator средство аннотирования
annual годовой; ежегодный
annual account 1. годовой отчет; 2. годовой счет
annual conference ежегодная конференция
annuity function функция аннуитета
ANO автоматизированная эксплуатация сети
anomalies аномалии
anomalous data аномальные данные; неверные данные
anomaly аномалия
anonymous безымянный; анонимный
anonymous ftp анонимный ftp
anonymous pipe анонимный канал; неименованный программный канал
anonymous posting анонимное сообщение
anonymous server анонимный сервер
anonymous union безымянное объединение
anonymous variable переменная без имени
ANR автоматическая сетевая маршрутизация
ANS американский национальный стандарт
ANSA Альянс по адаптивному управлению безопасностью сети
ANSI Американский национальный институт стандартов
ANSI character set набор символов ANSI
ANSTI Консультативный совет по научной и технической информации
answer ответ; отклик; реакция
answerback 1. подтверждение приема сообщения; квитирование; 2. ответ на сигнал дистанционного управления; 3. автоматический ответ; автоответ; 4. ответ; ответная реакция
answerback drum автоответчик
answerer detection pattern шаблон обнаружения отвечающего
answer file файл ответов (на вопросы процедуры инсталляции)
answering ответ
answering delay задержка ответа
answering inbound calls ответы на поступающие звонки
answering system автоответчик
answer wizard встроенная справка
antecedent 1. первый член пропорции; 2. антецедент; предпосылка; посылка; 3. предшествующий; предыдущий
antecedent interpretation рассуждение от фактов; интерпретация от фактов; вывод снизу вверх
antecedent event предшествующее событие
antenna антенна
anthropocentrism антропоцентризм
anti-alias сглаживание краев
anti-aliased font сглаженный шрифт
antialiasing 1. защита от наложения спектров; очистка от искажений; исправление искажений изображения; фильтрация-сглаживание; механизм защиты от искажения квантования; 2. сглаживание (растровых изображений); плавное изменение

antialiasing circuit схема компенсации спектральных наложений
antialiasing filter фильтр защиты от наложения спектров
antibugging защитное программирование; программирование с минимизацией ошибок
anticipate опережать; упреждать; предупреждать; предвидеть; предусматривать
anticipated carry adder сумматор с ускоренным переносом
anticipated response ожидаемая реакция
anticipated value ожидаемое значение
anticipation mode режим с упреждением
anticipator фазоопережающая цепь
anticipator buffering упреждающая буферизация
anticipatory упреждающий
anticipatory appraisal предварительная оценка
anticipatory buffering упреждающая буферизация
anticipatory control управление с прогнозирование; упреждающее управление
anticipatory paging подкачка с упреждением; страничный обмен с упреждением
anticipatory staging упреждающее перемещение
anticoincidence антисовпадение
antiderivative integral неопределенный интеграл
antiferromagnetic антиферромагнетик
antiglare антибликовый; бликоподавляющий
antiglare panel бликоподавляющая панель
antihyperbolic function обратная гиперболическая функция
anti-interference capacity помехозащищенность
antilogarithm антилогарифм
antimode антимода
antinode 1. пучность; 2. антиузел
antinoise coding помехоустойчивое кодирование
antinomy антиномия
antiphase противофаза
anti-piracy hotline «горячая линия» для информации о незаконном использовании продуктов
antirace coding противосостязательное кодирование; кодирование, минимизирующее число конфликтных ситуаций
antireflection антиотражающий
antiresonance 1. антирезонанс; антирезонансные колебания; 2. резонанс токов; параллельный резонанс
antistatic антистатический
antistatic pad антистатическая подкладка
antistatic protective pad антистатический защитный коврик
antisymmetric антисимметричный; кососимметричный
antisymmetric relation антисимметричное отношение
antithetical correlation отрицательная корреляция
antithetical events несовместимые события; взаимоисключающие события
antitrigonometric function антитригонометрическая функция
antiviral product антивирусная программа; антивирусное программное обеспечение
antivirus антивирус
antivirus software антивирусное программное обеспечение
antropomorphic антропоморфный; человекоподобный
anycast адресация любому устройству группы
any part of field с любой частью поля
anyplace access доступ из любого места
anytime access доступ в любое время; постоянный доступ
AO аналоговый вывод
AOC автоматизированное управление эксплуатацией
AOCE открытая среда взаимодействия фирмы Apple
AOF автоматизированный офис будущего
aos добавлять единицу; увеличивать на единицу
AP 1. профиль приложения; 2. прикладной процесс; 3. прикладной процессор; 4. процессор сбора данных

APA 1. графический режим вывода «все точки адресуемые»; 2. полноадресуемый; адресуемый на все точки

APA display графический дисплей; полностью адресуемый дисплей; полноадресуемый дисплей; дисплей с адресацией пикселов

APC асинхронный вызов процедуры

APCUG Ассоциация групп пользователей ПК

APD 1. средняя задержка пакетов; 2. лавинный фотодиод

APDA Ассоциация разработчиков продуктов для компьютеров Apple

aperiodic circuit апериодическая схема; апериодический контур

aperture 1. апертура; 2. раскрытие антенны; 3. расходимость оптического пучка; 4. кадровое окно; 5. отверстие; перфорация; 6. диаметр отверстия объектива

aperture card апертурная карта

aperture correction апертурная коррекция

aperture grid апертурная сетка; апертурная решетка

aperture grille апертурная решетка

aperture ratio 1. светосила (объектива); 2. формат изображения (телевизионного)

apex вершина

APEX bus усовершенствованная процессорная шина расширения; шина APEX

APH автоматическая регулировка напряжения (в UPS)

API 1. API-интерфейс; интерфейс прикладного программирования; интерфейс прикладных программ; прикладной программный интерфейс; программный интерфейс прикладных задач; 2. автоматическое прерывание с учетом приоритетности; автоматическое прерывание по приоритету

APIC усовершенствованный программируемый контроллер прерываний

API Immediate Mode интерфейс непосредственного режима

API server cursors серверные курсоры библиотек API

APLF локальные функции прикладного процесса

Apllication Building Classes классы построения приложений

APM управление потреблением мощности; протокол усовершенствованного управления потреблением мощности; усовершенствованное управление питанием; усовершенствованные средства управления питанием; улучшенное регулирование расхода энергии

APmI множественный интерфейс прикладных программ

APM technology усовершенствованная технология управления питанием

aposteriori density function апостериорная плотность распределения

aposterior information апостериорная информация

apostrophe апостроф

APP прикладной переносимый профиль

apparatus 1. аппарат; 2. установка; устройство; 3. инструментальные средства; инструмент; инструментарий

apparatus switch аппаратный переключатель

apparent intersection невидимое пересечение объектов при продолжении линий

appbar панель приложений

app builder 1. разработчик приложений; 2. построитель прикладных программ; средство генерации программ

APPC усовершенствованный интерфейс связи между программами; расширенный интерфейс межпрограммной связи; развитая связь между программами

APPC/PC APPC для персональных компьютеров

app-development tool инструментальное средство разработки приложений

appearance 1. внешнее представление; внешний вид (объекта интерфейса программы); 2. появление; возникновение; 3. иллюзия

appearance of motion иллюзия движения

append 1. дополнение; присоединенные записи 2. добавлять; 3. конкатенировать; присоединять

append contents of clipboard добавление содержимого из буфера

append data to existing table добавление данных в таблицу

appendix приложение

append mode режим дозаписи; режим присоединения

append query запрос на добавление

APPI развитая архитектура связи одноуровневых сетей

Apple Desktop Bus шина настольных систем фирмы Apple Computer; шина ПК компании Apple; шина ПК Macintosh

Apple Integration Architecture архитектура интеграции фирмы Apple

Apple Media Control Architecture архитектура управления носителями информации фирмы Apple

Apple Open Collaboration Environment открытая среда взаимодействия фирмы Apple

Apple Real-Time Architecture архитектура реального времени фирмы Apple

Apple Remote Access метод дистанционного доступа фирмы Apple

Apple's events Apple-события

applet апплет; встраиваемое Java-приложение; прикладная мини-программа; программка; программа (в интерфейсе Windows); небольшая программа; активный объект

AppleTalk Control Protocol управляющий протокол среды AppleTalk

AppleTalk File Protocol протокол передачи файлов в сетях AppleTalk

AppleTalk Filing Protocol файловый протокол AppleTalk

AppleTalk module модуль AppleTalk

AppleTalk network сеть AppleTalk

AppleTalk network Zone зона сети AppleTalk

AppleTalk Phase 2 фаза 2 протоколов AppleTalk

AppleTalk Print Services module модуль сервиса печати AppleTalk; модуль печати AppleTalk

AppleTalk protocol stack стек протоколов AppleTalk

AppleTalk Remote Access Protocol протокол удаленного доступа в сетях AppleTalk

AppleTalk Session Protocol сеансовый протокол AppleTalk

AppleTalk stack стек протоколов AppleTalk

AppleTalk Transaction Protocol протокол транзакций AppleTalk

AppleTalk Update-based Routing Protocol протокол маршрутизации с обновлением среды AppleTalk

appliance бытовое электронное оборудование; устройство; прибор

applicability применимость; пригодность

applicable применимый; пригодный; приложимый

applicable filter применяемый фильтр

applicable information применимая информация

applicant претендент; кандидат

applicate аппликата

application 1. приложение; прикладная программа; 2. применение; использование

application area прикладная область

application bar панель приложений

Application Binary Interface двоичный интерфейс приложений

application builder 1. разработчик прикладных систем; 2. построитель приложений

Application Building Classes классы построения приложения

application call вызов из прикладной программы

application-centric terminal терминал, ориентированный на определенные приложения

application client клиент приложения

application/communication «приложения/связь»

Application Control and Management System система контроля и администрирования приложений

Application Control Architecture архитектура управления приложениями

application-dependent зависящий от применения; зависящий от конкретного приложения; связанный с конкретными применением; ориентированный на конкретное применение

application dependent key клавиша, зависящая от прикладной программы

application designer 1. конструктор прикладных программ; 2. программные средства создания прикладных пакетов

application developer разработчик приложений

Application Development Environment среда разработки приложений

application development platform платформа для разработки прикладных программ

Application Development Workbench инструментальная система разработки приложений

application discovery обнаружение приложений

application domain область приложения; область применения; прикладная область; предметная область; проблемная область

application entity объект прикладного уровня; прикладная компонента

application environment 1. среда прикладной программы; прикладное окружение; 2. прикладное окружение; 3. предметная область

Application Environment Profiles профили прикладной среды

Application Environment Specifications спецификации среды прикладных программ

application error ошибка в прикладной программе; ошибка в приложении

application event событие приложения

application field область применения

application flow diagram блок-схема прикладной программы

application forms формы приложений

application framework прикладная среда; среда разработки приложений

application generator генератор приложений; генератор прикладных программ

application group группа приложений; группа прикладных программ

application icon значок приложения; пиктограмма прикладной задачи; пиктограмма прикладной программы

application identifier идентификатор приложения

application informatics прикладная информатика

application interface 1. прикладной интерфейс; 2. интерфейс приложения

application language функциональный язык; язык функционального программирования

application launch запуск прикладной программы; запуск приложения

application launcher программа запуска приложений

application-launching facility средство запуска приложений

application layer прикладной уровень; уровень конкретного применения

application layer of a network protocol прикладной уровень сетевого протокола

application layer structure структура прикладного уровня

application library библиотека прикладных программ

application linking and embedding связывание и встраивание модулей приложений

application loadable module приложение в виде загружаемого модуля

application management system система управления приложениями

application mathematics прикладная математика

application metering program программа для измерения характеристик приложений

application-modal dialog box режимное диалоговое окно приложения; модальное диалоговое окно приложения

application module прикладной модуль

application name имя приложения

application not detected приложение не определено

application object 1. объект-программа; программный объект; 2. объект «приложение»; объект-приложение; 3. объект приложения

application operating system прикладная операционная система

application-oriented ориентированный на область применения; ориентированный на конкретное применение; проблемно-ориентированный; прикладной

application-oriented subprogram подпрограмма, ориентированная на область применения

application pack пакет, ориентированный на область применения; прикладной пакет

application package пакет прикладных программ

application partitioning tool средства разделения программ

Application Portability Profile прикладной переносимый профиль

application process прикладной процесс

application process group группа прикладных процессов

application process local functions локальные функции прикладного процесса

application program прикладная программа; приложение; программа, ориентированная на область применения

application programmer прикладной программист

application programming прикладное программирование

application programming interface прикладной программный интерфейс; программный интерфейс прикладных задач; интерфейс прикладного программирования

application programming tools инструментальные средства прикладного программирования

application program multiple interface множественный интерфейс прикладных программ

application program package пакет прикладных программ

application protocol протокол прикладной программы

applications binary interface (стандартный) двоичный интерфейс прикладных программ

application search поиск прикладной программы

application server сервер приложений; сервер прикладных программ

application-server process серверный процесс приложения

application service element прикладной сервисный элемент

application services прикладные службы; службы приложений; сервисные средства поддержки приложений

applications from models приложения на базе моделей

application shortcut key оперативная клавиша программы

application-simulating test тест, имитирующий выполнение приложения

applications log журнал приложений

application software прикладное программное обеспечение

application-specific специализированный; отражающий специфику применения; связанный с конкретным применением

application specification технические требования к прикладной задаче; спецификация приложения

application specific coding flag флаг кодировки конкретного приложения; признак кодировки приложения

application-specific integrated circuitry интегральные схемы прикладной ориентации; специализированные интегральные схемы

application-specific integrated circuits интегральные схемы прикладной ориентации

application-specific memory специализированная интегральная схема памяти

application subsystem подсистема поддержки приложений

application suite комплект приложений; прикладной пакет; прикладной программный комплекс

application system прикладная система; приложение

application task прикладная задача

application terminal прикладной терминал

application title заголовок приложения

application-to-application interface интерфейс связи между приложениями

application tuning настройка на применение

application variable предметная переменная

application visualization system прикладная система визуального отображения

application window окно приложения; окно прикладной программы

applicative language аппликативный язык

applicative statement аппликативный оператор

APPLI/COM «приложения/связь»

applied прикладной

applied layer прикладной уровень

applied load наложенная нагрузка

applied mathematics прикладная математика

applied methodology прикладная методология

applied relevance прикладное значение

applied research 1. прикладные исследования; 2. прикладные науки

applied robotics прикладная робототехника

apply 1. применять, использовать; 2. прилагать; 3. налагать; 5. подводить; 6. вносить

apply change сохранить изменения

apply filter применить фильтр

applying of syntactic algorithms применение синтаксических алгоритмов

applying over part of image применение к части изображения

applying over whole image применение ко всему изображению

apply predefined form styles применение готовых стилей

apply shading применить затенение

apply style применить стиль

APPN 1. улучшенный протокол одноранговых сетей; 2. развитая архитектура одноуровневых сетей

APPN NN сетевой узел развитой архитектуры одноранговой сети; развитая архитектура одноуровневых сетей — сетевой узел

appointment встреча; условленная встреча

apportionment пропорциональное распределение

appraisal оценка

appraisal of damages оценка убытков

appraisement оценка

approach 1. подход; метод; принцип; 2. приближение; аппроксимация; 3. технология; 4. подвод; подача; 5. сближение; 6. приближать

approachable program доступная программа; простая программа

appropriate подходящий; соответствующий

approval 1 подтверждение; 2. утверждение; 3. одобрение; утверждение; апробация

approved утвержденный

approximate 1. аппроксимативный; приближенный; приблизительный; приближающий; аппроксимирующий; 2. аппроксимировать; приближать; 3. приближенно равняться

approximate analysis приближенный анализ

approximate calculation приближенное вычисление

approximate equation 1. приближенное равенство; 2. аппроксимирующее уравнение

approximate expression приближенное выражение

approximate formula приближенная формула

approximately приблизительно

approximate solution приближенное решение

approximating приближающий; аппроксимирующий

approximation 1. аппроксимация; приближение; 2. приближенное значение; 3. упрощение

approximation error ошибка аппроксимации

approximation in the mean приближение в среднем

approximation straight line аппроксимирующая прямая

approximation theory теория приближения

apps приложения

app server сервер приложений

app size размер приложения

appwizards многократно используемые программные компоненты в форме «мастеров»

APR автоматическое размещение элементов и трассировка соединений

a priori заранее заданный; априорный

a priori information априорная информация

aproximate 1. аппроксимировать; приближать; 2. приблизительный; 3. приближенный

APRP технология адаптивного распознавания образов

APS 1. спецификация асинхронного протокола; 2. автоматизированная патентная система; 3. автоматическое защитное переключение

APSE среда поддержки программирования на языке Ада; средства обеспечения программирования на языке Ада; среда программирования на Аде

APT 1. передача полного изображения; 2. автоматическая передача изображения; 3. инструментальные средства прикладного программирования; 4. развитая параллельная технология;

aqua голубой

AR автоматическое восстановление

ARA метод дистанционного доступа фирмы Apple

ARAG антибликовая, антиареольная (поверхность экрана)

ARAP протокол удаленного доступа в сетях AppleTalk

ARB 1. буфер переупорядочения адресов; 2. доступная скорость передачи в битах

ARBD автоматическое определение скорости передачи двоичных данных

arbiter арбитр; арбитратор; схема разрешения конфликтов; средство разрешения конфликтов

arbitrage bus шина арбитража

arbitrary произвольный; произвольно выбранный

arbitrary access произвольная выборка; произвольный доступ

arbitrary constant произвольная постоянная

arbitrary function произвольная функция

arbitrary number произвольное число

arbitrary sequence computer 1. машина с произвольной последовательностью выполнения команд; 2. компьютер с принудительной выборкой команд

arbitrary value произвольное значение

arbitrate access осуществлять арбитраж доступа

arbitrated loop регулируемое кольцо; управляемая петля

arbitration арбитраж; разрешение конфликтных ситуаций

arbitration lines линии арбитража

arbitration logic арбитражная логика
arbitration operation операция арбитража
arc дуга; ориентированное ребро
arcade аркада; диалоговая видеоигра
arcade game диалоговая видеоигра; компьютерная игра-аттракцион
arcade-type game диалоговая видеоигра; компьютерная игра-аттракцион
arc-coloring lemma лемма об окрашивании дуг
architector архитектор
architectural архитектурный
architectural design архитектурное проектирование
architectural drawing архитектурный чертеж
architectural module архитектурный модуль
architectural simulator архитектурный имитатор
architecture 1. архитектура; 2. конструкция; структура; строение; конфигурация
architecture-dependent архитектурно-зависимый; определяемый архитектурой
architecture design and assessment system система проектирования и оценки архитектуры
architecture item архитектурный конструктив
architecture layer уровень архитектуры
Architecture Neutral Distribution Format независимый от архитектуры формат распространения ПО; независимый от архитектуры формат электронного распространения программного обеспечения
archival storage архивное запоминающее устройство
archive 1. архив; хранилище; 2. помещать в архив; архивировать
archive attribute атрибут «архивный»
archive backup архивная копия; архивный дубликат
archive bit бит архивирования
archive copy архивная копия
archive database архивная база данных
archived file файл в архиве; архивированный файл; архивный файл; файл, помещенный в архив
archive extraction извлечение из архива
archive extract utility утилита распаковки архива
archive file 1. архивный файл; 2. файл-архив
archive-in загружать из архива
archive needed attribute атрибут «нужно архивировать»
archive overhead накладные расходы на архивирование
archive program программа архивирования
archiver архиватор; программа резервного копирования
archive server сервер архивирования
archiving архивное хранение; архивирование
archiving software программного обеспечения архивирования
archiving technology технология архивирования (данных)
arc hyperbolic function обратная гиперболическая функция
ARCnet вычислительная сеть с присоединенными ресурсами
Arcnet сеть стандарта ARCnet; сеть коммуникаций с подключенными ресурсами
arc of a circle дуга окружности
arc of graph дуга графа
ARC specification спецификация усовершенствованных RISC-компьютеров
arc tangent арктангенс
arc trigonometric function обратная тригонометрическая функция
Arden's rule правило Ардена
ARDIS усовершенствованная информационная служба радиопередачи данных
area 1. область; зона; участок; 2. площадь; поверхность; 3. сфера; 4. пространство; 5. контактный участок; контактная поверхность

area address 1. адрес зоны; 2. адрес области
area chart диаграмма с областями; комбинированная двумерная диаграмма
area code код района; код города (области и т.п.)
area complexity поверхностная сложность
area contact 1. плоский контакт; 2. контакт по площади
area control center зональный центр управления
area declaration описание области
area definition определение области
area editing редактирование отдельных зон
area erasing стирание изображения участками
area fill закрашивание области
area graph фигурная диаграмма; площадная диаграмма; закрашенный график
area histogram гистограмма с площадью столбцов, пропорциональной значениям
areal data density информационная поверхностная плотность записи
areal density плотность записи (на устройство хранения данных); поверхностная плотность
areal packing density поверхностная плотность записи
areal recording density поверхностная плотность записи
area move перемещение областей
area name имя области
area of complex shape площадь сложной фигуры
area of expertise область знаний
area of memory область памяти
area of overlapping concern область взаимных интересов
area-scan camera камера со строчно-кадровой разверткой
area search тематический поиск
area-subdivision algorithm алгоритм разбиения области
area-time complexity поверхностно-временная сложность
area-time-squared complexity квадратичная поверхностно-временная сложность
area variable переменная типа «область»
ARF флаг подтверждения; индикатор подтверждения
arg аргумент; независимая переменная; параметр
arglist список аргументов
argument 1. аргумент; доказательство; суждение; 2. параметр; аргумент; независимая переменная
argument field поле аргумента; поле операнда
argument list список параметров; список аргументов
argument passing передача параметров
argument solicitation запрос параметра; запрос аргумента
argument type list список типов параметров
arithmetic 1. арифметика; арифметические операции; арифметические действия; 2. арифметическое устройство; арифметический блок; 3. арифметический
arithmetic address арифметический адрес
arithmetical арифметический
arithmetical check арифметическая проверка
arithmetical checking арифметическая проверка
arithmetical fixed-point operation арифметическая операция с фиксированной точкой
arithmetical mean арифметическое среднее
arithmetical operation арифметическая операция
arithmetical unit арифметическое устройство
arithmetic and logical unit арифметико-логическое устройство; АЛУ
arithmetic calculations арифметические вычисления; арифметические расчеты
arithmetic check арифметический контроль
arithmetic circuit арифметическое устройство
arithmetic data арифметические данные; числовые данные
arithmetic error арифметическая ошибка
arithmetic expression арифметическое выражение

arithmetic extrapolation линейная экстраполяция
arithmetic function арифметическая функция
arithmetic instruction арифметическая команда; команда арифметической операции
arithmetic-logical unit арифметико-логическое устройство
arithmetic mean арифметическое среднее
arithmetic microprocessor арифметический микропроцессор
arithmetic notation арифметическая запись; арифметическое обозначение
arithmetic operation арифметическая операция
arithmetic operation bug ошибка в арифметической операции
arithmetic operator 1. арифметическая операция; 2. арифметический оператор
arithmetic register 1. арифметический регистр; 2. регистр арифметического устройства
arithmetic relation арифметическое отношение
arithmetic shift арифметический сдвиг; операция арифметического сдвига
arithmetic statement арифметический оператор
arithmetic term арифметический член
arithmetic type арифметический тип
arithmetic unit арифметическое устройство; арифметический блок
arithmometer арифмометр
arity 1. арность; 2. число операндов; число аргументов
arjive файл, созданный архиватором ARJ
ARL 1. длина восстановленного кольца; 2. список прав доступа; список пользователей, имеющих право доступа
ARLL усовершенствованный метод RLL; усовершенствованный код с ограничением длины; усовершенствованный код с ограниченной длиной
arm 1. манипулятор; 2. плечо; 3. рычаг; 4. стрелка; 5. указатель; 6. ветвь; ответвление
ARM 1. режим асинхронного ответа; 2. усовершенствованный режим восстановления информации; 3; запрос на получение адреса
ARMA авторегрессионное скользящее среднее
armed interrupt принятое прерывание; разрешенное прерывание
AROM перепрограммируемое ПЗУ; программируемое ППЗУ
ARP протокол определения адресов; протокол разрешения адресов; протокол преобразования адресов
ARPA Агентство перспективных исследовательских разработок; Управление перспективных исследований и разработок
ARPANET сеть Агентства перспективных исследовательских разработок; сеть ARPA
ARQ автоматический запрос повторной передачи (в модемах); автоматический запрос на повтор
arrange 1. размещать; 2. упорядочивать; 3. располагать; компоновать; 4. классифицировать; 5. приспосабливать; 6. монтировать; 7. налаживать; пригонять
arrange icons упорядочить значки
arrangement 1. расположение; размещение; 2. компоновка; монтаж; 3. упорядочение; упорядочение; 4. система; схема; устройство; установка; 5. наладка; пригонка; 6. классификация; 7. приспособление; средства; 8. зонд
arrangement of the memory system компоновка системы памяти; структура памяти
arrange minimized windows выравнивание расположения значков окон в нижней части экрана (в Windows)
arranges icons in a grid привязка значков к узлам сетки
arrange the icons automatically автоматическое упорядочивание значков
arrange windows in tiled format расположение окон рядом без перекрытия; расположение окон на экране неперекрывающимся образом
arranging tools инструменты размещения
array 1. матрица; решетка; сетка; 2. массив; вектор; 3. таблица; 4. расположение в определенном порядке; размещение выборочных объектов в определенном порядке; 5. регулярный
array aggregate составное значение
array antenna антенная решетка
array argument аргумент-массив
array boundaries границы массива
array boundary computing вычисление границ массива
array bug ошибка при работе с массивом; ошибка в массиве
array calculation обработка массива
array cell элемент массива; элемент матрицы; ячейка матрицы
array controller контроллер дискового массива
array conversion преобразование массива
array declaration объявление массива; описание массива
array declarator оператор объявления массива; описатель массива
array descriptor паспорт массива; дескриптор массива
arrayed data упорядоченные данные
array element элемент массива
array element successor function функция следования элементов массива; функция порядка элементов в массиве
array expression 1. выражение-массив; 2. выражение над массивами; выражение с массивами
array identificator идентификатор массива
array identifier идентификатор массива
array index индекс массива; номер элемента массива
array list список массивов
array name имя массива
array ordering упорядочение массива
array parameter 1. параметр типа «массив»; 2. параметр массива
array processor матричный процессор
array processor controller 1. процессор-контроллер дискового массива; 2. векторный процессор
array range checking контроль границ массива
array representation представление в виде массива
array segment сегмент массива
array size размер массива
array-subscripting errors ошибки индексирования массива
array type тип «массив»; индексируемый тип
array variable переменная-массив; переменная типа массив
arrest останавливать; арретировать
arrester 1. останов; 2. ограничитель; упор; 3. стопорное устройство; 4. разрядник: 5. молниеотвод
arrival 1. поступление; прибытие; 2. вход в систему; 3. время регистрации в системе; время входа; 4. прибытие
arrival density интенсивность входного потока
arrival rate интенсивность входного потока; частота поступления
arrival time 1. время прибытия; 2. время входа
ARRL усовершенствованный метод RLL
arrow стрелка
arrow cursor стрелка курсора; курсор в виде стрелки
arrowhead размерная стрелка (на чертеже); стрелка; обозначение стрелки; наконечник
arrow key клавиша со стрелкой; клавиша-стрелка; клавиша управления курсором
arrow key behavior переход по клавише со стрелкой
arrow mode режим перемещения
arrow operator операция «стрелка»
arrow tool инструмента-стрелка (для обработки изображений)

29

arrow up стрелка вверх

ARS автоматический выбор маршрута

ART 1. адаптивная технология распознавания; 2. технология автоматического распознавания; 3. технология повышенного разрешения

art 1. искусство; мастерство; 2. изобразительный оригинал; иллюстрация

ARTA архитектура реального времени фирмы Apple

art brush кисть

ARTE диспетчер Ада-программ реального времени

artefact артефакт; искусственный объект; искусственное средство идентификации; искусственный признак

article 1. изделие; продукт; предмет; 2. статья; пункт; параграф

articulation 1. сочленение; 2. шарнирное соединение; шарнир; 3. артикуляция; разборчивость

articulated-arm robot робот с шарнирными сочленениями; шарнирный робот

artifact 1. артефакт; искусственный объект; искусственное средство идентификации; 3. непреднамеренное визуальное искажение изображения; помехи изображения; искажения; 4. ложный дефект

artifacts посторонняя информация; шумы

artifactural difference искусственное различие

artificial anchor искусственный якорь (в графических программах)

artificial brain «искусственный мозг»

artificial cognition искусственное восприятие

artificial constraint искусственное ограничение

artificial intelligence искусственный интеллект

artificial intelligence community специалисты по системами искусственного интеллекта

artificial intelligence language язык искусственного интеллекта

artificial intelligence robot робот с искусственным интеллектом

artificial language искусственный язык

artificial memory искусственная память

artificial neural networks искусственные нейронные сети

artificial object искусственный объект

artificial perception искусственное восприятие

artificial vision искусственное зрение; техническое зрение

artistic brush живописная система

artistic effects художественные эффекты

artistic text фигурный текст

art quality художественного качества

art quality graphics графика художественного качества

artwork 1. изобразительный оригинал; 2. фотооригинал (шаблона); оригинал фотошаблона; 3. макет; трафарет; топологический чертеж фотошаблона; чертеж трафарета; 4. художественные произведения; иллюстрации; графика

artwork settings параметры изображения

ARU устройство речевого ответа

AS 1. архитектурный имитатор; 2. сервер приложений

ASA 1. Американская ассоциация программного обеспечения; 2. Американская ассоциация по стандартизации; Американская ассоциация по стандартам

ASAP «как можно раньше»

as-build manufacturing documentation техническая документация

ASC 1. центр учета и сбора статистики; 2. компьютер для установки заданных характеристик; 3. комиссия по стандартам ANSI; 4. функция выпрямления бумаги; 5. усовершенствованный компьютер для научных задач; 6. звуковая микросхема фирмы Apple

ASCAP Американское общество композиторов, авторов и издателей

ascend 1. подниматься; всходить; 2. восходить

ascender надстрочечный элемент; строчная буква с верхним выносным элементом; верхний выносной элемент буквы

ascending по возрастанию; восходящий; возрастающий

ascending key возрастающий ключ

ascending method восходящий метод

ascending order возрастающий порядок

ascending ordering упорядочение по возрастанию

ascending sequence возрастающая последовательность

ascending sort сортировка по возрастанию

ascending testing восходящее тестирование

ascent крутизна

ascertainment error ошибка выборочного обследования; ошибка выборочного наблюдения

ASCF флаг кодировки конкретного приложения; признак кодировки приложения

ASCII американский стандартный код обмена информацией

ASCII character символ в коде ASCII

ASCII character set набор символов ASCII

ASCII file файл ASCII; текстовый файл

ASCII format текстовый формат; формат ASCII

ASCII keyboard клавиатура, работающая в кодах ASCII; клавиатура с кодами ASCII

ASCII-numeric conversion преобразование из кода ASCII в числовую форму

ASCII terminal текстовый терминал; ASCII-терминал

ASCII text file текстовый файл в ASCII-формате

ASCIIZ строка символов ASCII, завершающаяся символом NUL

ASD автоматизированное распространение программного обеспечения

ASE 1. прикладной сервисный элемент; 2. уполномоченный инженер-системотехник

ASF 1. автозагрузчик (листов бумаги); автоматическая подача бумаги; 2. флаг кодировки конкретного приложения; признак кодировки конкретного приложения

ASI асинхронный последовательный интерфейс

ASIC интегральная схема прикладной ориентации; специализированная интегральная схема; заказная специализированная интегральная схема

ASIC gate array вентильная матрица, изготовленная по технологии ASIC

aside экранная сноска

«as if» rule правило «как если бы»

ASIS Американское общество по информатике

as-is utility исходная полезность

ASK кодирование со сдвигом амплитуды

askable запрашиваемый

ASK system система с амплитудной манипуляцией

ASM специализированная интегральная схема памяти

asm ассемблер

ASMP асимметричная многопроцессорная обработка

ASN стандартный язык описания; абстрактное описание синтаксиса; система обозначений для описания абстрактного синтаксиса

ASP 1. средняя продажная цена; 2. провайдер сервиса приложений

aspect 1. аспект; 2. показание

aspect card аспект-карта; карта запроса

aspect ratio аспект; пропорции; соотношение радиусов по осям X и Y; коэффициент сжатия; коэффициент относительного удлинения; характеристический коэффициент; коэффициент пропорциональности

aspect request аспектный запрос

ASPI программный интерфейс для SCSI-устройств; усовершенствованный интерфейс программирования SCSI; развитый интерфейс программирования SCSI; усовершенствованный программный интерфейс драйверов SCSI

ASQ инструментальные средства создания качественного ПО

ASR 1. автоматическое восстановление системы; 2. автоматическое распознавание речи

assay 1. проба; 2. количественный анализ

assaying испытание; анализ; проба

assemblage 1. сборка; монтаж; компоновка; 2. узел; блок; 3. семейство; совокупность; 4. составление; 5. ассемблирование

assemble 1. ассемблировать; транслировать; 2. собирать; компоновать; монтировать; собирать

assemble-and-go ассемблировать с последующим выполнением

assembler 1. ассемблер; язык ассемблера; 2. программа сборки; ассемблирующая программа

assembler directive директива ассемблера

assembler language язык ассемблера

assembler statement оператор ассемблера

assembler table таблица ассемблера

assemble the video монтировать видео; заниматься видеомонтажом

assemble-to-order сборка на заказ

assembling 1. сборка; монтаж; 2. компоновка; ассемблирование; трансляция

assembling multipage documents компоновка многостраничных документов

assembly 1. ассемблирование; трансляция с языка ассемблера; 2. монтаж; сборка; 3. комплект; 4. компоновочный узел; 5. компоновка; ассемблирование

assembly average среднее по множеству

assembly diagram диаграмма сборки; схема сборки

assembly drawing сборочный чертеж

assembly emitter генератор кода ассемблера

assembly fault ошибка компоновки

assembly instruction команда ассемблера

assembly language program программа на языке ассемблера

assembly level debugging отладка на уровне ассемблера

assembly line линия сборки

assembly list список объединения

assembly listing протокол ассемблирования

assembly method метод компоновки программ

assembly program компонующая программа

assembly program run просмотр ассемблера; проход ассемблера

assembly schedule план сборки; график сборки

assembly system план компоновки

assembly testing комплексные испытания

assembly time время ассемблирования

assembly unit блок объединения; компоновочный блок

assemulator ассемулятор; ассемблер-эмулятор

assert утверждать; предполагать; высказывать

assertion 1. утверждение; 2. условие; 3. оператор контроля

assertional database база данных для утверждений

assertion box вводящий блок

assertion checker 1. блок проверки утверждения; ревизор утверждений; блок контроля утверждений; 2. программа верификации; 3. верификатор условий

assertion operator оператор контроля

assertion statement оператор контроля

assess определять; оценивать

assessment оценка

ASSET усовершенствованная инструментальная система для эмуляции и тестирования

asset авуары; актив; имущество; ресурс

asset control управление инвентаризацией сети; управление ресурсами

asset management управление ресурсами

assets основные фонды; активы

assets and liabilities активы и пассивы

assign 1. приписывать; присваивать; задавать (значение); ставить в соответствие; приписывать; 2. выделять; предоставлять (канал); 3. распределять (ресурсы) 4. назначать; определять

assignable object изменяемый объект

assign a material присваивать материал (в графике)

assignation назначение; присваивание

assigned condition исходное состояние

assigned device переназначенное устройство

assigned unit назначенное устройство; закрепленное устройство

assigning of alternate track подключение резервной дорожки

assigning to image map назначение карте ссылок

assigning to object присваивание объекту

assignment 1. приписывание; присваивание; присвоение; задание (величины); назначение; 2. выделение; предоставление (каналов); 3. распределение (ресурсов) 4. закрепление; 5. ассигнование

assignment by module распределение по программным модулям

assignment compatibility совместимость по присваиванию

assignment-free language язык без операций присваивания; язык программирования без присваивания

assignment instruction команда присваивания

assignment list список присваиваний; список назначений

assignment of value присваивание значения

assignment operator знак присваивания

assignment routine подпрограмма присваивания

assignment statement оператор присваивания

assign permissions to users присвоение прав доступа пользователям

assimilation ассимиляция

assimilation of carries учет переносов

assist помогать; содействовать

assistance помощь; содействие

assistance program вспомогательная программа

assistant 1. электронный секретарь; записная книжка; деловой календарь; 2. помощник; ассистент; заместитель; 3. утилита-помощник

assistant chief programmer помощник главного программиста

assisted panel 1. окно комментариев; 2. вспомогательное окно

assist mode режим с подсказкой

associate 1. соединять; присоединять; связывать; ассоциировать; 2. присоединенный; 3. сопоставлять; увязывать

associated соответствующий; связанный; присоединенный

associate design сопряженные планы

associated signaling mode ассоциированный режим передачи сигналов

associate professor адъюнкт-профессор

association 1. ассоциация; взаимосвязь; 2. связь; соединение; 3. сопоставление

association context контекст соединения

association control service element сервисный элемент управления ассоциацией

association factor коэффициент ассоциации

Association for Computing Machinery Ассоциация по вычислительной технике США

Association for Information and Image Management Ассоциация по системам управления обработкой информации и изображений

association indexing составление частотного словаря совместной встречаемости

association law закон ассоциативности

association list список сопоставлений; ассоциативный список

association of attributes взаимосвязь качественных признаков

Association of Color Thermoprinting Ассоциация по цветной термопечати

Association of Computer Programmers and Analysts Ассоциация программистов и системных аналитиков

Association of PC Users Groups Ассоциация групп пользователей ПК

association of ports ассоциация портов

associative ассоциативный; сочетательный

associative addressing ассоциативная адресация

associative answer ассоциативный ответ

associative array ассоциативная матрица; матрица ассоциативных элементов

associative calculus ассоциативное исчисление

associative computer ассоциативный компьютер

associative criterion ассоциативный признак

associative database computer ассоциативная машина баз данных

associative descriptor ассоциативный дескриптор

associative dimensioning 1. ассоциативное изменение размеров; 2. ассоциативное определение размеров

associative disk ассоциативный диск

associative film memory ассоциативная пленочная память

associative indexed access method ассоциативный индексный метод доступа

associative indexing ассоциативное индексирование

associative information ассоциативная информация

associative law ассоциативный закон

associative link ассоциативная связь

associative memory ассоциативная память

associative operation ассоциативная операция

associative processor ассоциативный процессор

associative programming ассоциативное программирование

associative relations ассоциативные отношения

associative search ассоциативный поиск

associative structure ассоциативная структура

associative system ассоциативная система

associativity ассоциативность

associator ассоциатор

assortment набор

assume предполагать; допускать; принимать

assumed decimal point подразумеваемая десятичная точка (запятая)

assumed function исходная функция

assumption предположение; допущение

assumption diagram конструктивная диаграмма; теоретическая диаграмма

assumption formula исходная формула

assurance 1. обеспечение; гарантирование; гарантия; 2. страхование

assured data transfer передача данных с гарантированной доставкой

assured mode режим гарантированной доставки

AST 1. атлантическое поясное время; нью-йоркское время; 2. асинхронное системное прерывание

asterisk звездочка; символ *

asterisk address адрес со звездочкой

AST Memory краткосрочно распределяемая память; пул краткосрочного распределения

ASTRAL Альянс для стратегического продвижения Token Ring

AST routine обработчик системных прерываний; программа реакции на системное прерывание

ASVD аналоговый стандарт передачи речи и данных

asymmetrical autentication асимметричная аутентификация

asymmetrical digital subscriber line асимметричная цифровая абонентская линия

asymmetrical function несимметричная функция

asymmetrical multiprocessing асимметричная мультипроцессорная обработка

asymmetric cipher асимметричный шифр

asymmetric encryption асимметричное шифрование; криптография с открытым ключом

asymmetric image compression асимметричное сжатие изображения; сжатие, требующее больше времени, чем распаковка

asymmetric input/output асимметричный ввод-вывод

asymmetric multiprocessing асимметричная многопроцессорная обработка

asymmetric multiprocessing system асимметричная мультипроцессорная система

asymmetric relation асимметричное отношение

asymmetric system асимметричная система

asymmetry асимметрия

asymptotic асимптотический

asymptotical estimate асимптотическая оценка

asymptotically efficient estimator асимптотически эффективная оценка

asymptotically normal distribution асимптотически нормальное распределение

asymptotically normal estimator асимптотически нормальная оценка

asymptotically unbiased estimator асимптотически несмещенная оценка

asymptotical mean асимптотическое среднее

asymptotic behavior асимптотическое поведение

asymptotic equation асимптотическое уравнение

asymptotic error асимптотическая ошибка

asymptotic expansion асимптотическое разложение

asymptotic method асимптотический метод

asymptotic normality асимптотическая нормальность

asymptotic stability асимптотическая устойчивость

async analog circuit асинхронная аналоговая линия

asynchronous асинхронный

asynchronous address communication system асинхронно-адресная система связи

asynchronous attack шифрование типа «асинхронная атака»

asynchronous automaton асинхронный автомат

asynchronous bit synchronization асинхронная синхронизация битов; асинхронные коммуникации

asynchronous bus 1. асинхронная шина; 2. асинхронный канал

asynchronous circuit асинхронная схема

asynchronous communications interface adapter адаптер асинхронной интерфейсной связи

asynchronous communication element асинхронный элемент связи

asynchronous communication асинхронная передача

asynchronous communications interface adapter адаптер асинхронной связи; интерфейсный адаптер асинхронной передачи данных

asynchronous communications server сервер асинхронной связи

asynchronous connection асинхронная связь; асинхронное соединение

asynchronous data асинхронные данные; данные, передаваемые асинхронно

asynchronous data transfer асинхронная передача данных

asynchronous data transmission channel асинхронный канал передачи данных

asynchronous design проектирование асинхронных схем

asynchronous error асинхронная ошибка

asynchronous event scheduler асинхронный планировщик событий

asynchronous execution service request сервисный запрос на асинхронное выполнение процесса

asynchronous exit routine программа асинхронного вывода

asynchronous input/output асинхронный ввод-вывод

asynchronous interrupt асинхронное прерывание

asynchronous I/O асинхронный ввод-вывод

asynchronous modem асинхронный модем

asynchronous notification асинхронное уведомление

asynchronous operation асинхронная работа

asynchronous overlay supervisor асинхронный оверлейный супервизор

asynchronous process асинхронный процесс

Asynchronous Protocol Specification спецификация асинхронного протокола

asynchronous replication асинхронное тиражирование; асинхронное дублирование

asynchronous request/response асинхронная связь через запрос/ответ

asynchronous response mode режим асинхронного ответа

asynchronous RPC асинхронные удаленные вызовы процедур; асинхронные RPC

asynchronous serial interface асинхронный последовательный интерфейс

asynchronous system trap асинхронное системное прерывание

asynchronous task action асинхронное выполнение задач

asynchronous TDM асинхронное временное уплотнение

asynchronous terminal асинхронный терминал

asynchronous time division multiplexing асинхронное мультиплексирование с разделением времени; асинхронное временное мультиплексирование

asynchronous time division multiple access метод асинхронного множественного доступа с временным разделением канала; асинхронное временное мультиплексирование

asynchronous transfer mode режим асинхронной передачи; ATM

asynchronous transmission асинхронная передача

asyndetic асиндетический; бессоюзный

AT продвинутая технология

ATA 1. Ассоциация производителей средств для ARCnet; 2. подключение к AT

at address по адресу

at-a-glance на взгляд; визуально

Atanasoff — Berry computer вычислительная машина Атанасова — Берри

ATAPI пакетный интерфейс подключения к AT

at a slight angle под малым углом

AT-BIOSed system ПК с BIOS стандарта IBM PC AT

AT-bus шина усовершенствованной технологии

ATC 1. авторизованный учебный центр; 2. кэш-память преобразования адресов; 3. разрешение на копирование программного обеспечения

at clause декларация положения

AT command AT-команда

AT command set набор команд AT

ATCP управляющий протокол AppleTalk

aTdHvAaNKcSe заранее благодарен (сокращение, принятое в Internet)

ATDM асинхронное мультиплексирование с разделением времени; асинхронное временное мультиплексирование; временное уплотнение

ATDMA метод асинхронного множественного доступа с временным разделением канала; асинхронное временное мультиплексирование

ATE автоматическая система контроля

A-test лабораторные испытания

ATF автоматическое слежение за дорожкой

ATI вход для аналогового тестирования

ATIS автоматизированная система идентификации и поиска рабочего инструмента

ATL 1. библиотека активных шаблонов; 2. автоматизированная библиотека на лентах

AT layout раскладка клавиатура IBM PC AT

ATLC card плата контура интерфейса консоли диспетчера

at least не менее

ATM 1. асинхронная передача данных; 2. режим асинхронной передачи; 3. автоответчик; система автоматического ответа; 4. торговый автомат; 5. банковский автомат; банкомат

ATM Adaptation Level адаптационный уровень ATM

ATM adapter ATM-адаптер

ATM backplane architecture архитектура магистралей ATM-коммутаторов

ATM cells ячейки ATM

ATM-centric ориентированный на ATM

ATM Forum Форум ATM

ATMI прикладной интерфейс монитора транзакций

ATM Interface Processor интерфейсный процессор ATM

atmospheric effects атмосферные эффекты

at most не более

ATMS усовершенствованная система управления текстом; усовершенствованная система редактирования текста

ATM signaling имитация системы сигналов ATM

ATM switch ATM-коммутатор; коммутатор для пакетов ATM

ATN расширенная сеть переходов

ATN grammar автоматная грамматика; ATN-грамматика

ATO 1. выход для аналогового тестирования; 2. сборка на заказ

atom атом; элементарная единица

atom expression атомарное выражение

atomic элементарный; атомарный; неделимый

atomic action элементарное действие

atomic argument аргумент типа атома; атомарный аргумент

atomic commitment атомарная фиксация

atomic component элементарный компонент

atomic condition элементарное условие

atomic expression атом; атомарное выражение

atomic formula атомарная формула

atomic goal элементарная цель; атомарная цель

atomicity элементарность; атомарность

atomic operation атомарная операция; элементарная операция; неделимая операция

atomic update изменения, выполняемые как одна неделимая операция

atomic value атомарное значение

ATP интерфейсный процессор ATM

ATPA автоматизированная регулировка уровня передаваемого сигнала

ATPS сервис печати AppleTalk

ATPS print spooler спулер печати ATPS

ATR магнитофон

ATRN активная сеть типа Token Ring; активная сеть с доступом по системе маркерного кольца; активная кольцевая сеть с маркерным доступом

ATS 1. система автоматического перевода; 2. автоматическая система диагностики

ATSC Комитет по перспективным системам телевещания

attach 1. подключать; присоединять; подсоединять; 2. прикреплять; 3. образовать; 4. вложить

attached присоединенный; подключенный

attached device 1. прикрепленное устройство; доступное устройство; 2. навесной элемент

attached file вложенный файл; присоединенный файл (в электронной почте)

attached procedure присоединенная задача; присоединенная процедура

attached processor подчиненный процессор; сопряженный процессор; сопроцессор

attached processor system система с присоединенным процессором

attached resource communication network сеть коммуникаций с подключенными ресурсами; сеть ARCnet

attached resource computer network вычислительная сеть с подключенными ресурсами

attached resource computer system вычислительная сеть для распределенной обработки данных

attached resource computing network вычислительная сеть с присоединенными ресурсами

attached task подключенная задача; присоединенная задача

attached unit 1. закрепленное устройство; 2. подсоединенный блок

attached virtual processor присоединенный виртуальный процессор

attaching 1. присоединение; подсоединение; прикрепление; 2. закрепление

attachment 1. присоединение; подсоединение; подключение; 2. вложение (в электронной почте); 3. прикрепление; 4. приставка; приспособление

attachment interface интерфейс подключения

attachment name имя вложения

attachment unit interface интерфейс подключаемого устройства; интерфейс устройств подключения; интерфейс между приемопередатчиком и сетевым блоком сопряжения; интерфейс между узлом Ethernet и приемопередатчиком MAU

attach tables связь с таблицами (в интерфейсе СУБД)

attack атака; вторжение; попытка нарушения защиты; криптоанализ

attackable уязвимый

attacker нарушитель; злоумышленник

attainable accuracy достижимая точность

attend уделять внимание; сопровождать; принимать участие

attendance time время присутствия

attendant сопровождающий; обслуживающий

attendant console консоль оператора

attendant software обслуживающее программное обеспечение

attended operation работа под наблюдением пользователя; работа, требующая надзора оператора

attended printer принтер с ручной заправкой страниц

attended time время обслуживания

attention внимание

attention device сигнальное устройство

attention interrupt прерывание по сигналу «внимание»; прерывание по сигналу вызова; прерывания с целью привлечения внимания

attention interruption прерывание по запросу; прерывание по сигналу вызова

attention key клавиша прерывания; клавиша вызова; клавиша «внимание»

attention routine программа вызова

attenuate ослаблять; затухать; смягчать

attenuation 1. затухание; ослабление; 2. коэффициент затухания; декремент; коэффициент ослабления

attenuation network аттенюатор

attenuation ratio 1. коэффициент затухания; декремент; 2. модуль коэффициента распространения

attenuation-to-crosstalk ratio отношение затухания к перекрестным помехам

attenuator аттенюатор; развязка

attitude пространственное положение; ориентация; высота

attraction mode демонстрационный режим

attractive привлекательный; приемлемый

attractor точка притяжения

attribute 1. атрибут; признак; описатель; 2. элемент; 3. критерий; 4. реквизит; 5. свойство; 6. приписывать свойство; присваивать атрибуты

attribute byte байт атрибута

attribute change events события изменения атрибутов

attribute-control code код управления признаком

attribute factorization расстановка описателей

attribute grammar атрибутная грамматика

attribute group атрибутивная группа

attribute migration перемещение атрибута; пересылка атрибута

attribute of relation атрибут отношения

attribute schema атрибутная схема

attribute template file файл шаблонов атрибутов

attribute type тип атрибута

attribute value значение атрибута

attribute-value list список свойств; список пар «атрибут-значение»; список атрибутов объекта вместе с их значениями

attribute-value table список свойств; таблица атрибутов

attribution 1. присваивание атрибутов; означивание; 2. атрибуция; определение

attributive grammar атрибутивная грамматика

attrition game игра на истощение ресурсов

ATV перспективные проекты в области телевидения

ATVG автоматическая генерация тест-векторов

AU устройство доступа

AUD контроль; аудит; ревизия

audibility слышимость; относительный уровень звукового сигнала

audible alarm акустический сигнал; звуковой предупреждающий сигнал

audible beep-beep звуковой пробник

audio 1. звук; 2. звукозаписывающая и звуковоспроизводящая аппаратура; 3. звуковой; речевой; 4. звукозаписывающий; 5. звуковоспроизводящий

audio answer речевой ответ

audio block field bytes байты поля звукового блока

audio capture and playback adapter адаптер для оцифровки речи и музыки; адаптер для цифровой аудиозаписи и воспроизведения оцифрованного и синтезированного звука

audio cassette recorder кассетный магнитофон

audio CD аудио компакт-диск

audio channel звуковой канал

audio channel selection register регистр выбора звукового канала

audio communication line линия акустической связи

audio conference bridge мост аудиоконференции; микшер для речевой конференц-связи

audio conference terminal терминал для речевой конференции; оконечная аппаратура для речевой конференц-связи; оконечная аппаратура для речевой конференции

audio data representation представление звуковых данных

audio decoder delay задержка декодера звукового канала

Audio Engineering Society Общество инженеров по звуковой технике

audio environment аудиосреда

audio equipment звуковое оборудование

audio filter аудиофильтр

audio format формат записи аудиоинформации; аудиоформат; формат записи оцифрованного звука

audiofrequency 1. звуковая частота; 2. тональная частота

audio functions функции обработки звукового сигнала

audiogram аудиограмма

audio graphic conferencing аудиографическая конференция

audio information звуковая информация; фонетическая информация

Audio Interchange File Format файловый формат для обмена аудиоданными

audio jack гнездо для подключения наушников

audio magnetic tape лента для звукозаписи

Audio Messaging Interchange Specification спецификация на обмен речевыми сообщениями

audiometer аудиометр

audiometry аудиометрия

audio processing capabilities возможности обработки звукового сигнала

audio processing unit блок обработки звукового сигнала

audio record фонограмма

audio recorder магнитофон; устройство звукозаписи; рекордер

audio recording 1. звукозапись; 2. запись звуковых сигналов

audio reproduction звуковоспроизведение

audio response unit устройство речевого вывода; акустическое ответное устройство; устройство звукового ответа; устройство речевого ответа

audio sector сектор звукового канала

audio sector data field поле сектора звукового канала

audio sector interleaving чередование звуковых секторов; перемежение звуковых секторов

audio signal 1. звуковой сигнал; 2. сигнал звукового сопровождения

audio streaming потоковое аудио (в Internet)

audio subsystem аудиоподсистема

audio tape магнитная лента для звукового сигнала; магнитофонная лента

audio tape recorder магнитофон

audio track аудиодорожка; звуковая дорожка

audio/video decoding декодирование видео/аудио

Audio Video Interlaced чередование аудио и видео

Audio/Video Interleaved формат файлов Video for Windows; формат AVI

audio-visual aid аудиовизуальное средство

audio-visual connection аудиовизуальная связь; аудиовизуальное соединение; средства аудиовизуальной связи; средства обработки аудиовизуальной информации

audio visual facilities аудиовизуальные средства

audit 1. ревизия; аудит; проверка; контрольная проверка; контроль; 2. проверять

audit data данные ревизии; контрольные данные

audit data file файл данных ревизии; файл данных контроля

audit history история аудита

audit history file файл истории аудита; файл истории ревизий; файл протокола аудита

auditing 1. аудит; контроль; отслеживание; ведение контроля; ревизия системы; 2. проверка отчетности; ревизия

auditing facility средство контроля

auditing permissions полномочия ревизии

auditing services сервис аудита

auditing tools инструментальные средства анализа зависимости

audit log контрольный журнал

auditor 1. аудитор; ревизор; контролер; 2. средство контроля

auditor container контейнер «аудитор»

auditor container login регистрация аудитора контейнера (в NetWare)

audit trail 1. контрольный журнал; журнал контроля; файл регистрации сетевых событий; 2. бухгалтерский контроль; 3. ревизорский учет; аудиторское заключение

augend первое слагаемое

augment 1. приращение; шаг; 2. прибавлять; 3. дополнять; пополнять; 4. увеличивать

augmentability дополняемость; расширяемость

augmentation 1. увеличение; прибавление; приращение; шаг; пополнение; дополнение; 2. интенсификация; 3. ответ на частоте запроса

augmented addressing расширенная адресация; адресация с расширяемым адресом

augmented design расширенный план

augmented grammar пополненная грамматика

augmented matrix расширенная матрица

augmented operation code удлиняемый код операции

augmented transition network расширенная сеть переходов

augmenter усилитель-ответчик

augmenting расширение

augmenting transition network расширенная сеть переходов

AUI 1. интерфейс устройств доступа; 2. интерфейс подключаемых устройств; интерфейс сетевых устройств

AUI cable AUI-кабель; кабель внешнего доступа

AUP правила допустимого использования; принятые правила пользования

AURP протокол маршрутизации с обновлением среды AppleTalk

authenticate аутентифицировать; опознавать; устанавливать подлинность

authenticate acknowledge проверка; опознание

authenticate callback проверка; ответный звонок

authentication проверка подлинности; проверка прав доступа; удостоверение; аутентификация; идентификация; опознавание; отождествление; подтверждение права на доступ; предъявление полномочий

authentication card опознавательная карточка (в системе защиты Internet)

authentication code опознавательный код; код аутентификации

authentication exchange обменная аутентификация

authentication information аутентификационная информация; информация аутентификация

authentication of message аутентификация сообщения

authentication of user аутентификация пользователя

authentication server сервер идентификации; авторизационный сервер; сервер аутентификации

authenticator аутентификатор

authenticity подлинность; достоверность

authenticode technology технология подписи программного кода (издателем ПО)

auth key ключ аутентификации

authoring разработка; авторские работы

authoring language авторизованный язык

authoring system 1. система разработки; 2. творческая система; авторская система; 3. ПО для создания интерактивных презентаций; 4. среда разработки проектов и реализации мультимедиа

authoring tool 1. творческий инструмент; инструмент для авторских работ; средство для творческих работ; 2. средство разработки

authority 1. полномочия; 2. основание; 3. источник

authority and format identifier идентификатор полномочий и формата

authority hierarchy иерархия полномочий

authorization 1. санкционирование; разрешение; уполномачивание; авторизация; 2. предоставление права на доступ; 3. проверка полномочий; 4. санкция

authorization code код авторизации

authorization control list контрольный список для санкционирования доступа

authorization control service средство контроля полномочий; служба проверки полномочий пользователя

authorization file файл полномочий

authorization matrix матрица прав доступа

authorization to copy разрешение на копирование (программного обеспечения)

authorize разрешать; уполномачивать; санкционировать

authorized 1. санкционированный; полномочный; разрешенный; 2. привилегированный

authorized access санкционированный доступ

authorized call санкционированный вызов; разрешенный вызов; санкционированное обращение

authorized diler официальный дилер; уполномоченный дилер

Authorized Education Center авторизованный учебный центр

authorized operation санкционированная операция; санкционированное действие

authorized program авторизованная программа

authorized program analysis санкционированный анализ программы

authorized reseller авторизованный реселлер

authorized state санкционированное состояние; разрешенное состояние; полномочное состояние

authorized training center авторизованный учебный центр

authorized use санкционированное использование

authorized user зарегистрированный пользователь

authorship 1. авторство; 2. писательство

auth type тип аутентификации

auto- авто- (приставка)

auto activate автоматический запуск

auto actuals автоматические фактические значения

autoalignment автовыравнивание

auto amount автоматическое значение

autoanswer автоматический ответ; автоответ

auto arrange автоупорядочивание

autoassociator блок автоматического ассоциативного установления соединений

autoauthentication автоаутентификация; автоматическая аутентификация; автоматическая проверка полномочий

auto backup автоматическое резервное копирование; автосохранение

autobaud автобод

auto-blend автоперетекание

auto calculation автоматическое вычисление

auto-call автоматический вызов

auto-call library библиотека автовызова

auto-capitalization автоматическое преобразование в верхний регистр

autochanger устройство с автоматической сменой дисков; устройство с автоматической сменой носителя; проигрыватель-автомат

autocode автокод

autocoder 1. автокодер; устройство автоматического кодирования; 2. транслятор с автокода

autocompiler автоматическая компилирующая программа; автоматический компилятор

autoconfiguration автоконфигурация; автоматическое распознавание аппаратуры

auto constrain автоматическое ограничение

autocontrol автоматическое управление; автоматическое регулирование

autocorrect автозамена

autocorrelated data автокоррелированные данные

autocorrelation автокорреляция

autocorrelation function автокорреляционная функция

autocorrelation matrix автокорреляционная матрица

autocorrelator автокоррелятор

autocorrelogram график автокорреляции

auto-covariance автоковариация

autocycler автоматическое устройство для организации циклов

autodecrement автоматически уменьшать на единицу; работать в автодекрементном режиме

autodecrement addressing автодекрементная адресация

autodecremental addressing автодекрементная адресация

Autodesk Device Interface интерфейс с периферийными устройствами фирмы Autodesk

auto-deskew 1. автоматический выбор области сканирования; 2. автокоррекция перекоса

autodetection автоматическое определение

autodiagnostics автодиагностика; самодиагностика

autodial 1. автонабор; режим автоматического соединения; 2. с автонабором

auto dialing автонабор; автоматический набор номера

autodialler автоматический номеронабиратель

autodiscrimination автораспознавание

autodoc документация в машиночитаемой форме

autodump автоматическая разгрузка; авторазгрузка

auto emulation switching автоматическое переключение эмуляции

auto endcap автоматическое освобождение принтерного порта

auto equalize автоматическое уравнивание (тонов)

auto equalize filter фильтр «автоэквалайзер»

autoexecute script автоскрипт; автоматически выполняемый сценарий

autoexitation самовозбуждение

auto expand автоподстановка

autofax автофакс; система автоматической факсимильной передачи

autofit автоматическая подгонка

autoform автоформа

autoformalization автоформализация

autoformat автоформат

auto hide автоматически убирать с экрана

autohide appbar автоматически скрываемая панель приложений

autoincrement addressing автоинкрементная адресация

autoincremental addressing автоинкрементная адресация

autoindent автоотступ; автоматический отступ

autoindex 1. автоиндекс; 2. автоматически составлять указатель; автоиндексировать

autoindexed instruction команда с автоиндексацией

autoindexing 1. автоматическое индексирование; 2. автоматическое составление указателя

auto indexing mass storage массовая память с автоиндексацией

autoindex on import/create автоиндекс при импорте/создании

autoinformator автоинформатор
autojoin автообъединение (узлов)
auto kern автоматический кернинг
auto label автоматическое добавление подписи
auto leading автоинтерлиньяж
autolink устройство автоматического подключения к абоненту
autoload автозагрузка; автоматическая загрузка
autoload cartridge кассета автоматической загрузки
autolocator автоискатель
autologin авторегистрация
automata theory теория автоматов
automate 1. автоматизировать; 2. подвергать автоматической обработке
automated автоматический
automated accounting автоматический бухгалтерский учет
automated cartridge system автоматизированная картриджная система
automated clearing house автоматизированная клиринговая палата; организация для взаиморасчетов банков
automated commercial system автоматизированная коммерческая система
automated connection management server сервер автоматизированного управления соединениями
automated data library автоматизированная библиотека данных
automated data management system автоматизированная система управления данными
automated data medium машиночитаемый носитель
automated data processing автоматическая обработка данных
automated information system автоматизированная информационная система
automated information system security безопасность автоматизированной информационной системы
automated language processing автоматическая обработка текста
automated logic diagram автоматическая логическая диаграмма
automated machining обработка в автоматическом режиме
automated network operations автоматизированная эксплуатация сети
automated office of the future автоматизированный офис будущего; автоматизированное бюро будущего
automated operation 1. работа в автоматическом режиме; 2. автоматическая операция; 3. автоматический режим; 4. автоматизированное производство; автоматизированное предприятие
automated operations control автоматизированное управление эксплуатацией
Automated Patent System автоматизированная патентная система
automated procedure автоматизированная процедура
automated processing method 1. автоматический метод обработки; 2. автоматизированный метод обработки
automated software distribution автоматизированное распространение программного обеспечения
automated tape library автоматизированная НМЛ-библиотека; автоматизированная библиотека на магнитных лентах
automated tool identification system автоматизированная система идентификации и поиска рабочего инструмента
automated troubleshooting system автоматическая система диагностики
automatic abstract автоматический реферат; машинный реферат; совокупность автоматически выбранных ключевых слов
automatic abstracting автоматическое реферирование; машинное реферирование

automatic accounting 1. автоматический бухучет; 2. автоматический учет
automatic accounting machine автоматическая бухгалтерская машина
automatic acquisition автоматический сбор
automatic address modification автоматическая модификация адреса
automatic address selector автоматический коммутатор адресов
automatic administrative shares автоматически разделяемые административные каталоги
automatic alternative routing автоматическая альтернативная маршрутизация; маршрутизация с автоматическим обходом неисправных узлов
automatic annotating автоматическое аннотирование
automatic answer автоматический ответ
automatic assessment algorithm алгоритм автоматический оценки; алгоритм поиска цели
automatic balance автоматическое сальдирование
automatic billing machine автоматическая машина выписывания счетов
automatic binary data link линия автоматической передачи двоичных данных
automatic bit rate detection автоматическое определение скорости передачи двоичных данных; автоматическое определение скорости передачи двоичной информации
automatic bookkeeping автоматический бухгалтерский учет
automatic call автоматический вызов
automatic call back автоматический возврат вызова
automatic call distribution автоматическое распределение вызовов; автоматическое распределение звонков
automatic call distributor устройство автоматического распределения вызовов
automatic calling автовызов
automatic calling unit автоматическое устройство вызова; автоматическое вызывное устройство
automatic call return автоматический возврат вызова
automatic card ejection автоматический выброс карт
automatic carriage автоматическая каретка
automatic cartridge loader автоматическое устройство ввода кассеты
automatic centralized data processing автоматическая централизованная обработка данных
automatic character generation автоматическая генерация знаков
automatic check 1. автоматическая проверка; автоматический контроль; 2. аппаратный контроль
automatic checking автоматический контроль
automatic cheque sorting машина для автоматической сортировки чеков
automatic classification автоматическая классификация
automatic classification and interpretation of data автоматическая классификация и интерпретация данных
automatic clearing 1. автоматическая очистка; 2. автоматическое стирание
automatic client update автоматическое обновление клиента
automatic code автоматический код
automatic code translation автоматическое преобразование кода
automatic coding автоматическое кодирование
automatic cognition распознавание образов
automatic collection автоматический сбор
automatic computation of interest автоматическое вычисление процентов

automatic computer-controlled electronic scanning system автоматическая электронная система сканирования с управлением от ЭВМ

automatic data автоматические данные; динамические данные

automatic data acquisition автоматический сбор данных

automatic data acquisition system автоматическая система сбора данных

automatic data coding автоматическое кодирование данных

automatic data collecting system система автоматического сбора данных

automatic data conversion автоматическое преобразование данных

automatic data exchange автоматический обмен данными

automatic data-flow management автоматическое управление потоком данных

automatic data interchange system система автоматического обмена данными

automatic data plotter автоматический графопостроитель

automatic data processing equipment оборудование для автоматической обработки данных

automatic data processing автоматическая обработка данных

automatic data processing system система автоматической обработки данных

automatic data retrieval автоматический поиск данных

automatic data surveillance автоматический контроль данных

automatic description language язык описания мультипликационных изображений; язык ADL

automatic diagnosis автоматическое диагностирование

automatic dial-back автоматический обратный звонок

automatic dialing unit репертуарный телефонный номеронабиратель

automatic dictionary автоматический словарь

automatic digital encoding system автоматическая цифровая система кодирования

automatic direct reading автоматическое прямое считывание

automatic document feeder автоподатчик документов; автоматический загрузчик документов; механизм автоматической подачи документов; механизм автоматической подачи бумаги

automatic equalization автоматическая компенсация

automatic error correction автоматическое исправление ошибок

automatic error localization program программа автоматического обнаружение ошибок

automatic error recovery автоматическое устранение ошибок; автоматическое исправление ошибок

automatic event автоматическое событие

automatic exchange 1. автоматический обмен; 2. автоматический коммутатор каналов; 3. автоматическая телефонная станция

automatic execution of algorithms автоматическое выполнение алгоритмов

automatic failover автоматическое восстановление после отказа

automatic fax-back system автоматическая система ответа по факсу

automatic file distribution автоматическое распространение файлов

automatic focus correction servo-system сервосистема автоматической коррекции фокусировки

automatic format recognition автоматическое распознавание формата

automatic form feeding автоматическая подача формуляров

automatic gain control автоматическая регулировка усиления

automatic hardware detection автоматическое распознавание аппаратных средств

automatic header check автоматический контроль заголовка

automatic indexing автоматическое индексирование

automatic information reduction автоматическое сжатие информации

automatic input of subroutines автоматический ввод подпрограмм

automatic interpretation автоматическая интерпретация

automatic invoicing автоматическая выписка счета

automatic issue of documents автоматическое заполнение документов

automatic letter writing автоматическое составление писем

automatic line selection автоматический выбор строк

automatic link автоматически обновляемая связь

automatic load balancing автоматическое балансирование нагрузки

automatic locking автоматическая блокировка

automatic logging автоматическая регистрация

automatic logout автоматическое прекращение сеанса

automatic macro автоматически запускаемый макрос

automatic margin adjust автоматическое выравнивание текста

automatic member автоматический член набора

automatic membership автоматическое членство

automatic memory автоматическая память

automatic message accounting автоматический учет сообщений

automatic message accounting system автоматическая система учета сообщений

automatic message distribution system автоматическая система распределения сообщений

automatic message recording автоматическая запись сообщений; автоматическая регистрация сообщений

automatic message-registering system автоматическая система регистрации сообщений

automatic name completion автоматическое дополнение имени

automatic navigation автоматическая навигация; автоматическое перемещение

automatic network discovery автоматический анализ конфигурации сети

automatic network routing автоматическая сетевая маршрутизация

automatic noise suppression автоматическое шумоподавление

automatic number analysis автоматический анализ кода абонента

automatic number identification автоматическое определение номера; АОН

automatic office автоматическая телефонная станция; АТС

automatic pan автоматическое панорамирование

automatic paper cutter механизм автоматического разрезания бумаги на листы

automatic paragraph style автоматический стиль абзаца

automatic paragraph translation автоматическая установка абзаца

automatic parallel processing автоматическая параллельная обработка

automatic pattern recognition автоматическое распознавание образов

automatic picture transmission автоматическая передача изображения

automatic polling автоматический опрос

automatic print reader читающий автомат

automatic priority group группа автоматического приоритета

automatic priority interrupt автоматическое прерывание по приоритету; автоматическое прерывание с учетом приоритетности

automatic programming автоматическое программирование

automatic programming technique техника автоматического программирования

automatic protection switching автоматическая коммутация с защитой данных; автоматическое защитное переключение

automatic reading автоматическое чтение

automatic reboot автоматическая перезагрузка системы

automatic recognition technology технология автоматического распознавания

automatic recording автоматическая регистрация; автоматическая запись

automatic recovery автоматическое восстановление; восстановление в автоматическом режиме

automatic repeat request автоматический запрос на повтор

automatic repetition автоматическое повторение

automatic replacement автоматическая замена

automatic request автоматический запрос

automatic request for repetition автоматический запрос повторной передачи

automatic reset event событие с автосбросом

automatic restart автоматический рестарт

automatic restoration автоматическое восстановление

automatic retransmission 1. автоматическая обратная передача; 2. передача с автоматическим повтором; автоматическая повторная передача

automatic rollback автоматический откат (транзакции); автоматический возврат

automatic route selection автоматический выбор маршрута

automatic routing автоматическая маршрутизация

automatics автоматика

automatic scale command команда автоматического изменения масштаба

automatic seal самоуплотняющаяся прокладка

automatic search автоматический поиск

automatic send/receive unit автоматическое приемо-передающее устройство

automatic sheet feed автоматическая подача бумаги

automatic sheet feeder автозагрузчик (листов бумаги)

automatic speech recognition автоматическое распознавание речи

automatic stock exchange accounting автоматический биржевой счет

automatic storage автоматическая память

automatic storage duration автоматическая продолжительность хранения

automatic style стандартный стиль

automatic switching автоматическая коммутация

automatic syntax checking автоматическая проверка синтаксиса

automatic system автоматическая система

automatic system recovery автоматическое восстановление системы

automatic tape delete автоматическое стирание ленты

automatic teller machine 1. торговый автомат; 2. банковский автомат; банкомат; 3. автоответчик; система автоматического ответа

automatic test equipment автоматическая система контроля

automatic test generator автоматический генератор тестов

automatic test-vector generating автоматическая генерация тест-векторов; система ATVG

automatic text box автоматически размещаемый текстовый блок; автоматически размещаемая рамка с текстом

automatic track finding автоматическое нахождение дорожки; автоматическое слежение за дорожкой

automatic transfer system система автоматической передачи

automatic translation автоматический перевод

automatic upshift автоматическое переключение регистров

automatic variable динамическая локальная переменная; автоматическая переменная

automatic voice recognition автоматическое распознавание голоса (в системах аутентификации)

automatic volume recognition автоматическое распознавание томов

automatic volume switching автоматическое переключение томов

automation 1. автоматизация; 2. автоматика; 3. автоматическая обработка

Automation Автоматизация (OLE)

Automation object объект Автоматизации

automation of drawing work автоматизация чертежных работ

automation of programming автоматизация программирования

automatization boundary граница автоматизации

automatized автоматизированный

automatized design автоматизированное проектирование

automatized office control system автоматизированная система информационного управления

automatized retrieval автоматизированный поиск

automatized system автоматизированная система

automatized workstation автоматизированная рабочая станция

automaton автомат

automaton analysis анализ автоматов

automaton logic автоматная логика

auto menu автоматический выбор меню пользователя

automonitor 1. автомонитор; 2. организовывать саморегистрацию

automorphism автоморфизм

automounter средство автоматического монтирования

auto multi feeder многостраничный автозагрузчик

autonavigator автоштурман; автоматическое навигационное устройство

auto-negotiation автоматическое согласование (скорости передачи)

autonomous behavior автономный режим

autonomous system автономная система

Autonomous Virtual Network Protocol протокол автономной виртуальной сети; протокол AVNP

autonomy автономность

autonumber счетчик

auto-numbering автонумерация; автоматическая нумерация

autooperator автооператор

autooscillations автоколебания

auto page insertion автоматическая вставка страниц

auto-panning автопрокрутка

autopatching автоматическое внесение исправлений; автоматическая корректировка

autoplotter автоматический графопостроитель

autopoll 1. автоопрос; автоматический опрос; 2. автоматически опрашивать

autopolling автоопрос

autoprogrammable самопрограммирующийся

auto PC автомобильный ПК

auto put away автоматическое отбрасывание

auto-reconfiguration автореконфигурация; автоматическая реконфигурация

autoreconnect автоматическое восстановление соединения

autoredial автоматический повторный набор номера

autoredialing автоматический повторный набор номера; автоматическое восстановление соединения по телефонной линии

auto-reduce автоупрощение; упрощение кривой

auto-reduce tolerance порог автоупрощения (в графике)

auto-registration авторегистрация; автоматическая регистрация

autoregression авторегрессия

autoregressive авторегрессионный; авторегрессивный

autoregressive moving average авторегрессионное скользящее среднее

autorelease автовыпуск

auto-reliable с автокоррекцией

auto repeat автоматический повтор; автоповтор

autorepeating key клавиша с автоматическим повторением ввода; клавиша с автоматическим повтором

autoreport автоотчет

auto resize автоматический размер

autorestart авторестарт

autorotation авторотация; автоматический разворот

autosave автоматическое сохранение

autosave file файл автосохранения

autoscaling автоматическое масштабирование; автоматический выбор масштаба

auto scaling font автоматически масштабируемый шрифт

autoscroll автопрокрутка

autoscrolling автоматическая прокрутка

auto-sense автоматически опрашиваемый

auto-sensing автоопрос; автоматическое опознавание

auto-sensing port порт с автоматическим опознаванием скорости (в линии)

auto-spreading авторасширение

autostart автозапуск

auto-start автостарт

auto tab 1. автопереход по Tab; 2. автоматическая табуляция

autotest автоматическое тестирование; автоматическая проверка; автоматический тест; автоматически запускаемый тест

autotext автотекст

autothread автоматическая заправка; автозагрузка

autotrace автотрассировка

autotrace tracking точность автотрассировки

autotripper автоматический переключатель

autotype 1. автотипия; 2. растровое клише

auto update автоматическое обновление

autovector 1. вектор автоматического прерывания; 2. автоматически генерировать вектор прерывания

autoview синхронный просмотр

auto-welding of vertices автоматическое комбинирование вершин; слияние конгруэнтных вершин

autowrap paragraph text автоматическое обтекание текстом

auxiliary вспомогательный; дополнительный

auxiliary address дополнительный адрес; вспомогательный адрес

auxiliary address register регистр вспомогательного адреса

auxiliary algorithm вспомогательный алгоритм

auxiliary calculation вспомогательные вычисления

auxiliary carry служебный перенос

auxiliary channel вспомогательный канал

auxiliary console вспомогательная консоль; вспомогательный пульт

auxiliary data field поле вспомогательных данных

auxiliary device вспомогательное устройство; дополнительное устройство

auxiliary dictionary дополнительный словарь

auxiliary file вспомогательный файл

auxiliary input-output operator вспомогательный оператор ввода-вывода

auxiliary key вторичный ключ; вспомогательный ключ

auxiliary memory 1. внешняя память; внешнее запоминающее устройство; 2. вспомогательная память; вспомогательное запоминающее устройство; вспомогательная память

auxiliary operation вспомогательная операция

auxiliary processor вспомогательный процессор

auxiliary program вспомогательная программа

auxiliary software вспомогательное программное обеспечение

auxiliary storage внешняя память; вспомогательная память

auxiliary store вспомогательная память

auxiliary store area зона адресов вспомогательной памяти

auxiliary store capacity емкость вспомогательной памяти

auxiliary variable вспомогательная переменная

AV аудио-видео

A/V аудиовизуальный; аудио/видео

AVA аудиовизуальное средство

availability 1. готовность; 2. коэффициент готовности; 3. доступность; возможность использования; 4. наличие; 5. коэффициент технического использования; 6. работоспособность; уровень работоспособности (системы)

availability control unit устройство управления доступом

availability indication индикатор готовности

availability ratio коэффициент готовности

available 1. доступный; 2. имеющийся в наличии; наличный

available bit rate доступная скорость передачи двоичных данных

available bit rate mode режим доступной скорости передачи

available choice доступный вариант выбора

available controls доступные элементы управления

available data доступные данные; доступная информация

available disk space доступное пространство на жестком диске

available groups имеющиеся группы

available list список имеющихся в наличии; список доступных устройств/задач

available machine time доступное машинное время

available memory свободная память; имеющаяся память

available mode доступное состояние

available off-the-shelf имеющийся в готовом виде; имеющийся в наличии

available page queue очередь доступных страниц

available physical memory свободная память; доступно физической памяти

available references доступные ссылки

available space on drive доступное пространство на диске; свободно на диске (Кбайт)

available unit доступное устройство

available unit queue 1. очередь доступных устройств; 2. очередь к доступному устройству

available work hours доступные рабочие часы

avalanche action лавинное действие; лавинный процесс

avalanche current лавинный ток

avalanche photodiod лавинный фотодиод

avalanche rated с нормированными лавинными параметрами

AVA language звуковизуальный язык AVA

avatar 1. привилегированный пользователь (в UNIX); 2. трехмерное воплощение; видеообраз абонента; анимационный персонаж

AVC 1. аудиовизуальное соединение; звуковизуальная связь; аудиовизуальная связь; 2. средства аудиовизуальной связи; средства обработки аудиовизуальной информации

AV card AV-плата; плата для поддержки аудио и видеофункций

A/V conferensing аудиовизуальные конференции

AVD попеременная передача голоса и данных

average 1. среднее; среднее значение; среднее арифметическое; 2. средний; 3. усреднять

average access time 1. среднее время выборки; 2. среднее время доступа

average calculating time среднее время вычисления

average-case analysis анализ в среднем

average computing вычисление средних величин

average-edge line линия усредненных краев знаков

average entropy средняя энтропия

average MTF частотно-контрастная характеристика (монитора)

average packet delay средняя задержка пакетов

average programmer программист средней квалификации; средний программист

average region activity средняя активность раздела; средняя активность области памяти

average selling price средняя продажная цена

average speed 1. средняя скорость; 2. среднее быстродействие

average transinformation content среднее количество обобщенной информации; средний объем переданной информации

averaging circuit усредняющая схема

AVI чередование аудио и видео; формат файлов Video for Windows

AVI file файл с аудиовидеочередованием

AVI format формат AVI; формат с чередованием аудио- и видеоданных

AVL tree сбалансированное по высоте дерево; AVL-дерево

AVNP протокол автономной виртуальной сети

avoidable устранимый

avoidable attribute устранимый атрибут

avoidance предотвращение

avometer авометр; ампервольтометр

AVP присоединенный виртуальный процессор

A/V product антивирусный продукт

AVR автоматическое распознавание голоса

AVS система визуализации; прикладная система визуального отображения

AVSS подсистема аудиовизуальной поддержки

AVT таблица адресных векторов

awaiting-repair time время ожидания ремонта

award награда; премия; приз

AWG 1. американский сортамент кабелей; американская классификация проводов; расстояние между жилами; 2. Ассоциация женщин, занимающихся компьютерным бизнесом

a-wire адресная шина

AWT набор инструментов обобщенных средств оконного интерфейса; абстрактный многооконный инструментарий

AWTTW хочу дать вам совет (сокращение, принятое в Internet)

axes оси

axial осевой

axially oriented magnetization осевая намагниченность

axiom аксиома

axiomatic аксиоматический; очевидный

axiomatic approach аксиоматический подход

axiomatic definition аксиоматическое определение

axiomatics аксиоматика

axiomatic semantics аксиоматическая семантика

axiom of assignment аксиома присваивания

axiom of choice аксиома выбора

axiom of iteration аксиома цикла

axiom of selection аксиома выбора

axiom scheme схема аксиом

axis 1. ось; осевая линия; 2. ось координат; координатная ось; координата; 3. степень подвижности (манипулятора)

axis filter фильтр оси

axis link осевое соединение

axis of abscissas ось абсцисс

axis of constraint ось привязки

axis of easy magnetization ось легкого намагничивания

axis of magnetization ось намагничивания

axis of ordinates ось ординат; ордината

axis of revolution ось вращения (САПР)

axonometric chart стереограмма

axonometry 1. аксонометрия; 2. аксонометрическая проекция

AZERTY keyboard клавиатура с европейским расположением клавиш

azimuth азимут; курсовой угол

– Bb –

BA 1. арбитр шины; 2. «байт готов»

babble смешанные перекрестные помехи

Baby Bell региональное отделение компании Bell

baby N-connector соединитель типа «бэби N»

BAC 1. сбалансированный асинхронный класс; 2. бюджет при выполнении

back 1. задняя сторона; обратная сторона; 2. основа; подложка; 3. верхняя поверхность; 4. задняя стенка; 5. печать на оборотной стороне; 6. задний; обратный

back and forth взад и перед; туда и обратно

back bias обратное смещение

backboard 1. объединительная плата; панель; 2. задняя панель

backbone 1. опора; 2. основа; суть; 3. опорная сеть; магистраль сети; объединяющая магистраль; магистральная линия связи; высокопропускная сетевая магистраль; широкополосная магистральная сеть передачи информации; 4. корешок книги; 5. базовый; стержневой; основной

backbone bus основная шина

backbone cable главный кабель; магистраль

backbone computer компьютер базовой сети; компьютер, входящий в базовую сеть

backbone desktop пустая панель экрана

backbone network сетевая магистраль; опорная сеть; базовая сеть; магистральная сеть; основная сеть; сеть, связывающая отдельные локальные сети

backbone router маршрутизатор базовых сетей

backbone site базовый узел

backbone switch магистральный коммутатор

back buffer буфер невидимых поверхностей

back clipping plane 1. отсекающая плоскость, перпендикулярная линии зрения; 2. задняя отсекающая плоскость

back color цвет фона

back cover четвертая сторонка обложки

backdriving установка в нужное состояние «обратным путем»

backdrop 1. фон; 2. фоновая плоскость; 3. задник

back end 1. машина базы данных; 2. сервер; 3. серверная СУБД; серверная часть СУБД; 4. выходной буфер; 5. внутренний; выходной

back-end application серверная программа

back-end computer 1. серверный компьютер: 2. оконечный компьютер; 3. машина для работы с базой данных

back-end database серверная база данных; база данных, работающая на сервере

back-end interface внутренний интерфейс

back-end processor 1. постпроцессор; процессор базы данных; процессор файлов; программный процессор, функционирующий на сервере; 2. спецпроцессор; дополнительный процессор

back-end service серверная служба

back-end storage network сеть с обслуживающим устройством

back-end tools инструментальные средства конечных этапов (в САПР)

back face невидимая поверхность

back-face removal удаление невидимых поверхностей

back gap обратный зазор

background 1. фон; фоновая работа; 2. подготовка; квалификация; 3. предпосылка; предварительные знания; объяснение; 4. задний план; 5. низкоприоритетный; фоновый

background application фоновое приложение; приложение, выполняемое в фоновом режиме

background color фон; цвет фона; фоновый цвет

background computing решение задач с низким приоритетом; фоновые вычисления

background data основополагающая информация

background frame фоновая рамка

background image фоновое изображение

background information исходная информация; отправная информация

backgrounding 1. фоновая обработка; решение задач с низким приоритетом; фоновое выполнение; 2. организация фоновой обработки

background job фоновое задание

background job processor процессор фоновых заданий

background literature первоисточники

background mode фоновый режим

background papers вспомогательные материалы; вспомогательные документы

background partition фоновый раздел

background printing фоновая печать

background process фоновый процесс

background processing фоновая обработка; фоновое выполнение

background program фоновая программа

background program area раздел фоновых программ; фоновая область; область фоновых программ

background program partition раздел фоновых программ

background queue очередь фоновых задач

background region фоновый раздел

background sounds фоновое звуковое сопровождение; фоновый звук

background task фоновая задача

backing 1. резервирование; 2. дополнительный

backing memory дополнительная память

backing memory unit дополнительный блок памяти

backing out отмена; аннулирование неверных результатов; изъятие неверных результатов

backing storage внешняя память

backing store 1. дополнительный накопитель; 2. вспомогательное запоминающее устройство; вспомогательная память; внешняя память

backing store unit дополнительный блок памяти

backing-up восстановление предшествующего состояния; восстановление прежнего состояния

backlight задняя подсветка; подсветка плоскопанельного монитора

backlink обратная ссылка; обратная связь

back link attribute атрибут «ссылка»

backlite LCD screen жидкокристаллический экран с подсветкой

back-lite screen экран с задней подсветкой

backlog 1. незавершенная работа; невыполненная работа; незавершенные задания; 2. журнал заказов; 3. задел

backoff 1. откат; возврат; 2. выдержка

backoff algorithm алгоритм задержки

back-office features средства поддержки

backout возврат; откат

back out 1. отменять; 2. восстанавливать

back panel задняя панель

backplane 1. системная плата; 2. объединительная панель (модульного устройства); магистраль (коммутатора); 2. кабельная укладка

backplane bus монтажная шина; шина на объединительной плате

backplane slot разъем платы; разъем в объединительной плате

backplate задний щиток

backprojecting восстановление сцены по проекциям

back propagation обратное распространение; обратное распространение ошибки обучения (нейронной сети); обратная передача ошибки обучения

back propagation of error обратное распространение ошибки

backquote обратная кавычка

backrolling обратная перемотка

backscatter обратное рассеяние

backscattering обратное рассеяние

backshell кожух соединителя

backside cache тыловая кэш-память; кэш второго уровня, расположенный позади процессорного ядра

backslant шрифт с наклоном влево

backslash обратный слеш; обратная косая черта

backslash escape sequence управляющая последовательность «обратная косая черта»

backslash/new-line sequence наклонная черта влево с последующим переходом к новой строке

backspace 1. возврат; 2. возврат на позицию со стиранием; 3. возвращаться; перемещаться обратно; 4. возвращаться на одну позицию со стиранием; перемещаться обратно; реверсировать

backspace character символ возврата на позицию

backspace escape sequence управляющая последовательность «возврат на один символ»

backspace key клавиша возврата на позицию

backspace of tape обратное движение ленты

backspacing возврат; обратное перемещение; реверс; возврат на позицию

backspark закрывающая кавычка; обратный апостроф

back style тип фона

backtab обратная табуляция

back title page оборот титульного листа

back-to-back transceivers каскадно подключаемые приемопередатчики

backtrace след

backtracing 1. обратная трассировка; обратное прослеживание; поиск с возвратом; трассировка в обратном направлении; 2. возврат к предыдущему состоянию; возврат к контрольной точке

backtrack icon пиктограмма операции возврата

backtracking 1. возврат управления; 2. откат; отмена операций; возврат к предыдущему состоянию; поиск с возвратом; 3. перебор с возвратами; поиск с возвратом

back transfer обратная передача

backup 1. резервная копия; 2. резерв; резервный ресурс; 3. резервирование; 4. средства резервирования; 5. архивирование; архивация; копирование; 6. вспомогательный; резервный; дублирующий; 7. создавать резервную копию; 8. резервировать (устройство)

backup agent агент резервирования; агент резервного копирования

backup and recovery system система резервного копирования и восстановления из архива

backup application приложение резервного копирования

Backup Browser резервная система просмотра ресурсов (сети Windows NT)

backup capacity 1. резервная емкость; 2. емкость резервной копии; емкость резервной памяти

backup coordinator резервный координатор; дублирующий координатор

backup copy резервная копия; резервный экземпляр; дублирующая копия

backup device 1. накопитель для архивирования; устройство для резервного копирования; 2. резервное устройство

backup domain controller резервный контроллер домена

backup file резервный файл; дублирующий файл; резервная копия файла

backup host сервер для хранения резервных копий; хост-система дублирования

backup line резервируемая линия

backup log журнал резервного копирования

backup log file файл журнала резервного копирования

backup machine резервная машина

backup mode режим архивирования

backup power supply источник резервного питания

backup protocol протокол резервного копирования

backup restore agent агент резервного копирования/восстановления

backup system 1. система резервного копирования; 2. программа резервного копирования; пакет архивирования; 3. дублирующая система

backup table таблица резервного копирования

backup target целевая система для резервного копирования

backup version дублирующий вариант; резервная копия

backup volume дублирующий том

Backus-Naur form нормальная форма Бэкуса-Наура; бэкусова нормальная форма

Backus normal form нормальная форма Бэкуса-Наура; бэкусова нормальная форма

Backus notation нотация Бэкуса

backward 1. назад; в обратном направлении; 2. обратный

backward branch ветвление назад

backward chaining обратная цепочка рассуждений; обратное построение цепочки; обратный логический вывод

backward channel обратный канал

backward compatibility обратная совместимость; совместимость сверху вниз; преемственная совместимость

backward-compatible обратно совместимый; совместимый с прежними версиями

backward correction исправление ошибок переносом

backward drive обратный проход
backward error analysis обратный анализ ошибок
backward error correction исправление ошибок переспросом
backward explicit congestion notification явное предуведомление о перегрузке
backward link предыдущее звено
backward linked list обратный цепной список
backward pointer указатель возврата
backward ray tracing обратная трассировка лучей
backward read чтение в обратном направлении
backward reading обратное считывание; чтение в обратном направлении
backward reference обратная ссылка; ссылка назад
backward rewind обратная перемотка ленты
backwards в обратном направлении
backward signal обратный сигнал
B-A converter преобразователь из двоичной формы в аналоговую
BACP протокол выделения сетевых каналов по мере необходимости
bad 1. дефектный; неисправный; 2. неверный
bad block сбойный блок; поврежденный блок
bad block remapping переадресация плохого блока; переназначения плохого блока
bad block table таблица дефектных блоков; список плохих блоков; список дефектных блоков носителя
bad call format неверный формат вызова
bad call format error ошибка из-за неправильного вызова
bad checksum неверная контрольная сумма
bad column неверный столбец
bad command неверная команда
bad command error ошибка из-за неверной команды
bad data неправильные данные; неверные данные
badge column колонка документа; колонка формуляра
badge reader 1. считыватель жетонов; 2. устройство ввода данных с документами; устройство считывания данных с документов; 3. устройство чтения идентификационных карт
badge read-out ввод данных с документов; считывание данных с документов
bad line syntax неверный синтаксис строки
bad machine 1. устройство с неисправностями; 2. модель с неисправностями
bad parity ошибка при контроле четности; ошибка при проверке на четность
bad sector table таблица плохих секторов
bad value неверное значение
bag мультимножество; множество с повторяющимися элементами; неупорядоченная совокупность
bag multiset мультимножество
Bakhman diagram диаграмма Бахмана
balance 1. баланс; равновесие; 2. соотношение; уравновешивание; балансировка; 3. компенсация; 4. симметрирование; 5. стереобаланс; 6. итог; остаток; 7. балансовый; 8. уравновешивать; балансировать; 9. симметрировать
balance card 1. карта с данными о наличии товаров; 2. карточка сальдо
balance column итоговая колонка; колонка суммы; столбец суммы
balance control контроль сальдо
balanced сбалансированный; уравновешенный
balanced asynchronous class сбалансированный асинхронный класс
balanced circuit согласованная схема
balanced clause сбалансированное предложение
balanced code сбалансированный код
balanced configuration сбалансированная конфигурация

balanced data link сбалансированный канал передачи данных
balanced design сбалансированный план
balanced error симметричная ошибка
balanced key сбалансированный ключ
balanced line сбалансированная линия
balanced merge sort сбалансированная сортировка слиянием
balanced merge sorting сбалансированная сортировка слиянием
balanced multiway search tree B-дерево
balanced newspaper columns сбалансированные газетные столбцы
balanced sample уравновешенная выборка
balanced station сбалансированная станция
balanced tree сбалансированное дерево
balance of accounts and interests сальдирование остатка и процентов
balance of a node in a binary tree баланс узла в двоичном дереве
balancer 1. балансировочное устройство; 2. компенсатор; 3. симметрирующее устройство
balance selection 1. выбор сальдо; 2. выбор остатка
balance selector искатель остатка
balance set балансный набор
balance sheet бухгалтерский баланс; лист баланса
balancing 1. уравновешивание; балансировка; 2. компенсация; 3. симметрирование; 4. уравнивание; 5. дозирование; 6. установка на нуль; настройка нуля
balancing adjustment балансировка; симметрирование
balancing error комплексирующая ошибка; компенсирующая ошибка
balancing of list балансировка списка
bale 1. пакет; 2. пакетироавть
ball joint link шаровое соединение
balloon сообщение; справочная надпись; всплывающая подсказка
balloon help справочная надпись; всплывающая подсказка
ball-pen шариковый пишущий узел
ball-point pen шариковая ручка; шариковый пишущий элемент
ball-point pencil шариковый пишущий элемент
ball printer принтер с шаровой печатающей головкой
balun симметрирующее устройство; переходное устройство для согласование импедансов кабелей
BAM базисный метод доступа
band 1. полоса; 2. зона; 3. полоса частот; 4. пояс; 5. группа дорожек; 6. диапазон; спектр; 7. связь; 8. соединять
bandage наружная оболочка кабеля
band buffer полосовой буфер
band chart ленточный график
banded matrix ленточная матрица
band fault неисправность из-за выхода параметра из допустимого диапазона
banding 1. полошение; видимые полосы при переходе тонов из-за низкого числа градаций серого; полосчатость; полосность; полосатость; 2. сжатие с потерей информации путем выделения полосы частот
band-limited channel канал с ограниченной полосой
band matrix ленточная матрица
bandpass 1. полоса пропускания; 2. зональная фокусировка
bandpass amplifier полосовой усилитель
band pass filter 1. фильтр «зональная фокусировка»; 2. полосовой фильтр
bandpass response полосовая амплитудно-частотная характеристика

band printer ленточное печатающее устройство
band-reject filter режекторный фильтр
band spot повреждение ленты; дефект ленты
band-stop filter режекторный фильтр
band switch переключатель диапазонов частот
bandwidth 1. полоса пропускания; полоса частот; 2. ширина полосы пропускания; 2. ширина спектра (сигнала); 3. ширина полосы частот; диапазон рабочих частот; 4. пропускная способность; 5. ширина ленты; 6. ширина полосы
bandwidth capacity пропускная способность; пропускная способность полосы частот
bandwidth-efficient с эффективным использованием полосы пропускания
bandwidth management управление полосой пропускания
bandwidth on demand предоставление полосы пропускания по требованию; режим выбора пропускной способности по требованию
bandwidth reduction сужение полосы частот
bandwidth reservation резервирование полосы пропускания
bandwidth segments сегменты полосы частот
bang восклицательный знак
bang path маршрут с восклицательным знаком
bank 1. группа устройств; 2. банк данных; информационный банк; хранилище данных; 3. куб; 4. банк (памяти); 5. пакет; 6. крен; 7. группировать
bank angle угол виража
bankbook лицевой счет; банковская книжка
bank-by-phone банковские сделки по телефону
bank conflict конфликт в банке памяти
banked memory банкируемая память
banker's algorithm алгоритм банкира
bank identification number идентификатор банка
banking 1. банковские операции; 2. неправильное выравнивание
banking on Internet банковское обслуживание по Internet
bank of memory банк памяти
bank of switches блок переключателей; коммутационный блок
bank proof machine машина для учета чеков
bank selecting коммутация банков памяти
bank-switched memory память с коммутацией банков
bank switching 1. коммутация банков; 2. коммутация блоков памяти; 3. коммутация блоков
banner 1. «шапка»; заголовок; 2. баннер (в Internet); 3. непрерывная горизонтальная печать
banner ad баннерная реклама (в Internet)
banner advertising баннерная реклама
banner network баннерная сеть
banner page титульный лист; лист с заставкой
bar 1. полоса (на экране); 2. прямоугольник (на блок-схеме); 3. черта (надстрочный знак); штрих; полоса; «крышка»; 4. линейка; 5. шина; 6. панель; 7. ширина; 8. строка; 9. столбец
bar chart 1. гистограмма; 2. столбчатая диаграмма; линейчатая диаграмма
bar code штриховой код
bar code character знак штрихового кода
bar code object объект для вывода штрихового почтового кода
bar code reader устройство считывания штрихового кода
bar code scanner сканер для считывания штрих-кода; устройство чтения штрихового кода
bar code symbol символ штрихового кода
barcode technology технология штрих-кода
bare пустой; голый; скудный; минимальный
bare board 1. несмонтированная плата; 2. пустая плата

bare-bone desktop пустая панель экрана
bare boned kit скелетный набор для макетирования
bare chip бескорпусный кристалл
bare hardware минимальные аппаратные средства; «голая» аппаратура
bare machine «голая» машина; пустая машина; машина без программного обеспечения
bargain 1. выгодное приобретение; сделка; 2. заключать сделку
bargain problem задача о сделке; задача торга
bar graph столбчатая диаграмма
Barker sequence последовательность Баркера
bar lamp сегментная лампа
barrel 1. бочкообразное искажение; 2. корпус; 3. цилиндр
barrel button кнопка пера
barrel connector цилиндрический соединитель; соединитель «гнездо-гнездо»
barrel printer барабанное печатающее устройство
barrel shifter многорегистровая схема циклического сдвига
barrel-tap касание с нажатой кнопкой
barrier 1. барьер; экран; перегородка; 2. средство изоляции элементов; защитный материал
barrier layer запирающий слой
barrier region 1. обедненная область; 2. запирающий слой
bar scanner устройство для считывания штрихового кода
bar width ширина штриха (штрихового кода)
BAS базовое подмножество активности
base 1. база; основание; 2. базовая область; 3. базовый адрес; 4. пластина; панель; 5. основание системы счисления; 6. основа; 7. уровень отсчета; точка отсчета; начало; 8. цоколь; 9. базированная переменная; 10. базирование; базис; 12. ядро (Windows); 13. база данных; 14. базироваться; 15. заносить информацию в БД
BASE сеть с непосредственной передачей; сеть с немодулированной передачей
base address 1. базовый адрес; адрес базы; 2. основной адрес
base and displacement база-смещение
base area базовая область; база
base assertion 1. исходное высказывание; 2. основное суждение
base attribute 1. базовый атрибут; 2. основное свойство; 3. основной признак
baseband основная полоса; основная передача; немодулированная передача; передача в основной полосе частот; монополосная передача
baseband broadcast LAN моноканальная локальная сеть; моноканал
baseband channel монополосный канал
baseband LAN локальная сеть основной полосы частот; локальная сеть с немодулированной передачей
baseband modem модем связи по выделенной линии без несущей; нуль-модем
baseband network сеть с немодулированной передачей
baseband networking прямая передача данных по сети; немодулированная передача данных по сети
baseband signal 1. модулирующий сигнал; 2. групповой сигнал; 3. видеосигнал
baseband transmission передача в основной полосе частот
base block базовый блок
base-bound register регистры защиты памяти
base case system основная конфигурация системы
base class базовый класс
base computer базовый компьютер
base contact базовый контакт
base cylinder основной цилиндр; базовый цилиндр

based с основанием; со смещением

based address базируемый адрес

base destructor деструктор базового класса

based indexed addressing относительная индексная адресация

based integer 1. целое число с указанием основания системы счисления; целое число с основанием; 2. смещенное целое

base directory базовый каталог

base-displacement addressing базовая адресация; относительная адресация

based-pointer указатель со смещением относительно базового значения

based storage базированная память

based variable опорная переменная; базированная переменная

base element базовый элемент

base field основное поле

base font основной шрифт

base formula основная формула

base frames базовые кадры

base goal базисная цель

base identifier основной идентификатор

base input-output system базовая система ввода-вывода

base instruction system базовая система команд

base I/O address базовый адрес ввода-вывода

base language базовый язык

base-limit register регистр защиты памяти

baseline 1. база; 2. базис; 3. базовая линия (шрифта); опорная линия; 4. линия развертки; 5. исходный материал; 6. основной материал; 7. опорная линия (текста); нижняя линия строки; 8. последняя строка полосы набора; 9. контрольный план; исходный план осуществления проекта; 10. базовый; 11. минимальный

baseline code основное тело программы

baseline compare fields поля базового сравнения

baseline costs to date базовые затраты к данной дате

baseline diagram базисная схема

baseline duration базовая продолжительность

baseline grid сетка

baseline position положение базовой линии

baseline report базовый отчет

baseline resource total hours базовые общие часы ресурса

baseline shift смещение базовой линии; сдвиг базовой линии

baseline start/finish базовое начало/окончание

baseline text alignment выравнивание текста по базовой линии

baseline total cost базовые итоговые затраты

baselining tool инструментальное средство получения базовых характеристик

base linkage базовая связь

baseload базисная нагрузка

base memory базовая память; основная память

base memory address базовый адрес памяти

base mode базовый режим

base model основная модель; базовая модель; исходная модель

base name основное имя; базовое имя

base notation базовое представление; основное представление

base number основание системы счисления

base operation базовая операция

base page базовая страница

base-page addressing адресация по базовой странице

base pay основная заработная плата

base pay rate основная заработная плата

baseplate 1. основная плата; 2. подложка

base point базовая точка

base pointer указатель базы

base priority базовый приоритет

base processor базовый процессор

base quantity основная величина (системы измерения)

base-radix основание системы счисления

base rate тарифная оплата

base record основная запись

base register базовый регистр; регистр базы

base register addressing адресация с использованием базового регистра

base register contents содержимое базового регистра

base register table таблица базовых регистров

base schema базовая схема

base services базовые средства; основные службы

base software базовое программное обеспечение

base state базовое состояние

base table базовая таблица; базисная таблица

base thesaurus базовый тезаурус

base type базовый тип; исходный тип

BASIC универсальная система символического кодирования для начинающих; язык программирования Бейсик

basic основной; базисный; фундаментальный

basic access method базисный библиотечный метод доступа; базисный метод доступа

basic activity subset базовое подмножество активности

basic address calculation вычисление базового адреса

basic addressing базисная адресация

basic authentication базовая аутентификация

basic block 1. базисный блок; базовый элемент; 2. стандартный блок; 3. линейный участок

basic buffering базисная буферизация; буферизация по требованию

basic catalog structure базовая структура каталога

basic character базисный символ

basic circuit принципиальная схема; основная схема

basic combined subset базовое комбинированное подмножество

basic component основная часть

basic computer основной компьютер

basic configuration базовая конфигурация

basic control mode основной режим управления

basic cost базисная стоимость

basic data основные данные; базовые данные

basic data manipulation function базовая функция манипулирования данными

basic direct access method базисный прямой метод доступа

basic disk operating system базовая дисковая операционная система

basic display unit основной дисплей

basic document основной документ

basic encoding rules базовые правила кодирования

basic equipment основное оборудование

basic fixed area базисная фиксированная область

basic format основной формат

basic hardware 1. базовое оборудование; базовый комплект оборудования; основной комплект оборудования; 2. основные устройства; основная аппаратура; основное техническое обеспечение

basic indexed sequential access method базисный индексно-последовательный метод доступа

basic information основная информация

basic input-output system базовая система ввода-вывода

basic instruction 1. стандартная команда; основная команда; 2. исходная команда

basic interconnection testing тестирование основ взаимосвязи

basic interoperability data model базовая модель данных для обеспечения взаимодействия

basic law основной закон

basic line distance стандартное межстрочное расстояние

basic linguistic message базовое лингвистическое сообщение

basic link базовая линия; базовая магистраль

basic linkage основная связь

basic link configuration конфигурация базовой линии

basic loop основной цикл

basic monitor базисный монитор

basic motion time основное время перемещения

basic operating system базовая операционная система

basic partitioned access method базисный библиотечный метод доступа

basic partitioned data access method 1. метод доступа к данным по разделам; 2. метод выборки данных по разделам

basic part of mask основная часть маски

basic processor базовый процессор; основной процессор

basic programming базисное программирование

basic programming system основная система программирования

basic rate основная скорость передачи

Basic Rate Interface интерфейс передачи данных с номинальной скоростью

basic real constant базисная вещественная константа

basic relation базисное отношение

basic research фундаментальные исследования

basic screen frequency основная линиатура растра

basic sequential access method базисный последовательный метод доступа

basic set базис

basic software базовое программное обеспечение

basic solution 1. базисное решение; 2. опорный план

basic speed основная скорость; основное быстродействие

basic spline базовый сплайн

basic structure базовая структура

basic system 1. основная система; 2. система отсчета

basic system reference frequency базовая системная эталонная частота

basic telecommunication access method базисный телекоммуникационный метод доступа

basic tool основной метод

basic transmission unit основное устройство передачи данных; основной блок передачи данных

basic type основной тип; базовый тип

basic unit основная единица (системы измерения)

basic utility program основная обслуживающая программа

basic variable базисная переменная

basic word stock основной словарный фонд

basing 1. базирование; 2. занесение в базу данных

basis 1. базис; 2. основа; базовый компонент; 3. базовый; основной; 4. стандартный; 5. элементарный

basis circuit основная схема

basket 1. бункер; 2. секция

batch 1. группа; пачка; серия; партия; пакет; 2. колода; 3. групповой; пакетный; 4. командный

batch application прикладная система пакетной обработки данных; система пакетной обработки

batch communication пакетная передача

batch compilation пакетная компиляция

batch computing пакетная обработка

batch control контроль пакетов

batch control language язык управления пакетом

batch counter счетчик групп

batch design серийное проектирование; массовое проектирование

batched compiling пакетная компиляция

batched job пакетированное задание; пакетное задание

batch entry пакетный ввод; групповой ввод

batch fabrication групповое изготовление

batch file командный файл; пакетный файл

batch header заголовок пакета

batching 1. группирование; 2. дозирование; 2. пакетирование

batch job пакетное задание

batch mode пакетный режим

batch monitor монитор пакетного режима

batch numbering нумерация групп; пакетная нумерация

batch of a card группа карт

batch-oriented пакетно-ориентированный

batch-oriented computer машина для пакетной обработки данных

batch posting пакетное обновление (файлов); отложенное групповое обновление

batch process пакетный процесс

batch processing пакетная обработка

batch-produced изготовленный методом групповой технологии

batch program командный файл

batch queue очередь пакетной обработки

batch scanning последовательное сканирование

batch service discipline дисциплина с групповым обслуживанием; групповое поступление на обслуживание

batch terminal терминал для пакетной обработки

batch trailer завершитель пакета

batch updating групповое обновление

batch work работа в пакетном режиме

bath-tub distribution U-образное распределение; U-образная кривая распределения

baton маркер; жезл; эстафета

battery 1. батарея; 2. группа одинаковых элементов; группа устройств; 3. совокупность

battery-backed с батарейным питанием; с батарейной поддержкой

battery-backed power supply резервный источник питания на аккумуляторах

battery backup батарейная поддержка

battery charger зарядное устройство

battery discharge time время разрядки батареи

battery life время действия батареи питания

battery-operated computer машина с батарейным питанием

battery-powered computer компьютер с питанием от батареи; компьютер с батарейным питанием

battery-run с батарейным питанием

battery save mode режим экономии батареи

battery terminals контакты батареи

baud бод

Baudot code код Бодо

baud rate скорость передачи информации в бодах

bay 1. панель; 2. рама; 3. отсек; ниша; секция; 4. куб памяти; 5. резервное пространство

Bayes' formula формула Байеса

Bayesian approach байесовский подход

Bayesian chain байесова цепь

Bayesian statistics байесовская статистика; байесова статистика

bayonet байонет

bayonet base штифтовой цоколь байонетного сочленения

bayonet coupling байонетное соединение

bayonet locking connector байонетный коннектор; штырьковый разъем; штыковой разъем

bayonet nut connector миниатюрный байонетный соединитель

bayonet ring запорное кольцо (разъема)

B2B компания-компания

BBD decomposition гранично-блочно-диагональная декомпозиция; декомпозиция матрицы путем выделения гранично-но-блочно-диагональной структуры

B-box индексный регистр; индекс-регистр; регистр переадресации; регистр индексации

BBS система электронных досок сообщений; электронная доска объявлений

BBTAG Группа разработок в области широкополосной техники

BBT decomposition гранично-блочно-треугольная декомпозиция; декомпозиция матрицы путем выделения гранично-блочно-треугольной структуры

BC 1. компьютер с байтовой организацией; 2. широкополосный канал

Bcc скрытая копия (в электронной почте); СК; рассылка первых экземпляров; рассылка первых копий без уведомления получателя о других адресатах

BCC символ контроля блока; символ, содержащий контрольную сумму

BCD двоично-десятичный код

BCD adder двоично-десятичный сумматор

B channel B-канал; канал для передачи данных; несущий канал; канал-носитель

B-class network сеть класса B

BC mode режим основного управления

BCN 1. широкополосная сеть связи; широкополосный канал; 2. коммерческая сеть связи; сеть для передачи финансовой и деловой информации

bcp functions функции bcp; функции копирования данных

BCPL машинно-независимый язык системного программирования

BCR устройство чтения визитных карточек

BCS 1. базовое комбинированное подмножество; 2. контрольная последовательность блока данных; 3. базовая структура каталога; 4. коммуникационные услуги системной платы; 5. Британское общество вычислительной техники

BCWS базовые затраты к данной дате

2B+D ISDN с номинальной скоростью передачи данных (2 канала данных + 1 служебный)

bd плотность записи в битах на единицу длины

BDAM базисный прямой метод доступа

BDC резервный контроллер домена

BD decomposition блочно-диагональная декомпозиция; декомпозиция матрицы с помощью выделения блочно-диагональной структуры

BDF средство разработки бизнес-модели

2B+D interface интерфейс 2B+D; интерфейс с двумя каналами передачи речи/данных и одним каналом управления

BDLC протокол управления каналом передачи данных Borroughs

BDT обучение на данных с коррекцией

BDU основной дисплей

BE 1. разрешение байта; 2. основное оборудование

BEA интенсивность ошибок; частота повторения ошибок; коэффициент ошибок

beacon уведомитель ошибки; сигнал; маяк

beacon frame кадр «неисправность»

beaconing 1. передача кадров аварийной сигнализации; разграничивающая сигнализация; 2. сигнализирующий

beacon type тип аварийной сигнализации

bead цепочка; цепочка ячеек

beam 1. луч; 2. пучок; 3. главный лепесток диаграммы направленности антенны

beam deflection отклонение луча

beamguide световод

beaming 1. излучение; 2. формирование луча; 3. направленная передача; 4. направленный прием

beam masking диафрагмирование луча; диафрагмирование пучка

beam of light луч света

beam position позиция пучка лучей

beam return обратный ход луча

beam tracing трассировка пучка лучей

beamwidth ширина диаграммы направленности (антенны)

bearer несущий элемент

bearer channel B-канал; канал-носитель

beat 1. тракт; 2. ритм; 3. колебание; биение; пульсация

beautifier средство форматирования исходного кода в соответствии со структурой языка

BEB двоичная экспоненциальная задержка

BEC серверный компьютер

BECN бит уведомления источника о явной перегрузки; явное предуведомление о перегрузке (сети)

bed 1. канал; тракт (радио); 2. нагрузка (фильтра)

bed in полностью отладить

BEDO DRAM пакетная динамическая EDO-память

bed of nails матричное контактное поле

BEDO RAM оперативная память с групповым обменом и увеличенным временем доступности данных; «пакетная» память с увеличенным временем доступности данных

beep 1. зуммерный сигнал; звуковой сигнал; 2. подавать звуковой сигнал

beeper 1. устройство звуковой сигнализации; источник звукового сигнала; 2. персональное средство тонального вызова; бипер; 3. генератор тонально-модулированный сигналов; 3. телеметрическая система с тональной модуляцией

beep tone звуковой сигнал; зуммер

beetle координатный манипулятор типа «жук»; жучок

before image исходный вид записи

before-look journal журнал отката

before-look journalizing ведение журнала с предварительной фиксацией изменений

before update до обновления

before you begin вводные сведения

begin 1. начало; 2. начинать; запускать

begin block начальный блок

beginner's all-purpose symbolic instruction code универсальная система символического кодирования для начинающих; язык программирования Бейсик

beginning начало

beginning file label метка начала файла; начальный маркер массива

beginning mark начальный маркер

beginning of conversation начало диалога

beginning-of-file label метка начала файла

beginning-of-information mark метка начала информации; маркер начала записи

beginning-of-volume label метка тома

beginning page первая страница

beginning tape label метка начала ленты

behavior 1. поведение (системы); линия поведения; 2. протекание (процесса); режим (работы); 3. характер измерения (функции)

behavioral поведенческий

behavioral animation анимация поведения

behavioral compiler компилятор поведенческого уровня проектирования; поведенческий компилятор

behavioral hypothesis гипотеза в отношении поведения

behavioral language язык описания поведения (системы)

behavioral model поведенческая модель

behavioral pattern поведенческая модель

behavioral response поведенческая характеристика

behavior description описание на поведенческом уровне; поведенческое описание

behavior entering field поведение при входе в поле

behavior testing тестирование поведения

behemoth business package большой пакет бизнес-приложений

BEL символ оповещения

belief 1. представление; убеждение; 2. факт; знания; 3. вера; доверие

belief about beliefs представление о представлениях; убеждения относительно убеждений

belief-invoked interpretation рассуждение на основе принятых убеждений; интерпретация от фактов; вывод снизу вверх

belief vector доверительный вектор

bell character символ сигнализации; символ оповещения; символ звонковой сигнализации; сигнал «звонок»

BELLE встроенный язык топологического проектирования

bell idles сигнал простоя

Bellman-Ford algorithm алгоритм Беллмана-Форда; алгоритм маршрутизации по вектору расстояния

bells and whistles ненужные свойства программы; «бантики»

below the average ниже среднего

below zero subtraction вычитание до нуля

belt printer ленточный принтер

bench 1. испытательный стенд; 2. место для размещения элемента ИС

benchmark 1. эталонный тест; бенчмарк; программа оценки производительности; контрольная задача; 2. точка отчета; начало отчета; 3. контрольная точка

benchmark database калибровочная база данных

benchmark evaluation оценка производительности; оценка с использованием контрольной задачи

benchmarking 1. установление контрольных точек; 2. разметка; 3. эталонное тестирование; получение контрольных характеристик; 4. аттестация

Benchmarking Methodology Working Group Рабочая группа по методологии эталонных испытаний

benchmark model бенчмарк-модель

benchmark numbers результаты эталонного тестирования; числовые показатели оценки производительности

benchmark package тестовый пакет

benchmark problem эталонная тестовая задача; бенчмарк-задача; задача оценки системных характеристик; типовая задача

benchmark program эталонная программа

benchmark routine программа оценки характеристик

benchmark run контрольный прогон

benchmark study бенчмарк-оценка

benchmark test 1. тест оценки производительности; оценочные испытания; 2. тестовый пакет

benchtop настольный

bend 1. сгибание; изгиб (вид графического преобразования); изогнутая секция; перегиб; 2. изгибать

bend and twist сгибание и скручивание

bend radius радиус изгиба

benefit 1. выгода; 2. достоинство; 3. преимущество

benefit-cost ratio соотношение размеров выгоды и затрат

benefits польза; преимущества; выгода

benign failure неопасный отказ

benign redefinitions адекватные переопределения

benign virus вирус, не портящий данные; «безвредный» вирус

BEP постпроцессор; процессор файлов; процессор базы данных; программный процессор, функционирующий на сервере

BER 1. базовые правила кодирования; 2. коэффициент битовой ошибки; интенсивность побитовых ошибок

Bernulli process процесс Бернулли

BERT устройство измерения ошибок; устройство измерения вероятности ошибок в канале связи

bespoke software заказное программное обеспечение

Bessel filter фильтр Бесселя

best effort data delivery наилучший сервис доставки данных

best effort service наилучший уровень сервиса из возможных

best encryption оптимальное шифрование

best-first search поиск по первому наилучшему совпадению

best fit 1. метод наилучшей подгонки; метод наилучшего приближения; 2. наилучшее размещение; 3. по ширине данных

best fitting оптимальная подгонка

best-match-first первый, наиболее подходящий; первый совпадающий

best-match search поиск по наилучшему совпадению

best-of-breed лучший среди аналогов

best-route algorithm алгоритм выбора оптимального маршрута

best-seller list список наиболее продаваемых продуктов

best-selling product продукт-бестселлер; наиболее продаваемый продукт; продукт, пользующийся наибольшим спросом

beta cycle бета-тестирование; этап бета-тестирования; период опытной эксплуатации программы

beta-distribution бета-распределение

beta error ошибка второго рода

beta-node бета-вершина; вершина типа И

beta reduction бета-редукция

beta software бета-версия программного обеспечения

Beta-spline Бета-сплайн

beta tester бета-испытатель; бета-тестировщик; бета-тестер

beta testing опытная эксплуатация; бета-тестирование

beta user пользователь бета-версии

beta-version бета-версия

better Preview mode режим «высокая детализация»; предварительный просмотр с детализацией

BEV вид «с высоты птичьего полета»; изображение в общем виде

bevel 1. наклонная поверхность; 2. угол наклона; 3. скос; фаска; 4. эффект «выпуклость»; 5. косой; косоугольный

beveled extrude group группа со скошенным выдавливанием

bevel group группа со скосом

bevelled corner скошенный угол

bevelled glass призма

bevelled glass effect эффект скошенного стеклянного блока (в графике)

bevelled glass filter фильтр «выпуклое стекло»

Bezier curve кривая Безье

Bezier surface поверхность, образуемая кривыми Безье

Bezier tool инструмент «кривая Безье»

BFLOPS миллиард операций с плавающей точкой в секунду

B-frame coding кодирование видеоизображений с использованием промежуточных интерполированных кадров

B-frames В-кадры; кадры, сжатые с использованием ссылки на два изображения; двунаправленные кадры

BFS загрузочная файловая система

BFT передача двоичного файла; передача файла в двоичном формате

BFT protocol протокол передачи данных в двоичной форме

BG фоновый

BGA матричная интегральная схема деловой машинной графики

BGP протокол пограничной маршрутизации

B-H curve магнитная характеристика; кривая намагничивания

BHE сигнал разрешения старшего байта шины

BHT таблица истории переходов

BHW магистраль ветви

bias 1. смещение; 2. напряжение смещения; ток смещения; 3. систематическая ошибка одного знака; систематическое отклонение; систематическая погрешность; систематическая ошибка выборки; 4. асимметрия; 5. смещать; 6. подавать напряжение/ток смещения

bias check 1. контроль разладки; контроль смещения значений; 2. проверка при граничных условиях; граничная проверка; граничные испытания

bias current ток смещения

bias distortion искажение за счет смещения

biased смещенный; со смещением

biased data неравномерно-распределенные данные; смещенные данные

biased estimator смещенная оценка

biased exponent 1. характеристика; 2. характеристика числа с плавающей точкой; 3. смещенный порядок

biased flip-flop 1. триггер со смещением; 2. ждущий мультивибратор

biased integer смещенное целое

biased sample смещенная выборка

bias error постоянная ошибка; систематическая ошибка; систематическая ошибка смещения

bias field поле подмагничивания

biasing 1. смещение; 2. подмагничивание

biax биакс

bibliographical retrieval библиографический поиск

bibliographic data библиографические данные

bibliographic database библиографическая база данных

bibliography method библиографический метод

BIC контроллер магистрального интерфейса

BICI интерфейс широкополосной связи частных региональных сетей

BICMOS биполярная КМОП-технология

bicondition 1. двусторонняя импликация; 2. равнозначность

biconditional двусторонняя условная зависимость; двусторонняя импликация; равнозначность

biconditional implication двусторонняя импликация; равнозначность

biconnected graph граф без сочленений

bid 1. захват канала связи; 2. запрос линии; заявка; 3. предложение цены; 4. предъявлять претензии; претендовать

bidding model модель с реализацией конкурентного спроса и предложения

bidding problem проблема спроса и предложения

bidecimal notation двоично-десятичное представление

bidirectional 1. двунаправленный; 2. реверсивный

bidirectional bus двунаправленная шина

bidirectional bus driver приемопередатчик шины

bidirectional communications двусторонняя связь; двусторонние коммуникации

bidirectional drive реверсивный привод

bidirectional flow двунаправленный поток

bidirectional gateway шлюз, работающий в обоих направлениях

bidirectional interface двунаправленный интерфейс

bidirectional limiter двусторонний ограничитель

bidirectional line swithed ring двунаправленное коммутируемое кольцо

bidirectional list двунаправленный список

bidirectionally linked list двунаправленный связанный список

bidirectional port порт ввода-вывода

bidirectional printer двунаправленное печатающее устройство; двунаправленный принтер

bidirectional printing двунаправленная печать; печать в прямом и обратном направлении

bidirectional replication двунаправленное тиражирование

bidirectional search двунаправленный поиск

bidirectional square-root extraction блок извлечения квадратного корня со средней точкой

bidirection frames В-кадры; кадры, сжатые с использованием ссылки на два изображения

BIDM базовая модель данных для обеспечения взаимодействия

BIF стандартный формат интерфейса контрольных задач

bifurcation бифуркация; раздвоение; разветвление; сечение

big endian с прямым порядком байтов

big endian addressing адресация с прямым порядком байтов

big-endian format формат с порядком следования байтов, начиная со старшего

big ladder схема с большим количеством звеньев; цепная многозвенная схема

bignum 1. сверхбольшое число; 2. машинное представление сверхбольшого числа

bi-gradient двойной градиент

big soft chalk крупный мягкий мелок (инструмент графики)

big soft cover широкая мягкая раскатка (инструмент графики)

bijection биекция; взаимно-однозначное соответствие

bilateral control реверсивное управление

bilateral scanning 1. двусторонняя развертка; 2. двустороннее сканирование

bilinear expression билинейное выражение

bilinear texture filtering билинейная фильтрация текстур

bilingual approach двуязычный принцип

bill 1. расчет; 2. вычисление; 3. вычет; 4. сумма; 5. смета; 6. учет; 7. счет; фактура; 8. составлять счета

bill explosion развертывание ведомостей

billibit миллиард битов

billing 1. формирование счетов (для оплаты услуг); составление счетов; 2. выписывание счетов; 3. выписывание накладных

billing machine машина составления счетов

billing rates расценки

billing system система учета; биллинговая система; система формирования счетов; система составления счетов

billion 1. миллиард (в США); 10^9; 2. триллион (в Англии); 10^{12}

bill of credit аккредитив

bill of lading накладная; консамент

bill of materials список материалов; спецификация материалов

bill of parcels фактура; накладная

bill of sales купчая; закладная

BIM 1. маркер начала информации; 2. администратор деловой информации

bi mapping поэлементное отображение

bimodal двухрежимный; работающий в двух режимах; бимодальный

bimorph memory cell биморфная запоминающая ячейка

BIN идентификатор банка

bin 1. бункер; карман; приемник; лоток (принтера); магазин (подающего устройства); 2. в двоичной системе счисления; бинарный; двоичный

BINAC двоичный компьютер

binaries двоичные файлы

binarization преобразование в двоичную форму

binarizer преобразователь в двоичную форму

binary двоичный; бинарный
binary adder двоичный сумматор
binary addition двоичное сложение; сложение в двоичной системе
binary arithmetic 1. двоичная арифметика; 2. двоичное арифметическое устройство
binary arithmetic unit двоичное арифметическое устройство
binary array двоичный массив
binary automatic computer двоичный компьютер
binary base 1. двоичное основание; 2; основание двоичной системы счисления
binary bit двоичный разряд
binary block coding двоичное блочное кодирование; блочное кодирование в двоичном коде; кодирование блоков в двоичном коде
binary card двоичная карта
binary carry двоичный перенос
binary cell двоичная ячейка
binary chain 1. цепочка двоичных элементов; 2. двоичная последовательность
binary channel двоичный канал
binary character двоичный символ
binary chop алгоритм двоичного поиска
binary code двоичный код
binary code conversion преобразование двоичного кода; двоичное преобразование
binary-coded двоично-кодированный
binary-coded address двоично-кодированный адрес
binary-coded character двоично-кодированный знак
binary coded decimal двоично-кодированное десятичное число
binary-coded decimal code двоично-десятичный код
binary-coded decimal notation двоично-десятичная система счисления; двоично-кодированное представление десятичных чисел; двоично-десятичное представление
binary-coded decimal number двоично-десятичное число
binary-coded number двоично-кодированное число
binary-coded representation представление в двоичном виде; двоичное представление
binary-coded tape лента с двоичной информацией
binary coder двоичный шифратор; двоичное кодирующее устройство
binary compatibility совместимость на уровне двоичного кода
binary-compatible совместимый на уровне машинных кодов; совместимый на уровне двоичного кода; кодосовместимый
binary constant двоичная константа
binary conversion matrix 1. матрица для двоичного преобразования; матрица для преобразования в двоичный код; 2. матричный двоичный преобразователь
binary counter двоичный счетчик
binary cyclic alphabet двоичный циклический алфавит
binary data двоичные данные
binary decision двоичный выбор; выбор из двух альтернатив
binary decision diagram бинарная схема принятия решений
binary digit двоичная цифра; двоичный разряд
binary division двоичное деление; деление в двоичной системе
binary dump двоичный дамп
binary element двоичный элемент
binary encoding двоичное кодирование
binary equivalent двоичный эквивалент
binary error-correction code двоичный код с исправлением ошибок
binary error-detecting code двоичный код с обнаружением ошибок
binary exponent двоичный порядок

binary exponential backoff двоичная экспоненциальная задержка
binary expression бинарное выражение
binary file двоичный файл
binary file transfer передача двоичных файлов
binary format двоичный формат
binary function двоичная функция
binary group code двоичный групповой код
binary image 1. двоичное отображение; 2. бинарное изображение; двухуровневое изображение
binary incremental representation представление в виде двоичных приращений
binary information двоичная информация
binary information transfer передача двоичной информации; передача двоичных данных
binary input двоичный ввод
binary input signal двоичный входной сигнал
binary-insulated classes классы со слабой двоичной связью
binary internal number base основание внутренней двоичной системы счисления
binary item двоичный элемент данных
binary key 1. двоичный ключ; 2. двоичный код
binary language representation язык двоичных представлений
binary large object большой двоичный объект; массивный двоичный объект
binary large object block большой блок двоично-кодированных данных объекта
binary license лицензия на выполняемый код
binary loader двоичный загрузчик
binary logic двоичная логика; двузначная логика
binary message двоичное сообщение
binary model бинарная модель
binary multiplication двоичное умножение
binary notation двоичная запись
binary number двоичное число
binary number system двоичная система счисления
binary numeral двоичная цифра; двоичное число
binary one-address system двоичная одноадресная система
binary operation бинарная операция; двоичная операция; операция над двумя операндами
binary operator 1. бинарный оператор; 2. бинарная операция; знак двухместной операции
binary output двоичный вывод
binary phase shift keying двоичная фазовая манипуляция
binary place двоичный разряд; разряд двоичного числа
binary point двоичная точка; точка (запятая) отделения десятичной части от дробной в двоичном числе
binary quadratic form бинарная квадратичная форма
binary relation бинарное отношение
binary representation представление в двоичной системе счисления; двоичное представление
Binary Representation Language язык двоичного представления
binary request бинарный запрос
binary search дихотомический поиск; двоичный поиск; поиск делением пополам
binary search algorithm алгоритм двоичного поиска
binary search tree двоичное дерево; дерево двоичного поиска
binary semaphore двоичный семафор
binary sequence двоичная последовательность
binary software package пакет программного обеспечения, содержащий двоичные модули
binary sorting двоичный порядок сортировки
binary space partitioning tree двоичное дерево распределения пространства

binary stage counter счетчик по модулю два
binary stream бинарный поток; двоичный поток
binary synchronous communication двоичная синхронная передача
binary synchronous communication adapter адаптер двоичной синхронной связи; адаптер двоичной синхронной передачи
binary synchronous control двоичное синхронное управление; протокол двоичной синхронной передачи данных
binary system двоичная система
binary tape лента с двоичной информацией
binary-to-decimal двоично-десятичный
binary-to-decimal conversion преобразование из двоичного в десятичное; двоично-десятичное преобразование
binary-to-decimal notation двоично-десятичное кодирование
binary-to-numeric conversion преобразование из двоичного кода в цифру
binary tree двоичное дерево
binary tree balance балансировка двоичного дерева
binary tree representation представление в виде двоичного дерева
binary unit двоичная единица
binary value двоичная величина; двоичное значение; двоичное число
binary-valued condition условие с двумя исходами
binary word двоичное слово
binary zero двоичный нуль
bind 1. связывать; привязывать; 2. присваивать; 3. компоновать; 4. переплетать
bind character символ присваивания
binder 1. редактор связей; 2. подшивка
binder briefcase notifier средство извещения для подшивок
binder briefcase reconciler проверка портфеля подшивки
binder documents подшивки
binder reconciler проверка подшивки
binder routing маршрут подшивки
Bindery база данных сетевых объектов; база объектов; перечень; регистрационная база данных (в NetWare)
Bindery-based NetWare версия NetWare, основанная на Bindery
Bindery context контекст Bindery
Bindery context path маршрут контекста Bindery
Bindery emulation эмуляция Bindery
Bindery object объект Bindery
Bindery object restriction ограничение объекта Bindery
Bindery property свойство Bindery
Bindery Queue object объект «очередь Bindery»
Bindery Services сервис Bindery; эмуляция Bindery
Bindery type тип Bindery
binding 1. привязка (протокола к драйверу адаптера); увязка; 2. связывание; компоновка; 3. виртуальный канал; 4. связь; 5. связка; 6. переплет
binding an IP address привязка IP-адреса
binding location связывающее указание
binding of data связывание данных
binding of modules компоновка модулей
binding of names связывание имен
binding width ширина поля переплета
bin feed подача из бункера
binodal двухвершинный
binomial биномиальный
binomial coefficient биномиальный коэффициент
binomial distribution биномиальное распределение
binomial equation двучленное уравнение
binomial series биномиальный ряд
biochip биокристалл

biological биологический
biological cybernetics биологическая кибернетика
biometric attributes биометрические свойства
biometric identification device устройство биометрической идентификации
biometrics биометрика; биометрические характеристики
biometric security feature биометрическое средство защиты
biometric technology биометрическая технология
bionics бионика
BIOS базовая система ввода-вывода
BIOS interrupt прерывание BIOS
BIOS parameter block блок параметров BIOS
BIP четность с чередованием по битам
bipartite graph двудольный граф
bipartitioning последовательное деление пополам; последовательное разбиение на две части
bipartitioning algorithm алгоритм последовательного деления на две части
biphase coding двухфазовое кодирование; двухфазное кодирование
biplexer биплексер
bipolar биполярный; двух знаков
bipolar cell биполярная ячейка
bipolar circuit биполярная схема
bipolar coding биполярное кодирование
bipolar complementary metal-oxide-semiconductor биполярная КМОП-технология
bipolar device биполярный элемент
bipolar input биполярный вход
bipolar integrated circuit биполярная интегральная схема
bipolar logic биполярные логические схемы
bipolar RISC биполярный RISC-процессор
bipolar transistor биполярный транзистор
bipolar-valued data данные, содержащие положительные и отрицательные значения
bipolar violation нарушение биполярности
BIPS миллиардов операций в секунду
biquadratic equation биквадратное уравнение
biquinary двоично-пятеричный
biquinary notation представление в двоично-пятеричной системе
biquinary system двоично-пятеричная система
bird's-eye view вид «с высоты птичьего полета»; изображение в общем виде; общее представление; глобальная картина
birthday attack криптоанализ на основе парадокса дней рождения
birth defect дефект изготовления
birthmarks характерные особенности
BIS информационная система для бизнеса
BISAM базисный индексно-последовательный метод доступа
B-ISDN широкополосная сеть с интеграцией служб; широкополосная ISDN
bisection algorithm алгоритм двоичного поиска
bisector биссектриса
bisectrix биссектриса
BIST встроенное самотестирование
bistable 1. схема с двумя устойчивыми состояниями; бистабильный мультивибратор; триггер; бистабильная ячейка; 2. бистабильный; с двумя устойчивыми состояниями
bistable device устройство с двумя устойчивыми состояниями
bistable element элемент с двумя устойчивыми состояниями
bistable multivibrator бистабильный мультивибратор
BISYNC протокол двоичной синхронной передачи; двоичные синхронные коммуникации
32-bit 32-разрядный; 32-битовый

B

BIT 1. технология широкополосной инфраструктуры; 2. передача двоичных данных; передача двоичной информации

bit бит; двоичный разряд

bit access memory память с поразрядной выборкой

bit-addressable с побитовой адресацией

bit addressing побитовая адресация

bit array битовый массив

bit block transfer передача битовых блоков; пересылка битовой строки

bitblt пересылка битовой строки; передача битового блока; перемещение битового блока; перенос фрагментов растрового изображения

bit bucket 1. «битоприемник»; 2. мусорная корзина

Bitbus последовательная магистраль управления

bit by bit побитно; по битам; бит за битом; поразрядно

bit-by-bit comparison побитовое сравнение

bit capacity емкость в битах

bit cell одноразрядный регистр

bit chain битовая цепочка; последовательность двоичных знаков; двоичная цепочка; последовательность битов

bit check контроль по двоичным разрядам

bit code двоичный код

24-bit color с 24-разрядной глубиной представления цвета

bit combination битовая комбинация; комбинация двоичных разрядов

bit configuration двоичная конфигурация; битовая конфигурация

bit constant битовая константа

bit copier поразрядный копировщик; программа побитового копирования

bit count число единиц; контрольная сумма

bit counting поразрядный подсчет; контроль разрядов

bit decay битовый распад

bit density плотность записи в битах на единицу длины; плотность в битах; плотность записи

bit depth глубина цвета; разрядность цвета

bit-edge recording запись по краям битовых элементов

bit error rate вероятность ошибок; отношение числа ошибочных битов к общему числу; коэффициент битовой ошибки; частота ошибок по битам; интенсивность побитовых ошибок

bit error rate tester устройство измерения ошибок; устройство измерения вероятности ошибок в канале связи

bit extraction извлечение отдельных битов

BitFAT побитовое отображение таблицы размещения файлов

bit flipping поразрядные операции; побитовая обработка

bit for bit поразрядный

bit grid разрядная сетка

bit group битовая группа; группа двоичных разрядов

bit handler двоичный оператор

bit handling 1. поразрядные операции; 2. побитовая обработка

bit image растровое изображение; двоичный образ

bit image graphics растровая графика

bit image mode графический режим

bit-image printing графическая печать

8-bit images printing печать 8-разрядных изображений

bit-interleaved бит-мультиплексный

bit interleave parity четность с чередованием по битам

bit interleaving чередование битов

bit interleaving/multiplexing чередование/мультиплексирование битов

bit interval интервал передачи двоичного разряда

bit length длина в битах

bit length specification спецификация длины в битах

bit-level systolic array разрядная систолическая матрица

bit line разрядная шина; разрядная линия

bit-line-selection circuitry схемы дешифрации разрядных линий

bit loading table битовая нагрузочная таблица (в кодировании сигнала)

bit location местоположение бита

bit loss потеря бита; потеря разряда

bit manipulation поразрядные операции; операции над разрядами

bitmap 1. растр; растровое изображение; битовая карта; битовый массив; битовый образ; битовая матрица; 2. побитовое отображение; 3. растровый

bitmap architecture архитектура с побитовым отображением элементов

bitmap color mask удаление цветов изображения

bitmap display растровый дисплей с поточечной адресацией; растровый дисплей

Bitmap Editor редактор (растровых) изображений

bitmap effects эффекты растрового изображения

bitmap file файл точечной графики; файл растровой графики

bitmap fill заливка растровым рисунком; заливка растровым изображением

bitmap font растровый шрифт

bitmap format битовый формат

bitmap graphics растровая графика

bitmap image растровый образ; растровое изображение

bitmap images enhancing совершенствование растровых изображений

bitmap indexing индексирование растровых изображений

bitmap pattern fill растровый узор (в графике)

bit-mapped растровый; с побитовым отображением

bit-mapped display растровый дисплей; дисплей с поточечной адресацией

bit-mapped field переменная битовых флагов; битовое поле

bit-mapped file allocation table побитовое отображение таблицы размещения файлов

bit-mapped font матричный шрифт; растровый шрифт

bit-mapped graphics растровая графика; графика с побитовым отображением

bit-mapped text двоичный образ текста

bit mapping побитовое отображение; поэлементное отображение

bitmap printing печать растровых изображений

bitmap size размер растрового изображения

bitmap-to-vector tracing utility утилита преобразования растровых изображений в векторные

bitmap transparency прозрачность растрового изображения

bit map vectoring битовая векторизация; преобразование растрового изображения в векторную форму

bit mask битовая маска

bit matrix битовая матрица

32-bit networking component 32-разрядный сетевой компонент

bit off нулевой бит

bit on единичный бит

bit operation поразрядная операция

bit-organized memory память с битовой организацией; память с поразрядной выборкой; запоминающее устройство с побитовым обращением

bit-oriented бит-ориентированный

bit-oriented protocol бит-ориентированный протокол; протокол побитовой передачи данных

bitpad планшетный цифратор

bit-parallel параллельный по битам

bit pattern 1. двоичный код; 2. маска; 3. комбинация разрядов

bit per inch битов на дюйм

bit per pixel битов на точку

bit per second битов в секунду

bit per track битов на дорожку

bit plane 1. цифровая матричная память; 2. битовая плоскость; битовый слой; бит-карта

bit planes градиентный анализ

bit planes filter фильтр «градиентный анализ»

bit position позиция двоичного разряда

16-bit processor 16-разрядный процессор

32-bit processor 32-разрядный процессор

64-bit processor 64-разрядный процессор

8-bit processor 8-разрядный микропроцессор

32-bit programming 32-разрядное программирование; программирование 32-разрядных приложений

32-bit protected mode 32-разрядный защищенный режим

32-bit protected-mode subsystem 32-разрядная подсистема защищенного режима; 32-разрядная подсистема, работающая в защищенном режиме

bit rate скорость передачи в битах; скорость передачи разрядов

bit-reversed addressing адресация с инвертированием разрядов

BITS встроенный источник времени

bit scanning line провод считывания двоичного разряда

bits comparison битовое сравнение

bit-serial поразрядный; последовательный по битам; последовательный по разрядам

bit-serial architecture битовая последовательная архитектура; разрядно-последовательная архитектура

bit-serial highway разрядно-последовательная магистраль

bit-serial processing последовательная побитовая обработка

bit-slice 1. секционированный; разрядно-модульный; разрядно-секционированный; 2. разрядно-модульный макроэлемент

bit-slice architecture разрядно-модульная архитектура

bit-slice chip разрядно-модульный кристалл

bit-slice component компонент с разрядно-модульной структурой

bit-slice processor секционированный процессор; разрядно-модульный процессор

bit slot время передачи одного бита; битовый интервал; такт передачи

bit stealing занятие битов; заем разряда

bit stream поток двоичных разрядов; битовый поток; двоичный поток

bit string битовая строка

bit string data данные типа битовой строки; двоичная строка

bit string operator операция над двоичными строками

bit stuffing вставка битов; подстановка битов; битовая подстановка; битстаффинг

bit switch двоичный переключатель

bit synchronization синхронизация битов

bit synchronous mapping битовое преобразование-отображение; передача по битам

bit time битовый интервал; интервал передачи бита; время передачи бита; такт передачи

bit-to-bit compare побитовое сравнение; поразрядное сравнение

bit transmission time время прохождения бита; время передачи бита

bit unit двоичная единица

bitwise поразрядный

bitwise addition поразрядное сложение

bitwise AND operator операция «побитовое И»

bitwise exclusive OR assignment operator операция побитового исключающего ИЛИ и присваивания

bitwise exclusive OR operator операция «побитовое исключающее ИЛИ»

bitwise operation побитовая операция; поразрядная операция

bitwise operator 1. операция над битами; 2. знак операции над битами

bitwise OR assignment operator операция побитового «ИЛИ» и присваивания

bitwise ORing побитовая операция «ИЛИ»

bitwise OR operator операция побитовое «ИЛИ»

bit word двоичное слово

BIU 1. блок сопряжения с буфером; 2. блок интерфейса с магистралью; блок интерфейса шины; интерфейсный блок; интерфейс с внешней шиной

bivalent information 1. двузначная информация; 2. двоичная информация

bivariate двумерный

bivariate distribution двумерное распределение

bivariate interpolation двумерная интерполяция

BIX обмен двоичной информацией

objects browser каталог объектов; средство просмотра объектов

black черный

black and white черно-белый (режим)

black-and-white display черно-белый дисплей; монохромный дисплей

black-and-white printer черно-белый принтер

black-and-white recording черно-белая съемка

black-and-white reproduction 1. черно-белое репродуцирование; 2. черно-белая репродукция

blackboard 1. доска объявлений; 2. рабочая область

blackbody абсолютно черное тело

black box «черный ящик»

blackout 1. пропадание напряжения; нарушение энергоснабжения; отключение питания; 2. нарушение радиосвязи; 3. радиомолчание; глушение; 4. гашение; запирание луча

black out запечатывать; забивать знаками

black point точка черного (цвета)

black-to-white error ошибка при переходе от белого к черному

black trap светоловушка (в графических пакетах)

blade contact connector ножевой контактный разъем

BLAM двоичный логарифмический метод арбитража

blank 1. непрозрачный диапозитив; 2. пробел; пропуск; пустое место; 3. пробельный материал; 4. гасящий импульс; запирающий импульс; 5. пауза; 6. выключение; 7. бланк; 8. пустой; незаполненный

blank address пустой адрес; свободный адрес; незаполненное поле адреса

blank card пустая карта

blank cell пустая ячейка

blank character знак пробела; символ пробела

blank column пустой столбец; пустая колонка

blank common непомеченный общий блок; непоименованный общий блок

blank cycle холостой ход

blank deleter средство исключения пробелов; устройство исключения пробелов

blank disk чистый диск; неформатированный диск

blank diskette пустая дискета; неразмеченная дискета

blank document новый документ

blanket офсетное полотно; офсетная резина

blank file пустой файл

blank fill заполнение бланка

blanking 1. запирание; 2. затемнение; 3. бланкирование; гашение; стирание

blanking circuit схема гашения; схема стирания

blank instruction пустая команда; команда пропуска

blank line пустая строка
blank medium пустой носитель; незаполненный носитель
blank-padded дополненный пробелами
blank record пустая запись; фиктивная запись
blank spreadsheet пустая электронная таблица
blank tape новая лента; чистая лента; пустая лента
blank window пустое окно
BLAST поблочная асинхронная передача
blast 1. снятие занятости; 2. пережигать перемычку; 3. освобождать; 4. программировать ПЗУ
blaster программатор ПЗУ
bleed 1. под обрез; печатать иллюстрацию в край; обрезка в край; 2. растекание; расплывание (краски, чернил); 3. расплываться
bleed art иллюстрация «под обрез»
bleeder 1. делитель напряжения; 2. стабилизирующее нагрузочное сопротивление
bleed limit порог обрезки в край
bleed rate 1. скорость истощения краски; 2. коэффициент растекания краски (в графических пакетах)
bleed rate of brush stroke растекание мазка кисти
blend 1. смесь; композиция; 2. перетекание; цветовой переход; переход одного цвета в другой; 3. элемент сопряжения; плавный переход объектов; блэнд-эффект; 4. слияние сюжетов; 5. усредненный продукт; 6. усреднять; 7. смешивать; перемешивать
blend angle угол смешивания
blended color смешанный цвет
blender кисть для смешивания красок
blending плавное сопряжение
blend smoothness плавность смешивания
blend tool инструмент «перетекание» (в графических пакетах)
BLER коэффициент блочной ошибки
BLF console панель индикации состояния абонентов
blind 1. слепой; 2. блокировать нежелательные данные; 3. диафрагмировать
blind acquisition захват вслепую
blind alley тупик
blind carbon copy обезличенная копия; рассылка первых экземпляров; рассылка первых копий без уведомления получателя о других адресатах
blind copy слепая копия; обезличенная копия
blind courtesy copy обезличенная копия (в электронной почте)
blind entry позиция предметного указателя, отсылающая к основному материалу
blinding затемнение; потускнение
blind keyboard «слепая» клавиатура
blinds gel светофильтр «жалюзи» (в графических пакетах)
blind spot непропечатка
B-line индексный регистр; регистр переадресации; регистр индексации
blink мигание
blinking мерцание; мигание
blinking-block cursor курсор в форме мерцающего прямоугольника; мерцающий курсор
blinking cursor мерцающий курсор
blinking image мерцание изображения
blinking text мигающий текст
blink rate частота мерцания (курсора)
blip метка; метка документа
blit передача битового блока; перенос фрагмента растрового изображения
blitter аппаратный модуль реализации операции BitBlt
bloated code громоздкий программный код; «раздутая» программа
bloat filter фильтр «раздувание» (в графических пакетах)

BLOB 1. крупный двоичный объект; массивный двоичный объект; большой двоичный объект; 2. большой блок двоично-кодированных данных объекта
blobspace область для хранения объектов BLOB
block 1. затор; преграда; 2. блок; 3. группа; 4. узел; 5. печатная форма высокой печати; 6. клише; 7. заклиниваться; 8. группировать; объединять в блоки; 9. разбивать на блоки; блокировать; преобразовывать в блочную форму; 10. блочный
block address адрес блока
blockage 1. затенение (антенны); 2. запрет (при трассировке в системе автоматизированного проектирования)
block allocation выделение блоков
block body тело блока
block buffer буфер блоков
block cancel character 1. символ игнорирования блока; знак аннулирования блока
block capacity емкость блока
block capitals печатные буквы
block chaining сцепление блоков
block check проверка блока; контроль блоков; проверка по блокам
block check character символ проверки блока; символ контроля блока; символ, содержащий контрольную сумму
block checking sequence контрольная последовательность блока данных
block cipher блочный шифр
block code 1. блочный код; 2. код блока
block compaction уплотнение блоков
block cursor прямоугольный курсор
block decomposition блочная декомпозиция
block descriptor дескриптор блока
block descriptor word описатель блока
block design блочная конструкция
block device блочное устройство; устройство, ориентированное на работу с блоками
block device driver драйвер блочного устройства
block diagram 1. блок-схема; структурная схема; скелетная схема; 2. гистограмма
block diagram функциональная схема; блок-схема; структурная схема
block diagraming составление блок-схем
blocked access заблокированный доступ
blocked asynchronous transmission поблочная асинхронная передача
blocked data сблокированные данные; блок данных
blocked entry прекращенный доступ; заблокированный доступ
blocked file 1. блокированный файл; 2. сблокированный файл; файл, составленный из блоков
blocked process блокированный процесс
blocked record 1. блочная запись; сблокированная запись; 2. блокированная запись
block encryption блочное шифрование
block end конец блока
blocker блокирующее устройство
block error блочная ошибка
block error rate частота появления ошибок по блокам; коэффициент блочной ошибки
blockette подгруппа; подблок; субблок
block exchange блочный обмен; обмен блоками
block gap промежуток между блоками; межблочный промежуток
block graphics блочная графика
block head начало блока; описание блока
block header начало блока; заголовок блока

block identification идентификация блока
block ignore character символ игнорирования блока
block information table таблица информации блока
blocking 1. блокировка; блокирование; запирание; 2. группирование; 3. задержка в обслуживании; 4. объединение в блоки; составление блока; упаковка блока; 5. затор
blocking factor глубина разбиения; глубина разбиения на блоки; коэффициент блокирования; коэффициент объединения
blocking of pins блокировка выводов
blocking order блокирующая команда
blocking oscillator блокинг-генератор
blocking picture распад изображения на квадраты; эффект зернистости
blocking relay реле блокировки
blocking type непрозрачный тип
block instruction групповая инструкция; групповая команда
block I/O блочный ввод-вывод
block I/O subsystem подсистема блочного ввода-вывода
block key ключ блокировки
block lenght размер блока; длина блока
block loading поблочная загрузка; поблочный ввод; блочная загрузка
block lock блокировка на уровне блока данных
block mark метка блока; блок-маркер; маркер блока; выделение блока
block marker маркер блока
block matrix блочная матрица
block message групповое сообщение
block mode блочный режим
block-move instruction команда перемещения блока
block multiplexer channel блок-мультиплексный канал
block-multiplexing блок-мультиплексный
block-multiplex mode блок-мультиплексный режим
block name имя блока
block nest гнездо блоков
block nesting вложение блока
block number номер блока
block of code блок программы
block of data блок данных
block of decomposition блок разложения
block of information информационный блок
block of instruction блок команд
block of words 1. группа слов; блок слов; 2. кодовая группа
block-oriented блочно-ориентированный
block-oriented device блочно-ориентированное устройство
block-oriented memory блочно-ориентированная память; блочно-ориентированное запоминающее устройство
block parity поблочный контроль четности
block parity system система проверки блока на четность
block-pipelined блочно-конвейерный
block prefix префикс блока
block protect неразрывный текст (атрибут)
block reading поблочное считывание
block-recursive filtering блочно-рекурсивная фильтрация
block register регистр блока
block release разблокировка блока
block retrieval поиск и извлечение блока; считывание блока
block scheme блок-схема
block scope область действия блока
block selection 1. выборка блока; 2. выделение блока
block shift factor коэффициент сдвига блока
block size размер блока
block sort блочная сортировка; поблочная сортировка; сортировка групп; сортировка блоков
block sorting блочная сортировка

block special file специальный файл блочного устройства; специальный блочный файл; драйвер блочно-ориентированного устройства (в UNIX)
block statement оператор блока
block storage блочная запись в память; хранение данных в виде блоков
block structure 1. блочная конструкция; 2. блочная структура; 3. структура блока
block-structured имеющий блочную структуру; блочный
block-structured code блочный код
block-structured language язык с блочной структурой
block suballocation выделение подблоков
block table таблица блоков
block tag маркер блока; метка блока
block transfer передача блоками; поблочная передача; пересылка блоков
block-transfer order команда групповой пересылки
block type гротесковый шрифт
block/wakeup mechanism механизм блокировки-активизации
bloom 1. цвет; оттенок цвета; 2. ореол
blooming 1. вуаль; дефект из-за переэкспонирования светлых участков при сканировании; 2. просветление
blow 1. перегорать; 2. пережигать перемычку
blowback просмотр с увеличением
blowup аварийный останов (блокирующий дальнейшее выполнение программы)
BLR язык двоичного представления
BLSR двунаправленное коммутируемое кольцо
blting прямое копирование видеопамяти на экран
blue синий
blue frame «синька»; калька предыдущего кадра (анимации)
blue fuzz ширина зон выравнивания
blueprint 1. светокопирование; 2. «синька»; светокопия; светокопировальный лист; 3. однокрасочная проба с фотоформ для их проверки; 4. наметка; план; проект; 5. намечать; планировать
blueprinter светокопировальный аппарат
blue shift величина оптического наплыва
bluffing game игра с блефом
Blum's axioms аксиомы Блума
blunder грубая ошибка
blunker 1. гасящий импульс; запирающий импульс; 2. устройство подавления
blur размытость; нерезкость контура; нечеткость изображения; размывка
blurb начальная аннотация
blur control filter фильтр «регулировка размывки»
blur effect эффект размывки (в графических пакетах)
blur out стирать (в графических пакетах)
blurred image нечеткое изображение; расплывчатое изображение; неясное изображение
blush румянец (в графике)
bluster устройство программирования ППЗУ
BMIC интерфейсный контроллер главного абонента; интерфейсный контроллер ведущего устройства шины
BMMC микросхема главного абонента; микросхема ведущего устройства шины
BMS 1. сервер широковещательной рассылки сообщений; 2. коммерческая управляющая система
BMU модуль управления буфером
BMWG Рабочая группа по методологии эталонных испытаний
BN шинная сеть
BNA архитектура широкополосных сетей
BNC байонетный коннектор; штырьковый разъем; соединитель типа «бэби N»; миниатюрный байонетный соединитель; BNC-разъем

BNF нормальная форма Бэкуса-Наура

B-node B-узел

BNS широкополосная сетевая служба

B-NT1 широкополосный сетевой выход типа 1 (в ISDN)

BNU 1. базовые сетевые утилиты; 2. архитектура разветвляемых нейронных сетей

board 1. панель; пульт; 2. совет; комитет; 3. плата

board density плотность компоновки; плотность расположения элементов на плате

board emulator эмулятор на плате

board game настольная игра

board-level на уровне плат

board-level communication передача на уровне плат

board of directors совет директоров

Board of Trade Министерство торговли; Торговая палата

board set комплект плат

board size размер платы

board slot гнездо в панели

board-to-board connector межплатный соединитель; межплатный разъем

boat кассета (в микроэлектронной технологии)

bobbin бобина; катушка

BOC компьютер с байтовой организацией

body 1. тело (процедуры); 2. объект; 3. корпус; 4. текстовый блок; текстовая часть; 5. ножка литеры

body of coding sheet тело программного бланка

body-section radiography томография

body stub остаток тела

body text основной текст (документа)

body text font стандартный шрифт; шрифт текста документа

bogus поддельный; фальшивый

bogus address фиктивный адрес

boilerplate 1. библиотека стандартных текстов; 2. стереотип; шаблон

boilerplate text стереотипный текст; стандартный текст; штамп

bold 1. полужирное начертание; 2. полужирный; жирный

boldface полужирное начертание

bolt просеивать; отсеивать

BOM начало сообщения

BOND полоса пропускания по требованию; предоставление полосы пропускания по требованию

bond 1. связь; соединение (электрическое); сцепление; сращивание (проводов); соединение спайкой; 2. связывать; соединять

bonding 1. соединение; прикрепление; 2. спайка; сварка; 3. соединение перемычкой; 4. металлизация

bonding point клемма заземления

BONES блочно-ориентированная система моделирования сетей

bonus премия

Booch method метод Буча (в CASE-системах)

Booch notation нотация Буча

book 1. книга документации; том документации; 2. логическая единица; 3. принимать; регистрировать (заказ); 4. бронировать место

book computer миниатюрный портативный компьютер

booking 1. заказ; 2. прием заказов; бронирование; резервирование; 3. портфель заказов

booking data бухгалтерские данные

bookkeeping 1. бухгалтерия; 2. регистрация использования системных ресурсов; учет использования системных ресурсов

bookkeeping machine бухгалтерская машина

bookkeeping operation бухгалтерская операция

booklet буклет

bookmaker 1. автор книги; 2. издатель книги

bookmark закладка; электронная закладка

bookmarked location место (в документе), отмеченное закладкой

book message многоадресное сообщение

book metaphor метафора книги

book of reference справочник

Boolean 1. булево выражение; 2. булев; булевский; логический

Boolean addition булево сложение; логическое сложение

Boolean algebra булева алгебра; алгебра логики

Boolean calculations булевы вычисления; вычисления методами булевой алгебры; логические вычисления

Boolean calculus булево исчисление

Boolean encoding булево кодирование

Boolean expression булево выражение; булевское выражение

Boolean factor логический множитель

Boolean field булево поле; булевское поле

Boolean function булева функция; логическая функция

Boolean lattice булева решетка

Boolean mathematics булева алгебра

Boolean matrix булева матрица

Boolean operation булева операция; логическая операция

Boolean operator 1. булев оператор; 2. булева операция; 3. знак логической операции

Boolean value булево значение; логическое значение

boost 1. повышение; усиление; форсирование; 2. подъем частотной характеристики; 3. повышение напряжения; 4. повышать; усиливать

booster 1. усилитель; 2. ускоритель; 3. вспомогательный агрегат; 4. ретранслятор; 5. автономный усилитель несущей; добавочный усилитель

boot 1. загрузка; 2. начальная загрузка; 3. самозагрузка; 4. загрузочный; 5. загружать; выполнять начальную загрузку

bootable загружаемый; самозагружаемый; способный к начальной загрузке

bootable disk системный диск

boot accelerator ускоритель загрузки (программ)

boot directory загрузочный каталог

boot disk загрузочный диск; загрузочная дискета

boot drive загрузочный диск; загрузочное устройство; загрузочный дисковод

Boot File System загрузочная файловая система

booth стенд (на выставке)

Booth multiplyer умножитель Бута

booting начальная загрузка; загрузка

boot loader загрузчик (операционной системы)

boot manager администратор загрузки

boot menu меню загрузки

BOOTP протокол начальной загрузки; протокол BOOT

boot partition загрузочный раздел; раздел, из которого загружается ОС

BOOTP forwarding ретрансляция BOOTP

boot priority приоритет устройств при загрузке

boot PROM ППЗУ удаленной загрузки

boot record запись загрузки

boot ROM 1. аппаратный загрузчик; 2. системный диск в ПЗУ

bootsafe program антивирусная программа защиты загрузочного сектора

boot sector загрузочный сектор (диска); сектор загрузки

boot sector virus вирус сектора загрузки

boot server сервер загрузки

boot source priority приоритеты загрузки

57

bootstrap 1. самозагрузка; раскрутка; начальная загрузка; самонастройка; самообеспечение; 2. инициализация; 3. автоматический ввод; 4. предзагрузчик; программа раскрутки; 5. выполнять начальную загрузку

bootstrap block блок начальной загрузки

bootstrap integrator интегратор с параметрической компенсацией погрешностей

bootstrap loader загрузчик программы раскрутки; самонастраивающий загрузчик; загрузчик предввода; начальный загрузчик; «пускач»

bootstrap loading начальная загрузка

bootstrap memory память для хранения программы самозагрузки; память начального загрузчика

bootstrapping 1. обратная связь для автоматического регулирования; 2. автоматическая установка системы в заданное состояние; 4. начальная загрузка; 4. самонастройка; самозагрузка; раскрутка

bootstrap procedure процедура начальной загрузки

bootstrap program программа начальной загрузки; программа самозагрузки

bootstrap protocol протокол начальной загрузки

bootstrap routine самозагружаемая программа

bootstrap technique метод циклической загрузки

boot up загрузка

bootup options параметры запуска

boot-up program программа начального запуска

BOP бит-ориентированный протокол; протокол побитовой передачи данных

BOPS миллиард операций в секунду

border 1. обрамление; окантовка; бордюр; рамка; 2. граница; край; кромка; 3. граничить; 4. окаймлять

border area зона окантовки

border color цвет границы; цвет рамки

Border Gateway Protocol протокол пограничной маршрутизации

borderless frame необрамленный кадр (на Web-странице)

border line style тип линии границы

border pixel краевой элемент изображения

borders обрамление

border services «пограничные службы» (сети)

border shape selection выделение рамки

border style тип границы

border width ширина границы

borrow 1. перенос при вычитании; отрицательный перенос; заем; 2. сигнал заема; импульс заема; 3. занимать; заимствовать

borrowed knowledge заимствованные знания

borrowed memory заимствованная память

BOS базовая операционная система

boss filter фильтр «выпуклость»

BOT 1. символ «начало передачи»; 2. технология оптимизации запроса

bothway двунаправленный

both-way circuit дуплексный канал

both way list двунаправленный список

BOT marker маркер начала ленты

bottleneck критический элемент; «узкое место» в системе; критический параметр

bottom 1. основание; низ; дно; 2. по нижнему краю; 3. насыщать; доводить до насыщения

bottoming насыщение

bottom left нижний левый

bottom-left corner левый нижний угол

bottom-level beliefs базисные убеждения

bottomline 1. концевая строка; 2. базовые показатели (компании)

bottom margin нижнее поле

bottom of file конец файла

bottom of heap «дно» динамически распределяемой области

bottom of stack «дно» стека; указатель дна стека

bottom paper feed подача бумаги снизу

bottom right нижний правый

bottom-right corner правый нижний угол

bottom-up восходящий; выполняемый снизу вверх

bottom-up analysis восходящий анализ

bottom-up analyzer восходящий распознаватель

bottom-up approach восходящий принцип

bottom up design восходящее проектирование; проектирование снизу вверх

bottom-up development восходящая разработка; разработка снизу вверх

bottom-up implementation восходящая реализация

bottom-up integration восходящая компоновка

bottom-up parsing восходящий синтаксический анализ

bottom-up reasoning индуктивный вывод; вывод от фактов к цели

bottom-up testing восходящее тестирование; тестирование снизу вверх

bounce 1. возврат недоставленного сообщения (электронной почты); 2. перевод системы в однопользовательский режим; 3. срыв изображения; резкое изменение яркости; 4. резкое изменение; скачок

bound 1. граница; 2. предел; предельное значение; 3. связанный

boundary граница; предел

boundary access node граничный узел доступа

boundary alignment 1. граничное расположение; выравнивание на границу; размещение в границах; 2. выравнивание границ; согласование границ

boundary conditions предельные условия; граничные условия

boundary fill закрашивание замкнутой области

boundary layer граничный слой

boundary network node граничный сетевой узел

boundary protection защита границ; граничная защита

boundary register регистр границы

boundary router периферийный маршрутизатор; граничный маршрутизатор

boundary routing граничная маршрутизация

boundary test граничные испытания

boundary value граничное значение; предельное значение

boundary-value problem краевая задача

bound check проверка принадлежности к диапазону; контроль границ

bound column присоединенный столбец

bound control связанный элемент управления

bounded ограниченный

bounded context grammar грамматика ограниченного контекста; грамматика с ограниченным контекстом

bounded degree ограниченная степень

bounded variable ограниченная переменная

bound form несвязанная форма

bound galleys склеенные гранки

bounding area контактный участок

bounding box ограничивающий прямоугольник; ограничивающий блок; рамка; контур

bounding rectangle 1. рабочий прямоугольник; 2. ограничивающая рамка

bounding volumes ограничивающие объемы

bound object frame присоединенная рамка объекта

bound-out chip кристалл с дополнительными контактными площадками

bound pair граничная пара

bound pair list список граничных пар

bound register ограничительный регистр
bound report несвязанный отчет
bounds check граничная проверка; проверка на нарушение границ
bounds register регистр защиты памяти
bounds violation выход за пределы диапазона; выход за границы массива; нарушение границ
box 1. блок; 2. поле; 3. коробка; 4. прямоугольник; 5. окно; 6. рамка; 7. стойка; шкаф
boxcar серия импульсов
boxed edit рамка ввода
boxed table разграфленная таблица
box moving продажа готовых продуктов
box style стиль блока
bp 1. базовая точка; 2. с батарейным питанием
BP регистр BP; указатель базы
BPAM базисный библиотечный метод доступа
BPB блок параметров BIOS
bp computer компьютер с батарейным питанием; компьютер с питанием от батареи
BPE обратное распространение ошибки
BPI постепенное совершенствование деловых процессов; модернизация бизнес-процессов
BPR реорганизация бизнес-процессов; реинжиниринг бизнес-процессов; перестройка процессов деятельности фирмы; реорганизация системы ведения бизнеса
B-program эталонная программа; тестовая программа
bps бит в секунду
BPSK двоичная фазовая манипуляция
bpt бит на дорожку
BPU устройство прогнозирования ветвлений; устройство предсказания переходов; блок обработки ветвлений
BPV нарушение биполярности
2B1Q два бита — один четверичный разряд
BR граничная маршрутизация
bracelet правая фигурная скобка
braces фигурные скобки
bracket 1. скобка; 2. знак >, знак <, угловая скобка; 3. заключать в скобки
bracketing заключение в скобки
brackets квадратные скобки
braid 1. оплетка; 2. оплетать
braided memory прошитая память
braided shield экранирующая оплетка
braided wire оплетка (кабеля)
brain 1. мозг; ум; интеллект; 2. управляющая машина
brainiac processor процессор, обеспечивающий высокую производительность за счет изощренной конструкции
brainpower научные кадры; интеллигенция
brainstorming мозговая атака; мозговой штурм
brake reel тормоз бобины
branch 1. переход; операция перехода; ветвление; 2. ответвление; разветвление; отвод; ветвь; 3. групповая цепь; 4. фаза; 5. отрасль промышленности; 6. выполнять переход; передавать управление
branch and bounds algorithm алгоритм метода ветвей и границ
branch and bounds method метод ветвей и границ
branch cable отводной кабель
branch decision выбор при разветвлении
branch folding ветвление с совмещением; ветвление с упреждающим выполнением следующих операций
branch highway магистраль ветви
branching 1. ответвление; разветвление; ветвление; 2. переход; передача управления; 3. лес; 4. ветвящийся
branching address адрес перехода

branching algorithm 1. ветвящийся алгоритм; алгоритм с ветвлением; 2. алгоритм ветвления
branching control управление при разветвлении
branching instruction команда ветвления
branching line ветвь дерева
branching-off ответвление
branching point точка разветвления; точка условного перехода
branching presentation вывод с возможностью перехода
branching process разветвляющийся процесс
branch instruction инструкция перехода; команда перехода; команда передачи управления
branch jack безразрывный переключатель
branch office офис дочернего отделения компании
branch on equality переход по равенству
branch on false переход по значению «ложь»
branch on higher than zero переход по плюсу
branch-on indication индикатор ветвления
branch on inquiry переход по запросу
branch on less than zero переход по минусу
branch on overflow переход по переполнению; разветвление по переполнению
branch on true переход по значению «истина»
branch on zero переход по нулю; разветвление по нулю
branch-on-zero instruction команда ветвления по нулю; команда перехода по условию 0
branch-open fault отказ типа обрыва цепи
branch point точка ветвления
branch prediction ветвление с прогнозированием; предсказание переходов; прогнозирование ветвления
branch prediction unit устройство прогнозирования ветвлений; устройство предсказания переходов
branch selection выбор ветви
branch target address cache кэш-память адресов ветвлений; кэш адресов переходов
branch target buffer буфер адреса перехода; целевой буфер ветвлений; буфер меток переходов; буфер адреса перехода; буфер адресов ветвлений
branch target cache кэш-память целевых команд ветвлений
branch-to-label conditional оператор условного перехода по метке
branch-to-label construct конструкция перехода по метке
brand 1. торговый знак; 2. класс; сорт
brassboard 1. макет; функциональный макет; макетная плата; 2. экспериментальный; 3. макетировать
breadboard card макетная плата
breadboard computer макетная вычислительная машина
breadboarding макетирование
breadth-first search поиск преимущественно в ширину; поиск в ширину
breadth first traversal прохождение сигнала по ширине
break 1. обрыв (линии связи); разрыв (цепи); 2. размыкание; 3. прерыватель; размыкатель; 4. зазор контакта; 5. прерывание (программы); останов (процесса); 6. маркер окончания (раздела); 7. срыв изображения; 8. смена операции; 9. разрывать; 10. прерывать; останавливать
breakage 1. неисправность; 2. авария; обрыв (линии связи); разрыв (цепи)
break apart разъединить; разбить на составляющие
breakaway аварийное прекращение
break command команда прерывания работы
break contact размыкающий контакт; нормально замкнутый констант
breakdown 1. авария; отказ; пробой; помеха; прерывание; поломка; выход из строя; разрушение; нарушение; 2. схема; 3. разбор; анализ

break down разбивать
breakdown current ток пробоя
breaker выключатель; прерыватель
breakeven безубыточный
break-even point точка безубыточности
breaking 1. разрушение; разрыв; 2. размыкание; прерывание; выключение; 3. прерывание выполнения; останов
breaking curve objects разорвать контур (команда в интерфейсе графических программ)
break key клавиша прерывания
break link разорвать связь
break-make contact перекидной контакт
break/make ratio соотношение длительности сигналов отбоя/ответа абонента
break-off error ошибка отбрасывания; погрешность отбрасывания
break on all errors останов при любой ошибке
breakout место отвода (многожильного кабеля); врезка кабеля
breakpoint 1. останов; прерывание; 2. точка останова; точка прерывания; контрольная точка; 3. устанавливать контрольные точки
breakpoint halt контрольный останов; останов по контрольной точке
breakpoint instruction команда останова; команда контрольного останова; команда контрольного перехода
breakpoint switch кнопка останова
breaks разбивка
break statement оператор завершения
breakthrough 1. важное достижение; открытие; 2. разрыв линии
breakup 1. разрушение; разрыв; 2. количественное распределение; 3. прерывание (передачи); 4. срыв (изображения)
break when expression has changed прерывание при изменении значения выражения
break when expression is true прерывание, если значение выражения истинно
breedle резкий звуковой фон
BRI интерфейс основного уровня; интерфейс базового уровня; базовый интерфейс обмена; интерфейс передачи данных с номинальной скоростью; интерфейс, ориентированный на основную скорость передачи
brick модуль; блок
bricks «кирпичики» (тип закраски)
bridge 1. мост (сетевое устройство); 2. мостовая схема; 3. перемычка; мостик; 4. развязывающее устройство; 5. шлюз; 6. промежуточный преобразователь; 7. устройство сопряжения; 8. короткое замыкание; 9. соединять перемычкой; 10. соединять мостом
bridge circuit мостовая схема; мостиковая схема
bridge connection мостиковое соединение; мостовое соединение
bridge driver драйвер шлюза
bridge link межсетевая линия
bridge machine машина промежуточного звена
bridge measurement измерение по мостовой схеме
bridge program программа взаимодействия двух сетей посредством шлюзов
bridge router мост/маршрутизатор
bridge router interface module интерфейсный модуль моста/маршрутизатора
bridgeware средства обеспечения совместимости; средства переноса
bridging 1. система связей; связи; 2. шунтирование; соединение перемычкой; установка перемычки; замыкание; замыкание контактов; 3. промежуточное преобразование;

4. запараллеливание (линии передачи); 5. использование мостов; режим моста (в сети); передача данных в режиме моста; 6. перенос на другую машину; 7. ретрансляция
bridging fault ошибка «короткое замыкание»; неисправность типа замыкания
bridging repeater межсетевой ретранслятор
bridle 1. перемычка; короткий кусок провода; 2. устройство с натяжными роликами
brief краткое изложение; резюме
BriefCase Портфель (в интерфейсе ОС)
briefcase reconciler синхронизатор файлов
brief command сокращенная команда; укороченная команда
brief message короткое сообщение
brief summary краткая сводка
bright яркий
brighten увеличивать яркость
brightener осветлитель
brighten tool инструмент «яркость»
brightness 1. яркость; 2. освещенность; 3. светлота; 4. степень белизны; 5. глянец (бумаги)
brightness adjusting корректировка яркости
brightness-contrast-intensity filter фильтр «яркость-контрастность-интенсивность»
brightness control регулировка яркости
brightness filter фильтр яркости
brightness temperature яркостная температура
brightness tool инструмент «яркость»
brightness-voltage characteristic характеристика «яркость-напряжение»
brilliant image ясное изображение; четкое изображение
BRIM интерфейсный модуль моста/маршрутизатора
bring down 1. закрывать; 2. останавливать; 3. снижать
bring into memory загрузить в память
bring system to its knees исчерпать возможности системы; «загнать систему в угол»
bring to front на передний план; перемещать на передний план
bring up 1. поднимать; 2. загружать (сервер)
BRISC биполярный RISC-процессор
British absolute system of units британская система с основными единицами (фут, фунт, секунда)
British Computer Society Британское общество вычислительной техники
brittleness уязвимость (сети передачи данных)
brittle program непереносимая программа; машинно-зависимая программа
BRM обратные управляющие ячейки (в ATM)
broadband 1. широкая полоса частот; широкий диапазон частот; 2. широкая зона; 3. широкополосная передача; 4. широкополосный; с широкой полосой пропускания
broadband channel широкополосный канал
broadband coaxial system широкополосные коаксиальные системы
broadband communication network широкополосная коммуникационная сеть; широкополосная сеть связи
broadband connection широкополосное соединение
broadband connectivity широкополосные соединения (в сети)
broadband data transfer широковещательная передача данных
broadband infrastructure technology технология широкополосной инфраструктуры
broadband intercarrier interface интерфейс широкополосной связи частных региональных сетей
broadband ISDN широкополосная сеть ISDN
broadband LAN широкополосная локальная сеть; локальная сеть с модулированной передачей

broadband message широковещательное сообщение

broadband network сеть с модулированной передачей; широкополосная сеть

broadband network architecture архитектура широкополосных сетей

broadband networking организация широкополосных сетей

Broadband Network Services широкополосная сетевая служба

broadband services широковещательные службы

broadband system широкополосная система

Broadband Technical Advisory Group Консультативный технический совет по широкополосной передаче данных; комитет 802.7

broadcast 1. широковещательная рассылка; широковещательная передача; 2. ретрансляция; пересылка; 3. широковещательный; 4. пересылать; транслировать; 5. циркулярно передавать сообщение; осуществлять широковещательную передачу

broadcast address широковещательный адрес

broadcast addressing широковещательная адресация

broadcast and unknown server сервер широковещательной рассылки и идентификации неопознанных ресурсов

broadcast bus шина широковещательной рассылки

broadcast channel широкополосный канал

broadcast communication широковещательная связь; циркулярная связь

broadcast connection широковещательная связь

broadcast data set набор общих данных

broadcast data transfer широковещательная передача данных

broadcast domain домен широковещательной рассылки

broadcaster станция радио/телевещания; телевизионная вещательная компания

broadcast event широковещательное событие

broadcast experience опыт в области радиовещания

broadcast handler обработчик оповещения

broadcasting 1. широковещательная передача; широкая рассылка; широковещание; транслирование; 2. телевещание

broadcasting network сеть с широковещательной рассылкой сообщений

broadcasting station станция телевещания

broadcast instruction широковещательная команда

broadcast message широковещательное сообщение; сообщение оповещения

broadcast message server сервер широковещательной рассылки сообщений

broadcast network широковещательная сеть

broadcast quality высококачественная передача звука; высокое качество звука; качество звучания, сравнимое со студийной записью

broadcast star network звездообразная сеть с широковещательной рассылкой

broadcast storm «лавина» широковещательных пакетов; «шторм» широковещательных пакетов

broadcast TV телевещание

broadening расширение

broad range широкий спектр; большой диапазон; большое число

broadsheet формат полосы; формат А1; широкий формат

broad site local wideband communication system протяженная широкополосная система связи

brochure брошюра

broken address испорченный адрес

broken archive запорченный архив

broken-down time календарное время, расчлененное на компоненты

broken pipe нарушенный канал; неустойчивый канал

broken program неработоспособная программа; испорченная программа

broker 1. программа-посредник; 2. брокер; маклер

brother node «братская» вершина

brother objects объекты-братья

brouter комбинация моста и маршрутизатора; мост-маршрутизатор

brownout кратковременный провал напряжения питания

browse 1. обзор; просмотр; 2. просматривать; искать

browseable просматриваемый; доступный для просмотра

browse button кнопка просмотра

browse facility средство просмотра

browse list список просмотра; список ресурсов

browse master сервер просмотра (ресурсов)

browse mode режим просмотра

browser браузер; система просмотра; средство просмотра; средство визуализации объектов; система навигации и просмотра информации; программа ускоренного просмотра

browser interface интерфейс браузера; интерфейс, реализованный по типу браузера

browse sequence последовательность просмотра

browse service служба просмотра (сетевых ресурсов)

browsing 1. просмотр сети и ресурсов (Microsoft); 2. поиск и просмотр информации в Web

browsing network resources просмотр сетевых ресурсов

brush кисть

brush angle угол кисти

brushed shape произвольная фигура

brush flatness плоскостность кисти

brush handle логический номер кисти; индекс кисти; описатель кисти

brush hardness жесткость кисти

brush interlock блокировка контактных щеток

brush nib кончик кисти; форма кисти

brush out замазывать (в графических пакетах)

brush stroke мазок кистью

brush tool инструмент «кисть» (в графических пакетах)

Brussels classification универсальная десятичная классификация

brute-force approach метод решения «в лоб»

BS 1. британский стандарт; 2. возврат на одну позицию; 3. бакалавр естественных наук; 4. баланс (бухг.)

BSA Ассоциация производителей программ для бизнеса; Союз производителей программ для бизнеса; Альянс производителей программного обеспечения для коммерческих организаций; Ассоциация программотехнических компаний

BSAM базисный последовательный метод доступа

BSC 1. протокол двоичной синхронной передачи; 2. двоичная синхронная передача; 3. двоичный симметричный канал; 3. контроллер базовой станции

BSCA адаптер двоичной синхронной связи; адаптер двоичной синхронной передачи данных

BSDL язык описания средств периферийного сканирования

BSI Британский институт стандартов; Институт стандартов Великобритании

BS4421 interface асинхронный параллельный радиальный интерфейс локального подключения

BSN сеть с обслуживающим устройством

BSP 1. последовательная побитовая обработка; 2. загрузочный процессор

B-spline базисный сплайн

BSP tree двоичное дерево распределения пространства

BSRF базовая системная эталонная частота

BSS базовая станция (в системах мобильной связи)

BSUM алгоритм ограниченного суммирования

BT время прохождения бита

4В3Т четыре бита — три троичных значения

BT терминал для пакетной обработки

B-TA широкополосный терминальный адаптер

BTAC кэш-память адресов ветвлений; кэш адресов переходов

BTAM базисный прямой метод доступа; базисный телекоммуникационный метод доступа

BTB буфер адресов переходов; буфер адресов ветвлений; буфер меток переходов

BTC кэш-память целевых команд ветвлений

BTD словарь В-деревьев

BT decomposition блочно-треугольная декомпозиция; декомпозиция матрицы путем выделения блочно-треугольной структуры

B-test опытная эксплуатация; бета-тестирование

BTF файловая система В-деревьев

BTLD драйвер, загружаемый при запуске системы

BTP протокол передачи массивов данных

B-tree В-дерево

B-tree dictionary словарь В-деревьев

B-tree filer файловая система В-деревьев

B-tree view отображение в виде В-дерева

Btrieve requester запросчик Btrieve

Btrieve roll forward прокрутка вперед в Btrieve

Btrieve SPX Communications Manager менеджер коммуникаций SPX Btrieve

BTU основное устройство передачи данных; основной блок передачи данных

BTW кстати (сокращение, принятое в Internet)

bubble 1. цилиндрический магнитный домен; 2. кружок на блок-схеме; 3. передавать вверх по иерархии объектов; 4. пузырьковый

bubble chart пузырьковый график; пузырьковая диаграмма; схема, изображаемая кружками и стрелками

bubble-forming recording запись на оптический диск путем образования «пузырьков-выступов»

bubble help всплывающая подсказка

bubble-jet технология капельного напыления

bubble-jet printer пузырьково-струйный принтер; струйный пузырьковый принтер

bubble memory память на магнитных доменах

bubble sort пузырьковая сортировка

bubble sort method метод обмена; метод «пузырька»; метод поиска места элемента

bubble up «всплывать»

buck 1. ограничение напряжения; снижение напряжения; 2. маркер; 3. противодействовать; 4. компенсировать

buck delay задержка передачи маркера

bucket 1. область памяти; участок памяти; участок памяти, адресуемый как единое целое; 2. блок; сегмент; бакет

bucket header syntax синтаксис заголовка кармана

bucketing группирование

bucket not triggered карман не использован

bucket sort блочная сортировка

bucket sorting блочная сортировка

buckling деформация

buck-passing 1. передача маркера; 2. с передачей маркера

bucky bits маркерные биты

buddy 1. поле ввода, связанное с наборным счетчиком; 2. соучастник разработки

buddy system метод близнецов

budget бюджет; финансовая смета

budgeting разработка бюджета

budgeting system бюджетная система

budgets ресурсы

buffer 1. буфер; 2. буферное устройство; буферная схема; 3. буферный регистр; 4. запоминать в буфере; накапливать в буфере; заполнять буфер; буферизовать; буферизовывать

buffer allocation распределение буферов

buffer amplifier буферный усилитель

buffer area буферная область; буферная зона

buffer circuit буферная схема; буферная цепь; схема разделения

buffer control управление буферами

buffer deallocation освобождение буфера

buffer direct control прямое управление буферами

buffered буферизованный

buffered channel канал с буферной памятью; буферизованный канал

buffered computer вычислительная машина с буферной памятью

buffered device буферизованное устройство

buffered input буферизованный ввод

buffered input-output буферизованный ввод-вывод; буферизованный ввод-вывод

buffered interface буферизованный интерфейс; интерфейс с буфером

buffered I/O буферизованный ввод-вывод

buffered line буферизованная линия

buffered mode режим буферизации

buffered stream буферизированный поток

buffered switching буферизованная коммутация

buffered terminal буферизованный терминал

buffered transfer mode режим передачи через буфер

buffer field буферное поле; буферная зона

buffering буферизация; использование буферного устройства

buffering method метод буферизации

buffer interface unit блок сопряжения с буфером

buffer management организация буферизации данных

buffer memory буферная память

buffer pool общий набор буферов; буферный пул; область буферов; пул буферов

buffer prefix управляющая область буфера; буферный префикс

buffer program буферная программа

buffer register буферный регистр

buffer segment буферный сегмент; сегмент буфера

buffer semaphore семафор буфера

buffer size размер буфера

buffer storage буферная память; буферное запоминающее устройство; буфер

buffer store буферная память; буферное запоминающее устройство; буфер

buffer threshing переполнение буферов

buffer underrun опустошение буфера (при несогласованной скорости передачи и приема)

buffer unit буферный блок

buffer unit pool пул буферных блоков

buffer write-through сброс при каждом обращении к буферу

bug 1. «жучок»; ошибка; сбой; серьезная программная или аппаратная ошибка; 2. дефект; неполадка; 3. помеха; 4. недостаток; 5. телеграфный ключ; 6. электронное подслушивающее устройство

bug arresting фиксирование ошибок

bug arresting aids средства фиксирования ошибок

bug-arresting code программа со стопорами ошибок

buggy содержащий ошибки; ошибочный; дефектный

bug patch «заплата»; исправление ошибки в программе; корректировка ошибки

build 1. сборка (в C++); полная сборка (программы); 2. строить; конструировать

build and retrieval software packages стандартизированные пакеты программ для оптимального построения информационной структуры и считывания данных

builder 1. разработчик; 2. компоновщик; 3. построитель; 4. средство построения

builder function функция построения

build-in font встроенный шрифт

building генерация; построение; формирование; разработка; компоновка; сборка; монтаж; создание

building block стандартный блок; компоновочный блок; модуль

building-block approach метод стандартных блоков; принцип компоновки из стандартных блоков

building-block method метод стандартных блоков; метод унифицированных модулей

building-block system модульная система; система стандартных блоков; система модулей

building brick стандартный блок; модуль

building chains of links создание цепочек взаимосвязей

building wiring кабельная проводка здания; кабельная сеть здания

build-in procedure встроенная процедура

build-in testing встроенное тестирование; встроенный контроль

build tag признак включения

build-time binding конструктивная привязка

build-to-order сборка по заказу

buildup 1. увеличение; повышение; нарастание; развитие; 2. накопление; наращивание; 3. сборка; монтаж; 4. развертывание работ; 5. составной

build utility утилита построения

built-in встроенный; предопределенный

built-in addressing встроенная адресация

built-in array предопределенный массив

built-in automatic check встроенный автоматический контроль

built-in capabilities встроенные средства

built-in check встроенный контроль; встроенная проверка

built-in command встроенная команда; внутренняя команда

built-in control встроенный контроль

built-in debugger встроенный отладчик

built-in diagnostics встроенная диагностика

built-in document встроенный документ

built-in error search встроенный контроль (ошибок)

built-in fault localization встроенный автоматический контроль; встроенные средства выявления неисправности

built-in font встроенный шрифт

built-in function встроенная функция

built-in group встроенная группа; стандартная группа

built-in instruction встроенная команда

built-in key встроенный ключ

built-in macro instruction встроенная макрокоманда

built-in microprocessor встроенный микропроцессор

built-in self test встроенное самотестирование; встроенный тест для самопроверки

built-in storage встроенное запоминающее устройство

built-in subroutine встроенная подпрограмма

built-in type предопределенный тип; встроенный тип

built-to-order сборка на заказ

built-up составной

built-up addressing сложная адресация; составная адресация

bulb сферическая головка

bulb light лампа; свет лампы

bulb light characteristics параметры лампы (в графических пакетах)

bulk data device устройство ввода-вывода информационных массивов

bulk eraser устройство тотального стирания

bulk import групповой импорт

bulk memory 1. внешняя память; 2. дополнительная память большого объема; 3. память большого объема; 4. запоминающее устройство большой емкости

bulk sampling выборка из кучи

bulk storage 1. внешняя память; 2. внешнее запоминающее устройство; 3. запоминающее устройство большого объема

bulk transfer protocol протокол передачи массивов данных

bulk transmission of data передача данных большого объема

bulky громоздкий

bullet 1. маркер абзаца; маркер списка; буллет; символ выделения пункта в списке; 2. отметка точки на экране; маркер позиции

bullet chart маркированный список

bulleted list маркированный список; список-бюллетень; список с выделяющими метками; список с маркерами; список с буллетами

bulletin board 1. доска объявлений; 2. электронная доска объявлений

Bulletin Board Service 1. компьютерная служба публикации объявлений; система публикации объявлений; 2. электронная доска объявлений

Bulletin Board System 1. компьютерная служба публикации объявлений; система публикации объявлений; 2. электронная доска объявлений

bullet slide слайд, содержащий текстовый список с отметками; слайд с маркированным списком

bum 1. мелкое улучшение; 2. улучшать

bump 1. бросок; всплеск (напряжения); 2. выброс на вершине импульса; 3. шершавость

bumpiness of texture шероховатость текстуры; бугорчатость текстуры

bump mapping 1. рельефное преобразование; преобразование «выдавливания»; 2. отображение бугристости; отображение шероховатости поверхности

bump pack пакет расширения

bunch graph сетчатая номограмма

bunch of clusters связка кластеров

bunch of files совокупность файлов; семейство файлов

bundle 1. пачка; пучок; 2. группа; 3. пакет; 4. комплект; 5. стопа

bundled групповой

bundled attributes групповые атрибуты

bundled software программный комплекс; стандартное программное обеспечение

bundler упаковщик

bundle table 1. таблица условных атрибутов; 2. групповая таблица; 3. таблица привязки

burden нагрузка

buried 1. скрытый; внутренний; 2. утопленный

buried contact скрытый контакт; утопленный контакт

burn 1. пережигать; 2. программировать ППЗУ

burner программатор ППЗУ

burn-in приработка (аппаратуры); тренировка; выжигание дефекта

burning пережигание; перегорание

burn-in test 1. термотренировка; 2. отбраковочные испытания

burn-in testing отбраковочные испытания

burrs неровности

burst 1. пакетный сигнал; пачка импульсов; 2. пакет; пачка; 3. разбивка на части; 4. разделять на части

burst bit error пакетная ошибка

burst chaining сцепление пакетов

burst communication пакетный режим передачи

burster 1. разделитель-сортировщик; 2. устройство разбивки на части; 3. устройство для разрезания распечатки на страницы; устройство разделения фальцованной бумаги на страницы

burst error пакет ошибок

bursting пакетная передача

burst isochronous signal кусочно-синхронный сигнал

burst mode 1. режим группового обмена; режим потокового обмена; пакетный режим; блочный режим; 2. форсированный режим; 3. монопольный режим; пакетно-монопольный режим; одноабоненский режим

Burst Mode NLM загружаемый модуль NetWare обеспечения пакетного режима

Burst Mode Protocol протокол пакетного режима; протокол режима интенсивного обмена

burst page страница отрыва (распечатки); титульная страница

burst performance максимальная производительность

burst read групповое чтение

burst throughput пиковая пропускная способность

burst transaction пакетная транзакция; транзакция пакетного режима

burst write групповая запись

bursty traffic 1. трафик с передачей пакетированных данных; 2. неравномерный трафик; трафик создающий периодическую пиковую нагрузку

bus 1. шина; магистральная шина; магистраль; 2. канал; 3. соединять с помощью шины; осуществлять шинное соединение

BUS сервер широковещательной рассылки и идентификации неопознанных ресурсов

bus acknowledgment подтверждение приема при работе с шиной

bus adapter адаптер шины; шинный адаптер

bus agent абонент шины

bus arbiter арбитр шины

bus arbitrator арбитр шины

bus architecture шинная архитектура; шинная топология

bus-attached подключаемый к шине

busback закольцовывание цепи; соединение цепи в кольцо

busbar шина; шинопровод; сборные шины; система шин

bus-based шинный; с шинной организацией

bus card плата с электронной схемой шины

bus-compatible совместимый по шине; совместимый по каналу

bus configuration конфигурация шины

bus conflict конфликт шины; конфликт при обращении к шине

bus contention конфликтная ситуация при обращении к шине; конфликт на шине

bus controller шинный контроллер; контроллер шины

bus coupler шинный соединитель

bus cycle цикл шины; такт шинного обмена

bus data width ширина шины данных; разрядность шины данных

bus driver драйвер шины

bused interface шлейфовое подключение

bus enumerator шинный перечислитель

bus exchange обмен данными по шине

bus extender расширитель шины

bus grabber логический анализатор шины

bus grant предоставление шины; разрешение передачи по шине

bus in входная шина

business accounting бухгалтерский учет; коммерческие расчеты

business activities деловые операции

business activity model модель деловой активности

business address адрес места работы

business API интерфейс прикладного программирования бизнес-приложений

business application 1. коммерческое приложение; 2. коммерческое применение; применение в бизнесе; 3. применение ЭВМ для решения экономических задач; компьютерное решение экономических задач; 4. бизнес-приложение; прикладная программа для деловой сферы

business calculating machine вычислительная машина для коммерческих расчетов

business card designer программа для создания визитных карточек

business card reader устройство чтения визитных карточек

business card scanner устройство для сканирования визиток; считыватель визитных карточек

business communication network коммерческая сеть связи; сеть для передачи финансовой и деловой информации

business computer ЭВМ для коммерческих задач; компьютер для экономических расчетов

business-critical application ответственное приложение

business customer корпоративный заказчик

business data деловая информация

business data processing обработка коммерческих и управленческих данных; обработка деловых данных; обработка коммерческих данных

business definition language язык описания деловых операций

business design facility средство разработки бизнес-модели

business engineering организация бизнеса

business entity предприятие

business environment корпоративная среда (сетевая)

business event-based trigger триггер, срабатывающий по бизнес-событию

business executives представители деловых кругов

business game деловая игра

business graphics деловая графика; управленческая графика; графические средства, ориентированные на управленческий персонал

business information system информационная система для бизнеса

business intranetwork корпоративная интрасеть

business logic бизнес-логика

business machine компьютер для коммерческих задач

business management управление коммерческими предприятиями; менеджмент

business management system коммерческая управляющая система

business model модель для применения в сфере бизнеса; бизнес-модель; модель деловой деятельности

business network коммерческая сеть; корпоративная сеть

business object бизнес-объект

business operations деловые операции

business-oriented computer машина для решения экономических или коммерческих задач

business partner деловой партнер

business PC ПК бизнес-класса; ПК для применения в сфере бизнеса

business plan бизнес-план

business-plan builder программа составления бизнес-плана

business problem коммерческая задача; экономическая задача
business process бизнес-процесс
business process engineering организация бизнес-процессов; проектирование бизнес-процессов
business process improvement модернизация бизнес-процессов
business processing обработка коммерческих данных; обработка деловой информации
business process reengineering реорганизация бизнес-процессов; перепроектирование бизнес-процессов; реинжиниринг бизнес-процессов; перестройка процессов деятельности фирмы
business process view представление бизнес-процесса
business rules деловые правила; бизнес-правила; правила, отражающие деятельность организации; правила предметной области
business server бизнес-сервер
business services агенты бизнес-логики
business software деловое программное обеспечение; коммерческое программное обеспечение; программное обеспечение для коммерческих приложений; программное обеспечение для административных и экономических задач; программное обеспечение для подготовки и ведения корпоративной документации
Business Software Alliance Ассоциация производителей программ для бизнеса; Союз производителей программ для бизнеса
Business Software Association Ассоциация производителей программ для бизнеса; Союз производителей программ для бизнеса
business spreadsheet электронная таблица для деловых операций
business system бизнес-система; информационная система; коммерческая система
business-to-business компания-компания
business unit самостоятельное коммерческое подразделение (компании)
business user корпоративный пользователь
busing соединительные линии; разводка соединительных линий
bus interface шинный интерфейс; интерфейс шины; устройство сопряжения с шиной
bus interface controller контроллер магистрального интерфейса
bus interface unit блок интерфейса шины; интерфейсный блок; блок интерфейса с магистралью
bus latency задержка шины
bus line линия шины
bus lock захват шины
bus master главный абонент (шины); устройство управление передачей данных по шине; ведущее устройство на шине
bus-master adapter адаптер, управляющий шиной; адаптер — главный абонент шины
bus-master controller контроллер-задатчик шины; контроллер, управляющий шиной
bus mastering режим главного абонента; мастеринг шины; пересылка данных по шине без участия ЦП; передача функций по обмену данными между ЦП и периферийным устройством дополнительной плате
bus mastering card плата с мастерингом шины
bus master interface controller интерфейсный контроллер главного абонента; интерфейсный контроллер ведущего устройства шины
bus master microchip микросхема главного абонента; микросхема ведущего устройства шины
bus mastership владение шиной

bus-master technology технология шины с главными абонентами
bus network сеть с шинной топологией; шинная сеть
bus of 32 lines 32-разрядная шина
bus operation операция шины
bus-oriented шинно-ориентированный
bus out выходная шина
bus-out check контроль выходной шины
bus owner задатчик шины
bus parity бит четности шины
bus phase фаза (работы) шины; операция шины
bus reguester абонент шины; запрашивающее шину устройство-абонент
bus repeater шинный повторитель
bus request запрос шины; запрос канала
bus requester абонент шины; устройство-абонент шины
bus request sequence последовательность запросов шины
bus resolution function функция арбитража шины; функция разрешения конфликта в шине
bussed interface шинный интерфейс; сопряжение посредством шины
bussed link шинное соединение
bus slot гнездо шины
bus snooping слежение за шиной
bus state analysis анализ состояния шины
bus-state analyzer анализатор состояния шины
bus-structured с шинной организацией; магистральный
bus system магистральная система
bus system parity бит четности шины
bust ошибка оператора
bus terminator оконечная нагрузка (шины); терминатор
bus timeout тайм-аут шины
bus timeout error ошибка тайм-аута шины
bus topology топология шины; шинная топология
bus transfer передача по шине
bus trunk шинная магистраль
bust this «исключить это»
bus type тип шины
bus watcher контролер шины
busy 1. занято; состояние занятости; 2. сигнал занятости; 3. занятый
busy-back ответный сигнал занятости
busy condition состояние занятости
busy flag «устройство занято»; флаг занятости
busy hours период максимальной нагрузки
busy network загруженная сеть; интенсивно используемая сеть; сеть с интенсивным трафиком
busy reject отказ из-за занятости
busy signal сигнал занятости
busy state состояние занятости
busy status состояние занятости
busy test проверка занятости; тест занятости
busy token занятый маркер
busy wait ждущий цикл; цикл ожидания освобождения
busy waiting ожидание в состоянии занятости
busy-wait loop цикл активного ожидания; цикл ожидания освобождения
butterfly read сходящееся чтение
butting 1. стык; 2. соединение встык
button 1. кнопка; 2. командная кнопка; экранная кнопка; 3. активная область текста; управляющее подокно
button bar кнопочная панель
button click щелчок кнопкой; щелчок мышью на командной кнопке
button double click двойной щелчок кнопкой; двойной щелчок мышью на командной кнопке

button down нажатие кнопки

button gadget реквизит-кнопка; реквизит типа командной кнопки

button group группа кнопок

button image рисунок кнопки; значок (для) кнопки

button label текст командной кнопки

button's label метка командной кнопки

button up отпускание кнопки; освобождение кнопки

buyer's guide руководство покупателя; путеводитель покупателя

buzz 1. «зависать»; 2. «жужжать»

buzzer зуммер; «пищалка»; устройство звуковой сигнализации

buzzing loop цикл зависания программы

BW 1. контролер шины; 2. черно-белый

BW-display черно-белый дисплей; монохромный дисплей

BWI интерфейс с байтовым обменом

BWN протяженная широкополосная система связи

BWOD режим выбора пропускной способности по требованию

by A/Z по алфавиту (в сортировке)

by created по дате создания

by default неявно; по умолчанию

by exception исключением; по методу исключения; путем исключения

by hand от руки; вручную

by hardware аппаратно; аппаратным способом

by-line строка с фамилией автора; подпись автора

by modified по дате изменения

BYMUX байт-мультиплексный канал

by name по имени

24-by-7 operation непрерывная работа; круглосуточная работа без выходных

bypass 1. обход; 2. шунт; параллельное соединение; 3. полосовой фильтр; 4. обойти; обходить; 5. блокировать; 6. шунтировать; делать перемычку

bypass capasitor развязывающий конденсатор

bypass channel параллельный канал; обходной канал

bypassing параллельные ветви

bypass mode режим обхода

bypass resistor параллельный резистор; шунтирующий резистор

by-product побочный продукт

by reference по ссылке

byte байт

byte-addressable с байтовой адресацией

byte-addressed с байтовой адресацией

byte addressing on bus адресация байта на шине

byte alignment выравнивание по границе байта

byte-alignment logic логика перегруппировки байтов; логика перестановки байтов

byte-at-a-time channel канал с побайтовым обменом

byte code байтовый код; байт-код

bytecode interpreter интерпретатор байт-кодов

bytecode loaded загрузчик байт-кодов

byte computer компьютер с байтовой организацией

byte device устройство с байтовой структурой

byte displacement расположение по байтам; размещение по байтам

byte instruction байтовая команда

byte-interleaved байт-мультиплексный

byte interleaving/multiplexing чередование/мультиплексирование байтов

byte lane байтовый тракт

byte machine машина с байтовой организацией

byte manipulation побайтовая обработка; работа с байтами

byte mapping байтовое преобразование-отображение

byte mode байтовый режим

byte-multiplexer channel байт-мультиплексный канал

byte multiplexing байтовое уплотнение; побайтовое мультиплексирование

byte of data байт данных

byte ordering порядок следования байтов

byte-organized memory память с побайтовой организацией

byte-oriented байтовый; с байтовой организацией; с побайтовой обработкой

byte-oriented computer компьютер с байтовой организацией

byte-oriented operand байтовый операнд

byte rate скорость передачи по байтам

byte representation представление байта

byte-serial посимвольный; побайтовый

byte-serial highway последовательно-побайтовая магистраль

byte serving «порционное» обслуживание

byte size размер байта

byte size control изменение длины байта

byte-slice байт-модульный; секционированный по байтам

byte structure байтовая структура

byte stuffing байтовая подстановка

byte-swap с перестановкой байтов

byte switch байтовый переключатель

byte synchronous mapping байтовое синхронное преобразование-отображение

byte-wide memory память с байтовой организацией

by type по типу

by value по значению

B8ZS биполярное кодирование с подстановкой восьмого нуля (в ISDN)

– Cc –

C язык Си

C2 американский стандарт защиты сетей

CA 1. организация, отвечающая за распределение сертификатов; 2. сервер сертификатов; источник сертификатов; 3. общие приложения; 4. коммуникационный адаптер

CAA режим вращения диска, корректируемый компьютером

cabinet 1. шкаф; шкаф с выдвижными ящиками; 2. стойка; стеллаж; 3. корпус; кожух; 4. системный блок; 5. отсек; отделение

cabinet file viewer средство просмотра cab-файлов

cable 1. кабель; провод; фидер; 2. сетевой шнур; шнур питания; 3. прокладывать кабель

cable box блок приема кабельного телевидения; телеприемник

cable bus кабельная линия; кабельная магистраль

cable code телеграфный код

cable connection кабельное соединение

cable connector кабельный разъем; кабельный соединитель

cable coupling sleeve кабельная муфта

cable-free connection бескабельная связь

cable grooming проводка; раскладка; укладка; расположение кабелей

cable interface кабельное сопряжение

cable layer кабелеукладчик

cable layout схема расположения кабелей

cable link кабельная шина

cable locator кабелеискатель

cable loss потери в кабеле

cable modem кабельный модем; модем для коммуникаций по кабельным сетям

cable network кабельная сеть

cable plant кабельная проводка; кабельная система; кабельный участок

cable scanner сканер кабеля

cable segment кабельный сегмент

cable's operating bandwidth рабочая полоса пропускания кабеля

cable system сеть кабельного телевидения

cable television кабельное телевидение

cable tester кабельный тестер; устройство для проверки кабеля

cable-testing results результаты тестирования кабеля

cable tray кабельный короб

cable TV network кабельная телесеть; сеть кабельного телевидения

cable vault кабельный колодец

cableway кабелепровод; кабельный канал

cabling 1. разводка кабелей; прокладка кабеля; монтаж кабельной проводки; монтаж кабеля; 2. кабельная сеть; кабельная система; 3. кручение; свивание

cabling infrastructure кабельная инфраструктура (сети)

cable service provider поставщик услуг кабельного телевидения

cabling system кабельная система; сеть

CAC 1. контроль за установлением соединений; 2. автоматизированная композиция; компьютерное создание видео- и аудиокомпозиции; создание музыкальных композиций с помощью компьютера; применение ЭВМ для создания музыкальных композиций

cachable оснащенный кэшем

cache 1. сверхоперативная память; кэш; быстродействующая буферная память; 2. помещать в кэш

cacheable mode режим с занесением данных в кэш-память

cacheable-write-protect mode режим хранения данных в кэш-памяти с защитой от записи

cache block кэш-блок

cache-buffer кэш-буфер

cache bus шина кэш-памяти

cache coherency когерентность кэша

cache coherency check контроль когерентности кэша

cache controller контроллер кэша

cache control unit контроллер кэш-памяти; устройство управления кэш-памятью

cache data path тракт данных кэш-памяти

cache-data ram ОЗУ данных кэш-памяти

cached catalog буферный каталог

cache flush очистка кэша

cache hit кэш-попадание; успешный поиск в кэш-памяти; успешное обращение к кэш-памяти; результативное обращение к кэшу; удачное обращение к кэшу

cache imposition request запрос на помещение данных в выходной кэш

cache line строка кэш-памяти; строка кэша

cache line fill заполнение строки кэша

cache list head первый элемент кэш-списка

cache list tail последний элемент кэш-списка

cache LRU LRU-кэш

cache-management algorithm алгоритм управления кэшем

cache memory сверхоперативная память; кэш; быстродействующая буферная память; кэш-память

cache miss кэш-промах; промах кэша; неудачный поиск в кэш-памяти; неуспешное обращение к кэш-памяти

cache misses число непопаданий в кэш

cache-miss penalty накладные расходы на изменение содержимого кэш-памяти в случае отсутствия в ней необходимых данных

cache server кэш-сервер

cache-tag RAM ОЗУ тегов кэш-памяти

cache unit блок кэш-памяти

caching кэширование; использование кэша; работа с кэшем; подкачка в кэш; работа с кэш-памятью

caching application программа кэширования

caching disk controller дисковый контроллер с кэшем

caching file system файловая система с кэшированием

CAD 1. автоматизированное проектирование; 2. платеж наличными против грузовых документов; 3. диагностика с помощью компьютера; 4. устройство для ввода смарт-карт; приемное устройство для считывания смарт-карты

CADAM усовершенствованное проектирование и производство с применением компьютерной графики

CAD/CAM система автоматизированного проектирования и производства

CADD 1. автоматизированное проектирование и оформление чертежей; 2. система автоматизированного проектирования и черчения; система автоматизированного проектирования и оформления чертежей

CADDIF формат обмена данными САПР

CAD drawing чертеж, построенный в системе автоматизированного проектирования

caddy кассета; пластиковый конверт для компакт-диска; защитный контейнер; футляр с компакт-диском

caddy load CD-ROM drive накопитель CD-ROM с загрузкой дисков в контейнере

CADE автоматизированное проектирование и оценка

CAD Framework Initiative Инициатива по созданию инфраструктур САПР

CADIS интерактивная система автоматизированного проектирования

CADL линия связи и передачи данных

CADS САПР; система автоматизированного проектирования

CAD software программное обеспечение САПР; САПР; система автоматизированного проектирования

CAD workstation АРМ проектировщика

CAE 1. автоматизация инженерного труда; 2. машинное моделирование; 3. автоматизированная разработка; автоматизированное конструирование; 4. общая прикладная среда

CAF ассоциативная файловая память; ассоциативное запоминающее устройство

cage кассета; каркас; кожух

caging экранирование металлической сеткой

CAGR среднегодовой тем роста в сложных процентах

CAL обучение с использованием компьютера; автоматизированное обучение; интенсификация обучения с помощью применения компьютеров

calc вычислять; рассчитывать

CALC-key CALC-ключ

calculate вычислять; исчислять; рассчитывать; просчитывать; подсчитывать

calculated address вычисляемый адрес

calculated control вычисляемый элемент управления; элемент управления, отображающий вычисляемое значение

calculated EAC вычисленная стоимость выполнения

calculated field вычисляемое поле

calculated value расчетное значение

calculating apparatus счетное устройство

calculating board расчетный стол; механическая номограмма

calculating capacity вычислительная производительность

calculating device вычислительное устройство; счетно-решающее устройство

calculating function вычислительная функция

calculating machine арифмометр; счетная машина

calculating memory 1. вычислительная память; 2. вычислительное запоминающее устройство

calculating of check контрольное вычисление; контрольный расчет

calculating of cost расчет расходов; вычисление расходов

calculating process paralleling распараллеливание вычислительного процесса

calculating register регистр арифметического устройства

calculating speed скорость вычислений

calculating time время вычисления; время счета

calculation калькуляция; вычисление; счет; подсчет; расчет

calculation diagnostics диагностика вычислений

calculation error ошибка вычисления

calculation key ключ для вычисления

calculation options параметры вычислений

calculation process вычислительный процесс

calculations per second операций в секунду

calculation statement арифметический оператор

calculation table вычислительная таблица

calculation time время вычисления

calculator калькулятор; вычислительный прибор; вычислитель

calculus 1. исчисление; 2. вычисление

calculus mathematics вычислительная математика

calculus of approximations 1. приближенные вычисления; 2. численные методы

calculus of residues теория вычетов

calculus of variations вариационное исчисление

calculus-type language язык типа исчисления

calendar календарь

calendar application программа-календарь

Calendar control элемент управления «календарь»

calendaring ведение календаря; составление календарного плана

calendaring and scheduling ведение календарей и планирование коллективной работы

calendaring software программные средства календарного планирования

calendar year календарный год

calibrate 1. калибровать; градуировать; татировать; 2. проверять; проводить проверку

calibrate ruler линейка калибровки

calibration 1. настройка; калибровка; проверка; градуировка; татирование; поверка; 2. аттестация; 3. точное измерение; точное определение (характеристик)

calibration bar калибровочная шкала

calibration changing color изменение настройки цветов

calibration curve 1. калибровочная кривая; 2. градуировочная кривая

calibration record протокол поверки; протокол калибровки

calibration rig поверочная установка; поверочный стенд

calibration target образец для калибровки

calibrator 1. калибратор; 2. юстировочный прибор; юстировочный инструмент; 3. установка для проверки средств измерений

caliper толщина бумаги в милах

call 1. вызов; обращение; 2. запрос; 3. переход к подпрограмме; 4. заявка; 5. вызывать; обращаться; 6. запрашивать

call accounting учет звонков; учет вызовов

call address адрес вызова; адрес обращения; входной адрес

call back 1. обратный вызов; 2. защитный обратный вызов; 3. установление соединения с занятым абонентом после его освобождения (в телефонии)

callback API функция прикладного интерфейса, требующая обратного вызова

callback function 1. экспортируемая функция; функция внешнего вызова; внешний вызов; функция, подключаемая путем передачи адреса; 2. функция обратного вызова

callback message ответное сообщение
callback option опция обратного вызова
callback security защита с помощью обратного вызова
callback structure структура обратного вызова
call by address вызов по адресу
call by chain вызов по цепочке
call by name вызов по имени
call by number 1. вызов по номеру; 2. вызов по коду; кодовый вызов
call by pattern вызов по образцу
call by reference передача параметра по ссылке; вызов по ссылке
call by value передача параметра по значению; вызов по значению
call center телефонный узел; центр обработки звонков
call chain цепочка вызовов; вызывающая последовательность
call command команда вызова
call confirm timeout тайм-аут подтверждения вызова
call control контроль по вызову
call control function функция управления вызовом
call details records подробные записи о вызовах; запись о параметрах вызова
call directing code код направления вызова
call distributor распределитель вызовов
call diversion переадресация звонка; переключение звонка (в телефонной системе)
called party вызываемая сторона
called program вызываемая программа
called subscriber identification кадр идентификации вызываемого абонента
caller 1. вызывное устройство; 2. вызывающий оператор; вызывающая программа; 3. звонящий абонент
caller chain цепочка вызовов; цепочка запросов
caller ID идентификатор номера звонящего абонента
caller identification идентификация звонящего абонента
call error ошибка вызова
call expression вызывающее выражение
call forwarding направленный вызов; переключение телефонного вызова; переадресация входящего номера на другой (в телефонии)
call frequency частота вызова
call gate шлюз вызова
call handling обработка телефонных вызовов
call hold удержание вызов; переключение вызова в состоянии разговора с одного соединения на другое (в телефонии)
calligraphic каллиграфия
calligraphic border каллиграфическая рамка
calligraphic display векторный дисплей
calligraphic graphics каллиграфическая графика
calligraphic outline каллиграфический абрис
calligraphic pen перо (инструмент графики)
call-in вызов
call indicator индикатор вызова
calling 1. вызов; 2. вызывающий
calling card телефонная карточка
calling convention соглашение о вызовах; соглашения о связях
calling device вызывное устройство; вызывающее устройство
calling environment вызывающая среда; список переменных и их значений, доступных для программы
calling party вызывающая сторона
calling program вызывающая программа
calling register регистр запросов; регистр вызовов
calling sequence 1. последовательность вызовов; вызывающая последовательность; последовательность запросов; 2. соглашения о связях
calling stack стек вызывающей программы
calling statement оператор обращения
calling subscriber identification кадр CIG; кадр идентификации вызывающего абонента
calling task вызывающая задача
call instruction команда обращения; команда вызова
call key кнопка вызова
call-level interface интерфейс уровня вызовов; коммуникационный интерфейс для обеспечения связи между различными базами данных; стандарт CLI; спецификация формулировки запроса
call library библиотека вызовов
call management system система управления вызовами
call manager распорядитель вызовов
callout метка-идентификатор элемента иллюстрации; сноска; выноска; выносная линия
callout line выносная линия
call program программа вызова
call-reply system запросно-ответная система; система «запрос-ответ»; диалоговая система
call request запрос; вызов
call screening фильтрация вызовов
call set-up time время соединения
call sharing разделение по вызовам
call signal сигнал вызова
calls intercepting перехват вызовов
callstack стек вложенных подпрограмм; список последовательности вызовов
call support layer уровень поддержки вызовов
call to subroutine вызов подпрограммы; обращение к подпрограмме
call tracing выявление вызывающего абонента; трассировка вызова
call transfer перевод соединения на телефонный номер третьего абонента
call up вызывать
call vector вектор перехода
call waiting уведомление о поступившем вызове в состоянии разговора (в телефонии)
call word слово вызова
CALS автоматизированная поддержка принятия решения по приобретению и материально-техническому обеспечению
caluse предложение; фраза
CAM 1. модуль доступа к каналу связи; 2. управляемый модуль подключения; 3. автоматизированная система управления производством; АСУ технологическими процессами; 4. стандартный метод доступа; 5. контекстно-адресуемая память; ассоциативная память; память, адресуемая содержимым
cam бегунок
CAMAC автоматизированное измерение и управление с помощью компьютера; система КАМАК
Cambridge Ring кембриджское кольцо (тип сети)
Cambridge ring protocol протокол сети «Кембриджское кольцо»
Cambridge system кембриджская система
camcorder видеокамера; записывающая видеокамера
camera 1. фотоаппарат; 2. кинокамера; 3. телекамера
camera-control engineer видеооператор
camera location расположение камеры; позиция камеры
camera man 1. телеоператор; 2. фотограф; 3. фоторепортер; 4. кинооператор
camera motion движение камеры
camera path маршрут камеры; путь перемещения камеры

camera point точка наблюдения; точка расположения камеры; позиция камеры

camera position расположение точки обзора

camera-ready copy оригинал-макет (для изготовления фотоформ)

camera-to-target distance расстояние от камеры до цели; удаленность наблюдателя от объекта

camera tube передающая (телевизионная) трубка

CAMPUS система с кластерной архитектурой, массовым параллелизмом и общим полем памяти

campus environment сетевая среда, охватывающая комплекс зданий

campus subsystem внешняя подсистема; подсистема комплекса зданий

campus-wide information system университетская информационная система

campus-wide network кампусная сеть передачи данных; сеть, охватывающая комплекс зданий

CAN 1. сеть с абонентским доступом; 2. символ отмены

cancel 1. аннулирование; отмена; 2. компенсация; 3. подавление; 4. стирание; 5. запирание; 6. сброс в нейтральное положение; 7. гашение; 8. сокращение; 9. аннулировать; отменять; 10. снимать задание; прерывать выполнение; 11. взаимоуничтожаться; сокращать; 12. стирать; 13. запирать

cancel character 1. знак игнорирования; 2. знак аннулирования

cancel command команда прекращения; команда отмены

cancel event отменить событие

canceling отмена

cancel key клавиша отмены; клавиша сброса

cancellation 1. аннулирование; отмена; 2. компенсация; нейтрализация; 3. подавление; 4. сокращение; 5. приведение подобных членов; 6. отмена (команды); 7. потеря значимости; потеря значащих разрядов; 8. потеря точности; 8. стирание (изображения, записи): 9. запирание; гашение

canceller 1. компенсатор; 2. устройство подавления; подавитель

cancel request запрос отмены задания; отмена запроса

cancel subscriber отменить подписку

cancel the action отмена действия

cancel the update in progress отмена текущей операции обновления

candidate 1. кандидат; подходящий претендент; 2. подходящий; возможный

candidate key потенциальный ключ; возможный ключ

candidate list список кандидатов

candidate package пакет программ, пригодный для применения

candlepower сила света (в канделах)

canned data искусственные данные (в тестировании)

canned program тестовая программа-модуль

canned software стандартное программное обеспечение

canned solution готовое решение

cannot find attachment ошибка поиска вложения (в электронной почте)

cannot open attachment ошибка открытия вложения (в электронной почте)

cannot open the clipboard невозможно открыть буфер обмена

cannot read drive ошибка чтения диска

cannot select drive ошибка выбора диска

cannot write attachment ошибка записи вложения (в электронной почте)

canonical канонический; независимый от конечной реализации

canonical derivation канонический вывод

canonical form каноническая форма

canonicalize канонизировать

canonical model каноническая модель

canonical schema каноническая схема

can't redo возврат невозможен

can't undo отмена невозможна

canvas фильтр «холст»

canvas filter фильтр «холст»

canvas texture текстура холста

canvas tool инструмент «холст» (в графических пакетах)

CAP 1. автоматизированное планирование; 2. защита контролируемого доступа; 3. центральный пункт арбитража шины; 4. пункт доступа к среде передачи; 5. компьютерная издательская деятельность; автоматизированная подготовка полиграфической продукции; издание с использованием ЭВМ; компьютеризованное полиграфическое производство; 6. амплитудно-фазовая модуляция

cap 1. защитный колпачок; наконечник; 2. устанавливать колпачки

capa 1. возможность; 2. характеристика; 3. производительность

capability 1. возможности; характеристики; 2. способность; возможность; 3. производительность; 4. мандат; 5. стойкость

capability architecture мандатная архитектура; архитектура с мандатной адресацией

capability-based addressing мандатная адресация

capability list мандатный список

capability machine машина с мандатной адресацией

capability testing тестирование функциональных возможностей

capable способный; восприимчивый

capacitance 1. емкость; 2. емкостное сопротивление

capacitance coupling емкостная связь

capacitance electronic disk емкостной электронный диск; цифровая грампластинка с емкостным звукоснимателем

capacitance per unit length емкость на единицу длины

capacitive coupling емкостная связь

capacitive load емкостная нагрузка

capacitive sensor емкостной датчик; емкостной сенсор

capacitor конденсатор

capacity 1. способность; 2. возможность; 3. мощность; производительность; 4. объем; емкость; информационная емкость; 5. емкостное сопротивление; 6. разрядность; допустимый диапазон чисел; 7. пропускная способность

capacity calculation расчет емкости

capacity factor коэффициент нагрузки; коэффициент использования

capacity index индекс пропускной способности

capacity of medium пропускная способность среды передачи данных

capacity of memory емкость памяти

capacity per module емкость на модуль

capacity planning 1. планирование вычислительной мощности; 2. планирование пропускной способности

CAPG управление группой прикладных процессов

cap height высота прописной буквы

capital 1. капитал; 2. средства производства

capital availability 1. ликвидность капитала; 2. наличие фондов

capital flow движение капитала

capital gains доходы с капитала

capital-intensive капиталоемкий

capital investment объем капиталовложений

capital issue выпуск ценных бумаг

capitalization 1. выделение заглавными буквами; 2. преобразование в верхний регистр; преобразование букв в прописные

capital letter прописная буква; буква в верхнем регистре

capital stock основной капитал

capline верхняя линия очертания символа

CAPM автоматизированное управление производством

CAP modulation амплитудно-фазовая модуляция с подавление несущей; амплитудно-фазовая модуляция с отсутствием несущей

CAPP автоматизация производственных процессов

caps 1. концы линий; 2. прописные буквы; символы верхнего регистра

caps lock фиксация верхнего регистра

caps lock key клавиша фиксации верхнего регистра

capsulation 1. формирование; 2. герметизация

caption 1. заголовок; название; 2. надпись (на рисунке); подпись (к рисунку)

captive scan привязанное сканирование

captive spot curve прибор для снятия кривых

capture 1. сбор данных; 2. ввод; 3. перехват; захват (кадров); 4. перехватывать; захватывать; 5. собирать; 5. фиксировать

capture board захватывающая плата

captured video захваченное видеоизображение

capture of data сбор данных

capture print port захватывать порт принтера

CAQ автоматизированный контроль качества; система автоматизированного контроля качества

CAR 1. маршрутизация с централизованным доступом; 2. содержимое адресного регистра

carbon copy точная копия

card 1. плата; 2. перфокарта; 3. карта

CARD компактное автоматическое устройство для поиска информации

card back 1. «рубашка» игральной карты; 2. оборотная сторона платы

card batch колода карт; стопка карт

card cage каркас для печатных плат; блок установки печатных плат

card connector разъем платы

card-edge connector краевой соединитель; краевой разъем

card file картотека

card game карточная игра

card guide направляющая для вставки плат

cardinal algebra кардинальная алгебра

cardinality мощность связи; мощность; кардинальное число; количество элементов

cardinality of relation количество элементов отношения

cardinal number кардинальное число

cardinal point сторона света

card information structure информационная структура карты; блок информации о плате

cardlet кардлет; апплет, установленный на смарт-карте

card list список карточек

card reader 1. устройство считывания кредитных карточек; 2. устройство ввода с перфокарт

card service система обслуживания кредитных карточек

Card Services компонент Card Services; компонент ОС, обслуживающий платы PC Card

card slot гнездо для вставки сменной платы; гнездо для подключения к шине

card verifying верификация карт

CARE система автоматизации инженерных работ повторяющегося характера

care and maintenance уход и обслуживание

caret 1. курсор текущего фокуса ввода; 1. каре; символ ^; 3. знак вставки

CARG совокупный ежегодный прирост

carousel memory запоминающее устройство карусельного типа

carpal tunnel disease кистевой туннельный синдром (заболевание от работы на клавиатуре)

carriage каретка

carriage advance перемещение каретки; продвижение каретки

carriage assembly узел каретки

carriage control управление кареткой

carriage control character символ управления кареткой

carriage control tape лента управления кареткой

carriage locking блокировка каретки

carriage movement движение каретки

carriage release освобождение каретки

carriage release level рычаг выключения каретки

carriage return возврат каретки

carriage return character символ возврата каретки

carriage return code код возврата каретки

carriage-return escape sequence управляющая последовательность «возврат каретки»

carriage shuttle distance ход каретки

carriage tension tape тяговая лента каретки

carrier 1. носитель информации; 2. канал передачи информации; 3. высокочастотный сигнал; 4. несущая частота; модулируемый сигнал; 5. линия связи; канал связи; 6. держатель; 7. кристаллодержатель; 6. компания-поставщик коммуникационных услуг; телекоммуникационная компания; оператор связи

carrier-current communication ВЧ-связь

carrier detect сигнал обнаружения несущей

carrier detector детектор несущей

carrier frequency несущая частота

carrier identification code код идентификации канала

carrierless amplitude/phase modulation амплитудно-фазовая модуляция с подавление несущей

carrier lifetime срок службы носителя

carrier network коммуникационная сеть; сеть, обслуживаемая поставщиком коммуникационных услуг

carrier regeneration восстановление несущей

carrier repeating высокочастотная ретрансляция

carrier restoration восстановление несущей

carrier return возврат носителя

carrier sense контроль носителя; контроль несущей

carrier sense multiple access многостанционный доступ с контролем несущей; множественный доступ с анализом состояния канала

carrier-sense multiple access and collision detection коллективный доступ с опросом канала и обнаружением конфликтов; готовность к приему с множественным доступом и возможностью обнаружения конфликтов; протокол CSMA/CD

carrier signal несущий сигнал

carrier spacing разнос несущих

carrier stationery размеченная бумага

carrier system система с несущей частотой

carrier tone несущий сигнал

carry 1. перенос; 2. цифра переноса; 3. сигнал переноса; импульс переноса; 4. переносить

carry bag сумка для портативного компьютера

carry bit разряд переноса; перенос

carry clear нет переноса

carry determination logic логические схемы формирования переноса

carry digit перенос; разряд переноса

carry flag флаг переноса

carry forward переходить к следующей странице
carrying capacity пропускная способность
carrying case сумка для переноса портативного ПК
carry input 1. вход сигнала переноса; 2. входной сигнал переноса
carry line шина переноса
carry/link bit разряд выходного переноса
carry look-ahead предварительный просмотр по схеме ускоренного переноса
carry-look-ahead adder сумматор с ускоренным переносом
carry over 1. перенос; 2. переносить
carry-over data данные переноса
carry-over function функция переноса
carry-over time время переноса; время распространения переноса
carry sensing in adder опрос переноса в сумматоре
carry set есть перенос
Carson transformation преобразование Карсона
CART деревья регрессии и классификации
carter прижим механизма протяжки; прижим протяжки бумаги
Cartesian coordinates декартовы координаты
Cartesian coordinate system декартова система координат; прямоугольная система координат
Cartesian product декартово произведение; прямое произведение
Cartesian space евклидово пространство
Cartesian structure декартова структура
cartogram картограмма
cartoon-line animation анимация мультипликационного типа
cartoon-style image изображение мультипликационного типа; изображение рисованного типа
cartridge кассета; картридж
cartridge disk кассетный диск; дисковый пакет
cartridge disk drive кассетный накопитель на дисках
cartridge drive кассетный лентопротяжный механизм
cartridge font шрифт, хранящийся на вставной кассете; кассетный шрифт
cartridge loader устройство заправки в кассеты
cartridge ribbon красящая лента к кассете; красящая лента в картридже
cartridge tape кассетная лента
cartridge tape drive накопитель на кассетной магнитной ленте
cartridge tape unit накопитель на кассетной магнитной ленте
cartridge technology технология картриджей
cartridge unit кассетное запоминающее устройство
CAS 1. спецификация приложений связи; 2. автоматизированная система; 3. стробирующий сигнал адресов столбца; 4. спецификация интерфейса взаимодействия прикладных программ; протокол CAS
CAS before refresh скрытая регенерация (памяти DRAM)
cascadable counter каскадный счетчик
cascade 1. каскад; 2. каскадное включение; последовательное включение; каскадирование; 3. каскадное размещение; каскадный вывод; вывод с перекрытием; 4. каскадный; последовательный; 5. каскадировать
cascade connection каскадное включение
cascaded carry покаскадный перенос; каскадный перенос
cascade delete каскадное удаление
cascade delete related records каскадное удаление связанных записей
cascade model каскадная модель
cascade update каскадное обновление
cascade update related fields каскадное обновление связанных полей
cascade windows расположить окна каскадом

cascading 1. каскадное подключение; каскадирование; соединение в каскады; 2. каскадное расположение (окон); 3. многошаговый; многоуровневый; каскадный
cascading menu подменю; каскадное меню
cascading stylesheets каскадирование таблиц стилей
CASD автоматизированное системное проектирование; автоматизированное проектирование систем
CASE 1. автоматизированное проектирование систем; 2. автоматизация научных исследований и экспериментов с помощью ЭВМ; 3. автоматизированная разработка программного обеспечения; 4. общий сервисный элемент прикладного уровня
case 1. корпус; 2. ящик; коробка; 3. регистр клавиатуры; регистр символов; 3. оператор выбора; 4. блок; каркас; 5. случай; 6. чемоданчик; кейс; 7. помещать в корпус; 8. упаковывать (в коробку)
case-based reasoning доказательная аргументация; вывод, основанный на прецедентах; рассуждения по прецедентам
case conformity выбирающее предположение с согласованием
case constant константа варианта; константа выбора
case conversion преобразование символа с учетом регистра (символов)
case frame 1. модель управления; 2. падежная рамка; 3. блок; 4. каркас
case insensitive нечувствительный к регистру
case-insensitive search поиск без учета регистра
case management управление делами; управление документооборотом
case range набор значений оператора CASE; диапазон вариантов выбора; диапазон значений метки переключателя
case-sensitive с учетом регистра клавиатуры; различающий регистр букв; чувствительный к регистру символов
case-sensitive search поиск с учетом регистра
case sensitivity чувствительность к состоянию регистра
case shift переключение регистра (клавиатуры)
case statement оператор выбора; оператор варианта
case structure выбирающая структура
case study анализ проблемы; причинный анализ; конкретное исследование
case variant part вариантная часть записи
case variant record запись с вариантами
cash наличность; денежная наличность; наличные деньги
cash against documents платеж наличными против грузовых документов
cash basis кассовый метод (в бухгалтерских системах)
cash dispensing bank teller автоматический кассир
cash flow движение денежных средств; движение денежной наличности
cash management управление наличностью
casing 1. оболочка; кожух; 2. корпус; 3. упаковывание в коробку
cassete recorder кассетный магнитофон
cassette кассета; компакт-кассета
cassette-based computer компьютер с кассетным запоминающим устройством
cassette disk магнитный кассетный диск
cassette drive кассетный лентопротяжный механизм
cassette magnetic tape кассета с магнитной лентой
cassette recorder кассетное запоминающее устройство; кассетный магнитофон
cassette tape кассетная лента
CAST автоматизированное тестирование программ; автоматизация тестирования программ
cast 1. ядро; 2. приведение типов; преобразование типов; 3. приводить к типу

cast automaton приведенный автомат
casting приведение типов; операция приведения типа
casting-out отбрасывание
casting-out nines вычисление вычета по модулю 9; контроль по модулю 9
cast members актеры (в авторской системе мультимедиа)
cast operator 1. операция приведения типа; 2. знак операции приведения типа
cast out выбраковывать; изгонять; отбрасывать
casual 1. случайный; нерегулярный; 2. казуальный; причинный
casual control эпизодический контроль
casual dependence причинная зависимость
casual effect причинно-следственное влияние; причинно-следственная связь
casual knowledge казуальные знания
casual ordering причинное упорядочение
casualty катастрофический сбой
casual user непрофессиональный пользователь; случайный пользователь
CAT 1. система автоматизированного проектирования; 2. автоматизированный перевод; 3. компьютеризированное тестирование; автоматизация тестирования; средства автоматизированного тестирования; 4. компьютерный набор текста; 5. компьютерные технологии; 6. банкомат; терминал самообслуживания; 7. обучение с использованием компьютера; 8. компьютерная осевая томография
cat 1. конкатенация; 2. сенсорный манипулятор типа «кошка»
cat-5 категории 5 (о кабеле)
catalog 1. каталог; 2. каталогизировать; заносить в каталог
cataloged data set каталогизированный набор данных
cataloged file каталогизированный файл
cataloged organization каталоговая организация
cataloged procedure каталогизированная процедура
cataloged program каталогизированная программа
catalog index индекс каталога
catalog management управление каталогом
catalogue 1. каталог; 2. каталогизировать; 3. заносить в каталог
catastrophe катастрофа; катастрофический исход
catastrophic code катастрофический код
catastrophic error propagation катастрофическое распространение ошибок
catatonia состояние безжизненности системы
catch 1. защелка; 2. улавливать
CATE автоматизация инженерного труда по тестированию
categorial категориальный
categorial grammar категориальная грамматика
categorization категоризация; классификация
category категория; класс
category axis ось категорий
category name имя категории
catena 1. связная цепочка; ряд; 2. катена
catenate конкатенировать; связывать; соединять в цепочку; каскадировать
catenation 1. связь; соединение; сочленение; 2. каскадное включение; 3. конкатенация; сцепление
cathode ray tube катодно-лучевая трубка
CATT документальная подсистема задания конфигурации и тестирования
CATV кабельное телевидение с общей антенной
CAU управляемое устройство доступа
CAUCE Коалиция против незатребованной коммерческой электронной почты
causative error причинно-обусловленная ошибка
cause 1. причина; основание; 2. быть причиной; вызывать

caution осторожность; предосторожность
CAV постоянная угловая скорость
CAW адресное слово канала
Cayley table таблица Кэли
C-based language язык на основе языка С
CBC цепочка цифровых блоков
CBCS компьютерная система для проведения конференций; автоматизированная система для проведения конференций
CBE компьютеризированное обучение
CBEMA Ассоциация производителей вычислительного и конторского оборудования
CBF компьютерная факс-машина
CBIOS настраиваемая BIOS; BIOS, ориентированная на пользователя
CBL компьютеризированное обучение; обучение с помощью компьютера
CBMS автоматизированная система обработки сообщений; автоматизированная система передачи данных; электронная почта
CBP смена фаз шины
CBR 1. средства автоматического логического вывода на основе конкретных ситуаций; аргументация, базирующаяся на ситуациях; рассуждения по прецедентам; вывод, основанный на прецедентах; 2. поиск по содержимому; 3. постоянная скорость передачи двоичных данных; постоянная скорость передачи в битах; передача с постоянной скоростью
CBR/CBQ выборка/запросы по содержимому
CBT обучающие компьютерные программы; компьютеризированное обучение
CC 1. центральный компьютер; 2. цветовой код; 3. комбинированная плата; 4. код условия; 5. комбинаторная схема; 6. команда выполнена
Cc копия (в электронной почте); точная копия
CCA 1. оценка состояния канала; 2. концептуальная среда связи
CCAF функция управления доступом вызова
C-calculus С-исчисление
CCB 1. блок управления каналом; 2. блок управления командой; 3. байт циклического контроля
CCC 1. контроль когерентности кэша; 2. Центр по проверке авторских прав (США)
CCD устройство с зарядовой связью; прибор с зарядовой связью
CCD array линейка светодиодов
CCD camera видеокамера на основе устройства с зарядовой связью
CCD element единичный светочувствительный участок линейки светодиодов
CCD element pitch расстояние между центрами соседних светодиодов
CCE среда совместных вычислений
CCEP программа аттестации средств защиты коммерческой связи
CCF 1. функция управления вызовом; 2. единый коммуникационный формат
CCIA Ассоциация производителей компьютеров и средств связи
CCIRN Координационный комитет по межконтинентальным исследовательским сетям
CCIS кабельная информационная система
CCITT Консультативный комитет по международной телеграфной и телефонной связи
CCL язык управления передачей данных; язык управления передачей сообщений

C-class network сеть класса C

cc list список рассылки точных копий

CCLK постоянный синхросигнал CCLK

CCN компьютерная сеть связи; сеть связи с ЭВМ

CC-NUMA архитектура неоднородного доступа к данным с согласованным кэшированием

CCP 1. пакет для управления передачей сообщений; программа управления передачей сообщений; 2. программа настройки конфигурации; 3. сертифицированный специалист по вычислительной технике

CCR 1. протокол передачи, согласования и возврата; 2. автоматизированный поиск

CCS 1. общая коммуникационная поддержка; общий набор команд; унифицированный список команд; 2. система контроля за компонентами; 3. непрерывное комбинированное слежение; 4. унифицированная поддержка связи; 5. передача сигналов по общему каналу

CCU 1. блок управления передачей данных; 2. общее устройство управления; 3. контроллер кэш-памяти; устройство управления кэш-памятью

CCW слово команды канала

ccw против часовой стрелки

CCW technology технология непрерывной комбинированной записи

CD 1. компакт диск; 2. вызывное устройство; 3. сигнал обнаружения несущей; 4. проект стандарта

C&D символ управления и индикации

CDB блок дескриптора команды

CDC общий канал передачи данных

CD changer устройство смены компакт-дисков

CD controller decoder декодер контроллера компакт-диска

CDD дисковод для компакт-дисков

CD-DA звуковой компакт-диск; цифровой аудио компакт-диск; лазерный аудиодиск

CD-DA data данные звукового компакт-диска

CDDI распределенный интерфейс передачи данных по кабельным линиям; распределенный интерфейс передачи данных по медным кабелям

CD-digital video interactive интерактивный компакт-диск с цифровой записью видеосигнала

CD driver драйвер компакт-диска

CD-DVI интерактивный компакт-диск с цифровой записью видеосигнала

CDE 1. общая среда настольных систем; общая вычислительная среда для настольных систем; 2. среда коллективной разработки программ; 3. среда параллельного проектирования; среда комплексного проектирования

CD-E стираемый компакт-диск; компакт-диск со стиранием

CD-E drive записывающий накопитель для компакт-дисков; накопитель для компакт дисков с многократной записью

CD eject button кнопка выгрузки компакт-диска

CD ejecting выгрузка компакт-диска

CD erasable read-only memory перезаписываемый компакт-диск, используемый в качестве стираемого ПЗУ; перезаписываемый компакт-диск; стираемый компакт-диск

CD-EROM перезаписываемый компакт-диск, используемый в качестве стираемого ПЗУ; стираемый компакт-диск

CDF 1. формат определения канала; 2. формат с разделителями-запятыми

CDF channels CDF-каналы (доставки информации в Web)

CD file manager программа управления файлами компакт-диска

CDFM программа управления файлами компакт-диска

CDFM device driver драйвер устройства программы управления файлами компакт-диска

CDFS файловая система CD-ROM; файловая система CDFS; файловая система на компакт-дисках

CD+G компакт-диск с графикой

CD-I интерактивный компакт-диск; компакт-диск интерактивный

CDI интерактивное графическое устройство

CD-I decoder декодер компакт-диска

CD-I encoder кодирующее устройство компакт-диска

CDIF формат обмена данными CASE-систем

CD image образ компакт-диска

CD-I Media Specification общая спецификация диска CD-I

CD-I physical format физический формат диска CD-I

CD-I physical sector физический сектор диска CD-I

CD-I physical sector formatter устройство формирования физических секторов диска CD-I

CD-I player проигрыватель компакт-дисков

CD-I sector data данные сектора диска CD-I

CD-I sector processor секторный процессор диска CD-I

CD-I standard character set стандартный набор символов диска CD-I

CD-I system система дисков CD-I

CD-I system validation проверка правильности системы дисков CD-I; проверка работы система дисков CD-I

CD-I track дорожка диска CD-I

CDK комплект разработчика системы виртуальной реальности

CD Key код компакт-диска

CDL язык описания архитектуры компьютера

CDM модуль конкретного устройства

CDMA множественный доступ с кодовым разделением каналов; многостанционный доступ с кодовым разделением каналов

CD+MIDI-compatible совместимый со стандартами CD+MIDI

CDP 1. комбинированный обработчик документов; 2. тракт данных кэш-памяти; 3. процессор передачи данных

CDPD сотовая сеть передачи пакетов данных; сотовые сети с пакетной передачей данных; передача цифровых пакетных данных по сотовой связи; пересылка пакетов данных по каналам сотовой сети; технология пакетной передачи данных по сотовой сети

CD physical format физический формат компакт-диска

CD player проигрыватель компакт-дисков; устройство воспроизведения компакт-дисков; CD-плейер

CdPN номер вызывающей стороны (в ISDN)

CD-PROM компакт-диск — программируемое постоянное запоминающее устройство; перезаписываемый компакт-диск; программируемый компакт-диск

CDPS система передачи и обработки данных

CD-quality качество звучания, сравнимое со звучанием компакт-диска

CD-quality adapter звуковой адаптер качества CD

CD-quality audio аудио с качеством звучания компакт-диска

CDR 1. восстановление синхронизации и данных; 2. запись данных с постоянной плотностью

CD-R записываемый компакт-диск; компакт-диск с однократной записью

CD-R drive записывающий накопитель для компакт-дисков; накопитель для компакт-дисков с однократной записью

CD-real-time operation system операционная система компакт-дисков, работающая в реальном времени

CD-ROM неперезаписываемый компакт-диск; компакт-диск, доступный только для чтения; компакт-диск постоянной памяти

CD-ROM application 1. приложение CD-ROM; 2. применение CD-ROM

CD-ROM based LAN локальная сеть, использующая CD-ROM; локальная сеть, основанная на использовании CD-ROM

CD-ROM cycle цикл изготовления CD-ROM
CD-ROM disc диск CD-ROM
CD-ROM drive привод CD-ROM; дисковод для компакт-дисков
CD-ROM Extended Architecture расширенная спецификация стандарта компакт-дисков; CD-ROM расширенной архитектуры
CD-ROM extension software программа расширения для CD-ROM
CD-ROM File System файловая система на компакт-дисках
CD-ROM image образ диска CD-ROM; содержимое диска CD-ROM
CD-ROM image optimization оптимизация образа CD-ROM; оптимизация диска CD-ROM
CD-ROM player проигрыватель CD-ROM
CD-ROM publishing публикации на CD-ROM
CD-ROM simulation system система моделирования CD-ROM; система имитации CD-ROM
CD-ROM title элемент содержимого CD-ROM
CD-ROM video game machine видеоигровое устройство на базе CD-ROM
CD-ROM XA CD-ROM расширенной архитектуры; расширенная спецификация стандарта компакт-дисков
CD-RTOS операционная система компакт-дисков, работающая в реальном времени
CD-RTOS kernel ядро системы CD-RTOS
CD-RW компакт-диск с многократной перезаписью
CDS 1. концептуальный накопитель данных; 2. цветная дисплейная система; система цветного изображения
CDSA единая архитектура безопасности данных
CDSL потребительская цифровая абонентская линия
CDT 1. размещение кредита; 2. таблица изменений данных
CD television телевизионный компакт-диск
CDTV телевизионный компакт-диск
CDV непостоянство времени задержки (при передаче ячеек ATM)
CD-V компакт-диск с видеоинформацией; аналого-цифровой компакт-диск
CD-WO компакт-диск с однократной записью; компакт-диск однократной записи
CD-WORM компакт-диск однократной записи и многократного считывания
CE 1. электроника средств связи; 2. цена ошибки; затраты на ошибку; 3. параллельное проектирование; комплексное проектирование; 4. эксплуатационное обслуживание; 5. инженер по обслуживанию абонентов
CEC контроллер коммуникационного процессора
CECOM Научно-информационный центр по средствам массовой коммуникации стран Центральной Европы
CED емкостной электронный диск; цифровая грампластинка с емкостным звукоснимателем
CEDD Комитет по обмену цифровой информацией
CEG графика с ровными ребрами; графика с бесступенчатыми контурами; графика с плавными цветовыми переходами
ceiling наименьшее целое число
ceiling N наименьшее целое число > N
cel кель; буфер движущегося изображения
cell 1. ячейка; 2. элемент; 3. клетка; 4. секция; 5. прямоугольный одноцветный графический элемент
cell address адрес ячейки
cell address set присвоение адреса ячейки
cellar память магазинного типа; запоминающее устройство магазинного типа; магазин
cell array 1. массив точек; матрица элементов; 2. массив ячеек; 3. массив клеток; 4. поэлементная передача; поячеечная передача

cell block блок ячеек
cell-block architecture блочно-клеточная архитектура
cell contents содержимое ячейки
cell-delay variation непостоянство времени задержки (при передаче ячеек ATM)
cell formation формирование ячеек (в ATM)
cell grouping группирование ячеек (таблицы)
cell height высота матрицы символа
cell loss priority приоритет потери элемента данных
cell-loss ratio процент потерянных ячеек (ATM)
cell notation комментирование ячейки; добавление комментария
cell number номер ячейки
cellphone телефон сотовой связи; сотовый телефон
cell range диапазон ячеек
cell reference ссылка на ячейку
cell relay сотовая ретрансляция; ретрансляция ячеек
cell selector селектор ячейки
cell-switched network сеть сотовой коммутации
cell transfer delay время задержки при передачи ячеек (ATM)
cellular клеточный; сотовый
cellular array матрица с регулярной структурой; регулярная матрица
cellular construction ячеистая конструкция; регулярная структура; клеточная структура
cellular digital packet data 1. пакеты цифровых данных сотовой сети; 2. передача цифровых пакетных данных по сотовой связи; CDPD
cellular grid сетка с регулярной структурой
cellular hardware аппаратура сотовой связи
cellular local loop terminal абонентские сотовые терминалы
cellular logic логические схемы с регулярной структурой; регулярная логика; логика на основе ячеек
cellular modem сотовый модем; модем сотовой связи
cellular network сотовая сеть
cellular operator оператор сотовой связи (компания)
cellular packet radio network сотовая пакетная радиосеть
cellular phone сотовый телефон
cellular protocol протокол сотовой связи
cellular radio сотовая радиотелефонная связь; сотовая система радиосвязи
cell width ширина матрицы символа
CEM изготовители электронной аппаратуры
CEMA Ассоциация производителей товаров потребительской электроники; Ассоциация производителей бытовой электроники (США)
CEN Европейский комитет по стандартизации
CEN Европейский комитет по стандартизации
CENELEC Европейский комитет стандартизации в области электротехники; Европейский комитет по электротехническим стандартам
census 1. ценз; 2. перепись; 3. полный набор характеристик
census returns результаты переписи населения
center 1. центр; 2. центрирование; 3. центрировать; помещать в центр; выравнивать по центру
centered выровненный по центру
center form automatically автоматическое выравнивание формы по центру
center for professional advancement центр повышения квалификации
centering центрирование
centering the printed image центрирование печатаемого изображения
center justification выравнивание по центру
centerline осевая линия; средняя линия

centerline method метод центральной линии
centerline tracing распознавание «скелетных» рисунков
center mark метка центра; отметка, показывающая центр
center of rotation центр вращения
center text within control выравнивание текста внутри элемента управления по центру
central access routing маршрутизация с централизованным доступом
central administration централизованное администрирование
central backup area центральная область дублирования; центральная область резервного копирования
central computer центральный компьютер; центральная ЭВМ
central console центральная консоль
central exchange центральная АТС; центральный узел коммутации
central graphics processor центральный графический процессор
centralized централизованный
centralized communication system централизованная система связи
centralized control централизованное управление
centralized database централизованная база данных
centralized data processing централизованная обработка данных
centralized information acquisition централизованный сбор данных
centralized installation централизованная инсталляция
centralized interface system централизованная интерфейсная система
centralized management централизованное управление
centralized network централизованная сеть
centralized network reference service центральная справочная служба сети
centralized processing централизованная обработка
centralized replication централизованное тиражирование
centralized routing централизованная маршрутизация
centralized security controller контроллер безопасности сети с централизованным управлением
centralized system централизованная система
central keying authority центр распределения ключей; центр распространения ключей
central limit theorem центральная предельная теорема
centrally централизованно
centrally controlled computing environment централизованно управляемая вычислительная среда
centrally held files централизованно хранимые файлы
central management централизованное управление
central management panel центральная панель управления
central management service служба централизованного управления
central manager центральный администратор
central processing централизованная обработка данных
central processing unit центральный процессор; центральный вычислительный блок; ЦП
central processor центральный процессор; ЦП
central processor unit центральный процессор
central repository центральное хранилище; центральный репозиторий
central scanning loop центральный цикл сканирования
central service module центральный обслуживающий модуль
central station 1. центральное управляющее устройство; 2. центральная станция
central unit центральное устройство

centre центр; середина
centre-line осевая линия
centre of gravity центр тяжести
centre of mass центр масс
centring 1. центровка; установка по центру; 2. установка на нуль
Centronics 8-разрядный стандартный параллельный интерфейс
cents an hour центов в час
CEO 1. полностью автоматизированный офис; 2. генеральный директор; президент; главный администратор; распорядитель компании; главный руководитель; главный исполнительный директор
CEP конечная точка канала
CEPT Европейская конференция почтовых и телекоммуникационных ведомств; Ассоциация министерств связи и администраций сетей связи стран Европы
CER сотовая радиотелефонная связь
CERN 1. Европейская организация по ядерным исследованиям; 2. группа реагирования на непредвиденные ситуации в компьютерах
CERN map карта ссылок CERN; карта ссылок стандарта CERN
CERT группа реагирования на нарушения компьютерной защиты в сети Internet
certain определенный; конкретный; достоверный
certain event достоверное событие
certain information надежная информация
certainly value вероятность
certainty factor коэффициент достоверности
certainty value значение показателя достоверности
certificate аттестат; паспорт; сертификат
certificate authority 1. организация, отвечающая за распределение сертификатов; 2. сервер сертификатов; источник сертификатов
certificate issuing выдача сертификата
certificate of license лицензионный сертификат
certificate signing key ключ подписи сертификата
certificate validity interval срок действия сертификата
certification 1. подтверждение права; 2. аттестация; сертификация
certification of application сертификация приложений
certification program сертификационная программа; программа сертификации
certification requirements сертификационные требования
certified сертифицированный; аттестованный; одобренный; разрешенный; удостоверенный
certified computing professional сертифицированный специалист по вычислительной технике
certified driver сертифицированный драйвер
Certified NetWare Administrator аттестованный администратор NetWare
Certified NetWare Engineer сертифицированный инженер по NetWare
Certified NetWare Instructor сертифицированный инструктор по NetWare; аттестованный инструктор по NetWare
Certified NetWare Technician сертифицированный технический специалист по NetWare
certified network expert сертифицированный специалист по сетям
Certified Support Partner сертифицированный партнер по технической поддержке
certified systems engineer сертифицированный инженер-системотехник; аттестованный инженер-системотехник
Certified Systems Professional сертифицированный специалист по системам

certifier 1. контрольное устройство; 2. распорядитель-координатор

certify выдавать свидетельство; сертифицировать

CES card плата эмуляции каналов

CESD составной словарь внешних имён

CF 1. центральный файл; 2. флаг переноса; 3. обобщённые средства; 4. контекстно-независимый; 5. компактная флэш-память

CFB программируемый функциональный блок

CFEC специальное упреждающее исправление ошибок

CFI Инициатива по созданию инфраструктур САПР

CFL Лаборатория по стандартизации инфраструктуры САПР

CFO вице-президент компании по финансам; финансовый директор

CFOOT корпоративные средства внедрения объектно-ориентированной технологии

CFR кадр подтверждения готовности к приёму

CFS файловая система с кэшированием

CG компьютерная графика

CGA цветной графический адаптер

CGG изображения, формируемые с помощью компьютера

CGI 1. общий шлюзовой интерфейс; общий межсетевой интерфейс; связной интерфейс общего назначения; 2. интерфейс компьютерной графики; стандарт CGI; изображения, формируемые методами компьютерной графики; изображения, формируемые с помощью компьютера; генерация компьютерных изображений; генерация и обработка изображений с помощью компьютера

CGI programming программирование с использованием интерфейса CGI

CGI script сценарий CGI; процедура CGI

CGM 1. метафайл машинной графики; метафайл компьютерной графики; 2. стандарт обмена двумерной графической информацией; 3. стандарт хранения и передачи изображений

CGP центральный графический процессор

CGR замещение цветов оттенками серого

CG tools инструменты компьютерной графики

CHAID автоматическое выявление взаимодействия по методу хи-квадрат

chain 1. простой список; 2. последовательность; 3. путь в сети; 4. тракт; канал; 5. цепь; цепочка; 6. связывать в цепочку

chain algorithm цепной алгоритм

chain analysis анализ цепи

chain code цепной код

chain command 1. последовательность команд; строка команд; 2. команда цепочки; команда с признаком цепочки

chain data address flag признак последовательности данных; признак цепочки данных

chain database база данных с цепной структурой

chain data flag признак цепочки данных

chain dots связываемые в цепочке (эллипсоидные) точки (изображения); точки изображения, связываемые в цепочки; цепочка, состоящая из точек

chained access цепной доступ

chained addition сложение по цепочке; последовательное сложение с накоплением; цепочечное сложение

chained addressing составная адресация; цепная адресация

chained file цепной файл; цепочечный файл

chained key сцепленный ключ (в БД)

chained list цепочечный список; связный список; список со ссылками; цепной список

chained opening последовательное открытие

chained record цепная запись

chained-segment buffer цепной буфер

chained-segment buffering буферизация в последовательных сегментах; сегментная буферизация

chain element элемент цепного списка

chain identifier идентификатор сцепления; идентификатор цепочки

chain index цепочечный индекс

chain inference цепное заключение

chaining связывание; формирование цепочки; сцепление

chaining address адрес сопряжения; адрес связи

chaining check последовательный контроль

chaining interface цепочечный интерфейс

chaining method цепной метод

chaining opening последовательное открытие

chaining overflow цепочка переполнения

chaining search цепной поиск; поиск по цепочке; связный поиск

chain links связи цепочки

chain list node узел цепного списка

chain method метод цепочек

chain printer цепной принтер; цепное печатающее устройство

chain structure цепная структура

chairman председатель

chair of company глава фирмы; президент компании

chalk мелок (в графике)

challenge 1. сложная задача; сложная проблема; 2. многообещающие возможности; 3. вызов

challenge and response procedure процедура запроса и подтверждения

Challenge Handshake Authentication Protocol протокол аутентификации квитирования запроса на связь; протокол аутентификации по квитированию вызова

challenge of certification требования сертификации; требования для получения сертификации

challenge-response authentication аутентификация запроса/ответа; аутентификация «запрос/ответ»

challenge-response procedure процедура типа «запрос-ответ»

challenging 1. сложный; 2. многообещающий; перспективный

chamfer 1. фаска; скос; 2. снимать фаску

chamfering снятие фасок; закругление кромок (САПР)

chance случай; вероятность

chance error случайная ошибка; несистематическая ошибка

chance failure случайный отказ

chance of acceptance вероятность приёмки

chance variable случайная переменная

change 1. изменение; перемена; модификация; 2. смена; замена; 3. переход; 4. превращение; 5. перегиб кривой: 6. приращение; 7. коррекция параметра; 8. смена; замена; 9. изменяться; 10. заменять; изменять; вносить изменения

changeable storage запоминающее устройство со съёмным носителем

change a directory перейти в другой каталог

change all заменить все

change bar индикатор изменений

change bit флаг изменений; разряд изменений; бит изменений

change color изменить цвет

changed data table таблица изменений данных

change document view изменение представления документа

change dump дамп изменений; разгрузка с последними изменениями содержимого

change facility средство модификации

change file файл изменений

change icon сменить значок

changeline information информация о смене дискеты в дисководе

change logon password изменение пароля

change management организация внесения изменений

change mode key клавиша смены режима; клавиша переключения режима

changeover 1. смена; замена; 2. переключение; переброс; 3. опрокидывание (триггера)

change owner смена владельца

change password сменить пароль

change pointer изменить форму указателя

change program трансформирующая программа; преобразующая программа

changer 1. преобразователь; 2. переключатель; 3. механизм смены (дисков); ; устройство автоматической смены компакт-дисков; проигрыватель-автомат

change record 1. корректирующая запись; 2. массив изменений; 3. запись файла изменений

change source сменить источник

change to заменить на

change to the subdirectory переход в подкаталог

change type вид изменения; вид модификации

change variables заменять переменные

change window position изменить положения окна

change window size изменить размеры окна

change window title изменить заголовок окна

changing field data types изменение типов данных для полей

changing order изменение порядка

channel 1. канал ввода-вывода; 2. дорожка; 3. линия связи; информационный канал

channel adapter адаптер каналов

channel address канальный адрес; адрес канала

channel address word адресное слово канала

channel administrator администратор каналов; распорядитель каналов

channel allocation распределение каналов

channel assignment распределение каналов

channel bank группа каналов

channel bit канальный бит

channel board канальная плата

channel byte канальный байт

channel capacity пропускная способность канала связи

channel check handler средство автоматического контроля работы канала; устройство контроля работы канала; контрольник канала

channel coding канальное кодирование

channel coding theorem теорема о канальном кодировании

channel command команда канала

channel command word слово команды канала

channel conduction канальная проводимость

channel control управление каналом

channel control block блок управления каналом

channel controller контроллер каналов связи; контроллер канала

channel control unit блок управления каналом связи

channel definition format формат определения канала

channel director процессор управления каналами

channel end конец работы канала

channel end point конечная точка канала

channel error канальная ошибка

channel failure сбой в канале

channel-free architecture бесканальная архитектура

channel guide программа-проводник по каналам; путеводитель по Web-каналам

channel index list список канальных индексов

channel instruction канальная команда

channel interface 1. канальный интерфейс; интерфейс канала связи; 2. канальное сопряжение; сопряжение канала; сопряжение с каналом; интерфейс с каналом

channel interface processor процессор канального интерфейса

channel interrupt канальное прерывание

channelization 1. разделение полосы частот на отдельные каналы; 2. формирование каналов

channelized interface индивидуальный интерфейс

channel-limited ограниченный возможностями канала

channel mask маска канала; канальная маска

channel number номер канала

channel-on-demand канал по запросу абонента

channel partner торговый партнер

channel port adapter адаптер канального порта

channel processor процессор канала

channel program 1. программа канала; канальная программа; 2. программа по развитию связей с торговыми партнерами

channel program translation трансляция программы канала

channel queue канальная очередь

channel roll-up свиток «каналы» (в графических пакетах)

channel router algorithm алгоритм трассировки каналов; алгоритм канальной трассировки

channel scheduler планировщик каналов

channel scheduling управление каналом

channel search просмотр очереди канала

channel service unit блок обслуживания канала; модуль обслуживания канала; устройство обслуживания канала

channel slot канальный временной интервал

channel status состояние канала

channel status byte байт состояния канала

channel status word слово состояния канала

channel stop каналоограничительная область

channel strategy стратегия сбыта

channel switch data flow поток данных от переключателя канала

channel switching переключение каналов; коммутация каналов

channel system канальная система

channel-to-channel adapter адаптер «канал-канал»; адаптер межканальной связи

channel-to-channel connection соединение «канал-канал»

chaos paradigm парадигма неструктурного программирования; парадигма хаотического программирования

CHAP протокол аутентификации квитирования запроса на связь; протокол аутентификации по методу «вызов-приветствие»; протокол аутентификации по квитированию вызова; протокол аутентификации подтверждения вызова; 2. процессор канала

CHAP secret пароль CHAP

chapter 1. раздел; секция; часть; сегмент; глава; 2. разбивать на главы

chapter file файл главы; файл описания главы

chapter number 1. номер главы; 2. номер сегмента

chapter number code код номера сегмента

chapter search поиск сегмента

char символ; знак

character 1. буква; знак; символ; 2. литера; буква; 3. очко литеры; 4. отличительный признак; характерная особенность; 5. характер (в математике)

character analyzer анализатор знаков; анализатор символов

character application приложение, работающее в текстовом режиме

character assembly сборка символа

character attribute атрибут литеры; атрибут символа

character-base application приложение с символьно-ориен-
тированным интерфейсом

character-based interface символьно-ориентированный интерфейс

character-based user interface символьно-ориентированный
интерфейс с пользователем

character boundary граница знака

character cell знакоместо

character check проверка символа

character class класс символов

character code код символа

character-coded в символьной записи

character coding кодирование знаков; кодирование символов

character constant символьная константа

character crowding уплотнение символов; набегание символов

character data type символьный тип данных

character deletion удаление символа; стирание знака

character-deletion character знак отмены символа

character density плотность расположения знаков; плотность знаков

character design 1. конфигурация знака; форма знака;
2. проектирование символа

character device устройство посимвольного ввода-вывода

character device driver драйвер символьного устройства

character disassembly разложение символа

character display 1. отображение символа; 2. текстовый
дисплей

character edge контур символа

character element знаковый элемент; символьный элемент

character emitter генератор знаков

character encoding кодирование символов

character error rate частота появления ошибок по символам

character escape sequences символьные управляющие последовательности

character expansion увеличение размера символа

character expression знаковое выражение; символьное выражение

character extractor символьный экстрактор

character field символьное поле; текстовое поле

character fill заполнение памяти заданным символом

character font шрифт; форма символа

character formatting формат знака; задание формата символов

character frame рамка символа

character-generating знакогенерирующий

character generator знакогенератор; генератор символов

character graphics псевдографика; символьная графика

character handling операции над символами

character handling header объект-заголовок, манипулирую-
щий символами

character-handling interface processor интерфейсный процессор с посимвольной обработкой данных

character height высота символа

character identification распознавание знаков; идентификация символов

character image изображение знака

character interface текстовый интерфейс

character-interleaved байт-мультиплексный

character interval интервал передачи знака; интервал передачи символа; знаковый интервал; интервал между
знаками

character I/O functions функции ввода-вывода символов

characteristic 1. характеристика; порядок нормализованно-
го числа; смещенный порядок; 2. характерная черта; особенность; 3. показатель; 4. признак; свойство; 5. кривая;
6. характеристический; 7. характерный; типичный

characteristic curve характеристика; характеристическая
кривая

characteristic distortion характеристическое искажение

characteristic echaust velocity характеристическая скорость

characteristic equation характеристическое уравнение

characteristic error характеристическая ошибка

characteristic function характеристическая функция

characteristic impedance характеристическое сопротивление; волновое сопротивление

characteristic value характеристическое значение; собственное значение

characterization снятие характеристик; составление спецификации; определение параметров

character key клавиша знака; клавиша символа

character large object большой символьный объект

character line строка знаков

character literal символьный литерал; текстовая константа;
символьная константа

character location знакоместо; знакопозиция

character machine машина с символьной организацией

character map таблица символов

character mapping раскладка клавиатуры

character mean entropy средняя энтропия на символ

character mode символьный режим

character-oriented посимвольный; с познаковым обращением

character-oriented communication посимвольная передача

character-oriented protocol протокол посимвольной передачи данных

character outline контур знака; очертания символа

character pattern шаблон символа

character per inch число символов на дюйм

character per second знаков в секунду; символов в секунду

character pitch шаг расположение символов; шаг символов

character position расположение знака

character printer знакопечатающее устройство; знакосинте-
зирующее печатающее устройство; посимвольное печатающее устройство; буквенно-цифровое печатающее устройство

character profile характеристика персонажа (компьютерной
игры)

character reader устройство считывания знаков; устройство
считывание символов

character recognition распознавание знаков; распознавание
символов

character recognition circuit схема распознавания знаков

character recognition device устройство для распознавания
знаков

character recognition logic логика распознавания знаков

character recognition system система распознавания знаков; система распознавания символов

character relation знаковое отношение

character representation представление знаков; представление символов

character seize перехват символов

character selection 1. выделение знаков; 2. выбор знака

character selection circuit схема выборки знака

character selection line шина выборка знака

character sensing system система считывания символов

character sensing system for documents система считывания символов в документах

character set литерный набор; набор знаков; набор символов; алфавит

character signal сигнал знака

character spacing интервал между символами; разрядка символов

character spacing reference line опорная линия размещения знака

character special file специальный файл символьного устройства; драйвер символьно-ориентированного устройства (в UNIX)

character speed скорость передачи знаков

character string 1. строка символов; символьная строка; цепочка символов; 2. последовательность символов

character string bug ошибка в цепочке символов; ошибка в строке

character string data данные типа строки символов

character stuffing вставка символов

character style стиль символа; стиль знака; тип шрифта

character-style sheet стиль символа

character subset поднабор знаков

character tag маркер символа

character terminal текстовый терминал; символьный терминал

character testing functions функции тестирования символов

character translate table таблица преобразования символов

character translator преобразователь знаков; преобразователь символов

character type символьный тип

character user interface символьный интерфейс пользователя

character variable символьная переменная

character width ширина основного прямоугольника; ширина символа

charcoal уголь (в графике)

charge 1. зарядка; подзарядка; 2. расходы; затраты; издержки; цена; 3. заряжать; 4. загружать; 5. оплачивать

chargeable failure ответственный отказ

charge-coupled device устройство с зарядовой связью; прибор с зарядовой связью

charge density плотность электрического заряда

charged per character с посимвольной оплатой

charged per minute с поминутной оплатой; с оплатой за каждую минуту

charge per incident оплата за случай

charger зарядное устройство; зарядный выпрямитель

charge rate размер оплаты; тариф; такса

charge rate divisor делитель тарифа оплаты

charge rate multiplier множитель тарифа оплаты

charge-transfer device прибор с переносом заряда

charging current зарядный ток

chart 1. диаграмма; 2. график; 3. схема; 4. таблица; 5. чертеж; 6. карта

chart area область диаграммы

chart frame рамка диаграммы

charting построение диаграмм; построение блок-схем; вычерчивание графиков; черчение

chart of accounts план счетов

chart template шаблон диаграммы

chart title заголовок диаграммы

chassis шасси; блок; корпус; монтажная панель; каркас

chassis design конструкция шасси; конструкция корпуса

chassis ground заземление на шасси

chassis router концентратор в корпусном исполнении

chat диалоговое взаимодействие; интерактивная переписка; обмен информацией в режиме реального времени; Internet-клуб интерактивного общения; чат

chat forum «гостиная»; форум Internet для разговоров; чат

chat mode режим «беседы»

chat room «кулуары»; чат; раздел чата; комната

chat session разговор; чат

chatter дрожание; вибрация

chatting обмен текстовыми сообщениями в реальном времени

chat utility утилита диалогового взаимодействия пользователей; утилита для создания чата

CHDL язык описания архитектуры компьютера; язык описания аппаратных средств ЭВМ; язык описания аппаратной части компьютера

check 1. останов; остановка; задержка; 2. контрольная проверка; 3. проверка; контроль; 4. выбирать; 5. устанавливать; 6. проверять; контролировать; 7. отмечать

checkability контролепригодность; проверяемость

checkable code 1. контролепригодный код; 2. код с контролем ошибок; код с обнаружением ошибок

check bit контрольный бит; контрольный разряд; проверочный двоичный разряд

check block cluster блок независимых кнопок; группа независимых переключателей; группа флажков

check box флажок; кнопка-флажок; независимый переключатель; кнопка с независимой фиксацией; триггерная кнопка; отмечаемая кнопка

check box cluster блок кнопок с независимой фиксацией; группа флажков

check box form field поле формы «флажок»

check brush контрольная щетка

check bus контрольная шина

check byte контрольный байт

check card 1. контрольная карта; 2. чековая карточка; чек

check channel контрольная дорожка

check character контрольный знак; контрольный символ

check circuit контрольная схема; цепь контроля

check code код для проверки; контрольный код

check column контрольная колонка; контрольный столбец

check computation контрольное вычисление; контрольный расчет

check constraints контрольные ограничения

check digit контрольная цифра; контрольный разряд

checked command отмеченная команда

checked operation проверенная операция

checked quantity проверенная величина

checker 1. средство измерения; контрольно-измерительный прибор; 2. испытательное устройство; проверочное устройство; проверочный блок; 3. программа проверки; программа контроля; 4. модуль проверки орфографии; 5. шахматная доска

checkerboarding зонирование программ

checkers and wires шахматы и каркасные линии (в графике)

check experiment контрольный опыт

check field поле контроля

check for wrong capitalization поиск лишних прописных букв

check in обратное копирование измененного модуля в библиотеку

check-in/check-out 1. механизм выписки и возврата элементов; изъятия документа (объекта, модуля) из папки (хранилища, библиотеки) с блокировкой оригинала и копирование обратно после модификации; 2. подключение к внешней линии и отключение от нее (в телефонных системах)

check indicator контрольный индикатор

check information контрольная информация

checking контроль; проверка

checking a filesystem проверка файловой системы

checking and rectification of data проверка и исправление данных

checking calculation проверочный расчет

checking document контрольный документ

checking features возможности контроля

checking information контрольная информация

checking program программа контроля; проверочная программа

checking sequence порядок проверки

checking sum контрольная сумма

checking system контрольная система; система контроля

check light контрольный индикатор

checklist 1. контрольный перечень; контрольный список; контрольная таблица; 2. технологическая карта; 3. ведомость технического контроля

checklist file файл со списком проверяемых файлов; файл, содержащий перечень файлов

check mark метка; «галочка»; «птичка»; пометка; отметка

check matrix проверочная матрица

check meter контрольный прибор

check number контрольное число

checkout 1. контроль; проверка; 2. испытания; наладка (аппаратуры); выверка; отладка; контрольная проверка; отладка (программы); 3. копирование модуля из библиотеки с запретом модификации оригинала

check-out/check-in procedure процедура контроля по выходам-входам

checkout compiler отладочный компилятор

checkout of program отладка программы

check output контрольный вывод

checkpoint 1. контрольный ввод; 2. контрольный вывод; 3. контрольная точка; 4. точка контрольного перезапуска; 5. контрольная цифра; 6. вводить контрольные точки

checkpoint data set набор данных контрольной точки

checkpoint entry элемент описания контрольной точки; запись в наборе данных контрольной точки; вход контрольной точки

checkpoint file файл контрольной точки

checkpointing 1. регистрация состояния процесса в контрольной точке; копирование памяти в контрольных точках; сохранение состояние процесса; 2. введение контрольных точек в программу; введение контрольных точек;

checkpoint label метка контрольной точки

checkpoint record запись контрольной точки

checkpoint request record запись контрольной точки по запросу

checkpoint restart рестарт с контрольной точки; перезапуск с контрольной точки

checkpoint/restart facility средство рестарта с контрольной точки

checkpoint routine программа контрольной точки

checkpoint space область сохранения

check problem контрольная задача; проблема контроля

check program контрольная программа; программа проверки

check read контрольное считывание

check register контрольный регистр

check reset key клавиша контрольного рестарта

check routine испытательная программа

check row строка контроля

check run контрольный пуск; контрольный прогон

check solution контрольное решение

check spelling проверка орфографии

check status list листинг с информацией об извлеченных из библиотеки элементах

check stop контрольный останов

checksum контрольная сумма

checksum calculation вычисление контрольной суммы

checksum error ошибка контрольной суммы

checksum failure несовпадение контрольной суммы

checksum header заголовок с контрольной суммой

checksum method метод контрольных сумм

checksumming контрольное суммирование; вычисление контрольной суммы

check the figures проверять расчеты

check total контрольная сумма

checkup технический осмотр; проверка состояния

check value контрольное число; контрольный признак

check variable контрольная переменная

chemical-drawing program программа графического представления химических структур

Chen model модель Чена

Chen transform преобразование Чена

cheque amount сумма чека

chernobylgram «чернобыльграмма»; некорректный пакет, нарушающий работу сети

chess computer компьютер для игры в шахматы

CHI 1. четырехпроводной последовательный интерфейс с временным уплотнением; 2. интерфейс «человек-машина»; человеко-машинный интерфейс

chief executive officer главный исполнительный директор; главный администратор; генеральный директор; распорядитель компании

chief financial officer вице-президент компании по финансам; финансовый директор

chief information officer руководитель информационной службы компании

chief officer главное ответственное лицо

chief programmer главный программист

chief programmer team бригада главного программиста

chief technical officer главный технический директор

child 1. порожденный объект; порожденный процесс; потомок; 2. порожденный; дочерний

child class класс-потомок

child color дочерний цвет

child control дочерний элемент управления

child diagram порожденная диаграмма; вложенная диаграмма; диаграмма второго уровня

child directory порожденный каталог; дочерний каталог

child layer дочерний слой

child list список порожденных элементов

child node 1. дочерний узел; 2. дочерняя вершина

child partition дочерний раздел

child process дочерний процесс

child program порожденная программа; дочерняя программа

children's software программное обеспечение для детей; программы для детей

child table дочерняя таблица

child task порожденная задача

child VLM дочерний виртуальный загружаемый модуль

child window порожденное окно; дочернее окно

child-window list список дочерних окон

child-window object объект дочернего окна

CHILL язык программирования для телекоммуникационных систем

chilled охлаждаемый

chiller охладитель

chilling охлаждение

CHIP интерфейсный процессор с посимвольной обработкой данных

chip 1. микросхема; чип; кристалл; 2. элементарный сигнал; элементарная посылка

chip architecture 1. кристальная архитектура; 2. архитектура кристалла

chip assembler программа компоновки кристалла
chip board плата с микросхемами
chip bonding прикрепление кристалла
chip capacitor бескорпусный конденсатор
chip card плата для установки ИС; плата с микропроцессором; плата для интегральных схем
chip carrier кристаллодержатель
chip creep смещение микросхемы; потеря контакта в соединении микросхемы с гнездом
chip interconnection межкристальное соединение
chip layout 1. топология кристалла; 2. проектирование топологии кристалла
chip level на уровне кристалла
chip-level model модель уровня ИС
chipping разделение на кристаллы
chip resistor бескорпусный резистор
CHIPS расчетная клиринговая палата для международных межбанковских платежей
chip sequence последовательность элементарных сигналов
chip set комплект интегральных схем; микропроцессорный набор; набор микросхем; набор кристаллов
chip socket микросхемная панелька
Chip System Architecture архитектура однокристальных систем
chiseled рельефное
chi-square adjustment проверка по критерию хи-квадрат
chi-square automation interaction detection автоматическое выявление взаимодействия по методу хи-квадрат
chi-square criterion критерий хи-квадрат
chi-square distribution распределение хи-квадрат
chi-square estimation оценка по критерию хи-квадрат
chi-square test проверка на соответствие по критерию хи-квадрат
choice 1. альтернатива; 2. пункт меню; позиция меню; 3. выбор; вариант
choice button независимая клавиша
choice clause дуальное предложение; выбирающее предложение
choice device устройство для ввода альтернативы; устройство выбора
choice list список выбора
choice set варианты выбора; совокупность вариантов выбора
choke 1. внутренний треппинг; 2. заглушение (в графике); полупрозрачный фильтр; 3. дроссель; 4. уменьшение размеров изображения; 5. закупоривать; забивать
Cholesky decomposition разложение Холецкого
chomasignal 1. сигнал цветности; 2. цветоразностный сигнал (в телевидении)
Chomsky hierarchy иерархия Хомского
Chomsky normal form нормальная форма Хомского
choose выбрать; выбирать; отбирать
choose an option button выбрать параметр из группы
choose button image выбрать рисунок кнопки
chopper 1. оптический модулятор; 2. прерыватель; 3. нож фальцаппарата; куттер
chopper amplifier усилитель с модулятором и демодулятором
chord хорда
chord keyboard аккордовая клавиатура
CHP процессор канала
CHRDYRTN обратный провод сигнала готовности канала
Chris контроллер, имеющий сокращенный набор команд
chroma 1. насыщенность цвета; хроматичность; 2. цветность; 3. цветоразностный сигнал (в телевидении); сигнал цветности

chroma control регулятор цветности
chromakey 1. рирпрорекция; 2. хромакей; объявление цвета прозрачным; 3. выполнять цветовую рирпрорекцию
chromamaking манипуляции с цветовыми составляющими
chroma mapping отображение цветов
chromaticity цветность; хроматичность
chrominance 1. цветность; 2. сигнал цветности; постоянная уровня цвета видеосигнала; информация о цвете, насыщенности и яркости; 3. цветоразностный сигнал (в телевидении)
chromium хром
chromotype хромотипия; многокрасочный отпечаток
chronologic хронологический; по дате
chronometer хронометр
chunk 1. порция данных; часть данных; блок; 2. фрагмент; кусок программы; 3. участок памяти; 4. зажим; фиксатор; держатель; 5. порционный; 6. зажимать
chunking разбивка на куски; формирование фрагментов; образование блоков
chunk of data фрагмент данных; порция данных
Church's thesis тезис Черча
chute спуск; лоток; желоб
CI 1. индекс цепочки; 2. интерфейс компьютера; 3. интерфейс компонентов
CIA Ассоциация производителей вычислительной техники и средств связи (США)
C/I bits биты команд и индикации
CIC 1. код идентификации канала; 2. поставщики платных услуг в сети Internet
CICC конференция по заказным ИС
cicero цицеро
ciceros/cm цицеро в см; отношение цицеро к сантиметру
CICS абонентская информационно-управляющая система; система управления информацией потребителей
CID 1. идентификатор сцепления; идентификатор цепочки; 2. конфигурация, инсталляция и распространение
CIDR маршрутизация между доменами без разделения на классы; бесклассовая междоменная маршрутизация; не зависящая от класса междоменная маршрутизация
CIE Международный комитет по цветоведению
CIEA Ассоциация обмена коммерческой информацией в сети Internet
CIF 1. общий формат обмена сжатыми видеоданными; 2. общий формат интерфейса сжатых видеоданных; 3. общий промежуточный формат; единый промежуточный формат; 4. формат изображения 352×288 пикселов; 5. файл информации о заказчике
CIFS общий протокол доступа к файлам в Internet
CIG кадр идентификации вызывающего абонента
CIL список канальных индексов
CIM 1. ввод данных в ЭВМ с микрофильма; 2. автоматизированная система управления производством; 3. микрофильм с непрерывным изображением; 4. администратор потоков информации в сети CompuServe; 5. корпоративное информационное управление; 6. общая информационная модель
CIMS компьютеризированная производственная система
CIN Международный комитет стандартов
cine-oriented image вертикальное изображение; правильно-ориентированное изображение
CIO 1. руководитель информационной службы компании; директор службы информационных систем; руководитель, отвечающий за развитие информационных технологий; 2. ввод-вывод по каналу связи; ввод-вывод через коммуникационный порт
CIOCS система контроля ввода-вывода по каналу связи

CIOP процессор ввода-вывода сообщений

CIO PC контроллер ввода-вывода ПК

CIP 1. процессор канального интерфейса; 2. комплексная обработка информации

cipher 1. шифр; шифрообраз; 2. шифрование; кодирование; 3. код; символ; 4. символ; цифра; 5. нуль; 6. производить (арифметические) вычисления; 7. шифровать; кодировать

cipher block chaining цепочка цифровых блоков

cipher data зашифрованные данные

ciphering шифрование

ciphering equipment шифровальное оборудование

ciphertext зашифрованный текст; шифротекст

CIR 1. гарантированная скорость передачи данных; 2. регистр текущей команды

CIRC перекрестно-перемежающийся код Рида-Соломона

circle окружность

circle mask tool инструмент «округлое выделение»

circuit 1. проход; итерация; 2. линия связи; канал связи; 3. схема; цепь

circuital находящийся в схеме; относящийся к схеме; относящийся к цепи

circuit algebra алгебра схем; схемная алгебра

circuit analysis 1. анализ схемы; схемный анализ; анализ на схемном уровне; 2. теория цепей

circuit array матрица схем; схемная матрица

circuit board монтажная плата

circuit breaker прерыватель цепи

circuit capacity нагрузочная способность схемы; логическая нагрузочная характеристика схемы

circuit card монтажная плата

circuit density плотность монтажа

circuit description language язык описания топологии СБИС

circuit design проектирование схем; разработка схем

circuit diagram 1. схема соединений; монтажная схема; коммутационная схема; 2. принципиальная схема

circuit drop-out сбой схемы

circuit element схемный элемент; элемент схемы

circuit-free graph граф без цикла

circuit gateway шлюз канала связи

circuit identification code код идентификации канала

circuit layout схема соединений

circuit-level канального уровня

circuit logic схемная логика

circuit matrix матрица схем

circuitry схемы; цепи; схематика

circuit-switched data network сеть передачи данных с коммутацией каналов

circuit-switched network сеть с коммутацией каналов

circuit switch exchange центр коммутации каналов

circuit switching коммутация каналов

circuit-switching network сеть с коммутацией каналов

circuit time схемное время

circular циклический; кольцевой

circular buffer кольцевой буфер; циклический буфер

circular chart круговая диаграмма

circular list циклический список; кольцевой список

circular reference 1. циклическая зависимость; 2. циклическая ссылка

circular register циклический регистр

circular screen круглый растр

circular shift циклический сдвиг

circular switched data network сеть передачи данных с коммутацией каналов

circulating capital оборотный капитал

circulating current 1. блуждающие токи; 2. циркулирующий ток

circulating decimal периодическая десятичная дробь

circulating register динамический регистр; регистр с циркуляцией кода; циркуляционный регистр; сдвиговый регистр

circulating storage динамическая память

circulation integral интеграл по замкнутому контуру

circumference 1. окружность; 2. длина окружности

circumferential speed скорость вращения поверхности

circumflex циркумфлекс; «крышечка»; символ ^

circumrelational надреляционный

circumvention обход

CIS 1. система сопряжения средствами связи; 2. блок информации о плате; информационная структура платы

CISC процессор с полным набором команд; процессор со сложным набором команд; компьютер с полной системой команд; CISC-процессор

CIS COBOL компактный интерактивный стандартный Кобол

CISM интегрированная среда для измерения характеристик компиляторов

CISPR Международный специальный комитет по радиопомехам

CIT 1. технология связи и передачи информации; 2. компьютерная телефония

citation index показатель цитируемости; индекс цитируемости

citizen band полоса частот, отведенная для персональной радиосвязи

CIU интерфейс компьютера

CIX межсетевой обмен коммерческой информацией

CKA центр распределения ключей; центр распространения ключей

CL 1. кабельная шина; 2. токовая петля

CLA адаптер каналов связи; адаптер линий связи

cladding оболочка (внешний слой, покрывающий стекловолокно кабеля)

claim 1. претензия; 2. утверждать; заявлять

claim frame кадр «заявка маркера»

claim token процесс борьбы за маркер

CLAIT компьютерная грамотность и информационные технологии

clamp 1. зажим; 2. фиксатор; клемма; 3. схема фиксации; 4. схема восстановления постоянной составляющей; 5. фиксатор ЭЛТ; 6. сшивать; скреплять (документы); 7. смыкать; фиксировать

clamp device фиксирующий компонент

clamper 1. зажимное устройство; 2. фиксатор; 3. фиксирующая схема; схема фиксации уровня; 4. схема восстановления постоянной составляющей; 5. фиксатор ЭЛТ

clamping 1. зажим; закрепление; 2. ограничение; фиксирование; 3. фиксация уровня; 4. схема восстановления постоянной составляющей

clamping area зона зажима диска; зона посадки диска

clamping circuit фиксатор; фиксирующая схема

clamp lever прижимной рычаг

clamp-on 1. фиксация состояния; 2. задержка вызова; 3. состояние безразрывности цепи или проводника

clarifer осветлитель; очиститель

clarification осветление; очистка

clarification dialog подсказка

clarify прояснять; уточнять

clash конфликт

class 1. класс; разряд; категория; 2. классифицировать

class browser средство просмотра классов

class builder модуль построения классов

class 100 clean room чистая комната с классом чистоты 100

class collaboration tree схема взаимодействия классов

class condition условие класса; условие принадлежности к классу

classes of service классы обслуживания
class factory фабрика классов (в OLE)
classicifation 1. классификация; 2. сортировка; разделение
class ID идентификатор класса
classification классификация; категоризация; сортировка
classification and regression trees деревья регрессии и классификации
classification by dichotomy дихотомическая классификация
classification capacity классификационная мощность
classification group классификационная группа
classified data 1. сгруппированные данные; 2. данные ограниченного доступа
classifier 1. классификатор; 2. сортировщик
classifier life долговечность классификатора
classifiers maintenance ведение классификаторов; сопровождение классификаторов
classify сортировать; распределять; классифицировать
class inheritance наследование классов
class instance экземпляр класса
class invariant инвариант класса
classless бесклассовый
classless inter-domain routing бесклассовая междоменная маршрутизация
classless IP addressing бесклассовая адресация IP
classless primitive бесклассовый примитив
classless routing бесклассовая маршрутизация
class library библиотека классов
class member компонент класса
class member function компонентная функция класса; функция-элемент класса
class name имя класса
class object объект класса
class of object класс объекта
class of problems класс задач
class of procedures класс процедур
class of service класс обслуживания
class-of-service routing маршрутизация пакетов в соответствии с классом обслуживания; маршрутизация по категориям обслуживания
class template шаблон класса
class type классовый тип; тип класса
class variable переменная класса
class window function оконная функция класса
clausal form стандартная форма
clause составная часть; компонент; раздел (оператора); утверждение; предложение; дизъюнкт
claw захватное устройство (робота) клешневого типа
CLEC местная телефонная компания; поставщик местного телефонного сервиса
clean очищать
clean compilation безошибочная компиляция
clean data достоверные данные; данные, прошедшие контроль
cleaning 1. очистка; 2. фильтрация; 2. сброс
cleaning cartridge картридж для очистки контактирующих поверхностей
cleaning diskette чистящая дискета
cleaning of heads чистка головок
clean room чистое производственное помещение
cleanse очищаться; очищать
clean termination корректное завершение
clean up 1. очистка; 2. возврат ресурсов системе; 3. очищать; 4. прибирать; приводить в порядок; заканчивать начатую работу
clean-up editing окончательное редактирование

clear 1. очистка; установка в исходное состояние; 2. стирание; 3. разъединение; отбой; 4. ясный; четкий; 5. очищать; 6. осветлять; 7. обесцвечивать; 9. устранять дефект; 10. обесточивать; 11. устанавливать в исходное состояние; сбрасывать; устанавливать в 0; заносить нуль; очищать; гасить; 12. стирать
clear all очистить все
clear all breakpoints снять все точки останова
clearance 1. зазор; просвет; люфт; 2. допуск; 3. очистка; гашение; установка на 0; 4. установка в исходное состояние; 5. разъединение; 6. уровень прозрачности
clear-and-gate operation операция сброса и запирания
clear-and-write cycle цикл записи с предварительным стиранием
clear area 1. свободная область; свободное поле; 2. чистый участок; 3. светлая зона (штрихового кода)
clear channel assessment оценка состояния канала
clear check out status отмена статуса «check out»; разрешение изменения модуля
clear contents of QBE grid очистка содержимого бланка (в QBE)
clear filter очистить фильтр
clear grid очистить бланк
clearing 1. очистка; 2. осветление; 3. устранение дефекта; 4. зачистка (конца провода); 5. очистка; установка в исходное состояние; 6. разъединение; отбой
clearing device стирающее устройство
clearing house 1. клиринговая палата; организация для взаиморасчетов банков; 2. центр обмена информацией
clearing house interbank payment system расчетная клиринговая палата для международных межбанковских платежей
clearing instruction команда очистки
clearing key клавиша сброса; клавиша очистки; кнопка гашения
clear interpretation четкая интерпретация
clear key клавиша очистки; кнопка гашения
clear layout очистить макет
clearness четкость изображения
clear password снять пароль
clear screen очистить экран дисплея; очищать экран
cleartext открытый текст; незашифрованный текст; читаемый текст
clear to send разрешение на передачу
clear width габаритная ширина
cleavage fracture разрушение по плоскости спайности; разрушение сколом
clerical machine конторская машина
clerical work канцелярская работа; конторская работа
C2-level security features средства защиты уровня C2
CLI 1. интерфейс на уровне вызовов; прикладной программный интерфейс уровня вызовов; коммуникационный интерфейс для обеспечения связи между базами данных; спецификация формулировки запроса; стандарт CLI; 2. интерпретатор командной строки; 3. интерфейс командной строки; 4. общий формат протокольного файла
click 1. указание мышью; щелчок кнопкой; 2. щелкнуть; нажать и отпустить; выбрать (меню); щелкнуть (на элементе интерфейса); нажать (кнопку)
clickable image изображение, активизируемое щелчком мышью; активное изображение; изображение со ссылкой
click-and-drag «щелкнуть и потащить»; нажать кнопку мыши и отбуксировать
click-and-drag technique метод буксировки; щелчок кнопкой и буксировка мышью

click button щелкнуть кнопку; щелкнуть на кнопке; нажать кнопку

click icon щелкнуть значок

clicking щелчок кнопкой; выбор

click on выбор мышью

click the link щелкнуть мышью на ссылке (Web-страницы)

client пользователь; клиент

client-agent-server architecture архитектура клиент-агент-сервер

client application приложение-клиент; клиентское приложение; приложение клиента

client area клиентская область; область клиента

client-based btrieve Btrieve, базирующийся на рабочей станции

client computer клиентский компьютер

client-end portion of application клиентская часть приложения

client environment клиентская среда; среда клиента

client generator генератор клиента

client network access software клиентское программное обеспечение доступа к сети

client network adapter сетевой адаптер клиента

client-network architecture архитектура клиент/сеть

client-network computing вычисления клиент/сеть; вычисления в архитектуре клиент/сеть

client node клиентский узел; узел сети, обслуживаемый сервером; узел-клиент

client of abstraction пользователь абстракции

client PC ПК-клиент; клиентский компьютер

client plug-in API сменный интерфейс прикладного программирования клиента; интерфейс прикладного программирование интегрируемых клиентских приложений

client-requester software клиентское программное обеспечение; реквестор; запросчик

client rights права клиента

client/server application клиент-серверное приложение

client/server architecture клиент-серверная архитектура; архитектура клиент/сервер

client/server computing вычисления в среде клиент/сервер

client/server database база данных архитектуры клиент/сервер

client/server development tools инструментальные средства разработки систем клиент/сервер

client/server middleware ПО промежуточного слоя для архитектуры клиент/сервер

client/server network сеть типа клиент/сервер; сеть «клиент/сервер»

client/server open development environment открытая среда разработки программ типа клиент/сервер

client/server solutions прикладные решения в архитектуре клиент/сервер

client-side со стороны клиента; осуществляемое клиентом

client-side API интерфейс прикладного программирования клиентских приложений

client side caching кэширование со стороны клиента; кэширование на клиентской машине; кэширование, осуществляемое клиентом

client-side product клиентский продукт

client-side version клиентская версия

client software программное обеспечение клиента; клиентское программное обеспечение

client station клиентская рабочая станция; станция клиента; станция-клиент

client tool клиентское инструментальное средство

client-to-server connectivity связь между клиентом и сервером; взаимодействия клиента с сервером

client-user interface пользовательский интерфейс клиента

client window клиентское окно

C-like Си-подобный; напоминающий язык Си; в стиле Си

clinch 1. скоба; 2. закреплять скобами; 3. тупиковая ситуация; клинч

CLIO диалоговый язык для ввода-вывода

clip 1. клемма; зажим; «крокодил»; фиксатор; 2. скоба; хомут; 3. контактный клипс; 4. видеоклип; 5. кадр; 6. усечение; 7. вырезать изображение на экране 8. отсекать; отбрасывать; вырезать; усекать; срезать; 9. ограничивать

clip art картинка Clipart; иллюстративная вставка; графический элемент; клип; заготовка; аппликация; фрагмент изображения

clip art file файл графических элементов; библиотека изображений

clip-art library библиотека графических элементов; библиотека изображений; подборка картинок

clipboard 1. буфер обмена; буфер для обмена данными; «карман»; буфер вырезанного изображения; 2. лицевая панель; 3. планшет-блокнот

clipboard viewer окно буфера обмена; окно просмотра буфера обмена

clipbook папка обмена

clip gallery галерея графических объектов; коллекция картинок

clip indicator указатель отсечения

clip object to mask обрезать объект по выделению; вырезать по выделению

clip-on trackball «пристяжной» шаровой манипулятор; шаровой манипулятор, крепящийся к компьютеру; пристегивающийся шаровой манипулятор

clipped portion of drawing отсекаемая часть чертежа

clipping кадрирование; отсечение; вырезка; обрезка; усечение; отсечение графических примитивов по границам определенной области

clipping hole вырезанная дыра (в графике)

clipping path отсеченный путь; вырезанный контур; обтравочный контур; траектория обрезки (в PostScript)

clipping plane плоскость отсечения

clipping rectangle отсекающий прямоугольник

clipping region область отсечения; вырезанная область

clip plane плоскость отсечения

clip rectangle прямоугольник отсечения

c-list символьный список; с-список

CLK 1. генератор синхронизации; 2. текущее значение времени

CLM мультиплексирование линий связи

clm коллективная марка

CLNP сетевой протокол без установления соединения

CLNS сетевой сервис без установления соединения; сетевое обслуживание без установления соединения; сетевое обслуживание без логического соединения

cloaked utility «укрываемая» утилита

cloaking scheme схема «укрывания»

CLOB большой символьный объект

clobber затирать

C locale «культурная стезя» языка Си

clock 1. генератор частоты (для измерения времени); генератор тактовых импульсов; синхронизатор; задающий генератор; тактовый генератор; генератор синхронизации; 2. синхронизирующий сигнал; синхроимпульсы; 3. таймер; часы; 4. тактовые импульсы; 5. текущее значение времени; 6. синхронизировать; подавать тактовые импульсы; тактировать

clock bus шина синхронизации; шина синхроимпульсов

clock-calendar часы-календарь

clock card плата синхронизации

clock channel канал синхронизации

clock conditions параметры синхронизации

clock cycle период тактовых импульсов; такт; тактовый цикл; цикл синхронизации; период синхронизирующих импульсов

clock doubling удвоение тактовой частоты

clock driver формирователь синхронизирующих импульсов; формирователь тактовых импульсов

clocked circuit синхронизируемая схема; тактируемая схема

clocked element синхронный элемент; тактируемый элемент

clock edge фронт синхроимпульса

clocked latch синхронная защелка

clocked logic синхронные логические схемы; синхронная логика

clock error ошибка датчика тактовых импульсов; ошибка датчика синхроимпульсов

clock face циферблат; форма циферблата

clock frequency частота синхронизации; тактовая частота

clock generator тактовый генератор; генератор синхроимпульсов

clocking 1. тактирование; 2. синхронизация

clock input синхронизирующий вход; вход синхронизирующих сигналов

clock interrupt прерывание от часов; прерывание по синхроимпульсам; прерывание по таймеру

clock line шина синхронизирующих импульсов

clock multiplying умножение тактовой частоты; повышение тактовой частоты процессора в n раз

clock oscillator генератор синхроимпульсов; синхрогенератор

clock pulse тактовый импульс; синхронизирующий импульс

clock rate тактовая частота

clock recovery восстановление синхронизации

clock signal синхронизирующий сигнал; тактовый сигнал; сигнал синхронизации

clock skew расфазировка тактовых сигналов

clock speed тактовая частота

clock speed generator тактовый генератор

clock tick такт системных часов

clock time время такта

clock track дорожка синхронизации; синхронизирующая дорожка; синхродоржка; тактовая дорожка

clock-track number число тактовых дорожек

clock-tripling technology технология утроения частоты

clock voltage напряжение синхронизации; тактовое напряжение

clockwise по часовой стрелке

clogging засорение; забивание; затор

clone 1. имитация; 2. аналог; двойник; копия; клон; 3. клонированный; 4. клонировать; обеспечивать полную совместимость

clone chip клонированный кристалл; полностью идентичный кристалл

clonemaker производитель клонов (ПК)

clone tool инструмент «клонирование»

clone tool picker указатель инструментов клонирования

CLOS система объектно-ориентированного программирования на языке Lisp; общая объектная система языка ЛИСП

close закрыть; закрывать

close a document закрыть документ

close a file закрыть файл

close and stop закрыть и прервать

close approximation хорошее приближение

close-aware application программа, распознающая флаг завершения

close box элемент закрытия; блок закрытия

close button кнопка закрытия

close coupling сильная связь

closed замкнутый

closed architecture закрытая архитектура

closed array 1. замкнутый массив; 2. замкнутое множество

close database закрыть базу данных

closed-cell logic логические схемы на транзисторах с кольцевой структурой

closed clause замкнутое предложение

closed-coupled interface сильносвязанный интерфейс

closed equation system замкнутая система уравнений

closed figure замкнутая фигура

closed file закрытый файл

closed formula замкнутая формула

closed graph замкнутая кривая

closed library закрытая библиотека

closed loop 1. замкнутая петля; 2. замкнутый контур; 3. замкнутый цикл

closed loop control управление по замкнутому циклу

closedown прекращение работы; останов; завершение работы; закрытие

closed path замкнутый контур

closed polyline замкнутая ломаная линия

closed program закрытая программа; замкнутая программа

closed semiring замкнутое полукольцо

closed set замкнутое множество

closed-set identification идентификация на замкнутом множестве

closed shop ВЦ без доступа пользователей

closed subprogram замкнутая подпрограмма; закрытая подпрограмма

closed system закрытая система; замкнутая система

closed users group замкнутая группа пользователей

closed window закрытое окно

close filter закрыть фильтр

close icon пиктограмма закрытия

close-open graph график открытия-закрытия

close register точная приводка; точное совмещение красок

closet монтажный шкаф

close window закрыть окно

close window and quit закрытие окна и завершение приложения

closing закрытие

closing brace закрывающая фигурная скобка

closing bracket правая квадратная скобка; закрывающая квадратная скобка

closing parenthesis правая круглая скобка; закрывающая круглая скобка

closure 1. закрытие; перекрытие; 2. замыкание; 3. замкнутое выражение

closure domain замыкающий домен

closure properties свойства замыкания

cloud глобальная сеть

cloud services услуги распределенной сети с ретрансляцией/коммутацией пакетов; услуги глобальной сети с ретрансляцией/коммутацией кадров

cloud technologies технологии глобальных сетей

cloudy fog облака (эффект в графических пакетах)

CLP приоритет потери элемента данных

CLR 1. процент потерянных ячеек (ATM); 2. очищать

CLS очистить экран дисплея

CLSID идентификатор класса объекта; структура-идентификатор объектного класса

CLT терминал линии связи; связной терминал

CLTS транспортная служба без установления соединения

CLU утилиты, работающие в режиме командной строки

clumsy неудобный; негибкий

cluster 1. кластер; группа; блок; совокупность; 2. пакет; пачка; 3. группа абонентов (в сети)

cluster analysis кластерный анализ

cluster architecture 1. кластерная архитектура; 2. архитектура кластера

cluster controller групповой контроллер; кластерный контроллер

clustered access групповой доступ

clustered multiprocessor system кластерная многопроцессорная система

clustered SMP architecture кластерная симметричная мультипроцессорная архитектура

clustered table кластеризованная таблица

clustering кластеризация; выделение кластеров; объединение в кластеры; группирование

clustering criterion критерий объединения в кластеры; критерий кластеризации; признак группирования

clustering of database кластеризация базы данных

clustering solution кластерное решение

clustering technology технология кластеризации; кластерная технология

clusterization кластеризация

clusterization index индекс кластеризации

cluster node узел кластера

cluster of check buttons кластер независимых кнопок; группа независимых переключателей

cluster of errors пакет ошибок

cluster of radio buttons кластер зависимых кнопок; группа зависимых переключателей; блок кнопок с зависимой фиксацией

cluster sampling групповая выборка

cluster system кластерная система

cluster terminal групповой терминал

cluster test групповое тестирование; посекционное тестирование

cluster topology кластерная топология

CLUT справочная таблица цветов; таблица выбора цвета; таблица цветов

CLUT animation CLUT-анимация; анимация с помощью таблицы преобразования цветов; анимация с помощью таблицы выбора цвета

clutter the screen перенасыщать экран лишними деталями

CLV постоянная линейная скорость

CM 1. модуль связи; 2. центральный модуль; 3. управляющий модуль; 4. перемещаемый подпул кэширования; 5. мультиплексор каналов связи; 6. командный режим; 7. управление конфигурацией; 8. администратор контактов

cm сертификационная марка

CMA 1. Ассоциация менеджеров в области связи; 2. Ассоциация компьютерной музыки

CMC 1. канал связи; 2. набор стандартных вызовов электронной почты; общий вызов с использованием сообщения; 3. связь с использованием компьютеров

CMD драйвер оперативной памяти

CMI 1. кодирование с инверсией кодовых маркеров; кодирование с инверсией кодовых посылок; 2. программированное обучение; обучение с использованием компьютера; обучение, направляемое ЭВМ; автоматизированное обучение

CMIP общий протокол передачи управляющей информации; протокол общей управляющей информации

CMIS 1. протокол сетевого управления с передачей маркера по неэкранированной витой паре; 2. служба общей управляющей информации

CMISP протокол CMIS

CMIT передача общей управляющей информации

CMIT over TCP/IP передача общей управляющей информации над протоколом TCP/IP

CMM алгоритм цветовых преобразований

CMN коллективная мультимедиа-сеть

CMN pool неперемещаемый пул кэширования

CMOL CMIP для LLC

CMOS комплиментарная МОП-структура; КМОП; комплиментарные МОП; комплементарные структуры «металл-оксид-полупроводник»

CMOS-based на базе КМОП технологии

CMOS configuration settings хранимая в КМОП-памяти конфигурация системы

CMOS memory КМОП-память

CMOS RAM энергонезависимая КМОП-память

CMOT CMIP для сетей TCP/IP; передача общей управляющей информации над протоколом TCP/IP

CM pool перемещаемый пул кэширования

CMS 1. система управления вызовами; 2. система управления цветом; 3. система управления соединениями; 4. диалоговая мониторная система; подсистема диалоговой обработки

CMT 1. кассета с магнитной лентой; 2. управление соединениями

CMTS транспортная служба с установлением соединения

CMVC управление конфигурацией и контроль версий

CMW рабочие станции с режимом разделения на секции; рабочая станция, функционирующая в сети изолированно от других

CMY бирюзовый-пурпурный-желтый; система цветопередачи CMY

CMYB данные о голубом, красном, желтом и черном цветах для цветоделения

CMYK бирюзовый-пурпурный-желтый-черный; система цветопередачи CMYK

CMYK color separation модель цветоделения CMУK; субстрактивная система цветоделения CMУK

CMY ribbon красящая лента с желтым, красным и черным цветами

CN 1. общее имя; 2. информационная вычислительная сеть

CNA администратор, аттестованный компанией Novell; специалист CNA; администратор NetWare

CNA program программа сертификации администраторов NetWare

CNAPS сеть адаптивных процессоров

CNC числовое программное управление; ЧПУ

CNE сертифицированный сетевой инженер; аттестованный инженер Novell; специалист CNE

CNI 1. аттестованный инструктор Novell; специалист CNI; 2. общий сетевой интерфейс; универсальный сетевой интерфейс

CNIDR Центр координации средств поиска и получения информации по сети Internet

CNLP сетевой протокол без установления соединения; протокол сетевого уровня, не ориентированный на установление соединения; протокол типа «маршрутизатор-маршрутизатор»

CNM 1. управление абонентской сетью; 2. неперемещаемый подпул кэширования

CNX сертифицированный специалист по сетям

CO центральный телефонный узел; центральная АТС

coach репетитор; инструктор; тренер

Coad/Yourdon method метод Кода/Йордона (в CASE-системах)

coalescence коалесценция; слияние; соединение; срастание; сращение; объединение

coarse-grain крупномодульный; крупноблочный
coarse granularity крупноячеистость
coat 1. покрытие; 2. наносить покрытие
coated card плата с упрочнением
coating 1. покрытие; слой; 2. нанесение покрытия; 3. светочувствительный слой; эмульсия; эмульсионная сторона
coauthoring documents совместная работа над документами; коллективная подготовка документов
coax коаксиальный кабель
coaxial коаксиальный
coaxial cable 1. коаксиальный кабель; 2. коаксиальная линия передачи
coaxial connector коаксиальный соединитель; коаксиальный разъем
coaxial line коаксиальная линия
coaxial trunk кабельная магистраль
cobblestones «камешки» (тип закраски)
Cobol язык Кобол
cocktail shaker sorting сортировка перемешиванием
COCOM Комитет по координации торговли между Западом и Востоком; КОКОМ
CODASYL КОДАСИЛ
Codd algebra реляционная алгебра; алгебра отношений; алгебра Кодда
Codd notation нотация Кода
CODE открытая среда разработки программ типа клиент/сервер
code 1. код; программа; текст программы; 2. индекс; 3. кодовая система; 4. код; шифр; 5. система кодирования; кодировка; 6. кодировать; 7. программировать
code abstraction абстракция программы
code adjustment упорядочение кодов
code alphabet алфавит кода; кодовый алфавит
code area область кода; участок кода
code audit ревизия программы; проверка соответствия программы спецификации
code auditor программный ревизор
code base основание кода
code block кодовый блок
codebook кодовая книга; кодировочная книга; книга шифров
codebook of vectors таблица кодирования векторов
code-breaking дешифрация сообщений
code bum программист, «экономящий на спичках»; «крохобор»
codec 1. кодер/декодер; кодек; 2. алгоритмы уплотнения/разуплотнения данных
code cache кэш команд
code chain кодовая последовательность; кодовая цепочка
code character кодовый символ; символ кода
code chart таблица кодов
code check проверка кода
code clerk кодировщик; шифровальщик
code combination кодовая комбинация
code combination length длина кодовой комбинации
code compare сравнение кодов
code compression свертывание кода; сжатие кода
code converter преобразователь кода; кодопреобразователь
coded 1. кодированный; зашифрованный; 2. запрограммированный
coded character закодированный символ; кодированный знак
coded character set набор кодированных знаков
coded command line кодированная строка команды
coded data кодированные данные; закодированные данные
coded decimal number закодированное десятичное число
coded document закодированный документ

code-dependent system кодозависимая система
code device кодирующее устройство
coded image закодированное изображение
coded information закодированная информация
code directing character код маршрута сообщения
code distance кодовое расстояние
code-division multiple access множественный доступ с разделением кодов
coded mark inversion кодирование с инверсией кодовых маркеров; кодирование с инверсией кодовых посылок
coded mask кодирующий трафарет
coded message кодированное сообщение; шифрованное сообщение
coded pattern method метод кодовых комбинаций
code equipment кодирующее оборудование; кодирующее устройство
code extension расширение кода
code extension character знак расширения кода; символ расширения кода
code-for-code compatibility совместимость на уровне кодов; кодосовместимость
code-for-code compatible совместимый на уровне кодов; кодосовместимый
code-generating loader кодогенерирующий загрузчик
code generating unit блок генерации кодов; генератор кодов
code generation 1. генерация команд; 2. генерация объектного кода; 3. генерация программы; генерация кода
code generator кодогенератор; генератор кода
code holes кодовые пробивки
code inhibit запрет исполнения части программы
code inspection анализ программы
code language кодовый язык
code layout размещение текста программы
code length разрядность кода; длина кода
code letter кодовый знак; кодовая буква
code line строка программы; строка исходного кода
code module модуль кода
code motion перенос части текста программы; вынесение части текста программы
code-named под кодовым наименованием; под кодовым названием; с кодовым названием
code page кодовая страница
code pattern 1. кодовый рисунок; 2. кодовая комбинация
code position разряд кода; позиция кода; кодовая позиция
code protection кодовая защита
coder 1. кодировщик; программист; составитель программы; 2. кодирующее устройство; кодер
coder/decoder кодер/декодер; кодек
code redundancy избыточность кода
code regeneration регенерация кода
code removal удаление кода
CODES система для построения концептуальной схемы
code segment 1. регистр сегмента команд; 2. сегмент программы; кодовый сегмент; сегмент кода
code segment attribute атрибут сегмента кода
code segment register регистр сегмента команд
code segment table таблица сегментов кода; таблица кодовых сегментов
code selection выбор кода
code set кодовый набор
code sharing совместное использование программы
codesign соразработка; совместное проектирование
code size мощность кода; размер кода
code table кодовая таблица
code track кодовая дорожка; информационная дорожка
code-transparent кодонезависимый

code-transparent transmission кодонезависимая передача данных

code value кодовое значение; кодовое обозначение

co-developing совместная разработка

code walkthrough разбор программы

code window окно кода

codeword 1. ключевое слово; 2. кодовое слово; слово кода

coding 1. программирование; 2. кодирование; кодировка

coding aids вспомогательные средства кодирования

coding boundary граница кодирования

coding bounds 1. границы кодирования; 2. параметры кодирования

coding convention соглашение по программированию

coding desk стенд для кодирования

coding field зона кодирования

coding filter кодирующий фильтр

coding key ключ кодирования

coding language язык кодирования

coding line кодовая строка

coding matrix кодирующая матрица; шифраторная матрица

coding of numbers кодирование чисел

coding programming automation автоматизация программирования

coding scheme система кодирования; схема кодирования

coding sheet 1. программный бланк; бланк для записи программы; 2. бланк для кодирования

coding standards стандарты кодирования; стандарты программирования

coding system система кодирования; система программирования

coding theorems теоремы кодирования

coding theory теория кодирования

coding tricks хитрые приемы кодирования

coedit mode режим совместного редактирования

coefficient 1. коэффициент; множитель; 2. фактор; 3. константа; постоянная величина

coefficient matrix матрица коэффициентов

coefficient of correlation коэффициент корреляции

coefficient of determination коэффициент детерминации

coefficient of partial correlation коэффициент частичной корреляции

coefficient of skewness коэффициент асимметрии

coefficient of variation коэффициент вариации; коэффициент изменчивости

coefficient setting error ошибка установки коэффициента

co-engineering ко-инжиниринг; совместное проектирование

coerced приведенный

coercend приводимое

coercion приведение (типа данных)

coercion operator операция приведения

COFDM мультиплексирование на основе ортогонального разделения частот

COFF общий формат объектных данных

cofounder соучредитель

cognition распознавание (образов)

cognitive agent когнитивный агент

cognitive component когнитивная компонента

cognitive computations когнитивные вычисления

cognitive science когнивистика; наука о мышлении

coherence 1. когерентность; согласованность; 2. связность

coherent channel когерентный канал

cohesion 1. звено; 2. связанность; 3. связность; сцепление; связь

COI взаимодействие, ориентированное на установление соединения

coil 1. катушка (кабеля); 2. спираль; 3. рулон; 4. обмотка

coil antenna рамочная антенна

coin-box telephone таксофон

coincidence совпадение; совмещение

coincidence circuit схема совпадения

coincidence cohesion конъюнктивное сцепление

coincidence correction поправка на совпадение

coincidence error ошибка совпадения; погрешность совпадения

coincidence-type adder накапливающий сумматор; сумматор накапливающего типа

coincident совпадающий

coincidental binding объединительная связь

coincident-current matrix матрица с совпадением токов

coincident currents совпадающие токи

CO-IPX протокол IPX, ориентированный на установление соединения

ookebottle несуществующий символ

COL машинно-ориентированный язык

cold backup «холодное» резервирование

cold boot «холодная» загрузка

cold link «холодная» связь

cold restart «холодная» перезагрузка; «холодный» перезапуск

cold set ink печатная краска, не требующая сушки

COLD software программное обеспечение вывода информации на лазерный диск

cold standby «холодное» резервирование

cold start «холодный» старт

cold switching «холодная» коммутация; переключение цепей без нагрузки

cold type 1. фотонабор; 2. компьютерный набор текста

collaborate filtering коллаборативная фильтрация

collaboration product продукт для поддержки коллективной работы; ПО коллективного пользования

collaboration technology технология совместной работы; технология групповой работы; технология совместной разработки; технология сотрудничества; технология коллективных работ

collaborative computing коллективные вычисления

Collaborative Computing Environment среда совместных вычислений

collaborative computing system система коллективных вычислений

collaborative environment среда коллективных вычислений; среда для поддержки групповой работы

collapse 1. сворачивание отображаемой структуры; 2. сокращать; свертывать; сворачивать

collapse all свернуть все

collapsed backbone сосредоточенная сетевая магистраль; локализованная базовая сеть; локализованная магистраль; свернутая магистраль; свернутая базовая сеть

collapsed outline свернутая схема; схема без вывода деталей; свернутая структура

collapse functional profile псевдопольный функциональный профиль; коллапсный функциональный профиль

collapsible outline иерархическая схема, представляемая с различной степенью детализации

collapsing свертывание; сокращение

collate 1. сортировка; упорядочение; объединение; 2. проверка; сличение; 3. объединять; сливать; подбирать; 4. сортировать; упорядочивать; 5. проверять листы брошюруемой книги; 6. собирать информацию из различных источников; 7. в подбор

collate copies разобрать по копиям

collate function функция выделения; функция логического умножения

collateral совместный

collateral execution совместное выполнение

collateral statement совместное предложение

collating сортировка; упорядочение данных; объединение; подборка

collating generator смесительный генератор

collating operation операция раскладки и подбора

collating sequence последовательность сортировки; схема упорядочения; сортирующая последовательность; упорядочивающая последовательность

collating sequence table таблица весов

collation сравнение

collator сортировально-подборочная машина

collect подбирать; собирать

collecting связывание; компоновка; подбор

collection 1. группа; совокупность; набор (в ООП); коллекция; 2. сбор; собрание; 3. собирание

collection object объект-набор

collection of clipart images набор картинок

collection point server сервер сбора

collective concept собирательное понятие

collective documents сводные документы

collector коллектор; коллекторная область (транзистора); 2. собирающий электрод (фотоэлемента); 3. собиратель; сборщик

college campus network сеть университетского городка

collide сталкиваться

collinearity коллинеарность

collision конфликт; конфликтная ситуация; коллизия; столкновение

collision avoidance уклонение от конфликтов; исключение конфликтов

collision backoff выдержка времени в конфликтной ситуации

collision detection 1. проверка на пересечение; 2. обнаружение конфликтов

collision enforcement форсирование конфликтов

collision-free LAN свободная от конфликтов локальная сеть множественного доступа

colon двоеточие

color 1. цвет; 2. тон; колер; 3. краска; краситель; 4. цветовой; цветной; 5. красить; окрашивать; 6. колориметрическая характеристика

color add lens линза «добавить цвет»

color balance filter фильтр «баланс цветов»

color banding равномерное распределение цветов; равномерная закраска; цветовые полосы

color blend цветовой переход

color blender цветовой переход; смеситель (в графике)

color box палитра цветов

color buttons цветные кнопки

color calibration настройка цвета; калибровка цветов

color capability способность к воспроизведению цветов; способность к цветовоспроизведению

color cast оттенок; подцветка

color channel цветовой канал

color code цветовой код

color coding цветовое кодирование

color constant цветовая константа

color conversion преобразование цветов

color correcting цветокоррекция; коррекция цветов

color depth разрядность цвета; глубина цвета; глубина представления цвета; число цветов

color depth choosing изменение глубины цвета

color display цветной дисплей; отображение в цвете

color display system цветная дисплейная система; система цветного изображения

color dithering размывание цветов (для получения плавных переходов)

colored Petri net раскрашенная сеть Петри

color flat-bed scanner цветной сканер планшетного типа

colorful image насыщенное цветное изображение

color gamma цветовая гамма

color gamut цветовой охват; гамма воспроизводимых цветов; диапазон цветов; цветовая гамма

color graphic adapter цветной графический адаптер

color graphics цветная графика; цветные графические устройства

color halftones оттенки цветов

color high 16-разрядное кодирование цвета

color hue filter фильтр «регулировка цвета»

color image цветное изображение

color imagery цветные изображения

color index индекс цвета

coloring окрашивание

color key цветовой ключ

color-keyed overlay трафарет с цветовой кодировкой клавиш

color keying цветовое кодирование

color killer подавитель цвета

color lens светофильтр

color limit lens линза «обрезать цвета»

color look-up table кодовая таблица цвета; справочная таблица цветов; таблица выбора цвета; таблица кодировки цвета

color management управление цветом; подбор цветов

color management system система управления цветом

color management tools инструменты управления цветом

color manager диспетчер цветов

color map карта цветов; таблица компонентов цветов

color mapping отображение цветов

color mask выделение по цвету

color matching согласование цветов; подбор цветов

color matching system система подбора цветов; система обеспечения соответствия цветов

color measurement device устройство измерения цвета

color measurement file файл измерения цвета

color mode цветовой режим

color model цветовая модель; модель цвета; способ цифрового представления информации о цвете

color name название цвета

color of control's border цвет границы элемента управления

color of text in datasheet view цвет текста в режиме таблицы

color override выключить цвет

color pair цветовая пара

color palette палитра цветов; цветовая палитра

color palette docking закрепление цветовой палитры

color patch цвет

color pattern цветной узор

2-color pattern transparency прозрачность двухцветного узора

color picker указатель цвета

color plane цветовая плоскость

color plate цветная печатная форма

color printer profile профиль цветного принтера

color process цветная печать

color profile профиль цветов

color proof цветопроба

color proofing получение цветопробы

color ramp линейно изменяющийся цветовой шаблон

color register приводка; совмещение красок на оттиске

color rendering цветовоспроизведение; цветопередача

color rendition калибровка цвета

color replacer заменитель цвета
color replacer tool инструмент «заменитель цвета»
color reproduction 1. цветовоспроизведение; 2. цветное репродуцирование; репродуцирование цветных оригиналов; 3. цветная репродукция
color response 1. кривая видности; кривая относительной спектральной световой эффективности; 2. относительная спектральная чувствительность
color sample card карта эталонных оттенков; атлас цветов
colorschemes таблица подбора красителей
color selection выбор цвета
color selector panel панель выбора цвета
color-sensitive mask выделение с учетом цвета
color separation цветоделение
color set набор цветов; цветовая гамма; палитра цветов
color shift отображение не входящих в CMYK цветов
color signal 1. сигнал цветности; 2. цветовой сигнал (в телевидении)
color space пространство цветов; цветовое пространство
color space conversion преобразование пространства цветов
color strength насыщенность цвета
color style стиль цвета
color swatch образец цвета; цветовая ячейка; каталог цветов
color table таблица цветов; палитра цветов
color television цветное телевидение
color television receiver цветной телевизор
color temperature цветовая температура; холодность цвета; теплота цвета
color tolerance отклонение цвета
color tone filter фильтр «регулировка изображения»; фильтр «регулировка экспозиции»
color tracking согласование цветов
color transform effect эффект «трансформация цвета»
color-translation table таблица преобразований цветов
color trapping треппинг при цветоделении
color true 24-разрядное кодирование цвета
color utility утилита обработки цветов
color value значение цвета; код цвета; номер цвета
color variance равномерность цвета
color video camera цветная видеокамера
color wheel цветовой круг; шкала для выбора цветов; окружность с разноцветными сегментами
color whiteboard цветной крупноформатный экран; «белая доска»
colour 1. цвет; 2. цветовой; цветной; 3. окрашивать
column столбец; колонка; знакоместо; графа
columnar столбчатый; колоночный; поколоночный; выводимый в несколько колонок
columnar format многоколоночный формат
column balance 1. выравнивание колонок текста; 2. балансирование длины столбцов
column binary двоичное представление данных по колонкам
column break конец колонки
column by column по столбцам; столбец за столбцом
column chart гистограмма; столбчатая диаграмма
column diagram гистограмма; столбчатая диаграмма; столбиковая диаграмма
column graph процентная диаграмма; столбчатая диаграмма
column guides границы столбцов; направляющие столбцов; направляющие колонок
column headings заголовки столбцов
column headings in crosstab заголовки столбцов для перекрестного запроса
column heads заглавия столбцов; заголовки столбцов
columniated card карта с разбивкой на колонки

column-major order развертывание (двумерного массива) по столбцам
column margin поле столбца
column of relation столбец отношений
column-oriented data данные, представленные в виде столбцов
column-ragged array массив, не выровненный по столбцам
column slice фрагмент столбчатой диаграммы
column splitting дробление колонок; разбиение столбцов
column sweep algorithm алгоритм вычерчивания столбцов
column vector вектор-столбец
column width ширина столбца
columnwise поколоночный; постолбцовый; по столбцам
COM модель многокомпонентных объектов (в OLE); модель с общими объектами; модель компонентных объектов; модель составных объектов; общая объектная модель; компонентная объектная модель; объектная модель программных компонентов
co-marketing совместный маркетинг
combat game боевая игра
combination комбинация; соединение; сочетание; объединение; набор; система
combinational logic 1. комбинаторная логика; 2. комбинационная логика; комбинационные логические схемы
combination blow-up комбинаторный взрыв
combination card комбинированная плата
combination chart диаграмма-комбинация; комбинированная диаграмма
combination login element комбинационный логический элемент
combinatorial 1. комбинаторный; с комбинаторным числом вариантов; 2. комбинационный
combinatorial algorithm комбинаторный алгоритм
combinatorial circuit комбинационная схема
combinatorial division комбинационное деление
combinatorial explosion комбинаторный взрыв
combinatorial logic комбинаторная логика
combinatory logic комбинаторная логика
combine комбинировать; объединять; соединять; сочетать
combine channels объединить каналы
combined объединенный; общий; комбинированный; составной
combined computer комбинированный компьютер
combined equations система уравнений
combined estimator совместная оценка
combined file комбинированный файл
combined head комбинированная головка
combined program комбинированная программа
combined project team комплексный коллектив разработчиков
combined station комбинированная станция
combined type комбинированный тип
combiner 1. сумматор; схема сложения; 2. устройство уплотнения (каналов); 3. объединитель; блок объединения
combine type тип объединения
combining objects объединение объектов
combining objects with background объединение объекта с фоном
combining the effects объединение эффектов
combi-player комбинированный проигрыватель
combo box поле со списком; комбинированный блок; комбинированный список; комбинированный управляющий элемент
combo card комбинированная плата
come info effect вступать в силу
comes in two flavors выпускается в двух вариантах

91

COM files файлы типа .COM

comic-strip oriented image горизонтальное изображение; повернутое изображение

comm коммуникации; средства связи

comma запятая

comma-delimited format формат с разделителями-запятыми

command 1. команда; оператор командного языка; предписание; директива; 2. сигнал управления; 3. управлять

command alias псевдоним команды; альтернативное имя команды

command and indication bits биты команд и индикации

command argument аргумент команды

command bar панель команд; командная панель

command button кнопка; кнопка команды; командная кнопка

command-by-command inspection покомандная проверка

command cancellation отмена команды

command chaining сцепление команд

command chaining retry повторение группы команд; повторение последовательности команд

command character управляющий символ

command code код команды

command complete команда выполнена

command constant константа-команда

command control block блок управления выборкой команд; блок управления командами

command control language командный язык управления

command control program процессор командного языка; командный процессор

command database командная база данных

command decode logic логические схемы дешифрации команд; дешифратор команд

command decoder дешифратор команд

command descriptor block блок дескриптора команды

command directory каталог команд

command-driven interface командный интерфейс; интерфейс командного типа

command element элемент инструкции; элемент команды

command environment командная среда

command event командное событие; событие-команда

command failed ошибка выполнения команды

command file командный файл

command format формат команды

command generator генератор команд

command history протокол команд

command index индекс команды

command information командная информация

command interpreter интерпретатор команд; интерпретатор командного языка; командный процессор

command interrupt командное прерывание

command keys командные клавиши

command language язык команд; командный язык

command length code код длины команды

command library библиотека команд

command line командная строка; строка команды

command line argument аргумент командной строки; параметр командной строки

command-line compiler компилятор, работающий в режиме командной строки

command-line interface интерфейс с командной строкой; интерфейс, работающий в режиме командной строки

command line interpreter интерпретатор командной строки

command-line option ключ командной строки; параметр командной строки

command-line parameter параметр командной строки

command line syntax синтаксис командной строки

command-line utility утилита, работающая в режиме команд-

ной строки; утилита, управляемая с помощью командной строки

command line window командное окно; окно ввода команд

command list список команд

command loop цикл в программе

command message командное сообщение

command mode командный режим

command modification модификация команд

command option параметр команды

command panel панель команд

command parameter параметр команды

command pipe конвейерная цепочка (команд)

command privilege class приоритетные классы команд

command procedure процедура выполнения команд; командная процедура; процедура на командном языке

command processing обработка команд

command processor процессор команд; оболочка; командный процессор; процессор командного языка

command processor module модуль обработки команд

command prompt командная строка; подсказка; запрос команды; командная подсказка; приглашение на ввод команды

command prompt window окно ввода команды

command qualifier управляющий параметр команды; ключ команды

command recall вызов команды для повторного выполнения

command reject отбой команды

command repeat повторить команду

command-response methods методы реакции на команды

command-rich interface интерфейс с расширенным набором команд

command scan просмотр команд; сканирование команд

command scan program программа сканирования команд

command separator разделитель команд

command sequence командная последовательность; последовательность команд

command series последовательность команд; последовательность инструкций

command set набор команд

command shell командный процессор

command shortcut клавишная комбинация быстрого вызова команды; оперативная клавиша

command simulation моделирование команд

command statement оператор команды

command substitution подстановка команды

command system система команд

command transfer передача команды

command word имя команды; команда; командное слово

comma operator операция-запятая

comma punctuator запятая

comma-separated variables переменные, разделенные запятыми

comment 1. комментарий; 2. комментировать; снабжать комментариями

comment character признак комментария

comment field поле комментария

comment line строка комментария

comment-out закомментировать; превращать в комментарий

comment statement оператор комментария; комментарий

comment text текст примечаний

commerce server сервер электронной коммерции

commercial 1. реклама; 2. рекламный сюжет; рекламная вставка; 3. торговый; коммерческий; 4. промышленный; 5. серийный

commercial at коммерческий знак, знак @; «собачка»

commercial building telecommunication standard стандарт связной проводки для коммерческих зданий

commercial computer компьютер для решения коммерческих задач; коммерческий компьютер

Commercial COMSEC Endorsement Program программа аттестации средств защиты коммерческой связи

commercial developers коммерческие разработчики; разработчики, создающие коммерческие программные продукты

commercial distribution license лицензия на коммерческое распространение

commercial information коммерческая информация

commercial Internet carriers поставщики платных услуг в сети Internet

Commercial Internet Exchange Association Ассоциация обмена коммерческой информацией в сети Internet; CIEA

commercial internet exchange межсетевой обмен коммерческой информацией

commercially available 1. серийно выпускаемый; 2. имеющийся в продаже; доступный для приобретения

commercial off-the-shelf products коммерческие программные продукты

commercial product серийно выпускаемое изделие; стандартный продукт

commercial purpose коммерческое назначение

commercial sign коммерческий знак

commercial software коммерческое программное обеспечение

commercial time-sharing коммерческое разделение времени

commercial use коммерческое использование

commission accounting бухгалтерия комиссионных; расчет комиссионных

commissioning ввод в эксплуатацию

commit обновлять транзакции; завершать; фиксировать изменения

commit catastrophe катастрофическое завершение; катастрофический конец

commitment 1. обязательства; 2. приверженность; стремление; 3. связывание; блокирование; фиксация

Commitment, Concurrency and Recovery Protocol протокол передачи, согласования и возврата; протокол CCR

commitment unit единичный рабочий интервал

commit message сообщение о завершении транзакции

committed burst size гарантированный объем передачи информации

committed information rate гарантированная скорость передачи данных; согласованная скорость передачи информации

committed logic array связная логическая матрица

committed memory переданная память

Committee for the Exchange of Digital Data Комитет по обмену цифровой информацией

committing group фиксирующая группа; группа узлов сети, которые могут завершать транзакцию

committing physical storage передача физической памяти

comm mux коммуникационный мультиплексор

commodity предмет широкого потребления; продукт массового спроса; изделие массового спроса

commodity cards карты товаров

common 1. общий; 2. стандартный; типовой; распространенный

common action типовое действие

common alphabet объединяющий алфавит

Common Application Environment общая прикладная среда

common application service element общий сервисный элемент прикладного уровня

common-architecture software программное обеспечение с общей архитектурой

common area общая область; общая зона

common block общий блок

common bus общая шина

common bus system система с общей шиной

common carrier 1. общественная линия связи; 2. коммерческая сеть связи

common-cause failures отказы, обусловленный общей причиной; множественные отказы; отказы множественного типа

common channel signaling system система передачи сигналов по общему каналу

common command set унифицированный список команд

common communication format единый коммуникационный формат

common communication support унифицированная поддержка связи

common control signal сигнал общего управления

common control unit общее устройство управления

common data общие данные

common data bank общий банк данных

common data bus addressing адресация с использованием общей шины данных

common data channel общий канал передачи данных

common denominator общий знаменатель

Common Desktop Environment общая вычислительная среда для настольных систем

Common Device Driver Model архитектура универсального драйвера

common dialog box стандартное диалоговое окно

common divisor общий делитель

common error 1. ошибка в описании общего блока; 2. распространенная ошибка; обычная ошибка; общая ошибка

common expressions общие выражения

common extensions общепринятые расширения

common external symbol dictionary составной словарь внешних имен; сводный словарь внешних идентификаторов

common facilities обобщенные средства

common field общее поле

common fraction простая дробь

common hardware оборудование общего применения

common intermediate format единый промежуточный формат

common item общий элемент

common language общий язык

Common Lisp Object System общая объектная система языка ЛИСП

common load общая нагрузка

common logfile format общий формат протокольного файла

common machine language универсальный машинный язык

Common Mail Call набор стандартных вызовов электронной почты

Common Management Information Protocol общий протокол передачи управляющей информации; общий информационный протокол; протокол CMIP

Common Management Information Services общая служба передачи управляющей информации

common management information transmission передача общей управляющей информации

common memory общая память

common message сообщение общего характера

common messaging call общий вызов с использованием общения

common microkernel общее микроядро

common-mode failure типичный отказ; отказ общего характера

common-mode faults отказы группового типа

common-mode filtering фильтрация синфазных помех

common mode rejection отклонение от стандартного режима

common-mode signal синфазный сигнал

common name общее имя; стандартное имя

common network command language общесетевой командный язык

Common Network Interface универсальный сетевой интерфейс; общий сетевой интерфейс

common object file format общий формат объектных файлов

Common Object Model модель с общими объектами; общая объектная модель

Common Object Request Broker Architecture обобщенная архитектура посредника объектных запросов; архитектура CORBA

Common Object Services Specification спецификация на общие средства объектного сервиса; обобщенная спецификация объектных служб

Common Open Software Environment общая открытая программная среда; стандарт графической среды COSE

common overridden member function компонентные функции, доступные для переопределения в других частях программы; общие переопределяемые функции-элементы

common program программа общего назначения

Common Programming Interface единый интерфейс программирования; стандартный программный интерфейс

Common Programming Interface for Communications общий программный интерфейс для коммуникаций; единый интерфейс программирования коммуникаций

common protocol общий протокол

common relocation dictionary объединенный словарь перемещений

common resource storage area общая область хранения ресурсов

common root общий корень

common segment общий сегмент

common semaphore общий семафор

common software стандартное программное обеспечение

common state исходное состояние; известное состояние

common storage area общая область памяти

common subexpression общее подвыражение

common system area общая системная область защиты

common user access стандартный пользовательский доступ; единый пользовательский доступ; CUA

common user interface общий интерфейс с пользователем; общий пользовательский интерфейс; CUA-интерфейс

common version общая версия; распространенная версия

common view общее представление

common warnings общепринятые предупреждающие сообщения

comms failure коммуникационная неисправность; неисправность в средствах взаимодействия с сетевым устройством; неисправность в средствах передачи данных

comms program коммуникационная программа

comms standard коммуникационный стандарт; стандарт в области коммуникаций

communicate 1. устанавливать связь; 2. передавать сообщение; 3. обмениваться информацией; 4. взаимодействовать

communicating sequential processes взаимодействующие последовательные процессы

communicating users пользователи, участвующие в коммуникациях

communication 1. связь; система связи; средства связи; коммуникации; 2. обмен информацией; передача; 3. система передачи; 4. взаимодействие; 5. коммуникационный; связной

communication access module модуль доступа к каналу связи

communication access point пункт доступа к среде передачи данных

communication activity коммуникативная деятельность

communication adapter коммуникационный адаптер; адаптер связи; связной адаптер

communicational binding связь по общим данным

communication and data link линия связи и передачи данных

communication and information technology технология связи и передачи информации

communication application specification спецификация приложений связи; CAS

communication area область связи

communication bandwidth 1. полоса рабочих частот канала связи; 2. пропускная способность канала связи

communication barrier коммуникационный барьер

communication buffer коммуникационный буфер; буфер связи; буфер сообщений

communication bus 1. коммуникационная шина; 2. канал связи

communication channel канал связи

communication channel capacity пропускная способность канала связи

communication chart схема соединений

communication computer коммуникационный компьютер; связная машина

communication control управление передачей данных

communication control character символ управления передачей

Communication Control Language язык управления передачей данных; язык управления передачей сообщений

communication controller коммуникационный контроллер

communication control package пакет для управления передачей сообщений

communication control program программа управления передачей сообщений

communication control unit блок управления передачей данных

communication data processing system система передачи и обработки данных

communication data processor процессор передачи данных

communication delay задержка в линии связи

communication device устройство связи

communication electronics электроника средств связи

communication engineering техника связи

communication environment физическая среда передачи данных; коммуникационная среда

communication equipment аппаратура связи

communication executive исполнительная программа для передачи данных

communication facilities средства связи

communication hardware коммуникационное оборудование; аппаратура передачи данных

communication input/output 1. ввод-вывод по каналу связи; 2. ввод-вывод через порт

communication input/output control system система контроля ввода-вывода по каналу связи

communication input/output processor процессор ввода-вывода сообщений

communication interface связной интерфейс; интерфейс связи; устройство сопряжения с системой связи

communication interface system система сопряжения средствами связи; система сопряжения со средствами связи

communication line линия связи; канал связи

communication line adapter адаптер каналов; адаптер линий связи

communication line multiplexing мультиплексирование линий связи

communication line terminal терминал линии связи; связной терминал

communication link устройство коммуникационной связи; канал связи; линия связи

communication management управление обменом

communication manager коммуникационный менеджер

communication medium среда передачи данных

communication microprocessor коммуникационный микропроцессор

communication module модуль связи

communication multiplexer мультиплексор передачи данных; МПД; мультиплексор каналов связи; коммуникационный мультиплексор

communication multiplexing мультиплексирование каналов связи

communication network коммуникационная сеть; сеть связи

communication oriented computer связная вычислительная машина

communication parameters параметры коммуникаций

communication port коммуникационный порт

communication processor связной процессор; коммуникационный процессор

communication protocol коммуникационный протокол; протокол связи; протокол обмена данными

communication protocol stack стек коммуникационного протокола

communication region область связи

communication requirements требуемый объем информационного обмена

communication repeater связной ретранслятор

communication request коммуникационный запрос

communications связь

communications access processor процессор доступа к среде передачи

communications application specification спецификация приложений связи

communication satellite спутник связи

communications commonality унифицированность процедур связи

communications common carrier телекоммуникационная компания

communications control управление передачей данных

communication security защита коммуникаций; защищенность линий и каналов связи

communications engine controller контроллер коммуникационного процессора

communications equipment коммуникационное оборудование

communication settings параметры линии связи

communications flow поток информации; обмен информацией

communications front-end equipment коммуникационное оборудование линии связи

communication signal analyzer анализатор связных сигналов

communications input/output ввод-вывод по каналу связи

communications layer уровень соединений

Communications Managers Association Ассоциация менеджеров в области связи

communications module коммуникационный модуль

communications multiplexer коммуникационный мультиплексор

communications network сеть связи

communications port коммуникационный порт

communications processing обработка данных, поступающих по линии связи

communications server коммуникационный сервер; связной сервер; сервер коммуникаций; коммуникационный узел обслуживания

communications server media interface module модуль интерфейса среды связного сервера

communications service unit связное устройство

communications signal сигнал передачи данных

communications toolbox инструментальные средства передачи данных

communication subnetwork коммуникационная подсеть; подсеть коммуникаций

communication system коммуникационная система; система связи

communication task задача связи

communication technology коммуникационная технология

communication terminal связной терминал

communication terminal module оконечный модуль связи

communication theory теория передачи информации; теория связи

communicativeness коммуникативность

communicator 1. приемопередатчик; устройство персональной связи; коммуникатор; ПК-коммуникатор; карманное коммуникационное устройство; 2. портативная радиостанция; 3. переключатель каналов

community сообщество; коллектив; специалисты

community antenna TV кабельное телевидение с общей антенной; кабельное телевидение с коллективным приемом

community multimedia network коллективная мультимедиа-сеть

community name имя сообщества

community reception коллективный (телевизионный) прием

commutation 1. переключение; коммутация; 2. перестановка

commutative group коммутативная группа

commutative law коммутативный закон

commutative ring коммутативное кольцо

commutative semiring коммутативное полукольцо

commutator коммутатор; переключатель

commute 1. коммутировать; переключать; 2. переставлять

comp тип данных «действительное округляемое»

compact сжать

compact database сжать базу данных

compact disk компакт-диск

compact disk-digital audio цифровой аудио компакт-диск; лазерный аудиодиск

compact disk drive дисковод для компакт-дисков

compact disk interactive интерактивный компакт-диск; «компакт-диск диалоговый»

compact-disk-video компакт-диск с видеоинформацией

compacted data уплотненные данные

compacting сжатие; упаковка

compacting garbage collection чистка памяти с уплотнением

compaction уплотнение; сжатие

compaction ratio коэффициент уплотнения

compact memory model компактная модель памяти

compactness компактность

compactor компактор; уплотнитель

compact video disk компактный видеодиск

compander компандер; расширитель

companding компандирование (речевого сигнала); уплотнение/расширение

companion сопутствующий; сопровождающий; дополнительный

companion application сопутствующее приложение; дополнительное приложение

companion controller соконтроллер

companion keyboard вспомогательная клавиатура

companion matrix сопровождающая матрица

company name название компании

company's data корпоративные данные

comparability сравнимость

comparable сравнимый; аналогичный

comparand компаранд; операнд в операции сравнения
comparative analysis сравнительный анализ
comparative matrix сравнительная таблица
comparative study сравнительные исследования
comparator 1. компаратор; устройство сравнения сигналов; схема сравнения; 2. блок сравнения; 3. программа сравнения
comparator circuit схема сравнения; компаратор
comparator-sorter компаратор-сортировщик
compare сравнивать; сличать; сопоставлять
compare error ошибка при сравнении
compare indicator индикатор сравнения
compare instruction команда сравнения
compare markings пометки сравнения
comparer 1. компаратор; блок сравнения; 2. программа сравнения
compare right право «сравнение»
comparing считка; сличение с исходным текстом
comparing control change 1. смена управления по ключу; 2. смена операции по ключу
comparison сравнение; сличение; сопоставление; компарирование
comparison counting sort сортировка сравнением и подсчетом
comparison device устройство сравнения; сравнивающее устройство
comparison functions функции сравнения
comparison logic логические схемы сравнения
comparison operation операция сравнения
comparison operator знак операции сравнения; операция сравнения
comparison report сравнительный отчет
comparison test сравнительный признак
compartmentalization секционирование
compartmentation секционирование
compartment mode workstation рабочая станция, работающая в сети изолированно от других
compatibility совместимость; соответствие
compatibility constraints ограничения на совместимость
compatibility list список совместимых устройств
compatibility mode режим эмуляции; режим совместимости
compatibility objective требование по совместимости
compatibility option функциональная возможность, обеспечивающая совместимость
compatibility test тест совместимости; проверка на совместимость
compatibility test forcing принудительный тест на совместимость
compatibility testing тестирование на совместимость; проверка на совместимость
compatible совместимый
compatible computer совместимый компьютер
compatible data совместимые данные
compatible events совместимые события
compatible functionality функциональная совместимость
compatible hardware совместимая аппаратура
compatible logic совместимые логические схемы
compatibles совместимые устройства
compatible software совместимое программное обеспечение
compation уплотнение; уплотнение данных
compelling привлекательный; привлекающий всеобщее внимание; притягательный
compensate компенсировать; корректировать; выравнивать; уравнивать
compensated error скомпенсированная ошибка
compensating delay компенсирующая задержка; компенсационная ошибка

compensating filter корректирующий фильтр; выравнивающий фильтр
compensation 1. компенсация; 2. коррекция; 3. выравнивание; уравнивание; 4. компенсационная правка
compensator 1. компенсатор; корректор; 2. автотрансформатор
compensator компенсатор; элемент компенсации
compensator control компенсаторное управление
compete конкурировать; соревноваться
competence грамотность; компетентность
competing standard конкурирующий стандарт
competition конкуренция
competitive 1. конкурирующий; 2. конкурентоспособный; конкурентный
competitive access providers компании, предоставляющие развитые средства доступа к среде передачи
competitive advantage преимущества перед конкурентами
competitive behavior конкурентное поведение; состязательное поведение
competitive market высококонкурентный рынок
competitive model модель конкуренции
competitive price конкурентоспособная цена
competitive program product конкурирующий программный продукт
competitive software product 1. конкурирующее программное изделие; 2. конкурентоспособный программный продукт
competitor конкурент
compexity metric показатель сложности
compilating time время компиляции
compilation компиляция; компилирование
compilation order порядок трансляции; порядок компиляции
compilation stage этап компиляции
compilation unit единица компиляции; единица трансляции; компилируемый модуль
compilation unit единица компиляции; единица трансляции
compile 1. компилировать; транслировать; 2. составлять
compile all modules компилировать все модули
compiled code скомпилированная программа; объектный код
compiled knowledge скомпилированные знания
compiled language транслируемый язык
compiled menu скомпилированное меню
compiled query компилируемый запрос
compiled time expression выражение периода компиляции
compile error ошибка компиляции
compile loaded modules компилировать загруженные модули
compile on demand компиляция по запросу
compiler компилятор; транслятор
compiler-compiler компилятор компиляторов
compiler diagnostic aids диагностические средства компилятора
compiler diagnostics сообщения компилятора об ошибках
compiler directive директива компилятора
compiler driver драйвер компилятора
compiler error messages сообщения компилятора об ошибках
compiler generation program программа создания компилятора
compiler generator генератор компиляторов; генератор компилирующей программы; система построения трансляторов
compiler kernel ядро компилятора
compiler library библиотека компилятора
compiler options ключи компилятора; параметры компиляции; параметры трансляции
compiler-produced code скомпилированная программа
compiler program компилирующая программа; компилятор

compiler toggles параметры компиляции

compiles all the loaded modules компиляция всех загруженных модулей

compile time 1. время компиляции; 2. выполняемый на этапе компиляции

compile-time check статическая проверка; проверка во время компиляции

compile-time computing вычисление в процессе компиляции

compile-time constant статическая константа

compile-time diagnostics диагностика в процессе компиляции; диагностика в ходе компиляции

compile-time error ошибка этапа компиляции; ошибка времени компиляции

compile-time procedure процедура периода компиляции

compile-time statement оператор этапа компиляции; оператор периода компиляции

compile-time variable переменная этапа компиляции

compiling компиляция; компилирование

compiling program компилирующая программа; компилятор

compiling system компилирующая система

compiling time время компиляции

compiling to disk компиляция с размещением программы на диске

compiling to memory компиляция с размещением программы в памяти

complement дополнение; дополнительный код

complement addition сложение в дополнительном коде

complementary комплиментарный; дополняющий

complementary addition сложение в дополнительном коде

complementary attachments дополнительные устройства

complementary color дополнительный цвет

complementary devices дополнительные устройства

complementary event дополняющее событие; противоположное событие

complementary graph дополнительный граф

complementary logic комплиментарная логика

complementary metal-oxide silicon комплиментарные структуры «металл-оксид-полупроводник»; комплиментарная МОП-структура; КМОП-структура

complementary operator 1. оператор дополнения; 2. оператор инвертирования; оператор отрицания

complementary transistor logic логические схемы на комплиментарных транзисторах; комплиментарные логические схемы

complementation образование дополнения; операция образования дополнения

complemented input инверсный вход

complemented variable переменная с отрицанием

complementer дополняющая схема; схема образования дополнения

complementing amplifier инвертор; инвертирующий усилитель

complementing flip-flop триггер со счетным входом

complementing input счетный вход

complement number system система дополнений

complement operator операция дополнения; знак операции дополнения

complement storage запоминание в дополнительном коде

complete 1. полный; завершенный; законченный; совершенный; 2. завершать; заканчивать

complete carry полный перенос

complete class полный класс

completed form заполненная форма

completed infinity завершенная бесконечность

completed task list список выполненных задач

complete failure полный отказ

complete graph полный граф

complete group полная группа; совершенная группа

complete induction полная индукция

complete information полная информация

complete information game игра с полной информацией

complete instruction полная команда

complete instruction set computer процессор с полным набором команд; процессор со сложным набором команд; CISC-процессор

complete isolation строгая изоляция

complete lattice полная решетка

complete limit полный предел; верхний предел

completely вполне; полностью; совершенно

completely defined function полностью определенная функция

completely mixed game вполне смешанная игра

completely pipelined architecture полностью конвейерная архитектура

completely reduced game полностью редуцированная игра

completely specified automaton полностью определенный автомат

complete machine укомплектованная машина

complete name полное имя

completeness полнота; завершенность

complete program готовая программа; завершенная программа

complete set полная система

complete solution законченное решение; полное решение

complete store cycle полный цикл запоминания

complete system полная система

complete testing полное тестирование

complete tree завершенное дерево

complete trust полные доверительные отношения (между доменами)

completion 1. завершение; окончание; 2. пополнение; расширение

completion code код завершения

completion macro макрокоманда завершения

completion macrocommand макрокоманда завершения

completion status состояние завершения

complex arithmetic 1. арифметика с комплексными числами; арифметические операции с комплексными числами; 2. арифметическое устройство для работы с комплексными числами

complex automation комплексная автоматизация

complex computational application приложение со сложными вычислениями

complex concept сложное понятие

complex constant комплексная константа

complex data сложные данные; сложные типы данных

complex data type сложный тип данных

complex debugging комплексная отладка

complex declarator составное описание; составное объявление

complex dialog interface комплексный диалоговый интерфейс

complex document составной документ

complex equation комплексное уравнение

complexer комплексатор

complex event сложное событие

complex exchange сложная перестановка

complex experiment многофакторный эксперимент

complex factor обобщенный показатель; комплексный показатель

complex information processing комплексная обработка информации

complexing комплексирование

complexing computing facilities средства комплексирования

complex-instruction-set computer компьютер с полным набором команд; компьютер с полной системой команд; компьютер со сложным набором команд; CISC-компьютер

complexity сложность; уровень сложности; комплексность

complexity class класс сложности

complexity factor показатель сложности

complexity function функция сложности

complexity management борьба со сложностью

complexity measure критерий сложности

complexity of inquiry сложность запроса

complexity of operations сложность операций

complexity-reduced-instruction-set processor процессор с набором команд уменьшенной сложности; процессор с архитектурой CRISP

complex line type сложный тип линии

complex logical operation сложная логическая операция

complex mask комплексное выделение

complex number комплексное число

complex objects сложные объекты

complex print jobs сложные задания печати

complex programming комплексное программирование

complex relocatable expression сложное перемещаемое выражение

complex root комплексный корень

complex shape сложная фигура

complex simulation комплексное моделирование

complex test комплексные испытания; комплексное тестирование

complex transaction сложная транзакция

complex type комплексный тип

compliance согласованность; степень соответствия; согласие

compliance information сведения о соответствии

compliant соответствующий чему-либо; согласующийся; удовлетворяющий; совместимый

complicated system сложная система

component 1. компонент; составная часть; составляющая; 2. элемент; 3. комплектующее изделие; 4. компонентный

component architecture компонентная архитектура

component-based компонентно-ориентированный

component-based architecture компонентная архитектура

component density плотность размещения компонентов

component-dependent зависимый от компонентов

component development разработка компонентов

component-distribution mechanism механизм распределения компонентов

component family семейство компонентов

component fault дефект элемента

component file 1. файл компонентов; файл составляющих; 2. массив компонентов

component framework компонентная инфраструктура; компонентная прикладная среда

component interface интерфейс компонентов

Component Interface API прикладной интерфейс компонентов

component layer уровень компонентов

component-level на уровне компонентов

Component Object Model объектная модель программных компонентов; модель COM

componentry 1. компоненты; элементы; 2. комплектующие изделия; 3. компоновка элементов

component software компонентное программное обеспечение; модульное программное обеспечение

component-software architecture архитектура модульного программного обеспечения

component studies исследование составляющих

component system 1. компонентная система; 2. система с разделением цвета на составляющие RGB

componentware компонентное программное обеспечение

componentwise покомпонентно

componentwise image покомпонентный образ

COM port последовательный порт; COM-порт

compose компоновать; формировать; составлять; формулировать

composed distribution распределение суммы; композиция распределений

compose matrix составная матрица

compose mode режим подготовки сообщения (в электронной почте)

composer синтезатор; формирователь; компоновщик; составитель

composing a message составление сообщения; подготовка сообщения

composite смешанный; составной

composite attribute составной атрибут

composite channel составной канал (цвета)

composite color совмещенный цвет

composite console составной пульт

composite design 1. композитное проектирование; 2. составной план

composite external symbol dictionary объединенный словарь внешних символов

composite function сложная функция

composite goal составная цель; сложная цель; цель, состоящая из нескольких подцелей

composite hypothesis сложная гипотеза

composite index сложный индекс; составной индекс

composite key составной ключ

composite language комбинированный язык

composite matrix составная матрица

composite monitor монитор с комбинированным изображением

composite number составное число

composite printer принтер с совмещением цветов; композитный принтер

composite printing печать с совмещением цветов

composite search attribute составной поисковый атрибут

composite shader составная фактура

composite solid композитное тело; составная фигура; фигура, полученная в результате объединения примитивов (САПР)

composite system 1. композитная система; система с композитным видеосигналом; 2. система без разделения цвета на составляющие RGB

composite type составной тип

composite video 1. полный видеосигнал; 2. комбинированное изображение; составное видеоизображение; сложноцветное изображение; композитное видео

composite video signal композитный видеосигнал

compositing композиция; наложения изображений

compositing images композиция изображений

composition 1. составление; композиция; компоновка; формирование; 2. структура; состав; комплекция; 3. взятие произведения

composition area область композиции

composition check проверка полноты сообщения

composition of functions композиция функций

composition table композиционная таблица

compound 1. соединение; компоновка; 2. состав; 3. составной; сложный; 4. компоновать; комбинировать

compound attribute составной атрибут

compound blend составное перетекание; составной переход
compound condition объединенное условие
compound data object сложный объект данных; составной объект данных
compound data type сложный тип данных
compound document составной документ
compound document framework инфраструктура составных документов
compound document processor комбинированный обработчик документов
compound-document technology технология составных документов
compound document processor комбинированный обработчик документов
compound domain составной домен
compound expression составное выражение
compound group составная группа
compound instruction составная команда
compound interest formula формула сложных процентов
compound name составное имя
compound proposition сложное высказывание; составное высказывание
compound shape составная фигура; комбинированная фигура
compound statement составной оператор
comprehension охват; полнота
comprehensive полный; исчерпывающий
comprehensive approach комплексный подход; многосторонний подход
comprehensive automation комплексная автоматизация
comprehensive data исчерпывающие данные; полные данные
comprehensive electronic office полностью автоматизированный офис
comprehensive facilities развитые возможности
comprehensive help полный справочник
comprehensiveness полнота
compress сжимать; компрессировать; уплотнять; упаковывать
compress attribute атрибут «сжать»
compressed сжат; уплотнен
compressed attribute атрибут «сжат»
compressed audio сжатый аудиосигнал; сжатая аудиоинформация
compressed file уплотненный файл; сжатый файл
compressed message сжатое сообщение
compressed mode режим с уплотнением
compressed SLIP сетевой протокол SLIP с уплотнением данных
compressed tape лента с уплотненной записью данных
compressed video сжатое видеоизображение
Compressed Video Interoperability взаимодействие при работе с уплотненными видеоданными
Compressed Video Transmission Service служба передачи уплотненной видеоинформации
compressed volume file файл уплотненного диска; файл сжатого тома
compressing a file уплотнение файла
compression сжатие (данных); уплотнение; свертка; компрессия; упаковка
compression algorithm алгоритм уплотнения
compression chips чипы упаковки
compression/decompression algorithms алгоритмы уплотнения/разуплотнения данных
compression format формат сжатия
compression hardware аппаратные средства уплотнения данных

compression method метод сжатия; способ уплотнения
compression ratio степень сжатия; коэффициент сжатия
compression speed скорость уплотнения
compressor система сжатия данных; компрессор
compressor program программа уплотнения
COM printer устройство вывода текста на микрофильм
comprise 1. включать; содержать; охватывать; 2. входить в состав
compromise criterion компромиссный критерий
compulsory license обязательное лицензирование
CompuServe forum форум CompuServe
CompuServe Information Manager администратор потоков информации в сети CompuServe
computability вычислимость
computable вычислимый; исчислимый
computable function вычислимая функция
computarization компьютеризация; применение вычислительной техники
computation 1. машинное вычисление; 2. вычисление; расчет; 3. выкладка; 4. счет; 5. подсчет
computational машинный; вычислительный; численный
computational algorithm вычислительный алгоритм
computational burden затраты вычислительных ресурсов
computational capability вычислительная мощность; вычислительные возможности
computational complexity сложность вычислений; вычислительная сложность
computational constraints вычислительные ограничения
computational efficiency эффективность использования компьютера
computational error ошибка в вычислениях
computational geometry вычислительная геометрия
computational intensity вычислительная интенсивность
computational linguistics вычислительная лингвистика
computational load вычислительная нагрузка
computational modeling численное моделирование
computational node вычислительный узел
computational power вычислительные возможности; вычислительная мощность
computational primitive элементарная вычислительная операция; примитив вычислений
computational procedure 1. алгоритм вычислений; 2. вычислительная процедура
computational process процесс обработки данных; вычислительный процесс
computational psychology вычислительная психология
computational resource вычислительный ресурс
computational scheme схема вычислений
computational stability устойчивость вычислений
computational testbed for industry промышленный вычислительный испытательный стенд
computation center вычислительный центр
computation demand 1. запрос на вычисления; 2. потребность в вычислениях; потребность в вычислительной обработке
computation graph вычислительный граф; граф вычислений
computation-intensive требующий большого объема вычислений
computation load вычислительная нагрузка
computation redundancy избыточность вычислений
computation speed скорость вычислений
computation time время вычислений
compute 1. вычислять; рассчитывать; 2. подсчитывать; считать; делать выкладки
compute bound ограничение по скорости вычислений

computed branch вычисляемый переход

computed value вычисленное значение

compute-intensive требующий большой вычислительной мощности; требующий большого объема вычислений

compute-intensive application вычислительное приложение; приложение, требующее значительных вычислительных ресурсов

computer компьютер; вычислительная машина; ЭВМ; вычислитель

computer abstract автоматический реферат; машинный реферат

computer account учетные данные машины; учетная запись машины

computer activity деятельность в области компьютеризации

computer-aided автоматизированный; выполняемый с применением компьютера

computer-aided composition автоматизированная композиция; компьютерное создание видео- и аудиокомпозиции; создание музыкальных композиций с помощью компьютера; применение компьютеров для создания музыкальных композиций

computer-aided control system design автоматизированное проектирование систем управления

computer-aided design машинное проектирование; автоматизированное проектирование

computer-aided design and drafting автоматизированное проектирование и оформление чертежей

computer-aided design and drafting system система автоматизированного проектирования и оформления чертежей; система автоматизированного проектирования и черчения

computer-aided design and evaluation автоматизированное проектирование и оценка

computer-aided design and evaluation program программа автоматизированного проектирования и оценки

computer-aided design/computer-aided manufacturing система автоматизированного проектирования и производства

computer-aided design interactive system интерактивная система автоматизированного проектирования

computer-aided design system САПР; система автоматизированного проектирования

computer-aided diagnosis диагностика с помощью компьютера

computer-aided drawing автоматизированное проектирование; автоматизированное оформление чертежей; автоматизированное черчение

computer-aided drawing program CAD-система; система автоматизированного проектирования; САПР

computer-aided engineering 1. автоматизированная подготовка производства; 2. автоматизированная разработка; автоматизация инженерного труда; автоматизированное конструирование; 3. автоматизированное моделирование; машинное моделирование

computer-aided instruction машинное обучение; автоматизированное обучение; программированное обучение

computer-aided learning обучение с использованием компьютера; автоматизированное обучение; программированное обучение

computer-aided management автоматизированное управление

computer-aided manufacturing автоматизированное производство; производство, автоматизированное с помощью компьютера

computer-aided manufacturing system система автоматизированного производства; САП

computer-aided planing планирование с использованием компьютера; автоматизированное планирование; планирование с помощью компьютера

computer-aided planning system автоматизированная система планирования

computer-aided production management автоматизированное управление производством

computer-aided publishing компьютерная издательская деятельность; автоматизированная подготовка полиграфической продукции; издание с использованием компьютера; автоматизированная издательская система; компьютеризованное полиграфическое производство

computer-aided quality автоматизированный контроль качества

computer-aided quality system система автоматизированного контроля качества

computer-aided reusable engineering система автоматизации инженерных работ повторяющегося характера

computer-aided science engineering автоматизация научных исследований и экспериментов с помощью компьютера

computer-aided software engineering автоматизированная разработка программного обеспечения

computer-aided software testing автоматизированное тестирование программ; автоматизация тестирования программ

computer-aided system автоматизированная система

computer-aided system design автоматизированное системное проектирование; автоматизированное проектирование систем

computer-aided system engineering автоматизированное проектирование систем; автоматизация проектирования систем

computer-aided technologies компьютерные технологии; технологии автоматизации

computer-aided test engineering автоматизация инженерного труда по тестированию

computer-aided testing автоматизированный контроль; автоматизированное тестирование

computer-aided testing system система автоматизированного тестирования

computer-aided training обучение с использованием компьютера

computer-aided translation автоматизированный перевод; перевод с использованием компьютера

computer-aided typesetting компьютерный набор текста

computer aids средства вычислительной техники

computer alphabet машинный алфавит; алфавит компьютера

computer analysis анализ с использованием компьютера

Computer and Communications Industry Association Ассоциация производителей компьютеров и средств связи; Ассоциация производителей вычислительной техники и средств связи (США)

computer animation машинная мультипликация; компьютерная анимация

computer application 1. применение компьютера; 2. прикладная вычислительная система; 3. приложение; пакет прикладных программ

computer architect разработчик архитектуры компьютера

computer architecture архитектура вычислительной системы; архитектура компьютера

computer-assisted автоматизированный; выполняемый с применением компьютера

computer-assisted animation анимация с помощью компьютера; анимация по ключевым кадрам

computer-assisted diagnostic диагностика с помощью компьютера

computer-assisted learning обучение с использованием компьютера; автоматизированное обучение

computer-assisted management автоматизированное управление; управление с помощью компьютера

computer-assisted publishing компьютеризованное полиграфическое производство; издание с использованием компьютера

computer-assisted software engineering автоматизированное проектирование систем программного обеспечения

computer-assisted training обучение с использованием компьютера

computer-augmented acceleration режим вращения диска, корректируемый компьютером

computer-augmented learning интенсификация обучения с помощью применения компьютеров

computer automated measurement and control автоматизированное измерение и управление с помощью компьютера

computer backing store дополнительная память компьютера

computer-based основанный на применении компьютера; с использованием машины; машинный; компьютерный

computer-based accuracy точность, достижимая за счет применения компьютера

computer-based conference system компьютерная система для проведения конференций; автоматизированная система для проведения конференций

computer-based document электронный документ; машинный документ; документ, формируемый на компьютере

computer-based education компьютеризированное обучение

computer-based fax компьютерная факс-машина

computer-based interface машинный интерфейс

computer-based learning компьютеризированное обучение; обучение с использованием компьютера; автоматизированное обучение

computer-based media информационные компьютерные средства

computer-based message system автоматизированная система обработки сообщений; автоматизированная система передачи данных; электронная почта

computer-based system автоматизированная система

computer-based training обучение на компьютере; компьютерное обучение

computer-based training courses компьютеризированные курсы обучения

computer-based video компьютерное видео

computer bp компьютер с батарейным питанием; компьютер с питанием от батареи

computer browser служба обзора сети

computer buffer store буферная память компьютера

computer bulletin board system электронная доска объявлений; система BBS

computer bureau 1. вычислительное бюро; 2. вычислительный центр

computer business utility коммерческое применение компьютера

computer calculations вычисления на компьютере; машинные вычисления

computer capacity производительность компьютера

computer cartography машинная картография

computer catalogue каталог компьютеров

computer center вычислительный центр

computer channel машинный канал; канал ЭВМ

computer chess championship чемпионат шахматных программ

computer circuitry схема узлов компьютера; схемы узлов машины; схемы элементов компьютера

computer cluster кластер компьютеров; группа машин, функционирующих как единая система

computer code машинный код

computer communication компьютерная связь; связь при помощи компьютеров; связь между компьютерами

computer communication network компьютерная сеть связи; коммуникационная компьютерная сеть

computer competence компьютерная грамотность

computer complex вычислительный комплекс

computer conference телеконференция

computer conferencing средства проведения телеконференций; организация телеконференций

computer configuration конфигурация вычислительной системы; конфигурация компьютера

computer configuration byte байт машинной конфигурации

computer-control equipment оборудование автоматизированного управления

computer controlled управляемый с помощью компьютера

computer-controlled retrieval автоматизированный поиск

computer courses компьютерные курсы

computer crime компьютерное преступление; преступление, совершаемое с помощью компьютера

computer cycle машинный цикл; цикл компьютера

computer-dependent зависимый от компьютера; машинно-зависимый

computer-dependent language машинно-зависимый язык

computer description language язык описания архитектуры компьютера

computer design 1. проектирование компьютера; 2. автоматизированное проектирование

computer design aids средства автоматизированного проектирования

computer designer конструктор компьютера; разработчик компьютера; проектировщик вычислительных машин

computer diagram диаграмма работы компьютера

computer division отделение вычислительной техники

computer drafting машинное черчение; машинное изготовление чертежей

computer editing машинное редактирование

computer efficiency эффективность использования компьютера

computer element узел компьютера

Computer Emergency Response Team группа реагирования на нарушения компьютерной защиты в сети Internet; группа CERT

computer engineering конструирование компьютера

computer equation машинное уравнение

computer equipment вычислительное оборудование

computer family семейство вычислительных машин; семейство ЭВМ

computer firm фирма по разработке и производству компьютеров

computer for diagnosis диагностический компьютер

computer fraud злоумышленное использование компьютера; компьютерное мошенничество

Computer Fraud and Abuse Act Акт о компьютерном мошенничестве и злоупотреблении

computer function diagram функциональная блок-схема компьютера

computer game компьютерная игра

computer-generated сгенерированный компьютером; машинно-генерируемый; сформированный с помощью компьютера computer-generated data данные, генерируемые компьютером

computer-generated graphics изображения, формируемые с помощью компьютера

computer-generated image изображение, сгенерированное компьютером

computer generated imaging генерация компьютерных изображений; генерация и обработка изображений с помощью компьютера

computer-generated music музыка, создаваемая с помощью компьютера

computer generation поколение ЭВМ

computer graphics 1. компьютерная графика; машинная графика; 2. устройства машинной графики

computer-graphics augmented design and manufacturing усовершенствованное проектирование и производство с применением компьютерной графики

Computer Graphics Interface интерфейс компьютерной графики; интерфейс CGI

computer graphics metafile 1. метафайл машинной графики; метафайл компьютерной графики; 2. формат обмена двумерной графической информацией

computer hardware аппаратные средства вычислительной системы; аппаратура компьютера

Computer Hardware Description Language язык описания аппаратной части компьютера; язык описания аппаратных средств вычислительной системы; язык описания компьютерной архитектуры

computer human interface интерфейс «человек-машина»; человеко-машинный интерфейс

computer imaging формирование изображения с помощью компьютера; построение компьютерных изображений

computer independent машинно-независимый

computer industry промышленность средств вычислительной техники; компьютерная отрасль

computer installation 1. вычислительная установка; 2. инсталляция вычислительной системы

computer instruction машинная команда

computer-integrated manufacturing автоматизированное производство; автоматизированная система управления производством

computer-integrated telephony компьютерная телефония

computer intelligence машинный интеллект

computer-intensive требующий больших затрат ресурсов компьютера; требующий большого объема вычислений

computerization компьютеризация

computerize автоматизировать; применять вычислительную технику; компьютеризировать; проводить компьютеризацию; применять компьютеры

computerized компьютеризированный; оснащенный вычислительной техникой; использующий компьютер

computerized analysis машинный анализ

computerized axial tomography компьютерная осевая томография

computerized conferencing телеконференцсвязь

computerized expertise компьютеризированные экспертные знания; экспертные знания, заложенные в компьютер

computerized home shopping автоматизированная оплата покупок с помощью домашнего ПК

computerized information информация в машинном представлении

computerized information service автоматизированная информационная служба

computerized learning обучение с использованием компьютера

computerized tools машинные инструментальные средства

computer language машинный язык; язык компьютера

computer limitation ограничение по возможностям машины

computer-limited ограниченный возможностями вычислительной системы

computer line серия компьютеров

computer literacy компьютерная грамотность

computer-literal user пользователь, знакомый с компьютером

computer logic 1. логические схемы компьютера: 2. логическая часть машины

computer mail электронная почта

computer mains-powered компьютер с питанием от бытовой электросети

computer-managed instruction обучение, направляемое компьютером; автоматизированное обучение; машинное обучение

computer manufacturer фирма-производитель компьютера

computer market компьютерный рынок

computer-mediated при помощи компьютера; при посредничестве машины

computer mediated communication связь с использованием компьютеров

computer memory память компьютера

computer-MIDI processing совместная работа компьютера и интерфейса MIDI

computer mp компьютер с питанием от бытовой электросети; компьютер с питанием от сети

Computer Music Association Ассоциация компьютерной музыки

computer-naive не знакомый с компьютером

computer network информационная вычислительная сеть; компьютерная сеть; вычислительная сеть

computer networking построение компьютерной сети

computer numerical control числовое программное управление; ЧПУ

computer object объект «компьютер»; компьютерный объект

computer operation компьютерная операция

computer-oriented рассчитанный на использование компьютера; машинно-ориентированный; вычислительный

computer-oriented language машинно-зависимый язык; машинно-ориентированный язык

computer output microfilm printer устройство вывода текста на микрофильм

computer package комплект вычислительного оборудования

computer paper фальцованная бумага

computer performance производительность компьютера

computer power производительность компьютера; вычислительная мощность

computer-processable удобный для машинной обработки

computer-process interface устройство сопряжения компьютера с технологическим процессом; устройство связи с объектом

computer process organization организация вычислительного процесса

computer program компьютерная программа; программа для компьютера; машинная программа

computer program annotation комментарии к программе

computer programming программирование компьютеров

computer recognition машинное распознавание

computer-related связанный с применением компьютера

computer reliability надежность компьютера

computer rental price арендная плата за использование компьютера

computer revolution компьютерная революция

computer run запуск программы на компьютере; прогон программы; счет; выполнение программы

computer science информатика; вычислительная техника

computer science expert специалист по вычислительной технике

computer security защита вычислительной системы; защита компьютера от несанкционированного доступа; безопасность вычислительной системы

Computer Security Act закон по компьютерной безопасности

Computer Security Institute Институт защиты информации в компьютерных системах

computer-sensitive language машинно-зависимый язык

computer service вычислительные услуги

computer service bureau центр по предоставлению вычислительных услуг; ВЦ

computer-services manager администратор вычислительных услуг

computer simulation моделирование на компьютере; машинное моделирование; машинная имитация

computer simulator 1. машинная модель; 2. модель компьютера

computer skills опыт работы с компьютером

computer software программное обеспечение для компьютеров; ПО

computer speed быстродействие компьютера

computer store магазин по продаже персональных и микрокомпьютеров

computer store supply магазин компьютерных принадлежностей

computer supported cooperative work совместная работа на базе компьютера; коллективная работа с использованием компьютеров

computer supported telecommunications application применение телекоммуникационных технологий с использованием вычислительной техники

computer system вычислительная система; компьютерная система

computer system conversion освоение автоматизированной системы; освоение вычислительной системы; переход на автоматизированную систему

computer system engineering системотехника ЭВМ

computer tampering преступное использование компьютера; мошенничество с применением компьютера

computer tape лента для компьютера

computer technique методы вычислений; техника вычислений

computer technology компьютерная технология; автоматизированная технология

computer-telephone integration объединение компьютерных и телефонных систем; компьютерно-телефонная интеграция

computer telephony компьютерная телефония

computer-telephony program программа компьютерной телефонии

computer time машинное время

computer-to-PBX interface интерфейс между компьютером и офисной АТС

computer-to-plate вывод изображения из компьютера на формную пластину (без фотоформы)

computer-to-plate system система изготовления печатных форм с помощью ЭВМ

computer trespasser компьютерный «взломщик»; злоумышленник

computer-understandable понятный для компьютера

computer usage data данные по использованию машинных ресурсов; данные по использованию машины

computer user пользователь компьютера; пользователь вычислительной системы

computer video компьютерное видео

computer virus компьютерный вирус

Computer Virus Association Ассоциация по борьбе с компьютерными вирусами

computer vision машинное распознавание образов; машинное зрение; компьютерное зрение

computer vision system система машинного зрения

computer word машинное слово

computer zero машинный нуль

computing 1. вычисление; работа с применением компьютера; обработка данных; 2. расчет; счет; 3. компьютеризация; 4. счетный; вычислительный

computing address вычисляемый адрес

computing algorithm вычислительный алгоритм

computing amplifier решающий усилитель

computing architecture архитектура вычислительной системы

computing branch вычислительный переход

computing center вычислительный центр

computing/communication environment коммуникационно-вычислительное оборудование; вычислительная техника и средства связи

computing device вычислительное устройство

computing environment вычислительная среда; вычислительное окружение; среда вычислений

computing facilities вычислительные средства

computing flexibility гибкость вычислений

computing information машинная информация

computing laboratory вычислительная лаборатория

computing load вычислительная нагрузка

computing machinery вычислительная техника

computing mechanism вычислительный механизм; вычислительное устройство

computing model модель вычислений

computing plan план вычислений

computing platform вычислительная платформа; компьютерная платформа

computing power вычислительная мощность

computing requirements требования к вычислительным ресурсам

computing result результат вычислений

computing science информатика; вычислительнная техника

computing scientist специалист по вычислительным системам

computing sequence последовательность вычислений; последовательность операций

computing service вычислительная служба; вычислительные услуги

computing services office компьютерный сервисный комплекс

computing speed скорость вычисления

computing system вычислительная система; система ЭВМ

computing system RPQ запрос о стоимости вычислительной системы

computing task вычислительная задача; расчетная задача

computing time время вычисления

COM-system система вывода на микрофильм

concatenate 1. связывать; соединять; конкатенировать; объединять в цепочку; 2. каскадировать

concatenate character знак конкатенации

concatenated code каскадный код

concatenated coding system система каскадного кодирования

concatenated data set 1. составные файлы; 2. составные массивы; сцепленные наборы данных

concatenated file составной файл

concatenated index составное индекс

concatenated key сцепленный ключ

concatenated segments сцепленные сегменты; связанные сегменты

concatenation 1. каскадное включение; сочленение; 2. сцепление (строк); конкатенация

concatenation character знак сцепления; знак конкатенации

concatenation closure конкатенационное замыкание

concatenation data set сцепленный набор данных

concatenation functions функции конкатенации; функции сцепления

concatenation operator операция конкатенации

concatenation vector table таблица векторов связи

concatenator конкатенатор

concave function вогнутая функция

concavity вогнутость

concentration концентрация; кучность

concentration stage ступень концентрации

concentrator концентратор

concept 1. концепция; принцип; 2. понятие; идея; концепт

concept classification смысловая классификация; смысловая сортировка

concept coordination координатное индексирование

concept definition определение понятия

concept formulation формулирование понятий

concept generalization обобщение понятия

conception концепция

conceptual 1. концептуальный; схематический; 2. понятийный; смысловой

conceptual block смысловой блок

conceptual communication area концептуальная область взаимодействия; концептуальная среда связи

conceptual database концептуальный уровень базы данных

conceptual data model концептуальная модель данных

conceptual data store концептуальный накопитель данных

conceptual definition концептуальное описание

conceptual design 1. концептуальный проект; 2. концептуальное проектирование; разработка концепций построения системы

conceptual diagram схема концептуального представления

conceptual dictionary словарь понятий

conceptual framework система понятий; концептуальная структура; понятийная структура

conceptual integrity концептуальная целостность

conceptualization представление не концептуальном уровне; концептуализация; формирование концептуального представления

conceptual language концептуальный язык

conceptual level концептуальный уровень

conceptual model принципиальная модель; концептуальная модель

conceptual phase стадия предварительного проектирования; стадия разработки аванпроекта

conceptual schema концептуальная схема

conceptual simulation концептуальное моделирование

conceptual structuring концептуальная структуризация

conceptual tool концептуальный метод; концептуальное средство; концептуальный инструмент

concertino folding складывание гармошкой; фальцевание гармошкой

concession отступление; отклонение

conciness осмысленность

concise 1. краткий; сжатый; 2. четкий; конкретный

conclusion вывод; умозаключение

concordance 1. конкорданция; 2. конкорданс; указатель, связывающий словоупотребление с контекстом

concordance file файл конкорданса; файл словаря указателя

concrete number конкретное число

concrete programming конкретизирующее программирование

concretization конкретизация

concur совпадать во времени

concurrency 1. параллельность; параллелизм; 2. совпадение во времени; 3. взаимосовместимость; взаимосовмещаемость

concurrency conflict конфликт при совмещении операций

concurrency control управление параллелизмом; управление параллельным выполнением

concurrency control service служба управления одновременным доступом

concurrency of operations параллелизм операций

concurrent одновременный; совпадающий; параллельный

concurrent audio channel совмещенный звуковой канал

concurrent computer компьютер с совмещением операций; машина с распараллеливанием вычислительного процесса

concurrent connections одновременные соединения; одновременные подключения

concurrent conversion преобразование, выполняемое параллельно с другими операциями; параллельное преобразование

concurrent engineering параллельное проектирование; комплексное проектирование; комплексный инженерный подход к проектированию

concurrent execution одновременное выполнение; параллельное выполнение

concurrent input/output совмещенный ввод-вывод

concurrently параллельно; одновременно

concurrent operating system операционная система параллельного действия

concurrent operation параллельная работа

concurrent-operation control управление параллельной работой

concurrent peripheral operation параллельное взаимодействие с внешними устройствами; одновременные периферийные операции

concurrent processes параллельные процессы

concurrent processing параллельная обработка

concurrent product development параллельная разработка изделий

concurrent programming параллельное программирование

concurrent-read параллельного чтения

condensation уплотнение

condensation of data сжатие данных; уплотнение данных

condense сгущаться; сжиматься

condensed сжатый; уплотненный

condensed font узкий шрифт; сжатый шрифт

condensed mode режим плотной печати

condensed print уплотненная печать

condense master document свернуть главный документ

condensing сворачивание (документа)

condensing print плотная печать

condensor конденсатор

condition 1. условие; 2. состояние; 3. режим; 4. положение; 5. ситуация

conditional 1. условная зависимость; 2. импликация; 3. условное выражение; 4. условный оператор; 5. условный

conditional addition условное сложение

conditional assembly условная компоновка программы; условное ассемблирование

conditional assembly expression выражение условного ассемблирования

conditional assembly instruction команда условного ассемблирования

conditional association условная ассоциация

conditional behavior обусловленное поведение

conditional block условный блок

conditional branch условное ветвление; условный переход

conditional branching ветвление по условию

conditional branch instruction команда условного ветвления; команда условного перехода

conditional breakpoint условный останов; условная точка останова; точка останова по условию; команда условного останова

conditional breakpoint instruction команда условного останова

conditional clause условное предложение

conditional color условный цвет

conditional comment условный комментарий

conditional compilation условная компиляция

conditional compilation arguments аргументы условной компиляции

conditional control sequence interruption условное прерывание программного управления

conditional directive условная директива; директива условной компиляции

conditional disjunction условная дизъюнкция

conditional disposition условная диспозиция

conditional entropy условная энтропия

conditional equivalence условная эквивалентность

conditional expectation условное математическое ожидание

conditional expression условное выражение

conditional go-to statement оператор условного перехода

conditional halt условный останов

conditional implication условная импликация

conditional inequality условное неравенство

conditional information content условное количество информации

conditional instruction 1. условная команда; 2. команда условного перехода

conditional jump условный переход; условная передача управления; операция условного перехода; команда условного перехода

conditional jump instruction команда условного перехода; команда условной передачи управления

conditional macro условная макрокоманда

conditional macroexpansion условное макрорасширение

conditional macro generation условная макрогенерация

conditional mean условное среднее

conditional operator операция вычисления выражения по условию; знак операции вычисления выражения по условию

conditional probability условная вероятность

conditional security условная безопасность

conditional sentence условное предложение

conditional statement условный оператор

conditional stop команда условного останова

conditional symbol условный идентификатор

conditional test проверка условия

conditional text условный текст

conditional transfer условная команда передачи управления; условный переход; команда условного перехода

conditional transfer instruction команда условной передачи управления; команда условного перехода

conditional variable переменная условия; условная переменная

condition bit двоичный разряд условия

condition box блок ветвления

condition code 1. код признака результата; код завершения; 2. код условия; условный код

conditioned line высококачественная линия (связи); приспо-

собленная линия; линия с эффективным использованием ресурсов

conditioner 1. формирователь сигнала; предварительный формирователь; 2. кондиционер

condition handler программа реакции на условие; программа реакции на особую ситуацию

conditioning 1. приведение к требуемым техническим условиям; приведение в соответствие с нормами; 2. предварительное формирование (сигнала); 3. согласование (устройств); согласование линии связи; 4. стабилизация (питания); 5. кондиционирование

condition mask маска условия

condition name test тест имени в условии

condition number число обусловленности

condition prefix префикс условия

conditions обстоятельства; условия; режим

conditions column столбец условий

conductance 1. активная проводимость; электрическая проводимость; 2. теплопроводность

conduction проводимость; электрическая проводимость; электропроводность

conduction band зона проводимости

conductive material проводящий материал

conductivity удельная электропроводность; удельная электрическая проводимость

conductor 1. проводник; 2. провод

conduit кабелепровод; кабельный канал; изоляционная трубка (для электропроводки)

cone конус

cone integrator конический интегратор

cone tracing трассировка конусом; коническая трассировка

conference communication конференц-связь; циркулярная связь

conference connection подключение по типу конференц-связи

conferencing 1. проведение конференций; 2. средства проведения телеконференций; конференц-связь; 3. телефонная конференция

conferencing server сервер конференций; сервер видеоконференций

conferencing system система конференций; система видеоконференций

confidence доверие; уверенность

confidence coefficient коэффициент доверительности

confidence interval доверительный интервал

confidence level 1. уровень достоверности; 2. доверительный уровень; уровень доверительной вероятности

confidence limits доверительные границы

confidential для служебного пользования

confidential data конфиденциальные данные; секретные данные; конфиденциальная информация

confidentiality конфиденциальность; секретность

configurability конфигурируемость; способность к изменению конфигурации

configurable реконфигурируемый; конфигурируемый; настраиваемый; с изменяемой конфигурацией

configurable function block программируемый функциональный блок

configurable parameters настраиваемые параметры

configuration 1. конфигурация; геометрия; форма; 2. настройка конфигурации; конфигурирование; 3. компоновка; топология; 4. конструкция; структура; 5. установка

configuration byte байт конфигурации

configuration control register регистр, управляющий конфигурацией

configuration control unit блок управления конфигурацией

configuration error ошибка конфигурации
configuration file файл конфигурации
configuration information информация о конфигурации
configuration interface интерфейс настройки конфигурации
configuration management system система управления конфигурацией
configuration management управление конфигурацией (системы)
configuration management and version control управление конфигурацией и контроль версий
configuration manager программа-конфигуратор; диспетчер конфигурации; блок реконфигурации
configuration menu меню конфигурации; меню настройки конфигурации
configuration option number номер опции конфигурации
configuration program программа настройки конфигурации; программа конфигурирования
configuration screen экран настройки конфигурации
configuration section секция конфигурации
configuration settings параметры конфигурации
configuration status descriptor дескриптор состояния конфигурации
configuration upload выгрузка конфигурации; сохранение конфигурации
configuration variable переменная конфигурации
configurator конфигуратор
configure настраивать: конфигурировать; устанавливать конфигурацию
configured сконфигурированный; настроенный; скомпонованный
configured-in включенный в конфигурацию
configured-off исключенный из конфигурации
configured-out исключенный из конфигурации
configuring выбор конфигурации; планирование конфигурации; настройка конфигурации; конфигурирование
confinement 1. ограничение; сужение; 2. удержание; 3. ограждение данных
confirm 1. подтверждение; 2. подтверждать
confirm action подтвердить операцию; подтвердить действие
confirm action queries подтверждение запросов на изменение
confirmation подтверждение приема; квитирование
confirmation key клавиша подтверждения
confirmation message подтверждение
confirmation of payment подтверждение оплаты
confirmation to receive кадр подтверждения готовности к приему
confirm document deletions подтверждение удаления документов
confirmed delete подтвержденное удаление
confirmed service подтверждаемая услуга
confirm file replace подтвердить замену файла
confirm quit выход с подтверждением
confirm record changes подтверждение изменения записей
confirm the test подтверждение проверки
conflict конфликт; конфликтная ситуация
conflict checking проверка на конфликт
conflict-free бесконфликтный; не конфликтующий
conflict-free access бесконфликтная выборка
conflict graph граф конфликтов
conflict graph method метод конфликтных графов
conflict hours конфликтные часы
conflicting конфликтующий
conflicting data противоречивые данные
conflicting instructions противоречивые команды

conflicting interest сталкивающиеся интересы
conflicting objectives 1. конфликтующие цели; 2. противоречивые требования
conflict pair of the rules конфликтная пара правил
conflict resolution принятие решений при наличие конфликтующих целей; разрешение противоречия; разрешение конфликтов
conflict resolution method метод разрешения конфликтов
conflict resolver арбитр
conflict situation конфликтная ситуация
confluence 1. слияние; 2. конфлюэнтность
confluent конфлюентный
conform согласовывать; соответствовать; удовлетворять; быть подобным
conformance testing проверка согласованности
conformance test report отчет о тестировании реализации (протокола)
conformant arrays совместимые массивы
conforming implementation адекватная система программирования
conformity согласованность; соответствие
conformity case clause выбирающее предложение с согласованием
congenial близкий; подходящий
congestion перегруженность; перегрузка; потеря (вызова)
congestion indication индикация перегрузки
congrammatical конграмматический
congruence 1. конгруэнтность; 2. сравнимость; 3. конгруэнция; сравнение
congruence relation отношение конгруэнтности
congruent configuration function совместная функция распределения
congruent figures конгруэнтные фигуры
congruous конгруэнтный; сравнимый
congruous formula конгруэнтные формулы
congruous modulo N сравнимый по модулю N
conical camera коническая камера
conical fill коническая градиентная заливка; коническая заливка
conical transparency коническая прозрачность
conic generator генератор конических фигур
conjecture 1. конъектура (в лингвистике); 2. предлагать исправление текста; предлагать конъектуру
conjegate 1. соединенный; 2. сопряженный; 3. парный; 4. родственный
conjegate word родственное слово
conjoint analysis анализ совмещения
conjugate сопрягать
conjugate complex number сопряженное комплексное число
conjugated root сопряженный корень
conjugate gradients methods метод сопряженных градиентов
conjugate matching сопряженное согласование
conjugation 1. соединение; 2. спряжение (в грамматике)
conjunct конъюнкт; член конъюнктивного выражения
conjunction конъюнкция; логическое умножение
conjunctive normal form конъюнктивная нормальная форма
conjunctive request конъюнктивный запрос
conjunctive search конъюнктивный поиск
connect 1. соединять; 2. присоединять; подключать; 3. включать
connect as войти под именем
connected связный; соединенный
connected domain связная область
connected graph связанный граф; связный граф
connected mode подсоединенный режим

connected multimedia PC мультимедийный ПК, подключенный к сети; мультимедиа-компьютер с сетевым доступом; сетевой мультимедийный ПК

connectedness связность

connected task связанная задача; подключенная задача; присоединенная задача

connecting связывающий; соединяющий

connecting compatibility совместимость соединения

connecting curves соединение кривых

connecting function функция связи; функция объединения

connection 1. соединение; логическое соединение; присоединение; сочленение; сопряжение; связь; 2. включение; подключение; 3. привязка; увязка; 4. связность; 5. присоединение; 6. таблица подключений; таблица связи

connection-admission control контроль за установлением соединений

connection complexity сложность связи

connection demultiplexing демультиплексирование логических соединений

connection diagram схема соединений; коммутационная схема

connection disruption нарушение соединения; потеря связи

connection element соединительный элемент

connection endpoint оконечная точка соединения

connection error ошибка из-за подключения; ошибка при подключении

connection establishment установление соединения; установление связи

connection hardware аппаратура связи

connection ID идентификатор соединения

connection layout схема соединений; схема расположения проводов; рисунок трассировки соединений

connectionless best-effort data delivery service наилучший сервис доставки данных, не ориентированный на установление соединения

connectionless layer network protocol сетевой протокол передачи без установления соединения; протокол сетевого уровня, не ориентированный на установление соединения; протокол типа «маршрутизатор-маршрутизатор»

connectionless media среда без установления соединения

connectionless mode режим без установления соединения

connectionless-mode networking service сетевой сервис без установления соединения

connectionless network protocol сетевой протокол без установления соединения; бесконтактный сетевой протокол

connectionless network service сетевое обслуживание без установления соединения

connectionless operation связь без установления логического соединения

connectionless server сервер без установления соединения

connection maintenance обслуживание связи

connection management управление соединениями

connection management system система управления соединениями

connection manager менеджер соединений; администратор сетевых соединений

connection matrix матрица связи

connection mode режим с установлением соединения

connection mode network service режим работы с установлением соединения; сетевая служба с установлением соединения

connection-mode transport service транспортная служба с установлением соединения

connection multiplexing мультиплексирование сетевых соединений; мультиплексирование логических соединений

connection number номер соединения; номер подключения

connection-oriented ориентированный на соединение; ориентированный на подключение

connection-oriented interconnection взаимодействие, ориентированное на установление соединения

connection-oriented IPX протокол IPX, ориентированный на установление соединения

connection-oriented network protocol сетевой протокол с установлением соединения; контактный сетевой протокол; протокол CONS

connection-oriented network service сетевое обслуживание с установлением соединений

connection-oriented operation связь с установлением логического соединения

connection-oriented presentation protocol протокол связи установлением соединения уровня представления

connection-oriented routing маршрутизация, ориентированная на установление соединений

connection-oriented services средства, ориентированные на подключение; сервис с установлением соединения

connection-oriented session protocol протокол сеансового уровня с установлением соединения

connection-oriented transport protocol транспортный протокол, ориентированный на соединение

connection pattern схема соединения; топология соединения

connection procedure процедура подключения

connection profile конфигурация подключения

connection recombination рекомбинация логических соединений

connection release закрытие соединения; освобождение соединения

connection request запрос на соединение; запрос на установление соединения

connection script сценарий подключения; процедура подключения; процедура установления соединения

connection server сервер подключений

connection set-up time время установления соединения

connection software связующее ПО; программное обеспечение связи

connection splitting расщепление логических соединений

connection table таблица соединений

connection time management управление временем соединения

connection type тип подключения

connection updates per second число переключений межузловых соединений в секунду

connective 1. соединяющий элемент; соединение; связка; 2. соединительный

connectiveness связность (сети)

connective operation операция соединения

connectivity возможности подключения; возможность связи; возможность соединения; возможность взаимодействия; стыкуемость; подключаемость; соединяемость; способность к подключению; связность

connectivity agent связующий агент

connectivity graph граф связности

connectivity list 1. список межсоединений; 2. таблица связности

connectivity matrix матрица смежности

connectivity of graph связность графа

connectivity software программные средства обеспечения связи; программное обеспечение для связи систем; программное обеспечение интеграции систем

connectivity suite комплект для сетевого взаимодействия; комплект программ, обеспечивающий связь и взаимодействие в сети

connectivity system система сопряжения

connector 1. соединитель; разъем; штепсельный разъем; кабельная муфта; 2. коннектор; символ соединения; соединительная линия; соединительный знак; 3. соединительное звено; 4. блок соединения; 5. кабель; провод

connector adapter переходной адаптер

connector assembly соединительный узел

connector field поле соединений

connector hole гнездо разъема

connector line соединительная линия

connector pin assignment назначение штырьков соединителя; распайка выводов разъема

connector pin-outs выводы разъема

connector receptable розеточная часть соединителя; розетка

connect rate коэффициент соединения; процент успешных попыток установления связи

connect time время сеанса

CONS режим работы с установлением соединения; сетевая служба с установлением соединения; сетевой протокол с установлением соединения; сетевое обслуживание с установлением соединений

consecutive computer компьютер без совмещения операций

consecutive events последовательные события

consecutive sequence computer машина с жесткой последовательностью операций

consensus консенсус; согласие

consequence следствие

consequent следствие; консеквент

consequent interpretation интерпретация от цели

conservation сохранение

consistency 1. корректность; 2. согласованность; непротиворечивость; 3. состоятельность; 4. совместимость; 5. постоянство

consistency check проверка на согласованность; проверка на непротиворечивость

consistency constraints условия согласованности; ограничения, обеспечивающие целостность

consistency error ошибка из-за несовместимости

consistent 1. единообразный; 2. последовательный; 3. постоянный; 4. согласующийся; согласованный; непротиворечивый; 5. совместимый; 6. состоятельный

consistent changed data table согласованная таблица изменений данных

consistent class непротиворечивый класс

consistent compilation согласованная трансляция

consistent estimate состоятельная оценка

consistent interface согласованный интерфейс

consist of состоять из

console 1. пульт оператора; консоль; операторский терминал; терминал для управления; ПК для управления; 2. система управления

console alert консольное предупреждение

console arrangement конфигурация пульта

console-based application консольное приложение

console command команда консоли

console command processor диалоговый монитор; процессор консольных команд

console debugger диалоговый отладчик

console debugging отладка с консоли

console file консольный набор данных

console inquiry station консольное опрашивающее устройство

console interpreter интерпретатор консоли

console interrupt key кнопка прерывания на пульте

console log протокол

console operator оператор консоли

console terminal операторский терминал

console typewriter консольная пишущая машинка

console utility утилита консоли

console window консольное окно

consolidate объединять

consolidated cash budget сводный бюджет имеющейся наличности

consolidated data acquisition централизованный сбор данных

consolidation 1. объединение; 2. уплотнение; 3. комплектование

consortium консорциум

constant 1. константа; 2. постоянный; неизменный

constant address базовый адрес

constant-address expression адресное выражение-константа

constant angular velocity постоянная угловая скорость

constant area область констант; область литералов; память констант; область для размещения констант

constant availability постоянная доступность

constant bias систематическая ошибка

constant bit rate постоянная скорость передачи двоичных данных; передача с постоянной скоростью

constant clock постоянный синхросигнал CCLK

constant declaration описание константы

constant density recording запись данных с постоянной плотностью

constant error постоянная ошибка; систематическая ошибка

constant expression выражение с константами; константное выражение; выражение-константа

constant factor постоянный множитель

constant linear velocity постоянная линейная скорость

constant list список констант

constant map постоянное отображение; тривиальное отображение

constant offset indexed addressing адресация со смещением на константу

constant of integration постоянная интегрирования

constant of inversion константа инверсии

constant of proportionality коэффициент пропорциональности

constant parameter параметр-константа

constant ratio code код с постоянным отношением единиц и нулей; код с постоянным отношением

constant sum game игра с постоянной суммой

constant word length постоянная длина слова

constellation совокупность; группа

constituent 1. компонент; составная часть; конституэнт; 2. структурная составляющая

constituent grammar грамматика составляющих; НС-грамматика

constituent of unity конституэнт единицы

constituent of zero конституэнт нуля

constituent parts составные части

constitute составлять; представлять; основывать

constitution 1. строение; 2. состав

constitutional data структурированные данные

const-qualified type тип со спецификатором const; тип с модификатором const

constrain вынуждать; ограничивать

constrain angle угловой шаг

constrained game игра с ограничениями

constrained hierarchy обусловленная иерархия

constrain matrix матрица условий

constraint 1. ограничение; ограничивающее условие; 2. принуждение; 3. сдерживающий фактор; 4. уточнение; 5. ограничивающая связь; 6. ограничивать; 7. закреплять; связывать

constraint-driven tools инструментальные средства для проектирования с учетом ограничений

constraint language ограничительный язык

constraint minimization алгоритм условной минимизации

constraint of variety ограничение разнообразия

constraint operator ограничивающий оператор

constriction сжатие; сужение; стеснение

construct 1. конструкция; логическая структура; 2. конструктив; конструктивный элемент; 3. структурный компонент; 4. строить; сооружать; 5. конструировать; создавать; 6. составлять

construct a path составить путь; построить маршрут

constructed type сложный тип

construction 1. строительство; 2. сооружение; здание; 3. составление; построение; конструирование; 4. конструкция; структура

construction documentation конструкторская документация

construction error конструктивная недоработка

constructive function конструктивная функция

constructive logic конструктивная логика

constructive module конструктивный модуль

constructive solid geometry конструктивная блочная геометрия; моделирование сплошных тел композицией элементарных объектов

constructor method правило-конструктор

consult обращаться за справкой; консультироваться

consultancy консультирование

Consultative Committee on International Telegraph and Telephone Консультативный комитет по международной телеграфной и телефонной связи

consulting program программа-консультант; экспертная система

consulting service консалтинговая служба; услуги по консалтингу

consulting system система-консультант

consumable resource расходуемый ресурс

consumables 1. потребительские товары; 2. расходный материал; блок расходных материалов

consume потреблять; расходовать

consumed power потребляемая мощность

consumer 1. потребитель; 2. заказчик; клиент; 3. абонент; пользователь

consumer device бытовое устройство

consumer digital subscriber line потребительская цифровая абонентская линия

consumer electronics бытовая электроника

consumer electronics device устройство потребительской электроники; электронное потребительское устройство

consumer instruction команда-потребитель

consumer market потребительский рынок

consumer-oriented version версия, ориентированная на потребительский рынок

consumer PC бытовой ПК; потребительский ПК; компьютер потребительского класса; компьютер для домашнего пользования

consumer price index индекс цен на потребительские товары

consumption потребление; расход

contact 1. контакт; касание; 2. вывод; электрод; 3. короткий сеанс; 4. установление связи; 5. контактное лицо; ответственный; 6. контактировать; 7. соприкасаться

contact bounce дребезг контактов

contact brush контактная щетка

contact configuration 1. расположение контактов; 2. форма контактов

contact fault нарушение контакта; неисправность в контакте; плохой контакт

contacting замыкание контактов

contacting head контактная головка

contactless бесконтактный

contactless EPROM array матрица СППЗУ без контактных окон

contact management software ПО управления контактами

contact pin контактный штырь

contacts database база данных с информацией о контактах

contacts management управление контактами

contacts manager приложение планирования контактов; администратор контактов; электронный бизнес-календарь

contain 1. содержать; 2. делиться без остатка

container контейнер (в OLE)

container application контейнерное приложение; приложение-контейнер

container auditor аудитор объекта-контейнера

container class класс контейнера; контейнерный класс

container document документ-контейнер

container file контейнерный файл

container iterator итератор контейнера

container login script процедура регистрации контейнера; сценарий регистрации контейнера

container object контейнерный объект; объект-контейнер; объект, содержащий другие объекты

container relationship отношение включения

containership отношение включения

containership hierarchy иерархия включения

containing class объемлющий класс

containment error ошибка содержания

containment rules правила включения

contangent котангенс

content 1. «содержание»; содержательные материалы (в Internet); контент; информационное наполнение; информация; 2. содержимое; содержание; оглавление; 3. суть; сущность; 4. объем; вместимость

content-addressable ассоциативный

content-addressable filestore ассоциативная файловая память; ассоциативное ЗУ

content-addressable memory ассоциативная память; память, адресуемая содержимым

content-based quering запросы по содержимому

content-based retrieval поиск по содержимому

content-based routing of service requests маршрутизация запросов на обслуживание на основе их содержимого

content developer разработчик документов (в Web); разработчик Web-страниц

content-driven document документ содержательного характера

contention 1. конкуренция; соперничество; состязание; 2. конфликтная ситуация; конфликт

contention-based access доступ с конкуренцией

contention mechanism механизм разрешения конфликтов

contention mode режим конкуренции

contention network сеть с конкуренцией за захват линии

contention resolution разрешение конфликтов

content management управление «содержанием»; управление контентом (Web)

content management services сервис управления контентом

content provider провайдер содержимого; поставщик информации; контент-провайдер

content publishing публикация информации (в Internet)

content replication тиражирование информационного наполнения; репликация контента

content-rich содержательный; с богатым информационным наполнением

content-richness содержательность

contents

contents 1. содержимое; состав; 2. оглавление; 3. содержание

contents directory оглавление; справочник содержимого

content server сервер содержимого

contents supervision контроль содержимого

content template шаблон содержания

content test смысловой контроль

content tool инструмент выбора содержимого

contest конкурс; состязание

contest game конкурентная игра

context контекст

context analysis анализ контекста

context condition контекстное условие

context-dependent контекстно-зависимый; контекстный

context editing редактирование по контексту; контекстное редактирование

context editor контекстный редактор

context file файл контекста (сети)

context-free контекстно-независимый

context-free grammar контекстно-свободная грамматика; КС-грамматика

context-free language контекстно-свободный язык; КС-язык

context help контекстная справка; контекстно-зависимая подсказка

context indexing тематическое индексирование

context save сохранение контекста

context search контекстный поиск

context-sensitive зависящий от контекста; контекстно-зависимый

context-sensitive constraint контекстное ограничение

context-sensitive grammar контекстно-зависимая грамматика; контекстная грамматика; грамматика непосредственно составляющих

context-sensitive help контекстная подсказка; контекстно-зависимая помощь

context-sensitive help system контекстно-зависимая справочная диалоговая система

context-sensitive language контекстно-зависимый язык

context-sensitive menu контекстно-зависимое меню

context-sensitive routing контекстно-зависимая маршрутизация; маршрутизация по контексту

context switch переключение контекста

context switching переключение контекста; переключение процессов

contextual определяемый по контексту; контекстуальный; контекстный; контекстно-зависимый; зависящий от контекста

contextual coercion контекстное приведение типов

contextual declaration контекстное определение; определение по контексту; контекстуальное объявление

contextual deletion восстановимое удаление

contextual help контекстная подсказка; контекстная справка

contextual reference контекстная ссылка

contextual understanding понимание контекста

contiguity 1. смежность; 2. соприкосновение; 3. ассоциативная связь; 4. непрерывность

contiguous непрерывный; смежный

contiguous area непрерывная область (памяти)

contiguous file непрерывный файл

contiguous graphics непрерывная графика; вывод графических символов без промежутков

contiguous items соседние элементы (данных)

contimuous adaptive time neural network нейросеть непрерывного адаптивного времени

contingency 1. ограничение; 2. контингентность; сопряженность признаков

contingency approach ситуационный подход

contingency interrupt прерывание в произвольный момент времени; нерегулярное прерывание; случайное прерывание

contingency plan план обеспечения непрерывной работы и восстановления функционирования

contingency table таблица сопряженности признаков

contingent 1. контингент; 2. пропорциональный; 3. условный; зависящий

continual постоянный; непрерывный; повторяющийся

continual availability постоянная доступность

continuating statement оператор продолжения

continuation продолжение

continuation character символ продолжения

continuation handle дескриптор продолжения связи

continuation indicator указатель продолжения

continuation line строка продолжения

continuation mode режим продолжения связи

continuation page страница-продолжение

continue продолжить

continue column колонка продолжения

continued продолжающийся; имеющий продолжение; непрерывный

continued product бесконечное произведение

continue execution продолжение выполнения

continuity 1. непрерывность; неразрывность; целостность; 2. сценарий; 3. комментарий

continuity check контроль непрерывности

continuity controls средства компоновки фрагментов в единый документ с контролем непротиворечивости

continuity equation уравнение непрерывности

continuity of command непрерывность управления

continuity plug вилка связности

continuous analyzer анализатор непрерывного действия; непрерывный анализатор

continuous bit rate постоянная скорость передачи двоичных данных

continuous composite write technology технология непрерывной комбинированной записи

continuous cycle бесконечный цикл; замкнутый цикл

continuous data непрерывные данные; аналоговые данные; аналоговая информация

continuous delivery потоковый (об аудио/видеотехнологии)

continuous dependence непрерывная зависимость

continuous dictation непрерывная диктовка; диктовка без четкой разбивки на слова

continuous distribution непрерывное распределение

continuous document feeding непрерывная подача документов

continuous-edge graphics графика с ровными ребрами; графика с бесступенчатыми контурами; графика с плавными цветовыми переходами; графика с плавными яркостными переходами

continuous form рулонная бумага; фальцованная бумага; бесконечный формуляр

continuous function непрерывная функция

continuous input непрерывный ввод

continuous-low conditions режим непрерывной передачи нижнего уровня сигнала

continuously acting computer безостановочно работающий компьютер

continuous numbering сквозная нумерация (страниц)

continuous paper непрерывная бумага; бумага в виде непрерывной ленты

continuous processing непрерывная обработка

continuous progressive code корректирующий код с единичным расстоянием

continuous scrolling непрерывная прокрутка

continuous section mark маркер конца непрерывного раздела

continuous speech слитная речь

continuous speech navigation управление компьютером с помощью слитной речи (без разбивки на слова-команды)

continuous speech recognition system система распознавания слитной речи

continuous start-stop operation непрерывная стартстопная работа

continuous stationery рулонная бумага; фальцованная бумага

continuous system аналоговая система

continuous time filter стационарный фильтр

continuous tone непрерывный полутон

continuous-tone image изображение с непрерывным спектром тонов; полутоновое изображение

continuous-tone step scale ступенчатая полутоновая шкала

continuous up and running бесперебойное функционирование

continuous up-time computing environment бесперебойно функционирующая вычислительная среда; безостановочно работающая вычислительная система

continuum континуум

contour 1. контур; очертание; 2. изолиния; 3. траектория

contour analysis анализ контуров

contour follower обводчик контуров

contour font контурный шрифт

contouring 1. оконтуривание; 2. подчеркивание контуров (изображения); 3. профилирование

contouring objects создание контура объекта

contouring text размещение текста вдоль контура

contour line контурная линия

contour-type font контурный шрифт

contouting 1. оконтуривание; 2. подчеркивание контуров

contract 1. контракт; договор; 2. сжимать; стягивать

contracted notation сокращенное обозначение

contract electronic manufacturer изготовитель электронной аппаратуры на заказ

contraction 1. заключение контракта; 2. сжатие; стягивание

contract manufacture изготовление на заказ

contractor 1. подрядчик; 2. поставщик; контрагент

contract window сжимать окно

contradiction 1. противоречие; 2. опровержение

contradictory противоречивый

contradictory information противоречивая информация

contradictory propositions противоречивые предположения

contrapositive контрапозиция импликации

contrary противоположный; контрарный

contrast 1. контраст; контрастность; 2. коэффициент контрастности; 3. противоположность; 4. контрастировать; 5. противополагать; сопоставлять

contrast adjusting корректировка контрастности

contrast control регулировка контрастности

contrast-equalizing tool инструмент «автоматическое выравнивание контрастности»

contrast filter фильтр контраста

contrast image контрастное изображение

contrast tool инструмент «контрастность»

contribute содействовать; способствовать; сотрудничать

contribution вклад; участие; взнос; содействие

contribution link технологическая линия

contributory error внесенная ошибка

control 1. управление; регулирование; 2. орган управления; управляющий элемент; элемент управления; 3. управляющее воздействие; 4. контроль; 5. контролировать; 6. управлять; регулировать; 7. контрольный

control abstraction абстракция управления

control action управляющее воздействие; регулирующее воздействие

control addition контрольное суммирование

control algorithm алгоритм управления

control and display symbol символ управления и индикации

control and switching equipment аппаратура управления и коммутации

control area 1. управляющее поле; управляющий блок; 2. площадь регулирования

control array массив объектов; массив элементов управления

control assembly узел управления; блок управления

control automation автоматизация управления

control ball шаровой указатель; шаровой манипулятор

control band диапазон регулирования

control bar линейка управления; строка управляющих элементов; комплект инструментальных средств

control bit управляющий бит; управляющий разряд

control block блок управления; управляющий блок

control board панель управления

control box кнопка оконного меню

control break 1. смена управления; смена операции; 2. скачок

control-break handler обработки комбинации клавиш Ctrl-Break; обработчик прерывания, выполненного по инициативе пользователя

control bus управляющая шина; шина управления

control button кнопка управления

control byte управляющий байт

control card управляющая карта

control center центр управления

control change смена режима управления; смена операции

control character управляющий символ

control chart контрольная карта

control circuit схема управления; цепь управления

control clock 1. задающий генератор устройства управления; синхронизатор устройства управления; 2. синхронизация управления; 4. тактовые импульсы

control code управляющий код

control combination управляющая комбинация

control command управляющая команда

control computation расчет управляющих воздействий

control computer управляющий компьютер; управляющая ЭВМ

control console консоль управления

control construct управляющая структура

control criterion критерий управления

control current управляющий ток; регулирующий ток

control data управляющая информация; данные для управления; управляющие данные

control-data field поле управляющих данных

control decentralization децентрализация управления

control design 1. проектирование управляющих устройств; 2. управляющее устройство; устройство управления; 3. устройство контроля; 4. расчет управляющего воздействия

control diagram контрольная диаграмма

control dictionary управляющий словарь

control-driven с управлением от программы

control electronic управляющая электроника

control error ошибка регулирования

control execution of code контрольное выполнение программы

control field поле управления; управляющее поле; управляющая зона; область управления

control flag управляющий флаг

control flow управляющая логика; поток управления

control-flow chart структурная схема управляющей логики

control flow computer ЭВМ, управляемая последовательностью команд

control footing служебная управляющая информация

control format управляющий формат

control format item элемент управления форматом

control head служебный заголовок; управляющий заголовок

control header управляющий заголовок; служебный заголовок

control hierarchy иерархия управления

control ID идентификатор управляющего элемента

control index 1. управляющий индекс; 2. контрольный индекс

control information управляющая информация

control input signal управляющий входной сигнал

control instruction команда управления; управляющая команда

control interval интервал регулирования; интервал управления

control item управляющий элемент

control key 1. управляющая клавиша; клавиша управления; 2. ключ управления

control keyboard управляющая клавиатура

control keys клавиши управления; функциональные клавиши

control knob ручка управления; кнопка управления

controllability 1. управляемость; возможность управления; 2. регулируемость; 3. контролируемость

controllable 1. управляемый; регулируемый; 2. поддающийся проверке; поддающийся контролю

control lag запаздывание регулирующего воздействия

control lamp контрольная лампа; сигнальная лампочка

controlled access protection защита контролируемого доступа

controlled access unit управляемое устройство доступа

controlled attached module управляемый модуль подключения к среде

controlled attachment module управляемый модуль подключения

controlled ground управляемая «земля»

controlled memory управляемая память

controlled reset управляемый сброс

controlled sharing управляемое разделение; управляемое совместное использование

controlled variable управляемая переменная

controller 1. устройство управления; контроллер; 2. регулятор

controller board плата контроллера

controller DMA контроллер DMA

controller input-output PC контроллер ввода-вывода ПК

control level уровень управления

control limit 1. контрольный предел; 2. предел регулирования

control line управляющая линия; линия управления; управляющая шина

controlling 1. управление; регулирование; 2. управляющий; регулирующий

controlling database управляющая база данных

controlling means средства управления; средства регулирования

control link 1. звено управления; 2. связь по управлению

control list 1. управляющий список; 2. управляющая таблица

control loading загрузка управления

control location размещение элемента управления

control logic 1. управляющая логика; 2. логические схемы управления

control loop контур управления; цепь управления

control mark служебная метка

control matrix method метод управляющей матрицы

control mechanism механизм управления; механизм регулирования

control memory управляющая память

control menu управляющее меню; системное меню; меню управления; оконное меню

control menu box кнопка оконного меню; командная кнопка системного меню

control message управляющее сообщение

control mode режим управления

control module управляющий модуль

control name имя элемента управления

control object 1. объект управления; 2. управляющий объект; 3. объект управляющего элемента; объект элемента управления; объект — элемент управления

control of application process group управление группой прикладных процессов

control-oriented microcomputer управляющий микрокомпьютер; микрокомпьютер для управления

control-oriented programming программирование задач управления

control packet управляющий пакет

control palette палитра управляющих элементов; панель управляющих элементов

control pane управляющая область

control panel панель управления (в Windows); пульт (в интерфейсе Macintosh)

control parameter управляемый параметр

control pen световое перо

control point управляющая точка (кривой); опорная точка; точка привязки

control problem проблема управления

control procedure процесс управления; управляющая процедура

control process управляющий процесс

control program управляющая программа

control program for real-time управляющая программа реального времени

control program method метод контрольных программ

control program nucleus ядро управляющей программы

control program service сервис управляющей программы

control read-only memory управляющая постоянная память; управляющее ПЗУ

control record управляющая запись

control record area область управляющих записей

control register 1. управляющий регистр; 2. регистр команд; 3. счетчик команд

control room 1. машинный зал; 2. диспетчерская; диспетчерский пульт

control section управляющая секция; секция управления

control sensing контрольное считывание

control sequence управляющая последовательность

control's event событие элемента управления; событие, определенное для данного управляющего элемента

control signal управляющий сигнал

control space пространство управления

control stack управляющий стек; стек команд

control statement управляющий оператор

control statement stream последовательность управляющих операторов

control station 1. станция управления; управляющая станция; пост управления; 2. диспетчерский пункт

control step шаг управления

control storage управляющая память

control structure управляющая структура; управляющая конструкция

control symbol управляющий символ

control system система управления

control system dynamics динамика системы управления

control table управляющая таблица

control task управляющая задача

control terminal операторский терминал; управляющая консоль; управляющий терминал

control total контрольная сумма

control totals check проверка с помощью контрольных сумм

control track управляющая дорожка

control transfer передача управления

control type тип элемента

control unit 1. блок контроля; 2. контроллер; управляющий блок; устройство управления; 3. центральный процессор

control value контрольное значение

control variable управляющая переменная; переменная цикла

control volume носитель управляющих данных; управляющий том

control window управляющее окно

control wizard мастер элементов управления

control word управляющее слово

control word format формат управляющего слова

contsrain angle фиксированный угол

convenience удобство

convention 1. соглашение; правила; договор; 2. условное обозначение

conventional обычный; общепринятый; стандартный

conventional accounting method обычный метод бухучета

conventional memory обычная память; стандартная память; основная память; «нижняя» память; базовая память

conventional memory footprint объем занимаемой (программой) стандартной памяти

conventional sign условный знак

conventions соглашения

conventions for naming files соглашения по именам файлов

converge стремиться; сходиться

convergence 1. сходимость; конвергентность; конвергенция; 2. сведение лучей (в ЭЛТ)

convergence algorithm сходящийся алгоритм

convergence criterion критерий сходимости

convergence domain область сходимости

convergence in probability сходимость по вероятности

convergence of design style сближение методологий проектирования

convergence of series сходимость ряда

convergent algorithm сходящийся алгоритм

convergent series сходящийся ряд

conversation 1. диалог; 2. разговор

conversational диалоговый

conversational ability способность к диалогу

conversational compiler диалоговый компилятор

conversational input диалоговый ввод данных

conversational language диалоговый язык

conversational language for input/output диалоговый язык для ввода-вывода

conversationally в диалоговом режиме; в процессе диалога

conversational mode диалоговый режим

conversational monitor subsystem подсистема диалоговой обработки

conversational processing диалоговая обработка; обработка в режиме диалога

conversational processor диалоговый процессор

conversational program диалоговая программа

conversational programming system диалоговая система программирования

conversational remote job entry дистанционный ввод заданий в режиме диалога; диалоговый удаленный ввод заданий

conversational server диалоговый сервер

conversational system диалоговая система

conversational translator диалоговый транслятор

conversation thread поток сообщений

conversation topic тема сообщений

converse 1. обратное утверждение; обратная импликация; инверсия; 2. преобразовывать

conversion 1. превращение; преобразование; переход (из состояния в состояние); перевод (из одной системы в другую); 2. переоборудование; 3. перезапись; 4. перенос данных: 6. перекодирование; 5. перекодировка; преобразование; превращение; 7. результат преобразования; 7. конверсия

conversion aids средства освоения; средства обеспечения освоения

conversion code код преобразования

conversion device устройство преобразования

conversion done преобразование выполнено

conversion equipment оборудование для преобразования данных; устройство преобразования; преобразователь

conversion factor коэффициент преобразования; коэффициент пропорциональности

conversion frequency частота преобразования

conversion function функция преобразования

conversion key ключ кода; кодирующая таблица

conversion loss потери преобразования; потери на преобразование

conversion matrix матрица преобразования

conversion of data carriers преобразование носителей данных

conversion routine программа преобразования

conversion rule правило преобразования

conversion specifier спецификатор преобразования

conversion table таблица преобразования; переводная таблица; таблица соотношений; таблица перекодировки; таблица соответствия

conversion unit блок преобразования

convert преобразовывать; обращать

convert database преобразовать базу данных

converted-to-curves object объект, допускающий преобразование в кривые

converter 1. конвертор; преобразователь; устройство передачи данных с преобразованием; 2. цифратор; 3. переходник; 4. преобразователь частоты

converter program программа преобразования

convertible 1. обратимый; изменяемый; заменимый; 2. конвертируемый; 3. откидной

convertible software пробное программное обеспечение; программное обеспечение, действующее в течение ограниченного времени или имеющее заблокированные функции

convertible value преобразуемое значение

converting преобразование; конвертирование

converting color images преобразование цветных изображений

converting grayscale to duotone преобразование черно-белого в дуплекс

converting spot colors to CMYK преобразование плашечных цветов в CMYK

converting to negative преобразование в негатив (в графике)

converting vector to bitmap преобразование векторной графики в растровые изображения

convert instruction команда конвертирования
convert macros преобразовать макрос
convert point tool инструмент «преобразование точки»
convert to curves преобразование в кривые
convex 1. выпуклая поверхность; 2. выпуклый; 3. образовывать выпуклую поверхность
convex function выпуклая функция
convex game выпуклая игра
convex hull выпуклая оболочка
convex programming выпуклое программирование
convey передавать; сообщать
conveyance перемещение; транспортирование
conveyer конвейер
conveyor command action method конвейерный метод выполнения команд
conveyor roller транспортирующий ролик
convoluted control flow запутанная управляющая логика
convolution 1. конволюция; свертка; 2. свертывание; скручивание; 3. виток; 4. свертка
convolutional code сверточный код
convolution encoding сверточное кодирование
convolution method метод свертки
convolver конвольвер
COO руководитель административной службы
cooccurrence совпадение событий; совместная встречаемость
cooked I/O файловый ввод-вывод
cooked mode режим с обработкой
cookies cookie-файлы; специальные маркеры Internet; идентификационные файлы, сохраняемые на клиентской системе
cooking обработка
cool известный; популярный
cooler 1. охладитель; теплообменник; радиатор; 2. кондиционер; 3. охлаждающий вентилятор; кулер
cooling охлаждение
cooling fan охлаждающий вентилятор
cooling system система охлаждения
Coon's warp деформация по Куну
cooperate сотрудничать
cooperative совместный; кооперативный; коллективный
Cooperative Association for Internet Data Analysis Ассоциация совместного сотрудничества по анализу Internet-данных
cooperative behavior коллективное поведение
cooperative competitive allocation кооперативное состязательное распределение
cooperative computing совместные вычислительные работы; вычисления с общими ресурсами; кооперативные вычисления
Cooperative Development Environment среда коллективной разработки программ
cooperative game коалиционная игра; кооперативная игра
cooperative multiprocessing software совместное программное обеспечение для многопроцессорной обработки информации
cooperative multitasking кооперативная многозадачность; совместная многозадачность
cooperative processing совместная обработка данных
cooperative spidering кооперативный поиск (в Web)
coordinate 1. координата; 2. система координат; 3. координатная ось; 4. координатный; 5. координировать; согласовывать
coordinate address 1. координатный адрес; 2. адрес координаты
coordinate axes оси системы координат
coordinate cell координатная ячейка; ячейка координаты

coordinated согласованный; координированный
coordinate data координатные данные
coordinate graphics координатная графика; растровая графика
coordinate grid координатная сетка
coordinate indexing координатное индексирование
coordinate list список координат
coordinate plane координатная плоскость
coordinate retrieval координатный поиск
coordinate system система координат
coordinate table координатный стол
Coordinating Committee for Intercontinental Research Networks Координационный комитет по межконтинентальным исследовательским сетям
coordination координация; согласование
coordinator координатор; согласующее устройство
COP протокол посимвольной передачи данных
copied скопированный
copier 1. копир; копировальный аппарат; копировальное устройство; копировально-множительное устройство; 2. программа копирования
coplanar компланарный; лежащий в одной плоскости
COPP протокол связи с установлением соединения уровня представления; протокол с соединением на представительном уровне
copper медный кабель
copper braid медная оплетка (кабеля)
copper connection соединение (сетевое) на медном кабеле
Copper Distributed Data Interface распределенный интерфейс передачи данных по медным кабелям; распределенный интерфейс передачи данных по кабельным линиям; интерфейс CDDI
copper repeater кабельный повторитель
copper technology медная технология (производства микропроцессоров)
copper-wire cable медный кабель
copper wiring медный кабель
coprimes взаимно-простые числа
coprocess сопроцесс
coprocessing совместная обработка данных
coprocessor сопроцессор
coprocessor board плата сопроцессора
copy 1. экземпляр; копия; 2. копировать; воспроизводить
copy button image копировать рисунок кнопки
copy card плата копирования
copy center копировальное бюро
copy check 1. контроль дублированием; 2. проверка копии
copy constructor конструктор копий
copy-fitting редактирование текста для размещения на заданном участке
copy holder оригиналодержатель; подставка с креплением для бумаг; держатель для бумаг
copy hook handler перехватчик файловых операций
copying 1. копирование; изготовление копий; 2. печать; печатание; 3. фоторепродуцирование
copying and pasting копирование и вставка
copying formatting копирование формата
copying paper копировальная бумага
copying sections копирование разделов
copying text without formatting копирование текста без формата
copy inhibit копировать нельзя
copy inhibit attribute атрибут «копировать нельзя»
copy-initializer constructor копировальщик-инициализатор
copy in progress выполняется копирование
copy instruction команда копирования

copyleft сохранение прав копирования
copy method метод копирования
copy of data экземпляр данных; копия данных
copy-on-write копирование при записи
copy paper 1. бумага для оригиналов; 2. бумага для распечаток; 3. копировальная бумага
copy preparation вычитка; редакционно-техническая обработка содержимого компьютерного набора
copy-protected защищенный от копирования
copy-protected disk защищенный диск; диск с защитой от копирования
copy-protected program программа, защищенная от копирования
copy protection защита от копирования
copyright авторское право; издательское право
copyright banner окно-заголовок с уведомлением об авторских правах; информация об авторском праве
Copyright Clearance Center Центр по проверке авторских прав (США)
copyrighted software программное обеспечение, охраняемое авторским правом
copyright information информация об авторских правах
copyright notice уведомление об авторских правах; ссылка на авторские права; сведения об авторских правах; авторская этикетка
copyright owner владелец авторских прав
copyright protection защита авторских прав
copyright violation нарушение авторского права
copy selected item to the clipboard копирование выделенного элемента в буфер
copy selection to the clipboard копирование выделенного фрагмента в буфер
copy to clipboard копировать в буфер
copy to profile копировать в конфигурацию
COQ затраты на обеспечение качества
COR маршрутизация, ориентированная на установление соединений
CORBA единая архитектура программы-брокера объектных запросов; общая архитектура посредника запросов к объектам; обобщенная архитектура обработчика объектных запросов; обобщенная архитектура посредника объектных запросов
cord провод; шнур; кабель
cordless mouse беспроводная мышь; «бесхвостая мышь»; мышь без провода
cordless phone радиотелефон; беспроводный телефон
cordless telephone радиотелефон; беспроводный телефон
cordonnier system картотека с визуальным поиском
core 1. жила (кабеля); сердцевина (световода); 2. каркас; остов; стержень; 3. сердечник; магнитный сердечник; ферритовый сердечник; 4. оперативная память; 5. базовый; внутренний
core array ферритовая матрица
core buffer 1. буфер в оперативной памяти; 2. буферное устройство на магнитных сердечниках
core coil обмотка сердечника
core components 1. компоненты ядра; 2. базовые компоненты
core dump дамп ядра
core engine процессор ядра системы
core engine design архитектура процессора ядра
core image дубликат содержимого оперативной памяти
core image library библиотека абсолютных модулей; библиотека модулей образа памяти
core memory оперативная память
core memory address адрес в оперативной памяти

core memory driver драйвер оперативной памяти
core network базовая сеть
core printing базовая система печати
core program ядро (о программе)
core services базовые службы
core simulator монолитная система моделирования
core storage ферритовая память
corner cut угловой срез
corner marks угловые маркеры; угловые метки (при печати)
corner pieces узловые элементы; узлы
corner point угловая точка; вершина угла
corner radius радиус скругления
corner threshold ограничитель размера угла
corollary вывод; следствие; заключение
coroutine сопрограмма
coroutining организация сопрограмм
corplus 1. объем; совокупность; 2. фонд
corporate учрежденческий; корпоративный
Corporate association for microcomputer professionals Корпоративная ассоциация профессионалов по микрокомпьютерам
corporate business system корпоративная бизнес-система
corporate-class корпоративного класса
corporate computer компьютер профессионального применения; учрежденческий компьютер
corporate database база данных компании; корпоративная база данных
corporate developers корпоративные разработчики; разработчики, создающие некоммерческое ПО для применения внутри компании
corporate e-mail system корпоративная система электронной почты
corporate facilitators of object-oriented technology корпоративные средства внедрения объектно-ориентированной технологии
corporate information management корпоративное информационное управление
corporate information system корпоративная информационная система
corporate intranet корпоративная интрасеть; сеть компании, использующая технологию Internet
corporate model модель для применения в сфере бизнеса
corporate network корпоративная сеть; сеть компании
corporate users корпоративные пользователи
correct 1. правильный; корректный; 3. исправный; 2. исправлять; вносить поправки; устранять ошибки; корректировать
correctable error исправимая ошибка; ошибка, допускающая исправление; корректируемая ошибка
correct algorithm правильный алгоритм; корректный алгоритм
correct-by-construction design methods методы проектирования, обеспечивающие создание работоспособных устройств
correct-by-construction editing редактирование топологии ИС
corrected исправленный; уточненный; скорректированный
corrected program исправленная программа
correcting circuit корректирующая схема; корректирующая цепь
correcting code корректирующий код; код с исправлением ошибок
correcting matrix корректирующая матрица; матрица поправочных коэффициентов
correction 1. исправление; корректирование; корректура; 2. корректировка; коррекция; введение поправки; поправка

correction bit корректирующий двоичный разряд
correction data поправочные данные
correction factor поправочный коэффициент
correction for continuity поправка на непрерывность
correction for displacement поправка на смещение
correction for lag поправка на отставание; поправка на запаздывание
correction lag запаздывание корректирующего воздействия
correction system система внесения исправлений
correction table таблица поправок
correction vector вектор поправки
corrective корректирующий
corrective delay корректирующая задержка
corrective maintenance сопровождение по обнаружению и устранению неисправностей; корректирующее сопровождение; ремонтное обслуживание
correctness proof доказательство правильности
corrector 1. корректор; 2. программа-корректор; 3. корректирующее устройство
correct problem корректная задача
correct words automatically исправлять слова автоматически
correlated errors коррелированные ошибки
correlated faults коррелированные неисправности
correlation 1. корреляция; соотношение; соотнесение; 2. корреляционная функция
correlation analysis корреляционный анализ
correlation coefficient коэффициент корреляции
correlation difference корреляционная разность
correlation function корреляционная функция
correlation ratio корреляционное отношение
correlation variable переменная корреляции
correlative model корреляционная модель
correlator 1. коррелятор; корреляционное устройство; 2. корреляционная функция
correspond соответствовать
correspondence соответствие
correspondence grammar грамматика соответствия
correspondence quality качество (печати) как у пишущей машинки
correspondence-quality printer устройство качественной печати
correspondence-quality printing печать с качеством служебной корреспонденции; качественная печать
correspondence rule правило соответствия; закон соответствия
correspondent entity объект-корреспондент
corresponding соответствующий
corrugation рифление; волнистость; гофрировка
corrupt искажать; портить; разрушать; повреждать
corruptable method метод защиты записи с частичным разрушением памяти
corrupted message store поврежденный банк сообщений
corrupted text искаженный текст
corruption разрушение; нарушение; порча
COS 1. класс сервиса; класс обслуживания; 2. операционная система параллельного действия; 3. общие услуги для объектов; 4. Корпорация открытых систем
COSE общая среда открытого программного обеспечения; общая открытая программная среда; общая открытая среда программных средств
cosecant косеканс
coset класс смежности
coset relation отношение смежности
cosine rule теорема косинусов
COSP протокол сеансового уровня с установлением соединения

COSS спецификация на общие средства объектного сервиса; обобщенная спецификация объектных служб
cost 1. издержки; затраты; расход; 2. стоимость; цена; себестоимость; 3. устанавливать цену; 4. стоить
cost accounting хозрасчет; исчисление себестоимости
cost-based budgets расходная часть бюджета
cost-benefit analysis анализ по критерию «затраты-выгода»
cost-benefit indicator коэффициент затрат и выгод
cost-benefit ratio отношение «затраты-выгода»
cost considerations вопросы стоимости; учет стоимости; фактор стоимости
cost curve параметрическая кривая стоимости
cost effective экономичный; экономически эффективный; эффективный по стоимости
cost-effective deployment экономичное применение
cost-effectiveness функционально-стоимостный метод; инженерно-экономический анализ
cost-efficiency рентабельность; эффективность затрат
cost error затраты на ошибку
cost estimating оценка затрат; оценка издержек
cost-estimating relationship соотношение, оценивающее стоимость
cost function функция стоимости
cost indicator стоимостной показатель
costing оценка затрат; распределение затрат
cost of consideration стоимость принятия решения
cost of downtime стоимость простоя
cost of network ownership стоимость владения сетью
cost of ownership стоимость владения; стоимость покупки и эксплуатации
cost of production издержки производства
cost of quality затраты на обеспечение качества
cost of running a network стоимость эксплуатации сети
cost of sample цена выборки
cost per attachment стоимость в расчете на подключение
cost per bit стоимость на бит
cost/performance chart диаграмма затрат/ресурсов
cost/performance index индекс эффективности затрат
cost/performance index percent процентное соотношение произведенных затрат
cost/performance ratio технико-экономический показатель; коэффициент экономической эффективности; соотношение затрат и производительности; соотношение стоимости и производительность
cost per user стоимость в расчете на пользователя
cost price себестоимость
cost/resource chart диаграмма затрат/ресурсов
costs затраты; расходы; издержки
cost savings экономия затрат
cost-sensitivity analysis анализ чувствительности к затратам
costs for assembly стоимость монтажа
cost-to-use цена/производительность
cost-to-use analysis анализ соотношения цена/производительность; оценка экономической эффективности
cost variance отклонения затрат
cost variance percent процент отклонения затрат
cost-versus-use зависимость «стоимость-пользование»
cotangent котангенс
COTP транспортный протокол, ориентированный на соединение
COTS products коммерческие программные продукты
could not create file не удается создать файл
could not find file не удается найти файл
could not open file не удается открыть файл
could not read attachment не удается прочесть вложение

count 1. счет; 2. подсчет; 3. отсчет; 4. единица счета; 5. номер; 6. счетный; 7. считать; подсчитывать

countable set счетное множество

countdown 1. обратный счет; счет в обратном направлении; 2. работа счетчика в режиме вычитания

counted loop цикл с подсчетом

counter 1. счетчик; цикловая переменная; 2. очко литеры; белый участок внутри символа; внутрибуквенный просвет

counterbalance уравновешивать

counter capacity емкость счетчика; коэффициент пересчета счетчика

counterclockwise rotation вращение против часовой стрелки

countercurrent ток обратного направления; противоток

counter-example контрпример

counter exit выход счетчика

counterfeit 1. подделка; 2. фальшивый; подложный

counter intuitive не интуитивно-понятный; алогичный

counterpart аналог; эквивалент; прототип

counter-ramp A/D converter аналого-цифровой преобразователь с динамической компенсацией

counter reset сброс счетчика

counter ring кольцевой счетчик

counter-rotating rings кольца (сети) с передачей маркеров в противоположных направлениях

counter-timer счетчик-таймер

counter total exit выход сумматора

counter-type adder накапливающий сумматор

count field поле-счетчик

counting 1. счет; отсчет; подсчет; 2. вычисление

counting cell счетная ячейка

counting down обратный счет; счет в обратном направлении

counting equipment счетное оборудование

counting loss пропуск в счете; потеря в счете

counting operation операция подсчета

counting problem проблема счета

count item элемент-счетчик

count length интервал счета

country страна

country code код страны

country name название страны

country object объект «страна»

country-specific information информация для настройки на конкретную страну

count test контроль подсчетом

count zero interrupt прерывание по нулю счетчика

couple 1. пара; 2. соединять; объединять; связывать; сцеплять; сочленять; 3. гальванический элемент; гальваническая пара; 4. устройство связи; элемент связи; цепь связи; 5. связующий

coupled связанный; спаренный

coupled computers спаренные машины; двухмашинный комплекс; спаренные компьютеры

coupled-relocatable term спаренный перемещаемый терм

coupled systems связанные системы

coupler 1. объединитель; соединительная муфта; сцепка; соединительный хомут; 2. устройство связи; элемент связи; цепь связи; 5. волноотводный ответвитель

coupling 1. соединение; сочленение; сцепление; связь; комплексация; 2. соединительное звено; 3. связь; взаимодействие; 4. связность; 5. увязка; комплексация; связывание; установление взаимозависимости; 6. электрическая связь

coupling element элемент связи

coupling factor коэффициент соединения

course курс; маршрут; ход; течение

course-of-value function производящая функция

covariance ковариантность; ковариация

covariation ковариация

coverage 1. обзор; сектор обзора; 2. зона уверенного приема; зона действия; радиус доступа; 3. охват; 4. зона обслуживания; рабочая зона; 5. покрытие; оболочка; 6. оптическая плотность; 7. съемка; 8. показ; 9. краскоемкость (бумаги); 10. крышка; колпак; колпачок; 11. обложка; 12. тираж; 13. степень компенсации; 14. наносить покрытие; 15. закрывать крышкой

coverage region зона обслуживания (в связи)

cover blend прозрачная раскатка (в графике)

covering 1. покрытие; оболочка; 2. изоляция; изоляционный слой; 3. перекрытие диапазона частот; 4. обложка; 5. покрывающий

covering domain покрывающая область

covering theorem теорема покрытия

cover memo сопроводительный меморандум

cover page титульный лист (факсимильного сообщения); бланк почтового отправления

cover sheet титульный лист

covert channel скрытый канал; защищенный канал

covert channel analysis анализ скрытых каналов

coworker коллега

CP 1. текущая точка; 2. указатель текущей позиции; 3. текущая позиция; 4. параллельный порт типа Centronics 5. центральный процессор; ЦП; 6. командный процессор; 7. коммуникационный процессор

CPA адаптер канального порта

CPB блок канальной программы

CP code код с единичным расстоянием

CPD параллельная разработка изделий

CPE оборудование, расположенное на территории клиента; оборудование, устанавливаемое в помещениях заказчика

CPGA корпус PGA в керамическом варианте

CPI 1. индекс эффективности затрат; процентное соотношение произведенных затрат; 2. стандартный программный интерфейс; единый интерфейс программирования; 3. интерфейс между компьютером и PBX; 4. знаков на дюйм; число символов на дюйм; 5. тактов на команду

CPI-C общий программный интерфейс для коммуникаций; единый интерфейс программирования коммуникаций

CPL текущий уровень привилегий; действующий уровень полномочий

CPM 1. модуль обработки команд; 2. метод критического пути

CPN узел в помещениях заказчика (в ATM); узел в помещениях пользователя; узел, расположенный на территории клиента

CPN раскрашенная сеть Петри

C3PO специализированные объекты независимых разработчиков

CPO параллельное взаимодействие с внешними устройствами

CP-R управляющая программа реального времени

CPRN сотовая пакетная радиосеть

CPS символов в секунду

CPT 1. метод критического пути; 2. терминал пользователя

CPU центральный процессор; ЦП; центральный вычислительный блок

CPU board плата центрального процессора

CPU-bound task счетная задача

CPU cycle время исполнения процессором элементарной команды; цикл центрального процессора

CPU hog захват ЦП; чрезмерная нагрузка процессора одной программой

CPU instruction set набор команд процессора

CPU time время центрального процессора; процессорное время; время счета

CR 1. запрос; вызов; 2. возврат каретки; 3. управляющий регистр; 4. сотовый ретранслятор

CRA Ассоциация по исследованиям в области вычислительной техники

crack 1. взламывать; пробивать; 2. обрабатывать

CRADA корпоративные соглашения по научно-исследовательским и конструкторским работам

craft 1. неприятное свойство программы; 2. несобираемый мусор; 3. халтура

craftsmanship халтура; плохо выполненная работа

craft together сляпать; смастерить

crash 1. крах; фатальный сбой; аварийная ситуация; авария; катастрофический отказ; аварийный отказ; 2. приводить к аварии

crash-proof program программа, устойчивая с сбою; «живучая» программа

crash recovery восстановление после сбоя

crate шасси со съемными функциональными блоками; крейт

crawling неравномерное распределение

crayon цветной карандаш; «пастельный мелок» (инструмент графической программы)

crazing дефект покровного слоя бумаги

CR bit бит «опрос/финал»

CRC 1. контроль циклическим избыточным кодом; контроль с использованием циклического избыточного кода; 2. циклический избыточный код; 3. контрольная циклическая сумма; 4. класс, событие и взаимодействие

crease 1. складка; сгиб; 2. штрих; рубчик; 3. линия сгиба

creases repairing восстановление складок (в изображении)

creasing коробление; сморщивание (бумаги)

create создать

created созданный

created assignments выполненные присваивания

create from file создать из файла

create link создать связь

create relationship установить связь

create replica of database создать реплику базы данных

create right право «создание»

create shortcut создать ярлык

create shortcut object создать ярлык

create/update program программа создания/обновления

creating and changing indexes создание и изменение индексов

creating new table создание новой таблицы

creating replica создание реплики

creation 1. создание; разработка; 2. формирование; порождение; 3. творческий процесс

creation action cycle цикл создания

creation attribute атрибут создания

creation date дата создания

creation mask маска создания

creation message сообщение о создании

creation of private library создание личных библиотек

creation time-stamp отметка времени создания (файла)

creator 1. формирователь; 2. разработчик; создатель

creator code код создателя

creator ID идентификатор создателя

credentials полномочия; «верительные данные»; имя пользователя и пароль

credit 1. кредит; долг; 2. разрешение на передачу пакета данных; 3. кредитовать

credit accounting кредитная бухгалтерская запись

credit allocation размещение кредита

credit card кредитная карта

credit-card call связь по кредитной карточке

credit-card number номер кредитной карточки

credit-card size размером с кредитную карточку

credit limit ограничение кредита; граница кредита

credit low limit нижняя граница кредита

creep сползание; медленное относительное перемещение

creeping featurism усложнение программы за счет мелких улучшений

crest ratio коэффициент пиковой импульсной нагрузки

crimping tool обжимные клещи для кабеля

cripple нарушать целостность; выводить из строя

CRISP процессор с сокращенным набором команд; процессор с набором команд уменьшенной сложности; процессор с архитектурой CRISP

crisp logic четкая логика

criteria критерии; условия

criteria for filtering критерий фильтрации

criterion 1. критерий; признак; условие; 2. мера; 3. ключ; ключевое слово

criterion for randomness критерий случайности

criterion function оценочная функция

critical 1. критический; 2. дефицитный; 3. важный; ответственный

critical application важное приложение; ответственное приложение

critical behavior критический режим

critical data 1. критические данные; важные данные; ответственные данные; 2. данные, определяющие тяжелый режим работы

critical defect критическая неисправность; опасный дефект

critical element критический элемент

critical error критическая ошибка; фатальная ошибка

critical failure критический отказ; опасный отказ

critical job задание, принадлежащее критическому пути (в сетевом графике)

critical nodes monitoring мониторинг критических узлов

critical path критический путь

critical path activity работа, принадлежащая критическому пути

critical-path analysis 1. анализ критических путей; 2. анализ с использованием метода критического пути

critical path method метод критического пути

critical region критический интервал; критическая секция; критический интервал; критическая область

critical resource дефицитный ресурс; критический ресурс

critical section 1. критический участок; критическая секция; 2. критический интервал; 3. объект «критическая секция»

critical speed 1. критическая скорость; 2. критическая частота вращения

critical task критическая работа; критическая задача

critical value критическое значение

CR/LF символы возврата каретки/перевода строки

CRM управление связями с заказчиками

crockhood громоздкость; гигантизм

CROM управляющее постоянное запоминающее устройство; управляющая постоянная память; управляющее ПЗУ

cron function функция планирования с экономией времени и задержкой заданий

crop 1. порция; партия; 2. обрезать (изображение)

crop marks метки обрезки; обрезные метки

cropping 1. обрезка по рисунку; выделение части иллюстрации; кадрирование иллюстрации; редактирование изображения удалением его части; 2. удаление лишних пикселов на границах изображения

cropping around mask marquee обрезание вокруг рамки выделения

cropping while opening обрезание при открытии

crop the graphics кадрировать графическое изображение; обрезать кадр по границам изображения

crop to box кадрировать по блоку

crop tool инструмент «обрезка»; инструмент обрезки (в графике)

cross 1. крест; крестовина; 2. пересечение; узел; 3. случайный контакт; схлестывание (проводов); 4. перекрытие; 5. пересечение; 6. крестообразный; 5. пересекаться

cross-application drag-and-drop буксировка между приложениями

cross-application macros макрокоманды, совместно используемые приложениями программного комплекта

cross assembler кросс-ассемблер

crossbar 1. двусторонняя связь с разнесением частот; 2. коммутатор каналов; 3. использовать разнесение частот

cross bending поперечный изгиб

cross-bridge traffic межсетевой трафик

cross check двойная проверка; перекрестный контроль

cross-client межклиентский

cross-compilation кросс-компиляция

cross-compiler кросс-компилятор

cross-connections межсоединения; перекрестная связь; кросс-подключения

cross correlation взаимная корреляция

cross-correlation function взаимно-корреляционная функция

cross-correlation matrix корреляционная матрица

cross-coupled flip-flop триггер с перекрестными обратными связями

cross coupling перекрестное соединение

cross-cut разрез; пересечение

crosscutting поперечный разрез

cross-development кросс-разработка

cross-dissolve микширование наплывом; перекрытие наплывом

cross-domain call междоменный вызов

crossfire перекрестное влияние

crossfoot перекрестное суммирование

cross footing balance checking контроль на нуль при помощи поперечного суммирования

cross-generation кросс-генерация

crossgrade кроссгрэйд; продажа ПО со скидкой пользователям конкурирующего продукта; модернизация с переходом от продукции конкурента

crosshair перекрестие

crosshair cursor курсор-перекрестие

crosshatch перекрещивающаяся штриховка; встречная штриховка

cross impact перекрестное влияние

cross-impact analysis матричный способ прогнозирования

cross-impact approach матричный способ прогнозирования; подход с учетом взаимовлияния событий

cross-indexed с перекрестными ссылками

cross-index file индексный файл с перекрестными ссылками

cross index table таблица поперечных индексов

crossing 1. пересечение; перекрещивание; скрещивание; 2. перекрытие; сшивание

crossing polygon пересекающий многоугольник (в САПР)

crossing window пересекающая рамка (САПР)

cross-interleaved Reed-Solomon code перекрестно-перемежающийся код Рида-Соломона

crossjumping объединение ветвей

cross linkage перекрестная связь

cross-linked files файлы с общим кластером

cross-magnetized device элемент со считыванием поперечным магнитным полем

cross-network delay задержка сигнала в сетях

cross-network functionality межсетевая функциональная связь

cross-office delay станционная задержка

crossover 1. пересечение; точка пересечения; 2. критическая точка; 4. смена направления поля

crossover cable кабель с перекрестными проводниками

crossover design «перевернутый» план; план с рассмотрением противоположных гипотез

crossover detector детектор перехода через нуль

cross-platform межплатформный; кросс-платформный; межплатформенный

cross-platform computing межплатформные вычисления; организация вычислений с использованием различных платформ

cross-platform environment межплатформная среда

cross-platform hub многоплатформный концентратор

cross-platform implementation межплатформная реализация

cross-platform interconnectivity межплатформное взаимодействие

cross-platform software межплатформное программное обеспечение

crosspoint 1. точка пересечения; узел; 2. элемент коммутации; 3. координатный переключатель

crosspoint array коммутационная матрица

cross product 1. векторное произведение; 2. перекрестное произведение

cross-program кросс-программа

cross ratio двойное отношение; сложное отношение

cross reference перекрестная ссылка

cross-reference dictionary словарь перекрестных ссылок

cross-reference list таблица перекрестных ссылок

cross-referencer программа-формирователь перекрестных ссылок

cross-reference table таблица перекрестных ссылок

cross-section 1. профиль; сечение; поперечный разрез; разрез; вид в разрезе; поперечное сечение; 2. эффективное сечение; 3. эффективная площадь отражения

cross-sectional относящийся к различным областям

cross-sectional area площадь сечения

cross-sectional monitoring многоаспектный мониторинг; многоаспектное наблюдение

cross-section profile профиль сечения

cross section's plane плоскость сечения

cross software кросс-средства; кросс-система программного обеспечения

cross-strapped с перекрестным соединением

cross system кросс-система

crosstab кросс-таблица; перекрестная таблица; перекрестные табличные данные; сетка

crosstab query перекрестный запрос

crosstab report отчет с перекрестными ссылками

cross-tabular format многотабличный формат

cross tabulations перекрестные табличные данные

cross-tabulation table сводная таблица

crosstab view табличный просмотр

crosstalk перекрестная помеха; перекрестные наводки

crosstalk coupling перекрестная связь

cross-validation перекрестная проверка

cross-vendor compatibility совместимость между продуктами разных производителей

crosswise в перекрестном порядке

crowd 1. объединение; уплотнение; набегание; 2. уплотнять; объединять

crowded interface насыщенный интерфейс; интерфейс, содержащий много элементов

crowding 1. объединение; 3. уплотнение (знаков); набегание

CRP протокол сети «Кембриджское кольцо»

CRS система обратной связи с потребителем

CRT катодно-лучевая трубка

CRT display дисплей на ЭЛТ

CRT screen экран дисплея

CRT size размер экрана; диагональ экрана; размер трубки монитора

CRT terminal видеотерминал

CRU блок, заменяемый пользователем

crude approximation грубое приближение

crude guess грубая оценка

crude sampling необработанная выборка

crunch 1. кризис; нехватка ресурсов; 2. знак #; 3. перемалывать; перерабатывать; 4. выполнять числовые расчеты; 5. сжимать; спрессовывать; уплотнять

crunched file сжатый файл; файл, сжатый по методу Лемпела-Зива

crunching сжатие; уплотнение; упаковка; свертывание; спрессовывание

cryoengineering криогенная техника

cryogenic computer компьютер на криогенных элементах

cryogenic conductor сверхпроводник

cryogenic memory криогенная память

cryogenic storage криогенная память

cryosystem криогенная установка

cryotron store element криотронный запоминающий элемент

cryptic зашифрованный

cryptic interface замысловатый интерфейс; трудно осваиваемый интерфейс

cryptoalgorithm криптоалгоритм

cryptoanalysis криптоанализ; криптографический анализ; техника расшифровки криптограмм

crypto API программный интерфейс шифрования и передачи электронной подписи

cryptographic криптографический; шифровальный

cryptographical method криптографический метод

cryptographical security криптографическая защита

cryptographical transformation криптопреобразования

cryptographic checkvalue криптографическое контрольное значение

cryptographic hardware шифровальная аппаратура; шифровальное оборудование

cryptographic unit криптографический блок; блок засекречивания данных

cryptography криптография

cryptology криптология

cryptonalysis криптографический анализ

cryptooperation криптооперация; шифрование

cryptoprocessor криптопроцессор

cryptosystem криптографическая система

crystal 1. кристалл; 2. кварц; кварцевая пластина; 3. пьезокристалл; 4. кварцевый резонатор; 5. кристаллический

crystal clock кварцевый генератор тактовых импульсов

crystal-controlled кварцованный

CS 1. компьютерный класс; 2. программный интерфейс PC Card; 3. контроль носителя; 4. система коммуникаций; 5. готов к передаче (в модемах)

C/S клиент/сервер

CSA 1. архитектура однокристальных систем; 2. архитектура клиент/сервер; 3. анализатор связных сигналов; 4. API-интерфейс ведения календаря и планирования; 5. общая системная область защиты; 6. Канадская ассоциация стандартизации

C/S application приложение клиент/сервер; приложение в архитектуре клиент/сервер

CSB блок состояния контроллера

CSC контроллер безопасности сети с централизованным управлением

C/SCSC затраты/системный критерий управления планом

CSCW совместная работа на базе компьютера; коллективная работа с использованием компьютеров

CSD дескриптор состояния конфигурации

CSDN сеть передачи данных с коммутацией каналов

CSE 1. центр коммутации каналов; 2. аппаратура управления и коммуникации

CSECT программная секция

CSF устройство подачи отдельных листов

CSG Группа компьютерных систем

CSI 1. интерфейс сервисных компонентов; 2. Институт защиты информации в компьютерных системах; 3. Институт конструкторских стандартов

CSIC интегральная схема, специализированная в соответствии с требованиями заказчика

CSID кадр идентификации вызываемого абонента

CSL машинно-зависимый язык

CSLIP сетевой протокол SLIP с уплотнением данных

CSM 1. центральный сервисный модуль; центральный обслуживающий модуль; 2. менеджер коммуникационного сервиса

CSMA коллективный доступ с контролем носителя; многостанционный доступ с контролем канала; метод доступа с опросом состояния канала

CSMA/CA множественный доступ с контролем несущей и предотвращением конфликтов

CSMA/CD множественный доступ с контролем несущей и обнаружением конфликтов

CSMA/CD protocol протокол обработки множественного доступа с опознаванием несущей и обнаружением конфликтов; протокол множественного доступа с контролем несущей и обнаружением конфликтов

CSMA network локальная сеть множественного доступа с контролем несущей

CSMIM модуль интерфейса среды связного сервера

CSO компьютерный сервисный комплекс

CSP 1. сертифицированный партнер по технической поддержке; 2. сертифицированный специалист по системам; 3. взаимодействующие последовательные процессы; 4. поставщик сервиса шифрования

C-Spec C-спецификации

CSPP проект по выработке стратегии в области вычислительных систем

CSR 1. компьютерная система бронирования; 2. требования к обслуживанию компьютера

CSRS 1. система распознавания слитной речи; 2. Исследовательская группа по компьютерным системам

CSS 1. обслуживание плат и гнезд (спецификация); 2. каскадные таблицы стилей; каскадирование таблиц стилей

CST таблица сегментов кода; таблица кодовых сегментов

CSTA 1. международный стандарт обработки телефонных вызовов; 2. применение телекоммуникационных технологий с использованием вычислительной техники

CSU блок обслуживания канала; модуль обслуживания канала; устройство обслуживания канала

CSV переменные, разделенные запятыми

CSW слово состояния канала

CT 1. проверка согласованности; 2. кассетная магнитная лента

CTB инструментальные средства передачи

CTCA адаптер «канал-канал»

CTD 1. время задержки при передачи ячеек (ATM); 2. кистевой туннельный синдром (заболевание от работы на клавиатуре)

CTI 1. объединение компьютерных и телефонных систем; интеграция компьютера и телефона; компьютерно-телефонная интеграция; 2. магистраль терминала; 3. Союз пользователей телефонного оборудования на базе компьютеров

CTM 1. переключательная матрица; 2. оконечный модуль связи; 3. Ассоциация изготовителей сотовых телекоммуникационных систем

CTO 1. руководитель технического отделения; главный технический директор; 2. конфиругация на заказ

CTS 1. синхронный коммуникационный терминал; 2. сброс передатчика; подтверждение готовности (при передаче данных)

CTS-WAN служба проверки согласованности для глобальных сетей

CTV кабельное телевидение

CU 1. блок контроля; 2. устройство управления; 3. устройство шифрования; 4. до свидания (сокращение, принятое в Internet)

CUA общий интерфейс с пользователем; единый пользовательский доступ; общий пользовательский интерфейс; CUA-интерфейс; стандартный пользовательский доступ

CUB курсор назад

cube 1. куб; 2. третья степень; 3. возводить в куб

cuberille разбиение трехмерного пространства на равные прямоугольные призмы

cube root кубический корень

cubical кубический; третьей степени

cubical algebra алгебра кубов; исчисление кубических комплексов

cubical equation кубическое уравнение

cubic B-spline кубический B-сплайн

cubic interpolator кубический интерполятор

cubicle 1. ячейка распределительного устройства; панель распределительного щита; шкаф; 2. приборная стойка; 3. кожух

cubist кубизм

CUD курсор вниз

cue 1. ключ; 2. команда вызова подпрограммы; 3. реплика; 3. метка; поисковая точка; 4. титры; подписи; 5. вставка; заставка; 6. вводить титры

Cue card карта примера

cue chapter ключ сегмента

cue inserter устройство вставки ключа

cue still ключи фиксации

CUF курсор вперед

CUG замкнутая группа пользователей

CUI 1. текстовый интерфейс пользователя; символьный интерфейс пользователя; символьно-ориентированный интерфейс с пользователем; 2. стандартный интерфейс пользователя; унифицированный интерфейс пользователя

cull 1. отбор; отбраковка; 2. нестандарт; отбракованный материал; 3. отсортировывать; отбирать

culling отбор

CUM монитор использования компьютера

cumulation накопление; аккумуляция

cumulative 1. накопленный; кумулятивный; 2. интегральный

cumulative data накопленные данные; суммарные данные

cumulative distribution распределение кумулятивных вероятностей; распределение накопленных вероятностей; интегральная функция распределения

cumulative distribution function интегральная функция распределения

cumulative error суммарная ошибка; накопленная ошибка

cumulative indexing кумулятивная индексация

cumutative operation коммутативная операция

CUP позиция курсора

cupping поперечное коробление магнитной ленты

CUPS число переключений межузловых соединений в секунду; число переключений межузловых связей в секунду; число изменений соединений в секунду

curl 1. вихрь; завихрение; 2. закручивание; скручивание

curling закручивание; свертывание; скручивание

curly brackets фигурные скобки

currency 1. денежная единица; 2. денежный

Currency and Funds Representation стандарт представления валюты и фондов

currency box поле денежного формата

currency display воспроизведение монетарной величины

currency format формат представления валюты

currency symbol обозначение денежной единицы

currency symbol денежный знак; символ денежной единицы; финансовый символ; обозначение валюты

current 1. ток; электрический ток; 2. текущая запись; 3. текущий; активный

current account card карта текущего счета

current address текущий адрес

current address register регистр текущего адреса; счетчик команд

current beam position текущее положение луча

current character текущий символ

current check текущая проверка; текущий контроль

current clipping path текущая траектория обрезки (в PostScript)

current color текущий цвет

current compilation model выбранная модель памяти при компиляции

current context текущий контекст

current data текущие данные

current database текущая база данных

current date текущая дата

current date/time текущая дата/время

current density плотность тока

current directory текущий каталог

current disk drive текущий диск

current drive текущий диск

current environment текущая операционная среда

current gain 1. усиление по току; 2. коэффициент усиления по току

current information текущая информация

current instruction register регистр текущей команды; регистр команды

current liabilities краткосрочные обязательства

current-limit circuit схема организации тока

current line pointer указатель текущей строки

current line type текущий тип линии

current loop токовая петля

current loop adapter адаптер, работающий по принципу токовой петли

current loop interface интерфейс с токовой петлей; интерфейс типа «токовая петля»

currently в настоящее время

currently-running program выполняемая программа; активная в данный момент программа

current mode setting текущий режим

current module текущий модуль
current object type тип текущего объекта
current of realm текущая запись области
current of record type текущая запись
current of run-unit текущая запись процесса
current of set текущая запись типа набора
current-operated circuit токовая схема; схема управления током
current owner текущий владелец
current page текущая страница
current path текущая траектория (в PostScript)
current planing текущее планирование
current point текущая точка
current pointer указатель текущей позиции
current position текущая позиция; текущие координаты
current privilege level текущий уровень привилегий; действующий уровень полномочий; текущий уровень преимущественного права
current procedure текущая процедура
current PSW текущее слово состояния программы
current rating 1. номинальный ток; 2. номинальный режим по току; 3. коэффициент усиления по току
current record текущая запись
current record indicator индикатор текущей записи
current regulation 1. регулирование тока; 2. стабилизация тока; 3. нестабильность тока нагрузки
current regulator 1. регулятор тока; 2. стабилизатор тока; 3. ограничитель тока
current reversal изменение направления тока
current root текущий корень
current rush бросок тока
current state текущее состояние
current-state encoding кодирование текущим состоянием
current state indicator видеоиндикатор текущего состояния
current status текущее состояние
current style текущий стиль
current swing размах тока
current task активная задача; текущая задача
current type текущий тип
current unit текущий элемент; текущий модуль; текущая единица
current user текущий пользователь
current value текущее значение
current version текущая версия; последняя версия
current view 1. текущее представление; 2. точка наблюдения
current-voltage characteristic вольтамперная характеристика
current-voltage curve вольтамперная характеристика
current volume текущий том
current work directory текущий рабочий каталог
curricula курс обучения; учебный план
curried function производная функция
curse of dimensionality «проклятие размерности»
cursor 1. курсор; указатель; 2. координатно-указательное устройство; устройство управления курсором
cursor arrow клавиша управления курсором
cursor bar символ курсора
cursor control управление курсором
cursor control keys клавиши управления курсором
cursor down курсор вниз
cursor forward курсор вперед
cursor hot spot точные координаты курсора
cursor intersection перекрестие курсора
cursor mode вид курсора; тип курсора
cursor movement перемещение курсора

cursor movement key клавиша перемещения курсора
cursor pad панель управления курсором
cursor plane плоскость курсора
cursor position позиция курсора
cursor positioning позиционирование курсора
cursor size размер курсора
cursor speed скорость перемещения курсора
cursor up курсор вверх
cursor update перемещение курсора
curtain шторка (затвора)
curvature кривизна (поверхности)
curve 1. кривая; 2. характеристика; график; диаграмма; 3. изгиб; кривизна; закругление; 4. кривая; 5. характеристическая кривая; 6. искривляться; 7. изгибаться; закругляться
curve analyzer анализатор кривых
curve behavior поведение кривой; характер изменения кривой
curve complexity сложность кривой
curved surface криволинейная поверхность
curve fitting вычерчивание кривой по точкам
curve-fitting algorithm алгоритм подбора кривой
curve-fitting compaction уплотнение при помощи приближенного описания кривой
curve-fitting program программа вычерчивания кривых
curve follower повторитель кривых; графоповторитель
curve follower logic логика программного слежения
curve generator генератор кривых
curve object объект-кривая; объект типа «кривая»
curve plotter графопостроитель
curve point точка кривой; сглаженный узел
curve reduction выпрямление кривой
curve scanner прибор для снятия кривых; сканер кривых
curve tracer устройство программного слежения
curvilinear криволинейный
curvilinear coordinates криволинейные координаты
curvilinear correlation нелинейная корреляция
curvilinear regression криволинейная регрессия
curving 1. изгиб; искривление; 2. прохождение кривой
cusp 1. точка возврата; 2. точка (острого) перегиба кривой; 3. выступ
cusp node острый узел
custody забота о сохранности информации
custom 1. заказной; специализированный; специальный; изготовленный по заказу; настроенный по заказу; 2. пользовательский; устанавливаемый пользователем; 3. свой; собственный
custom art brush пользовательская кисть (в графических пакетах)
custom artistic пользовательский стиль (в графических пакетах)
Custom AutoFill настраиваемое средство автоматического заполнения
custom backup заказное резервное копирование
custom boll point пользовательская шариковая ручка (в графических пакетах)
custom-built заказной; изготовленный по техническим условиям заказчика
custom button специальная кнопка
custom calligraphy пользовательское перо (в графических пакетах)
custom chalk пользовательский мелок (в графических пакетах)
custom charcoal пользовательский уголь (в графических пакетах)
custom chip заказная микросхема

custom code часть программы подключаемая пользователем

custom color чистый цвет; краска определенного оттенка

custom color map lens линза «произвольная карта цветов» (в графических пакетах)

custom computer абонентская машина

custom configuration заказная конфигурация

custom configuration program программа настройки конфигурации

custom control специальный элемент управления; специализированный управляющий элемент

custom crayon пользовательский цветной карандаш

custom-designed заказной; изготовленный по техническим условиям заказчика

custom designed packet пакет, сформированный по заказу

customer 1. заказчик; потребитель; покупатель; 2. абонент

customer access network сеть с абонентским доступом

customer-activated terminal терминал клиента; терминал для потребителей; банкомат

customer engineer 1. инженер по эксплуатационному обслуживанию; 2. специалист по работе с покупателями; 3. инженер по обслуживанию абонентов

customer engineering эксплуатационное обслуживание

Customer Information Control System система управления информацией потребителей

customer information file файл информации о заказчике

customer information solutions информационные решения для клиентов

customer network management управление абонентской сетью

customer premises equipment оборудование, расположенное на территории клиента; оборудование, устанавливаемое в помещении пользователя

customer premises node узел в помещениях заказчика (в ATM); узел в помещениях пользователя

customer printer form печатный бланк заказчика; печатный бланк пользователя

customer provided terminal терминал пользователя

customer relationship management управление связями с заказчиками

customer replaceable unit блок, заменяемый пользователем

customer response system система обратной связи с потребителем

customer service служба поддержки клиентов; служба поддержки покупателей

customer-specified IC интегральная схема, специализированная в соответствии с требованиями заказчика

customer station equipment оборудование станции абонента

customer support поддержка заказчиков

custom extractor переопределенный экстрактор; операция извлечения, переопределяемая пользователем

custom fine felt пользовательский фломастер

custom font size пользовательский размер шрифта

custom form форма, настраиваемая пользователем

custom Hi-liter пользовательский текстовый маркер

custom inserter переопределенная вставка

custom installation выборочная установка; заказная инсталляция; специальная инсталляция; расширенная инсталляция

custom integrated circuit заказная интегральная микросхема

customizability 1. соответствие требованиям заказчика; 2. возможность настройки

customizable настраиваемый; приспосабливаемый

customizable interactive multimedia kiosk киоск интерактивных мультимедиа-систем, ориентированный на заказчика

customizable palette настраиваемая палитра

customization 1. изготовление изделий по техническим условиям заказчика; 2. настройка по заказу; настройка

customize настроить; настраивать; приспосабливать

customized заказной; специальный; специализированный

customized application 1. специализированное применение; 2. специализированное приложение; специальная программа

customized BIOS настраиваемая BIOS; BIOS, ориентированная на пользователя

customized presets настраиваемые параметры; настраиваемые установки

customizer «настройщик» (программный компонент)

customizing настройка; пользовательская настройка; настройка на специфические требования клиента; регулировка; адаптация; привязка

customizing toolbar настройка панели инструментов

custom line специальная линия; абонентская линия

custom link нестандартное соединение

custom logic заказные логические схемы

custom-made software заказное программное обеспечение; специализированное программное обеспечение

custom marker пользовательский маркер

custom microcircuit заказная микросхема

custom order последовательность

custom palette пользовательская палитра

custom pastel пользовательская пастель (инструмент в графике)

custom pattern шаблон; определяемый пользователем

custom pencil пользовательский карандаш

custom-programmed 1. программируемый заказчиком; 2. разработанный по техническим условиям заказчика

custom setup выборочная установка; настраиваемая инсталляция

custom slide show произвольная демонстрация слайдов

custom software специальное программное обеспечение; заказное программное обеспечение; заказные программные средства

custom spray can пользовательская аэрозоль

custom undither tool инструмент «супермастихин» (в графических пакетах)

custom view собственное представление; представление, задаваемое пользователем

custom watery пользовательская акварель (в графических пакетах)

cut 1. срез; 2. раскрой; 3. сечение; 4. вырезание; 5. резкая смена изображения; 6. паз; желоб; 7. скачок; скачкообразный переход; 8. завал частотной характеристики; 9. монтажный кадр; 10. прямое соединение (кадров); 11. удалять; вырезать; 12. делать срез; 13. выключать; отключать; разъединять; 14. прекращать передачу

cut and paste 1. вырезание и вставка; 2. забрать в буфер и вставить из буфера

cut-and-try approach метод проб и ошибок

cut-and-try method метод проб и ошибок; метод подбора

cut form feed автоподача страниц

cut-in включение; начало работы

cut in progress выполняется удаление в буфер

cutoff 1. усечение; 2. отключение; выключение; запирание; 3. отсечка; 4. граничная частота; предельная частота; частота среза; частота отсечки (фильтра)

cutoff circuit запертая схема

cutoff voltage 1. напряжение отсечки; 2. запирающее напряжение; 3. предельное напряжение зарядки; 4. запирающее напряжение

cutout 1. абрис; очертание; профиль; 2. вырез; вырезка; фрагмент; разрез; сечение; 3. выключатель; рубильник; прерыватель

cutover 1. переключение; переброска (абонента на другую станцию); 2. выключение

cutset method метод сечений

cut sheet feeder устройство подачи бумаги; устройство подачи отдельных листов; устройство подачи форматных листов

cutter резальное устройство; каттер; режущий инструмент графопостроителя

cut-through 1. без буферизации пакетов; 2. сквозной

cut-through mode сквозной режим

cut-through processing сквозная обработка

cut-through switching коммутация без буферизации пакетов

cut-through transfer сквозная передача

cutting 1. резка; резание; 2. выключение; отключение; запирание; отсечка; 3. монтаж (фильма); 4. отбрасывание членов ряда; 5. высечка; 6. вырезка

cutting-edge technology новейшая технология

cutting path траектория резания

cutting-plane algorithm алгоритм построения отсекающей плоскости

cutting the loop разрыв цепи обратной связи; размыкание контура; разрыв замкнутой логической цепи

cutting wear абразивный износ

cut vertex точка сочленения связного графа

CUU курсор вверх

CV 1. общая версия; распространенная версия; 2. машинное зрение

CVA Ассоциация по борьбе с компьютерными вирусами

CVD компактный видеодиск

CVF файл сжатого тома

CVI взаимодействие при работе с уплотненными видеоданными

CVS система машинного зрения

CVT таблица векторов связи

CVTS служба передачи уплотненной видеоинформации

CVU цена в сравнении с возможностями использования; зависимость «стоимость-пользование»

cw по часовой стрелке

CWIS университетская информационная система

CX центральная АТС; центральный узел коммутации

cyan светло-голубой; бирюзовый

cyan-magenta-yellow бирюзовый-пурпурный-желтый; система цветопередачи CMY

cyan-magenta-yellow-black бирюзовый-пурпурный-желтый-черный; система цветопередачи CMYK

cybernetic кибернетический

cybernetics кибернетика

cyberspace киберпространство

cyberstore электронный супермаркет; Web-магазин

cycle 1. цикл; 2. период; 3. контур; 4. циклическая перестановка; 5. шаг цикла; 6. такт; 7. циклически повторяться; периодически повторяться; совершать цикл; зацикливаться

cycle back циклически возвращать

cycle body тело цикла

cycle check проверка цикла

cycle code циклический код

cycle command команда цикла

cycle control управление циклом

cycle counter счетчик циклов

cycle counter reset сброс счетчика циклов

cycle criterion критерий выхода из цикла; число повторений цикла

cycle-free grammar грамматика без циклов

cycle index переменная цикла; цикловая переменная; индекс цикла; параметр цикла; число выполненных циклов

cycle index polynomial полином индексов циклов

cycle list список цикла

cycle nest вложенная структура циклов

cycle nesting вложение цикла

cycle optimization оптимизация циклов

cycle parameter параметр цикла

cycle per second период в секунду; герц

cycle reset сброс цикла; восстановление цикла

cycles per instruction тактов на команду

cycle statement оператор цикла

cycle-steal bus шина захвата цикла

cycle stealing 1. занятие цикла; захват циклов магистрали; 2. занятие цикла памяти; цикл занятия памяти; 3. выделение цикла

cycle step шаг цикла

cyclic access циклический доступ

cyclic access to storage циклическое обращение к памяти

cyclic addition сложение в дополнительном коде

cyclic addressing круговая адресация; циклическая адресация

cyclically magnetization циклическое перемагничивание

cyclically magnetized condition состояние после циклического перемагничивания

cyclical redundancy check контроль с использованием циклического избыточного кода

cyclic binary code двоичный циклический код; код Грея

cyclic carry циклический перенос

cyclic carry unit единица циклического переноса

cyclic check циклическая проверка; циклический контроль

cyclic check byte байт циклического контроля

cyclic circuit схема с обратными связями

cyclic code циклический код

cyclic memory динамическая память

cyclic overlap циклическое упорядочивание графических объектов; циклическое перекрытие

cyclic permuted code циклический перестановочный код

cyclic process циклический процесс

cyclic program циклическая программа

cyclic redundancy check контроль с использованием циклического избыточного кода; циклический контроль избыточности

cyclic redundancy check character символ циклического контроля избыточности

cyclic redundancy check row строка циклического контроля

cyclic shift циклический сдвиг

cyclic sum циклическая сумма

cyclic-to-natural binary translator преобразователь циклического кода в двоичный

cycling 1. циклическое изменение; периодическое повторение; чередование; циклическая работа; периодическая работа; 2. цикличность; 3. зацикливание; 4. циклические испытания

cyclogram циклограмма; цикловая диаграмма

cycloid циклоида

cyclomatic complexity сложность организации циклов в программе; цикломатическая сложность

cylinder цилиндр; барабан

cylinder address адрес цилиндра

cylinder index индекс цилиндра

cylinder number номер цилиндра

cylinder overflow area зона переполнения цилиндра

cylinder overflow control record управляющая запись переполнения цилиндра

cylinder seek command команда поиска цилиндра

cylindrical цилиндрический

cylindrical coordinate цилиндрическая координата

cylindric function цилиндрическая функция

cylindricity цилиндричность

cyrillic 1. кириллица; 2. русифицированный

cyrillic font кириллический шрифт; кириллица

– Dd –

3D 1. трехмерное пространство; 2. трехмерный; объемный
3DA трехмерная архитектура
DA 1. доступные данные; имеющиеся данные; 2. целевой адрес; адрес получателя; адрес назначения; 3. дисковый массив; матрица дисков; 4. адаптер дисплея
D/A цифро-аналоговый
DAA 1. организация доступа к данным; механизм доступа к данным; 2. динамическое размещение рекламы (в Web)
DAB плата сбора данных
dab легкий мазок (в графических пакетах)
DAC 1. дискретное управление доступом; избирательное управление доступом; 3. цифро-аналоговый преобразователь; ЦАП; 4. код аутентификации данных; 5. концентратор с двойным подключением к магистральной сети; 6. конференция по САПР
DA conversion преобразование из цифровой формы в аналоговую
D/A converter цифроаналоговый преобразователь
DAD 1. цифровой диск для звукозаписи; 2. директор прикладных программ рабочей области
DA&D сбор и распределение данных
DAE 1. аппаратура доступа к данным; 2. среда распределенных приложений
daemon демон (служебный процесс UNIX)
DAF файл дисплейных атрибутов
dagger function функция Пирса; инвертированная дизъюнкция
dagger operator инвертированная дизъюнкция; операция ИЛИ-НЕ
daily allocation распределение по дням
daily backup суточное резервное копирование
daily schedule план с разбивкой по дням
daily tasks повседневные задачи; ежедневно выполняемые операции
daisy chain 1. цепь приоритета; 2. подключение устройств цепочкой; шлейф; подключение шлейфом; шлейфовое подключение; последовательная цепочка; гирляндная цепь
daisy-chain bus шина с последовательным опросом
daisy-chaining 1. шлейфовое подключение устройств; 2. организация опроса по шлейфу
daisy-chain logic гирляндные логические схемы; логические схемы последовательного опроса
daisy-chain topology топология типа «цепочка»
daisy wheel лепестковый шрифтоноситель; «ромашка»
daisy wheel printer печатающее устройство с головкой типа «ромашка»; принтер с лепестковым литероносителем; лепестковый принтер
DAL язык доступа к данным
D-algorithm D-алгоритм

DAM 1. метод доступа к данным; 2. метод прямого доступа; 3. программа управления доступом к данным; администратор данных; 4. ассоциативная память; 5. проект поправки (к стандарту)
DAMA множественный доступ с предоставлением канала по требованию
damage 1. повреждение; разрушение; 2. дефект; 3. повреждать; разрушать; портить
damage assessment routines программы восстановления
damaged areas поврежденные области
damaged file запорченный файл; испорченный файл; поврежденный файл
damaged network сеть с неисправными элементами
damp затухать; демпфировать
damped function затухающая функция
damper 1. демпферная обмотка; 2. демпферный диод; 3. вентиляционная решетка; 4. гасить колебания
damping 1. затухание; ослабление; 2. демпфирование; гашение (колебаний); 3. звукоизоляция
damping resistor гасящий резистор
damping winding демпфирующая обмотка
DAMPS мультипрограммная система сбора данных
dangling повисший; ссылающийся на несуществующий объект
dangling pointer повисшая ссылка
dangling reference «повисшая» ссылка; ссылка на несуществующий объект
dangling T-node повисший узел (Token Ring)
3D animation technology технология трехмерной анимации
DANS распределенное управление сетевым программным обеспечением
DAO объекты доступа к данным; объекты для доступа к данным
DAP 1. протокол доступа к данным; 2. протокол доступа к справочнику; протокол доступа к каталогу; 3. распределенный матричный процессор; 4. место доступа к базе данных (в сети)
DAQ board плата сбора данных
3D area chart объемная диаграмма с областями; трехмерная площадная диаграмма; трехмерный закрашенный график
dark current темный ток (в светодиодах); ток, возникающий без воздействия света
darkening затемнение
dark-spot method метод темного пятна
DARPA Управление перспективных исследований и разработок Министерства обороны
2D array 1. двумерная матрица; плоская матрица; 2. двумерный массив

2D art двумерная графика; 2D-графика

DART экспертная система поиска неисправностей по эталону

DAS 1. имитация приложения базы данных; эмулятор базы данных; 2. станция с двойным подключением (к сети); станция класса А; 3. служба агентов документации; 4. программное обеспечение для сбора данных; 5. система сбора данных; 6. сервисные средства поддержки распределенных приложений

DASD ЗУ с прямым доступом; устройство памяти с прямым доступом

dash тире

dash attributes атрибуты штрихов

dashboard interface «приборный» интерфейс

dashed line пунктирная линия

dashes & stripes прерывистые и сплошные линии

dashpot дроссель

DASK цифровое кодирование со сдвигом амплитуды

DAT цифровая аудиокассета; цифровая лента для звукозаписи

data данные; информация; сведения

data above voice система передачи цифровых данных на частотах, выше речевых; «данные над голосом»

data abstraction абстрактное представление данных; абстракция данных

data acceptance ввод данных; запись данных

data access 1. выборка данных; 2. доступ к данным

data access arrangement механизм доступа к данным; средства доступа к данным

data access equipment аппаратура доступа к данным

data accessibility доступность данных

data access language язык доступа к данным

data access manager программа управления доступом к данным; администратор данных

data access mechanism механизм доступа к данным

data access method метод доступа к данным

Data Access Protocol протокол доступа к данным

data-access technology технология доступа к данным

data access tools инструментальные средства доступа к данным

data acquisition сбор данных; сбор информации; извлечение данных

data acquisition and distribution сбор и распределение данных

data acquisition board плата сбора данных

data acquisition device устройство сбора данных

data acquisition location место сбора данных

data acquisition multiprogramming system мультипрограммная система сбора данных

data acquisition program программа сбора данных

data acquisition software программное обеспечение для сбора данных

data acquisition system система сбора данных

data acquisition unit устройство сбора данных

data activity активность данных

data actuality актуальность данных

data adapter unit адаптер данных

data address адрес данных

data addressed memory ассоциативная память

data addressing modification переадресация данных

data adequacy адекватность информации; достоверность данных

data administration администрирование данных; организация управление данными

data administrator администратор данных

data aggregate группировка данных; совокупность данных; агрегат данных; составной тип данных

data aligner блок перегруппировки (элементов) данных

data analysis анализ данных

data analysis language язык анализа данных

data area область данных; зона данных

data array массив данных

data association идентификация данных; определение источника данных

data attribute атрибут элемента данных; атрибут данных; описатель данных

data authentication code код аутентификации данных

data authorization авторизация данных

data available доступные данные; имеющиеся данные

databank банк данных; информационный банк

databank administrator администратор банка данных

databank architecture архитектура банка данных

databank of program evaluation банк данных по оценкам программного обеспечения

database база данных; БД

Database Access Point место доступа к базе данных в сети

database administrator администратор базы данных

database application приложение базы данных; прикладная программа, работающая с базой данных; приложение для работы с базой данных; программа базы данных

database application simulation имитация приложения базы данных

database approach подход с использованием базы данных; подход, основанный на использовании базы данных

database area область базы данных; фрагмент базы данных

database audit ревизия базы данных

database back-ends «внутренности» базы данных; внутренние модули базы данных; серверные компоненты БД

database block access поблочный доступ к базе данных

database computer компьютер для работы с базами данных; машина баз данных

database concept концепция базы данных

database connection подключение базы данных

database connectivity software программное обеспечение для связи с базами данных

database consistency согласованность базы данных; непротиворечивость базы данных

database control language язык управления базами данных

database controls элементы управления базой данных

database coverage покрывающая способность базы данных

database creation создание базы данных

database data данные БД; информация, хранимая в базе данных; информация базы данных

database declaration описание базы данных

database definition block блок определения базы данных

database description описание базы данных

database design 1. структура базы данных; 2. проектирование базы данных

database design methodology методология проектирования базы данных

database design technology технология проектирования баз данных

database dictionary словарь базы данных

database directory справочник базы данных; каталог базы данных

database driver драйвер базы данных

database editor редактор баз данных

database elaboration конструирование базы данных

database engine ядро базы данных; процессор базы данных; машина базы данных

database event событие базы данных
database event alerter сигнализатор событий в базе данных
database facilities средства базы данных
database field поле базы данных
database file файл базы данных
database generation генерация баз данных
database handler манипулятор базы данных
database inquiry запрос к базе данных
database integration интеграция баз данных
database integrity целостность базы данных
database key ключ базы данных
database language язык базы данных; язык, ориентированный на работу с базами данных
database load загрузка базы данных
database machine машина базы данных; процессор базы данных
database maintenance ведение базы данных; поддержка базы данных
database management управление базой данных; ведение базы данных
database management system система управления базами данных; СУБД
database manager 1. СУБД; 2. администратор баз данных
database modification модификация базы данных
database name имя базы данных
database navigation перемещение в базе данных
database object объект базы данных
database of code программная база данных; база данных для хранения программного кода
database organization организация базы данных
database pipe программный канал базы данных
database procedure процедура базы данных
database processing center центр доступа к базам данных
database processor процессор базы данных
database properties свойства базы данных
database protection защита базы данных
database query запрос к базе данных
database recovery восстановление базы данных
database reorganization реорганизация базы данных
database replication тиражирование базы данных; репликация БД
database request запрос к базе данных
database scheme схема базы данных
database search поиск в базе данных
database server сервер базы данных
database sharing совместное использование базы данных
database-smart applications приложение, эффективное использующее средства базы данных
database snapshot «моментальный снимок» базы данных
database software программные средства базы данных
database sublanguage подмножество языка базы данных
database support ведение базы данных; сопровождение БД
database system система базы данных
Database Task Group Рабочая группа по базам данных
database technology технология баз данных
database to compact from база данных для сжатия
database to convert from база данных для преобразования
database to enable from база данных для подключения
database translation конвертирование базы данных
database trigger триггер базы данных
database type тип базы данных
database view представление базы данных
database window окно базы данных
data binding привязка данных
data bit бит данных; информационный двоичный разряд; информационный бит

data bit-level coding поэлементное кодирование со стробом данных
data block блок данных
data block address адрес блока данных
data blocking упаковка данных; объединение данных в блоки
data-bound control элемент управления, имеющий связь с данными; элемент управления, связанный с данными
data break информационное прерывание; прерывание для обмена данными
data breakpoint точка прерывания по данным
data buffer буфер данных
data bug ошибка при работе с данными; ошибка в данных
data bulk большой массив данных
data bundling пакетирование данных
data bus шина данных; информационная шина
data bus architecture архитектура шины данных
data bus control unit блок управления шиной данных
data bus line шина данных
data byte байт данных
data cache кэш данных
data capacity емкость данных
data capture выделение данных
data card плата передачи данных
data cardinality мощность данных
data carrier носитель информации
data carrier contents таблица содержания тома; оглавление тома
data carrier detection обнаружение информационного сигнала
data carrier mounting установка тома
data carrier output вывод на носитель данных
data carrier status состояние тома
data-carrier storage перемещаемая память
data cartridge 1. кассета данных; кассета с данными; информационная кассета; 2. программный компонент для поддержки (конкретного типа) данных; картридж
data cell 1. зона данных; 2. ячейка данных; 3. элемент данных
data center 1. крупный центр коммутации данных; 2. информационный центр; центр обработки данных
datacentre цент обработки данных
data chain цепочка данных
data chaining формирование цепочки данных; сцепление данных; цепочечная организация данных
data channel канал передачи данных; информационный канал; канал связи
data channel attachment вспомогательное устройство информационного канала; вспомогательное устройство канала данных
data channel selection выбор канала данных; подключение канала данных
data chart диаграмма
data check контроль данных
data check indicator индикатор контроля данных
data checking program программа контроля данных
data check verification проверка достоверности данных
data circuit-terminating equipment оконечное оборудование канала передачи данных
data classification классификация данных; категоризация данных
data clause предложение описания данных
data cleaning очистка данных; фильтрация данных
data cleaning function функция фильтрации данных
data cleansing очистка данных; обеспечение согласованности и корректности значений в наборе данных

data cluster кластер данных
data code кодовый набор
data coding кодирование данных
data coding system система кодирования данных
data coherency control обеспечение непротиворечивости данных
data collecting system система сбора данных
data collection 1. совокупность данных; 2. информационный фонд; 3. сбор данных
data collection form форма для сбора данных
data collection system система сбора данных
data collector средство сбора данных
data collision конфликт из-за данных; конфликт по данным; конфликт на уровне данных
data commonality унифицированность данных
datacomms channel канал передачи данных
data communication обмен данными; передача данных; передача информации
data communication adapter адаптер передачи данных
data communication channel канал обмена данными; канал передачи данных
data communication equipment аппаратура передачи данных; аппаратура канала данных
data communication group equipment групповая аппаратура передачи данных
data communication interface интерфейс канала передачи данных
data communication processor процессор передачи данных
data communication system система передачи данных
data communication terminal оконечное устройство в системе передачи данных; терминал; терминал для передачи данных
data communication unit блок передачи данных; устройство передачи данных
data compaction уплотнение данных
data comparator блок сравнения данных
data comparison сравнение данных
data compatibility 1. совместимость данных; 2. совместимость по данным
data compendum компендум данных
data component 1. компонент данных; 2. информационный компонент
data compression сжатие информации; сжатие данных; уплотнение данных
data compression technology технология сжатия данных
data concentration 1. концентрация данных; 2. сбор данных
data concentrator концентратор данных
data condensation сжатие данных; уплотнение данных
data consolidation усиление целостности данных
data construct конструкция данных
data contamination порча данных
data content содержание данных; смысл данных
data contention конфликт по данным; конфликтная ситуация на уровне данных
data control элемент управления данными
data control block блок управления данными
data-controlled управляемый данными
data control program программа управления данными
data control system система управления данными
data control unit устройство управления данными; блок управления данными
data convention соглашение о представлении данных; соглашение о формате данных
data conversion преобразование данных
data conversion code код преобразования данных

data conversion control управление преобразованием данных
data conversion equipment преобразователь данных
data conversion system система преобразования данных
data converter преобразователь данных
data converter adapter сопряжение преобразователя данных
data corrupt порча данных; искажение данных
data corruption нарушение целостности данных; повреждение данных; искажение данных; порча данных
data couple информационная связь
data-crunching unit блок обработки данных
data decentralization децентрализация данных
data declaration объявление данных; описание данных
data declaration error ошибка описания данных
data decoding декодирование данных; расшифровка данных
data decomposition декомпозиция данных; разбиение данных на подмножества
data definition определение данных; описание данных
data definition form бланк описания данных
Data Definition Language язык описания данных; язык определения данных
data definition name имя описания данных
data definition query управляющий запрос
data definition statement оператор описания набора данных; предложение определения данных; оператор определения данных
data delimiter 1. ограничитель данных; 2. разделитель данных; разграничитель данных
data delivery доставка данных
data density плотность данных; плотность записи
data dependence 1. зависимость по данным; 2. зависимость данных
data-dependent routing маршрутизация в зависимости от данных
data description описание данных
data description language язык описания данных; язык определения данных
data description table таблица описания данных
data descriptor описатель данных
data design проектирование структуры данных
data deskewing выравнивание данных; устранение временных сдвигов
data deterioration устаревание данных
data dictionary словарь данных; словарь базы данных
data direction направление передачи данных
data-direction bit разряд направления передачи данных
data directory справочник данных; каталог данных; словарь базы данных
data display 1. вывод данных на устройство отображения; 2. данные на экране
data display panel панель отображения данных
data display unit устройство отображения данных
data distribution дистрибутирование данных (в информационном хранилище); распределение данных
data distributor распределитель данных
data division раздел данных
data document источник данных (при слиянии)
data domain область определения данных; предметная область
data-driven управляемый данными
data-driven event событие, управляемое данными
data-driven input-output ввод-вывод, управляемый данными
data-driven program программа, управляемая данными
data duplication дублирование данных
data editing редактирование данных
data element элемент данных

data encapsulation инкапсуляция данных
data encipherment equipment средства шифрования данных; аппаратура кодирования данных
data encoder устройство кодирования данных
data encoding кодирование данных
data encryption algorithm алгоритм шифрования данных
data encryption equipment средства шифрования данных; аппаратура кодирования данных
data encryption standard стандарт шифрования данных
data entity информационный объект; объект данных
data entry 1. ввод данных; 2. информационный вход; 3. элемент данных; информационный элемент
data entry and validation equipment оборудование для ввода и проверки данных
data-entry field поле ввода данных
data entry form формуляр ввода данных; экранная форма пользователя
data entry model модель ввода данных
data entry screen экран ввода данных; трафарет ввода данных
data entry virtual terminal виртуальный терминал ввода данных
data-entry window окно ввода данных
data erasing разрушение информации
data error ошибка в данных
data evaluation анализ данных
data event control block блок управления событиями данных
data exchange обмен данными; информационный обмен
data exchange format формат обмена данными
Data Exchange Interface интерфейс обмена данными
data exchange session сеанс обмена данными
data exchange system система обмена данными
data exposure незащищенность данных
data extension block блок расширения данных
data extent block блок расширения данных; блок экстентов данных
data extraction извлечение данных
data fast printer быстродействующий принтер
data/fax auto answer автоматический режим данные/факс
data feedback информационная обратная связь
data field поле данных
data file массив данных; файл данных
data filter информационный фильтр
data final device оконечное устройства ввода-вывода данных
data flow поток данных; информационный поток
data-flow потоковый; управляемый потоком данных
data flow architecture потоковая архитектура
data flowchart блок-схема обработки данных; блок-схема обработки информации; диаграмма потоков данных
data flow computer компьютер с потоковой архитектурой; потоковая вычислительная машина; компьютер, управляемый потоком данных
data-flow computing потоковые вычисления; потоковая обработка
data-flow control управление потоком данных
data-flow diagram схема потоков данных; блок-схема обработки информации; схема информационных потоков; диаграмма последовательности операций; диаграмма потока данных
data-flow diagrammer модуль построения диаграмм потоков данных
data-flow graph граф информационных потоков; граф потоков данных
data-flow machine машина, управляемая потоком данных; потоковая машина

data-flow rate скорость передачи данных
data-flow unit блок потока данных
data fork ветвь данных; вилка данных
data formalization формализация данных
data format формат данных
data formatting форматирование данных
data frame порция данных; кадр данных
data garbling искажение данных
data gathering сбор данных
data gathering system система сбора данных
data general programming language общий язык программирования
data generation формирование данных; генерация данных
data generation macro-instruction макрокоманда генерации данных
data generator генератор данных
data glove цифровая перчатка
data-grade UTP cable кабель «неэкранированная витая пара» категории передачи данных
datagram дейтаграмма; датаграмма
datagram header заголовок дейтаграммы
datagram mode дейтаграммный режим
datagram packet switching коммутация дейтаграмм пакетов
data graph language язык графов данных
data group группа данных
data group class класс группы данных; категория группы данных; категория группы информационных объектов
data handling обработка данных; манипулирование данными; работа с данными
data handling error ошибка в операциях с данными
data handling system система обработки данных
data handling unit устройство обработки данных
data hiding сокрытие данных; ограничение доступа к данным
data hierarchy иерархия данных
data hold-off отказ от данных; приостановка передачи данных
data house «ангар данных»; «склад данных»; хранилище данных
data identifier идентификатор данных
data-in 1. информационный вход; 2. данные на входе; входные данные
data inconsistency противоречивость данных; несовместимость данных
data independence 1. независимость от данных; 2. независимость данных
data-independent информационно-независимый; не зависящий от данных
data-independent pattern информационно-независимая схема
data information информация в виде данных
data-initiated control управление с внешним запуском
data input 1. ввод данных; операция чтения данных с источника; 2. информационный вход
data input check контроль ввода данных
data input management system система управления вводом данных
data input method метод ввода данных
data input programming программирование ввода данных
data input rate скорость ввода данных
data input station устройство ввода данных
data input voice answerback ввод данных с речевым автоответчиком
data integration интеграция данных
data integrity целостность данных; сохранность данных; неискаженность данных
data-intensive application приложение, работающее с большими объемами данных

data interblock блокировка данных; защита данных

data-interchange adapter адаптер обмена данными

data interchange format формат обмена данными

Data Interchange Standards Association Ассоциация по стандартам обмена данными

data interface интерфейс по данным; информационное сопряжение

data interface buffer интерфейсный буфер данных

data interlock блокировка данных

data interpretation system система интерпретации данных

data interrupt прерывание по данным

data in voice «данные в голосе»; система передачи цифровых данных на частотах, выделенных для речевых сигналов

data item элемент данных

data labels метки данных

data language 1. язык управления данными; 2. язык описания данных

data layer уровень данных

data layout 1. формат данных; 2. макет данных

data level уровень данных; информационный уровень

data library библиотека данных

data-light format упрощенный формат

data limiter ограничитель данных

data-limit registers регистры защиты памяти

data line 1. линия данных; информационный канал; информационная линия; линия передачи данных; 2. строка данных

data line multiplexer мультиплексор линий передачи данных

data line terminal оконечное устройство линии передачи данных

data link 1. звено данных; 2. канал связи; канал передачи данных; 3. связь по данным; 4. канальный

data link centralized operation централизованное управление звена данных

data link channel информационный канал связи; канал передачи данных

data link combined station комбинированная станция данных

data link connection identifier идентификатор канала передачи данных

data link contention mode режим соперничества звена данных

data link control управление каналом передачи данных; управление линией передачи данных

data link control identifier управляющий идентификатор канала передачи данных

Data Link Control Protocol протокол управления каналом передачи данных

data link control station управляющая станция

data link escape переключение; смена активного канала передачи данных

data link layer уровень канала передачи данных; канальный уровень; уровень звена данных

data link layer analysis анализ на уровне канала передачи данных

data link noncentralized operation нецентрализованное управление звена данных

data link primary station первичная станция сетевой обработки данных

data link protocol протокол канального уровня; канальный протокол

data link secondary station вторичная станция сетевой обработки данных

data link slave mode режим подчинения звена данных

data link slave station зависимая станция данных

data link station канальная станция

data link switching коммутация каналов передачи данных; технология коммутации каналов

data list список данных

data logger регистрирующее устройство; устройство регистрации данных; регистратор данных

data logging регистрация данных

datalogical информационно-логический

data loss потеря данных

data management организация данных; управление обработкой данных; управление данными; организация хранения и обработки данных

data management software программные средства управления обработкой данных

data management system система управления базой данных; система управления данными

data management task задача по обслуживанию данных

data manager администратор данных; СУБД

data manager repository хранилище администратора данных; библиотека администратора данных

data manipulation манипуляции с данными; манипулирование данными

data manipulation language язык управления данными; язык манипулирования данными

data manipulation logic 1. логические схемы манипулирования данными; 2. логика обработки данных

data mapping отображение данных

data mark метка данных

data marker маркер данных

datamart информационная витрина; киоск данных; подмножество хранилища данных; хранилище данных уровня подразделения; «ярмарка данных»

datamart builder программное обеспечение для построения информационных витрин

datamart production suite комплект для разработки «информационных витрин»

datamation автоматическая обработка данных; вычислительная техника

data matrix матрица данных

data medium носитель данных; среда для записи данных; машинный носитель данных; носитель информации

data medium protection device устройство защиты носителя данных

data member элемент набора данных; компонент данных

data memory память для хранения данных; память для данных

data migration миграция данных; перенос данных; подкачка данных (в иерархической памяти)

data migration facility средство передачи данных; средство переноса данных; средство миграции данных

data-migration feature средства переноса данных; средства миграции данных

data migration hardware аппаратура переноса данных

data mining добыча данных; «добыча знаний»; добыча информации; анализ, интерпретация и представления данных; извлечение информации из массивов данных

data mining product программное обеспечение анализа данных; приложение поиска, интерпретации и представления информации хранилищ данных

data mining tools средства анализа данных; инструмент добычи данных; средства анализа и представления информации хранилищ данных; интеллектуальное средство анализа, интерпретации и представления данных

data mode 1. режим данных; 2. режим обработки данных; 3. режим перемещения данных; режим передачи данных

data model модель данных

data modeler 1. разработчик модели данных; 2. средство моделирования данных

data model hierarchy иерархия моделей данных

data modeling моделирование данных
data modeling software программное обеспечение моделирования данных
data movement instruction команда пересылки данных; команда передачи данных
data name идентификатор данных; имя данных
data network сеть передачи данных
data network identification code код идентификации сети передачи данных
data object объект данных; информационный объект
data of problem условия задачи
data operation операции над данными
data organization структура данных; организация данных
data organization diagram схема организации данных
data-oriented информационно-ориентированный
data origination подготовка данных
data origination device периферийное устройство ввода и преобразования данных
data origination facility средство подготовки данных
data origination system система подготовки данных
data origin authentication аутентификация источника данных
data-out 1. информационный выход; 2. данные на выходе; выходные данные
data-out buffer буфер выходных данных
data outline схема дат
data output 1. выходные данные; 2. вывод данных
data output driver формирователь выходных данных
data over voice данные над речью; передача данных на частотах, выше частот передачи речи
DATAP передача и обработка данных
data packet buffer буфер пакета данных
data packet network сеть передачи пакетов данных
data packing упаковка данных
data partitioning декомпозиция данных; разбиение данных на разделы
data path путь данных; путь прохождения данных; тракт передачи данных; информационный канал
data path delay задержка тракта передачи
data phase фаза данных
dataphone дейтафон
dataphone adapter дейтафонный адаптер; адаптер телефонных каналов
data-phone digital service цифровая служба передачи данных и речи
data pipe конвейер данных
data pipeline линия передачи данных; конвейер данных
dataplex с мультиплексированием данных
data plotter графопостроитель
data plotting routine программа вывода данных в виде графика
data point точка на графике
data polling опрос
data polling signal сигнал вызова данных
data port порт данных
data preparation подготовка данных
data preparation system система подготовки данных
data pre-processing подготовка данных; предварительная обработка данных
data presentation представление данных
data presentation layer уровень представления данных
data presentation model модель представления данных
data presentation protocol протокол уровня представления данных
data presentation service служба представления данных
data privacy приватность данных; секретность данных; конфиденциальность данных

data privacy law закон о неприкосновенности данных
data process процесс обработки данных
data processing обработка данных; подготовка данных
data processing automation автоматизация обработки данных
data processing center центр обработки данных; вычислительный центр; ВЦ
data processing department служба обработки информации; отдел обработки данных
data processing engineer специалист в области обработки данных
data processing equipment аппаратура обработки данных; оборудование для обработки данных
data processing industry промышленность средств обработки данных
data processing machine машина для обработки данных
data processing manager 1. руководитель отдела обработки данных; 2. программа управления обработкой данных
data processing mode режим обработки данных
data processing model модель обработки данных
data processing problem проблема обработки данных; задача обработки данных
data processing program программа обработки данных
data processing rate скорость обработки данных
data processing standard стандарт на обработку данных
data processing system система обработка данных
data processing theory теория обработки данных
data processing time время обработки данных
data processing validity достоверность обработки информации
data processor процессор для обработки данных; процессор данных; устройство обработки данных
data program программа обработки данных
data protection защита данных
Data Protection Directive Директива о защите данных
data protocol протокол передачи данных
data-pump ядро модема; функциональный блок приема-передачи данных; «насос» данных
data purification исправление ошибок в данных; выверка данных
data qualification 1. классификация данных; 2. уточнение данных
data quality management управление качеством данных
data-query language язык запросов
data rate 1. скорость передачи данных; 2. частота передачи данных
data rate speed скорость передачи данных
data reader устройство считывания данных
data reading чтение данных; считывание данных
data reads считываемые данные
data received полученные данные; принятые данные
data receiver приемник данных; отправитель данных
data recognition распознавание данных
data record 1. запись данных; 2. информационная запись
data recorder прибор регистрации данных; прибор для записи данных
data record extension расширение записи
data recording регистрация данных; запись данных
data recording device устройство записи данных
data recording system система регистрации данных; система записи данных
data record skip пропуск записи
data-recovery services средства восстановления данных
data reduction 1. сжатие данных; уплотнение данных; 2. предварительная обработка данных; предварительное преобразование данных; 3. приведение данных; редукция данных

data reduction center 1. центр уплотнения данных; 2. центр предварительной обработки информации

data reduction system система уплотнения данных; система сжатия данных

data redundancy избыточность данных

data regeneration code код восстановления данных

data register регистр данных

data remote transfer дистанционная передача данных

data replication тиражирование данных; репликация

data representation представление данных

data representation system система представления данных

data reproducing apparatus устройство для копирования носителей данных

data request запрос на получение данных

data requester запросчик данных

data resource management управление информационными ресурсами

data retention сохранение данных; хранение данных

data retrieval 1. выборка данных; 2. обращение к данным; 3. поиск данных

data retrieval structure структура считывания данных; схема считывания данных

data retrieval system информационно-поисковая система

data sample выборка данных

data scan сканирование трактов данных; сканирующая тест-последовательность трактов данных; просмотр данных

data scanning просмотр данных; сканирование данных

data scanning and routing сканирование и маршрутизация данных

data scattering and gathering разбрасывание и собирание данных

data scrambler скремблер данных

data screen экран представления данных; окно представления данных

data search поиск данных

data sector сектор данных

data security 1. безопасность данных; защита данных; 2. секретность данных; 3. надежность хранения данных

data security officer офицер безопасности; ответственный за защиту данных

data segment сегмент данных

data selection выборка; выбор данных; отбор данных

data selector/multiplexer селектор/мультиплексор данных

data semantics семантика данных

data sender источник данных

data-sensitive чувствительный к данным

data-sensitive fault дефект, чувствительный к данным

data separation разбивка данных; разметка данных

data sequence последовательность данных

data series серии данных

data server сервер базы данных

data services агенты доступа к данным

data service unit 1. модуль обслуживания данных; 2. сервисный блок данных; 3. устройство обслуживания данных; устройство обработки данных

data set набор данных; совокупность данных

data set allocation распределение наборов данных

data set archive архив наборов данных

data set busy lock блокировка набора данных по занятости

data set catalog каталог набора данных

data set control block блок управления набором данных

data set creation формирование набора данных

data set deletion удаление набора данных

data set disposition диспозиция набора данных

data set extension расширение набора данных

data set generation поколение набора данных

data set group группа наборов данных

data set identifier идентификатор набора данных

data set information map информационная карта набора данных

data set label метка набора данных

data set name имя набора данных

data set organization организация набора данных

data-set problem задача обработки наборов данных

data set ready источник данных готов

data set security защита набора данных

data set state состояние набора данных

data-set trailer label метка конца массива данных

data-set utility program программа обслуживания наборов данных

data sharing совместное использование данных; коллективное использование данных; разделение данных

datasheet 1. таблица; таблица данных; 2. режим таблицы; 3. формуляр с данными; бланк данных; 4. техническое описание

datasheet view режим таблицы

data signal сигнал передачи данных; сигнал данных; информационный сигнал

data signaling rate скорость передачи сигналов

data sink приемник данных

data sorting сортировка данных; упорядочение данных

data source 1. передатчик данных; 2. источник данных

data span диапазон (значений) данных

data specification определение данных; описание данных; спецификация данных

data specification error ошибка спецификации данных

data spread разброс данных

data staging перемещение данных

data station 1. пункт сбора и обработки данных (в сети); 2. станция данных; сетевая станция передачи данных

data storage 1. хранение данных; 2. память для хранения данных

data storage area область хранения данных

data storage cupboard стойка запоминающего устройства

Data Storage Description Language язык описания хранения данных; язык описания физической структуры базы данных

data storage equipment оборудование для хранения данных

data store 1. массив данных; хранилище данных; информационный массив; 2. устройство для хранения данных

data storm постоянная циркуляция пакетов данных; зацикливание пакетов (между сегментами сети)

data stream поток данных; информационный поток

data stream trailer концевик потока данных

data striping чередование данных; расслоение данных

data striping array дисковый массив с чередованием данных; дисковая матрица с интерливингом данных на дисках

data structure структура данных

data structure definition определение структуры данных

data-structure diagram диаграмма структуры данных

data structure language язык описания структуры данных

data subject субъект данных

data sublanguage подъязык данных

data surveillance контроль данных

data switching center коммутационный центр; коммутационная станция; центр коммутации сообщений

data switching exchange устройства коммутации данных

data synchronization unit блок синхронизации данных

data-sync line линия синхронизации данных

data system информационная система; система обработки данных

data system specification спецификация системы обработки данных

data table таблицы данных

data tablet графический планшет; планшет

data tape reader устройство считывания данных с ленты

data technique техника сбора и обработки данных

data terminal оконечное устройство ввода данных

data terminal equipment оконечное оборудование данных; терминальное оборудование; оконечное оборудование

data terminal reader устройство ввода данных цифрового терминала

data terminal ready сигнал готовности терминала

data test equipment оборудование для проверки систем передачи и обработки данных

data text file текстовый файл данных

data theory теория данных

data throughput пропускная способность

data time время обмена данными

data track информационная дорожка; дорожка данных; дорожка для записи данных; трек данных

data tracking отслеживание изменений данных

data traffic трафик данных; поток данных; информационная нагрузка

data transceiver приемопередатчик данных

data transfer пересылка данных; передача данных

data transfer address адрес буфера дисковых операций

data transfer channel канал передачи данных

data transfer interface интерфейс передачи данных

data transfer operation операция по передаче данных

data transfer path 1. канал передачи данных; 2. путь передачи данных; маршрут передачи данных

data transfer protocol протокол передачи данных

data transfer rate скорость передачи данных

data transfer sequence последовательность передачи данных

data transfer system система передачи данных

data transfer unit блок передачи данных

data transformation unit блок преобразования данных

data translation конвертирование данных; преобразование данных; трансляция данных

data transmission передача данных

data transmission analyzer анализатор передаваемых цифровых данных

data transmission and control system система передачи и управления данными

data transmission and processing передача и обработка данных

data transmission and switching передача и коммутация данных

data transmission block блок передачи данных

data transmission channel канал передачи данных

data transmission controller контроллер передачи данных

data transmission costs стоимость передачи данных

data transmission equipment оборудование для передачи данных

data transmission feature 1. средство передачи данных; 2. характеристика системы передачи данных

data transmission interface интерфейс передачи данных

data transmission line линия передачи данных

data transmission network сеть передачи данных

data transmission path тракт передачи информации

data transmission rate скорость передачи данных

data transmission system система передачи данных

data transmission terminal unit терминальный блок передачи данных

data transmission time время передачи данных

data transmission unit устройство передачи данных

data transmission unit adapter устройство сопряжения для передачи данных; адаптер устройства передачи данных

data transmission validity достоверность передачи информации

data transmit channel канал передачи данных

data transmitter передатчик данных

data transparency 1. независимость от данных; 2. прозрачность данных

data two-way alternate transmission двусторонний поочередный обмен данными

data two-way simultaneous transmission двусторонний одновременный обмен данными

data type тип данных

data-type check контроль типов данных

data under voice передача данных на частотах ниже речевых; передача цифровых данных на частотах, ниже выделенных для звуковых сигналов; «данные под голосом»

data unit блок данных; блок обработки данных; единица данных; элемент данных

data updating актуализация данных; обновление данных

data utilization обслуживание данных

data validation проверка достоверности данных; проверка корректности данных; подтверждение правильности данных; проверка допустимости данных

data validity достоверность данных

data vector информационный вектор

data verification верификация данных; контроль данных

data/video conferencing организация телеконференций с передачей данных и видео

data visualization визуализация данных

dataware информационное обеспечение

data warehouse информационное хранилище; хранилище данных; «склад» данных

data warehousing организация хранилищ данных большого объема; технология информационных хранилищ

data-warehousing system система хранилищ данных; система управления хранилищем данных; хранилище данных

data warehousing tools инструменты построения хранилищ данных; инструментальные средства информационных хранилищ

dataway информационная шина; магистраль данных; информационный канал

dataway processor процессор информационного канала; процессор магистрального канала

data window окно данных

data-window painter средство построения окна данных

data word слово данных; информационное слово

data word format формат информационного слова

data word length длина слова данных

data write register регистр записи данных

data writes записываемые данные

date 1. дата; срок; 2. датировать

date and time дата и время

date and time header объект-заголовок даты и времени

dated старый; устаревший; давно известный

date field поле даты

date grouping группирование по датам

date label метка даты; отметка даты

dateline выходные данные (полигр.)

date separator разделитель компонентов даты

date stamp отметка даты; дата изменения файла

date/time дата/время

DATS система передачи данных

datum 1. начало отсчета; 2. база; 3. исходное положение; 4. элемент данных; единица данных; данное; данная величина

datuming 1. установка в исходное положение; 2. выверка по базе; проверка по эталону

datum-limit registers регистры защиты памяти

datum line базовая линия; база; ось координат

DAU адаптер данных

3D audio средства объемного звучания

daughter дочерний; порожденный

daughter board дочерняя плата; плата более низкого уровня

daughter card дочерняя плата

daughter node дочерний узел; порожденный узел; узел-потомок

DAV 1. передача данных на полосе частот, выше речевых; система передачи цифровых данных на частотах выше речевых; «данные над голосом»; 2. данные действительны; сигнал DAV

day день; сутки

day clock датчик истинного времени; часы истинного времени

daylight дневной свет

daylight savings time летнее время

daylight time поясное время

day saving time летнее время

dB децибел

DB 1. база данных; 2. цифровой блок

DBA администратор базы данных

3D bar graph трехмерная столбчатая диаграмма; трехмерный столбчатый график; объемная линейчатая диаграмма

dBc «децибелов ниже несущей»

DBC машина базы данных

DBCL язык управления базами данных

DBCS набор двухбайтовых символов

DBCU блок управления шиной данных

D-benchmark эталонная тестовая программа оценки производительности

DBF технология динамического формирования луча ЭЛТ

2D bitmap special effects 2-мерные растровые эффекты

DBL загрузка базы данных

DBMS система управления базами данных; СУБД

3D box параллелепипед

DBP процессор базы данных

DBPSK дифференциальное двоичное переключение со сдвигом фазы

DBR мост/маршрутизатор (устанавливаемый на коммутируемых линиях)

3D browser трехмерный браузер; 3D-браузер; браузер для просмотра трехмерной графики; пространственный браузер; трехмерная система просмотра

DBS 1. прямое спутниковое вещание; 2. сервер базы данных

DBS provider поставщик услуг доступа с помощью прямой спутниковой связи

D-bus D-шина

DC 1. контекст устройства; 2. символ управления устройством; 3. постоянный ток; 4. канал передачи данных; 5. сбор данных; 6. передача данных; 7. конференц-связь настольных систем

DCA 1. адаптер передачи данных; 2. архитектура содержания документов

DC/AC преобразование постоянного напряжения в переменное

DC amplifier 1. усилитель постоянного тока; 2. усилитель с обратной связью

D-cash кэш-данных

DCB 1. блок описания устройства; 2. блок управления данными; 3. плата контроллера диска; 4. плата сопроцессора диска; 5. управляющая база данных домена

DCC 1. канал обмена данными; канал передачи данных; 2. цифровая сотовая радиосвязь; 3. цифровая компакт-кассета

DCD обнаружен информационный сигнал

DCE 1. аппаратура передачи данных; 2. оконечное оборудование канала передачи данных; 3. распределенная вычислительная система; распределенная вычислительная среда; среда распределенных вычислений; 4. оборудование для преобразования данных; 5. узел коммутации пакетов (в X.25)

DC erasing стирание постоянным током

DC erasing head головка стирания постоянным током

DC-frames DC-кадры; независимо сжатые кадры с большой потерей качества

D channel D-канал; канал данных; канал для передачи служебных сообщений

3D chip set набор микросхем трехмерной графики

DCI 1. интерфейс канала передачи данных; 2. интерфейс управления дисплеем

DC integrator интегратор постоянного тока

DCL язык управления данными

DCME оборудование мультиплексирования для цифровых линий

DCN 1. распределенная компьютерная сеть; распределенная вычислительная сеть; 2. разъединить

3D column chart объемная гистограмма

DCOM модель распределенных объектных компонентов; модель распределенных объектов

3D command команда трехмерного черчения (САПР)

DCP 1. платформа распределенных компонентов; 2. программа управления дисплеем; 3. процессор передачи данных

DCR динамическая калибровка цвета

DCS 1. компьютерное цветоделение; цифровое цветоделение; 2. распределенная система управления; 3. система передачи данных

DCSA цифровое криптографическое средство защиты

d.c. signaling сигнализация посылками постоянного тока

DCSS динамический выбор линейной скорости

DCT 1. терминал для передачи данных; 2. дискретное косинусоидальное преобразование; дискретное косинусное преобразование

DCU 1. устройство управления данными; 2. блок управления данными

3D cube параллелепипед

DCV цифровое кодирование речи

DD 1. цифровой дисплей; индикатор данных; 2. двойная плотность

DDA цифровой дифференциальный анализатор

DDAS система сбора цифровой информации

3D data visualization визуализация трехмерных данных

DDB 1. блок данных устройства; 2. блок дескриптора устройства; 3. распределенная база данных; 4. распределенная магистраль

DDBMS система управления распределенными базами данных

DDC 1. цифровой канал данных; 2. прямое цифровое управление

DDCB блок управления устройством DOS

DDCE цифровой преобразователь данных

DDCMP протокол цифровой передачи сообщений; протокол цифровой передачи данных

DDCS сервер связи с распределенными данными

DD/D словарь базы данных

DDD 1. диск с двойной плотностью; 2. автоматический вызов удаленного абонента

DDDLU динамическое определение зависимых логических блоков

DDE 1. прямой ввод данных; 2. динамический обмен данными

DDE links связи DDE; DDE-связи
DDE operations операции DDE
DDFD дискета с двойной плотностью записи
DDI интерфейс драйверов внешних устройств
DDK комплект средств для разработки драйверов; средства создания драйверов
DDL язык описания данных; язык определения данных
DDLCN распределенная сеть компьютеров на основе двойного кольца
DDL query управляющий запрос
DDM система управления распределенными данными; распределенное управление данными
DDMA прямой доступ к дисковой памяти; прямой доступ к памяти на дисках
DDMF динамически вызываемые функции-элементы
DDN цифровая сеть передачи данных
DDNS динамическая система доменных имен; динамическая система именования доменов
DDP 1. процессор для обработки цифровых данных; 2. распределенная обработка данных; децентрализованная обработка данных
DDR 1. динамическая реконфигурация устройств; 2. удвоение тактовой частоты шины данных; 3. двойная скорость передачи данных
2D drawing 1. двумерное черчение; черчение на плоскости; 2. двумерный чертеж; плоский чертеж; чертеж на плоскости
3D drawing трехмерное черчение
DDRM справочное руководство по интерфейсу драйверов устройств/интерфейсу ядра
DDR SDRAM синхронное динамическое ОЗУ с удвоением тактовой частоты шины данных
DDS 1. выделенная линия связи; 2. прямой цифровой синтез; 3. накопитель цифровых данных; 4. служба передачи цифровых данных; цифровая служба передачи данных; 5. система передачи цифровых сигналов
DDSN цифровая наложенная сеть
DD-statement оператор определения данных
DDT устройство передачи цифровых данных
DDVT виртуальная таблица динамической диспетчеризации; таблица динамического вызова
DEA алгоритм шифрования данных
deactivate 1. деактивировать; деактивизировать; 2. отменять; 3. выключать
deactivating отключение; деактивация; деактивизация; вывод из работы
deactivation 1. деактивизация; 2. прекращение работы
dead пассивный; заблокированный; мертвый
dead band мертвая зона; зона нечувствительности
deadbanding обход мертвой зоны
dead block пассивный блок
dead-character диакритический знак
dead code невыполняемый участок программы; «мертвый» код; неиспользуемый код
dead code elimination исключение неиспользуемого кода; устранение нерабочих участков кода
dead embrace мертвый захват
dead enable останов без возможности повторного пуска
dead-end тупиковый
dead end тупик; останов без возможности перезапуска
deadener поглотитель шума
dead file 1. неиспользуемый файл; 2. потерянный файл
dead halt останов без возможности повторного пуска
dead key слепая клавиша; немаркированная клавиша
dead letter queue очередь отвергаемых сообщений; очередь зависших сообщений
deadline крайний срок

deadlock 1. взаимоблокировка; взаимная блокировка; 2. блокировка; зависание; 3. тупик; тупиковая ситуация; 4. блокировать
deadlock condition тупиковая ситуация
deadlock correction устранение тупиковой ситуации
deadlock handling обработка тупиковых ситуаций
deadly embrace тупиковая ситуация; «мертвая хватка»
dead-on-arrival integrated circuit отбракованная интегральная схема; интегральная микросхема, отбракованная на входном контроле
dead point мертвая точка
deadstart неудачный запуск
dead station alarm уведомление о нефункционирующей рабочей станции
dead time время простоя; время работы вхолостую; нерабочее время
dead zone 1. мертвая зона; зона молчания; 2. зона нечувствительности (устройства)
deafening звукоизоляция
deaf node «глухой» узел
dealer агент по продаже; посредник; дилер
dealer information system система информационного обеспечения дилеров
dealing with complexity борьба со сложностью; обуздание сложности
deallocate освободить; освобождать
deallocate heap space освобождение памяти в динамически распределяемой области
deallocation освобождение; открепление
dearchive загружать из архива; разархивировать
DEB 1. блок расширения данных; блок экстентов данных; 2. настольное устройство расширения
debatable time время простоя по невыясненной причине
debet 1. дебет; долг; 2. дебетовать; вносить в дебет
debet card дебетовая карта
DE bit бит разрешения сброса
deblock 1. распаковать блок записей; 2. разблокировать; 3. разделять блоки
deblocking 1. разблокирование; 2. распаковка блоков информации; деблокирование; разделение блоков; распаковка
debouncing устранение дребезга контактов
de Bruijn diagram диаграмма де Бруина
debug 1. отлаживать; 2. налаживать; 3. дорабатывать; 4. устранять неполадки; устранять неисправности; выявлять и устранять ошибки
debug aids средства отладки
debug command команда отладки; отладочная команда
debuggee отлаживаемая программа
debugger отладчик; программа отладки
debugger firmware программно-аппаратные средства отладки
debugging 1. отладка; 2. наладка; 3. доработка; 4. устранение неполадок; устранение неисправностей
debugging aids средства отладки; вспомогательные средства отладки
debugging compiler отладочный компилятор
debugging condition режим отладки
debugging data отладочные данные; отладочная информация
debugging facility средство отладки
debugging facility output вывод результатов отладки
debugging information отладочная информация; информация для отладки
debugging packet пакет отладки
debugging session сеанс отладки

debugging state отладочное состояние
debugging statement оператор отладки; отладочный оператор
debugging system система отладки
debugging time время отладки
debugging utility отладочная программа
debug information информация для отладки; отладочная информация
debug macrocommand макрокоманда отладки
debug monitor отладчик
debug register регистр отладки
debug stimulus тест-вектор (для отладки)
debug time время отладки
debug tool средства отладки; отладчик
debug version отладочная версия
debug window окно отладки
debug with arbitrary record format отладка в формате с произвольными записями
dec представленный в десятичной системе
decade 1. декада; 2. десятичный разряд; 3. декадный; 4. десятичный
decade counter десятичный счетчик
decahedron десятигранник; декаэдр
decal переводные картинки (в графике)
decapsulation 1. расформирование; разборка; декапсуляция; извлечение данных из сообщения; 2. разгерметизация
decatenation декатенация; разъединение
decay 1. спад; затухание; ослабление; снижение; 2. послесвечение; 3. ухудшение изображения; 4. срез (импульса); 5. разрушение; распад; 6. спадать; затухать; ослабляться; 7. распадаться
decay coefficient коэффициент затухания
decay constant коэффициент затухания; постоянная затухания; постоянная времени затухания
decay time время спада импульса
DEC command language командный язык фирмы DEC
decelerate замедлять; замедляться
deceleration замедление; торможение
deceleration time время останова; время торможения
decentralization децентрализация
decentralized децентрализованный
decentralized computer network децентрализованная вычислительная сеть
decentralized control децентрализованное управление
decentralized data bank децентрализованный банк данных
decentralized data processing децентрализованная обработка данных
decentralized system децентрализованная система
decibel децибел; дБ
decibel-log frequency characteristic логарифмическая частотная характеристика
decibel meter измеритель относительного уровня мощности в децибелах
decidable разрешимый
decimal 1. десятичное число; 2. десятичная дробь; 3. десятичный
decimal addition десятичное сложение; сложение в десятичной системе
decimal adjust десятичная коррекция
decimal adjust bit разряд десятичной коррекции
decimal alignment десятичное выравнивание; выравнивание десятичных чисел
decimal arithmetic десятичная арифметика
decimal arithmetic instruction команда десятичной арифметики
decimal base десятичное основание

decimal-binary двоично-десятичный
decimal carry десятичный перенос
decimal classification десятичная классификация
decimal code десятичный код
decimal computer десятичный компьютер
decimal constant десятичная константа
decimal data десятичные данные
decimal exponent десятичный порядок; десятичный показатель степени
decimal index десятичный индекс
decimal instruction десятичная команда
decimal key 1. клавиша десятичных цифр; 2. десятичный ключ поиска
decimal location местоположение разряда десятичного числа
decimal matrix adder десятичный матричный сумматор
decimal notation десятичное представление; десятичная система счисления
decimal number десятичное число
decimal number system десятичная система счисления
decimal overflow десятичное переполнение
decimal place десятичный разряд; десятичных знак
decimal places число десятичных знаков
decimal point десятичная точка (запятая)
decimal point alignment настройка десятичной точки (запятой)
decimal point setting установка десятичной точки (запятой)
decimal subtraction десятичное вычитание
decimal system десятичная система
decimation децимация; прореживание
decipher дешифровать; декодировать; расшифровывать; дешифровывать
decipherable разборчивый; поддающийся расшифровке
decipherer дешифратор; устройство для расшифровывания
deciphering декодирование; расшифровывание
decipherment расшифровывание; дешифровывание
decision 1. решение; 2. принятие решение; 3. выбор
decision algorithm алгоритм принятия решения; алгоритм выбора решения
decision alternative альтернатива возможного решения
decision analysis анализ выработки решений
decision assessment оценка решения
decision box блок ветвления; блок проверки условия; блок принятия решения
decision contents решение
decision element решающий элемент
decision feedback equalizer блок коррекции с адаптивной решающей обратной связью
decision function функция выбора решения; решающая функция
decision gate схема принятия решений
decision instruction команда выбора решения; команда ветвления
decision integrator решающий интегратор
decision maker ответственный за принятие решений; лицо, принимающее решения
decision making принятие решений
decision-making device схема выбора решения
decision making support system система поддержки принятия решений
decision-making system система принятия решений
decision-making under uncertainty принятие решений в условиях неопределенности
decision mechanism механизм принятия решений
decision-oriented information информация, ориентированная на решение

decision problem 1. задача принятия решения; 2. проблема разрешимости

decision procedure 1. метод решения; 2. разрешающая процедура

decision-relevant information информация, важная для принятия решения

decision space пространство решений

decision support поддержка принятия решений; средства поддержки принятия решений

decision-support application приложение поддержки принятия решений

decision support database база данных системы принятия решений

decision support/making system система поддержки принятия решений

decision support query запрос в системе поддержке принятия решений

decision-support replication тиражирование в система поддержки принятия решений

decision support system система поддержки принятия решений

decision table решающая таблица; таблица решений

decision theory теория принятия решений

decision tree дерево решений

decision-tree drafting конструирование дерева решений

decision-tree model модель дерева принятия решений

decision variable переменная решения; условная переменная

deck 1. лентопротяжный механизм; лентопротяжное устройство; 2. пачка; колода; 3. подзаголовок; строка с дополнительной информацией о статье

declaim отказываться

declaration объявление; описание

declaration by name объявление по имени

declaration information информация об описании

declaration macroinstruction описательная макрокоманда

declaration order порядок объявления

declaration part раздел описаний

declaration specifiers спецификаторы объявлений

declarative 1. описатель; 2. декларативный; описательный; объявляющий

declarative instruction команда объявления; декларативная команда

declarative item сегмент объявления

declarative knowledge декларативные знания

declarative language декларативный язык

declarative macroinstruction описательная макроинструкция; описательная макрокоманда

declarative part раздел описаний

declarative representation декларативное представление

declarative sentence описание процедуры

declarative statement оператор описания; декларативный оператор; описатель

declarator оператор объявления; декларатор; описатель

declare описывать

declared описанный

declared length объявленная длина

declared symbol описанный символ

declared variable описанная переменная

declarer описатель

declaring procedure объявляющая процедура

declination 1. склонение; 2. спад; снижение; уменьшение; 3. отклонение

decline an event отклонить событие (в PIM)

DEC Network Architecture сетевая архитектура фирмы Digital Equipment; архитектура DNA

decode декодировать; дешифровать

decoded address расшифрованный адрес

decoder 1. декодер; декодирующее устройство; дешифратор; 2. демодулятор; 3. преобразователь кода

decoder/demultiplexer декодер/демультиплексор

decoder/driver дешифратор-формирователь

decoder error ошибка декодирования

decoder matrix декодирующая матрица; дешифратор

decoding декодирование; дешифрирование

decoding algorithm алгоритм декодирования; декодирующий алгоритм

decoding gate декодирующий вентиль

decoding machine декодирующая машина

decoding matrix декодирующая матрица

decoding program декодирующая программа

decoding scheme схема декодирования

decollate разрывать

decollation рассортировка; разделение на части

decollator сортировальное устройство; раскладочное устройство; сортировка

decommitting physical storage возврат физической памяти

decommutation дешифрирование кадра

decompaction разуплотнение

decompilation декомпиляция

decompiler декомпилятор; детранслятор; обратный транслятор

decomposable разложимый

decomposable game разложимая игра

decomposable matrix разложимая матрица

decompose 1. разбирать на составные части; разбивать на составные части; подвергать декомпозиции; разлагать; расчленять; разбивать; 2. разлагать; 3. распадаться

decomposer программа разбиения

decomposition декомпозиция; разложение; разбиение

decomposition by the levels of control декомпозиция на основе выделения уровня управления

decomposition in space пространственная декомпозиция

decomposition of logical function декомпозиция логических функций

decomposition operator оператор разложения

decompress разворачивать; распаковывать; декомпрессировать

decompressing распаковка

decompression распаковка; разуплотнение

deconvolution деконволюция

deconvolve находить обратное преобразование свертки; обращать свертку

decorated name расширенное имя

decorative border декоративная рамка; бордюрная рамка

decouple 1. развязывать; 2. нарушать связь

decoupled buses изолированные шины; «развязанные» шины

decoupler развязка; развязывающее устройство

decoupling 1. разъединение; расщепление; 2. нарушение связи; 3. развязка; развязывание; 4. разделение

decoupling filter развязывающий фильтр

decoupling network развязывающая цепь; цепь развязки

decrease уменьшить

decrease horizontal space уменьшить интервалы по горизонтали

decrease indent уменьшить отступ

decrease vertical space уменьшить интервалы по вертикали

decreasing function убывающая функция

decreasing sequence убывающая последовательность

decrement декремент; отрицательное приращение

decremental operation операция уменьшения; декрементная операция; операция декремента

decrement by one уменьшать на единицу

decrement counter вычитающий счетчик

decrement field поле декремента

decrement operation операция уменьшения; декрементная операция; операция декремента

decrement operator операция уменьшения на единицу; знак операции уменьшения на единицу

decrypt database as дешифрование базы данных под именем

decryption расшифровывание; расшифровка; дешифрация; дешифровывание

decryption logic логические схемы расшифровки

decryptment расшифровывание; дешифровывание

DECT модифицированная цифровая беспроводная телефония; цифровые европейские беспроводные коммуникации; европейский стандарт на цифровую беспроводную связь; европейская цифровая телефония; стандарт DECT

DECT technology технология цифровой беспроводной телефонной связи; стандарт DECT

DED экранные формы пользователя

dedicated выделенный; назначенный; специализированный

dedicated application специализированное применение

dedicated channel выделенный канал; закрепленный канал; специализированный канал

dedicated channel option средство распределения каналов

dedicated circuit закрепленный канал; выделенный канал

dedicated computer специализированный компьютер

dedicated device выделенное устройство

dedicated DOS специализированная DOS

dedicated file-server network сеть с выделенным сервером

dedicated leased digital line выделенная арендуемая цифровая линия

dedicated line выделенная линия

dedicated memory специализированная память

dedicated mode выделенный режим; специализированный режим; специальный режим

dedicated register выделенный регистр

dedicated router специализированный маршрутизатор

dedicated server выделенный сервер; специализированный сервер

dedicated system специализированная система

dedicated trap cells ячейки для сохранения данных при прерывании

dedicated unit выделенное устройство

dedication выделение; назначение; закрепление

3D editing трехмерное редактирование; редактирование объектов в трехмерном пространстве

deduce 1. выводить; заключать; 2. прослеживать

deducibility выводимость

deduction 1. вычитание; 2. дедукция; вывод; умозаключение; заключение; 3. вычитаемое

deduction card карта исключения

deduction theorem теорема о дедукции

deductive дедуктивный

deductive chain дедуктивная цепочка

deductive database дедуктивная база данных

deductive inference дедуктивный вывод

deductive machine дедуктивная машина

deductive method дедуктивный метод

deductive response дедуктивный вывод

deductive theory дедуктивная теория

DEE средства шифрования данных; аппаратура кодирования данных

deemphasis коррекция предыскажений; устранение высокочастотных составляющих сигнала

deemphasize запрещать выбор; блокировать выбор

deenergization отключение напряжения; обесточивание; отключать питание

deenergization выключение; отключение питания

deenergize 1. отключать напряжение; обесточивать; отключать питание

deep binding глубокое связывание

deep copy глубокое копирование

deep-etch глубокий офсет

deep structure глубинная структура

def определение

de facto standard стандарт де факто; фактический стандарт

default 1. значение по умолчанию; умолчание; 2. оператор умолчания; 3. стандартный; используемый по умолчанию; принимаемый по умолчанию; установленный по умолчанию; выбранный по умолчанию; 4. принимать значения по умолчанию

default argument promotion продвижение параметра по шкале типов, выполняемое по умолчанию

default assignment присваивание по умолчанию

default attribute стандартный атрибут; атрибут, используемый по умолчанию

default background color цвет фона по умолчанию

default button основная кнопка; кнопка, используемая по умолчанию

default cell effect вид сетки по умолчанию (в Access)

default color цвет по умолчанию

default column width ширина столбца по умолчанию

default condition состояние по умолчанию

default configuration типовая конфигурация; стандартная конфигурация; поставочная конфигурация; конфигурация по умолчанию

default constructor конструктор по умолчанию

default copy-initializer копировщик-инициализатор, используемый по умолчанию

default declaration объявление с присваиваемыми по умолчанию значениями; стандартное описание; описание по умолчанию

default device устройство, используемое по умолчанию

default directory основной каталог; каталог по умолчанию

default drive дисковод по умолчанию; текущий диск

default editing работа с записями

default field sizes размеры полей по умолчанию

default field type тип поля по умолчанию

default file location каталог по умолчанию

default find/replace behavior поиск/замена по умолчанию

default font шрифт по умолчанию; системный шрифт устройства

default font color цвет текста по умолчанию

default font italic наклонный по умолчанию (о шрифте)

default font name шрифт по умолчанию

default font size размер шрифта по умолчанию

default font underline подчеркивание шрифта по умолчанию

default font weight насыщенность шрифта по умолчанию

default gridlines color цвет сетки по умолчанию

default gridlines horizontal горизонтальные линии сетки по умолчанию

default gridlines showing линии сетки по умолчанию

default gridlines vertical вертикальные линии сетки по умолчанию

default handler обработчик, устанавливаемый по умолчанию

default holidays выходные дни по умолчанию

default library библиотека, используемая по умолчанию

default logic логика умолчания

default login script процедура регистрации по умолчанию

default number field size размер числовых полей по умолчанию

default open mode режим открытия по умолчанию

default option безусловный выбор; параметр, используемый по умолчанию; параметр, выбираемый по умолчанию; выбор по умолчанию

default page size формат страницы по умолчанию

default palette палитра по умолчанию

default parameter параметр, используемый по умолчанию; подразумеваемое значение параметра

default printer текущий принтер; принтер по умолчанию

default print job configuration конфигурация задания печати по умолчанию

default process heap стандартная динамически распределяемая память процесса

default queue очередь по умолчанию

default reaction реакция по умолчанию

default record locking блокировка по умолчанию

defaults значения по умолчанию

default scope контекст имени по умолчанию

default settings значения по умолчания; параметры по умолчанию; установки по умолчанию; значения, устанавливаемые по умолчанию

default state состояние по умолчанию

default text field size размер текстовых полей по умолчанию

default user гипотетический пользователь

default value значение по умолчанию; значение, используемое по умолчанию

default verb операция по умолчанию

defect дефект; неисправность; повреждение; недоработка

defective дефектный; неисправный; поврежденный

defective block дефектный блок

defective device неисправное устройство

defective spot дефектный участок

defective track дефектная дорожка

defective track flagging маркировка бракованной дорожки

defective unit дефектный элемент

defective value дефектное значение

defect map карта дефектных зон

defect prevention профилактика дефектов

defect skip обход дефектного участка; пропуск дефекта

defect-tolerant устойчивый к дефектам

defence защита

defender защитник; антивирусная программа

defer откладывать; задерживать

deference отсрочка; задержка

deferrable допускающий задержку

deferred отложенный

deferred address косвенный адрес

deferred addressing косвенная адресация; отсроченная адресация

deferred approach to the limit постепенный переход к пределу

deferred connectivity отложенное взаимодействие

deferred constant задержанная постоянная; константа времени выполнения

deferred echo задержанное воспроизведение

deferred entry 1. отсроченный ввод; 2. задержанный вход; отсроченный вход

deferred exit отсроченный выход; отложенный выход; задержанный выход

deferred interrupt отсроченное прерывание

deferred maintenance отсроченное техническое обслуживание; задержанное обслуживание; отложенное обслуживание

deferred mounting отсроченный монтаж

deferred printing отложенная печать

deferred restart задержанный рестарт; отложенный рестарт

deffuzzification получение результата методом нечеткой логики

defiation понижение порядка

definability определимость

definable определимый

definable parameter определяемый параметр

define определять; описывать

define a problem формулировать задачу

define constant statement оператор определения константы

defined определенный

defined behavior определенное переопределение

define declarative определяющее описание

defined error code определенный код ошибки

defined format определенный формат

defined item определенный элемент

defined notion определенное понятие

defined record length определенная длина записи

defined symbol определенный идентификатор; определенный символ

defined value определенное значение

defined variable определенная переменная

define storage statement оператор определения памяти

definiendum определяемое выражение

definiens определяющее выражение

defining curve определяющая кривая

defining declaration определяющее описание; определяющее объявление

definite определенный

definite composition law закон постоянства состава

definite integral определенный интеграл

definite program окончательная программа; отлаженная программа

definite proportion law закон постоянства состава

definition 1. определение; описание; 2. разрешение; разрешающая способность; 3. четкость (изображения); 4. формирование рисунка; 5. задание; постановка;

definitional domain область определения

definitional language язык с однократным присваиванием

definition area область определения

definition instruction инструкция определения

definition of objectives целеполагание

definition phase стадия определения технико-экономических условий

definitions module модуль определений

definitive полный; окончательный

definitive agreement окончательное соглашение

definitive program окончательная программа; отлаженная программа

deflate понижать порядок

deflating дефляция

deflect 1. отклоняться; 2. преломляться

deflection 1. отклонение; 2. преломление

deflection action действие по отклонению

deflection amplifier усилитель отклонения

deflection curve упругая кривая; кривая прогиба

deflection polarity направление отклонения луча (в ЭЛТ)

deflection yoke отклоняющая система

deflector отклоняющая катушка (ЭЛТ)

defocus расфокусировать; дефокусировать

deformation деформация

deformer деформатор

defrag дефрагментировать (диск)

defragging дефрагментация (диска)

defragmentation дефрагментация

defringe бахрома (в графических пакетах)

defringing создание бахромы

defringing objects 1. удаление «бахромы» объектов; 2. отделка объектов «бахромой»

deg 1. степень; порядок; 2. градус
degate function блокирующая функция
degating logic блокирующая логика
degauss стирать; размагничивать
degaussing магнитостатическая коррекция
degeneracy 1. вырождение; 2. кратность вырождения
degeneracy condition условие вырождения; условие вырожденности
degenerated case вырожденный случай
degenerate semiconsuctor вырожденный полупроводник
degenerate tunnel diod обращенный диод
degeneration 1. обращение; 2. отрицательная обратная связь
degradation 1. деградация; ухудшение; ухудшение параметров; 2. снижение работоспособности; сужение возможностей; уменьшение возможностей (системы); 3. снижение эффективности функционирования; снижение производительности; 4. сокращение; 5. замедление
degradation factor коэффициент снижения производительности; степень деградации
degradation failure постепенный отказ
degradation mechanism механизм ухудшения характеристик
degraded network сеть с ухудшенными характеристиками обслуживания
degrading effect эффект ухудшения рабочих характеристик
degree 1. степень; порядок; 2. градус
degree of accuracy степень точности
degree of belief степень доверия
degree of complexity сложность; уровень сложности; степень сложности
degree of convergence степень сходимости
degree of current rectification коэффициент выпрямления по току
degree of curvature порядок кривой
degree of curve 1. порядок линии; 2. кривизна круговой кривой
degree of differential equation порядок дифференциального уравнения
degree of freedom степень свободы; степень подвижности
degree of parallelism степень распараллеливания; степень параллельности
degree of polynomial степень многочлена
degree of uncertainty степень неопределенности
degree of unsolvability степень неразрешимости
degree of vertex степень вершины
degree of voltage rectification коэффициент выпрямления по напряжению
deinitialization деинициализация; восстановление среды, предшествовавшей запуску программы
deinstallation деинсталляция программы; «демонтаж»
deinterlace filter фильтр «устранить дефекты видео»; фильтр «убрать дефекты видео»
dejagging устранение ступенчатости
DEL 1. язык прямого исполнения; 2. символ стирания; символ отмены
del удалять
delamination отслаивание
delay 1. задержка; запаздывание; 2. время задержки; время запаздывания; 3. линия задержки; элемент задержки; 4. простой; 5. потери рабочего времени: 6. простаивать; 7. задерживать; запаздывать
delay circuit 1. схема задержки; 2. линия задержки
delay codes упреждающие коды
delay component 1. элемент задержки; 2. запаздывающее звено; звено с запаздыванием
delay differential equations дифференциальные уравнения с запаздывающим аргументом

delayed отсроченный; отложенный
delayed access 1. отложенный доступ; 2. задержанная выборка
delayed action замедленное действие; замедленного действия
delayed branch 1. отложенное ветвление; отсроченное ветвление; 2. отложенная ветвь; задержанный условный переход
delayed carry задержанный перенос
delayed coincidence запаздывающее совпадение
delayed delivery отложенная доставка; задержанная доставка
delayed execution отложенное выполнение
delayed item dragging перетаскивание с задержкой
delayed job задержанное задание
delay element элемент задержки
delayer задерживающий элемент
delay factor величина задержки
delay fault неисправность типа неверной задержки
delay flip-flop 1. триггер с задержкой; 2. ждущий мультивибратор
delay generator генератор задержки
delay-in-queue distribution распределение времени ожидания обслуживания
delay in transit транзитная задержка; задержка транзита
delay line линия задержки
delay loop цикл (временной) задержки
delay-power-product произведение времени задержки сигнала на мощность рассеяния
delay relay реле выдержки времени
delay time время задержки
delay vector вектор задержек
deleave рассортировывать; разделять на части
delegated request делегированный запрос
delegation поручение; делегация
delete вычеркивать; удалять; стирать; ликвидировать; уничтожать; исключать
delete all удалить все
delete a segment освобождать сегмент
delete character символ стирания; символ удаления; знак исключения
delete column удалить столбец
delete current record удалить текущую запись
delete current row удалить текущую строку
deleted item удаленный элемент
deleted items folder папка «удаленные»
deletee удаляемый элемент
delete field удалить поле
delete inhibit удалить нельзя
delete inhibit attribute атрибут «удалить нельзя»
delete inhibit flag флаг «удалить нельзя»
delete in progress выполняется удаление
delete property свойство удаления
delete query запрос на удаление
delete record удалить запись
delete relationship удалить связь
delete right право удаления
delete row удалить строку
delete selected row удалить выделенную строку
delete self right право «удаление себя»
delete watch удалить контрольное значение
deleting sections удаление разделов
deleting sections of objects удаление частей объектов
deletion исключение; удаление; стирание; вычеркивание; уничтожение; ликвидация
deletion bit бит удаления

deletion record стирающая запись
delimit устанавливать границы; разделять; разграничивать
delimited с разделителями
delimiter 1. ограничитель; разделитель; разграничитель; 2. разделительный
delimiter segment сегмент-ограничитель
delimiter statement оператор ограничения; оператор-ограничитель
delinearization делинеаризация
delineation 1. очертание; 2. вычерчивание; 3. выявление
deliver доставлять (сообщения)
«delivered» database «упакованная» база данных
delivering предоставление; доставка
delivery 1. подача; питание; снабжение; 2. поставка; доставка (почты); 3. выдача; 4. приемное устройство; приемно-выводное устройство
delivery confirmation подтверждение доставки (сообщения)
delivery note накладная
delivery platform базовая инструментальная машина; платформа для эксплуатации и сопровождения программ
delivery receipt уведомление о доставке (почты); отчет о доставке
delivery service management system система управления службой доставки
delivery system 1. система доставки; 2. система для поставки; поставляемая пользователям система
Delphi technique метод Дельфи
delta допустимая ошибка
delta connection соединение по схеме «треугольник»
delta function дельта-функция; функция Дирака
delta increment приращение на заданную величину
delta modulation дельта-модуляция
delta routing дельта-маршрутизация
delve into углубляться
demagnetization размагничивание
demagnetization factor коэффициент размагничивания
demagnetizing field размагничивающее поле
demand 1. потребность; 2. спрос; 3. запрос; требование; заявка; 4. потребление; расход; 5. нагрузка; 6. потребляемая мощность; 7. выполняемый по запросу; 8. требовать; запрашивать
demand assignment выделение по требованию
demand-assignment multiple access множественный доступ с предоставлением канала по требованию
demand data processing обработка данных по запросам
demand-driven управляемый запросами; управляемый по требованию; с управлением по требованию
demand factor 1. коэффициент нагрузки; 2. коэффициент заявочной потребности
demand fetching выборка по запросу
demand function функция спроса
demanding application приложение с высокими требованиями (к памяти, вычислительной мощности и т.д.)
demand I/O ввод-вывод по запросу
demand limit control регулирование в заданных пределах
demand loading загрузка по запросу; загрузка по требованию
demand message сообщение о запросе
demand meter указатель максимума нагрузки
demand-multiplexed с мультиплексированием запросов
demand multiplexing динамическое мультиплексирование; мультиплексирование по требованию
demand-paged с подкачкой страниц по запросу; с подкачкой страниц по требованию
demand-paged memory память с подкачкой страниц по требованию

demand paging перенос страницы по запросу; подлистывание по запросу; вызов страниц по запросу; загрузка страницы по запросу; подкачка по обращению; подкачка по запросу
demand priority обработка запросов по приоритету
demand priority access LAN локальные сети с приоритетным доступом по запросу
Demand Priority Protocol протокол приоритетов запросов
demand processing обработка данных по мере поступления; обработка по запросу; обработка по требованию
demand reading считывание по запросу
demand staging перемещение по запросу
demand writing запись по запросу
demapping/demultiplexing восстановление/демультиплексирование
DEMARC архитектура распределенного управления сетью масштаба предприятия
demarc разграничительная точка (телефонной сети)
demarcation установление границ
demarcation strip разделительная плата
demasking демаскирование
demigrate переносить обратно
demigration обратный перенос; перемещение данных с устройства памяти большой емкости на системный том
demo демонстрационный пример; демонстрационная копия
demo copy демонстрационная копия
demodify восстанавливать исходный текст; отменять изменения
demodulation демодуляция; детектирование
demoninator знаменатель
demonstration 1. демонстрация; наглядный показ; 2. доказательство; 3. проявление
demonstration testing демонстрационные испытания
de Morgan's laws законы де Моргана
demote понижать
demount демонтировать; разбирать; снимать
demounting размонтирование; демонтаж; удаление; снятие
demoware демонстрационное программное обеспечение
DEMS электронная служба передачи цифровых сообщений
demultiplexed bus многоканальная шина
demultiplexer демультиплексор; устройство разделения (каналов); устройство разуплотнения (каналов)
demultiplexing 1. демультиплексирование; 2. разделение; разуплотнение (каналов); распределение каналов линии
demultiplexor демультиплексор
DEN 1. сеть, поддерживающая службу каталога; 2. сетевая среда, поддерживающая работу с документами
denary десятичный
dendrogram древовидная схема
denial отказ; отрицание
denial of service отказ в обслуживании
denometrics денометрика
denominator знаменатель
denormalization денормализация
denotation 1. обозначение; изображение; 2. значение; точный смысл; 3. денотат; предметная отнесенность; 4. объем понятия
denotational semantics денотационная семантика
denote обозначать; означать
dense плотность
dense binary code плотный двоичный код; двоичный код с использованием всех кодовых комбинаций
dense drawing насыщенный чертеж; чертеж, содержащий много объектов
dense index плотный индекс
dense list плотный список

densely packed circuit плотно упакованная схема
denseness плотность
dense wave-division multiplexing мультиплексирование по длине волны повышенной плотности
dense wavelength division multiplexed мультиплексирование с разделением длины волны и уплотнением; повышенное уплотнение по длинам волн
dense WDM мультиплексирование по длине волны повышенной плотности
densification уплотнение
densitometer денситометр; инструмент для измерения значений интенсивности цвета
densitometer scale шкала плотностей
density 1. плотность упаковки; 2. плотность; концентрация; 2. оптическая плотность; степень поглощения света в каждом отдельном участке изображения; 4. интенсивность
density function функция плотности
density gradient градиент плотности; градиент концентрации
density range диапазон оптических плотностей
deny запрещать; отказывать
depacketizing разборка пакетов
depart отклоняться; отходить
department 1. отдел; отделение; департамент; 2. министерство (в США)
departmental application приложение уровня отделения
departmental network сеть уровня отделения (компании)
departmental server сервер уровня отделения; сервер масштаба отделения
departure 1. отклонение; уход (параметров); 2. отправление; 3. пункт отправления
depend зависеть; полагаться
dependability гарантоспособность; функциональная надежность
dependable надежный; достоверный
dependence зависимость
dependence file зависимый файл
dependencies взаимозависимости
dependency зависимость; взаимосвязь; взаимозависимость
dependency-directed backtracking откат с учетом зависимостей
dependency grammar грамматика зависимостей
dependency matrix матрица зависимостей
dependency walker иллюстратор зависимостей
dependent зависимый; зависящий
dependent event зависимое событие
dependent failure зависимый отказ; вторичный отказ
dependent file исходный файл; файл, от которого зависит целевой файл
dependent interrupt зависимое прерывание
dependent logical unit зависимый логический блок
dependent logical unit requestor генератор запросов зависимого логического блока
dependent logical units зависимые логические блоки
dependent variable зависимая переменная
depletion уменьшение; обеднение; истощение; ослабление (сигнала)
depletion layer запирающий слой
depletion region область обеднения (в полупроводнике)
deploy развертывать; применять; использовать
deployment развертывание; применение; использование; размещение
deployment management управление развертыванием приложений; управление размещением ПО
depolarization деполяризация
deposit 1. депозит; вклад; 2. депонировать; делать вклад; 3. копировать во внешнюю память; 4. депонировать

depreciation обесценивание; снижение; изнашивание
deprocedure «распроцедуривать»
deprodecuring «распроцедуривание»
de-provisioning деницилизация
depth 1. глубина; насыщенность (цвета); 2. высота; 3. емкость (памяти)
depth-balanced сбалансированный по глубине
depth-balanced tree сбалансированное дерево
depth buffer буфер глубины; Z-буфер
depth-buffering буферизация глубины
depth-cueing изображение глубины
depth-first search поиск преимущественно в глубину; перебор в глубину; поиск в глубь
depth of field глубина резко изображаемого пространства
depth resolution глубина резкости
depth sorting упорядочение по глубине
deque дек; очередь с двусторонним доступом; двухсторонняя очередь
dequeue 1. очередь с двусторонним доступом; двухсторонняя очередь; 2. удаление из очереди; 3. выводить из очереди; исключать из очереди; удалять из очереди
derate снижать максимально допустимые значения (параметров)
derating выход из нормы; выход из диапазона; отклонение от номинальных значений параметров; снижение максимально допустимых значений (параметров); снижение номинальных значений (параметров)
dereference разыменование; снятие косвенности
dereferencing разыменование; снятие косвенности
dereferencing operator операция разыменования
deregistration разрегистрация
derivation 1. деривация; отклонение; 2. вывод (формулы); 3. вывод формального языка; 4. дифференцирование; операция взятия производной; 5. словообразование; 6. ответвление; 7. извлечение
derivational history последовательность шагов логического вывода; деривационная предыстория
derivation sequence цепочка вывода; выводимая последовательность
derivation step шаг вывода
derivation tree дерево вывода
derivative производная
derivative action действие по производной; воздействие по производной
derivative logic логические схемы с дифференцирующими цепочками
derivative on the left производная слева
derivative on the right производная справа
derivator дифференциатор
derive 1. выводить; получать; извлекать; порождать; 2. брать производную
derived производный; вторичный; выведенный
derived attribute производный реквизит
derived class производный класс; порожденный класс; подкласс
derived constructor конструктор порожденного класса
derived data выводимые данные; производные данные
derived data element производный элемент данных
derived data item производный элемент данных
derived destructor деструктор порожденного класса
derived fact производный факт
derived goal производная цель; цель, выведенная из базисных целей
derived object производный объект
derived quantity производная величина
derived type производный тип; порожденный тип; подтип

derived unit производная единица
DES 1. стандарт шифрования данных; 2. система обмена данными; 3. система ввода данных
desampler преобразователь дискретных данных в аналоговую форму
desampling преобразование дискретных данных в аналоговую форму
desaturate filter фильтр «убрать насыщенность» (в графических пакетах)
desaturating selected areas понижение насыщенности выбранных участков
DES-CBC стандарт шифрования данных, цепочка цифровых блоков
descend 1. уменьшаться; убывать; 2. идти от общего к частному
descendant 1. узел-потомок; 2. потомок; преемник; наследник
descendant class класс-потомок
descendant object объект-потомок
descendant type порожденный тип
descender буква с нижним выносным элементом; нижний выносной элемент; подстрочный элемент
descending 1. по убыванию; убывающий; 2. нисходящий; 3. подчиненный
descending induction индукция спуска
descending key убывающий ключ
descending order убывающий порядок
descending ordering упорядочение по убыванию
descending order of priority убывающая последовательность приоритетов
descending sequence убывающая последовательность; последовательность подчинения
descending sort сортировка по убыванию
descent 1. спуск; 2. переход от общего к частному
descrambler дешифратор
descrambling дескремблирование; дешифрация
descreening дескрининг; процедура сохранения внешнего вида отпечатанных изображений; снятие растра; устранение точечной структуры на растрированном изображении
describe описывать
describing function характеристическая функция
description описание; характеристика
description form описательная форма
description of field описание поля
description of object описание объекта
description text текст описания
descriptive наглядный; описательный
descriptive data описательные данные
descriptive domain name описательное имя домена
descriptive graph дескриптивный граф
descriptive header описательный заголовок
descriptive information описательная информация
descriptive knowledge знания в форме описаний; дескриптивные знания
descriptive macro описательная макроинструкция; описательный макрооператор
descriptive name подробное имя; описательное имя
descriptive statistics описательная статистика
descriptor дескриптор; описатель; идентификатор; признак
descriptor cache кэш-память дескриптора
descriptor chain дескрипторная цепочка
descriptor class класс описателя
descriptor coding method дескрипторный метод кодирования
descriptor coding mode дескрипторный способ кодирования

descriptor dictionary дескрипторный словарь
descriptor entry дескрипторная статья
descriptor group дескрипторная группа
descriptor language дескрипторный язык
descriptor size длина описателя
descriptor table таблица дескрипторов
descriptor value значение дескриптора
descriptor word index дескрипторный словарь; указатель дескрипторов
deseasonalize устранить влияние сезонных изменений; «очистить» тенденцию от сезонных факторов
desectorizing десекционирование
deselect 1. снятие выделения; отмена выделения; 2. снять выделение; отменить выбор; отменить выделение
deselect check box снять флажок
deselecting отмена выделения; отмена выбора
deserialize преобразовывать из последовательной формы в параллельную
deserialized input разупорядоченный ввод
deserializer блок преобразования последовательного кода в параллельный
design 1. проектирование; разработка; конструирование; 2. проект; разработка; проектное решение; конструктивное решение; конструкция; 3. схема; чертеж; план; 4. расчет; 5. дизайн; 6. проектировать; разрабатывать; конструировать
design acceptance test приемосдаточные испытания
design algorithm алгоритм проектирования
designate обозначать
designate design-master назначить основную реплику
designation обозначение; запись; литерал; наименование; маркировка
designational expression именующее выражение; порождающее выражение
designational task порождающая задача
designation expression именующее выражение; порождение
designator 1. указатель; десигнатор; 2. обозначающее выражение; именующее выражение; 3. обозначение; код
design automation автоматизация проектирования
design automation facility средство автоматизации проектирования
design-automation system система автоматизированного проектирования
design axis ось проектирования
design compatibility конструктивная совместимость
design constraints проектные ограничения
design data данные для проектирования
design database база данных проектирования; база данных проекта
design-data management framework инфраструктура управления данными проектирования
design data printing печать данных для проектирования
design decision проектное решение
design defect конструктивная недоработка; конструктивный недостаток; проектная недоработка; ошибка при проектировании
design diversity проектное разнообразие; диверсификация проектных решений
design documentation документация по проекту; проектная документация
design-document database база данных конструкторских документов
design drawing program программа изготовления проектных чертежей
design-driven document сложный по построению документ

design efforts конструкторские работы

design element графический элемент

design engineer инженер-разработчик; конструктор

design entity элемент-объект проекта

design environment проектная среда; среда проектирования

design equation расчетная формула

designer проектировщик; разработчик; конструктор; дизайнер; верстальщик

designer choice logic логические схемы с межсоединениями по выбору проектировщика

design error ошибка проектирования; конструкторская недоработка

design expertise экспертиза проекта

design facility средства проектирования

design fault ошибка проектирования; дефект проектирования; проектная недоработка

design formula расчетная формула

design for recycling проектирование с учетом возможностей повторного использования

design for reliability проектирование надежных систем

design for testability проектирование контролепригодных систем; проектирование контролепригодных схем

design-for-test logic удоботестируемые логические схемы; контролепригодные логические схемы

design generation генерирование проектных решений

designing of programming system проектирование системы программирования

design knowledgebase база знаний по проектированию; проектная база знаний

design life долговечность ресурса; расчетная долговечность; расчетный ресурс

design master основная реплика; основная тиражируемая копия

design object проект объекта

design of experiment планирование эксперимента

design of programming system проектирование системы программирования

design of typeface начертание шрифта

design pattern конструктивный шаблон

design phase этап проектирования

design philosophy конструктивные особенности

design principle принцип разработки

design program программа проектирования

design reliability 1. надежность конструкции; 2. расчетная надежность

design-rule checking соблюдение проектных норм; программа контроля проектных норм

design rules 1. конструкторские нормативы; 2. правила проектирования; 3. топологические проектные нормы

design schedule расчетная таблица

design software программное обеспечение верстки; приложение подготовки макетов документов

design study конструкторская проработка

design template шаблон оформления (в Windows 2000)

design terminal конструкторский терминал; терминал системы автоматизированного проектирования

design testing проверка проектных решений; контроль проектирования

design theory теория проектирования

design-time 1. режим создания (программы); 2. этап проектирования

design tools средства проектирования; средства создания

design traceability возможность автоматического сопровождения проекта; возможность слежения за ходом проектирования

design tree дерево проекта

design value расчетное значение

design vector вектор проекта; вектор проектирования; тест-вектор

design video настольная видеостудия

design view конструктор (в Access)

design walkthrough сквозной контроль проектных решений

design window окно проекта

design wizard эксперт-программа проектирования

design workstation автоматизированное рабочее место проектировщика

desing for service проектирование с учетом требований сервиса; проектирование с учетом технического обслуживания

desirable желаемый; требуемый

desired signal эталонный сигнал

desired value ожидаемое значение

desk стенд; пульт; щит; стол

desk calculator настольный калькулятор

desk check «настольный анализ»; проверка за столом

deskew 1. удаление наклона; 2. убрать наклон

deskewing buffer буферное устройство для устранения искажений из-за перекоса

desk-mounted настольный

deskside computer ЭВМ для небольших помещений; напольный компьютер

deskside server напольный сервер

desk-size малогабаритный; настольный

desksize computer малогабаритный компьютер

desktop 1. «рабочий стол»; панель экрана; оперативная область; рабочая область; экранная интерактивная среда; 2. монтажная поверхность; 3. настольная система; настольный ПК; 4. настольный

desktop application приложение для настольной системы; настольное приложение

desktop calculator настольная счетная машина; настольный калькулятор

desktop color separation компьютерное цветоделение

desktop computer настольный ПК; настольный компьютер

desktop conference конференц-связь настольных систем

desktop conferencing телеконференция с использованием настольных ПК

desktop configuration конфигурация настольной системы

desktop configured dynamic multicast VLAN динамическая широковещательная виртуальная локальная сеть, конфигурируемая настольными системами

desktop environment 1. среда настольной системы; 2. интерфейс ПК; 3. графическая среда, использующая метафору рабочего стола

desktop expansion base настольное устройство расширения

desktop file файл рабочей области

Desktop Management Interface интерфейс управления настольными системами; DMI-интерфейс

Desktop Management Task Force Рабочая группа по управлению настольными системами

desktop manager менеджер виртуального рабочего стола

desktop metaphor interface пиктографический интерфейс настольного ПК; метафорический интерфейс; интерфейс, реализующий метафору «рабочего стола»

desktop multimedia publishing настольная издательская мультимедиа-система

desktop object объект рабочей области

desktop operating system настольная операционная система; ОС для настольной вычислительной системы

desktop organizer электронный настольный организатор; электронный организатор для настольных систем

desktop personal computer настольный ПК

desktop publishing 1. настольная издательская система; настольные издательские средства; 2. подготовка публикаций с помощью настольных издательских систем; настольная издательская деятельность

desktop publishing software программное обеспечение для настольных издательских систем

desktop publishing system настольная издательская система

desktop reproduction настольное репродуцирование

desktop system настольная система

desktop terminal настольный терминал

desktop version версия для настольных систем

desktop video видео на ПК; компьютерное видео; настольная видеостудия

desktop videoconferencing видеоконференции для настольных систем; система видеоконференций для настольных ПК

desktop video studio настольная видеостудия

de-speckle routine программа устранения пятнистости изображения

despecle снятие пятнистости; сглаживание участков изображения с сильным контрастом

despooling системная буферизация выходных потоков

despooling program программа буферизации выходных потоков

despotic принудительный

destaging перенос из оперативной памяти в промежуточную

destination 1. место назначения; приемник; адресат; пункт назначения; получатель; каталог-приемник; файл-приемник; цель; 2. заданная координата; 3. целевой

destination address адрес назначения; адрес получателя; целевой адрес

destination area область назначения; целевая область

destination block целевой блок

destination code адрес назначения; код назначения; код пункта назначения

destination database база данных-получатель

destination database connection string строка подключения к базе данных-получателю

destination database name имя базы данных-получателя

destination directory целевой каталог

destination disk целевой диск

destination drive целевой диск; целевое устройство

destination field поле назначения; поле адреса

destination file выходной файл; целевой файл

destination host целевая хост-система

destination index индекс назначения; регистр-индекс приемника

destination list список назначений

destination node узел-адресат; узел назначения

destination queue очередь назначения

destination server целевой сервер

destination station станция назначения; пункт назначения; адресат

destination table таблица-получатель

destination table name имя таблицы-получателя

destination warning mark предупреждающая метка конца

destination window целевое окно

destroy разрушать; уничтожать

destroyed file запорченный файл

destroyed information разрушенная информация; стертая информация

destruction уничтожение; разрушение

destruction of stored information разрушение записанной информации

destructive разрушаемый; выполняемый с разрушением

destructive addition сложение с разрушением первого слагаемого

destructive backspace возврат с удалением

destructive cursor стирающий курсор

destructive inspection разрушающий контроль

destructive interference гасящая интерференция

destructive reading чтение с разрушением; чтение со стиранием

destructive read-out считывание с разрушением информации; чтение со стиранием

destructive readout memory память с разрушением информации при считывании

destructive shift сдвиг с разрушением

destructive storage память со стираемой записью

destructive test разрушающий тест

destructive cursor стирающий курсор

DET таблица элементов каталога; таблица записей каталога

detach отделять; отключать; отсоединять; разъединять

detachable 1. съемный; сменный; отсоединяемый; 2. отрывной

detachable device съемное устройство; отделяемое устройство; приставка

detachable keyboard отсоединяемая клавиатура

detached child process обособленный дочерний процесс

detached process фоновый процесс; отсоединенный процесс

detached speakers съемные колонки

detached unit 1. открепленное устройство; 2. отсоединенный блок

detachment разъединение; разделение; отсоединение; отрыв; отделение

detail 1. деталь; элемент; 2. узел; 3. детальный чертеж; 4. подробность; деталь; 5. текущий файл; файл оперативной информации 6. область данных (в Access); таблица; 7. детализировать; сообщать детали

detail design рабочий проект

detail drawing детальный чертеж; детализированный чертеж

detailed design 1. рабочее проектирование; 2. рабочий проект; рабочий план

detailed model детализированная модель; модель с большим количеством деталей

detail file файл изменений

detail flowchart детальная блок-схема

detail report подробный отчет

details сведения

detail table подчиненная таблица

detain design рабочий проект

detect 1. обнаруживать; находить; 2. поиск (командная кнопка); 3. детектировать; демодулировать; 4. принимать

detectable element выбираемый элемент; обнаруживаемый элемент

detectable error обнаружимая ошибка; обнаруживаемая ошибка

detectable failure обнаружимый отказ

detectable fault обнаруживаемая неисправность

detected error обнаруженная ошибка

detected error rate коэффициент обнаруженных ошибок; частота обнаруженных ошибок

detecting element детекторный элемент

detect intruders обнаружение нарушителей

detection 1. обнаружение; выявление; 2. демодуляция; 3. прием

detection bit двоичный разряд признака

detectivity обнаруживающая способность

detector 1. устройство обнаружения; детектор; 2. демодулятор; 3. чувствительный элемент; датчик; измерительный преобразователь

detector element чувствительный элемент
detent защелка; фиксатор
deteriorate ухудшаться; разрушаться; изнашиваться; стареть
deterioration разрушение; окисление; изнашивание; старение
deterioration failure отказ по износу
determinancy детерминированность; определенность
determinant 1. детерминант; определитель; 2. решающий фактор; определяющий фактор
determination определение; измерение; вычисление
determine определять; решать; вычислять; устанавливать
determined определенный
determinism детерминизм
deterministic детерминированный
deterministic algorithm детерминированный алгоритм
deterministic automaton детерминированный автомат
deterministic model детерминированная модель
deterministic routing детерминированная маршрутизация
deterministic system детерминированная система
deterrence искажение
detour limit разрешенное отклонение
detract отнимать; уменьшать; умалять
detune расстраивать
de-update восстанавливать исходное состояние; отменять изменение
develop 1. разрабатывать; проектировать; создавать; совершенствовать; развивать; доводить; отлаживать; 2. развертывать (поверхность); 3. выводить (формулу); 4. разлагать в ряд
developer разработчик
developer environment среда разработчика
developer roll валик проявителя; валик носителя (в лазерном принтере)
Developers Assistance Program программа помощи разработчикам
developer's kit комплект инструментальных средств разработчиков
development 1. разработка; проектирование; 2. совершенствование; усовершенствование; рост; расширение; развитие; доводка; отладка; 3. достижение; 4. развертывание (поверхности); 5. вывод (формулы); 6. разложение в ряд
development board макетная плата
development concept концепция развития
development control 1. управление развитием; 2. управление разработкой
development cost затраты на опытно-конструкторские работы
development efforts трудоемкость разработки
development environment среда проектирования
development framework среда разработки (приложений)
development language язык разработки; язык разработки приложений
development licence лицензия на разработку
development package инструментальный пакет программ
development pattern схема развития
development platform платформа разработки
development program план развития; программа усовершенствования
development scheme схема развития
development software инструментальные программные средства; ПО для разработки
development support system система поддержки разработок; инструментальная система
development system система разработки
development testing доводочные испытания; стендовые испытания

development time 1. время отработки; стендовое время; 2. продолжительность разработки
development tool средство разработки; инструментальное средство разработки
development tools suite набор инструментальных средств разработки; инструментальный комплект разработки ПО
development work разработка; опытно-конструкторские работы
deviate отклоняться; уклоняться
deviation 1. девиация; уход; отклонение; 2. сдвиг; 3. уклонение (функции)
deviation action действие по отклонению
deviation angle угол отклонения
deviation fault неисправность из-за ухода параметров
device 1. устройство; установка; приспособление; механизм; 2. аппарат; прибор; 3. компонент; элемент; 4. схема; 5. метод; способ; алгоритм
device adapter адаптер устройства
device address field поле адреса устройства
device allocation выделение устройства; закрепление устройства; назначение устройства; распределение устройств
device allocation program программа распределения устройств
device alphabet алфавит устройства
device calibration калибровка устройства
device capability bits флаги возможностей устройства
device capacity емкость устройства; число накопителей в корпусе
device class класс устройств
device code код устройства
device contention конкуренция (программ) за устройство
device context контекст устройства
device context handle описатель контекста устройства; логический номер контекста устройства
device control block блок описания устройства
device control character символ управления устройством
device controller контроллер устройства
device control unit контроллер устройства
device coordinate приборная координата; координата устройства; аппаратная координата устройства
device coordinates аппаратные координаты
device correspondence table таблица соответствия устройств
device cycle цикл работы устройства
device data block блок данных устройства
device-dependent аппаратно-зависимый; зависящий от устройств
device description file файл описания устройства
device descriptor block блок дескриптора устройства
device directory таблица устройств
device down устройство отключено
device driver драйвер устройства
device driver call вызов драйвера устройств
device driver interface интерфейс драйверов внешних устройств
device end конец работы устройства
device error ошибка устройства; сбой в работе устройства
device error message сообщение о сбое устройства
device executive диспетчер
device failure отказ устройства
device file специальный файл; файл устройства; файл-устройство (в UNIX)
device filename имя файла устройства
device group группа устройств
device hang-up зависание устройства
device header заголовок драйвера устройства

device independence независимость от устройств

device-independent аппаратно-независимый; не зависящий от устройств

device-independent bitmap растровый массив, независимый от устройства

device independent bitmap format 1. формат представления растрового изображения, не зависящий от устройства; растровый формат, не зависящий от устройств; 2. правила представления графики, не зависящие от способа представления изображений

device-independent file файл, независимый от устройства

device-independent graphics аппаратно-независимая графика

device is not ready устройство не готово

device label метка устройства

device level уровень физических устройств

Device Manager диспетчер устройств

device mask table таблица масок устройств

device name имя устройства

device name table таблица имен устройств

device number номер устройства

device numbering нумерация устройств

device priority приоритет устройства

device profile профиль устройства

device properties свойства устройства

device queue очередь запросов к устройству

device register регистр устройства

device release command команда отключения устройства; команда освобождения устройства

device reserve command команда подключения резервного устройства

device resolution разрешение устройства

device separation разделение устройств

device space пространство устройства

device-specific зависящий от конкретного устройства

device specification спецификация устройства

device start запуск устройства

device status состояние устройства

device status byte байт состояния устройства

device status condition состояние устройства

device status descriptor дескриптор состояния устройства

device status report отчет о состоянии устройства

device status word слово состояния устройства

device stop останов устройства; отключение устройства

device table таблица устройств

device test тест устройства

device type тип устройства

device type number номер типа устройства

device up устройство подключено

device word слово состояния устройства

DEVT виртуальный терминал ввода данных

DF флаг направления

3D face грань; трехмерная плоскость

DF bit бит запрета фрагментации

DFC 1. компьютер с потоковой архитектурой; 2. управление потоком данных; 3. контроллер файлов на магнитных дисках; 4. декоррелированный быстрый шифр

DFD 1. диаграмма потоков данных; 2. модуль построения диаграмм потоков данных; 3. дисковод гибких дисков с двойной плотностью записи

DFE блок коррекции с адаптивной решающей обратной связью

DFI 1. процедурный интерфейс проектирования файлов; 2. интерфейс цифрового оборудования

3D filtering трехмерная фильтрация

DFL язык форматирования изображений

D-flip-flop D-триггер

DFP 1. предсказание отказа диска; 2. цифровой процессор нечеткой логики; 3. распределенная функциональная плоскость

DFR проектирование с учетом возможностей повторного использования

DFS 1. проектирование с учетом требований сервиса; проектирование с учетом технического обслуживания; 2. прямая файловая система; 3. распределенная файловая система; 4. система с двойным резервированием

DFT средства отказоустойчивости диска

DFWMAC распределенное базовое управление доступом к носителю в беспроводных сетях

DG дейтаграмма; датаграмма

DGIS стандарт непосредственного графического интерфейса; стандарт непосредственного графического диалога; графический стандарт DGIS; стандарт прямого графического диалога; видеографический стандарт

DGL язык графов данных

3D graph трехмерный график

3D graphic card плата 3D-графики; плата трехмерной графики

3D graphics 3D-графика; трехмерная графика

2D graphics 2D-графика; двумерная графика

DHCP протокол динамической настройки конфигурации главной машины; протокол динамического выбора конфигурации головной машины; протокол динамического выбора конфигурации хост-машины

DHCP lease период аренды адреса DHCP

DHCP scope диапазон (адресов) DHCP

DHCP server DHCP-сервер

Dhrystone benchmark эталонная тестовая программа оценки производительности ПК

DI 1. индекс приемника; регистр-индекс приемника; 2. целостность данных; 3. целостность базы данных; 4. ввод цифровых данных

DIA 1. адаптер цифрового ввода; 2. интерфейсный адаптер прямого подключения; 3. архитектура с документальной информацией; архитектура обмена документальной информацией; архитектура обмена документами

diacritic диакритический

diagnose диагностировать; ставить диагноз; обнаруживать ошибки; выявлять ошибки; обнаруживать неисправности; осуществлять диагностический контроль

diagnose instruction команда диагностирования; команда диагностики

diagnose interface диагностический интерфейс

diagnosing tonal problems диагностирование тональных проблем; анализ цветовых проблем (в изображении)

diagnosis 1. диагноз; 2. диагностика; диагностирование; выявление неисправностей; обнаружение ошибок

diagnostic диагностический; предназначенный для тестирования

diagnostic access доступ для диагностического контроля

diagnostic aids диагностические средства

diagnostic assistance reference tool экспертная дитагностическая система для поиска неисправностей по эталону

diagnostic capability диагностические возможности

diagnostic check диагностический контроль; диагностическая проверка

diagnostic coverage диагностическое покрытие

diagnostic disk тестовый диск; диск диагностики

diagnostic dump диагностический дамп

diagnostic emulator диагностический эмулятор

diagnostic equipment диагностическая аппаратура

diagnostic error диагностическое сообщение об ошибке

diagnostic error message диагностическое сообщение об ошибке

diagnostic features диагностические возможности

diagnostic function test диагностический функциональный тест

diagnostic imaging цифровая рентгенография

diagnostic indicator диагностический индикатор; индикатор диагностики

diagnostic information диагностическая информация

diagnostic information system диагностическая информационная система

diagnostic instruction диагностическая команда; команда проверки

diagnostic interface диагностический интерфейс

diagnostic message диагностическое сообщение; сообщение об ошибке

diagnostic microcode диагностическая микропрограмма

diagnostic program программа диагностики; тестовая программа

diagnostic routine диагностическая подпрограмма; диагностическая программа

diagnostics 1. диагностика; диагностический контроль; обнаружение ошибок; обнаружение неисправностей; выявление ошибок; 2. диагностические средства; средства диагностики; тест; 3. сообщения об ошибках

diagnostic scan-out area область диагностического сканирования

diagnostics header объект-заголовок диагностики

diagnostic software диагностические программные средства; диагностическое программное обеспечение

diagnostic test диагностический тест

diagnostic verification диагностическая проверка

diagonal 1. диагональ; 2. диагональный

diagonal bar двойной слеш; двойная косая черта

diagonal element диагональный элемент

diagonal hatch диагональная штриховка

diagonalization приведение к диагональной форме

diagonal matrix диагональная матрица

diagonal method диагональный метод

diagonal microprogramming диагональное микропрограммирование

diagonal programming диагональное программирование

diagram 1. диаграмма; схема; график; 2. изображать схематически; строить диаграмму

diagraming tool инструментальное средство построения диаграмм

diagrammatical схематический

diagrammatic representation графическое представление; представление в виде диаграммы

diagrammer редактор диаграмм; диаграммер

diagram method графический метод; метод диаграмм

dial 1. круговая шкала; циферблат; 2. дисковый регулятор; 3. номеронабиратель; кодонабиратель; наборный диск; 4. набор телефонного номера; 5. набирать код; вызывать; набирать номер; устанавливать автоматическую связь

dial a telephone number набирать телефонный номер

dial-back обратный вызов; обратный звонок

dial back-up резервный канал

dial central office автоматическая телефонная станция

dialed number identification service функция определения набранного номера

dialer 1. программа набора телефонного номера; 2. средство подключения с вызовом по номеру; 3. дисковый номеронабиратель

dial exchange 1. обмен по телефонным линиям; 2. телефонная аппаратура с дисковым набором; 3. автоматическая телефонная станция; АТС

dial-in 1. удаленный доступ (через модем); соединение через телефонную линию; 2. подключаться к сети извне по телефонной линии

dial-in access доступ по телефонной линии (к корпоративной сети)

dial-in access point пункт удаленного доступа к сети по телефонным линиям

dial-in/dial-out capabilities возможности установления соединения с сетью извне по телефонным линиям и подключения из сети к внешним службам

dial indicator индикатор с круговой шкалой; циферблатный индикатор; индикатор с лимбом

dialing телефонная связь; набор кода; кодовый вызов; вызов по номеру; набор номера; дисковый набор

dialing code телефонный код

dialing duration продолжительность набора кода

dialing-in входной набор

dialing-out выходной набор

dialing profile профиль подключения по телефонной линии

dialing status dialog диалоговое окно состояния связи

dialog 1. диалоговое окно; 2. диалог; общение; 3. диалоговый

dialog area диалоговая область

dialog box диалоговое окно

dialog box selection выбор в диалоговом окне

dialog compiler диалоговый компилятор

dialog design проектирование диалога; конструирование диалога

dialog faculty способность к диалогу

dialogic диалогический

dialoging ведение диалога

dialog interface диалоговый интерфейс

dialog item элемент диалога

dialog mode диалоговый режим; интерактивный режим

dialog object диалоговый объект

dialog's control элемент управления блоком диалога

dialog settings настроечные параметры диалога

dialog's title заголовок блока диалога

dialog template шаблон блока диалога

dialogue 1. диалог; 2. вести диалог

dialogue box диалоговое окно; блок диалога

dial-on-demand коммутируемое соединение по запросу (при возникновении трафика); предоставление канала по требованию; подключение по требованию; установление соединения по запросу; подключение при необходимости; непостоянное соединение

dial-on-demand asynchronous line асинхронная линия с соединением по требованию

dial-on-demand line линия с установлением соединения по запросу; линия с взаимодействием только на время передачи информации

dial-on-demand routing маршрутизация вызовов по запросу

dial out подключаться к внешним службам по телефонной линии

dial pulsing импульсный набор номера

dial telephone телефонный аппарат с дисковым номеронабирателем

dial the selected telephone number набор выделенного телефонного номера

dial-up 1. вызов по номеру; кодовый вызов; 2. коммутируемый; по телефонной линии

dial-up access коммутируемый доступ; доступ с набором номера; доступ по телефонной линии

dial-up adapter контроллер удаленного подключения

dial-up bridge/router мост/маршрутизатор, устанавливаемый на коммутируемых линиях

dial-up connection соединение по телефонной линии; связь по телефонной линии через модем

dial-up database коммутируемая база данных; база данных с доступом по линии связи

dial-up line коммутируемая линия; телефонная линия; линия с вызовом по номеру

dial-up networking удаленный доступ к сети; сервис Dial-Up Networking; удаленный доступ к сети по телефонной линии; работа в сети по телефонной линии

dial-up networking client клиент удаленного доступа

dial-up server сервер удаленного доступа по коммутируемым линиям

dial-up service коммутируемая служба; служба удаленного доступа

dial-up terminal терминал коммутируемой линии; коммутируемый терминал

diamagnetic 1. диамагнетик; 2. диамагнитный

diameter диаметр

diamond 1. ромб; 2. ромбовидный

diamond cursor курсор-ромб; курсор в виде ромба

diary дневник

DIB 1. аппаратно-независимый растр; растровое представление, независимое от устройства; формат растрового изображения, не зависящий от устройства; правила представления графики, не зависящие от способа представления изображений; 2. информационная база данных сетевого каталога; 3. интерфейсный буфер данных

DIB architecture архитектура с двумя независимыми шинами (Pentium II)

DIBI аппаратно-независимый интерфейс дублирования данных

dibit дибит; двухбитовая группа

dichotomic дихотомический

dichotomic division дихотомическое деление

dichotomize делить на две части

dichotomizing search дихотомический поиск; двоичный поиск; поиск делением пополам

dichotomy дихотомия

dichotomy method дихотомический метод; метод дихотомий

dichroic mirror дихроическое зеркало (вид фильтра в сканерах)

dictaphone диктофон

dictate определять; заставлять

dictation system система речевого ввода

dictionary словарь

dictionary attack попытка преодоления защиты при регистрации перебором имен по словарю

dictionary body корпус словаря

dictionary contents содержимое словаря

dictionary editor словарный редактор

dictionary file файл словаря

dictionary look-up поиск по словарю

dictionary order словарный порядок сортировки; порядок сортировки с игнорированием знаков пунктуации

dictionary search словарный поиск

dictionary type тип словаря

DID 1. прямой входной набор; прямой внутренний набор; прямой набор внутренних номеров; прямой набор добавочных номеров; 2. идентификатор данных

diddling сдвиг элементов изображения

DIDLY цифровая интегрированная библиотека данных

didot Дидо

Didot point пункт Дидо; 0.376 мм

Didot point system система Дидо

die 1. кристалл (интегральной схемы); 2. игральная кость

die form/in die form прибор/кристалл в бескорпусном исполнении

dielectric 1. диэлектрик; 2. диэлектрический

dielectric constant диэлектрическая проницаемость; диэлектрическая постоянная

dielectric loss диэлектрические потери

dielectric reading диэлектрическое считывание

dielectric rigity диэлектрическая прочность

dielectric susceptibility диэлектрическая восприимчивость

die out затухать

DIF 1. формат обмена данными; формат цифрового стыка; 2. фрейм цифрового интерфейса

differ отличаться; различаться

difference 1. разница; различие; 2. разность; 3. приращение

difference equation дифференциальное уравнение; уравнение в конечных разностях; разностное уравнение

difference formula разностная формула

difference interval шаг разности

difference module фактор-модуль

differencing check контроль по разностям

different различный; отличный; другой

differentiability дифференцируемость

differential 1. дифференциал; 2. разность; перепад; 3. дифференциальный

differential address относительный адрес

differential amplifier дифференциальный усилитель

differential control дифференциальное управление

differential cost дифференциальная стоимость

differential detection дифференциальное обнаружение

differential-difference equation дифференциально-разностное уравнение

differential equations дифференциальные уравнения

differential file разностный файл; файл изменений; файл различий

differential form дифференциальная форма

differential geometry дифференциальная геометрия

differential manchester encoding разностное манчестерское кодирование; дифференциальное манчестерское кодирование

differential nonlinearity дифференциальная нелинейность

differential pulse-code modulation дифференциальная импульсно-кодовая модуляция; разностная импульсно-кодовая модуляция

differential quantity дифференциальная величина

differential spacing дифференцированный шаг

differentiate on variable дифференцировать по переменной

differentiating amplifier дифференцирующий усилитель

differentiation 1. дифференцирование; нахождение производной; определение производной; 2. установление различий; разграничение; дифференциация

differentiation operator дифференциальный оператор

differentiation symbol символ дифференцирования

differentiator 1. дифференциатор; дифференцирующее устройство; 2. дифференцирующая схема; дифференцирующая цепь; блок дифференцирования; дифференцирующий элемент

difficult-to-locate error труднообнаружимая ошибка

diffuse filter фильтр «диффузия»

diffuse reflection диффузное отражение

diffusion диффузия; рассеяние (света); постепенное распространение

diffusion equation уравнение диффузии

digest дайджест; комбинированное сообщение

digestion control контроль перегрузки; проверка на перегрузку

digit 1. цифра; 2. разряд; 3. символ; знак; 4. код

digital 1. цифровой; численный; 2. дискретный

digital adder цифровой сумматор

digital-analogue data conversion цифро-аналоговое преобразование; преобразование цифровых данных в аналоговые

digital approximation цифровая аппроксимация; цифровое приближение

digital artist специалист по компьютерной графике; художник компьютерной графики

digital audio broadcast цифровое беспроводное аудиовещание

digital audio broadcasting цифровое беспроводное аудиовещание

digital audio disk цифровой диск для звукозаписи

digital audio signal цифровой звуковой сигнал

digital audio tape цифровая магнитная аудиолента; цифровая лента для звукозаписи

digital automation цифровая автоматика

digital block цифровой блок

digital calculations цифровые вычисления

digital camera цифровая камера

digital cassette кассета с цифровой информацией; цифровая кассета

digital cellular communications цифровая сотовая радиосвязь

digital cellular network цифровая сотовая сеть

digital certificate цифровой сертификат

digital certificate server сервер цифровых сертификатов

digital channel дискретный канал; цифровой канал

digital character цифровой знак

digital circuit 1. цифровая схема; 2. цифровой канал

digital circuit multiplication equipment оборудование мультиплексирования для цифровых линий

digital clock цифровой датчик времени; цифровые часы

digital code цифровой код

digital-coded information информация, закодированная в цифровой форме

digital coding цифровое кодирование

digital coding of voice цифровое кодирование речи

digital color proof цифровая цветопроба; пробный оттиск с компьютерного файла без фотоформ

digital color separation цифровое цветоделение

digital command signal сигнал цифровой команды

digital communication цифровая связь

digital compact cartridge цифровая компакт-кассета

digital compact cassette цифровая компакт-кассета

digital comparison цифровое сравнение

digital computation вычисление в цифровой форме; цифровое вычисление

digital computer цифровая ЭВМ

digital connection цифровое соединение

digital control цифровое управление; цифровое регулирование

digital control signal цифровой управляющий сигнал

digital control system система с цифровым управлением

digital conversion цифровое преобразование

digital coordinate координата в цифровой форме

digital copying цифровое копирование

digital cryptographic security agent цифровое криптографическое средство защиты

digital darkroom цифровая фотолаборатория

digital data цифровые данные; дискретные данные

digital data acquisition system система сбора цифровой информации

digital data channel цифровой канал данных

Digital Data Communication Message Protocol протокол цифровой передачи сообщений; байт-ориентированный протокол DDCMP; протокол цифровой передачи данных

digital data network цифровая сеть передачи данных

digital data processor процессор для обработки цифровых данных

digital data recording цифровая запись данных

digital data service цифровая служба передачи данных; служба передачи цифровых данных

digital data storage накопитель цифровых данных

digital data stream поток цифровых данных

digital data transmission цифровая передача данных; передача цифровых данных

digital decoder цифровой декодер

digital demultiplexing временное разделение цифровых каналов связи

digital design цифровое проектирование; логическое проектирование

digital differential analyzer цифровой дифференциальный анализатор

digital display 1. цифровая индикация; цифровое отображение; 2. цифровой дисплей; цифровой индикатор

digital display unit блок цифровой индикации

digital dynamic convergence цифровое динамическое сведение лучей (в мониторе)

digital electronic message service электронная служба передачи цифровых сообщений

digital encoder цифровое кодирующее устройство

digital encoding цифровое кодирование

digital encryption standard стандарт шифрования данных

digital equipment цифровое оборудование; цифровая аппаратура

digital facility interface интерфейс цифрового оборудования

digital filtering цифровая фильтрация

digital form цифровая форма; дискретная форма

digital fuzzy processor цифровой процессор нечеткой логики

digital identification signal сигнал DIS; цифровой сигнал идентификации

digital imaging device цифровое устройство обработки изображений

digital indicator цифровой индикатор

digital information цифровая информация; дискретная информация

digital information processing обработка цифровой информации

digital information transmission передача цифровой информации

digital input 1. цифровой вход; цифровой ввод; 2. цифровые входные данные; 3. ввод цифровых данных

digital input adapter адаптер цифрового ввода

digital input base база цифрового ввода

digital integrator цифровой интегратор

digital interface frame фрейм цифрового интерфейса; формат цифрового стыка

digital internetworking unit цифровое устройство для обеспечения межсетевого взаимодействия

digital interpolator цифровой интерполятор

digital light processing технология цифровой обработки света

digital line цифровая линия

digital linear tape магнитная лента с цифровой линейной записью

digital line interface стык с цифровой линией

digital link цифровая связь

digital link management system система управления цифровыми линиями передачи данных

digital logic дискретная логика

digital mass memory цифровая память большого объема

digital matrix switch цифровой матричный коммутатор

digital measurement цифровое измерение

digital media цифровое мультимедиа

digital microcircuit цифровая микросхема

digital micromirror display цифровой микрозеркальный дисплей

digital mobile phone цифровой мобильный телефон

digital modem цифровой модем

digital modulation tester цифровой тестер модуляции

digital multimeter цифровой мультиметр

digital multiplexed interface цифровой мультиплексный интерфейс

digital network цифровая сеть

digital network architecture архитектура цифровой сети

digital notation цифровое представление

digital office электронный офис

digital optical disk цифровой оптический диск

digital optical recording цифровая оптическая запись

digital output 1. цифровой выход; цифровой вывод; 2. цифровые выходные данные; 3. цифровое устройство вывода

digital output adapter выходной цифровой адаптер

digital panel meter цифровой панельный измерительный прибор

digital paper цифровая бумага

digital persona «электронная личность»; пользователь в системе (сети), описываемый совокупностью данных о нем

digital phone network цифровая телефонная сеть

digital photo editing цифровое редактирование фотоизображений

digital plane цифровая плоскость

digital printer цифровой принтер

digital printing цифровая печать

digital process дискретный процесс

digital proofing цифровая пробная печать; получение пробных оттисков с данных в компьютере

digital pulse цифровой импульс

digital pulse generator цифровой генератор импульсов

digital readout цифровой индикатор; цифровой индикатор тактовой частоты

digital recording цифровая запись

digital representation цифровое представление

digital service unit модуль цифрового обслуживания; цифровой сервисный блок

digital signal цифровой сигнал; сигнал в цифровой форме

digital signaling передача цифровых сигналов

digital signal processing modem модем на цифровых сигнальных процессорах

digital signal processing system система цифровой обработки сигналов

digital signal processing цифровая обработка сигналов

digital signal processor цифровой процессор сигналов; цифровой сигнальный процессор

digital signal transmission передача цифровых сигналов

digital signature электронная подпись; цифровая подпись

digital signature algorithm алгоритм цифровой подписи

Digital Signature Standard стандарт цифровой подписи; алгоритм DSS

digital signing цифровая подпись; использование цифровой подписи

digital simulation language язык программирования, ориентированный на моделирование

digital simultaneous voice and data цифровой стандарт одновременной передачи речи и данных

digital sorting цифровая сортировка

digital sound оцифрованный звук

digital sound program программа цифровой записи и воспроизведения звука

digital speech signal речевой сигнал в цифровой форме

digital still camera цифровая фотокамера; цифровая камера для получения фотоснимков

digital storage цифровое запоминающее устройство

digital storage buffer буферная память; буферное ЗУ

digital storage oscilloscope цифровой запоминающий осциллограф

digital subscriber line цифровая абонентская линия

digital subscriber voice terminal цифровой абонентский речевой терминал

digital subsystem цифровая подсистема

digital sum value разность между числом нулей и единиц в модулированном сигнале

digital switch цифровой коммутатор

digital switching цифровая коммутация

digital switching network цифровая коммутируемая сеть; сеть с цифровой коммутацией

digital switching system цифровая система коммутации

digital system цифровая система

digital tableau цифровой планшет

digital tape магнитная лента для цифровой записи

digital tape recorder цифровое устройство записи на магнитную ленту

digital telephony цифровая телефония

Digital Telephony Act законопроект о цифровой телефонии

digital television цифровое телевидение

digital test parameter цифровой контрольный параметр

digital time unit цифровые часы

digital-to-analog converter цифроаналоговый преобразователь; ЦАП

digital-to-image conversion преобразование цифрового кода в изображение

digital-to-voice translator преобразователь цифрового кода в речь

digital transmission цифровая передача

digital transmission analyzer анализатор передаваемых цифровых данных

digital transmitter цифровой передатчик

digital trunk interface интерфейс цифрового магистрального канала

digital trunk line цифровая магистральная линия

digital TV цифровое телевидение

digital TV services цифровые телевизионные услуги; цифровой телесервис

digital video оцифрованное видео; цифровое видео

digital video broadcasting цифровое телевидение

digital video disk цифровой видеодиск

digital video editor средства редактирования цифровых видеоданных

digital video interactive 1. интерактивная цифровая видеосистема; интерактивное цифровое видео; 2. цифровидеоаналоговый формат; цифровой видеоаналоговый формат; стандарт DVI; 3. технология компрессии видеоизображений

digital video recoder устройство цифровой видеозаписи

digital video recording цифровая видеозапись

digital video signal цифровой видеосигнал

digital videotape цифровая видеолента

digital video tape recorder цифровой видеомагнитофон

digital video transmission system система передачи цифрового видео

digital voice оцифрованная речь

digital voice exchange 1. цифровой коммутатор речевых сигналов; 2. цифровая передача речи

digital voice messaging цифровая передача речевых сигналов

digital voice recorder цифровой диктофон

151

digital volt meter цифровой вольтметр
digit-by-digit algorithm подробный алгоритм; детальная программа
digit capacity разрядность; емкость, представленная в разрядах
digit channel канал цифровой связи
digit check поразрядная проверка
digitization 1. преобразование в цифровую форму; представление в цифровом виде; 2. дискретизация; оцифровка; 3. цифровое кодирование; 4. ввод аналоговой информации
digitize 1. дискретизировать; 2. вводить аналоговую информацию; оцифровывать; кодировать аналоговую информацию; преобразовывать в цифровой вид; 3. преобразовывать в цифровую форму; представлять в цифровом виде
digitized оцифрованный
digitized image оцифрованное изображение; цифровое изображение; изображение в цифровой форме
digitized movie оцифрованный кинофрагмент
digitized sound file оцифрованный звуковой файл
digitized video цифровое видео; оцифрованное видеоизображение
digitizer 1. цифровой преобразователь; цифратор; 2. цифровой датчик; 3. дискретизатор; 4. устройство ввода аналоговой информации; 5. устройство ввода графической информации; графический планшет; дигитайзер
digitizer photosystem система оцифровки фотоизображений
digitizer tableau кодирующий планшет
digitizing pad графический планшет
digitizing tablet планшетный цифратор; устройство ввода графической информации
digit layout расположение разрядов
digit line разрядная шина
digit logic разрядные логические схемы
digit place разряд числа; позиция в цифре; позиция в числе
digit plane 1. цифровая матричная память; матрица памяти; 2. цифровая плоскость
digit position цифровая позиция; разряд числа; позиция в числе
digit selection character символ выбора цифры
digit-transfer bus шина цифровой передачи
digit weight вес разряда
digraph орграф; ориентированный граф
digression отступление; отклонение
digroup дигруппа
dike удалять; заглушать
DIL 1. прямая линия связи; 2. с двухрядным расположением выводов; двухрядный
dilation растяжение временного интервала
DIL switch переключатель с двухрядным расположением выводов
3D image трехмерное изображение; объемное изображение
dimension 1. размер; 2. размерность; 3. главные измерения; 4. протяженность; величина; объем; 5. указание координат; 6. определять размеры; задавать размеры; проставлять размеры (на чертеже); 7. обрабатывать точно по размеру;
dimensional размерный; пространственный; имеющий измерение
2.5-dimensional configuration 2.5-двумерная организация
2-dimensional configuration двумерная организация
3-dimensional configuration трехмерная организация
dimensional information информация о размерности
dimensionality размерность; ранг; степень; число измерений
dimensionality of representation размерность представления
dimensional sound объемный звук; трехмерный звук

dimension attribute описатель размерности
dimensioned object объект с размерами
dimensioning простановка размеров; задание размеров
dimensioning command команда простановки размеров
dimensioning in master задание габаритного поля по основной линии
dimensionless coefficient безразмерный коэффициент
dimensionless factor безразмерный коэффициент
dimension line размерная линия
dimension of estimation критерий оценки
dimension of quantity размерность физической величины
dimension style стиль размера
dimension text текст размерной линии
diminish уменьшаться; сокращаться; убывать
diminished radix complement поразрядное дополнение
diminishing уменьшающийся; убывающий
diminishing increment sort сортировка с убывающим шагом
diminishing marginal utility уменьшающаяся предельная полезность
diminishing returnes убывающая доходность
DIMM модуль памяти с двухсторонним расположением контактов
dimmed недоступный (пункт меню)
DIMS система управления вводом данных
DIN 1. Институт стандартизации Германии; 2. промышленный стандарт Германии; 3. логарифмическая шкала оценки чувствительности светодиодов (и фотопленок)
DINA архитектура распределенной сети обработки информации
DIN connector разъем стандарта DIN
DIO прямой ввод-вывод; непосредственный ввод-вывод
diode диод
diode limiter диодный ограничитель
diode logic диодная логика; диодные логические схемы
diode matrix диодная матрица
diode modulator диодный модулятор
diode-transistor logic диодно-транзисторные логические схемы; диодно-транзисторная логика
DIOS подсистема ввода-вывода для прямого доступа к памяти
dip 1. угол наклона; 2. минимум; провал (кривой); 3. понижение (напряжения)
DIP 1. распределенная обработка информации; 2. корпус с двухрядным расположением выводов; корпус типа DIP; двухрядный корпус; 3. блок двухпозиционных переключателей; 4. обработка документов и изображений; 5. проект международного стандарта
DIP board плата с корпусами типа DIP
diphone дифон
diplexing диплесная передача; диплексный прием
dipolar switch двухпозиционный переключатель
dipole 1. симметричный вибратор; диполь; 2. симметричная вибраторная антенна
DIP-switch DIP-переключатель; двухпозиционный переключатель
DIRAC прямой доступ; непосредственный доступ
direct 1. прямой; непосредственный; 2. направлять; ориентировать; 3. управлять; предписывать
direct access прямой доступ; непосредственный доступ
direct access application применение вычислительной системы в режиме прямого доступа
direct access file файл прямого доступа
direct access hashing прямое хеширование
direct access instruction команда прямого доступа
direct-access label метка на носителе с прямым доступом

direct access library библиотека с прямым доступом
direct-access method метод прямого доступа
direct-access organization организация памяти с прямым доступом
direct-access query запрос с прямым доступом
direct access storage запоминающее устройство прямого доступа
direct access volume том с прямым доступом; том прямого доступа
direct-acting regulator регулятор прямого действия
direct adaptation непосредственная адаптация
direct addition прямое сложение
direct address непосредственный адрес; прямой адрес
direct addressable memory прямоадресуемая память
direct addressing непосредственная адресация; прямая адресация
direct addressing pointer прямой указатель адреса
direct allocation жесткое распределение; фиксированное распределение; статическое распределение
direct beam device векторный дисплей
direct beam display векторный дисплей
direct cable connection прямое соединение; прямая кабельная связь
direct code абсолютный код; прямой код
direct color path прямой цветовой переход
direct command непосредственная команда
direct computer interaction facility средство непосредственного взаимодействия с ЭВМ
direct connect AGP AGP с прямым соединением
direct connection прямое соединение
direct control прямое управление
direct control system система прямого управления
direct conversion прямое преобразование; непосредственное преобразование
direct correlation положительная корреляция
direct-coupled amplifier усилитель с непосредственной связью
direct coupling непосредственная связь; прямая связь
direct current постоянный ток
direct current level уровень постоянной составляющей (тока)
direct-current regeneration восстановление постоянной составляющей
direct data collection прямой сбор данных; непосредственный сбор данных
direct data entry непосредственный ввод данных; прямой ввод данных
direct data processing 1. прямая обработка данных; 2. обработка данных в реальном масштабе времени; обработка данных по мере их поступления
direct data reading прямое считывание данных; непосредственное считывание данных
direct data recording прямая запись данных
direct data set прямой набор данных
direct derivation непосредственный вывод
direct digital control прямое дискретное управление; прямое цифровое управление
direct digital synthesis прямой цифровой синтез
direct distance dialing автоматический вызов удаленного абонента
direct document reading непосредственное считывание документов
direct drive прямой привод
directed ориентированный; направленный
directed edge ориентированное ребро
directed graph ориентированный граф; орграф
directed light source источник направленного света

directed message направленное сообщение; сообщение конкретному адресату
directed set направленное множество
directed tree ориентированное дерево
direct execution прямое выполнение
direct execution language непосредственно выполняемый язык; язык прямого исполнения
direct file файл прямого доступа
direct frequency modulation прямая последовательная модуляция

Direct Graphics Interface Standard стандарт непосредственного графического интерфейса; стандарт непосредственного графического диалога; графический стандарт DGIS
direct input-output непосредственный ввод-вывод; прямой ввод-вывод
direct-insert subroutine подставляемая подпрограмма
direct instruction команда с прямой адресацией
direct interface прямое сопряжение; непосредственное сопряжение
direct interface adapter интерфейсный адаптер прямого подключения
direct inward dialing прямой набор внутренних номеров; прямой набор добавочных номеров; прямой входной набор
direct inward system access прямой внутрисистемный доступ
direct I/O непосредственный ввод-вывод; прямой ввод-вывод
direction направление
directional antenna направленная антенна
directional control управление перемещением (рабочего органа)
directional counter направленный счетчик; счетчик с направленным действием
directional coupler направленный ответвитель
directional derivative производная по направлению
directional light направленное освещение
directional radiator направленный излучатель
directional sharpen filter фильтр «направленное повышение резкости»
directional smooth filter фильтр «направленное сглаживание»
directional stability 1. устойчивость (рабочего органа) при перемещении; 2. курсовая устойчивость
direction arrow keys клавиши управления курсором
direction cube куб направлений
direction-finding problem задача принятия решения
direction flag флаг направления
direction from start point направление от начальной точки
direction key клавиша перемещения; клавиша управления курсором
direction of a distant light направление удаленного источника света
direction of magnetization направление намагниченности; ось намагниченности
direction vector вектор направления
direction word колонтитул
directive 1. управляющая команда; 2. директива; указание; 3. указатель; 4. директивный; управляющий; 5. указывающий; направляющий
directive gain коэффициент направленного действия (антенны)
directive information директивная информация
directivity 1. направленность; ориентированность; 2. коэффициент направленного действия (антенны)
directivity index индекс направленности (микрофона)
direct knowledge непосредственные знания
direct list database база данных с простой списковой структурой

directly прямо; непосредственно

directly addressable прямоадресуемый; непосредственно адресуемый

directly interpretable language прямоинтерпретируемый язык

directly proportional прямо пропорционально

direct measurement непосредственное измерение; прямое измерение

direct memory access прямой доступ к памяти; непосредственный доступ к памяти

direct memory access channel канал прямого доступа к памяти

direct memory access controller контроллер прямого доступа к памяти

direct memory access input-output system подсистема ввода-вывода для прямого доступа к памяти

direct memory execution обработка данных в оперативной памяти

direct memory queue очередь к устройствам прямого доступа

direct metal mastering механический метод изготовления оригинала диска

direct multiplexed control прямое управление с мультиплексированием

direct network connection прямое соединение с сетью

direct network printer принтер, подключаемый непосредственно к сети

direct operand прямой операнд

director управляющее устройство; 2. директор; пассивный вибратор; 3. режиссер

director digitizer векторный диджитайзер

direct organization прямая организация

director of information technology директор по информационной технологии

directory 1. каталог; оглавление; словарь; 2. каталоговый

directory access mode режим доступа к каталогу

Directory Access Protocol протокол доступа к справочнику; протокол доступа к каталогу

Directory and Security Services служба каталога и обеспечения защиты

directory cache buffer кэш-буфер каталогов; буфер кэширования каталогов

directory cashing кэширование каталога

directory commands команды работы с каталогами

directory context контекст каталога

directory database база данных каталога

directory device устройство с каталогом; устройство с файловой структурой

directory entry элемент справочника; элемент каталога; запись каталога

directory entry table таблица элементов каталогов; таблица записей каталога

directory exchange обмен каталогами

directory exchange server сервер обмена каталогами

directory FAT chain каталоговая цепочка FAT

directory file каталог; файл каталога; справочный файл

directory finder средство поиска каталогов

directory hash index хеш-индекс каталога

directory hashing хеширование каталогов

directory information base информационная база данных сетевого каталога

directory information tree информационное дерево каталога; информационное дерево справочника

directory listing перечень файлов каталога

directory map назначение каталога

directory map object объект «назначение каталога»

directory number телефонный номер (абонента)

directory object объект «каталог»; объект каталога NDS

directory owner владелец каталога

directory partition раздел каталога

directory pattern шаблон каталога

directory pointer указатель каталога; ссылка на каталог

directory record запись каталога

directory replica реплика каталога

directory rights полномочия доступа к каталогу

directory routing направленная маршрутизация; табличная маршрутизация

directory scan просмотр каталога

directory schema схема каталога

directory search method метод поиска каталога

Directory Service служба каталога

directory services сервис каталога (NetWare)

directory structure структура каталога; дерево каталогов

directory structure duplication дублирование структуры каталога

directory synchronization синхронизация каталогов

directory synchronization packet пакет синхронизации каталогов

directory system agent системный агент каталога

directory system agent entity объект системного агента сетевого каталога

directory table таблица каталогов

directory tree дерево каталога

directory tree name имя дерева каталога (дерева NDS)

directory trustee опекун каталога

directory user agent агент пользователя сетевого каталога; пользовательский агент каталога

directory verification проверка каталога

directory window окно каталога

direct output прямой вывод

direct overwrite с прямым наложением

direct pickup прямая передача

direct port порт для прямого обращения

direct-position-background фоновая графика с прямым позиционированием (Web); перекрывающиеся фоновые изображения

direct process процесс прямого получения; прямой способ получения

direct processing прямая обработка

direct programming непосредственное программирование; программирование на машинном языке

direct read after write считывание непосредственно после записи; считывание сразу после записи

direct reading прямое считывание

direct-reading analyzer анализатор с непосредственным считыванием

direct-reading calculator калькулятор с непосредственной индикацией

direct recording прямая запись

direct reflection диффузное отражение

direct relationships прямые связи

directrix директриса

direct-ro-plate прямое экспонированное формных пластин по данным из компьютера

direct route прямая маршрутизация

direct sequence spread spectrum расширение спектра с применением кода прямой последовательности; передача широкополосных сигналов по методу прямой последовательности

direct sequencing spread spectrum расширение спектра радиосигнала по принципу прямой последовательности

direct serial connection прямое последовательное соединение

direct symbol непосредственный символ
direct the control передавать управление
direct-to-home satellite market рынок услуг прямого доступа частных пользователей к Internet через спутник связи
direct-to-press передача данных о печатном изображении непосредственно на цилиндр печатной машины
direct translation method прямой метод трансляции
direct transmitter устройство прямой передачи
direct video output прямой вывод в видеопамять
direct voltage постоянное напряжение
dirty cache buffer буфер, ожидающий записи на диск; измененный кэш-буфер, не записанный на диск
dirty data недействительные данные; измененные данные
dirty line низкокачественная линия (связи)
dirty links необновленные связи
dirty page list список страниц, ожидающих записи на диск
dirty power некачественное электропитание; нестабильное электропитание
DIS 1. диагностическая информационная система; 2. цифровой сигнал идентификации; 3. система интерпретации данных; 4. система информационного обеспечения дилеров; 5. проект международного стандарта; 6. структура с распределенным интеллектом
DISA 1. Ассоциация по стандартам обмена данными; 2. прямой внутрисистемный доступ
disable 1. выводить из строя; повреждать; 2. блокировать; 3. запрещать; 4. маскировать; 5. запирать; 6. давать отбой; 7. выключать; отключать; запирать; переводить в неактивное состояние; 8. отменять
disabled маскированный; блокированный; запрещенный
disabled condition состояние бездействия; нерабочее состояние; блокированное состояние
disabled interrupt заблокированное прерывание
disabled page fault замаскированное страничное прерывание
disabled state 1. нерабочее состояние; блокированное состояние; 2. запрещенное состояние
disabmiguation устранение неоднозначности; разрешение противоречий
disabmigue устранять неоднозначность
DISA card плата прямого внутреннего системного доступа
disadjustment разрегулировка
disadvantage недостаток; неудобство
disaggregate дизагрегировать; разукрупнять; детализировать
disaggregation дизагрегирование
disaggregation matrix матрица дизагрегирования
disalignment 1. отклонение от правильного расположения; 2. разъюстировка; расстройка; 3. рассинхронизация; расфазирование; 4. рассогласование; 5. расхождение (результатов); 6. несоответствие; несовпадение (кодов); 7. разупорядочение; разориентация
disallow запрещать
disarm перевести в дежурный режим; нейтрализовать
disarmed interrupt игнорируемое прерывание; заблокированное прерывание; маскированное прерывание
disarmed process заблокированный процесс
disarray вносить неупорядоченность; приводить в беспорядок
disassebmling обратное ассемблирование
disassembler дисассемблер; обратный ассемблер
disaster backup аварийный резерв
disaster continue аварийное продолжение
disaster facilities средства аварийного резерва
disaster recovery восстановление после отказа; восстановление после аварий
disaster situation аварийная ситуация

disbursements выплата; расход; издержки
disc диск
discard отбрасывать; отвергать
discardable выгружаемый
discardable memory block незащищенный блок памяти
discardable segment выгружаемый сегмент
discard changes отменить изменения
disc-at-once writing «одномоментная» запись диска
disc cache кэш-буфер диска
disc cartridge дисковый пакет
disc formatter форматер дисков; устройство разметки дисков
disc geography география диска
disc handler устройство управления диском; дисковое ЗУ
discharge 1. разряд; 2. подача; 3. выгрузка; разгрузка; 4. сброс; 5. разряжать; 6. выгружать
discharge coefficient коэффициент расхода
disc interleaving чередование секторов на диске
discipline дисциплина; порядок обслуживания; алгоритм
disc label record type тип записи метки диска; тип записи наименования диска
disclaimer заявление об отсутствии гарантий; отказ от обязательств
disc loading cartridge кассета загрузки диска; картридж загрузки диска в устройство
disc loading mechanism механизм загрузки диска
discolouration 1. выцветание; изменение цвета; 2. обесцвечивание; 3. образование цветов побежалости
disconnect 1. разъединитель; разъемное соединение; 2. разъединение; 3. разъединенный 4. отключать; размыкать; разъединять; разбирать
disconnected graph несвязный граф
disconnected mode отсоединенный режим
disconnect from the server отключиться от сервера
disconnecting 1. отсоединение; отделение; 2. разъединение; отключение; размыкание
disconnection 1. разрыв; нарушение непрерывности; 2. обрыв (цепи); 3. разрывность (функции); 4. перегиб (кривой)
disconnect mode режим разъединения; режим с отключенными терминалами
disconnector разъединитель
discontinue 1. прекращать; упразднять; 2. прерываться
discontinuity 1. разрывность; 2. неоднородность
discontinuous filter импульсный фильтр
disc optimization оптимизация диска
discount 1. скидка; дисконт; 2. учет векселей; 3. учетный процент; 4. дисконтирование
discounted дисконтированный
discounted-cash flow движение дисконтированной наличности
discounting дисконтирование
discount rate учетная ставка; учетный процесс; учетный курс
discover обнаруживать; узнавать; открывать
discovery-driven data mining анализ с данных с целью выявления скрытых взаимосвязей и новых тенденций
disc pack пакет дисков
discrete 1. дискретный (сигнал, компонент); 2. прерывный; прерывистый; разрозненный
discrete and continuous systems дискретные и аналоговые системы
discrete approximation дискретная аппроксимация; дискретное приближение
discrete channel дискретный канал
discrete component дискретный компонент; дискретный элемент
discrete component card плата с дискретными элементами

discrete cosine transform дискретное косинусное преобразование; дискретное косинусоидальное преобразование

discrete data дискретные данные

discrete dictation диктовка по словам

discrete distribution дискретное распределение

discrete dynamics дискретная динамика

discrete information дискретная информация

discrete level дискретный уровень

discrete mesh дискретная сетка

discrete multitone modulation цифровая многоканальная тональная модуляция

discrete programming дискретное программирование

discrete range дискретный диапазон

discrete simulation дискретное моделирование

discrete structure дискретная структура

discrete type дискретный тип

discrete wired circuit схема с навесным монтажом

discretionary дискреционный

discretionary access дискреционный доступ

discretionary access control дискретное управление доступом; избирательный контроль доступа

discretionary ACL дискреционный списка управления доступом

discretionary hyphenation произвольный перенос

discretionary LSI интегральная схема с избирательными соединениями

discretionary protection избирательная защита

discretionary security protection избирательная защита секретности; избирательная защита безопасности

discretization дискретизация

discretization error ошибка дискретизации

discriminant дискриминант

discriminant analysis дискриминантный анализ

discriminant constraint ограничение дискриминанта

discriminate отличать; выделять; различать

discriminated union размеченное объединение

discrimination 1. дискриминация; различение; распознавание; 2. разрешающая способность; разрешение; 3. установление различий; 4. различительная способность; 5. дискриминация; 6. избирательность; селективность; 7. селекция; выделение; 8. условный переход

discrimination instruction 1. команда выбора решения; команда ветвления; 2. команда условного перехода

discriminator 1. дискриминатор; 2. селектор; выделитель; 3. дискриминантная функция; классифицирующая функция

disc storage память на дисках; дисковая память

disc substrate подложка диска

disc unit дисковое ЗУ; накопитель на магнитных дисках

discuss обсуждать; рассматривать

discussion area дискуссионное окно

discussion database база данных дискуссий

discussion group дискуссионная группа

disembodied data разрозненные данные; несистематические данные

disengage разъединять; освобождать; отключать; отсоединять; выключать (подачу)

disengagement разъединение; выключение

dish параболическая антенна; сферическая антенна; спутниковая тарелка; антенна спутниковой связи

disincentive protection избирательная защита

disintegrate 1. разрушать; 2. измельчать; 3. распадаться; расщепляться; 4. расслаиваться

disjoining разделение

disjoining nodes разъединение узлов

disjoint не пересекающиеся; несовместимые; несвязные

disjoint events несовместимые события; взаимоисключающие события

disjoint selection несвязное выделение

disjunction 1. разъединение; размыкание; 2. дизъюнкция; логическое сложение; операция ИЛИ

disjunctive normal form дизъюнктивная нормальная форма

disjunctive search дизъюнктивный поиск

disk диск

disk accelerator software программный ускоритель дисковых операций

disk adapter адаптер диска

disk administrator администратор диска

disk allocation blocks распределяемые блоки диска; блоки распределения дисковой памяти

disk-at-once recording одномоментная запись диска; односеансовая запись диска

disk-based с памятью на дисках; оснащенный дисками

disk-based advertising реклама на дискетах

disk-based version дисковая версия

disk block дисковый блок

disk cable кабель для подключения дисководов

disk cache дисковый кэш; дисковая кэш-память; кэш диска

disk caching кэширование диска; кэширование обращений к диску; организация обмена с дисковой памятью через кэш

disk capacity alarm events события-сообщения о приближающемся переполнении дисковой памяти

disk cartridge кассета дискового запоминающего устройства; дисковый пакет; пакетный диск; кассета магнитного диска; кассета дискового накопителя

disk changer автомат для смены дисков

disk channel дисковый канал

disk cloning дублирование дисков

disk compare сравнение дисков

disk compression сжатие диска

disk compression utility утилита сжатия дисков

disk controller дисковый контроллер; контроллер диска

disk coprocessor board плата дискового сопроцессора; плата сопроцессора диска

disk direct memory access прямой доступ к дисковой памяти; прямой доступ к памяти на дисках

disk drive дисковый накопитель; дисковод; диск; дисковое запоминающее устройство

disk drive arm механизм перемещения головок диска; штанга с головками

disk drive bay ниша для установки дисковода; отсек для дисковода

disk drive door шторка дисковода; задвижка дисковода

disk drive hat механизм перемещения головок диска

disk drive icon пиктограмма дисковода; значок диска

disk drive port порт для подключения дисковода

disk driver дисковый драйвер; драйвер диска

disk dump дамп содержимого диска; дамп диска

disk duplexing дублирование диска; дуплексирование диска

disk-duplication utility утилита дублирования дисков

disk error ошибка на диске; сбой диска

diskette дискета; гибкий диск

diskette controller контроллер гибкого диска

diskette drive накопитель для дискет; дисковод для дискет

diskette mailer конверт дискеты

disk failure tolerance средства отказоустойчивости диска; средства поддержки отказоустойчивости диска

disk file дисковый файл; файл на диске

disk file controller контроллер файлов на дисках

disk file organization организация памяти на дисках

disk format разметка диска; формат диска

disk formats типы форматов диска

disk formatter форматер дисков

disk formatting форматирование диска
disk full диск переполнен
disk handler дисковое запоминающее устройство
disk housekeeping facilities средства обслуживания диска
disk image «образ диска»
disk initialization function программа инициализации дисков
disk installation 1. установка диска; 2. инсталляция с диска
disk interface дисковый интерфейс
disk interface board плата дискового интерфейса
disk interleave чередование секторов диска
disk interleaving чередование секторов диска
disk I/O error ошибка ввода-вывода на диске
disk is write-protected диск защищен от записи
disk-label card карта дисковых меток
diskless бездисковый; не имеющий диска
diskless computer бездисковый компьютер
diskless workstation бездисковая рабочая станция; рабочая станция сети без жесткого диска
disk mapping назначение диска; отображение диска; псевдоним диска
disk memory память на дисках; дисковая память
disk mirroring отображение дисков; зеркальное отображение дисков; зеркальное отражение диска; зеркальное дублирование; создание «зеркального» диска
disk module дисковый модуль
disk operating system дисковая операционная система
disk optimizer оптимизатор диска
disk-oriented system система, ориентированная на работу с дисками
disk pack пакет дисков
disk package пакет с дисками
disk partition дисковый раздел; раздел диска
disk partitioning сегментирование дисковой памяти; организация разделов на диске
disk partition table таблица разделов диска
disk-performance booster средство увеличения производительности диска; ускоритель дисковых операций
disk queue очередь к диску
disk queuing организация очередей на диске
disk quota выделенное дисковое пространство
disk quota management управление объемом выделяемого пользователю на диске пространства
disk raw partition locks захваты неподготовленного раздела диска
disk read error ошибка чтения диска
disk-resident program программа, постоянно находящаяся на диске
disk sector сектор диска; сектор на диске
disk size 1. емкость диска; 2. размер диска
disk sorting дисковая сортировка
disk space область дисковой памяти; пространство на диске
disk-space quota квота на выделяемое пространство диска; ограничение на доступный объем дисковой памяти
disk status статус диска; состояние диска
disk storage память на диске; дисковая память; накопитель на магнитных дисках; запоминающее устройство на дисках
disk storage module модуль запоминающих устройств на диске
disk storage unit ЗУ на дисках; накопитель на дисках
disk striping чередование данных на дисках; распределение данных по дискам массива; организация тома на нескольких физических дисках; чередование дисков, «расслоение» дисков
disk striping driver драйвер, реализующий расслоение дисковой памяти
disk trace протокол распределения памяти на диске

disk transfer address адрес дисковой операции
disk utility program дисковая сервисная программа; программа обслуживания диска
disk volume том диска
disk work file рабочий файл на диске
disk write failure ошибка записи на диск
dismiss прекращать; отклонять
dismount демонтировать (том диска); разбирать; размонтировать; снимать
dismounting размонтирование

disorder 1. беспорядок; разупорядочение; 2. нарушение нормальной работы; разладка
disorderly closedown неправильный останов; останов с нарушением установленной процедуры; неправильное завершение работы; аварийное завершение работы
dispatch 1. организатор; программа размещения; 2. депеша; сообщение; отправка; 3. посылать; отправлять
dispatcher диспетчер; организующая программа
dispatcher process процесс диспетчера; планирующий процесс
dispatch ID диспетчерский идентификатор (в OLE)
dispatching диспетчеризация; координация; планирование
dispatching priority диспетчерский приоритет
dispatch map диспетчерская карта (в OLE)
dispatch system система диспетчеризации
dispatch table таблица диспетчеризации; таблица вызова
dispense 1. распределять; раздавать; 2. дозировать
disperancy расхождение; рассогласование; различие
disperse array разреженный массив; разреженная матрица
dispersed data рассредоточенная информация
dispersed intelligence распределенные средства искусственного интеллекта; распределенные логические функции
dispersed networks рассредоточенные сети
dispersed servers территориально разобщенные серверы
disperse matrix разреженная матрица
dispersion plan план распределения
dispertion 1. дисперсия; рассеяние; 2. разброс; 3. дизагрегирование; 4. дизъюнкция отрицания
displace вытеснять; замещать; смещать; перемещать
displace filter фильтр «замещение»
displacement 1. перемещение; смещение; сдвиг; перенесение; 2. деформация; 3. вытеснение; замещение; 4. рассогласование; отклонение; 5. замена; замещение; 6. подача
displacement angle угол рассогласования; угол отклонения
displacement error ошибка из-за смещения
displacement map карта замещения; текстура замещения
displacement variable переменная типа «смещение»
display 1. визуальное воспроизведение; визуальное представление; отображение (информации); визуализация; вывод на экран; 2. изображение; 3. показ; 4. выделение (шрифтом); 5. устройство отображения; дисплей; экран дисплея; устройство индикации; 6. изображать; 7. отображать; показывать
displayable воспроизводимый; допускающий воспроизведение на экране; отображаемый
displayable attribute атрибут, отображаемый на экране
displayable character отображаемый символ; воспроизводимый на экране символ
display access 1. выборка изображения; 2. обращение к дисплею
display adapter дисплейный адаптер
display attribute атрибут элемента изображения; дисплейный атрибут; атрибут вывода
display attribute file файл дисплейных атрибутов
display background фоновое программное обеспечение дисплея

display buffer дисплейный буфер; буфер дисплея; буфер изображения; память для хранения дисплейного списка

display capacity емкость дисплея; число элементов изображения на экране

display card плата видеоадаптера

display colors цвета отображения

display command команда визуализации

display console 1. дисплейный пульт; пульт отображения; 2. пульт управления

display context 1. контекст изображения; 2. содержимое экрана; 3. отображаемая область

display control 1. дисплей; устройство отображения; 2. индикатор

Display Control Interface интерфейс DCI; интерфейс управления дисплеем

display controller дисплейный контроллер; контроллер дисплея

display control program программа управления дисплеем

display coordinates экранные координаты; координаты дисплея

display copier устройство копирования с дисплея

display cycle цикл формирования изображения

display dot точка экрана

display driver драйвер видеоадаптера; драйвер дисплея

displayed as an icon представлен значком

displayed command команда, выводимая на экран

displayed data данные, выводимые на устройство отображения

display editor экранный редактор

displayed name of object выводимое на экран имя объекта

display element элемент изображения; примитив изображения; выходной примитив

display expression отображаемое выражение

display field 1. поле индикации; 2. поле экрана дисплея; окно вывода

display file дисплейный файл

display file segment сегмент дисплейного файла

display filtering фильтрация вывода; постфильтрация

display font экранный шрифт

display formatting language язык форматирования изображений

display group группа элементов изображения; сегмент отображения

display help table of contents вывод содержания справочной системы

display hinges шарниры экрана

display image отображение на экране дисплея; визуальное изображение; отображение; выводимое изображение

displaying отображение; вывод на экран; показ

displaying toolbar отображение панели инструментов

display instruction команда обращения к дисплею; команда отображения

display line строка экрана; горизонтальная строка дисплея

display line start pointer указатель начала строки дисплея

display list дисплейный список

display-list processing обработка дисплейных файлов

display management system система управления отображением данных

display mode режим отображения данных; режим вывода

display-oriented ориентированный на визуальный вывод данных; экранный

display page дисплейная страница

display point элемент изображения

display power management управления энергопотреблением дисплея; управления питанием дисплея

display power management signaling сигналы для управления энергопотреблением дисплеев; сигнализация управления питанием дисплея

display processor процессор дисплея; дисплейный процессор

display quality качество отображения

display rate скорость воспроизведения информации; скорость отображения информации

display regeneration регенерация изображения; восстановление изображения на экране дисплея; обновление изображения

display room дисплейный класс

display screen экран дисплея

display segment сегмент изображения

display settings параметры настройки экрана; параметры вывода

display space пространство визуализации

display standards стандарты дисплея

display statement оператор вывода; оператор отображения

display subform in datasheet view вывод подчиненной формы в режиме таблицы

display subsystem система отображения

display suppression гашение изображения

display surface поверхность отображения

display swapping переключение экрана

display system дисплейная система; система отображения

display terminal дисплейный терминал; дисплей

display the form in form view вывод формы в режиме формы; отображение формы в режиме формы

display the query in design view вывод запроса в режиме конструктора

display the table in design view вывод таблицы в режиме конструктора

display tube трубка дисплея

display type 1. тип вывода; 2. выделенный шрифт; жирный шрифт; крупный шрифт; заголовочный шрифт

display unit дисплей; устройство отображения

display updating обновление изображение на экране дисплея

display usage использование дисплея

display window экранное окно; окно экрана

disposal 1. освобождение; 2. устранение; избавление; 3. распределение; размещение; расположение

disposal techniques методы освобождения

dispose 1. освобождать; освобождаться; освободить; 2. удалять; 3. располагать; 4. распределять

disposed block освобожденный блок памяти

disposed variable освобожденная переменная

disposing overlays выталкивание оверлеев

disposing variables возврат памяти переменных

disposition расположение; диспозиция

disrepancy расхождение (результатов); 2. рассогласование

dissection 1. разделение; разложение; разбиение; расчленение; 2. разбор; анализ; 3. распад; дезинтеграция; разрушение; 4. пробой

dissector дешифратор уровней яркости

disseminate рассеивать; распространять

dissipation 1. рассеяние; 2. мощность рассеяния

dissipation factor 1. коэффициент рассеяния; 2. затухание; 3. тангенс угла потерь

dissolve 1. рассеивание; 2. наплыв; плавная смена кадров; микширование наплывом; перекрытие наплывом

dissymetry асимметрия; несимметричность

distance 1. расстояние; промежуток; интервал; отрезок; 2. статистическое отклонение; мера различия

distance dialing дистанционный набор (номера); вызов удаленного абонента

distance fall-off дистанция ослабления

distance fog туман (в графических пакетах)
distance learning дистанционное обучение
distance of displacement расстояние смещения
distance of the move расстояние смещения
distance to axis расстояние до оси
distance vector algorithm дистанционный векторный алгоритм
Distance Vector Multicast Routing Protocol протокол дистанционной векторной групповой многоадресной маршрутизации
distance-vector router маршрутизатор, использующий метод вектора расстояния
distance-vector routing algorithm алгоритм маршрутизации по вектору расстояния
distance-vector routing protocol протокол дистанционно-векторной маршрутизации
distant end of the link другой конец линии связи
distant light удаленный источник света
distant reading дистанционное считывание
distant vector approach дистанционный векторный метод
distinct особый; отличный
distinct errors различимые ошибки; индивидуальные ошибки
distinctive отличительный; характерный
distinguish отличать; различать; различаться
distinguished name отличительное имя; характерное имя
distort 1. эффект «деформация»; 2. искажать
distorted information искаженная информация
distorted message искаженное сообщение
distortion расхождение; несовпадение; искажение; искривление
distortion factor коэффициент искажения
distribute распределять
distributed распределенный; рассредоточенный
distributed access распределенный доступ
distributed administration распределенное администрирование
distributed administration of network software распределенное управление сетевым программным обеспечением
distributed amplification распределенное усиление
distributed analysis tools распределенные инструментальные средства анализа
distributed application распределенная прикладная система; распределенное приложение
distributed application environment среда распределенных приложений
distributed applications распределенные приложения
distributed application services сервисные средства поддержки распределенных приложений
distributed architecture распределенная архитектура
distributed array processor распределенный матричный процессор; распределенный векторный процессор
distributed backbone распределенная сетевая магистраль
distributed compiling распределенная компиляция
distributed complexity распределенная сложность
distributed component platform платформа распределенных компонентов
distributed computer network распределенная вычислительная сеть
distributed computing распределенные вычисления
Distributed Computing Environment распределенная вычислительная среда; среда распределенных вычислений
distributed computing system распределенная вычислительная система
distributed constant распределенный параметр
distributed control распределенное управление

distributed control system распределенная система управления
distributed data распределенные данные
distributed data access распределенный доступ к данным
distributed data bank распределенный банк данных
distributed database распределенная база данных; децентрализованная база данных
distributed database management system система управления распределенными базами данных
distributed database server сервер распределенных баз данных
distributed data bus распределенная магистраль
distributed data communications server сервер связи с распределенными данными
distributed data management распределенное управление данными
distributed data management system система управления распределенными данными
distributed data manager система управления распределенными данными
distributed data processing распределенная обработка данных
distributed document processing распределенная обработка документов
distributed double-loop computer network распределенная сеть компьютеров на основе двойного кольца
Distributed Enterprise Management Architecture архитектура распределенного управления сетью масштаба предприятия
distributed environment распределенная среда; среда распределенной системы; распределенная конфигурация
distributed file system распределенная файловая система
distributed foundation wireless MAC распределенное базовое управление доступом к среде передачи данных в беспроводных сетях
distributed function распределенная функция
distributed functional place распределенная функциональная плоскость
distributed function architecture архитектура с распределенными функциями
distributed graphics распределенная графика
distributed information processing распределенная обработка информации
distributed information processing network architecture архитектура распределенной сети обработки информации
distributed intelligence 1. распределенное управление; 2. распределенные вычислительные средства; 3. распределенные средства искусственного интеллекта; 4. распределенные логические функции
distributed LAN emulation эмуляция распределенных локальных сетей
distributed lock manager диспетчер распределенных блокировок
distributed logic распределенная логика
distributed logic memory память с распределенной логикой
distributed loop computer network распределенная компьютерная сеть на основе кольца
distributed maintenance распределенное обслуживание
distributed maintenance services службы распределенного обслуживания
distributed management распределенное управление
Distributed Management Environment распределенная управляющая среда; среда распределенного управления
distributed management module модуль распределенного управления

159

distributed memory распределенная память

Distributed Message Router программа распределенной маршрутизации сообщений

distributed monitoring system распределенная система мониторинга

Distributed Name Service распределенная служба имен

distributed network распределенная сеть

distributed network analyzer распределенный сетевой анализатор

distributed network analysis распределенный анализ сети

distributed-object computing 1. распределенная объектная вычислительная среда; 2. вычисления с использованием распределенных объектов; вычисления в распределенной объектной среде

distributed object environment распределенная объектная среда

distributed object management facility средства управления распределенными объектами

Distributed Object Management System система управления распределенными объектами

distributed-object manager менеджер распределенных объектов

distributed objects everywhere «распределенные объекты повсюду»; архитектура DOE

distributed object technologies распределенные объектные технологии

distributed on-line transaction processing оперативная обработка распределенных транзакций

distributed operating multiaccess interactive network распределенная операционная интерактивная сеть коллективного доступа

distributed parallel processing распределенная параллельная обработка данных

distributed parameter распределенный параметр

distributed processing распределенная обработка

distributed processing control executive программа управления распределенной обработкой

distributed processing system распределенная система обработки данных

distributed query optimization оптимизация запросов в распределенной среде

distributed queue double bus двойная шина с распределенной очередью

distributed queue dual bus двойная шина с распределенной очередью

Distributed Queueing Service распределенная система обслуживания очередей

distributed ray tracing распределенная трассировка лучей (в графике)

distributed record распределенная запись

distributed recovery block распределенный блок восстановления

Distributed Relational Database Architecture архитектура распределенных реляционных СУБД

distributed rendering распределенный рендеринг

distributed routing распределенная маршрутизация

distributed scheduling multiple access множественный доступ с распределенным управлением

distributed shared memory распределенная совместно используемая память; общее поле памяти

distributed system распределенная система; система с распределенными функциями

distributed system network распределенная сеть системы

Distributed System Object Model модель распределенных системных объектов

distributed system program программа распределенной системы

Distributed System Security Architecture архитектура безопасности распределенных систем; архитектура DSSA

distributed systems gateway шлюз распределенных систем; межсетевой преобразователь распределенных систем

distributed transaction management управление распределенными транзакциями

distributed transaction processing распределенная обработка транзакций

distributed workgroup распределенная рабочая группа

distributing board распределительный щит

distributing frame коммутационный щит

distributing object положение объекта

distribution 1. распределение; 2. распространение; 3. дистрибьюция; 4. разводка (кабеля); 5. разбор (шрифта); 6. раскат (печатной краски)

distribution agreement соглашение о дистрибьюции

distributional дистрибутивный; распределительный

distribution cable распределительный кабель

distribution control управление распространением

distribution counting sort сортировка с подсчетом и распределением

distribution design проектирование распределенной структуры

distribution diagram диаграмма распределения

distribution disk дистрибутивный диск; дистрибутив

distribution entry дистрибутивная запись

distribution function функция распределения

distribution kit комплект поставки; дистрибутив; дистрибутивный комплект; дистрибутивный пакет

distribution law распределительный закон; закон распределения; дистрибутивный закон; дистрибутивность

distribution list список рассылки; дистрибутивный список; список распределения; список доставки

distribution list object объект «список рассылки»

distribution medium распространяемый носитель; дистрибутивный носитель

distribution of eigenvalues распределение собственных значений

distribution policy политика распространения; стратегия распространения

distribution queue очередь распределения

distribution rights права на распространение

distribution server сервер распределения (программного обеспечения)

distribution switchboard распределительный щит

distribution tail area хвост распределения

distribution tape дистрибутивная лента; дистрибутив

distribution toolkit пакет для создания распространяемых приложений

distributive дистрибутив

distributive disk дистрибутивный диск

distributive lattice дистрибутивная решетка

distributive law распределительный закон; закон дистрибутивности

distributive law of conjunction over disjunction закон дистрибутивности конъюнкции относительно дизъюнкции

distributive law of disjunction over conjunction закон дистрибутивности дизъюнкции относительно конъюнкции

distributive tape дистрибутивная лента

distributor 1. распространитель; дистрибьютор; 2. распределитель; распределительное устройство; 3. распределительный канал

distrubuted component platform платформа распределенных компонентов

disturb нарушать; возмущать

disturbance 1. возмущение; нарушение; 2. помеха; 3. повреждение; разрушение; 4. нарушение в работе; неисправность

disturbed cell ячейка с разрушенной информацией
disturbed character искаженный character; дефектный символ; знак с искажением
disturbed one искаженная единица
disturbing разрушение; нарушение
disturbing current разрушающий ток; ток разрушения состояния
disymmetry несимметричность; асимметрия
DIT информационное дерево каталога; информационное дерево справочника
ditch канавка; выемка
dither 1. искусственные флуктуации; 2. подмешиваемый псевдослучайный сигнал; 4. возмущение; 5. возмущающий сигнал; добавочный псевдослучайный сигнал; 6. размывание (контура изображения); 7. сглаживание цветовых переходов; смешивание; псевдосмешение цветов; 8. создавать флуктуации; 8. размывать (контур изображения)
dithered со смешиванием
dithered color размытый цвет
dithered image 1. псевдополутоновое изображение; 2. размытое изображение
dithering 1. образование искусственных флуктуаций; 2. подмешивание псевдослучайного сигнала; размывание сигнала; 3. возмущение; 4. размывание контура изображения; 5. дитеринг; псевдосмешение цветов; смешивание цветов; имитация градаций серого цвета; имитация полутонов; клиширование
ditto то же самое; повтор
DIU цифровое устройство межсетевого взаимодействия; цифровое устройство для обеспечения межсетевого взаимодействия
DIV система передачи цифровых данных на частотах, выделенных для речевых сигналов; «данные в голосе»
DIVA ввод данных с речевым автоответчиком
divergence 1. дивергенция; расходимость; 2. расхождение; отклонение; 3. дифференциация целей
divergence of parameter отклонение параметра
divergence of series расходимость ряда
diverse разнообразный; разный
diversification введение разнообразия; диверсификация
diversion 1. отклонение; 2. деривация; 3. переадресация; 4. разнесение; разнос
diversion channel магистральный канал
diversity 1. разнообразие; 2. разнесение; разновременность; 3. диверсифицировать; вводить разнообразие
diversity radio радиосвязь с разнесенным приемом
divide делить; разделять
divide-and-conquer approach метод разобщения
divide-and-conquer sorting сортировка по принципу «разделяй и властвуй»
divide-and-conquer strategy стратегия «разделяй и властвуй»; метод поблочного автономного тестирования с последующей проверкой связей
divide check контроль деления
divided job расчлененное задание
divided word-line architecture архитектура с разделенными числовыми линиями
dividend делимое
divide out сокращать
divider 1. делитель; 2. делительное устройство; блок деления; 2. блок выполнения операции деления; 3. делитель напряжения; 4. разделитель
dividing 1. деление; 2. разделение; раздел
dividing circuit схема деления
dividing lines разделительные линии
divisibility делимость

divisible factor коэффициент кратности; коэффициент повторения
division 1. деление; 2. деление шкалы; 4. раздел; 5. отдел; отделение; дивизион; подразделение
division algorithm алгоритм деления
division assignment operator операция деления и присваивания
division header заголовок раздела
division name имя раздела
division operator операция деления; знак операции деления
division sign знак деления
divisor делитель
DIVOT преобразователь цифрового кода в речь
DIX-connector DIX-разъем
DKI интерфейс драйверов с ядром (в UNIX)
DL 1. канал передачи данных; 2. список рассылки; 3. динамическая загрузка
DLC управление каналом передачи данных; управление линией передачи данных
DLCI идентификатор канала передачи данных; управляющий идентификатор канала передачи данных; идентификатор соединения канального уровня
DLCN распределенная компьютерная сеть на основе кольца
DLCP протокол управления каналом передачи данных
DLE 1. эмуляция распределенных локальных сетей; 2. переключение кода
D-level system система уровня D; система с базовым уровнем защиты
DLI стык с цифровой линией
3D line chart объемный график
DLL 1. канальный уровень; 2. динамически подключаемая библиотека; библиотека динамической компоновки; динамически компонуемая библиотека; динамически подгружаемая библиотека
DLL procedure DLL-процедура; процедура, хранимая в библиотеке динамической компоновки
DLM мультиплексор линий передачи данных
DLMS система управления цифровыми линиями передачи данных
DLP обработка дисплейных файлов
DLS технология коммутации каналов
DLSDU элемент данных канального сервиса
DLSw коммутация каналов передачи данных; технология коммутации каналов
DLT магнитная лента с линейной записью; магнитная лента с цифровой линейной записью
DLT library DLT-библиотека; библиотека накопителей DLT
DLT tape цифровая лента с линейной записью
DLU зависимый логический блок
DLUR генератор запросов зависимого логического блока
DM 1. организация данных; управление данными; управление обработкой данных; 2. режим разъединения; 4. режим передачи данных; 5. отображение дисков; зеркальное отображение дисков; зеркальное дублирование; 6. добыча данных; «добыча знаний»; добыча информации; анализ, интерпретация и представления данных; извлечение информации из массивов данных
D&M проектирование и моделирование
DMA прямой доступ к памяти
DMA address адрес DMA
DMA bus шина прямого доступа к памяти
DMAC 1. канал DMA; 2. контроллер DMA; контроллер прямого доступа к памяти
DMA channel канал DMA; канал прямого доступа к памяти
DMA channel controller контроллер канала DMA; контроллер DMA

DMA controller контроллер прямого доступа к памяти; DMA-контроллер; контроллер DMA

DMA device устройство прямого доступа к памяти

DMA-host adapter главный адаптер интерфейса; адаптер прямого доступа к памяти

DMB главная система просмотра (ресурсов) домена

DMC прямое управление с мультиплексированием

DMCL язык описания физической организации

DMD цифровой микрозеркальный дисплей

DME среда распределенного управления; распределенная управляющая среда

3D mesh трехмерная сеть

DMF 1. многошаговая динамическая фокусировка (в ЭЛТ-мониторах); 2. средство переноса данных; средство миграции данных

DMI 1. интерфейс управления рабочей областью; интерфейс управления настольными системами; 2. интерфейс непосредственного взаимодействия; 3. цифровой мультиплексный интерфейс

3D mirror трехмерное зеркальное отображение

DML язык манипуляций с данными; язык манипулирования данными

DMM 1. цифровой мультиметр; 2. управление динамической памятью; 3. модуль распределенного управления; 4. механический метод изготовления оригинала диска

3D modeling трехмерное моделирование; пространственное моделирование

3D modeling software программное обеспечение трехмерного моделирования

3D mosaic method метод трехмерной мозаики

DMP 1. настольная издательская мультимедиа-система; 2. динамический пул памяти

DMQ очередь к устройствам прямого доступа

DMR программа распределенной маршрутизации сообщений

DMS 1. система обмена сообщениями военного назначения; 2. средства управления обработкой данных; 3. система управления отображением данных; 5. система управления документами; 6. система управления данными; 7. ПО управления данными

DMT 1. цифровой тестер модуляции; 2. таблица динамических методов; 3. цифровая многоканальная тональная модуляция

DMTF 1. Рабочая группа по управлению настольными системами; Ассоциация DMTF; 2. спецификация DMTF

DMT modulation многочастотная модуляция; дискретная мультитоновая модуляция

3D multigrid test тест «трехмерной решетки»

DMX цифровой матричный коммутатор

DN 1. телефонный номер (абонента); 2. отличительное имя; имя получателя

DNA архитектура цифровой сети; сетевая архитектура фирмы DEC

DNF дизъюнктивная нормальная форма

DNIC код идентификации сети передачи данных

DNIS функция определения набранного номера; служба определения набираемого номера

DNL дифференциальная нелинейность

DNS 1. служба имен доменов; служба доменных имен; служба именования доменов; 2. система имен доменов; доменная система именования; доменная система имен; 3. сервер имен доменов

DNS server сервер имен; сервер DNS

DNT таблица имен устройств

DO 1. цифровой устройство вывода; 2. цифровые выходные данные

DOA выходной цифровой адаптер

DOAPI открытый интерфейс прикладного программирования в среде DOS

3D object трехмерный объект

dock закреплять; стыковать; фиксировать

dockable template фиксируемый шаблон

dockable toolbar перемещаемый комплект инструментов; позиционируемый набор инструментальных средств; позиционируемый инструментарий

docked position «припаркованная» позиция

docked window перемещаемое и фиксируемое диалоговое окно

docker window перемещаемое и фиксируемое диалоговое окно

docking 1. фиксация объекта интерфейса; 2. подключение переносного компьютера к стыковочной станции

docking device стыковочное устройство

docking module стыковочный модуль

docking pins установочные штырьковые контакты

docking port стыковочный порт; порт для подключения к станции портативного ПК

docking station стыковочный узел; стыковочная станция; установочная станция; док-станция

docking toolbar закрепляемая панель инструментов; позиционируемая инструментальная панель

docking window стыкуемое окно

dock toolbar закрепить панель инструментов

3D OCR углубленное оптическое распознавание символов

doctor blade скребок-лопатка (для нанесения тонера)

docucentric processing обработка, ориентированная на документ; документоориентированная работа

document 1. документ; текст; документальный источник; 2. текст; 3. документировать

Document Agent Service служба агентов документации

documental base материальная основа документа

documental data документальные данные

documentalist документалист; сотрудник информационной службы

document and image processing обработка документов и изображений

document architecture архитектура на основе шины документов

documentary data документальная информация; данные в виде документов

documentating документирование; документальное подтверждение

documentation 1. документация; 2. документалистика; научно-техническая информация; 3. документирование; документальное подтверждение; 4. выпуск технической документации

documentation center информационный центр; центр информационного обслуживания

documentation conventions соглашения, используемые в документации

documentation error ошибка в документации

documentation facilities средства документирования

documentation kit комплект документации

documentation quality качество документации

documentation release выпуск документации

document base база документов

document bus шина документов

document capacity объем документа

document-centric ориентированный на работу с документами

document communication документальная связь

document conferencing технология конференций документов

document contents состав документа; содержимое документа; оглавление

document control system система управления документами

document control tools средства управления документами

document database база данных документов; база документов; документная база данных; документоориентированная база данных; база данных, ориентированная на работу с документами

documented документированный; описанный в документации

document enabled networking сетевая среда, поддерживающая работу с документами

document end конец документа

document entry описание документа

document feeding подача документов

document-filing application программа для хранения документов в электронном виде

document folder папка документа

document format формат документа

document generator генератор документов

document handling обработка документа

document high-capacity store запоминающее устройство большой емкости для документов

document imaging графическое представление документов; работа с изображениями документов; обработка образов бумажных документов

document information сведения о документе

documenting документирование

document instance экземпляр документа

document integration комплектование документации

document interchange architecture архитектура с документальной информацией

document layout макет документа

document management управление документооборотом

document management service служба управления документированием

document management software программное обеспечение управления документами

document management system система управления документированием; система управления документами; система управления документооборотом

document manager администратор документов

document mark метка документа; маркер документа

document number номер документа

document object объект документа

documentor архивариус; документатор; документирующая программа

document-oriented документоориентированный

document-oriented architecture архитектура на основе шины документов

document preparation подготовка документа

document preparation system система подготовки документации

document processing обработка документов

document processing system система обработки документов

document profile профиль документа; дескриптор документа (в системе управления документооборотом)

document publishing печать документов; выпуск документации

document reader устройство считывания документов; устройство чтения документов

document recording регистрация документов

document reference edge контрольный край документа

document repository хранилище документов

document routing маршрутизация документа

document scanner устройство сканирования документов

document search and retrieval поиск и извлечение документов

document sheet бланк документа

document size формат документа

document sorter устройство сортировки документов

document spacing интервал между документами

document-store bus шина документов

document subject тема документа

document template шаблон документа

document type definition определение типа документа; описание шаблона документа

document type description описание типа документа

document versioning контроль версий документа; функции обновления версий

document-view architecture архитектура «документ-вид»

document window окно документа

docuterm ключевое слово документа

DOD цифровой оптический диск

dodecagon двенадцатиугольник

dodge brush наклонная кисть (инструмент графики)

DOD Guideline for Computer Security требования министерства обороны США по защите ЭВМ и программного обеспечения

doduc пакет оценки быстродействия ЭВМ

DOE среда распределенных объектов; распределенная объектная среда; «распределенные объекты повсюду»; архитектура DOE

does not equal не равняется

does not exist не существует

dogleg 1. траектория погони; 3. излом (кривой)

DO-group DO-группа

do-implied specification спецификация неявного выполнения

DO/IT преобразователь выходных цифровых данных для следующего ввода

dollar sign знак доллара

DO loop цикл типа DO

DOM 1. объектная модель документов; 2. менеджер распределенных объектов

domain 1. область; область значений; 2. интервал; 3. домен; 4. область определения; проблемная область; 5. сфера действия; 6. территория; 7. базовая административная единица

domain address адрес домена

domain admin администратор домена

domain administrator администратор домена

domain aggregate по подмножеству

domain aggregate function агрегатная функция домена

domain-based naming system система имен на основе доменов; доменная система имен

domain-based technology технология доменов; сетевая технология, использующая домены

domain call вызов домена

domain control database управляющая база данных домена

domain controller контроллер домена

domain-dependent knowledge знания, связанные с конкретной областью; знания, отражающие специфику конкретной области

domain differences различия на уровне доменов

domain directory system доменная структура каталогов

domain error ошибка выхода за пределы области

domain expert специалист в определенной области знаний; специалист по проблемной области

domain information groper средство сбора информации о доменах

domain integrity целостность домена

domain knowledge предметные знания; знания в конкретной области; знание проблемной области

domain-level security защита на уровне доменов

domain logon security authority база данных проверки полномочий в домене

domain master browser главная система просмотра (ресурсов) домена

domain member list список имен доменов

domain memory память на магнитных доменах; доменная память

domain name 1. доменное имя; имя машины в формате доменных имен; 2. имя домена

domain name server сервер имен доменов

Domain Name Service служба именования доменов

Domain Name System система именования доменов

domain of dependence область зависимости

domain of function область определения функции

domain of integrity область целостности

domain of word область слова

domain password пароль пользователя в домене

domain-specific зависящий от предметной области; отражающий специфику предметной области; предметный; проблемные; проблемно-зависимый

domain-specific intelligence интеллектуальные средства предметной области

domain structure доменная структура

domain-tip memory память на плоских магнитных доменах

domain type enforcement принудительные меры безопасности по отношению к доменам сети

domain-wide в масштабе домена

dome купол; свод

domestic отечественный; внутренний; домашний

DOMF средства распределенного управления объектами

dominance влияние; преобладание; доминирование

dominance grammar доминационная грамматика

dominant eigenvector доминирующий собственный вектор; доминантный собственный вектор

dominant fault доминирующая неисправность

dominator доминанта

DOMS система управления распределенными объектами

donate служить донором

done 1. сигнал завершенности; сигнал «сделано»; 2. выполнено; готово (кнопка)

done bit флаг «операция выполнена»

done flag флаг готовности

dongle электронный защитный ключ-заглушка; программный ключ; вставляемое в порт устройство защиты от копирования

do-nothing instruction пустая команда; холостая команда; фиктивная команда

do-nothing-loop пустой цикл; цикл ожидания

don't care безразличное состояние

don't care bit безразличный разряд

don't care character безразличный символ

don't care condition 1. безразличное условие; 2. безразличное состояние

don't care input combination безразличная входная комбинация

don't compress attribut еатрибут «не сжимать»

don't migrate attribute атрибут «не мигрировать»

don't suballocate attribute атрибут «не распределять»

donut кольцо

doodling эскизное представление

door 1. дверь; дверца; 2. интерфейс к программному обеспечению BBS; 3. защелка; задвижка дисковода; 4. крышка

door bell точка доступа типа личного «дверного звонка»

doorbell register сигнальный регистр

DOPE банк данных по оценкам программного обеспечения

dope vector дескриптор массива

DOR цифровая оптическая запись

dormant connection бездействующая связь; неактивное соединение

dormant state неактивное состояние

dormant task остановленная задача

DOS дисковая операционная система; ДОС

DOS application object объект «приложение DOS»

DOS area область, занятая системными файлами DOS

DOS-based utility DOS-утилита; утилита, работающая на базе DOS; утилита для среды DOS

DOS box окно DOS

DOS call вызов функции DOS

DOS client клиент DOS

DOS command shell командный процессор DOS; оболочка DOS

DOS device устройство DOS

DOS device control block блок управления устройством DOS

DOS environment среда DOS; операционная среда DOS

DOS extender DOS-экстендер; расширитель DOS

DOS Open API открытый интерфейс прикладного программирования в среде DOS

DOS partition раздел DOS

DOS prompt приглашение DOS; системная подсказка DOS

DOS protected mode защищенный режим DOS

DOS Protected Mode Interface интерфейс защищенного режима в среде DOS

DOS real mode реальный режим DOS

DOS redirection layer уровень переназначения DOS

DOS requester запросчик DOS

DOS routine функция DOS

dossier databank анкетный банк данных

DO-statement оператор цикла

DOS/VS DOS, реализующая виртуальную память

dot 1. точечный элемент; 2. элемент матрицы; 3. точка; 4. точка растра; 5. проводить пунктирную линию; отмечать пунктиром

dot-addressable с точечной адресацией; с поточечной адресацией

dot-addressable graphics графика с адресацией точек

dot-and-dash точка-тире

dot-and-dash code азбука Морзе

dot area площадь растрового элемента

dot-chaining сцепление растровых точек

dot-chaining screen растр с эллиптическими цепеобразными элементами

dot chart точечная диаграмма

dot clock синхросигнал для воспроизведения изображений на растровом дисплее

dot command команда с точкой

dot cycle цикл точки

dot dot двойная точка; две точки

dot file файл с точкой

dot file name имя файла, начинающееся с точки

dot-for-dot reproduction поточечное воспроизведение

dot gain «растискивание»; расплывание растровой точки; увеличение размеров растровых точек

dot gain compensation компенсация расплывания точек

dot generator точечный генератор

dot-in-dot printing печать с точной приводкой; печать «точка в точку»

dot leader заполнитель

dot mask точечная маска (монитора)

dot-mask CRT ЭЛТ-монитор с точечной маской

dot matrix матрица точек; точечная матрица; растр
dot-matrix character generator генератор точечных знаков; растровый генератор символов
dot-matrix display растровый дисплей
dot-matrix field знакоместо
dot-matrix printer матричный принтер
DOT memory память на плоских магнитных доменах
dot notation уточняющая запись через точку
dot-on-dot register точная приводка; приводка «точка в точку»; точное совмещение красок
dot operator операция-точка
dot pattern точечный шаблон; точечная матрица; растр
dot pitch шаг зерна (монитора); шаг триад; шаг маски; шаг точки; размер точки экрана
dot rate частота строчной развертки; частота горизонтальной развертки
dot requests команды с точкой (в программах обработки текста UNIX)
dot shape форма растровой точки
dots per inch точек на дюйм
dot spread «растискивание» растровой точки
dot structure точечная структура
dotted обозначенный пунктиром
dotted decimal десятичное представление (адреса) с точкой
dotted-decimal notation десятичное представление (адреса) с точками
dotted line точечная линия; пунктирная линия; линия из точек
dotted pair точечная пара
dotted quad notation четырехкомпонентная система обозначений (адресов) с точками
dot-type digital indicator цифровой индикатор точечного типа
double 1. двойное количество; 2. двойной; удвоенный; 3. удваивать; 4. дублировать; 5. складывать вдвое
double addition сложение с двойной точностью
double address двойная адресация
double-address instruction двухадресная команда
double-bit error ошибка в двух разрядах; двухбитовая ошибка
double box двойная рамка
double bucket двухсекционное запоминающее устройство
double-bucky с одновременным нажатием двух управляющих клавиш
double buffer двойной буфер
double-buffered с двойной буферизацией
double-buffered animation анимация с двойной буферизацией
double buffering двойная буферизация; буферизация с переключением буферов; буферизация с попеременным использованием буферов
double-byte двухбайтовый
double-byte character set набор двухбайтовых символов
double-cached с двойным кэшированием
double calculations вычисления с двойным просчетом
double carry двойной перенос
double cell двойная ячейка; ячейка удвоенной длины
double-chained tree двусвязанное дерево
double character лигатура
double-circuit двухконтурный
double click двойной щелчок кнопкой мыши
double coincidence двойное совпадение
double complement двойное дополнение
double-conversion с двойным преобразованием
double density двойная плотность
double-density disk диск с двойной плотностью; диск для записи с удвоенной плотностью

double-density floppy disk 1. дисковод для гибких дисков с двойной плотностью записи; 2. дискета с двойной плотности записи
double-density recording запись с двойной плотностью
double diamond двойной ромб
double diamond event неполное событие
double dots сдвоенные растровые точки
double-ended deque дек; двусторонняя очередь; очередь с двусторонним доступом
double error двойная ошибка
double error-correcting code код с исправлением двойных ошибок
double-faced disk двухсторонний диск
double hashing двойное перемешивание
double head сдвоенная головка
double-headed arrow двунаправленная стрелка; стрелка, указывающая в двух направлениях
double-high character символ удвоенной высоты
double image двойное изображение; сдвоенное изображение
double indent двусторонний отступ
double integral двойной интеграл
double-length двойной длины
double-length divident делимое двойной длины
double-length item элемент удвоенной длины
double-level grammar двухуровневая грамматика; грамматика ван Вейнгардена
double line 1. двухпроводная линия; 2. двойная линия (в графике)
double-lined frame двойная рамка
double-linked list двунаправленный список
double-loop network сеть с двойным кольцом; сеть с дублированным кольцом
double negation двойное отрицание
double-precise с двойной точностью
double precision двойная точность; удвоенная точность
double-precision arithmetic арифметика с двойной точностью; арифметические операции с удвоенной точностью;
double-precision arithmetic unit арифметическое устройство для работы с удвоенной точностью
double-precision instruction команда вычислений с удвоенной точностью
double-precision number число с двойной точностью
double quote escape sequence управляющая последовательность «двойная кавычка»
doubler удвоитель
double rail logic двухканальная логика; логические схемы с двухпроводным представлением переменных; логика с двухпроводным представлением переменных
double reading двойное считывание
double reflection двойное лучепреломление
double-row connector двухрядный соединитель; двухрядный разъем
double-sided двухсторонний
double-sided board двухсторонняя плата
double-sided disk двусторонний диск; двусторонняя дискета
double-sided diskette двусторонняя дискета
double-sided high-density двусторонняя с высокой плотностью
double-sided material двусторонний материал; материал с двумя отражающими свет сторонами (в графике)
double-sided single-density двусторонний с одинарной плотностью записи
double-sized print печать символов удвоенной величины
double-spaced с двойным пробелом
double-spin drive двухскоростной дисковод

double-strike с двойным ударом
double sum двойная сумма
double-sweep algorithm алгоритм двойного поиска
double-tap двойное касание
double type conversion преобразование типа double
double underline двойное подчеркивание
double word двойное слово
double-word access доступ к словам двойной длины
double-word alignment выравнивание на границе двойного слова
double word boundary граница двойного слова
double-word instruction 1. команда операции над двойными словами; 2. команда, занимающая два слова
double word-length arithmetic арифметические операции со словами двойной длины
doubling circuit схема удвоения
doubt 1. сомнение; неопределенность; 2. сомневаться
DOV данные над речью; передача данных на частотах, выше частот передачи речи
do-while loop цикл с условием продолжения
down 1. вниз; 2. закрытый; выключенный; остановленный
down arrow стрелка вниз
down-arrow key клавиша «стрелка вниз»
down counter вычитающий счетчик; счетчик обратного действия
downlead антенный спуск
downline 1. пересылка на нижний уровень; 2. от центра; от главной ЭВМ; 3. пересылать на нижний уровень
downline load загрузка по линии связи
downlink transfer нисходящая передача
download 1. загрузка; перекачка; пересылка файла из удаленного компьютера; 2. загружать; загружать из главной системы; пересылать
downloadable загружаемый по линии связи; допускающий загрузку
downloadable font загружаемый шрифт
download characters загружаемые символы
downloaded data загружаемые данные
downloading загрузка; загрузка по линии связи
downloading information загрузка сведений
downloading messages загрузка сообщений
down operation занятие; операция занятия
downscale 1. уменьшить размер; 2. худший
down-sized version усеченный вариант
downsizing 1. децентрализация (вычислительных средств); 2. разукрупнение; перенос приложений с больших компьютеров на малые
downstream в нисходящем направлении (о передаче данных в сети); по направлению основного трафика
downstream channel «нисходящий» канал
downstroke ход вниз
down system неработающая система; неисправная система
down time простой; время простоя; время пребывания в неисправном состоянии; коэффициент простоя; непроизводительные потери времени; потерянное время
down-time density плотность распределения длительности простоев
downtrend тенденция к понижению
downward 1. вниз; 2. убывающий; 3. снижающийся; ухудшающийся
downward compatibility обратная совместимость; совместимость сверху вниз
downward error ошибка в меньшую сторону
downward reference ссылка сверху вниз; ссылка вниз; опережающая ссылка
downward tendency понижательная тенденция

DP 1. обработка данных; 2. процессор для обработки данных; 3. предварительное сообщение; предварительная публикация; 4. динамическое программирование; 5. печать документов; 6. двухпроцессорный
DPA 1. приложение печати документа; 2. автоматизация обработки данных; 3. архитектура приоритетных запросов
3D paint трехмерное рисование
3D paint tools инструменты трехмерного рисования
DPC 1. отложенный вызов процедуры; 2. центр обработки данных; вычислительный центр; ВЦ
DPCM дифференциальная импульсно-кодовая модуляция
DPCT разностная импульсно-кодовая модуляция
DPCX программа управления распределенной обработкой
DPE оборудование для обработки данных
2D performance производительность решения задач двумерной графики
3D performance производительность решения задач трехмерной графики
3D perspective трехмерная перспектива
DPG цифровой генератор импульсов
DPH card плата контура домофона
dpi количество точек на дюйм
3D pie chart объемная круговая диаграмма
2D plane link плоскостное соединение
dpm документов в минуту
DPM 1. программа управления обработкой данных; 2. двухпроцессорная обработка; 3. руководитель отдела обработки данных; 4. цифровой панельный измерительный прибор
DPMI интерфейс защищенного режима в среде DOS
DPMI server DPMI-сервер
DPMS 1. сигнализация управления питанием дисплея; сигналы управления потребляемой мощностью дисплея; 2. службы защищенного режима в среде DOS
DPN сеть передачи пакетов данных
3dpoly трехмерная ломаная линия
3D polyline трехмерная ломаная линия
DPP 1. распределенная параллельная обработка (данных); 2. протокол приоритетов запросов
DPR скорость обработки данных
3D primitive трехмерный примитив
DPS 1. стандарт на обработку данных; 2. система обработки данных; 3. система обработки документов; 4. система распределенной обработки; распределенная система обработки данных
DPT средство слежения за параметрами дискового накопителя
DQDB двойная шина с распределенной очередью
DQM программа динамического управления очередями
DQPSK дифференциальное четвертичное переключение со сдвигом фазы
DQS распределенная система обслуживания очередей
DR 1. скорость передачи данных; 2. регистр данных; 3. регистр отладки; 4. цифровой индикатор; цифровой индикатор тактовой частоты; 5. дистанционное считывание
draft 1. чертеж; 2. проект; план; 3. черновик; набросок; эскиз; 4. низкосортная бумага; 5. набросать; делать чертеж; 6. составлять план
draft character точечный символ
draft design 1. эскизный проект; 2. функциональное проектирование
drafting package пакет программ для САПР
drafting pen перо чертежного устройства
draft international standard проект международного стандарта
draft mode режим черновой печати

draft of the standard проект стандарта
draft printing печать среднего качества; черновая печать
draft proposal предварительное сообщение
draft quality черновое качество
draft-quality printer принтер с печатью среднего качества
draft report предварительное сообщение; предварительный отчет
drafts folder черновая папка
draft specification проект спецификации
draft view черновой режим
draft view/quality черновой режим/качество
drag 1. буксировка; 2. переместить мышью; «перетащить»
drag-and-drop 1. буксировка; перетаскивание; 2. операция drag-and-drop; 3. отбуксировать и оставить; перетащить; перетащить и опустить
draggable перетаскиваемый (по экрану)
dragging перемещение; буксировка; перетаскивание
drain утечка; непроизводительный расход
DRAM динамическая оперативная память, динамическое ЗУ с произвольной выборкой; 2. динамический метод приоритетного доступа
draw 1. потребление (тока); 2. получать результат; получать информацию; 3. извлекать; 4. выводить (логическое заключение); делать вывод; 5. чертить; рисовать; вычерчивать
DRAW считывание непосредственно после записи; считывание сразу после записи
draw a conclusion делать вывод; делать заключение
draw area область рисунка; область чертежа; область рисования
draw a sample осуществлять выборку
drawer секция
drawer release button кнопка выдвижения лотка (CD-ROM)
DRAWF отладка в формате с произвольными записями
drawing 1. рисование; черчение; 2. чертеж; рисунок; графическое изображение; иллюстрация; 3. протягивание
drawing area область черчения; поверхность черчения
drawing attribute атрибут графического вывода
drawing cursor курсор черчения; рисующий курсор
drawing database база данных чертежа
drawing editor редактор чертежей
drawing entity элемент-рисунок; графический примитив
drawing exchange format формат обмена рисунками
drawing file файл чертежа; файл описания чертежа
drawing layer слой векторной графики; слой рисования
drawing mode режим наложения рисунка; правило отображения пересечений
drawing object «рисующий» объект
drawing page страница иллюстрации
drawing page border рамка страницы иллюстрации
drawing plane рабочая плоскость
drawing primitive графический примитив
drawing program редактор векторной графики; программа построения чертежей; программа создания изображений
drawing scale размер иллюстрации
drawing settings параметры иллюстрации
drawing tool изобразительное средство; средство отображения
drawing toolbar панель рисования; инструментальная панель рисования
drawing window окно иллюстрации
drawing work area рабочая область черчения
drawing work automation автоматизация чертежных работ
drawmap визуальная карта
drawn object рисованный объект
drawn size номинальный размер; расчетный размер

draw program программа для рисования; программа для подготовки штриховых иллюстраций
DRC 1. соблюдение проектных норм; контроль проектных норм; 2. контроллер динамического ОЗУ
DRD устройство записи данных
DRDA архитектура распределенных реляционных баз данных; архитектура распределенных реляционных СУБД
3D rendering трехмерный рендеринг
3D ribbon graph трехмерная ленточная диаграмма; трехмерный ленточный график
drift 1. дрейф; снос; уход; сдвиг; медленное смещение; отклонение; 2. погрешность; 3. уходить; смещать; отклоняться
drift-corrected amplifier бездрейфовый усилитель
drift error ошибка из-за ухода параметров
drift of parameter уход параметра
drift of zero дрейф нуля
drill down analysis анализ с повышенным уровнем детализации
drive 1. диск; дисковод; накопитель; привод; 2. передача; 3. запуск; 4. запускать
drive alternation попеременное обращение к дисководам
drive-array technology технология матричной дисковой памяти; матричный комплекс внешней памяти
drive bay секция под дисковод; ниша дисковода; отсек для дисковода
drive cage отсек для дисковода
drive capstan ведущая ось
drive code управляющий код
drive control управление дисководом
drive design конструкция дисковода
drive designator буква диска
drive direction направление возбуждения
drive door задвижка дисковода
drive latency задержка при вращении диска
drive letter буква диска; буква дисковода; буква устройства; буква в имени дисковода; символ дисковода
drive line 1. шина управления; 2. шина возбуждения
drive lock блокировка диска; дисковода; устройства
drive mapping назначение диска; назначение дисковода; назначение устройства; псевдоним диска
drive mechanism 1. приводной механизм; привод; 2. лентопротяжный механизм
drive name имя дисковода
drive number номер дисковода
drive parameter tracking средство слежения за параметрами дискового накопителя
drive partitioning разбиение диска на логические разделы
driver 1. драйвер; 2. двигатель; 3. формирователь
driver amplifier 1. усилитель записи; формирователь; 2. усилитель мощности
driver configuration конфигурация драйвера
driver diskette дискета с драйверами
driver file файл драйвера
driver software программный драйвер
drive select выбор дисковода
drive specification спецификация устройства; спецификация диска; спецификация дисковода
driving 1. запуск; приведение в действие; 2. управление; 3. ведущий; задающий; приводной
driving dimensions задающие размеры (САПР)
driving function задающая функция
driving IC ИС-источник
driving signal управляющий сигнал
driving table управляющая таблица
DRO считывание с разрушением информации

drop 1. падение; снижение; 2. перепад; градиент; 3. отклонение; 4. проход; просмотр (массива); 5. удаление; 6. точка подсоединения устройства к сети; 7. опустить; зафиксировать; «отпустить»; 8. отбрасывать; игнорировать; 9. удалять (программу из памяти); 10. падать; снижаться; 11. сбрасывать (нагрузку)

drop address адрес выключения

drop-and-insert удаление и вставка

drop box окно удаления; поле удаления

drop box directory каталог поля удаления

drop box folder папка окна удаления

drop cable ответвительный кабель сети; абонентский отвод

drop cap буквица; инициал «в сборку»; «фонарь»; первая буква в начале главы

drop capital буквица

drop changes отменить изменения

drop-dead halt аварийный останов без возможности перезапуска

drop-down combo box поле с раскрывающимся списком; комбинированный блок с раскрывающимся списком

drop-down form field поле формы «поле со списком»

drop-down list раскрывающийся список

drop-down list box список; раскрывающийся список; раскрывающий блок списка

drop-down menu раскрывающееся меню

drop generator генератор капель (в струйном принтере)

drop-in 1. вхождение в синхронизм; 2. ложный сигнал; 3. появление ложных знаков; 4. вклинивание разрядов; появление ложных разрядов; 5. вклинивание сигнала; появление ложного сигнала

droping characteristic падающая характеристика

drop letter буквица

drop-off бордюр (в графике)

drop-out 1. выпадение из синхронизма; 2. выпадение сигнала; 3. перерыв связи; сильное ослабление сигнала; исчезновение сигнала; пропадание сигнала; выпадение сигнала; 4. пропадание знаков; 3. пропадание разрядов; 5. участок оттиска, на котором нет растровых точек

drop-out error ошибка из-за выпадения

droppable допускающий отбрасывание

dropped bit потерянный бит

dropped frame rate уровень пропадания кадров

dropper инструмент «пипетка» (в графических программах)

dropping 1. игнорирование; отбрасывание; 2. падающий; 3. сбрасывающий

drop shadow тень

drop-side interface абонентский интерфейс

drop site пункт фиксации

drop target мишень в операции drag-and-drop

3D rotate трехмерное вращение

3D rotate filter фильтр «трехмерное вращение»

drum барабан

drum imagesetter барабанный фотонаборный автомат

drum plotter барабанный графопостроитель; рулонный графопостроитель

drum printer барабанное печатающее устройство; барабанный принтер

drum scanner сканер барабанного типа; барабанный сканер

dry battery полностью разряженная батарея

dry blend pastel сухая рассыпающаяся пастель (в графических пакетах)

dry circuit «сухая» схема; схема с малыми токами

dry cover раскатка всухую (в графических пакетах)

dry imager сухой краситель

dry ink сухая краска

dry proofing сухой пробный оттиск; получения цветопроб с применением сухих красителей

dry run пробный прогон

Drystone тест оценки производительности микропроцессора и оперативной памяти

dry sublimation сублимационная печать

dry tip высохший

dry transfer способ сухого переноса шрифта; переводной способ нанесения аппликаций

DS 1. набор данных; 2. распределенная система; 4. динамическое рассеивание; 5. динамическое переключение; динамическая коммутация; 6. сегмент данных; регистр сегмента данных; 7. служба каталогов; 8. прямая последовательность; 9. с двойным сканированием; 10. двусторонний

DSA 1. дисковый массив с чередованием данных; дисковая матрица с интерливингом данных на дисках; 2. динамический анализатор сигналов; 3. агент синхронизации каталогов; 4. системный агент каталога; 5. алгоритм цифровой подписи; 6. динамическая расширяемая архитектура

DSAE объект системного агента сетевого каталога

DSB буферная память; буферное ЗУ

DSCB блок управления набором данных

DSD 1. определение структуры данных; 2. дескриптор состояния устройства

DSDL язык описания хранения данных; язык описания физической структуры базы данных

DSDM метод разработки динамических систем

DSE 1. оборудование для хранения данных; 2. устройства коммутации данных

DS/ED двухсторонняя дискета со сверхвысокой плотностью записи

2D selection плоскостное выделение

3D selection трехмерное выделение

3D setup engine процессор обработки треугольников

DSG межсетевой шлюз распределенных систем; межсетевой преобразователь распределенных систем

2D shape двумерная фигура

3D shape трехмерная фигура

DS/HD двухсторонняя дискета с высокой плотностью записи

DSIP информационная карта набора данных

DSKY дисплей с клавиатурой

DSL 1. язык программирования, ориентированный на моделирование; 2. цифровая абонентская линия

DSM 1. прямая последовательная модуляция; 2. распределенная совместно используемая память; общее поле памяти; 3. модуль дискового ЗУ

DSMA множественный доступ с распределенным управлением

DSMS 1. электронная служба передачи цифровых сообщений; 2. система управления службой доставки

DSN 1. цифровая сеть с коммутацией; цифровая коммутируемая сеть; 2. распределенная сеть системы

DSO 1. динамические совместно используемые объекты; 2. офицер безопасности; ответственный за защиту данных; 3. цифровой запоминающий осциллограф

2D solid двумерная фигура; фигура на плоскости

3D solid трехмерное пространственное тело; трехмерная фигура

DSOM распределенная модель системных объектов; модель распределенных системных объектов

3D sound объемное звучание

3D sound effect эффект объемного звучания

DS/P технология печати документов

DSP 1. процессор цифровой обработки сигналов; цифровой процессор сигналов; 2. программа цифровой записи и воспроизведения звука; 3. избирательная защита секретности; 4. останов устройства; отключение устройства; 5. цифровая обработка сигналов; 6. программа распределенной системы

3D space трехмерное пространство

DSPF «первым динамически выбирается кратчайший путь»

DSPS система цифровой обработки сигналов

DSR 1. источник данных готов; 2. отчет о состоянии устройства; 3. сканирование и маршрутизация данных; 4. поиск и извлечение документов

DSS 1. защита набора данных; 2. спецификация системы обработки данных; 3. прямой вызов абонента; 4. подсистема отображения; 5. стандарт цифровой подписи; 6. цифровая служба передачи данных; 7. система поддержки принятия решений

DSSA архитектура безопасности распределенных систем

DSSD двусторонний с одинарной плотностью записи

DSS-R тиражирование в система поддержки принятия решений

DSSS передача широкополосного сигнала по методу прямой последовательности; расширение спектра радиосигнала по принципу прямой последовательности

DST 1. летнее время; 2. запуск устройства

DSTAT состояние устройства

3D step graph трехмерная ступенчатая диаграмма; трехмерный шаговый график

3D stereo noise объемный шум

3D stereo noise filter фильтр «объемный шум»; фильтр «стереошум»

DSTN экран с двойным сканированием на суперскрученных полимерах

2D style плоскостный стиль

DSU 1. блок синхронизации данных; 2. модуль обслуживания данных; цифровой сервисный блок; модуль цифрового обслуживания; 3. сервисный блок данных; 4. ЗУ на дисках; накопитель на дисках; 5. устройство обработки данных

DSU/CSU устройство обслуживания данных/устройство обслуживания канала

3D surface трехмерная поверхность

3D surface test тест объемных твердотельных моделей

DSV разность между числом нулей и единиц в модулированном сигнале

DSVD одновременная цифровая передача голоса и данных; цифровой стандарт одновременной передачи речи и данных

DSVD modem модем DSVD; модем с одновременной передачей речи и данных

DSVT цифровой абонентский речевой терминал

DSW 1. слово состояния устройства; 2. цифровая система коммутации

DT 1. дорожка данных; 2. приемопередатчик данных; 3. передача данных; 4. тип устройства

DTA 1. анализатор передаваемых цифровых данных; 2. адрес буфера дисковых операций

DTAS передача и коммутация данных

DTC 1. канал передачи данных; 2. настольный компьютер; 3. цифровая команда передачи

DT computer настольный компьютер

DTCS система передачи и управления данными

DTD определение типа документа (в HTML); описание типа документа; описание шаблона документа

DTD editor редактор моделей документов

DTE 1. оконечное оборудование данных; терминальное оборудование данных; терминальное оборудование пользователя; оконечное пользовательское устройство (в X.25); 2. оборудование для проверки систем передачи и обработки данных; 3. оборудование для передачи данных

2D test двумерный тест; тест двумерной графики

DTF 1. средство передачи данных; 2. характеристика системы передачи данных

DTF macro instruction макрокоманда «определить файл»

DTG Рабочая группа по базам данных

DTI 1. интерфейс терминала данных; 2. интерфейс передачи данных; 3. интерфейс цифрового магистрального канала

DTL 1. линия передачи данных; 2. диодно-транзисторная логика

DTMF сигнализация на двух группах частот; тональный набор с разделением частот; двухтональный многочастотный набор (номера)

DTMF dialing тональный набор; тоновый набор

DTN сеть передачи данных

DTO операция по передаче данных

DTP 1. канал передачи данных; маршрут передачи данных; 2. настольная издательская система; настольные издательские средства; настольная издательская деятельность; 3. распределенная обработка транзакций

DTR 1. устройство ввода данных цифрового терминала; 2. сигнал готовности терминала; 3. настольное репродуцирование; 4. цифровое устройство записи на магнитную ленту; 5. скорость передачи данных

3D transformation трехмерные преобразования

DTS 1. распределенная служба системного времени; 2. система передачи данных

DTT время передачи данных

DTTU терминальный блок передачи данных

DTU 1. блок передачи данных; 2. блок преобразования данных

DTV цифровое телевидение

DTVS настольная видеостудия

DTW динамическая трансформация времени (алгоритм)

DUA агент пользователя сетевого каталога; пользовательский агент каталога

DUAL динамический универсальный язык ассемблера

dual двойственный; дуальный; сдвоенный; двойной

dual-access memory память с доступом по двум направлениям

dual algorithm алгоритм решения двойственной задачи

dual attachment concentrator концентратор с двойным подключением (к магистральной сети)

dual attachment station станция с двойным подключением к сети; станция сети FDDI с двойным подключением к кольцу

dual boot двухвариантная загрузка; загрузка одной из двух операционных систем

dual-buffered с двойной буферизацией; с двумя переключающимися буферами

dual-cable broadband LAN двухкабельная широкополосная локальная сеть

dual-channel двухканальный

dual-channel audio system звуковая двухканальная система

dual-channel controller контроллер сдвоенного канала

dual circuit спаренная схема

dual coding программирование с дублированием

dual-computer system двухпроцессорный вычислительный комплекс

dual configuration конфигурация с дублированием; спаренная конфигурация

dual control двойное управление

dual-counter rotating ring топология двойного кольца со встречными направлениями передачи данных; двойное кольцо с циркуляцией маркеров в противоположных направлениях

dual disk system дисковая система с дублированием

dual fail-safe system система с двойным резервированием

dual floppy system система с двумя дисководами для гибких дисков

dual-headed с двойной головкой

dual heads двухтерминальный; система с двумя мониторами

dual-height board плата двойной ширины

dual-homed connection соединение между двумя сетями

dual-homed gateway «двусторонний» шлюз

dual implementation двухвариантная реализация

dual-in-line двухрядный

dual-in-line package двухрядный корпус; микросхема с двухрядным расположением выводов; корпус типа DIP

dual instruction сдвоенная команда

dual interface сдвоенный интерфейс

dual-issued instructions попарно-запускаемые команды

duality двойственность

dual key encryption шифрование с двумя ключами

dual-link двухканальный

dual media software программное обеспечение, поставляемое на носителях двух типов

dual memory bus двойная шина обмена с памятью

dual-memory configuration конфигурация с двойной оперативной памятью

dual-mode двухрежимный

dual-mode control дуальное управление

dual-mode system система с двумя режимами работы

dual-monitor mode режим с двумя мониторами

dual-page printing режим одновременной обработки принтером двух страниц

dual-peer PCI buses две равноправные шины PCI

dual-ported двухпортовый

dual-ported memory двухпортовая память

dual-port expansion module двухпортовый модуль расширения

dual-port memory память с двумя портами; двухпортовая память; двухпортовое запоминающее устройство

dual printing двойная печать

dual problem двойственная задача

dual processing двухпроцессорная обработка

dual processor сдвоенный процессор

dual-processor computer двухпроцессорная ЭВМ

dual-processor configuration двухпроцессорная конфигурация

dual processor mode двухпроцессорная обработка; двухпроцессорный режим

dual-readout connector соединитель с двумя наборами контактов

dual-redundant bus дублированная шина

dual ring двойное кольцо

dual-scan двойного сканирования; с двойным сканированием

dual shielding двойное экранирование

dual-sided двухсторонний

dual-speed 1. с удвоенной скоростью; 2. двухскоростной

dual-speed hub двухскоростной концентратор (10/100 Мбит/с)

dual tone multifrequency сигнализация на двух группах частот; тональный набор; тональный набор с разделением частот; двухтональный многочастотный набор (номера)

dual-wide board плата двойной ширины

dubbing 1. дублирование; 2. копирование; 3. перезапись; 4. сведение фонограммы

duct кабельный туннель; кабельный трубопровод; кабельная канализация

due date дата окончания

due to вследствие того, что

dumb terminal неинтеллектуальный терминал; терминал ввода-вывода

dummy 1. макет; модель; 2. эквивалент (антенны); черновая заготовка; 3. формальный (параметр); пустой; фиктивный; холостой

dummy activity 1. фиктивная операция; 2. фиктивная работа

dummy address фиктивный адрес; псевдоадрес

dummy argument фиктивный аргумент; формальный параметр

dummy control section фиктивная программная секция

dummy copy макет издания

dummy data set фиктивный массив данных; фиктивный набор данных

dummy event фиктивное событие

dummy information фиктивная информация

dummy instruction пустая команда; фиктивная команда; холостая команда;

dummy job фиктивная работа

dummy layout оригинал-макет

dummy load искусственная нагрузка

dummy packet фиктивный пакет

dummy panel панель-заглушка

dummy parameter формальный параметр; фиктивный параметр

dummy procedure фиктивная процедура

dummy program section фиктивная программная секция

dummy record фиктивная запись

dummy section фиктивная секция

dummy statement пустой оператор

dummy variable фиктивная переменная

dump 1. выдача; дамп; разгрузка; разгрузка памяти; вывод; 2. данные, полученные в результате разгрузки; данные дампа; 3. разгружать; выполнять дамп

dump analysis utilitity утилита анализа дампа (содержимого памяти)

dump check 1. контрольная распечатка; 2. контроль по распечатке

dump file файл дампа

dumping вывод дампа; дампирование

dumping and restoring вывод на печать и восстановление информации

dump point точка контрольной разгрузки

dump printout распечатка содержимого памяти

DUN удаленный доступ к сети; средства удаленного доступа

duobinary AM/PSK modulation двухбинарная амплитудно-фазовая модуляция

duotone curve кривая тонирования

duotones дуплексы

DUP дисковая сервисная программа; программа обслуживания диска

duplex 1. дуплекс; дуплексная передача; дуплексная связь; 2. дуплексный; одновременный; двусторонний; 3. дублированный

duplex architecture архитектура с дублированием

duplex channel дуплексный канал; двусторонний канал

duplex circuit дуплексная схема; дуплексная цепь; дуплексный канал

duplex communication дуплексная связь

duplex connector дуплексный разъем

duplexed system система с дублированием

duplex equipment дуплексное оборудование; дуплексная аппаратура

duplexer 1. антенный переключатель; 2. дуплексная антенна (для приема и передачи)

duplexing 1. дуплексирование; дублирование; 2. дуплексная передача; установление двухстороннего обмена; 3. двусторонняя печать

duplex interface двунаправленный интерфейс

duplex operation дуплексная операция; двунаправленная операция

duplex printing 1. двунаправленная печать; печать в обоих направлениях; дуплексная печать; 2. двухсторонняя печать; печать на обеих сторона листа

duplex system дуплексная система

duplex transmission дуплексная передача; одновременная двусторонняя передача

duplicatable доступный для дублирования

duplicate 1. дубликат; копия; 2. двойной; 3. запасной; резервный; 4. удваивать; дублировать; снимать копию; копировать

duplicated дублируемый

duplicate file finder средство поиска дубликатов файлов

duplicate name повторяющееся имя

duplicate-process check проверка дублированием процесса

duplicate record запись-дубликат; дублирующая запись

duplicate the selected control дублирование выделенного элемента управления

duplicate with symmetry симметричное дублирование (в графике)

duplicate words повторяющиеся слова

duplicating an area дублирование области

duplication 1. копирование; 2. дублирование; однократное резервирование; 3. удвоение; 4. тиражирование; 5. копия; дубликат

duplication check проверка дублированием; контроль дублированием; двойной просчет

duplication factor коэффициент дублирования

duplication formula формула удвоения

duplication of tapes копирование лент; дублирование лент; тиражирование лент

duplicator копировальный аппарат; множительный аппарат

Dupont palette палитра Dupont

durability надежность; долговечность; живучесть; жизнестойкость; устойчивость к внешним факторам

durable algorithm живучий алгоритм; устойчивый алгоритм

duration длительность; продолжительность

dust and scratch filter фильтр «пылинки и царапины»

dustproof пылезащищенный

dutone mode двухтоновое представление

duty 1. работа; круг обязанностей; выполняемые функции; 2. режим работы; 3. нагрузка; 4. мощность; производительность; 5. функциональное назначение

duty class уровень привилегий; права доступа

duty cycle 1. производительность; максимальная нагрузка; 2. рабочий цикл; 3. дежурный цикл

DUV передача данных на частотах ниже речевых; передача цифровых данных на частотах, ниже выделенных для звуковых сигналов; «данные под голосом»

DV цифровое видео

DVA 1. дистанционный векторный алгоритм; 2. дистанционный векторный метод

DVB-C кабельный формат цифрового телевидения

DVB project проект цифрового телевидения

DVB-S спутниковый формат цифрового телевидения

DVD многоцелевой цифровой диск; цифровой видеодиск; диск высокой плотности; диск с высокоплотной оптической записью

DVD-E DVD со стиранием

DVD player DVD-плейер

DVD-R DVD-дисковод с однократной записью дисков; диск DVD с однократной записью

DVD-RAM DVD-дисковод с многократной записью дисков; DVD-накопитель с возможностью перезаписи

DVD-ROM drive накопитель высокой емкости для дисков DVD; дисковод для цифровых видеодисков

DVD-RW DVD-накопитель с возможностью перезаписи

DVD-WO DVD-дисковод с однократной записью дисков

DVE средства редактирования цифровых видеоданных

DVF channel мультиплексный канал с одновременной передачей данных, речи и факсимильных сообщений

DVI 1. интерактивное цифровое видео; интерактивная цифровая видеосистема; 2. стандарт DVI; интерактивный цифровой видео стандарт; 3. цифровидеоаналоговый формат; цифровой видеоаналоговый формат

3D video accelerator ускоритель вывода трехмерной видеографики

DVM цифровой вольтметр

DVMRP протокол дистанционной векторной групповой многоадресной маршрутизации

Dvorak keyboard клавиатура Дворака

DVR 1. цифровая видеозапись; 2. устройство цифровой видеозаписи

DVX 1. цифровой коммутатор речевых сигналов; 2. цифровая передача речи

DW 1. хранилище денных; информационное хранилище; 2. технология информационных хранилищ; 3. слово данных

DWA доступ к словам двойной длины

DWDM мультиплексирование каналов, разделяемых по длине волны; разделение каналов по длинам волн; повышенное уплотнение по длинам волн

DWDM мультиплексирование с разделением длины волны и уплотнением

dwell 1. перерыв (в работе оборудования); 2. задержка срабатывания; 3. интервал (для принятия решений); 4. продолжительность печатного контакта

DWF двумерный графический формат представления чертежей в системе Web

DWI дескрипторный словарь; указатель дескрипторов

DWIM «делай то, что я имею в виду»

dwim ненужная добавка; лишнее усложнение

3D wireframe test тест объёмных каркасных моделей

DWL длина слова данных

DWORD двойное слово

3D worlds «трехмерные миры»

DWP 1. лепестковое печатающее устройство; принтер с головкой типа «ромашка»; 2. процессор информационного канала; процессор магистрального канала

DX обмен каталогами

DX2 процессор DX с удвоением тактовой частоты

DX4 процессор DX с учетверением тактовой частоты

DXB файл обмена чертежными графическими данными

DXF формат обмена данными чертежей; формат обмена чертежами; формат обмена рисунками

DXI интерфейс обмена данными

DXS 1. сервер обмена каталогами; 2. система обмена данными

dyad диада; двойка

dyadic бинарный; двуместный

dyadic operation 1. символ двухместной операции; 2. бинарная операция; двуместная операция

dyadic processor двухпроцессорная ЭВМ

DYANET сеть с динамическим распределением каналов

Dyck language язык Дика

dye 1. краситель; 2. окрашивать

dye-polymer recording запись на оптический диск с использованием слоя полимерного красителя

dyestuff краситель

dye sublimation printer сублимационный принтер; принтер с термической сублимацией; принтер с термической возгонкой красителя

dye-sub ribbon красящая лента для возгонки

dying крашение; окраширование

dynamic динамический

dynamic addressing динамическая адресация

dynamic addressing modification динамическая переадресация

dynamic address translation динамическое преобразование адресов; динамическая трансляция адресов

dynamic allocation динамическое распределение; динамическое выделение

dynamic allocation interface routine программа динамического управления сопряжением

dynamic allocator динамический распределитель; блок динамического распределения

dynamically dispatchable member functions динамически вызываемые функции-элементы

dynamically extending array динамически расширяемый массив

dynamically generated динамически генерируемый; динамически формируемый

dynamically loadable module динамически загружаемый модуль

dynamically modified channel program динамически изменяемая программа канала

dynamically obtained buffer динамический буфер

dynamically shared objects динамические совместно используемые объекты

dynamically-sized array динамический массив

dynamic architecture динамическая архитектура; динамическая структура

dynamic area динамическая область; динамически распределяемая область; динамический массив

dynamic assignment network сеть с динамическим распределением каналов

dynamic bad block remapping динамическое переназначение плохих блоков

dynamic behavior динамическое поведение

dynamic binding динамическая привязка; динамическое связывание; динамическая компоновка; позднее связывание

dynamic buffering динамическая буферизация

dynamic cellular speed selection динамический выбор линейной скорости

dynamic check динамический контроль

dynamic CLUT update динамическое обновление таблицы выбора цвета

dynamic color rendition динамическая калибровка цвета

dynamic compression динамическое уплотнение

dynamic configuration динамическая настройка конфигурации

dynamic content динамическое информационное содержимое

dynamic control динамическое управление; динамический контроль

dynamic coordinate readout динамическое считывание координат

dynamic data exchange динамический обмен данными

dynamic data format динамический формат данных

dynamic data ownership передача права владения данными; модель тиражирования данных с передачей права внесения изменений в тиражируемую копию

dynamic data set definition динамическое описание набора данных; динамическое определение набора данных

dynamic data transfer динамическая передача данных

dynamic debugging динамическая отладка

dynamic definition of dependent logical units динамическое определение зависимых логических блоков

dynamic descendance динамическое подчинение

dynamic descendant динамический подчиненный

dynamic device динамическое устройство

dynamic device reconfiguration динамическая реконфигурация оборудования; динамическая реконфигурация устройств

dynamic dimension line динамическая размерная линия

dynamic dispatching динамическая диспетчеризация

dynamic dispatch virtual table виртуальная таблица динамической диспетчеризации; таблица динамического вызова

dynamic distribution динамическое распределение

dynamic distribution arbitration система динамического распределенного арбитража

dynamic DNS динамическая система доменных имен; система динамических доменов имен

dynamic domain name system динамическая система доменных имен; система динамических доменов имен

dynamic drag mode режим динамической буксировки

dynamic dump динамический дамп

dynamic element динамический элемент; динамическое звено

dynamic error динамическая ошибка

dynamic execution динамическое выполнение

dynamic failover динамическое восстановление после отказа

dynamic file system динамическая файловая система

dynamic flip-flop динамический триггер

dynamic handling динамическая обработка

Dynamic Host Configuration Protocol протокол динамической настройки конфигурации главной ЭВМ; протокол динамического выбора конфигурации хост-машины

dynamic image изменяемое изображение

dynamic instability динамическая неустойчивость

dynamic instance динамический экземпляр

dynamicize преобразовывать из статической в динамическую форму

dynamic kernel tables динамические таблицы ядра

dynamic linking динамическая компоновка; динамическое связывание

dynamic-link library динамически подключаемая библиотека; динамически компонуемая библиотека; библиотека динамической компоновки

dynamic load динамическая загрузка

dynamic load-balancing динамическое балансирование нагрузки

dynamic loading динамическая загрузка

dynamic locking технология динамического выбора уровня блокировки

dynamic loop динамическая петля гистерезиса

dynamic mapping динамическое распределение

dynamic mapping system система управления отображением данных

dynamic memory динамическая память; динамическое запоминающее устройство

dynamic memory allocation динамическое выделение памяти; динамическое распределение памяти

dynamic memory control динамическое управление памятью

dynamic message динамическое сообщение

dynamic method динамический метод

dynamic method index индекс динамического метода

dynamic method table таблица динамических методов

dynamic microprogramming динамическое микропрограммирование

dynamic modularity динамическая модульность

dynamic multiplexing динамическое мультиплексирование; динамическое уплотнение

dynamic node addressing динамическая адресация узлов

dynamic object динамический объект

dynamic packet routing динамическая маршрутизация пакетов

dynamic page reorganization динамическая реорганизация страниц

dynamic parallel program structure программа с динамической параллельной структурой; динамическая параллельная структура программы; динамическая параллельная структура программы

dynamic parameter динамический параметр; программно-генерируемый параметр

dynamic patch динамическая корректировка

dynamic path analyzer динамический анализатор ветвей

dynamic pool динамический пул

dynamic port sharing динамическое совместное использование портов

dynamic priority modification динамическое изменение приоритета

dynamic program loading динамическая загрузка программы

dynamic programming динамическое программирование

dynamic programming method метод динамического программирования

dynamic queue manager программа динамического управления очередями

dynamic RAM controller контроллер динамического ОЗУ

dynamic random-access memory динамическая оперативная память, динамическое ЗУ с произвольной выборкой

dynamic range динамический диапазон

dynamic records динамические записи

dynamic register динамический регистр

dynamic relocation динамическая настройка; динамическое перемещение

dynamic resource allocation динамическое распределение ресурсов

dynamic routing динамическая маршрутизация

dynamics динамика

dynamic scalable architecture динамическая расширяемая архитектура

dynamic scattering динамическое рассеивание

Dynamic Sceleton Interface динамический скелетный интерфейс

dynamic scheduling динамическое планирование

dynamic scheduling unit блок динамической диспетчеризации

dynamic scope динамический контекст; контекст использования

Dynamic Shortest Path First «первым динамически выбирается кратчайший путь»; алгоритм дистанционной организации мостовой передачи данных DSPF

dynamic signal analyzer динамический анализатор сигналов

dynamic storage динамическая память

dynamic storage allocation language язык динамического распределения памяти

dynamic store allocation динамическое распределение памяти

dynamic string variable динамическая строковая переменная

dynamic structure динамическая структура

dynamic subroutine динамическая подпрограмма

dynamic support system система динамического обеспечения; система динамического обслуживания

dynamic swapping динамический свопинг; динамический обмен

dynamic switching динамическое переключение; динамическая коммутация

dynamic systems development method метод разработки динамических систем

dynamic testing динамическое тестирование

dynamic thread-local storage динамическая локальная память потока

dynamic time-warping динамическая трансформация времени (алгоритм)

dynamic translation динамическая трансляция

dynamic universal assembly language динамический универсальный язык ассемблера

dynamic variable динамическая переменная

dynamic virtual routing динамическая виртуальная маршрутизация

dynamic Web page динамическая Web-страница; динамически обновляемая Web-страница

dynaset динамическое множество

dynaset-type object объект типа динамического набора (записей)

DYSTAL язык динамического распределения памяти

DYUV DYUV-кодирование

– Ee –

E2 европейский стандарт защиты сетей

EA 1. исполнительный адрес; 2. расширенный атрибут; 3. электрически перепрограммируемый

ea за штуку

EAB блок дополнительных атрибутов

EA bit бит расширения адреса

EACC управляющая ЭВМ, устойчивая к ошибкам

EAD улучшенный многовариантный доступ

eager энергичный

eager evaluation энергичное вычисление

EAN Европейский международный номер

earlier version более ранняя версия

early ранний; рано

early access release ознакомительная версия

early adopter тот, кто впервые использовал; впервые применивший

early binding статическое связывание; ранее связывание; связывание на этапе компиляции

early finish ранний срок окончания работы; раннее окончание

early packet discard ранняя отмена передачи пакета

early start ранее начало

early termination досрочное завершение; преждевременное завершение

early time-sharing разделение времени с упреждением

early token release раннее освобождение маркера

early warning system система раннего предупреждения

earmark отмечать

EARN Европейская исследовательская академическая сеть

earned value осуществленное значение

earned value analysis оценка полученного эффекта

earned value analysis fields поля анализа осуществленного значения

earning заработок; доход; прибыль

EAROM электрически перепрограммируемое ПЗУ; электрически программируемое ПЗУ; ЭППЗУ

earphone jack гнездо для подключения наушников

earth station наземная станция (спутниковой связи)

EASE 1. «заимствовать, оценивать, легко стандартизировать»; 2. встроенная среда опроса с дополнительными возможностями

easily expandable легко расширяемый; легко наращиваемый

Eastern daylight time восточное поясное время

easy-to-follow tutorial учебник для начинающих

easy-to-maintain легко обслуживаемый

easy-to-test легко проверяемый; легко тестируемый; удобо тестируемый

easy-to-test architecture контролепригодная архитектура; удоботестируемая архитектура

easy-to-understand простой; понятный

easy-to-use простой в использовании; простой в применении

eavesdropper пассивный нарушитель; перехватчик

eavesdropping перехват информации; съем сигнала с кабеля; «подслушивание»

EAX электронный коммутатор

EB эксабайт; квадриллион килобайт; 1152921504606846976 байтов

EBB электронная доска объявлений

EBCDIC расширенный двоичный код обмена информацией

EBCS система передачи деловой информации

EBER эквивалентная интенсивность двоичных ошибок

EBI расширенный интерфейс шины

EBNF расширенная форма Бэкуса-Наура

E-box устройство целочисленной арифметики

EBR 1. система резервного копирования и восстановления информации для сети масштаба предприятия; 2. запись электронным лучом

EBS электронная банковская система; электронная система для банковских операций

EBU Европейский союз радиовещания; Европейский союз радио и телевещания

E-business электронный бизнес; электронная торговля; деловые операции с применением Internet

EC 1. контроль ошибок; проверка на наличие ошибок; 2. исправление ошибок; 3. электронная конференция; 4. электронная коммерция; электронная торговля; 5. компьютер для образования

EC2 усовершенствованное управление сотовой сетью

E-cache E-кэш; кэш команд

ECAD САПР-электроника

ECAT монтаж и тестирование плат

ECB 1. электронная кодовая книга; 2. блок управления событиями; 3. электронный шифроблокнот

ECC 1. автоматическая коррекция ошибок; обнаружение и исправление ошибок; 2. возможность контроля ошибок; 3. код с исправлением ошибок; корректирующий код; 4. расширенный код символа; 5. экспериментальный вычислительный комплекс; 6. встроенный канал управления

ECCA Европейская ассоциация операторов кабельного телевидения

ECC codeword кодовое слово кода коррекции ошибки

ECC error ошибка при попытке коррекции

ECC field поле кода коррекции ошибки

Eccless-Jordan circuit триггер; триггерная схема

ECC-on-SIMM память с контролем ошибок и реализацией логики контроля в самом модуле

ECD редактирование/компиляция/отладка

174

echo 1. эхоотображение; отображение символа на экране; 2. эхопередача; отражение; эхо; 3. воспроизведение

echo acknowledgement эхоподтверждение

echo attenuation затухание отраженного сигнала; затухание эха

echo cancellation эхо-компенсация; подавление эха

echo canceller эхокомпенсатор

echo check эхоконтроль; эхопроверка

echoing эхо; эхоконтроль; эхоотображение

echoing back возврат; эхо-возврат

echo on включить вывод

echo packets эхо-пакеты

echoplex эхоплекс; эхообразная передача

echo printing эхопечать

echo request эхо-запрос

echo suppression эхоподавление

ECHT Европейская конференция по гипертексту

ECL 1. язык управления вычислительным процессом; язык супервизора; 2. эмиттерно-связанная логика; 3. список управления выполнением

ECM 1. режим обнаружения ошибок; 2. режим исправления ошибок; режим коррекции ошибок

ECMA Европейская ассоциация производителей вычислительной техники; Европейская ассоциация производителей компьютеров; Европейская ассоциация производителей компьютерного оборудования

ECNE сертифицированный сетевой инженер уровня предприятия; сертифицированный инженер по эксплуатации NetWare в сети масштаба предприятия

E-commerce электронная коммерция

econometrics эконометрия; эконометрика

economic экономический; рентабельный; экономный; практический

economic analysis экономический анализ

economic efficiency экономическая рентабельность; экономическая эффективность

economic lot size экономичная серия; оптимальная серия

economics экономика; хозяйство

ECP 1. программа с исправлением ошибок; 2. порт с расширенными возможностями

ECP/EPP усовершенствованные параллельный и последовательный порты

ECR 1. электронная конференц-связь; 2. управляющая запись обмена; 3. электронный кассовый аппарат

ECS гнездо для подключения внешней кэш-памяти

ECSA 1. Ассоциация по стандартизации средств связи; 2. Европейское агентство по обеспечению секретности и безопасности

ECSW расширенное слово состояния канала

ECU устройство управления внешней кэш-памятью

ED 1. сверхвысокая плотность; 2. электролюминисцентный дисплей с излучающим отображением матричного типа; 3. редактор; 4. обнаружение ошибок; 5. внешнее устройство; 6. конечный ограничитель

EDA 1. автоматизация проектирования электронных компонентов; автоматизация проектирования интегральных микросхем; САПР-электроника; 2. электронный цифровой анализатор; 3. доступ к данным в сети масштаба предприятия

EDAC 1. обнаружение и исправление ошибок; 2. Консорциум компаний по автоматизации проектирования электронных изделий

EDAPS электронная система обработки данных

EDA tool framework инфраструктура инструментальных средств САПР-электроники

EDB 1. расширяемая база данных; 2. внешняя база данных

EDBMS система управления базами данных САПР

EDC код с обнаружением ошибок

EDCC код с обнаружением и исправлением ошибок

EDD электронная доставка документов

eddy вихрь; завихрение; вихревое движение

eddy currents вихревые токи; токи Фуко

EDFA волоконно-оптический усилитель на основе эрбия

EDGAR система электронного сбора, анализа и извлечения данных

edge 1. фронт (импульса); 2. перепад (сигнала); 2. край; ребро; кромка; грань

edge board плата с печатным соединителем

edge breakaway обрыв края

edge card плата с печатным соединителем

edgecard connector краевой разъем

edge character признак границы; граничный знак; контур символа

edge connector краевой разъем; краевой соединитель; торцевой соединитель

edge-connector board плата с печатным соединителем

edge detect определение краев

edge detect filter фильтр «определение краев»

edge device оконечное устройство; периферийное устройство

edge effect краевой эффект

edge emphasis выделение краев

edge enhancement подчеркивание контуров

edge enhancement technology технология повышения четкости; выделение границ при печати; сглаживание границ при лазерной печати

edge mode режим прорисовки контура

edge of paper край бумаги

edge pad value ширина градиентной заливки

edge-sensitive со срабатыванием по фронту; чувствительный к фронту сигнала

edge surface реберная поверхность; «граненая» поверхность

edge triggered запускаемый фронтом (сигнала)

edge-triggered interrupt прерывание, генерируемое фронтом сигнала; прерывание по фронту; прерывание от сигнала с запоминанием

edge weight вес ребра

edgy имеющий резкий контур

EDI 1. электронный интерфейс данных; 2. электронный обмен данными; безбумажная технология

EDIFACT обмен электронными данными для служб администрации, коммерции и транспорта; электронный обмен данными в управлении, торговле и на транспорте

EDI for administration, commerce and transport обмен электронными данными для служб администрации, коммерции и транспорта; EDIFACT

EDI network utility сетевая служба электронного обмена данными

edit редактировать; готовить к печати

editable редактируемый; доступный для редактирования

editable text редактируемый текст; текст, воспринимаемый текстовым процессором

edit across layers правка незакрытых слоев (в графических пакетах)

edit bar строка редактирования

edit box блок редактирования; окно редактирования; поле редактирования

edit buffer буфер редактирования

edit button image изменить рисунок кнопки

edit check контрольное редактирование; контроль результатов редактирования

edit command команда редактирования

edit control поле ввода; редактирующий управляющий элемент; управляющий элемент редактирования

edit cursor редактирующий курсор

edit decision list список редакторских правок

edit-directed управляемый редактирующей программой; управляемый редактором

edit field поле редактирования

edit import/export specifications изменение спецификации экспорта/импорта

editing правка; редактирование

editing alphanumeric picture буквенно-цифровой шаблон редактирования

editing bitmap artwork редактирование растровых изображений

editing character символ управления форматом; символ редактирования

editing clause оператор редактирования

editing command команда редактирования

editing driven input-output ввод-вывод, управляемый редактированием

editing facility средства редактирования

editing field поле редактирования

editing in place «редактирование на месте»

editing key клавиша управления редактированием; клавиша редактирования

editing macro макрокоманда редактирования

editing menu меню редактирования

editing mode режим редактирования

editing numeric picture цифровой шаблон редактирования

editing pattern шаблон редактирования

editing program программа-редактор

editing region поле редактирования

editing session сеанс редактирования

editing statement команда редактирования

editing symbol редакторский символ

editing terminal редакторский терминал; терминал для редактирования

edit instruction команда редактирования

edition 1. издание; 2. тираж; 3. выпуск; 4. оттиск

edit links редактировать ссылки

edit message изменение сообщения

edit mode режим изменения; режим редактирования

editor программа редактирования; редактор

editorial редакторский; редакционный

editor's choice award приз «Выбор редакции»; награда «Редакция советует»

edit output редактируемый вывод

EDI transaction EDI-транзакция

edit region область редактирования

edit relationship изменить связь

EDITS система передачи изображений технических документов

edit scale изменить масштаб

edit session сеанс редактирования

edit watch изменить контрольное значение

edit window окно редактирования

EDL 1. список редакторских правок; 2. язык описания событий

EDM 1. средства управления электронными документами; электронное управление документооборотом; 2. управление документами в сети масштаба предприятия

EDMS 1. система управления электронными документами; 2. расширенная система управления данными

EDO ускоренный ввод-вывод

EDOD стираемый оптический диск с цифровой информацией

EDO DRAM динамическая память с увеличенным временем доступности данных; DRAM с расширенным выводом

EDO RAM ОЗУ с ускоренным доступом; память с увеличенным временем доступности данных; ОЗУ с расширенными возможностями вывода

EDP 1. электронная обработка данных; обработка данных с помощью ЭВМ; 2. процессор для электронной обработки данных; 3. увеличенный вертикальный шаг точки

EDP center вычислительный центр

EDP community специалисты в области автоматизированной обработки данных

EDP data carrier носитель данных для ЭВМ

EDPM компьютер для электронной обработки данных

EDP organization организация электронной обработки данных

EDPS электронная система обработки данных

EDR усовершенствованная технология тиражирования данных

EDRO улучшенный метод многовариантной маршрутизации

EDS 1. электронная коммутация данных; 2. накопитель со сменными дисками; сменный дисковый блок; 3. электронная информационная система

EDT 1. электронная система передачи данных; 2. восточное поясное время

edt редактор; программа редактирования

educational classes учебные курсы; курсы по обучению

educational computing обучение с помощью вычислительной машины; применение ЭВМ для обучения; применение ЭВМ в образовании

educational institution учебное заведение

educational networking организация образовательных сетей; сети, связывающие учебные учреждения

educational personal computer учебный ПК

educational version обучающая версия

education and training обучение и подготовка

education courses учебные курсы

education for computers обучение программированию и работе на компьютере; обучение вычислительной технике

education information service образовательная информационная служба

education program программа обучения

education software учебные программы; обучающие программы

educator преподаватель; работник образования

edulcorate устранять неверную информацию; очищать массив данных

edutainment program развлекательная программа для обучения

edutainment software развлекательно-познавательное программное обеспечение

EE 1. электротехника; 2. расширенная редакция; 3. внешняя среда; окружение; условия эксплуатации

EEC Комитет по электронной аппаратуре

EEI интерфейс внешней среды

EEMA Европейская ассоциация электронной почты

EEMS усовершенствованная спецификация EMS; усовершенствованная спецификация расширенной памяти; улучшенная спецификация отображаемой памяти

EEPROM электрически стираемая программируемая постоянная память; электронно-перепрограммируемое ПЗУ; электрически стираемое программируемое ПЗУ; ЭСППЗУ

EET технология повышения четкости; выделение границ при печати; сглаживание границ при лазерной печати

EFCI явная индикация перегрузки при прямой передаче

EFD конечный ограничитель кадра

EFDA Европейская федерация ассоциаций по обработке данных

effect 1. эффект; явление; 2. действие; влияние; 3. результат; следствие; последствие; 4. воздействие; действие; 5. осуществлять; выполнять; 6. воздействовать

effective 1. действительный; результативный; эффективный; 2. годный; действующий; 3. вступающий в силу

effective address действительный адрес; исполнительный адрес

effective algorithm эффективный алгоритм

effective area рабочая поверхность

effective bit бит, несущий информацию

effective bottom действующее основание дерева

effective byte рабочий байт

effective class действующий класс

effective enumeration эффективное перечисление

effective instruction исполнительная команда; действующая команда; рабочая команда

effective lifetime действительный срок службы

effective macro instruction исполнительная макрокоманда

effectiveness эффективность; действенность

effectiveness criterion мера эффективности

effective privilege level действующий уровень полномочий

effective procedure эффективная процедура

effective rate эффективная скорость

effective resistance сопротивление по переменному току

effective resolution эффективная разрешающая способность

effective rights действующие права; действующие полномочия

effective time полезное время; продуктивное время; эффективно используемое время; эффективное время

effective valuation эффективная оценка

effective value действующее значение

effector 1. исполнительный механизм; исполнительное звено; исполнительный элемент; исполнительный орган; 2. спецификатор; 3. эффектор

effects filter фильтр эффектов

effects processor эффект-процессор (звуковой платы)

effect tool инструмент «эффект»

efferent branch центробежная ветвь

efficacy эффективность; действенность

efficiency 1. работоспособность; оперативность; действенность; 2. рентабельность; экономическая эффективность; экономичность; 3. отдача; коэффициент полезного действия; 4. действенность; эффективность; 5. продуктивность; производительность

efficiency engineer инженер по научной организации труда

efficiency expert инженер по научной организации труда; специалист по научной организации труда

efficiency factor коэффициент полезного действия; коэффициент эффективности; эффективность

efficiency upgrading повышение эффективности

efficient 1. действенный; эффективный; 2. квалифицированный; подготовленный; 3. рациональный; 4. продуктивный; с высоким КПД

efficient algorithm эффективный алгоритм

efficient circuit эффективная схема; схема с высоким коэффициентом полезного действия

efficient estimate эффективная оценка

efficient estimator эффективная оценка

efficient factor 1. коэффициент эффективности; 2. коэффициент полезного действия; отдача

efficient use эффективное использование

e-form электронная форма

effort driven управляемый трудозатратами

efforts работа; усилия; объем работ; трудозатраты; программа работ

EFI электронное репродуцирование

EFL максимальная (допустимая) частота однобитовых ошибок; предельная частота ошибок; наибольшая допустимая частота ошибок

EFM преобразование 8-в-14; EFM-модуляция

EFM modulation EFM-модуляция

EFR mode улучшенный полноскоростной режим (модема)

EFT 1. безошибочная передача данных; свободная от ошибок передача данных; 2. электронная пересылка фондов; передача электронных денег; электронные платежи; электронный перевод денежных средств

EFTS автоматизированная система электронных платежей

EG Ассоциация «еврографиков»

EGA улучшенный графический адаптер; усовершенствованный графический адаптер; расширенный графический адаптер; графический адаптер с повышенной разрешающей способностью

EGA-monitor монитор EGA

egghead paperback учебно-педагогическая литература

egoless programming безличное программирование

EGP протокол внешних шлюзов; протокол внешней маршрутизации

E-graph E-граф; граф для анализа потребностей в вычислительном оборудовании

egress cache выходной кэш

EHF сверхвысокие частоты

EI электронная обработка изображений; сканирование и электронная обработка документов

EIA Ассоциация электронной промышленности (США); Ассоциация изготовителей электронного оборудования

EIAJ Японская ассоциация производителей электронных компонентов

EID идентификатор оборудования

eider-way circuit полудуплексный канал

EIDS электронная система обработки информации

EIES электронная система обмена информацией

EIFO «вход Ethernet — выход FDDI»

eigenfrequency собственная частота

eigen functions собственные функции

eigenstate собственное состояние

eigenvalue характеристическое значение; собственное значение; характеристическое число

eigenvalue problem задача о собственных значениях

eigenvector собственный вектор

eight-bit byte восьмиразрядный байт; октет

eight-bit character восьмибитовый символ

eight-channel code восьмиэлементный код

eight's complement дополнение до восьми

eight-to-fourteen modulation преобразование 8-в-14; EFM-модуляция

EII соединитель, прозрачный для высокочастотных сигналов

EIN электронный идентифицирующий номер

EIS 1. управленческая информационная система; информационная система для руководящих сотрудников; 2. электронная информационная система

EISA расширенный промышленный стандарт шинной архитектуры; расширенная архитектура промышленного стандарта; архитектура EISA

EIT электронная информационная технология

either-or operation операция «включающее ИЛИ»

either-way communication полудуплексная связь

EJ электронный журнал

eject выдавать; выбрасывать

eject button кнопка выгрузки

ejection 1. выброс; выталкивание; 2. удаление; вынос

eject password пароль на отсоединение портативного компьютера от док-станции

elaborate 1. разрабатывать; 2. вырабатывать; 3. сложный; замысловатый; 4. тщательно разработанный

elaboration 1. предвыполнение; 2. развитие; 3. уточнение; 4. выполнение описаний; 5. конструирование; разработка

ELAN 1. эмулируемая локальная сеть; 2. локальная сеть с улучшенными характеристиками

elapsed time время работы; затраченное время; полное время; время счета

elapsed time clock часы использованного времени; часы общего времени работы

elapsed-time meter счетчик времени работы; таймер суммарного времени

elapsed timer счетчик истекшего времени; таймер суммарного времени

elapsed-time recorder регистратор использованного времени

elapse of time истечение срока давности

elastica кривая упругих деформаций

elastic curve упругая линия

elasticity способность к быстрой адаптации

elastic mode эластичный режим; гибкий сдвиг узлов (в графических пакетах)

elastic storage гибкая память

elbow 1. уголговый изгиб; уголок (антенны); 2. локоть (робота)

ELDA Европейская ассоциация лазерных дисков

election голосование

electives факультативные программы

electric 1. электрический; 2. электротехнический

electric actuator электропривод

electrical angle фаза (колебаний)

electrical code электрические правила и нормы

electrical discharge электрический разряд

electrical distribution system распределительная электрическая сеть

electrical engineering электротехника

electrical length электрическая длина

electrically alterable электрически перепрограммируемый

electrically alterable read-only memory электрически перепрограммируемое ПЗУ; электрически программируемое ПЗУ; стираемое программируемое ПЗУ; СППЗУ

electrically erasable programmable read-only memory электрически стираемая программируемая постоянная память; электронно-перепрограммируемое ПЗУ

electrically trainable analog neural network электрически обучаемая аналоговая нейронная сеть

electrical noise электрический шум; электрические помехи

electrical power unit блок электропитания

electrical protection 1. электрозащита; 2. защита от сбоев питания

electrical pulse электрический импульс

electrical rechnology 1. электротехника; 2. электротехническая технология

electrical resistivity удельное сопротивление

electrical specifications электрические спецификации

electrical wiring электропроводка

electricaly alterable readonly memory электрически программируемое ПЗУ; ЭППЗУ

electricaly erasable programmable read-only memory электрически стираемое программируемое ПЗУ; ЭСППЗУ

electric cell химический источник тока

electric discharge электрический разряд

electric distribution network электрическая распределительная сеть

electric drive электропривод

electric erasing электрическое стирание

electric filter электрический фильтр

electricity электричество

electric motor электродвигатель

electric network электрическая схема; электрическая сеть

electric printing head электрическая печатающая головка

electric typewriter электрическая пишущая машинка

electrochemical battery гальваническая батарея; батарея первичных элементов

electrofax электрофакс

electrographic ink порошок для электрографической печати

electroluminiscent display электролюминисцентный дисплей с излучающим отображением матричного типа

electromagnetic compatibility электромагнитная совместимость

electromagnetic delay line электромагнитная линия задержки

electromagnetic field электромагнитное поле

electromagnetic interference электромагнитные помехи

electromagnetic radiation электромагнитное излучение

electromagnetic spectrum электромагнитный спектр; спектр электромагнитных волн

electron 1. электрон; 2. электронный

electron beam recording запись электронным лучом

electronic электронный

electronic application frameworks программные «строительные блоки»

electronic automatic exchange электронный коммутатор

electronic balance forward электронная запись сальдо

electronic brain «электронный мозг»

electronic bulletin board электронная доска объявлений

electronic business card электронная визитная карточка

electronic business communication system система передачи деловой информации

electronic CAD САПР-электроника

electronic calculator электронное вычислительное устройство; электронный калькулятор

electronic card assembly and test монтаж и тестирование плат

electronic cash электронный кошелек

electronic classroom электронный класс; класс для компьютерного обучения

electronic code book электронная кодовая книга

electronic commerce электронная коммерция; электронная торговля

electronic commerce application приложение электронной коммерции

electronic commerce software ПО электронной коммерции

electronic commerce system система электронной коммерции

electronic communications электронные коммуникации

electronic conference электронная конференция; электронная конференц-связь

electronic data bank электронный банк данных

electronic data gathering, analysis and retrieval система электронного сбора, анализа и извлечения данных

electronic data interchange электронный обмен данными; безбумажная технология

electronic data interchange for administration, commerce and transport электронный обмен данными в управлении, торговле и на транспорте; EDIFACT

electronic data processing обработка данных с помощью компьютера; электронная обработка данных

electronic data processing machine компьютер для электронной обработки данных

electronic data processing program программа электронной обработки данных

electronic data processing system электронная система обработки данных

electronic data processor процессор для электронной обработки данных

electronic data reading электронное считывание данных

electronic data switching электронная коммутация данных

electronic data system электронная информационная система

electronic data transfer электронная система передачи данных

electronic data transmission электронная система передачи данных

electronic design automation автоматизация проектирования

electronic dictionary словарь для автоматизированного перевода; электронный словарь

electronic digital analyzer электронный цифровой анализатор

electronic document электронный документ; электронный текст

electronic document delivery электронная доставка документов

electronic document management электронное управление документооборотом

electronic document management system система управления электронными документами; система управления электронным документооборотом

electronic document processing электронная обработка документов

electronic document viewer средство просмотра электронных документов

electronic editing электронное редактирование; редактирование на экране

Electronic Equipment Committee Комитет по электронной аппаратуре

electronic file cabinet электронная картотека

electronic filing электронная картотека

electronic folder электронная папка

electronic form электронная форма

electronic forms software программное обеспечение для работы с электронными формами

electronic full-page makeup system электронная система верстки полос

electronic funds transfer передача электронных денег; электронные платежи; электронная пересылка фондов; электронный перевод денежных средств

electronic funds transfer system автоматизированная система электронных платежей

electronic ID number электронный идентифицирующий номер

electronic imaging электронная обработка изображений; сканирование и электронная обработка документов

Electronic Industries Association Ассоциация электронных отраслей промышленности; Ассоциация электронной промышленности; Ассоциация изготовителей электронного оборудования

electronic information delivery system система электронной доставки информации

electronic information exchange system электронная система обмена информацией

electronic information system электронная информационная система

electronic information technology электронная информационная технология

electronic interpreter электронный переводчик

electronic journal электронный журнал

electronic mail электронная почта

Electronic Mail Association Ассоциация разработчиков систем электронной почты

electronic-mail encryption шифрование в системах электронной почты

electronic mail service служба электронной почты

Electronic Manufacturers Association Ассоциация производителей электронного оборудования

electronic matrix switch электронный матричный коммутатор

electronic message system электронная система передачи, приема и обработки сообщений

electronic messaging электронный обмен сообщениями; электронная передача сообщений

Electronic Messaging Association Ассоциация электронной промышленности по передаче сообщений

electronic messaging server сервер электронных сообщений

electronic messaging service служба электронных сообщений

electronic messaging system электронная система обмена сообщениями

electronic newspaper электронная газета

electronic office электронное учреждение

electronic office equipment электронное офисное оборудование

electronic packet-switched data transmission электронная система передачи данных с коммутацией пакетов

electronic pagination электронное разбиение на страницы

electronic paper электронный документ

electronic payment электронные платежи

electronic payment system система электронных платежей

electronic prepress system электронная система подготовки печатных форм

electronic publication электронное издание

electronic publishing 1. электронные издательские системы; 2. электронная издательская деятельность; 3. электронное редактирование и оформление документов; 4. электронные публикации; публикации электронных документов; подготовка изданий с применением электронной техники

electronic relay электронное реле

electronic reminder file электронная картотека

electronics 1. электроника; 2. электронная аппаратура; электронные схемы

electronic serial number электронный порядковый номер устройства

electronic-sharing capabilities электронные средства коллективного доступа; функции совместного использования

electronic sheet электронный бланк

electronics industry электронная промышленность

electronic software distribution автоматическое распространение программ; электронное распространение программного обеспечения; электронная рассылка программного обеспечения

electronic software licensing электронное лицензирование программного обеспечения

electronic spreadsheet электронная таблица

electronic standard стандарт в области электроники

electronic store электронный универмаг; электронные «торговые ряды»

electronic support электронная поддержка; поддержка с помощью электронных онлайновых служб

electronic switching system электронная система коммутации

electronic systems design automation автоматизация системных этапов проектирования электронных изделий

electronic tandem switching электронная последовательная коммутация

electronic technology 1. электронная технология; 2. электронная техника

electronic teleaccounting system электронная дистанционная система учета и отчетности

electronic teleprinter электронный телетайп

electronic timer электронные часы

electronic typesetting электронный набор

electronic typewriter электронная пишущая машинка

electronic video exchange электронный коммутатор видеосигналов

electronic video recording электронная видеозапись

electronic video reproduction электронные средства воспроизведения видеозаписи

electronic voice annotated mail электронная почта, дополненная дикторскими сообщениями

electronic wallet электронный кошелек

electronization электронизация

electron trapped optical memory оптическая память на захваченных электронах

electronvolt электронвольт; эВ

electrophotographic printer электрографическое печатающее устройство

electrosensitive print электрографическая печать

electrosensitive printer электрографический принтер

electrostatical электростатический

electrostatical printer электростатический принтер

electrostatic copying электростатическое копирование

electrostatic field электростатическое поле

electrostatic plotter электростатический графопостроитель

electrostatic printer электростатический принтер

electrostatic protection защита от статического электричества

electrothermal printer устройство термопечати

element элемент; компонент; звено; составная часть; схема; деталь

element address designation обозначение адреса элемента

elemental 1. основной; 2. элементарный

elemental form элементарная форма

elementary элементарный

elementary action элементарное действие

elementary diagram принципиальная схема; схематическое представление

elementary item простейший элемент

elementary mathematical function элементарная математическая функция

elementary operation элементарная операция

elementary request элементарный запрос

elementary system subprogram элементарная системная подпрограмма

element density плотность расположения элементов

element evaluation вычисление выходных реакций и состояний элементов

element expression элементарное выражение

element of integration подынтегральное выражение

element relations diagram схема взаимосвязи элементов

element system система элементов

element type тип элемента

elementwise 1. поэлементный; 2. поэлементно

elevate поднимать; повышать

elevation 1. вид; фасад; 2. возвышение (объекта)

elimination factor коэффициент неполноты выборки

elimination ratio коэффициент исключения

elite шрифт «элите»

elite face печать с плотностью 12 символов на дюйм; шрифт «элите»

elite type тип печати «элите»

ellipse эллипс

ellipse tool инструмент «эллипс»

ellipsis многоточие

ellipsis argument параметр «многоточие»

ellipsoid эллипсоид

elliptical cone эллиптический конус

elliptical dot растровая точка эллиптической формы

elliptical dots связываемые в цепочки (эллипсоидные) точки

elliptical equation эллиптическое уравнение

elliptical marquee инструмент «выделение эллипсом»

elliptic function эллиптическая функция

ellipticity эллиптичность; коэффициент эллиптичности

elongation относительное удлинение

ELP лицензия предприятия

ELS 1. библиотечная служба масштаба предприятия; 2. вводный уровень системы; система начального уровня; минимальная версия системы

ELSI 1. степень интеграции выше сверхвысокой; ультравысокая степень интеграции; 2. ультрабольшая ИС; УБИС

ELT электронная пишущая машинка

eluding game игра на ускользание

Em круглая шпация; максимальный пробел

EM 1. электронная почта; 2. электронная передача сообщений; 3. конец носителя; 4. стираемая память

EMA 1. Ассоциация разработчиков систем электронной почты; 2. Ассоциация производителей электронного оборудования

e-mail электронная почта

e-mail address адрес электронной почты

e-mail address database база адресов электронной почты

e-mail protocol протокол электронной почты

e-mail response system система ответа по электронной почте

e-mail system система электронной почты

e-mail telephone телефон с функциями электронной почты

e-mail type тип электронной почты

EMB блоки расширенной памяти

embarrassingly parallel test тест «усложненного параллелизма»

embed 1. внедрять (объект); встраивать; 2. внедренный

embeddability вложимость

embedded вложенный; вотроенный

embedded advanced sampling environment встроенная среда опроса с дополнительными возможностями

embedded command встроенная команда

embedded computer встроенная ЭВМ

embedded computer system система со встроенной ЭВМ; встроенная вычислительная система

embedded control channel встроенный канал управления

embedded diagnostics встроенные системы диагностики

embedded interpreter встроенный интерпретатор

embedded Java platform встроенная платформа Java

embedded launch запуск с внедрением

embedded memory встроенная память

embedded message внедренное сообщение

embedded microprocessor встроенный микропроцессор

embedded multivalued dependence встроенная многозначная зависимость

embedded network system встроенная сетевая система; встроенные средства поддержки сети

embedded object внедренный объект

embedded pointer встроенный указатель
embedded procedures вложенные процедуры
embedded processor встроенный процессор
embedded scopes вложенные контексты; вложенные области действия
embedded servo встроенная сервосистема
embedded software программное обеспечение, «зашитое» в ПЗУ; программы в ПЗУ; встроенное программное обеспечение
embedded testing вложенное тестирование
embedding 1. вложение; вставка; включение; встраивание; внедрение (OLE); 2. объемлющий
embedding watermarks внедрение водяных знаков
emboss 1. выдавливание; 2. выдавливать рельеф
embosse filter фильтр для придания изображению рельефности; фильтр «рельеф»
embossing выдавливание рельефа; тиснение
EMC 1. расширенный математический сопроцессор; 2. электромагнитная совместимость
em dash длинное тире; максимальное тире
emergency аварийная ситуация; авария; выход из строя
emergency analyzer анализатор аварийного состояния
emergency button аварийная кнопка
emergency diagnostics диагностика аварийных ситуаций
emergency diskette дискета для экстренных случаев; дискета для восстановления системы в случае ее порчи
emergency kill-switch system система экстренного аварийного отключения
emergency maintenance аварийное обслуживание; экстренное обслуживание
emergency power off аварийное отключение питания
emergency power supply аварийный источник питания
emergency repair disk дискета для восстановления системы в экстренных случаях
emergency shutdown аварийное выключение
emergency startup disk аварийный загрузочный диск
emergency state аварийный режим
EMF 1. расширенный формат метафайла; 2. электромагнитное поле
EMF format EMF-формат; улучшенный метафайл
EMI электромагнитные шумы; электромагнитные наводки; электромагнитные помехи; электромагнитное излучение; электронные шумы из-за работы электрических машин
emit порождать; генерировать; испускать; выпускать
emitter-coupled logic эмиттерно-связанная логика
EMM менеджер дополнительной памяти; программа-администратор дополнительной памяти
EMMI усовершенствованный интерфейс мультимедиа
E-modem внешний модем
emoticon символы эмоций (в электронной почте)
emphasis 1. визуальное выделение; 2. предыскажение
emphasized mode режим выделения
emphasizing detail акцентирование деталей (в изображении)
empirical dependence эмпирическая зависимость
empirical observation эмпирические данные
empirical value эмпирическая величина
empiric function generator генератор эмпирической функции
employ 1. служба; занятие; 2. нанимать; 3. применять; употреблять
employee-appraisal software программы оценки персонала; программные средства составления характеристик и резюме на сотрудников
employees сотрудники; служащие
employees database база данных с информацией о сотрудниках; БД «кадры»

empty 1. незаполненный; пустой; незанятый; 2. опорожнять; опустошать; очищать; 3. освобождать (канал)
empty argument пустой аргумент
empty band свободное поле
empty class пустой класс
empty clause пустое выражение
emptying освобождение; очистка
empty list пустой список
empty location пустая ячейка; незаполненная ячейка
empty loop пустой цикл
empty medium пустой носитель; незаполненный носитель; свободный носитель
empty memory пустая память; память, не содержащая информации
empty password пустой пароль
empty sector пустой сектор
empty set пустое множество
empty slot пустой слот
empty slot ring кольцо с пустыми сегментами
empty statement пустой оператор
empty string пустая строка
empty tape пустая лента
empty variable пустая переменная
EMS 1. служба электронной почты; 2. электронная система передачи, приема и обработки сообщений; служба электронных сообщений; 3. отображаемая память; память EMS; 4. сервер электронных сообщений; сервер сообщений в сети масштаба предприятия; 5. система управления сетью масштаба предприятия
EMS board плата EMS-памяти
EMS driver драйвер EMS-памяти
em space максимальный пробел
emulate эмулировать
emulated LAN эмулируемая локальная сеть
emulation эмуляция
emulation sensing processor точный процессор эмуляции
3270 emulator эмулятор терминала 3270
emulator эмулятор
emulator context контекст эмулятора
emulator generation генерация эмулятора
emulsion эмульсия
EMX автоматический обмен сообщениями в сети масштаба предприятия
En половинный пробел; полукруглая шпация (в полиграфии)
EN 1. конечный узел; 2. Европейская норма
enable разблокировать; снимать запрет; разрешать; давать возможность; включать; активизировать
enable autojoin разрешить автоматическое объединение
enable close button разрешить применение кнопки закрытия
enabled разблокированный; разрешенный
enabled interrupt разрешенное прерывание; доступное прерывание; немаскированное прерывание
enabled page fault разрешенное страничное прерывание
enable line разрешающая шина
enable phrase searching включить поиск фраз
enable pulse импульс разрешения
enabling включающий; разрешающий; отпускающий
enabling a line включение линии связи
ENAC Европейский центр сетевой обработки и прикладных программ
encapsulate 1. инкапсулировать; 2. формировать пакет данных
encapsulated инкапсулированный
encapsulated error скрытая ошибка
Encapsulated PostScript инкапсулированный PostScript
encapsulated programming модульное программирование

encapsulated routing маршрутизация с инкапсуляцией

encapsulated type скрытый тип; инкапсулированный тип

encapsulation инкапсуляция; оформление пакета; упаковка; пакетирование

encipher 1. цифровать; 2. кодировать; шифровать

enciphering кодирование; шифрование

encipherment шифрование

enclose заключать; охватывать; вмещать; содержать в себе

enclosed вложенный; заключенный

enclosing объемлющий; включающий в себя

enclosing scope объемлющий контекст

enclosure 1. корпус; кожух; оболочка; 2. камера; полость; 3. вложение; текст, включаемый в сообщение

encode кодировать; шифровать

encoded data кодированные данные; закодированные данные

encoded keyboard клавиатура с кодированием функций клавиш

encoder 1. кодер; кодирующее устройство; шифратор; 2. кодировщик; шифровальщик

encoder/decoder кодек; схема кодирования/декодирования

encoder matrix кодирующая матрица; шифраторная матрица

encoding кодирование; шифрование

encoding device кодирующее устройство; шифратор; кодер

encoding format формат кодирования

encoding model модель кодирования

encoding system система кодирования

encounter встречаться; сталкиваться

encrypt зашифровать; шифровать

encrypt database as шифрование базы данных под именем

encrypt/decrypt database база данных для шифрования/дешифрования

encrypted шифрованный; зашифрованный

encrypted connection шифрованное соединение

encrypted data зашифрованные данные

encrypted file зашифрованный файл; кодированный файл

encrypted password шифрованный пароль

encrypted tunneling шифрованное туннелирование

encrypted virus шифрованный вирус

encryption шифрование

encryption engine блок шифрования; устройство шифрования

encryption fingerpint identification шифрование, предназначенное для идентификации отпечатков пальцев

encryption key ключ шифрования; ключ кодирования

encryption modem модем с шифрованием

encryption program программа шифрования

encryption protocol протокол с шифрованием; протокол с защитой данных методом шифрования

encryption scheme схема шифрования

encryption software программное обеспечения шифрования (данных)

encryptor блок шифрования; схема шифрования

end 1. конец; окончание; завершение; 2. конечный; 3. кончать; заканчивать; завершать

end address конечный адрес

end-around циклический

end-around borrow круговой заем; циклический перенос; круговой перенос

end-around carry круговой перенос; циклический круговой перенос

end-around connection обходное соединение

end-around shift циклический сдвиг

endcaps концевые элементы

end carry конечный перенос

end correction поправка на крайнее значение

end delimiter конечный ограничитель

end device оконечное устройство

end distortion 1. результирующее искажение; 2. концевое искажение

endec кодек; схема кодирования/декодирования

end effect концевой эффект

end equipment оконечное оборудование (сети)

end formula конечная формула

ending 1. окончание; 2. конечный; в конечной точке

ending character метка конца; завершающий символ

ending dictionary словарь окончаний

ending event конечное событие

ending-frame delimiter конечный ограничитель кадра

endless loop зацикливание; бесконечный цикл

endlessly looped process зациклившийся процесс

end line последняя строка

end mark метка конца; маркер конца

end node конечный узел

endnote концевая сноска

end of address конец адреса; нижняя граница адресов

end of block конец блока

end of communication конец связи

end of conversion конец преобразования

end-of-data statement оператор конца данных

end of DMA конец операции DMA

end-of-document marker маркер конца документа

end of extent конец области

end of file конец файла

end-of-file indicator индикатор конца файла; признак конца файла

end-of-file macro макрокоманда «признак конца файла»

end-of-file mark метка конца файла; маркер конца файла

end-of-file marker метка конца файла; маркер конца файла

end of frame конец кадра

end of heap конец динамически распределяемой области

end of job конец задания

end-of-line indicator индикатор конца строки

end of medium конец носителя

end-of-medium character символ конца носителя; признак конца носителя

end of message конец сообщения

end of output конец вывода

end-of-procedures конец процедур

end-of-procedure statement оператор конца процедуры

end of program конец программы

end of record конец записи

end of run конец прогона

end-of-tape label метка конца ленты

end-of-text символ конца текста

end-of-text character символ конца текста; признак конца текста

end of transmission конец передачи

end-of-transmission block character символ конца блока данных

end-of-transmission character символ конца обмена данными; символ конца передачи

end-of-type marker маркер конца ленты

end of volume конец тома; признак конца тома; конец носителя данных

end-of-volume label метка конца тома

end-of-word character признак конца слова

endogenous эндогенный

endogenous event внутреннее событие

endogenous priority discipline дисциплина с приоритетами, определяемыми состоянием системы

endogenous variable эндогенная переменная

endomorphism эндоморфизм

end open system открытая оконечная система

endorsement аттестация; подтверждение качества

endpoint оконечная точка; конечная точка

end-point aware с ориентацией на пункт назначения

end-point determination обнаружение конца фразы

end product конечный продукт

end product orientation ориентация на конечный продукт

end routine программа окончания

end station оконечная станция (в сети)

end system оконечная система

end system-to-entermediate system оконечная система — транзитная система; оконечная система — промежуточная система

end-to-end комплексный; сквозной

end-to-end analysis сквозной анализ

end-to-end communication сквозная передача

end-to-end encipherment оконечное шифрование; сквозное шифрование

end-to-end encryption сквозное шифрование; оконечное шифрование; абонентское шифрование

end-to-end exchange сквозной обмен

end-to-end-flow control сквозное управление (потоком данных)

end to end management сквозное управление

end-to-end path маршрут, обозначенный только конечными точками

end-to-end solution комплексное решение

endurance срок службы; долговечность

end user конечный пользователь

end-user authentication scheme схема аутентификации конечного пользователя

end-user computing вычисления для конечного пользователя; вычисления конечного пользователя

end-user language язык конечного пользователя

end-user programming средства программирования для конечного пользователя

end-user tool инструментальное средство для конечного пользователя

end vertex концевая вершина; висячая вершина

energization подача питания

energize возбуждать; включать

energizer активатор

energizing coil обмотка возбуждения

energy энергия; запас энергии

energy control system 1. система управления электропитанием; 2. система управления энергопотреблением

energy load динамическая нагрузка

energy-saving technology технология энергосбережения

energy supply источник питания

enexpected condition error непредвиденная ошибка

engine процессор (базы данных); механизм; сервер; подсистема; библиотека методов доступа; ядро

engineer 1. инженер; техник; специалист; инженерно-технический персонал; 2. разрабатывать; проектировать; конструировать

engineer computations automation автоматизация инженерных расчетов

engineering 1. техника; технология; 2. разработка; проектирование; конструирование; 3. машиностроение

engineering and design эргономические характеристики и дизайн

engineering approach инженерный подход; инженерный метод

engineering automation автоматизация конструкторских работ

engineering change техническая доработка; конструкторское изменение; техническое изменение

engineering characterization составление спецификации; составление технических характеристик

engineering constraints технические ограничения

engineering cybernetics техническая кибернетика; инженерная кибернетика

engineering data 1. технические данных; технические параметры; 2. техническая документация

engineering data-base management system система управления базами данных САПР

engineering design инженерное проектирование; конструкторские расчеты

engineering development доводка опытного образца

engineering documentation рабочая документация

engineering document image transmission system система передачи изображений технических документов

engineering evaluation инженерная оценка

engineering factors технические условия

engineering instruction правило технической эксплуатации; инструкция по техническому обслуживанию

engineering logic diagram логическая схема с техническими пояснениями

engineering man-hours рабочее время технического персонала (в человеко-часах)

engineering method of cost estimating технический метод оценки издержек; технический метод оценки затрат

engineering order wire служебная линия для инженерных работ

engineering philosophy технические принципы

engineering system техническая система

engineering test технические испытания

engineering time время технического обслуживания; инженерное время

engineering users инженеры; пользователи-инженеры

engineering workstation инженерная рабочая станция; автоматизированное рабочее место разработчика

engineer-to-orger проектирование изделий на заказ; разработка на заказ

engine file файл модуля проверки (в Office 97)

engine-less printer страничный принтер без встроенного растризатора

English measurement system английская система мер

enhance улучшать; увеличивать; усиливать; совершенствовать; расширять

enhanced улучшенный; усовершенствованный; расширенный

enhanced capability port порт с расширенными возможностями

enhanced cellular control усовершенствованное управление сотовой сетью

enhanced data replication усовершенствованная технология тиражирования данных

enhanced diversity routing option улучшенный метод многовариантной маршрутизации; метод EDRO

enhance-definition television телевидение повышенной четкости

enhanced EMS усовершенствованная спецификация EMS

enhanced expanded memory specification усовершенствованная спецификация расширенной памяти; улучшенная спецификация отображаемой памяти

enhanced graphics adapter 1. улучшенный графический адаптер; усовершенствованный графический адаптер; графический адаптер с повышенной разрешающей способностью; 2. видеографический стандарт EGA

enhanced keyboard расширенная клавиатура

enhanced local area network локальная сеть с улучшенными характеристиками

enhanced metafile format расширенный формат метафайла

enhanced mode расширенный режим

386 Enhanced Mode расширенный режим процессора 80386

Enhanced Multimedia Interface усовершенствованный интерфейс мультимедиа

enhanced parallel port усовершенствованный параллельный порт

enhanced parallel port technology технология улучшенного параллельного порта; технология EPP

enhanced RGB monitor RGB-монитор с расширенными возможностями

enhanced security усиленная защита от несанкционированного доступа

enhanced small-device interface улучшенный интерфейс для малых устройств; усовершенствованный интерфейс малых (дисковых) накопителей; расширенный интерфейс малых (дисковых) накопителей; стандартный интерфейс ESDI

enhanced small-disk interface расширенный интерфейс малых дисковых накопительных устройств

Enhanced Throughput Cellular усовершенствованная сотовая связь; протокол модема для сотовой связи; протокол ETC

enhanced view качественный просмотр

enhancement 1. усиление; 2. расширение технических возможностей; расширение функциональных возможностей; совершенствование; 3. повышение качества (изображения); 4. модернизация; совершенствование; улучшение; 5. апертурная коррекция (в мониторе)

enhancement region область обогащения (в полупроводнике)

enhancer 1. усилитель; 2. апертурный корректор; 3. селективный фильтр

enlanged dot pitch увеличенный вертикальный шаг точки (монитора)

enlarge window to full size развертывание окна до предельного размера; развертывание окна на его полный размер

ENMS система управления сетью масштаба предприятия

ENOB эффективное число битов

ENQ запросная система; запрос

enqueue ставить в очередь

enquiry 1. запросная система; 2. запрос

enquiry character символ запроса

enquiry concatenation объединение запросов

enquiry message запросное сообщение

enquiry report отчет по запросу

enrollment внесение в списки; регистрация

ENS 1. сервис уведомления о событиях; 2. сетевые службы масштаба предприятия; сетевое обеспечение предприятия

ensemble 1. совокупность; статистический ансамбль; 2. множество

ensemble average среднее по ансамблю

ensemble machine многопроцессорный вычислительный комплекс; многомашинный вычислительный комплекс

ensing вытекающий

ensing consequences вытекающие последствия

en space нормальный пробел

ensure гарантировать; обеспечивать

entail влечь за собой; вызывать

enter 1. исполнение; 2. входить (в систему); 3. поступать; 4. вносить; 5. записывать; регистрировать; 6. вводить данные; 7. включать

enter basic variable вводить переменную в базис

enter database password введите пароль базы данных

Enter key клавиша Enter

Enter key behavior поведение по Enter

enter new value введите новое значение

enter parameter value введите значение параметра

enterprise 1. предметная область (базы данных); 2. предприятие; 3. учрежденческий; корпоративный

enterprise administrator администратор предметной области

enterprise application приложение масштаба предприятия; приложение для предприятия

enterprise automation комплексная автоматизация производства

enterprise backup and restore система резервного копирования и восстановления информации для сети масштаба предприятия

Enterprise Certified NetWare Engineer сертифицированный инженер по эксплуатации NetWare в сети масштаба предприятия

enterprise-class корпоративного класса

enterprise class application приложение корпоративного класса

enterprise-class server сервер корпоративного класса; сервер предприятия

enterprise-class software ПО корпоративного класса

enterprise communication service коммуникационная служба предприятия; служба коммуникаций масштаба предприятия

enterprise computing корпоративные вычисления; вычислительный процесс в масштабе предприятия

enterprise data access доступ к данным в сети масштаба предприятия

enterprise data base база данных предприятия

enterprise document management управление документами в сети масштаба предприятия

enterprise edition издание уровня предприятия; версия для предприятий; издание (пакета) для предприятий

enterprise internetwork объединенная сеть масштаба предприятия; объединенная сеть предприятия

enterprise mail exchange автоматический обмен сообщениями в сети масштаба предприятия

enterprise management system система управления сетью масштаба предприятия

enterprise messaging server сервер сообщений в сети масштаба предприятия

enterprise model модель для применения в сфере бизнеса

enterprise nets сети предприятий; корпоративные сети

enterprise network корпоративная сеть; сеть предприятия; сеть масштаба предприятия

enterprise networking организация сетей предприятий; организация сетей масштаба предприятия; создание корпоративной сети

enterprise network management system система управления сетью масштаба предприятия

enterprise performance data manager система управления производительностью обработки данных в сети масштаба предприятия

enterprise resource planning планирование ресурсов в масштабах предприятия

enterprise server учрежденческий сервер; сервер для предприятий; корпоративный сервер

enterprise software корпоративное программное обеспечение

enterprise storage manager программа управления внешней памятью в сети масштаба предприятия

enterprise system корпоративная система; система масштаба предприятия

enterprise system connection связь систем в сети масштаба предприятия

enterprise-wide в масштабе предприятия; масштаба предприятия

enterprise-wide applications приложения масштаба предприятия

enterprise-wide network сеть масштаба предприятия; корпоративная сеть

enterprise-wide system система масштаба предприятия

enter statement оператор входа

enter the system входить в систему; подключаться к системе

entire полный; целый; целостный; взятый в целом

entire network вся сеть

entire rational function целая рациональная функция

entitle называть; озаглавливать

entity 1. объект; сущность; сущность-объект; логический объект; логическая категория; логический целостный элемент предметной области; 2. графический примитив; 3. модуль

entity generation 1. формирование элемента; 2. формирование объекта

entity identifier идентификатор объекта

entity-integrity целостность сущностей-объектов

entity key объектный ключ; ключ сущности

entity length длина записи об объекте (в БД)

entity primary key первичный ключ сущности

entity reference ссылка на объект

entity-relation model модель «объект-отношение»; ER-модель

entity relationship связь сущностей

entity-relationship approach модель «объект-отношение»

entity-relationship diagram диаграмма «сущность-связь»; диаграмма отношений

entity-relationship expert модуль построения концептуальных моделей «сущность-связь»

entity-relationship model модель «сущность-связь»; модель сущностей и связей; модель отношений объектов; ER-модель;

entity set набор сущностей

entity-to-entity function функция, определяющая связи между объектами

entity-valued с объектами в качестве значений

entity view представление сущности

entrance вход (в программу)

entrance loss потери на входе

entropy энтропия

entropy forward approach метод внесения неупорядоченности

entropy per second энтропия в секунду

entropy per symbol энтропия на символ

entry 1. вход; точка входа; 2. ввод; ввод данных; 3. вводимые данные; 3. входное сообщение; 4. запись; 5. элемент списка; статья; 6. компонент; составляющая

entry approval подтверждение ввода

entry block входной блок

entry conditions условия на входе; начальные условия; предусловия

entry declaration описание входа

entry-defining group группа, определяющая статью

entry field поле ввода

entry form бланк ввода информации

entry format формат ввода

entry instruction команда входа; точка входа

entry label имя точки входа

entry-level начального уровня; предварительный; минимальный; для начинающих

entry-level computer 1. минимальный вариант компьютера; начальный вариант компьютера; машина минимальной конфигурации; 2. простой ПК; компьютер начального уровня; 3. система предварительной обработки

entry-level configuration базовая конфигурация; минимальная конфигурация; исходная конфигурация

entry-level PC дешевый ПК; простой ПК; компьютер начального уровня; ПК минимальной комплектации

entry-level system система начального уровня; минимальная версия системы

entry linkage установление связи при входе

entry name имя точки входа

entry of signal поступление сигнала

entry point точка входа

entry-point address адрес входа; адрес точки входа; начальный адрес

entry-point register регистр точки входа

entry recognition распознавание ввода

entry slot приемный карман

entry symbol символ входа

entry table таблица входов

entry time момент входа; время входа

entry time-sharing system система ввода с разделением времени

enumerable set счетное множество

enumerated constant константа перечислимого типа

enumerated type перечислимый тип

enumeration перечисление; перебор; перечень; перечисление; подсчет; перечислимый тип

enumeration constant константа перечислимого типа

enumeration tag тег типа enum

enumerative function перечисляющая функция

enumeric literal перечисляемая константа; числовая константа

envelope 1. конверт; 2. кадр; 3. огибающая (кривая); огибающая поверхность; 4. оболочка; 5. граница; 6. огибать; охватывать

envelope delay групповая задержка

envelope description lines линии обозначения оболочки

environment 1. окружение; среда; контекст; 2. режим (работы); 3. конфигурация; 4. окрестность; 5. оборудование; 6. вычислительная среда; операционная среда; 7. условия

environmental audio звук, соответствующей окружающей среде

environmental engineering техника моделирования эксплуатационных условий

environmental file файл среды

environmental limits ограничения среды

environmental monitoring мониторинг окружающей среды

environmental regulation природоохранительное законодательство

environmental stadard стандарт защиты

environmental string строка операционной среды; строка описания конфигурации

environmental subsystem подсистема операционной среды

environmental table таблица переменный среды DOS

environmental test климатические испытания

environment block блок переменных окружения

environment considerations характеристики среды

environment control table управляющая таблица внешних условий

environment division раздел оборудования; раздел окружения

environment functions функции вычислительной среды

environment simulation моделирование внешней среды

environment variable переменная среды (DOS); переменная режима

EO 1. электронное учреждение; электронный офис; 2. стираемый оптический диск

EOA нижняя граница адресов; конец адреса

EOB конец блока

EOC 1. встроенный информационный канал; 2. конец преобразования

EOD конец операции DMA

EOF 1. конец кадра; 2. признак конца файла; конец файла

EOF-bit бит конца файла

EOI 1. конец идентификации; сигнал EOI; 2. конец прерывания

EOM 1. моделирование, ориентированное на события; 2. конец сообщения

EOP 1. конец вывода; 2. конец процедур

EOR 1. конец записи; 2. конец прогона

EOR bit бит конца записи

EOS RAM память с контролем ошибок и реализацией логики контроля в самом модуле

EOT 1. конец ленты; 2. конец передачи; символ конца передачи

EOV признак конца тома; конец тома

EOW служебная линия для инженерных работ

EP 1. программа-редактор; 2. конец программы; 3. электронные издательские системы; 4. электронная издательская деятельность; издание электронными средствами; 5. программа оценки

EPA Агентство по защите окружающей среды

EPD ранняя отмена передачи пакета

EPDM система управления производительностью обработки данных в сети масштаба предприятия

E-peripherals внешние периферийные устройства

EPIC вычисления с явным параллелизмом

epilogue эпилог; завершающий код программы

epilogue code код выхода; код «эпилога»

EPIM интерфейсный модуль порта Ethernet

epimorphizm эпиморфизм

epitome резюме

EPL 1. европейская библиотека программ; 2. эффективный уровень привилегий; действующий уровень полномочий; 3. результаты тестирования компьютерных систем; список оцененных продуктов

EPMI Комитет европейский производителей и импортеров принтеров

epoch 1. начало отсчета времени; 2. период дискретизации

EPOS электронный кассовый аппарат

EPP усовершенствованный параллельный порт

EPPT европейский тест проверки характеристик принтеров

EPROM программируемое постоянное запоминающее устройство; ППЗУ; стираемое программируемое ПЗУ; СППЗУ

EPS 1. инкапсулированный PostScript; 2. прибыль на акцию; 3. аварийный источник питания

epsilon squared эпсилон-квадрат; пренебрежимо малое количество

Epson-mode режим работы по стандарту Epson

Epson standard code for printers стандартный код для принтеров фирмы Epson

EPSS электронная система передачи данных с коммутацией пакетов

EP test тест «усложненного параллелизма»

EPU блок электропитания

EQ равно

EQP аппаратура; оборудование; приборы

equal 1. равняться; быть равным; 2. уравнивать; 3. равный

equality равенство; тождество

equality circuit схема равенства

equality matching сопоставление на равенство

equalization 1. компенсация; уравнивание; выравнивание; коррекция с помощью выравнивающего фильтра; 2. стабилизация; коррекция

equalize filter фильтр «эквалайзер»

equalize horizontal space выровнять интервалы по горизонтали

equalizer 1. выравниватель; уравниватель; 2. компенсатор; корректор; стабилизирующее звено

equalize vertical space выровнять интервалы по вертикали

equalizing 1. выравнивание; уравнивание; 2. компенсация; 3. поправочный; корректирующий

equally равно; в равной степени; одинаково

equally possible events равновероятные события; равновозможные события

equal-sign operator знак операции равенства

equals module модуль сравнения

equals operator знак операции в списке присваивания

equals sign знак равенства

equate 1. равнять; уравнивать; приравнивать; 2. устанавливать равенство; составлять уравнение

equation уравнение; равенство

equation determinant определитель системы уравнений

equation editor редактор формул и уравнений

equation of continuity уравнение непрерывности

equation of halfperiods уравнение полупериодов

equation of state уравнение состояния

equation of the first kind уравнение первого рода

equation of the second kind уравнение второго рода

equation root корень уравнения

equation system система уравнений

equidistant равноотстоящие; равноудаленные; эквидистантные; расположенные на одинаковом расстоянии

equidistant lines эквидистантные линии

equifinality эквифинальность

equijoin эквисоединение; объединение по эквивалентности

equilibrium равновесие

equilibrium approach равновесный подход

equip оборудовать; снабжать; оснащать

equipment аппаратура; оборудование; приборы; оснащение

equipment compatibility аппаратная совместимость; совместимость технических средств

equipment error сбой оборудования

equipment list список подключенного оборудования

equipment manufacturing failure отказ из-за плохого качества изготовления

equipment rack стойка с оборудованием

equipment reliability надежность оборудования

equipment room аппаратная

equipotent равномощность

equipped оборудованный; оснащенный

equipping введение в рабочую конфигурацию; подготовка к работе

equipping level уровень укомплектованности

equiprobable possible events равновероятные события; равновозможные события

equitable sharing равноправное разделение

equity обыкновенные акции; акции без фиксированного дивиденда

equivalence 1. эквивалентность; 2. равносильность

equivalence conversion эквивалентное преобразование

equivalence database эквивалентная база данных

equivalence dependency зависимость по эквивалентности

equivalence gate схема функции эквивалентности

equivalence grammar эквивалентная грамматика

equivalence relation отношение эквивалентности

equivalence request эквивалентный запрос

equivalence statement оператор эквивалентности

equivalent 1. эквивалент; 2. эквивалентная схема; 3. эквивалентный; равносильный

equivalent binary digit эквивалентное число двоичных цифр

equivalent binary error rate эквивалентная интенсивность двоичных ошибок

equivalent circuit эквивалентная схема

equivalent error эквивалентная ошибка

equivalent four-wire system система, эквивалентная четырехпроводной

equivalent games стратегически эквивалентные игры

equivalent gate complexity сложность в условных логических вентилях; сложность в расчетных логических вентилях

equivalent set эквивалентное множество

equivalent table таблица пересчета; таблица перевода

equivalent term эквивалентный термин

equivalent trees эквивалентные деревья

equivocation неопределенность

ERA символ стирания

erasable очищаемый; стираемый; допускающий стирание

erasable CD стираемый компакт-диск

erasable digital optical disc стираемый оптический диск с цифровой информацией

erasable memory стираемая память

erasable programmable read-only memory стираемая программируемая постоянная память; стираемое программируемое ПЗУ; программируемое постоянное запоминающее устройство; ППЗУ; стираемое программируемое постоянное запоминающее устройство; СППЗУ

erasable read-only memory стираемое ПЗУ

erasable storage стираемое запоминающее устройство

erase очищать; стирать; удалять; уничтожать; разрушать; аннулировать

erase all key клавиша общего стирания

erase anomalies аномалии удаления

erase character символ стирания; символ удаления

erase head стирающая головка; головка стирания

erase key клавиша стирания; кнопка стирания

erase pass цикл стирания

eraser 1. стирающее устройство; 2. инструмент стирания изображения; инструмент «ластик» (в графических программах)

erase right право удаления

erase signal сигнал стирания

erasing стирание; разрушение

erasing head стирающая головка

erasing track дорожка стирания

erasure стирание; разрушение информации

erasure channel канал со стиранием

erasure mode способ стирания

erasure system система стирания

erasure track дорожка стирания

Eratosthnenes sieve решето Эратосфена

ERC 1. электронная конференц-связь; 2. управляющая запись обмена

ERCC код с коррекцией ошибок

ERD диаграмма отношений логических объектов-сущностей; схема взаимосвязи элементов; диаграмма «сущность-связь»

ER diagram диаграмма отношений; ER-диаграмма; диаграмма «сущность-связь»

erect 1. собирать; монтировать; устанавливать; восстанавливать; 2. перпендикулярный

EREP программа редактирования и печати записей об ошибках

erfc integral дополнительный интеграл ошибок; интеграл Френеля

erf integral интеграл ошибок; интеграл вероятности; интеграл Френеля

ergodic source эргодический источник

ergomonics эргономика

ergonomic эргономичный

ergonomic keyboard эргономичная клавиатура

ER model модель «сущность-связь»; модель «объект-отношение»; ER-модель

EROM стираемое ПЗУ; СПЗУ

ERP 1. управление ресурсами предприятия; планирование ресурсов в масштабе предприятия; 2. процедура восстановления после ошибок; 3. предполагаемая розничная цена

ERP system система управления предприятием

err ошибка

errant ошибочный; содержащий ошибку; вызвавший ошибку

errant application сбойное приложение; сбойная программа; программа с ошибкой

erratic 1. неуправляемый; 2. ошибочный

erratic behavior неустойчивое поведение

errating band поле ошибок

erratum ошибка; опечатка

errno value macros макрокоманды значений для errno

erroneous ошибочный; неправильный

erroneous bit бит с ошибкой

erroneous block блок с ошибкой

error 1. ошибка; 2. погрешность; отклонение

error-adaptive control computer управляющая ЭВМ, устойчивая к ошибкам

error amplifier усилитель сигнала ошибки; усилитель рассогласования

error analysis анализ ошибок

error bars планки погрешностей

error bit флаг ошибки

error boundary граница ошибок

error breakpoint прерывание по сигналу об ошибке

error burst пакет ошибок

error byte 1. ошибочный байт; 2. байт ошибки; байт неисправности

error-catching code 1. код с ошибкой; 2. код, выявляющий ошибку

error character 1. ошибочный символ; 2. символ ошибки; признак ошибки; символ наличия ошибки

error check контроль ошибок; проверка на ошибки

error checking контроль ошибок; проверка на наличие ошибок

error checking and control обнаружение и контроль ошибок

error checking and correction обнаружение и коррекция ошибок

error-checking capability возможность контроля ошибок

error-checking code код с обнаружением ошибок

error-checking facility средства выявления ошибок; средства контроля ошибок

error-checking logic логические схемы контроля ошибок

error code 1. код с ошибкой; 2. код ошибки

error concealment скрытая ошибка

error condition сбойная ситуация; состояние ошибки; ошибочное условие; условие возникновения ошибок

error configuration ошибка в конфигурации

error containment ограничение распространения ошибки

error control защита данных от ошибок; уменьшение влияния ошибок; контроль ошибок

error-control code код с обнаружением ошибок

error-control mode режим обнаружения ошибок

error-control unit устройство проверки на наличие ошибок

error-correcting с исправление ошибок

error-correcting capability возможности исправления ошибок; исправляющая способность

error-correcting code код с исправлением ошибок

error-correcting compiler транслятор с автоматическим исправлением ошибок

error correcting memory память с исправлением ошибок

error-correcting mode режим исправления ошибок

error-correcting program программа исправления ошибок

error correction исправление ошибок; коррекция ошибок

error correction mode режим коррекции ошибок

error data информация об ошибках

error detecting code код с обнаружением ошибок

error detecting facility средство обнаружения ошибок

error detection обнаружение ошибок

error detection and correction обнаружение и исправление ошибок

error detection and correction code код с обнаружением и исправлением ошибок

error detector средство обнаружение ошибок

error diagnosis диагностика ошибок; обнаружение ошибок; выявление ошибок

error diagnostics диагностика ошибок; диагностические сообщения об ошибках; сообщения об ошибках

error-diffusion dither случайное псевдосмешение цветов

error equation уравнение ошибок; формула погрешности

error estimate оценка ошибки; оценка погрешности

error estimation оценка ошибки; оценка погрешности

error extracting files ошибка распаковки файлов

error flag признак ошибки; флаг ошибки

error footprint след ошибки в программе; симптом ошибки

error-free безошибочный; свободный от ошибок

error-free communication безошибочная передача

error-free transmission безошибочная передача данных; передача данных, свободная от ошибок

error frequency limit максимальная (допустимая) частота однобитовых ошибок; предельная частота ошибок; наибольшая допустимая частота ошибок

error handler обработчик ошибок

error handling обработка ошибок

error handling function функции обработки ошибок

error indication индикация ошибок

error indicator индикатор ошибки

error in font initialization ошибка инициализации шрифта

error in query ошибка в запросе

error in search ошибка в условиях поиска

error integral интеграл ошибок; интеграл вероятности

error interrupt прерывание обработки ошибки; прерывание по сигналу об ошибке; прерывание в результате ошибки

error latency задержка проявления ошибки

errorlevel код завершения

error library библиотека ошибок

error-limited code код с ограниченным количеством ошибок

error localization локализация ошибок

error localization program программа локализации ошибок

error log журнал ошибок; файл регистрации ошибок; протокол регистрации ошибок

error log file файл журнала ошибок

error logger программа регистрации ошибок

error logging регистрация ошибок

error log window окно регистрации ошибок

error management управление обработкой ошибок

error matrix матрица ошибок

error message сообщение об ошибке

error of behavior ошибочное поведение

error of calculations ошибка в вычислениях

error of estimation ошибка оценки

error of first king ошибка первого рода

error of measurement ошибка измерения

error of observation ошибка наблюдения

error of solution погрешность решения

error opening file ошибка открытия файла

error option действие по ошибке

error portal портал ошибок

error procedure процедура обработки ошибок

error program 1. программа с ошибками; ошибочная программа; 2. программа обработки ошибок

error-prone способствующий ошибкам; склонный к ошибкам; подверженный ошибкам

error propagation распространение ошибок

error protection защита от ошибок

error protection procedure метод защиты от ошибок

error range диапазон ошибок

error rate интенсивность ошибок; частота повторения ошибок; частота появления ошибок; коэффициент ошибок

error ratio частота появления ошибок; коэффициент ошибок

error recovery устранение ошибок; восстановление при ошибках

error recovery procedure процедура восстановления после ошибок; процедура исправления ошибок

error removing routine программа устранения ошибок

error repair исправление ошибки

error report отчет об ошибках

error return возврат по ошибке

error routine программа обработки ошибок

error saving file ошибка сохранения файла

error search program программа поиска ошибок; диагностическая программа

error seeding подсев ошибок

error sensing device детектор ошибок

error signal 1. сигнал ошибки; 2. сигнал рассогласования

error simulator имитатор ошибок

error situation ситуация ошибки

error source источник ошибки

error-squared criterion квадратичный критерий ошибок

error statistics статистика ошибок; статистическая информация об ошибках

error statistics by volume статистика ошибок по томам

error statistics routine программа статистики ошибок

error status code код неисправности

error status flag флаг состояния ошибки

error stream поток сообщений об ошибках; поток вывода сообщений об ошибках

error table таблица ошибок

error trapping перехват ошибок

error value код ошибки

error variance дисперсия ошибки

error verifying trust ошибка проверки подлинности

error volume analysis анализ сбоев на томе

error warning message предупреждение об ошибке; предупреждающее сообщение об ошибке

ERX модуль построения концептуальных моделей «сущность-связь»

ES 1. стандарт в области электроники; 2. разъем расширения; 3. экспертная система; 4. оконечная система; 5. регистр дополнительного сегмента; 6. система масштаба предприятия; 7. оконечная система (в ATM)

ESA архитектура систем масштаба предприятия

ESC 1. символ начала управляющей последовательности; спецсимвол; 2. команда выхода из программы

escape 1. переход; 2. уход; 3. потеря; 4. смена; 5. выход; 6. управляющий (символ); 7. экранировать; изолировать

escape character знак перехода; знак переключения кода; управляющий символ

escape code управляющий код

escape command управляющая команда

escaped character переключенный символ; экранированный символ

escape instruction команда ESCAPE

escape key клавиша перехода; клавиша выхода

escape language язык, допускающий внешние обращения

escape sequence управляющая последовательность; ESC-последовательность

escape structure структура обусловленного выхода

escaping экранирование; изолирование; сокрытие

Esc-command Esc-операция

ESCD расширенная информация по конфигурации системы

ESCON средства соединения учрежденческих систем; средства связи учрежденческих систем; связь систем в сети масштаба предприятия

ESC/P стандартный код для принтеров Epson

Esc-sequence Esc-последовательность; управляющая последовательность

ESD 1. автоматическое распространение программ; электронное распространение программного обеспечения; электронная рассылка программного обеспечения; 2. электростатический разряд

ESDA автоматизация системных этапов проектирования электронных изделий

ESD bonding point клемма заземления для снятия электростатического заряда

ESDE служба обеспечения развития экспертной системы

ESDI усовершенствованный интерфейс малых (дисковых) накопителей; расширенный интерфейс малых (дисковых) накопителей; стандартный интерфейс ESDI

ESDL электронное распространение и лицензирование программного обеспечения

ESDP развивающаяся система обработки данных

ESD wrist strap браслет для снятия электростатического заряда; антистатическая манжета

ESF расширенный суперфрейм

ES-IS оконечная система — транзитная система; оконечная система — промежуточная система

ESL электронное лицензирование программного обеспечения

ESM 1. программа управления внешней памятью в сети масштаба предприятия; 2. коммутационный модуль сети Ethernet

ESMA Европейская ассоциация изготовителей компьютеров

ESN электронный порядковый номер устройства

ESP 1. защита от статического электричества; 2. точный процессор эмуляции; 3. протокол экспертных систем; 4. поставщик услуг для предприятий

ESPRIT Европейская стратегическая программа исследований в области информационных технологий

ESR программа обработки события

ESRC Европейский совет по научным исследованиям

ESS электронная система коммутации

essential важный; существенный

essential association существенная ассоциация

essential data существенные данные

essential functions жизненно-важные функции

essential model сущностная модель; базовая модель

essentials основы

establishment 1. учреждение; предприятие; 2. создание; образование

estimate 1. оценка; 2. оценивать; приблизительно подсчитывать

estimate at completion оценка при выполнении

estimated предполагаемый; примерный; расчетный; проектируемый

estimated duration оценка продолжительности

estimated error оцениваемая ошибка

estimated likelihood оценка функции правдоподобия

estimated performance расчетная характеристика; расчетная производительность

estimating device устройство обработки; анализатор

estimation 1. оценка; 2. оценивание; подсчет оценки; вычисление оценки; 3. формула оценки;

estimation error ошибка оценки

estimation of error оценка погрешности

estimation of order оценка порядка

estimation problem задача оценивания

estimator 1. оценка; 2. алгоритм оценивания; формула оценки; оценочная функция

ETANN электрически обучаемая аналоговая нейронная сеть

ETB конец передачи блока; управляющий символ конца передачи блока

ETC 1. усовершенствованный протокол передачи данных с коррекцией ошибок; 2. усовершенствованная сотовая связь; протокол модема для сотовой связи

etched вдавленный

etching 1. травление; 2. гравирование; 3. клише

etching-out вытравливание

Ethernet локальная сеть Ethernet

Ethernet configuration конфигурация Ethernet

Ethernet switch коммутатор Ethernet

Ethernet switching коммутация Ethernet

Ethernet switching company компания, специализирующаяся в области коммутируемых сетей Ethernet

Ethernet switching module коммутационный модуль сети Ethernet

e-ticketing покупка/продажа билетов электронным путем

ETOM оптическая память на захваченных электронах

ETOX оксидный слой с туннельным эффектом

ETS 1. европейский телекоммуникационный стандарт; 2. электронная последовательная коммутация

ETSI 1. система ввода с разделением времени; 2. экспериментальная система с разделением времени; 3. Европейский институт стандартов по телекоммуникациям

ETSO Европейская организация спутниковой связи

ETX символ конца текста; конец текста

EU 1. операционный блок; 2. исполнительное устройство

Euclidean norm евклидова норма

Euclid's algorithm алгоритм Евклида

euid действующий идентификатор пользователя

eurocard европлата

euroconnector евросоединитель

eurocrate еврокрейт; еврокаркас

European Academic Research Network Европейская исследовательская академическая сеть

European Article Number Европейский международный номер

European Broadcasting Union Европейский союз радиовещания

European Communication Security Agency Европейское агентство по обеспечению секретности и безопасности

European Computer Manufacturers Association Европейская ассоциация производителей вычислительной техники; Европейская ассоциация производителей компьютеров

European Electronic Mail Association Европейская ассоциация электронной почты

European Federation of Data Processing Association Европейская федерация ассоциаций по обработке данных

European Laser Disk Association Европейская ассоциация производителей лазерных дисков

European Norm Европейская норма

European Research Council Европейский совет по научным исследованиям

European Telecommunication Standards Institute Европейский институт стандартов по телекоммуникациям; Европейский институт по стандартам в области телекоммуникаций

European UNIX network Европейская сеть пользователей UNIX

European UNIX Systems User Group Европейская ассоциация пользователей ОС UNIX

EUUG Европейская ассоциация пользователей ОС UNIX

EV математическое ожидание

evaluate 1. оценивать; 2. вычислять

evaluated products list список апробированных продуктов; список оцененных продуктов; результаты тестирования компьютерных систем

evaluate the expression определить значения выражения

evaluation 1. оценивание; оценка (выражения, условия); 2. вычисление; 3. определение величины; 4. оценка; 5. оценочная функция; 6. формула оценки

evaluation board макет платы; оценочная плата

evaluation copy пробная копия (программы); копия для оценки

evaluation data оценочные данные; оценочная информация

evaluation database оценочная база данных

evaluation function оценочная функция

evaluation period 1. период определения и опроса; 2. период оценки

evaluation program программа оценки; программа анализа

evaluation software программное обеспечение для оценки

evaluation test аттестационные испытания; оценочные испытания

evaluation version оценочная версия (продукта); версия для оценки

evaluator 1. блок оценки; 2. блок вычислений

evaporated fill напыленная пленка

EVC экономическая ценность для потребителя; концепция EVC

EVE 1. электронный коммутатор видеосигналов; 2. оборудование для ввода и проверки данных

even 1. четный; 2. равный; одинаковый; равномерный

even address четный адрес

even harmonic четная гармоника

evenly равномерно

evenness четность

even number четное число

even-odd check контроль по четности

even/odd lines flag флаг четной/нечетной строки

even parity контроль по четности; четность; проверка на четность

even-parity check контроль по четности

even register четный регистр

event событие; исход; результат

event adaptor адаптер событий

event algebra алгебра событий

event-based communications коммуникации на основе событий

event broker брокер событий

event code код события

event constant константа события

event control block блок управления событиями

event corellator коррелятор событий

event counter счетчик событий; счетчик числа событий

event-cue-driven с управлениям по событиям/сигналам

event data данные о событии; информация о событии

event definition language язык описания событий

event-dispatching mechanism механизм диспетчеризации событий

event-driven управляемый событиями

event-driven backup архивирование при наступлении заданного события

event-driven programming событийно-управляемое программирование; событийно-ориентированное программирование; программирование, управляемое событиями

event-driven replication тиражирование по событиям; тиражирование при наступлении события

event-driven structure событийная структура

event-driven system система, управляемая событиями

event-driven technology технология написания программ, управляемых событиями

event flag признак события; флаг наступления события; флаг события

event flag cluster группа флагов событий

event handler обработчик событий

event ID идентификатор события

event input mode ввод в буферизацией; ввод с очередями

event instance реализация события

event listener приемник событий

event log протокол событий; журнал событий; журнал регистрации событий (в системе)

event logger регистратор событий

event loop цикл событий

event macro макрокоманда обработки события; событийная макрокоманда

Event Manager диспетчер событий

event matching сопоставление событий

event module модуль обработки событий

event name имя события

event notification уведомление о событии

event-oriented modeling моделирование, ориентированное на события

event procedure процедура обработки события; событийная процедура

event property свойство события; характеристика события

event queue очередь событий; системная очередь

event record запись события

event-routing mechanism механизм маршрутизации событий

event-scheduling algorithm алгоритм планирования событий

event semaphore семафор события

event sequence последовательность событий

event service routine программа обработки события

event sink map карта стоков событий

events service служба событий

event synchronization синхронизация событий

event tag тег события

event trigger триггер, срабатывающий по событию

eventual возможный

eventual user непрофессиональный пользователь

event variable переменная типа «событие»

ever-increasing error строго возрастающая ошибка

eviction замещение; откачка; вытеснение

evidence 1. очевидность; 2. основание; довод; доказательство

evidential vector вектор достоверности

evironment table таблица переменных режима; таблица переменных среды

evoke вызывать; побуждать

evolable database расширяемая база данных

evolute language развивающийся язык

evolutionary architecture 1. развивающаяся архитектура; развиваемая архитектура; 2. архитектура, допускающая развитие

evolutionary system развивающаяся система

evolutionary system for data processing развивающаяся система обработки данных

EVR 1. электронная видеозапись; 2. электронные средства воспроизведения видеозаписи

EVSB расширяемая шина VSB

EWS инженерная рабочая станция

exabyte эксабайт; квадриллион килобайт; 1152921504606846976 байт

exact copy точная копия

exact integrand подынтегральное выражение, являющееся точным дифференциалом

exactly точно; именно

exact matching точное соответствие

examination проверка; исследование; рассмотрение

examine рассматривать; исследовать; изучать; проверять

examine statement оператор проверки

example пример

ExCA архитектура сменных системных плат; расширяемая архитектура плат

exceed превышать; превосходить

exceed capacity избыточная емкость

except 1. исключать; 2. кроме; исключая

except function функция запрета по некоторым переменным

exception 1. исключение; 2. исключительная ситуация; особая ситуация; 3. исключительное состояние; ненормальное состояние; 4. ошибка (в сообщениях об ошибках)

exceptional исключительный

exceptional condition 1. исключительное состояние; 2. исключающее условие

exception case исключительная ситуация

exception code код исключительного условия

exception condition 1. особая ситуация; исключительная ситуация; 2. условие возникновения исключительной ситуации

exception condition code код исключительного условия

exception day исключенный день

exception declaration описание исключительной ситуации

exception dictionary словарь исключений; список неделимых на слоги слов

exception handler обработчик исключительной ситуации; обработчик особой ситуации

exception handling обработка исключительных ситуаций; обработка ошибок

excess 1. излишек; избыток; 2. эксцесс; 3. остаток

excess current избыточный ток

excess current detection обнаружение опасных токов (в телефонных линиях)

excess factor избыточный множитель; смещение

excess inventory дополнительное аппаратное обеспечение

excessive deferral чрезмерная задержка

excess-three code код с избытком три

excess-three coding кодирование с избытком три

EXCH 1. обмен; 2. автоматический коммутатор каналов

exchange 1. обмен; передача; 2. замена; 3. перестановка; 4. коммутатор; автоматическая телефонная станция; 5. производить обмен; обмениваться; обменивать; заменять

exchangeable сменный; заменяемый

exchangeable control bar заменяемая управляющая шина

exchangeable disk сменный диск

exchangeable disk storage накопитель со сменными дисками

exchangeable disk store сменный дисковый блок

exchange algorithm перестановочный алгоритм

exchange buffer буфер обмена

exchange buffering буферизация обмена; обменная буферизация

Exchange Carriers Standards Association Ассоциация по стандартизации средств связи

exchange control record управляющая запись обмена

exchange device устройство обмена данными

exchange disk store сменный диск

exchange instruction команда обмена

exchange line линия обмена

exchange method метод перестановок

exchange of the ribbon замена красящей ленты

exchange operation операция обмена

exchanger actor обменный актор

exchange selection выборка с обменом

excitation 1. возбуждение; 2. накачка; 3. намагничивание током; 4. намагничивающая сила; 5. управляющий сигнал

exclamation point восклицательный знак

exclude directory pattern шаблон исключения каталогов

exclude directory trustee исключить опекуна каталога

exclusion address адрес исключаемого узла

exclusion address count счетчик адресов исключаемых узлов

exclusion list список исключений

exclusive монопольный; исключающий

exclusive access монопольный доступ

exclusive application монопольная программа

exclusive control монопольное управление

exclusive disk access монопольный доступ к диску

exclusive event несовместные события; взаимоисключающие события

exclusive lock блокировка с монополизацией; полная блокировка; блокировка взаимоисключающего доступа; исключающая блокировка; монопольная блокировка

exclusive lockout исключающая блокировка; монопольная блокировка

exclusive mode режим эксклюзивного использования; режим исключительного использования ресурсов компьютера; исключительный режим

exclusive-NOR gate схема функции «исключающее НЕ-ИЛИ»

exclusive OR исключающее ИЛИ

exclusive-OR gate схема функции «исключающее ИЛИ»

exclusive read монопольное чтение

exclusive reading монопольное чтение

exclusive reference исключающая ссылка

exclusive retrieval монопольное чтение

exclusive search исключающий поиск

exclusive segment монопольный сегмент; исключающий сегмент

exclusive updating монопольное обновление

exclusive usage mode монопольный режим использования

exclusive volume locking монопольная блокировка тома

exclusive write исключительная запись

EXCP-supervisor супервизор ввода-вывода

excursion отклонение; сдвиг

EXD внешнее устройство

executable 1. выполняемый файл; 2. выполняемый; исполняемый; исполнимый; выполнимый

executable and linkable format формат выполняемого и компонуемого модуля

191

executable binary исполняемый двоичный код; загрузочный двоичный код

executable code рабочая программа; исполняемый код; выполняемая программа

executable file выполняемый файл

executable module выполняемый модуль

executable program выполняемая программа

executable statement выполняемый оператор

executable test suite выполняемая тестовая последовательность

execute выполнять; исполнять

execute environment условия выполнения программы; среда выполнения

execute form исполнительная форма

execute only attribute атрибут «только исполнимый»

execute only program программа без исходных текстов

execute permission полномочия на выполнение

execute phase исполнительная фаза; этап выполнения

execute step шаг исполнения

execution выполнение; исполнение; режим выполнения

execution bar указатель выполняемой команды; строка выполнения; подсветка выполнения

execution behavior динамическое поведение

execution control 1. контроль исполнения (работы); 2. контроль выполнения (программы)

execution efficiency эффективность выполнения

execution environment среда выполнения программы; условия выполнения программы

execution error ошибка в ходе выполнения

execution history протокол выполнения

execution interrupt прерывание выполнения

execution manager диспетчер

execution option режим работы

execution order порядок выполнения

execution profile профиль выполнения (программы)

execution profiler подпрограмма протоколирования выполнения (операторов) основной программы

execution sequence последовательность действий

execution state 1. состояние выполнения; 2. режим исполнения; режим супервизора

execution testing контрольный прогон

execution thread поток исполнения; выполняемый поток (подпроцесс)

execution time время прогона; время выполнения; время прохождения задания

execution time binding связывание модулей на этапе выполнения

execution unit 1. исполнительное устройство; 2. функциональный модуль

executive 1. диспетчер; управляющая программа; исполнительная система; супервизор; 2. операционная система; 3. администратор-исполнитель; ответственное лицо; должностное лицо; руководитель; 4. исполнительный; исполняющий

executive address действительный адрес; исполнительный адрес

executive control управление выполнением

executive control language язык управления вычислительным процессом; язык супервизора

executive cycle исполнительный цикл

executive directive обращение к операционной системе

executive environment среда выполнения; среда, обеспечивающая запуск приложения

executive form исполнительная форма

executive information system информационная система для руководящих сотрудников; управленческая информационная система

executive instruction команда операционной системы; команда управления; команда супервизора

executive logging регистрация хода выполнения

executive mode привилегированный режим; режим операционной системы

executive model модель для применения в сфере бизнеса

executive program исполняющая программа; исполнительная программа; программа-диспетчер; управляющая программа

executive resident резидент операционной системы

executive services административные службы; системные службы; сервис операционной системы

executive states рабочие режимы

executive supervisor управляющая программа операционной системы; супервизор

executive system операционная система

executive system concurrency одновременность выполнения заданий операционной системой

executive system utility системная сервисная программа

executive unit исполнительный блок

executive utility program исполнительная служебная программа

EXE file загрузочный модуль; файл типа .EXE; выполняемый файл; исполнимый файл

exemplary 1. типичный; типовой; 2. примерный

exemplification 1. пояснение примером; иллюстрация; 2. заверенная копия

exercise упражнение

exerciser программа тестирования; система тестирования

exersiser 1. программа тестирования; 2. устройство тестирования

exess burst size дополнительный объем передачи информации

exhausted parameter исчерпанный параметр

exhaustion of spares истощение резерва

exhaustive полный; исчерпывающий

exhaustive method метод полного перебора

exhaustive search исчерпывающий поиск; полный перебор

exhaustive test исчерпывающий тест

exhected value математическое ожидание

exhibit проявлять; демонстрировать

exigent condition аварийная ситуация

existence condition условие существования

existence dependency зависимость существования

existence indicator индикатор наличия

existentially quantified conjunction конъюнкция с квантором существования

existential quantifier квантор существования

existing file существующий файл

existing light существующий источник света

existing value существующее значение

exit выход; завершение выполнения

exit application выход из приложения

exitation 1. возбуждение; 2. намагничивание током; 3. накачка

exit chain цепочка выхода

exit code код выхода; код завершения

exit command команда выхода

exit conditions условия выхода

exit connector выходное соединение

exit effector выходной исполнительный орган

exit from the program instuction команда выхода из программы

exit linkage становление связи при выходе
exit loss потери на выходе
exit path путь выхода
exit point точка выхода
exit pragma директива выхода
exit procedure процедура выхода
exit sequence последовательность выхода; последовательность операций выхода
exit statement оператор выхода
exit status статус выхода; код завершения; возвращаемое значение
exjunction разноименность; строгая дизъюнкция; исключающее ИЛИ
EXODUS эксперименты по развертыванию сети UTMS
exogenous event внешнее событие
exotic environment необычные условия
expand 1. разворачивание отображаемой структуры; 2. расширять; увеличивать; наращивать; 3& разворачивать; раскрывать; 4. распространять
expandability расширяемость; возможность расширения; наращиваемость
expandable architecture расширяемая архитектура
expandable array расширяемый массив
expand a system усложнять конфигурацию; расширять комплект оборудования системы
expand compressed file извлечь сжатый файл
expand-down segment сегмент, расширяемый вниз
expanded access расширенный доступ
expanded file развернутый файл
expanded font широкий шрифт
expanded keyboard расширенная клавиатура
expanded math coprocessor расширенный математический сопроцессор
expanded memory (дополнительная) отображаемая память; EMS-память
expanded memory card плата EMS-памяти
expanded memory driver драйвер EMS-памяти
expanded memory manager программа управления дополнительной памятью
expanded memory specification спецификация дополнительной памяти
Expanded Memory System отображаемая память; память EMS
expanded mode 1. расширенный режим; 2. режим расширения
expanded outline развернутая иерархическая схема; схема с детальным представлением
expanded print печать в расширенном формате
expanded ruler расширенная линейка
expanded tree наращиваемое дерево
expander 1. расширитель; устройство расширения; схема-расширитель; 2. экспандер; штепсель с коническим расширителем
expanding разворачивание (документа)
expanding objects растягивание объектов
expand master document развернуть главный документ
expand to series разложить в ряд
expand-up segment сегмент, расширяемый вверх
expansible system расширяемая система
expansion 1. расширение; наращивание; 2. растяжение; 3. рост; развитие; 4. раскрытие; 5. распространение; 6. разложение
expansion bay отсек расширения
expansion board расширительная плата
expansion bus шина расширения
expansion button кнопка расширения

expansion card плата расширения
expansion memory расширительная плата; дополнительная память
expansion of series разложение в ряд
expansion slot разъем расширения; слот расширения; расширительное гнездо
expansivity расширяемость
expectation 1. ожидание; 2. математическое ожидание
expect circuit схема запрета
expect data ожидаемые данные
expected value ожидаемая величина; математическое ожидание
expedient целесообразный
expedite 1. быстрый; удобный; 2. ускорять; быстро выполнять
expedited срочный
expedited data срочные данные
expedited data unit срочный блок данных
expedited flow приоритетный поток; срочный поток
expediter агент по продвижению заказов
expediting контроль сроков
expediting system система контроля сроков
expendability возможность расширения
expenditures расход; потребление; траты
expense 1. расход; трата; 2. цена
expensive equipment дорогостоящее оборудование; дорогая аппаратура
experience опыт; стаж; квалификация; мастерство; знания
experiential 1. экспериментальный; основанный на опыте; 2. пробный
experiment 1. эксперимент; опыт; 2. экспериментальное оборудование; 3. экспериментировать
experimental экспериментальный
experimental computer complex экспериментальный вычислительный комплекс
experimental data данные, полученные путем эксперимента; экспериментальные данные
experimental design планирование эксперимента
experimental error ошибка эксперимента; погрешность эксперимента
experimental facilities оборудование для экспериментов; экспериментальное оборудование
experimental release экспериментальная версия
experimental result результат испытания
experimental time-sharing system экспериментальная система с разделением времени
experimentation экспериментирование
expert 1. знаток; эксперт; специалист; 2. экспертный
expert analysis экспертный анализ; экспертная оценка
expert designer высококвалифицированный разработчик; опытный разработчик
expertise экспертные знания; специальные навыки; профессиональные знания; опыт; экспертиза
expert knowledge знания эксперта
expert system экспертная система
expert system development environment служба обеспечения развития экспертной системы
Expert System Protocol протокол экспертных систем
expert user квалифицированный пользователь
expiration date дата окончания; срок истечения
expiration date срок окончания действия; дата истечения срока
expiration time время окончания действия; время истечения срока
expire кончаться; истекать
expired password устаревший пароль
explain объяснять; толковать

explainer блок объяснения
explanation объяснение; толкование
explanation capability способность к объяснению хода рассуждения
explanation facilities средства обоснования; средства пояснения
explanation generator генератор объяснений
explanatory разъясняющий; поясняющий
explanatory comment пояснительный комментарий
explicit 1. явный; явно заданный; заданный в явном виде; 2. формальный; 3. четкий; определенный; ясный; точный
explicit address явный адрес; действительный адрес
explicit declaration явное объявление; объявление в явном виде; явное описание
explicit definition явное определение
explicit evaluation формализованная оценка; точная оценка
explicit forward congestion indication явная индикация перегрузки при прямой передаче
explicit function явная функция
explicit knowledge явно заданные знания
explicit length явная длина
explicitly addressed message сообщение с явной адресацией
explicitly called явно вызванный
explicit program подробная программа
explicit rights явные права; явные полномочия
explicit security equivalence явная эквивалентность защиты
explicit transaction явная транзакция
explicit translation явная трансляция
explode 1. разбиение на составные части; 2. расчленить; 3. бурно расти; бурно развиваться
explode block расчленить блок; выполнить декомпозицию блока; «разобрать» блок на составные компоненты; отменить определение группы объектов как блока
exploded разбитый на части
exploded form представление в разобранном виде
exploded view покомпонентное изображение; изображение по частям
exploding извлечение из архива
exploding slices раздвижка секторов (в диаграмме)
exploratory data analysis разведочный анализ данных
exploratory development экспериментальные разработки; прикладные исследования
explore исследовать; изучать; зондировать
Explorer Проводник
explosion бурный рост
explosion of information «информационный взрыв»
explosive быстрый; бурный
exponent порядок; показатель; показатель степени; экспонента
exponent adder сумматор порядков
exponent alignment выравнивание порядка
exponent arithmetic арифметика порядков; арифметические операции над порядками чисел
exponent code код порядка
exponent counter счетчик порядков
exponent form форма представления числа с плавающей точкой; экспоненциальная форма
exponent functions экспоненциальные функции
exponential 1. показательная функция; экспоненциальная функция; экспоненциал; 2. показательный; экспоненциальный
exponential dependence экспоненциальная зависимость
exponential distribution экспоненциальное распределение
exponential fit экспоненциальное приближение
exponential function экспоненциальная функция; экспонента

exponential law экспоненциальный закон
exponentially экспоненциально; по экспоненте
exponentially bounded algorithm алгоритм с экспоненциальной сигнализирующей
exponentially smoothed forecasting прогнозирование с помощью метода экспоненциального сглаживания
exponential notation экспоненциальное представление
exponential series экспоненциальный ряд
exponential smoothing экспоненциальное сглаживание
exponential space экспоненциальное пространство
exponentiation возведение в степень; потенциирование
exponentiation engine блок возведения в степень
exponent of convergence показатель сходимости
exponent overflow переполнение порядка
exponent part порядок числа
exponent-plus N form форма представления числа с плавающей точкой с увеличением порядка на N
exponent sign знак порядка
exponents matching выравнивание порядков
exponent underflow исчезновение порядка; исчезновение разрядов порядка
export 1. экспорт; 2. экспортировать
export command команда экспорта
export control контроль экспорта
exported экспортируемый
exported function экспортируемая функция
export filter фильтр вывода; фильтр экспорта
export function экспортируемая функция
export/import экспорт/импорт
export list список экспорта
export object to экспорт объекта под именем
export of labeled info экспорт меточной информации
export phase фаза экспорта
exposed properties объявленные свойства
exposure незащищенность данных
expr выражение
express выражать
express install экспресс-инсталляция
expression выражение; представление
expression builder построитель выражений
expression evaluator механизм вычисления выражений
expression of requirements техническое задание
expression statement команда-выражение; оператор-выражение
expression syntax синтаксис выражения
expression-true breakpoint условная точка останова
expressive adequacy выразительная адекватность; экспрессивная адекватность
expressiveness выразительные возможности
express setup быстрая инсталляция
exradius радиус вневписанной окружности
ex-situ testing контроль внешними средствами
ext расширение
EXT/ACK подтверждение конца транзакции
extend расширять; увеличивать; распространять; простираться
extended продолженный; наращенный; расширенный
extended addressing расширенная адресация
extended AppleTalk network расширенная сеть AppleTalk
extended ASCII расширенный код ASCII
extended ASCII character set расширенный набор символов ASCII
extended ASCII-codes расширенные коды ASCII
extended ASCII keystrokes расширенные коды клавиш ASCII
extended attribute расширенный атрибут

extended attribute block блок дополнительных атрибутов

extended attributes расширенные атрибуты

extended Backus-Naur form расширенная бэкусова нормальная форма

extended binary-coded decimal interchange code расширенный двоичный код обмена информацией

extended BIOS data area расширенная область данных BIOS

extended bus interface расширенный интерфейс шины

extended calculus расширенное исчисление

extended capabilities port порт с расширенными возможностями

extended channel status word расширенное слово состояния канала

extended character code расширенный код символа

extended common object file format расширенный общий формат объектных файлов

extended control mode режим расширенного управления

extended Ctrl+C checking расширенный контроль Ctrl+C

extended data management system расширенная система управления данными

extended-data-out DRAM динамическое ОЗУ с расширенными возможностями вывода

extended data transfer передача расширенного набора данных

extended dictionary расширенный словарь

Extended Directory Services расширенная служба каталогов

extended edition расширенная редакция; расширенная версия программного продукта

extended form-feeding расширенная подача бланков

extended graphic architecture расширенная графическая архитектура

Extended Graphics Adapter адаптер расширенной графики

extended industry standard architecture расширенная архитектура промышленного стандарта; архитектура EISA

extended interface внешний интерфейс; межсистемный интерфейс

extended ISA расширенный промышленный стандарт архитектуры ISA

Extended Java Platform расширенная Java-платформа

extended keyboard codes расширенные коды ASCII

extended key codes расширенные коды клавиш

extended light source распределенный источник света

extended memory расширеннная память; расширенное адресное пространство

extended memory blocks блоки расширенной памяти

extended memory manager программа управления расширенной памятью

extended memory specification 1. спецификация расширенной памяти; 2. продолженная память; наращенная память; память типа XMS; XMS-память

extended memory system расширенная память

extended mnemonic code расширенный мнемокод; расширенный мнемонический код

extended mode расширенный режим

extended name расширенное имя

Extended Network Architecture расширенная архитектура сети

extended object data расширенные данные объекта; дополнительная информация, ассоциированная с объектом

extended partition дополнительный раздел (жесткого диска); расширенный раздел

extended plane расширенная плоскость

extended precedence grammar грамматика расширенного предшествования

extended precision расширенная точность

extended-precision arithmetic арифметические операции повышенной точности

extended real type расширенный действительный тип

extended relation algebra расширенная реляционная алгебра

extended relation model расширенная реляционная модель

extended selection list box список со связным выбором

extended services дополнительные функции

extended small-device interface усовершенствованный интерфейс малых (дисковых) накопителей; расширенный интерфейс малых (дисковых) накопителей; стандартный интерфейс ESDI

extended stereo расширенное стерео

extended superframe расширенный суперфрейм

extended system configuration data расширенная информация по конфигурации системы

extended text mode улучшенный текстовый режим

extended-time scale расширенный масштаб времени

extended-time transaction транзакция расширенного времени

extender 1. программное расширение; 2. расширитель

extender board 1. расширительная плата; 2. удлинитель; удлинительная плата

extender card расширительная плата

extending вытягивание; удлинение

extend save area расширенная область сохранения

extend selection расширить выделение

extend system система расширения

extensibility возможность наращивание; расширяемость

extensible открытый; наращиваемый; расширяемый

extensible addressing адресация с расширяемым адресом

extensible architecture расширяемая архитектура

extensible language расширяемый язык

extensible syntax расширяемый синтаксис

extension 1. расширение имени файла; 2. расширение; добавление; продолжение; 3. распространение; 4. растяжение

extensionally defined определенный на понятийном уровне; экстенсионально определенный

extension character символ расширения кода

extension chassis расширительный блок

extension information сведения о расширениях

extension line выносная линия

extension line origin точка начала выносной линии

extension of relations расширение отношений

extension register регистр расширения

extent 1. интервал; участок; область; зона; экстент; 2. размер; протяженность; диапазон; 3. непрерывная область на диске; 4. степень; мера

extent counting подсчет зон

extent of disk зона на диске

extent of error величина ошибки

extent of fault степень распространения неисправностей; степень влияния неисправностей

exterior внешняя область

exterior label наружная метка

external внешний

external access доступ извне; внешний доступ

external action внешнее воздействие

external address внешний адрес

external allocation внешнее размещение

external architecture внешняя архитектура

external arithmetic дополнительный арифметический процессор; внешняя арифметика

external block внешний блок; охватывающий блок

external bulk store внешняя память большой емкости

external cache внешний кэш

external cache socket гнездо для подключения внешней кэш-памяти

external clock 1. внешний генератор тактовых импульсов; внешний генератор синхронизирующих импульсов; 2. внешняя синхронизация

external clocking внешняя синхронизация

external code внешний код

external command внешняя команда

external cycle внешний цикл

external database внешняя база данных

external data presentation внешнее представление данных

external data processing внешняя обработка данных

external data representation внешнее представление данных

external data segment внешний сегмент данных

external decimal неупакованное десятичное

external declaration внешнее описание

external definition внешнее определение

external delay простой по внешней причине

external design внешний проект

external device внешнее устройство

external device address 1. адрес во внешнем запоминающем устройстве; 2. адрес внешнего запоминающего устройства

external disturbance внешнее возмущение

external drive внешний дисковод; подключаемый дисковод

external editor внешний редактор; подключаемый редактор

external entity элемент внешней системы; элемент окружающей среды

external entity object объект «внешний»

external environment внешняя среда; окружение; условия эксплуатации

External Environment Interface интерфейс внешней среды

external equipment внешнее оборудование; периферийное оборудование

external error внешняя ошибка

external event внешнее событие

external file внешний файл

external fragmentation внешняя фрагментация

external function внешняя функция

external hardware внешнее аппаратное обеспечение

external information внешняя информация

external instruction внешняя команда

external interface 1. интерфейс внешнего устройства; 2. внешнее сопряжение

external interrupt внешнее прерывание

external-interrupt inhibit запрет внешних прерываний

externalization service служба экспорта

external key внешний ключ

external label внешняя метка

external linkage внешняя связь (между идентификаторами)

external listing список внешних имен

externally driven управляемый извне

external map внешнее отображение

external memory внешняя память

external microprogram внешняя микропрограмма

external model внешняя модель

external modem внешний модем

external name внешнее имя

external network number внешний номер сети; внешний сетевой номер

external number внешний номер

external object definition определение внешнего объекта

external page address адрес страницы во внешней памяти

external page storage внешняя память со страничной организацией; внешняя страничная память

external performance фактическое быстродействие

external peripherals внешние периферийные устройства

external procedure внешняя процедура

external program внешняя программа

external reference внешняя ссылка

external reference partition раздел внешних ссылок

external representation внешнее представление

external router внешний маршрутизатор; маршрутизатор на рабочей стации

external sample bit depth внешняя глубина отсчета в битах; глубина отсчета в разрядах

external schema внешняя схема

external-signal interrupt прерывание внешним сигналом

external sorting внешняя сортировка

external sorting method метод внешней сортировки

external specification внешняя спецификация

external storage внешнее запоминающее устройство; внешняя память

external storage class класс памяти глобальных функций и данных

external subroutine внешняя подпрограмма

external symbol внешнее имя; внешний идентификатор

external symbol dictionary словарь внешних идентификаторов; словарь внешних символов; словарь внешних имен

external synchronizer внешний синхронизатор

external system design внешнее проектирование системы

external time source внешний источник времени

external Web-site Web-узел, доступный внешним пользователям; Web-сайт с доступом из Internet

extiction гашение; угасание; вырождение; прекращение

extinction затухание; ослабление; гашение

EXTND передача расширенного набора данных

extra дополнительный; добавочный

extra address дополнительный адрес

extra bold жирный (шрифт)

extra bold font шрифт со сверхжирным начертанием

extracode экстракод

extract извлекать; выделять

extracted file извлеченный файл

extractee слово, из которого выделяется часть

extracting and merging text извлечение и вставка текста

extract instruction команда выделения

extraction выделение (сигнала); извлечение; добывание; экстрагирование

extractor экстрактор; выделяющее слово; маска

extra-high density сверхвысокая плотность

extra key дополнительный ключ (поиска)

extra large-scale integration 1. ультравысокая степень интеграции; 2. ультрабольшая ИС; УБИС

extra light сверхсветлый

extra memory дополнительная память

extraneous чуждый; посторонний

extranet экстрасеть

extrapolate экстраполировать

extrapolation экстраполяция

extra RAM дополнительная оперативная память

extras дополнительное оборудование; отдельно поставляемое оборудование; дополнительные принадлежности

extra segment дополнительный сегмент

extremal graph экстремальный граф

extreme 1. крайний член (пропорции); 2. экстремум; экстремальное значение; 3. край; предел; 4. чрезвычайный; экстремальный; 5. крайний; предельный; 6. критический

extreme case предельный случай; экстремальная ситуация
extremely чрезвычайно; крайне; очень
extremely secure хорошо защищенный
extreme term крайний член пропорции
extreme value предельное значение
extremum экстремум; экстремальное значение
extricate разрешать сложную проблему
extrinsic semiconductor примесный полупроводник
extrude 1. выдавливание; 2. выполнять экструзию
extruded surface поверхность, полученная путем экструзии
extruding forms экструзия фигур; придание фигурам трехмерного вида

extrusion 1. экструзия; выдавливание; 2. выдавленный профиль
extrusion depth глубина выдавливания
extrusion path траектория выдавливания; маршрут экструзии
extrusion taper angle угол сужения экструзии
eyeballing визуальный контроль
eye-dropped tools средства визуального совмещения
eyedropper tool инструмент «пипетка» (в графике)
eye point точка зрения; базовая точка визуализации сцены
eye position позиция наблюдателя
eyestrain быстрая утомляемость глаз
e-zine электронный журнал

– Ff –

FA 1. полностью доступный; 2. автоматический
FAB 1. бит атрибута файла; 2. блок доступа к файлу
fabless company компания, не имеющая собственных производственных мощностей
fabless firm фирма без собственных производственных
мощностей
fabric 1. строение; структура; 2. коммутирующая матрица
fabrication 1. изготовление; производство; 2. изделие
fabrication error ошибка изготовления
FAC канал доступа к файлу
face 1. лицевая сторона; 2. фаска; 3. шкала; 4. очко (литеры);
5. начертание шрифта; 6. грань; плоская поверхность;
7. сталкиваться; иметь дело
face change смена типа шрифта
face-change character знак смены гарнитуры шрифта; символ
смены типа шрифта; символ смены начертания шрифта
face down лицевой стороной вниз
face-down flip-chip bonding крепление методом перевернутого кристалла
face normal лицевая нормаль
faceplace module модуль-заглушка
faceplate лицевая панель; лицевая плата
face-recognition application приложение распознавания лица
facet 1. грань; аспект; 2. фасет
facet classification фасетная классификация
face template разметочный шаблон
face the challenge столкнуться с проблемой
facet size размер фаски
facet structure фасетная структура
facetted фасетный; сегментный
facetted surface фасетная поверхность
facet template разметочный шаблон
face up лицевой стороной вверх
face value номинальное значение
facial animation анимация лица
facial recognition распознавание лиц
facilities assignment распределение ресурсов
facilities of macrolanguage средства макроязыка
facility 1. средство; функция; средства обслуживания; удоб-
ства; 3. завод; предприятие; 4. оборудование; устройства;
5. возможности; 6. легкость; гибкость
facility access device устройство доступа к средствам передачи информации
facing page титульный лист
facing pages разворот; страницы в развороте
FACS факсимильная связь
facsimile 1. телефакс; устройство электронной передачи документа; 2. система факсимильной связи; факсимиле;
факсимильная связь

facsimile character факсимильный знак
facsimile communication факсимильная связь
facsimile communication service сеть факсимильной связи
facsimile communication system система факсимильной
связи; факсимильная система передачи
facsimile electronic mail факсимильная электронная почта
facsimile equipment факсимильное оборудование; факсимильная аппаратура
facsimile intelligent communication
system интеллектуальная система факсимильной связи;
интеллектуальная факсимильная система передачи; факсимильная система передачи с интеллектуальными терминалами
facsimile personal computer факсимильный ПК
facsimile printer факсимильный принтер
facsimile reproduction факсимильное воспроизведение
facsimile signal факсимильный сигнал
facsimile telephone number номер факса
factbase база фактов
fact correlation соотнесение фактов
factographic фактографический
factographic data фактографические данные
factographic search фактографический поиск
factor 1. коэффициент; 2. фактор; 3. множитель; сомножитель; 4. показатель; 5. разлагать на множители
factorable разложимый на множители
factorable code факторизуемый код; каскадный код
factor analysis факторный анализ
factorial факториал
factorial design факторный план; план факторного эксперимента
factorial experiment факторный эксперимент
factoring 1. разложение на множители; 2. разложение на
элементарные операции; 3. расстановка
factoring of attributes вынесение описателей за скобки
factorization 1. разложение на множители; 2. разложение
на элементарные операции; 3. расстановка; 4. факторизация
factorizing of attributes расстановка описателей
factor loading факторные нагрузки
factor of merit 1. критерий качества; 2. добротность
factor of safety 1. коэффициент запаса; 2. коэффициент безопасности; 3. коэффициент надежности
factor variable факторная переменная
factory 1. заводская настройка; 2. производственный; заводской
factory accounting производственный учет
factory area network производственная сеть
factory default model заводская конфигурация

factory-programmable read-only memory ПЗУ, программируемое изготовителем

factory-set установленный при изготовлении

factory setting заводская настройка

factory test заводские испытания; производственные испытания

factory testing производственные испытания

factual information фактографическая информация; информация о фактах

factual knowledge фактуальные знания; факты

FAD устройство доступа к средствам передачи информации

fade 1. замирание (сигнала); 2. плавное изменение уровня сигнала; 3. плавное выведение изображения; микширование; 4. наплыв; 5. выцветать; обесцвечивать; 6. замирать (о сигнале); 7. плавно изменять уровень сигнала

fade-in 1. введение изображения; плавный ввод изображения увеличением его яркости; плавное увеличение интенсивности; 2. плавное увеличение уровня сигнала; 3. усиливаться

fade margin границы замирания (сигнала)

fade operation операция постепенного стирания

fade-out 1. выведение изображения; плавное гашение изображения уменьшением его яркости; плавное уменьшение интенсивности; 2. глубокое замирание сигнала; 3. нарушение прохождения радиоволн; 4. плавное уменьшение уровня сигнала; 5. затухать

fade-out rate коэффициент истощения краски

fade-out rate of brush stroke скорость истощения мазка кисти (в графических приложениях)

fader 1. регулятор уровня сигнала; 2. микшерный потенциометр; 3. звукомикшер; 4. копия сигнала с замираниями

fading затухание

fading into background постепенное слияние с фоном

fail 1. сбой; 2. повреждение; 3. отказ; неисправность; 4. неуспешное выполнение; 5. выходить из строя; отказывать; 6. не достигать успеха; завершаться неуспешно

failed access сбой доступа

failed router recovery обход отказавшего маршрутизатора; выбор альтернативных маршрутов

failed to save document ошибка сохранения документа

failed transaction неудачно завершившаяся транзакция; неуспешно выполненная транзакция

failover восстановление после отказа

fail-over protection отказоустойчивость

fail-over replication model модель тиражирования с резервированием узла

failproof безотказный; защищенный от отказов

fail-safe надежный; устойчивый к отказам; отказобезопасный

fail-safe concept принцип обеспечения надежности при отказах

fail-safe design проектирование отказобезопасных систем

fail-safe disconnection безопасное отключение

fail-safe feature отказобезопасность; средства обеспечения отказоустойчивости

fail-safe system отказоустойчивая система; система с амортизацией отказов

fail-safe tests испытания на надежность при отказах

failsafe timer отказоустойчивый таймер

fail-safety надежность; отказоустойчивость; сохранение работоспособности (системы) при отказе отдельных элементов

fail-safety test испытания на надежность

fail soft амортизация отказов

fail-soft system система с постепенным отказом

fail-stop прекращающий работу при ошибке

failure 1. отказ (в работе); повреждение; неисправность; выход из строя; 2. разрушение; 3. потеря несущей способности; 4. фатальная ошибка; 5. неудача; неблагоприятный исход

failure access обращение в результате сбоя; ошибочное обращение

failure analysis анализ отказов; анализ повреждений

failure bound отказоопасная граница

failure density function плотность распределения отказов; функция плотности распределения отказов

failure detection обнаружение отказов; выявление сбоев

failure detection logic логические схемы обнаружения отказов

failure effects последствия отказов

failure flow поток отказов

failure-free безотказный

failure logging регистрация отказов; регистрация повреждений

failure message сообщение о неисправности

failure prediction прогнозирование отказов

failure rate частота отказов; интенсивность отказов

failure rate function функция интенсивности отказов

failure recovery восстановление после отказа

failure recovery option опция восстановления после отказа

failures per million hours число отказов на миллион часов

failure to train кадр отказа в настройке; кадр FTT

failure tree analysis анализ дерева отказов

fair game справедливая игра

fairness 1. равнодоступность; 2. способность обеспечивать одинаковое качество обслуживания; 3. устранение дискриминации (при доступе)

fairness feature механизм предотвращения дискриминации (при арбитраже)

fairness mode режим «равноправия»

fake root ложный корень; фиктивный корневой каталог; псевдокорневой каталог

fake root directory фиктивный корневой каталог; псевдокорневой каталог

fall 1. падение; спад; понижение; 2. пропадание; выпадение (разряда)

fallancy ошибка

fallback нейтрализация неисправности; возврат в исходный режим; переход на аварийный режим

fallback recovery аварийное восстановление

fallible не защищенный от отказов; подверженный отказам

fall-off light ослабление света

fall-out сопутствующий результат; побочный результат

fallout пропадание; выпадение

false ложь; ложный

false add частичное сложение

false alarm 1. ложный аварийный сигнал; 2. ложно найденная неисправность

false code запрещенный код; запрещенная кодовая комбинация

false-code check контроль на наличие запрещенных комбинаций

false control input signal ложный управляющий входной сигнал

false data ложные данные

false dependencies ложные взаимозависимости

false drop ошибка при поиске информации

falsehood ложность; ложное заключение; ложь

false information ложная информация

false output signal ложный выходной сигнал; неправильный выходной сигнал

false proposition ложное высказывание

false retrieval ложный поиск

false signal ложный сигнал; неправильный сигнал
false statement ложное утверждение
FAM 1. вспомогательное ЗУ с малым временем выборки; 2. программа управления доступом к файлу
family семейство; ряд; серия; совокупность
family of application systems семейство прикладных систем; семейство приложений
family of characteristics семейство характеристик
family of design семейство проектных решений
family of solutions семейство решений; множество решений
family PC домашний компьютер
family set семейство резервных копий; комплект архивных лент
family tree древовидная диаграмма; генеалогическое древо
FAN производственная сеть
fan вентилятор
fancy data structure изощренная структура данных
fancy effects эффекты фантазии; эффекты «фантазия» (в графических пакетах)
fancy text фигурный текст
fan folded paper перфорированная фальцованная бумага для принтера
fanfold forms фальцованная форматированная бумага
fanfolding складывание гармошкой
fan-in коэффициент разветвления по входу
fan-in list список входа
Fano decoding алгоритм декодирования Фано
fan-out коэффициент разветвления по выходу
fan-out branches расходящиеся ветви
fan-out capability нагрузочная способность по выходу
fan-out element элемент с разветвлением на выходе
fan-out feature средство «разветвления» распределяемой (в сети) информации
fan-out list список нагрузочных элементов
fan-out tracing program программа трассировки по выходам; приложение, отслеживающее изменение выходов и входов модулей при моделировании
fan unit модуль вентилятора
FAQ часто задаваемые вопросы
FAQL список часто задаваемых вопросов (сокращение, принятое в Internet)
far call дальний вызов (в программе)
far call model дальняя модель вызова
far end дальний конец (линии)
far-end crosstalk перекрестные помехи на дальнем конце линии
far-end receive failure отказ при приеме на дальнем конце
far heap дальняя динамически распределяемая область памяти
far instruction инструкция типа FAR
far jump дальний переход; внешний переход
FARNET Федерация передовых исследовательских сетей
far plane задняя плоскость
far pointer дальняя ссылка; дальний указатель
far routine дальняя подпрограмма
FAS 1. сервер файлов и приложений; 2. система с гибким доступом; 3. последовательность выравнивания кадра
fashion вид; форма
FASIC цифровой процессор сигналов с фиксированным набором функций
fast 1. быстрый; скорый; быстродействующий; 2. быстро; 3. прочный; закрепленный; фиксированный
FAST Федерация по борьбе с незаконным использованием программного обеспечения; Объединение по борьбе с кражами программного обеспечения
fast access 1. быстрая выборка; 2. быстрый доступ

fast-access accumulator накапливающий сумматор с быстрым доступом
fast-access memory память с быстрой выборкой; память с малым временем выборки
fast-acting быстродействующий
fast adder быстродействующий сумматор
FASTAR ускоренное автоматическое восстановление системы
Fast Automatic Restoration ускоренное автоматическое восстановление системы
fast circuit switching быстрая коммутация каналов
fast color correction грубая коррекция цветов
fast data acquisition 1. высокоскоростная подготовка данных; 2. высокоскоростной сбор данных
fast data collecting высокоскоростной сбор данных
fast data store быстродействующее запоминающее устройство
fast data transmission скоростная передача данных
fast digital processor быстродействующий цифровой процессор
fasten скреплять; прикреплять
fastener 1. крепежная деталь; крепежное средство; 2. зажим; замок; 3. завязывание; 4. скрепка
fastening 1. скрепление; 2. зажим; замок; 3. крепежная деталь
fastening hardware соединительная аппаратура
fastening spring стопорная пружина
Fast Ethernet «быстрый» Ethernet; высокоскоростной вариант Ethernet
fast forwarding быстрый переход вперед (в анимации)
fast Fourier transform быстрое преобразование Фурье
fast Fourier transformation test тест вычисления методом быстрого преобразования Фурье
fast-growing быстро растущий; быстро развивающийся
Fast IDE быстродействующий контроллер IDE
fast information retrieval быстрый поиск информации
fast information retrieving быстрый поиск информации
fast key клавиша быстрого перемещения курсора
fast material магнитный материал с малым временем переключения
fast memory быстродействующая память
fast modem высокоскоростной модем
fastopen ускорение открытия файлов
fast-packet frame-relay скоростная пакетная передача с ретрансляцией кадров
fast packet switching быстрая коммутация пакетов
fast page mode режим быстрого доступа к страницам
fast page mode DRAM быстрая память со страничным режимом
fast printer быстродействующий принтер
fast projection indexing индексирование методом запоминания столбца
fast response 1. быстрая реакция; быстрое срабатывание; высокое быстродействие; 2. с малым временем отклика; с малым временем реакции
fast resyncronization быстрая повторная синхронизация; быстрая ресинхронизация
fast retrieval system быстродействующее запоминающее устройство
fast shift operation операция ускоренного сдвига
fast storage быстродействующее запоминающее устройство
fast-switching circuit быстродействующая переключающая схема
fast-time scale ускоренный масштаб времени
fast unit быстродействующее устройство
FAT таблица размещения файлов

fatal error неисправимая ошибка; фатальная ошибка
fatal failure фатальный отказ; фатальный сбой
fatal hard error неисправимая аппаратная ошибка
FAT block блок FAT
FAT block information table таблица информации о блоках FAT
FAT chain цепочка FAT
fat client мощный клиент; «толстый» клиент
FAT32 conversion utility утилита для преобразования FAT16 в FAT32
fat cursor крупный курсор
FAT entry элемент FAT
FAT file system файловая система FAT
FAT16 file system файловая система FAT16; 16-разрядная FAT
FAT32 file system файловая система FAT32; 32-разрядная FAT
father порождающий элемент; вышестоящая вершина
father card объединительная плата; плата более высокого уровня
father file исходная версия; исходный файл
father node родительская вершина
father tape исходная лента
fat line жирная линия
fat node architecture архитектура с небольшим числом мощных процессоров
fat server мощный сервер
fatware программное обеспечение большого объема
FAU блок доступа к факсимильному аппарату
fault 1. повреждение; неисправность; 2. ошибка; 3. короткое замыкание; пробой изоляции; 4. дефект; повреждение; 5. сбой; отказ
fault analysis and recovery анализ и восстановление после неисправности
fault avoidance предотвращение неисправностей
fault band отказоопасная зона
fault checking 1. контроль на ошибки; 2. проверка неисправности
fault clustering кластеризация неисправностей
fault collapsing свертывание множественных неисправностей
fault containment ограничение распространения последствий неисправности
fault coverage покрытие возможных неисправностей
fault defect дефект, приводящий к неисправности
fault detection обнаружение неисправностей
fault detection test проверяющий тест
fault diagnosis диагностика неисправностей; выявление дефектов
fault diagnostics диагностика отказов; диагностика неисправностей
fault dormancy заторможенность дефектов
fault equivalence эквивалентность неисправностей; неразличимость неисправностей
fault event проявление неисправности
fault finder искатель повреждений (в линиях передачи)
fault finding отыскание неисправностей
fault folding сокращение списка неисправностей
fault-free circuit исправная схема
fault generation генерация неисправностей; порождение неисправностей
fault grader система анализа ошибок; система анализа неисправностей; система определения процента покрытия ошибок
fault-handling algorithm алгоритм устранения неисправности
fault identification идентификация неисправности
fault indicator 1. дефектоскоп; 2. индикатор повреждений; индикатор неисправностей

fault insertion введение неисправностей
fault intolerance отсутствие отказоустойчивости; чувствительность к отказам
fault-intolerance approach подход, не предусматривающий обеспечения отказоустойчивости
fault-intolerant чувствительный к отказам; не устойчивый к сбоям
fault isolation локализация неисправностей; локализация ошибок
fault localization локализация повреждений; локализация ошибок
fault location локализация неисправностей; поиск неисправностей
fault location time время поиска неисправностей
fault locator прибор для обнаружения мест повреждения; устройство для определения места короткого замыкания; устройство локализации неисправностей
fault look-up поиск неисправностей
fault management управление обработкой отказов; управление ошибками
fault management services служба управления обработкой отказов
fault masking маскирование неисправностей
fault-masking logic логика с маскированием неисправностей
fault rate интенсивность отказов
fault resilient восстанавливаемость после отказа
fault-resilient system система с восстановлением после отказов
fault resolution устранение неисправности; устранение отказа
fault-secure circuit отказобезопасная схема
fault signal сигнал неисправности
fault simulation моделирование отказов
fault simulator имитатор ошибок
fault tolerance отказоустойчивость; нечувствительность к отказам; сохранение работоспособности (системы) при отказе отдельных элементов
fault-tolerant computer отказоустойчивая ЭВМ
fault-tolerant computing отказоустойчивые вычисления
fault-tolerant multiprocessor отказоустойчивый мультипроцессор
fault-tolerant processing режим работы, терпимый к сбоям; отказоустойчивая обработка (данных)
fault-tolerant server architecture отказоустойчивая серверная архитектура
fault-tolerant system 1. ошибкоустойчивая система; 2. отказоустойчивая система; система, нечувствительная к отказам
fault tracing facilities средства поиска неисправностей
fault tree дерево неисправностей
faulty неисправное состояние; неработоспособное состояние; неисправный; дефектный
faulty circuit неисправная схема
faulty operator intervention неправильное управление; неверное вмешательство оператора; ошибочное вмешательство оператора
favorable event благоприятствующее событие
favorite places основные службы
favorites избранное
favorite web locations часто посещаемые Web-узлы
favoured execution option привилегированный режим работы
fax 1. телефакс; факсимильное устройство; аппарат факсимильной связи; факс; устройство электронной передачи документа; 2. факсимильное сообщение; факс; 3. факсимильная связь; 4. выводить данные в факсимильном виде; воспроизводить факсимильные данные

fax access unit блок доступа к факсимильному аппарату

faxback information service информационная служба ответа по факсу

faxback service служба ответа по факсу

fax board факс-плата; плата факсимильной связи

fax cover letter бланк факс-сообщения

fax cover sheet титульный лист факса

fax/data modem модем для передачи факсов/данных

fax driver факс-драйвер; драйвер факсимильной связи

fax machine факсимильный аппарат

fax message факсимильное сообщение

fax-modem факс-модем

fax number номер факса

fax-on-demand факс по требованию; факс по запросу

fax program факс-программа; программа обмена факсимильной информацией; программа передачи/приема факсов

fax queue очередь факсов

fax routing code код маршрутизации факса

fax server факс-сервер

fax software программное обеспечение для факсимильной связи; программное обеспечение для общения по факсу

fax-to-text conversion преобразование факс-текст

fax transactions processing обработка факс-транзакций

FBC буфер контроллера кадров

F-box устройство арифметики с плавающей точкой (запятой)

FBQE элемент очереди свободных блоков

FBR ошибка кадрирующих битов

FC 1. управление кадром; 2. смена типа шрифта; 3. шрифтовая кассета; 4. сравнение файлов

fc факсимиле

FCA Ассоциация разработчиков волоконно-оптических каналов

FCAPS сообщения по защите от ошибок, по конфигурации, статистике, качеству обслуживания и безопасности; сообщения FCAPS

FCB блок управления файлом

FCC Федеральная комиссия связи США

FCE ошибка подсчета числа информационных кадров

FC field поле контроля кадра

FC-LT недорогие средства реализации волоконно-оптического канала

FCN сеть факсимильной связи

FCP 1. профиль волоконно-оптического канала; 2. «для совместной обработки данных»; 3. процессор управления файлами; 4. протокол волоконно-оптического канала

FC-PH физический интерфейс волоконно-оптического канала

FCS 1. контрольная последовательность кадров; проверочная последовательность кадра; 2. файловая система; 3. факсимильная система передачи; система факсимильной связи; 4. система управления полетом; 5. быстрая коммутация каналов; 6. стандарт на волоконно-оптические каналы

FCS field поле проверки последовательности кадра

FCSI инициатива по системам волоконно-оптической связи

FCT 1. таблица управления кадрами; 2. дерево функциональных вызовов

FD 1. файловое устройство; 2. дискета; 3. дуплексный режим

fd дескриптор файла

FDB блок описания файла

FDC контроллер накопителя на гибких магнитных дисках; контроллер гибкого диска

FDD 1. ЗУ с фиксированными головками; 2. накопитель на гибких магнитных дисках; дисковод для гибких дисков

FDDI распределенный интерфейс передачи данных по волоконно-оптическим каналам; интерфейс оптоволоконной передачи; интерфейс передачи данных по оптоволокну; сети с волоконно-оптическими соединениями

FDDL канал передачи данных с частотным разделением

FDHD дисковод для гибких дисков с высокой плотностью записью; накопитель на гибком магнитном диске с высокой плотностью

FDI интерфейс гибких дисков

F-distribution F-распределение; распределение Фишера

FDM 1. частотная модуляция; частотное уплотнение; 2. частотное мультиплексирование; мультиплексная модуляция с частотным уплотнением каналов; мультиплексирование с разделением частот

FDMA множественный доступ с разделением частот; множественный доступ с частотным разделением

FDMF «первое доставляемое сообщение обслуживается первым»

FDP 1. быстродействующий цифровой процессор; 2. заводская конфигурация

FDSE дуплексная коммутируемая сеть Ethernet

FDT screen видеоэкран на базе флуоресцентных разрядных трубок

FDU накопитель на гибких магнитных дисках

FDV/VDI распределенный интерфейс передачи видео/речевых данных по волоконно-оптическим каналам

FDX полный дуплекс

FE знак спецификации формата

FEA 1. анализ конечных элементов; 2. Альянс Fast Ethernet

feasibility техническая применимость; возможность технической реализации; осуществимость; выполнимость; допустимость

feasibility analysis анализ осуществимости

feasibility condition условие осуществимости; условие реализуемости

feasibility study разработка технико-экономического обоснования (проекта); анализ технической осуществимости (проекта); технико-экономическое обоснование (проекта)

feasible 1. допустимый; 2. возможный; 3. целесообразный; 4. осуществимый

feasible basis допустимая база

feasible solution допустимое решение

feather размыть края выделения (в графических пакетах)

feathering 1. размытие; размывка краев (изображения); 2. растяжка строки

feathering objects размывание объектов

feature 1. функция; свойство; особенность; признак; характерная черта; отличительная черта; качество; 2. техническая характеристика; параметр; 3. характеризовать; изображать; описывать

feature attribute атрибут-характеристика

feature card суперпозиционная карта

feature connector соединительный элемент

feature extraction извлечение признаков; выделение признаков

feature logic логика признаков

feature manager диспетчер конструктивных элементов (в САПР)

feature of the computer характеристика компьютера

feature of the program характеристика программы

feature-rich полнофункциональный; многофункциональный; широкофункциональный; с богатым набором средств; с широким набором средств

feature set набор характеристик; набор признаков

FEBE блочная ошибка на другом конце линии

FEC прямое исправление ошибок; упреждающая коррекция ошибок

FECN уведомление приемника о явной перегрузке

FECP буферный коммуникационный процессор
FED 1. сегнетоэлектрический дисплей; 2. дисплей с авто-электронной эмиссией; 3. полевой диод
Federal Communications Commission Федеральная комис-сия связи США
Federal Information Processing Standard Федеральный стандарт по обработке информации
Federal Reserve Wire Network коммерческая сеть феде-ральных резервных банков
Federal trade commission Федеральная торговая комиссия (США)
federated name spaces объединенное пространство имен
Federated Naming Service объединенная служба имен
federated partitions объединенные разделы
federation объединение; интеграция
Federation Against Software Theft Федерация по борьбе с незаконным использованием программного обеспечения
Federation of Advanced Research Networks Федерация пе-редовых исследовательских сетей
FEDFIRE коммерческая сеть федеральных резервных банков
fed-in fault искусственно вводимая неисправность
fee оплата; плата; выплата
feed 1. подача; 2. подающий механизм; механизм подачи; подающее устройство; устройство подачи; 3. питание; 4. подаваемый материал; 5. подавать; 6. питать
feedback обратная связь; отклик
feedback circuit схема обратной связи; цепь обратной связи
feedback control управление с обратной связью
feedback current date текущая дата с обратной связью
feedback cycle контур с обратной связью
feedback factor коэффициент обратной связи
feedback integrator интегратор с обратной связью
feedback loop петля обратной связи; контур обратной связи; цепь обратной связи
feedback queue очередь с обратной связью
feedback register регистр с обратной связью; сдвиговый ре-гистр с обратной связью
feedback signal сигнал обратной связи
feedback system система с обратной связью
feedback unit элемент обратной связи
feed control управление подачей
feed device устройство подачи
feeder 1. питатель; механизм подачи; подающее устройство; подающий механизм; устройство подачи; 2. линия переда-чи; фидер; 3. антенная линия передачи; антенный фидер; 4. линия передачи от коммутационного узла
feedforward 1. прямая связь; 2. упреждение; предварение; 3. упреждающая информация; 4. управление с прогнозиро-ванием
feedforward information упреждающая информация; управ-ление с прогнозированием
feedforward register регистр с прямой связью; сдвиговый регистр с прямой связью
feeding 1. подача питания; 2. подача; прогон; 3. подающий; 4. питающий
feeding cycle цикл подачи
feedline линия передачи; фидер
feed mechanism механизм подачи; подающий механизм
feed pitch интервал строк; межстрочный интервал (при печа-ти); шаг подачи бумаги
feed roller подающий ролик
feed speed скорость подачи
feedthrough сквозное соединение; перемычка
feep ровное жужжание
feeper источник звукового фона
fee television абонентское телевидение; платное телевидение

FEF Форум Fast Ethernet
FEFO «первым готов — первым обслужен»
Feistel method метод Фейстеля (в шифровании)
fellow 1. член научного общества; 2. член совета колледжа; 3. стипендиат, занимающийся исследовательской работой
felt pen фломастер (в графических пакетах)
felt-tip pen фломастер
FEM факсимильная электронная почта
female connector розетка разъема; гнездовая контакт-де-таль; гнездо; розеточная часть электрического соединителя
female contact гнездовой контакт; контакт розетки разъема
fence 1. заграждающая метка; 2. рамка выделения объектов, имеющая произвольно задаваемую границу
fencepost error ошибка на единицу; ошибка «поста охране-ния»
FEP процессор на станции-клиенте; процессор рабочей стан-ции; буферный процессор; интерфейсный процессор; фронтальный процессор; связной процессор; препроцес-сор
FERF сбой приема на другом конце линии; отказ при приеме на дальнем конце
ferroelectric display сегнетоэлектрический дисплей
ferroelectric film сегнетоэлектрическая пленка
ferroelectric liquid crystal display сегнетоэлектрический жидкокристаллический дисплей; ферроэлектрический ЖК-дисплей
FES сигнал расфокусировки
FET полевой транзистор
fetch 1. считывать в оперативную память; 2. выбирать; из-влекать; 3. вызывать; 4. вызов; выборка
fetch-ahead adder сумматор с упреждающей выборкой
fetch cycle цикл выборки
fetch-execute cycle цикл выборки-выполнения
fetching вызов; выборка
fetch/load trace протоколирование последовательности вы-зова фаз
fetch protect защита от несанкционированной выборки
fetch protection 1. защита от выборки; 2. защита от несанк-ционированного доступа
fetch time время выборки
FEXT перекрестные наводки на дальнем конце линии
F2F лицом к лицу (сокращение, принятое в Internet)
FF прогон страницы; перевод страницы
F-format формат с фиксированной длиной
FFP перфорированная фальцованная бумага для принтера
FFST технология поддержки первого отказа
FFT быстрое преобразование Фурье
FH скачкообразная перестройка частоты
FHD диск с фиксированными головками
FHSE ЗУ с фиксированными головками
FHSS расширение спектра со скачкообразной перестройкой частоты; передача широкополосных сигналов по методу частотных скачков; широкополосное уплотнение сигнала по методу частотных скачков
FIB блок определения файла
fiber 1. волоконно-оптический кабель; 2. стекловолокно; 3. световод
fiber cable волоконно-оптический кабель
fiber channel волоконно-оптический канал
fiber channel profile профиль волоконно-оптического канала
Fiber Channel Standard стандарт на волоконно-оптические каналы
Fiber Distributed Data Interface распределенный интерфейс передачи данных по волоконно-оптическому кабелю; ин-терфейс передачи данных по оптоволокну

fiberglass волоконно-оптический; оптоволоконный

fiberglass filament оптическое стекловолокно

fiber-hubbed network радиальная сеть с волоконно-оптическими линиями связи; радиальная волоконно-оптическая сеть

fiber-optic cable волоконно-оптический кабель; световодный кабель

fiber-optic communication line волоконно-оптическая линия связи

fiber-optic communications волоконно-оптическая связь

fiber-optic communication system волоконно-оптическая система связи

fiber-optic connector волоконно-оптический соединитель; волоконно-оптический разъем; разъем для подключения к волоконно-оптическому кабелю

Fiber Optic Inter-Repeater Link волоконно-оптическая связь между ретрансляторами; волоконно-оптический канал между повторителями; протокол передачи данных FOIRL

fiber-optic interrepeater link звено волоконно-оптической связи между повторителями

fiber-optic LAN локальная сеть с волоконно-оптическими линиями связи

fiber-optic link волоконно-оптическая линия связи; ВОЛС

fiber-optic link around the globe волоконно-оптическая связь по всему земному шару

fiber-optic local area network локальная сеть с волоконно-оптическим кабелем

fiber-optic memory волоконно-оптическая память

fiber optics волоконно-оптический кабель; волоконная оптика

fiber optics element волоконно-оптический элемент

fiber optics transmission system волоконно-оптическая система передачи

fiber-optic subscriber unit абонентский пункт волоконно-оптической линии;

Fiber-Optic Technical Advisory Group Консультативный технический совет по волоконной оптике; Техническая консультативная группа по волоконно-оптической связи

fiber-optic transmission system волоконно-оптическая система связи; волоконно-оптическая система передачи данных

fiber routing storage tray лоток для укладки волоконно-оптических кабелей

Fibonacci numbers числа Фибоначчи

Fibonacci search поиск Фибоначчи; поиск по Фибоначчи; поиск с делением по числам Фибоначчи

Fibonacci series последовательность Фибоначчи; ряд Фибоначчи

fibre оптическое волокно

fibre channel волоконно-оптический канал

Fibre Channel Association Ассоциация разработчиков волоконно-оптических каналов

fibre channel system система волоконно-оптической связи

FIC фрактальное сжатие изображений

FICS интеллектуальная факсимильная система передачи; факсимильная система передачи с интеллектуальными терминалами

fictive data фиктивные данные

FID 1. идентификатор поля; 2. идентификатор файла

FIDE среда для разработки интерфейсов нечеткой логики

fidelity точность (воспроизведения); правильность; верность; достоверность

fidelity criterion критерий точности

fidelity of information достоверность информации

field 1. поле; 2. сфера; область исследований; 3. пространство; область; зона; 4. группа разрядов; 5. полевой

field-access memory память с выборкой магнитным полем

field address адрес поля

field adjustable настраиваемый в эксплуатационных условиях; с эксплуатационной настройкой

field alteration изменение поля

field builder построитель полей; средство заполнения поля

field category класс поля

field code код поля

field control управление полями; управление зонами

field control code код контроля поля

field data эксплуатационные данные

field definition определение поля

field delimiter 1. разделитель полей; разграничитель полей

field description описание поля

field dominance порядок представления полей (в видео)

field-effect diod полевой диод

field-effect transistor полевой транзистор

field emission display дисплей с автоэлектронной эмиссией

field engineer специалист по эксплуатации; эксплуатационник; наладчик

field evaluation оценивание в условиях эксплуатации

field extractor операция выборки значения поля записи

field failure эксплуатационный отказ

field fixes выявление и устранение ошибок при эксплуатации

field format формат поля

field identificator идентификатор поля

field instruction инструкция поля

field length длина поля; размер поля

field list список полей

field list properties свойства списка полей

field mark метка поля; маркер поля; ограничитель поля

field name имя поля

field object объект-поле

field of information processing область обработки информации

field of view поле обзора; поле зрения

field option переключатель поля

field parameters параметры поля

field-performance data эксплуатационные данные; эксплуатационные характеристики

field-programmable devices приборы, программируемые в процессе эксплуатации

field-programmable gate array логическая микросхема, программируемая в условиях эксплуатации

field-programmable logic логические схемы, программируемые потребителем; логические схемы с эксплуатационным программированием

field-programmable read-only memory ПЗУ, программируемое пользователем

field-programmed circuit board программируемая пользователем схемная плата

field-programmed gate array вентильная матрица, программируемая пользователем

field-programmed interconnect components программируемые пользователем компоненты межсоединений

field-programmed logic IC программируемая пользователем логическая ИС

field programming logic array программируемая пользователем логическая матрица

field prompt запрос поля

field properties свойства поля

field reliability эксплуатационная надежность

field-rendered animation анимация, воспроизведенная с использованием полей (чередующихся полукадров)

field rendering рендеринг полей; рендеринг полукадров

field repair ремонт в полевых условиях

field-replaceable заменяемый пользователем; допускающий замену в условиях эксплуатации

field result результат поля

field selection выбор поля; выделение поля

field separation character символ разделения полей

field sequential color последовательная подсветка цветов

field size размер поля

field solver анализатор полей (при автоматизированном проектировании)

field specification спецификация полей

field study полевые исследования

field symbol символ поля

field test полевые испытания; испытания в условиях эксплуатации

field tester тестер для проверки в эксплуатационных условиях

field variable переменная поля

field width ширина поля; размер поля

FIF формат фрактального изображения

FIFO «первым пришел, первым обслужен»; «первым пришел — первым вышел»

FIFO algorithm алгоритм типа «первым пришел — первым вышел»

FIFO buffer буфер обратного магазинного типа

FIFO list простая очередь

FIFO processing обработка в порядке поступления

FIFO queue очередь FIFO; простая очередь

FIFO special file специальный файл FIFO; именованный программный канал

fifth-generation computer ЭВМ пятого поколения

FIGS переключение на регистр цифр

figurative constant символьная константа; фигуративная константа; фигуральная константа; именованная константа

figure 1. цифра; число; 2. арифметический расчет; 3. коэффициент; показатель; 4. фигура; рисунок; чертеж; 5. иллюстрация; 6. текстура; 7. обозначать цифрами; 8. рассчитывать

figure of merit доброкачественность; добротность; коэффициент качества

figure out вычислять; подсчитывать

figures shift переключение на регистр цифр

figure symbols цифровая символика

FIHPCC Федеральная инициатива по высокопроизводительным средствам вычислительной техники и связи

file 1. файл; 2. картотека; 3. формировать файл; организовывать файл; 4. вести картотеку

file access доступ к файлу

file access auxilliary memory вспомогательное ЗУ с малым временем выборки

file access block блок доступа к файлу

file access channel канал доступа к файлу

file access manager программа управления доступом к файлу

file access structure структура доступа к файлу

file activity атрибут активности файла

file activity ratio интенсивность воздействия на файл

file addressing адресация файла; метод доступа

file administrator администратор файлов

file allocation размещение файла

file allocation table таблица размещения файлов; таблица распределения файлов

file-and-print services файловые средства и средства печати; служба печати и файлов

file-archiving резервное копирование файлов; архивирование файлов

file-archiving system система резервного копирования файлов; система архивирования

file attachment подключение файла; вложение (в электронной почте)

file attribute bit бит атрибута файла

file attributes атрибуты файла

file block блок файла

file block sequence последовательность файловых блоков

file browser средство просмотра файла

file buffer буфер файла

file bus магистральная шина

file-by-file пофайловый

file-by-file compression пофайловое уплотнение

file-by-file disk compression пофайловое уплотнение данных на диске

file cabinet cab-файл

file cache кэш файлов

file cache buffer файловый кэш-буфер; буфер кэширования файлов

file cashing кэширование файлов

file chain последовательность файлов; цепочка файлов

file code код защиты файла

file commands команды для работы с файлами; файловые команды

file compare сравнение файлов

file comparison command команда сравнения файлов

file compatible совместимый на уровне файлов

file composition формирование файла

file compression сжатие файлов; упаковка файлов; уплотнение файлов; компрессия;

file compression facility средство сжатия файлов

file compression program программа уплотнения файлов

file compressor программа компрессии; сжатия файлов

file concatenation конкатенация файлов

file consistency check проверка корректности файлов

file constant константа файла

file contains clause описатель длины файла; запись описания длины файла

file content содержимое файла

file control block блок управления файлом; блок FCBS

file control processor процессор управления файлами

file control system файловая система

file copying копирование файлов

file correction коррекция файла

file creation создание файла

file creation date дата создания файла

file creation mask маска создания файла

file crunching уплотнение файла

file data данные файла

filed data 1. данные, хранимые в виде файла; 2. картотечные данные

file deactivation деактивизация файла

file decompression разворачивание файла; разуплотнение файла

file definition macros макрокоманды описания файла

file definition statement оператор описания файла

file description описание файла

file description attribute атрибут описания файла

file description block блок описания файла

file description entry запись описания файла; статья описания файла

file description record запись описания файла

file descriptor дескриптор файла

file designation обозначение файла

file device файловое устройство; устройство с файловой структурой

file dialog блок диалога для работы с файлами; диалоговое окно для работы с файлами

file dialog box файловое диалоговое окно; диалоговое окно работы с файлами

file directory каталог файлов

file disposition диспозиция файла

file-distribution channels каналы распространения файлов (в Web)

file drawer ящик с картотекой; картотечный ящик

file end label метка конца файла

file error ошибка при работе с файлом

file event единичная операция над файлом; обращение к файлу

file exchange utility программа копирования файлов с преобразованием форматов

file expiration date дата истечения срока хранения файла

file extension расширение имени файла

file extent зона памяти для файла

file flag флаг файла

file forking ветвление файла

file format формат файла

file fragmentation фрагментация файлов

file function функция работы с файлами

file function attribute описатель назначения файла; функциональный описатель файла

file gap промежуток между файлами; межфайловый промежуток

file generated date дата создания файла

file grooming удаление ненужных файлов

file handle логический номер файла; индекс файла; дескриптор файла; описатель файла

file handler программа обработки файлов; обработчик файлов

file-handling features средства работы с файлами

file-handling routine подпрограмма обработки файлов; подпрограмма работы с файлами

file handling system система обработки файлов; система управления файлами; файловая система

file header заголовок файла

fileid идентификатор файла

file identification block блок определения файла

file identification statement оператор идентификации файлов

file identifier идентификатор файла

file inclusion включение файлов

file indexing индексирование файлов

file infecting virus вирус, заражающий файл; вирус, добавляющий себя к содержимому файла

file info сведения о файле

file information сведения о файле

file inoculating вакцинация файла; антивирусная «прививка» файла; защита файла от вируса

file interblock блокировка обращения к файлу

file I/O request запрос на файловый ввод-вывод

file label метка файла

file layout 1. размещение файла; 2. описание структуры файла

file level security защита на уровне файлов

file line description field поле в строке описания файла

file link связи файла

file link path путь ссылок файла

file links связи файла; связи между файлами

file lock блокировка файла

file locking блокировка файла; захват файла

file lock threshold порог блокировки файла

file maintenance ведение файла; сопровождение файла; обслуживание файла

file management 1. управление файлами; 2. программа управления файлами; подсистема управления файлами; администратор файлов; диспетчер файлов

file management system система управления файлами

file management tools средства управления файлами

file manager программа управления файлами; администратор файлов; диспетчер файлов

file map проекция файла

file mapping object объект «проекция файла»

file mark метка файла; маркер файла; концевой маркер файла

file mask маска файла

file memory файловая память; файловое запоминающее устройство

file migration миграция файлов; перенос файлов

file name имя файла

filename completion дополнение имени файла

filename expansion расширение имен файлов

filename generation генерация имени файла; подстановка имени файла

filename mapping object объект, проецирующий имя файла

filename mask маска имени файла

filename picture шаблон имени файла

filename substitution подстановка имени файла

file-naming system система наименования файлов; соглашения по именам файлов

file navigation перемещение по файлам; перемещение в файловой системе

file opening открытие файла

file organization структура файла; организация файла

file-oriented файловый; ориентированный на работу с файлами

file-oriented system система с файловой ориентацией

file overflow area область переполнения

file owner владелец файла

file panel окно файлов; область файлов

file parser анализатор файлов

file permissions полномочия доступа к файлу

file pointer указатель файла; указатель позиции в файле

file position indicator индикатор позиции в файле

file positioning functions функции позиционирования файла

file preview просмотр файла

file print распечатка файла

file processing работа с файлами; обработка файлов

file protected memory память с защитой файлов

file protection защита файла

file protection function функция защиты файла

file purging уничтожение файла; стирание файла

file qualifier управляющий параметр файла; ключ файла

filer средство навигации по файловой системе; программа работы с файлами; файлер

file recovery восстановление файла

file reel бобина с лентой

file repository файловый репозиторий; хранилище файлов

file request запрос файла

file retention period период хранения файла

file rights права в файлах; полномочия на работу с файлами

file rotation поворот файла

file-safety utility утилита предохранения файлов; утилита, позволяющая восстановить файл после случайного его удаления

file salvaging восстановление файла

file-save dialog блок диалога для сохранения файлов; диалоговое окно сохранения файлов

file saving сохранение файла

file scan просмотр файла

file scan function функция просмотра файла

file scan right право поиска файлов; полномочия на просмотр списка файлов

file scope область действия файла

file search system система поиска файлов
file section секция файлов
file security защита файла; ограничение доступа к файлу
file separator разделитель файлов
file sequence number порядковый номер файла
file server файл-сервер; файловый сервер
file server network address сетевой адрес файл-сервера
file server tracking screen окно трассировки файлового сервера
file service файловые средства; средства работы с файлами; файловая служба
file service process процесс обслуживания файлов
file share общий каталог (в NT и Windows)
file sharing совместное использование файла; коллективное использование файла; совместный доступ к файлам
file signature сигнатура файла
file size размер файла
file skip пропуск файла
filespec шаблон группы файлов; спецификация файлов
file specification спецификация файла
file status flag флаг состояния файла
file storage файловое запоминающее устройство
file storage unit файловое запоминающее устройство
file store 1. файловая система; 2. файловая память; файловое запоминающее устройство; 3. виртуальное хранилище файлов
file structure файловая структура
file-structured с файловой организацией
file structure standard version number номер версии стандарта структуры файла
file structure volume descriptor дескриптор тома структуры файла
file summary сводка файла
file-synchronizing utility утилита синхронизации файлов
file system файловая система
file system administrator администратор файловой системы
file system mounter средство монтирования файловой системы
file system mount point точка монтирования файловой системы
file system security защита файловой системы; защита файлов от несанкционированного доступа
file system security rights права защиты файловой системы
file system tree дерево файловой системы
file testing проверка файла
file time время создания или последнего обновления файла
file trailer концевик файла
file transfer передача файлов; пересылка файла
file transfer, access and management передача, доступ и управление файлами; FTAM
file transfer, access and management utility служба передачи, доступа и управления файлами
file transfer access method метод доступа при передаче файлов
file transfer facility средство передачи файлов
file transfer mode пофайловый режим передачи
file transfer protocol протокол пересылки файлов; протокол передачи файлов
file transfer protocol access доступ по протоколу FTP
file transfer software программное обеспечение передачи файлов
file type тип файла; идентификатор типа файла
file unit файловое запоминающее устройство
file update information информация об изменениях файлов
file update synchronization синхронизация файлов при обновлении

file updating корректировка файла; обновление файла; ведение файла
file utility утилита для работы с файлами
file utility program программа обслуживания файлов
file variable файловая переменная; переменная файлового типа
file version версия файла
file-version control контроль версий файлов
file viewer средство просмотра файлов; (инструментальная) подсистема просмотра файлов; программа просмотра файла; просмотрщик файлов
filing 1. занесение (в файл); запись в файл; 2. учет; 3. формирование файла; ведение файла; занесение в файл; 4. ведение картотеки; составление картотеки
filing cabinet картотека; картотечный ящик
fill 1. заполнение; 2. заполнитель (в локальных сетях); 3. закраска; закрашивание; заливка; 4. заполнять; наполнять; 5. закрашивать
fill area 1. область закрашивания; закрашенная область; 2. область заполнения; заполненная область
fill-area attribute атрибут закрашивания
fill area primitive примитив типа закрашенной области
fill character символ-заполнитель
fill clipping обрезка заливки
fill color цвет заливки
filled band заполненное поле
filled font закрашенный шрифт
filler заполнитель
fillet скругление; сопряжение
fillet radius радиус сопряжения
fill-in-blank field пустое поле; заполняемое поле
filling 1. заливка; закраска; 2. подкачка; 3. наполнение; заполнение
filling character символ-заполнитель
filling mask маска закраски; трафарет закраски
filling objects заливка объектов
fill-in-the-blank заполнение (пустых полей) стандартного бланка
fill-in-the-blank field пустое поле; поле для заполнения
fill mask маска закраски; трафарет закраски
fill mixing area область смешивания заливки (в графических пакетах)
fill pattern закраска; образец закраски; образец закрашивания; узор заливки
fill rate уровень пополнения (запасов на складе)
fill the buffer заполнять буфер
fill tool инструмент заливки
fill type тип заливки
fill with zeros заполнять нулями
film 1. пленка; тонкий слой; 2. фотопленка; 3. микрофильм; 4. кинофильм
film evaporation напыление пленок
filmloop клип; «фильмоцикл»
film recorder 1. фотонаборный автомат; 2. устройство вывода на пленки из компьютерного файла
film scanning сканирование кинопленки; считывание с кинопленки
filmsetter фотонаборная машина
FILO магазин; стек
Filofax-style binder блокнот с перекидными страницами
filter 1. фильтрация; отбор; 2. фильтр; шлюз; 3. программа фильтрации; 4. фотофильтр; 5. фильтровать
filter by form фильтрация по форме
filter by input фильтрация по вводу
filter by selection фильтрация по выбранному
filter command команда-фильтр

filtered format формат с фильтрацией
filter excluding selection исключить выделенное
filter for the selected data фильтр для выделенных данных
filtering фильтрация; маскирование
filtering bridge фильтрующий мост
filtering in включающая фильтрация
filtering out исключающая фильтрация
filter name имя фильтра
filter on фильтр включен
filter out отфильтровывать
filter program программа-фильтр
filter query фильтрующий запрос; запрос с фильтрацией
filter rating пропускная способность фильтра
filtration фильтрация
final окончательный; итоговый; конечный
final address конечный адрес
final amplifier оконечный усилитель
final approximation окончательное приближение
final assertion конечное утверждение
final beta окончательная бета-версия; последняя бета-версия перед выпуском готового продукта
final control element исполнительный элемент; исполнительное звено
final layout окончательная компоновка
final output окончательный результат
final testing заключительные испытания; итоговое тестирование
final total общая сумма; конечная сумма
final total key клавиша суммы; клавиша окончательного итога
final value итоговое значение; результирующее значение; конечное значение
finance reporting финансовая отчетность
finance software package пакет финансового анализа и планирования
financial финансовый
financial database server сервер баз данных для обработки финансовой информации
financial estimate финансовая оценка
financial modeling финансовое моделирование
financial-planning software программные средства финансового планирования
financial software финансовое программное обеспечение; ПО для решения финансовых задач
Financial Transaction Processing System система обработки финансовых транзакций; система обработки финансовых операций
financial transactions финансовые операции; финансовые транзакции
financial users банковские служащие
find 1. поиск; 2. искать; находить
find edges filter фильтр «поиск краев»
finder 1. искатель; 2. видоискатель; 3. определитель
find fast поиск файлов (в Windows)
find fast indexer индексатор
find file поиск файла
find first найти первое вхождение
finding 1. отыскание; обнаружение; 2. полученные данные; факт; 3. заключение
finding formatting поиск формата
find next найти следующий; найти далее
find out выяснить
find previous найти предыдущий
fine 1. мелкий; точный; детальный; 2. превосходный
fine adjustment 1. точная настройка; 2. плавная регулировка
fine button пусковая кнопка

fine chisel pen толстый плотный фломастер (в графических пакетах)
fine control точная регулировка
fine diagram детальная диаграмма
fine felt pen нормальный фломастер (в графических пакетах)
fine-grain мелкозернистый; мелкого уровня; на уровне мелких структурных единиц
fine-grained architecture мелкомодульная архитектура
fine-grained computation мелкоструктурная обработка
fine-grained computer мелкомодульная вычислительная система
fine-grained image processing мелкоструктурная обработка изображений
fine-grain parallelism детальное распараллеливание
fine granularity мелкоячеистость
fine index вторичный индекс; детальный индекс; младший индекс
fine line 1. узкая линия; 2. узкое межсоединение
fine-line board плата с узкими межсоединениями
fine-line graphics высококачественная графика
fineness 1. мелкозернистость; крупность; 2. резкость; четкость (изображения); 3. точность (настройки)
fine opaque pen тонкий светлый фломастер (в графических пакетах)
fine-pitch carrier кристаллодержатель с малым шагом между выводами
fine point с легким нажимом
fine streaks частые полосы
fine-tune тонкая настройка
fine tuning точная настройка; тонкая настройка
finger contact кнопочный контакт
finger-pattern film фотооригинал (для печатной платы)
fingerprint отпечаток; след; идентификационная метка; отличительная метка
fingerprint identification unit блок идентификации отпечатков пальцев; устройство идентификации отпечатков пальцев
fingerprint identification идентификация отпечатков пальцев
fingerprint reader устройство считывания отпечатков пальцев
fingerprint security device устройство защиты для ввода отпечатков пальцев
fingertip access доступ с помощью клавиатуры
fingertip control сенсорное управление
finical чересчур отшлифованный; перегруженный деталями
finicky перегруженный деталями (об интерфейсе)
finish 1. «отделка»; наложение материала на поверхность; 2. окончание; завершение; 3. срок окончания работы; 4. завершать; заканчивать
finish delay задержка окончания
finished method полностью определенное правило
finish on/before/after окончание в/до/после
finish-to-finish link связь «окончание-окончание»
finish-to-start lag задержка финиш-старт
finitary method финитный метод
finite конечный; финитный; ограниченный
finite automaton конечный автомат
finite difference конечная разность
finite-difference approximation конечноразностная аппроксимация; конечноразностное приближение
finite-difference method метод конечных разностей
finite-element method метод конечных элементов
finite elements analysis анализ конечных элементов
finite field конечное поле
finite game конечная игра
finite-length arithmetic арифметика конечной точности

finite memory конечная память
finite memory machine машина с конечной памятью
finite process финитный процесс
finite sequence конечная последовательность; список
finite set конечное множество
finite-state grammar грамматика с конечным числом состояний; автоматная грамматика
finite-state language автоматный язык
finite-state machine конечный автомат
fin tab выступающая пластина
FINUFO метод FINUFO
FIPS Федеральный стандарт по обработке информации
fire an event инициировать событие
fire button пусковая кнопка
Fire codes коды Файра
fire texture текстура пламени
fire up запускать; активизировать
firewall брандмауэр; система защиты доступа; аппаратно/программное средство сетевой защиты; межсетевой экран; межсетевое устройство защиты
firewalling технология брандмауэров; применение брандмауэров; защита сети с помощью брандмауэров
firewall scanner сканер брандмауэра
firing запуск; активизация
firing rate КПД нейронной сети; доля работающих нейронов в нейронной сети
firm 1. фирма; компания; 2. твердый
firm context твердый контекст
firmly coerced твердо приведенный
firmly coupled clusters сильно связанные кластеры
FIRMPOC Совет по стратегии управления федеральными информационными ресурсами
firmware 1. «зашитая программа»; программно-аппаратные средства; встроенные программы; аппаратно-программное обеспечение; микропрограммное обеспечение; микропрограммы; программы, записанные в ПЗУ; 2. аппаратное реализованное программное обеспечение; 3. программируемое оборудование; 4. микропрограммный
firmware compatibility программно-аппаратная совместимость
FIRO «первый на входе — случайный на выходе»
first approximation первое приближение; начальное приближение; грубая аппроксимация
first approximation equation уравнение первого приближения
first approximation method метод первого приближения
first balance column первая колонка суммы; первая итоговая колонка
first-character forms control управление форматом при помощи первого символа
first-come, first-served первым пришел, первым обслужен
first-come, last-served первым пришел, последним обслужен
first deliverable message first первое доставляемое сообщение обслуживается первым; дисциплина FDMF
first-ended, first-out первым готов, первым обслужен
first failure support technology технология поддержки первого отказа
first fit метод первого подходящего
first-generation computer ЭВМ первого поколения
first generation hub концентратор первого поколения
first-in, first-out первым пришел, первым обслужен; алгоритм FIFO
first-in, last-out первым пришел, последним обслужен; алгоритм FILO
first-in, random out первый на входе, случайный на выходе; алгоритм FIRO

first-level address адрес первого уровня; прямой адрес
first-level message сообщение первого уровня
first-level subdirectory подкаталог первого уровня
first line indent отступ первой строки; абзацный отступ для первой строки абзаца
first line support оперативная поддержка
first name field поле имени
first normal form первая нормальная форма
first order difference разность первого порядка
first-order equation уравнение первого порядка
first-order lag запаздывание первого порядка
first-order subroutine подпрограмма первого уровня
first order system система первого порядка
first record первая запись
first-time user новый пользователь
FIS теоретические основы информатики
fiscal финансовый
fiscal year финансовый год
fishbone diagram диаграмма причинно-следственных связей
Fish Eye линза «рыбий глаз» (в графических пакетах)
fit 1. подгонять; 2. подбирать; 3. приспосабливать; 4. соответствовать; подходить
fit in memory помещаться в память
fit in print area по размеру печатной области
fitness 1. пригодность; 2. соответствие
FITS система трансформации изображений методом функциональной интерполяции
fitted equation эмпирическое уравнение
fitted function подобранная функция; эмпирическая функция
fitted line подобранная кривая
fit text to path разместить текст вдоль кривой
fitting 1. сборка; монтаж; 2. подгонка; подбор кривой по точкам; сглаживание; 3. пригонка; прилаживание; 4. соответствие; 5. аппроксимация; 6. комплектующие детали
fitting artwork to the page размещение иллюстрации на странице
fitting criterion критерий соответствия; критерий согласования
fitting curve сглаживающая кривая
fit-to-output подбор для вывода
fit to page масштабирование по размерам страницы
fit to window вписать в окно
FIU 1. интерфейс оконечного устройства, применяющий алгоритмы нечеткой логики; 2. блок идентификации отпечатков пальцев
five-level code пятизначный код
fix 1. исправление; 2. исправлять; 3. фиксировать; устанавливать; закреплять; 4. делать резидентным; 5. настраивать; налаживать
fix a mistake исправить ошибку
fix a problem решать задачу; устранять проблему
fixed 1. фиксированный; постоянный; закрепленный; 2. резидентный
fixed address фиксированный адрес
fixed area фиксированная область
fixed-base system система счисления с постоянным основанием
fixed block фиксированный блок
fixed capital основной капитал
fixed connector соединитель без ветвления
fixed cost 1. установленная стоимость; твердая стоимость; 2. фиксированные затраты
fixed cycle постоянный цикл
fixed cycle operation операция с постоянным циклом
fixed dialback security защита методом обратного вызова по фиксированному номеру

fixed disk несъемный диск; жесткий диск; фиксированный диск

fixed disk drive ЗУ с фиксированными головками

fixed disk storage накопитель на фиксированном диске

fixed error систематическая ошибка; постоянная ошибка

fixed field 1. поле фиксированного размера; поле фиксированной длины; 2. поле в фиксированном месте

fixed-form фиксированного формата

fixed format 1. фиксированный формат; постоянный формат; жесткий формат; 2. формат фиксированной длины

fixed-format message сообщение с фиксированным форматом

fixed-format record запись с фиксированным форматом

fixed function generator генератор фиксированной функции

fixed-grid symbolic layout символическое представление топологии методом фиксированной сетки

fixed head фиксированная головка; неподвижная головка

fixed-head disk диск с фиксированными головками

fixed-head storage facility ЗУ с фиксированными головками

fixed-length фиксированной длины

fixed-length addressing адресация с фиксированной длиной адреса

fixed-length block блок фиксированной длины

fixed-length code код постоянной длины

fixed-length field поле фиксированной длины

fixed-length record запись с постоянной длиной; запись фиксированной длины

fixed-length record file файл с записями фиксированной длины

fixed-length word слово фиксированной длины

fixed link pack area фиксированная область объединения связей

fixed logout area постоянная область записи состояний при контроле; фиксированная область регистрации состояний

fixed macrocommand фиксированная макрокоманда

fixed member фиксированный элемент

fixed memory постоянная память; постоянное запоминающее устройство

fixed memory cell фиксированная ячейка памяти

fixed page фиксированная страница

fixed-pitch font шрифт постоянной ширины; равноширинный шрифт; моноширинный шрифт

fixed point с фиксированной точкой; фиксированная точка

fixed-point arithmetic арифметика с фиксированной точкой; арифметические операции с фиксированной точкой

fixed-point calculation вычисление с фиксированной точкой

fixed-point computation вычисление с фиксированной точкой

fixed-point constant константа с фиксированной точкой

fixed-point data данные в формате с фиксированной точкой

fixed point notation представление с фиксированной точкой

fixed-point number число с фиксированной точкой

fixed-point operation time время операции с фиксированной точкой

fixed-point part мантисса

fixed-point representation представление чисел с фиксированной точкой

fixed point type тип с фиксированной точкой

fixed-point unit арифметическое устройство для выполнения операций с фиксированной точкой

fixed-product area область для результатов операции умножения

fixed-program computer компьютер с неизменяемой программой; машина с жесткой программой

fixed radix notation система счисления с постоянным основанием

fixed record length фиксированная длина записи

fixed retention фиксированное членство

fixed routing фиксированная маршрутизация

fixed segment фиксированный сегмент

fixed-size array массив с фиксированным числом элементов; массив фиксированного размера

fixed-size header заголовок фиксированной длины; заголовок фиксированного размера

fixed size of memory неизменная емкость памяти

fixed space фиксированный пробел

fixed spacing font шрифт постоянной ширины

fixed starting address постоянный адрес запуска

fixed-stealing algorithm алгоритм ограниченного захвата

fixed-step-size algorithm алгоритм с фиксированной величиной дискретного шага

fixed storage постоянная память

fixed storage area фиксированная область памяти

fixed stuff фиксированный заполнитель

fixed-tag associative memory ассоциативная память с фиксированным полем признака

fixed-to-float conversion преобразование чисел с фиксированной точкой в числа с плавающей точкой

fixed-tolerance-band compaction уплотнение с использованием допуска с постоянными границами

fixed variable фиксированная переменная; заданная переменная

fixed-width font моноширинный шрифт; шрифт постоянной ширины

fixed word length computer ЭВМ с фиксированной длиной слова

fixing 1. фиксирование; 2. закрепление; фиксация

fixing damaged area восстановление поврежденной области; исправление поврежденной области

fix-it array регистрационный массив

fixture 1. зажим; хомут; 2. фиксация; закрепление

fixup (адресная) привязка

fixup overflow сегментное переполнение

fixup value координаты местоположения

FLAG волоконно-оптическая связь по всему земному шару

flag 1. признак; флаг; 2. разделитель; разграничитель; 3. флажковый индикатор 4. помечать; отмечать

flag activation установка флага

flag bit разряд признака; признак; флаговый разряд; бит флага

flag check флаговый контроль; контроль по флаговым разрядам

flag event событие, приводящее к установке флага

flag field поле признака

flagged data данные с признаками

flagging маркировка

flag indicator индикатор условия; флаговый указатель

flag line флаговая линия

flag page титульный лист

flag register флаговый регистр

FLAGS регистр флагов

flags register регистр флагов

flag-testing circuit схема проверки состояния флага

flaky часто отказывающий; капризный

flame насмешливое сообщение; обидное сообщение; флейм; «наезд»; ругань в сети в чей-то адрес; флейм

flame bait насмешка; обидное сообщение

flame war горячий спор; обмен флеймами; перепалка (в электронной почте или группах новостей)

flap сматывать ленту

flash мигать

flash BIOS система BIOS, записанная во флэш-памяти; флэш-BIOS

flash EEPROM флэш-ППЗУ; флэш-память

flash encoder быстродействующий аналого-цифровой преобразователь

flashing 1. блики; 2. пропускание импульса тока; 3. мигание; мерцание

flash-light импульсная лампа; фотовспышка

flash memory флэш-ПЗУ; флэш-память; ЭСППЗУ с параллельным стиранием

flash memory chip микросхема флэш-памяти

flash miniature card миниатюрная карта флэш-памяти

flash testing испытание на пробой; проверка на диэлектрическую прочность изоляции

flat 1. плоская поверхность; 2. задний план; 3. плоский; ровный; пологий; 4. сплошной, неструктурированный; 5. плоско; ровно

flat-address architecture архитектура со сплошной адресацией

flat addressing простая адресация; сплошная адресация

flat address space плоское адресное пространство; сплошное адресное пространство; линейное адресное пространство

flatbed планшетный; планшетного типа

flatbed plotter планшетный графопостроитель

flatbed scanner планшетный сканер

flat cable плоский кабель

flat copy плоская копия

flat display плоский дисплей

flat drop-off плоский бордюр (в графике)

flat file двумерный файл; простой файл; плоский файл; бесструктурный файл

flat-file database одноуровневая база данных; неструктурированная база данных; база данных на плоских файлах

flatform подчеркивающая черта; подчеркивание

flat graph плоский граф; планарный граф

flat memory несегментированная память; сплошная память; память со сплошной адресацией

flat memory model модель линейной памяти; одноуровневая модель памяти; несегментированная модель памяти; линейная организация памяти

flatness спрямление; линейность (кривой)

flatness distortion нарушение плоскостности

flatpack плоский корпус

flat package плоский корпус

flat-panel desktop настольный ПК с плоским корпусом

flat panel display 1. плоскопанельный дисплей; дисплей с плоским экраном; 2. индикаторная панель; плоский индикатор

flat-panel TV телевизор с плоским экраном

flat-pin male connector вилка соединителя с ножевыми контактами

flat position горизонтальное положение

flat rate фиксированная плата; фиксированные расценки; постоянные расценки

flat screen плоский экран

flat screen display дисплей с плоским экраном

flat shading «плоское» затенение; равномерное затенение; закрашивание плоскостями; закрашивание плоскими фрагментами

flat surface плоская поверхность

flat technology monitor плоский монитор

flattened ring «сплющенное» кольцо (топология сети)

flattening a list линеаризация списка

flat-tension mask display дисплей с плоской маской

flatter сборщик

flavor 1. разновидность; 2. красота программы; аккуратность; «изюминка»

flavorful аккуратный; красивый; с «изюминкой»

flaw дефект; изъян; брешь; дыра

flaw design 1. недоработанный проект; 2. недоработанная конструкция

FLC контроллер, построенный на принципах нечеткой логики; контроллер нечеткой логики

FLCD сегнетоэлектрический жидкокристаллический дисплей; ферроэлектрический ЖК-дисплей; сегнетоэлектрический жидкокристаллический индикатор

flexibility гибкость; трансформируемость; переналаживаемость

flexible гибкий; эластичный

flexible access system система с гибким доступом

flexible addressing гибкая адресация

flexible array массив с переменными границами

flexible automation гибкая автоматизация; гибкая автоматика

flexible compiler гибкий компилятор

flexible design гибкая архитектура

flexible disk гибкий диск; дискета

flexible disk controller контроллер гибкого диска

flexible disk unit накопитель на гибких магнитных дисках

flexible instruction system гибкая система команд

flexible interface гибкий интерфейс; интерфейс с гибкими возможностями

flexible manufacturing гибкое автоматизированное производство; ГАП

flexible manufacturing system гибкая производственная система; ГПС

flexible packaging гибкая комплектация (программного продукта); различные варианты комплектации

flexible scenario interface гибкий сценарный интерфейс

flexing зондирование

flexographic printing флексографическая печать

flexography флексографическая печать

flex space width ширина пробела

flexure рычаг подвода; консоль привода

flicker 1. мерцание изображения; нежелательное мерцание; мелькание; дрожание; 2. мерцать; мелькать

flicker-free немерцающий

flicker-free display немерцающий дисплей

flicker-free scrolling плавная прокрутка; прокрутка без мерцания

flickering мерцание; мигание изображения

flight control system система управления полетом

flight simulator пилотажный имитатор

flip 1. транспонирование (изображения в анимации); 2. перебрасывать; переключать из одного состояния в другое; 3. перевернуть; зеркально отразить

flip chart лекционные плакаты

flipchip technique метод перевернутого кристалла

flip-flop 1. триггер; триггерная схема; 2. мультивибратор

flip-flop storage запоминающее устройство на триггерах

flip horizontal отразить по горизонтали

flip image зеркальное изображение; перевернутое изображение

flipping переворот; отражение

flipping зеркальное отражение; обращение (в графике)

flipping images отражение изображений

flip vertical перевернуть вертикально; отразить по вертикали

FLO устройство локализации неисправностей

float 1. допуск; 2. запас времени; 3. осевое смещение; 3. «плавать» (о свободно перемещаемых элементах графического интерфейса); 4. работать вхолостую с небольшой нагрузкой

floater «плавающий» объект; перемещаемый объект

floating 1. плавающий; свободный; 2. перемещаемая (палитра и т.д.); изменчивый; 3. астатический

floating address 1. плавающий адрес; 2. адрес с плавающей точкой

floating cell плавающая ячейка

floating constant константа с плавающей точкой

floating constant significant part значащая часть константы с плавающей точкой

floating controller астатический регулятор

floating-decimal arithmetic 1. десятичные арифметические операции с плавающей точкой; 2. устройство для выполнения десятичных арифметических операций с плавающей точкой

floating factor переменный коэффициент

floating floor съемный пол

floating frame свободная рамка; «плавающая» рамка

floating head плавающая головка

floating measurement измерение без заземления

floating palette «плавающая» палитра; плавающая панель; комплект инструментов, свободно перемещаемый в рабочей области

floating point плавающая точка

floating-point с плавающей точкой

floating-point accelerator акселератор арифметических операций с плавающей точкой

floating point accumulator накапливающий сумматор с плавающей точкой

floating point adder сумматор с плавающей точкой

floating point address адрес с плавающей точкой

Floating-Point Arithmetic Standards стандарты арифметики с плавающей точкой IEEE

floating-point arithmetic арифметика с плавающей точкой

floating-point base основание системы счисления с плавающей точкой

floating-point calculation вычисление с плавающей точкой

floating-point coding compaction уплотнение числовой информации с плавающей точкой

floating-point coefficient мантисса числа

floating-point computer ЭВМ с плавающей точкой

floating-point constant константа с плавающей точкой

floating-point data данные с плавающей точкой

floating-point division деление с плавающей точкой

floating-point emulation library библиотека функций, эмулирующих операции с плавающей точкой

floating-point extractor действительный экстрактор

floating-point instruction команда с плавающей точкой; команда операции с плавающей точкой

floating-point notation представление с плавающей точкой; запись в форме с плавающей точкой

floating-point number число с плавающей точкой

floating-point operation операция с плавающей точкой

floating-point operations per second операций с плавающей точкой в секунду

floating-point package пакет программ для выполнения операций с плавающей точкой

floating-point processor арифметический процессор с плавающей точкой; процессор плавающей точки

floating-point programming программирование с плавающей точкой

floating-point register регистр с плавающей точкой

floating-point representation представление чисел с плавающей точкой; представление в форме с плавающей точкой

floating-point routine программа для работы с плавающей точкой

floating point trap внутреннее прерывание для операций с плавающей точкой

floating point unit модуль для выполнения операций с плавающей точкой; встроенный сопроцессор; модуль обработки операций с плавающей точкой

floating selection свободная выбранная область; плавающее выделение

floating text свободный текст; текст без рамки

floating toolbar динамическая панель инструментов; «плавающая» панель инструментов; перемещаемая панель инструментов

floating type тип с плавающей точкой

floating voltage напряжение холостого хода

float object «плавающий» объект; свободно перемещаемый объект

float time резерв времени

float-to-fixed conversion преобразование чисел с плавающей точкой в числа с фиксированной точкой

flood 1. заливка; 2. заливающий свет; 3. прожектор заливающего света; 4. создавать помехи в широком диапазоне частот; 4. производить лавинную маршрутизацию (в сети)

flood fill сплошная заливка; закрашивание заливкой

flood filling заливка; однотонная закраска

flooding 1. лавинная процедура; 2. заливка; закраска; 3. лавинная маршрутизация; рассылка пакета во все порты, кроме исходного; лавинная адресация; 4. волновое распространение пакетов

flooding method волновой метод

floodlight 1. заливающий свет; 2. эффект «прожектор заливающего света»

floor N наибольшее целое, не превосходящее N

floor-standing computer компьютер в стоечном исполнении

flop триггер; триггерная схема; мультивибратор

floppy дискета; гибкий диск

floppy-based с накопителем на гибких дисках

floppy disk гибкий диск; дискета

floppy disk controller контроллер накопителя на гибких магнитных дисках; контроллер гибкого диска

floppy disk drive накопитель на гибких магнитных дисках; накопитель для дискет

floppy diskette гибкая дискета

floppy disk formatting форматирование дискеты

floppy disk interface интерфейс гибких дисков

floppy disk processor module процессорный модуль с гибкими дисками

floppy disk system система с гибкими дисками

floppy drive накопитель на гибких дисках

floppy drive high density накопитель для гибких дисков высокой плотности

FLOPS операций с плавающей точкой в секунду

floptical гибрид флоппи- и оптической технологии; флоптический

floptical disk флоптический диск; гибкий магнитооптический диск

floptical drive накопитель на гибких оптических дисках

flow 1. технологический маршрут; последовательность операций; 2. поток; движение; 3. «заливать»; «разливать» (текст по колонкам)

flow analysis анализ потоков

flow augmenting увеличение потока

flow capacity пропускная способность

flowchart графическая схема программы; рабочая диаграмма; блок-схема

flowchart connector соединитель на блок-схеме

flowchart designer программа проектирования и построения блок-схем/диаграмм

flowcharter средство построения блок-схем; программа построения блок-схем; программа составления блок-схем

flowchart symbol символ на блок-схеме; элемент блок-схемы

flowchart text текст на блок-схеме

flow control 1. управление потоком данных; 2. управление выполнением программы

flow-control command управляющая команда; команда управления выполнением

flow cost текущие расходы

flow data данные о потоках

flow diagram блок-схема; структурная схема; схема последовательность операций; структурная диаграмма

flow-diagram translator преобразователь блок-схем

flow direction направление потока обработки

flow graph 1. потоковый граф; граф с потоками; 2. блок-схема; граф-схема

flow graph design проектирование с использованием потоковых графов

flow graph method метод потоков; метод диаграмм прохождения сигналов

flow label идентификатор потока

flow line линия связи (на блок-схеме)

flow management protocol протокол управления потоком данных

flow of a program последовательность выполнения программы

flow of control поток управления

flow of execution последовательность выполнения; «поток выполнения»

flow of satisfaction цепочка доказательств

flow process поточный процесс

flow-process diagram карта процесса; маршрутно-технологическая карта

flowsheet технологическая карта

flow specification спецификация обработки

flow-synthesis algorithm алгоритм составления блок-схемы программы

flow text around graphics обтекание графики текстом

flow with limited aftereffect поток с ограниченным последействием

flp с плавающей точкой

FL-port порт-шлюз

fluctuation 1. отклонение; колебание; нерегулярное изменение; 2. уклонение; 3. неустойчивый; меняющийся

fluid-format с гибким форматом; с настраиваемым форматом

fluid-jet element струйный элемент

flush 1. выравнивание полей; набор без абзацев; 2. выравнивание текста; сдвиг; 3. сброс (содержимого кэша или буфера на диск); 4. сбрасывать (на диск содержимое файловых буферов)

flush conductor утопленный проводник

flushing смещение; сдвиг

flush left выровненное левое поле; выключка влево

flush right выровненное правое поле; выключка вправо

flush zone зона полной выключки

flutter 1. амплитудные искажения; фазовые искажения; 2. колебание; дрожание; 3. дрожание изображения; флаттер; 4. колебаться; дрожать

flux магнитный поток

FLX программа копирования файлов с преобразованием форматов

flyback обратный ход

fly-by непосредственная передача

fly-by mode сквозной режим

flyer небольшой плакат; рекламная афиша; реклама; объявление

flying height плавающий зазор

flying toolbar незакрепленная инструментальная панель

Flynn's classification классификация Флинна

flyout 1. раскрывающаяся панель инструментов; 2. всплывающее меню

fly-out menu вспомогательное раскрывающееся меню

fly-out palette раскрывающаяся палитра; раскрывающаяся панель (инструментов)

fly-out toolbar раскрывающаяся панель инструментов

fly-through mode режим «сквозного пролета»; режим наблюдения «с высоты птичьего полета»

fly-through model составная «прозрачная» модель

F/M факс-модем

FM 1. файловая память; файловое ЗУ; 2. частотная модуляция; ЧМ

FMP протокол управления функциями сети

FM-quality качество звучания, обеспечиваемое частотной модуляцией

FM synthesis частотно-модулированный синтез (звука)

FMV видео с полным представлением движения; полномасштабное видео; непрерывное изображение; видеофильм кинематографического качества

FO волоконная оптика

FOAF друг моего друга; один знакомый (сокращение, принятое в Internet)

FOC 1. волоконно-оптический кабель; 2. волоконно-оптическая связь

focal length фокусное расстояние

focal power оптическая сила

focal ratio диафрагменное число

FOCL волоконно-оптическая линия связи

FOCS волоконно-оптическая система связи

focus 1. фокус; фокальная точка; 2. фокусировка; 3. фокус ввода; 4. фокусное расстояние; 4. фокусировать; 3. устанавливать фокус ввода; 4. активизироваться; становиться активным

focus adjustments корректировка резкости

focus chain фокусная цепочка

focus control table таблица управления кадрами

focused beam сфокусированный луч

focused control активный элемент управления

focused event активное событие

focused view выбранный объект; выделенный объект

focuser фокусирующее устройство

focus error signal сигнал расфокусировки

focusing 1. установка фокуса; фокусировка; 2. концентрация внимания; сосредоточение

focus softening смягчение резкости

focus window окно с «фокусом ввода»; активное окно

FOD факс по требованию; факс по запросу

fogging затуманивание; создание иллюзии глубины

foil 1. фольга; 2. монтажная пленка (в полиграфии); 3. межсоединения; связи

FOIRL волоконно-оптическая связь между ретрансляторами; волоконно-оптический канал между повторителями; звено волоконно-оптической связи между повторителями

FOL волоконно-оптическая линия связи; ВОЛС

FOLAN локальная сеть с волоконно-оптическими линиями связи; локальная сеть с волоконно-оптическим кабелем

fold 1. представлять в сжатом виде; сворачивать; свертывать; 2. указатель кратности; 3. кратный

fold-down keyboard откидная клавиатура

folder 1. папка; программная группа; общий указатель; перечень; 2. несшитая брошюра; 3. папка-скоросшиватель

folder contents содержимое папки

folder icon папка; пиктограмма с изображением папки; значок папки

folder name имя папки

folder registry реестр папок

folders index перечень папок

folder view представление для папки

folding 1. расширение набора знаковых кодов; 2. свертка; свертывание; 3. фальцевание; 4. складывание

folding dummy образец фальцовки; лист, сфальцованный для демонстрации раскладки полос

fold mark метки линии сгиба

follow 1. следование; 2. отслеживание; слежение; 3. следовать; вытекать

follower 1. повторитель; 2. следящий элемент

follower arrangement следящее устройство; следящая система

following следующий

follow-on модификация; последующая модель; усовершенствованный объект; образец

follow-up 1. дополнительное сообщение; 2. контроль сроков выполнения; проверка исполнения; 3. последовательное выполнение; 4. новая информация; дополнительное сообщение; 5. дополняющий; 6. исполняющий

follow-up file следящий файл

follow-up post ответ на информацию, переданную в группу новостей

FOM оптический модем

font шрифт; комплект шрифта; шрифтовой комплект

font cache кэш-буфер шрифта

font caching кэширование шрифта

font cartridge кассетный шрифт; шрифтовая кассета; шрифтовой картридж (для принтера)

font change смена типа шрифта

font-change character знак смены типа шрифта; символ смены шрифта

font command команда смены шрифта

font contrast контрастность шрифта

font conventions соглашения по созданию шрифтов

font-definition file файл определения шрифта

font descriptor size длина описателя шрифта

font designer программа проектирования шрифтов; программа создания шрифтов

font editor редактор шрифтов

font engine диспетчер шрифтов; шрифтовая машина; механизм отображение шрифтов

font enumeration перечисление шрифтов

font family семейство шрифтов

font file файл шрифтов

font foundry преобразователь шрифтов

font handler диспетчер шрифтов

font layout разметка шрифта

font manager диспетчер шрифтов

font mapper программа отображения логического шрифта в физический; механизм отображения шрифта; средство отображения шрифта

font mapping file файл подстановки шрифтов

font-mapping table таблица преобразования шрифтов

font matching подстановка шрифтов

font matching table таблица подстановки шрифтов

font matrix матрица трансформирования символов

font metric метрика шрифта; таблица с размерами элементов шрифта

font naming conventions соглашения по именам шрифтов

font number номер шрифта

font proportion пропорциональность символов шрифта

font rectile знакоместо

font repository хранилище шрифтов

font ROM ПЗУ знакогенератора

font size размер шрифта

fonts server сервер шрифтов

fonts substituting подстановка шрифтов

font style начертание шрифта; стиль шрифта

font-substitution подстановка шрифтов

font substitution capabilities средства автоматической подстановки шрифтов

font substitutuion подстановка шрифтов

font suitcase комплект шрифта

font synthesis technology метод синтеза шрифтов

font technology технология изготовления шрифтов

font type тип шрифта

fontware шрифтовое обеспечение

font weight насыщенность шрифта

foo иллюстрация

foolproof 1. защита от случайных ошибок; защита от неумелого обращения; 2. защищенный от неумелых действий; защищенный «от дурака»; ошибкоустойчивый

foolproof design 1. проектирование с учетом возможности неправильного обращения; 2. конструкция, защищенная от неправильного использования; конструкция с «защитой от дурака»

fool-tolerance защита от неумелого обращения; защита «от дурака»

foot 1. основание; опора; 2. ножка (литеры); 3. фут; 12 дюймов; 30.5 см

footer нижний колонтитул; колонцифра; сноска; подстрочное примечание

footing 1. основание; опора; 2. служебная постинформация

footnote сноска; обычная сноска (на странице); подстрочное примечание

footnote character знак сноски

footnote reference mark метка ссылки на сноску

footnote tie-in привязка сносок

footprint 1. площадь корпуса; 2. отпечаток; след

forbidden запрещенный; недопустимый

forbidden character запрещенный символ; неразрешенный символ

forbidden-character code запрещенная кодовая комбинация

forbidden combination запрещенная комбинация

forbidden-combination check контроль на наличие запрещенных комбинаций

forbidden increment недопустимое приращение

forbidden operation запрещенная операция

force 1. интенсивность; 2. сила; усилие; 3. принуждать; заставлять; принудительно задавать

forced принудительный; вынужденный

forced-air system система принудительной вентиляции

forced coding программирование с соблюдением установленных стандартов

forced end of volume принудительно выделенный признак конца носителя

forced feed принудительная подача

force-directed heuristics директивные эвристические правила

forced ventilaion принудительная вентиляция

forcefully log out принудительно завершать работу пользователей в системе

force justification принудительное выравнивание

force line break принудительный перевод строки

force page назначить страницу

forcing 1. принудительная подача; 2. экструзия; выдавливание

forecast 1. прогноз; 2. предсказывать

forecasting прогноз; прогнозирование; предсказание
forecasting software программные средства прогнозирования
fore color цвет текста
foreground 1. передний план; 2. приоритетный
foreground application активное приложение
foreground color цвет символа; цвет текста; цвет переднего раздела; основной цвет (в противоположность фоновому)
foreground computing решение задач с высоким приоритетом
foreground image изображение переднего раздела; основное изображение; накладываемое изображение
foregrounding 1. приоритетное обслуживание; 2. решение задач с высоким приоритетом
foreground-initiated background фоновая работа, инициированная приоритетным заданием
foreground-initiated background job задание фонового раздела, инициированное в разделе переднего плана
foreground initiation инициирование программ раздела переднего плана
foreground initiator инициатор приоритетных программ; инициатор программ переднего плана; инициатор программ раздела переднего плана
foreground job задание переднего плана; высокоприоритетное задание
foreground message processing program программа обработки сообщений в разделе переднего плана
foreground mode приоритетный режим; оперативный режим
foreground partition раздел переднего плана
foreground process приоритетный процесс
foreground processing приоритетная обработка; обработка переднего плана
foreground program основная программа; приоритетная программа
foreground region область переднего плана
foreground task приоритетная задача
foreign 1. внешний; 2. чужой; незнакомый; 3. иностранный
foreign address внешний адрес
foreign e-mail address адрес электронной почты в иной системе; адрес электронной почты в инородной системе
foreign e-mail alias псевдоним адреса электронной почты в иной системе; псевдоним электронной почты в инородной системе
foreign e-mail system внешняя система электронной почты; другая система электронной почты
foreign exchange иностранная валюта
foreign exchange line внешняя линия обмена
foreign format чужой формат
foreign host внешний хост-компьютер (расположенный в другой сети)
foreign key внешний ключ
foreign language незнакомый язык; иностранный язык
foreign object внешний объект
foreign volume «чужой» том
foremost передний; передовой
foremost authority крупнейший специалист
forename имя (в отличие от фамилии)
forenoon время до полудня
forest лес; совокупность деревьев
forged block блок посторонних данных
forgery 1. подделка; подлог; 2. подложная подпись; 3. фальшивый документ
forgetfulness отсутствие последействия
fork 1. ветвь; ветвление; разветвление; 2. порождение копии процесса; 4. вилка
form 1. анкета; 2. геометрическая фигура; 3. форма; бланк; формуляр; 4. представление; 5. формат; 6. страница;

7. выражение; 8. печатная форма; 9. формировать; образовывать
formal формальный
formal approach формальный метод; формализованный метод
formal argument формальный параметр
formal axiomatics формальная аксиоматика
formal definition формальное определение
formal description формальное описание; формализованное описание
formal grammar формальная грамматика
formal implication формальная импликация
formal inference формальный вывод
formalism формальная система; формализм
formalization формализация
formalize формализовать
formalized language формализованный язык
formalized message формализованное сообщение
formal language формальный язык
formal language theory теория формальных языков
formal logic формальная логика
formal parameter формальный параметр
formal parameter part совокупность формальных параметров
formal security model формальная модель политики безопасности
formal specification формальное описание; формальные спецификации
formal verification формальная верификация
formant форманта
formant frequency частота форманты; формантная частота
format 1. формат; разметка; 2. размечать; форматировать
8.3 format формат «8.3»; имя файла, точка-разделитель и расширение
format 1. формат; 2. задавать формат; форматировать; размечать
format alteration изменение формата
format bar панель форматирования
format character символ управления форматом
format code код формата
format control управление форматом
format-control character символ управления форматом
format controller контроллер формата
format effector знак спецификации формата; символ спецификации формата
format F фиксированный формат
format failure ошибка форматирования
format-free input бесформатный ввод
format identifier идентификатор формата
format instruction команда форматирования; команда установки формата
format interchange преобразование формата
formation формирование; составление
format item элемент формата данных
formatless неформатированный; бесформатный
format line строка формата; список форматов
format painting копирование формата
format prefix префикс формата
format specification спецификация формата
format statement оператор задания формата; оператор спецификации формата; оператор формата; оператор форматирования
format table таблица формата
formatted форматированный; размеченный
formatted capacity емкость после разметки; полезная емкость носителя; емкость форматированного диска; емкость после форматирования; форматная емкость

formatted data форматированные данные; структурированные данные

formatted data record массив данных с определенным форматом

formatted display 1. форматированный вывод; 2. форматированный дисплей

formatted instruction форматная команда

formatted I/O форматированный ввод-вывод

formatted read statement оператор считывания с заданным форматом

formatted record форматированная запись; форматная запись

formatted tape полнокодовая лента

formatted text форматированный текст

formatted write statement оператор записи с заданным форматом

formatter 1. форматтер 2. программа форматирования текстов; 3. средства задания формата; средства форматирования

format test контроль формата

formatting форматирование; задание формата; разметка

formatting changes изменение формата; изменение параметров форматирования

formatting information информация о форматировании

formatting task операция форматирования

formatting toolbar панель форматирования

form band поле формы

form-based questionnarie анкета на базе форм

form bit бит формы

form datasheet форма в режиме таблицы

form designer конструктор форм; конструктор электронных форм; программа проектирования экранных форм; дизайнер форм; средство проектирования форм; проектировщик форм

form document документ-форма

form editor редактор форм

form entry ввод данных путем заполнения форм документов; форматированный ввод данных

former формирователь

Form Expert эксперт по формам (программа)

form factor 1. форм-фактор; коэффициент формы; 2. электромагнитный форм-фактор; 3. конструктив; конструктивные параметры

form feed перевод страницы; прогон страницы; начало нового документа

form feed character символ перевода формата; символ прогона страницы; символ подачи бланка; знак смещения бланка

form-feed escape sequence управляющая последовательность «перевод страницы»

form field поле формы

form flash накладывание бланка; проецирование бланка

form footer примечание формы

form header заголовок формы

form header/footer заголовок/примечание формы

form in rolls формуляр в виде рулона

form installation установка формы

form is read-only форма доступна только на чтение

form layout разметка формы

form letter письмо на стандартном бланке; письмо-заготовка

form name имя формы

form-oriented ориентированный на работу с формами

form overlay форматированный бланк

form overlay image типовая форма изображения; основной шаблон изображения

form report design конструктор форм/отчетов

forms file 1. файл описания форм документов; 2. картотека форм документов

forms gallery галерея форм; библиотека форм

forms guide направляющая для фальцованной бумаги

forms management управление формами

forms technique техника формуляров

form stop 1. датчик отсутствия бумаги; 2. признак отсутствия бумаги

form template шаблон формы

form the instruction формировать команду

form type тип бланка; тип формуляра

formula 1. формула; аналитическое выражение; 2. состав; композиция

formula functions математические формулы (в Word)

formula language язык формул

formulation 1. формулировка; постановка; определение; 2. представление; 3. состав; композиция

formula translation перевод формул

form value detector определитель формы

form view режим формы; представление формы

form window окно формы

fortuitous distortion случайное искажение; искажение за счет наводок

forum телеконференция; форум

forward переслать; переправить (почтовое сообщение); передать; ретранслировать

forward a message переадресовать сообщение; переслать сообщение

forward-backward counter реверсивный счетчик

forward bias прямое смещение

forward branch ветвление вперед

forward chaining прямая цепочка рассуждений; прямое построение цепочки; прямой логический вывод; вывод «от фактов к цели»; индуктивный вывод

forward channel канал прямой связи; прямой канал

forward compatibility совместимость снизу вверх

forward-compatible совместимый снизу вверх

forward conduction прямая проводимость

forward conversion прямое преобразование

forward cycle цикл движения вперед

forward declaration упреждающее объявление; предописание; опережающее описание

forward direction прямое направление; пропускное направление

forwarder механизм продвижения (данных)

forward error analysis прямой анализ ошибок

forward error correction упреждающая коррекция ошибок; прямая коррекция ошибок; прямое исправление ошибок

forward-if-not-local logic логика передачи-трансляции пакета

forwarding пересылка (почтового сообщения); продвижение данных; переадресация; передача; эстафетная передача

forwarding mechanism механизм передачи

forward initialization инициализация (схемы с регистровыми элементами) при прямом отсчете времени

forward interpolation formula формула для интерполирования вперед

forward link следующее звено

forward-looking algorithm алгоритм с упреждающей подкачкой информации

forward-looking cache кэш с упреждающей выборкой данных

forward-only-type recordset набор записей, допускающий перемещение только в прямом направлении

forward ray tracing прямая трассировка лучей (в графике)

forward reference ссылка вперед

forward referencing обращение вперед

forward slash косая черта; символ /
forward spacing пробел вперед
forward time время перемотки (магнитной ленты)
forward wind прямая перемотка ленты
FOS система с файловой ориентацией
FOTAG Техническая консультативная группа по волоконно-оптической связи
FOTP спецификации инструментов тестирования волоконной оптики
FOTS волоконно-оптическая система передачи данных
foundation 1. основание; основа; 2. базовый
foundation architecture базовая архитектура
foundation class базовый класс
foundations of information science теоретические основы информатики
foundation software базовые программы
fountain fill градиентная заливка; закраска методом градиентной заливки
fountain fill banding полосы градиентной заливки
fountain solution увлажняющий набор (в офсетной печати)
fountain steps этапы градиентной заливки
fountain transparency градиентная прозрачность (в графических пакетах)
four-address четырехадресный
four-address code код четырехадресной команды; четырехадресный код
four-bit byte четырехразрядный байт; октет
four-color process четырехцветная система печати; четырехцветная печать; четырехцветный процесс; процесс печати с использованием цветов CMYK
four-color separation четырехцветное цветоделение
Fourier analysis анализ Фурье; гармонический анализ
Fourier analyzer Фурье-анализатор; гармонический анализатор
Fourier integral интеграл Фурье
Fourier inversion обратное преобразование Фурье
Fourier series ряд Фурье
four-pair cable четырехпарный кабель
four-port четырехпортовый
four-row keyboard четырехрядная клавиатура
four-rules calculator калькулятор с четырьмя операциями
four-speed с четырехкратной скоростью
fourth-generation computer ЭВМ четвертого поколения
fourth-generation language язык четвертого поколения
fourth normal form четвертая нормальная форма
fourth-power equation биквадратное уравнение
four-way 1. четырехканальный; четырехпроводный; 2. четырехходовый; 3. четырехпроцессорный (сервер)
four-way associative cache четырехвходовый ассоциативный кэш
four-way server четырехпроцессорный сервер
four-wire channel четырехпроводный канал
four-wire line четырехпроводная линия
FOV поле обзора (сцены); поле наблюдения
fox message контрольное сообщение; сообщение для проверки связи
FP 1. защита файла; 2. плавающая точка; 3. функциональный процессор; 4. поле префикса; 5. программируемый пользователем
FPA акселератор арифметических операций с плавающей точкой
FPC факсимильный ПК
FPCB программируемая пользователем схемная плата
FPD 1. плоскопанельный дисплей; дисплей с плоским экраном; 2. полностраничный дисплей; 3. индикаторная панель; плоский индикатор

FPFR скоростная пакетная передача с ретрансляцией кадров
FPGA вентильная матрица, программируемая пользователем
FPIC программируемые пользователем компоненты межсоединений
FPLA программируемая пользователем логическая матрица
FPLIC программируемая пользователем логическая ИС
FPM 1. память с защитой файлов; 2. процессорный модуль с гибкими дисками
FPM DRAM быстрая память со страничным режимом; память, работающая в режиме быстрого страничного обмена
fpmh число отказов на миллион часов
FPO 1. экранный образ; изображение с низким разрешением, используемое для точного позиционирования; 2. только для размещения; «только для обозначения положения»
FPROM 1. ПЗУ, программируемое изготовителем; 2. ПЗУ, программируемое пользователем
FPS быстрая коммутация пакетов
fps кадров в секунду
FPU модуль выполнения вещественных операций; модуль обработки операций с плавающей точкой; блок арифметики с плавающей точкой; блок плавающей точки
FQDN полное уточненное имя домена; полностью уточненное доменное имя
FQL функциональный язык запросов
FQN полное имя
FR 1. ретрансляция кадров; кадровая ретрансляция; 2. интенсивность отказов; частота отказов
fractal 1. фрактал; квантиль; 2. фрактальный; рекурсивный
fractal compression фрактальное уплотнение
fractal curve рекурсивная кривая
fractal graphics фрактальная графика
fractal image compression фрактальное сжатие изображений
fraction доля; часть; дробь; мантисса
fractional дробный
fractional bar дробная черта
fractional digit цифра дробной части
fractional exponent дробный показатель степени
fractionally rational approximation дробно-рациональная аппроксимация
fractional part мантисса; дробная часть
fractional T1 дробный канал T1; линия T1 с дробной скоростью передачей данных
fraction bar дробная черта
FRAD 1. устройство доступа Frame Relay; устройство доступа к сетям Frame Relay; 2. ассемблер/дизассемблер ретрансляции кадров; сборщик/разборщик кадров
fragile code недолговечная программа
fragile command уязвимая команда
fragment 1. фрагмент; часть; 2. фрагментировать
fragmentation фрагментация; дробление
fragmented фрагментированный
fragmented memory фрагментированная память
fragment errors ошибки фрагментов
fragment-free switching коммутация с исключением фрагментов
frame 1. кадр; видеокадр; 2. блок; группа; 3. кадр; блок данных фиксированного формата; 4. рамка; бордюр; 5. система отчета; система координат; 6. границы; пределы; 7. фрейм; 8. стойка; каркас корпуса (ПК); 9. заключать в рамку
frame-accurate покадровый
frame address 1. адрес кадра; 2. опорный адрес
frame address code код адреса кадра

frame algebra алгебра фреймов

frame alignment sequence последовательность выравнивания кадра

frame assembly сборка кадра

frame-based фреймовый; основанный на фреймовом представлении

frame-based device устройство обработки кадров

frame buffer фрейм-буфер; буфер кадра изображения; буфер изображения; кадровый буфер; буфер кадров

frame-buffer memory буферная память кадров

frame buffer update коррекция содержимого кадрового буфера

frame bursting пакетная передача кадров

frame calculus исчисление фреймов

frame check sequence последовательность проверки кадра; контрольная последовательность кадра; последовательность контроля кадра

frame control управление кадром

frame control field поле управления кадром

frame copied error ошибка копирования кадра

frame count error ошибка подсчета числа информационных кадров

frame deletion ликвидация кадра; удаление кадра

frame disassembly разборка кадра

frame discard отбрасывание пакетов

frame dropout выпадение кадра

frame duration продолжительность цикла формирования кадра

framed Web pages Web-страницы с кадрами; страницы с фреймами

frame end delimiter конечный ограничитель кадра

frame filtering фильтрация кадров

frame format формат кадра

frame fragment остаток кадра

frame generator генератор кадров (в сети)

frame grabber средство захвата кадра; механизм захвата кадра; устройство захвата изображения; плата захвата изображения; устройство ввода и регистрации кадров

frame-grounding circuit цепь заземления

frame language язык фреймов

frame mode кадровый режим; режим передачи кадров (в ISDN)

frame model фреймовая модель

frame network сеть фреймов

frame number 1. номер блока; 2. номер кадра

frame rate 1. частота кадров; 2. скорость передачи кадра

frame reject отказ от кадра

frame relay ретрансляция кадров

frame relay assembler/disassembler ассемблер/дизассемблер ретрансляции кадров

frame relay exchange обмен с ретрансляцией фреймов; технология ретрансляции кадров

frame relay network сеть ретрансляции кадров; сеть Frame Relay

Frame Representation Language язык фреймового представления

frame rotation ротация каркасов (в трехмерном моделировании)

frame segment сегмент страничного блока

frame slider полоса смены кадров

frame start delimiter начальный ограничитель кадра

frame status состояние кадра

frame striping изъятие кадра; удаление кадра

frame switching коммутация кадров (в сети)

frame synchronization header синхронизирующий заголовок в кадре; заголовок синхронизации кадра

frame table таблица страничных блоков

frame table entry запись в таблице страничных блоков

frame tagging тегирование кадров

frame type тип кадра

frame window 1. окно-рамка; обрамляющее окно; 2. фрейм

framework 1. база; основа; «скелет»; 2. каркас; оболочка; конструкция; 3. структура; инфраструктура; 4. рамки; 5. условия; 6. базовое средство разработки; интегрированная система; интегрированная среда

framework agreement рамочное соглашение

framing 1. обрамление; 2. формирование кадра; кадрирование; 3. кадровая синхронизация; синхронизация кадра

framing bits 1. биты цикловой организации; 2. кадрирующие биты

framing control управление разметкой

framing error ошибка кадрирования; ошибка кадровой синхронизации

framing format формат кадров (в сетях)

framing noise шум кадровой дискретизации

framing service служба кадровой передачи данных

fraud detection выявление подлогов

FRC 1. проект спецификации; 2. функциональный избыточный контроль; контроль с помощью функциональной избыточности; 3. алгоритм управления частотой кадров

Fredholm integral equation интегральное уравнение Фредгольма

free 1. свободный; 2. бесплатный; 3. освободить

freeable limbo blocks освобождаемые лимбо-блоки

free access-type floor полностью съемный пол

free block свободный блок; освободившийся блок; освобожденный блок (памяти)

free block queue element элемент очереди свободных блоков

free branch свободная ветвь

free cursor неуправляемый курсор

free disk space свободное дисковое пространство; свободное место на диске

free distort tool инструмент «произвольное искажение»

freedom of information свобода информации

free field 1. поле произвольных размеров; 2. поле в произвольном месте

free float свободный запас времени; свободный допуск

free-floating toolbar свободно перемещаемая инструментальная линейка; «плавающая» инструментальная линейка

freeflow architecture многошинная архитектура свободных потоков

free form 1. эскизное черчение; 2. свободная поверхность; 3. свободный формат; произвольная форма; свободная форма

free format свободный формат; произвольный формат

free-form database база данных свободного формата; база данных с хранением данных в свободном формате

free-form modeling моделирование произвольной формы

free-form object объект произвольной формы

free-form surface поверхность произвольной формы

free-hand от руки; произвольный

free-hand drawing свободное рисование; режим свободного рисования; создание изображения «от руки»

freehand mask tool инструмент «выделение свободной формы»; инструмент «выделение кистью»; инструмент «выделение произвольной формы»

free-hand region selection выделение области произвольной формы

freehand select инструмент «выделение в свободной форме»

freehand tracking точность отрисовки кривой

free indexing свободное индексирование

freeing of storage location освобождение ячейки памяти

free licence свободная лицензия; открытая публикация программы

free list 1. список свободных устройств; 2. список свободной памяти

free memory свободная память

free occurrence свободное вхождение

free of charge бесплатный

freephone бесплатный вызов (в телефонии)

free-play game игра без ограничений

free programmable data acquisition system свободно программируемая система сбора данных

free resize произвольное изменение размера

free routing свободная маршрутизация

free-running автономно работающий; автономный; несинхронизированный

free-running clock 1. часы со свободным ходом; неуправляемые часы; 2. независимый генератор тактовых импульсов

free running mode режим свободного доступа

free search свободный поиск

free semigroup свободная полугруппа

free software бесплатное программное обеспечение

Free Software Foundation Фонд бесплатного программного обеспечения

free space свободное пространство памяти; свободная память; доступная память

free space connection концепция соединения в пустом пространстве

free space list список свободных областей; список свободной памяти

freestanding environment среда отдельных программ

freestanding language автономный язык

free-standing repeater автономный повторитель; отдельный повторитель; повторитель, не входящий в состав другого сетевого устройства; ретранслятор

free-storage space область свободной памяти

free-time checking поиск незанятых интервалов времени

free token свободный маркер

free track queue очередь свободных дорожек

free transform свободное преобразование (в графике)

free union свободное объединение

free utility бесплатная утилита

free variable свободная переменная; несвязанная переменная

freeware бесплатно распространяемое программное обеспечение; программные средства, поддерживаемые самим пользователем; свободное распространение с постоплатой

freeze 1. «заморозка»; закрепление; фиксация; 2. зафиксировать; заморозить; закрепить

freeze column закрепить столбец

freeze-frame стоп-кадр

freeze-frame image статическое изображение

freezing 1. помещение в архив; 2. застывший

freezing transparency застывшая прозрачность (в графических пакетах)

French point пункт Дидо; французский пункт; 0.376 мм

Frenel equation уравнение Френеля

FREQ запрос файла

frequency 1. линиатура; 2. частота

frequency-analysis compaction уплотнение на основе частотного анализа

frequency analysis method метод гармонического анализа

frequency analyzer частотный анализатор

frequency array таблица частот

frequency band полоса частот

frequency channel частотный канал

frequency characteristic частотная характеристика

frequency code частотный код

frequency content частотный спектр

frequency correction частотная коррекция

frequency curve плотность распределения

frequency dependence частотная зависимость; зависимость от частоты

frequency diagram гистограмма

frequency distribution гистограмма; распределение частот

frequency divider делитель частоты

frequency-division data link канал передачи данных с частотным разделением

frequency-division modulation частотная модуляция

frequency-division multiple access множественный доступ с разделением частот; множественный доступ с частотным разделением

frequency-division multiplex мультиплексная модуляция с частотным уплотнением каналов; частотное мультиплексирование; мультиплексирование с частотным уплотнением каналов; частотное уплотнение; частотное разделение

frequency-division multiplexing частотное мультиплексирование; мультиплексная передача с частотным разделением; мультиплексирование с частотным уплотнением каналов; частотное уплотнение; частотное разделение

frequency domain частотная область

frequency-domain analysis анализ частотных характеристик

frequency error погрешность частоты

frequency function плотность вероятности

frequency halver делитель частоты пополам

frequency hopping скачкообразная перестройка частоты

frequency hopping spread spectrum передача широкополосных сигналов по методу частотных скачков; расширение спектра радиосигнала путем скачкообразной перестройки частоты

frequency-hopping spread spectrum LAN technology беспроводная сетевая технология размытого спектра со скачущей частотой

frequency jitter дрожание частоты

frequency memory частотная память; частотное запоминающее устройство

frequency modulation частотная модуляция

frequency modulation synthesizer многоголосый частотный синтезатор

frequency plot частотная диаграмма

frequency range диапазон частот

frequency shift keying частотная манипуляция; кодирование со сдвигом частот; кодирование с изменением частот при передаче

frequency spectrum частотный спектр

frequency-to-number converter преобразователь частоты в код

frequently asked questions типичные вопросы; часто задаваемые вопросы

freshen обновлять

freshen file in archive обновлять файлы в архиве

fresh information свежая информация; новая информация

friction feed фрикционная подача; подача бумаги с помощью валика

fried сгоревший (об аппаратуре)

friend class дружественный класс

friend function «друг» класса; «дружественная» функция

friendlines удобство обращения; дружественность

friendly дружественный

friendly machine машина, удобная для пользователя. удобная для использования машина; дружественная машина

friendly name «псевдоним» (в Office 97)

friendly software «дружественное» программное обеспечение

friend operator операция-друг класса; «дружественная» операция

friend privilege привилегия доступа, присущая «другу» класса

fringeless dot безореольная растровая точка

FRL язык фреймового представления

FRM прямые управляющие ячейки (в ATM)

FRMR отказ от кадра

FR network сеть с ретрансляцией кадров

from main dictionary only только из основного словаря

from scratch «с нуля»; с нулевого уровня; с начала

front 1. фронт (импульса); 2. фасад; передняя сторона

front cover первая сторонка обложки

front-end 1. внешний интерфейс; 2. препроцессор; 3. синтаксический анализатор; 4. буферный процессор; 5. выходной каскад 6. коммуникационный процессор; 7. клиент; клиентский компьютер; 8. входной; внешний; интерфейсный; 9. фронтальный; 10. для предварительной обработки данных

front-end application интерфейсная прикладная программа

front-end businesses агенства по сбору информации для прессы; источники

front-end communication processor буферный коммуникационный процессор

front-end component 1. подсистема доступа; 2. подсистема первичной обработки данных; машина предварительной обработки данных

front-end computer машина для предварительной обработки данных; компьютер пользователя; клиентская машина

front-end interface внешний интерфейс

front-end processor 1. буферный процессор; связной процессор; 2. препроцессор; 3. интерфейсный процессор; фронтальный процессор; процессор на станции-клиенте; процессор рабочей станции; 4. процессор ввода-вывода; 5. процессор телеобработки данных

front-end software программное обеспечение конечного пользователя

front-end tools инструментальные средства начальных этапов (в САПР)

front-face area лицевая поверхность носителя

frontier новая область

front-loading загружаемый с лицевой стороны

front matter обложка и титульные листы

front of the scene передняя часть сцены (в графике)

front panel лицевая панель; передняя сторона

front panel control управление на лицевой панели

front projection фронтальная проекция

front-runner наиболее вероятный претендент

front screen экран-заставка; начальный экран

front-side bus внешняя шина

front slash прямая косая черта; символ /

front view вид спереди

frontware интерфейсное программное обеспечение; ПО обеспечения интерфейса

frozen reference запрещенный указатель

FRS 1. быстрая повторная синхронизация; быстрая ресинхронизация; 2. система управления экранными формами; 3. быстродействующее запоминающее устройство

FRX обмен с ретрансляцией кадров; технология ретрансляции кадров

FRX port порт с ретрансляцией кадров

try сгореть; выйти из строя

FS 1. разделитель файлов; 2. разделитель полей; 3. файл-сервер; файловый сервер; 4. стандарт де-факто; 5. состояние кадра

FSA архитектура финансовых служб

FSB функциональный системный блок

FSD 1. дисплей с плоским экраном; 2. драйвер файловой системы

FSF Фонд бесплатного программного обеспечения

FSFM полноэкранное полнодвижущееся (видео); видео с полным представлением движения на всем экране

FSFMV полноэкранное полнодвижущееся видео; полноэкранное FMV; видео с полным представлением движения на всем экране

FSH синхронизирующий заголовок в кадре; заголовок синхронизации кадра

FSI гибкий сценарный интерфейс; диалоговый сценарный интерфейс

FSIC функционально-специализированная интегральная схема

FSK кодирование со сдвигом частот; кодирование с изменением частот при передаче; частотная манипуляция

FSN сеть с полным набором услуг

FSP процесс обслуживания файлов

FSS 1. быстрая файловая система; 2. система поиска файлов

FSTN цветной ЖК-дисплей с матрицей пассивных скрученных нематических элементов с компенсирующими пленочными элементами

FSU 1. абонентский пункт волоконно-оптической линии; 2. файловое запоминающее устройство

F suffix суффикс F

FSU Region бывший Советский Союз; страны бывшего СССР

FT отказоустойчивый

FTA анализ дерева отказов

FTAM протокол FTAM; метод доступа при передаче файлов; служба пересылки, доступа и управления файлами

FTC Федеральная торговая комиссия (США); Федеральная комиссия по торговле

FTF средство передачи файлов

FTIR нарушение полного внутреннего отражения (в волоконной оптике)

FTM 1. пассивная матрица передачи кадров; 2. плоский монитор; 3. переключающая матрица

FTMD дисплей с плоской маской

FTMP отказоустойчивый мультипроцессор

FTP 1. программа передачи файлов; 2. протокол передачи файлов; протокол пересылки файлов; 3. режим работы, терпимый к сбоям; отказоустойчивая обработка (данных)

FTPD FTP-демон; программа, выполняющая функции FTP-сервера

FTPS система обработки финансовых транзакций; система обработки финансовых операций

FTS набор функциональных тестов

FTSA отказоустойчивая серверная архитектура

FT system отказоустойчивая система

FTT кадр отказа в настройке

FT test тест вычисления методом быстрого преобразования Фурье

FTU новый пользователь

fuchsia розовый

fudge 1. подогнать под ответ; 2. состряпать програ...

fudge factor настроечный параметр

FUI информация об изменениях файлов

fulcrum фулкрум; ядро

fulcrum approach циклический метод

fulfil выполнять

full adder полный сумматор; сумматор с 3 входами

full-automatic control 1. полностью автоматическая проверка; автоматический контроль; 2. автоматическое управление

full availability полная доступность

full backup 1. полное резервное копирование; полное дублирование; 2. полная резервная копия

full 32-bit полностью 32-разрядный

full-blown PC полнофункциональный ПК; «полноценный» персональный компьютер

full bus полноразрядная шина

full-color полноцветный

full-color bitmap pattern fill полноцветный растровый узор

full-color pattern полноцветный узор

full color pattern transparency прозрачность полноцветного узора

full color printing четырехкрасочная печать

full compatible полностью совместимый

full configured в максимальной конфигурации; в максимальном комплекте

full conjunctive normal form совершенная конъюнктивная нормальная форма

full connection полное соединение; протрассированное соединение

full disjunctive normal form совершенная дизъюнктивная нормальная форма

full distinguished name полное отличительное имя

full duplex дуплекс; полный дуплекс

full-duplex дуплексный

full-duplex circuit дуплексный канал

full-duplex Ethernet дуплексный вариант Ethernet

full-duplex switched Ethernet дуплексная коммутируемая сеть Ethernet

full-duplex transmission дуплексная передача

full expression полное выражение

full-featured полнофункциональный; с полным набором средств

full-featured system полнофункциональная система; «навороченная» система

full-fledged 1. полнофункциональный; с полным набором средств; 2. полномасштабный

full-function функционально полный; полнофункциональный; с полным набором функциональных возможностей

full functional profile полный функциональный профиль

full hysteresis loop предельная петля гистерезиса

full justification выравнивание по ширине

full-length instruction команда полной длины

full-length multiplication умножение с полной длиной результата

full line полное семейство; полный спектр

full-load conditions режим полной нагрузки

full lock полная блокировка

full matrix полная матрица

full-motion video видеофильм кинематографического качества; видео с полным представлением движения; видео с полноценным движением; полномасштабное видео; непрерывное изображение; движущееся изображение; компьютерный фильм

full network path полный сетевой путь

full of cards полный набор плат

full-page display полностраничный дисплей

full pathname полное имя маршрута

full-range полнофункциональный; с полным набором функций; с полным набором функциональных возможностей

full-range compiler полнофункциональный компилятор

full refund полный возврат затрат; полный возврат стоимости

full regular expressions полные регулярные выражения

full resolution с высоким разрешением

full route availability полная доступность маршрута

full scale в полном объеме

full-scale полнофункциональный; полномасштабный

full-scale test 1. полевые испытания; натурные испытания; 2. промышленные испытания; 3. комплексные испытания; 4. испытания по полной программе

full-screen полноэкранный

full-screen display mode полноэкранный режим

full-screen document документ во весь экран

full-screen FMV полноэкранное FMV; полноэкранное видео с полным представлением движения

full screen, full motion video полноэкранное полнодвижущееся видео

full-screen interface полноэкранный интерфейс

full-screen menu полноэкранное меню

full-screen mode полноэкранный режим; режим выполнения на полном экране

full-screen preview полноэкранный просмотр

full-select current ток полной выборки

full server полнофункциональный сервер

full-service с полным набором служб

full-service intranet интрасеть с полным набором служб

full-service network сеть с полным набором услуг; сеть с полным набором служб

full-size 1. полноразмерный; 2. полноразрядный

full-sized keyboard полноразмерная клавиатура

full subtractor полный вычитатель

full text area полноэкранная текстовая область

full-text indexing индексирование по всему тексту

full-text retrieval поиск по всему тексту

full-text search полнотекстовый поиск; поиск по всему тексту

full tower case полноразмерный башенный корпус

full-travel keyboard клавиатура с нормальным ходом клавиш

full tree полное дерево

full version полнофункциональный вариант; полная версия (программного продукта)

full word 1. полное слово; целое слово; 2. слово; 3. машинное слово

full-word boundary граница целого слова

full-word buffer 1. буфер на полноразрядное слово; 2. полноразрядное буферное устройство

full-word instruction команда длиной в полное слово

full-word wraparound перенос слова целиком на новую строку

full-write pulse полный импульс записи

fully accessible полностью доступный

fully associative memory полностью ассоциативная память

fully automatic автоматический

fully buffered stream полностью буферизируемый поток; поток с полной буферизацией

fully compatibility полная совместимость

fully compatible полностью совместимый

fully fledged specialist знающий специалист

fully functional полнофункциональный

fully functional application полнофункциональное приложение

fully functional dependence полная функциональная зависимость

fully integrated полностью интегрированный

fully interrogable associative memory полностью опрашиваемая ассоциативная память

fully inverted file полностью инвертированный файл

fully porulated полностью укомплектованный

fully qualified domain name полностью уточненное имя домена; полностью уточненное доменное имя

fully qualified identifier полностью уточненный идентификатор

fully qualified name полное квалификационное имя; полное уточненное имя

fully qualified symbol полностью уточненный идентификатор

fully reasoning полный вывод

fully redundant machine полностью резервированная машина

fully routed полностью маршрутизируемый

function 1. функция; 2. назначение; 2. оператор-функция; 3. подпрограмма-функция; 4. функционировать; работать; действовать; 5. срабатывать

functional abstract функциональная абстракция; абстракция функций

functional accuracy функциональное соответствие; соответствие функциональным требованиям

functional amplification функциональное усиление

functional analysis функциональный анализ

functional analyzer функциональный анализатор

functional approximation аппроксимация функциями

functional argument аргумент функции

functional arrangement функциональная схема

functional array функциональная матрица

functional assembly функциональный узел; функциональный блок

functional backup функциональный резерв; средства функционального резервирования

functional binding функциональная связь

functional block функциональный блок

functional block diagram функциональная блок-схема

functional branch функциональный переход

functional calculus 1. функциональное исчисление; 2. исчисление предикатов

functional capabilities функциональные возможности

functional character функциональный символ

functional check функциональная проверка

functional code функциональный код

functional completeness функциональная полнота

functional complexity функциональная сложность

functional counter функциональный счетчик

functional decomposition функциональная декомпозиция

functional density функциональная плотность

functional dependence функциональная зависимость

functional design 1. функциональное проектирование; 2. функциональная схема; 3. разработка функциональных схем

functional diagram функциональная диаграмма

functional disorder функциональное нарушение

functional diversity функциональное разнообразие

functional element функциональный элемент

functional equation функциональное уравнение

functional equivalent 1. функциональный эквивалент; 2. функционально эквивалентный

functional evaluation определение выходных реакций функциональных элементов

functional failure функциональный отказ; функциональный сбой

functional fault функциональная неисправность

functional generator функциональный преобразователь

functional grammar функциональная грамматика

functional graph функциональный граф

functional hierarchy функциональная иерархия

functional independence функциональная независимость

functional instruction функциональная команда

functional interleaving функциональное чередование

Functional Interpolating Transformation System система трансформации изображений методом функциональной интерполяции

functionality 1. функциональные возможности; функциональность; функциональные средства; 2. функциональное назначение; 3. выполняемые функции

functional keyboard функциональная клавиатура

functional language язык функционального программирования; функциональный язык; аппликативный язык

functional latency функциональная задержка

functional-level fault-tolerance функциональная отказоустойчивость

functionally dependent функционально зависимый

functional module функциональный модуль

functional optionality дополнительные функциональные возможности

functional partitioning функциональное разбиение

functional profile функциональный профиль

functional programming функциональное программирование

functional redundancy функциональная избыточность; функциональное резервирование

functional redundancy checking функциональный избыточный контроль; контроль с помощью функциональной избыточности

functional relationship функциональное соотношение

functional simulation функциональное моделирование

functional simulator функциональная модель

functional specification функциональное описание; функциональные спецификации

functional structure функциональная структура

functional subsystem функциональная подсистема

functional table функциональная таблица

functional term функциональный терм

functional test функциональная проверка; функциональный тест

functional test suite набор функциональных тестов

functional unit 1. функциональное устройство; 2. функциональный блок; 3. функциональный элемент

function argument аргумент функции

function box функциональный блок

function button функциональная клавиша; функциональная кнопка

function call вызов функции; обращение к функции

function call operator оператор вызова функции

function call tree дерево функциональных вызовов

function character управляющий символ

function code код режима работы; режим работы

function-compatible совместимый по функциям; функционально-совместимый

function compiler полнофункциональный компилятор

function constant функциональная константа

function conversion преобразование функции

function curve кривая действия (в графике)

function declarator объявление функции

function definition statement оператор определения функции

function designator 1. обозначение функции; 2. указатель функции

function file attribute функциональный атрибут файла

function generator функциональный преобразователь; генератор функций

function header заголовок функции

functioning 1. функционирование; работа; 2. срабатывание

function key функциональная клавиша

function keyboard функциональная клавиатура

function key definition определение функциональной клавиши

function-key menu меню, выводимое по функциональной клавише

function letters функциональные символы; символы кодов операций
function level функциональный уровень
function library библиотека функций
function-like macro макрокоманда, подобная функции
function management protocol протокол управления функциями сети
function mask маска функции
function name имя функции
function of time временная функция; функция времени; временная зависимость
function-oriented функционально-ориентированный
function overloading переопределение функции
function parameter параметр функции
function procedure процедура типа Function (во всех диалектах Бейсика); процедура-функция
function processor функциональный процессор
function program функциональная программа
function prototype прототип функции; описание внешней функции
function prototyping определение прототипа функции
function query language функциональный язык запросов
function reference вызов функции
function return возврат из функции
@functions @-функции
function scope контекст функции; область действия функции
function selector switch функциональный переключатель
function-specific IC функционально-специализированная интегральная схема
function subprogram подпрограмма-функция
function system block функциональный системный блок
function table таблица функции
function type 1. тип «функция»; 2. тип функции
function type conversion преобразование типа функции
function value значение функции
function word функциональное слово
functor 1. функциональный элемент; 2. функтор
fundamental 1. основная частота; основная гармоника; 2. частота основной моды; 3. основной; существенный; фундаментальный
fundamental branch фундаментальная ветвь
fundamental data type основной тип данных
fundamental equation 1. основное уравнение; базовое уравнение; 2. базовое соотношение
fundamental form основная формула
fundamental frequences фундаментальные частоты
fundamental function собственная функция
fundamental harmonic основная гармоника
fundamental type базовый тип данных; основной тип
FUNI фреймовый пользовательский сетевой интерфейс

funnel конус кинескопа
funneling проникновение помех из одного канала в другой
funnel shifter двухуровневое устройство сдвига для выделения данных
fuschia розовый
fuse 1. плавкий предохранитель; плавкая перемычка; 2. пережигать перемычку
fuse board панель с плавкими предохранителями; плата с плавкими предохранителями; щиток с предохранителями
fuse cutout плавкий предохранитель
fuser термозакрепляющее устройство; термофиксатор (в принтере); блок для термического закрепления тонера
fuser oil масло для термофиксатора
fusible link плавкая перемычка
fusible-link connection плавкая перемычка
fusing split blend сложный переход (в графических пакетах)
fusion 1. пережигание плавких перемычек; 2. перегорание предохранителя; 3. слияние
fusion memory «синтетическая» память
fuzzification 1. размывание (в графике); 2. подготовка задачи для решения методами нечеткой логики
fuzzifier элемент первичной обработки входных параметров для реализации методов нечеткой логики
fuzziness размытость; нечеткость (изображения)
fuzzy calculations нечеткие вычисления; вычисления методами нечеткой логики
'fuzzy controller регулятор с нечетким алгоритмом
fuzzy grammar нечеткая грамматика; расплывчатая грамматика; грамматика, использующая концепцию нечетких множеств
fuzzy interface unit интерфейс оконечного устройства, применяющий алгоритмы нечеткой логики
fuzzy logic нечеткая логика
fuzzy-logic controller контроллер, построенный на принципах нечеткой логики; контроллер нечеткой логики
fuzzy matcher 1. программа сопоставления данных методами нечеткой логики; 2. подсистема логического вывода по принципам нечеткой логики
fuzzy measure нечеткий критерий
fuzzy numbers нечеткие числа
fuzzy object объект с нечеткими границами
fuzzy search нечеткий поиск
fuzzy set нечеткое множество; размытое множество
FWIW по непроверенным данным (сокращение, принятое в Internet)
fxd фиксированный; постоянный
FXP фиксированная точка
FY финансовый год
FYI для вашего сведения; к вашему сведению (сокращение, принятое в Internet)

– Gg –

GAAP общепринятые принципы бухгалтерского учета
GaAs circuit арсенид-галлиевая схема
gadgets реквизиты; полезные мелочи
gadget window окно реквизитов
gage 1. средство измерений; контрольно-измерительный прибор; измеритель; 2. эталон; 3. калибр топологического пространства; 4. мера; 5. измерять; 6. обрабатывать по размеру
gaging 1. измерение; замер; контроль; 2. калибровка
gaging equipment измерительное оборудование; измерительная аппаратура
gain 1. выигрыш; 2. усиление; прирост; увеличение; 3. коэффициент усиления; коэффициент передачи; 4. прибыль; 5. коэффициент направленного действия; 6. усиливать; 7. расти; 8. получать; приобретать
gain access получать доступ
gain control регулировка усиления
gain factor коэффициент усиления
gain-frequency characteristic амплитудно-частотная характеристика
gain margin пределы усиления; запас по усилению
Galerkin's method метод Галеркина
gallery 1. «галерея»; библиотека; набор; 2. контрольная строка; гранка; отпечаток шрифта
galley гранки; корректурный оттиск
galley proof гранки
galvanic batery гальваническая батарея
GAM графический метод доступа
game 1. игра; 2. игровая программа; 3. партия
game cartridge игровой картридж; картридж с компьютерной игрой
game computer игровой компьютер; игровой ПК
game console игровая консоль
game development tools инструментальные средства разработки игровых программ
game matrix платежная матрица (в теории игр)
game-model approach модельно-игровой подход
game of survival игра на выживание
game-play functionality функции поддержки компьютерных игр
game-playing machine игровая машина; игровой компьютер
game port игровой порт
game program игровая программа; компьютерная игра
game programming программирование компьютерных игр
GAPPR разработчик игр
game rule правило игры
game subsystem игровая подсистема
game-theoretical теоретико-игровой
game-theoretical approach теоретико-игровой подход

game theory теория игр
game tree дерево игры
game value цена игры
game with inexact information игра с неполной информацией
game with perfect recall игра с идеальной памятью
gaming игра; теория игр
gaming model игровая модель
gaming simulation игровое имитационное моделирование
gamist специалист по теории игр
gamma 1. гамма; нелинейная функция интенсивности воспроизведения изображений на экране; 2. коэффициент контрастности; 3. показатель гамма; отношение между градацией тонов в файле и на устройстве вывода
gamma correction гамма-коррекция; коррекция градации тонов на изображении; модификация уровней яркости промежуточных оттенков серого
Gamma filter фильтр «Гамма»
Gamma-generator генератор случайных чисел с гамма-распределением
gamma value значение гаммы
gamut цветовая гамма; цветовой охват; границы цвета; границы CMYK
gamut alarm выделение непечатающихся цветов; предупреждение о невоспроизводимости цвета (на устройстве вывода)
gamut mapping отображение не входящих в CMYK цветов
Gane-Sarson notation нотация Гейна-Сарсона (в CASE-системах)
gang комплект; набор; совокупность
gang job card карта групповой сдельной работы; карта аккордной работы
gangling pointer повисший указатель
Ganning transceiver logic логические схемы приемопередатчика Ганнинга
Gantt chart график Гантта; диаграмма графического отображения Гантта
gap 1. отсутствие сигнала; отсутствие импульса; 2. пауза в работе; 3. зазор; промежуток; пробел; пропуск; 4. мертвая зона; зона молчания; 5. минимум диаграммы направленности (антенны); 6. делать пробел
gap character символ пробела
gap depth ширина щели; ширина зазора
gap digits пустые разряды
gap on magnetic tape промежуток на магнитной ленте
GAPPN архитектура гигабитных одноуровневых сетей
gap theorem теорема о промежутке
garbage 1. мусор; ненужные данные; ненужная информация; 2. перекрестные помехи (из-за избыточной ширины спектра)

garbage collect чистить память; «собирать мусор»
garbage collection чистка памяти; «сборка мусора»
garbage collector «сборщик мусора»
garbage-in, garbage-out бессмысленный ответ на бессмысленно поставленный вопрос
garbie 1. искажение; порча; 2. искажать; портить; 3. извлекать; выбирать
garbled character посторонний символ; непонятный символ
garbled file испорченный файл
garbled message бессмысленное сообщение
garble extension распространение искаженных данных
garbling искажение информации
GART таблица переадресации графики
gas plasma display газо-плазменный дисплей; плазменный дисплей
GAT общий шаблон прикладных программ
gate вентиль; клапан; схема совпадений
gate-array chip кристалл с вентильной матрицей
gated amplifier усилитель по схеме совпадения; стробированный усилитель
gated full array вентильный полный сумматор
gated inverter инвертер со схемой совпадения
gate/flip-flop card плата с последовательной логикой
gatefold вкладка; вклейка; «уши»
gateway шлюз; межсетевой шлюз; межсетевой интерфейс; межсетевой преобразователь
gateway computer шлюзовой компьютер; шлюзовая машина; шлюз
gateway/network interface интерфейс сеть/шлюз
gateway processor межсетевой процессор; процессор обмена
gateway product шлюзовой программный продукт
Gateway Routing Manager диспетчер маршрутов
gateway server шлюз локальной сети; шлюзовой сервер; сервер шлюза
gateway software шлюз; шлюзовые программные средства; шлюзовое программное обеспечение; программный шлюз
gateway terminal 1. узловая станция (сети); 2. терминал межсетевого обмена (данными)
gateway-to-gateway protocol протокол межсетевого сопряжения
gather собирать; накапливать; соединять
gatherer подборочная машина
gathering 1. сбор (данных); 2. комплектовка (книжного блока)
gather write запись со слиянием
gauge board приборная доска
gauge control измерительный управляющий элемент; экранный индикатор
gauss гаусс; Гс (единица индукции)
Gauss error integral интеграл ошибки
Gauss formula формула Гаусса
Gaussian гауссиан
Gaussian blur гауссова размытость (графический эффект); гауссово размывание
Gaussian blur filter фильтр «размывка по Гауссу»
Gaussian channel гауссовский канал
Gaussian distribution гауссово распределение; распределение Гаусса; нормальное распределение
Gaussian elimination гауссово исключение
Gaussian integer комплексное целое число
Gaussian law гауссовский закон распределения вероятностей; нормальное распределение
Gaussian noise гауссов шум; нормально распределенный шум
GB 1. гигабайт; Гбайт: 1073741824 байта; 2. миллиард байт (при измерении емкости жестких дисков)

Gb гигабит
Gbps гигабит в секунду; Гбит/с
G-buffer G-буфер
G-buffer channels каналы G-буфера
GC игровой компьютер
GCA 1. советчик по курсам для студентов выпускников; экспертная система CGA; 2. Ассоциация по передаче графической информации
GCC общее управление конференцией
GCD наибольший общий делитель
GCI связной интерфейс общего назначения; унифицированный схемный интерфейс (компонентов)
GCR 1. запись с использованием группового кодирования; 2. замещение серых тонов; замена серого компонента цветных красок
GCS общая классификационная схема
GCT обобщенное преобразование Чена
GDA 1. адаптер графического дисплея; 2. видеографический стандарт GDA
GDF формат географической базы данных; стандарт GDF
GDG группа данных одного поколения
GDI 1. общий интерфейс доступа к данным; 2. интерфейс графических устройств; графический стандарт GDI
G-distribution гамма-распределение
GDMO принципы описания управляемых объектов
GDP обработка геометрических данных
GDS глобальная служба каталога
GDSS система поддержки принятия решений для рабочих групп; система обеспечения принятия групповых решений
GDT глобальная таблица дескрипторов
GDTR регистр таблицы глобальных дескрипторов
GE 1. гигабитная Ethernet; технология Gigabit Ethernet; 2. больше или равно
gear 1. механизм; устройство; приспособление; 2. аппаратура; оборудование; «железо»; 3. привод
gel светофильтр
gel-mounted на эластичной подушке (ЖК-экран)
GEM диспетчер графической среды; программа-менеджер графической среды; графический пользовательский интерфейс для среды DOS
gender changer переходник разъема (для подключения вилочного соединителя к гнездовому или наоборот)
general общий; обычный; полный; всеобщий; генеральный
general accounting общий учет; общий бухгалтерский учет
general application template общий шаблон прикладных программ
general cell базовый элемент; базовая ячейка
general chart обобщенная диаграмма
General Circuit Interface унифицированный схемный интерфейс (компонентов)
general classification scheme общая классификационная схема
general concept общий принцип; обобщенное понятие; общее понятие
general data access method общий метод доступа к данным
General Data Interface общий интерфейс доступа к данным
general date полный формат даты
general declarations section of a code раздел общих объявлений (в программе)
general error ошибка общего характера
general escape обычный переход
general factor фактор, общий для всех переменных
general flow-chart обобщенная блок-схема
general format identifier идентификатор общего формата данных
general information network общая информационная сеть

general information retrieval language обобщенный информационно-поисковый язык

general input/output channel общий канал ввода-вывода

general instruction основная команда

general interface стандартный интерфейс; универсальный интерфейс

generality 1. общность; 2. универсальность; 3. общие замечания; 4. неопределенность

generality of the program универсальность программы

generalization обобщение

generalization hierarchy иерархия по степени общности; иерархия обобщенных представлений

generalize обобщать

generalized общий; обобщенный; универсальный

generalized algorithm обобщенный алгоритм

generalized Chen transform обобщенное преобразование Чена

generalized communication interface связной интерфейс общего назначения

generalized DBMS универсальная СУБД

generalized delta rule обобщенное дельта-правило

generalized entropy обобщенная энтропия

generalized equation обобщенное уравнение

generalized facilities универсальные средства

generalized grammar обобщенная грамматика

generalized input/output controller универсальный контроллер ввода-вывода

generalized model обобщенная модель

generalized parameter обобщенный параметр

generalized programming обобщенное программирование

generalized remote access data base база данных общего назначения с дистанционным доступом

generalized sequential access method обобщенный последовательный метод доступа

generalized sequential machine обобщенная последовательная машина

generalized simulation language универсальный язык моделирования; обобщенный язык моделирования

generalized sort/merge program обобщенная программа сортировки/слияния

generalized supervisor call trace программа регистрации прерываний при обращении к супервизору

generalized trace program обобщенная программа регистрации событий

general knowledge base база общих знаний

general manager главный управляющий; директор-распорядитель; генеральный менеджер

general memory основная память

general methodology общая методология

general minimal form общая минимальная форма

general model общая модель

general options общие параметры

general peripheral controller универсальный периферийный контроллер

general phrase structure grammar обобщенная грамматика лексических структур

general polling общий опрос

general port-mortem program универсальная диагностическая программа

general procedure процедура общего назначения

general protection общая защита

general protection fault общая ошибка защиты; общее нарушение защиты

general purpose универсальный; общего назначения

general purpose application program package пакет прикладных программ общего назначения

general-purpose computer универсальная ЭВМ; компьютер общего назначения

general purpose digital computer универсальная цифровая ЭВМ

general-purpose function generator генератор произвольной функции; универсальный генератор функций

general purpose input/output processor универсальный процессор ввода-вывода

general purpose interface универсальный интерфейс; интерфейс общего пользования

general-purpose interface adapter универсальный адаптер сопряжения

general-purpose interface bus универсальная интерфейсная шина; интерфейсная шина общего назначения

general-purpose interface общий интерфейс; интерфейс общего назначения

general-purpose memory универсальная память; универсальное запоминающее устройство

general-purpose network operating system сетевая операционная система общего назначения

general purpose operating system универсальная операционная система; операционная система общего назначения

general-purpose register регистр общего назначения

general-purpose routine универсальная программа

general-purpose scientific document image code код для перевода графической информации в цифровую форму

general-purpose simulation system универсальная система моделирования; язык моделирования GPSS

general-purpose system система общего назначения; универсальная система

general-purpose terminal универсальный терминал

general recursiveness общая рекурсивность

general register регистр общего назначения; общий регистр

general routine универсальная программа

general security for equipment using общие требования по безопасности аппаратуры

General Services Administration Управление служб общего назначения

general software общее программное обеспечение

general solution общее решение

general sum game ненулевая игра; игра с накопленной суммой

general systematic solution общее систематическое решение

general system functional flaw типовой функциональный дефект

general-system interface общесистемный интерфейс

general utilities утилиты общего назначения

generally accepted accounting principles общепринятые принципы бухгалтерского учета

generate 1. производить; создавать; образовывать; формировать; 2. порождать; 3. генерировать

generate-and-test computations вычисления с порождением и проверкой гипотез

generate a pageview создание подборки

generated address генерируемый адрес; сформированный адрес; вычисленный адрес

generated error 1. накопленная ошибка; суммарная ошибка; 2. порождаемая ошибка; генерируемая ошибка

generated message format формат порожденного сообщения

generating element порождающий элемент

generating equation порождающее уравнение

generating function производящая функция

generating polynomial порождающий многочлен

generating ray образующая

generating system генерирующая система

generation 1. производство; создание; образование; формирование; 2. порождение; 3. генерация; 4. поколение (ЭВМ); 5. накопление; 6. выработка

generational garbage collection «сборка мусора разных поколений»

generation data group группа данных одного поколения

generation data set поколение данных

generation number номер версии

generation processing подготовка к генерации

generations of computers поколения ЭВМ

generative grammar порождающая грамматика

generator 1. генератор; 2. программа-генератор; генерирующая программа; 3. датчик; 4. порождающая функция; производящая функция; 5. формирователь; формирующее устройство

generator matrix порождающая матрица

generatrix генератриса; производящая функция

generic родовой; характерный для определенной группы; типовой; обобщенный; общий; базовый; настраиваемый; универсальный

generic class родовой класс

generic clause оператор настройки; оператор описания; описание настройки (в VHDL)

generic command групповая команда

generic control key общая управляющая клавиша

generic coordinates обобщенные координаты

generic definition видовое определение

generic description обобщенное описание

generic device name общее имя устройства

generic driver универсальный драйвер

generic flow control контроль обобщенного потока

generic font генерируемый комплект шрифта; типовой шрифт

generic frame родовой фрейм; фрейм-прототип

generic function генерирующая функция; родовая функция

generic IOCTL request обобщенный запрос управления вводом-выводом устройства

generic key общий ключ; общая часть ключа

generic list список параметров настройки (VHDL)

generic model обобщенная модель; типовая модель

generic network simulator универсальное устройство для моделирования сети

generic operation обобщенная операция

generic package настраиваемый пакет

generic page заглавная страница (Internet)

generic procedure общая процедура; обобщенная процедура

generic security services API общий интерфейс прикладного программирования служб защиты данных

generic subroutine обобщенная подпрограмма

generic test suite типовая тестовая последовательность

generic type обобщенный тип; параметризованный тип; настраиваемый тип

generic unit name обобщенное имя устройства; имя комплекта устройств

GENESIM универсальное устройство для моделирования сети

genetic algorithm генетический алгоритм; алгоритм, использующий методы «цифрового дарвинизма»

genigraphics wizard мастер базисной анимации

genlock генлок; синхронизация по внешнему видеосигналу; устройство для синхронизации изображений

genotiation согласование (взаимодействия двух абонентов сети)

gentle curve пологая кривая

geographically desperced географически разрозненные; географически рассредоточенные (сети)

geographically separated users пользователи, географически удаленные друг от друга

geographic dispersion географическая разрозненность

geographic information system географическая информационная система

Geographic Information Working Group Рабочая группа по географическим информационным системам

geographic location географическое местоположение

geometric addition векторное сложение; графическое сложение

geometrical addition векторное сложение; графическое сложение

geometrical data processing обработка геометрических данных

geometrical layout геометрическое расположение

geometrical solution геометрическое решение

geometric database база геометрических данных

geometric graphics геометрическая графика

geometric mean геометрическое среднее

geometric model геометрическая модель

geometric object геометрический объект

geometric primitive геометрический примитив

geometric properties геометрические характеристики

geometric relationship геометрические отношения (между элементами чертежа)

geometry 1. геометрия; 2. форма; конфигурация; 3. проектные нормы топологии (ИС); параметры топологии

geometry acceleration ускорение геометрических операций

geometry engine геометрическая машина

geometry processor chip процессор геометрических операций

geoprocessing обработка географической информации

Gerber format формат Gerber

GERT метод графической оценки и анализа сетей

gesture 1. графический знак, программируемый пользователем; 2. жест

gesturing перемещение пера; перьевой ввод графических данных

get 1. получать; извлекать; 2. вычислять; 3. прочитать; 4. принимать

get help получение справочной информации

get-in вгонка; операция по формированию в издании полос единого формата

get request element routine программа подготовки элемента запроса

getting acquainted ознакомление

getting help получение справочной информации; получение подсказки; получение справки

getting into the loop зацикливание

getting out выход

getting started введение; начало работы

getting started guide руководство по началу работы; введение

GFA вентильный полный сумматор

GFC контроль обобщенного потока

GFI идентификатор общего формата данных

GFLOPS миллиард FLOPS; гигафлопс; Гфлопс

GFM средство графического мониторинга

GFP глобальная функциональная плоскость

GGP протокол межсетевого сопряжения

ghost 1. повторное изображение; «повтор»; «калька» (предыдущего кадра); «призрак»; ореол; 2. постороннее изображение на оттиске (при печати)

ghostable фантомный

ghostable memory фантомная память
ghost image фантомное изображение
giant brain большая ЭВМ
giant computer сверхбольшая ЭВМ
giant-powered computer супер-ЭВМ; сверхвысокопроизводительная машина; суперкомпьютер
Gibson-mix смесь Гибсона
GIC общий канал ввода-вывода
GID идентификатор группы
GIF формат обмена графическими данными
gigabit capabilities поддержка гигабитных скоростей передачи данных (в сетевых устройствах)
gigabit per second гигабит в секунду
gigabyte гигабайт; 1073741824 байта
gigaFLOPS миллиард FLOPS; гигафлопс; Гфлопс; миллиард операций с плавающей точкой в секунду
gigaspeed technology гигабитная технология
GIGO «мусор на входе — мусор на выходе»; «каков запрос, таков ответ»; бессмысленный ответ на бессмысленно поставленный вопрос
GII глобальная информационная инфраструктура
Gilbert — Varshamov bound граница Варшамова — Гильберта
GIN глобальная информационная сеть; общая информационная сеть
GIOC универсальный контроллер ввода-вывода
GIOP универсальный процессор ввода-вывода
GIPS система поиска графической информации
GIRL обобщенный информационно-поисковый язык
GIRS система поиска графической информации
GIS 1. географическая информационная система; система обработки географической информации; геоинформационная система; 2. графическая информационная система
GIS environment среда географических информационных систем
given decomposition заданное разложение
give up control вернуть управление
giveup interval интервал попыток повторной передачи
GIWG Рабочая группа по географическим информационным системам
GJP процессор для выполнения графических заданий
GKS ядро графической системы; базовая система графических средств; базовая графическая система
GKS metafile метафайл GKS; графические данные в формате GKS
1GL язык первого поколения; язык нижнего уровня
2GL язык второго поколения; язык уровня 2GL
3GL язык третьего поколения; язык уровня 3GL
4GL язык четвертого поколения; язык уровня 4GL
5GL язык пятого поколения; язык уровня 5GL
glare блик
glass block effect эффект «рифленое стекло» (в графических пакетах)
glass block filter фильтр «рифленое стекло»
glass box «прозрачный ящик»
glass fiber стекловолокно
glass filter фильтр «стекло»
glass house вычислительный центр
glass master disc стеклянный диск-оригинал; мастер-диск
glass teletype «стеклянный телетайп»
3GL development 3GL-разработка; разработка на языке третьего поколения
glitch 1. глитч; кратковременная импульсная помеха; 2. сбой; внезапный отказ; поломка; авария; 3. незначительная неисправность (в электронной аппаратуре); кратковременный отказ; 4. непредусмотренный символ; 5. сбоить; да-

вать сбой; 6. проскакивать; застопориваться; продвигаться скачками; дергаться
global глобальный; мировой; всемирный; общий
global account глобальные учетные данные пользователя
global address глобальный адрес
global address list список глобальных адресов
global assertion глобальное утверждение
global bus общий проводник
global communication system глобальная система связи
global conceptual schema глобальная концептуальная схема
global constraint глобальное ограничение
global data глобальные данные
global database consistency глобальная согласованность базы данных
global data group глобальная группа данных
global descriptor глобальный дескриптор
global descriptor table таблица глобальных дескрипторов
global descriptor table register регистр таблицы глобальных дескрипторов
global dictionary глобальный словарь; глобальный каталог
global directory глобальный каталог
global directory services глобальная служба каталога
global document routing глобальная маршрутизация документов
global extremum глобальный экстремум
global function глобальная функция
global functional plane глобальная функциональная плоскость
global identifier глобальный идентификатор; глобальное имя
global information network глобальная информационная сеть
global Internet глобальная сеть Internet
global lock глобальная блокировка; общая блокировка
global login глобальная регистрация
global login profile глобальный профиль регистрации
global login script глобальный сценарий регистрации
globally defined глобально определенные
global memory память глобальных данных
global memory handle глобальный описатель памяти
Global Message Handling System глобальная служба обработки сообщений
global messaging searching глобальный поиск сообщений
global mix shader смешанная фактура
global modeling глобальное моделирование
global name глобальное имя
global network всемирная сеть; глобальная сеть
global optimization глобальная оптимизация
global positioning system система глобального позиционирования
global reference глобальная ссылка
global scope глобальный контекст
global session identifier глобальный идентификатор сеанса
global symbol глобальный идентификатор
global symbolic name глобальное символическое имя
global system for mobile communications глобальная система связи с подвижными объектами; глобальная система мобильных коммуникаций; глобальная сотовая система цифровой радиосвязи; система GSM
global table глобальная таблица
global technical support всемирная техническая поддержка
global telecommunications system глобальная система телекоммуникаций
global telecoms network глобальная телекоммуникационная сеть
global title глобальное название

global universe мировое пространство

global unwind глобальная раскрутка (в структурной обработке исключений)

global variable глобальная переменная

Global Virtual Private Network глобальная виртуальная частная сеть

global virtual protocol глобальный виртуальный протокол

globbing подстановка

globe-spanning network всемирная сеть

GLOCOM глобальная система связи

GLOP синтаксический анализатор графических библиотечных объектов

glossary глоссарий; словарь терминов; классификатор

glossy paper глянцевая бумага

glottochronology лексикостатистика

glow 1. свечение (светодиодного индикатора); накал; 2. светиться

4GL system 4GL-система; система, использующая язык четвертого поколения

3GL technology 3GL-технология; технология разработки, предусматривающая применение языка третьего поколения

3GL tool инструментальное средство разработки третьего поколения

4GL tool средство разработки 4GL; инструментальное средство разработки четвертого поколения; инструментальное средство разработки приложений, использующее язык четвертого поколения

glue 1. связующий элемент; связующее звено; интегрирующая технология; 2. клей; 3. наклеивать

glue chip связующий кристалл

glued simulator гибридные средства моделирования; гибридный комплекс моделирования; комплекс цифрового и схемного моделирования

glue logic связующие логические схемы; «стыковочная» логика; соединительные логические схемы

glyph глиф; образ символа в битовой карте

glyph data table таблица данных о глифах

GM глобальная память

GM 1. глобальная память; 2. главный управляющий; директор-распорядитель

GMF графическая программа мониторинга

GMHS глобальная служба обработки сообщений

GMR гигантская магниторезистивность

GMR head «гигантская» магниторезистивная головка; головка GMR

GMT среднее гринвичское время

GMU устройство гигабитовой памяти

GND «земля»; заземление

go продолжать; идти дальше

go-ahead mode эстафетный режим

goal 1. цель; задача; целевая установка; направление действий; 2. целевой

goal base база целей

goal-driven управляемый целями

goal function целевая функция

goal hypothesis целевая гипотеза

goal-invoked interpretation рассуждение от цели; интерпретация от цели

goal list список целей

goal-seeking целенаправленный

goal-seeking behavior целенаправленное поведение

goals thrashing переполнение списка целей

go bit стартовый бит

gobo 1. светозащитная бленда; 2. противошумовой экран (микрофона)

Godel numbering of a formal system геделевская нумерация формальной системы

Godel's incompleteness theorems теоремы Геделя о неполноте

goggles дисплейные очки

go into context войти в контекст

go into details вдаваться в подробности; переходить к деталям

Golay codes коды Голея

golden section золотое сечение; гармоническое деление

gold-plated connector разъем с позолоченными контактами

gold-plated lead позолоченный вывод; позолоченный контакт

golf-ball сферическая головка

golf-ball printer принтер с шариковой головкой; печатающее устройство со сферической головкой

go-no-go data данные «годен/не годен»

go/no-go evaluation оценка по принципу «годен — не годен»

go/no go index показатель годности (устройства)

go/no go testing отбраковочные испытания; проверка работоспособности

Good — de Bruijn diagram диаграмма Гуда — де Брюйна

good machine 1. исправное устройство; 2. исправная модель

goodness of fit степень согласия

goods 1. товары; изделия; 2. материалы

goodwill престиж фирмы; ценность фирмы, определяющаяся ее репутацией

GOOP графическое объектно-ориентированное программирование

Gopher протокол распространения электронной информации

Goppa codes коды Гоппы

GOPS миллиардов операций в секунду; 10^9 оп/с

GOS 1. категория обслуживания; 2. графическая операционная система

GOSIP 1. государственная спецификация поставки оборудования; 2. государственный профиль архитектуры; правительственный профиль взаимодействия открытых систем

gothic готический шрифт; гротесковый шрифт

goto переход

Goto algorithm алгоритм Гото

go to column переход к колонке; переход к столбцу

go to control перейти к элементу управления

go to field перейти к полю

go to page перейти на страницу

go to record перейти на запись

goto statement оператор перехода

Gouraud shading закраска по методу Гуро; сглаживание и расчет по методу Гуро; затенение по Гуро

govern регулировать; управлять

governing управление; регулирование

governor 1. регулятор; 2. управляющее слово

goword слово для отсылки

GP 1. общая защита; 2. игровой порт; 3. обобщенное программирование; 4. универсальный; общего назначения

GPC 1. универсальный периферийный контроллер; 2. универсальная ЭВМ

GPC Group Комитет по характеристикам графической производительности

GP computer универсальный компьютер

GPD газо-плазменный дисплей

GPDC универсальная цифровая ЭВМ

GP display плазменный дисплей; газо-плазменный дисплей

GPF общая ошибка защиты; общее нарушение защиты; нарушение защиты общего характера; срабатывание общей защиты; признак GPF

GPI 1. интерфейсная шина общего назначения; 2. интерфейс графических программ; графический программный интерфейс

GPIA универсальный адаптер сопряжения

GPIB универсальная интерфейсная шина; интерфейсная шина общего назначения

GPO государственное издательство

GPO-2 mix смесь ГПО-2

GPOS операционная система общего назначения

GPP общий протокол пакетной передачи

gppm графических страниц в минуту

GPR регистр общего назначения

GPRS общие услуги пакетной радиосвязи; общий сервис пакетной радиопередачи

GPS 1. универсальная система; 2. процессор графических сигналов; 3. система глобального позиционирования; глобальная система навигации

GPSDIC код для перевода графической информации в цифровую форму

GPSG обобщенная грамматика лексических структур

GPS group группа по оценке характеристик средств машинной графики

GPSS универсальная система моделирования; язык моделирования GPSS

GPT универсальный терминал

GPU графический процессор

GQE графический запрос по образцу

GR регистр общего назначения

grab захватывать

grabber 1. контактирующее приспособление; 2. плата захвата

graceful постепенный

graceful degradation 1. амортизация отказов; 2. плавное снижение эффективности; постепенное сужение возможностей системы; постепенный вывод из работы

gradation градация; плавный переход тонов от светов к теням

gradation smoothness плавность градации

GRADB база данных общего назначения с дистанционным доступом

grade 1. сорт; 2. степень; уровень; приоритет; 3. качество; 4. класс; разряд; категория; 5. градус; 6. марка; 7. степень чистоты; 8. фракция; 9. сортировать; классифицировать; ранжировать; 10. градуировать

grade correlation ранговая корреляция

graded-index glass fiber градиентное стекловолокно; стекловолокно с плавно изменяющимся коэффициентом преломления

grade of membership степень принадлежности

grade of service категория обслуживания

gradient плавно меняющийся цвет; плавные переход цветов; раскат тонов; градиент

gradient-fill handling градиентная закраска; градиентная заливка; средства градиентной передачи

gradient fill tool инструмент «градиентная заливка»

gradient gel градиентный светофильтр

gradient method градиентный метод

grading классификация; градация

gradually поэтапно; постепенно

gradual render-flow последовательное уменьшение числа значащих разрядов

Graduate Course Advisor советчик по курсам для студентов выпускников; экспертная система CGA

graduate student аспирант

graduation 1. деление (шкалы); 2. градуировка; нанесение делений; градация; 3. калибровка; 4. нанесение кривой по точкам; сглаживание; 5. окончание учебного заведения; 6. присуждение ученой степени

graffiti граффити

graft прививка

graftal графтал

GRAIL язык программирования для ввода графической информации

grain 1. зерно; 2. зернистость

grain direction направления протяжки вдоль волокон бумаги

graininess степень дробности; зернистость (в графике)

graininess adjusting коррекция зернистости

graining создание зернистости; формирование эффекта зернистой поверхности

grammar грамматика

grammar checking проверка правописания; проверка грамматики

grammar-driven синтаксически управляемый; управляемый грамматическими правилами

grammar graph граф грамматики

grammar schema схема грамматики

grammatical грамматический; грамматически правильный

grammatical analysis грамматический анализ

grammatical category грамматическая категория

grammatical coding кодирование грамматической информации

grammatical inference грамматический вывод

grammatically грамматически; с грамматической точки зрения

grammatics грамматика

grandfather/father/son «дед/отец/сын»

grandfather file предпоследняя версия файла

grand total общая сумма; конечная сумма; общий итог

grand total record итоговая суммарная запись

grant 1. предоставление; разрешение; 2. давать; предоставлять

grant in входное разрешение

grant line линия арбитража; линия разрешения; линия предоставления доступа к шине

grant of licence лицензионные гарантии

grant out выходное разрешение

granularity уровень модульности; степень структурированности; крупность; грануляция; глубина детализации; степень детализации; величина разбиения; степень разбиения; степень разрешения

granularity shift сдвиг гранулярности; несоответствие структурирования задачи числу процессоров

granulation 1. гранулирование; грануляция; 2. дробление

granule гранула; область блокирования

graph 1. график; кривая; диаграмма; номограмма; 2. граф; 3. строить график; вычерчивать кривую; вычерчивать диаграмму

graph algorithm графовый алгоритм

graph annotator графический редактор

graph button командная кнопка графика; кнопка графика

graph character графический символ

graph chart тело графика

graph editor редактор графовых представлений

grapheme графема

graphetic level уровень графем; графический уровень

graph follower повторитель кривых; графоповторитель; устройство ввода контурных изображений

graphic 1. графический знак; графический символ; 2. графические средства: графика; 3. устройства ввода-вывода графических данных; 4. графические данные; 5. иллюстрации; 6. графический

graphic access method графический метод доступа; метод доступа к графической информации

graphic adapter графический адаптер

graphical administration program графическая программа администрирования

graphical application графическое приложение

graphical configuration utility графическая утилита настройки конфигурации

graphical evaluation and review technique метод графической оценки и анализа сетей; метод GERT

graphical form графическая форма

graphical hierarchical documentation графическая иерархическая документация

graphical information system графическая информационная система

graphical kinematics графические средства воспроизведения кинематики

Graphical Library Object Parser синтаксический анализатор графических библиотечных объектов

graphical management console графическая управляющая консоль

graphical minimization графическая минимизация

graphical object-oriented programming графическое объектно-ориентированное программирование

graphical output вывод графических данных; графический вывод

graphical output primitive графический примитив; элемент отображения; выходной примитив

graphical plotting matrix матрица графического вывода данных

graphical representation графическое представление

graphical tools графические средства

graphical user environment графическая среда пользователя

graphical workflow definer графический определитель потоков

graphical workspace manager графический администратор рабочей области

graphical workstation графическая рабочая станция

Graphic Animation System for Professionals профессиональная графическая анимационная система

graphic approach графический метод

graphic attributes графические атрибуты

graphic bitmap buffer буфер графической матрицы

graphic button графическая кнопка

graphic character графический знак; графический символ

graphic chart графическая диаграмма; график

graphic code графический код; графические условные обозначения

graphic command графическая команда

Graphic Communication Association Ассоциация по передаче графической информации

graphic coprocessor графический сопроцессор

graphic data графические данные; графическая информация

graphic data byte байт графических данных

graphic data input ввод графических данных

graphic data output вывод графических данных

graphic designer художник компьютерной графики

graphic device interface интерфейс с графическим устройством; интерфейс графического устройства; графический стандарт GDI

graphic dialog графический диалог

graphic digitizer диджитайзер; преобразователь из графической формы в цифровую

graphic display графический дисплей

graphic display system программа графического воспроизведения; система графического отображения

graphic editor графический редактор; редактор графики

graphic element графический элемент; графический примитив

graphic engine графический процессор

graphic example наглядный пример; пример с графическим представлением

graphic expression графическое представление

graphic extension графическое расширение

graphic feedback графическая обратная связь

graphic filter графический фильтр

graphic form графическая форма

graphic image mode графический режим

graphic information acqusition сбор информации в графической форме

graphic information retrieval system система поиска графической информации

graphic input ввод графических данных; графический ввод

graphic input device устройство для ввода графической информации; устройство графического ввода

graphic input language язык программирования для ввода графической информации

graphic input-output device графическое устройство ввода-вывода

graphic interactive display интерактивный графический дисплей

graphic interface графический интерфейс; средства графического взаимодействия

graphic item графический элемент

graphic job processing обработка графической информации; обработка графического задания

graphic job processor 1. программа обработки графической информации; 2. процессор для выполнения графических заданий

Graphic Kernel System базовая графическая система

graphic language графический язык

graphic method графический метод

graphic minimization графическая минимизация

graphic mode графический режим; режим графического представления данных

graphic noise помехи при выводе графической информации

graphic object графический объект

graphic operating system графическая операционная система

graphic output графический вывод

graphic package графический пакет

graphic palette палитра

graphic pen световое перо

graphic primitive графический примитив

graphic processor графический процессор

Graphic Program Interface интерфейс графических программ; интерфейс GPI

graphic programming interface графический программный интерфейс

graphic representation графическое представление

graphic ruler графическая линейка разметки

graphics 1. графика; графические изображения; иллюстрации; 2. графические средства; 3. графические устройства; устройства ввода-вывода графики; 4. графические данные

graphics accelerator ускоритель выполнения графических операций

graphics adapter графический адаптер

graphics algorithm графический алгоритм

graphics application прикладная программа, работающая с графикой

graphics assistant графический сопроцессор

graphics-based environment графическая среда; графический интерфейс

graphics block графическая врезка

graphics board графическая плата

graphics box графическая врезка

graphics bus шина передачи графических данных

graphics card графический адаптер

graphics cursor functions функции графического курсора

graphics display adapter 1. адаптер графического дисплея; 2. видеографический стандарт GDA

graphics editor графический редактор; редактор изображений

graphics engine графический процессор; графическое ядро

Graphics Environment Manager программа-менеджер графической среды; графический пользовательский интерфейс для среды DOS

graphics error ошибка графической операции

graphics font графический шрифт

graphics format графический формат

graphics formatter графические средства форматирования

graphics generator генератор элементов графических изображений; генератор графических изображений

graphics hardware аппаратное обеспечение машинной графики

graphic signal processor процессор графических сигналов

graphics image format формат обмена графическими данными

graphics-intensive application приложение с большим объемом графических операций

graphics interchange format формат обмена графическими данными

graphics I/O error ошибка ввода-вывода в графическом режиме

graphics kernel ядро графической системы

graphics kernel system базовая графическая система

graphics language 1. язык графических символов; 2. язык задач обработки графических данных

graphics manipulation манипулирование графическими объектами

graphics memory память графических данных

graphics mode графический режим

graphics monitor facility графическая программа мониторинга

graphics object графический объект

graphics pad графический планшет

graphics pipeline графический конвейер

graphics presentation сопроводительная графика

graphics-printing печать на графическом принтере

graphics processing unit графический процессор

graphics program графическая программа

graphics rendition графическое отображение

graphics resolution разрешения аппаратного обеспечения машинной графики; графическое разрешение

graphics screen графический экран

graphics segment графический сегмент

graphics set 1. набор графических символов; 2. множество стандартных графических элементов

graphics software программное обеспечение машинной графики; графическое программное обеспечение

graphics state file корректурный файл

graphics station графическая станция

graphics tablet графический планшет

graphic state область графического состояния

graphics text mode формирование символов текста графическими символами

graphic styles графический стиль

graphic support графическое обеспечение

graphic system графическая система

graphic table графическая таблица

graphic tablet планшет

graphic terminal графический терминал

graphic text mode графический текстовый режим; формирование текстовых символов графическими средствами; формирование символов с помощью графики

graphic waveform editor редактор графических изображений сигнала

graphing 1. вычерчивание графиков; построение кривых; изображение диаграмм; построение диаграмм; 2. отображение графической информации

graphing package пакет со средствами построения графиков

graph paper разлинованная бумага

graph plotter графопостроитель; плоттер

graph theory теория графов

graph with loop граф с петлями

GRASP профессиональная графическая анимационная система

grave символ "; тупое ударение

grave accent тяжелый акцент; символ "

graveture глубокая печать

gravity гравитация

gray темно-серый

gray balance баланс по серому; комбинация цветных красок, соответствующая нейтральному серому

Gray code циклический двоичный код; код Грея

gray component replacement 1. замена серого компонента (цветных красок); замещение серых тонов; 2. замещение цветов оттенками серого

grayed серая; недоступная для выбора (опция, кнопка)

grayed command «серая» команда меню; тусклая команда; недоступная команда

graying установка запрета выбора

gray keys серые клавиши

gray level уровень серого; уровень яркости

gray-level полутоновый; с множеством градаций

gray-level array матрица уровней яркости; яркостная матрица

gray-level image полутоновое представление изображения

gray-level imaging формирование изображения с использованием яркостной шкалы; полутоновое представление изображения

gray minus серый минус

gray out становиться серым; становиться недоступным для выбора (об опции в графическом интерфейсе)

gray plus серый плюс

gray scale шкала яркостей; яркостная шкала; полутоновая шкала; шкала уровней серого

grayscale image изображение в оттенках серого; полутоновое изображение

gray-scale mode полутоновый режим

gray-scale picture полутоновое изображение

gray-scale scanner полутоновой сканер

gray-scale weighting формирование полутонового изображения с помощью взвешивания составляющих

gray scaling преобразование цветного изображения в полутоновое; формирование полутонового изображения

gray settings блеклые параметры; недоступные параметры (в интерфейсе)

gray shade оттенок серого цвета

greater больший; больше

greater then больше

greater-then-equal-to operator операция «больше или равно»; знак операции «больше или равно»

greater-then operator операция «больше»; знак операции «больше»

greatest common denominator наибольший общий делитель

greatest common divisor наибольший общий делитель

greatest distance наибольшее расстояние

greedy method каскадный алгоритм

greek below текст плашками менее... (в интерфейсе графических пакетов)

greeking указание (структуры) текста или иллюстраций по шаблону; формирование строкозаменителей; представление текста при верстке в виде серых полос; упрощение представления текста; «грикинг»

greek picrures подставлять вместо изображений заменители (на макете страницы)

green зеленый; темно-зеленый

Green Book «Зеленая книга»; каталог стандартов и параметров

green PC «зеленые» ПК; ПК с низким потреблением мощности

Greenvich Mean Time среднее гринвичское время

green workstation «зеленая» рабочая станция; рабочая станция, удовлетворяющая строгим стандартам защиты окружающей среды

grepping обработка с помощью команды grep UNIX

grid 1. сетка; 2. решетка; 3. координатная сетка; 4. электрическая сеть; 5. энергетическая система

GRID интерактивный графический дисплей

grid chart сетчатая номограмма

grid expansion распространение по сетке

grid expansion algorithm алгоритм распространения по сетке

grid-fitting хинтование

grid form сеточная форма

grid-intersection coordinates сеточная система координат

grid line линия координатной сетки

gridline color цвет линий сетки

grid mode режим вывода сетки

grid origin начало координат сетки

grid position позиция сетки

grid settings параметры сетки

grid shap привязка к координатной сетке

grid shape решетка

grid size шаг координатной сетки

grid spacing шаг сетки

grid x число делений по x

grid y число делений по y

grind 1. шлифовать; придавать законченный вид; 2. перемалывать; многократно прокручивать

grip edit редактирование графического объекта с помощью блоков захвата; модификация объекта с помощью манипуляторов

grip mode режим операций (с объектом) с помощью блоков захвата

grips блоки захвата; манипуляторы

Grosch's law закон Гроша

gross 1. большой; старший; главный; крупный; 2. грубый; ощутимый

gross error грубая ошибка

gross failure серьезный отказ

gross index главный индекс; старший индекс; первичный индекс

gross margin совокупная прибыль; общая прибыль

ground 1. заземление; 2. замыкание на землю; 3. масса (в электрической цепи)

ground bus шина заземления

ground connection заземление

ground fog запыленность воздуха (графический эффект)

grounding заземление; «земля»

ground lead земляной провод; земляной вывод; «земля»

ground relaying релейная защита от замыкания на «землю»

ground station наземная станция спутниковой связи

ground terminal клемма заземления

group 1. группа; совокупность; комплект; 2. пучок (в коммутации); 3. радикал; функциональная группа; 4. групповой эталон; 5. группировать; 6. комплектовать

group access доступ группы; групповой доступ

group adapter групповой адаптер

group address групповой адрес

group addressing групповая адресация

group attribute атрибут группы

group box групповой блок

group by conversation topic группирование по темам

group by from группирование по отправителям

group by subject группирование по темам

group-call answer ответ на групповой вызов

group code групповой код

group code recording запись с использование группового кодирования

group collaboration software программное обеспечение для коллективной работы

group commit групповое обновление транзакций с контролем выполнения

group constant групповая константа

group control exit выход группового контроля

group controller групповой контроллер

group data групповые данные

group decision support system система поддержки принятия решений для рабочих групп; система обеспечения принятия групповых решений

group delay групповая задержка

group device name типовое имя устройства; групповое имя

group dialing групповой набор

group discussion групповая дискуссия (в электронной почте)

group dynamics групповая динамика

grouped constant сгруппированная константа

grouped records сгруппированные записи

group entry статья-группа

group footer примечание группы

group graph граф группы

group header заголовок группы

group ID идентификатор группы

group indicate clause оператор индикации группы

group indication индикация групп; групповая индикация

grouping группирование; группировка

grouping of objects группирование объектов

grouping of records группирование записей

grouping operator оператор группирования

group item групповой элемент

group-level authorization контроль полномочий на уровне групп

group-level security защита на уровне групп

group maintenance групповое обслуживание

group mark метка конца группы; маркер конца группы; метка группы

group membership членство в группе

group message групповое сообщение

group mode групповой режим

group multiplication групповое умножение

G

group name наименование группы устройств; групповое имя

group object объект «группа»; объект группы; групповой объект

group of bits группа двоичных разрядов; битовая группа

group of information группа информации

group operation групповая операция

group printing групповая печать

group properties свойства группы

group relation групповое отношение

group relation instance экземпляр группового отношения

group rights групповые полномочия; права группы

group scheduler средство группового планирования; коллективный планировщик

group scheduling групповое планирование

group-scheduling features средства группового планирования

group security ID идентификатор защиты группы

group separator разделитель групп

groups items in the window группирование сообщений в окне

group unit единица группы

group videoconferencing system система групповых видеоконференций

groupware программные средства автоматизации групповой работы; программное обеспечение поддержки коллективных работ; ПО коллективного пользования

groupware application приложение с поддержкой коллективной работы; приложения со средствами коллективной работы; прикладная система коллективного пользования

groupware server сервер рабочих групп

group window окно группы

group zone free-format mode режим групповой зонной записи с произвольным форматированием

grow расти; возрастать

growing businesses растущая компания

grow mode flag флаг режима перемещения

growth расширение; наращивание; рост; прирост; возрастание увеличение

GRU графическое устройство

GS 1. разделитель групп; 2. шкала серого цвета; 3. наземная станция (спутниковой связи); 4. генеральный стандарт; 5. графическое устройство

GSA Управление общих служб (США); Управление служб общего назначения

GSAM обобщенный последовательный метод доступа

GSI СБИС

GSL универсальный язык моделирования; обобщенный язык моделирования

GSM глобальная система мобильной связи; глобальная система связи с подвижными объектами; глобальная система мобильных коммуникаций; глобальная сотовая система цифровой радиосвязи; стандарт GSM

gsm mapping функция обобщенной последовательной машины

GSM network сеть GSM; сеть глобальной системы мобильных коммуникаций

GSP процессор графических сигналов

GSP receiver GSP-ресивер

GSS общие службы защиты

GSSAPI общий интерфейс прикладного программирования служб защиты данных

GT больше чем

GTL логические схемы приемопередатчика Ганнинга

GTM графический текстовый режим; формирование текстовых символов графическими средствами; формирование символов с помощью графики

GTN глобальная транспортная сеть

GTS глобальная система телекоммуникаций

guaranteed delivery гарантированная доставка

guaranteed state change гарантированное изменение состояния

guard 1: защита; ограждение; предохранение; 2. ограничитель; упор; 3. защитный интервал; 3. защитная блокировка; 4. экранирующая защитная оплетка (кабеля); 5. блокировать цепь; 6. ограждать; предохранять; защищать

guard band 1. поле допусков; жесткое поле допусков (параметров); 2. защитная полоса

guard bit «сторожевой» разряд

guard digit разряд защиты; вспомогательная цифра

guarded commands охраняемые команды

guarding ограждение; исключение влияния параллельных компонентов

guard store память с защитой

gubbish мусор; непригодная информация

GUE графическая среда пользователя

guess 1. предположение; догадка; 2. оценка; подсчет; 3. предполагать; догадываться; считать

guessing рассуждения с использованием догадок

GUI графический пользовательский интерфейс; GUI-интерфейс; графический интерфейс взаимодействия с пользователем

GUI-based administration tools графические средства администрирования; средства администрирования на базе GUI-интерфейса

GUID глобально уникальный идентификатор

guidance 1. управление; наведение; 2. правила; руководство

guidance computer компьютер системы наведения

guidance system система-путеводитель (в системах разработки программ)

guide 1. направляющее устройство; 2. руководство; инструкция; 3. направляющая линия (в графике); 4. направлять; вести

guide bearing направляющая

guidebook путеводитель

guide colors цвета направляющих

guided discovery learning обучение методом «направляемых открытий»; обучение методом «управляемых открытий»

guide hole маркерное отверстие

guideline 1. общий курс; 2. директива; руководящие указания; установка; 3. направляющая

guidelines for implementing директивы по использованию

guide mark отметка; метка; приводочная метка

guide message наводящее сообщение

guide roller 1. копирный ролик; 2. направляющий ролик

guides направляющие

gulp байтовая группа, обрабатываемая как целое; единица данных; группа байтов; галп

gun 1. электронная пушка; 2. насильственно прерывать (процесс); «убивать»

gun-sight tracking cross «прицельное» перекрестие

guru гуру; эксперт; опытный специалист

gutter 1. промежуток между колонками; 2. внутренние поля страниц документа (для формирования «корешка»); переплет; средник

gutter margins дополнительный левый отступ для переплета; поля для переплета

gutter width 1. интервал между колонками; ширина средника; 2. ширина канавки

GVPN глобальная виртуальная частная сеть

GWP 1. межсетевой процессор; процессор обмена; 2. официальный правительственный документ

– Hh –

HA высокая степень доступности системы; высокий коэффициент готовности; высокая отказоустойчивость

habituation обучение; привитие навыков

hack 1. незаконно получать доступ к компьютерным данным; 2. решать проблему программирования

hackerease программистский жаргон; язык хакеров

hacking 1. хакерство; деятельность хакеров; 2. несанкционированная попытка доступа

hackish искусный; хакерский

Hadamard codes коды Адамара

Hadamard matrices матрицы Адамара

Haffman code код Хаффмана

hairline 1. риска; 2. соединительный штрих (буквы); 3. визирная линия

hairline border width сверхтонкая линия границы

hairline register точка приводки; точное совмещение

hairy 1. чрезмерно сложный; 2. знающий свое дело; опытный

HAL слой HAL; слой абстрагирования от оборудования; уровень абстрагирования от аппаратных средств; уровень абстракции аппаратуры; абстрактный аппаратный слой; слой аппаратной абстракции

half половина; полу-

half-adder полусумматор; сумматор по модулю 2

half-additive полуаддитивный

half-adjust округлять до половины основания; округлять до половины младшего разряда

half-bit-time время прохождения полубита

half-bridge полумост

half-byte полубайт

half-cycle полупериод

half-duplex 1. полудуплекс; 2. полудуплексный

half-duplex channel полудуплексный канал

half-duplex circuit полудуплексный канал

half-duplex operation полудуплексный режим; полудуплексная операция; поочередная работа

half-height drive накопитель половинной высоты

half-mesh равенство; символ =

half-performance length полухарактеристическая длина вектора

halfread one единичный сигнал при считывании методом полутоков

halfread zero нулевой сигнал при считывании методом полутоков

half-select полувыборка

half select read disturbing разрушение полутоком считывания

half select write disturbing разрушение полутоком записи

half-splitting разбиение пополам

half-subtracter полувычитатель

half sum полусумма

half title полутитул

halftone 1. полутон; 2. полутоновое изображение; 3. растровое изображение; 4. растровая печатная форма; 5. растровая репродукция (в полиграфии); 6. полутоновый; 7. растровый

halftone angle угол наклона растра

halftone cell растровая ячейка

half-tone display полутоновый дисплей

halftone dot полутоновая точка; растровая точка

halftone enhancer механизм повышения качества печати полутоновых изображений

halftone filter фильтр «полутон»; фильтр полутона

halftone frequency линиатура растра

halftone gradation градация растрового изображения

halftone image полутоновое изображение; растровое изображение

halftone negative растровый негатив

halftone pattern полутоновый шаблон

halftone period период растра

halftone screen растр; полутоновый растр

halftone screen angle угол полутонового растра; угол поворота растра

halftone screen frequency линиатура полутонового растра

halftone screen spot type тип растровой точки

halftone types типы полутонов

halftoning обработка полутонов; обработка полутонами; формирование полутонового изображения; формирование растрового изображения; формирование полутонового клише; формирование растрового клише; растрирование

half-track промежуточная дорожка

half-wavelength полуволна; половина длины волны

halfword полуслово

half-word boundary граница полуслова

half-word buffer 1. буфер на полуслово; 2. буферное устройство для полуслов

half-word instruction команда длиной в полуслово

half-working полуработоспособный

hallmark отличительный признак; критерий

halo 1. венчик; ореол; 2. толстый слой краски на границах точки растра, затемняющий ее; 3. светлая полоса вокруг краев изображения при увеличении резкости

halt 1. останов; отключение; 2. останавливаться

halt command команда останова

halted state состояние останова; состояние ожидания

halting problem проблема остановки

halt instruction команда останова

halt key клавиша останова; кнопка останова

halve делить на два; делить пополам; сокращать наполовину; уменьшать вдвое

halver делитель на два; делитель пополам
halving circuit схема деления на два
HAM 1. ассоциативное запоминающее устройство; 2. иерархический метод доступа; 3. модуль подключения к хост-машине; 4. модуль хост-адаптера
Hamiltonian cycle гамильтонов цикл
Hamilton-Zeldin diagram диаграмма Гамильтона-Зельдина
Hamming bound граница Хэмминга
Hamming code код Хэмминга
Hamming distance расстояние Хэмминга; сигнальное расстояние
Hamming metric расстояние Хэмминга
Hamming problem задача Хэмминга
Hamming radius радиус Хэмминга
Hamming space пространство Хэмминга
Hammock task задача Хэммока
HAMT машинный перевод с участием человека
hand 1. рука; 2. механическая рука; 3. курсор в виде руки; 4. инструмент «рука» (в графике); 5. стрелка
hand addressing устройство ручной адресации
handbook справочник; руководство
hand computation ручное вычисление; вычисление вручную
hand control ручное управление
hand-designed спроектированный вручную
hand-generated построенный вручную
hand-held ручной; карманный; портативный
hand-held calculator карманный калькулятор
hand-held computer «карманный» компьютер; миниатюрный портативный компьютер; «ручной» компьютер
hand-held pen system миниатюрный компьютер с рукописным вводом
hand-held scanner ручной сканер
hand-held scanning ручное сканирование; сканирование ручным сканером
handicap приоставлять; переводить в состояние ожидания
handicapped thread приостановленный поток
handicapped wait состояние ожидания, вызванное помехами
hand input ручной ввод
handkey устройство идентификации по руке
handle 1. описатель (объекта); логический номер; идентификатор; дескриптор; 2. маркер (фрагмента); 3. метка-манипулятор; манипулятор (для перемещения фигур в графике); 4. сворачиваемая подцепочка (при синтаксическом анализе в бесконтекстной грамматике); 5. ручка; 6. обрабатывать; манипулировать; оперировать
handle ID идентификатор дескриптора
handler 1. устройство обработки; 2. программа обработки; обработчик; 3. манипулятор; 4. устройство ручного управления; 5. устройство ручного отображения; 6. устройство управления; 7. драйвер; программа взаимодействия с внешним устройством; подпрограмма управления периферийным устройством
handling 1. обработка; 2. манипулирование; 3. оперирование
handling error ошибка из-за неправильного обращения
handling type тип обработки
hand-marked document документ с пометками от руки
hand-on 1. требующий управления через клавиатуру; 2. практический
hand-on experience практические навыки
hand-on programming практическое программирование
hand-operated 1. управляемый вручную; 2. ручной
handouts раздаточные материалы
handover перемещение вызова
hand-printed character 1. машинописный символ; 2. символ, написанный от руки печатным шрифтом
handset телефон-трубка; мобильная трубка

handset jack гнездо телефона
handset telephone телефонный аппарат с микротелефонной трубкой; мобильная трубка
handshake 1. квитирование установления связи; 2. квитировать установления связи
handshake line линия квитирования; линия установления связи
handshake sequence последовательность квитирования; последовательность установления связи
handshake status состояние взаимодействия
handshaking 1. подтверждение связи; процедура установления соединения путем квитирования; квитирование установленной связи; 2. средства взаимодействия; 3. сотрудничество; взаимодействие
hands off автоматический режим
hands on операторский режим
hands-on требующий управления через клавиатуру
hands-on exercise практическое упражнение
handwriting edit control поле рукописного ввода
handwriting recognition распознавание рукописных текстов
hand-writted document рукописный документ
hand-written рукописный
hand-written character рукописный символ
handy удобный
hang зависать
hanging зависание
hanging event «висящее» событие
hanging indent висячий отступ; выступ; отрицательный отступ; обратный отступ; смещение влево
hanging line висячая строка
hangul хангыль (корейский алфавит)
hang up 1. неожиданный останов; незапланированный останов; «зависание»; 2. сигнал разъединения; 3. разъединить соединение; 4. зависать
haphazard бессистемный
hard 1. жесткий; твердый; 2. аппаратный; аппаратно-реализованный; 3. постоянный
hard adder жесткий сумматор
hard automation жесткая автоматизация
hardback edition в жестком переплете
hard card «жесткая» плата
hard clip limits размеры рабочей области графопостроителя
hardcoded жестко закодированный
hard-coded breakpoint аппаратно устанавливаемая контрольная точка
hard copy 1. машинописная копия; 2. документальная копия; распечатка; твердая копия; печатная копия; копия документа; 3. документ с технологическими данными; 4. выдавать документальную копию
hardcopy device устройство для получения твердых копий
hardcopy documentation печатная документация
hardcopy drawing документальный чертеж; «твердая» копия чертежа
hardcopy log журнал регистрации печатных копий; отчетный журнал
hardcopy printer принтер для получения машинных документов
hardcopy terminal печатающий терминал; документирующий терминал; терминал с принтером
hardcore аппаратное ядро
hard disk жесткий диск; накопитель на жестких дисках
hard disk controller контроллер жесткого диска
hard disk drive накопитель на жёстких магнитных дисках; дисковод для жестких дисков
hard disk format формат жесткого диска
hard disk indicator индикатор обращения к жесткому диску

hard disk interface интерфейс жесткого диска

hard disk LED indicator индикатор обращения к жесткому диску

hard disk unit запоминающее устройство; накопитель на жестких дисках

hard drive жесткий диск

hard drive integrity целостность жесткого диска

hardening усиление защиты

hard error 1. постоянная ошибка; систематическая ошибка; устойчивая неисправность; 2. аппаратная ошибка

hard error status состояние полного отказа

hard failure устойчивый отказ

hard fault устойчивая неисправность

hard-hole предохранительное кольцо

hard image контрастное изображение

hard limits жесткие ограничения

hard link жесткая ссылка; жесткая связь

hard logic постоянная логика; непрограммируемая логика

hard material «жесткий» магнитный материал; высокоэрцитивный магнитный материал

hard page break принудительный разделитель страницы; принудительный разрыв страницы; принудительный конец страницы; твердая граница страницы

hard RAM disk виртуальный диск

hard requirements жесткие требования

hard reset полный сброс

hard return принудительный возврат каретки; аппаратный возврат

hardsector disk диск с жестко фиксированными секторами; диск с постоянной разметкой; диск с жесткой разметкой

hard-sectored disk диск с постоянной разметкой; диск с жесткой разметкой

hard shadows резкие тени (в графике)

hard space «твердый» пробел

hard-to-scan document трудночитаемый документ; документ, плохо поддающийся сканированию

hard-to-type command команда, трудная для набора

hardware 1. аппаратное обеспечение; аппаратура; оборудование; аппаратные средства; техническое обеспечение; комплекс технических средств; 2. реализовывать аппаратным способом

hardware abstraction layer абстрактный аппаратный слой

hardware accelerator аппаратный ускоритель

hardware address аппаратный адрес

hardware algorithm аппаратно-реализованный алгоритм

hardware and software package аппаратно-программный комплект

hardware architecture архитектура аппаратных средств

hardware-assisted с аппаратной поддержкой; с использованием аппаратуры; обеспечиваемый аппаратурой

hardware associative memory ассоциативное запоминающее устройство

hardware-based accelerator аппаратный ускоритель

hardware-based redundant links резервные физические каналы

hardware-based system система, ориентированная на аппаратное обеспечение

hardware bootstrap аппаратная самонастройка

hardware branch аппаратная ветвь; раздел реестра с информацией об устройствах в системе)

hardware breakpoint аппаратно устанавливаемая контрольная точка

hardware check аппаратный контроль; проверка аппаратуры

hardware circuitry схемы аппаратных средств

hardware code page аппаратно реализованная кодовая страница

hardware compatibility аппаратная совместимость; совместимость технических средств; совместимость на уровне аппаратных средств

hardware-compatible аппаратно-совместимый

hardware component аппаратный компонент; аппаратная часть; компонент аппаратных средств

hardware compression аппаратное уплотнение; сжатие данных с помощью аппаратных средств

hardware configuration состав аппаратных средств; состав оборудования; аппаратная конфигурация

hardware conflict конфликт в аппаратных средствах

hardware constraints аппаратные ограничения

hardware context аппаратная информация о процессе; контекст аппаратуры

hardware coprocessor микросхема математического сопроцессора

hardware cryptography аппаратное шифрование

hardware description описание аппаратных средств

hardware description language язык описания аппаратных средств

hardware design engineer специалист по разработке аппаратуры

hardware designer разработчик аппаратного обеспечения; разработчик оборудования

hardware detection определение оборудования; определение аппаратных средств

hardware device аппаратное устройство

hardware division аппаратное деление

hardware documentation техническая документация; документация технического обеспечения

hardware emulation layer уровень эмуляции аппаратных средств

hardware environment аппаратная среда; аппаратные средства

hardware error аппаратная ошибка

hardware error recovery management system программа управления восстановлением после машинных сбоев

hardware event аппаратное событие

hardware event queue очередь аппаратных событий

hardware failure аппаратная неисправность

hardware form feed аппаратный узел подачи бумаги

hardware forwarding аппаратные средства продвижения данных

hardware generated аппаратный

hardware graph граф аппаратной схемы

hardware independence аппаратная независимость; независимость от типа аппаратуры; независимость от технических средств

hardware independent interface аппаратно-независимый интерфейс

hardware integrated management information base интегрированная административная база данных об аппаратных средствах

hardware-intensive 1. преимущественно аппаратный; 2. с большой нагрузкой аппаратуры

hardware-intensive approach преимущественно аппаратный метод

hardware interface аппаратное сопряжение

hardware interrupt аппаратное прерывание

hardware-in-the-loop simulation аппаратно-программное моделирование

hardware inventory инвентаризация аппаратного обеспечения

hardware lock аппаратный ключ; устройство защиты, вставляемое в порт компьютера

hardware malfunction аппаратный сбой; неправильная работа оборудования; неисправность аппаратуры

hardware matrix таблица устройств

hardware message аппаратное сообщение

hardware module аппаратный модуль

hardware monitor аппаратный монитор

hardware multiplication аппаратное умножение

hardware overhead аппаратные издержки

hardware panning аппаратное панорамирование

hardware peripherals периферия; периферийные устройства

hardware platform аппаратная платформа; базовые аппаратные средства

hardware-probing routines подпрограммы анализа аппаратных средств; программы распознавания аппаратуры

hardware profile аппаратный профиль; параметры аппаратных средств

hardware-programmed с «зашитой» программой; с аппаратно-реализованной программой

hardware redundancy аппаратная избыточность; аппаратное резервирование

hardware reliability надежность аппаратуры

hardware requirements требования к аппаратному обеспечению

hardware restriction аппаратное ограничение

hardware router аппаратный маршрутизатор

hardware security аппаратная защита

hardware setup конфигурирование аппаратного обеспечения

hardware/software solution программно-аппаратное решение

hardware-specific facility аппаратно-зависимое средство

hardware sprite аппаратный спрайт

hardware stack аппаратный стек

hardware subprogram аппаратно-реализованная подпрограмма

hardware support аппаратное обеспечение; аппаратная поддержка; аппаратная реализация

hardware switching аппаратная коммутация

hardware tree дерево устройств

hardware upgrade модернизация аппаратного обеспечения

hardware writing документация на аппаратные средства

hardwire communication medium проводная среда передачи данных

hardwired «зашитый»; постоянно замонтированный; с фиксированным монтажом; аппаратный; аппаратно-реализованный; жестко спроектированный; фиксированный; аппаратно подключенный

hardwired connection постоянное соединение; жесткое соединение

hardwired knowledge «жестко встроенные» знания

hardwired lighting аппаратная реализация эффектов освещенности

hardwired logic логические схемы с жесткими соединениями; логические схемы с постоянными соединениями; «зашитая логика»

hardwiring жесткий монтаж; фиксированный монтаж

harmonic 1. гармоника; 2. гармоническая функция; 3. гармонический

harmonica гармоника

harmonic analysis гармонический анализ

harmonic analyzer гармонический анализатор

harmonic distortion нелинейные гармонические искажения

harmonic distortion factor коэффициент нелинейных искажений

harmonic expansion разложение в ряд Фурье

harmonic mean среднее гармоническое

hartly хартли (единица количества информации)

hash 1. электрические шумы; 2. электромагнитные помехи; 3. ненужные данные; случайные данные; ненужная информация; «мусор»; 4. хешировать

hash address хешированный адрес

hash addressing адресация с хешированием; хеш-адресация

hash chain цепочка хеширования

hash class класс хеширования

hash code хеш-код

hash-coding хеш-кодирование; кодирование путем рандомизации

hash data clusters хешированные кластеры данных

hashed с контрольной суммой

hash function хеш-функция

hash index хеш-индекс

hashing хеширование; размещение с использованием функции расстановки; рандомизация; перемешивание

hashing conflict конфликт при хешировании

hashing function функция расстановки; хеш-функция; функция хеширования; функция рандомизации

hashing table перемешанная таблица; таблица со случайным перемешиванием; таблица с вычисляемыми адресами

hash mark знак #; диез

hash search хеш-поиск

hash table хеш-таблица

hash total общая сумма; контрольная сумма

hash value значение хеш-функции

HA system система с резервированием; система с высокой степенью готовности

hatch штриховка

hatch area область штриховки; штрихуемая область

hatch brush штриховая кисть

hatching штриховка

hatch pattern образец штриховки; шаблон штриховки

Hayes compatible совместимый с модемом фирмы Hayes

Hayes-compatible modem Hayes-совместимый модем

hazard 1. опасность; риск; 2. интенсивность отказов; 3. паразитные импульсы (на выходе логической схемы)

hacker 1. хакер; «взломщик» программ; 2. эксперт; знаток

HBA хост-адаптер; адаптер шины главного компьютера

HBC домашний компьютер для удаленного доступа к банковским счетам

HC «жесткая» плата

HCI интерфейс «человек-машина»; человеко-машинный интерфейс

HCL список совместимых аппаратных средств

HCP главный коммуникационный процессор

HCS 1. контрольная сумма заголовка; 2. контроллер иерархической внешней памяти

HCSS система хранения данных большой емкости; система памяти большой емкости

HCT домашний коммуникационный терминал

HD 1. высокая плотность; 2. полудуплексная передача; 3. полудуплексный

HDA диск с головками в собранном виде; блок дисков с головками

HDAM иерархический прямой метод доступа

HDB биполярный с высокой плотностью

HDB coding высокоплотное биполярное кодирование

HDC логический номер контекста устройства; описатель контекста устройства; описатель DC

HDD накопитель на жёстких магнитных дисках; дисковод для жестких дисков

HDDR цифровая запись с высокой плотностью

HDI LED индикатор обращения к жесткому диску

HDI process технология межсоединений высокой плотности

HDL язык описания аппаратных средств

HDLC протокол высокого уровня управления каналом передачи данных; высокоуровневый байт-ориентированный протокол управления каналом передачи данных; высокоуровневый протокол управления каналом передачи данных; протокол полудуплексного обмена

HDLC station станция HDLC

HDMS система модуляции/демодуляции с высоким коэффициентом сжатия данных

HDN высокоскоростная сеть передачи данных

HDPS проекционная система высокой четкости

HDR расширенный динамический диапазон

HDS полудуплекс

HDSL высокоскоростная DSL; высокоскоростная цифровая абонентская линия связи

HDTV телевидение высокой четкости; телевидение с высоким разрешением

HDU запоминающее устройство; накопитель на жестких магнитных дисках

head 1. головка; магнитная головка; 2. заголовок; 3. «шапка»; 4. рубрика; 5. дескриптор; 6. первый элемент списка; «голова» списка; головной элемент; головная часть; 7. верхняя часть; 8. левая часть хорновской формулы

head address transfer передача адреса заголовка

head-and-disk assembly диск с головками в собранном виде; блок дисков с головками

head arm штанга с головкой

head block головной блок

head crash авария головки (диска)

headed information заглавная информация

headed record заглавная запись

head-end распределитель (в локальных сетях); головной узел (сети передачи сообщений)

head-end equipment серверное оборудование

head-end remodulator ремодулятор распределителя

head-end server complex головной комплекс высокопроизводительных серверов

header 1. заголовок; «шапка»; верхний колонтитул; 2. контактирующее приспособление; групповой пробник; 3. рубрика; 4. головная метка

header analysis error byte байт ошибки при анализе заголовка

header and footer колонтитулы

header area поле ввода данных в верхний колонтитул

header check sum контрольная сумма заголовка

header compression уплотнение заголовков

header field поле заголовка

header file файл заголовка; заголовочный файл

header label начальная метка; головная метка; метка заголовка; заголовок

header layout структура заголовка

header record запись-заголовок; паспортная запись

header row строка заголовка

header segment сегмент заголовка

header table шапка; таблица паспортных данных

header text color цвет верхнего колонтитула

heading 1. заглавие; заголовок; рубрика; шапка; 2. головная метка

heading character признак начала заголовка

heading line строка заголовка; заглавная строка

headline заголовок

headliner лектор; основной докладчик

head-mounted укрепляемый на голове

head-mounted display VR-шлем; шлем виртуальной реальности

head nose рабочий выступ головки принтера

head-of-the-line discipline дисциплина с приоритетами, не прерывающими обслуживания; обслуживание с относительными приоритетами

head-on фронтальный

headphone головной телефон; наушники

headphone socket гнездо для подключения наушников

headpiece 1. головной телефон; наушники; 2. заставка (в начале главы); 3. шлем

head plug разъем головки

headquartered in со штаб-квартирой в...

headquarters штаб-квартира; центр управления; центральный орган

head select выбор головки

head selection operation операция выбора головок; операция переключения головок

headset головной телефон; наушники; гарнитура; шлемофон

head switching переключение головок

head tracking определение положения камеры в сцене по позиции головы оператора

head window прорезь для доступа головки дисковода к дискете

health driver драйвер контроля состояния системы

healthy cell работоспособная ячейка; работоспособный элемент

heap 1. динамически распределяемая область памяти; динамическая память; 2. неупорядоченный массив

heap-allocated memory память с неупорядоченным хранением данных; память типа динамически распределяемой области

heap error ошибка динамически распределяемой области памяти; ошибка доступа к динамически распределяемой области

heap-error function функция обработки ошибки динамически распределяемой области

heap error handler обработчик ошибок динамической области

heap leak «утечка» динамически распределяемой памяти; потери динамической памяти

heap management управление динамически распределяемой памятью

heap manager администратор динамически распределяемой области; программа управления динамически распределяемой областью памяти

heap overflow переполнение динамически распределяемой области

heap pointer указатель адреса динамически распределяемой области

heapsort пирамидальная сортировка; древовидная сортировка

heap space область в динамической памяти

heart основа; основной компонент; ядро

heartbeat тактовый импульс; такт; интервал контроля времени

heartbeat периодическое контрольное сообщения, посылаемое по линии связи

heartbeat message сообщение «я жив»

heat exchange теплообмен

heat generation выделение теплоты

heating нагрев; накал

heat removal отвод теплоты

heat sink радиатор (процессора)

heat test испытания на нагрев; испытания на термическую устойчивость

heavier machine более производительная машина

heavily used интенсивно используемый

heavy сверхжирный

heavy business use широкое коммерческое применение

heavy dots частые точки

heavy-duty мощный; высокопроизводительный; работающий в тяжелом режиме; предназначенный для работы в тяжелом режиме

heavy-duty database база данных, обрабатывающая большое число запросов

heavy-end premises (производственные) подразделения печати и рассылки печатной продукции

heavy hatch fill заполнение плотной штриховкой

heavy line жирная линия (в графике)

heavy shadows глубокие тени

heavy traffic интенсивный трафик

Hello interval интервал «Hello»

HEC контроль ошибок заголовка

hedgehog визуализация трехмерного объекта в виде каркасной модели

hedging уклонение от прямого ответа

hedit control поле рукописного ввода

height 1. высота; габаритная высота; 2. высота узла в дереве; 3. высота дерева; 4. амплитуда (импульса)

height-balanced сбалансированный по высоте

height-balanced tree сбалансированное по высоте дерево

height extended уточнение высоты символов

height of object высота объекта

height of tree высота дерева

height of viewpoint высота точки наблюдения; высота позиции наблюдателя

HEL уровень эмуляции аппаратных средств

helical цилиндрический

helical delay line спиральная линия задержки

helical scan винтовая развертка

helical scan system система с цилиндрическим сканированием

hello message приветственное сообщение

Hello packet пакет «Hello»

help 1. подсказка; диалоговая справка; справочная информация; консультативная информация; 2. программа вывода подсказки; справочная система; система подсказок; система выдачи справочной информации (пользователю ПК)

help command команда помощи; команда запроса помощи; команда справки

help contents содержание справки

help context справочный контекст; контекст подсказки

help context ID идентификатор справки

help desk служба помощи; справочная служба; служба технического сопровождения

help engine ядро справочной системы

helper application вспомогательное приложение; дополнительное приложение

helper program вспомогательная программа

help facilities средства подсказки; справочные средства

help file справочный файл; файл справочника; файл справки

help for help информация о справочнике

help index оглавление диалоговой справочной системы; тематический указатель справочной информации

help library библиотека текстов диалоговой документации

help line строка подсказки

help machine ядро справочной системы

help menu меню диалоговой справочной системы; справочное меню; консультационное меню

help mode режим вывода справочной информации; консультативный режим

help on creating a relationship вывод справочной информации по созданию связей

help on help справка по самой справочной системе

help on interface контекстная справка; справочная информация об интерфейсе

help request запрос справочной информации

help screen справочный экран

help system диалоговая справочная система; справочная система

help topics содержание справки; оглавление справочника

help window окно подсказки; справочное окно

helvetica гельветика

hemisphere полусфера

HEP 1. неоднородная мультипроцессорная система; мультипроцессор с функционально различными процессорами; 2. однородная процессорная система; мультипроцессор с функционально однородными процессорами

Hercules graphics card графический адаптер фирмы Hercules; графический стандарт HGC

hereditary наследственный

heritable наследуемый; наследственный

heritage наследство; наследование

Hermite interpolation эрмитова интерполяция

Hermitian matrix эрмитова матрица

herringbone struucture структура «рыбий скелет» (в систолических матричных процессорах)

hertz герц; Гц (единица частоты периодического процесса)

Hertzian radiation электромагнитное излучение

Hertzian radiator электромагнитный излучатель

hesitation приостановка (выполнения программы); кратковременное прерывание

heterogeneity неоднородность; гетерогенность

heterogeneous неоднородный; разнородный; гетерогенный

heterogeneous array неоднородный массив

heterogeneous computing вычисления в неоднородной среде; неоднородная вычислительная среда

heterogeneous computing environment неоднородная вычислительная среда

heterogeneous database неоднородная база данных

heterogeneous element processor неоднородная мультипроцессорная система; мультипроцессор с функционально различными процессорами

heterogeneous equation неоднородное уравнение

heterogeneous multiplexing гетерогенное мультиплексирование

heterogeneous network неоднородная сеть; гетерогенная сеть

heteroheneous systems разнородные системы

heterosystem гетеросистема

heurictic 1. эвристика; 2. эвристическая процедура; 3. эвристический

heuristic algorithm эвристический алгоритм

heuristic approach эвристический метод

heuristic development эвристическая разработка

heuristic knowledge эвристические знания

heuristic method эвристический метод

heuristic problem эвристический метод

heuristic program эвристическая программа

heuristic programming эвристическое программирование

heuristic routing эвристический выбор маршрута; эвристическая процедура выбора маршрута

heuristic rule эвристическое правило

heuristics эвристика

heuristic search эвристический поиск

Hewlett-Packard Graphics Language язык описания графики фирмы Hewlett-Packard; язык HPGL

Hexachrome process color триадные краски Hexachrome

hexadecimal шестнадцатиричный

hexadecimal byte шестнадцатиричный байт

hexadecimal constant шестнадцатиричная константа

hexadecimal digit шестнадцатиричная цифра

hexadecimal format шестнадцатиричный формат

hexadecimal notation шестнадцатеричная система счисления; шестнадцатеричное представление; представление чисел в шестнадцатеричном виде

hexadecimal number шестнадцатеричное число

hexagon шестиугольник

hex escape character шестнадцатеричный управляющий символ

hex-wide board плата шестикратной ширины

HF 1. высокие частоты; 2. высококачественный

HF bus высококачественная шина

HFC system комбинированная оптокоаксиальная кабельная система

HFS иерархическая файловая система

HFT многофункциональный терминал

HGC графический адаптер Hercules; графическая плата Hercules

HHC «карманный» компьютер

HHD накопитель половинной высоты

Hibbard method метод Хиббарда

hibernating process «спящий» процесс; остановленный процесс

hibernating task остановленная задача

hibernation состояние ожидания; состояние бездействия

hibernation mode режим «спячки»; режим пониженного энергопотребления

hickey марашка; пятно краски на оттиске (полиграфический брак)

HIDAM иерархический индексно-прямой метод доступа

hidden скрытый; невидимый

hidden argument скрытый аргумент; неявный аргумент

hidden bit скрытый разряд

hidden buffer скрытый буфер

hidden caption скрытый заголовок

hidden character скрытый символ

hidden failure неявный отказ; скрытый отказ

hidden fault скрытая неисправность

hidden field скрытое поле

hidden file скрытый файл

hidden line невидимая линия; скрытая линия

hidden-line algorithm алгоритм удаления скрытых линий

hidden line image трехмерное изображение со скрытыми линиями

hidden line removal удаление невидимых линий

hidden-line view представление модели с удаленными скрытыми линиями (САПР)

hidden-line wireframe каркас со скрытыми ребрами

hidden object скрытый объект; невидимый объект

hidden surface скрытая поверхность

hidden surface algorithm алгоритм удаления невидимых поверхностей

hidden surface removal удаление невидимых поверхностей

hidden text скрытый текст

hidden window невидимое окно; скрытое окно

hide скрывать; прятать

hide active window перевести текущее окно в невидимое состояние

hide button скрыть кнопку

hide columns скрыть столбцы

hide duplicates не выводить повторы

hide lower level скрыть нижний уровень

hide query скрыть запрос

hide table скрыть таблицу

hide toolbar скрыть панель инструментов

hide tools скрыть инструменты

hiding 1. утаивание; сокрытие (информации); 2. скрытность (передачи сигналов)

hiding power кроющая способность (краски)

hierarchical иерархический

hierarchical access method иерархический метод доступа

hierarchical addressing иерархическая адресация

hierarchical approach иерархический подход

hierarchical check иерархический контроль

hierarchical cluster analysis иерархический кластерный анализ

hierarchical communication system иерархическая система связи

hierarchical computer network иерархическая компьютерная сеть

hierarchical control иерархическое управление

hierarchical data иерархические данные; иерархическая информация

hierarchical database база данных с иерархической структурой; иерархическая база данных

hierarchical database management system иерархическая система управления базами данных; иерархическая СУБД

hierarchical database system иерархическая СУБД

hierarchical data model иерархическая модель данных

hierarchical decomposition иерархическая декомпозиция

hierarchical design tree иерархическое дерево проекта

hierarchical direct access method иерархический прямой метод доступа

hierarchical directory tree иерархическое дерево каталогов

hierarchical file иерархический файл

hierarchical file structure иерархическая файловая структура

hierarchical file system иерархическая файловая система

hierarchical frames иерархическая система фреймов

hierarchical indexed-direct access method иерархический индексно-прямой метод доступа

hierarchical indexed-sequential access method иерархический индексно-последовательный метод доступа

hierarchical integrated local area network интегральная локальная сеть с иерархической структурой

hierarchical interface иерархический интерфейс

hierarchical list иерархический список

hierarchical memory иерархическая память

hierarchical memory structure иерархическая структура памяти

hierarchical menu иерархическое меню

hierarchical network иерархическая сеть

hierarchical network caching иерархическое кэширование в сети

hierarchical pointer иерархический указатель

hierarchical routing иерархическая маршрутизация

hierarchical semantic model иерархическая семантическая модель

hierarchical sequential access method иерархический последовательный метод доступа

hierarchical storage иерархическая память

hierarchical storage controller контроллер иерархической внешней памяти

hierarchical storage management управление иерархическими запоминающими устройствами

hierarchical structure иерархическая структура

hierarchical structure diagram иерархическая диаграмма; диаграмма иерархической структуры

hierarchical vector quantization иерархическое векторное квантование

hierarchy 1. иерархия; соподчиненность; 2. иерархический уровень

hierarchy analysis method метод анализа иерархии

hierarchy chart иерархическая схема

hierarchy depth глубина иерархии

hierarchy of categories иерархия категорий

hierarchy of files иерархия файлов

hierarchy of function иерархия функций

hierarchy tree дерево иерархии

HIF интерфейс для связи цифровых и аналоговых устройств; гибридное сопряжение

HI-FI 1. высокая точность передачи или воспроизведения, 2. аппаратура класса HI-FI; 3. высококачественный

HiFi color printing цветная печать с использованием более четырех красок

hi-fi speakers высококачественные динамики

high 1. высшая точка; максимум; 2. верхний уровень; 3. высокие частоты; 4. высокий; 5. старший; 6. с большим адресом

high and low graph график с минимумом и максимумом

high availability высокая готовность; высокий коэффициент готовности; высокая доступность системы; высокая отказоустойчивость

high-availability обеспечивающий бесперебойную работу

high-availability software программное обеспечение бесперебойной работы

high-bandwidth data network высокоскоростная сеть передачи данных

high bit старший бит; старший разряд

high byte старший байт

high capacity 1. высокая пропускная способность; 2. большая емкость

high-capacity 1. большой емкости; 2. с высокой пропускной способностью

high-capacity disk диск большой емкости

high-capacity file файл большой емкости

high-capacity floppy drive накопитель для дискет большой емкости

high-capacity memory память большой емкости

high capacity storage system система хранения данных большой емкости; система памяти большой емкости; накопитель большой емкости;

HighColor mode графический режим с поддержкой 32768/65536 цветов

high convergence sync interval интервал быстрой синхронизации

high-definition projection system проекционная система высокой четкости

high definition television телевидение высокой четкости

high density повышенная плотность

high-density с высокой плотностью; повышенной плотности

high-density bipolar coding высокоплотное биполярное кодирование

high-density desktop switching system настольная система коммутации высокой плотности

high-density digital recording цифровая запись с большой плотностью

high-density drive дисковод для дискет повышенной плотности

high-density floppy drive накопитель на гибком магнитном диске с высокой плотностью

high-density integration высокоплотная компоновка

high density interconnect process технология межсоединений высокой плотности

high-density memory память с большой плотностью записи; запоминающее устройство с высокой плотностью записи

high-density modem system система модуляции/демодуляции с высоким коэффициентом сжатия данных

high-density recording tape лента с высокой плотностью записи

high dimensionality большая размерность

high dynamic range расширенный динамический диапазон

high-end профессиональный; высокого класса; с широкими функциональными возможностями; высокопроизводительный; старшей модели; высококлассный; высококачественный

high-end computer машина старшей модели

high-end hub высокопроизводительный концентратор

high-end mainframe универсальная ЭВМ старшей модели; мэйнфрейм

high-end PC ПК старшей модели; высокопроизводительный ПК

high-end server высокопроизводительный сервер

high-end technology 1. передовая технология; наукоемкая технология; 2. передавая техника; 3. технология производства изделий высокой сложности

high-end value высокого уровня

high-end workstation высокопроизводительная рабочая станция

higher approximation приближение более высокого порядка

higher-level более высокого уровня

higher-level descriptor родовой дескриптор

higher level subroutine подпрограмма более высокого уровня

higher partial derivative частная производная высших порядков

higher predicate calculus исчисление предикатов высших порядков

higher priority более высокого приоритета; с повышенным приоритетом; высокоприоритетный; приоритетный

highest order bit самый старший бит

highest priority first первоочередное выполнение задач с наивысшим приоритетом; планирование по наивысшему приоритету

highest value максимальное значение

high fidelity 1. высокая точность передачи или воспроизведения; 2. высокого качества; класса HI-FI

high fidelity equipment аппаратура класса HI-FI

high-force socket гнездо соединителя с большим контактным давлением

high frequency высокая частота

high frequency harmonics высокочастотные гармоники

high functionality широкие функциональные возможности

high function terminal многофункциональный терминал

high graphics графика высокого разрешения

high harmonic высшая гармоника

high heap limit старший адрес динамически распределяемой области

high «hit» capacity возможность обслуживания большого числа пользователей Internet

high importance высокая важность (сообщения)

high input входной сигнал высокого уровня

high intensity bit флаг повышенной яркости

high layer верхний уровень

high-level высокого уровня; высокоуровневый

high-level command команда высокого уровня

high-level communication связь в соответствии с протоколом высокого уровня

High-Level Data Link Control высокоуровневый протокол управления каналом передачи данных; высокоуровневое управление каналом передачи данных; высокоуровневый байт-ориентированный протокол управления каналом передачи данных; стандарт HDLC

high-level formatting высокоуровневое форматирование; форматирование высокого уровня

high-level interface интерфейс высокого уровня

high-level language язык высокого уровня

High Level Language Application Programming Interface интерфейс прикладного программирования на языках высокого уровня

high-level language compiler компилятор языка высокого уровня

high-level logic высокоуровневые логические схемы

high level of security высокая степень защиты

high-level protocol протокол высокого уровня

high-level scheduler главный планировщик

highlight 1. подсветка; выделение; 2. отблеск; 3. основной момент; факт; 4. самые светлые области изображения; 5. подсвечивать; выделять подсветкой

highlight bar полоса подсветки

highlight contrast контраст «высоких цветов»; контраст самых светлых участков изображения

highlight control управление градацией «высоких цветов»

highlighted подсвеченный (фрагмент)

highlighting 1. подсвечивание; подсветка; 2. выделение информации; 3. подсвечивать; выделять

highlighting box рамка выделения; рамка выбора

highlighting edges подчеркивание краев

highlighting text выделение текста

high-low chart биржевая диаграмма

high-low check граничная проверка; проверка при предельных условиях; граничные испытания

high-low graph биржевой график

highly designed document тщательно спланированный документ

highly encoded state machine конечный автомат с высокой степенью кодирования последовательности состояний

highly flexible обладающий высокой гибкостью

highly hierarchical network высокоиерархическая сеть

highly managed PC легко обслуживаемый ПК

highly-optimized высоко оптимизированный; хорошо оптимизированный

highly parallel architecture высокопараллельная архитектура

highly parallel computer высокопараллельная ЭВМ; машина с высокой степенью параллелизма

highly pipelined network сеть с магистральными линиями с высокой пропускной способностью

highly-rated analyst высококвалифицированный исследователь

highly related information информация с высокой степенью релевантности; информация, хорошо соответствующая заданному критерию поиска

highly scalable хорошо масштабируемый

highly tailored узкоспециализированный

high memory область верхней памяти (HMA); старшие адреса памяти

high memory area область верхней памяти; область высокой памяти; старшие адреса памяти; память HMA; старшая память

high-noise-immunity logic логические схемы с высокой помехоустойчивостью

high order старший разряд

high-order старший

high-order bit старший разряд; старший бит

high-order byte старший байт

high-order digit старший разряд (числа)

high-order position старший разряд; старшая позиция

high output current сильный выводной ток

high-pass пропускать через фильтр верхних частот

high-pass filter 1. фильтр верхних частот; 2. фильтр «удаление мелких деталей»

high performance высокая производительность; высокая эффективность; улучшенные характеристики

high-performance быстродействующий; высокопроизводительный

high-performance computer высокопроизводительный компьютер

high-performance computing вычисления с высокой производительностью

high-performance copper высокопроизводительный медный кабель; медный кабель, обеспечивающий высокую скорость передачи данных

high-performance disk subsystem высокопроизводительная дисковая подсистема

high-performance equipment высокопроизводительное оборудование

high performance file system высокопроизводительная файловая система

high performance line высокоскоростная линия связи

high performance parallel interface высокоскоростной параллельный интерфейс; (стандартный) интерфейс HPPI

high-performance program высокопроизводительная программа

high-performance routing высокопроизводительная маршрутизация

high performance scalable networking высокопроизводительные расширяемые сети

high-performance storage system высокопроизводительная система хранения данных

high-performance switching высокопроизводительная коммутация

high-pin 1. с большим количеством выводов; 2. с удлиненными выводами

high-powered graphics мощные графические средства

high-priority с высоким приоритетом

high-priority user пользователь с высоким приоритетом

high program address верхний адрес программы

high rate LAN локальные сети высокого быстродействия

high-redundant code высокоизбыточный код; сверхизбыточный код

high-res 3D animation 3D-анимация с высоким разрешением

high resolution control управление высоким разрешением

high-resolution display card графическая плата высокого разрешения

high-resolution display unit монитор высокого разрешения

high-resolution graphics 1. графика высокого разрешения; 3. графические средства с высоким разрешением; 4. графические устройства с высоким разрешением; графические устройства с высокой разрешающей способностью

high-resolution mode графический режим с высоким разрешением

high-resolution mouse мышь с высоким разрешением

high-resolution timer высокоточный таймер; таймер с высокой разрешающей способностью

high-security modem pool пул модемов с повышенной защитой

high-selective indexing высокоселективное индексирование

high-sensitivity mode режим повышенной чувствительности

high signal state высокое состояние сигнала

high-speed высокоскоростной; быстродействующий

high-speed adder быстродействующий сумматор

high-speed calculator быстродействующее вычислительное устройство

high-speed carry ускоренный перенос; быстрый перенос; сквозной перенос

high-speed computer быстродействующий компьютер; быстродействующая машина

high-speed connection высокоскоростное соединение

high-speed correlator быстродействующий коррелятор

high-speed data link высокоскоростной канал передачи данных

high-speed data transmission скоростная передача данных; передача данных с высокой скоростью

high-speed data transmission interface интерфейс быстродействующей системы передачи данных

high-speed draft mode режим скоростной печати

high-speed information retrieval быстрый поиск информации

high-speed input/output module высокоскоростной модуль ввода-вывода

high-speed line adapter быстродействующий линейный адаптер

high-speed memory быстродействующее запоминающее устройство; память с малым временем выборки; быстродействующая память

high-speed modem высокоскоростной модем

high-speed multiplication ускоренное умножение

high-speed printer быстродействующее печатающее устройство; быстродействующий принтер; высокоскоростной принтер

high-speed selector channel быстродействующий селекторный канал

high-speed serial bus высокоскоростная последовательная магистраль; высокоскоростная последовательная шина

High Speed Serial Interface высокоскоростной последовательный интерфейс

high-speed storage быстродействующая память; быстродействующее запоминающее устройство

high-speed terminal быстродействующий терминал

high-tech высокотехнологичный; самый современный

high technology тонкая технология; высокоточная технология

hightest term старший член; высший член (многочлена)

high-threshold с высоким пороговым уровнем

high-threshold logic логические схемы с высоким пороговым напряжением; высокопороговые логические схемы

Hightower algorithm алгоритм Хайтауэра

high value наибольшее значение; верхнее значение

high-volume application крупномасштабная прикладная система

high-volume network traffic интенсивный сетевой трафик

high-volume printer высокопроизводительный принтер

high-volume program программа большого объёма; большая программа

high-volume system система с большим объёмом дисковой памяти; крупномасштабная вычислительная система

high-volume transaction processing крупномасштабная обработка транзакций

highway соединение; шина; магистраль; канал информации

highway driver драйвер магистрали

highway interface магистральный интерфейс

highway-module interface магистрально-модульный интерфейс

HILAN интегральная локальная сеть с иерархической структурой

Hilbert arithmetic арифметика Гильберта

HIMIB интегрированная административная база данных об аппаратных средствах

hinged clam-shell construction складная конструкция; конструкция с откидной крышкой; «складень»

hint 1. хинт (типогр.); 2. указание; совет; рекомендация; подсказка

hinting хинтование; хинтинг; хинтовка (типогр.)

hints and tips полезные советы

hint text текст подсказки

HIOM высокоскоростной модуль ввода-вывода

HIPO-technology HIPO-технология

HIPPI высокоскоростной параллельный интерфейс

hiragana хирагана (японская азбука)

hi-res высокая разрешающая способность; высокое разрешение

HISAM иерархический индексно-последовательный метод доступа

histogram гистограмма

histogram activation calls гистограмма активирующих вызовов

histogram symbols символы гистограмм

historical data данные о (предшествующем) протекании процесса; предыстория (процесса); накопленные данные; статистические данные

historical logging регистрация предыстории

historigram график временного ряда

history 1. характер протекания; динамика (процесса); предыстория (состояния системы); 2. архив; архив данных; 3. журнал; хронология; предыстория; протокол; статистика

history block блок протокола

history effect эффект предыстории; кодозависимость; «память импульсов»

history facilities средства регистрации предыстории; средства протоколирования

history list протокол; таблица предыстории; список предыстории; список протокола

history of a system история системы (в кибернетике)

history record запись протокола; запись предыстории; ретроспективная запись

history substitution подстановка из протокола

hit 1. импульсная помеха; 2. кратковременное нарушение связи; 3. совпадение (при поиск); попадание; 4. удар; 5. нажатие кнопки; щелчок кнопкой; 6. обращение; 7. ответ; ответная справка; 8. ударять по клавише; нажимать

hit-and-miss method метод проб и ошибок

hit any key нажать любую клавишу

hitch препятствие; помеха

hither 1. отсекающая плоскость, перпендикулярная линии зрения; 2. расстояние от точки наблюдения до отсекающей плоскости

hit rate 1. коэффициент совпадений; 2. интенсивность обращений

hit ratio процент удач; коэффициент успеха; процент попадания; коэффициент совпадения; коэффициент нахождения данных в кэш-памяти

hits per day число обращений (к Web-странице) в день

hive совокупность; группа файлов, составляющих Registry (в Windows NT)

hkey дескриптор ключа

HLI интерфейс высокого уровня

HLL 1. язык высокого уровня; 2. высокоуровневые логические схемы

HLLAPI интерфейс прикладного программирования на языках высокого уровня

HLP протокол высокого уровня

HLR регистр абонентов (в сотовых сетях GSM); опорный регистр местонахождения

HLS цвет-яркость-насыщенность

HLS model модель «цвет-яркость-насыщенность»

HMA 1. модуль хост-адаптера; 2. HMA-область; область верхней памяти

HMC горизонтальный микрокод

HMD VR-шлем; виртуальный шлем

H-media гипермедиа; гиперсреда

HMI интерфейс управления концентратором

HMM скрытая марковская модель

HNET сеть с центральной станцией
H-node H-узел; гибридный узел
Hoar method метод Хоара
hoax фантом (вируса)
hobby computer компьютер для любительского использования
hobby computing любительские вычисления
Hoffman method метод Хоффмана
hol голограмма
hold 1. держатель; 2. удержание; фиксация; захват; 3. удержание (звонка); 4. синхронизация; 5. блокировка; 6. хранение; 7. занятие (линии); 8. выдержка; 9. удерживать; захватывать; фиксировать; 9. синхронизировать; 10. выдерживать; 11. держать; занимать (линию); 12. хранить; содержать; 13. удовлетворяться; выполняться; 14. приостанавливать
hold circuit блокировочная схема; фиксирующая схема
holder 1. держатель; 2. фиксатор; 3. кристаллоноситель; кристаллодержатель
hold facilities средства сохранения данных
holding 1. хранение; 2. блокировка
holding area область промежуточного хранения
holding beam поддерживающий луч; фиксирующий луч
holding circuit схема блокировки
holding company холдинговая компания
hold line button кнопка удержания линии
hold mark сигнал отсутствия передачи
hold page queue очередь закрепленных страниц
hold time время удержания
hole 1. отверстие; пробивка; дырка; 2. ошибка; промах; просчет
hole pattern комбинация пробивок
holiday выходной; нерабочий день
holistic целостный
holistic approach целостный подход
holistic mask эталонная маска
Hollerith card карта Холлерита
Hollerith code код Холлерита
Hollerith constant текстовая константа
hologram голограмма
hologram image голограмма; голографическое изображение
holographics голография
holographic storage голографическая память
holography 1. голография; 2. голографирование; получение голограмм
home 1. исходная позиция; начало; 2. собственный; личный; 3. исходный; базовый; 4. бытовой; домашний
home address 1. собственный адрес; исходный адрес; 2. домашний адрес
home address area поле внутренних адресов; область внутренних адресов
home address operation операция над внутренним адресом
home agent собственный агент
home appliance бытовое устройство
home automation бытовая автоматика; домашняя автоматизация
home banking банковские услуги на дому; банковское обслуживание на дому
home banking computer домашний компьютер для удаленного доступа к банковским счетам
home base главное окно
home block начальный блок; блок идентификации тома
home computer домашний компьютер
home computer network домашняя компьютерная сеть
home correction исправление ошибок на своем конце канала связи

home directory личный каталог; основной каталог; базовый каталог; исходный каталог; начальный каталог (файловой системы)
home domain базовый домен
home education домашнее образование
home-grown 1. отечественного производства; 2. собственной разработки
home key клавиша возврата в исходное положение
home location ячейка основной области; основная область
home location register регистр абонентов (в сотовых сетях GSM); опорный регистр местонахождения
home loop 1. местный цикл; 2. вложенный цикл
home network домашняя сеть
home networking standard стандарт для создания домашних сетей
home networking technology технология домашних сетей
home office домашний офис
homeostatic mechanism гомеостатический механизм
home page базовая страница (в Web); адресная страница; исходная страница; начальная страница; головная страница; основная страница; информационная home-страница
home pane основная панель
home path маршрут личного каталога (пользователя)
home PC домашний ПК; ПК бытового применения
home phone домашний телефон; номер домашнего телефона
home position исходная позиция; исходное положение; начальная позиция
home record начальная запись; собственная запись
home screen начало экрана
homesemy гомосемия; отношение семантической связи между двумя текстами
home use бытовое применение
home users пользователи домашних ПК
home-workers сотрудники, работающие дома
home worlds «локальные миры»
homing-in принцип подгонки
homochronous гомохронный; с одинаковыми частотами
homogeneity гомогенность; однородность
homogeneous гомогенный; однородный
homogeneous computer network однородная компьютерная сеть
homogeneous computing environment однородная вычислительная среда
homogeneous element processor однородная процессорная система; мультипроцессор с функционально однородными процессорами
homogeneous equation однородное уравнение
homogeneous multiplexing гомогенное мультиплексирование
homogeneous network гомогенная сеть; однородная сеть
homomorphic image of a formal language гомоморфный образ формального языка
homomorphism гомоморфизм
honeycomb memory сотовая память; сотовое запоминающее устройство
honored interrupt обработанное прерывание
hood removal sensor датчик снятия крышки корпуса
hook 1. прием; метод; 2. зацепка; 3. подключение программы путем передачи адреса; 4. программная ловушка; специальная программная процедура; 5. добавочный блок; 6. обработчик прерываний; 7. привязывать; 8. давать отбой; «вешать трубку»
hook control управление сигналом отбоя/ответа абонента
hooked vector вектор подключенной экспортируемой программы
hook flash сигнал отбоя

H

hooking подключение через адрес

hookup 1. совокупность; 2. схема расположения; 3. принципиальная схема; монтажная схема; 4. подключение; подсоединение; 5. прием; метод

hop 1. транзитный участок; пролет; переход; 2. интервал связи; ретрансляционный участок; сетевой сегмент; 3. ретрансляция; переприем (в сети); 4. повторный прием; переприем; 5. пересылка

hop-by-hop acknowledgement последовательное подтверждение

hop-by-hop routing межсегментная маршрутизация; последовательная маршрутизация

hop counter счетчик переходов по сети; счетчик сетевых сегментов; число пересекаемых пакетом маршрутизаторов; число промежуточных маршрутизаторов на пути к адресату

hopper бункерное загрузочное устройство

hopping 1. скачкообразная перестройка частоты; 2. переключение (каналов); 3. резкое изменение; перескок

hop router транзитный маршрутизатор

horizon линия горизонта

horizontal 1. горизонталь; 2. горизонтальный

horizontal and vertical position горизонтальная и вертикальная позиция

horizontal application горизонтальное приложение; приложение горизонтального рынка

horizontal blank пробел по горизонтали

horizontal check горизонтальный контроль; контроль по словам

horizontal constraint горизонтальная ограничительная линия

horizontal cursor курсор в виде тире

horizontal data flow горизонтальный поток данных

horizontal dimension lines горизонтальные размерные линии

horizontal distribution горизонтальное распределение

horizontal fragmentation горизонтальная фрагментация

horizontal frequency частота горизонтальной развертки; горизонтальная частота; частота строчной развертки

horizontal gridlines горизонтальные линии сетки

horizontal integration горизонтальная интеграция

horizontally align выравнивание по горизонтали

horizontal market горизонтальный рынок

horizontal menu горизонтальное меню

horizontal mesures единицы измерения по горизонтали

horizontal microcode горизонтальный микрокод

horizontal microinstruction горизонтальная микрокоманда

horizontal microprogramming горизонтальное микропрограммирование

horizontal page flip отражение страницы по горизонтали

horizontal parity горизонтальный контроль четности; поперечный контроль четности

horizontal pathway system горизонтальная кабельная разводка

horizontal pincushioning горизонтальные подушкообразные искажения

horizontal position позиция по горизонтали

horizontal printing поперечная печать

horizontal processor процессор с горизонтальным микропрограммированием

horizontal recording горизонтальная запись

horizontal refresh rate частота горизонтальной развертки

horizontal resolution 1. разрешение по горизонтали; разрешающая способность по горизонтали; 2. четкость по горизонтали

horizontal scale масштабирование по горизонтали

horizontal scan frequency частота горизонтальной развертки

horizontal scan lines строки горизонтальной развертки

horizontal scroll bar горизонтальная полоса прокрутки

horizontal spacing интервал по горизонтали

horizontal-tab character символ горизонтальной табуляции

horizontal-tab escape sequence управляющая последовательность «горизонтальная табуляция»

horizontal table partitioning горизонтальная декомпозиция таблицы

horizontal tabulation character символ горизонтальной табуляции; знак перемещения на следующую позицию вдоль строки

horizontal traverse 1. горизонтальное перемещение; 2. ход по горизонтали

Horn clause хорновская формула; хорновское выражение; хорновское предложение; дизъюнкт Хорна

Horner's method схема Горнера

horns of dilemma альтернатива дилеммы

horsepower вычислительные возможности; мощность

HOST гибридная технология открытых систем

host 1. главная машина; основная машина; ведущая машина; хост-машина; хост-компьютер; хост; узел (сети); 2. хост-узел; хост-система; система, где выполняется программа; компьютер-элемент сети; 3. главный; базовый; ведущий; основной

host adapter хост-адаптер; контроллер; контроллер сервера

host adapter module модуль хост-адаптера

host attachment module модуль подключения к хост-машине

host-based data-link protocol implementation реализация канального протокола на хост-процессоре

host-based DBMS централизованная СУБД

host board основная плата

host-bus adapter адаптер шины главного компьютера

host-centric централизованный; ориентированный на использование главной машины

host communication связь с главной ЭВМ

host communications processor главный коммуникационный процессор

host component хост-компонент

host computer хост-компьютер; главная машина; основная машина; ведущая машина; хост-машина

host computer основная машина; ведущая машина; главная машина; хост-машина; хост-компьютер; инструментальный компьютер

host connectivity products продукты для связи с хост-системами

host connectivity program программа для доступа к хост-системам

host controller interface интерфейс хост-контроллера

host CPU хост-процессор; главный процессор вычислительной системы

host device хост-устройство; главное устройство

host drive основной диск; хост-диск; диск, на котором создаются тома сжатых дисков

hosted environment среда выполнения программ под управлением главной программы

host ID идентификатор главного узла

hosting хостинг; услуги публикации информации на Web-серверах; размещение Web-страниц на серверах провайдера

host interface главный интерфейс; основной интерфейс; интерфейс главной машины

host language базовый язык; включающий язык

host-language processor процессор базового языка

hostless system децентрализованная система

host machine хост-машина

host module информационный модуль

host name имя хост-узла; имя хост-машины

hostname имя хост-системы

host processor главный процессор

host program главная программа; основная программа
host-resident находящийся на хост-компьютере
host resource name имя ресурса хост-системы; имя ресурса хоста
host resources MIB база данных управления ресурсами хост-системы
host-satellite system система с главным и подчиненными элементами
host server хост-сервер; основной сервер
host session сеанс взаимодействия с главной ЭВМ
host system хост-система; главная ЭВМ; главная система; центральная система; инструментальная система; машина, выполняющая запрошенную программу
host-to-host между хостами
host-to-host layer уровень взаимодействия хост-узлов
host-to-PCI bridge мост «хост- PCI»
host-to-target development system система кросс-проектирования
host type главный тип; основной тип
host volume хост-том
hot area активная область; активный участок
hot backup 1. горячее резервирование; 2. оперативное резервное копирование
hot docking «горячая» стыковка (ПК-блокнота и стыковочной станции)
hot failover автоматическое переключение в случае отказа
hot fix механизм оперативного переназначения; оперативная коррекция
hot fix redirection area область перенаправления данных при оперативной коррекции
hot grip активный блок захвата
hot key 1. клавиша (оперативного) вызова функции; активизирующая клавиша; оперативная клавиша; вызывающая клавиша; 2. клавиша, нажатая последней
hotkey clash конфликт клавиш быстрого вызова
hotkey combination оперативные клавиши
hot keys клавиши быстрого вызова
hotline 1. линия экстренной связи; «горячая линия»; линия оперативной поддержки; 2. прямой вызов (в телефонии)
hot link активная связь; оперативная связь
hotlist рабочий список
hot pluggability возможность подключения (замены) в «горячем режиме»
hot pluggable оперативное заменяемый (модуль); подключаемый в «горячем» режиме
hot plug hard drive оперативно подключаемый дисковод
hot point центр трансформации; центральная точка; основная точка
hot potato routing метод «горячей картошки» при выборе маршрута; метод скорейшей передачи
hot restart «горячая» перезагрузка; «теплый» перезапуск
hot sessions одновременная работа в двух сеансах
hot site backup «горячее резервирование» узла
hot-slot точка привязки; точка положения курсора
hot sparing «горячее» резервирование
hot spot 1. активный маркер; 2. область активизации; 3. активная область; активный участок; 4. активная точка; оперативная точка; точка выбора курсора экрана
hot spot field выделенное поле
hot-spot object открытый объект
hot standby горячее резервирование
Hot Standby Router Protocol протокол маршрутизатора горячего резервирования
hot-swap замена непосредственно в процессе работы
hot-swap feature средство оперативной замены компонента без останова системы

hot swap module оперативно заменяемый модуль
hot-swapped оперативно заменяемый; заменяемый в «горячем» режиме
hot swapping «горячая» замена
hot switching «горячая» коммутация
hottest features самые современные возможности
hot word слово, связывающее текст с объектом
hot zone область взаимодействия
12-hour format 12-часовой формат
24-hour format 24-часовой формат
hourglass песочные часы
hourglass cursor курсор в форме песочных часов
hours of operation часы работы
housed смонтированный в корпусе
housekeeping 1. организационные операции; вспомогательные операции; служебные операции; служебные действия; организующие действия; действия по обслуживанию; 2. служебный; организующий; вспомогательный
housekeeping data служебные данные
housekeeping functions служебные функции; сервисные функции
housekeeping information вспомогательная информация; служебная информация
housekeeping instruction служебная команда; вспомогательная команда; организующая команда; организационная команда
housekeeping operation служебная операция; вспомогательная операция
housekeeping overhead системные затраты; системные издержки
housekeeping routine служебная программа; административная программа
house style внутренний стиль
HP горизонтальная табуляция
HPC 1. карманный ПК; миниатюрный компьютер; 2. вычисления с высокой производительностью; 3. шифр «заварной пудинг»
HPCC высокопроизводительные вычисления и связь
HPC card плата контура гибридной линии
HPCCI инициатива в области высокопроизводительных вычислений и средств связи
HPCN высокопроизводительные вычислительная техника, средства связи и сети
HPDS высокопроизводительная дисковая подсистема
HPF планирование по наивысшему приоритету; первоочередное выполнение задач с наивысшим приоритетом
HPFS файловая система HPFS; высокопроизводительная файловая система
HPGL (стандартный) язык для устройств графического вывода; язык описания графики фирмы Hewlett-Packard
HP-IB 8-разрядная магистраль Hewlett-Packard
HPP пакет прикладных программ для издательских систем (Гарвардского университета)
HPPI высокоскоростной параллельный интерфейс
HPR высокопроизводительная маршрутизация
HPSN высокопроизводительные расширяемые сети
HPSS высокопроизводительная система хранения данных
HRC 1. гибридное управление кольцом; 2. управление высоким разрешением
HRMS система управления кадрами и расчета зарплаты
HR software программные средства для управления людскими ресурсами; система управления кадрами
HRT таймер с высокой разрешающей способностью
HS высокоскоростной; быстродействующий
HSAM иерархический последовательный метод доступа
HSB цвет-насыщенность-яркость

HSD режим скоростной печати

HSDL высокоскоростной канал передачи данных

HSEL быстродействующий селекторный канал

HSI 1. цвет-насыщенность-яркость; цвет-насыщенность-интенсивность; уровни цветовой насыщенности и яркости; 2. человеко-машинный интерфейс; 3. высокоскоростной интерфейс

HSL цветовая модель HSL; тон-насыщенность-яркость

HSLA быстродействующий линейный адаптер

HSLDO высокоскоростной канал

HSL-model модель HSL

HSM 1. иерархическая семантическая модель; 2. быстродействующее запоминающее устройство; 3. иерархическое управление памятью

HSM system система управления иерархической памятью

HSP 1. аппаратная обработка сигналов; 2. обработка сигналов с использованием центрального процессора; 3. быстродействующее печатающее устройство; высокоскоростной принтер

HSRP протокол маршрутизатора горячего резервирования

HSS быстродействующее запоминающее устройство

HSSB высокоскоростная последовательная шина; высокоскоростная последовательная магистраль

HSSI высокоскоростной последовательный интерфейс

HSV цвет-насыщенность-значение

HSV model модель «цвет-насыщенность-значение»

HT символ горизонтальной табуляции

HTFS высокопроизводительная файловая система

HTML язык разметки гипертекста; гипертекстовый язык описания документов; язык гипертекстовой маркировки

HTML-codes HTML-коды

HTML converter конвертер HTML

HTML editor HTML-редактор; редактор кода HTML

HTML form HTML-форма

HTML frame фрейм HTML

HTML link ссылка HTML

HTML source editing редактирование HTML-кода

HTML tag дескриптор HTML; тег HTML

HTTP протокол передачи гипертекста; гипертекстовый транспортный протокол

HTTP cookies маркеры HTTP

HTTP mappings HTTP-адреса

hub 1. хаб; концентратор; 2. Web-центр

hub/adapter card плата концентратора

hubbing network architecture сетевая архитектура с центральной станцией; сетевая архитектура с центральным концентратором

Hub Management Interface интерфейс управления концентратором

hub network сеть с центральной станцией

hub-polling опрос по типу «готовый передает первым»

hub server сервер, выполненный в виде модуля для концентратора

hub side сторона дискеты с открытой втулкой

hue оттенок цвета; цвет; цветовой тон

hue adjustment регулировка тона

hue-level-saturation цвет-яркость-насыщенность; метод цветопередачи HLS

hue replacer tool инструмент «заменитель оттенка»

hue-saturation-brightness цвет-насыщенность-яркость

hue-saturation-brightness filter фильтр «цвет/насыщенность/яркость»

hue-saturation-intensity цвет-насыщенность-интенсивность

hue-saturation-value цвет-насыщенность-значение

hue tool инструмент «оттенок» (в графических пакетах)

Huffman coding кодирование по алгоритму Хаффмана

Huffman encoding кодирование по алгоритму Хаффмана

Huffman squeezing сжатие по методу Хаффмана

huge data данные в крупной модели памяти

huge memory model крупная модель памяти

hull оболочка

hum 1. фон (от сети переменного тока); 2. гудение; 3. сетевые радиопомехи; 4. помеха от источника промышленной частоты

human-aided с участием человека

human-assisted machine translation машинный перевод с участием человека

human-centered computing антропоцентрические вычисления

human computer communication requirements требуемый объем информационного обмена (между человеком и компьютером)

human-computer interaction человеко-машинное взаимодействие

human-computer interface интерфейс «человек-машина»; человеко-машинный интерфейс

human-engineered interface интерфейс, удобный для человека

human engineering 1. инженерная психология; 2. эргономика

human expertise человеческий опыт

human factor человеческий фактор

human-factor error ошибка, связанная с присутствием человека в системе

human failure отказ по вине человека

human interface интерфейс с пользователем

human knowledge человеческие знания

human language естественный язык

humanlike человекоподобный

human-operator человек-оператор

human-oriented language язык, близкий к естественному; язык, удобный для восприятия

human-readable output вывод, воспринимаемый человеком

human resource management system система управления кадрами и расчета зарплаты

human resources нематериальные ресурсы; кадры

human resources department отдел кадров

human resources files файлы с личными делами

huminance threshold порог яркости

hum reduction подавление помех от сети

hundred сто; сотня

hundreds position позиция сотен; разряд сотен

Hungarian Naming венгерская запись имен

hunt 1. поиск; 2. слежение; 3. искать; 4. следить

hunt-and-stick method метод поиска и останова

hunt group «охотничья» группа; группа портов с одним адресом

hunting 1. блуждание; 2. бросание; 3. качание (частоты); 4. слежение

hunting loss потери на рыскание

Hurwicz criterion критерий Гурвица

HVP горизонтальная и вертикальная позиция

HVQ иерархическое векторное квантование

HW аппаратное обеспечение; оборудование; аппаратура; аппаратные средства

hybrid 1. гибрид; гибридная система; 2. смешанный; комбинированный; гибридный

hybrid associative memory гибридная ассоциативная память

hybrid backbones гибридные межсетевые соединения

hybrid board гибридная плата

hybrid cartridge гибридный картридж

hybrid circuit гибридная схема

hybrid computer гибридная ЭВМ

hybrid computer system гибридная вычислительная система

hybrid database гибридная база данных; база данных со смешанной структурой; база данных с гибридной структурой

hybrid font гибридный шрифт

hybrid interface 1. интерфейс для связи цифровых и аналоговых устройств; интерфейс сопряжения цифровой и аналоговой систем; 2. гибридное сопряжение

hybrid language комбинированный язык

hybrid microcircuit гибридная микросхема

hybrid monitor гибридный монитор

hybrid network гибридная сеть связи

Hybrid Open Systems Technology гибридная технология открытых систем

hybrid ring control гибридное управление кольцом

hybrid routing гибридная маршрутизация

hybrid typeface гибридный шрифт

hybrid UPS гибридный источник бесперебойного питания

hybrid user гибридный пользователь

HYP горизонтальная и вертикальная позиции

hyperbolic functions гиперболические функции

hypercube system система на основе гиперкуба

hyperframe гиперфрейм

hypergeometric distribution гипергеометрическое распределение

hypergraph гиперграф

hyperimage гиперизображение

hyperindex гипериндекс

hyperlink гиперссылка; гипертекстовая ссылка; гиперсвязь

hyperlink object library библиотека объектов-ссылок

hypermedia гиперсреда; гипермедиа

hypermedia/time-based structuring facilities инструментальный средства формального представления музыки; стандарт HyTime

hypernotion гиперпонятие

hyperterminal программа связи

hypertext 1. гипертекст; 2. гипертекстовый

hypertext document гипертекстовый документ; документ гипертекстовых систем

hypertext environment гипертекстовая среда; среда гипертекстовых систем

hypertext links гипертекстовые ссылки

hypertext markup language язык описания гипертекстовых документов; язык HTML

hypertext «on-the-fly» document оперативно формируемый гипертекстовый документ

hypertext product гипертекстовый продукт; гипертекстовая программа

hypertext transport protocol гипертекстовый транспортный протокол

hypervisor гипервизор; управляющая программа ОС

hyphen дефис; символ переноса; минус

hyphenate писать через дефис; переносить

hyphenation разбивка по слогам; расстановка переносов; разделение слов для переноса; перенос

hyphenation exception dictionary словарь исключений для переноса

hyphenation exceptions исключения в переносах

hyphenation justification выключка без переноса слов

hyphenation method метод переноса

hyphenation zone зона переноса; зона разделения слов для переноса

hypothesis гипотеза; предположение; допущение

hypothesis-driven управляемый гипотезами

hypothesis generator генератор гипотез

hypothesize строить гипотезу; формулировать гипотезу

hypothesizer блок построения гипотез

hypothesizer sentence блок построения гипотез о распознаваемых фразах

hypothetic гипотетический; предположительный

hypothetical world возможный мир

hysteresis 1. гистерезис; 2. неоднозначная зависимость; область неоднозначности

hysteresis characteristic 1. гистерезисная характеристика; гистерезисная кривая; 2. петля гистерезиса

hysteresis curve кривая гистерезиса

hysteresis loop петля гистерезиса

HyTime стандарт представления документа средствами гипертекста/мультимедиа

I&A идентификация и подтверждение полномочий; идентификация и аутентификация

IA 1. адрес команды; 2. первое вхождение; начальное появление; 3. косвенная адресация; 4. интегральный адаптер; 5. архитектура Intel

IAB Архитектурный совет Internet; Совет по архитектуре Internet; Координационный совет сети Internet

IAC межпрограммные связи

IACK подтверждение прерывания

IAN узел объединенного доступа

I-appliance бытовое устройство с поддержкой Internet; Internet-устройство

IAS память с прямой адресацией

IBCN интегрированная широкополосная коммуникационная сеть

I-beam I-образный курсор

I-beam text cursor I-образный текстовый курсор

IBG интервал между блоками; межблочный промежуток

IBM-compatible IBM-совместимый; совместимый с компьютерами фирмы IBM

IBM-compatible computer компьютер, совместимый с машинами IBM

IBM enhanced layout 101-клавишная клавиатура IBM

IBM-mode режим работы принтера по стандарту IBM

IBM PC персональный компьютер фирмы IBM

IBM PC-compatible IBM-совместимый; совместимый с IBM PC

IBN 1. объединенный коммутационный узел; концентратор/маршрутизатор; 2. интегрированная коммерческая сеть

IC 1. непосредственно составляющая; 2. программная плата; плата, содержащая команду; 3. счетчик команд; 4. внутреннее соединение; 5. управление интерфейсом; 6. захват изображений

ICA 1. алгоритм анализа по непосредственно составляющим; 2. архитектура межпрограммных связей; 3. адаптер каналов связи; интеллектуальный связной адаптер; плата ICA; 4. архитектура интеллектуальной консоли; 5. независимая компьютерная архитектура; 6. Международная ассоциация связи

I-cache I-кэш; кэш команд; кэш инструкций

ICAD интерактивное автоматизированное проектирование; диалоговое автоматизированное проектирование

ICAI system интеллектуальная система машинного обучения

icand множимое

I-card интерфейсная плата

IC array матрица ИС; интегральная матрица

ICASE интегрированная автоматизированная разработка программ

I-cash кэш команд

ICB блок управления прерываниями

ICC 1. сопроцессор сжатия изображения; 2. контроллер прерываний; 3. Международный консорциум по цвету

ic computer машина на интегральных схемах

ICCP Институт сертификации профессионалов в области вычислительной техники

ICD 1. инсталлируемый драйвер клиента; 2. указатель международного кода

ICDA дисковая матрица со встроенной кэш-памятью

ICDL язык описания интегральных схем

ICE 1. внутрисхемная эмуляция; 2. встроенный эмулятор; 3. аппаратура контроля ввода

ICFA Международная ассоциация компьютерной факсимильной связи

ICI интерфейс связи между линиями различных телефонных компаний

ICLID идентификация звонящего абонента

ICM 1. механизм подбора цветов; 4. программа управления сжатием изображений

ICMP межсетевой протокол управляющих сообщений; протокол управления сообщениями в сети Internet

ICN сеть с внутрисхемной коммутацией

iCOMP индекс сравнительной оценки производительности микропроцессоров компании Intel

icon пиктограмма; графический образ; изображение; отображение; графический символ; значок

icon area область пиктограммы

icon button командная кнопка с пиктограммой; кнопка со значком

icon-driven e-mailing передача электронной почты путем выбора пиктограммы

icon editor редактор пиктограмм

iconic programming программирование в графических образах

iconic representation графическое представление

iconic window окно, представленное в виде пиктограммы

iconize button кнопка «свернуть в пиктограмму»

icon panel панель пиктограмм

ICP интеллектуальная обработка вызовов

ICP/SPP протокол связи между процессами/протокол упорядоченной передачи пакетов

ICR интеллектуальное распознавание символов

ICS 1. универсальная торговая служба; 2. интегральная коммуникационная подсистема

ICSA Международная ассоциация по защите вычислительных систем

ICST Институт вычислительной техники

IC test clip зажим для проверки интегральной схемы

ICTS система междугородной связи

ICU 1. интегральный блок управления; 2. устройство формирования команд; блок формирования команд; блок обработки команд

ID 1. идентификатор; 2. декодировщик команд

id идентификатор

IDA 1. инкремент/декремент адреса; 2. матрица дисковых накопителей; 3. матрица дисковых накопителей с интеллектуальным контроллером; интеллектуальная матричная дисковая память; 4. интегрированный цифровой доступ

IDAPI интегрированный API-интерфейс для доступа к базам данных; единый интерфейс прикладного программирования баз данных; интегрированный интерфейс разработки прикладных программ для баз данных

IDB 1. индексная база данных; 2. интегрированная база данных

IDC идентифицирующий код; идентификатор

ID code код-идентификатор

IDCT непрямое косинус-преобразования; косвенное косинусное преобразование

IDD прямой набор международного телефонного номера

IDDE интегрированная среда разработки и отладки программ; средства отладки и разработки программ

IDE 1. интегрированная среда разработки; 2. дисковод со встроенными контроллером диска; встроенная электроника управления диском; встроенный интерфейс накопителей; 3. интеллектуальное оборудование дискового накопителя

IDEA интерактивный цифровой электронный прибор

ideal model идеальная модель

ideal value идеальная величина; идеальное значение

IDE drive дисковод со встроенным контроллером; дисковод IDE

IDEF функциональное информационное моделирование; метод описания интеграции

idempotent law закон идемпотентности

identical идентичный; тождественный

identical equation тождественное уравнение

identically designed идентично спроектированный

identification 1. идентификация; отождествление; 2. опознавание; распознавание; 3. определение; 4. обозначение; метка; метка, идентифицирующая объект; 5. идентифицирующий объект

identification and authentication идентификация и аутентификация; идентификация и подтверждение полномочий

identification byte идентифицирующий байт; байт идентификации

identification card идентификационная карта

identification character идентификационный символ; идентифицирующий символ; символ идентификации; знак идентификации

identification code идентифицирующий код; идентификатор

identification division блок идентификации; раздел идентификации

identification line линия идентификации

identification map идентифицирующее отображение

identification mark идентифицирующая метка

identification number идентифицирующий номер

identification of words распознавание слов; идентификация слов

identifications division раздел идентификации

identification tag опознавательная бирка

identification unit блок идентификации

identifier 1. идентификатор; имя; 2. устройство опознавания; устройство распознавания

identifier list таблица идентификаторов; список идентификаторов

identifier name space пространство имен идентификатора

identifier type тип идентификатора

identifier word идентификатор

identify 1. идентифицировать; отождествлять; 2. распознавать; 3. обозначать; 4. именовать

identify-based security policy идентификационная методика безопасности

identifying attribute идентифицирующий атрибут

identity 1. именование; 2. идентичность; тождественность

identity burst блок идентификации

identity element нейтральный элемент

identity function функция тождества

identity matrix единичная матрица

identity of window идентификация окна

identity representation единичное представление

ideogramme идеограмма

IDI 1. идентификатор исходного домена; 2. промежуточный цифровой интерфейс; 3. интегрированный цифровой интерфейс

idioglossary тематический глоссарий

idiom идиома

idiomatic expression идиоматическое выражение

idiosyncrasy черта; особенность

idiotproof защищенный «от дурака»; защищенный от неумелого обращения

idiot tape неполнокодовая лента (в полиграфии)

I-disk размеченный диск; подготовленный к работе диск

IDL 1. цифровой канал взаимодействия между интегральными схемами; цифровое звено межкристальной связи; интерфейс IDL; 2. язык описания интерфейса; язык определения интерфейса; 3. интерактивное дистанционное обучение

idle 1. ожидание; простой; 2. свободный; незанятый; не работающий; бездействующий

idle channel незанятый канал

idle character холостой символ; пустой символ; фиктивный символ; псевдосимвол; символ ожидания

idle light индикатор простоя

idle mode режим холостого хода; нерабочий режим

idle pattern холостая комбинация

idle processing обработка во время простоя

idle queue очередь ожидающих задач

idle terminal бездействующий терминал

idle time время ожидания; неиспользуемое время; время простоя; простой; бездействие

IDM 1. ударная точечная матрица; печатающая головка матричного принтера; 2. интегральная цифровая сеть; интегрированная цифровая сеть

ID name идентификационное имя

ID number номер-идентификатор; идентифицирующий номер; идентификационный номер

IDO объект, определяющий элемент интерфейса

IDP 1. обработка промышленных данных; 2. процессор ввода; 3. интегрированная обработка данных

IDR регистр деталей реализации; регистр параметров конкретной реализации

IDS 1. система визуального отображения информации; 2. система распределения информации; 3. интегрированная система обработки данных; 4. технические требования к аппаратуре сопряжения

IDT таблица дескрипторов прерываний

IDTR регистр таблицы дескрипторов прерываний

IDU интерфейсный блок данных

IEC Международная электротехническая комиссия

IEC bus шина данных, соответствующая стандарту Международной электротехнической комиссии

IEEE Институт инженеров по электротехнике и электронике
IEEE standard стандарт IEEE
IEF 1. информационно-справочная система проектирования; 2. инструментальные средства разработки программ
IEN интегрированная сеть масштаба предприятия
ier множитель
IES система информационного обмена
IESG Группа системных инженеров сети Internet
IET технология повышения качества печати
IETF Рабочая группа инженеров Internet; инженерная проблемная группа Internet; рабочая группа по инженерным проблемам Internet; комитет по инженерным проблемам Internet
IEU целочисленное устройство; устройство целочисленных операций
I/F интерфейс
IFA интегрированный адаптер файла
IFAC Международная федерация по автоматическому управлению
if clause 1. условное предложение; 2. условный оператор
IFD интерфейсный механизм
IFE 1. интеллектуальная станция-клиент; 2. интеллектуальная программа сопряжения
IFEP интегрированный интерфейсный процессор; интегрированный связной процессор
iff тогда и только тогда
IFIP Международная федерация по обработке информации
IFL язык интеллектуальных форм
IFOCL интегральная волоконно-оптическая линия связи
if-operation операция условного перехода; операция «если»; условный оператор
IFP интерфейсный процессор
I-frames 1. информационные кадры; независимо сжатые кадры; 2. кадры передачи информации (в ISDN)
I-frame technique внутрикадровое кодирование с учетом избыточности изображения кадра; I-кодирование
IFS 1. настраиваемая файловая система; инсталлируемая файловая система; 2. разделитель внутренних полей
IFT межбанковский обмен файлами
IGC интеллектуальный графический контроллер
IGES 1. исходная спецификация обмена графикой; международный стандарт по обмену графической информацией; 2. первичный стандарт обмена графикой
IGMP snooping ограничение рассылки групповых сообщений
ignorance factor фактор незнания
ignore 1. пропуск; 2. пропускать; игнорировать
ignore all пропустить все
ignore case игнорировать регистр
ignore field пропустить поле
ignore list список игнорирования; список полей, которые не выводятся при просмотре сообщений (в электронной почте)
ignore nulls пропуск пустых полей
ignore white игнорировать треппинг белого цвета (в графических пакетах)
IGOR интеллектуальное распознавание графических объектов
IGRP протокол внутренней маршрутизации между шлюзами
IGS интерактивная графическая система
IGT интеллектуальный графический терминал
IH 1. программа обработки прерываний; обработчик прерываний; 2. блок обработки прерываний
IHD внутренний жесткий диск
IHF средство обработки изображений
IHV независимый поставщик оборудования; сторонний поставщик оборудования; независимый поставщик аппаратного обеспечения; независимый разработчик аппаратуры

IIA Ассоциация информационной индустрии
IIO интеллектуальный ввод-вывод
IIOP 1. протокол передачи сообщений между сетевыми объектами через TCP/IP; 2. интеллектуальный процессор ввода-вывода
IIST Институт по технологиям хранения информации
IITF Рабочая группа по информационной инфраструктуре
IIU интерфейсный блок ввода
IK инверсная кинематика
IKBS интеллектуальная система, основанная на использовании базы знаний
IL интерфейсная петля
ILAN интегральная локальная сеть
ILE интегрированная языковая среда
I-list область индексных дескрипторов
ill-behaved function нерегулярная функция; функция с плохим поведением
ill-behaved program некорректно функционирующая программа
ill-conditioned плохо обусловленный; некорректный
ill-conditioned equation плохо обусловленное уравнение; некорректное уравнение
ill-conditioned matrix плохо обусловленная матрица
ill-definedness плохая определенность
illegal незаконный; несанкционированный; недопустимый; непредусмотренный; недействительный; запрещенный; неразрешенный
illegal access несанкционированный доступ; неразрешенный доступ
illegal character неразрешенный символ; запрещенный символ
illegal command неразрешенная команда
illegal-command check контроль на наличие запрещенных команд
illegal control message error ошибка из-за запрещенного управляющего сообщения
illegal function запрещенная функция; недопустимая функция
illegal instruction запрещенная команда; неразрешенная команда
illegal operation запрещенная операция; запрещенная команда; недопустимая операция
illegal operation code недопустимый код операции
illegal symbol недопустимый идентификатор; недопустимый символ
illegal use незаконное использование
illegible нечеткий; неразборчивый
illumination circle световой круг
illumination model модель освещения
illustrate иллюстрировать; оформлять (издание)
illustration иллюстрация
illustration software приложения иллюстративной графики
ILMI ILMI-интерфейс; временной интерфейс локального администрирования; промежуточный интерфейс локального управления
ILP параллельное выполнение на уровне команд
ILS 1. интегрированная обучающая система; интегрированная система обучения; 2. межслойное проскальзывание
IM 1. информационная модель; 2. маска наследования; 4. управление информацией; 4. отраслевой производитель; компания-производитель
IMA 1. Ассоциация изготовителей и пользователей систем мультимедиа; Ассоциация по интерактивным средствам мультимедиа; 2. Международная ассоциация MIDI; 3. адаптивная дифференциальная импульсно-кодовая модуляция

IMAC уровень управления доступом к среде передачи данных в сетях ISDN

image 1. изображение; образ; 2. отображение; 3. зеркальная боковая полоса частот; 4. рисунок; 5. отпечаток; 6. образ задачи; загрузочный модуль; 7. изображать; формировать изображение; 8. отображать

image acquisition захват изображения; получение изображений

image amplifier 1. усилитель изображений; 2. усилитель канала изображения

image analysis анализ изображений

image area 1. область изображения; участок изображения; 2. запечатанная область; площадь на странице издания для размещения изображения; 3. область для записи изображения

image-based основанный на анализе изображений

image-based keyframe animation анимация по ключевым изображениям; анимация по ключевым кадрам

image break непропечатка

image browser утилита просмотра изображений

image buffer буфер изображения

image coding кодирование изображения

image coding method метод кодирования изображений

image colors palette палитра «цвета изображения»

image compression сжатие изображения

image compression coprocessor сопроцессор сжатия изображений

image compression manager программа управления сжатием изображений

image control 1. окно изображения; 2. элемент управления «рисунок»

image conversion преобразование изображения

image conversion to duotone преобразование изображения в дуплекс

image coprocessor сопроцессор обработки изображений

image copy 1. копия изображения; 2. копия-отображение данных; образ данных; 3. копирование образа (файла)

image correction коррекция изображения; настройка изображения

image coverage формирователь изображений

image cropping обрезка изображения

image cue характерный признак изображения; отличительное свойство изображения

image data видеоданные; данные в виде изображения

image database база данных изображений

image definition area область определения изображения

image degradation ухудшение изображения

image display графический дисплей

image dissector разложение изображения; развертка изображения

image distorting on a mesh искажения изображения на сетке

image-editing application приложение редактирования изображений

image-editing software программное обеспечение редактирования изображений

image editor редактор изображений

image element элемент изображения

image enabled network сеть с поддержкой изображений

image energy энергия излучения от изображения

image enhancement повышение качества изображения

image enhancement technology технология повышения качества печати

image fault искажение изображения; дефект изображения

image field поле изображения

image file 1. файл изображения; 2. двоичный файл; файл-образ

image font растровый шрифт

image framing кадрирование изображения

image generation формирование изображения

image graphics изобразительная графика; растровая графика

image handling facility средство обработки изображений

image header заголовок изображения

image information графическая информация; изобразительная информация

image intensifier 1. усилитель яркости изображения; 2. электронно-оптический преобразователь

image inverting инвертирование изображения

image layer compositor компоновщик слоев графического изображения

image line pointer table таблица указателей строки изображения

image list библиотека примитивов

image management управление изображениями

image management system система управления изображениями; система управления образами документов

image map карта ссылок

image mapping разметка изображений

image memory память изображения; память для хранения изображений

image menu меню изображений

image mixing микширование изображений

image name имя процесса (в NT)

image operation операция обработки изображение

image output option параметры вывода изображения

image panning панорамирование изображения

image plane плоскость изображения

image printer устройство печати изображений

image processing обработка изображения

image processing system система обработки изображений

imager 1. краситель (для ксерокса); 2. блок формирования изображения

image recognition распознавание изображений

image reconstruction регенерация изображения; восстановление изображения

image rejection 1. подавление помех от зеркального канала; 2. подавление несущей изображения

image resolution разрешение изображения

image restoration восстановление изображения

image retouching ретушь изображения

imagery 1. отображение; образы; 2. формирование изображений; получение изображений; 3. рисунок; 4. формирование рисунка

image scale масштаб изображения

image scrolling прокрутка изображения

image segment сегмент изображения

image segmentation сегментация изображения

imagesetter 1. фотонаборный автомат; устройство вывода на пленку; 2. система воспроизведения изображений; система визуального вывода

image sharpness четкость изображения; резкость изображения

image size размеры изображения

image software программное обеспечение обработки изображений

image sprayer tool инструмент «кисть примитивов»

image stability стабильность изображения

image synthesis синтез изображений

image task задача обработки изображений

image TV sensor телевизионный датчик изображения

image type list список типов изображения

image understanding понимание изображения; распознавание изображений

253

image-understanding system система распознавания изображений

image width ширина рабочего поля

image window окно изображения

imaginary 1. мнимый; комплексный; 2. воображаемый

imaginary accumulator накапливающий сумматор для мнимых частей комплексных чисел

imaginary axis мнимая ось

imaginary number мнимое число

imaginary part мнимая часть

imagined surface воображаемая поверхность

imaging 1. формирование изображений; получение изображений; 2. обработка изображений; 3. формирование сигналов изображений; 4. отображение; 5. формирование рисунка; 6. визуализация; воспроизведение изображения

imaging analysis анализ изображений

imaging model модель воспроизведения изображений; концепция воспроизведения изображений

imaging server сервер обработки изображений

IMAP протокол доступа к сообщениям Internet; протокол интерактивного доступа к электронной почте

IMB межмодульная шина

imbalabce дисбаланс; нарушение баланса

imbedded circuit внутренняя схема

imcompleteness theorems теоремы о неполноте

IME редактор методов ввода

IMHO на мой взгляд (сокращение, принятое в сообщениях электронной почты)

immanent equivalence имманентная эквивалентность

immediate немедленный; непосредственный

immediate access 1. непосредственная выборка; 2. немедленная выборка; 3. непосредственный доступ; 4. немедленный доступ

immediate-access memory память с непосредственной выборкой

immediate access store запоминающее устройство с непосредственной выборкой

immediate address непосредственный адрес; адрес-операнд

immediate addressing непосредственная адресация; прямая адресация

immediate ancestor непосредственный предок; прямой предок

immediate base class непосредственный базовый класс

immediate compress attribute атрибут «сжать немедленно»

immediate constituent analyzer алгоритм анализа по непосредственно составляющим

immediate constituent grammar грамматика непосредственных составляющих; НС-грамматика

immediate constituents непосредственно составляющие

immediate constituents analysis анализ по непосредственным составляющим

immediate data 1. непосредственно получаемые данные; 2. непосредственный операнд

immediate descendant непосредственный потомок

immediate detection немедленное обнаружение

immediate dynamic descendant непосредственно динамически подчиненный блок

immediate effect непосредственное воздействие

immediate image system система с непосредственным отображением

immediate inference непосредственный вывод

immediate instruction команда с адресом нулевого уровня

immediate interrupt срочное прерывание

immediate mode непосредственный режим

immediate notification немедленное оповещение

immediate operand непосредственный операнд

immediate operation операция с непосредственной адресацией

immediate purge немедленная очистка

immediate reasoning непосредственный вывод; непосредственное умозаключение

immediate search непосредственный поиск

immediate sync немедленная синхронизация

immediate transformation непосредственная трансформация

immitance иммитанс (полное сопротивление и полная проводимость)

immunity устойчивость; защищенность

immutable file постоянный файл; файл только для считывания; файл только для чтения

I-modem внутренний модем; встроенный модем

IMP 1. сопрягающий процессор сообщений; интерфейсный процессор сообщений; 2. протокол обмена служебными сообщениями; 3. интегральный многопротокольный процессор

impact 1. воздействие; влияние; 2. столкновение; удар; толчок; 3. ударный; контактный; 4. оказывать воздействие; оказывать влияние

impact analysis анализ последствий; анализ влияния; прогнозирование

impact assessment оценка влияния

impact dot matrix ударная точечная матрица; печатающая головка матричного принтера

impact matrix матрица влияний

impact printer принтер ударного действия; устройство контактной печати

impairment ухудшение; повреждение

impairment measurement set средства измерения искажений

imparity check контроль нечетности; проверка на нечетность

impedance 1. полное сопротивление; импеданс; 2. сопротивление

impedance discontinuity разрыв непрерывности полного сопротивления

imperative императивный

imperative facility императивные средства

imperative go-to statement оператор безусловного перехода

imperative instruction императивная команда

imperative knowledge императивные знания; знания о действиях

imperative language императивный язык; процедурный язык

imperative mount принудительный монтаж

imperative statement исполняемый оператор; императивный оператор

imperfect неполный; несовершенный

imperfect data неточные данные; неполные данные

imperfection несовершенство; неполнота; недостаток; дефект

impermeability магнитная непроницаемость

impersonation перевоплощение; исполнение роли

impessionist effect эффект «импрессионизм» (в графических пакетах)

IMPI внутренний микропрограммный интерфейс

impingement cooling system система принудительного охлаждения

implement 1. вводить в эксплуатацию; внедрять; 2. реализовывать; осуществлять

implementation 1. реализация; 2. разработка; 3. внедрение; ввод

implementation agreement соглашение о внедрении

implementation analysis анализ результатов внедрения

implementation error ошибка физической реализации; ошибка конструирования

implementation file файл реализации

implementation limits пределы реализации системы; ограничения реализации системы

implementation medium физическая среда

implementation module модуль реализации

implementation part раздел реализации

implementation-side interface интерфейс реализации запрашиваемого объекта

implementation specification спецификация реализации; описание реализации

implementator разработчик

implicant импликанта

implicate 1. заключать в себе; подразумевать; влечь; 2. включать; вовлекать

implication 1. импликация; 2. вовлечение; включение; 3. смысл; значение

implications последствия; осложнения

implicative normal form импликативная нормальная форма

implicature импликативная форма

implicit неявный; скрытый; подразумеваемый

implicit address неявный адрес

implicit association неявная ассоциация

implicit attribute неявный описатель; неявный атрибут

implicit computation неявное вычисление

implicit computing неявное вычисление

implicit conversion неявное преобразование

implicit declaration неявное описание; неявное объявление

implicit definition неявное определение

implicit differentiation дифференцирование неявной функции; неявное дифференцирование

implicit domain неявный домен

implicit evaluation неколичественная оценка

implicit field length неявная длина поля

implicit form неявная форма

implicit function неявная функция

implicit function declaration неявное объявление функции

implicit knowledge неявные знания

implicit length неявная длина

implicit opening неявное открытие

implicit operand неявный операнд

implicit program section неявная программная секция

implicit selection неявный выбор

implicit transaction неявная транзакция

implied подразумеваемый; неявный

implied address неявный адрес

implied addressing неявная адресация

implied association неявная ассоциация

implied call неявный вызов; неявное обращение

implied coercion контекстное приведение

implied edge неявное ребро

implied security equivalence неявная эквивалентность защиты

implied warranty обязательная гарантия

imploding «взрывание»

imply заключать в себе; иметь следствием; значить; означать; подразумевать

import 1. импорт; 2. импортировать

import canceled импорт отменен

import complete импорт завершен

imported импортированный; импортируемый; заимствованный

imported function импортируемая функция

imported shape импортированная фигура

import/export setup настройка экспорта/импорта

import filter фильтр ввода; фильтр импорта

import library библиотека импорта

import list список импорта

import procedure импортируемая процедура

impose спускать (полосу)

imposing спуск полос (в издательских системах)

imposition спуск полос (в издательских системах)

imposition layout макет спуска полос (в издательских системах)

impossible event недопустимое событие

impostor acceptance неправомерное опознавание

impressionist filter фильтр «импрессионизм» (в графических программах)

imprint отпечаток; оттиск

imprinter впечатывающее устройство

improper неправильный; неверный; запрещенный

improper character запрещенный символ

improper command неверная команда

improper-command check контроль запрещенных команд

improper data неподходящие данные; данные, не соответствующие требованиям; данные в неподходящем формате

improper fraction неправильная дробь

improper integral несобственный интеграл

improved уточненный; улучшенный

improved estimate улучшенная оценка

improved value уточненное значение

improvement улучшение; усовершенствование; модернизация

improving originals for scanning улучшение оригиналов при сканировании

IMPS бюллетени по тестам программного и аппаратного обеспечения Novell

impulse импульс

impulse circuit импульсная схема

impulse counter счетчик импульсов

impulse front фронт импульса

impulse modulation импульсная модуляция

impulse noise импульсный шум

impulser генератор импульсов

impulse ratio modulation широтно-импульсная модуляция

impulse recorder регистратор числа импульсов

impulse response импульсная передаточная функция

impulse sender импульсный датчик

impulsing генерирование импульсов; генерация импульсов

impure с побочным эффектом

impure data изменяемые данные

impure function функция с побочным эффектом

impurity spot место повреждения; место отказа

IMR интегральный многопортовый ретранслятор

IMS 1. интеллектуальная служба передачи сообщений; 2. система обмена сообщениями между процессорами; 3. информационная управляющая система; иерархическая система управления базами данных фирмы IBM; 4. система управления информацией

IMSP программа поддержки независимых производителей

IMUN международный телефонный номер мобильного абонента

IN 1. интеллектуальная сеть; 2. информационная сеть

INA нет данных; нет сведений; информация отсутствует

inaccessible недоступный

inaccessible value недоступное значение

inaccuracy неточность; погрешность

inaction period период бездействия

inactive неактивный; бездействующий

inactive file неактивный файл

inactive program пассивная программа; неактивная программа; бездействующая программа

inactive program list список неактивных программ; список пассивных программ

255

inactive program queue список пассивных программ; очередь неактивных программ

inactive window пассивное окно; неактивное окно

inactivity mode режим бездеятельности

inadequate неадекватный; не отвечающий требованиям

inadmissible character недопустимый символ

inadmissible-character check контроль на недопустимые символы

inadvertently deleted непреднамеренно удаленный

in-band communication передача данных непосредственно через сеть

in-band management управление по сети средствами протоколов

in-band network setup инсталляция узлов доступа по каналам сети

in-band noise шум в основном канале

in-band signaling управление по каналам сети

in-band transfer передача сигналов по основному каналу

in-band transmission пересылка управляющей информации по каналам передачи данных

in-betweening заполнение промежутков

in blocks группами

inbound call-answering device служба ответа на вызовы, поступающие в сеть извне

inbound connection входящее соединение

inbound operation signal сигнал операции ввода

inbound traffic входной трафик

inbox «входящие»; входной почтовый ящик (системы электронной почты); почтовый ящик поступающих сообщений

inbox folder папка «входящие»

INC компьютер для работы с Internet

INCA интегрированная сетевая архитектура для учрежденческой связи

in-cell editing редактирование в ячейке

inch дюйм; 2.54 см

incidence 1. инцидентность; 2. охват влияния; сфера распределения; 3. угол падения

incidence matrix матрица инцидентности; матрица инциденций

incident смежный; инцидентный

incidental случайный; побочный; сопутствующий

incidental programming случайное программирование

incident matrix матрица инцидентности

incident record случайная запись

in-circuit встроенный; внутрисхемный

in-circuit emulation внутрисхемная эмуляция

in-circuit emulator внутрисхемный эмулятор; встроенный эмулятор

in-circuit testing внутрисхемный контроль

inclination наклон; угол наклона

incline наклонная поверхность; наклонная плоскость

include включать; заключать; содержать в себе

include directive директива включения

include file включаемый файл

include procedure declarative описание процедуры включения

include statement оператор включения

including включая; в том числе

inclusion вовлечение; включение; импликация

inclusive включающий в себя

inclusive/exclusive drawing рисование линий с включением начальной и исключением конечной точек

inclusive or включающее «или»

inclusive reference включающая ссылка

inclusive segments включающие сегменты; вложенные сегменты

INCM концептуальная модель интеллектуальной сети

incoherence некогерентность

incoherent некогерентный

income годовой доход; приход; заработок

incoming 1. поступление; 2. входящий; поступающий

incoming flow входящий поток

incoming group входная группа; группа ввода

incoming inspection входной контроль

incoming message входящее сообщение; входное сообщение

incoming text входной текст

incoming trunk входящая соединительная линия (связи)

incompatibility несовместимость

incompatible несовместимый

incompatible computer несовместимый компьютер

incompatible events несовместные события; взаимоисключающие события

incomplete block design неполноблочный план

incomplete circuit незамкнутая цепь

incomplete data неполные данные

incomplete event неполное событие

incomplete independence неполная независимость

incomplete information неполная информация

incompleteness неполнота; незавершенность

incomplete transaction неполная транзакция; незавершенная транзакция

incomplete type незавершенный тип

incompressibility несжимаемость

inconclusive text тест, не давший определенного результата

inconnector внутренний коннектор; внутренний соединительный знак

inconsistency 1. противоречивость; несогласованность; 2. нарушение целостности; 3. несовместимость

inconsistent противоречивый; несовместимый; несогласованный

inconsistent compilation несогласованная трансляция

incorporate включать; встраивать

incorporated встроенный

incorrect access некорректное обращение

incorrect algorithm неподходящий алгоритм; некорректный алгоритм

incorrect length неправильная длина

incorrect login attempt попытка неправильной регистрации

incorrect program программа с ошибками; ошибочная программа; программа, содержащая ошибку

incorrect version неподходящая версия; некорректная версия

increase 1. возрастание; увеличение; 2. возрастать; увеличивать

increase horizontal space увеличить интервалы по горизонтали

increase indent увеличить отступ

increase size of image увеличение размеров изображения

increase vertical space увеличить интервалы по вертикали

increment 1. инкремент; приращение; шаг; прибавляемая величина; 2. прирост; 3. дискретность; 4. коэффициент нарастания; 5. увеличивать; давать приращение

incremental пошаговый; представляемый в приращениях; увеличивающийся; возрастающий

incremental backup инкрементное резервное копирование; инкрементное дублирование

incremental channel инкрементный канал

incremental coder дифференциальный шифратор; инкрементный шифратор

incremental compaction инкрементное уплотнение
incremental compilation инкрементная компиляция
incremental compiler пошаговый транслятор
incremental computation инкрементное вычисление; вычисление с помощью приращений
incremental computer инкрементная ЭВМ; инкрементная машина
incremental computing инкрементное вычисление
incremental converter преобразователь приращений
incremental coordinate координата, заданная в приращениях; инкрементальная координата; относительная координата
incremental cost добавочные затраты; планируемый дифференциал затрат
incremental design пошаговое проектирование
incremental display представление в приращениях
incremental garbage collection параллельная чистка памяти
incremental instruction инкрементальная команда
incremental integration поэлементная компоновка
incremental integrator инкрементный интегратор
incremental link компоновка с приращением; пошаговая компоновка; рациональная компоновка
incremental linking компоновка с приращением; пошаговая компоновка; рациональная компоновка
incremental logic инкрементная логика
incremental magnetic tape шаговое запоминающее устройство на магнитной ленте
incremental mode инкрементный режим
incremental operation операция инкремента; операция увеличения; инкрементная операция
incremental packet recording последовательная запись пакетов
incremental plotter инкрементный графопостроитель
incremental refinement пошаговое уточнение
incremental representation представление в виде приращений; инкрементное представление; представление в приращениях
incremental search инкрементный поиск
incremental size величина инкремента; величина приращения
incremental system инкрементная система
incremental vector инкрементный вектор
incrementation приращение; прирост; прибавление единицы
incrementation parameter инкрементный параметр
increment/decrement address инкремент/декремент адреса
incrementing statistics counter статистический счетчик с накоплением значений
increment load дополнительная нагрузка; приращение нагрузки
increment of function приращение функции
increment operator операция увеличения на единицу
incrementor инкрементор; формирователь приращений
increment size размер инкремента; шаг
in-cut connection разъем
INDB база данных для интеллектуальных сетей
indefinability неопределимость
indefinable неопределимый
indefinite неопределённый
indefinite deletion невосстановимое удаление
indefinite integral неопределенный интеграл
indegree полустепень захода
indemnity возмещение; компенсация
indent 1. отступ; смещение вправо; 2. делать абзац; делать отступ; сместить вправо

indentation сдвиг; введение отступов; структурированное расположение текста; структурирование текста
identification division раздел идентификации
indentify идентифицировать; распознавать; отождествлять
indenting установка отступа
indention 1. абзац; абзацный отступ; 2. выделение абзаца
indentity тождество; единичная матрица
indent mark маркер отступа
indent toggle переключатель настройки отступов
independence независимость
independence dump независимый дамп
independence float независимый запас времени
independent независимый
independent auditor независимый ревизор (системы)
independent classification независимая классификация
independent class module независимый модуль класса
independent constant независимая константа
independent control автономное управление
independent disk array матрица дисковых накопителей; массив независимых дисков
independent equations независимые уравнения
independent event независимое событие
independent failure независимый отказ
independent hardware vendor независимый поставщик аппаратного обеспечения; независимый разработчик аппаратуры
independent program независимая программа
independent publishing независимое издательство
independent utility автономная утилита; независимая утилита
independent utility programs независимые обслуживающие программы
independent variable независимая переменная
in-depth auditing детальная ревизия
in detail подробно
indeterminacy неопределенность
indeterminate не определено
indeterminated system недетерминированная система
indeterminate level неопределенный уровень
index 1. индекс; показатель; коэффициент; 2. показатель степени; 3. алфавитный указатель; предметный указатель; 4. оглавление; 5. формировать индекс; индексировать
indexable индексируемый; допускающий индексацию
index-and-search engine механизм поиска по индексам
index area область индексов; зона индексов
index array 1. массив индексов; 2. массив индекс-регистров
index balancing балансировка индексов
index buffer буферный индекс-регистр
index build построение индекса (базы данных)
index calculus индексное исчисление; матричное исчисление
index database индексная база данных
index dial циферблат
indexed access индексный доступ
indexed access method индексный метод доступа
indexed address индексируемый адрес; индексированный адрес; адрес с индексом; исполнительный адрес
indexed addressing индексная адресация
indexed attribute атрибут «индексированный»
indexed color индексированный цвет
indexed color mode change изменение режима индексированных цветов
indexed component индексируемый компонент
indexed data clusters индексированные кластеры данных

indexed file индексированный файл; индексный файл
indexed organization индексная организация
indexed-random organization индексно-произвольная организация
indexed-sequential индексно-последовательный
indexed-sequential access method индексно-последовательный метод доступа
indexed-sequential data set индексно-последовательный набор данных
indexed-sequential file индексно-последовательный файл
indexed-sequential organization индексно-последовательная организация
indexed word индексное слово
index entry статья индекса; статья алфавитного указателя; статья предметного указателя
indexer составитель предметного указателя; средство индексирования; индексатор
index error ошибка индексирования
index failure ошибка индексирования
index file индексный файл; файл индекса; индекс
index flush сброс индекса
index information сведения об индексе
indexing 1. индексирование; индексация; 2. индексная адресация; 3. составление алфавитного (предметного) указателя
indexing depth глубина индексирования
indexing hole установочное отверстие
indexing operation операция индексирования; операция индексации
index key индексный ключ
index list список индексов
index maintenance ведение индексов (в БД)
index mode режим индексации; режим индексирования
index node индексный дескриптор файла
index of determination индекс детерминизации
index of dispersion индекс рассеяния
index of refraction коэффициент отражения
index operation операция с индексом
index plate шкала; циферблат
index properties свойства индекса
index register индексный регистр
index register contents содержимое индексного регистра
index register method метод индексации с помощью индексного регистра
index search индексный поиск
index-sequential file management system индексно-последовательная система управления файлами
index slicing квантование индекса
index table таблица индексов
index toolbar панель инструментов тематического указателя
initial capital начальные прописные
index track индексная дорожка
index update обновление индекса
index variable индексная переменная
index word ключевое слово
indicant индикант
indicate показывать; указывать
indicating bit индикаторный разряд
indicating light индикатор; индикаторная лампа
indicating unit 1. блок индикации; 2. устройство индикации
indication 1. индикация; показание; 2. указание; 3. сигнал; знак; символ; 4. показание; отсчет; 5. обозначение; указатель; индикатор
indication device индикатор; индикаторное устройство

indicative data индикационные данные; характеристические данные
indicative dump распечатка содержимого оперативной памяти; дамп оперативной памяти; индикативный дамп; содержимого оперативной памяти
indicator 1. индикаторное табло; прибор световой индикации; панель индикации; 2. индикаторный регистр; 3. флаг; признак; 4. индикатор; показатель; указатель; 5. курсор мыши
in die form (интегральная схема) в бескорпусном исполнении
indirect непрямой; косвенный
indirect address косвенный адрес
indirect addressing косвенная адресация; непрямая адресация
indirect command file косвенный командный файл
indirect container косвенный контейнер
indirect control непрямое управление
indirect conversion непрямое преобразование; сложное преобразование
indirect cosine transform непрямое косинус-преобразование; косвенное косинусное преобразование; сжатие данных методом IDCT
indirect file командный файл
indirect instruction команда с косвенной адресацией
indirection 1. косвенность; 2. использование косвенной адресации
indirection access непрямой доступ к памяти
indirection level уровень косвенности; число уровней косвенности
indirection operator операция разыменования; косвенная операция; знак косвенной операции
indirect links косвенные связи
indirectly неявно; косвенно
indirect pointer косвенный указатель
indirect reference косвенная ссылка
indirect transformation косвенная трансформация; косвенное преобразование
indirect variable косвенная переменная
individual accountability индивидуальный учет
individualized персонализированный
individually configurable индивидуальной конфигурируемый; с заказной конфигурацией
individual meaning индивидуальное значение; отдельное значение
indoor template шаблон интерьера
induce 1. порождать; вносить; индуцировать; 2. делать вывод
induced failure наведенный отказ
induced fault внесенная неисправность
induced voltage наведенное напряжение
induction 1. индукция; индуцирование; наведение; 2. индуктивный метод
induction heating индукционный нагрев
induction predicate индуктивный предикат
inductive coupling индуктивная связь
inductive definition индукционное определение
inductive generalization индуктивное обобщение
inductive inference индуктивный вывод
inductive modeling technology технология индуктивного моделирования
inductivity 1. индуктивность; диэлектрическая проницаемость
industrial automation 1. автоматизация промышленного производства; 2. промышленная автоматика
industrial computer промышленная ЭВМ; компьютер промышленного применения

industrial controls производственные системы управления

industrial data processing обработка промышленных данных

industrial design промышленное проектирование

industrial engineering организация производства

industrial facility промышленное оборудование

industrial gage техническое средство измерений; технический контрольно-измерительный прибор

industrial instrument технический прибор

industrial manufacturer отраслевой производитель; компания-производитель

industrial process control управление производственным процессом

industrial standard architecture архитектура промышленного стандарта

industrial test промышленные испытания

industry 1. промышленность; 2. отрасль промышленности; 3. фирма; предприятие

industry accepted standards стандарты, принятые в отрасли

industry-leading ведущий в отрасли; лидирующий

industry standard отраслевой стандарт

industry-standard ставший отраслевым стандартом; принятый в качестве отраслевого стандарта

Industry Standard Architecture промышленная стандартная архитектура; архитектура ISA

industry-standard software стандартное программное обеспечение; программное обеспечение, удовлетворяющее отраслевым стандартам

in effect действующий

ineffective time время простоя; простой; потерянное время

inefficiency 1. неэффективность; 2. несостоятельность; неспособность

inequality 1. неравенство; 2. несоответствие; 3. различие

inequality operator операция неравенства; знак операции неравенства

inequivalence неэквивалентность

inexing exhaustivity полнота индексирования

inexperienced user неопытный пользователь

inexpert неопытный; несведущий

infancy failure ранний отказ; приработочный отказ

infect 1. заражать; 2. влиять

infected file пораженный файл; файл, зараженный вирусом

infection 1. влияние; 2. заражение

infeed 1. подача; загрузка; 2. подающее устройство; механизм подачи; 3. электропитание; 4. ввод электропитания

infer логически выводить; делать логический вывод; делать заключение

inference логический вывод; следствие; умозаключение

inference-based algorithm алгоритм, основанный на логическом выводе

inference capacity мощность логического вывода

inference chain цепочка вывода

inference control управление процессом логического вывода

inference engine механизм логического вывода; метод логического вывода

inference making получение логических выводов

inference method стратегия (логического) вывода

inference net сеть (логического) вывода

inference operation операция логического вывода

inference rules правила вывода

inferencing формирование вывода; получение вывода; процесс вывода; логический вывод

inferencing algorithm алгоритм логического вывода

inferential выведенный логически; дедуктивный

inferential control косвенное регулирование; дедуктивное регулирование

inferential database дедуктивная база данных

inferential logic логика выводов; логика получения заключений

inferential mechanism механизм логического вывода

inferior 1. подчиненный; нижний; младший; 2. худший

inferior character надстрочный знак

inferior limit нижний предел

infinite 1. бесконечный; неограниченный; 2. бесчисленный

infinite automaton бесконечный автомат

infinite computational loop бесконечный цикл части программы

infinite descent бесконечный спуск

infinite game ненулевая игра; игра с накопленной суммой

infinite graph бесконечный граф

infinite integral интеграл с бесконечным пределом

infinite line бесконечная линия

infinite loop бесконечный цикл

infinite looping зацикливание

infinite product бесконечное произведение

infinite random key неопределенный рандомизированный ключ

infinite set бесконечное множество

infinitesimal 1. бесконечно малая величина; 2. бесконечно малый

infinity бесконечность

infinity of choice бесконечное число вариантов

infix expression инфиксное выражение

infix notation инфиксное представление; инфиксная запись; инфиксная нотация; обычная запись

infix operation инфиксная операция

infix operator инфиксная операция; двуместный оператор

inflected language флективный язык

inflection 1. изгиб; 2. перегиб; 3. точка максимальной кривизны

inflexibility 1. негибкость; непереналаживаемость; 2. трудоемкая переналадка

inflexible негибкий

inflexion 1. точка перегиба; перегиб; 2. флексия; 3. словоизменение

influence 1. влияние; воздействие; 2. влиять; воздействовать

info информация

info center информационный центр

infocomm technologies информационно-коммуникационные технологии

infological инфологический; информационно-логический

infological database инфологический уровень базы данных; информационно-логический уровень базы данных

inform сообщать; информировать; передавать данные

informal axiomatics содержательная аксиоматика

informal induction содержательная индукция

informatics информатика

information информация; данные; сведения

information about contacts информация о контактах (в интерфейсе PIM)

information acquisition сбор информации; извлечение информации

information activity информационная деятельность

information algebra информационная алгебра

informational item единица информации

information analysis информационный анализ

information area информационная зона; информационная область; записываемая часть диска

information array информационный массив

information bank информационный банк
information barrier информационный барьер
information bearer channel информационный канал; канал связи
information-bearing construct структура, ориентированная на представление информации
information bit информационный бит; информационный разряд
information block информационный блок; блок данных
information blow-up информационный взрыв
information byte информационный байт
information capacity информационная емкость; объем информации
information card информационная карточка
information carrier информационный носитель; носитель информации
information-carrying medium носитель информации; среда передачи информации
information category информационная категория
information chain информационная цепочка
information channel информационный канал; канал связи
information character информационный символ
information checking system система контроля информации
information collecting накопление информации
information collector центр сбора информации
information computation process информационно-вычислительный процесс
information-computer complex информационно-вычислительный комплекс
information-computer network информационная вычислительная сеть
information-computing task информационно-расчетная задача
information content 1. количество информации; объем информации; 2. информационное наполнение; содержимое; содержательная информация; контент
information content unit единица количества информация
information context информационный контекст
information data информационные данные
information database информационная база данных
information delivery system система доставки информации
information density интенсивность потока информации
information destination приемник информации
information display system система визуального отображения информации
information distribution распределение информации
information distribution system система распределения информации
information distributor распределитель информации
information engineering информационное техника
information event информационное событие
information exchange обмен информацией
information exchange system система обмена информацией; система информационного обмена
information explosion «информационный взрыв»
information feed-back system информационная система с обратной связью
information field информационное поле
information flow информационный поток; поток информации
information flow diagram блок-схема потоков информации
information frame информационный кадр
information gain прирост информации
information gaining получение новой информации
information gap информационный разрыв

information gathering сбор информации
information generator источник информации
information graph информационный граф
information handling обработка информации
information hiding экранирование информации; сокрытие информации; утаивание информации
information industry информационная индустрия; информационная отрасль
Information Industry Association Ассоциация информационной индустрии
information infrastructure информационная инфраструктура
Information Infrastructure Task Force Рабочая группа по информационной инфраструктуре
information kind вид информации
information kiosk информационный киоск
information lattice структура информации
information line информационная линия
information logging регистрация информации
information-logical model информационно-логическая модель
information-logical schema информационно-логическая схема
information-logical task информационно-логическая задача
information loss потеря информации
information mall информационная ярмарка
information management управление информацией
information management system система управления информацией; информационная система; иерархическая система управления базами данных
information measure мера количества информации
information message информационное сообщение
information model информационная модель
information needs информационные потребности
information network информационная сеть
information network system сетевая информационная система
information node структура данных на диске, описывающая файл; индексный дескриптор файла
information noise информационный шум
information object информационный объект
information organ информационный орган
information-oriented society информационное общество
information overloading информационная перегрузка
information panel информационная панель
information parameter информационный параметр
information popping «выталкивание» информации
information processing обработка информации
information processing architecture архитектура системы обработки информации
information processing center центр обработки информации
information processing code двоичный код обработки нецифровой информации
information processing industry область обработки данных; сфера обработки данных; промышленность средств обработки данных
information processing language язык обработки информации
information processing system система обработки информации
information processing technology информационная технология; технология обработки информации
information processing theory теория обработки информации
information provider источник информации; поставщик информации

information quantity количество информации
information reading считывание информации
information read-out time время выборки информации
information recording запись информации
information reduction сжатие информации; уплотнение информации
information reliability информационная надежность
information repository информационное хранилище; библиотека информации; репозиторий
information representation представление информации
information requirements информационные потребности
Information Resource Commission Комиссия по информационным ресурсам
information resources информационные ресурсы
information resources management управление информационными ресурсами
information resources manager менеджер по информационным ресурсам
information restoring восстановление информации
information retrieval нахождение информации; информационный поиск; поиск информации; выборка информации
information retrieval language информационно-поисковый язык
information retrieval problem задача информационного поиска
information retrieval system информационно-поисковая система; ИПС
information retrieving поиск информации
information saturation информационное насыщение
information science информатика
information science community специалисты в области информатики
information security безопасность информации; защита информации
information security service средства информационной безопасности
information separator разделитель информации
information service 1. информационная служба; 2. информационное обслуживание; информационные услуги; информационный сервис
information signal информационный сигнал
information site информационный узел
information source источник информации
information space информационное пространство
information storage and retrieval хранение и поиск информации
information storage density плотность накопления информации
information store банк сообщений
information strategy информационная стратегия
information stream информационный поток
information structure информационный объект; структура данных
information superhighway информационная супермагистраль
information support информационное обеспечение
information synthesis информационный синтез
information system информационная система
information systems manager администратор информационной системы; менеджер информационной системы
Information Systems Security Association Ассоциация защиты информационных систем
information task информационная задача
information technology информационная технология; технология обработки информации; информационная техника

Information Technology Association of America Американская ассоциация по информационным технологиям
information technology market рынок информационных технологий
information technology security безопасность информационных технологий
information telecommunication technology информационная телекоммуникационная технология
information-theoretical теоретико-информационный
information theory теория информации; теория передачи информации
information track информационная дорожка
information transfer передача информации
information transfer protocol протокол передачи информации
information transmission передача информации
information unit единица информации; элемент информации
information value ценность информации
information volume объем информации
information warehouse информационное хранилище
information word format формат информационного слова
informative message информационное сообщение
informatization информатизация; распространение информационной технологии
informator информатор
Infrared Data Association Ассоциация по инфракрасной технологии передачи данных
infrared keyboard инфракрасная клавиатура
infrared light инфракрасный свет
infrared link инфракрасный канал связи
infrared net link инфракрасный порт для связи с локальной сетью
infrared transmission device устройство инфракрасной связи; устройство инфракрасной передачи данных
infrastructure инфраструктура
infrastructure information информация об инфраструктуре
infrequent failures редко повторяющиеся отказы
infrequently-accessed data редко используемые данные
infrequently used file редко используемый файл
infringe нарушать (авторские права)
in-gate входной вентиль
ingenious addressing смысловая адресация; адресация по смыслу
ingress точка входя в систему MPOA
ingress cache входной кэш
inherent присущий; свойственный; неотъемлемый
inherent accuracy присущая точность
inherent addressing неявная адресация
inherent error унаследованная ошибка; привнесенная ошибка
inherent instability собственная неустойчивость
inherently ambiguous language существенно неоднозначный язык
inherit наследовать
inheritable наследуемый
inheritance наследование
inheritance accessibility доступность при наследовании
inheritance chain цепь наследования
inheritance filter фильтр наследуемых полномочий; фильтр наследования
inheritance hierarchy иерархия наследования
inheritance information информация о наследовании
inheritance mask маска наследования
inheritance option опция наследования

inheritance-rights filtering фильтрация наследования полномочий

inherited унаследованный

inherited class унаследованный класс

inherited data унаследованные данные

inherited data fields унаследованные поля данных

inherited error привнесённая ошибка; унаследованная ошибка

inherited field унаследованное поле

inherited member наследуемый компонент класса

inherited method унаследованный метод; наследуемый метод; унаследованное правило

inherited rights наследуемые права

inherited rights filter фильтр наследуемых прав; фильтр наследуемых полномочий

inherited rights mask маска наследуемых прав; маска наследуемых полномочий

inherited symbol наследуемый идентификатор

inhibit 1. запрещение; запрет; 2. запрещать; блокировать; препятствовать

inhibit circuit схема запрета

inhibit current ток запрета

inhibit cycle цикл запрета

inhibit flip-flop триггер запрета

inhibiting signal запрещающий сигнал

inhibition 1. запрещение; запрет; 2. задерживание; 3. торможение

inhibit line шина запрета

inhibitory запрещающий; подавляющий

inhibitory action 1. запрещающее действие; запрещение; запрет; 2. задерживающее действие

in-home network бытовая (компьютерная) сеть; домашняя сеть

inhomogeneous неоднородный

inhomogeneous equation неоднородное уравнение

inhomogeneous magnetic field неоднородное магнитное поле

in-house частный; предназначенный для внутреннего использования; собственный; свой; внутренний; местный

in-house development разработка собственными силами; собственная разработка компании

in-house equipment собственное оборудование

in-house line частная линия связи; частная линия связи, подключённая к сети общего пользования

in-house network собственная сеть (компании)

in-house publishing 1. внутрифирменное издание; 2. издательское подразделение организации

in-house software программное обеспечение для внутреннего использования; внутрифирменное программное обеспечение

in-house system внутренняя система; местная система

in-house test внутрифирменные испытания; испытания, проводимые разработчиком (изготовителем)

in-house tools собственные инструментальные средства

in-house training подготовка специалистов собственными силами; обучение специалистов собственными средствами

initial 1. начальный; исходный; 2. инициал

initial address начальный адрес

initial apperance первое вхождение; начальное появление

initial approximation начальное приближение

initial assertion начальное утверждение

initial caps первые прописные буквы (в словах)

initial conditions начальные условия; режим исходного состояния

initial data исходные данные; начальные данные

initial distribution library библиотека начального распределения

initial domain identifier идентификатор исходного домена

initial error начальная ошибка

initial event исходное событие; начальное событие

initial fetching начальная выборка

initial function первоначальная функция

Initial Graphics Exchange Standard первичный стандарт обмена графикой

initial increment начальное приращение

initial instruction начальная команда

initial investment начальные капиталовложения

initial iteration начальная итерация

initialization 1. установка в исходное состояние; установка в исходное положение; 2. определение начальных условий; задание начальных условий; 3. присваивание начального значения; инициализация; 4. начальная загрузка; 5. разметка магнитного носителя

initialization code код инициализации

initialization failure ошибка инициализации

initialization file инициализирующий файл; файл инициализации

initialization list список инициализации

initialization macros макрокоманды инициализации

initialization parameter file файл параметров инициализации

initialization part раздел инициализации

initialization phase фаза инициализация; этап инициализации

initialization portion инициализирующая часть

initialization program программа инициализации

initialization section секция инициализации

initialization sequence последовательность инициализации

initialization string строка инициализации

initialize 1. пуск; 2. присваивать начальное значение; инициализировать; задавать начальные условия; производить начальную установку; устанавливать в исходное состояние

initialized declaration объявление с инициализацией

initialized disk размеченный диск; подготовленный к работе диск

initialized routine инициализированная программа

initialized variable инициализированная переменная

initializer функция инициализации; инициализатор

initializing подготовка; инициализация

initial line начальная строка

initial loading начальная загрузка

initial loading program программа начальной загрузки

initially в начальной стадии; в исходном положении

initial parameter начальное значение параметра

initial print run первый завод (число напечатанных в первой партии экземпляров)

initial program load начальная загрузка программы; первичная загрузка

initial program loader начальный загрузчик; программа начальной загрузки

initial program load procedure процедура загрузки начальной программы; метод ввода начальной программы

initial release первый выпуск

initial selection начальный выбор; начальная выборка

initial selection routine программа начальной выборки

initial shift state начальное состояние сдвига

initial status representation представление начального состояния

initial value исходное значение; начальное значение

initial-value problem задача с начальными значениями; задача Коши

initial vertex начальная вершина

initiate положить начало; инициировать; запускать; начинать; возбуждать; включать; приступать
initiate button пусковая кнопка; кнопка пуска
initiate key пусковая кнопка; пусковая клавиша
initiating command инициализирующая команда
initiating task инициирующая задача; задача инициатора
initiation 1. инициирование; возбуждение; инициация; 2. включение; запуск; 3. создание; образование
initiator задатчик; инициатор (при обмене данными)
initiator-terminator инициатор-терминатор
init mode модуль инициализации
inject вводить
injection 1. инъекция; инжекция; 2. вложение; внесение
ink 1. краска; печатная краска; чернила; краситель; 2. «чернила»; данные, полученные от устройства перьевого ввода; 3. тушь; 4. маркировочная краска; 5. паста (в тонкопленочной технологии); 6. наносить краску; чертить тушью
ink bleed расплывание чернил; растекание чернил
ink bleeding растекание краски; расползание краски на бумаге; растекание чернил
ink cartridge картридж с чернилами
ink color краска
ink coverage 1. кроющая способность краски; 2. количество краски на оттиске
ink droplet formation формирование капель краски (в струйном принтере)
inker 1. красящий механизм; красочный аппарат (в полиграфии); 2. накатный красочный валик
ink fade выцветание краски
ink feed подача чернил
inking рисование
ink-jet drop formation формирование струи краски (в струйном принтере)
ink-jet plotter струйный графопостроитель
ink-jet printer устройство струйной печати; струйное печатающее устройство; струйный принтер
ink-jet printer pen unit каплеобразующий узел струйного принтера
ink-jet printing head головка для печати струей чернил; механизм струйного печатающего устройства
ink-jet technology технология струйной печати
ink object иероглиф
ink plane матрица красителя; плоскость красителя
ink powder тонер
3-ink printer трехкрасочный принтер
ink ribbon красящая лента
inkset object объект — группа временных данных
ink set-off отмарывание (дефект печати, когда краска опечатывается на другом листе)
ink-spray printer струйный принтер
ink spread растискивание краски; растекание краски на бумаге из-за ее поглощения
ink strength кроющая способность краски
ink tank красочный бак
ink trapping 1. краскоперенос; 2. треппинг; компенсация (неприводки красок при печати)
inland postage внутренний почтовый тариф
inlay вкладка; вкладыш; этикетка
inlet 1. ввод; 2. вход; входное отверстие; 3. вводить
in line входящая линия
in-line встроенный; включаемый; подключенный; подставляемый
inline assembler встроенный ассемблер
in-line character deletion исключение символов в процессе приема сообщения

in-line check встроенный контроль; встроенная проверка; оперативный контроль
in-line code машинные команды; внутренний код
inline-code method метод программирования с использованием макрокоманд
in-line documentation 1. сопроводительная документация; сопутствующая документация; 2. эксплуатационная документация
in-line equipment оборудование, работающее в линии
inline finishing операция отделки и брошюровочной обработки, выполняемая вместе с печатью
in-line format встроенный формат
in-line frame встроенный фрейм (в HTML)
inline function подставляемая функция
inline graphics графика в тексте; графическая иллюстрация, обрамленная текстом
inline parameter list список внутренних параметров
inline plug-ins встраиваемые расширения
inline procedure подставляемая процедура
inline statement оператор встроенного машинного кода
inline subprogram подставляемая подпрограмма; встроенная подпрограмма
inline subroutine подставляемая подпрограмма
inlining встраивание
in-lock status indicator индикатор занятости канала
INM администрирование в сети Internet
in-memory representation представление в оперативной памяти
inner внутренний
inner code внутренний код
inner face внутренняя сторона
inner loop внутренний цикл
inner macrocommand внутренняя макрокоманда
inner macro instruction внутренняя макрокоманда
innermost самый внутренний
innerproduct скалярное произведение
in no event ни при каких условиях
in no time очень быстро
innovation нововведение; новшество
innovation award награда за новаторское решение; награда за оригинальную идею
innovative approach новаторский подход; новый метод
inoculating прививка; защита файла от вируса
i-node индексный дескриптор файла
i-node table таблица индексных дескрипторов файлов
inoperable mirror group недействующая зеркальная группа
inoperable time время пребывания в нерабочем состоянии
inorder traversal симметричный обход
in-out ввод-вывод
in-out box блок ввода-вывода
INP 1. интегрированный сетевой процессор; 2. интеллектуальный сетевой процессор
in parameter входной параметр
in-phase в фазе; синфазный; совпадающий по фазе
in-phase signal синфазный сигнал
in-place activation активизация «по месту» (в OLE)
in-place editing редактирование на месте
in-place ugrade обновление на месте
in-plane distortion искажение плоскостности
in-plant размещенный в одном здании; расположенный в одном помещении
in-plant publishing 1. внутрифирменное издание; 2. издательское подразделение организации
in-plant system внутренняя система; местная система
in-point точка начала (клипа)

in-process внутрипроцессный; встраиваемый в процесс; внутренний

in-process Automation server внутрипроцессный сервер Automation; сервер Automation, выполняемый в процессе вызывающего приложения

in-process error ошибка изготовления

in-process job 1. продолжающаяся работа; незавершенная работа; 2. выполняемое задание; незавершенное задание

in progress совершающийся в текущий момент; в процессе

inpulse response импульсная характеристика; переходная характеристика; весовая функция

input 1. ввод; 2. вход; 3. устройство ввода; 3. входные данные; 4. входной; 5. вводимый; 6. вводить

input action входное воздействие

input agreement соглашение о вводе

input alphabet входной алфавит

input area область ввода; буфер ввода

input assertion начальное утверждение

input block 1. входное устройство; устройство ввода; 2. входной блок

input blocking factor емкость входного блока

input-bound task задача, ограниченная скоростью ввода данных

input box блок ввода; окно ввода; поле ввода

input buffer 1. входной буфер; 2. буферное запоминающее устройство

input buffering буферизация на входе; входная буферизация

input bus входная шина

input capacitance входная емкость

input carry входной сигнал переноса

input channel входной канал; канал ввода

input check входной контроль

input checking equipment аппаратура контроля ввода

input current входной ток

input data 1. вводимые данные; входная информация; входные данные; 2. исходные данные

input data flow поток входных данных

input data medium facility средство ввода данных с машинного носителя

input data processor процессор ввода

input device 1. входное устройство; 2. устройство ввода данных

input dialog box диалоговое окно ввода

input distribution распределение входящего потока требований

input document входной документ

input editing редактирование входных данных

input element входной элемент

input equipment оборудование ввода; устройства ввода

input error ошибка ввода; ошибка на входе

input event событие ввода

input field поле ввода

input file входной файл; файл исходных данных

input flow поток ввода; входной поток

input focus фокус ввода

input format формат ввода

input hopper входной накопитель; буфер ввода

input image processing method метод распознавания образов при вводе

input impedance входное сопротивление

input information входная информация

input instruction команда ввода

input interface block интерфейсный блок ввода

input inversion инверсия входных сигналов

input job queue очередь входных заданий

input language входной язык

input length входная длина

input level входной уровень

input-limited process процесс, ограниченный по вводу

input line строка ввода

input load входная нагрузка

input loop цикл ввода

input mask маска ввода

input mechanism механизм ввода; устройство ввода

input medium 1. среда для записи вводимых данных; 2. способ ввода

input message formalization формализация входного сообщения

input method editor редактор методов ввода

input mode режим ввода

input of information ввод информации

input operation операция ввода

input-output ввод-вывод

input-output adapter адаптер ввода-вывода

input-output analysis анализ «затраты-выпуск»

input-output appendage дополнение ввода-вывода

input-output block блок ввода-вывода

input-output bound ограниченный быстродействием ввода-вывода

input-output buffer 1. буфер ввода-вывода; 2. буферное устройство для ввода-вывода

input-output bus шина ввода-вывода

input-output cable кабель связи устройств ввода-вывода

input-output center узел управления вводом-выводом

input-output channel канал ввода-вывода

input-output chores рутинные операции ввода-вывода

input-output control управление вводом-выводом

input-output control center центр управления вводом-выводом

input-output controller контроллер ввода-вывода

input-output control system система управления вводом-выводом

input-output data buffer буфер ввода-вывода данных

input-output data transfer передача данных ввода-вывода

input-output definition определение ввода-вывода

input-output device устройство ввода-вывода

input-output device byte байт состояния устройства ввода-вывода

input-output driver драйвер ввода-вывода

input-output error ошибка ввода-вывода

input-output exchange коммутатор ввода-вывода

input-output executive стандартная исполнительная программа ввода-вывода

input-output expander расширитель ввода-вывода

input-output facility средство ввода и вывода информации; средства ввода-вывода; оборудование ввода-вывода

input-output front end периферийное устройство ввода-вывода

input-output function функция ввода-вывода

input-output handler обработчик ввода-вывода

input-output instruction команда ввода-вывода

input-output interface интерфейс ввода-вывода

input-output interrupt прерывание по вводу-выводу; прерывание ввода-вывода

input-output interruption прерывание ввода-вывода

input-output isolation изоляция входа от выхода

input-output limited ограниченный возможностями ввода-вывода

input-output line шина ввода-вывода; канал ввода-вывода

input-output link adapter адаптер канала ввода-вывода

input-output link controller контроллер канала ввода-вывода

input-output list список ввода-вывода

input-output matrix technique матричный метод по критерию «затраты-выпуск»

input-output microprocessor микропроцессор ввода-вывода

input-output model модель «затраты-выпуск»

input-output multiplexer мультиплексор ввода-вывода

input-output operation операция ввода-вывода

input-output overlap совмещение ввода-вывода

input-output privilege level уровень привилегий ввода вывода; полномочия ввода-вывода

input-output processor процессор ввода-вывода

input-output program программа ввода-вывода

input-output redirection переназначение ввода-вывода; переадресация ввода-вывода

input-output register регистр ввода-вывода

input-output routine программа ввода-вывода

input-output rundown довывод

input-output section секция ввода-вывода

input-output space область ввода-вывода

input-output state block блок состояния ввода-вывода

input-output statement оператор ввода-вывода

input-output subsystem подсистема ввода-вывода

input-output support обеспечение ввода-вывода

input-output support routine программа обслуживания ввода-вывода

input-output system система ввода-вывода

input-output text and graphic device средство ввода-вывода текста и графической информации

input-output time время ввода-вывода

input-output unit 1. блок ввода-вывода; 2. устройство ввода-вывода

input parameter входной параметр

input parameter list список входных параметров

input port порт ввода

input primitive примитив ввода; входной примитив

input procedure процедура ввода

input process процедура ввода

input queue очередь ввода; входная очередь; очередь на входе; очередь заданий

input record входная запись; вводимая запись

input redirection переадресация ввода

input register регистр ввода; входной регистр

input request запрос на ввод

input router маршрутизатор ввода

input routine программа ввода

input speed скорость ввода

input state состояние ввода

input statement оператор ввода

input stream входной поток

input time время ввода

input-to-output delay задержка между входом и выходом

input traffic filter фильтр входящего трафика

input tray подающий лоток

input unit устройство ввода

input value входная величина

input version исходная версия

input work queue очередь входных работ; очередь ввода

inquire узнавать; спрашивать; запрашивать

inquires composition композиция запросов

inquiring subscriber запрашивающий абонент

inquiry 1. запрос; 2. опрос

inquiry and transaction processing обработка запросов и записей о событиях

inquiry answer ответ на запрос; реакция на запрос

inquiry application 1. решение прикладных задач в запросно-ответном режиме; 2. прикладная запросно-ответная

система; прикладная система, работающая в режиме запросов

inquiry buffer буфер запросов

inquiry button кнопка запроса

inquiry library библиотека запросов

inquiry phase фаза запроса

inquiry processing обработка запросов

inquiry qualification уточнение запроса

inquiry station запросный терминал; пульт запросов

inquiry system информационно-справочная система

inquiry unit устройство опроса

in round figures округленно

INS сетевая информационная система

inscriber устройство записи; записывающее устройство

inscription надпись

insecure незащищенный

insecure channel незащищенный канал

insecure line незащищенная линия передачи данных

insecurity незащищенность; слабая защита (информации)

insensitive нечувствительный

in sequence один за другим; последовательно

insert 1. вставка; вкладыш; 2. врезка; 3. вклейка; 4. корректурный знак места вставки; 5. вносить; вставлять; включать; вкладывать; 6. монтировать; устанавливать; 7. включать в сеть; 8. подставлять в уравнение

insert chart вставить диаграмму

insert column вставить столбец

insert contents of clipboard вставить содержимое из буфера

inserter 1. загрузочная каретка; 2. блок ввода; 3. вставка; операция вставки

insert field вставить поле

insert file вставить файл

insert ink object вставить иероглиф

insertion 1. ввод; 2. вставка; вкладка; 3. врезка; 4. монтаж; установка (компонентов); 8. сборка (схемных плат)

insertion base базовая точка вставки (САПР)

insertion character символ вставки; символ включения

insertion criterion критерий включения

insertion cursor курсор вставки

insertion mode способ включения

insertion point точка вставки; точка ввода; курсор ввода

insertion unit вставной блок; вставляемый блок

insert key клавиша вставки

insert mode режим вставки

insert object вставить объект

insert picture вставить рисунок

insert procedure вставить процедуру

insert text from clipboard вставить текст из буфера

inside 1. внутренний; 2. внутри; 3. внутренняя часть; внутренняя сторона

inside address исходящий адрес

inside back cover третья сторонка обложки

inside front cover вторая сторонка обложки

inside gamut входящие в CMYK цвета

inside margin внутренне поле; корешковое поле

inside-plant размещенный в одном здании; установленный в одном помещении

insight проникновение; понимание; представление

insignificant незначащий

in-site editing редактирование «по месту»

in situ на месте

in-situ testing 1. контроль на рабочем месте; 2. контроль встроенными средствами

insolubility неразрешимость

inspect наблюдать; инспектировать; обследовать

inspection инспектирование; проверка; контроль

inspector инспектор; программа контроля; средство проверки

instability неустойчивость

install 1. инсталлировать; устанавливать; 2. монтировать; собирать; 2. вводить в действие; 3. размещать; располагать

installable 1. устанавливаемый; инсталлируемый; 2. разрешенный к установке

installable filesystem инсталлируемая файловая система

installation 1. установка; агрегат; система; оборудование; аппаратура; 2. установка; монтаж; сборка; инсталляция; подключение; настройка; 3. размещение; расположение; 4. ввод в действие; внедрение

installation aids 1. средства установки; средства инсталляции; 2. средства обеспечения ввода в действие

installation and checkout phase опытная эксплуатация

installation-dependent зависящий от системы

installation program программа установки; программа инсталляции

installation-specific присущий конкретной системе

installation-specific settings настройки, зависящие от конкретной системы

installation time 1. время установки; время инсталляции; продолжительность установки; 2. дата установки; 3. дата сборки

installed base 1. парк установленного оборудования; 2. число единиц установленного программного обеспечения

installed file system установленная файловая система; инсталлированная файловая система

installed task включенная задача; инсталлированная задача

installer инсталлятор; средство инсталляции

installing a hard disk установка жесткого диска

installment 1. отдельный выпуск; 2. часть; партия

instance 1. экземпляр; копия; 2. событие; 3. пример; 4. представитель класса объектов

instance description описание экземпляра

instance handle логический номер экземпляра; описатель экземпляра

instance variable переменная экземпляра

instant access engine механизм моментального доступа

instantaneous мгновенный

instantaneous access 1. немедленный доступ; 2. немедленная выборка

instantaneous memory память с немедленной выборкой

instant connection мгновенное соединение

instantiate 1. реализовать; создать экземпляр; 2. приписать значение

instantiating реализация объекта; создание экземпляра объекта

instantiation 1. реализация; 2. повторение ссылок на однократно включенный в базу данных объект; 3. конкретизация понятий

instant macro дежурная макрокоманда

instant messenger средство диалогового обмена сообщениями

instant of failure момент отказа

instant watch контрольное значение

Institute for Certification of Computer Professionals Институт сертификации профессионалов в области вычислительной техники

Institute for Scientific Information Институт научной информации

Institute of Computer Science and Technology Институт вычислительной техники

Institute of Electrical and Electronic Engineers Институт инженеров по электротехнике и электронике

institutional constraint институциональное ограничение

institutionalize регламентировать

in stock в наличии

in-stream procedure процедура входного потока

instruct обучать; отдавать приказ

instruction 1. команда; оператор; 2. программа действий; 3. обучение; 4. инструкция; указание; программа действий; 5. обучение; инструктаж

instruction address адрес команды

instruction address change модификация адреса команды

instructional computing обучение с помощью ЭВМ; применение компьютеров для обучения

instructional constant управляющее слово; псевдокоманда

instruction area область памяти для команд; область хранения команд

instruction array 1. поле команд; массив команд; блок команд; 2. поле команды; разряды команды

instruction buffer 1. буфер команд; 2. буферное устройство для хранения команд

instruction card программная плата

instruction chain цепочка команд

instruction classification классификация команд

instruction code 1. код команды; 2. система команд

instruction control unit 1. блок управления командами; 2. блок обработки команд; 3. блок формирования команд; 4. устройство формирования команд

instruction counter счетчик команд

instruction counter register регистр счетчика команд

instruction cycle цикл команды; цикл выполнения команды; командный цикл

instruction/data bus шина команд и данных

instruction decoder декодировщик команд; дешифратор команд

instruction execution выполнение команды

instruction fetch вызов команды; выборка команды

instruction fetching вызов команды

instruction field поле команды; область инструкции

instruction flowchart блок-схема выполнения команды

instruction format формат команды; структура команды

instruction frequency частота следования команд

instruction grouper блок группирования команд

instruction index индекс команды

instruction interpretation интерпретация команд

instruction issue выдача команд

instruction issue algorithm алгоритм подачи команд

instruction language язык команд

instruction length длина команды

instruction level parallelism параллельное выполнение на уровне команд

instruction list список команд

instruction logic командная логика

instruction mix смесь команд

instruction modification модификация команды

instruction modifier модификатор команды

instruction opcode код операции команды

instruction pointer указатель команд

instruction pool пул команд

instruction prefetch предвыборка команд; выборка команд с упреждением

instruction-prefetch buffer буфер упреждающей выборки команд

instruction queue очередь команд

instruction register регистр команд

instruction reorder buffer буфер переупорядочивания команд

instruction repertory система команд; набор команд

instruction repertory structure структура системы команд

instruction retrieval естественная выборка данных

instruction retry повторная попытка выполнения команды

instruction sequence последовательность команд; последовательность инструкций

instruction sequencing порядок следования команд

instruction series последовательность команд; последовательность инструкций

instruction set набор команд; система команд

instruction set architecture структура системы команд

instruction slots сегменты команд

instruction source источник команды

instructions per cycle число команд, выполняемых за цикл

instruction stack стек команд

instruction stream поток команд

instruction suppression подавление команды

instruction system обучающая система

instruction time 1. время обработки команды; 2. время выполнения команды

instruction unit 1. блок обработки команд; 2. устройство обработки команд

instruction unpacking распаковка команды

instruction word командное слово; команда

instructive полезный; наглядный

instructor инструктор

instrument 1. средство измерений; измерительный прибор; измеритель; 2. прибор; инструмент; инструментальное средство

instrumental инструментальный

instrumental error погрешность инструмента; инструментальная ошибка; инструментальная погрешность

instrumental package инструментально-технологический пакет

instrumentation 1. средства измерений; измерительные приборы; измерительная аппаратура; 2. измерительная техника; 3. приборное оснащение; оснащение измерительной аппаратурой; оснащение средствами контроля; 4. измерения

instrumentation bus инструментальная шина; шина для контрольно-измерительных приборов

instrument lag инструментальная задержка

instrument precision точность прибора

instrument rating 1. паспортные данные измерительного прибора; 2. класс точности измерительного прибора

instrument settings параметры настройки (измерительного прибора)

instrumentware приборное оснащение

instrustion scan сканирование (регистров) команд; сканирующая тест-последовательность команд

insufficient недостаточный

insufficient memory недостаточно памяти; недостаточный объем памяти

insulating base изолирующая подложка

insulation 1. изоляция; 2. изоляционный материал

insulation sleeve изоляционная оплетка; трубчатая изоляция

insulator 1. изолятор; 2. диэлектрик

insulaunt изоляционный материал

insurance страхование

insure обеспечение

inswap подкачивать; загружать

INT 1. целое число; 2. прерывание

intact целый; неповрежденный

intact data неповрежденные данные

intaglio глубокая печать

intake 1. потребляемая мощность; 2. подводить

intangible benefit скрытая выгода; косвенная выгода

integer целое (число)

integer algorithm целочисленный алгоритм

integer arithmetic 1. целочисленная арифметика; 2. арифметическое устройство для работы с целыми числами

integer arithmetic functions функции арифметики целых чисел

integer attribute 1. целочисленный атрибут; 2. атрибут целого числа

integer calculations целочисленные вычисления

integer constant целочисленная константа

integer division целочисленное деление

integer division with negative values целочисленное значение с отрицательными значениями

integer matrix целочисленная матрица; матрица с целочисленными элементами

integer programming дискретное программирование; целочисленное программирование

integer sort test тест оценки целочисленной арифметики

integer type целый тип; целочисленный тип

integer type conversion преобразование данных целого типа

integer-valued целочисленный

integer variable целая переменная; целочисленная переменная

integer zoom масштабирование изображения в целое число раз

integrability интегрируемость

integrable интегрируемый

integral 1. интеграл; 2. составная часть целого; 3. интегральный; целостный; целый; 4. целочисленный; 5. неотъемлемый; 6. встроенный; объединенный

integral approximation 1. интегральное приближение; 2. целочисленное приближение

integral boundary целочисленная граница

integral calculus интегральное исчисление

integral convolution интегральная свертка

integral curve интегральная кривая; суммарная кривая

integral domain область целостности

integral equation интегральное уравнение

integral equivalent целочисленный эквивалент

integral estimate интегральная оценка

integral extractor целочисленный экстрактор

integral package интегрированный пакет программ

integral part составная часть; составной элемент

integral performance criterion интегральный критерий качества

integral product внутреннее произведение

integral promotions продвижение по шкале целочисленных типов

integral type целочисленный тип

integrand подынтегральная функция; интегрируемая функция; подынтегральное выражение

integrate 1. интегрировать; 2. объединять в одно целое; объединять в систему; 3. определять среднее значение; определять среднюю сумму; вычислять общую сумму

integrated 1. проинтегрированный; 2. сгруппированный; объединенный; 3. интегральный; 4. комплексный; 5. интегрированный; встроенный

integrated access node узел объединенного доступа

integrated adapter интегральный адаптер; интегрированный адаптер

integrated approach интегрированный подход; комплексный подход

integrated BMU интегрированный модуль управления буфером

integrated branch node объединенный коммутационный узел; концентратор/маршрутизатор

integrated broadband communication network интегрированная широкополосная коммуникационная сеть; интегральная широкополосная коммуникационная сеть

integrated business network интегрированная коммерческая сеть; интегральная корпоративная сеть

integrated cache controller интегрированный контроллер кэша

integrated cashed disk array дисковая матрица со встроенной кэш-памятью

integrated circuit интегральная схема

integrated circuit array матрица ИС; интегральная матрица

integrated circuit holder кристаллоноситель интегральной схемы; кристаллодержатель

integrated circuit memory card смарт-карта, оснащенная модулем памяти

integrated circuit microprocessor card смарт-карта, оснащенная процессором

Integrated Commerce Services универсальная торговая служба

integrated communication интегрированная система связи

integrated communication adapter интегрированный адаптер связи; интегрированный коммуникационный адаптер

integrated communication network интегральная коммуникационная сеть

integrated communication subsystem интегральная коммуникационная подсистема

integrated components 1. компоненты, входящие в состав программного обеспечения; 2. компоненты аппаратных средств

integrated computer-aided software engineering интегрированная автоматизированная разработка программ

integrated control интегрированное управление

integrated control unit интегральный блок управления

integrated data систематизированные данные; сгруппированные данные

integrated database интегрированная база данных

Integrated Database API интегрированный API-интерфейс для доступа к базам данных

Integrated Database Application Programming Interface единый интерфейс прикладного программирования баз данных

integrated database computer интегрированная машина баз данных

integrated data file единый файл данных

integrated data processing system интегрированная система обработки данных

integrated data processing интегрированная обработка данных

integrated data system интегрированная система обработки данных

integrated developer's environment интегрированная среда разработчика

integrated development and debugging environment интегрированная среда разработки и отладки программ

integrated development environment интегрированная среда разработки

integrated digital access интегрированный цифровой доступ

integrated digital network интегральная цифровая сеть

integrated dimension analysis tools интегрированные средства многомерного анализа

Integrated Disk Electronics встроенная электроника управления диском

Integrated Drive Electronics встроенная электроника управления диском

integrated dynamic echo cancellation интегрированное эхоподавление; гашения наводок от динамиков на микрофон

integrated emulator встроенный эмулятор; интегрированный эмулятор

integrated enterprise network интегрированная сеть масштаба предприятия; интегрированная корпоративная сеть

integrated environment интегрированная среда

integrated fast IR встроенная технология высокопроизводительного обмена данными по инфракрасному лучу

integrated fiber optic communication интегральная волоконно-оптическая линия связи

integrated file adapter интегрированный адаптер файла

integrated FPU встроенный модуль операций с плавающей точкой

integrated front end processor интегрированный интерфейсный процессор; интегрированный связной процессор

integrated injection logic интегральная инжекционная логика

integrated language environment интегрированная языковая среда

integrated local area network интегральная локальная сеть

integrated management console интегрированная управляющая консоль; интегрированная консоль управления

integrated memory management unit интегрированный блок управления памятью

integrated modem встроенный модем

integrated multiport repeater интегральный многопортовый ретранслятор

integrated network architecture for office communication интегрированная сетевая архитектура для учрежденческой связи

integrated network processor интегрированный сетевой процессор

integrated office system интегрированная офисная система; интегрированная учрежденческая система

integrated package интегрированный пакет

integrated peripheral channel интегрированный периферийный канал

integrated printer adapter интегрированный адаптер печатающего устройства; интегрированный адаптер печати

integrated processes интегрированные процессы

integrated processor board объединительная процессорная плата

integrated program комплексная программа

integrated project support environment интегрированная система проектирования

integrated query optimization algorithm интегрированный алгоритм оптимизации обработки запросов

integrated service local area network локальная сеть интегрального обслуживания

Integrated Services Digital Network цифровая сеть с предоставлением комплексных услуг; сеть ISDN

integrated software интегрированные программные средства; интегрированный программный комплект; интегрированный пакет; интегрированная система

integrated software package интегрированный программный пакет

integrated solution интегрированное решение

integrated study комплексное исследование; комплексное изучение

integrated support station пункт комплексного технического обслуживания

integrated switched multi-service network интегрированная коммутируемая многофункциональная сеть

integrated switching and transmission method интегрированный метод коммутации и передачи данных

integrated system интегрированный пакет; интегрированная система

integrated system network сеть информационных систем

integrated technology интегральная технология; технология интегральных схем

integrated terminal controller интегрированный терминальный контроллер

integrated transmission adapter интегрированный адаптер передачи данных

integrated voice and data transmission совместная передача речи и данных

integrated voice/data multiplexer интегрированный мультиплексор речи/данных

integrated voice/data network сеть для совместной передачи речи и данных

integrated voice/data terminal терминал для совместной передачи речи и данных

integrate on variable интегрировать по переменной

integration 1. интеграция; 2. интегрирование; 3. степень интеграции; 4. компоновка; 5. режим интегрирования; 6. объединение в одно целое; объединение в систему; комплектация; комплексирование; сборка; стыковка

integration by parts интегрирование по частям

integration by substitution интегрирование с подстановкой

integration definition method метод описания интеграции

integration function функция интегрирования

integration of management systems объединение административных систем

integration software интегрирующее программное обеспечение; программное обеспечение интеграции систем

integration technology технология интеграции

integration test комплексные испытания; комплексный тест; тестирование системы в целом

integration testing комплексные испытания; комплексный тест; тестирование системы в целом

integrator 1. интегрирующее устройство; интегратор; 2. интегрирующая схема; 3. блок интегрирования; интегрирующее звено; интегрирующий элемент; 4. интегратор; специалист (или компания) по комлексированию технических средств

integrimeter интегриметер

integrity 1. целостность; сохранность; 2. достоверность; 3. работоспособность

integrity constraint ограничение целостности

integrity control обеспечение целостности; контроль целостности

integrity file файл для проверки качества передачи

integrity size размер файла для проверки качества

integro-differential equation интегро-дифференциальное уравнение

Intel-based с элементной базой Intel; с использованием оборудования Intel

Intel comparative microprocessor performance index индекс сравнительной оценки производительности микропроцессоров компании Intel

intellectual assets интеллектуальные ресурсы

intellectual design всесторонне продуманное проектирование

intellectualization интеллектуализация

intellectual property rights права на интеллектуальную собственность

intelligence 1. сведения; информация; сообщения; 2. интеллект; развитые логико-информационные возможности; 3. развитая логика; развитые логические функции; 4. уровень интеллекта системы; 5. встроенные вычислительные средства

intelligence input/output processor интеллектуальный процессор ввода-вывода

intelligent 1. интеллектуальный; с развитой логикой; 2. с микропроцессором; микропроцессорный; программируемый; 3. рациональный; разумный

intelligent adapter интеллектуальный адаптер

intelligent agent «интеллектуальный агент» (программный)

intelligent assistant интеллектуальный помощник (утилита); интеллектуальный консультант

intelligent call processing интеллектуальная обработка вызовов

intelligent character recognition интеллектуальное распознавание символов

intelligent communication system интеллектуальная система факсимильной связи; интеллектуальная факсимильная система передачи; система передачи с интеллектуальными терминалами

intelligent communication adapter интеллектуальный связной адаптер; плата ICA

intelligent computer-assisted instruction интеллектуальная система машинного обучения

Intelligent Console Architecture архитектура интеллектуальной консоли

intelligent controller интеллектуальный контроллер

intelligent copier интеллектуальное копировальное устройство; интеллектуальное устройство копирования

intelligent databank интеллектуальный банк данных

intelligent database интеллектуальная база данных

intelligent device интеллектуальное устройство

intelligent dialog интеллектуальный диалог

intelligent drive array матрица дисковых накопителей с интеллектуальным контроллером; интеллектуальная матричная дисковая память

Intelligent Drive Equipment интеллектуальное оборудование дискового накопителя

intelligent form language язык интеллектуальных форм

intelligent front end 1. интеллектуальная станция-клиент; 2. интеллектуальная связная ЭВМ; связная ЭВМ с развитой логикой; 3. интеллектуальная программа сопряжения

intelligent graphical terminal интеллектуальный графический терминал

intelligent graphic controller интеллектуальный графический контроллер

intelligent graphics интеллектуальные графические устройства; интеллектуальные графические средства

intelligent graphics controller интеллектуальный графический контроллер

intelligent heart интеллектуальное ядро

intelligent interface интеллектуальный интерфейс

intelligent keyboard интеллектуальная клавиатура

intelligent knowledge-based system интеллектуальная система, основанная на использовании знаний

intelligent manageability интеллектуальное управление; средства интеллектуального управления

intelligent memory интеллектуальная память; интеллектуальное запоминающее устройство

intelligent messaging интеллектуальная передача сообщений

Intelligent Messaging Service интеллектуальная служба передачи сообщений

intelligent network интеллектуальная сеть

intelligent network database база данных для интеллектуальных сетей

intelligent networked device интеллектуальное сетевое устройство

intelligent network processor интеллектуальный сетевой процессор

intelligent peripheral device интеллектуальное периферийное устройство

intelligent peripheral interface интеллектуальный периферийный интерфейс; интеллектуальный интерфейс периферийных устройств

intelligent power management интеллектуальное управление питанием

Intelligent Printer Data System интеллектуальная система подготовки данных для печати

intelligent programming system интеллектуальная система программирования

intelligent recalculation оптимальное выполнение повторных вычислений

intelligent spacer интеллектуальный расстановщик пробелов

intelligent standard interface интеллектуальный стандартный интерфейс

intelligent switching hub интеллектуальный коммутирующий концентратор

intelligent terminal интеллектуальный терминал

intelligent token интеллектуальная карточка; интеллектуальный жетон

intelligent trouble diagnosis интеллектуальная диагностика неисправностей

intelligent WAN adapter интеллектуальный адаптер глобальной сети

intelligent wiring hub интеллектуальный концентратор проводных соединений

intelligibility разборчивость (речи, знаков); понятность

Intel parallel scientific computer ЭВМ компании Intel с параллельной обработкой для научных расчетов

Intel personal computer ПК платформы Intel

intend 1. предназначаться; намереваться; 2. предполагать; подразумевать

intended receiver санкционированный получатель

intended target object намеченный целевой объект

intense сильный; интенсивный

intensification усиление

intensifier 1. усилитель; 2. электронно-оптический преобразователь

intensity 1. яркость; интенсивность (источника света); 2. напряженность

intensity adjusting коррекция интенсивности

intensity cuing перспектива; воздушная перспектива (в графике)

intensity level уровень яркости

intensity of light source интенсивность источника света (в графических пакетах)

intention 1. интенция; содержание понятия; 2. напряженность

intentional error преднамеренная ошибка; умышленная ошибка

intentional failure умышленное повреждение

intentionally специально; намеренно

interact взаимодействовать

interaction взаимодействие; взаимосвязь; интеракция; обмен информацией

interaction commitment блокирование по взаимодействию

interaction fault ошибка взаимодействия

interaction time 1. время взаимодействия; 2. время обработки запроса

interactive интерактивный; диалоговый

interactive application 1. интерактивное приложение; интерактивная прикладная система; 2. решение прикладных задач в интерактивном режиме

interactive banking интерактивные банковские операции

interactive cartoon интерактивный мультфильм

interactive cleanup доводка в интерактивном режиме

interactive communication интерактивная связь

interactive communication feature интерактивное коммуникационное средство

interactive computer-aided design интерактивное автоматизированное проектирование; диалоговое автоматизированное проектирование

interactive computer system интерактивная вычислительная система

interactive computing интерактивное вычисление

interactive control управление в интерактивном режиме

interactive data интерактивные данные; данные взаимодействия

interactive debugger диалоговый отладчик; интерактивный отладчик

interactive debugging интерактивная отладка; диалоговая отладка

interactive design интерактивное проектирование

interactive distance learning интерактивное дистанционное обучение

interactive document интерактивный документ; документ, создаваемый в интерактивном режиме

interactive editor диалоговый редактор

interactive environment диалоговая система; интерактивная среда; диалоговый режим

interactive fill интерактивная заливка (в графических пакетах)

interactive fountain fill интерактивная градиентная заливка

interactive graphics 1. интерактивная графика; интерактивные графические средства; 2. интерактивные графические устройства

interactive graphic system интерактивная графическая система

interactive job entry интерактивный ввод заданий

interactive language интерактивный язык; язык интерактивного взаимодействия; диалоговый язык

Interactive Mail Access Protocol протокол интерактивного доступа к электронной почте

interactive media интерактивная среда

interactive media authoring tool интерактивное средство для авторских работ мультимедиа

interactive MMD handling интерактивная обработка мультимедиа-документов

interactive mode интерактивный режим; диалоговый режим

Interactive Multimedia Association Ассоциация изготовителей и пользователей систем мультимедиа; Ассоциация по интерактивным средствам мультимедиа

interactive multimedia system интерактивная мультимедиа-система

interactive mystery game интерактивная игра по разгадыванию тайн

interactive network интерактивная сеть

interactive photorealistic rendering интерактивная натуралистическая визуализация

interactive photorealistic rendering program программа со средствами интерактивной натуралистической визуализации; программа просчета кадров в интерактивном режиме

interactive processing интерактивная обработка; диалоговая обработка

interactive program интерактивная программа
interactive response интерактивный ответ
interactive response system интерактивная система
interactive response time время реакции
interactive simulation моделирование в режиме диалога
interactive system интерактивная система; диалоговая система
interactive technology интерактивная технология
interactive television интерактивное телевидение
interactive terminal интерактивный терминал
interactive terminal facility интерактивное оконечное устройство
interactive test generator интерактивный генератор тест-программ
interactive transparency интерактивная прозрачность (в графике)
interactive user интерактивный пользователь
interactive utility интерактивная сервисная программа; диалоговая утилита
interactive video интерактивное видео; интерактивное видеоизображение
interactive video traning интерактивное обучение с помощью видеоизображений
interactive virtual system интерактивная виртуальная система
interactive voice response system система интерактивного голосового взаимодействия; интерактивная система с речевым ответом
interactive voice response интерактивный речевой ответ
interactive voice response application программа интерактивного речевого ответа
interactive voice response system интерактивная система ответа на телефонные звонки; интерактивная система речевой связи
interactive wordwrap интерактивный перенос слов
interactor инструментальная программа-посредник для интерактивного проектирования
interapplication communications взаимодействие между приложениями; межпрограммные связи; обмен информацией между прикладными программами
interapplication communication architecture архитектура межпрограммных связей
inter-application format формат, обеспечивающий межпрограммное взаимодействие
interarrival время между двумя последовательными входами (пользователя в систему); промежуток между двумя последовательными событиями
interarrival time время между регистрациями в системе; время между входами в систему
interbank file transfer межбанковский обмен файлами
Interbase Local Engine локальная библиотека доступа к Interbase
interblock 1. блокировка; 2. блокировать
interblock gap зонный интервал; межблочный промежуток; промежуток между блоками
interblock space зонный интервал
interboard interface внутриплатный интерфейс
intercabinet cable межстоечный кабель
intercard spacing расстояние между модулями
inter-carrier interface интерфейс связи между линиями различных телефонных компаний
intercase interface внутрикорпусный интерфейс
intercept 1. перехват; подслушивание; 2. отрезок, отсекаемый на оси координат; 3. перехватывать; 4. отсекать на оси
intercepted station 1. станция передачи сообщений; 2. заблокированная станция

intercepting перехват
interchange 1. обмен; перестановка; 2. аппаратура обмена; 3. замена; 4. заменять; переставлять; менять местами
interchangeability взаимозаменяемость; заменяемость
interchangeable 1. заменяемый; взаимозаменяемый; сменный; 2. равнозначный
interchangeable plug-in card заменяемая съемная карта
interchange chain цепь обмена
interchange circuit цепь обмена
interchanger коммутатор
interchanging взаимная замена; перестановка
intercharacter spaces межсимвольные промежутки
inter-character spacing межсимвольный интервал; межсимвольный промежуток
interchip digital link цифровое звено межкристальной связи; интерфейс IDL (микросхем ISDN)
intercircuit connection межсхемное соединение; межсоединение
Inter-City Telecommunications System система междугородной связи
intercluster bus межгрупповая шина
intercluster distance межкластерное расстояние
intercom система внутренней связи; интерком
intercommunicating system система внутренней связи
intercommunication 1. система внутренней связи; 2. переговорное устройство
intercompany network межкорпоративная сеть
intercomparison взаимное сравнение; взаимное сличение
intercomponent communications межкомпонентное взаимодействие; коммуникации между компонентами
intercomputer adapter адаптер каналов связи
intercomputer communication межмашинная связь
interconnect межсоединение
interconnect analysis анализ соединений
interconnect board соединительная плата
interconnected взаимосоединенный; комплексированный
interconnecting комплексирование
interconnecting crossover пересечение внутренних соединений
interconnecting device коммутирующий блок
interconnecting layer слой внутрисхемных соединений
interconnection 1. внутреннее соединение; межсоединение; межкомпонентное соединение; разводка; схема соединений; межсистемная связь; 2. взаимосвязь; взаимозависимость
interconnection channel соединительный канал; соединительная связь
interconnection network сеть с внутрисхемной коммутацией
interconnection of peripheral equipment подключение внешних устройств
interconnection wiring разводка; межсоединения
interconnectivity стыкуемость; связность; межсетевое взаимодействие
interconnectivity device устройство межсетевого взаимодействия
interconnect matrix коммутационная матрица
interconnect process технология межсоединений
interconnect space область межсоединений
interconversion перевод из одной системы единиц в другую; взаимное преобразование
intercoupler устройство связи
intercoupling взаимосвязь
interdatabase dependency межбазовая зависимость
interdeducible взаимно-выводимый; дедуктивно-равный
interdeducible formulas дедуктивно равные формулы
interdependency взаимозависимость

interdependent взаимозависимый; взаимосвязанный

interdigit time интервал времени между передачей цифр

interdisciplinary approach междисциплинарный подход

interdisciplinary research междисциплинарные исследования

interenterprise network межкорпоративная сеть; сеть, связывающая предприятия

interexchange carrier 1. канал обмена информацией между телефонными сетями; 2. телекоммуникационная компания, предоставляющая услуги связи

interface 1. интерфейс; 2. граница между двумя системами; место стыковки; стык; 3. пограничный слой; 4. средства сопряжения; устройство сопряжения; 5. сопряжение; согласование; 6. согласовывать; сопрягать; обеспечивать сопряжение; 7. взаимодействовать

interface adapter адаптер сопряжения; интерфейсный адаптер

interface board интерфейсная плата

interface box интерфейсные аппаратные средства

interface burst mode монопольный режим интерфейса

interface bus шина интерфейса

interface card интерфейсная плата

interface channel канал сопряжения; интерфейсный канал

interface check сбой в интерфейсе; ошибка управления интерфейсом

interface circuit схема сопряжения

interface computer интерфейсный компьютер; сопрягающая машина

interface control управление интерфейсом

interface control check контроль управления интерфейсом

interface control checking контроль управления интерфейсом

interface control information управляющая информация интерфейса

interface controller контроллер интерфейса

interface convertor интерфейсный преобразователь

interface cost затраты на интерфейс

interface data signal сигнал управления интерфейсом

interface data unit интерфейсный блок данных

interface date интерфейсные данные

interface definition определение интерфейсов; описание сопряжений

interface design specification технические требования к аппаратуре сопряжения

interface device устройство сопряжения; интерфейс

interface environment интерфейсное окружение

interface error ошибка интерфейса

interface expander интерфейсный расширитель; интерфейсный удлинитель

interface gateway интерфейсный преобразователь

interface logic логические схемы интерфейса

interface loop интерфейсная петля

interface management управление интерфейсом

interface message processor сопрягающий процессор сообщений; интерфейсный процессор сообщений

interface module интерфейсный модуль

interface multiplex mode мультиплексный режим интерфейса

interface object интерфейсный объект; объект интерфейса

interface part интерфейсная часть; интерфейсный раздел

interface program интерфейсная программа

interface protocol протокол обмена данными

interface repeater интерфейсный повторитель

interface repository хранилище интерфейсов; репозиторий интерфейсных компонентов

interface service служба интерфейса

interface specification спецификация интерфейса; описание интерфейса

interface standard стандарт интерфейса

interface system интерфейсная система

interface system architecture архитектура интерфейсной системы

interface testing тестирование интерфейса; проверка интерфейса

interface unit устройство сопряжения; интерфейсный блок; интерфейс

interfacing 1. установление связи; 2. сопряжение; согласование

interfere мешать; вмешиваться

interference 1. взаимное влияние; интерференция; 2. помехи; радиопомехи

interferer источник помех

interfix описывать отношения между ключевыми словами

interframe compression межкадровое уплотнение

intergateway exchange межшлюзовый обмен

intergateway interface межшлюзовый интерфейс

intergation time время для акумулирования заряда светодиодом (для преобразования в цифровые данные)

intergchangeability взаимозаменяемость

intergraph интерграф

intergration level уровень интеграции; степень интеграции

intergroup coordination межгрупповая координация

interim 1. промежуток времени; 2. временный; промежуточный; 3. внутренний

interim computer промежуточная ЭВМ

interim increment промежуточный шаг

interim language язык-посредник; промежуточный язык

Interim Local Management Interface промежуточный интерфейс локального управления

interior 1. внутренняя область; 2. внутренний

interior color цвет внутреннего заполнения

Interior Gateway Routing Protocol протокол внутренней маршрутизации между шлюзами

interior label block блок внутренних меток

interior node внутренний узел

interior path length длина внутреннего пути

interlace 1. чередование; перемежение; поочередное сканирование линий; 2. чересстрочная развертка; 3. использовать чересстрочную развертку; 4. чередоваться; перемежаться; чередовать; располагать последовательно

interlaced с чересстрочной разверткой

interlaced display дисплей с чересстрочной разверткой

interlaced GIF чересстрочный GIF (графический формат)

interlaced storage запоминание в несмежных равноотстоящих областях

interlaced video чересстрочное видео; видеоизображение, создаваемое с помощью чересстрочной развертки

interlace line линия чересстрочной развертки

interlace lines removing удаление линий чересстрочности

interlacer 1. перемежитель (импульсов); 2. блок чересстрочной развертки

interlacing чересстрочная развертка

interlacing GIF чересстрочный GIF (графический формат)

interlanguage correspondence межъязыковое соответствие

interlayer промежуточный слой; прослойка

interleave 1. чередование; перемежение; 2. разделение (временное, пространственное); 3. чередовать; перемежать; прослаивать

interleaved чередующийся; перемежающийся

interleaved addresses чередующиеся адреса

interleaved cache кэш с чередованием адресов

interleaved files чередующиеся файлы; файлы с физическим разнесением данных

interleaved memory память с чередованием адресов; расслоенная память

interleaved subscript символ разбивки

interleave factor коэффициент чередования (секторов)

interleaver перемежитель (импульсов)

interleaving расслоение; чередование; интерливинг; перемежение; прослаивание

interlevel межуровневый

interlevel interface межуровневый интерфейс

interline межстрочный интервал; шаг строки; интерлиньяж

interline spacing интерлиньяж; межстрочный интервал; задание внутристрочных промежутков; разрядка символов

interlink system межканальная система

interlock 1. блокировка; взаимная блокировка; взаимоблокировка; 2. блокировочное устройство; 3. замковое соединение; 4. зацепление; сцепление; 5. ведомая синхронизация; 6. блокировать; 7. соединять; смыкать; сцеплять

interlock circuit схема блокировки; цепь блокировки

interlock code код блокировки

interlocked handshaking квитирование с взаимоблокировкой

interlocking блокировка; блокирование; запирание

interlock register регистр блокировки

interlock state состояние взаимоблокировки; тупик

interlude вставка

intermediary 1. посредник; 2. посредничество; предоставление посреднических услуг

intermediate 1. промежуточное звено; 2. промежуточная стадия; 3. промежуточное соединение; 4. промежуточный продукт; 5. промежуточная копия; промежуточный оригинал; 6. промежуточный

intermediate assertion промежуточное утверждение

intermediate computer промежуточная ЭВМ

intermediate control data управляющие данные промежуточного уровня

intermediate control field промежуточное контрольное поле

intermediate data промежуточные данные

intermediate data set промежуточный набор данных

intermediate digital interface промежуточный цифровой интерфейс

intermediate language промежуточный язык

intermediate list промежуточный список

intermediate memory 1. промежуточная память; 2. промежуточное запоминающее устройство

intermediate memory cell ячейка промежуточной памяти

intermediate open system открытая промежуточная система

intermediate operating cycle промежуточный рабочий цикл

intermediate product промежуточное произведение

intermediate quantity промежуточная величина

intermediate register промежуточный регистр

intermediate representation промежуточное представление

intermediate storage промежуточное запоминающее устройство

intermediate storage memory память для промежуточного хранения

Intermediate System to Intermediate System «промежуточная система — промежуточная система»; «транзитная система — транзитная система»

intermittent нерегулярный; перемежающийся; нестационарный

intermittent connection непостоянное подключение; временное подключение

intermittent defect временная неисправность

intermittent error перемежающаяся ошибка; несистематическая ошибка; случайная ошибка; нерегулярная ошибка; неповторяющаяся ошибка

intermittent failure перемежающийся отказ; перемежающаяся неисправность

intermittent fault перемежающаяся неисправность; неустойчивая неисправность

intermittent reception неуверенный прием

intermix 1. смешивание; перемешивание; 2. смешиваться; перемешиваться

intermodal dispersion межмодовая дисперсия (в волоконно-оптическом кабеле)

intermodular межмодульный

intermodular reference межмодульная ссылка

intermodulation 1. интермодуляция; взаимная модуляция; перекрестная модуляция; 2. нелинейные искажения

intermodule bus межмодульная шина

intermodule interface межмодульный интерфейс

intermodule optimization межмодульная оптимизация

in terms of в понятиях; на языке

internal внутренний; встроенный

internal abend внутренний аварийный останов; аварийный останов по внутренним причинам

internal action внутреннее воздействие

internal address внутренний адрес

internal alphabet внутренний алфавит

internal application error внутренняя ошибка приложения

internal arithmetic внутренняя арифметика

internal block вложенный блок

internal buffer внутренний буфер; внутренняя память

internal clocking внутренняя синхронизация

internal code внутренний код

internal command внутренняя команда

internal connection внутреннее соединение

internal corporate information внутрикорпоративная информация

internal cycle вложенный цикл

internal cylinder внутренний цилиндр

internal definition внутреннее описание

internal design внутренний проект

internal document внутренний документ

internal drive встроенный дисковод

internal file внутренний файл

internal form внутреннее представление

internal fragmentation внутренняя фрагментация

internal function внутренняя функция

internal hard disk внутренний жесткий диск; строенный жесткий диск

internal heap pointer внутренний указатель динамически распределяемой области

internal information внутренняя информация

internal interface внутренний интерфейс

internal interrupt внутреннее прерывание

internal IPX network address внутренний адрес сети IPX

internal label внутренняя метка

internal language внутренний язык

internal logic внутренняя логика

internal machine code внутренний машинный код

internal macroinstruction внутренняя макрокоманда

internal main memory внутренняя основная память; внутренняя оперативная память

internal map внутреннее отображение

internal memory 1. внутренняя память; собственная память; оперативная память; 2. внутреннее запоминающее устройство; встроенное запоминающее устройство

273

Internal Message Protocol протокол внутренних сообщений; протокол служебных сообщений; протокол обмена служебными сообщениями; протокол IMP

Internal Microprogramming Interface внутренний микропрограммный интерфейс

internal model внутренняя модель

internal modem встроенный модем

internal name внутреннее имя

internal network number внутренний номер сети; внутренний сетевой номер

internal overlay внутренний оверлей

internal performance быстродействие процессора

internal peripherals встроенные периферийные устройства

internal point внутренняя точка

internal procedure вложенная процедура

internal programming внутреннее программирование; встроенное программирование

internal rate of return внутренняя норма прибыли

internal reference внутренняя ссылка

internal representation внутреннее представление

internal router внутренний маршрутизатор; маршрутизатор на сервере

internals внутренняя организация

internal sample bit depth внутренняя глубина отсчета в битах; внутренняя глубина отсчета в разрядах

internal schema внутренняя схема; физическая структура данных

internal slot внутренний разъем расширения; внутренний слот

internal sort внутренняя сортировка; сортировка, выполняемая в оперативной памяти

internal speaker внутренний громкоговоритель

internal specification описание реализации; описание спецификации

internal storage внутренняя память

internal subroutine внутренняя подпрограмма

internal system design внутреннее проектирование системы; внутренняя архитектура

internal timer встроенный таймер

internal UPS встраиваемый источник бесперебойного питания

internal Web-site внутрикорпоративный Web-узел; Web-сайт для внутреннего пользователя

international access code код выхода на международную линию

international characters международные символы

international code designator указатель международного кода

International Color Consortium Международный консорциум по цвету

International Communications Association Международная ассоциация связи; ICA

International Computer Facsimile Association Международная ассоциация компьютерной факсимильной связи; ICFA

International Computer Safety Association Международная ассоциация надежности вычислительных систем; ICSA

international data line международная линия передачи данных

international dialing code международный телефонный код

International Federation for Information Processing Международная федерация по обработке информации; IFIP

International Federation of Automatic Control Международная федерация по автоматическому управлению; IFAC

international format международный формат

internationalization интернационализация; локализация

internationally-aware application приложение с многоязыковой поддержкой

International MIDI Association Международная ассоциация MIDI

International Network Working Group Международная рабочая группа по информационно-вычислительным сетям; INWG

International Packet Switched Service Международная служба пакетной коммутации

International Public Data Network международная общедоступная сеть передачи данных

International Record Carrier Международная линия передачи документальной информации

international safety approvals международные стандарты безопасности

international standard международный стандарт

international standard book number международный стандартный книжный номер; ISBN

international standardized profile международный стандартизированный профиль; профиль, соответствующий международному стандарту

international standard recording code международный стандартный код записи

International Standards Association Международная ассоциация стандартизации; ISA

International Standards Organization Международная организация стандартизации; ISO

international support международная поддержка (в программных продуктах)

International System of Units Международная система единиц; СИ

International Telecommunications Union Международный союз электросвязи; ITU

International Word Processing Organization Международная организация по обработке текста; IWPO

internaut «интернавт»; пользователь Internet

internet 1. интерсеть; объединенная сеть; 2. межсетевой

Internet access доступ к Internet; Internet-доступ

Internet-access device устройство доступа к Internet; Internet-устройство

internet address межсетевой адрес

Internet address адрес Internet; IP-адрес

Internet appliance устройство для доступа к Internet

Internet Architecture Board Архитектурный совет Internet; Совет по архитектуре Internet; IAB

Internet call diversion изменение маршрута прохождения вызова в Internet

internet communication межсетевая связь

Internet computer компьютер для работы с Internet

Internet Control Message Protocol протокол управления сообщениями в сети Internet

Internet directory каталог ресурсов Internet

internet emulator эмулятор протоколов межсетевой связи

Internet Engineering Systems Group Группа системных инженеров сети Internet; IESG

Internet Engineering Task Force Рабочая группа инженеров Internet; IETF

internet layer межсетевой уровень

Internet mail электронная почта Internet

Internet Mail Extensions многоцелевые расширения межсетевой электронной почты

Internet Network Information Center Центр сетевой информации Internet

Internet Network Management администрирование в сети Internet

Internet Packet Exchange межсетевой протокол обмена пакетами; протокол IPX

internet packet support поддержка межсетевых пакетов

Internet payment software программное обеспечение для оплаты через Internet

Internet portal Internet-портал

Internet Protocol межсетевой протокол

Internet protocol suite комплект протоколов Internet

Internet publishing server сервер для публикации в Internet

Internet Server API интерфейс прикладного программирования сервера Internet

Internet service provider поставщик Internet-сервиса; поставщик услуг в сети Internet; провайдер Internet-сервиса

Internet services manager диспетчер служб Internet

Internet Society Общество Internet

internetting объединение сетей; взаимодействие сетей; межсетевое взаимодействие

internetwork 1. сетевая ассоциация; объединенная сеть; интерсеть; сетевой комплекс; сеть, состоящая из нескольких сетей; 2. межсетевое взаимодействие; 3. межсетевой шлюз; 4. межсетевой маршрут; 5. межсетевое соединение; 6. межсетевой

internetwork address межсетевой адрес

internetwork communications межсетевой обмен; межсетевое взаимодействие

internetwork connectivity device устройство межсетевого взаимодействия

internetworking 1. организация сети из сетей; объединение сетей; организация межсетевого взаимодействия; 2. межсетевой обмен; межсетевое взаимодействие

internetworking environment межсетевая среда

internetworking operating system межсетевая операционная система

internetworking product продукт межсетевого взаимодействия; средство межсетевого взаимодействия

internetworking software программное обеспечение межсетевого взаимодействия; программные средства межсетевого взаимодействия

Internetwork Packet Exchange межсетевой обмен пакетами

Internetwork Protocol of Next Generation протокол межсетевого обмена следующего поколения

internetwork security межсетевая защита; защита межсетевого доступа

internetwork system межсетевая система

InterNIC Центр сетевой информации Internet

interoffice trunk межстанционная соединительная линия

interoperability взаимодействие; возможность взаимодействия; возможность совместной работы; функциональная совместимость; комплексируемость; интероперабельность; межоперабельность

interoperability certification сертификация совместимости

interoperation совместная работа; взаимодействие; стыковка

inter-paragraph spacing межабзацный интервал; расстояние между абзацами; отбивка

interpenetration взаимопроникновение

interpersonal межперсональный; межабонентский

interpersonal computer межперсональный компьютер

interpersonal message межабонентское сообщение

interpersonal messaging обмен сообщениями между абонентами

interpersonal messaging system система межабонентского обмена сообщениями

interpersonal messaging system user agent агент пользователя при обмене сообщениями

interphone 1. система внутренней телефонной связи; 2. переговорное устройство

interplace connection межплатное соединение

interplanar coupling межплатное соединение

interplay взаимодействие

interpolate интерполировать

interpolated resolution разрешение с интерполяцией

interpolation интерполяция; интерполирование

interpolation formula интерполяционная формула; формула интерполяции

interpolator интерполятор; блок сжатия; блок уплотнения

interpose вставлять; помещать между

interpret 1. интерпретировать; 2. выполнять в режиме интерпретации; 3. переводить; 4. объяснять; анализировать

interpretation 1. интерпретация; интерпретирование; 2. анализ; 3. перевод

interpretative program интерпретирующая программа

interpreted интерпретируемый

interpreted language интерпретируемый язык

interpreted PostScript интерпретируемый PostScript

interpreter 1. интерпретатор; интерпретирующая программа; 2. преобразователь; 3. переводчик

interpreter code код интерпретирующей программы

interpreter execution интерпретация; интерпретационное выполнение; выполнение в режиме интерпретации

interpreting интерпретация; интерпретирование

interpretive code инструкция интерпретатора; интерпретируемый код

interpretive compiler интерпретирующий компилятор

interpretive execution интерпретационное выполнение; выполнение в режиме интерпретации

interpretive language интерпретируемый язык

interpretive mode режим интерпретации

interpretive routine интерпретирующая программа; программа-интерпретатор

interprocess communication взаимодействие процессов

interprocess communication facility средство обмена информацией между процессами

interprocess communications manager менеджер межпроцессных взаимодействий

Interprocess Communications Protocol/Sequenced Packet Protocol протокол связи между процессами/протокол упорядоченной передачи пакетов

interprocess mechanism механизм связи между процессами

interprocess object model модель объектов различных процессов; модель объектов, функционирующих в разных процессах

interprocessor промежуточный процессор; процессор-коммутатор

interprocessor buffer межпроцессорное буферное запоминающее устройство; межпроцессорный буфер

interprocessor bus межпроцессорная шина

interprocessor communication межпроцессорная связь; межпроцессорное взаимодействие; средство обеспечения межпроцессорной связи

interprocessor interference 1. межпроцессорные помехи; 2. конфликтная ситуация (в MP-системах)

interprocessor interrupt межпроцессорное прерывание

interprocessor link adapter адаптер межпроцессорной связи

Interprocessor Messaging System система обмена сообщениями между процессорами

interprogram communication связь между программами

interpropositional connection пропозициональная связка

275

interquartile range интерквартильная широта; интерквартильный размах; вероятное отклонение

interrecord gap промежуток между записями; интервал между записями; зонный интервал

interrelation взаимозависимость; взаимосвязь

interrelationship взаимозависимость; взаимосвязь

interrogate 1. опрос; запрос; 2. опрашивать; запрашивать

interrogate current ток опроса; опрашивающий ток

interrogated information signal сигнал информационного запроса

interrogation 1. запрос; 2. опрос

interrogation unit опрашивающее устройство

interrogator 1. запросчик; 2. устройство опроса

interrupt 1. прерывание; сигнал прерывания; 2. прерывать

interrupt acknowledge подтверждение прерывания

interrupt analysis анализ прерывания

interrupt analyzer анализатор прерываний

interrupt call вызов по прерыванию

interrupt channel 1. канал с прерыванием; прерываемый канал; 2. канал прерывания

interrupt check routine программа контроля прерывания

interrupt coalescing объединение прерываний

interrupt code код прерывания

interrupt control block блок управления прерываниями

interrupt controller контроллер прерываний

interrupt descriptor table таблица дескрипторов прерываний

interrupt directory таблица прерываний

interrupt disable запрет прерываний; блокировка прерываний

interrupt distributor распределитель прерываний

interrupt-driven управляемый прерываниями; управляемый по прерываниям

interrupt-driven transfer 1. передача данных по прерыванию; пересылка данных по прерыванию); 2. переход по прерыванию

interrupt enable register регистр разрешения прерывания

interrupter 1. прерыватель; 2. источник прерываний; 3. блок обработки запросов на прерывания

interrupt event прерывающее событие; ситуация прерывания; событие, порождающее прерывание; событие, вызывающее прерывание

interrupt function функция с вызовом по прерыванию

interrupt gate вентиль прерывания

interrupt handler 1. обработчик прерывания; программа обслуживания прерывания; 2. блок обработки прерываний; 3. программа обработки прерывания

interruptible прерываемый

interruptible command прерываемая команда

interruptible data transfer прерываемая передача данных

interruptible display прерываемое обновление

interruptible execution прерываемое выполнение

interrupt identification идентификация прерывания

interrupt input-output обмен по прерываниям

interrupt instruction команда прерывания

interrupt I/O ввод-вывод по прерываниям

interruption 1. прерывание; 2. сигнал прерывания; 3. перерыв; пауза; 4. перерыв в подаче питания; перерыв в электроснабжении; 5. разъединение

interruption control управление прерываниями

interruption depth глубина прерывания

interruption discipline дисциплина с прерыванием начатого обслуживания; прерываемое обслуживание; дисциплина с абсолютным приоритетом

interruption handler routine программа обработки прерывания

interruption network сеть прерываний

interruption pending задержка прерывания

interruption request запрос на прерывание

interruption request block блок запросов на прерывание

interrupt key клавиша прерывания; кнопка прерывания

interrupt latency задержка прерывания; обслуживание запроса на прерывание

interrupt line канал прерывания; линия прерывания

interrupt location ячейка прерывания

interrupt logic 1. логика прерываний; 2. логические схемы прерываний

interrupt mask маска прерываний

interrupt modification модификация прерывания

interrupt number номер прерывания

interrupt-oriented с прерыванием; с возможностью прерываний; работающий в режиме прерываний

interrupt priority приоритет прерывания

interrupt priority level уровень приоритета прерываний

interrupt processing обработка прерываний

interrupt register регистр прерываний

interrupt request запрос на прерывание; прерывание

interrupt request level уровень запроса прерывания

interrupt resolution разрешение прерывания

interrupt routine 1. обработчик прерывания; программа обработки прерывания; 2. прерывающая программа

interrupt service routine программа обслуживания прерывания; обработчик прерывания; программа обработки прерывания

interrupt software программа обработки прерывания; обработчик прерывания

interrupt system система прерываний

interrupt table таблица прерываний

interrupt task задача прерывания

interrupt trap 1. прерывание; внутреннее прерывание; 2. обработка прерывания

interrupt-type function функция с вызовом по прерыванию

interrupt vector вектор прерывания; адрес обработчика прерываний

interrupt vector address адрес вектора прерывания

intersect пересекать

intersection 1. пересечение; точка пересечения; область пересечения; 2. пересечение; логическое умножение; конъюнкция; 3. знак плюс

intersection data данные пересечения

intersection isolation перекрестная локализация

intersection method метод поиска пересечений

intersection of events пересечение событий; произведение событий

intersection of sets пересечение множеств

intersection of surfaces пересечение поверхностей

intersection test тест на пересечение

intersegment межсегментный

intersegment jump межсегментный переход; внешний переход

intersegment link межсегментная связь

intersegment linking связывание сегментов

intersegment reference межсегментная ссылка

interspace 1. промежуток; интервал; разрядка; 2. делать промежутки; отделять промежутками

interstellar wars межзвездные войны; звездные войны

interstice промежуток между элементами отображения

intersubnetwork system межподсетевая система

interswitch connection сетевое соединение между коммутаторами

intersymbol interference межсимвольная интерференция; межсимвольные помехи

intersystem межсистемный
intersystem communication межсистемная связь; связь между системами
intersystem link межсистемная связь
intersystem protocol межсистемный протокол
intertask межзадачный
intertask communication взаимодействие между задачами; связь между задачами; межзадачное взаимодействие
intertask communication facility средство взаимодействия между задачами
intertask message межзадачное сообщение
interuser communication взаимодействие между пользователями
interval 1. интервал; промежуток; отрезок; 2. пауза; перерыв; 3. диапазон; 4. шаг сетки частот; 5. делить на отрезки
interval analysis интервальный анализ
interval arithmetic интервальная арифметика
interval estimate интервальная оценка
interval index интервальный индекс
interval timer интервальный таймер; датчик временных интервалов
interval updating периодическая актуализация (базы данных)
intervene явиться помехой; помешать; вмешиваться
intervening data «мусор»; информация между старым концом файла и новой записью
intervening space разделительный пробел
intervention вмешательство (в работу системы)
intervention button аварийная кнопка
interview-based configuration procedure процедура настройка конфигурации по методу «интервью»; программа конфигурирования, задающая последовательность вопросов
interweave прошивать
interword gap промежуток между словами; интервал между словами
interword space 1. пробел между словами; разрядка слов; интервал между словами; 2. автоматическое задание промежутка между словами
inter-word spacing межсловный интервал
interworking обеспечение межсетевого обмена; организация межсетевого взаимодействия
interworking protocol протокол межсетевого взаимодействия
in the mean в среднем
in time вовремя
intraframe compression внутрикадровое уплотнение
intra-line spacing задание межстрочных промежутков; интервал строк
intramodal dispersion внутримодовая дисперсия (в волоконно-оптическом кабеле)
intranet интрасеть; внутрикорпоративная сеть на базе технологии Internet
intranet management product продукт для управления интрасетями
intranet-ready готовый к применению в интрасетях
intranet server сервер интрасети
intranetwork интрасеть; внутрикорпоративная сеть; объединение локальных сетей в пределах нескольких зданий
intranetworking организация внутрикорпоративной сети (на базе технологий Internet); создание интрасетей
intransitive нетранзитивный
in-transmit buffering буферизация при передаче
intrapictures frames I-кадры; независимо сжатые кадры
intraplane connection внутриплатное соединение
intraprocess внутрипроцессный; внутренний для процесса

intraquery parallelism распараллеливания операций в запросе; распараллеливание внутри запроса
intrasegment jump внутрисегментный переход; внутренний переход
intrasystem внутрисистемный
intrasystem communication внутрисистемная связь
intrasystem contention внутрисистемный конфликт
intraunit interface внутриблочный интерфейс
intrinsic внутренний; встроенный; присущий; предопределенный
intrinsic accuracy внутренняя точность
intrinsic call обращение к встроенной процедуре
intrinsic command резидентная команда
intrinsic function встраиваемая функция; встроенная функция
intrinsic operator встроенная операция
intrinsic type встроенный тип
intristic constant встроенная константа
intristic correlation собственная корреляция
intristic error ошибка, присущая данному методу
intristic function встроенная функция; предопределенная функция
intristic loss собственные потери
intristic region область собственной электропроводности (в полупроводнике)
intristics встроенные средства
intristric loss собственные потери
introduce вводить; представлять; знакомить
introduced error внесенная ошибка
introduction 1. предисловие; введение; 2. внедрение; 3. объявление о выпуске (продукта)
introspection интроспекция; самоанализ
intruder нарушитель; злоумышленник
intruder attempt reset interval интервал сброса счетчика попыток нарушителя
intruder detection обнаружение нарушителя
intruder detection lockout блокировка ввиду обнаружения нарушителя
intruder detection status состояние обнаружения нарушителя
intruder lockout reset interval интервал сброса блокировки нарушителя; интервал сброса захвата нарушителя
intrusive tools инструментальные средства измерения, влияющие на режим работы (программного обеспечения)
intuitive интуитивно-понятный
intuitive interface интуитивно-понятный интерфейс
in turn в свою очередь; по очереди
i-number номер индексного дескриптора файла; индекс файла
in use используемый
invalid 1. неверный; ошибочный; неправильный; недопустимый; недействительный; недостоверный; 2. неработоспособный; поврежденный; дефектный
invalid address недействительный адрес; неправильный адрес
invalid addressing неправильная адресация
invalidate объявлять недействительным; делать недействительным
invalidation 1. недостоверность; неправильность; недействительность; 2. неисправность
invalid call неверное обращение; неверный вызов
invalid character недопустимый символ; неправильный символ
invalid code неправильный код; недействительный код
invalid combination 1. неверная комбинация; 2. запрещенная комбинация

invalid data неправильные данные
invalid destination неверный пункт назначения
invalid disk change неверная смена диска
invalid exclusive reference недействительная исключающая ссылка
invalid filename неверное имя файла; ошибка в имени файла
invalid frame недействительный кадр
invalid operation недопустимая операция
invalid page недействительная страница
invalid parameter неверный параметр
invalid password неверный пароль
invalid program group name неверное имя группы программ
invalid rectangle недействительный прямоугольник
invalid reference недопустимая ссылка
invalid sequence неправильная последовательность
invalid specification неправильная спецификация
invalid statement недопустимый оператор
invariable неизменный; неизменяемый
invariance инвариантность
invariant 1. инвариант; 2. инвариантный; неизменяемый
invariant embedding инвариантное вложение; инвариантная вставка
invariant expression инвариантное выражение
invent придумывать; изобретать
inventory 1. материально-производственные запасы; 2. инвентаризация; 3. инвентаризационная опись; перечень; 4. хранимые материалы; запас материалов; материально-производственные запасы
inventory control управление запасами; управление складом
inventory data данные учета; учетные данные
inventory database учетная база данных; база данных с информацией инвентаризации
inventory management управление инвентаризацией
inventory management software программные средства управления инвентаризацией
inventory management system система управления инвентаризацией
inventory record инвентарная запись; инвентаризационная запись
inverse 1. инверсия; 2. инверсный; обратный; противоположный
inverse association обратная ассоциация
inverse correlation отрицательная корреляция
inverse function обратная функция
inverse image инверсное изображение; обратное изображение; прообраз
inverse integrator инверсный интегратор
inverse kinematics инверсная кинематика
inversely обратно; обратно пропорционально
inversely as the square of обратно пропорционально квадрату
inverse mapping обратное отображение
inverse matrix обратная матрица
inverse multiplexing обратное мультиплексирование
inverse of number обратная величина числа
inverse of variables инверсия переменных
inverse selection обратить выделение (в графических пакетах)
inverse-time delay задержка, обратно пропорциональная времени
inverse transformation method метод обратного преобразования
inverse video обратный видеорежим

inversion 1. инверсия; инвертирование; обращение; 2. отрицание; 3. обратное преобразование; 4. обратный порядок
inversion formula формула обратного преобразования
inversion operator оператор обращения
inversion theorem теорема обращения
invert 1. негатив; выворотка; 2. инвертировать; преобразовывать; обращать; 3. переворачивать; кантовать
invert bubble кружок (на схеме), обозначающий инвертор
invert circuit инвертор; инвертирующая схема
invert color инвертировать цвет
invert conversion инвертирование
inverted code обратный код
inverted file инвертированный файл
inverted index инвертированный индекс; обращенный указатель
inverted list инвертированный список; индекс
inverted relation инверсное отношение
inverter 1. инвертор; 2. логический элемент НЕ; 3. инвертирующий усилитель
invert filter фильтр «обращение»; фильтр «инвертирование»; фильтр «инверсия»
invertible matrix обратимая матрица
inverting инвертирование
inverting amplifier инвертирующий усилитель
inverting bit инвертированный бит
inverting colors in an image инвертирование цвета изображения
inverting element инвертор; инвертирующий элемент
inverting input инвертирующий вход
invert lens линза «инверсия»
invertor инвертор; инвертирующий элемент
invest вкладывать; помещать капитал
investigate исследовать
investigation 1. исследование; 2. изыскания
investigative исследовательский
investigator исследователь; испытатель
investment финансирование; капиталовложение; вклад; инвестиция
invigilator контрольное устройство; «надсмотрщик»
invisible невидимый; скрытый
invisible data невидимые данные; невидимая информация
invisible file неотображаемый файл
invisible surface прозрачная поверхность
invitation приглашение
invitation list список «приглашений»
invitation to send приглашение к передаче сообщения
invitation to transmit приглашение к передаче
invite приглашать
invocation 1. вызов (процедуры); 2. инициирование работы
invocation point точка вызова
invoice 1. расчет; вычисление; 2. счет; смета; накладная; 3. учет; 4. выписывать счет
invoicing выписка счетов
invoicing computer бухгалтерская вычислительная машина
invoicing machine машина для составления счетов
invoke вызывать; запускать; активизировать; инициировать (процесс)
invoked procedure вызванная процедура
invoking procedure вызывающая процедура
involuntary непроизвольный
involuntary interrupt межпроцессорное прерывание
involute 1. эвольвента; 2. возводить в степень
involution возведение в степень
involve 1. вовлекать; затрагивать; 2. включать в себя; 3. углубляться
involved сложный; запутанный

inward dialing набор внутренних номеров; набор добавочных номеров

in-warranty failure отказ в течение гарантийного срока; неисправность в течение срока гарантии

INWG Международная рабочая группа по информационно-вычислительным сетям

I/O ввод-вывод

I/O adapter адаптер ввода-вывода

I/O appendage дополнение ввода-вывода

I/O bandwidth пропускная способность средств ввода-вывода

I/O board плата ввода-вывода

I/O bound task задача, ограниченная скоростью ввода-вывода

I/O buffer 1. буфер ввода-вывода; 2. буферное устройство для ввода-вывода

IOC 1. канал ввода-вывода; 2. контроллер ввода-вывода

I/O channel bus шина канала ввода-вывода

I/O checking проверка ввода-вывода

I/O chip процессор ввода-вывода; кристалл ввода-вывода

I/O completion port порт завершения ввода-вывода

I/O conversion преобразование представления данных при вводе-выводе; преобразование ввода-вывода

IOCS система управления вводом-выводом

IOCTL многоцелевая функция управления вводом-выводом устройств

IOD 1. определение ввода-вывода; 2. драйвер ввода-вывода

I/O direction направление передачи при вводе-выводе

I/O driver драйвер ввода-вывода

I/O errors ошибки ввода-вывода

IOF периферийное устройство ввода-вывода

I/O file файл ввода-вывода

I/O function функция ввода-вывода

I/O interruption прерывание от ввода-вывода

IOLA адаптер канала ввода-вывода; контроллер канала ввода-вывода

IOLC контроллер канала ввода-вывода; адаптер канала ввода-вывода

I/O limited ограничененый скоростью устройств ввода-вывода

I/O limited program программа, скорость которой ограничена скоростью устройств ввода-вывода; программа, ограниченная скоростью ввода-вывода

I/O list список ввода-вывода

IOM 1. модульная архитектура, ориентированная на ISDN; 2. мультиплексор ввода-вывода

I/O manager администратор ввода-вывода; диспетчер ввода-вывода

I/O mapping распределение устройств ввода-вывода

IOM architecture модульная архитектура, ориентированная на сеть ISDN

IOMP микропроцессор ввода-вывода

ionographic printer ионографический принтер

IOP процессор ввода-вывода

I/O parity interrupt прерывание по нарушению четности при вводе-выводе

I/O permission bit map битовая карта разрешения ввода-вывода

IOPL уровень привилегий ввода вывода; полномочия ввода-вывода

I/O port порт ввода-вывода

I/O port address адрес порта ввода-вывода

I/O processor процессор ввода-вывода

I/O queue очередь ввода-вывода

I/O redirection переназначение ввода-вывода; переадресация ввода-вывода

IOS 1. подсистема ввода-вывода; 2. система ввода вывода; 3. интегрированная учрежденческая система; интегрированная офисная система; 4. межсетевая операционная система

IOSB блок состояния ввода-вывода

I/O slot гнездо ввода-вывода; слот ввода-вывода

IOSS подсистема ввода-вывода

I/O switching переключение каналов ввода-вывода

IOX стандартная исполнительная программа ввода-вывода

I/P вход

IP 1. межсетевой протокол; 2. обработка информации; 3. обработка изображений; 4. указатель команд; 5. точка вставки; точка ввода; 6. узел интеллектуальной периферии

IP address IP-адрес; адрес сетевого протокола IP; адрес Internet

IPAR отчет по результатом начальной оценки продукта

IPAT трансивер основного доступа ISDN

IPB межпроцессорное буферное запоминающее устройство

IPC 1. центр обработки информации; 2. двоичный код обработки нецифровой информации; 3. интегрированный периферийный канал; 4. межпроцессорное взаимодействие; 5. механизм взаимодействия процессов; взаимодействие между процессами; 6. межпрограммное взаимодействие

IP Control Protocol управляющий протокол семейства IP

IPCP управляющий протокол семейства IP

IPDN международная общедоступная сеть передачи данных

IP domain домен IP

IPDS интеллектуальная система подготовки данных для печати; поток данных интеллектуального принтера; протокол описания страниц IPDS

I-peripherals встроенные периферийные устройства

IPG межпакетный промежуток

iPhone Internet-телефон; телефон с возможностью доступа к Internet

IPI интеллектуальный интерфейс периферийных устройств; интеллектуальный периферийный интерфейс

IPL 1. начальный загрузчик программы; 2. начальная загрузка программы; 3. уровень приоритета прерываний; 4. язык обработки информации

IP lease «аренда» IP-адреса

IPM интеллектуальное управление питанием

IPMS система межперсональных сообщений

IPM UA агент пользователя при обмене сообщениями

IP multicast групповая адресация IP

IPNG протокол межсетевого обмена следующего поколения

IPNNI 1. иерархический интерфейс PNNI; 2. интегрированный интерфейс связи для частных сетей

IPO компания, впервые предлагающая свои акции

IPPV дифференциальная оплата только за просмотренные материалы

IPR 1. права на интеллектуальную собственность; 2. интерактивная натуралистическая визуализация; 3. программа просчета кадров в интерактивном режиме

IP register регистр IP; указатель команд

IP resolver преобразователь имен в IP-адреса; средство трансляции имен компьютеров в логические IP-адреса

IPS 1. система обработки информации; 2. набор протоколов Internet; 3. система обработки изображений; 4. межплатная коммутация

IPSC компьютер платформы Intel с параллельной обработкой для научных расчетов

IPSE интегрированная система проектирования

IPS LCD display ЖК-дисплей с переориентацией в горизонтальной плоскости

IPSO стандартный периферийный интерфейс фирмы Olivetti

IP spoofing IP-спуфинг

IPSS Международная служба пакетной коммутации

IP switching IP-коммутация

IP-tunnel IP-туннель

IP tunneling IP-туннелирование

IP-within-IP инкапсуляция IP в IP

IPX протокол межсетевого обмена пакетами; межсетевой протокол обмена пакетами

IPX Control Protocol управляющий протокол IPX

IPXCP управляющий протокол IPX

IPX external network number внешний номер сети IPX

IPX internal network number внутренний номер сети IPX

IPX/SPX протокол межсетевого обмена пакетами/протокол последовательного обмена

IPX-to-IP translator транслятор протоколов IPX-IP

IR 1. регистр команд; 2. регистр прерываний; 3. промежуточное представление; 4. поиск информации; 5. инфракрасный

IRAD средства ускоренной разработки Internet-приложений

iraser иразер; лазер инфракрасного диапазона

IRB буфер переупорядочивания команд

IRC 1. беседа, ретранслируемая через Internet; система ретрансляции разговороз (в Internet); 2. встроенная консоль дистанционного управления; 3. международная линия передачи документальной информации; 4. Комиссия по информационным ресурсам

IrDA 1. технология передачи данных в инфракрасном диапазоне; 2. стандарт инфракрасной передачи данных и вывода на печать; 3. Ассоциация по инфракрасной технологии передачи данных

IRF 1. файл индексных регистров; 2. фильтр наследуемых полномочий

IRG интервал между записями

IRIS внутренний экран инфракрасного порта

IRL информационно-поисковый язык

IRM 1. управление информационными ресурсами; 2. менеджер по информационным ресурсам; диспетчер информационных ресурсов; 3. маска наследуемых полномочий

IRMA адаптер управления информационными ресурсами; шлюз IRMA

IR port инфракрасный порт

IRQ запрос прерывания; линия IRQ; линия запроса прерывания, уровень прерывания; прерывание; прерывание, переключаемое пользователем

irrational иррациональный

irrational equation иррациональное уравнение

irrecoverable неисправимый

irrecoverable error неисправимая ошибка

irreducibility неприводимость; несводимость

irreducible code неприводимый код

irreducible polynomial неприводимый многочлен

irredundant неизбыточный; безизбыточный

irredundant form тупиковая форма

irreflexive relation антирефлексивное отношение

irrefutable formula неопровержимая формула

irregular неправильный; нерегулярный

irregular data flow нерегулярный поток данных

irregularity 1. неупорядоченность; 2. несовершенство (формы); 3. неоднородность; нерегулярность; 4. нарушение (порядка); 5. перебой; 6. ошибка; 7. препятствие

irregular logic нерегулярная логика

irregular object объект неправильной формы (в графике)

irregular shaped bitmap растровое изображение произвольной формы; растровое изображение неправильной формы

irrelevant неподходящий; несоответствующий; неуместный; не относящийся к делу; нерелевантный

irrelevant document нерелевантный документ

irrelevant information нерелевантная информация; неподходящие данные; несущественная информация

irreversibility 1. необратимость (процесса)

irreversible code необратимый код

irreversible encryption необратимое кодирование

IRS информационно-поисковая система

IR system информационно-поисковая система

IRTF Исследовательская группа Internet

IS 1. разделитель информации; 2. информационная система; 3. администратор информационной системы; 4. информатика; 5. международный стандарт; 6. информационная служба; 7. индексно-последовательный

IS-A «является экземпляром»

ISA 1. Международная ассоциация стандартизации; 2. промышленная стандартная архитектура; архитектура промышленного стандарта; стандарт ISA; промышленный стандарт шинной архитектуры

ISAC контроллер абонентского доступа ISDN

isa link связь типа «принадлежит к»

ISAM индексно-последовательный метод доступа

ISAN академическая сеть интегрального обслуживания

ISAPI интерфейс прикладного программирования сервера Internet; интерфейс прикладного программирования для серверных приложений Internet; интерфейс прикладного программирования сервера Internet

ISBN международный стандартный книжный номер

ISC межсистемная связь

IS department отдел информационных систем; отдел информационной технологии

ISDN цифровая сеть с предоставлением комплексных услуг; цифровая сеть с интеграцией служб

ISDN adapter ISDN-адаптер

ISDN-based distance learning дистанционное обучение с помощью цифровой сети с комплексными услугами

ISDN Media Access Control уровень управления доступом к среде передачи данных в сетях ISDN

ISDN modem ISDN-модем; цифровой модем

ISDN-oriented modular architecture модульная архитектура, ориентированная на ISDN

ISDN phone цифровой телефон; ISDN-телефон

ISDN service provider поставщик услуг ISDN

ISDN subscriber access controller контроллер абонентского доступа ISDN

ISF установленная файловая система; инсталлированная файловая система

ISI 1. межсимвольная интерференция; межсимвольные помехи; 2. интеллектуальный стандартный интерфейс; 3. Институт научной информации

IS-IS промежуточная система — промежуточная система; транзитная система — транзитная система

IS/IT manager менеджер по информационным системам и технологиям

ISL 1. язык описания контрольно-измерительных приборов и устройств; 2. межкоммутаторное соединение; 3. межсистемная связь

ISLAN локальная сеть интегрального обслуживания

island изолированный участок

ISLS система моделирования логики с бесконечным числом состояний

IS manager администратор отдела информационных систем; менеджер ИС

ISN сеть информационных систем
ISO Международная организация стандартизации
ISO-A Международный стандарт для шрифтов класса А
ISO-B Международный стандарт для шрифтов класса В
isobits одинаковые разряды
isochronous изохронный; синхронный
ISO code код ИСО
iso-cost curve изопараметрическая кривая стоимости
ISODE инструментальная система разработки протоколов Международной организации стандартизации
ISO Development Environment инструментальная система разработки протоколов Международной организации стандартизации
ISO 646 Invariant Code Set набор инвариантных кодов ISO 646
isolate 1. изолят; 2. изолировать; выделять; отделять
isolate a problem локализовать неисправность
isolated I/O изолированный ввод-вывод
isolated vertex изолированная вершина
isolated word изолированное слово; отдельное слово; выбранное слово
isolation 1. изоляция; развязка; 2. локализация (неисправности); 3. выделение (сигнала); 4. развязка (цепей); 5. коэффициент развязки
isolator 1. разъединитель; 2. устройство развязки; 3. устройство локализации (неисправностей)
isometrical camera изометрическая камера
isometric camera изометрическая камера
isometric view изометрическое представление
isometry изометрия
isomorphism изоморфизм
ISONET децентрализованная сеть Международной организации стандартизации
ISO network децентрализованная сеть Международной организации стандартизации
ISO/OSI reference model эталонная модель взаимодействия открытых систем
isoquant curve изопараметрическая кривая количества
isosceles triangle вписанный треугольник
isotropic изотропия
isoutility curve изопараметрическая кривая полезности
ISP 1. поставщик услуг в сети Internet; провайдер Internet-сервиса; ISP-компания; 2. профиль, соответствующий международному стандарту; международный стандартизированный профиль; 3. процессор синтеза изображений
is prefix префикс is
IS printer струйный принтер
IS profile параметры информационной системы
ISR 1. хранение и поиск информации; 2. программа обслуживания прерываний
ISRC международный стандартный код записи
ISS пункт комплексного технического обслуживания
ISSA Ассоциация защиты информационных систем
ISSM не полностью определенный конечный автомат
issue 1. выпуск; издание; 2. выдача; формирование; 3. вопрос; 4. экземпляр (журнала); 5. выдавать; 6. вызывать; выпускать
issuer запросчик; запрашивающая сторона
issue the challenge ставить задачу
IS support поддержка информационных систем
IS test тест оценки целочисленной арифметики
I suffix суффикс I
ISV независимый поставщик программного обеспечения; сторонняя фирма — поставщик программного обеспечения; ISV-компания

IT 1. информационная техника; информационная технология; 2. передача информации
ITAA Американская ассоциация по информационным технологиям
IT advisory service служба консалтинга в области информационных технологий
italic 1. курсив (вид типографского шрифта); 2. наклонный шрифт; италик (на принтере); 3. курсивный; наклонный
italic angle угол наклона символов шрифта
italicize выделять курсивом
italic type курсивный шрифт; тип печати «италик»
ITB конец промежуточного блока текста
ITC 1. интегрированный терминальный контроллер; 2. Комитет по международной торговле (США); 3. технический комитет по стандартизации
item 1. элемент; элемент данных; 2. предмет; 3. единица; единица оборудования; 4. элементарная группа; 5. позиция; 6. статья; параграф; 7. продукт; изделие; 8. перечень; 9. пункт; позиция; 10. вопрос
item advance поэлементное продвижение
item design компоновка элементов
item number номер позиции; номер элемента
items across число элементов по горизонтали
item set analysis анализ множеств
item size размер элемента данных; размер элемента
items without attachment сообщение без вложения
item tool инструмент выбора объекта
IT environment вычислительная среда
iterate 1. повторение; итерация; 2. выполнять итерацию; повторять; выполнять цикл; итерировать
iteration 1. итерация; повторение; 2. шаг цикла; 3. цикл
iteration algorithm итеративный алгоритм
iteration body тело цикла
iteration counter счетчик итераций
iteration depth глубина итерации
iteration factor глубина итераций; коэффициент итерации
iteration index индекс итерации
iteration method итерационный метод
iteration number число итераций
iteration statement команда выполнения итераций; оператор цикла
iterative итеративный; итерационный
iterative addition итеративное сложение
iterative algorithm итеративный алгоритм
iterative analysis итеративный анализ
iterative approach итеративный метод
iterative computer итерационная ЭВМ
iterative instruction команда организации цикла; итеративная команда
iterative interpolation итеративная интерполяция
iterative linear programming итеративное линейное программирование
iterative loop итерационный цикл
iterative matching итерационное согласование; согласование методом последовательных приближений
iterative method итеративный метод
iterative methods for linear systems итерационные методы решения системы линейных уравнений
iterative process итерационный процесс; итеративный процесс
iterative solution итерационное решение; решение методом итераций
iterator итератор; программа организации циклов
ITF интерактивное оконечное устройство
ITG интерактивный генератор тест-программ
I-time время выполнения команды

itinerary маршрут; путь

IT manager менеджер по информационным технологиям; администратор информационных систем

IT market рынок информационных технологий

ITSEC безопасность информационных технологий

IT system информационная система

ITT приглашение к передаче

ITU Международный союз по электросвязи; Международное телекоммуникационное общество

ITU-T сектор по стандартизации телекоммуникаций в составе ITU

IUS система распознавания изображений

IVD совместная передача речи и данных

IVDLAN интегрированная сеть передачи речи и данных

IVDM интегрированный мультиплексор речи/данных

IVDT терминал для совместной передачи речи и данных

Iverson notation нотация Айверсона

IVR система интерактивного голосового взаимодействия; интерактивная система ответа на телефонные звонки

IVRS интерактивная система речевой связи; система интерактивного речевого ответа; интерактивная система ответа на телефонные звонки

IVR system интерактивная система речевой связи; система интерактивного речевого ответа; интерактивная система ответа на телефонные звонки

IVS интерактивная виртуальная система

IWBNI было бы прекрасно, если бы... (сокращение, принятое в Internet)

IWP Международная организация по обработке текста

IWR игнорировать дополнительные байты многоразрядной шины

IXC канал обмена информацией между телефонными сетями

IXES система обмена информацией

– Jj –

jabber 1. сбойный пакет; пакет с неверной длиной и контрольной суммой; 2. непрерывная передача устройством бессмысленной информации; непрерывная передача бессмысленных данных из-за неисправности адаптера

jabbering затянувшаяся передача бессмысленных данных; непрерывная передача устройством бессмысленной информации; непрерывная передача бессмысленных данных из-за неисправности адаптера

jabber monitor схема контроля длительности передачи данных; схема ограничения длительности передачи данных

jabber packet бессмысленный пакет; пакет с неверной длиной и контрольной суммой;

jack 1. гнездо (соединителя); розетка; пружинный разъем; 2. пружинный переключатель; джек

jack connector гнездовой разъем

jacket 1. оболочка (кабеля); рубашка; 2. конверт

jack field коммутационное поле (в телефонии)

jackplug контактный штырек; штекер

Jackson method метод Джексона

jagged неровный (край)

jagged edge ступенчатый край (графического объекта); ступенчатое ребро

jagged image изображение с «рваными» краями; изображение с зазубренными краями

jaggies зазубрины; неровности; ступеньки; ступенчатость

jaggy despeckle подчистка (в графических пакетах)

jaggy despeckle filter фильтр «подчистка» (в графических пакетах)

jam 1. заклинивание; заедание; защемление; 2. перебой в работе; 3. затор; «пробка»;4. зацикливание; 5. замятие (бумаги); деформация носителя; 6. наличие конфликта (сигнал в сети); 7. преднамеренные помехи; 8. заедать; защемлять; заклинивать; 9. создавать радиопомехи

jamming преднамеренные радиопомехи

jam signal сигнал наличия конфликта; сигнал затора

Japan Electronic Industry Development Association Японская ассоциация развития электронной промышленности

Japanese Engineering Standards Association Японская ассоциация по стандартизации; JES

Japan Standards Association Японская ассоциация по стандартизации; JSA

jargon жаргон

Java adapter Java-адаптер

Java applet апплет; Java-приложение; приложение на языке Java; мини-приложение Java

Java-based application Java-приложение; приложение, использующее технологию Java

Java-based development environment среда разработки (приложений) на базе Java

Java base platform базовая Java-платформа

Java byte-code Java-байт-код

Java class library библиотека классов Java

Java compiler конвертер программы на язык Java в байт-код

Java computing сетевая вычислительная обработка на основе технологии Java

Java core API API-интерфейс ядра Java

Java Deleloper's Alliance Союз разработчиков Java-приложений

Java Lobby группа сторонников Java; Java-лобби

Java network terminal Java-терминал

Java powered chip микросхема со встроенной поддержкой Java

Java run-time исполняющая система языка Java

Java standard extensions стандартные расширения Java

Java technology технология Java; Java-технология

Java terminal Java-терминал

Java virtual machine виртуальная машина Java; среда исполнения байт-кодов Java-приложения

JCL язык управления заданиями

JDK пакет разработки программ на языке Java

JEDEC 1. Объединенный совет по электронными устройствам; 2. 32-контактная колодка DIP для ППЗУ

JEIDA Японская ассоциация по разработкам в электронной отрасли; Японская ассоциация развития электронной промышленности

JES система ввода заданий

JESA Японская ассоциация стандартов

jet 1. сопло; форсунка; жиклер; 2. струя; 3. струйный; 4. выпускать; выбрасывать струей

JEU блок выполнения переходов

jewel box коробка (для компакт-диска)

JFC библиотека базовых классов Java

JFCB блок управления файлом задания

JIAWG Объединенная комплексная рабочая группа

jib 1. зажимное приспособление; прижимная планка; 2. серия затухающих волн; 3. зажимать; фиксировать

JIEO Объединенная организация по методам сетевого взаимодействия

JIG генератор дрожания

jiggle memory test сдвиговый тест памяти

jiggling сдвиг; смещение

JIM измерение дрожания

JISC Японский комитет отраслевых стандартов

JIT compiler динамичный компилятор; JIT-компилятор; компилятор, преобразующий псевдокод в машинные команды в процессе исполнения

jitter 1. «дрожание»; флуктуация; неустойчивая синхронизация; нарушение синхронизации из-за данных, поступающих через неравные промежутки; 2. небольшие искажения
сигнала; флуктуации; 3. разброс; 4. шум; случайные искажения

jitter distortion случайное искажение; искажение из-за наводок; дрожание

jittered sampling флуктуационная выборка

jitter generator генератор дрожания

jitter measurement измерение дрожания

jittery effect эффект дрожания

JK flip-flop JK-триггер

job задание

job accounting учет заданий

job accounting interface средство учета заданий

job accounting log журнал учета заданий

job accounting table таблица учета заданий

job action время задания

job batch пакет заданий

job class класс задания

job completion завершение задания

job control управление заданиями

job control byte байт управления заданием

job control language язык управления заданиями

job controller контроллер заданий

job control program программа управления заданиями

job control statement предложение языка управления заданиями

job control task задача управления заданиями

job data характеристика работы

job deck пакет заданий

job declaration описание задания

job definition описание задания

job dividing разделение задания

job entry ввод заданий

job entry central services система централизованного обслуживания прохождения заданий

job entry file входной файл заданий

job entry peripheral services система периферийного обслуживания прохождения заданий

job entry subsystem подсистема ввода заданий

job entry system система ввода заданий

job file файл заданий

job file control block блок управления файлом задания

job flow control управление последовательностью прохождения заданий

job handle описатель задания

job information sheet сведения о задании печати

job input stream входной поток (заданий)

job library библиотека задания

job management управление заданиями

job mix смесь заданий; смесь задач; рабочая нагрузка

job monitor монитор заданий; диспетчер

job monitoring диспетчеризация заданий

job name имя задания

job object объект задания

job-oriented terminal функционально-ориентированный терминал; специализированный терминал; проблемно-ориентированный терминал

job output device системный вывод

job output stream выходной поток (заданий)

job pack area область пополнения задания

job pipelining конвейеризация заданий; совмещение печати
документов с загрузкой файлов из сети

job posting объявление о поиске работы

job priority приоритет задания

job processing обработка задания; выполнение задания

job-processing control управление обработкой заданий

job queue очередь заданий

job scheduler планировщик заданий

job scheduling планирование заданий

job setup установка задания

job specification спецификация задания

job stacking формирование очереди заданий; формирование пакета заданий

JOB statement предложение JOB; оператор JOB

job step шаг задания

job step initiation инициирование шага задания

job step task задача шага задания

job stream поток заданий; входной поток (заданий)

job support task задача обслуживания заданий

job transfer and manipulation пересылка и обработка заданий

job transfer and manipulation utility служба передачи и манипулирования заданиями

jog покадровая протяжка ленты (в программах анимации)

join 1. сочленение; соединение; объединение; 2. операция
исключающее ИЛИ; 3. присоединять; объединять

join clause оператор соединения

joined cells объединенные ячейки

join endpoints соединить концевые точки

joining соединяющий; объединяющий

joining attribute соединяющий атрибут; атрибут соединения

joining nodes объединение узлов

joining solids соединение фигур; соединение трехмерных тел

joinnig partitions слияние разделов

join of relation соединение отношений

join properties параметры объединения

joint 1. соединение; сочленение; стык; 2. узел; звено; 3. точка соединения сегментов сплайновой кривой; 4. соединенный; объединенный; 5. соединять; сочленять

Joint Academic Network объединенная академическая сеть

joint application development совместная разработка приложений

joint-arm robot робот с шарнирной рукой

joint denial конъюнкция отрицаний

joint density плотность совместного распределения

joint distribution совместное распределение

joint editing механизм совместного изменения объектов на
экране

joint entropy общая энтропия

joint interpolation кусочная интерполяция

Joint Photographic Experts Group Объединенная экспертная группа по фотографии; JPEG

joint satisfiability совместная выполнимость

joint-stock акционерный

joint stock акционерный капитал

joint viewing механизм совместного представления объектов
на экране

Josephson junction переход Джозефсона

Josephson technology джозефсоновская технология

Joul Джоуль (единица измерения энергии)

journal 1. газета; 2. журнал; 3. журнальный файл; файл журнала

journal entry запись в журнале

journal file журнал; журнальный файл

journal file print job файл журнала задания печати

journal file system файловая система с журнализацией

journaling ведение журнала; протоколирование; регистрация

journaling file system файловая система с ведением журнала; файловая система с протоколированием

journalizing ведение журнала; журнализация; протоколирование; регистрация

journal tape контрольная лента

joystick 1. координатная ручка; управляющая рукоятка; рычажный указатель; джойстик; 2. регулятор положения луча (в ЭЛТ)

joystick level координатный рычаг

JPEG 1. Объединенная экспертная группа по фотографии; Рабочая группа по стандартам цифровых видео- и мультипликационных изображений; 2. алгоритм сжатия неподвижного изображения, разработанный JPEG; 3. стандарт JPEG; 4. формат файлов JPEG

JPEG-compliant согласованный со стандартом JPEG

JPEG compression сжатие JPEG

JPEG image изображение JPEG

JRE исполняющая система Java

JSA Японская ассоциация по стандартизации

JTAG Объединенная рабочая группа по автоматизации тестирования

JTC1 Совместный технический комитет 1

JTM пересылка и обработка заданий

JTM utility служба передачи и манипулирования данными

judgment оценка; суждение

jukebox накопитель с автоматической сменой носителей; автомат смены дисков

jukebox-type с автоматической сменой дисков; магазинного типа

jumbogroup супергруппа

jump 1. переход (в программе); команда перехода; 2. передача управления; 3. скачок; перепад; резкое изменение; 4. разрыв (функции); 5. передавать управление; 6. выполнять переход

jump address адрес перехода

jumper перемычка; соединительный провод; навесное межсоединение; переключатель

jumper setting установка переключателя

jump function скачкообразная функция

jump if below переход по <

jump if greater переход по >

jump if not above переход по условию «не больше»

jump if not equal переход по неравенству

jump if not less переход по условию «не меньше»

jump if not overflow переход по отсутствию переполнения

jump if not parity переход по нарушению четности

jump if not sign переход по неотрицательному результату

jump if parity odd переход по нечетности

jump if sign переход по знаку

jump instruction команда передачи управления; команда перехода

jump statement команда перехода; команда передачи управления

jump table таблица переходов

jump to subroutine instruction команда перехода к подпрограмме

junction 1. соединение; сочленение; 2. точка разветвления; узел (цепи); 3. спайка; стык; контакт; 4. переход; 5. пересечение; скрещивание

junction area область перехода

junction board коммутационная панель

junction box распределительный блок

junior programmer младший программист

junior scientist младший научный сотрудник

junk e-mail ненужные сообщения электронной почты (обычно рекламного характера); «мусор»

justification 1. согласование скорости передачи (в линии связи); 2. выключка (строк); выравнивание; 3. указание порядка старшинства битов; 4. обоснование

justification-based основанный на доказательстве

justification method метод выключки; метод выравнивания (строк)

justification style стиль выравнивания; тип выравнивания

justified выровненный

justified alignment выключка строк

justified clause оператор выравнивания

justified field entry запись, выровненная по формату поля

justified tape 1. полнокодовая лента (в полиграфии); 2. юстировочная лента

justify 1. выравнивание по ширине; 2. выравнивать; выключать строку; 3. обосновывать

justify inhibit запрещать выключку

justify toggle переключение режимов выключки; переход с одного типа выравнивания на другой

just-in-time compiler JIT-компилятор; динамичный компилятор

juxtapose 1. располагать рядом; выводить без перекрытия; помещать рядом; 2. соединять; сопоставлять

juxtaposition 1. размещение рядом; 2. соединение; сопоставление

JVM виртуальная Java-машина; виртуальная машина Java

– Kk –

Kalman filter фильтр Калмана
Kalman filtering калмановская фильтрация
kanji кана (японская азбука)
kanji letters символы японского алфавита
Karnaugh map карта Карно
KASC центр обеспечения доступа к базам знаний
katakana катакана (японская азбука)
Kb килобит; Кбит
KB 1. порт клавиатуры; 2. килобайт; Кбайт; 1024 байт; 3. база знаний
KBD клавиатура; клавиатурная панель
Kbit килобит; Кбит; 1024 бита
KBM управление базой знаний
KBMS система управления базой знаний
KBP клавиатурный процессор; процессор клавиатуры
Kbps килобит в секунду; Кбит/с
KBPS килобайт в секунду; Кбайт/с
KBS система баз знаний
Kbyte килобайт; Кбайт; 1024 байт
KC детский компьютер
K-curve кривая черного цвета (в графических пакетах)
KDR регистратор данных с клавиатурой
KEE среда представления и использования знаний
keep 1. держать; 2. удерживать; 3. хранить; сохранять; 4. соблюдать; 5. вести; поддерживать
«keep alive» message сообщение, подтверждающее активность
keep alive packet пакет «сохранить действующим»
keeper держатель
keep group together on one page неразрывное представление группы на одной странице
keeping сохранение; удержание
keep in mind помнить; учитывать; иметь в виду
keep section together on one page печать разделов на одной странице
keep the lid on information держать информацию в секрете
keep together не разрывать
keep track отслеживать; следить
kernel ядро (ОС)
kernel address space пространство адресов ядра
kernel debugger отладчик ядра
kernel description file файл описания ядра
kernel device driver драйвер устройства ядра (системы)
kernel execution level уровень ядра ОС
kernel language базовый язык; язык-ядро
kernel mode режим ядра; привилегированный режим
kernel-mode OS service сервис операционной системы, работающий в режиме ядра
kernel operation операция ядра

kernel stop error ошибка типа «останов ядра»
kerning кернинг; подбор межбуквенных просветов; изменение межзнакового интервала; установка межзнакового интервала
kerning pair пара кернинга; кернинг-пара
kerning palette таблица кернинга
kerning program программа уменьшения межбуквенного просвета; программа кернинга
kerning strength степень кернинга
kern table таблица гарнитур шрифтов
Kerr constant постоянная Керра
key 1. клавиша; 2. ключ; 3. кнопка; переключатель; 4. код; 5. легенда (пояснение в рисунке); экспликация; 6. знак совмещения (на шаблоне); 7. ключевой; 8. использовать условные обозначения; 9. приводить в соответствие; 10. переключать; коммутировать
key address основной адрес; ключевой адрес
key area область ключа
key assignment назначение клавиш
key assignment macro макрос назначения клавиш
key bar клавишное поле
key binding настройка функциональных клавиш; назначение функциональных клавиш; привязка клавиши; задание функции клавиши
key block ключевой блок
keyboard 1. клавиатура; клавишная панель; клавишный пульт; 2. коммутационная доска; 3. набирать на клавиатуре; вводить данные с клавиатуры
keyboard abbreviations оперативные клавиши; клавиши для быстрого вызова команды
keyboard actions манипуляции на клавиатуре; клавиатурные действия
keyboard buffer буфер клавиатуры
keyboard buffer head начало буфера клавиатуры
keyboard buffer tail конец буфера клавиатуры
keyboard character 1. символ, вводимый с клавиатуры; 2. символ, имеющийся на клавиатуре; клавиатурный символ
keyboard chat диалог (между пользователями) путем обмена сообщениями, набираемыми с клавиатуры
keyboard control управление от клавиатуры; клавишное управление
keyboard controlled управляемый с клавиатуры
keyboard customization настройка клавиатуры
keyboard data recorder регистратор данных с клавиатуры
keyboard debounce устранение «дребезга контактов» клавиатуры
keyboard decoding декодирование клавишного набора; декодирование данных с клавиатуры
keyboard display дисплей с клавиатурой

keyboard editing редактирование с клавиатуры; редактирование с помощью клавиатуры
keyboard enhancer макроусилитель клавиатуры
keyboard entry ввод с клавиатуры
keyboard equivalent клавиатурный эквивалент
keyboard event событие от клавиатуры
keyboard flag флаг специальных клавиш клавиатуры
keyboard focus фокус ввода с клавиатуры
keyboard format раскладка клавиатуры; компоновка клавиатуры
keyboard input 1. введенные с клавиатуры данные; 2. ввод с клавиатуры
keyboard input series последовательность, вводимая с клавиатуры
keyboard inquiry 1. запрос с клавиатуры; 2. опрос клавиатуры
keyboard layout раскладка клавиатуры; схема расположения клавиш
keyboard layout pattern раскладка клавиатуры; схема расположения клавиш клавиатуры
keyboard lock блокировка клавиатура
keyboard locking блокировка клавиатуры
keyboard lockout блокировка клавиатуры
keyboard macro клавиатурная макрокоманда
keyboard menu клавишное меню
keyboard message сообщение от клавиатуры
keyboard mode режим ввода с клавиатуры
keyboard monitor монитор клавиатуры
keyboard navigation перемещение с помощью клавиатуры
keyboard port порт клавиатуры
keyboard printer принтер с клавиатурой
keyboard processor клавиатурный процессор; процессор клавиатуры
keyboard redefinition переопределение действия клавиши
keyboard-select выбираемый с помощью клавиатуры
keyboard send/receive клавишный приемопередатчик
keyboard shortcut клавиатурное сокращение; краткое имя команды; клавиша быстрого вызова команды; комбинация клавиш для быстрого доступа к команде; «быстрая клавиша»
keyboard speed частота повторения (символа при продолжительном нажатии клавиши клавиатуры)
keyboard status состояние клавиатуры
keyboard time-out блокировка клавиатуры по времени
key button кнопка; кнопочный переключатель
keycap клавишный колпачок
keycard ключевая плата
key cell ключевая ячейка
key change 1. изменение по ключу; 2. изменение ключа
key click щелчок при нажатии клавиши
key combination комбинация клавиш
key compression сжатие ключа
key data ключевые данные
key decomposition декомпозиция по ключу
key diagram пояснительная диаграмма; функциональная схема; ориентировочная принципиальная схема
key disk основной диск
key distribution center центр распределения ключей
key-down клавиша нажата
key-driven 1. кнопочный; клавишный; с клавишным управлением; 2. приводимый в действие ключом
key duplication дублирование ключа
keyed access доступ по ключу; ключевой доступ
keyed file indexing ключевое индексирование файлов
keyed sequential access method последовательный метод доступа с ключами

key enslow 1. регенерация ключей; 2. ключ, доступ к которому доверяется третьему лицу
keyer 1. манипулятор; 2. коммутатор спецэффектов; 3. модулятор; 4. устройство обработки видеосигналов
key exchange mechanism механизм обмена ключами (в шифровании); метод обмена ключами
key field поле ключа; ключевое поле
key for partial totals клавиша промежуточной суммы
keyframe ключевой кадр; базовый кадр
keyframe animation анимация по ключевым кадрам
keyframe features средства определения базовых кадров; средства определения ключевых кадров (в программах анимации)
key function 1. ключевая функция; 2. назначение клавиши
key in 1. ввод с клавиатуры; 2. вводить с клавиатуры; набирать
keying 1. настройка по ключу; 2. закрепление; 3. работа на клавиатуре
keying error ошибка при нажатии клавиши; ошибка при вводе с клавиатуры
key item элемент-ключ (в БД)
key length длина ключа
keyline контур
keyline mode контурный режим; скелетный режим
key lock 1. блокировка клавиши; 2. закрепление функции клавиши
key lock switch ключ блокировки клавиш
key macrocommand ключевая макрокоманда
key macro instruction ключевая макрокоманда
key management управление ключами защиты
key menu меню ключей
key notarization нотаризация ключа; нотариальное засвидетельствование ключа
keynote 1. основной доклад; 2. лейтмотив; основная мысль; основной принцип
key off выключать
key on включать
key out выключать; исключать
keypad 1. дополнительная цифровая клавиатура; малая клавиатура; малая клавишная панель; вспомогательная клавиатура; блок дополнительных клавиш; 2. кнопочный номеронабиратель; 3. коммутационная панель
keypad formatter клавишные средства форматирования
keypad mode режим дополнительной клавиатуры
keypad overlay переопределяемые клавиши
key pattern комбинация клавиш
keyphrase ключевая фраза
keypress нажатие клавиши
keyPROM электрически программируемое ПЗУ с ключом защиты
key phone системный телефон
key protection защита по ключу
key recovery регенерация ключей (в системах защиты)
key retrieval поиск по ключу
key search поиск по ключу
key sequenced data set набора данных, упорядоченный по поступлению ключевой записи
key-set features функции, вызываемые с помощью кнопочного набора (на телефонном аппарате)
keysets клавиатура; ряды клавиш
keyshelf коммутационная панель
key sign ключевой признак
key sorting сортировка по ключу
keystone трапецеидальное искажение
keystroke нажатие (или отжатие) клавиши
keystroke counter счетчик нажатий клавиш

K

keystroke driven управляемый нажатием клавиши
keystroke file файл клавиатурных макрокоманд
keystroke memory буферная память клавиатуры
keystroke operation операция, инициируемая нажатием клавиши
keyswitch кнопочный переключатель; клавишный переключатель
key telephone system системный телефон
keytop поверхность клавиши
key-top marking символ на клавише; надпись на клавише
key-up клавиша отпущена
key variable ключевая переменная
keyword ключевое слово; зарезервированное слово; ключ; дескриптор
keyword-in-context index указатель ключевых слов
keyword index указатель ключевых слов
keyword macrodefinition ключевое макроопределение
keyword operand ключевой операнд
keyword parameter параметр ключевого слова; ключевой параметр
keywords analyzer анализатор ключевых слов
keywords assigning присваивание ключевых слов
keyword search поиск по ключевым словам
keyword table таблица ключевых слов
kg килограмм
Khornerstone тест общей производительности системы; программа оценки скорости доступа к жестким дискам, оперативной памяти и быстродействия процессора
KHz килогерц; кГц
kick выброс; всплеск
kickback выброс обратного напряжения
kicker 1. выталкиватель; 2. фраза перед заголовком
kid computer детский компьютер
kill 1. аннулирование; уничтожение; 2. ослаблять; подавлять; гасить (колебания); 3. отключать; снимать напряжение; 4. аннулировать; уничтожать; стирать
kill character 1. символ удаления части текста; символ стирания строки; 2. символ приостановки процесса обработки данных
killer 1. подавитель; гаситель; 2. ограничитель
killer query запрос, «подвешивающий» систему; запрос, вызывающий чрезмерно долгий или бесконечный поиск информации; запрос, приводящий к перегрузке системы
kill file файл отбора (в группах новостей)
killing defect катастрофический дефект
kill of process уничтожение процесса
kill signal сигнал уничтожения
kilobaud килобод
kilobit килобит; Кбит; 1024 бита
kilobit per second килобит в секунду
kilobod килобод
kilobyte килобайт; Кбайт; 1024 байта
kilobytes per second килобайт в секунду
kilocycle 1. килоцикл; 2. килогерц
kilohertz килогерц
kilopacket килопакет; 10^3 пакетов
kilostream service служба передачи данных по линии ISDN со скоростью 150 Кбит/с
kilowatt hour киловатт/час
kiloword килослово; 10^3 слов
kind род; вид; сорт
kinded logic логика сходства
kind of operation вид операции
kind of storage вид запоминания
kinematics кинематика
kinescope кинескоп

kink 1. петля; 2. изгиб; выступ; 3. излом; точка излома (на кривой); 4. участок нелинейности (характеристики); 5. перекручивание витков
kiosk информационный киоск; автономный центр интерактивной информации; автономная императивная система мультимедиа со свободным доступом
KIP обработка знаний
KIPS система обработки знаний
kiss светлый оттиск; очень слабый оттиск изображения
KISS-principle KISS-принцип; принцип KISS; принцип, запрещающий использование более сложных средств, чем необходимо
kit комплект; набор; конструктор
k/lock блокировка клавиатуры
kludge 1. плохо составленная программа; ляп в программе; 2. вариантная запись в контроле типов
KM управления базами знаний
KMON монитор клавиатуры (программа)
knife plug ножевой штепсель
knob 1. ручка; рукоятка; 2. кнопка; 3. ролик
knock out маскирование
knockout 1. окно-врезка; 2. «прозрачное окно»; удаление фонового цвета
knockout limit предел при маскировании
knot 1. узел; опорная точка в параметрическом пространстве; 2. соединять узлом
knowbot система глобального поиска в Web; «паук»; программа-робот
know-how опыт; ноу-хау; уровень знаний; сумма знаний
knowledge знания; сведения
knowledgeable assistance квалифицированная помощь
knowledgeable behavior поведение, сформированное на основе знаний
knowledge acquisition приобретение знаний; пополнение знаний; сбор знаний; извлечение знаний; построение базы знаний
Knowledge Availability System Centre центр обеспечения доступа к базам знаний
knowledge base база знаний
knowledge-based основанный на знаниях; использующий базу знаний; интеллектуальный
knowledge-based system система с базой знаний
knowledgebase management system система управления базами знаний
knowledge base management управление базой знаний
knowledge base management system система управления базой знаний
knowledgebase manager администратор базы знаний
knowledge base system система баз знаний
knowledge-bearing construct структура, ориентированная на представление знаний
knowledge compilation компиляция знаний
knowledge discovery обнаружение знаний
knowledge elicitation извлечение информации о знаниях
knowledge engineer инженер знаний
knowledge engineering разработка интеллектуального обеспечения; инженерия знаний
knowledge engineering environment среда представления и использования знаний
knowledge information информация типа знаний
knowledge information processing обработка знаний
knowledge information processing system система обработки знаний
knowledge manager распорядитель знаний (в экспертных системах)
knowledge map карта знаний (в системах управления базами знаний)

knowledge processing обработка знаний; работа со знаниями

knowledge representation представление знаний

knowledge representation language язык представления знаний

knowledge representation system система представления знаний

knowledge share system система совместного использования знаний

knowledge store хранилище знаний

knowledge system система знаний; система сбора, хранения и обработки знаний

known bug известная ошибка

known good «заведомо хороший»; заведомо исправный; гарантированно работоспособный

known-good board проверенная плата; контрольная плата; заведомо хорошая плата

known safe заведомо безопасный; гарантированно безопасный

Kodak Photo CD фото компакт-диск

KP порт клавиатуры

Kpps тыс пакетов в секунду

K&R C стандарт языка С, предложенный Керниганом и Ритчи

KSAM последовательный метод доступа с ключами

kurtosis эксцесс

kurtosis of a frequency curve эксцесс кривой плотности распределения

KWINDEX указатель ключевых слов

Kword Кслов; килослов

L2 второго уровня

LAA архитектура администрирования локальных сетей

Lab colors цвета в системе Lab

label 1. метка; 2. отметка; обозначение; 3. наклейка; ярлык; подпись; надпись; этикетка; 4. почтовая марка; 5. текстовая строка; текстовые данные; текстовое содержимое ячейки электронной таблицы; 6. помечать; маркировать; отмечать; обозначать; 7. этикетировать; прикреплять бирку; 8. метить

label align выравнивание подписи

label area область меток

label block 1. блок метки; блок, содержащий метку; 2. заголовок файла

label bracket меточная скобка

label checking проверка меток

label constant константа типа метки

label control элемент управления «надпись»

label cylinder цилиндр меток

label data данные типа метки

label definition определение меток

label designer конструктор этикеток; дизайнер этикеток

labeled block помеченный блок; блок с меткой

labeled button помеченная командная кнопка

labeled common block помеченный общий блок

labeled descriptor меченый дескриптор

labeled file помеченный файл; файл с метками

labeled graph помеченный граф

labeled key маркированная клавиша

labeled security protection меточная защита безопасности

labeled statement помечаемая команда; помеченный оператор

labeled type размеченная магнитная лента

label field поле метки

label identifier метка; идентификатор метки

label information информация о метках

label information area область информации о метках

label information cylinder цилиндр информации о метках; цилиндр меток

label information statement оператор информации о метках

labeling 1. маркирование; маркировка; нанесение маркировочных знаков; 2. запись меток; присваивание меток; присваивание обозначений

label integrity меточная целостность

label localization локализация меток

label name имя метки

label number номер метки

label parameter параметр метки

label processing обработка меток

label sector сектор меток; сектор маркеров

label stationery бумага для печати (самоклеющихся) этикеток

label type тип метки

label variable переменная типа метки; переменная типа «метка»

laboratory 1. лаборатория; 2. научно-исследовательское учреждение

labour 1. трудовой ресурс; 2. работа; усилие; 3. трудиться; работать; прилагать усилия

labware лабораторное оборудование

labyrinth 1. акустический лабиринт (в акустических системах); 2. лабиринт (в теории графов)

labyrinth seal лабиринтное уплотнение

lace 1. материал для сшивки; 2. пробивать отверстия

laced card карта с пробивными отверстиями

lack 1. отсутствие; недостаток; 2. нуждаться

ladder цепная схема; многозвенная схема

ladder diagram 1. многозвенная логическая схема; лестничная логическая схема; многоступенчатая схема; 2. принципиальная схема

ladder logic 1. многозвенная логическая схема; лестничная логическая схема; цепная логическая схема; 2. принципиальная схема; 3. многоступенчатая логика

ladder network 1. лестничная схема; многозвенная схема; цепочечная схема; 2. принципиальная схема

ladder-type filter многозвенный фильтр

LADT передача данных в локальной сети

lag 1. запаздывание; задержка; 2. интервал; 3. запаздывать; отставать

lag angle угол запаздывания

lag compensation коррекция на отставание по фазе

lagging 1. запаздывание; задержка; отставание; 2. сдвиг фаз; 3. теплоизоляция

lagging load индуктивная нагрузка

lag-lead circuit стабилизирующая схема

Lagrangian interpolation coefficient интерполяционный коэффициент Лагранжа

lag relay реле выдержки времени

lag theorem теорема запаздывания

lag time запаздывание по времени; время задержки; время запаздывания

LALR язык проектирования моделей

lambda-calculus лямбда-исчисление

lambda-conversion лямбда-преобразование

lament утверждение

laminate 1. расслаиваться; разъединять на слои; 2. припрессовывать пленку к оттиску

laminated многослойный; слоистый

laminate proof цветопроба; пробный оттиск

lamination 1. слоистая структура; 2. расслоение

lamp 1. лампа; индикаторная лампа; индикатор; 2. освещать лампой

lamp holder патрон лампы

lamp lock блокировка лампы; блокировка режима индикации

LAN локальная вычислительная сеть; ЛВС

LAN access unit блок доступа к локальной сети; устройство доступа к локальной сети

LAN adapter адаптер локальной сети

LAN Administration Architecture архитектура администрирования локальных сетей

LAN Association Ассоциация локальных сетей

LAN backbone network магистральная локальная сеть

LAN-based на базе локальной сети

LAN board сетевая плата; плата локальной сети

LAN broadcast широковещательная передача по локальной сети

LAN broadcast address широковещательный адрес локальной сети

LAN channel канал локальной сети; широкополосный канал локальной сети

land контактный участок; контактная площадка

LAND каталог локальной сети

land area контактная площадка

landing zone зона парковки

landline наземная линия связи

landline facilities континентальные средства связи

LAN driver сетевой драйвер; драйвер локальной сети

landscape 1. альбомная ориентация листа; горизонтальная печать на отдельных страницах; 2. ландшафтный; горизонтальный; альбомный

landscape display дисплей с вытянутым по горизонтали изображением; ландшафтный дисплей

landscape mode альбомный режим; ландшафтный режим; режим горизонтальной печати

landscape orientation альбомная ориентация; горизонтальная ориентация

landscape paper orientation альбомная ориентация бумаги

LANE эмуляция локальных сетей

LAN emulation эмуляция локальной сети

LAN emulation client клиент эмуляции локальной сети

LAN emulation client identifier идентификатор клиента эмуляции локальной сети

LAN Emulation Configuration Service служба конфигурации эмуляции локальной сети

LAN Emulation Network to Network Interface межсетевой интерфейс эмуляции локальных сетей; интерфейс LENNI

LAN emulation server сервер эмуляции локальных сетей

LAN group address групповой адрес локальной сети

language 1. язык; 2. языковый

language algebra алгебра языков

language barrier языковый барьер

language binding привязка к языку

language construct языковая конструкция; конструкция языка

language context ID идентификатор контекста языка

language converter преобразователь формы записи; языковый конвертор

language data языковые данные

language data processing обработка лингвистической информации

language debugging aids языковые средства отладки

language extensibility расширяемость языка

language extension расширение языка

language formalization формализация языка

language hierarchy иерархия языков

language implementation реализация языка программирования

language-independent независимый от языка

language interpretation интерпретация языка

language interpreter языковый интерпретатор

language model модель языка

language name имя языка

language-neutral независимый от языка

language processor процессор языка; транслятор; интерпретатор

language selectivity избирательность языка

language set подмножество языка

language settings tools средства установки поддержки национальных языков

language-specific ориентированный на конкретный язык; отражающий специфику языка

language specification спецификация языка

language structure структура языка

language subset подмножество языка

language support языковая поддержка

language translation перевод с одного языка на другой

language translator транслятор с языка; языковый транслятор

LAN individual address индивидуальный адрес локальной сети

LAN Management Protocol протокол управления локальной сетью; протокол LMP

LAN monitoring мониторинг ЛВС

LAN multicast многопунктовая передача по локальной сети; многоадресная рассылка

LAN network manager программа управления локальной сетью

LAN outer network внешняя сеть; сеть, внешняя по отношению к данной локальной сети

LAN performance analyzer анализатор производительности локальной сети; анализатор пропускной способности локальной сети

LANRES программные средства расширения и обслуживания ресурсов локальной сети

LAN Resource Extension and Services программные средства расширения и обслуживания ресурсов локальной сети

LAN security architecture архитектура безопасности локальной сети

LAN segmentation сегментация локальной сети

LAN software link локальная сеть на основе RS-232

LAN switching коммутация локальных сетей

LAN technologies технологии локальных сетей

LAP 1. процедура доступа к каналу; 2. протокол доступа к каналу

LAP-B сбалансированный протокол доступа к линии связи; процедура сбалансированного доступа к каналу

LAP-D протокол доступа к звену связи; протокол доступа к D-каналу; процедура передачи кадров по нескольким логическим каналам через D-канал ISDN

lap-dissolve 1. рассеивание; 2. наплыв; 3. микширование наплывом; перекрытие наплывом

lapel microphone петличный микрофон

Laplace criterion критерий Лапласа

Laplace's equation уравнение Лапласа

Laplacian of Gaussian операция Лапласа над гауссианом; вычисление лапласиана над гауссианом

LAP-M протокол связи для модемов; протокол доступа к каналу связи для модемов

lap register приводка с перекрытием (в издательских системах); приводка, формируемая наложением узкой полоски второй краски на первую

lapse 1. несерьезная ошибка; 2. опечатка

laptop ПК-блокнот; компактный портативный компьютер; носимый компьютер; портативная ЭВМ; дорожная ЭВМ; носимый компактный персональный компьютер

laptop computer ПК-блокнот; компактный портативный компьютер; компактный компьютер; носимый компьютер; портативная ЭВМ; дорожная ЭВМ; носимый компактный персональный компьютер

large большой; крупный

large account крупный заказчик; система с большим числом пользователей

large bulk of data большой объем данных; большое количество данных

large buttons крупные кнопки

large-capacity disk store дисковая память большой емкости

large capacity memory память большой емкости

large capacity storage память большой емкости; запоминающее устройство большой емкости

large capacity store printer принтер с запоминающим устройством большой емкости

large color swatch крупная линейка цветов (в графических пакетах)

large computer большая вычислительная машина; большая ЭВМ; мэйнфрейм

large executables большие выполняемые файлы

large fixed disk большой несменяемый магнитный диск

large-format крупноформатный

large-grain крупномодульный

large hard disk жесткий диск большой емкости

large icons крупные значки

large internet packet mode протокол Large Internet Packet; режим больших межсетевых пакетов

large internet packets большие межсетевые пакеты; большие пакеты межсетевого обмена; средство LIP

large memory память большой емкости

large model большая модель памяти

large-powered computer высокопроизводительная ЭВМ; мощный компьютер

large-scale 1. крупномасштабный; большой; крупный; 2. универсальный; широких возможностей; высокой степени

large-scale computer большая ЭВМ

large-scale decomposition декомпозиция больших систем

large-scale development project крупномасштабная разработка

large-scale integration 1. интеграция высокого уровня; высокая степень интеграции; 2. с высоким уровнем интеграции

large scale integration level высокий уровень интеграции

large scale intergated circuit большая интегральная схема

large-scale network крупномасштабная сеть

large-scale scanner крупноформатный сканер

large-screen monitor монитор с большим экраном

large-size computer большая вычислительная машина

LARL grammar контекстно-свободная грамматика LARL; грамматика с упреждающим просмотром левых-правых частей продукций или порождающих правил

lase генерировать когерентное оптическое излучение; генерировать лазерный луч

laser лазер; оптический квантовый генератор

laser ablation лазерное выжигание (способ изготовления печатных форм)

laser beam лазерный луч

laser beam recorder лазерный самописец; устройство лазерной записи

laser beam recording лазерная запись; запись лазерным лучом

laser bonding сварка лазерным лучом

laser card лазерная плата

laser diode лазерный диод

laser disk лазерный диск

laser disk ROM ПЗУ на лазерных дисках

laser initiation инициирование лазера

laser photo plotter лазерный фотографопостроитель

laser plotter лазерный графопостроитель

laser pointer лазерная указка

laser printer лазерный принтер

laser proof пробный оттиск, полученный на лазерном принтере

laser-quality соответствующий качеству (печати) лазерного принтера

laser-read с лазерным считыванием

laser spot лазерное пятно

laser storage лазерная память

laser vision read only memory неперезаписываемый лазерный диск; LV-ROM

laser vision ROM аналого-цифровой формат лазерных дисков; LV-ROM

laser vision system лазерная система видеозаписи-воспроизведения

lash 1. связывать; привязывать; крепить; 2. зазор

lasing генерация лазера; генерация когерентного оптического излучения

lasso mask tool инструмент «выделение лассо»; инструмент «лассо»

last accessed data дата последнего обращения

last backup последнее дублирование; последнее архивирование

last but one предпоследний

last element конечный элемент; последний элемент

last in, first out алгоритм «последним пришел, первым обслужен»; «последним пришел, первым вышел»; в магазинном порядке

last in — last out «последним пришел — последним обслужен»

last intruder address адрес последнего нарушителя

last login time время последней регистрации

last-minute changes and additions последние изменения и добавления

last modified data дата последнего изменения

last name field поле фамилии

last position последняя позиция

last recently used «наиболее давно использовавшийся»

last record последняя запись

last record indicator индикатор последней записи; указатель последней записи

last saved time дата сохранения

LAT протокол доступа к терминалу; транспортный протокол для терминального сервера; передача в локальной сети; протокол LAT

LATA область локального доступа и передачи

latch 1. фиксатор; зажимной патрон; 2. затвор; задвижка; собачка; 3. регистр-фиксатор; триггер-фиксатор; 4. крышка-защелка; 5. фиксировать; зажимать; 6. закрывать; запирать; защелкивать

latch circuit схема-защелка

latched фиксируемый; снабженный защелкой

latch lever рычажок щеколды

latch register регистр-фиксатор

latchup фиксация; защелкивание

late поздний; недавний; последний

late binding динамическое связывание; позднее связывание
late collision поздний конфликт
late finish поздний срок окончания работы; позднее завершение
latency 1. время запаздывания; задержка; время ожидания; 2. скрытое состояние;
latency time 1. время ожидания; 2. латентностьзадержка вращения (диска)
latent латентный; скрытый
latent failure неявный отказ; скрытый отказ
latent fault скрытая неисправность; скрытый дефект
latent image скрытое изображение
latent period время ожидания
latent variable скрытая переменная; ненаблюдаемая переменная
latent vector собственный вектор
lateral recording поперечная запись
late start позднее начало
latest entry последнее вхождение
latest improvements последние усовершенствования
late warning позднее оповещение
lathe axis ось обточки
lathe object обточенный объект; «точеный» объект; фигура вращения (в графических пакетах)
lathing построение фигуры вращения; поворот главного сечения вокруг оси; обточка
lathing with a circular path обточка с помощью круговой траектории развертки (в графике)
latitude географическая широта
lattice 1. решетка; сетка; 2. структура (информации)
lattice array решетчатая матрица
lattice calculation расчет решетки
lattice covering решетчатое покрытие
lattice point узел решетки
lattice damage дефект кристаллической решетки
lattice network мостовая схема; мостик
LAU блок доступа к локальной сети; устройство доступа к локальной сети
launch 1. запускать (приложение); 2. возбуждать
launch accelerator ускоритель запуска (приложений)
launch pad панель запуска
launch power выходная мощность
launch the lookup wizard запуск построителя подстановок; запуск мастера подстановок (в Access)
law 1. закон; правило; принцип; 2. формула; 3. теорема
law-inquiry computer system справочная правовая система
law of contraposition закон контрапозиции
law of cosines теорема косинусов
law of development закон развертывания
law of diminishing returns закон убывающей доходности
law of excluded middle закон исключенного среднего
law of identity закон тождества
law of large numbers закон больших чисел
law of requisite variety закон необходимого разнообразия
law of simple proportion закон кратных отношений
law of sines теорема синусов
law of small numbers теорема Пуассона
law of the De Morgan закон де Моргана
law of tripple negation закон тройного отрицания
lay 1. расположение; размещение; 2. располагать; размещать; 3. прокладывать; 4. излагать; формулировать
layer слой; уровень иерархической структуры
layer architecture многослойная архитектура; многоуровневая архитектура
layered 1. разделенный на слои; многослойный; 2. разделенный на уровни; многоуровневый

layered approach многоуровневый подход
layered architecture многоуровневая архитектура
layered document многоуровневый документ
layered EEC многоуровневый код коррекции ошибки
layered matrix многослойная матрица
layer entity объект уровня
layer function функция уровня
layering 1. разбиение на слои; расположение слоями; наслоение; наслаивание; наложение; многоуровневое расположение графических объектов; соединение слоев изображений; 2. изменение Z-порядка (графических объектов); 3. иерархическое представление
layer 3 internetworking межсетевое взаимодействие на третьем уровне
layer management управление уровнем
layer management entity объект управления уровнем
layer management interface интерфейс управления уровнем
layer manager диспетчер слоев (в графике)
layer mask слой маска
layer name название слоя
layer protocol протокол уровня
layer service служба уровня; услуга уровня
layer 3 switching коммутация уровня 3
lay-flat binding брошюрование, дающее хорошую раскрываемость книги
layman непрофессионал; неспециалист
layout 1. расположение; размещение; разбивка; разметка; диспозиция; планировка; компоновка; раскладка; формирование топологии; 2. схема; схема размещения; макет; план; чертеж; 3. оригинал-макет; верстка; 4. формат; 5. оборудование; набор инструментов

layout algorithm алгоритм компоновки
layout analysis анализ топологии
layout character 1. символ управления положением каретки и бумаги; 2. управляющий символ размещения; символ управления форматом
layout chart 1. схема расположения; 2. топологическая схема; 3. монтажная схема
layout compaction algorithm алгоритм уплотнения топологической схемы
layout compilation топологическая компиляция
layout-compilation engine процессор топологической компиляции
layout compiler компилятор топологических описаний; топологический компилятор
layout design проектирование топологии; проектирование схемы; проектирование размещения
layout drawing 1. компоновочный чертеж; 2. макетный чертеж; 3. генеральный план
layout editor редактор топологии микросхем
layout entry ввод топологической информации
layout for print формат для печати
layout items расположение элементов макета
layout lines разметочные линии; линии разметки
layout menu меню разметки
layout metrics пропорции; характеристики схемы расположения
layout original оригинал макет
layout program программа компоновки страниц
layout rules топологические проектные нормы
layout sheet лист с разметкой
layout software программы верстки
layout style типы макета; раскладка страниц; стиль макета
Layton diagram диаграмма Лейтона
lazy evaluations «ленивые» вычисления (при использовании функциональных языков программирования)

lazy writing «ленивая» запись; отложенная запись

LB буфер линии связи

LBA 1. логическая адресация блоков; 2. автомат с линейно ограниченной памятью

LBN номер логического блока

LBR 1. лазерная запись; запись лазерным лучом; 2. лазерный самописец; 3. низкая скорость передачи пакетов; низкая скорость передачи двоичных разрядов (формат)

lbs фунты (1 фунт = 453,59 г)

LBX X-протокол с низкой полосой пропускания

LC логический канал

L1 cache кэш первого уровня

L2 cache кэш-память второго уровня; кэш второго уровня

L3 cache кэш третьего уровня

LCAP локальная операторская панель доступа

LCB блок управления каналом

LCD 1. наименьшее общее кратное; 2. жидкокристаллический индикатор; жидкокристаллический дисплей

LCD display жидкокристаллический дисплей; ЖК-дисплей

LCD panel ЖК-панель

LCD projector ЖК-проектор; проектор со встроенной ЖК-панелью

LCD TV телевизор с экраном на жидких кристаллах

LCFS «наименее завершенный обслуживается первым»

LCM наименьшее общее кратное

LCN 1. номер логического канала; код логического канала; 2. слабо связанная сеть; сеть со слабой связью; сеть с гибкой связью

LCOT card плата линии связи городской АТС

LCR маршрутизация по критерию наименьшей стоимости

LCS printer принтер с запоминающим устройством большой емкости

LCSS средства защиты оборудования от бросков электропитания

LCT 1. таблица управления строками; 2. тест на сертификацию канала связи

LD 1. лазерный диод; 2. лазерный диск

LDAP облегченный протокол доступа к сетевому каталогу

LDDI локальный распределенный интерфейс передачи данных; локальный распределенный интерфейс для сетей передачи данных

LDN локальная распределенная сеть

LDP обработка лингвистической информации

LD-ROM запоминающее устройство на лазерных дисках; ПЗУ на лазерных дисках

LDT таблица локальных дескрипторов

LDTR регистр таблицы локальных дескрипторов

LDU decomposition LDU-разложение

lead 1. опережение; упреждение; 2. опережение по фазе; 3. проводник; провод; «концы»; соединительные провода; 4. ввод; вывод; контакт; 5. направляющие рамки; 6. междустрочный пробел; интерлиньяж; 7. упреждение; опережение; 8. вести; проводить; 9. опережать; упреждать; 10. вводить; выводить

lead architect ведущий архитектор

lead compensation коррекция на опережение по фазе

leaded carrier кристаллодержатель с выводами

leader 1. заголовок; 2. пунктир; пунктирная линия; 3. начальные данные; данные в начале массива; начало массива; 4. начальный участок ленты; заправляемый конец ленты; 5. указывающая линия; линия со стрелкой; выноска (на чертеже); линия-указатель; 6. руководитель; лидер

leader char символ-заполнитель

leadered tabs табуляция с заполнителем

leaders отточия

leader tab признак табуляции с видимыми символами

leader tabs табуляция с заполнителем

leader tape начальный конец ленты

lead hole монтажное отверстие; установочное отверстие

lead-in 1. начальный текст абзаца; 2. вводной провод; ввод

lead-in area начальная дорожка

lead-in code символ, начинающий команду

leading 1. интерлиньяж; просвет (перед строкой или линией); 2. высота строки (текста); 3. вставка наборных линеек; программирование интерлиньяжа; 4. ведущий; старший; 5. передовой; лидирующий

leading address 1. начальный адрес; 2. первый адрес

leading blanks начальные пробелы

leading decision опережающее решение

leading digit первая цифра

leading edge 1. передний фронт; 2. ведущая кромка

leading-edge technology передовая технология; новейшая технология

leading effect эффект упреждения; эффект опережения

leading end ведущий конец

leading-in заправка

leading load емкостная нагрузка; нагрузка с опережающим по фазе током

leading value значение межстрочного интервала

leading zero начальный нуль; ведущий нуль; нулевой старший разряд числа; нуль в старших разрядах

lead-in line ввод; шина ввода

lead-in Q-channel frame начальный кадр Q-кода

lead/lag опережение/задержка; перекрытие/разрыв по времени (между двумя зависимыми работами)

lead/lag time опережение/задержка; перекрытие/разрыв по времени (между двумя зависимыми работами)

leadness безвыводной

lead-off cycle первый цикл; стартовый цикл

lead-out 1. выводной провод; вывод; 2. вгонка (в издательских системах)

lead-out area конечная зона

lead process ведущий процесс

lead resource головной ресурс

lead terminal 1. зажим; клемма; 2. ввод; вывод; вход; выход

leaf cell 1. створчатая ячейка; 2. базовая ячейка; 3. листовой элемент (дерева)

leaf node лист дерева; конечная вершина дерева; концевой узел; висячий узел

leaf object оконечный объект

League for Programming Freedom Лига борьбы за свободу программирования

leakage 1. утечка; 2. потери; 3. рассеяние (потока)

leakage current ток утечки

leakage factor 1. коэффициент фильтрации; 2. коэффициент потерь на фильтрацию; 3. коэффициент рассеяния

leakage test 1. испытания на герметичность; 2. контроль изоляции

leaner characters отточия; штриховая линия

leap 1. скачок; 2. прыгать; перепрыгивать;

leapfrog test тест-программа «прыгающая лягушка»; тест «чехарда»

leapfrog test program программа «прыгающего» тестирования

leap year високосный год

learn addresses table таблица пополняемых адресов

learner user пользователь-ученик в обучающей системе

learning обучение

learning algorithm алгоритм обучения

learning bridge обучающийся мост; адаптивный мост

learning by association обучение по ассоциации

learning by doing обучение на собственном опыте
learning by example обучение на примерах
learning by experience обучение опытом
learning by insight обучение, основанное на понимании
learning capability способность к обучению; обучаемость
learning curve кривая обучения; эффект обучения; скорость обучения
learning from mistakes обучение на ошибках
learning game обучающая игра
learning machine обучающаяся машина
learning program 1. обучающая программа; 2. самообучающаяся программа
learning vector quantization квантизация векторов при обучении
learn mode режим обучения
lease давать во временное пользование; сдавать в аренду
leased выделенный; арендованный
leased channel арендуемый канал; арендованный канал; выделенный канал
leased circuit выделенный канал; арендованный канал; арендуемый канал
leased facility арендуемое оборудование
leased line арендованная линия; арендуемая линия; выделенная линия; выделенный канал
leased-line connection соединение по выделенной линии
lease time время аренды; срок аренды
least common denominator наименьший общий делитель
least common multiple наименьшее общее кратное
least completed first served «наименее завершенный обслуживается первым»
least-cost routing маршрутизация по критерию наименьшей стоимости; выбор наиболее дешевого маршрута соединения
least frequently used наименее часто используемый; с наименьшей частотой использования
least frequently used algorithm алгоритм удаления наименее часто используемых элементов; алгоритм замещения наименее активной страницы; алгоритм замещения наименее часто используемой страницы
least frequently used memory память с замещением наименее часто используемой страницы
least frequently used removal удаление редко используемых; выталкивание по наименьшей частоте использования
least privilege минимум полномочий
least recently used «наиболее давно использовавшийся»
least recently used algorithm алгоритм замещения наиболее давней по использованию страницы; алгоритм удаления наиболее давно использованных элементов
least recently used memory память с замещением страницы с наиболее давним использованием
least recently used removal удаление давно использованных; выталкивание по давности использования
least significant bit младший двоичный разряд; наименьший значащий бит; младший бит
least significant character наименьший значимый знак; младший знак
least significant digit младшая десятичная цифра; наименьшая значащая цифра; младший разряд
least-square estimation оценка по методу наименьших квадратов
least squares approximation аппроксимация по методу наименьших квадратов
least squares fitting подбор кривой методом наименьших квадратов
least-squeres method метод наименьших квадратов
leave 1. оставлять; выходить; 2. разрешение; позволение

leave out опустить; не указывать
LEC 1. клиент эмуляции локальной сети; 2. местная телекоммуникационная компания; местная телефонная компания; владелец местной телефонной сети; местная телефонная сеть
LEC-ID идентификатор клиента эмуляции локальной сети
LECS 1. сервер конфигурации эмулированной локальной сети; 2. служба конфигурации эмуляции локальной сети
LED светодиод
LED display светодиодный индикатор
ledger программа финансового учета
ledger paper формат бумаги «гроссбух»; формат 279 x 432 мм
LED indicator светодиодный индикатор
LED matrix светодиодная матрица
LED printer светодиодный принтер
LED sensor светодиодный датчик
Lee distance расстояние Ли
Lee-expansion algorithm алгоритм распространения Ли
Lee-type algorithm алгоритм типа Ли
left address левый адрес
left aligned выровненный по левому краю; выровненный слева; выровненный по левым разрядам
left alignment выравнивание по левому краю
left angle знак «меньше»; символ <
left arrow стрелка влево
left associative operator операция с ассоциативностью слева
left bracket знак <
left-click щелкнуть левой кнопкой мыши
left digit левый разряд; высший разряд
left-edge method метод левого края
left-facing page левая страница разворота
left-hand adder сумматор левого разряда
left-hand derivative производная слева
left-hand justification выравнивание по левому знаку; выравнивание по первому разряду
left indent отступ слева; левосторонний отступ
left justification выравнивание по первому знаку
left-justified выровненный по левому краю; выровненный по левому полю
left justify 1. выравнивание влево; 2. выравнивать влево
left-linear grammar леволинейная грамматика
left margin левый край; левое поле
leftmost крайний слева; крайний левый
leftmost bit самый левый разряд
leftmost character левый крайний символ
leftmost position крайняя левая позиция
left parenthesis открывающая скобка; левая скобка
left parsable grammar левоконтекстная грамматика; левоанализируемая грамматика
left-path precedence левосторонний приоритет
left-recursive grammar леворекурсивная грамматика
left-shift operator операция сдвига влево; знак операции сдвига влево
left-to-right precedence левостороннее предшествование
leg 1. отрезок кривой; 2. ветвь (программы); ответвление; 3. фаза; плечо; 4. участок; 5. отводок кабеля
legacy унаследованный; существующий; действующий; традиционный
legacy application унаследованное приложение
legacy device обычное устройство; унаследованное устройство
legacy system старая система; унаследованная система
legal 1. формат бумаги «стандарт»; формат 216 x 355 мм; 2. достоверный; допустимый; 3. законный; разрешенный; 4. юридический

295

legal agreement юридическое соглашение
legal application приложение по законодательству
legal lifetime установленный срок службы
legal-move generator генератор разрешенных ходов
legal restrictions юридические ограничения
legal software юридическое программное обеспечение
legal tender законное платежное средство
legend легенда; пояснительная надпись на диаграмме; пояснение; комментарий к графику
leg equivalent эквивалентная схема участка цепи
legibility удобочитаемость; разборчивость
legitimate оправданный; обоснованный; законный
legitimate user законный пользователь
leg test тестирование ветвей
LEL компоновка и запуск на редактирование
Lempel-Zev compression уплотнение (файла) по методу Лемпела-Зива; сжатие путем компактного двоичного кодирования одинаковых символьных последовательностей
lend давать во временное пользование
length 1. длина; расстояние; 2. протяженность; 3. участок; отрезок; кусок; 4. размерность; 5. длительность; продолжительность
length byte байт, содержащий длину строки; байт длины
lengthener 1. удлинитель; 2. расширитель
length-increasing grammar грамматика, увеличивающая длину
length indicator указатель длины
length-limited с ограниченным расстоянием (между переходами намагниченности)
length/longitudinal-redundance check контроль с продольным избыточным кодом; алгоритм LLRC
length modifier модификатор длины
length specification спецификация длины
lenient evaluation опережающее вычисление
LENNI межсетевой интерфейс эмуляции локальных сетей
lens линза; объектив
lens aperture светосила объектива
lens distortion дисторсия объектива
lens flare filter фильтр «блик объектива»; фильтр эффекта «блик на линзах»; фильтр изображения, создающий эффект блика от линзы
LEOS низкоорбитальный спутник
LER коэффициент ошибок в каналах связи
LES сервер эмуляции локальной сети
less меньше
lesson урок
less-then-equal-to operator операция «меньше или равно»; знак операции «меньше или равно»
let-in heading форточка; рубрика, не прерывающая текст и расположенная у оборки первого абзаца
letter 1. элемент алфавита; буква; символ; знак; литера; 2. письмо; 3. формат бумаги «письмо»; формат 216×279 мм
letter chain 1. последовательность букв; 2. цепочка логических схем
letter code буквенный код
letter distribution распределение символов
letter-equivalent languages посимвольно-эквивалентные языки
lettering 1. надпись; буквенное обозначение; 2. шрифт для надписей; 3. присваивание буквенных обозначений; 4. занесение букв
lettering template шрифтовой трафарет
letter pattern графический шаблон символа
letterpress 1. высокая печать; 2. машина высокой печати
letterpress machine машина высокой печати
letterpress printing высокая печать

letter quality режим высококачественной печати; типографское качество
letter-quality printer принтер с машинописным качеством печати; высококачественное печатающее устройство
letter-quality printing печать машинописного качества
letterspacing 1. набор вразрядку; 2. межбуквенный пробел
letters shift переключение на регистр букв
level 1. уровень; 2. ранг; 3. установка (параметра); 4. значение (параметра); 5. степень (итерации); 6. горизонтальная поверхность; горизонтальная линия; 7. устанавливать уровень; регулировать уровень; 8. достигать уровня
level amplifier усилитель уровня напряжения
level 2 cache кэш второго уровня; внешний кэш; L2-кэш
level counter register регистр счетчика уровней
level equalization filter фильтр «эквалайзер»
level indicator индикатор уровня
leveling выравнивание
leveling delay задержка выравнивания
levelizing ранжирование по уровням
levelling 1. установление уровня; регулировка уровня; 2. установка по уровню; 3. выравнивание; 4. сглаживание
level logic уровневые логические схемы
level N категории N
level number номер уровня
level of abstraction уровень абстракции
level of aggregation степень агрегирования
level of confidence уровень доверия; степень уверенности
level of mapping уровень отображения (БД)
level of programming уровень программирования
level of recursion уровень рекурсии
level of testing matrix таблица уровней испытаний
level parameter address адрес параметр уровня
Level 1 PostScript PostScript версии 1
Level 2 PostScript PostScript версии 2
level resetting element элемент восстановления уровня
level sensitive 1. со срабатыванием по уровню (сигнала); чувствительный к уровню; 2. уровневый
level-sensitive scan design метод сканирующего пути; метод сдвиговых регистров
levels of undo уровни отмены; максимальное число отменяемых операций
level-triggered interrupt прерывание по уровню; прерывание от уровня с запоминанием
level zero indicator индикатор нулевого уровня
leverage 1. средство; 2. трансляционное отношение; 3. использовать на новом уровне; по-новому применять; выгодно использовать
lexeme лексема
lexer лексический анализатор
lexical ambiguity лексическая неоднозначность
lexical analysis лексический анализ
lexical analyzer лексический анализатор; блок лексического анализа; программа лексического анализа; лексический блок
lexical analyzer generator лексический генератор-анализатор
lexical check лексический контроль
lexical convolution лексическая свертка
lexical data лексические данные
lexical element лексический элемент
lexical entry лексическая статья
lexical function лексическая функция
lexical scan лексический анализ
lexical unit лексическая единица
lexicographical label лексикографическая метка
lexicographic order лексикографический порядок

lexicographic sort лексикографическая сортировка
lexicon словарь; лексикон
L2F пересылка данных на втором уровне модели OSI
LF 1. низкие частоты; 2. перевод строки
LFD большой несменяемый магнитный диск
LFN длинные имена файлов
LFU наименее часто используемый; с наименьшей частотой использования; удаление редко используемых
LFU algorithm алгоритм удаления наименее часто используемых элементов
LFU memory память с замещением наименее часто используемой страницы
LH file линейно-хешированный файл
Li Лисп-интерпретатор
liabilities пассивы
liability 1. ответственность; обязательство; 2. задолженность
liaison 1. транспортное соединение; 2. связь взаимодействия; взаимосвязь; соединение
lib библиотека
liberated line высвободившаяся линия связи
librarian библиотекарь
libraries of character-pattern objects библиотеки объектов шаблонов символов
library библиотека
library access библиотечный доступ; обращение к библиотеке
library allocator распределитель с обращением к библиотеке
library cache библиотечный кэш
library call вызов библиотеки; вызов библиотечной подпрограммы; обращение к библиотеке
library catenation сцепление библиотек
library cell стандартная ячейка; стандартный элемент
library collection библиотечные фонды
library compression сжатие библиотеки
library contents оглавление библиотеки
library contents block блок оглавления библиотеки
library element библиотечный элемент
library facilities средства работы с библиотеками; библиотечные средства
library file библиотечный файл
library file editor редактор библиотечных файлов
library function библиотечная функция
library item библиотечный элемент
library macrocommand библиотечная макрокоманда
library macro definition библиотечное макроопределение; описание библиотечной макрокоманды
library macro instruction библиотечная макрокоманда
library management system система управления библиотекой
library network сеть библиотек
library organization библиотечная организация
library problem библиотечная задача
library program библиотечная программа
library reference 1. библиотечная ссылка; 2. справочное руководство по библиотеке
library reference system система библиотечных ссылок
library reorganization реорганизация библиотеки
library routine библиотечная программа
library search библиотечный поиск
library server библиотечный сервер
library subprogram библиотечная подпрограмма
library tape библиотечная лента
library track библиотечная дорожка
library unit библиотечный модуль
LIC лицензионный внутренний код
LI capability возможность установки плат без отключения питания

licence лицензия; лицензионное соглашение
licence agreement лицензионное соглашение; лицензия
licence certificate object объект «лицензионный сертификат»
licence fee лицензионный платеж; плата за лицензию; плата за разрешение; лицензионные отчисления
licence program лицензионная программа
licence provision условия лицензионного договора
licence server сервер контроля лицензий
Licence Server Application Programming Interface интерфейс прикладного программирования для сервера контроля лицензий
licence service служба лицензирования
Licence Service Application Programming Interface интерфейс прикладного программирования службы лицензирования
license 1. лицензия; 2. лицензионный
license agreement лицензионное соглашение
licensed connections лицензионные соединения
licensed frequencies лицензируемые частоты; частоты, применение которых требует получения лицензии
licensed internal code лицензионный внутренний код
licensed program product лицензионный программный продукт
licensee сторона, имеющая разрешение (патент)
licenser организация, выдающая разрешение (патент); сторона, выдающая разрешение
licensing лицензирование
licensing agreement лицензионное соглашение
licensing management управление лицензированием
licensing programme программа лицензирования
licensing restrictions лицензионные ограничения
licensing service служба лицензирования
licensing system система лицензирования
licensing terms условия лицензирования
LICS международный набор символов LOTUS
LID логическое устройство ввода
lie лежать; находиться
LIF формат логического обмена
life 1. долговечность; срок службы; ресурс; время существования; 2. количество циклов (переключения)
lifecycle жизненный цикл; время существования
lifecycle service служба жизненного цикла
life duration срок службы
life measurement испытание на продолжительность работы (компьютера от батарей)
life of agreement время действия соглашения
life performance данные о сроке службы
life test испытания на долговечность; испытание на продолжительность работы
lifetime 1. время жизни; время существования; срок службы; долговечность; 2. стойкость; ресурс стойкости; срок износа; 3. момент обрыва (марковского процесса)
lifetime warranty пожизненная гарантия; гарантия, предоставляемая на весь срок службы
LIFO алгоритм «последним пришел, первым обслужен»; «последним пришел, первым вышел»; в магазинном порядке
LIFO processing магазинная обработка
LIFO queue стек; магазин
lifter лифтер; подъемник
ligature лигатура
light 1. освещение; 2. лампа; индикатор; 3. свет; 4. световая индикация; световая сигнализация; 5. светлый; 6. легкий; 7. облегченный; минимальный; 8. редкий
LIGHT глобальная гипертекстовая система для поддержки жизненного цикла ПО

light alarm световая аварийная сигнализация
light-and-shade светотень
light angular fall-off угловое ослабление света; угловое ослабевание света
lightblue ярко-синий; светло-голубой
light button световая кнопка
light cone конус света; световой конус; конус распространения света
light-cone projection проекция конуса света
light-cyan бирюзовый
light dots редкие точки
lighted key кнопка с подсветкой; клавиша с подсветкой
light-emitting diode светодиод; светоизлучающий диод
lighten 1. освещать; 2. уменьшаться; облегчаться
lightening осветление
light-faced type светлый шрифт
light fall-off ослабевание света
light font ненасыщенный шрифт
light-gray светло-серый
light guide световод
lightguide cable световодный кабель
light gun световое перо
light hatch редкая штриховка
lighting освещение; освещенность
lighting conditions условия освещенности
lighting control управление освещенностью
lighting effect эффект освещенности; эффект «освещение»
lighting effects filter фильтр «освещение»
lighting model модель распространения света
lighting through transparent objects освещение через прозрачные объекты
lightly loaded network слабо загруженная сеть
light-magenta малиновый
lightness осветленность; осветление
light pen световое перо
light pen attention прерывание от светового пера
light-pen detection указание световым пером
light-pen hit выбор световым пером; указание световым пером
light pen interrupt прерывание от светового пера
lightred розовый
light rub с легким нажимом
lights источники света (трехмерная графика)
light scattering рассеяние света
light shade ненасыщенный цвет
light signal световой сигнал
light source источник света; источник освещения
light spectrum оптический спектр
light turin cover легкая быстрая раскатка (в графических пакетах)
light type тип освещенности; тип источника света
light valve projector светоклапанный проектор
light version «облегченная» версия
light wave projector светоклапанный проектор
lightwave terminating equipment оконечная аппаратура волоконно-оптической линии связи
light-weighted process «легковесный» процесс
lightweight form облегченная форма; форма без модуля (в Access)
lightweight protocol упрощенный протокол
LiIon battery ионно-литиевая батарея
like похожий; подобный
likelihood правдоподобие; вероятность
likelihood estimation оценка степени вероятности
likelihood function функция правдоподобия
likelihood of mistake вероятность ошибки
likelihood ratio отношение правдоподобия

likely duration вероятная продолжительность
likeness 1. сходство; подобие; 2. однородность
like terms подобные члены (в математике)
LILO «последним пришел — последним обслужен»
LIM линейный интерфейсный модуль; модуль интерфейса с линией (связи)
lime зеленый
LIM-EMS спецификация отображаемой памяти фирм Lotus, Intel и Microsoft
limit 1. предел; граница; порог; 2. допуск; 3. габарит; 4. интервал значений; 5. устанавливать пределы; задавать пределы; ограничивать
limitation 1. ограничение; предел; 2. ограниченность
limit checking проверка границ
limit cycle предельный цикл
limited ограниченный
limited availability ограниченная доступность
limited edition сокращенная редакция; усеченная версия
limited licence ограниченные права на использование
limited license to use ограниченные права на использование
limited loss of information ограниченная потеря информации
limited token ограниченный маркер; маркер, разрешающий только ответ отправителю
limited warranty ограниченная гарантия
limiter ограничитель
limit grace logins лимит попыток регистрации по истекшим паролям
limiting 1. ограничение; 2. ограничивающий; 3. предельный; граничный
limiting condition ограничивающее условие
limiting error 1. ограничивающая ошибка; 2. предел точности
limit of error предел погрешности; предел ошибки
limit of integration 1. предел интеграции; 2. предел интегрирования
limit of the mean предел в среднем
limit priority граничный приоритет
limit switch концевой выключатель
limit test контроль по диапазону значений
limit-type search граничный поиск
Lindenmeyer system система Линденмайера
line 1. линия; 2. черта; штрих; 3. кривая (на графике); 4. контур; очертание; 5. прямая; 6. производственная линия; конвейер; 7. линия связи; линия передачи; 8. шина; провод; 9. серия; семейство; 10. строка; 11. направление движения; 12. серия; линейка (продуктов); 13. располагать в одну линию; 14. проводить линию
line access 1. доступ по линии связи; 2. доступ к линии связи; 3. доступ к строке данных; обращение к строке данных
line adapter линейный адаптер
line address линейный адрес
line addressing построчная адресация
line advance перевод строки; переход на следующую строку
line aggregation агрегирование линий
linear линейный
linear addressing линейная адресация
linear amplification линейное усиление
linear approximation линейная аппроксимация; линейное приближение
linear array 1. линейный массив; 2. линейка приборов с зарядовой связью (в сканерах)
linear-bound automaton автомат с ограниченной памятью
linear-bounded automaton автомат с линейно-ограниченной памятью
linear channel линейный канал
linear circuit линейная схема; линейная цепь
linear code линейный код; линейная программа

linear congruence линейное сравнение; сравнение первой степени

linear constraints линейные ограничения

linear context линейный контекст

linear control линейное управление

linear correlation линейная корреляция

linear data density информационная продольная плотность записи

linear descendant прямой потомок

linear dimensions линейные размеры

linear discrete system линейная дискретная система

linear distortion линейное искажение

linear element линейный элемент

linear equation линейное уравнение

linear equation system система линейных уравнений

linear expansion algorithm алгоритм линейного распространения

linear fill линейная заливка

linear fit линейное приближение

linear form линейная форма; линейная целевая функция

linear function линейная функция

linear function generator 1. генератор линейной функции; 2. блок линейной функции

linear grammar линейная грамматика

linear graph линейный граф

linear growth линейное расширение

linear-hash file линейно-хешированный файл

linear independence линейная независимость

linear integrated circuit линейная интегральная схема

linear interpolation линейная интерполяция

linear interpolator линейный интерполятор

linearity 1. линейность; 2. отклонение от прямой

linearity control 1. регулировка линейности; 2. регулятор линейности

linearity error ошибка линейной аппроксимации; ошибка линеаризации

linearization линеаризация

linear language линейный язык

linear list линейный список

linearly линейно

linearly addressed memory память с линейной организацией

linearly dependent линейно-зависимый

linear mapping линейное отображение; линейное преобразование

linear memory линейная память; одномерная память

linear model линейная модель

linear multistep methods линейно-многошаговые методы

linear packing density продольная плотность записи

linear-predictive coding кодирование методом линейного предсказания

linear program линейная программа

linear programming линейное программирование

linear programming method метод линейного программирования

linear program part линейная часть программы; линейный участок программы

linear recording density продольная плотность записи

linear recurrence линейное рекуррентное соотношение

linear regression линейная регрессия

linear regression model линейная регрессионная модель

linear search последовательный перебор

linear-selection memory память с прямой выборкой

linear select organization линейная организация выборки; непосредственная выборка; прямая выборка

linear sequence линейная последовательность

linear space линейное пространство; векторное пространство

linear staircase function generator генератор линейной ступенчатой функции; линейно-ступенчатый функциональный преобразователь

linear structure линейная структура; полностью упорядоченная структура

line art 1. штриховой рисунок; штриховая графика; 2. изображения, состоящие только из черных и белых пикселов; гравюра; изображение из черно-белых отрезков прямых

line-art format штриховой формат

line-art image штриховое изображение; штриховая графика

line-art mode штриховой режим

linear transparency линейная прозрачность

linear tree дерево прямых потомков

line art test штриховой тест

linear vector quantization линейная квантизация векторов

linear velocity линейная скорость

line attribute атрибут линии; параметры линии

line break перенос строки; разрыв строки

line buffer буфер линии связи

line buffered stream поток с буферизацией строки

line-by-line построчный

line-by-line check построчная проверка

line-by-line comparison построчное сравнение

line cap конец линии

line chart график; линейная диаграмма

line concatenation конкатенация строк

line concentrator концентратор линий связи

line conditioning 1. управление (качественными) параметрами электропитания; 2. выравнивание линии

line-conditioning filter фильтр электропитания

line control 1. объект «линия»; элемент управления «линия»; 2. управление линией

line control block блок управления линией (связи); блок управления каналом

line control character символ управления каналом

line control table таблица управления строками

line conversion преобразование строки

line coordinates линейные координаты

line data set набор строковых данных

line delete character знак вычеркивания строки; символ удаления строки

line diagram линейная диаграмма; одномерная диаграмма

line discipline дисциплина линия связи; протокол линии передачи данных

line drawing 1. линейная графика; чертеж, выполненный линиями; 2. проведение линии

line-drawing characters символы псевдографики для рисования таблиц

line drawing set набор символов псевдографики

line driver линейный драйвер

line element элемент строки

line end character признак конца строки

line expansion линейное распространение

line expression строковое выражение

line fault повреждение линии; короткое замыкание на линии

line feed 1. перевод строки (символ); символ новой строки; 4. 2. прогон строки; подача на строку; протяжка бумаги на строку; 3. интерлиньяж

line feed character знак смещения на одну строку; символ смещения строки

line feed code код протяжки на строку; код перевода строки

line feed pitch шаг перевода строки

line field поле строки

line finder искатель строки

line folding 1. перенос строк; 2. свертывание строк

line frequency частота сканирования; число линий изображения, сканируемых в секунду; частота строк

line generator 1. генератор линий; 2. генератор строк

line graph 1. реберный граф; 2. линейный график

line graphics линейная графика

line group группа линий

line image штриховое изображение

line increment минимальное расстояние между строками

line-interactive power backup интерактивный источник питания

line-interactive topology интерактивная топология

line-interactive UPS интерактивный источник бесперебойного питания; линейно-интерактивный источник бесперебойного питания

line interface module линейный интерфейсный модуль; модуль интерфейса с линией (связи)

line interval межстрочный интервал

line item элемент строки

line justification выключка строк

line link участок линии (передачи данных)

line number номер строки

line number clause оператор номера строки

line-numbered data set построчный набор данных

line-number editing редактирование по номеру строки

line number information информация о номерах строк

line occupancy коэффициент использования линии связи; коэффициент занятия линии

line-of-bisiness application приложение, жизненно важное для деятельности предприятия; важное коммерческое приложение

line of code строка программы

line of reasoning цепь рассуждений; цепочка вывода

line-of-sight 1. зона прямой видимости; на прямой видимости; 2. направление линии взгляда

line-oriented строчный, строчно-ориентированный

line-oriented approach подход на основе анализа соединений

line-oriented editor строчный редактор

line-oriented interface строчно-ориентированный интерфейс

line-oriented output строчно-ориентированный вывод

lineout сбой линии

line pattern 1. линейный муар; 2. шаблон линии; тип линии

line-placing algorithm алгоритм прокладки линий соединения; алгоритм прокладки связей

line posting установка строки

line printer построчный принтер; устройство построчной печати

line printing построчная печать

line priority algorithm алгоритм определения списка приоритетов

line-probe algorithm алгоритм пробных связей

line probing тестирование линии

line procedure specification спецификация процедур над строками

line protocol протокол линии передачи данных; протокол линии связи

line quality printer высококачественный принтер

line radio проводное радиовещание

line regulation стабилизация выходного напряжения в сети

line relay вызывное реле (в телефонии)

lines тематика (докладов на конференции)

line-scan camera камера с однострочной разверткой; однострочная камера

line screen линейный растр; линиатура растра

line scrolling прокрутка строки; скроллинг

line segment линейный сегмент; сегмент линии

line-segment function generator генератор кусочно-линейной функции; кусочно-линейный функциональный преобразователь

line size 1. длина строки; 2. размер линии

line skip пропуск строк

line slant наклон линии

line slug литерная колодка шрифта

line space строчный интервал

line spacing межстрочный интервал; шаг строки; интерлиньяж; вертикальная выключка; интервал между строками; разрядка строк

line speed линейная скорость

lines per inch 1. линий на дюйм; 2. строк на дюйм

line starve переход на предыдущую строку

line style 1. тип линии; стиль линии; 2. тип штриха литеры (шрифта)

line-surge выброс в линии (электропитания)

line switching коммутация линий связи; коммутация каналов

line-tap чтение с линии связи; перехват данных

line terminal unit линейный терминал

line termination equipment оконечная аппаратура линии передачи данных

line terminator 1. терминатор; согласующая оконечная схема линии сети; 2. ограничитель строки

line text-path tool инструмент «текст вдоль линии»

line tool инструмент «прямая»

linetype тип линии

line-type code код типа линии

line-type file имя файла типов линий

linetype scale масштаб типа линии

line up 1. включение линии; переключение линии; 2. выравнивать; располагать по одной оси; центрировать; 3. выстраиваться в линию; 4. становиться в очередь; 5. присоединяться

line up icons выстроить значки

line weight 1. вес линии; 2. насыщенность штрихов литер (шрифта); толщина штрихов литер

linguistic analysis лингвистический анализ

linguistic level языковый уровень; лингвистический уровень

linguistic problem лингвистическая проблема

linguistic processor языковый процессор

linguistic research automation автоматизация лингвистических исследований

linguistics лингвистика

linguistic support лингвистическое обеспечение

lining 1. штриховка; 2. выпрямление; выравнивание; 3. следы кисти на лакокрасочном покрытии

link 1. связь; соединение; 2. линия связи; линия передачи; канал связи; канал передачи; 3. звено; 4. отрезок; 5. указатель; указатель связи; ссылка; 6. хорда (графа); 7. ребро; 8. компоновка; 9. связывать; компоновать; подключать

linkable пригодный для компоновки

link access procedure процедура доступа к каналу; протокол доступа к каналу; протокол LAP

Link Access Protocol протокол доступа к каналу связи; протокол LAP

Link Access Protocol — Balanced сбалансированный протокол доступа к линии связи

Link Access Protocol for Modems протокол доступа к каналу связи для модемов; протокол LAPM

link address адрес связи; связующий адрес

link a field подключить поле

linkage 1. связь; соединение; сцепление; 2. согласующее устройство; 3. компоновка; сборка; 4. установление связи; 5. проводка; 6. сцепление; связывание

linkage address адрес связей

linkage byte байт связи

linkage conventions соглашения о связях

linkage editing редактирование связей

linkage editor компоновщик

linkage field поле связи

linkage memory цепная память

linkage method метод цепочек

linkage section секция связей

link algebra алгебра связей

link attribute атрибут связи

link bit разряд выходного переноса

link builder формирователь канала

link certification test тест на сертификацию канала связи

link channel канал связи

link control управление каналом связи

link control segment сегмент канала передачи данных

link data unit блок данных канала передачи данных

link disconnect разрыв линии связи

link drive связанный диск

linked связанный; соединенный

linked boxes связанные окна

linked Btrieve table связанная таблица Btrieve

linked dBase table связанная таблица dBase

linked file связный файл

link edit компоновать; связывать

link editor компоновщик; редактор связей

linked list 1. связный список; связанный список; список с использование указателей; список со ссылками; 2. цепной список

linked-list data block блок данных в виде связанного списка

linkedness связность

linked object связанный объект

linked projects связанные проекты

linked subroutine внешняя подпрограмма; библиотечная подпрограмма

linked table связанная таблица

linked text table связанная текстовая таблица

linked variable связанная переменная

link, embed and launch-to-edit компоновка и запуск на редактирование

link encoding шифрование в канале связи

link encryption шифрование передачи данных по линиям связи; канальное кодирование

linker компоновщик

link error rate коэффициент ошибок в каналах связи

link exchange коммутатор линий связи

link file файл связи; связующий файл

link index индекс связи

linking компоновка; связывание; подключение

linking by connector line соединение через соединительную линию

linking infrastructure связующая инфраструктура

linking loader связывающий загрузчик; компонующий загрузчик; динамический загрузчик

linking of multiple object modules загрузка нескольких объектных модулей

linking spreadsheets связывание электронных таблиц

link instruction команда связи

link layer канальный уровень (сетевого протокола)

link layer of network protocol канальный уровень сетевого протокола

link level канальный уровень (в X.25)

link library общая библиотека; библиотека связей; системная библиотека

link line adapter адаптер передачи данных; адаптер дистанционной связи

link loader загрузчик связей

link organization организация связей

link pack area область объединения связей; область пополнения связи

link pack area directory справочник области объединения связей

link pack area extension расширение области объединения связей; расширение общей области

link pack area library библиотека областей объединения связей

link pack area queue очередь к программам области объединения связей

link pack update area область модулей корректировки набора реентерабельных программ

link path маршрут связи

link property свойство соединения

link protocol канальный протокол

link reference ссылка

link services сервис связи

links in paragraph text frames связь между текстовыми рамками

link speed скорость связи

links redundancy level степень резервирования линий связи

link-state algorithm алгоритм с выявлением маршрутов по состоянию связи

link-state protocol протокол с выявлением маршрутов по состоянию связи

link-state router маршрутизатор с выявлением маршрутов по состоянию связи

link-state routing маршрутизация с учетом состояния каналов

link supervisor супервизор связей

link support layer уровень канальной поддержки; уровень поддержки канала передачи данных

link test испытание связей; тестирование связей

link testing испытание связей; тестирование связей

link to attachment связать с вложением

link-to-link encipherment канальное шифрование

link-to-link encryption канальное шифрование

link trailer концевик канала передачи данных

linkup 1. подключение (к сети связи); 2. соединение; сцепка

linotype строкоотливная наборная машина; линотип

Linpack benchmark эталонный тест Linpack

LION интегрированная оптическая локальная сеть

LIP режим больших межсетевых пакетов

lip выступ; край; кромка; режущая кромка

LIP negotiation согласование максимального размера пакетов LIP

lips число логических выводов в секунду

liquid жидкий; жидкостный

liquid brush palette панель инструментов «кисти для жидких красок» (в графических пакетах)

liquid-crystal display жидкокристаллический индикатор; жидкокристаллический дисплей; ЖК-дисплей

Lisp Лисп

Lisp machine Лисп-машина

list 1. список; перечень; таблица; ведомость; 2. опись; 3. каталог; 4. таблица; 5. распечатывать; 6. составлять список; перечислять

list box список; блок списка; окно списка; поле списка

list box object объект блока списка

list button кнопка раскрытия списка

list-controlled управляемый списком

list-directed управляемый списком

list-directed input/output ввод-вывод, управляемый списком

list-directed I/O ввод-вывод, управляемый списком

301

list-driven input-output ввод-вывод, управляемый списком

list element 1. элемент списка; 2. элемент типа списка

listen 1. ожидание; 2. прослушивать; слушать; ждать сигнала; 2. подслушивать; перехватывать (сигнал)

listener 1. приемник; 2. «слушатель»; прослушивающий процесс

listener address адрес приемника; адрес приемного устройства

listener process процесс, ожидающий сигнала; прослушивающий процесс

listening прослушивание; режим ожидания

listen timeout тайм-аут прослушивания

list filtering фильтрация списка

list-form 1. в форме списка; 2. в табличной форме

list form формуляр для описаний

list-form of macroinstruction описательная форма макрокоманды

list function функция формирования списков

list generator генератор списков

list grammar списочная грамматика; списковая грамматика

list head головной элемент списка; заголовок списка

list header заголовок списка

listing 1. включение в список; 2. листинг; распечатка

listing control instruction оператор управления распечаткой; команда управления листингом

listing-file format формат распечатки файла

list insertion sort сортировка списка методом вставок

list language язык обработки списков

list of actual parameters список фактических параметров

list of choices список вариантов

list of formal parameters список формальных параметров

list of modifications список изменений; перечень модификаций

list of pairs список пар

list of prices прейскурант; прайс-лист

list-oriented списковый

list processing обработка списков

list processing language язык обработки списков

list program generator генератор списковых программ

list query списковый запрос

list representation списочное представление; представление в виде списка

list rows число строк списка

list separator разделитель элементов списка

list server списочный сервер; сервер списков; сервер рассылки

list sorting сортировка списков

list structure списковая структура

list view представление в виде списка

list viewer 1. область просмотра списка; окно просмотра списка; 2. средство просмотра списка

list width ширина списка

literacy грамотность

literal 1. литерал; константа; буквенная константа; 2. точный; буквальный; 3. буквенный

literal comparison литерное сравнение

literal constant литерал; литеральная константа

literal data литеральные данные; литерные данные

literal equation уравнение с буквенными коэффициентами

literal expression литеральное выражение

literal pool область литералов; зона литералов

literal string текстовая строка

literal table таблица литералов

literary work рукопись; оригинал

literature search поиск литературы

lithium ion ионно-литиевый

lithium-ion battery ионная-литиевая батарея

lithography литография; офсетная печать

little endian с обратным порядком байтов; в формате следования байтов, начиная с младшего

little endian addressing адресация с обратным порядком байтов

little-endian format формат следования байтов, начиная с младшего

LIU блок линейного интерфейса

live area on a page активная область страницы (документа)

live graph активный график

live insertion установка (платы) без отключения питания

live insertion capability возможность установки (плат) без отключения питания; возможность установки в «горячем» режиме

live keyboard активная клавиатура; незаблокированная клавиатура

live load динамическая нагрузка

liveness жизнеспособность; живучесть (системы)

live object активный объект

live reference активная ссылка

live removal удаление (платы) без отключения питания

live roller приводной ролик

live scroll реальная прокрутка

live status bar строка текущего состояния

live video «реальное видео»; «живое» видео; живое изображение; видео в реальном времени

liveware персонал; сотрудники, занимающиеся эксплуатацией; эксплуатационный персонал

living book компьютерная игра типа «живая книжка»

LL 1. блокировка лампы; блокировка режима индикации; 2. участок линии (передачи данных) 3. леворекурсивный

LLC управление логическим звеном; управление логическим каналом; протокол управления логической связью; протокол LLC

LLC layer подуровень логического контроля соединений

LLCS подуровень управления логическим каналом

LLC sublayer подуровень управления логическим каналом

LL(k) grammar LL(k)-грамматика

LLL язык низкого уровня

LL parsing леворекурсивный синтаксический анализ

LLRC word слово контроля с продольным избыточным кодом; слово LLRC

LMCS Комитет сетевых стандартов IEEE

LMDS местная многоадресная распределительная система

LME объект управления уровнем

LMI 1. интерфейс локального управления; 2. интерфейс управления уровнем

LMK локальные основные ключи

LMP протокол управления локальной сетью

LMS коммутатор передачи сообщений Lotus

LNI интерфейс на естественном языке

LNM программа управления локальной сетью

LO 1. коэффициент использования линии связи; коэффициент занятия линии; 2. низкого порядка; младший разряд числа

load 1. загрузка; 2. нагрузка; 3. заправка; 4. загружать; 5. нагружать; 6. заправлять; 7. засоряться; забиваться

loadable загружаемый

loadable driver загружаемый драйвер; нерезидентный драйвер

loadable font загружаемый шрифт

loadable format загружаемый формат; загрузочный формат

loadable module загружаемый модуль

loadable module interface интерфейс загружаемых модулей

load action действие по нагрузке

load address адрес загрузки; загрузочный адрес; начальный адрес

load-and-go загрузка с последующим выполнением; исполнение по загрузке; немедленное выполнение

load-and-go compiler компилятор с немедленным исполнением программы

load-and-go program программа с запуском по загрузке

load and store загрузка с запоминанием

load average средняя нагрузка

load balancing распределение нагрузки; балансирование нагрузки; выравнивание нагрузки

load-balancing task задача балансирования нагрузки; задача распределения нагрузки

load-bearing несущий

load button кнопка ввода; кнопка загрузки

load characteristic нагрузочная характеристика; динамическая характеристика

load chart диаграмма распределения нагрузки

load circuit схема нагрузки; цепь нагрузки

load conditions нагруженный режим; режим нагрузки

load current ток нагрузки

load curve кривая нагрузки

loaded загруженный

loaded cover раскатка (в графических пакетах)

loaded form загруженная форма

loaded module загруженный модуль

loaded program queue очередь загруженных программ

load equivalent эквивалент нагрузки

loader загрузчик

load factor 1. коэффициент нагрузки; коэффициент использования мощности; 2. коэффициент запаса прочности

load from query загрузить из запроса

loading 1. загрузка; 2. выравнивание частотных характеристик линии; 3. наполнение; 4. нагрузка; 5. ввод; 6. заправка

loading error ошибка из-за подключения нагрузки

loading factor коэффициент нагрузки

loading procedure процедура загрузки; процедура ввода

loading process процесс загрузки

loading program программа-загрузчик

load life долговечность; ресурс; долговечность при полной нагрузке

load line линия нагрузки; нагрузочная линия

load map карта загрузки; карта распределения памяти

load mark идентифицирующая метка

load mode 1. режим загрузки; 2. режим нагрузки

load module загрузочный модуль

load module library библиотека загрузочных модулей

load on call динамическая загрузка

load partition загрузочный раздел; системный раздел

load performance скорость загрузки

load point 1. начало ленты; 2. точка загрузки

load processing технология загрузки

load program программа загрузки

load rating номинальная нагрузка; максимально допустимая нагрузка

load regulation нестабильность выходного напряжения по нагрузке

load regulator регулятор нагрузки

load search path entry элемент пути поиска загрузки

load server сервер загрузки

load shadding сбрасывание нагрузки; сегментация нагрузки; отключение источника бесперебойного питания от отдельных потребителей

load sharing распределение нагрузки

load shedding сброс нагрузки; снижение нагрузки

load splitting расщепление нагрузки; распределение нагрузки

load/store загрузка/сохранение

load/store commands команды загрузки/сохранения

load/store operations операции обмена с памятью

load test тест на нагрузку

load text загрузка текста

load the tape заправлять ленту

load time время загрузки

load voltage напряжение нагрузки

LOB 1. большой объект; 2. жизненно важный; ответственный

LOB application приложение, жизненно важные для деятельности предприятия; важное коммерческое приложение

lobe абонентский кабель

local локальный; местный

local access локальный доступ

local access and transport area область локального доступа и передачи

local access area область локального доступа

local account локальные учетные данные пользователя; локальная учетная запись пользователя; локальный бюджет

local append query локальный запрос на добавление

local approximation локальное приближение

local area data transport передача данных в локальной сети

local area network локальная вычислительная сеть; ЛВС

local area network adapter адаптер локальной вычислительной сети

Local Area Network Directory каталог локальной сети

Local Area Transport транспортный протокол для терминального сервера; передача в локальной сети; протокол LAT

local assertion локальное утверждение

local autonomy локальная автономность

local batch локальный пакет

local buffer store местное буферное запоминающее устройство

local bus локальная шина

local bus video локальная видеошина

local carry поразрядный перенос

local computer локальная ЭВМ; местная ЭВМ

local console локальная консоль

local content rules обязательность применения местных комплектующих и материалов

local control местное управление; локальное управление

local control unit местное устройство управления; локальное устройство управления

local databank локальный банк данных

local database локальная база данных

local data group локальная группа данных

local debugging локальная отладка

local descriptor table таблица локальных дескрипторов

local descriptor table register регистр таблицы локальных дескрипторов

local determinism локальный детерминизм

local directive локальная директива

local discretization error локальная ошибка дискретизации

local distributed data interface локальный распределенный интерфейс для сетей передачи данных

local distributed network локальная распределенная сеть

locale местный диалект

local-echo mode режим локального отображения

locale ID локализующий идентификатор

locale information информация о локализации

local end оконечная станция локальной сети

local engine локальная библиотека доступа (к СУБД)

locale profile профиль местоположения

local exchange carrier местная телекоммуникационная компания; местная телефонная компания; владелец местной телефонной сети; местная телефонная сеть

local extremum локальный экстремум

local file локальный файл; файл локального узла сети

local/global descriptor table таблица локальных/глобальных дескрипторов

local guru местный специалист; местный знаток

local hard disk локальный жесткий диск

local highway локальная магистраль

local identifier локальный идентификатор; локальное имя

local integrated optical network интегрированная оптическая локальная сеть

locality расположение; местоположение

locality object объект «местонахождение»

locality of reference локальность ссылок

localization 1. локализация (ошибок); 2. определение местонахождения; 3. адаптация к языку страны заказчика

local label локальная метка

local light source локальный источник освещения

local line локальная линия; местная линия; местная абонентская линия

local lock локальная блокировка

local loop местная линия связи

local loop qualification определение характеристик местной абонентской линии

local loop terminal абонентские терминалы; абонентские терминальные устройства

locally defined локально определенный

locally finite graph локально-конечный граф

local management interface интерфейс локального управления

local maximum локальный максимум

local memory локальная память; локальное запоминающее устройство

local menu локальное меню

local mode автономный режим

local name локальное имя

local networking объединение в локальную сеть; построение локальной сети

local on-line network system система локальных сетей, работающих в реальном времени

local operational network локальная операционная сеть

local optimization локальная оптимизация

local parameter локальный параметр

local peripheral equipment локальное периферийное оборудование

local procedure call локальный вызов процедуры

local procedure call facility средство локального вызова процедур

local processor локальный процессор

local reboot локальная перезагрузка

local replication server локальный сервер тиражирования; локальный сервер репликации

local resources локальные ресурсы

local root universe локальное корневое пространство

local routing локальная маршрутизация

local scope локальный контекст

local semaphore локальный семафор

local semaphore timer таймер локального семафора

local session identifier локальный идентификатор сеанса

local station местная абонентская станция; местный абонентский пункт; локальный абонентский пункт

local storage локальная память

local symbol локальный идентификатор

local system queue area местная область системной очереди

LocalTalk Link Access Protocol протокол доступа к каналу LocalTalk; протокол доступа к соединениям LocalTalk

local terminal локальный терминал

local title локальный заголовок

local undo tool инструмент «локальная отмена»; локальная отмена

local universe локальное пространство

local unwind локальная раскрутка (в структурной обработке исключений)

Local User Group локальная группа пользователей

local user terminal абонентский пункт локальной связи

local variable локальная переменная

local variable symbol идентификатор локальной переменной

local virtual protocol локальный виртуальный протокол

locate 1. размещать; располагать; 2. базировать; устанавливать; 3. находить; находиться; 4. локализовывать; определять местоположение; обнаруживать местоположение

locate button кнопка местоположения

locate data локализованные данные

locate key установочная клавиша; клавиша, управляющая местоположением объекта на экране

locate mode режим указания; режим локализации

locate-mode buffering буферизация без перемещения

locating поиск

location 1. местоположение; 2. расположение; размещение; 3. обнаружение; определение места; обнаружение местоположения; 4. ячейка; адрес ячейки (памяти); 5. микрорайон (сети); 6. географический пункт

location address адрес местоположения

locational data данные о местоположении

location counter счетчик адреса; счетчик ячеек

location delimiter разделитель областей; разграничитель областей

location dictionary диагностический словарь

location independence независимость от местоположения

location-independent независимый от местонахождения

location-independent access доступ, независимый от местонахождения (в сети)

location-independent login регистрация, не зависящая от местоположения

location information сведения о местонахождении

location login script местный сценарий регистрации

location mode способ размещения

location of viewer точка обзора; положение наблюдателя

location profile профиль местоположения пользователя

location script локальный сценарий

location service средства адресации

location statement оператор размещения

location time время поиска

location transparency независимость от местоположения; прозрачность расположения

location variable переменная местонахождения

locative domain name имя домена, определяющее его местонахождение

locator 1. указатель; локатор; устройство ввода позиций; координатный манипулятор; устройство ввода координат точки; 2. средство поиска; обнаружитель; устройство обнаружения

locator device координатный манипулятор; устройство для ввода координат

lock 1. замок; предохранитель; стопор; 2. фиксатор; затвор; 3. фиксация; 6. синхронизация; 4. блокировка; блокирование; 5. захват; 6. запирать; захватывать; блокировать; 7. фиксировать; защелкивать; 8. синхронизировать

lockable блокируемый; с возможностью блокировки

lockable keyboard клавиатура с блокировкой

lock account after detection блокировка учетной записи (пользователя) после обнаружения; блокировка бюджета после обнаружения

lock code код защиты

lock contention конфликт при блокировках
locked by intruder заблокирован нарушителем
locked data 1. защищенные данные; 2. данные с блокировкой; данные с взаимоисключением доступа
locked file блокированный файл; заблокированный файл; захваченный файл; перехваченный файл
locked layer закрепленный слой (в графических программах)
locked link жесткое соединение (в графике)
locked pair circuit схема на спаренных элементах
locked-pair logic логические схемы на спаренных элементах
locked resources блокированные ресурсы
locked titles блокированные заголовки; фиксированные заголовки
locked to object привязанное к объекту
locked to page привязанный к странице
lock engine механизм блокировок
lock file файл блокировки
lock grant разрешение на установку блокировки
lock granularity степень детализации блокировок; степень дробления блокировок
lock-in синхронизация; установление синхронизма
lock-in amplifier синхронизирующий усилитель; синхронный усилитель
locking 1. запирание; блокирование; блокировка; 2. захват; 3. запирающий; блокирующий
locking circuit запирающая схема
locking escape переход с блокировкой
locking key клавиша, защищенная от переключения
locking mechanism механизм блокировки; блокирующий механизм
locking protocol блокировочный протокол; протокол установки блокировок
locking relay реле блокировки; запирающее реле
locking tab пластина фиксатора
lock lever стопорный рычаг
lock link жесткое соединение
lock manager администратор (средств) защиты (данных); менеджер блокировок
lock mode режим блокировки
lock option выбор блокировки
lockout блокировка; захват; монопольное использование
lockout after detection блокировка после обнаружения; захват после обнаружения
lockout bit разряд блокировки
lockout digit разряд блокировки
lockout reset interval интервал сброса блокировки
lock pin стопорный штифт
lock release снятие блокировки
lock request запрос на блокировку
locks and keys система замков и ключей
lock-step concurrency жесткий параллелизм операций
lock threshold порог блокировки
lock/unlock facility средство обработки страничных прерываний
lockup 1. запирание; блокировка; 2. тупик; тупиковая ситуация; 3. замок
lock violation нарушение блокировки
locus 1. местоположение; 2. геометрическое место точек; 3. годограф
LOD степень детализации
LOF потеря кадра
lofting образование поверхности; формирование трехмерных тел по набору поперечных сечений
LOG операция Лапласа над гауссианом; вычисление лапласиана над гауссианом

log 1. регистрация; запись; 2. журнал; файл регистрации; журнал регистрации; 3. протокол; 4. логарифм; 5. регистрировать; записывать; 6. протоколировать
logarithm логарифм
logarithmic логарифмический
logarithmic calculator логарифмическое счетное устройство
logarithmic functions логарифмические функции
logarithmic operation логарифмическая операция
logarithmic search логарифмический поиск
logarithmic search algorithm алгоритм логарифмического поиска
logarithmic search method метод логарифмического поиска; логарифмический метод поиска
logarithmic spiral логарифмическая спираль
logarithmic table таблица логарифмов
log-based file system файловая система с ведением журнала; файловая система с протоколированием операций
log command команда управления журналом
log file файл журнала; файл протокола; регистрационный файл; файл регистрации; файл статистики
logged data регистрируемые данные
logged-in object зарегистрированный объект
logged-on time время сеанса; продолжительность сеанса
logger 1. регистратор; регистрирующее устройство; устройство автоматической регистрации; 2. регистрирующая программа
logging протоколирование; сбор данных; регистрация; запись
logging in регистрация в системе
logging off выход из системы
logging of message занесение сообщения в журнал; регистрация сообщения
logging on to drive переход на другой диск
logic 1. математическая логика; 2. логика; логические схемы; 3. логическое устройство; логический узел
logical 1. логический; 2. логичный; правильный
logical action логическая операция; логическое действие
logical addition логическое сложение; дизъюнкция
logical address логический адрес
logical algorithm логический алгоритм; алгоритм решения логических задач
logical analyzer логический анализатор
logical assignment statement логический оператор присваивания
logical axiom логическая аксиома
logical binding логическая привязка
logical block логический блок
logical block addressing логическая блочная адресация; логическая адресация блоков
logical blocking логическое блокирование
logical block number логический номер блока
logical block size размер логического блока
logical channel логический канал
logical channel number код логического канала; номер логического канала
logical channel queue очередь логического канала; очередь к логическому каналу
logical check логическая проверка; логический контроль
logical choice логический выбор
logical circuit 1. логическая схема; 2. виртуальный канал
logical circuitry логические схемы; логика
logical command логическая команда
logical comparison логическое сравнение
logical compatibility логическая совместимость
logical component логический элемент
logical computer логическая машина
logical computing логическое вычисление

logical condition логическое условие
logical connection логическая связь; логическое соединение
logical connective логическая связка
logical consequence логическое следствие
logical constant логическая константа
logical control логический контроль
logical-controlled sequential computer вычислительная машина с аппаратным управлением последовательностью операций
logical conversion matrix матрица логического преобразования
logical coordinates относительная система координат
logical data логические данные
logical database логическая база данных; логический уровень базы данных
logical database organization логическая организация базы данных
logical data independence логическая независимость данных; концептуальная независимость данных
logical data processing логическая обработка данных
logical data redundancy избыточность логических данных
logical data type логический тип данных
logical decision 1. логическое решение; 2. логический выбор
logical deletion логическое удаление
logical depth логическая глубина
logical design 1. логическое проектирование; проектирование на логическом уровне; логический синтез; составление логической схемы; 2. логическая структура; логическая схема; логический проект; 3. разработка алгоритмов
logical device логическое устройство
logical device name имя логического устройства
logical diagram логическая схема; логическая диаграмма
logical difference логическая разность
logical disk логический диск
logical distributed network локальная распределенная сеть
logical drawing object логический объект графики
logical drive логический диск
logical editing characters логические знаки редактирования
logical element логический элемент
logical encoding логическое кодирование
logical equation логическое уравнение
logical equivalence логическая эквивалентность
logical error логическая ошибка; смысловая ошибка
logical escape character логический символ модификации
logical expression логическое выражение
logical factor логический множитель
logical field логическое поле
logical file логический файл
logical flowchart логическая блок-схема
logical font логический шрифт
logical framework логическая основа
logical function логическая функция
logical group логическая группа
logical group number номер логической группы
logical hierarchy иерархия логических представлений
logical independence логическая независимость
logical inferences per second число логических выводов в секунду
logical information machine информационно-логическая машина
logical input device логическое устройство ввода
logical input-output логический ввод-вывод
logical input-output control system логическая система управления вводом-выводом
logical instruction логическая команда
Logical Interchange Format формат логического обмена

logical interface логический интерфейс
logical interrelationship логическая взаимосвязь
logical interrupt логическое прерывание
logical IOCS логическая система управления вводом-выводом
logical item логическая единица; логический элемент
logical level логический уровень
logical level of programming логический уровень программирования
logical line 1. логическая строка; 2. логический канал
logical line delete character логический знак вычеркивания строки
logical line-end character логический знак конца строки
logical-linguistic model логико-лингвистическая модель
logical link control управление логическим каналом; управление логическим каналом; протокол управления логической связью; протокол LLC
logical link control sublayer подуровень управления логическим каналом; подуровень логического контроля соединений; подуровень LLC
logical link layer уровень логических соединений
logical locking логическое блокирование
logically exhaustive на основе логически полного перебора
logical mask логическая маска
logical multiplication логическое умножение; конъюнкция
logical name логическое имя
logical object identifier логический идентификатор объекта
logical operation bug ошибка в логической операции
logical operation character символ логической операции
logical operator логический оператор; логическая операция
logical partition логический раздел
logical partitioning логическое разбиение
logical pointer логический указатель
logical port логический порт
logical printer логический принтер
logical problem логическая задача
logical product логическое произведение
logical programming логическое программирование
logical record логическая запись
logical relation логическое отношение
logical representation логическое представление
logical ring логическое кольцо
logical ring segment сегмент логического кольца
logical scale логическая шкала
logical segment логический сегмент
logical sequence diagram диаграмма логического упорядочения
logical sequential storage organization последовательная организация памяти
logical shift логический сдвиг
logical source line логическая строка исходного текста
logical structure логическая структура
logical subtraction логическое вычитание
logical synthesis логический синтез
logical test логический контроль; логическая проверка
logical track логическая дорожка
logical track area область логических дорожек
logical type логический тип
logical unit 1. логический блок; 2. логическое устройство
logical unit number номер логического устройства
logical value логическое значение
logical variable логическая переменная
logical view логическое представление (данных)
logical volume manager программа управления логическими томами
logic analysis логический анализ

logic analyzer логический анализатор

logic array 1. большая логическая ИС; 2. матрица логических схем

logic bomb логическая «бомба»; ловушка; программа намеренного искажения данных

logic bug логическая ошибка

logic capability 1. нагрузочная способность логической схемы; 2. логические возможности

logic card плата с логическими схемами

logic chain 1. логическая цепь; 2. цепочка логических схем

logic chart логическая схема; логическая блок-схема

logic circuit логическая схема

logic clip логический зажим

logic comparator логический компаратор; компаратор логических состояний

logic compatibility логическая совместимость

logic connection логическая связь

logic connector логический соединитель

logic design логическое проектирование; логическое моделирование; разработка логической схемы

logic diagram логическая блок-схема

logic-equation generator генератор логики уравнений

logic error логическая ошибка

logic event логическое событие

logic gate логический вентиль

logic glitch паразитный импульс

logic ground «земля» логических сигналов; «подвешенная земля»

logician логик; специалист по логике; специалист по логическому проектированию

logic-in-memory память со встроенной логикой; функциональная память

logic instruction логическая команда

logic-0 level уровень логического нуля; нулевой уровень

logic-1 level уровень логической единицы; единичный уровень

logic level уровень логического сигнала

logic module логический модуль

logic operation логическая операция

logic probe логический пробник

logic shift логический сдвиг

logic simulation логическое моделирование

logic simulation accelerator ускоритель логического моделирования

logic state логическое состояние

logic-state analyzer логический анализатор; анализатор логических состояний

logic symbol логический символ

logic term логический элемент (структуры); логический терм

logic theory математическая логика

logic-type language язык логического типа

logic under test проверяемые логические схемы

logic unit 1. логическое устройство; 2. виртуальный блок

logic variable логическая переменная

log in входить в систему; регистрироваться

login 1. регистрация; регистрация входа в систему; процедура входа пользователя в систему; вход в систему; начало сеанса; 2. регистрационный

login allowed time map расписание разрешения регистрации

login directory регистрационный каталог

login disabled запрещение регистрации

login expiration time время истечения регистрации

log-in file файл регистрации

login form экранный бланк регистрации; форма регистрации (пользователя в системе)

login grace limit предел обнаружения нарушителя регистрации; предел попыток регистрации

login grace remaining число оставшихся попыток регистрации

login intruder address адрес нарушителя регистрации

login intruder attempts попытки нарушителя регистрации

login intruder limit ограничение числа ошибочных регистраций; предел обнаружения нарушителя регистрации

login inversion логическая инверсия

login maximum simultaneous максимум одновременных регистраций

login name регистрационное имя; имя регистрации пользователя; имя регистрации в системе; имя пользователя

login procedure процедура регистрации

login profile профиль регистрации

login restrictions ограничения регистрации

login script сценарий регистрации; процедура регистрации

login security защита регистрации; защита при регистрации в системе

login server сервер, используемый для регистрации пользователя

login shell исходный командный процессор

login time время регистрации

login time restrictions ограничения на время регистрации

logistic 1. логистика; 2. логистический

logistical тыловой

logistical support материально-техническое обеспечение

logistic curve логистическая кривая

logistic process логарифмический процесс

logistic regression логистическая регрессия

logistics 1. материально-техническое обеспечение; 2. логистика (символическая логика)

logistic spiral логарифмическая спираль

log journal журнал регистрации работ

log key ключ регистрации

log message журнальное сообщение

lognormal distribution логарифмически нормальное распределение

lognormal generator генератор случайных чисел с логарифмическим нормальным распределением

logo 1. фирменный знак; логотип; торговый знак; эмблема; 2. регистрационные данные

LOGO язык Лого

logoff 1. конец сеанса; конец обслуживания абонента; выход из системы; регистрация на выходе (из системы); выходная регистрация; отключение; 2. выходить из системы; завершать сеанс (работы)

logoff procedure процедура отключения; процедура завершения работы; процедура выхода из системы

logogram логограмма

logon 1. начало сеанса; вход; регистрация; входная регистрация; регистрация на входе (в систему); процедура входа пользователя в систему; вход в систему; 2. логон (ед. информации); 3. входить в систему; регистрироваться

logon attempts to allow допустимое число попыток регистрации

logon domain домен, проверяющий достоверность регистрации

logon message сообщение, выводимое при регистрации (в системе)

logon procedure процедура регистрации

logon revoked flag флаг отказа в регистрации

logon window окно регистрации

logotype логотип; эмблема

logout 1. конец сеанса; конец обслуживания абонента; выход из системы; выходная регистрация; регистрация выхода из системы; разрегистрация; 2. разрегистрироваться; выходить из системы; регистрировать выход из системы; заканчивать работу

logout character символ размещения

logo window окно логотипа; окно эмблемы

log printing регистрационная распечатка; распечатка регистрационной информации

log queue очередь регистрации

log report отчет; протокол работы системы

log transfer manager администратор регистрации и рассылки изменений

LOID логический идентификатор объекта

LOL громко смеюсь (сокращение, принятое в Internet)

LOMF потеря группы кадров

LON 1. локальная операционная сеть; 2. внешняя сеть; сеть, внешняя по отношению к данной локальной сети

long battery life продолжительное время работы от батареи

long constant длинная константа; константа увеличенной точности

long-distance bridge длинный мост

long-distance carriers поставщики услуг дальней связи

long-distance data link протяженная линия передачи данных

long-distance learning дистанционное обучение

long-distance line междугородная линия

long-distance message transport service служба передачи сообщений на большие расстояния

longest route method метод наиболее длинного пути

longevity 1. срок службы; ресурс; долговечность; 2. продолжительность; 3. долголетие

longevity test ресурсные испытания; испытания на долговечность

long filename длинное имя файла

long haul дальняя связь

long-haul communication передача по длинным линиям

long-haul network сеть с протяженными линиями; глобальная сеть

long-haul radio дальняя радиосвязь

long-haul system система дальней связи

longitude географическая долгота

longitudinal продольный

longitudinal axis продольная ось

longitudinal check продольный контроль; контроль вдоль дорожек

longitudinal parity check продольный контроль по четности

longitudinal recording продольная запись

longitudinal redundancy check продольный контроль; продольный циклический контроль

longitudinal redundancy check character символ продольного контроля

longitudinal redundancy check row строка продольного контроля

long-life с длительным сроком эксплуатации; с длительным сроком хранения

long-lived connection долговременное соединение

long-lived transaction продолжительная транзакция; «долгоживущая» транзакция

long machine type длинное имя машины

long reference длинная ссылка

long space disconnect разъединение при длительном отсутствии сигнала

long-standing устойчивый

long string длинная строка

long-term 1. долгосрочный; перспективный; длительный; 2. установившийся

long-term effect отдаленные последствия

long-term failure длительный отказ

long-term fixing долгосрочное закрепление

long-term memory долговременная память; долговременное запоминающее устройство

long-term memory pool пул долгосрочного выделения памяти

long-term performance trends долгосрочные тенденции изменения производительности

long-term project долгосрочное планирование

long-term storage устройство для долговременного хранения данных

long-term use долгосрочное использование

long time длинный формат времени

long-time memory долговременная память; долговременное запоминающее устройство

long-wavelength lasers длинноволновый лазер

long word длинное слово; двойное слово

long wordlength machine машина с увеличенной длиной слова

LONS система локальных сетей, работающих в реальном времени

look 1. поиск; просмотр; 2. шаг поиска; 3. искать; смотреть

look ahead просмотр вперед; упреждающий просмотр; предварительный просмотр; упреждение

look-ahead buffer буфер предвыборки; опережающий буфер; буфер упреждающей выборки

look-ahead carry ускоренный перенос

look-ahead carry adder сумматор с ускоренным переносом

look-ahead function функция автоматического считывания Web-страниц, на которые имеются ссылки на текущей странице; функция упреждающей загрузки страниц

look-ahead left right grammar контекстно-свободная грамматика LARL; грамматика с упреждающим просмотром левых-правых частей продукций или порождающих правил

look-ahead processor процессор с предвыполнением операций

look-ahead unit блок предварительного просмотра

look-alike имитация; аналог

look-and-feel вид и функции

look-and-feel specification спецификация полиэкранного интерфейса пользователя (в САПР)

look-aside buffer 1. буфер опережающей выборки; 2. буфер предыстории; сохраняющий буфер

look-aside registers ассоциативная таблица страниц

look-at table справочная таблица; просмотровая таблица; таблица преобразования; таблица поиска; таблица перекодировки; таблица соответствия

looker блок просмотра

look like быть похожим на; выглядеть как

look through просматривать

lookup 1. поиск; 2. просмотр; опрос; 3. преобразование; подстановка

lookup column столбец подстановок

lookup combo block комбинированный блок поиска

look-up engine механизм поиска

lookup field поле подстановок

look-up instruction команда просмотра; команда поиска

look-up table просмотровая таблица; таблица поиска; таблица преобразования; таблица перекодировки; справочная таблица; таблица соответствия

look-up value поле поиска; поле, по которому выполняется поиск; справочное значение

lookup wizard 1. мастер поиска (в Windows 2000); 2. мастер подстановок

loop 1. контур; цепь; 2. цикл; 3. шлейф; 4. линия связи; канал; 5. кольцо; петля; 6. петля гистерезиса; 7. контур; 8. кольцевой регистр; 9. замкнутая система; 10. ответвление; 11. скоба; хомут

loop analogy контурная аналогия

loopback 1. кольцевая проверка; 2. возврат к началу цикла; закольцовывание; 3. контур обратной связи; петля; шлейф

loopback address шлейфовый адрес
loopback test петлевой метод (определения повреждения)
loop body тело цикла
loop box блок реализации цикла
loop break разрыв замкнутой цепи
loop bug ошибка в цикле
loop check контроль методом обратной передачи
loopchecking информационная обратная связь; контроль методом обратной передачи
loop coding программирование с использованием циклов; программирование циклов
loop combining объединение циклов
loop count счетчик цикла; переменная цикла
loop counter счетчик цикла
loop dialing набор по шлейфовой системе (в телефонии)
loop exit выход из цикла
loop extents параметры цикла
loop filter контурный фильтр
loop-folding оптимизация циклов в программе
loopfree без циклов
loop fusion слияние циклов
loop gain петлевое усиление (в схеме с обратной связью)
loop head заголовок цикла; шапка цикла
loop header заголовок цикла; шапка цикла
loophole брешь; дыра
looping 1. организация циклов; ведение циклов; 2. выполнение цикла; 3. организация кольцевой сети; 4. выделение контуров; 5. образование нежелательных сетевых маршрутов; образование замкнутых контуров сетевых путей
looping execution 1. циклическое выполнение; 2. время выполнения цикла
loop initialization инициализация цикла
loop instruction команда цикла
loop invariant неизменяемый цикл; инвариант; инвариант цикла
loop invariant analysis анализ инвариантов цикла
loop jamming сжатие цикла; объединение циклов
loop of N число циклов, равное N
loop of the negative value отрицательное число циклов
loop optimization оптимизация циклов
loop qual определение характеристик местной абонентской линии
loop rating кривая зависимости
loop statement оператор цикла
loop termination окончание цикла; завершение цикла; выход из цикла
loop test проверка конца цикла
loop transmission передача по кольцу
loop unrolling развертывание циклов
loop variable счетчик цикла; переменная цикла; параметр цикла
loop wiring connector соединитель-заглушка; разъем с согласующей цепочкой; разъем со шлейфовой цепочкой
loop-within-loop цикл в цикле; вложенный цикл
loose consistency свободное согласование
loose coupling слабая комплексация
loose lines жидкие строки; редкие строки
loose list слабозаполненный список
loosely coupled слабо связанный; со слабой связью
loosely-coupled clusters слабо связанные кластеры
loosely-coupled interface слабо связанный интерфейс; слабая связь
loosely-coupled multiprocessor system многопроцессорная система со слабой связью; слабо связанная многопроцессорная система

loosely-coupled network слабо связанная сеть; сеть со слабой связью; сеть с гибкой связью
looser font делать шрифт свободнее
LOP потеря указателя
Lorenz curve кривая Лоренца
LOS потеря сигнала
lose терять; лишаться; утрачивать; проигрывать
lose changes без сохранения изменений
loss 1. потери; 2. затухание; ослабление; 3. проигрыш (в теории игр); 4. убыток
losses коэффициент потерь
loss factor коэффициент потерь
loss-free line линия передачи без потерь
lossless channel канал без потерь
lossless compression сжатие без потерь
lossless game беспроигрышная игра
lossless image compression высококачественный метод сжатия изображения; сжатие изображения без потерь
lossless line линия передачи без потерь
loss matrix матрица потерь
loss of carrier потеря связи
loss of connection потеря связи; потеря соединения
loss of information потеря информации
loss of pointer потеря указателя
loss of quality потеря качества
loss of significant figures потеря значащих цифр
lossy с потерями
lossy compression сжатие с потерями
lossy line линия передачи с потерями
lost потерянный
lost call безуспешный вызов; безуспешное обращение
lost chain потерянная цепочка (кластеров)
lost cluster потерянный кластер
lost-cluster data данные в потерянном кластере
lost clusters потерянные кластеры
lost data потерянные данные; потерянная информация
lost packet потерянный пакет (при передаче в сети)
lost server connection потеря связи с сервером
loudspeaker громкоговоритель; акустическая система
low 1. младший; 2. с меньшим адресом; 3. низкий; 4. нижний
low-active с низким уровнем активности
low balance limit нижний предел баланса
low-bandwidth computations вычисления, не требующие высокой производительности
low battery низкий уровень заряда (батареи)
low battery indication индикация подсадки батареи; индикация низкого уровня заряда (батареи)
low bit нулевой бит; нулевой разряд
low bound нижняя граница
low-burst rate низкая скорость передачи пакетов
low byte младший байт
low convergence reset time время сброса при медленной синхронизации
low-cost недорогой; дешевый
low-cost automation автоматизация с использование недорогих средств
low-cost solution недорогое решение; недорогое приложение
low-earth-orbit satellite низкоорбитальный спутник
low end 1. младшие модели; 2. программные средства с ограниченными возможностями
low-end 1. младший; минимальный; 2. младшей модели; 3. низкопроизводительный; 4. с ограниченными возможностями
low-end computer машина младшей модели
low-end draw program программа рисования начального уровня

low-end mainframe универсальная ЭВМ младшей модели; мэйнфрейм младшей модели

low-end models ПК низкого ценового класса; ПК младшей модели

low-end PC ПК младшей модели

low-end PDA PDA низкого класса

lower 1. нижний; низший; 2. понижать; снижать

lower-bit-rate channel низкоскоростной канал

lower bound нижний предел; нижняя граница

lowercase нижний регистр; регистр строчных букв

lowercase alphabet алфавит нижнего регистра

lowercase character символ нижнего регистра; строчная буква

lowercase letter буква нижнего регистра; строчная буква

lowercase shift переключение на нижний регистр

lowercase tools инструментальные средства нижнего уровня

lower control limit 1. нижний контрольный предел; 2. нижний предел регулирования

lower data bus шина младших разрядов данных

lower estimate оценка снизу; нижняя оценка

lower level subroutine подпрограмма более низкого уровня

lower-priority низкоприоритетный

lower range value значение нижней границы диапазона

lower spec machine маломощная машина; компьютер младшей модели

lower window edge нижняя граница окна

lowest минимальный; наименьший; самый низкий

lowest available segment доступный сегмент с наименьшим адресом

lowest common denominator наименьшее общее кратное

lowest-order digit цифра младшего разряда; самый младший разряд

lowest value минимальное значение

low-frequency низкочастотный; тональный

low frequency низкая частота

low graphics графика низкого разрешения

low importance низкая важность (сообщения)

low input входной сигнал низкого уровня

low key темное изображение с потерей деталей в светах

low level низкий уровень

low-level нижнего уровня; низкоуровневый

low-level cell элементарная ячейка

low-level coding низкоуровневое программирование; программирование на нижнем уровне

low-level descriptor нижестоящий дескриптор; подчиненный дескриптор

low-level format форматирование на нижнем уровне; физическое форматирование

low-level formatting низкоуровневое форматирование; физическое форматирование; форматирование на нижнем уровне

low-level implementation реализация средствами нижнего уровня

low-level language язык низкого уровня

low-level limiting ограничение по нижнему уровню

low level logic логические схемы с низкими уровнями

low-level scheduler планировщик нижнего уровня; диспетчер нижнего уровня

low-level subroutine подпрограмма нижнего уровня

low-level window окно нижнего уровня

lowline связующая линия; линия на блок-схеме

low-line lockout отключение устройства при недопустимом понижении напряжения питания; отключение при опасном понижении питания

low-luminosity image бледное изображение

low-medium rate LAN локальная сеть малого и среднего быстродействия

low memory 1. младшие адреса памяти; 2. недостаточно памяти

low order младший разряд

low-order digit младший разряд

low-order position младший разряд

low-pass пропускать через фильтр нижних частот

low pass filter 1. фильтр «размывка края»; фильтр «размытие границ» (в графических пакетах); 2. фильтр нижних частот

low-power mode режим пониженного потребления мощности; режим работы с низким энергопотреблением

low priority низкоприоритетный; имеющий низкий приоритет

low-priority user пользователь с низким приоритетом

low-profile плоский; низкопрофильный (о клавиатуре)

low-profile computer вычислительная машина в виде плоского модуля

low-profile keyboard плоская клавиатура; низкопрофильная клавиатура

low program address нижний адрес программы

low-quality analog line аналоговая линия низкого качества; низкокачественный аналоговый канал

low-rated analyst неквалифицированный исследователь

low-resistance с малым сопротивлением; низкоомный

low-resistance contact контакт с малым переходным сопротивлением

low resolution mode графический режим с низким разрешением

low signal rate низкое состояние сигнала

low-speed медленный; малого быстродействия; низкоскоростной

low-speed asynchronous encryptor низкоскоростной шифрователь асинхронного типа

low-speed computer машина с малым быстродействием

low-speed line низкоскоростная линия связи

low-speed network низкоскоростная сеть

low-speed storage медленнодействующее запоминающее устройство

low value младшее значение; нижнее значение; минимальное значение; наименьшее значение

low-volume application прикладная система малой производительности

low warning threshold порог предупреждения об исчерпании

low-wattage с малым потреблением мощности

LP 1. световое перо; 2. линейное программирование

LPA анализатор производительности локальной сети; анализатор пропускной способности локальной сети

LPB тестовый пакет Linpack

LPC 1. локальный вызов процедуры; 2. продольный контроль по четности

L-pen световое перо

lpi 1. линий на дюйм; 2. строк на дюйм

lpm строк в минуту

LP-mode режим работы с низким энергопотреблением; режим работы с низким потреблением мощности

L-port шлейфовый порт

L prefix префикс L

LPT 1. построчный принтер; 2. порт LPT

LPT port порт LPT

LQ режим высококачественной печати; машинописное качество печати

LQ printer принтер с высококачественной печатью; высококачественный принтер

LR малое излучение (монитора)

LRC продольный циклический контроль

LRCC символ продольного циклического контроля

LR(k) grammar LR(k)-грамматика

LR parsing синтаксический анализ LR-типа

LRPC «облегченный» удаленный вызов процедуры; ограниченный удаленный вызов процедуры

LRU «наиболее давно использовавшийся»; удаление давно использованных; алгоритм удаления наиболее давно использовавшихся элементов

LRU algorithm алгоритм удаления наиболее давно использованных элементов

LRU memory память с замещением страницы с наиболее давним использованием

LS 1. сервер загрузки; 2. маломощная микросхема Шотки

LSA архитектура безопасности локальной сети

LSAE низкоскоростной шифрователь асинхронного типа

LSAPI 1. интерфейс прикладного программирования службы лицензирования; 2. интерфейс прикладного программирования для сервера контроля лицензий

LSB младший бит; наименьший значащий бит; младший двоичный разряд

LSD младший разряд; наименьшая значащая цифра

LSI большая интегральная схема

LSL уровень канальной поддержки; уровень поддержки канала передачи данных

LSL default stack registration регистрация стека LSL по умолчанию

LSL packet receive buffers буферы приема пакетов LSL

LSL prescan stack receive ECB приемный ECB предварительного сканирования стека LSL

LSU устройство загрузки/записи

L suffix суффикс L

L-system система Линденмейера

LT 1. узловая станция в локальной сети; 2. терминатор; согласующая оконечная схема линии сети; концевик канала передачи данных; 3. меньше чем

LT computer компактный компьютер; носимый компьютер

LT decomposition нижне-треугольная декомпозиция; декомпозиция матрицы путем выделения нижне-треугольной структуры

LTE 1. оконечная аппаратура волоконно-оптической линии связи; 2. оконечная аппаратура линии передачи данных

LTM администратор регистрации и рассылки изменений

L2TP протокол туннелирования на втором уровне модели OSI

LTRS переключение на регистр букв

LTU линейный терминал

LU 1. логическое устройство; 2. логический блок

LU decomposition LU-декомпозиция

LUG локальная группа пользователей

lumakey люмакей

lumakeying манипуляции с интенсивностью

lumigraphy люмиграфия

luminance 1. яркость; характеристики яркости изображения; мера яркости видеосигнала; 2. сигнал яркости

luminance decay ослабление яркости

luminance factor коэффициент яркости

luminance temperature яркостная температура

luminance threshold порог яркости

luminance variance неравномерность яркости

luminiscence люминесценция

luminophor люминофор

luminosity 1. яркость; 2. спектральная световая эффективность; 3. светимость

luminosity curve кривая видности

luminuous key светящаяся клавиша; клавиша с подсветкой

lumped с сосредоточенными параметрами

lumped circuit схема с сосредоточенными параметрами

lumped constant delay line линия задержки с сосредоточенными параметрами

lumped element элемент с сосредоточенными параметрами

lumped parameter сосредоточенный параметр

lumped parameters system система с сосредоточенными параметрами

LUN логический номер устройства

lunchbox коробка для стационарной работы портативного ПК

lurking просмотр электронной почты без передачи информации

LUT 1. абонентский пункт локальной связи; 2. таблица перекодировки; таблица преобразования

lux люкс (единица освещенности)

LV 1. логический том; 2. с пониженным уровнем

lvalue именующее выражение

lvalue expression именующее выражение; «левое» выражение

LV chip микросхема с пониженным уровнем логического сигнала

LVM диспетчер логических томов; программа управления логическими томами

LVQ 1. квантизация векторов при обучении; 2. линейная квантизация векторов

LV-ROM неперезаписываемый лазерный диск; аналого-цифровой формат лазерных дисков

LV system лазерная система видеозаписи-воспроизведения

LWC соединитель-заглушка; разъем с согласующей цепочкой; разъем со шлейфовой цепочкой

LZ алгоритм уплотнения Лемпела-Зива; алгоритм сжатия Лемпела-Зива

LZn зона парковки головок

LZW метод сжатия Лемпела-Зива-Велча

LZW encoding сжатие данных методом Лемпела-Зива-Велча

L

– Mm –

MA агент управления

MAA алгоритм аутентификации сообщений

MAC 1. управление доступом к среде; управление доступом к линии связи; 2. обязательный контроль доступа; полномочное управление доступом; 3. код аутентификации сообщений; 4. контроллер адресов памяти; контроллер доступа к памяти

MAC address MAC-адрес

Mac-compatible Mac-совместимый; совместимый с Macintosh

Mach band effect эффект полос Маха

machinable обрабатываемый машиной

machine 1. машина; вычислительная машина ; компьютер; 2. механизм; устройство; 3. машинный

machine account учетные данные машины

machine accounting машинная бухгалтерия

machine address машинный адрес; физический адрес

machine addressing машинная адресация

machine arithmetic машинная арифметика

machine-associated машинно-зависимый

machine attendance уход за машиной; техническое обслуживание машины

machine charges расходы на обслуживание машины

machine check analysis and recording средство регистрации и анализа машинных сбоев

machine check error indicator индикатор машинной ошибки; индикатор машинных сбоев

machine check handler обработчик машинных сбоев; программа обработки машинных ошибок; программа регистрации и обработки машинных сбоев

machine check indicator индикатор контроля работы машины

machine-check interrupt прерывание от схем контроля; прерывание по сигналу аппаратного контроля; прерывание по машинному контролю

machine check recording and recovery средство регистрации машинных сбоев и восстановления

machine check recovery option опция восстановления проверки машины

machine code язык машины; машинный код

machine collating sequence последовательность сортировки; используемый машиной порядок сортировки символов

machine computation машинное вычисление

machine configuration конфигурация машины

machine-created halt автоматический останов

machine-dependent зависимый от машины; машинно-ориентированный; машинно-зависимый

machine-dependent capabilities возможности, зависящие от используемой машины

machine-dependent optimization машинно-зависимая оптимизация

machine-dependent program машинно-зависимая программа

machine directory машинный каталог

machine equivalence машинная эквивалентность

machine error машинная ошибка; сбой машины; ошибка из-за неправильной работы машины

machine failure аппаратный сбой; машинный сбой

machine fault машинная ошибка; сбой машины

machine group машинный комплекс; группа ЭВМ

machine hours authorized разрешенное для пользователей машинное время

machine ID byte идентификационный байт машины

machine-independent машинно-независимый; независимый от машины

machine-independent language машинно-независимый язык

machine-independent program машинно-независимая программа; переносимая программа

machine instruction машинная команда

machine intelligence искусственный интеллект

machine interface машинный интерфейс

machine internal function внутренняя функция

machine-learned fragment analysis анализ через машинное обучение на фрагментах; методика распознавания символов MLFA

machine learning машинное обучение

machine-limited system система, ограниченная возможностями машины

machine logic машинная логика

machine-machine interface межмашинный интерфейс

machine method машинный метод

machine name имя машины

machine operation машинная операция

machine operation bug ошибка при выполнении машинной операции

machine-oriented машинно-ориентированный

machine-oriented language машинно-ориентированный язык; автокод

machine-processable medium машиночитаемый носитель

machine processing машинная обработка

machine program программа машины; машинная программа

machine program system система автоматического программирования

machine proof сигнальный экземпляр

machine-readable пригодный для ввода в ЭВМ; машиночитаемый; машинно-считываемый; распознаваемый машиной; считываемый машиной machine-readable cataloging каталогизация с использованием машинно-читаемых документов

machine-readable character машинно-читаемый символ

machine-readable code машинно-читаемый код

machine-readable data carrier носитель информации, воспринимаемый машиной

machine recognition машинное распознавание

machine reconversion перестройка машины

machine reliability надежность машины

machinery 1. машины; оборудование; техника; механизмы; машинное оборудование; 2. алгоритмы; механизмы обработки данных

machine search машинный поиск

machine-sensible 1. машинно-зависимый; 2. машинно-считываемый

machine-sensible information машинно-считываемая информация; машинно-воспринимаемая информация

machine set-up time время подготовки машины к работе

machine sorting машинная сортировка

machine-specific software машинно-зависимое программное обеспечение

machine state error ошибка состояния машины

machine state register регистр состояния машины

machine system машинный комплекс

machine time машинное время

machine time logging регистрация машинного времени; учет машинного времени

machine translation машинный перевод

machine-treatable 1. машинно-считываемый; 2. интерпретируемый с помощью ЭВМ

machine word машинное слово

Macintosh Application Environment прикладная среда Macintosh

Macintosh-like navigator навигатор для компьютеров Macintosh

MAC layer MAC-уровень; уровень, управляющий доступом к сетевой среде; подуровень контроля доступа к среде передачи; подуровень управления доступом к физическому носителю

MAC-layer switching коммутация на уровне MAC

MAC-LLB обучающийся мост уровня MAC

MACP протокол управления доступом к среде (передачи данных)

MAC protocol протокол управления доступом к среде (передачи данных)

macro 1. макрос; макрокоманда; 2. макроопределение; 3. макрофункция; 4. макроструктура

macroaction макродействие

macroassembler макроассемблер

macroblock макроблок

macro body макротело; тело макрокоманды; тело макроопределения

macro button макрокнопка; командная кнопка, выполняющая макрокоманду

macro call макровызов; обращение к макрокоманде

macro cell 1. макроячейка; 2. макроэлемент

macro cell array матрица макроэлементов

macrocode 1. макрокоманда; 2. система макрокоманд; набор макрокоманд; макрокод

macrocoding макропрограммирование; программирование на макроязыке

macrocommand макрокоманда

macrocommand generator генератор макрокоманд

macro declaration макроопределение; макрообъявление; определение макрокоманды

macro declaration body тело макроопределения

macro definition макроопределение; определение макрокоманды

macro definition library библиотека макроопределений; макробиблиотека

macro designer конструктор макросов

macro diversity технология «макроразнесения» (в сотовой связи)

macroeconomic indices макроэкономические показатели

macroexerciser 1. отладчик макрокоманд; 2. программа комплексного циклического тестирования; программа комплексного тестирования

macro expanding расширение макрокоманды

macroexpansion макрорасширение; макроподстановка

macroexpansion instruction команда макрорасширения; макрокоманда

macro facilities средства макроязыка; макросредства

macro flowchart 1. укрупненная блок-схема; макроблок-схема; 2. блок-схема макрокоманды

macrofunction макрофункция

macrogeneration макрогенерация; макроподстановка

macro generator макрогенератор; макропроцессор

macroinstruction макрокоманда; макроинструкция

macroinstruction extension расширение макрокоманды

macroinstruction operand операнд макрокоманды

macrointerrelationship макросвязи

macro invocation вызов макрокоманды

macro language макроязык; язык макроассемблера

macro learn mode режим формирования макрокоманд

macro level макроуровень

macrolibrary библиотека макроопределений; макробиблиотека

macrolibrary catalog каталог макробиблиотеки

macromemory макропамять; память макрокоманд

macro model макромодель

macro module макромодуль

macro name имя макрокоманды; имя макроса; макроимя

macro object макрообъект; объект макрокоманды

macro package макропакет

macro parameter макропараметр; параметр макрокоманды

macro pipeline макроконвейер

macroprocessing instruction команда макрообработки

macroprocessing unit команда макрообработки

macroprocessor макрогенератор; макропроцессор

macroprogram макропрограмма

macroprogramming программирование с использованием макрокоманд; макропрограммирование

macroprogramming language язык макрокоманд; язык макропрограммирования

macro prototype макропрототип; образец макрокоманды; прототип макрокоманды; макроопределение

macro prototype statement оператор прототипа макрокоманды

macro recorder макрорегистратор; средство записи макрокоманд

macro replacement макроподстановка

macro replacement list список замещений макрокоманды

macrorules правила записи макрокоманд

macros 1. макроопределение; макрос; макрокоманда; 2. макроэлементы; макроячейки

macrosheet макротаблица

macro string макрострока; строка макрокоманды

macrostructure макроструктура

macro substitution макроподстановка

macrosystem макросистема; система макрокоманд

macro toolbar панель макросов

macrotracer средство трассировки макрокоманд; макротрассировщик

313

macro virus макровирус; вирус, распространяемый через макрокоманды

MACS 1. городская коммуникационная система; 2. подуровень управления доступом к среде (передачи данных)

MACs/s число операций умножения/накопления в секунду

MAE прикладная среда Macintosh

MAF центральная ЭВМ; мэйнфрейм

mag. 1. журнал; 2. магнитный

MAG региональный шлюз

magazine 1. журнал; 2. магазин

magazine assembly блок магазинов

magazine base «дно» магазина

magazine feed магазинная подача

magazine request «магазинный» запрос; запрос на установку или смену носителя на устройстве магазинного типа

magenta пурпурный; малиновый

magic number магическое число

magic stretch изменение масштаба растрового изображения с учетом разрешения принтера

magic wand инструмент «волшебная палочка» (в графических пакетах)

Magic Wand Mask tool инструмент «выделение волшебной палочкой»

magistral interface магистральный интерфейс

magnethographic printer магнитографический принтер

magnetic магнитный

magnetic belt петля магнитной ленты

magnetic bias подмагничивание

magnetic bubble цилиндрический магнитный домен

magnetic bubble domain цилиндрический магнитный домен

magnetic bubble memory память на цилиндрических магнитных доменах

magnetic card магнитная карта

magnetic card storage запоминающее устройство на магнитных картах; накопитель на магнитных картах

magnetic card system система на магнитных картах; устройство для обработки магнитных карт

magnetic carrier магнитный носитель

magnetic character printer магнитографическое печатающее устройство

magnetic conductivity магнитная проводимость

magnetic constant магнитная постоянная

magnetic coping магнитное копирование

magnetic delay line магнитная линия задержки

magnetic disk магнитный диск

magnetic drum магнитный барабан

magnetic encoding магнитное кодирование

magnetic field магнитное поле

magnetic head магнитная головка

magnetic-head assembly блок магнитных головок

magnetic head-to-voucher distance зазор между магнитной головкой и поверхностью носителя

magnetic induction магнитная индукция

magnetic ink character recognition чтение знаков, отпечатанных магнитной краской; распознавание символов, нанесенных магнитными чернилами

magnetic media магнитный носитель; магнитная среда

magnetic medium магнитная среда; магнитный носитель; магнитный материал

magnetic memory магнитная память; магнитное запоминающее устройство; запоминающее устройство на магнитных элементах

magnetic recording магнитная запись

magnetic resonance imaging получение изображений органов тела с помощью магнитного резонанса

magnetic sticker магнитная метка

magnetic storage магнитное запоминающее устройство; магнитная память

magnetic stripe магнитная полоска

magnetic tape магнитная лента

magnetic tape access 1. выборка данных с магнитной ленты; 2. обращение к ленте

magnetic tape archives архив магнитных лент; архив на магнитных лентах

magnetic tape cartridge кассета магнитной ленты

magnetic tape cassette unit 1. блок кассет с магнитной лентой; 2. накопитель на кассетной магнитной ленте

magnetic tape code код магнитной ленты

magnetic tape data данные на магнитной ленте

magnetic tape data memory запоминающее устройство на магнитной ленте

magnetic tape deck комплект магнитных лент

magnetic-tape driven управляемый от магнитной ленты

magnetic tape file файл на магнитной ленте

magnetic-tape filing cabinet шкаф для хранения магнитных лент

magnetic tape input ввод с магнитной ленты

magnetic tape label метка магнитной ленты; метка на магнитной ленте

magnetic-tape loop кольцо магнитной ленты

magnetic tape mechanism лентопротяжный механизм

magnetic tape organization организация данных на магнитных лентах

magnetic tape-oriented data acquisition system система сбора данных на магнитной ленте

magnetic tape program library библиотека программ на магнитной ленте

magnetic tape reader устройство для считывания с магнитной ленты

magnetic tape sorting problem задача сортировки данных с использованием магнитных лент

magnetic tape storage запоминающее устройство на магнитной ленте; накопитель на магнитной ленте; НМЛ

magnetic tape subsystem подсистема накопителей на магнитной ленте; подсистема записи на магнитную ленту; подсистема магнитных лент

magnetic tape transport лентопротяжное устройство

magnetic tape unit блок магнитной ленты

magnetic thin film тонкая магнитная пленка

magnetic track магнитная дорожка

magnetized намагниченный

magnetizability намагничиваемость; магнитная восприимчивость

magnetization 1. намагниченность; 2. намагничивание; перемагничивание

magnetization curve кривая намагничивания

magnetization mechanism механизм перемагничивания

magnetize намагничивать

magnetizing force напряженность магнитного поля

magnetographic printer магнитографический принтер

magneto-optical магнитооптический

magneto-optical disk магнитооптический диск

magneto-optical drive магнитооптический дисковод; магнитооптический накопитель; дисковод для магнитооптических дисков

magnification 1. увеличение; кратность увеличения; 2. усиление

magnification adjusting регулировка увеличения

magnifier усилитель

magnifying glass лупа

magnitude 1. величина; значение; 2. амплитуда; 3. модуль; абсолютная величина; 4. размер; 5. громкость (звука)

magnitude comparison сравнение по величине

mag tape магнитная лента

mail почта

mail address почтовый адрес; адрес электронной почты

mailbox почтовый ящик (электронной почты)

mailbox ID идентификатор почтового ящика (электронной почты)

mailbox location местонахождение почтового ящика

mailbox service служба почтовых ящиков (электронной почты)

mailbox system система почтовых ящиков (электронной почты)

mail delivery report уведомление о доставке почты

mail directory каталог почты

mail-enabled со средствами электронной почты; поддерживающий функции электронной почты

mail-enabled application приложение, поддерживающее электронную почту

mailer приложение электронный почты; модуль электронной почты; почтальон (программа)

mail facility средства электронной почты

mail folder папка для почты

mail-forwarding software программное обеспечение передачи сообщений средствами электронной почты

mail gateway почтовый сетевой интерфейс; шлюз электронной почты

mail group группа электронной почты

mailing address адрес электронной почты; почтовый адрес

mailing device почтовое устройство

mailing label почтовая этикетка; почтовая наклейка; почтовый ярлык

mailing label information информация почтовой метки

mailing list список адресов; список рассылки; подсистема рассылки; группа электронной почты

mailing-list database база данных списков рассылки электронной почты

mailing sorting device почтовое сортирующее устройство

mail-merge слияние; простановка почтовых реквизитов (в системе подготовки почтовой корреспонденции); вставка информационных заготовок в подготавливаемые письма; составление стандартных писем

mail merge database источник данных (при слиянии)

mail-merge facility средство вставки информационных заготовок в подготавливаемые сообщения электронной почты

mail merging подготовка стандартных писем

mail-on-demand почта по требованию

mail program программа электронной почты

mail recipient адресат; получатель (электронной) почты

mail reflector программа-регулировщик электронной почты

mail routing system система маршрутизации сообщений электронной почты

mail server сервер электронной почты; почтовый сервер

mail service почтовая служба; служба электронной почты

mailslot почтовый ящик; почтовая ячейка

mail-slot feature средство секционирования (памяти)

mailstop почтовое отделение

mail system система электронной почты

mail traffic почтовый обмен; трафик электронной почты

mail transport agent транспортный агент электронной почты

mail transport system система доставки почты

mail user agent пользовательский программный агент электронной почты; пользовательский почтовый агент

mail users' support environment среда поддержки пользователей электронной почты

main 1. магистральная линия; питающая линия; питающий провод; электрическая сеть; 2. красная строка; 3. главный; основной

main control unit основной блок управления

main coupling основная связь

main dictionary only только из основного словаря (установка в текстовых редакторах)

main file 1. главный файл; 2. главный архив; главная картотека

mainframe 1. мэйнфрейм; универсальная ЭВМ; большая ЭВМ; 2. основной комплект; 3. основной; исходный; основополагающий

mainframe-class server сервер класса мэйнфрейма

mainframe computer мэйнфрейм; универсальная ЭВМ; большая ЭВМ; основная ЭВМ

mainframe development system система разработки для мэйнфреймов

mainframe facility центральная ЭВМ; мэйнфрейм

mainframe system networking сетевые средства больших вычислительных систем

main frame window основное окно-рамка

main function главная функция

main index главный индекс; старший индекс; первичный индекс

main laser beam основной лазерный луч

main-level entry элемент основного уровня; главный элемент

mainline основная ветвь (программы)

main loop основной цикл

main mail merge document основной документ слияния (в системах электронной почты)

main memory основная память; оперативная память

main memory address адрес основной памяти

main memory dump дамп содержимого основной памяти

main memory hierarchy иерархия основной памяти

main menu основное меню; главное меню

main menu bar основное меню

main page frame главный страничный пул

main part основная часть

main procedure основная процедура

main program главная программа; основная программа; ведущая программа

main program beginning начало основной программы

main program end конец основной программы

main protection основная защита

main routine основная программа

main screen основной экран

mains-powered computer компьютер с питанием от бытовой электросети

main storage 1. основная память; оперативная память; ОЗУ; оперативное запоминающее устройство; 2. основное запоминающее устройство

main storage dump дамп оперативной памяти

main storage hierarchy support система иерархического разделения оперативной памяти

main storage partition раздел оперативной памяти

main storage region зона оперативной памяти

main store основная память

main store allocation распределение основной памяти

main store management управление основной памятью

mainstream массовый; широко распространенный; серийно выпускаемый

mainstream device серийно выпускаемый прибор; широко распространенное устройство

mainstream network management управление большими сетями передачи данных

mains voltage напряжение сети; сетевое напряжение

maintain сопровождать; поддерживать; эксплуатировать

maintainability 1. ремонтопригодность; 2. эксплуатационная надежность; 3. восстанавливаемость; 4. удобство эксплуатации; удобство сопровождения; удобство обслуживания

maintain a list вести список

maintain a log вести журнал

maintaining aspect ratio соблюдение пропорций

maintaining document page size сохранение размеров страницы документа (при печати)

main task главная задача

maintenance 1. техническое обслуживание и ремонт; регламентные работы; 2. эксплуатационные расходы; 3. поддержание; сохранение; 4. сопровождение (программного обеспечения); поддержка; ведение (файла)

maintenance administration административное управление сопровождением

maintenance charges эксплуатационные расходы; затраты на сопровождение; расходы по текущему обслуживанию

maintenance contract контракт на обслуживание

maintenance costs затраты на сопровождение; расходы на текущее обслуживание

maintenance cycle цикл обслуживания

maintenance department служба сопровождения; отдел технического обслуживания

maintenance diagnostics выявление неисправностей в процессе технического обслуживания

maintenance documentation эксплуатационная документация

maintenance function функция обслуживания

maintenance group группа обслуживания

maintenance guide руководство по технической эксплуатации

maintenance information system информационная система технического обслуживания

maintenance instruction инструкция по техническому обслуживанию

maintenance mode режим поддержки

maintenance personnel обслуживающий персонал; персонал поддержки

maintenance programming составление профилактических программ

maintenance rate периодичность технического обслуживания

maintenance staff сотрудники технического обслуживания; обслуживающий персонал

maintenance time время обслуживания

maintenance tool 1. ремонтный инструмент; 2. средства технического обслуживания

maintenance traffic служебный трафик

maintenance work работы по техническому обслуживанию; техническое сопровождение

mainterm form дизъюнктивная нормальная форма

main unit центральный процессор

main updating оперативная актуализация (базы данных)

main user word list главный список слов пользователя

main window главное окно

MAIS информационная система технического обслуживания

major главный; основной

major accounts основные показатели

major attribute основной атрибут

major changes важные изменения; крупные изменения; существенные модификации

major computer center главный вычислительный центр

major control change большая смена операции

major control data управляющие данные высшего уровня

major control field главное управляющее поле

major cycle большой цикл; главный цикл

major failure существенная неисправность; серьезная неисправность

major grid lines основные линии сетки

major head основной заголовок

majority 1. большинство; 2. мажоритарный

majority commit фиксация по большинству

majority element мажоритарный элемент; элемент мажоритарной логики

majority function мажоритарная функция; функция большинства

majority gate мажоритарный вентиль

majority group мажоритарная группа

majority logic мажоритарная логика

major key главный ключ; старший ключ; основной ключ

major loop 1. кольцевой регистр связи; 2. предельная петля гистерезиса

major manufacturer крупный производитель

major queue основная очередь

major resource старший ресурс

major structure главная структура

major task главная задача; основная задача; ведущая задача

major time slice большой временной промежуток; основной временной интервал

major version основной номер версии; старшая версия

make 1. модель; тип; марка; 2. замыкание; 3. рациональная компоновка программы; сборка программы с перекомпиляцией измененных модулей; 4. изготовлять; изготавливать; производить; 5. замыкать

make-and-brake 1. переключение; замыкание и размыкание; 2. включение и выключение; 3. устройство для замыкания и размыкания

make-before-break switching коммутация по принципу «замыкание-разрыв»; соединение по принципу «замыкание-разрыв»

make/break ratio отношение длительности сигналов ответа абонента/отбоя

make call делать (телефонный) звонок

make command button transparent отображение кнопки в прозрачном виде

make directory создать каталог

make equal сделать равным

make file make-файл; сборочный файл проекта; формирующий файл; файл сборки

maker изготовитель; фирма-изготовитель

make-ready приправка

make subproject connection установить связь подпроектов

make sure быть уверенным; удостовериться; убедиться

make-table query запрос формирования таблицы; запрос на создание таблицы

make-to-orger изготовление на заказ

makeup 1. состав; композиция; 2. определение состава; 3. компоновка; верстка; монтаж

makeup display дисплей системы (для) верстки; верстальный дисплей

make-up editing техническое редактирование

make-up element элемент верстки

makeup time время повторных прогонов

make use of использовать

making формирование программы рациональная компоновка программы; сборка программы с перекомпиляцией измененных модулей

making it fit подгонка

malconformation диспропорция; непропорциональность

male connector штыревой контакт; штырь; вилочная часть соединителя; вилка соединителя; вилка разъема

male contact штыревой контакт
male gage калибровка
malformed искаженный
malfunction сбой; неисправность; неправильное срабатывание; ложное срабатывание; неправильной функционирование; нарушение работоспособности
malfunction detection выявление неправильного функционирования
malfunction diagnosis диагностика сбоев; выявление неправильного функционирования
malfunction rate частота сбоев
malicious code враждебный программный код
man. ручной
MAN 1. региональная сеть; зональная сеть; средняя сеть; 2. городская сеть; общегородская сеть
manage руководить; управлять; вести; организовывать
manageability управляемость; обслуживаемость
manageable удобный в управлении; легко управляемый
managed mode режим автоматического управления; комплексный режим
managed node управляемый узел
managed right управляемое право
management 1. управление; руководство; координация; администрирование; 2. администрация; дирекция; 3. организация
management activity управленческая деятельность
management agent агент управления
management application layer уровень административных приложений
management architecture архитектура управления
management console консоль управления; система управления
management domain домен управления
management engineer специалист по проблемам управления
management engineering техника управления
management environment среда администрирования
management facilities средства управления
management game деловая игра; управленческая игра
management graphics управленческая графика
management information управленческая информация; административная информация
Management Information File файл административной информации
management information system управленческая информационная система; административная информационная система; информационно-управляющая система
Management Integration Consortium Консорциум по интеграции средств сетевого управления; MIC
management interface интерфейс управления
management planning планирование и управление
management port порт управления
management science методы управления
management software программное обеспечение управления; управляющее программное обеспечение
management station управляющая рабочая станция; рабочая станция управления сетью
management system административная система; центр управления сетью; система управления; управляющая система
management technology методы управления
management work automation автоматизация управленческого труда
manager 1. руководитель; управляющий; менеджер; организатор; распорядитель; 2. программа управления; управляющая программа; программа-менеджер; администратор;

диспетчер; 3. подсистема управления; 4. устройство управления
managerial управленческий
managerial application применение ЭВМ в управленческой деятельности
managerial praxis практика управления
managerial solution управленческое решение
manchester coding манчестерское кодирование
man-computer communication человеко-машинное взаимодействие
man-computer graphics человеко-машинная система графического взаимодействия
mandatory обязательный
mandatory access control обязательный контроль доступа; полномочное управление доступом
mandatory argument обязательный аргумент
mandatory attribute обязательный атрибут
mandatory field обязательное поле; поле, требующее заполнения
mandatory member обязательный элемент; обязательный член набора
mandatory protection полномочная защита
mandatory service обязательная услуга
mandatory user profile обязательный профиль пользователя
mangled name скорректированное имя
mangling правка; подгонка имени функции
manhole кабельный колодец
man-hour 1. человеко-час; 2. трудозатраты (в человеко-часах)
manifest constant буквальная константа; литерал; именованная константа; самообъявляющаяся константа; переименованная константа
manifest expression статическое выражение; выражение, значение которого определяется во время трансляции
manifest named constant именованная константа
manifold 1. многообразный; разнородный; 2. размножать
manifolding многоэкземплярная печать
manipulate управлять; манипулировать
manipulation 1. манипулирование; работа; операции; 2. манипуляции; обработка; 3. управление
manipulation detection контроль работы с данными
manipulative indexing координатное индексирование
manipulator 1. манипулятор; механическая рука робота; 2. блок манипулирования
man-machine communication связь человека с машиной; человеко-машинное общение
man-machine interaction человеко-машинное взаимодействие
man-machine interface человеко-машинный интерфейс
man-machine interfacing организация сопряжения «человек-машина»
man-machine mode режим диалога «человек-машина»
man-machine system человеко-машинная система
man-made defect внесенный дефект
man-made failure внесенный отказ
man-made fault внесенная неисправность
man-made interference индустриальные помехи
manner способ; метод; образ действий
manning 1. ручное управление; обслуживание; 2. обслуживающий персонал; 3. комплектование обслуживающим персоналом
man pages страницы справочника man (в ОС UNIX)
manpower resources трудовые ресурсы; людские ресурсы
man-rated приспособленный для использования человеком
MAN switching system система коммутации региональной сети

mantissa мантисса; дробная часть
manual 1. руководство; справочник; описание; инструкция; 2. ручной; неавтоматизированный; управляемый вручную; действующий от руки
manual backup 1. ручное резервирование; 2. ручное резервное копирование
manual call ручной вызов
manual computation ручное вычисление; вычисление вручную; ручной счет
manual control ручное управление
manual count ручной счет
manual dial ручной набор телефонного номера
manual entry ручной ввод
manual equipment неавтоматизированное оборудование; неавтоматизированная аппаратура
manual feed ручная подача; ручной режим
manual file ручная картотека
manual input ручной ввод
manual input device устройство ручного ввода
manual input facility средство ручного ввода
manual intervention ручное вмешательство
manual kerning ручной кернинг
manual link связь, обновляемая вручную
manually вручную
manual member неавтоматический член набора
manual operation ручное обслуживание; ручной режим; ручная операция
manual overdrive ручное управление
manual program input ручной ввод программы
manual reset event событие со сбросом вручную
manual scaling ручное масштабирование
manual sorting ручная сортировка
manual time время, затрачиваемое на ручную работу
manufacturability технологичность
manufacture 1. производство; 2. обработка; 3. изделие; продукция; 4. перерабатывающая отрасль; 5. производить: 6. обрабатывать
manufacturer изготовитель; производитель
manufacturer suggested list price прейскурантная цена, предлагаемая производителем
manufacturing automation protocol протокол автоматизации производства; универсальный протокол локальных сетей автоматизации производства
manufacturing capacity производственные мощности
manufacturing cost стоимость производства
manufacturing database база данных о производственном процессе
manufacturing defect производственный брак; дефект изготовления
manufacturing fault ошибка изготовления
manufacturing information and control system информационная система управления производством
manufacturing knowledge system система знаний о производстве
Manufacturing Messaging Specification спецификация производственной службы сообщений
manufacturing order производственный заказ
manufacturing plan 1. технологический маршрут; операционная технологическая карта
manufacturing testing производственные испытания
man years человеко-годы
manyfold многократный
many-for-one language язык, сжимаемый при трансляции
many-to-many dependence зависимость типа «многие ко многим»

many-to-many relation отношение «многие ко многим»
many-to-one dependence зависимость типа «многие к одному»
many-to-one relation отношение «многие к одному»
many-valued многозначный
many-valued logic многозначная логика
MAP 1. пакет для анализа микропроцессора; 2. «управляемость, надежность, производительность»; 3. модульный акустический процессор; 4. протокол автоматизации производства
map 1. отображение; назначение; 2. преобразование (из одной формы в другую); 3. текстура; накладываемое на поверхность растровое изображение; 4. файл растрового изображения; 5. план; карта распределения; схема распределения; 6. карта; таблица; 7. географическая карта; 8. отображать; устанавливать соответствие; 9. преобразовывать; 10. назначать; отображать; 11. увязывать; проецировать
map a network drive подключить сетевой диск
map bus шина отображения
map file 1. файл карты ссылок; 2. файл распределения памяти; 3. файл растрового изображения; файл текстуры
MAPI интерфейс MAPI; программный интерфейс коммуникационных приложений; API-интерфейс приложений электронной почты; интерфейс программирования приложений для обмена сообщениями; интерфейс прикладного программирования приложений электронной почты
map icon пиктограмма текстуры
MAPI service provider компонент доступа к MAPI
MAPL программируемые логические интегральные схемы многоматричной архитектуры
map method метод карт
MAP network сеть передачи данных, использующая протокол MAP
map out исключать из карты (распределения дисковой памяти)
map over отображать; устанавливать соответствие
mapped buffer буфер поэлементного отображения; отображаемый буфер
mapped disk назначенный диск; отображенный диск
mapped memory расширенная память; отображаемая память
mapped system система с отображением расширенной памяти; система с управляемой памятью
mapping 1. распределение; 2. схема распределения; карта размещения информации; 3. составление схемы; картографирование; 4. отображение; 5. наложение; 6. текстура; 7. преобразование; 8. географическая карта; 10. сопоставление; соответствие; увязка; 12. управление памятью; 11. назначение; присваивание; 12. проецирование; проекция; 13. разрядность адресов
mapping application 1. приложения для построения схем; 2. приложение работы с географической картой; картографическое приложение; картографический пакет
mapping coordinates координаты текстуры (присваиваемой объекту)
mapping/demapping упаковка/распаковка
mapping device устройство отображения
mapping drive подключение сетевого диска
mapping mode 1. режим наложения; тип отображения; режим отображения; 2. режим сопоставления координат
mapping/multiplexing преобразование-отображение/мультиплексирование; отображение/уплотнение
mapping program картографическая программа
mapping time время подкачки страничной памяти
map region регион карты

map to object filter фильтр «натягивание на объект» (в графических пакетах)

map type тип текстурирования; тип наложения растрового изображения

map view просмотр с отображением

marble мрамор (фактура)

marching ants бегущий пунктирный контур (в графических пакетах)

margin 1. край; граница; 2. пределы рабочего режима; 3. запас регулирования; 4. запас; 5. прибыль; маржа; разница между себестоимостью и продажной ценой; 6. гарантийный взнос; 7. исправляющая способность (в системе передачи данных); 8. поле (страницы); 9. кайма; граница; 10. заходить за поле

marginal предельный; крайний; маргинальный

marginal analysis предельный анализ

marginal check граничная проверка; граничные испытания; проверка при граничных условиях

marginal coefficient предельный коэффициент

marginal component элемент, работающий в предельном режиме

marginal conditions предельные условия; граничные условия; граничный режим

marginal cost предельная стоимость; предельные издержки; максимальная себестоимость

marginal distribution безусловное распределение компоненты многомерной случайной величины

marginal error граничная ошибка; ошибка из-за выхода за пределы рабочего режима

marginal fault граничная неисправность; неисправность из-за выхода параметра за допустимую границу

marginal revenue маргинальный доход; предельный доход

marginal test граничная проверка; граничные испытания

marginal utility маргинальная полезность; предельная полезность

margin of error предел погрешности

margin of safety надежность; запас надежности; коэффициент безопасности; запас прочности

margin setting установка полей

mark 1. токовая посылка; 2. метка; отметка; пометка; маркер; знак; 3. маркерный импульс; 4. сигнал логической единицы; 5. флаговый разряд; 6. отмечать; размечать; обозначать

mark as read пометить как прочтенное

mark as unread пометить как непрочтенное

marked отмеченный

marked column помеченный столбец; помеченная колонка

marked points graph график, помеченный точками

marker 1. маркер; признак; метка; графический маркер; отметка точки на графике; 2. маркер; отметчик; 3. инструмент разметки; 4. регулярный признак

markers graph маркерный график

market 1. рынок; 2. продавать на рынке; предлагать; рекламировать

market analysis анализ состояния рынка; анализ рынка

marketed version продаваемая версия; распространяемая версия

market forecasting прогнозирование рынка

market game рыночная игра

marketing маркетинг

marketing director директор по маркетингу

marketing rights право на продажу

marketing VP вице-президент по вопросам маркетинга

market-leading лидирующий на рынке

market-research firm фирма, занимающаяся исследованием рынка

market share доля рынка

mark-hold сигнал отсутствия трафика

marking 1. маркировка; обозначение; 2. пометка; метка; отметка; 3. разметка

marking bias смещение маркерных импульсов

marking text for table of contents маркировка текста для сбора оглавления

mark off размечать

Markov analysis анализ Маркова

Markov chain цепь Маркова

Markovian machine марковская машина

Markovian process марковский процесс

Markov source марковский источник

mark reading считывание метки; поиск метки; считывание маркера

mark recognition распознавание меток

mark scanning поиск метки; считывание меток

mark scanning document документ с метками; документ с маркерами

mark-sense наносить метки

mark sensing распознавание метки; считывание метки

mark-space ratio коэффициент заполнения; отношение длительности

mark to delete пометить для удаления

mark to retrieve пометить для загрузки

mark to retrieve a copy пометить для загрузки копий

mark-track error ошибка из-за маркерной дорожки; ошибка из-за неправильного поступления маркерных сигналов

mark-up code маркировочный код

maroon малиновый

marquee 1. выделяющая рамка; прямоугольная область для выделения объектов; шатер; область, выделенная инструментом выбора (в графических программах); 2. инструмент «выделение прямоугольником»

marquee box выделяющая рамка

marquee properties свойства элемента управления Marquee

marquee select выделение с помощью рамки

marquee zoom масштабирование с помощью выделяющей рамки

marshalling 1. компоновка с объектами, расположенными на других компьютерах; 2. трансляция; передача параметров и возврат результатов при передаче вызова в другое адресное пространство

MAS система доступа к данным мультимедиа

mask 1. трафарет; маска; шаблон; комбинация разрядов; 2. рамка; 3. диафрагма; 4. маскировать; накладывать маску

maskable interrupt маскируемое прерывание

mask bit бит маски

mask brush tool инструмент «выделение кистью»

mask channel канал-выделение

mask channels каналы выделения

mask contents содержимое выделения; содержимое маски

mask creation создание выделения

masked bit маскированный разряд

masked exception замаскированное прерывание; маскированное прерывание; блокированное прерывание

masked interrupt замаскированное прерывание; маскированное прерывание; блокированное прерывание

masked segment маскируемый сегмент

mask holder держатель трафарета

mask indicator индикатор выделения (в графических пакетах)

M

masking 1. маскирование; наложение маски; установка маски; 2. экранирование; 3. диафрагмирование; 4. маскирующий; 5. экранирующий

masking camera установка для изготовления фотошаблонов

masking check period контрольный период маскирования

mask-level layout топология на уровне маски

mask marquee рамка выделения

mask matching сопоставление с маской

mask mode режим выделения

mask overlay подкрашивание невыделенного; быстрое выделение

mask-programmable device устройство с масочным программированием

mask programmable logic array логическая матрица с масочным программированием; масочно-программируемая логическая матрица

mask recording запись маски

mask register регистр маски

mask registration совмещение фотошаблона

mask scissors tool инструмент «выделение ножницами»

mask search поиск по маске

mask set enable bit бит разрешения установки маски

mask tool инструменты «выделение»; инструмент выделения

mask transform tool инструмент «трансформация выделения»

mask transparency прозрачность выделения

mask value значение маски

masquerade 1. подмена; подлог; 2. маскарад; выдача себя за другое лицо; имитация пользователем другого лица; нелегальное проникновение

masquerading выдача себя за другое лицо; имитация пользователем другого лица; нелегальное проникновение

Massachusetts Institute of Technology Массачусетский технологический институт

mass bus многоабонентская шина

mass data массовые данные; данные большого объема

massively parallel architecture архитектура с массовым параллелизмом

massively parallel computer ЭВМ с массовым параллелизмом; массово-параллельная машина

massively parallel processing обработка данных с массовым параллелизмом

massively parallel processing system система с массово-параллельной обработкой; система с массовым параллелизмом

massively parallel processor процессор с массовым параллелизмом; процессор с полным параллелизмом операций

massive storage device запоминающее устройство большой емкости

mass memory массовая память; память большой емкости; подсистема памяти большой емкости

mass-parallel machine ЭВМ с массовым параллелизмом; массово-параллельная машина

mass-parallel supercomputer массово-параллельный суперкомпьютер

mass storage controller контроллер устройства массовой памяти

mass storage device массовое запоминающее устройство; устройство массовой памяти; массовая память; запоминающее устройство большой емкости

mass storage system массовое запоминающее устройство; система хранения данных большой емкости

mass-volume массовый

master 1. ведущее устройство; задающее устройство; 2. оригинал; эталон; образец; шаблон; 3. фотооригинал; 4. магистр (ученая степень); 5. первый оригинал; 6. главный; ведущий; основной; управляющий; 7. овладевать; осваивать; добиваться совершенства

master alphabet основной алфавит

master arm управляющая рука; задающая рука (робота)

master boot record головная запись загрузки

Master Browser главная система просмотра ресурсов (сети Windows NT)

master card индекс-карта; основная карта; управляющая карта; паспортная карта; ведущая карта

master cell базовая ячейка

master character базовый кегль (шрифта)

master chip базовый кристалл

master clear flip-flop главный триггер сброса

master clock главный тактовый генератор; генератор синхроимпульсов; задающий генератор

master clock generator главный генератор тактовых импульсов; главный генератор синхронизирующих импульсов

master computer ведущая машина; главная ЭВМ

master console основная консоль

master control задающее воздействие;

master control console главный пульт управления; главная консоль

master controller ведущий регулятор; задающий регулятор

master control program главная управляющая программа

master copy основной экземпляр

master data основные данные; эталонные данные

master database основная база данных

master data file 1. главный файл; 2. главный архив; главная картотека

master data record главная запись данных

master data set основной набор данных

master disk оригинал диска; мастер-диск; эталонный диск

master document главный документ

master domain мастер-домен; основной домен

Master Domain Browser главная система просмотра ресурсов домена

master drawing оригинал; эталонный чертеж; чертеж-прототип; рисунок-прототип

master field основное поле

master file 1. главный файл; эталонный файл; основной файл; 2. главный архив; главная картотека

master form главная форма

master frequency главная частота; задающая частота

master group группа-шаблон

master guides разметка страницы-шаблона

master index 1. главный индекс; старший индекс; первичный индекс; 2. индексный указатель

mastering 1. совершенствование; освоение; 2. изготовление оригинала диска; мастеринг

master instruction tape 1. эталонная командная (магнитная) лента; 2. управляющая магнитная лента

master key главный ключ; первичный ключ; основной ключ

master layer слой-шаблон

master mask оригинал фотошаблона

master mode привилегированный режим

master object шаблонный объект; объект-шаблон

master page страница-шаблон; шаблонная страница; шаблон страницы; эталонная страница

master partition основной раздел

master password главный пароль

master plan генеральный план

master port главный порт

master program организующая программа; управляющая программа

master-program file файл с основными программами; основная программа master programmer главный программист

master proof основная корректура

master record главная запись; основная запись

master recording оригинал записи

master replica основная копия; главная копия; главная реплика (при тиражировании)

master replication server основной сервер тиражирования; главный сервер репликации

master request запрос главного абонента шины; сигнал MREQ

master reset code код главного сброса

master routine главная программа

master scheduler главный планировщик

master scheduler task задача главного планировщика

master shading layer слой фактуры шаблона

mastership обладание статусом ведущего узла

master-slave главный-подчиненный; ведущий-подчиненный

master-slave accumulator накапливающий сумматор на MC-триггерах

master-slave flip-flop MC-триггер

master-slave interface интерфейс «главный-подчиненный»

master-slave system система с конфигурацией «ведущий-подчиненный»; несимметричная система

master slide слайд-образец

masters panel панель шаблонов

master station ведущая станция; основная станция; главная станция

master summary sheet формуляр производственного учета

master table основная таблица

master tape главная лента; эталонная лента; основная лента

master task управляющая задача

master task list перечень главных задач

master terminal главный терминал

master videodisc основной видеодиск; мастер-видеодиск

master-workers model модель «хозяин-работники»

master workstation основная рабочая станция

master workstation diskette главная загрузочная дискета рабочей станции

masthead титульные данные

mat 1. мат; коврик; 2. ровная цветная граница вокруг изображения, превышающего размер окна

match 1. совпадение; 2. согласовывать; приводить в соответствие; подбирать; подгонять; сочетать; выравнивать 3. сопоставлять; сравнивать; 4. отождествлять; 5. совпадать; соответствовать

match-all pattern универсальный образец

match-all symbol универсальный символ

match banding иллюзия равномерно освещенной поверхности

match bit 1. разряд совпадения; 2. разряд проверки

match case с учетом регистра

match circuit схема совпадения

match condition условие соответствия; условие совпадения

match coprocessor socket гнездо математического сопроцессора

matched load согласованная нагрузка

matcher обнаружитель совпадений

match exponents выравнивать порядки

matching 1. согласование; приведение в соответствие; подгонка; подбор; выравнивание; сочетание; сопоставление; 2. отождествление; 3. сравнение; сопоставление; 4. совпадение; 5. паросочетание

matching components соответствующие компоненты

matching error ошибка из-за несовпадения; ошибка из-за неправильного сочетания элементов; ошибка из-за неточности согласования

matching exercise контрольное упражнение

matching field контрольное поле; поле соответствия; поле проверки на соответствие

matching load согласующая нагрузка

matching operation операция согласования

matching parenthesis парные круглые скобки

matching word слово с совпавшим признаком

match-merge сопоставление при слиянии

match whole field только поле целиком (при поиске)

match whole word только слово целиком (при поиске)

match whole word only сравнивать слово целиком

matchword triggering запуск по слову совпадения; диагностическое прерывание по событию

mate 1. ответная часть разъема; 2. спаривать; соединять; 3. сопрягать; 4. пригонять

mated connector парный разъем

material allocation распределение материальных ресурсов

material code код материала

material fields поля материалов

material flow diagram блок-схема материальных потоков

materialization материализация

material library библиотека материалов

material properties свойства материалов

materials editor редактор материалов

materials management управление материальными ресурсами

material specification спецификация материала

math 1. математика; 2. математический; арифметический

math coprocessor математический сопроцессор; сопроцессор для выполнения математических операций

mathematical математический

mathematical address математический адрес

mathematical analysis математический анализ

mathematical approximation 1. математическое приближение; 2. приближенное математическое выражение

mathematical argument математическое доказательство

mathematical check математический контроль; арифметическая проверка

mathematical checking математический контроль; арифметическая проверка

mathematical coprocessor математический сопроцессор

mathematical expectation математическое ожидание

mathematical expression математическое выражение

mathematical feature математический признак

mathematical induction математическая индукция

mathematical linguistics математическая лингвистика

mathematical logic математическая логика

mathematically intensive algorithm алгоритм с большим объемом математических операций

mathematical memory математическая память

mathematical model математическая модель

mathematical programming математическое программирование

mathematical simulation математическое моделирование

mathematical statistics математическая статистика

mathematical subprogram математическая подпрограмма

mathematical subroutine математическая подпрограмма

mathematical support математическое обеспечение

mathematical support documentation документация математического обеспечения

mathematical tool математический аппарат

mathematics математика

math instruction математическая команда; команда выполнения математической операции

math processor математический процессор

maths математика

matrix 1. матрица; таблица; 2. форма; шаблон; 3. матричный шифратор (дешифратор); 4. матричных коммутатор; 5. решетка; сетка

matrix adder матричный сумматор

matrix algebra матричная алгебра

matrix arithmetic матричная арифметика

matrix block матричный блок

matrix calculation вычисление матрицы

matrix calculus матричное исчисление; матричные операции

matrix circuit матричная схема

matrix commutator матричный переключатель

matrix element элемент матрицы

matrix equation матричное уравнение

matrixer матричная схема

matrix font матричный шрифт

matrix format табличная форма; табличная форма представления

matrix formula формула матричного преобразования

matrix grammar матричная грамматика

matrixing матрицирование

matrix inversion обращение матрицы

matrix iteration итерация преобразования матрицы

matrix-like arrangement матричное расположение; расположение в виде матрицы

matrix memory матричная память; матричное запоминающее устройство

matrix multiplication перемножение матриц

matrix norm норма матрицы

matrix of coupling матрица соединений; матрица связей

matrix of strategies матрица стратегий

matrix of technology матрица технологических коэффициентов

matrix operation матричная операция

matrix printer матричный принтер; растровый принтер

matrix printing матричная печать

matrix procedure процедура преобразования матрицы

matrix rank ранг матрицы

matrix representation матричное представление

matrix stack стек матриц

matrix storage матричная память

matrix structure матричная структура

matrix switching матричная коммутация

matrix table матрица данных

matrix-updating methods метод матричных преобразований

matrix variable матричная переменная

matte 1. связанная часть экрана дисплея; 2. клякса (в графических пакетах)

matte object черный графический объект, резервирующий место для вставки

matter 1. рукопись; оригинал; 2. набор (в полиграфии); 3. тема; предмет; вопрос; сущность

matting матирование; операция затенения частей фона для выделения объектов переднего плана

maturity level уровень зрелости (программного обеспечения)

MAU 1. блок доступа к среде (передачи данных; 2. устройство подключения к среде; 3. модуль устройства обслуживания доступа 4. многопортовое устройство доступа; устройство множественного доступа

max максимум

max button кнопка развертывания

maximax максимакс

maximax criterion критерий максимакс

maximin максимин

maximin criterion критерий максимин

maximization максимизация; достижение максимума

maximize разворачивать; максимизировать; доводить до максимума; обращать в максимум; привести к максимальному размеру

maximize box блок максимизации (окна); элемент максимизации; управляющий элемент развертывания окна

maximize button кнопка развертывания окна; кнопка «развернуть»

maximize work area увеличить рабочую зону

maximum максимум; максимальное значение

maximum burst size максимальный размер залпового выброса (ячеек АТМ)

maximum cardinality matching паросочетание максимальной мощности

maximum connections максимальное число соединений

maximum error максимальная ошибка; предельная ошибка

maximum filter фильтр «максимум»

maximum key value максимальное значение ключа

maximum likelihood максимальное правдоподобие; наибольшее правдоподобие

maximum likelihood decoding декодирование по максимальной вероятности

maximum likelihood estimate оценка максимального правдоподобия

maximum likelihood method метод максимального правдоподобия

maximum matching algorithm алгоритм нахождения максимального покрытия

maximum open IPX sockets максимум открытых сокетов IPX

maximum password age максимальное время действия пароля

maximum permissible operation conditions предельный рабочий режим

maximum pseudo hop count максимальное число псевдопереходов

maximum random delay amount максимальное значение случайной задержки

maximum record size максимальная длина записи

maximum tolerance limit верхняя граница допуска (САПР)

maximum transmission unit максимальный размер пакета

maximum weight matching паросочетание с максимальным весом

maxiterm макситерм; элементарная дизъюнктивная форма

maze лабиринт

MB 1. мегабайт; Мбайт; 1048576 байтов 2. главная система просмотра ресурсов

Mb мегабит; Мбит; 1048576 битов

MBA магистр экономики и управления

MBAware программные средства финансового планирования и прогнозирования

MBCS набор многобайтовых символов

MBM память на цилиндрических магнитных доменах

Mbone базовая сеть с многоадресным распространением пакетов; базовая сеть многоадресного вещания; многоадресная магистраль

Mbps мегабит в секунду; Мбит/с

MBR головная запись загрузки

MBS 1. услуги широкополосной мобильной связи; 2. максимальный размер залпового выброса (ячеек АТМ)

Mb/s Мбит/сек

Mbyte мегабайт; Мбайт; 1048576 байтов

MCA 1. многопротокольный связной адаптер; 2. матрица макроэлементов; 3. микроканальная архитектура; стандарт МСА

MCAD 1. САПР-механика; система автоматизированного проектирования в механике и машиностроении; 2. автоматизированная разработка программного обеспечения

MCAM модуль адаптера многоканальной связи

M-card многофункциональная сменная плата
MCB блок управления памятью
MCC человеко-машинное взаимодействие
MCCOI организация по стандартизации в области мультимедиа
MCF сигнал подтверждения сообщения
MCGA 1. адаптер многоцветной графики; многоцветный графический адаптер; 2. видеографический стандарт MCGA
MCI 1. интерфейс управления средой передачи данных; 2. интерфейс для управления аппаратно-независимыми событиями в системе мультимедиа; интерфейс управления мультимедийными устройствами
MCIF Ассоциация изготовителей миниатюрных карт
MCM 1. многокристальный модуль; 2. многосервисная корпоративная сеть
m-code 1. М-код; набор команд абстрактной машины для языка Modula-2; 2. промежуточный код
MCP 1. главная управляющая программа; 2. процессор управления сообщениями; 3. сертифицированный специалист по программному обеспечению Microsoft
MCSE сертифицированный инженер по системам Microsoft
MCU 1. система видеоконференц-связи между несколькими пунктами 2. устройство управления многосторонней связью; устройство управления многопунктовой связью; 3. устройство многоточечного управления; 4. многопортовое устройство управления; 5. многокристальный модуль; многокристальное устройство; 6. основной блок управления
MD домен управления
MD5 профиль сообщения 5
MDA 1. многомерный анализ данных; 2. адаптер монохромного дисплея; монохромный дисплейный адаптер; 3. видеографический стандарт MDA; 4. дисковый массив с дублированием на «зеркальном» накопителе; 5. анализ сигналов в области модуляции
MDA tools инструментальные средства многомерного анализа данных
MDB главная система просмотра ресурсов домена
MDC контроллер нескольких периферийных устройств
MDD многомерная база данных
MDDBMS многомерная СУБД
MDI интерфейс для работы с несколькими документами; многодокументальный интерфейс; многодокументная среда
MDI application MDI-приложение; приложение, способное открывать несколько окон документов
MDI-compliant application MDI-приложение; приложение, реализующее средства работы с несколькими документами
MDIS промежуточная система для мобильных данных
M-display монохромный дисплей
MDI window окно MDI; MDI-окно; окно многодокументального интерфейса
MDK набор инструментальных средств для разработки систем мультимедиа; набор инструментальных средств мультимедиа; инструментальная система мультимедиа
MDL язык определения метаданных
MDM многомерное моделирование данных
MDN многоканальная нумерация справочника
mdnt товары
MDP процессор, управляемый сообщениями
MDPS система обработки массовых данных
MDR 1. регистр данных запоминающего устройства; 2. средняя скорость передачи данных
MDRAM многобанковая динамическая оперативная память
MDS комплекс аппаратуры передачи данных; система разработки микропроцессоров
MDSL DSL со средней скоростью передачи

ME процессор среды; архитектура сопроцессорных плат-акселераторов
Mealy machine автомат Мили
mean 1. середина; среднее значение; средняя величина; средний член пропорции; 2. средство; устройство; 3. средний; 4. усреднять; 5. значить; иметь значение; означать
mean accuracy средняя точность; точность в среднем
mean configuration средняя конфигурация
mean deviation среднее отклонение
mean entropy средняя энтропия
meaning значение; смысл; содержание
meaningful осмысленный; значащий
meaningful data значащая информация
meaningful unit of text значащая единица текста
meaningless бессмысленный
meaningless data незначащая информация
mean integrated circuit средняя интегральная микросхема
mean life средняя долговечность; средний ресурс; средний срок службы
mean lifetime средняя долговечность; средний ресурс; средний срок службы
means способ; средство
means-aids analysis анализ целей и средств
means-ends analysis анализ цели — средства (в искусственном интеллекте)
mean square среднеквадратичный
mean-square approximation среднеквадратичное приближение
mean square deviation среднеквадратичное отклонение
mean square value среднеквадратичное значение
mean time среднее время
mean time between data losses среднее время между потерями данных
mean time between errors средняя наработка на ошибку; среднее время безошибочной работы
mean time between failures среднее время между отказами; средняя наработка на отказ; среднее время безотказной работы
mean time between system failures среднее время между системными отказами; наработка на системный отказ
mean time to detect среднее время обнаружения
mean time to failure средняя наработка на отказ; среднее время безотказной работы
mean time to first failure средняя наработка до первого отказа
mean time to recovery среднее время восстановления
mean time to repair 1. средняя наработка до ремонта; 2. среднее время ремонта
mean transinformation content среднее количество обобщенной информации; средний объем переданной информации
mean value среднее значение
measure 1. мера; оценка; показатель; критерий; 2. масштаб; 3. измерение; 4. делитель; 5. измерять; мерить
measured value измеренная величина; измеренное значение
measurement 1. измерение; замер; 2. размер
measurement file статистический файл
measurement method метод измерения
measurements palette палитра размеров; универсальная палитра измерений
measurement system система мер; система измерения
measurement units единицы изменения
measures of locations характеристики положения
measures of variations характеристики рассеяния
measuring circuit измерительная схема; измерительный контур

measuring lag 1. запаздывание измерения; 2. задержка измерения

measuring printer colors измерение цветов принтера

MEC сопроцессор оценки движения

mechanical 1. механический; машинный; 2. автоматический

mechanical CAD САПР-механика; система автоматизированного проектирования в механике и машиностроении

mechanical calculator механический вычислитель; механическое вычислительное устройство

mechanical engineering техническое проектирование

mechanical failure механическое повреждение; механическая неисправность

mechanical recording механическая запись

mechanical scanning механическое сканирование; механическая развертка

mechanical test механические испытания; испытания на устойчивость к механическим нагрузкам

mechanical verifier автоматический верификатор

mechanism 1. прибор; механизм; аппарат; устройство; 2. механизм процесса; механизм явления; 3. метод обработки; алгоритм; средство

mechanization of accounting механизация обработки счетов

media 1. мультимедиа; 2. среда передачи данных; 3. носитель (информации); 4. средства распространения информации; средства массовой информации

media access control управление доступом к среде передачи данных

media access protocol протокол доступа к среде передачи данных

media adapter адаптер среды передачи данных

media asset management управление архивами мультимедиа

media attachment unit устройство подключения к среде (передачи данных)

media authoring tool средство для авторских работ мультимедиа

media channel канал мультимедиа

media control interface интерфейс для управления аппаратно-независимыми событиями в системе мультимедиа

media conversion 1. преобразователь среды; 2. перезапись; перенос данных с одного носителя на другой

media conversion buffer буфер перезаписи информации с одного носителя на другой

media data данные мультимедиа

media defect list список плохих блоков; список дефектных блоков носителя; таблица дефектов носителя

media descriptor byte байт дескриптора носителя

media device устройство хранения данных

media engine 1. процессор среды; 2. архитектура сопроцессорных плат-акселераторов

media event медиа-событие

media failure отказ носителя; отказ системы хранения данных

media-layer component компонент уровня мультимедиа; компонент мультимедийного уровня

media-link канал взаимодействия типа ML

media manager администратор периферийной среды; менеджер носителей

media manager cache extender расширитель кэша менеджера носителей

media manager data filter фильтр данных менеджера носителей

media manager data scrambler скремблер данных менеджера носителей

media mode режим среды

median 1. медиана; срединное значение выборки; 2. средний; срединный

median filter фильтр «медиана» (в графических пакетах)

media object медиа-объект; объект — носитель мультимедийной информации

media OS мультимедийная операционная система

media player медиа-плейер; программа воспроизведения данных мультимедиа

media processor медиа-процессор; процессор среды передачи данных

media recovery восстановление носителя

media request запрос носителя; запрос на смену или установку носителя в устройстве

media-resident software программное обеспечение на машинном носителе

media's framing формирование кадров среды передачи данных

media stream поток данных (различного формата)

media support module модуль поддержки среды передачи данных

mediate inference опосредствованное умозаключение

Media User Interface интерфейс пользователя для доступа к среде передачи данных

medical data медицинские данные

Medical diagnostic automation автоматизация медицинской диагностики

medium 1. среднее число; среднее значение; средняя величина; 2. среда (передачи данных); 3. канал передачи; 4. носитель (информации); 5. средство; способ; 6. средний; промежуточный

medium access control управление доступом к среде передачи данных; управление доступом к линии связи

Medium Access Control Protocol протокол управления доступом к среде (передачи данных)

medium access control sublayer подуровень управления доступом к среде (передачи данных)

medium access unit устройство доступа к среде передачи данных

medium area network региональная сеть; зональная сеть

medium attachment unit блок доступа к среде передачи данных

medium computer компьютер со средней производительностью; средняя ЭВМ

Medium Control Interface интерфейс управления средой передачи данных

medium data rate средняя скорость передачи данных

medium date средний формат даты

Medium Dependent Interface интерфейс, зависящий от среды передачи данных

medium-highrate LAN локальная сеть среднего и высокого быстродействия

Medium Independent Interface интерфейс, независимый от среды передачи данных; интерфейс MII

medium interface cable абонентский отвод

medium interface connector интерфейсный соединитель со средой; соединитель для подключения терминала к интерфейсу шины

medium memory model средняя модель памяти

medium-powered computer средняя вычислительная машина; компьютер средней мощности; компьютер со средней производительностью; средняя ЭВМ

medium rate LAN локальная сеть среднего быстродействия

medium rub с нормальным нажимом

medium-scale среднего уровня; среднего масштаба

medium-scale computer компьютер средних возможностей

medium-scale integration 1. интеграция среднего уровня; 2. со средним уровнем интеграции

medium-scale integration circuit интегральная схема со средним уровнем интеграции; средняя ИС

medium soft cover нежная раскатка (в графических пакетах)

medium-speed со средней скоростью

medium speed средняя скорость

medium-speed computer машина среднего быстродействия

medium-term project среднесрочное планирование

medium time средний формат времени

medium-to-large scale computer машина с возможностями выше средних

medium weight italics курсив средней плотности

MEE Ethernet с возможностями мультимедиа

meet 1. встречаться; пересекаться; 2. удовлетворять; соответствовать требованиям; удовлетворять техническим требованиям

meeting собрание; встреча

meeting request приглашение на собрание; запрос назначения встречи

meet operator операция логического умножения

meet the challenge удовлетворять требованию; решать задачу

meg мегабайт; Мбайт; 1048576 байтов

megabit мегабит; 1048576 бит

megabit memory мегабитовая память; запоминающее устройство с емкостью в несколько мегабит

megabit per second мегабит в секунду; Мбит/с

megabyte мегабайт; Мбайт; 1048576 байтов

megacell мегаячейка

megacycle 1. мегацикл; миллион периодов; 2. мегагерц; 10^6 герц

megahertz мегагерц; миллион циклов в секунду

megapixel 1000 элементов изображения; тысяча пикселов

megapixel camera цифровая фотокамера с повышенным разрешением; мегапиксельная камера

megastream service передача данных со скоростью несколько Мбит/с

megaword мегаслово; миллион слов

MEI Министерство электронной промышленности (США)

melting метод извлечения файла из архива

mem память

mem. член

member 1. компонент; элемент; 2. член (уравнения); 3. элемент набора (данных)

member data данные — члены класса; компонентные данные; члены-данные; данные-элементы

member function принадлежащая функция; компонентная функция; функция-элемент; функция-член

member list список членов

member object компонентный объект

member of class элемент класса

member operator компонентная операция

member-record запись-член

member selection operator знак операции выбора элемента

membership 1. членство; принадлежность; 2. число членов (класса)

membership function функция принадлежности

membership operator операция принадлежности

member type тип члена; тип элемента

membrane keyboard мембранная клавиатура

memes мемы; «вирусы разума»

memo поле мемо; комментарий; примечание; уведомление; памятка; памятная записка; служебная записка

memo field текстовое поле большой длины; мемо-поле; сопроводительная информация; поле комментария

memo-post application прикладная система хранения и рассылки информации

memorandum 1. заметка; памятная записка; 2. докладная записка

memorize 1. запоминать; хранить; 2. передавать в память; передавать в запоминающее устройство

memory память; запоминающее устройство; оперативная память

memory access 1. выборка из памяти; 2. обращение к памяти

memory access controller контроллер доступа к памяти

memory address адрес памяти

memory allocation распределение памяти

memory allocation map карта распределения памяти

memory allocation program программа распределения памяти

memory allocator распределитель памяти

memory allotment выделение памяти; распределение памяти

memory array 1. матрица памяти; 2. массив в памяти; 3. область памяти

memory availability formula формула распределения памяти

memory bandwidth 1. число каналов обращения к памяти; 2. пропускная способность памяти

memory bank банк памяти; сегмент памяти; группа блоков памяти

memory-based reasoning вывод путем сопоставления

memory block 1. блок памяти; 2. блок данных в памяти

memory-block handle описатель блока памяти

memory board плата памяти

memory buffering буферизация в памяти; организация буферов в памяти

memory bus шина памяти; шина запоминающего устройства

memory cabinet стойка запоминающего устройства

memory capacity емкость памяти; объем памяти

memory card карта памяти

memory cell ячейка памяти

memory characteristics характеристики запоминающего устройства

memory chip микросхема памяти

memory circuit запоминающая схема; запоминающая ячейка

memory class класс памяти

memory collision конфликт при обращении к памяти

memory compaction уплотнение памяти

memory compression program программа уплотнения оперативной памяти; программа сжатия данных в памяти

memory contention конфликт при обращении к памяти; конфликт в памяти

memory control управление памятью

memory control block блок управления памятью

memory corruption порча содержимого оперативной памяти; нарушение целостности информации в памяти

memory cycle цикл памяти; цикл обращения к памяти; цикл работы памяти

memory cycle stealing захват цикла памяти; занятие цикла памяти

memory cycle time время цикла запоминающего устройства

memory data register регистр данных запоминающего устройства

memory deallocation освобождение памяти

memory-decoder circuit схема дешифратора запоминающего устройства

memory depth емкость памяти (в словах); глубина памяти

memory dump распечатка памяти; дамп памяти

memory effect эффект запоминания изображения; инерционность носителя изображения

memory element запоминающий элемент

memory error ошибка доступа к оперативной памяти

memory expansion расширение памяти

memory expansion board плата расширения памяти

memory expansion card плата расширения памяти; дополнительная плата памяти

memory-expansion granularity модульность; размер модуля при расширении основной памяти

memory field contents содержимое поля памяти

memory fill заполнение (оперативной) памяти

memory filling заполнение (оперативной) памяти

memory fragmentation фрагментация памяти

memory gap penalty штраф несоответствия памяти

memory guard защита памяти

memory hierarchy иерархия памяти; иерархия запоминающих устройств

memory-hungry пожирающий память; требующий много памяти

memory image 1. копия содержимого памяти; 2. изображение в памяти

memory interface интерфейс памяти

memory interleaving расслоение памяти; чередование адресов памяти

memory key ключ защиты памяти; ключ памяти

memory layout 1. распределение памяти; схема распределения памяти; 2. схема памяти; схема расположения ячеек памяти

memory leaks «утечки памяти»; захват памяти без ее последующего освобождения; регулярное неосвобождение программой областей памяти

memoryless 1. без памяти; 2. без запоминания

memoryless channel канал без запоминания данных; канал без памяти

memory limitation ограничение по памяти

memory-limited ограниченный возможностями памяти; ограниченный возможностями запоминающего устройства

memory location ячейка памяти; адрес ячейки памяти

memory lock блокировка памяти; замок памяти

memory lockout блокировка памяти; защита памяти

memory management управление памятью; распределение памяти

memory management functions функции управления памятью

memory management language язык управления памятью

memory management unit 1. диспетчер памяти; 2. устройство управления памятью; блок управления памятью

memory manager диспетчер памяти; администратор памяти; блок управления памятью

memory map карта памяти; схема распределения памяти; карта распределения памяти

memory-map list таблица распределения памяти

memory-mapped 1. с распределением памяти; 2. отображаемый в памяти

memory-mapped file файл отображаемый в памяти; файл, проецируемый в память

memory mapped input/output ввод-вывод с распределением памяти

memory-mapped I/O ввод-вывод с проецированием в память

memory-mapped I/O device устройство ввода-вывода с отображением в оперативной памяти

memory mapping распределение памяти; управление памятью

memory mechanism механизм памяти

memory model модель памяти

memory module модуль памяти; модуль запоминающего устройства; куб памяти

memory options параметры памяти

memory organization организация памяти

memory page страница памяти

memory page organization страничная организация памяти

memory paging страничная организация памяти

memory paragraph параграф памяти

memory-parity interrupt прерывание по нарушению четности при контроле запоминающего устройства

memory passing передача памяти

memory pool пул памяти

memory print распечатка памяти

memory printing распечатка памяти

memory printout распечатка содержимого памяти

memory protection защита памяти

memory protection fault прерывание по защите памяти

memory protection interrupt прерывание по защите памяти

memory protection key ключ защиты памяти

memory protection register регистр защиты памяти

memory protection violation нарушение защиты памяти

memory reclaimer модуль восстановления содержимого памяти

memory referenced variable переменная, ссылающаяся на память

memory-reference instruction команда обращения к памяти

memory refresh cycle цикл обновления памяти

memory-refreshed с регенерацией хранимой информации

memory regeneration регенерация памяти

memory register регистр памяти

memory requirements требуемые объем и конфигурация памяти; требования к памяти

memory reservation резервирование памяти

memory-resident резидентный в памяти; постоянно находящийся в памяти

memory-resident part часть, резидентная в памяти; резидентная часть

memory resident program программа, резидентная в памяти

memory segment сегмент памяти

memory setup сброс памяти; установка памяти

memory sharing совместное использование памяти; разделение памяти

memory shortage нехватка памяти

memory space 1. пространство адресов памяти; 2. область памяти

memory stack куб памяти

memory structure структура памяти

memory supervisor супервизор основной памяти

memory system система памяти

memory tester тестер для запоминающих устройств

memory-to-memory arithmetic арифметические операции над числами в памяти

memory-to-memory instruction команда типа «память-память»

memory unit запоминающее устройство; блок памяти

memory updating обновление содержимого памяти

memory upgrade дополнительная плата памяти; дополнительная память

memory utilization использование памяти

memory variable переменная в памяти

memory width разрядность (адресов) памяти

memory write command команда записи в память

memory write lock блокировка записи в память

memo updating директивное обновление

memo wizard «мастер» записок

menu меню

menu add-on дополнение-меню; интегрируемое дополнительное меню

menu-and-prompt в режиме меню с подсказками

menu bar строка меню; главное меню; зона заголовков меню

menu-based на основе меню

menu-based interface интерфейс на основе меню
menu builder средство построения меню
menu choice элемент меню; пункт меню; выбор пункта меню
menu command команда меню; опция меню
menu data file файл данных меню
menu descriptor дескриптор меню
menu dialog диалог типа выбора меню; диалог типа меню
menu-driven управляемый с помощью меню; управляемый в режиме меню
menu-driven access доступ в режиме меню
menu-driven interface интерфейс на основе меню
menu-driven key функциональная клавиша с заданием функций через меню
menu-driven program программа, управляемая с помощью меню
Menu Editor редактор меню
menu-equivalent commands команды, эквивалентные пунктам меню
menu form форма диалога типа выбора меню
menu index индекс меню
menuing system система меню
menu item пункт меню; элемент меню; команда меню
menu language язык меню
menu layout схема меню
menu macro макрокоманда меню
menu maker интерактивное средство проектирования меню
menu name название меню
menu option пункт меню
menu-oriented system меню-ориентированная система
menu resource ресурс меню
menu resource file файл ресурса меню
menu selection выбор команды меню; выбор пункта меню
menu source file исходный файл меню
menu system система меню
menu title заголовок меню
menu tree дерево меню
menu utility утилита, для работы с которой используется меню; утилита, управляемая с помощью меню
MER эквивалентная модемная скорость
merchandising files файлы с информацией о товарах
merchantability пригодность для продажи; коммерческая выгода
merchantable пригодный для торговли; ходовой
merchant system система розничной торговли
merge 1. объединение; слияние; 2. программа слияния; 3. объединять; смешивать; сливать
mergeable heap сортируемая динамически распределяемая область памяти
merge codes коды объединения
merge command команда объединения; команда слияния
merged document документ слияния; объединенный документ
merged logic логические схемы на совмещенных приборах; логические схемы с совмещенными транзисторами
merged transistor logic логические схемы с совмещенными транзисторами
merge expansion sort сортировка Батчера
merge field поле слияния
merge mode режим объединения; режим соединения
merge order порядок слияния; порядок объединения
merge pass фаза слияния; фаза объединения
merge phase фаза слияния; фаза объединения
merger программа слияния; программа объединения
merge record объединенная запись
merge replication тиражирование с объединением
merge sorting сортировка слиянием

merge technique метод объединения
merge trees объединение деревьев
merging объединение
merging back extracted text вставка извлеченного текста
merging bits биты сшивания (при кодировании RLL); биты смещения
merging objects объединение объектов
merging of attributes объединение атрибутов
merit качество; достоинство
merit function оценочная функция
mesa drop-off мезаструктурный бордюр (в графике)
mesh 1. «невод»; сетка; сеть; 2. ячейка; 3. слияние; объединение; 4. знак #; номер; 5. разбиение объекта на многоугольники; 6. сливать; объединять
mesh-connected array сотовая матрица
mesh connected competer компьютер с матричной структурой соединений (процессорных элементов)
meshed network узловая сеть
meshing 1. слияние; объединение; 2. усложнение; запутывание
mesh network ячеистая сеть; сотовая сеть; сеть с сеточной структурой
mesh-of-trees сцепление деревьев (тип параллельной вычислительной архитектуры)
mesh router components компоненты маршрутизатора узлов сети
mesh surface сеточная поверхность; поверхность, обозначенная сетью
mesh warp filter фильтр «деформация по сетке»
message 1. сообщение; сигнал; посылка; передаваемый блок информации; запрос; 2. сообщать; сигнализировать; передавать сообщение
message action действие по сообщению
message attachment вложение (в электронной почте); файл, подключенный к сообщению (электронной почты); присоединяемая информация
message authentication algorithm алгоритм аутентификации сообщений
message authentication code код аутентификации сообщений
message-aware application приложение со средствами обмена сообщениями; приложение, оснащенное встроенными функциями работы с сообщениями
message-based communication model модель коммуникаций с помощью обмена сообщениями
message-based environment среда, основанная на обмене сообщениями
message-based MCM многокристальный модуль с ориентацией на передачу сообщений
message-beginning character признак начала сообщения
message block 1. блок вывода сообщений; 2. блок сообщений; группа сообщений
message box информационное окно; окно сообщения
message breakpoint точка останова по сообщению
message buffer буфер сообщений
message channel канал сообщений
message circuit линия передачи сообщения
message class класс сообщения
message code код сообщения
message comprehension информативность сообщения
message compression уплотнение сообщения; сжатие сообщения
message concentrator концентратор сообщений
message confirmation сигнал подтверждения сообщения
message control processor процессор управления сообщениями

M

327

message control program программа управления сообщениями

message cracker распаковщик сообщений

message cracking обработка сообщений; анализ сообщений

message database база данных пользовательских сообщений

message delivery mode режим доставки сообщений

message digest профиль сообщения

message digit разряд в сообщении; символ в сообщении

message dispatch system система диспетчеризации сообщений

message-driven управляемый сообщениями

message driven processor процессор, управляемый сообщениями

message-enabling application приложение, поддерживающее функции обмена сообщениями

message encoder шифратор сообщений

message-ending character признак конца сообщения

message ensemble ансамбль сообщений; подмножество сообщений

message environment совокупность средств межабонентского обмена сообщениями

message events события, связанные с сообщениями

message exchange 1. обмен сообщениями; 2. аппаратура обмена сообщениям

message file файл сообщений

message-flow diagram диаграмма потоков сообщений

message format формат сообщения

message-format code код формата сообщения

message formatting форматирование сообщения; задание формата сообщения

message handler манипулятор сообщений; диспетчер сообщений; обработчик сообщений

Message Handling Service служба обработки сообщений

message handling system система управления сообщениями; система обработки сообщений

message handling utility служба обмена сообщениями

message header заголовок сообщения

message ID код сообщения

message log журнал сообщений; протокол регистрации сообщений

message loop 1. цикл обработки сообщений; 2. цикл ожидания сообщений

message manual указатель системы сообщений

message map карта сообщений

message-mode system система с режимом передачи сообщений

message-oriented middleware промежуточное программное обеспечение, ориентированное на сообщения; промежуточное ПО, основанное на обмене сообщениями; промежуточное ПО, ориентированное на обработку сообщений

message-oriented text interchange system система обмена текстовыми файлами на основе механизма передачи сообщений

message passing передача сообщений

message-passing communication связь через передачу сообщений; связь путем передачи сообщений

message-passing coprocessor процессор с передачей сообщений

message-passing system система с передачей сообщений

message pipe конвейер сообщений; конвейер обработки сообщений

message priority приоритет сообщения

message processing module модуль обработки сообщений

message processing program программа обработки сообщений

message processor процессор обработки сообщений

message queue очередь сообщений

message queueing организация очередей сообщений

message queue interface интерфейс очередей сообщений

message recipient адресат сообщения

message redundancy избыточность сообщения

message response function функция-обработчик сообщений; функция реакции на сообщение

message response method метод, отвечающий на сообщения; метод реакции на сообщение

message router маршрутизатор сообщения

message routing маршрутизация сообщений

message routing group группа маршрутизации сообщений

message routing group object объект «группа маршрутизации сообщений»

messages delivery date дата поступления сообщения

message segment сегмент сообщения

message server сервер обмена сообщениями; сервер сообщений

message source источник сообщений

message source code код источника сообщения

message space область сообщений

message store банк сообщений; хранилище сообщений

message subject тема сообщения

message switch коммутатор сообщений

message switching коммутация сообщений

message switching center узел коммутации сообщений; центр коммутации сообщений; коммутатор сообщений

message-switching system система с коммутацией сообщений

message system система обмена сообщениями

message text текст сообщения

message threading ведение темы (в электронной почте); ведение темы дискуссии при обмене сообщениями

message tracking отслеживание сообщений

message-tracking menu меню трассировки сообщений

message trailer окончание сообщения; завершитель сообщения

message transfer agent агент передачи сообщений; программа-агент передачи сообщений

message transfer network сеть передачи сообщений

message transfer service служба передачи сообщений

message transport agent программный агент передачи сообщений

message type тип сообщения

message type code код типа сообщения

message watcher средство отслеживания сообщений

message window информационное окно

message wiretapping перехват сообщений (в сети)

messaging обмен сообщениями

messaging administrator администратор системы сообщений

messaging and queuing передача сообщений с организацией очередей; технология передачи данных с промежуточным хранением

messaging application приложение обмена сообщениями

Messaging Application Programming Interface интерфейс программирования приложений электронной почты; интерфейс MAPI

messaging database база данных системы обмена сообщениями; база данных электронной почты

messaging name имя адресата; псевдоним

messaging server сервер обмена сообщениями

messaging server object объект «сервер обмена сообщениями»

messaging server type тип сервера обмена сообщениями

messaging service служба (передачи) сообщений

messaging software программное обеспечение обмена сообщениями

messaging system система межабонентского обмена сообщениями; система обмена сообщениями; система передачи сообщений

messenger 1. узел связи; 2. связной; посыльный; курьер

messenger service служба доставки сообщений

metaassebmler метаассемблер

metaball метабол; поверхность, преобразованная из сферы

metacharacter метасимвол

metaclass метакласс

metacode метакод

metacompiler метакомпилятор; транслятор языка

metaconstant метаконстанта

metadata метаданные

metadata warehouse хранилище метаданных

metadirectory метакаталог

metafile метафайл

metafile context контекст метафайла

metafile device context контекст устройства «метафайл»; контекст устройства типа «метафайл»

metafont меташрифт

meta-game analysis мета-игровой анализ

metagrammar метаграмматика

meta index мета-индекс

metainference метавывод

metainformation метаинформация

metainstruction метакоманда

metaknowledge метазнания

metalanguage метаязык

metal evaporated media носитель данных с металлическим напылением

metal-in-gap heads головки «с металлом в зазоре»

metalinguistic variable металингвистическая переменная

metallic foil металлическая фольга

metallic ink металлическая краска; краска с добавленным металлическим порошком

metal-oxide-semiconductor technology МОП-технология

metamathematics метаматематика

metamodel метамодель

metaphore метафора; модель

metaprogram метапрограмма

metarule метаправило

metascheduling метапланирование

meta search tools инструменты мета-поиска

metastability метастабильность

metastable memory element метастабильный запоминающий элемент

metasymbol метасимвол; символ языка

metasyntax language метасинтаксический язык

metasystem метасистема

metatask метазадача

metatheory метатеория

metavariable метапеременная

meter измерительный прибор; счетчик

metering 1. измерение; 2. снятие показаний (приборов)

metering error ошибка измерения

meter-reading access circuit схема вывода показаний измерительного прибора

method метод; правило; способ; прием методика; технология

method implementation реализация правила; реализация метода

method of cost estimating метод оценки затрат

method of quickest descent метод наискорейшего спуска

method of selected points метод выборочных точек; метод построения кривой по выборочным точкам

method of small parameter метод малого параметра

method of successive approximations метод последовательных приближений

method of syntax information метод синтаксической информации

method of syntax subroutine метод синтаксических программ

method of the first approximation метод первого приближения

methodological tool методологическое средство

methodology методология; принцип

method table таблицы методов

metric мера; показатель; система показателей; метрика

metric measurement system метрическая система мер

metric system метрическая система

metropolitan area communication system городская коммуникационная система

metropolitan area gateway региональный шлюз

metropolitan area network 1. региональная сеть; 2. городская сеть; общегородская сеть

mezzanine board дополнительная плата; плата расширения; плата второго уровня

mezzanine bus шина расширения; дополнительная шина; шина второго уровня

mezzotint меццо-тинто (полиграф.)

MF средние частоты

MFC библиотека базовых классов Microsoft

MFC application framework каркас приложений на базе MFC

MFDU мини-накопитель на гибких магнитных дисках

MFLOPS мегафлопс; миллионов операций с плавающей точкой в секунду

M2FM двойная модифицированная частотная модуляция; двойная MFM

MFM модифицированная частотная модуляция

MFM interface интерфейс многофункциональных устройств

MFP многофункциональное периферийное устройство

MFPA Ассоциация производителей многофункциональных периферийных устройств

MFS многокадровая синхронизация

MFSS стандарты и спецификации Федерального ведомства и Министерства обороны США; военные и федеральные спецификации и стандарты США

MFT 1. программирование с фиксированным числом задач; мультипрограммирование с постоянным число задач; пакетный мультипрограммный режим с постоянным числом задач; 2. моделирование для обеспечения тестируемости

MFWS многофункциональная рабочая станция; многофункциональное автоматизированное рабочее место

MGA архитектура подсистемы графики для среды мультимедиа; графическая архитектура мультимедиа

m-game m-долевая игра; игра с квотой

MGE модульная среда географических информационных систем

MG test тест «трехмерной решетки»

mho мо; сименс (единица проводимости)

MHS 1. сервис управления сообщениями; 2. система обработки сообщений

MI 1. микроизображение; 2. микрокоманда; 3. машинный интерфейс

MIB база данных информации об объектах управления; база управляющей информации; база данных по управлению; информационная база управления; административная база данных; база данных для управления сетью

MIC 1. интерфейсный соединитель со средой; соединитель для подключения терминала к интерфейсу шины; 2. Консорциум по интеграции средств сетевого управления; Консорциум по объединению систем управления

MICE управляющая информация, контроль и обмен

mickey шажок мыши; микки

mickey count число шажков (мыши)

micro 1. микрокоманда; 2. система микрокоманд; набор микрокоманд; 3. микропрограмма; микрокод

microassembler микроассемблер

microblock symbolism символика микроблоков

microbooster микробустер

microbreak микропрерывание

microcalculator микрокалькулятор

microcard reader устройство считывания микрокарт

microchannel микроканальный

Micro Channel Architecture микроканальная архитектура; стандарт MCA

microchip микрокристалл; микроминиатюрный кристалл; микросхема

microchip card карточка с микропроцессором

microcircuit микросхема

microcode микрокоманда; набор микрокоманд; микрокод; микропрограмма; код микрокоманды

microcode assistance микропрограммная поддержка

microcoded assembler микропрограммный ассемблер

microcoding микропрограммирование

Microcom Networking Protocol сетевой протокол фирмы Microcom; MNP

microcomputer микро-ЭВМ; микрокомпьютер

microcomputer architecture архитектура микро-ЭВМ

microcomputer-based со встроенным микрокомпьютером; со встроенной микро-ЭВМ; микрокомпьютерный

microcomputing применение микропроцессоров

microcontroller микроконтроллер

microdiagnostics микродиагностика

microelectronic микроэлектронный

microelectronic integrated circuit микроэлектронная ИС; интегральная микросхема

microelectronics микроэлектроника

microfiche микрофиша

microfilming микрофильмирование

micrographics микрографика

microimage микроизображение

microimage technique техника микроизображений

microinstruction микрокоманда

microinstruction address holder блок хранения адресов микрокоманд

microinstruction memory память микрокоманд

microjustification тонкая выключка

microkernel микроядро

microkernel OS ОС на базе микроядра; микроядерная операционная система

microkernel technology технология микроядра

microlevel микроуровень

micrologic логическая микросхема

micrologic card плата с ИС

micrologic element логический микроэлемент

micromainframe супермикро-ЭВМ

micro-mainframe connection сопряжение микрокомпьютера с мэйнфреймом

micromation вывод данных на микрофильм

micromatrix микроматрица

micromedia storage запоминающее устройство на микроносителях

micromemory микропамять

microminiature circuit микроминиатюрная схема

microminiaturization микроминиатюризация

micromodule микромодуль

micron микрон; 1/1000000 м

0,18-micron process technology 0,18-микронная технология

micro-operation микрооперация; микрокоманда

microperipherals микропериферийное оборудование

microphone микрофон

microphone in микрофонный вход

microphonism микрофонный эффект

microphony микрофонный эффект

microprinting микропечать

microprocessor однокристальный процессор; микропроцессор

microprocessor analysis package пакет для анализа микропроцессора

microprocessor analyzer 1. анализатор для контроля микропроцессора; 2. микропроцессорный анализатор

microprocessor-based микропроцессорный

microprocessor-based hardware микропроцессорные аппаратные средства; микропроцессорное оборудование

microprocessor-based unit микропроцессорный блок

microprocessor box микропроцессорный блок

microprocessor chip кристалл микропроцессора

microprocessor-controlled управляемый микропроцессором

microprocessor-controlled unit устройство с микропроцессорным управлением

microprocessor development system система разработки микропроцессоров

microprocessor engineering микропроцессорная техника

microprocessor exerciser микропроцессорный тестер; тестер для проверки микропроцессоров

microprocessor system микропроцессорная система

microprocessor unit микропроцессорное устройство; микропроцессорный блок; блок микропроцессора; микросхема процессора

microprocessor without interlocked pipeline stages микропроцессор без состояний задержки конвейера

microprogram микропрограмма

microprogram automaton микропрограммный автомат

microprogram checking проверка микропрограммы

microprogram exit decision решение о выходе из микропрограммы

microprogram logic микропрограммная логика

microprogrammable микропрограммируемый

microprogrammable architecture микропрограммируемая архитектура

microprogrammable computer компьютер с микропрограммным управлением

microprogrammed computer компьютер с микропрограммированием

microprogrammed control микропрограммное управление

microprogrammed unit устройство с микропрограммным управлением

microprogram memory память для хранения микропрограмм

microprogramming микропрограммирование

microprogramming control микропрограммное управление

microprogramming element элемент микропрограммирования

microprogramming system система с мультипрограммированием

microprogramming technique техника микропрограммирования

microprogram search operation операция поиска микропрограммы

microprogram sense operation операция считывания микропрограммы

microprogram sequencer микропрограммный задатчик последовательности

microprogram step шаг микропрограммы

microprogram store управляющая память микропрограмм; память микропрограмм; управляющая память

microprogram unit устройство микропрограммного управления

microroutine микропрограмма

microsecond микросекунда; 10^-6 сек

microsegmentation микросегментация; коммутация на уровне портов

microsequence последовательность микрокоманд; микропоследовательность

microsequencing управление последовательностью микрокоманд

Microsoft 3-D Controls Library библиотека трехмерных элементов управления Microsoft

Microsoft mouse mode двухкнопочный режим работы мыши

Microsoft Open Licence Pack соглашение на использование ПО Microsoft в пределах компании

Microsoft Realtime Compression Interface интерфейс сжатия данных в реальном времени компании Microsoft; интерфейс MRCI

Microsoft tape format формат магнитной ленты Microsoft

microspacing тонкая разрядка

microstack микростек; микропроцессорный стек

microsynchronous микросинхронный

microtransaction микротранзакция

microwatt logic микроваттные логические схемы; маломощная логика

microwave 1. диапазон сверхвысоких частот; СВЧ-диапазон; 2. микроволновый

microwave circuit высокочастотная схема; СВЧ-схема

microwave logic логические схемы на СВЧ-элементах; СВЧ-логика

microwaves микроволны

MICS информационная система управления производством

MID идентификатор мультиплексирования (в АТМ)

midband среднеполосный; со средней полосой

midbit transition межбитовый переход

mid-course change промежуточная доработка; промежуточное изменение

middle 1. середина; 2. средний

middle button средняя кнопка мыши

middle code промежуточный код

middle-tier server сервер среднего звена

middleware 1. промежуточное программное обеспечение; ПО промежуточного слоя; 2. связующее программное обеспечение; 3. межплатформенное программное обеспечение

midget card миниатюрная карта

MIDI цифровой интерфейс с музыкальными инструментами; интерфейс электронных музыкальных инструментов; интерфейс электромузыкальных инструментов; музыкальный интерфейс для цифровых инструментов; MIDI-интерфейс

MIDI components MIDI-компоненты

MIDI keyboard MIDI-клавиатура

MIDI Manufacturers Association Ассоциация производителей MIDI

MIDI sequence MIDI-последовательность; последовательность команд в стандарте MIDI

MIDI sequencer согласующее устройство для интерфейса MIDI; MIDI-секвенсор; секвенсор, управляемый с помощью MIDI-интерфейса

MIDI time code временной код MIDI

midlist title неразрекламированное издание

midpoint средняя точка; центр; середина

midposition среднее положение

midrange 1. полусумма кратных значений (в выборке); 2. среднего класса

midrange computer машина среднего класса; машина средней мощности; компьютер средней производительности

midrange server сервер среднего класса

midrange-system performance производительность на уровне систем среднего класса

mid-sized среднего размера; средний

mid-size server сервер среднего класса

midtone средние тона (изображения); значения между высокими светами и тенями

mid-volume printer принтер средней производительности; принтер среднего класса

MIF файл управляющей информации; файл административной информации

MIG heads головки «с металлом в зазоре»

migrate 1. перемещать; переносить (данные); мигрировать; 2. переходить (к новой версии)

migrate attribute атрибут «мигрировать»

migrated attribute атрибут «мигрирован»

migration переход; перемещение; перенос; миграция

migration look key ключ просмотра миграции

migration tool инструментальное средство перехода к новому программному продукту; средства перехода к новой версии; средства миграции

migration utility утилита переноса; утилита перехода; утилита миграции

migrator программа миграции; программа переноса

MII интерфейс, независимый от среды передачи данных

MIL машинно-независимый язык

mild condition мягкое условие

mile миля; 1609 метров

milestone 1. промежуточный отчет; 2. промежуточный срок; 3. веха; 4. контрольная точка

Milestone тест на количество одновременно выполняемых UNIX-утилит

milestone due срок этапа

Military and Federal Specifications and Standards стандарты и спецификации Федерального ведомства и Министерства обороны США; военные и федеральные спецификации и стандарты США

millennium bug «ошибка тысячелетия»; некорректная интерпретация дат после 2000 г.

million instructions per second миллион операций в секунду

million theoretical operations per second миллион теоретических операций в секунду

millisecond миллисекунда; 10^-9 сек

MIM интерфейсный модуль для подключения сетевого кабеля

MIMD множество потоков команд, множество потоков данных

MIMD architecture архитектура ЭВМ с несколькими потоками команд и данных

MIME многоцелевые расширения электронной почты в Internet; многоцелевые расширения межсетевой электронной почты; многоцелевые почтовые средства сети Internet; стандарт MIME

MIME attachment вложение в формате MIME (в электронной почте)

mimic имитировать; воспроизводить

min 1. минимум; 2. минута

MIN сеть с обходными путями

min button кнопка свертывания; кнопка сворачивания (окна)

min-cut placement algorithm алгоритм минимизации числа пересечений

minder 1. квалифицированный оператор; 2. робот с элементами искусственного интеллекта

mind map диаграмма, графически выражающая идеи

miniassemler миниассемблер

miniaturization миниатюризация

minibuffer минибуфер

minicomputer мини-ЭВМ; миникомпьютер

minidisk минидиск

mini-driver минидрайвер

minifloppy disk unit мини-накопитель на гибких магнитных дисках; накопитель для дискет

mini-jack connector соединитель типа «мини-джек»

minimal минимальный

minimal latency минимальное время ожидания

minimal machine минимальная машина

minimal protection минимальная защита

minimal sum минимальная сумма

minimax минимакс

minimax approximation минимаксная аппроксимация; минимаксное приближение

minimax criterion минимаксный критерий

minimaxing использование минимаксной стратегии

minimax procedure минимаксная процедура

minimax rule правило минимакса

minimin минимин

minimization минимизация; сведение к минимуму

minimize 1. минимизировать; доводить до минимума; доставлять минимум; 2. свернуть

minimize box блок минимизации окна; элемент минимизации; кнопка сворачивания (окна)

minimize button кнопка свертывания окна

minimizer 1. минимизатор; 2. минимизирующая переменная

minimum abbreviation допустимое минимальное сокращение

minimum-access code 1. код с минимальным временем выборки; 2. программирование с минимизацией задержки

minimum-access coding программирование по критерию минимального числа обращений; программирование с минимизацией обращений

minimum account balance минимум баланса бюджета

minimum configuration минимальная конфигурация

minimum-delay с минимальным временем задержки

minimum-delay code код с минимальным временем задержки; код с минимизацией задержек

minimum-delay coding программирование по критерию минимальных задержек; программирование с минимизацией задержек

minimum directory cache buffers минимум кэш-буферов каталогов

minimum-distance classifier классификатор, построенный по критерию минимального расстояния

minimum-distance code код с минимальным расстоянием

minimum error decoding декодирование по критерию минимизации ошибок

minimum filter фильтр «минимум»

minimum password age минимальное время действия пароля

minimum password length минимальная длина пароля

minimum path-length algorithm алгоритм построения минимального маршрута; алгоритм кратчайшего пути

minimum program минимальная программа

minimum-redundance code код с минимальной избыточностью

minimum-redundancy coding кодирование с минимальной избыточностью

minimum system requirements минимальные потребности в системных ресурсах

minimum time минимальное время

minimum tolerance limit нижняя граница допуска (САПР)

minineck CRT трубка «с узким горлом»; трубка с уменьшенным диаметром горловины

minineck tube трубка с уменьшенным диаметром горловины

mininote сверхпортативный ПК; компактный ПК-блокнот; мининот; мининоутбук

mini-notebook сверхпортативный ПК-блокнот; мининоутбук

mini-packet мини-пакет

miniport driver минипорт-драйвер

miniport driver model модель минипорт-драйверов

miniprocessor минипроцессор

miniserver мини-сервер; сервер с минимумом функциональных возможностей

mini telephone exchange мини-АТС

minitower минибашня (конструктив корпуса ПК)

mini-tower system система в минибашенном корпусе

minmax минимакс

min max buttons кнопки изменения размеров окна; кнопки распахивания/сворачивания окна

minor 1. минор; 2. малый; 3. низшего порядка; 4. незначительный; несущественный; 5. меньший; младший; 6. вспомогательный

minorant game минорантная игра

minor changes незначительные изменения; несущественные модификации

minor control change малая смена операции

minor control data управляющие данные низшего уровня

minor control field вспомогательное управляющее поле; младшее управляющее поле

minor cycle малый цикл; подцикл

minor data group подгруппа данных

minor device number младший номер устройства

minor error незначительная ошибка; несущественная ошибка

minor failure несущественная неисправность

minor grid lines вспомогательные линии сетки

minor key младший ключ

minor loop 1. кольцевой накопительный регистр; 2. частная петля гистерезиса

minor resource младший ресурс

minor resource name вспомогательное имя ресурса

minor structure подструктура

minor time slice 1. вспомогательный интервал времени; 2. наименьший квант времени; 3. малый временной промежуток

minor version дополнительный номер версии

minuend уменьшаемое

minus минус

minus color комплиментарный цвет

minuscule строчная буква; буква нижнего регистра

minus tolerance допуск в сторону уменьшения

minute минута

MIO модульный ввод/вывод

MIP mapping фильтрация MIP-текстур; MIP-отображение

MIPS микропроцессор без состояний задержки конвейера

mips миллионов операций в секунду

MIPS ABI двоичный интерфейс прикладных программ для RISC-процессоров MIPS

MIPS architecture архитектура MIPS, архитектура микропроцессора без состояний задержки конвейера

MIP texture MIP-текстура

mirorring 1. зеркалирование данных; дублирование данных; 2. зеркальное отображение (в графике)

mirror 1. зеркало; 2. плоскость симметрии; зеркальная плоскость; 3. отражение; зеркальное отражение; зеркальное отображение

mirror axis ось зеркального отображения

mirror backup зеркальное дублирование; полное дублирование

mirror directory entry элемент отраженного каталога

mirror directory FAT chain цепочка FAT отраженного каталога

mirrored отображаемый; зеркально отображаемый; дублируемый

mirrored copy зеркальная копия

mirrored disk 1. зеркально отображаемый диск; 2. диск — зеркальная копия

mirrored disk array дисковый массив с дублированием на «зеркальном» накопителе

mirrored disk partitions отраженные разделы диска; зеркально отображенные разделы диска

mirror editing зеркальное редактирование

mirrored partitions отраженные разделы; зеркально отображенные разделы диска

mirrored server engine подсистема управления отраженными серверами

mirrored server link канал для соединения зеркальных серверов

mirrored servers отраженные серверы

mirror entry link связь отраженного элемента

mirror entry sequence value значение последовательности отраженных элементов

mirror FAT block sequence последовательность отраженных блоков FAT

mirror file system directory entry элемент каталога отраженной файловой системы

mirror group зеркальная группа

mirror image 1. зеркальное изображение; 2. зеркальная боковая полоса частот

mirroring отображение; дублирование; зеркалирование (данных); зеркальное отображение; зеркальное отражение

mirroring images зеркальное отражение изображений

mirror margins зеркальные отступы

mirror reflection зеркальное отражение

mirror set зеркально отображаемый набор (дисков)

MIS 1. администратор информационной системы; менеджер информационной системы; 2. управленческая информационная система; 3. информационно-управляющая система; административная информационная система

misadjustment неправильная регулировка; неточная настройка; неправильная установка; 2. несогласованность

misaligned невыровненный; неправильно выровненный

misalignment 1. несоосность; смещение; несовмещение; 2. разрегулировка; разъюстировка; разориентация

misapplication неправильное использование

misc смешанный

miscalculation неверный расчет; просчет; ошибка в вычислениях

miscellaneous смешанный; разнообразный

misconfiguration ошибка в конфигурации; неверная конфигурация

misconvergence отсутствие сходимости; нарушение сходимости; несведение (лучей)

miscount ошибка в счете; неверный счет

MISD architecture ЭВМ с несколькими потоками команд и одним потоком данных

misfeed неправильная подача

misfocusing расфокусировка

mishandling нерациональная операция; лишняя операция

misinformation дезинформация

misleading data дезориентирующие данные

mismatch 1. рассогласование; 2. несоответствие; несовпадение; 3. несопряжение; неприлегание; 4. не соответствовать; не совпадать; 5. неверно подбирать

mismatch condition условие несоответствия; условия несовпадения

mismatching factor коэффициент рассогласования

mismatch operation операция обнаружения несоответствия

misnomer неправильное употребление термина

misoperation 1. неправильная работа; неправильное функционирование; 2. неправильное срабатывание; ложное срабатывание

mispell опечатка; ошибка в написании

misphasing расфазировка; расфазирование

misplaced неправильно расположенный

mispositioning неточное позиционирование; неправильная установка

misprint опечатка

miss 1. пропуск; 2. перебои; 3. несовпадение; неудача (при поиске); 4. промах; 5. пропадание; 6. пропускать; 7. давать перебои

missing отсутствующий; недостающий; пропущенный

missing component пропущенный компонент

missing data потерянные данные; потерянная информация; недостающие данные

missing error ошибка из-за отсутствия данных

missing fragment list список пропущенных фрагментов

missing page отсутствующая страница; пропущенная страница

missing parameter пропущенный параметр

missing pulse пропущенный сигнал

mission-critical критически-важный; для решения ответственных задач; для решения критически важных задач

mission-critical application ответственное приложение; критически важное приложение

misspelled word неправильно написанное слово

miss penalty накладные расходы в случае отсутствия нужных данных в кэш-памяти

miss rate коэффициент «непопаданий» (при обращении к кэшу)

mistake 1. ошибка; недоразумение; 2. ошибаться

mistuning нарушение настройки; расстройка

mistype 1. опечатка; 2. неверно набирать на клавиатуре

misuse error ошибка из-за неправильного использования; ошибка из-за неумелого обращения

misuse failure отказ из-за неправильного обращения

MIT 1. эталонная командная (магнитная) лента; 2. Массачусетский технологический институт

miter форма стыка

mitered corner острый угол

MIU устройство управления интерфейсом памяти

MIW станция разработки мультимедиа-продуктов

MIWL недорогая станция разработки мультимедиа-продуктов

MIX модульное расширение интерфейса; шина MIX

mix 1. смесь; 2. смешивание; 3. микширование; 4. состав; 5. номенклатура; ассортимент; 6. сведение (фонограммы); 7. атрибут наложения; 8. смешивать; 7. микшировать

mixed-architecture cluster кластер со смешанной архитектурой; кластер машин с разной архитектурой

mixed base основание смешанной системы счисления

mixed computing environment смешанная вычислительная среда; неоднородная вычислительная среда

mixed environment смешанная среда; неоднородная среда; среда, включающая в себя аппаратные и программные платформы разных производителей

mixed-level circuit схема с элементами разного уровня интеграции

mixed logic смешанная логика

mixed macrocommand смешанная макрокоманда

mixed macro instruction смешанная макрокоманда

mixed media мультимедиа

mixed mode expression смешанное выражение

mixed-mode macrodefinition смешанное макроопределение

mixed network смешанная сеть

mixed notation system смешанная индексация

mixed radix смешанное основание

mixed-radix system система счисления со смешанным основанием

mixed strategy смешанная стратегия

mixed strategy game игра со смешанной стратегией

mixed-strategy precedence grammar грамматика со смешанной стратегией предшествования

mixed switching смешанная коммутация

mixed-vendor environment неоднородная конфигурация; среда, состоящая из оборудования разных поставщиков

mixed-vendor network неоднородная сеть; разнородная сеть; смешанная сеть

mixer 1. смеситель; 2. преобразователь частоты; 3. микшер

mixing 1. смешивание; 2. сведение фонограмм; 3. микширование; 4. одновременное использование; смешанное использование

mixing area зона смешивания красок (в графических пакетах); область смешивания

mixture состав; композиция; смесь

MJPEG 1. Объединенная группа экспертов по обработке движущихся изображений; 2. стандарт MJPEG

MKS система знаний о производстве

ML 1. машинный язык; 2. метаязык

MLA лицензионное соглашение, предусматривающее скидки при большом числе пользователей (или копий продукта)

m-law codec кодек m-типа

MLB многослойная печатная плата

MLC 1. многоуровневая сотовая технология; 2. многоканальный контроллер

MLFA анализ через машинное обучение на фрагментах

MLID многоканальный интерфейсный драйвер

MLP 1. многомашинная лицензия; 2. многоканальная процедура

MLS многоуровневая защита данных

MLSP многопротокольная маршрутизация с использованием меток

mm миллиметр

MM 1. мультимедиа; 2. массовая память; 3. менеджер носителей; 4. диспетчер среды передачи данных

MMA Ассоциация производителей MIDI

MMD мультимедиа-документ

MM data данные мультимедиа

MMDBMS мультимедийная СУБД; система управления данными мультимедиа

MMD file transfer файловая пересылка мультимедиа-документов

MMD handling обработка мультимедиа-документов

MMD mail service пересылка мультимедиа-документов электронной почтой

M-media мультимедиа

MMF 1. многомодовый волоконно-оптический кабель; 2. формат перемещения файлов в мультимедиа-системах

MM fiber многомодовый волоконно-оптический кабель

MMF line многомодовая волоконно-оптическая линия

MMI интерфейс «человек-машина»; человеко-машинный интерфейс

MMM формат перемещения файлов мультимедиа

MMM file файл метрик; MMM-файл

MMPM программа управления презентацией с использованием мультимедиа

MMS спецификация производственной службы сообщений

MMSB последовательная шина с несколькими абонентами

MMS network utility сетевая служба MMS

MMTA многозадачный агент передачи сообщений

MMU 1. устройство управления памятью; блок управления памятью; 2. диспетчер памяти

MMX технология мультимедиа-расширений

MMX compatible MMX-совместимый; соответствующий стандартам технологии мультимедиа-расширений

mnemonic 1. мнемоника; символика; 2. мнемонический выбор; 3. оперативная клавиша выбора; 4. мнемонический; символический

mnemonic assembler ассемблер символического адреса

mnemonic code мнемокод

mnemonic diagram мнемоническая схема

mnemonic identifier мнемонический идентификатор

mnemonic instruction символическая команда

mnemonic name мнемоническое имя

mnemonic operation code мнемонический код операции

MNI объединение сетей мобильной связи

M-node М-узел; смешанный узел

MNP сетевой протокол фирмы Microcom

MO 1. денежный перевод (по почте); 2. музыкальные объекты; 3. магнитооптический

MO магнитооптический

MOA анализатор модуляции

MOB перемещаемый фрагмент объекта; спрайт

mobile мобильный; передвижной; переносной

mobile agent system система с мобильными агентами

mobile CD expansion unit мобильный блок расширения для компакт-дисков

mobile chip процессор для мобильных компьютеров; процессор для ПК-блокнот

mobile computer мобильный компьютер; ПК-блокнот

mobile computing мобильные вычисления

mobile CPU процессор для мобильных компьютеров; процессор для ПК-блокнотов

Mobile Data Intermediate System промежуточная система для мобильных данных

mobile device мобильное устройство

Mobile IPX мобильный IPX

mobile network мобильная сеть; сеть мобильных коммуникаций; сеть мобильной связи; сеть подвижной связи

mobile network computing мобильные сетевые вычисления

mobile network integration объединение сетей подвижной связи

mobile phone мобильный телефон

mobile processor процессор для мобильных компьютеров; процессор для ПК-блокнотов

mobile replication мобильное тиражирование; мобильная репликация; тиражирование данных в мобильных вычислениях

mobile software мобильное программное обеспечение; программное обеспечение для мобильных систем

mobile station мобильная станция

mobile switching centre мобильный коммутационный центр

mobile telecommunications system система мобильных телекоммуникаций
mobile user мобильный пользователь; путешествующий
пользователь
mobility мобильность; подвижность
MOC официальные документы Microsoft
mockup модель; макет
MOD магнитооптический диск
mod 1. модуль; 2. вычисление остатка; получение остатка от
целочисленного деления; 3. умеренный; 4. современный
modal модальное (окно)
modal analysis анализ цепи методом узловых потенциалов
modal capacity условная емкость
modal dialog block модальный блок диалога
modal dialog box модальное диалогового окно; режимное
диалоговое окно
modal logic модальная логика
modal status статус модальности
modal view модальный отображаемый элемент
modal window модальное окно; режимное окно
MODB база данных управляемых объектов
mode 1. мода; режим (работы); 2. тип; вид; 3. состояние;
4. способ; метод
mode byte байт режима
modec модек; интеграция модема и кодека
mode declaration описание вида
mode detector детектор режима
mode filter модовый фильтр
mode key клавиша переключения режимов
model 1. модель; образец; 2. моделировать
model adequacy адекватность модели
model-based основанный на модели
model-based analysis анализ на основе использования модели; исследования по модели
modeled animation моделируемая анимация
modeled fault смоделированная неисправность
modeler 1. разработчик модели; 2. средство моделирования
modeless немодальный; безрежимный
modeless command команда, не зависящая от режима
modeless dialog block немодальный блок диалога
modeless dialog box немодальное диалоговое окно; безрежимное диалоговое окно
modeless editing безрежимное редактирование
modeless system система с однородным программным интерфейсом
modeless window безрежимное окно; немодальное окно
model identification идентификация модели
modeling 1. моделирование; построение модели; 2. макетирование
modeling aids средства моделирования
modeling algorithm моделирующий алгоритм
modeling box окно моделирования
modeling coordinates координаты модели
modeling-for-testability моделирование для обеспечения тестируемости
modeling hardware аппаратные средства моделирования
modeling technique метод моделирования; техника моделирования
modeling technology технология моделирования
modeling transformation преобразование модели
modeling wizard мастер моделирования
model-language язык-модель
model-made data данные, полученные на модели
model of formal system модель формальной системы
model perturbation нарушение в работе модели; ошибка в
работе модели

model run выполнение модели; проверка модели
model space пространство модели (САПР)
model statement оператор модели; модельный оператор
model test испытания модели; модельные испытания
model-view-controller модель-вид-контроллер (в языке
Smalltalk)
modelview transformation преобразование представления
модели
modem модем
modem access доступ через модем
modem-based network сеть передачи данных с помощью
модема
modem communication связь с применением модемов; модемная связь
modem compression уплотнение данных модемом
modem connection модемное соединение; соединение через модем; связь через модем
modem database база данных по модемам
modem equivalent rate эквивалентная модемная скорость
modem/fax модем/факс
modem line модемная линия; линия с соединением через
модем
modem pool пул модемов
modem pooling организация пула модемов
modem rack стойка модемов; модемная стойка
modem rack mount стоечная модемная система; стойка модемов
modem reset сброс модема
modem server сервер модемов; модем-сервер
modem-sharing software программное обеспечение коллективного использования модемов; ПО коллективной работы
с модемами
modem sharing unit устройство разделения модема; устройство совместного использования модема
modem system система модуляции/демодуляции
mode number индекс моды
mode of operation режим работы
mode of payment способ платежа
mode of processing метод обработки; режим обработки
moder кодер последовательных импульсов
mode range диапазон режимов; диапазон номеров режимов
moderated mailing list регулируемая группа электронной
почты
moderator модератор (форумов в Internet); руководитель
группы (электронной почты)
modern современный; новый
mode setting установка режима
mode switch переключатель режимов работы
modifiable lvalue expression модифицируемое именующее
выражение
modification 1. модификация; видоизменение; изменение;
2. разновидность; вариант; 3. переадресация
modified модифицированный; измененный
modified binary code модифицированный двоичный код
modified frequency modulation модифицированная частотная модуляция
modified MFM двойная модифицированная частотная модуляция
modified modified frequency modulation двойная модифицированная частотная модуляция
modifier 1. индексный регистр; 2. модификатор; 3. управляющий параметр; ключ; модификатор (командной строки)
modifier bit бит модификации; модифицирующий разряд
modifier keys клавиши-модификаторы
modifier register регистр индекса; индексный регистр; регистр модификации

modifier stack стек модификаций
modify 1. модифицировать; корректировать; видоизменять; изменять; 2. переадресовывать
modify design изменение макета
modifying texture изменение текстуры
modify right право «изменение»
mod-N check проверка по модулю N
mod-N counter счетчик по модулю N
MO drive магнитооптический дисковод
modular модульный
modular acoustic processor модульный акустический процессор
modular additions модульное наращивание
modular analysis модульный анализ
modular approach модульный принцип; модульный подход
modular architecture модульная архитектура; модульная структура
modular arithmetic арифметика в остаточных классах
modular assembly модульная конструкция; модульное построение
modular bay модульный отсек
modular code модульная программа
modular connector модульный соединитель; соединитель модульной конструкции
modular construction модульная конструкция; модульная структура
modular counter модульный счетчик
modular decomposition разбиение на модули
modular desing модульная конструкция; блочная конструкция; модульная архитектура
modular expendability модульная расширяемость
modular GIS environment модульная среда географических информационных систем
modular growth модульное наращивание
modular hardware модульная аппаратура; аппаратура модульной конструкции
modular hub модульный концентратор
modularity модульность; модульное исполнение; модульный принцип организации
modularity principle принцип модульности
modularization разбиение на модули; модуляризация
modular jack модульное гнездо; модульный разъем
modular memory 1. модульная память; 2. модульное запоминающее устройство
modular programming модульное программирование
modular switch модульный коммутатор
modular unit модульное устройство
modulate модулировать
modulation модуляция
modulation analyzer анализатор модуляции
modulation domain analysis анализ сигналов в области модуляции
modulation techniques 1. технология модификации; 2. способы модуляции
modulation transfer function модуляционная передаточная функция
modulator модулятор
module 1. модуль; 2. унифицированный элемент; унифицированный узел
module binding увязка модулей; связывание модулей
module board плата для соединения модулей
module-by-module approach принцип последовательной разработки модулей
module cohesion связность модуля; модульное сцепление
module definition file файл определения модуля
module designer конструктор модулей

module generator модульный генератор; генератор аппаратных модулей
module invariant инвариант модуля
module-level variable переменная, действующая на уровне модуля; «модульная» переменная
module map схема модуля
module name имя модуля
module object объект модуля
module-parity check контроль по четности блока данных
module slot отсек для установки модуля
module specification спецификация модуля
module strength прочность модуля
module stub «заглушка»; фиктивный модуль
module testing тестирование модулей
modulo модуль; остаток целочисленного деления
modulo N addition сложение по модулю N
modulo N arithmetic арифметика по модулю N
modulo-N check контроль по модулю N
modulo operation операция по модулю
modulo-two adder сумматор по модулю 2
modulus 1. модуль; числовая характеристика; 2. модуль; абсолютная величина; 3. модуль; остаток целочисленного деления; 4. основание системы счисления; 5. показатель степени; 6. коэффициент
modus operandi образ действия
moire муар
moire effect муар
moire pattern муар
moire removing удаление муара
moise limiter ограничитель шумов; ограничитель помех
moise temperature шумовая температура
molded cover формованная накладка; защитная накладка для клавиатуры
molecular computer компьютер на молекулярных схемах
molecular-modeling program программа моделирования молекул; программа молекулярного моделирования
MOLP соглашение на использование ПО Microsoft в пределах компании
MOM промежуточное программное обеспечение, ориентированное на сообщения; промежуточное ПО, ориентированное на обработку сообщений; промежуточное ПО, основанное на обмене сообщениями
momentum term 1. параметр количества движения; 2. импульсный параметр возмущения (в нейронной сети)
monadic instruction команда с одним операндом
monadic operation унарная операция; одноместная операция
monaural record монофоническая запись
monetary symbol символ денежной единицы
monetary value денёжная величина
money-back guarantee гарантия возврата денег
monitor 1. монитор; дисплей; 2. диспетчер; администратор; управляющая программа; 3. программа-монитор; контролирующая программа; 4. контрольно-измерительное устройство; контрольное устройство; 5. осуществлять контроль; осуществлять мониторинг; контролировать; отслеживать; наблюдать
monitor call вызов монитора
monitor chromaticity насыщенность цветов монитора (компьютера)
monitor control управление работой при помощи монитора
monitor-controlled operation работа под управление монитора
monitor display контрольный дисплей; монитор
monitored mode режим мониторинга; режим вывода (контрольных данных)
monitored parameters контролируемые параметры

monitor filter экранный фильтр; фильтр для монитора
monitor gamma цветовая гамма монитора
monitoring 1. мониторинг; непрерывный контроль; текущий контроль; отслеживание; 2. диспетчерское управление; непрерывное управление
monitoring circuit контролирующая схема; контролирующая цепь
monitoring console консоль мониторинга
monitoring station станция мониторинга
monitor printer контрольное печатающее устройство
monitor profile профиль монитора
monitor program 1. управляющая программа; 2. контролирующая программа; монитор
monitor real time activity мониторинг активности в реальном времени
monitor system система контроля; система мониторинга
monitor unit монитор; блок диспетчерского управления
monitor white point белая точка монитора
monoboard одноплатный
monochannel моноканал
monochannel network моноканальная сеть
monochromatic graph монохромный граф
monochrome bitmap монохромное растровое изображение
monochrome display монохромный дисплей
monochrome display adapter 1. монохромный дисплейный адаптер; адаптер монохромного дисплея; 2. видеографический стандарт MDA
monochrome graphics system монохромная графическая система
monochrome image монохромное изображение
mono display adapter монохромный дисплейный адаптер
monoid моноид
monolithic монолитный; единый; не разделенный на блоки
monolithic driver монолитный драйвер
monolithic protocol driver монолитный драйвер протокола
monolithic storage память на интегральных схемах
monomode одномодовый (волоконно-оптический кабель)
monomode glass fiber одномодовое стекловолокно; одномодовый волоконно-оптический кабель
monomorphism мономорфизм
monophonic монофонический
monophonic record монофоническая запись
monophonic recording монофоническая запись
monoprocessor computer однопроцессорная машина
monospaced моноширинный; с фиксированной шириной; фиксированный; непропорциональный (шрифт)
monospaced character 1. символ с единственной пустой областью; 2. символ моноширинного шрифта
monospaced characters моноширинный символы; символы фиксированной ширины
monospaced font шрифт с фиксированной шириной; шрифт фиксированной ширины; моноширинный шрифт
monostable моностабильный; с одним устойчивым состоянием
monostable flip-flop одновходовый мультивибратор
monotone convergence монотонная сходимость
monotonic reasoning монотонный вывод
montage 1. монтаж; 2. коллаж (видеоэффект)
Monte-Carlo method метод Монте-Карло; метод статистических испытаний
month месяц
monthly ежемесячно
monthly calendar календарь с разбивкой по месяцам
monthly duty cycle месячная норма расхода
monthly service ежемесячное обслуживание
Moore machine автомат Мура
Moore's law закон Мура

mopier принтер-копир; мопир
MOPing получение печатных материалов в нужном количестве экземпляров
mopnochrome одноцветный; однокрасочный; монохромный
mopnochrome image монохромное изображение
more detailed information более подробная информация
more significant digit цифра старшего разряда
more than once неоднократно
morphic морфический
morphic function морфическая функция
morphic logic морфическая логика
morph illegal недопустимое преобразование (в интерфейсе графического пакета)
morphing трансформация; плавное преобразование изображений; морфизм; морфинг
morphological analysis морфологический анализ
morphological analyzer морфологический анализатор
morphology морфология
MORS регистровый файл с перекрывающимися окнами
mortality 1. подверженность отказам; 2. выход из строя
mortgage заклад; ипотека; закладная
MOs музыкальные объекты
mosaic мозаика (видеоэффект)
mosaic array мозаичная матрица
mosaic display растровый дисплей
mosaic indication мозаичная индикация
mosaic method метод мозаики
mosaic printer мозаичный принтер
mosaic printing head знакопечатающая головка
MOS chip кристалл с МОП-структурой
MOS design МОП-структура
MOS flip-flop триггер на МОП-структурах
MOS LSI БИС на МОП-структура
MOSPF предпочтительное предоставление кратчайшего пути при групповой многоадресной рассылке
MOSS 1. объектные службы защиты MIME; 2. лицо того же пола (сокращение, принятое в Internet)
most наибольший; больше всего; большая часть; наиболее
most current version последняя версия
most likely по всей вероятности
most likely estimation наиболее вероятная оценка
most probably по всей вероятности
most recently used наименее давно используемый; использовавшийся последним
most significant старший
most significant bit самый старший двоичный разряд; старший бит
most significant character знак самого старшего разряда; наибольший значимый знак; старший знак
most significant digit старший разряд
most up-to-date information самая последняя информация
MOTAS лицо соответствующего пола (сокращение, принятое в Internet)
motd сообщение текущего дня; сообщение, получаемое всеми пользователями при регистрации в системе
motherboard системная плата; основная плата; материнская плата
motherboard cache кэш системной платы
mother card объединительная плата; плата более высокого уровня; системная плата; «материнская» плата
mother disc материнский диск
motion 1. движение; перемещение; 2. механизм; устройство; 3. подача (рабочего органа)
motion blur размытость из-за движения; «размывка движением» (в графических пакетах); генерация границ объекта с иллюзией непрерывного движения

M

337

motion blur filter фильтр «размывка движением» (в графических пакетах)

motion-capture «захват движения» (технология анимации)

motion-compersation estimation algorithm дифференциальный алгоритм компенсации движения; алгоритм восстановление перемещения объекта

motion equation уравнение движения

motion estimator блок анализа параметров движения изображения

motion JPEG standard стандарт сжатия движущихся изображений MJPEG

motion MPEG стандарт сжатия движущегося изображения

motion picture кинофильм

motion-picture technique кинотехника

motion scripting задание сценария движения

MOTIS система обмена текстовыми файлами на основе механизма сообщений; система обмена информацией, ориентированная на передачу сообщений

motivational device мотивационное устройство

MOTOS лицо противоположного пола (сокращение, принятое в Internet)

mottle 1. пятнистость; крапчатость; рябизна; 2. марашка (в полиграфии)

mottled пятнистый; пестрый; крапчатый

mottling пятнистость; крапчатость; текстура типа апельсиновой корки (возникающая из-за повышения резкости)

mount 1. держатель; патрон; 2. установка; монтаж; сборка; 3. устанавливать; монтировать; собирать

mount a drive присоединить диск

mount a volume монтировать том

mount command команда монтирования

mounted volume смонтированный том

mounter средство монтирования

mounting 1. установка; монтаж; сборка; монтирование; 2. сборочная единица; узел; блок; 3. монтажная схема; схема соединений; 4. опора; стойка; шасси; 5. фотомонтаж

mounting a filesystem монтирование файловой системы

mounting hole установочное отверстие; монтажное отверстие; крепежное отверстие

mount point точка монтирования (файловой системы)

mount point directory каталог точки монтирования

mouse мышь; манипулятор типа «мышь»

mouse-based graphics графические устройства с мышью; графика с мышью

mouse button кнопка мыши

mouse-button utility утилита, позволяющая присваивать функции кнопкам мыши

mouse capture захват мыши; перехват сообщений от мыши

mouse click щелчок кнопкой мыши; нажатие кнопки мыши

mouse cursor курсор мыши; указатель мыши

mousedisk круг управления курсором мыши

mouse drag буксировка (объекта) с помощью мыши

mouse driver драйвер мыши

mouse event событие от мыши

mouse message сообщение от мыши

mouse pad коврик для мыши

mouse pocket держатель для мыши

mouse pointer указатель мыши

mouse pointing control манипулятор типа «мышь»

mouse port порт мыши

mouse-sensitive object объект, чувствительный к перемещению мыши

mouse support обеспечение работы с мышью; поддержка мыши

mouse wheel колесико мыши

movable перемещаемый; подвижный

movable head подвижная головка

move 1. перемещение; пересылка; 2. движение; 3. пересылать; 4. перемещаться; перемещать; двигаться

moveable carriage подвижная каретка

moveable head подвижная головка

moveable object перемещаемый объект

moveable object block перемещаемый фрагмент объекта; спрайт

moveable random access произвольный доступ к устройству со сменным носителем

moveable segment перемещаемый сегмент

move after Enter переход при нажатии Enter

move enclosed controls перемещение вложенных элементов

move frame переместить кадр

move instruction команда пересылки; команда перемещения

movement перемещение; движение; продвижение; подача

movement control device устройство управления подачей

movement estimation coprocessor сопроцессор оценки движения

movement file файл транзакций; файл оперативной информации

move mode режим пересылки

move-mode buffering буферизация с перемещением данных

move operation операция пересылки

mover 1. движитель; привод; 2. блок перемещения; блок пересылки

move statement оператор пересылки

move to next line command команда перехода к следующей строке

movie кинофрагмент; кинофильм

movie clip кинофрагмент

movie editor редактор фильмов

movie file файл кинофрагмента

movie toolbox киноинструментарий

moving 1. перемещение; 2. пересылка

moving about переход; перенос

moving around the tracks перемещение по дорожкам

moving average скользящее среднее; смещенное среднее

moving average disturbance резкое отклонение смещенного среднего

moving-average forecasting прогнозирование с использованием скользящего среднего

moving-average method метод скользящего среднего

moving boundary подвижная граница

moving colors перемещение цветов (в цветовой палитре)

moving containers перенос объектов-контейнеров; перенос контейнеров

moving frame перемещение кадра

moving of data set перемещение набора данных

moving partition перенос раздела

moving parts движущиеся части

moving sections перемещение разделов

MP 1. многоканальный протокол PPP; 2. многозвенный протокол; 3. массовый параллелизм; 4. мультипроцессорная обработка; 5. магниторезистивный

MPB мультипроцессорная параллельная шина

MPC 1. многоцелевые коммуникации; многоцелевая система связи; 2. стандарт мультимедиа для систем с комплексным представлением информации; стандарт MPC; 3. ПК со средствами мультимедиа; мультимедийный компьютер; аудиовидеокомпьютер; мультимедиа-ПК; 3. клиент MPOA

MPCC многопротокольный коммуникационный контроллер; многопротокольный связной контроллер

MPC compatible совместимый со стандартом MPC

MPC-compliant system система мультимедиа, согласованная со спецификацией MPC

MPC Level n Specification спецификация MPC уровня n

MPC specification спецификация MPC

MP-driver MP-драйвер; многопроцессорный драйвер

MPE 1. многоимпульсное возбуждение; 2. максимальное допустимое воздействие

MPEG 1. Экспертная группа по кинематографии; 2. алгоритм сжатия подвижного изображения MPEG; 3. формат файлов MPEG

MPEG animation анимация MPEG

MPI 1. периферийный интерфейс шины Multibus II; 2. многопротокольный интерфейс

M-plex fault многосторонняя неисправность

MPLS многопротокольная коммутация с использованием масок

MPMM «много портов, много модулей памяти»

MPOA многопротокольная маршрутизация на основе ATM

M port M-порт; многомодовый порт

MPP 1. вычисления с массовым параллелизмом; обработка данных с массовым параллелизмом; 2. система с массово параллельной обработкой; 2. процессор с массовым параллелизмом; процессор с полным параллелизмом операций

MPP architecture архитектура с массовым параллелизмом

MPPE протокол шифрования двухточечной связи корпорации Microsoft

Mpps миллионов пакетов в секунду

MPP server сервер с массовым параллелизмом; MPP-сервер

MPP system система с массово-параллельной обработкой; система с массовым параллелизмом; вычислительная система с максимальным параллелизмом

MPR 1. многопротокольный маршрутизатор; 2. маршрутизатор поставщиков услуг

MP-RAID модуль магниторезистивных дисковых накопителей

MPS 1. микропроцессорная система; 2. многопроцессорная система; 3. спецификация мультипроцессорных систем; 4. система с микпрограммированием; 5. многостраничный сигнал; 6. сервер MPOA

MPSM «много портов, одна память»

MP system 1. система с массовым параллелизмом; вычислительная система с максимальным параллелизмом; 2. многопроцессорная система

MPTN многопротокольная сеть передачи данных

MPU микропроцессорное устройство; блок микропроцессора; микропроцессорный блок; микросхема процессора

MPX мультиплексная передача

Mpx музыкальное выражение

MQI интерфейс очередей сообщений

MR модуль восстановления содержимого памяти

MRAC схема вывода показаний измерительного прибора

MRAC controller адаптивный регулятор с эталонной моделью

MRC 1. комплекс магниторезистивных головок; 2. компоненты маршрутизатора узлов сети

MRCI интерфейс сжатия данных в реальном времени компании Microsoft

MREQ запрос главного абонента шины; сигнал MREQ

MR head магниторезистивная головка

MRI получение изображений органов тела с помощью магнитного резонанса

mrouter маршрутизатор, осуществляющий многоадресную передачу

MS 1. оперативная память; 2. магнитное запоминающее устройство; 3. административная система; центр управления сетью; 4. служба управления; 5. магистр естественных наук; 6. мобильная станция

ms миллисекунда

MSAU концентратор Token Ring; устройство многостанционного доступа

MSC мобильный коммутационный центр; центр мобильной коммутации

MSCG Группа по разработке компонентов мультимедиа-систем и сверхбыстрых вычислений

MSCHAP прокол аутентификации по квитированию вызова, разработанный Microsoft

MSCU блок управления основной памятью

m.s. digit цифра старшего разряда

MS-DOS дисковая операционная система фирмы Microsoft

MS-DOS prompt командная строка MS-DOS; системное приглашение MS-DOS

MSDU устройства обслуживания передачи данных для доступа к среде передачи

m-sequence m-последовательность

msg сообщение

MSH многоцелевой концентратор

MSI интеграция среднего уровня

MSL канал связи зеркально отображаемых серверов; канал связи отраженных серверов; канал для соединения зеркальных серверов

MSLAN многофункциональная локальная сеть

MSLP цена, предлагаемая производителем;

MSN многофункциональная сеть

MSNF многосистемный сетевой комплекс

MSP 1. поставщик услуг управления; 2. защищенный протокол обмена сообщениями

MSR регистр управления умножением

MSS 1. система коммутации региональной сети; 2. массовое запоминающее устройство; запоминающее устройство большой емкости

MSU устройство разделения модема

MTA программный агент передачи сообщений; агент передачи сообщений

MTBDL среднее время между потерями информации; среднее время между потерями данных

MTBF средняя наработка на отказ; среднее время безотказной работы; среднее время между отказами; среднее время между ошибками

MTBSF среднее время между системными отказами; наработка на системный отказ

MTC временной код MIDI

MTF формат магнитной ленты Microsoft

MTL логические схемы с совмещенными транзисторами

MTN сеть передачи сообщений

MTNT многофункциональный стенд для испытаний сетевых технологий

MTOPS миллионов теоретических операций в секунду

MTS служба передачи сообщений

MTT таймер для нескольких транзакций

MTTD среднее время обнаружения ошибки

MTTF средняя наработка на отказ; среднее время безотказной работы

MTTFF средняя наработка до первого отказа

MTTR 1. среднее время восстановления; 2. средняя наработка до ремонта; 3. среднее время ремонта

MTU 1. максимальный передаваемый блок; максимальный размер пакета; 2. модуль передачи электронной почты

MUA пользовательский почтовый агент

MUI интерфейс пользователя для доступа к среде передачи данных

MUL тест на максимально возможное число пользователей

M

mu-law codec кодек, использующий кодирование путем модуляции

mu-law encoding кодирование путем модуляции

muldem мультиплексор-демультиплексор

multiaccess 1. коллективный доступ; множественный доступ; мультидоступ; многостанционный доступ; 2. коллективного пользования; с множественным доступом

multiaccess broadcast channel широковещательный канал с коллективным доступом

multiaccess computer компьютер с параллельным доступом; компьютер с множественным доступом; машина коллективного пользования; компьютер, функционирующий в режиме мультидоступа

multiaccess computing вычисления в режиме мультидоступа; вычисления с коллективным доступом

multiaccess data link канал передачи данных с коллективным доступом

multiaccess system система коллективного доступа; система с мультидоступом; 2. система с многими возможностями выборки

multiaddress многоадресный

multiaddress computer многоадресная ЭВМ

multiaddress control transfer циркулярная передача сообщений

multiaddress instruction многоадресная команда

multiaddress space многоадресное пространство

multiadressing мультиадресация

multiaperture device logic логические схемы на многодырочных элементах

multi-aspect indexing многоаспектное индексирование

multiaspect request многоаспектный запрос; сложный запрос

multiaspect search многоаспектный поиск

multi-attribute многокритериальный

multi-attribute utility маргинальная полезность; многомерная полезность

multiboot многовариантная загрузка; загрузка одной из нескольких операционных систем

multiboot configuration конфигурация с многовариантной загрузкой

multiboot loader многофункциональный загрузчик; программа, способная загружать несколько различных ОС

multibus architecture многошинная архитектура

multibutton mouse многокнопочная мышь

multibutton puck многокнопочное роликовое устройство ввода для планшетного цифратора

multibyte 1. мультибайт; 2. многобайтовый

multibyte character многобайтовый символ

multibyte character set набор многобайтовых символов

multibyte string многобайтовая строка; строка многобайтовых символов

multibyte string function функции многобайтовых строк

multicard многофункциональная плата; многофункциональная сменная плата

multicast 1. групповая адресация; многопунктовая передача; многоадресная рассылка; многоадресная передача; 2. многоадресность; 3. групповой

multicast address групповой адрес

multicast backbone базовая сеть многоадресного вещания; многоадресная магистраль

multicast broadcast frame групповой широковещательный фрейм

multicast communication многопунктовая передача; многоадресная рассылка

multicast delivery многопунктовая передача; многоадресная передача

multicasting передача сообщений конкретным группам устройств; групповая адресация; групповая широковещательная передача; многоканальное вещание

multicasting backbone многоадресная магистраль

multicast message delivery многоабоненсткая доставка сообщения

multicast open shortest path first предпочтительное предоставление кратчайшего пути при групповой многоадресной рассылке; сетевой протокол MOSPF

multicast packet широковещательный пакет; пакет, передаваемый по многим адресам

multicast server многоканальный сервер

multicast transmission групповая передача; многоадресная передача

multichannel многоканальный

multichannel communication многоканальная связь

multichannel LAN многоканальная локальная сеть

multichannel MIDI многоканальный интерфейс MIDI

multichannel recording многоканальная запись

multichip многокристальный

multichip unit многокристальный модуль; многокристальное устройство

multicolor display adapter многоцветный графический адаптер

multicolor graphics adapter 1. многоцветный графический адаптер; адаптер многоцветной графики; 2. видеографический стандарт MCGA

multicolor image многоцветное изображение; изображение с большим количеством цветов

multicolor printer многоцветный принтер

multi-column list многоколоночный список

multicommodity flow for partitioning параллельное выполнение многовариантной декомпозиции (проекта)

multicomputer system многомашинная система; многокомпьютерная система

multicomputing обработка данных в многомашинной системе

multicomputing system многомашинная система; многокомпьютерная система

multicore cable многожильный кабель

multicore-fiber cable многоволоконный кабель

multi-CPU architecture многопроцессорная архитектура

multicurrency многовалютный

multidata type query запрос с использованием нескольких типов данных

multi-day event многодневное событие

multideclared identificator многократно объявленный идентификатор

multidestination delivery многопунктовая передача; многоадресная передача

multi-device controller контроллер нескольких периферийных устройств

multidigit многозначный; многоразрядный

multidimensional многомерный

multidimensional analysis многомерный анализ данных

multidimensional array 1. многомерная матрица; 2. многомерный массив

multidimensional database многомерная база данных

multidimensional data model многомерная модель данных

multidimensional graph многомерный граф

multidimensional language многомерный язык

multidimensional modeling многомерное моделирование (данных)

multidimensional view многомерное представление

multi-directory device устройство с несколькими каталогами

multidisciplinary access многопротокольный доступ

multidisciplinary database многопрофильная база данных; база данных для специалистов разного профиля

multidomain многодоменный

multidrive с несколькими дисководами

multidrive jukebox многоприводный дисковод с автоматической сменой диска

multi-drop 1. многоабонентская линия; 2. многоточечный

multi-drop bus многоточечная шина

multi-drop connection многоточечное соединение

multi-drop line многоабонентская линия; многоотводная линия; многоточечная линия

multidrop repeating ретрансляция со многими переприемами

multi-editor revision marking поддержка многократных редакционных правок документа

multi-equilibria behavior многоравновесное поведение

multierror correction исправление многократных ошибок

multiextent file файл с несколькими областями; многосекционный файл

multifaceted многоаспектный

multifaceted nature многоаспектный характер

multifaceted query многоаспектный запрос

multifactor design многофакторный план

multifiber cable многоволоконный кабель

multi-file volume многофайловый том

multiform object объект «мультиформа»

multiframe 1. многокадровый объект; группа кадров; 2. многокадровый

multiframe dialog многокадровый диалог

multiframe synchronization многокадровая синхронизация

multiframing bit бит группирования кадров

multifunction многофункциональный

multifunctional module многофункциональный модуль

multifunctional module interface интерфейс многофункциональных устройств

multifunction board комбинированная плата; многофункциональная плата

multifunction card многофункциональная плата; комбинированная плата

multifunction hub многофункциональный концентратор

multifunction package многофункциональный пакет

multifunction peripheral многофункциональное периферийное устройство

multifunction printer многофункциональный принтер

multifunction workstation многофункциональная рабочая станция; многофункциональное автоматизированное рабочее место

multigraph мультиграф

multigrid methods многосеточные методы

multihomed computer компьютер с несколькими сетевыми платами

multihoming 1. многоузловая структура; 2. виртуальные серверы; несколько Web-серверов на одной системе; 3. множественная адресация

multi-inherited class класс с множественным наследованием

multi-instance form многоэкземплярная форма

multi-job operation работа с несколькими заданиями; мультиобработка заданий

multikey algorithm алгоритм поиска по многим ключам; алгоритм многомерного поиска

multi-language support поддержка нескольких национальных языков

multilate искажать

multilated character искаженный символ

multilayer многослойный; многоуровневый

multilayer actuator head головка с многоуровневым исполнительным механизмом

multilayer board многослойная печатная плата

multilayer card многослойная печатная плата

multilayer device многослойный полупроводниковый прибор

multilayer interconnection многослойное межсоединение

multilayer printed circuit board многослойная печатная плата

multilayer security многоуровневая защита

multilayer switch многоуровневый коммутатор; коммутатор со встроенной маршрутизацией

multilayer testing многоуровневое тестирование

multilength arithmetic 1. арифметика повышенной точности; арифметические операции над словами многократной длины; арифметические операции с многократно увеличенной точностью; 2. арифметическое устройство для работы со словами многократной длины

multilength word слово многократной длины

multilevel многоуровневый

multilevel address многоуровневый адрес; косвенный адрес

multilevel addressing многоуровневая адресация

multilevel crossbar system многокаскадная система перекрещивающихся магистралей

multilevel export многоуровневый экспорт

multilevel hierarchy многоуровневая иерархия

multilevel index многоуровневый индекс

multilevel inheritance многоуровневое наследование

multilevel interconnection generator генератор многослойных соединений

multilevel logic многоуровневая логика

multilevel memory многоуровневая память

multilevel priority interrupt прерывание в многоуровневой системе приоритетов

multilevel security многоуровневая защита; многоуровневая безопасность

multilevel security mechanism механизм многоуровневой защиты

multilevel storage многоступенчатое запоминание

multilevel storage machine машина с многоуровневым запоминанием

multilevel structure многоуровневая структура

multilevel system многоуровневая система

multiline 1. мультилиния; линия из нескольких параллельных линий; 2. многоканальный; 3. многострочный

multiline controller многоканальный контроллер

multiline edit control многострочное поле ввода

multiline text многострочный текст

multilingual многоязычный

multilingual application многоязычное приложение; приложение, поддерживающее несколько языков

multilingual approach многоязычный принцип

multilinked многосвязный

multilink PPP многоканальный протокол PPP; многозвенный протокол PPP; протокол многоканальной двухточечной связи

multilink procedure многозвенная процедура; многоканальная процедура

multilist мультисписок

multilogic 1. многофункциональный; 2. с разветвленной логикой

multiloop многоконтурный

multimaster bus многоабонентская шина; шина с несколькими абонентами

multi-master domain model модель с несколькими мастер-доменами

M

multi-master replication тиражирование с несколькими основными репликами

multimaster serial bus последовательная шина с несколькими абонентами

multimatch triggering запуск по многим событиям; диагностическое прерывание по многим словам совпадения

multimedia мультимедиа; системы с комплексным представлением информации

multimedia accelerator акселератор мультимедиа

multimedia access system система доступа к данным мультимедиа

Multimedia and Supercomputing Components Group Группа по разработке компонентов мультимедиа-систем и сверхбыстрых вычислений

multimedia application 1. приложение мультимедиа; мультимедийное приложение; мультимедийная программа; 2. применение мультимедиа

multimedia authoring system система подготовки авторских произведений мультимедиа; система для авторских работ мультимедиа

multimedia authoring tool авторский инструментарий мультимедиа; инструментальное средство для творческих работ с мультимедиа

multimedia-based interactive kit интерактивный инструментальный набор на основе мультимедиа-систем; интерактивный инструментальный пакет на основе средств мультимедиа

multimedia clips фрагменты мультимедиа

multimedia communication средства связи, ориентированные на работу с мультимедиа

multimedia computer-based training обучение с помощью компьютерных систем мультимедиа

multimedia conferencing on LAN проведение конференций с помощью средств мультимедиа в локальной сети

multimedia coprocessor мультимедийный сопроцессор; сопроцессор для обработки данных мультимедиа

multimedia CPU мультимедийный микропроцессор; мультимедиа-ЦП

multimedia database мультимедийная база данных; база данных мультимедиа

multimedia DBMS мультимедийная СУБД

multimedia development kit набор инструментальных средств для разработки систем мультимедиа; набор инструментальных средств мультимедиа; инструментальная система мультимедиа

multimedia device мультимедийное устройство; мультимедиа-устройство

multimedia document мультимедиа-документ

Multimedia Enabled Ethernet Ethernet с возможностями мультимедиа

Multimedia Graphics Architecture графическая архитектура мультимедиа

multimedia integrated workstation станция разработки мультимедиа-продуктов

multimedia interface мультимедийный интерфейс; интерфейс мультимедиа; универсальный интерфейс

multimedia mail многоформатная электронная почта; почтовые средства с многообразными носителями информации; электронная почта с мультимедийными возможностями

multimedia manager диспетчер мультимедиа

multimedia movefile format формат перемещения файлов в мультимедиа-системах; формат перемещения файлов мультимедиа

multimedia-on-demand мультимедиа-по-запросу

multimedia PC мультимедиа-ПК; мультимедийный компьютер; ПК с комплексным представлением информации

multimedia personal computer ПК со средствами мультимедиа

multimedia playback воспроизведение мультимедиа

multimedia presentation 1. мультимедиа-презентация; мультимедийная презентация; 2. представление средствами мультимедиа

multimedia presentation manager программа управления презентацией с использованием мультимедиа

multimedia program мультимедиа-программа

multimedia server мультимедиа-сервер

multimedia software программное обеспечение мультимедиа; мультимедийное ПО

multimedia spidering доступ к информации мультимедиа с помощью «паучкового» метода (в Web); метод глобального поиска в WWW информации мультимедиа путем индексирования и каталогизации найденных мультимедиа-объектов

multimedia system мультимедиа-система; система мультимедиа; мультимедийная система

multimedia upgrade kit комплект мультимедиа-модернизации

multimedia video processor мультимедиа-видеопроцессор

multimedia Web site мультимедийный Web-узел; Web-сайт, с представлением информации средствами мультимедиа; Web-сайт с мультимедийным контентом

multimember set многочленный набор

multimeter мультиметр; универсальный измерительный прибор

multimicroprocessor architecture мультимикропроцессорная архитектура

multi-MIPS computer ЭВМ с производительностью в много миллионов команд в секунду

multimode 1. многорежимный; 2. многомодовый

multimode counter многорежимный счетчик

multimode fiber многомодовый волоконно-оптический кабель

multimode glass fiber многомодовое стекловолокно

multi-monitor splitter экранный разветвитель

multinomial многочлен; полином

multinormal distribution мультинормальное распределение

multi-objective многоцелевой; многокритериальный

multi-objective problem многоцелевая задача; многокритериальная задача

multi-objective programming многоцелевое программирование

multi-operating system операционная система с мультипрограммированием

multipage многостраничный

multipage form многостраничная форма

multipage signal многостраничный сигнал

multipair cable многожильный кабель

multipane с несколькими областями; многопанельный

multipartite разделенный на несколько частей; состоящий из нескольких разделов

multi-partite virus многокомпонентный вирус

multipart paper многослойная бумага

multipart stationery многослойная бумага

multiparty line линия коллективного пользования

multipass многопроходный

multipass algorithm многопроходный алгоритм

multipass compiler многопроходный компилятор

multipass translator многопроходный транслятор

multipath interconnection network сеть с обходными путями

multi-peer group network сеть с несколькими одноранговыми группами

multiperson game игра нескольких лиц

multiperson video conference видеоконференции со многими участниками

multiphase pulse logic логические схемы с многофазной синхронизацией

multiphysics design analysis software программное обеспечение «мультифизического» моделирования

multipin connector многоконтактный разъем; многоконтактный соединитель

multi-platform многоплатформный; многоплатформенный

multi-platform development tool многоплатформное средство разработки

multi-platform network многоплатформная сеть

multi-player game игра с нескольким участниками

multi-player option возможность участия нескольких игроков

multiple 1. кратное; 2. кратная единица; 3. групповая линия с параллельными выводами в различных точках; 4. кратный; многократный; множественный; составной; 5. соединять параллельно

multiple access коллективный доступ; многостанционный доступ; множественный доступ; мультидоступ; параллельный доступ

multiple-access коллективного использования; с множественным доступом

multiple-access bus шина с множественным доступом

multiple-access computer ЭВМ коллективного пользования; машина с параллельным доступом

multiple-address machine многоадресная машина; многоадресная ЭВМ

multiple-address message многоадресное сообщение; сообщение, направляемое нескольким получателям

multiple aperture core многодырочный сердечник

multiple arithmetic мультиарифметика

multiple-aspect indexing многоаспектное индексирование

multiple assignment множественное присваивание

multiple bar chart многоаспектная столбчатая диаграмма

multiple-boot system система с многовариантной загрузкой

multiple branch prediction множественное предсказание переходов

multiple-byte character многобайтовый символ

multiple caches кэш с чередованием адресов; система кэшей; система кэш-буферов

multiple chain кратная цепь

multiple choice question вопрос с несколькими вариантами ответов

multiple-choice selection выбор с множественными вариантами

multiple communications adapter module модуль адаптера многоканальной связи

multiple computations множественные вычисления; многократные вычисления

multiple connector блок объединения

multiple console support работа с многими пультами

multiple control сложное управление; многократное управление

multiple convolution многократная свертка

multiple copy database многоэкземплярная база данных

multiple data многокомпонентные данные

multiple-data-set system комплекс аппаратуры передачи данных

multiple declaration многократное объявление; повторное определение

multiple document interface интерфейс Windows для работы с несколькими документами; многодокументальный интерфейс; многодокументная среда

multiple-domain network многодоменная сеть

multiple domain system многодоменная система

multiple dwelling unit компактно расположенные домашние пользователи

multiple edges кратные ребра; параллельные ребра

multiple error многократная ошибка

multiple-error correction code код с многократным исправлением ошибок

multiple failure 1. множественный отказ; 2. многократный отказ

multiple frame transmission групповая передача кадров (в ЛС)

multiple head многосекционная головка

multiple homing многолинейное подключение

multiple incarnations approach метод многократных копий

multiple inheritance множественное наследование

multiple input 1. многоканальный вход; 2. многократный ввод

Multiple Instruction Multiple Data множество потоков команд, множество потоков данных; принцип MIMD

multiple integral кратный интеграл; многократный интеграл

multiple job processing мультиобработка заданий

multiple justification кратная выключка

multiple-key retrieval выборка по нескольким ключам; поиск по нескольким ключам

multiple keystroke command многоклавишная команда

multiple-level interrupts многоуровневая система прерываний

Multiple Link Interface Driver многоканальный интерфейсный драйвер; драйвер MLID

multiple master base font базовый MM-шрифт

multiple master font MM-шрифт

multiple master instance экземпляр MM-шрифта

multiple master typeface MM-шрифт

multiple meaning многозначность

multiple-meaning association многозначная ассоциация

multiple mode совместное выполнение (заданий)

multiple module access параллельный доступ к модулю

multiple name space support поддержка нескольких пространств имен

multiple-net environment многосетевая конфигурация

multiple number многозначное число

multiple-object inheritance множественные экземпляры объекта

multiple original printing получение печатных материалов в нужном количестве экземпляров

multiple path технологическое семейство деталей

multiple-platform support многоплатформная поддержка

multiple precision многократная точность; многократно увеличенная точность

multiple precision arithmetic 1. арифметические операции с многократно увеличенной точностью; 2. арифметическое устройство для работы с многократно увеличенной точностью

multiple processing многозадачный режим

multiple processor architecture многопроцессорная архитектура

multiple provider router маршрутизатор многосетевого доступа

multiple redirection многократная переадресация (в командной строке)

multiple reflection многократное отражение; многократно преломленная волна

multiple regression model модель множественной регрессии

multiple scanning многократная развертка

multiple select множественное выделение; несвязный выбор

multiple selection множественное выделение

multiple selection list box список с несвязным выбором

multiple-send interaction взаимодействие многих отправителей сообщений

multiple-server environment многосерверная среда; сетевая среда, содержащая несколько серверов

multiple-server network многосерверная сеть

M

343

multiple-step inference сложное умозаключение

multiple step register регистр управления умножением; регистр MSR

multiple-task management управление многозадачным режимом; управление многозадачной работой

multiple technology network testbed многофункциональный стенд для испытаний сетевых технологий

multiple terminal access многотерминальный доступ

multiple transition многократный переход

multiple undo многоуровневая отмена

multiple use многократное использование

multiple-user computer многопользовательская ЭВМ

multiple-valued многозначный

multiple-valued attribute атрибут, содержащий сразу несколько значений; многозначный атрибут

multiple-valued item элемент с множественным значением

multiple-valued logic многозначная логика

multiple-valued relationship отношение по нескольким значениям; связь по нескольким значениям

multiple virtual storage многосегментная виртуальная память

multiple volume archive архив на нескольких дискетах

multiple wait ожидание нескольких событий

multiple-way partitioning algorithm многокритериальный алгоритм декомпозиции (проекта)

multiplex 1. мультиплексная передача; мультиплекс; 2. мультиплексный; 3. мультиплексировать

multiplex channel мультиплексный канал

multiplex code мультиплексный режим

multiplexed мультиплексированный

multiplexed asynchronous protocol мультиплексированный асинхронный протокол

multiplexed bus мультиплексная шина

multiplexed data мультиплексированные данные

multiplexed information общая информация; одновременно используемая информация

multiplexed synchronous protocol мультиплексированный синхронный протокол

multiplexer 1. устройство уплотнения каналов; устройство разделения каналов; устройство объединения (сигналов); 2. мультиплексор; концентратор; 3. коммутатор

multiplexer channel мультиплексорный канал; мультиплексный канал

multiplexer/demultiplexer мультиплексор-демультиплексор

multiplexer VLM VLM-мультиплексор; мультиплексирующий VLM-модуль

multiplexing уплотнение (каналов); разделение (каналов); объединение (сигналов); мультиплексирование; мультиплексная передача

multiplexing equipment мультиплексное оборудование; мультиплексная аппаратура

multiplex mode режим мультиплексирования

multiplex section terminations оконечные устройства секции с мультиплексированием; оконечные элементы секции с мультиплексированием

multiplex share routine программа распределения работ в мультиплексном режиме

multiplex transmission передача с уплотнением каналов; мультиплексная передача

multiplicand множимое; множитель; сомножитель

multiplication 1. умножение; перемножение; 2. усиление; 3. мультипликация; мультиплицирование; размножение

multiplication algorithm алгоритм умножения

multiplication assignment operator операция умножения и присваивания

multiplication factor 1. коэффициент умножения; 2. коэффициент усиления

multiplication operator операция умножения; знак операции умножения

multiplication table таблица умножения

multiplicative inverse мультипликативная инверсия; инверсия относительного умножения

multiplicator 1. умножитель частоты; 2. множительное устройство; умножитель; 3. блок перемножения; 4. мультипликатор; 5. множитель

multiplier 1. умножитель частоты; 2. устройство умножения; 3. множительное устройство; 4. мультипликатор; 5. множитель

multiplier register регистр множимого

multiply 1. умножать; 2. усиливать; 3. размножать

multiply nested loops многократно вложенные циклы

multipoint многоточечный; многопунктовый

multipoint broadcast access многоузловой широкополосный доступ

multipoint circuit 1. аппаратура мультиплексного канала; 2. многополюсная схема

multipoint conferencing unit система видеоконференц-связи между несколькими пунктами

multipoint connection многопунктовая связь; многоточечное соединение

multipoint connector многоконтактный соединитель; многоштырьковый соединитель

multipoint control unit устройство управления многопунктовой связью

multipoint data link многоточечная линия передачи данных; многопунктовое звено данных

multipoint line многоточечная линия связи

multiport многопортовый

multiport access unit многопортовое устройство доступа

multiport adapter многопортовый адаптер

multiport bridge многопортовый мост

multiport cache многопортовый кэш

multiport card многопортовая плата

multiport device многопортовое устройство

multiport memory многовходовая память; многопортовая память

multiport repeater многопортовый повторитель

multiport storage многопортовое запоминающее устройство

multiport teleconference многосторонняя телеконференция

multiprocessing 1. мультипроцессорная обработка; мультиобработка; мультипроцессирование; 2. параллельная обработка; одновременное выполнение

multiprocessing environment конфигурация, предусматривающая многопроцессорную обработку

multiprocessing system многопроцессорная система

multiprocessor мультипроцессор; многопроцессорная система

multiprocessor complex многопроцессорный комплекс

multiprocessor computer многопроцессорная машина

multiprocessor configuration многопроцессорная конфигурация

multiprocessor development system система разработки мультипроцессоров

multiprocessor interleaving чередование модулей памяти в многопроцессорной системе

multiprocessor net многопроцессорная сеть

multiprocessor parallel bus мультипроцессорная параллельная шина

multiprocessor system многопроцессорная система

multiprocessor system switch коммутатор многопроцессорной системы

multiprogrammed fashion мультипрограммный режим
multiprogramming мультипрограммирование
multiprogramming operation многопрограммная работа
multiprogramming system мультипрограммная система; система, работающая в многопрограммном режиме; система с мультипрограммированием
multiprogramming with a fixed number of tasks мультипрограммирование с фиксированным числом задач
multiprogramming with a variable number of tasks мультипрограммирование с переменным числом задач
multiprotocol многопротокольный
multiprotocol communication adapter многопротокольный связной адаптер
multiprotocol communication controller многопротокольный коммуникационный контроллер; многопротокольный связной контроллер
multiprotocol environment мультипротокольная среда
multiprotocol incapsulation многопротокольная инкапсуляция
multiprotocol router многопротокольный маршрутизатор; маршрутизатор MPR
multiprotocol routing многопротокольная маршрутизация
multiprotocol transport network многопротокольная сеть передачи данных
multipulse exitation многоимпульсное возбуждение
multipurpose многоцелевой; универсальный
multipurpose communications многоцелевые коммуникации; многоцелевая система связи
multipurpose computer универсальная ЭВМ
multipurpose signal computing многоцелевая компьютерная обработка сигнала
multipurpose signal computing chip set набор микросхем для многоцелевой компьютерной обработки сигнала
multipurpose tester универсальный измерительный прибор
multirate systolic array «многоскоростная» систолическая матрица
multirecord block блок с несколькими записями; блок, содержащий несколько записей
multirecord editor редактор массивов записей
multirecord object 1. объект из нескольких записей; 2. объект с множественной записью
multirecord region область из нескольких записей
multireel file многоленточный файл; файл, размещенный на нескольких магнитных лентах
multiring network многокольцевая сеть
multi-row query многострочный запрос; запрос, возвращающий несколько строк
multiscan мультисканирующий (монитор); многорежимный
multiscan monitor монитор многократного сканирования; многорежимный монитор; универсальный дисплей
multiscanning мультисканирование
multiselect несвязное выделение; множественный выбор
multi-select list box блок списка с множественным выбором
multisequensing распараллеливание
multiserver мультисервер
multiserver network многосерверная сеть; сеть с несколькими серверами; сеть, включающая в себя несколько серверов
multiservice многофункциональный; многосервисный
multiservice corporate network многосервисная корпоративная сеть
multiservice local area network многофункциональная локальная сеть
multiservice network многофункциональная сеть

multi-session CD дозаписываемый компакт-диск; компакт-диск, записываемый в несколько сеансов
multisession format многосеансовый формат
multisession recording многосеансовая запись; многосеансная запись; запись чистого компакт диска за несколько сеансов (с отдельными оглавлениями)
multiset мультимножество; множество с повторяющимися элементами
multisite многоабонентский; многоузловой; многостанционный
multisite join многоабонентская операция соединения; многоузловая операция соединения
multisite transaction многостанционная транзакций; транзакция, выполняемая из нескольких пунктов
multi-spin drive дисковод с высокой скоростью вращения диска
multistable configuration конфигурация с несколькими устойчивыми состояниями; схема с несколькими устойчивыми состояниями
multistage design многоэтапный план; многофазный проект
multistage game многошаговая игра
multistage sample многоступенчатая выборка
multistation access unit устройство множественного доступа; устройство многостанционного доступа
multistation network многостанционная сеть
multi-step dynamic focus многошаговая динамическая фокусировка (в ЭЛТ-мониторах)
multistream memory access многопоточный доступ к памяти; многопотоковый доступ к памяти
multisync мультичастотный
multisystem 1. мультисистема; 2. мультисистемный
multisystem environment многосистемная среда
multisystem mode мультисистемный режим
multisystem network facility многосистемный сетевой комплекс
multitable многотабличный
multitable crosstab многотабличная перекрестная таблица
multitable data clusters многотабличные кластеры данных
multitable form многотабличная форма
multitable report многотабличный отчет
multitapped многоотводный
multitapped line многоотводная линия
multitask многозадачный
multitasking 1. многозадачная работа; мультипрограммная работа; многозадачность; многозадачный режим; 2. многозадачный
Multitasking Access Unit модуль устройства обслуживания доступа
multitasking capabilities средства многозадачности
multitasking environment многозадачная среда
multitasking software многозадачное программное обеспечение; программное обеспечение многозадачного режима
multitasking support средства многозадачности
multitasking switch переключатель задач (в многозадачном режиме)
multitasking system многозадачная система
multitask operation мультизадачная работа; многозадачная операция
multiterm мультитерм
multiterminal addressing многотерминальная адресация
multiterminal network многотерминальная сеть
multitexturing одновременное наложение нескольких текстур
multithread процесс с параллельными потоками команд
multithread architecture 1. многопоточная архитектура; 2. многошинная архитектура

M

multithreaded многопоточный
multithreaded driver многопоточный драйвер
multithreaded list мультисписок
multithreading 1. многопоточность; многопоточная обработка; многопоточный режим; 2. многопоточный
multithreading operating system многопоточная операционная система
multithreading programming программирование многопоточных приложений
multithreading server многопоточный сервер
multitier architecture многоуровневая архитектура; многозвенная архитектура
multitiered replication многоуровневое тиражирование
multi-track head многодорожечная головка
multi-track head operation многодорожечная операция; работа с несколькими головками
multi-track operation многодорожечная операция
multi-track recording многодорожечная запись
multitranslation job задача с многократной трансляцией; задача с многоуровневой трансляцией
multi-tree aware доступ к сетевым ресурсам в нескольких деревьях
multiunit processor мультипроцессор
multiuser многопользовательский
multiuser application многопользовательское приложение
multiuser architecture многопользовательская архитектура
multi-user calendar многопользовательский календарь
multiuser operating system многопользовательская операционная система; операционная система режима мультидоступа
multiuser record запись, формируемая несколькими пользователями
multiuser system многопользовательская система
multivalued многозначный
multivalued dependence многозначная зависимость
multivalued field многозначное поле; поле с несколькими значениями
multivalued logic многозначная логика
multivalued property многозначная характеристика; многозначное свойство (объекта); свойство, содержащее несколько значений
multivariable control многосвязное регулирование
multivariate analysis многомерный анализ
multivariate distribution многомерное распределение
multivariate process многопеременный процесс
multivariate regression analysis многомерный регрессионный анализ
multivator преобразователь напряжения постоянного тока
multivendor разнородный; неоднородный (о сетевой среде); от разных поставщиков
multivendor architecture многоплатформная архитектура
multivendor environment оборудование разных поставщиков; среда, объединяющая системы разных производителей
multivendor network сеть, объединяющая аппаратные средства разных производителей; сеть с оборудованием различных поставщиков
multivendor networking построение сетей из аппаратуры различных производителей; построение неоднородной сети
multivendor technical support комплексная техническая поддержка; техническая поддержка комбинированной аппаратной/программной среды несколькими поставщиками
multiversion mechanism механизм поддержания многих версий
multivibrator мультивибратор

multivideo system система мультивидео
multivoltmeter многошкальный вольтметр
multivolume file многотомный файл
multiway многоканальный; многопозиционный
multiway branch множественное ветвление
multiway jump переход при множественном ветвлении
multiway search tree дерево многоканального поиска
multiwindow многооконный
multiwindow editor многооконный редактор
multiwindow interface многооконный интерфейс
multiwire многопроводный (монтаж); с большим числом соединений
multiwire board плата с большим числом соединений
multiworkspace editor редактор с несколькими рабочими зонами; редактор с несколькими рабочими областями
mundane tasks повседневные задачи; рутинные задачи
mu operator оператор минимизации
Murphy's law закон Мэрфи
MUSE среда поддержки пользователей электронной почты
mush пользовательская оболочка электронной почты
Musical Instruments Digital Interface интерфейс электронных музыкальных инструментов; MIDI-интерфейс
musical instruments digital interface sound file файл звукозаписи в формате MIDI
musical performance expression музыкальное выражение
MUSICAM универсальные интегральные средства кодирования и мультиплексирования аудиоданных по поддиапазонам с адаптацией к кодограмме
music objects музыкальные объекты
must finish принудительное окончание
must start принудительное начало
mutated program видоизмененная программа
mutating virus мутирующий вирус
mutation engine механизм мутации; алгоритм реализации полиморфных вирусов
mutation virus мутирующий вирус
mutatis mutandis с необходимыми изменениями
mute 1. глушить; выключать звуковой сигнал; 2. немой
mute object невидимый объект
mutex взаимное исключение; объект-мьютекс
muting 1. приглушение звука; 2. шумоподавление; подавление шума
muting circuit схема замалчивания
mutual взаимный
mutual access коллективный доступ; параллельная выборка
mutual exclusion взаимное исключение
mutually dependant взаимозависимый
mutually exclusive взаимоисключающий
mutual recursion взаимная рекурсия
MUX 1. мультиплексная передача; 2. мультиплексор; 3. мультиплексирование
mux мультиплексор
muxwait semaphore семафор с ожиданием нескольких событий
MVM множественные виртуальные машины
MVP 1. мультимедиа-видеопроцессор; 2. наиболее ценный программный продукт
MVS 1. многосегментная виртуальная память; 2. мультипрограммирование с переменным числом задач; 3. ОС MVS
MVT мультипрограммирование с переменных числом задач; пакетный мультипрограммный режим с переменным числом задач
mwm администратор окон Motif
Mx/s мегапередач/с; млн. передач в секунду
Myhill equivalence эквивалентность по Майхиллу
My-T-Mouse «печатающая» мышь

– Nn –

N/A неприменимо
NABTS Национальная ассоциация стандартов телевещания (США)
NAC 1. автономный концентратор; концентратор, не подключенный к распределенной магистрали; 2. контроллер доступа к сети
n-address code n-адресный код
N-address instruction N-адресная команда
N-adjacent code код с обнаружением N смежных ошибок
NADN ближайший активный нижерасположенный соседний удел
NAEC авторизованный учебный центр компании Novell
NAF средства доступа к сети
naive simulation упрощенное моделирование; моделирование без усложнений
naive user неподготовленный пользователь
NAK символ неподтверждения приема; отрицательная квитанция
naked machine «голая» машина; машина без программного обеспечения
NAL средство запуска приложений NetWare
NAM 1. метод доступа к сети; механизм доступа к сети; 2. модуль задания номера (сотового телефона)
name 1. имя; название; наименование; 2. называть
name-address assignment присваивание адресов именам
name-address table таблица адресов имен
name association ассоциация имени
namebase база имен
name binding связывание имен
Name Binding Protocol протокол привязки имен
name call вызов имени
name clash конфликт по именам; конфликт на уровне имен; конфликт имен
name classifier классификатор имени
name condition условие имени
name conflict конфликт по совпадению имен; конфликт по именованию; конфликт по именам; конфликт имен
name context контекст имени
named association именованное сопоставление
named buffer именованный буфер
named cell range именованный диапазон ячеек
named command команда; имеющая имя
named constant именованная константа; именуемая константа
named database именованная база данных
named disk file указанный файл на диске
named field именованное поле
named file именованный файл
named graph именованный график; график с присвоенным именем

named pipe именованный канал
name field поле имени; поле названия
name form называющая форма; именующая форма
name generation генерация имен
namelist список имен
name lookup 1. поиск по имени; 2. преобразование имен
name mangling искажение имен
name of header имя заголовка
name registration request запрос регистрации имени
name release request запрос освобождения имени
name resolution разрешение имен; преобразование имен сетевых узлов в IP-адреса
names conflict конфликт имен
name server сервер имен; блок преобразования имен
name services служба именования; служба имен
names nonunique неуникальность имен
name space пространство имен
name space compatibility совместимость пространств имен
name space module модуль поддержки пространства имен
name space support поддержка пространства имен
names table таблица имен
name-to-address lookup преобразование имени в адрес
name-to-address mapping отображение имен в адреса: преобразование имен в адреса
name-to-IP address resolution преобразование имен в IP-адреса
name type тип имени
naming именование; наименование; присваивание имен
naming API API-интерфейс службы имен
naming class класс идентификаторов
naming conventions соглашения об именовании; соглашения об именах
naming graph граф именования
naming mechanism механизм имен
naming method метод присваивания имен
naming service средства наименования; служба имен
NAN 1. машина доступа к сети; 2. сетевой метод доступа
NaN не число
NAND логическая операция Не-И
NAND gate вентиль Не-И
NAND operation операция Не-И
nanoprogramming нанопрограммирование
nanoprogram store память нанопрограмм
nanosecond read cycle цикл считывания в наносекундах
NAP 1. пункт доступа к сети; точка входа в сеть; 2. платформа сетевых приложений; 3. процессор обеспечения доступа к сети; 4. поставщик услуг сетевого доступа
NAP company компания-оператор пунктов доступа
NAPI сетевой интерфейс прикладного программирования

NAPL Национальная ассоциация полиграфического оборудования и материалов (США)

NAP metafile метафайл NAP

NAR авторизованный реселлер компании Novell; уполномоченный дилер Novell

narration 1. дикторский текст; сопроводительный текст; 2. комментарий

narrative описательная часть (документа); словесное описание; комментарий; примечание

narrative matrix таблица описаний

narrator 1. ведущий; 2. диктор; 3. комментатор

narrow 1. с малым числом разрядов (о шине); 2. узкий

narrow a search сужать область поиска

narrow band узкая полоса частот; узкий диапазон частот

narrowband узкополосый

narrowband channel канал с узкой полосой частот; узкополосый канал

narrow font узкий шрифт

narrow interface интерфейс с малой разрядностью (шины данных)

narrow type «узкий» тип; тип данных с малым числом разрядов

N-ary code N-арный код

N-ary operation многоместная операция; N-местная операция

NAS 1. система сетевого администрирования; 2. поддержка сетевых приложений; 3. переключатель адреса узла; 4. дисковая память, подключаемая к сети; устройство хранения данных, подключаемое к сети; 5. цифровое аэродинамическое моделирование

NASI асинхронный служебный интерфейс NetWare; асинхронный системный интерфейс NetWare

nastygram неприятное системное сообщение

NAT трансляция сетевых адресов; преобразование сетевых адресов

national alphabet национальный алфавит

National Bureau of Standards Национальное бюро стандартов (США)

National Center for Supercomputing Application Национальный центр по применению супер-ЭВМ

national character set национальный набор символов

National Communications Association Национальная ассоциация связи; NCA

National Computer Security Association Национальная ассоциация компьютерной безопасности; NCSA

National Computer Security Center Национальный центр компьютерной безопасности; NCSC

National Information Infrastructure Национальная информационная инфраструктура

National Information Infrastructure Testbed 1. Испытательный стенд национальной информационной инфраструктуры; 2. рабочая группа NIIT

National Information Infrastructure национальная информационная инфраструктура (США)

National Information Standard Organization Национальная организация по информационным стандартам; NISO

National Information Technology Center Национальный центр информационных технологий США; NITC

National Institute of Standards and Technologies Национальный институт стандартов и технологий (США); NIST

nationality of keyboard язык клавиатуры

national keyboard layout раскладка клавиатуры с выбранным языком; схема клавиатуры с выбранным языком

national language support поддержка национального языка

National Power Laboratory Национальная лаборатория электропитания

National Public Network Национальная общественная сеть

National Research and Education Network Национальная научно-исследовательская и образовательная сеть

National Science Foundation Национальный научный фонд; NSF

national security национальная безопасность

National Security Agency Агентство национальной безопасности США; NCA

National Software Testing Laboratory Национальная лаборатория тестирования программного обеспечения (США)

National Technical Information Service Национальная служба технической информации

National User Group национальная группа пользователей

nationwide wireless network общенациональная беспроводная сеть

native «родной»; естественный; присущий исходной системе; собственный; в собственной системе команд

native code собственный код; внутренний код данной машины; код в собственной системе команд

native data внутренние данные (OLE-объекта)

native format собственный формат; формат оригинала

native instruction собственная команда

native method «родной» метод

native mode режим работы в собственной системе команд; собственный режим

native-mode compiler «родной» компилятор

native-mode language язык, транслируемый в собственную систему команд

native signal processing естественная обработка сигналов; обработка сигналов с использованием ресурсов ЦП

native signal processing mode естественный режим обработки сигналов; обработка сигналов средствами центрального процессора

natural естественный; настоящий; натуральный

natural binary code обычный двоичный код; натуральный двоичный код

natural binary-coded decimal двоично-десятичное число

natural-function generator генератор аналитической функции; аналитический функциональный преобразователь

natural image естественное изображение

natural intelligence естественный интеллект (в отличие от искусственного)

natural interface 1. реальный интерфейс; 2. естественный интерфейс

natural join естественное соединение

natural join of relation естественное соединение отношений

natural language естественный язык

natural language front-end естественно-языковый интерфейс

natural-language generator генератор текстов на естественном языке

natural language interaction 1. естественно-языковое взаимодействие; общение на естественном языке; 2. интерфейс на естественном языке; естественно-языковый интерфейс

natural language processing обработка текста на естественном языке

natural language understanding восприятие естественного языка

natural length естественная длина

naturally structured control flow естественно структурированная управляющая логика

natural number натуральное число

natural pen натуральное перо (в графических пакетах)

natural pen tool инструмент «натуральное перо» (в графических пакетах)

natural unit натуральная единица

nature сущность; природа; характер

NAU адресуемый элемент сети

naught check проверка на нуль

naught's complement точное дополнение; дополнительный код

NAUN ближайший активный соседний узел сети

navigable world виртуальная среда, в которой может перемещаться пользователь

navigating mode навигационный режим

navigation навигация; перемещение

navigation aids навигационные средства

navigational bar кнопки перемещения; панель перемещения; навигационная панель

navigational computer навигационный компьютер

navigational request навигационный запрос

navigation bar навигационная панель; линейка с кнопками управления перемещением

navigation buttons кнопки управления (перемещением)

navigation keys клавиши для перемещения

navigation map навигационная карта

navigation mode режим перемещения; навигационный режим

navigation operation навигационная операция; операция перемещения

navigation tabs ярлычки для перемещения

navigator штурман; навигационная система; программа-штурман; навигатор

navy темно-синий

NB модуль шумоподавления

N-bar indicator N-сегментный индикатор

NBCD двоично-десятичное число

N-bit architecture N-разрядная архитектура; N-разрядная структура

N-bit byte N-разрядный байт

N-bit code N-разрядный код

N-bit counter N-разрядный двоичный счетчик

N-bit data N-разрядные данные

N-bit machine N-разрядная машина

N-bit wide bus N-разрядная шина

N-bit word слово из N двоичных разрядов

NBNS сервер имен NetBIOS

NBP протокол привязки имен

NBS Национальное бюро стандартов

N-bus highway N-шинная магистраль

NC 1. сетевой компьютер; сетевой ПК; 2. сетевое управление; 3. числовое программное управление; ЧПУ; 4. сигнал подключения к сети

NCA 1. архитектура сетевой обработки; 2. Национальная ассоциация связи

N-card chassis блок на N плат

NCC 1. центр управления сетью; 2. Национальный компьютерный центр (Англия)

NCD 1. сетевое вычислительное устройство; 2. механизм распространения вызовов в сети

NCE управление и обмен данными в сети

N-cell array N-элементная матрица

NCF командный файл NetWare

N-channel N-канальный

N-channel adder N-канальный сумматор

N-character line строка в N знаков

N-chromatic graph N-хроматический граф

NCITS Национальный комитет по стандартам в области информационной технологии (США)

NCL язык управления сетью

N-cluster configuration N-кластерная конфигурация

N-connector коннектор N-типа; разъем N-типа

NCP 1. протокол ядра NetWare; 2. сетевая административная консоль; 3. программа управления сетью; 4. протокол управления сетью

NC programming language язык программирования для систем числового программного управления

NCS 1. система сетевых вычислений; 2. система управления сетью

NCSA 1. Национальный центр по применению супер-ЭВМ; национальный центр суперкомпьютерных приложений; 2. Национальная ассоциация компьютерной безопасности

NCSA map карта ссылок NCSA; карта ссылок стандарта NCSA

NCSC Национальный центр по компьютерной защите

ND протокол обнаружения соседнего узла

N-decimal approximation приближение с точностью до N десятичных знаков

n-digit product n-разрядное произведение

N-dimensional N-мерный

N-dimensional array 1. N-мерная матрица; 2. N-мерный массив

N-dimensional cube N-мерный куб

NDIS спецификация интерфейсов сетевых драйверов; спецификация интерфейса с сетевым устройством; спецификация интерфейса сетевых устройств

NDL язык описания сетевых задач

NDM 1. программа управления передачей данных в сети; 2. нормальный разъединенный режим

NDMP сетевой протокол управления данными

NDMS службы распределенного администрирования в NetWare; службы распределенного управления Novell

NDPS распределенная служба печати NetWare

NDR неразрушающее чтение; считывание без разрушения (информации)

NDRO считывание без разрушения информации

NDR subsystem подсистема дисковых массивов с прямым доступом к сети

NDS служба каталога компании Novell; служба сетевого каталога Novell

NDSU элемент данных сетевого сервиса

NDT неразрушающее испытание

NE не равно

NEA сетевая архитектура; архитектура сети

near 1. примерно; 2. ближний; близкий; исходный

near address ближний адрес

near call ближний вызов

near-contact recording heads головки записи с незначительной величиной зазора между головкой и поверхностью носителя

near end attenuation затухание на ближнем конце линии

near-end crosstalk перекрестные наводки на ближнем конце линии связи

nearest integer functions функции ближайшего целого

nearest-neighbor communication связь путем соединения с ближайшими соседями

near-FM quality качество звучания, близкое к качеству частотной модуляции

near heap ближняя динамически распределяемая область памяти

near instantaneous compression почти мгновенное сжатие

near instruction команда типа NEAR

near jump ближний переход

near letter quality печать с типографским качеством; режим высококачественной печати

near-online storage полуавтономное устройство хранения данных; устройство хранения данных с автоматически устанавливаемым носителем

near-online tape автоматически устанавливаемая магнитная лента

near plane передняя плоскость

near pointer ближняя ссылка; ближний указатель

near-real-time access доступ в масштабе времени, близком к реальному

near real-time update обновление в близком к реальному масштабе времени

near routine ближняя подпрограмма

near segment-relative reference ближняя ссылка относительно заданного сегментного регистра

near self-relative reference ближняя ссылка (в пределах данного сегмента или группы)

near-typeset-quality качество текста, близкое к типографскому

necessary необходимый; нужный; неизбежный

needle printer игольчатый принтер

needle printing знакосинтезирующая печать

needs нужды; потребности; требования

needs analysis анализ потребностей

negate 1. отрицание; 2. отрицать

negation 1. отрицание (логическая операция); 2. взятие с обратным знаком

negation element элемент отрицания

negative 1. отрицательная величина; 2. отрицательный вывод (элемента); 3. негатив; негативное изображение; 4. отрицание; 5. отрицательный; 6. негативный

negative acknowledge character символ отрицания

negative acknowledgment отрицательная квитанция; отрицательное квитирование; неподтверждение приема

negative balance отрицательное сальдо; отрицательный итог; отрицательный остаток

negative base отрицательное основание системы счисления

negative bit разряд знака отрицательного результата

negative carry отрицательный перенос

negative check проверка на отрицательное значение

negative correlation отрицательная корреляция

negative exponent 1. отрицательная степень; 2. отрицательный порядок

negative exponential generator отрицательно-экспоненциальное распределение

negative float отрицательный допуск

negative image негативное изображение

negative jump переход по знаку минус

negative limiting ограничение отрицательного сигнала

negative logic отрицательная логика

negative mask негативная маска; негативный трафарет

negative remainder отрицательный остаток

negative resistance characteristic вольт-амперная характеристика с отрицательным сопротивлением

negative response отрицательный ответ

negative sign отрицательный знак

negative sub-total отрицательная промежуточная сумма

negative zero отрицательный нуль

negator инвертор; инвертирующий элемент

negentropy негэнтропия

neglect пренебрегать; не учитывать

neglected interaction неучтенное взаимодействие

negligible незначительный; пренебрежимо малый

negligible error пренебрежимо малая ошибка; незначительная ошибка

negotiate согласовывать

negotiating window size согласование размера окна

negotiation 1. согласование; 2. взаимодействие

neighbor 1. соседний узел; соседняя станция; 2. соседняя величина; близкая величина; 3. граничить

neighborhood manipulation преобразование окрестностей

neighborhood operation операция определения соседства (элементов изображения); оператор формирования окрестностей (элемента изображения)

neon indicator неоновый индикатор

neon inks флюоресцирующие чернила

NEP точка входа в сеть

Nerode equivalence эквивалентность по Нероду

nest 1. гнездо; 2. вкладывать

nested гнездовой; вложенный

nested calls вложенные вызовы

nested class вложенный класс

nested comment вложенные комментарии

nested design иерархический план; гнездовой план

nested dialog вложенный диалог

nested expression вложенное выражение

nested form вложенная форма

nested group вложенная группа

nested index структурированный предметный указатель (индекс); предметный указатель, содержащий несколько уровней

nested iteration вложенный цикл; цикл в цикле

nested language язык с гнездовой структурой

nested looping организация вложенных циклов; организация циклов в цикле

nested loops вложенные циклы

nested-loops join объединение с помощью вложенных циклов

nested macrocommands вложенные макрокоманды

nested menu вложенное меню

nested procedure вложенная процедура; встроенная процедура

nested scopes вложенные области

nested structure 1. вложенная структура; 2. гнездовая структура

nest groups вложенные группы

nesting вложение; вложенность; вложенная структура

nesting depth глубина вложенности

nesting hierarchy иерархия вложенности

nesting level глубина вложенности; уровень вложенности

nesting memory магазинная память

nesting storage аппаратный стек

nesting store запоминающее устройство магазинного типа

nest list гнездовой список

net 1. сеть; 2. узел; 3. сетка; 4. сетевой график; 5. чистый; результирующий; прямой

net balance прямой баланс; прямое сальдирование

NetBEUI расширенный пользовательский интерфейс NetBIOS; расширенный пользовательский интерфейс сетевой BIOS; протокол NETBEUI

NetBIOS emulator эмулятор NetBIOS

NetBIOS extended user interface ; расширенный пользовательский интерфейс среды NetBIOS

NetBIOS Name Server сервер имен NetBIOS

netcast целенаправленная доставка информации Internet на ПК пользователей

net-centric computing сетецентрическая модель вычислений

NetDDE динамический обмен данными по сети

net earnings чистый доход

net'gain чистый выигрыш

net graph сетевой график

net integrator сеточный интегратор

netiquette «нетикет»; сетевой этикет

netizen пользователь сети; «житель» Internet

netlist file файл списка соединений
netlogon service служба регистрации в сети
net loss чистая потеря
netmask маска подсети
net method метод сеток
netname сетевое имя
net node computer вычислительная машина узла сети; узловая ЭВМ
net revenue объем продаж без учета накладных расходов
NETSP программа защиты данных в сети
net sum чистая сумма
net surfers пользователи Internet; исследователи информации в Internet; «путешественники» по Internet
net surfing исследование Internet; навигация в Сети
netting 1. установление связи; вхождение в связь; 2. организация сети; создание сети
net TV сетевой телевизор; телевизор с доступом к Internet
NetWare Asynchronous Service Interface асинхронный служебный интерфейс NetWare; интерфейс NASI
NetWare Asynchronous System Interface асинхронный системный интерфейс NetWare
NetWare-aware совместимый с NetWare
NetWare Core Protocol протокол ядра NetWare; протокол NCP
NetWare Directory каталог NetWare
NetWare Directory Database база объектов NetWare; база данных каталога NetWare
NetWare Directory partition раздел каталога NetWare
NetWare Directory replica реплика каталога NetWare; тиражируемая копия каталога NDS
NetWare Directory Service служба каталога Novell
NetWare Distributed Management Services службы распределенного администрирования в NetWare
NetWare Distributed Print Services распределенная служба печати NetWare
NetWare Link Services Protocol протокол обслуживания связей; протокол сервиса соединений в среде NetWare
NetWare Loadable Module загружаемый модуль NetWare; NLM-модуль
NetWare Management System система сетевого администрирования NetWare
NetWare Naming Service служба имен NetWare; служба именования в ОС NetWare
NetWare server object объект «сервер NetWare»
NetWare Service Advertising Protocol протокол рекламного сервиса в среде NetWare; протокол NSAP
NetWare shell оболочка NetWare
network 1. сеть; 2. схема; цепь; 3. сетка; 4. сетевой график; 5. сетевой; 6. включать в сеть; подсоединять к сети
network abonent абонент связи; сетевой абонент
network access сетевой доступ; доступ к сети
network access controller контроллер доступа к сети
network access control method метод управления сетевым доступом
network access facility средства доступа к сети
network access machine машина доступа к сети
network access method метод доступа к сети; сетевой метод доступа
network access point пункт доступа к сети; точка входа в сеть
network access processor процессор обеспечения доступа к сети
network access provider поставщик услуг сетевого доступа
network adapter сетевая плата; сетевой адаптер
network adapter driver драйвер сетевого адаптера
network adapter driver software драйвер сетевого адаптера
network address сетевой адрес

network addressable unit адресуемый элемент сети
network address restriction ограничение на сетевой адрес; ограничение сетевого адреса
network administration system система сетевого администрирования
network administrator администратор сети
network analog моделирующая сеть; моделирующая сетка
network analysis 1. анализ сетей; 2. сетевой анализ; 3. анализ схем; 4. анализ с помощью сеток; 5. сетевое планирование
network analyzer 1. анализатор сети; сетевой анализатор; средство анализа сетей; 2. схемный анализатор
network appliance сетевое устройство; устройство для доступа к сети
network application сетевое приложение
Network Application Program Interface сетевой интерфейс прикладного программирования; интерфейс NAPI
network applications platform платформа сетевых приложений
network application support поддержка сетевых приложений
network approach сетевой подход
network architecture 1. сетевая архитектура; 2. архитектура сети; сетевая структура
network-attached intelligent storage system интеллектуальный сетевой накопитель
network-attached storage система хранения данных, подключаемая к сети
network awareness 1. осведомленность о состоянии сети; 2. наличие сетевых средств; возможность работы в сети
network bandwidth пропускная способность сети
network-based video conferencing system сетевая система видеоконференций
network board driver драйвер сетевой платы
network browser система просмотра ресурсов сети
network building распределение заданий компиляции между несколькими компьютерами в сети
network cable сетевой кабель
network calculator схемный анализатор
network call distributor механизм распространения вызовов в сети
network capacity пропускная способность сети; производительность сети
network capacity planner планировщик пропускной способности сети
network card сетевая плата
network-centered ориентированный на компьютерные сети
network-centric сетецентрический
network-centric computing сетецентрическая вычислительная обработка; вычисления, ориентированные на компьютерную сеть; вычисления, ориентированные на применение сетей
network chat mode режим сетевого диалога; режим «беседы» (пользователей Internet в реальном времени)
network circuit 1. сетевая схема; 2. разветвленная схема; сложный контур
network client сетевой клиент
network computer name имя компьютера в сети
Network Computer Reference Platform базовая платформа Internet-компьютера
network computer system система сетевых вычислений
network computing сетевые вычисления
network computing products продукты для сетевых вычислений
network computing system система сетевых вычислений
network configuration конфигурация сети; сетевая конфигурация

N

network congestion перегрузка сети

network connection сетевое соединение; сетевое подключение

network console сетевая консоль

network contention конфликт в сети; конфликтная ситуация в сети

network control сетевое управление; управление сетью

network control and exchange управление и обмен данными в сети; протокол NCE

network control center центр управления сетью

network control language язык управления сетью

network controller сетевой контроллер

network control point сетевая административная консоль

network control program программа управления сетью

Network Control Protocol протокол управления сетью; протокол NCP

network control system система управления сетью

network database 1. сетевая база данных; 2. база данных с сетевой структурой

network database system сетевая система управления базой данных; сетевая СУБД

network data model сетевая модель данных

network data mover программа управления передачей данных в сети

network data structure сетевая структура данных

network degradation ухудшение работы сети; снижение производительности сети

network delay сетевая задержка; задержка передачи (в сети); транзитная задержка; задержка сигнала в сети

network-deployed application приложение, развертываемое в сети

network deployment развертывание сети

network description language язык описания сетевых задач

network design проектирование сети

network design and analysis system система автоматизированного проектирования и анализа сети

network device сетевое устройство; устройство, подключенное к сети

Network Device Interface Specification спецификация интерфейса с сетевым устройством; интерфейс NDIS

network diagnosis диагностика сети

network diagram сетевой график

network dimensioning определение основных характеристик сети

network-direct device устройство, подключаемое непосредственно к сети

network direct printer принтер прямого подключения к сети

network disk drive удаленный диск в локальной сети

network distribution распространение в сети

network downtime время простоя сети

network drive сетевой диск

Network Driver Interface Specification спецификация интерфейсов сетевых драйверов; NDIS

networked 1. объединенный в сеть; 2. с сетевой структурой; 3. сетевой; подключенный к сети

networked application сетевое приложение

networked computer сетевой компьютер; компьютер, подключенный к сети; сетевая машина

networked data warehouse сети хранилищ данных

networked PC ПК, подключенный к сети; ПК с доступом к сети; сетевой ПК

networked resource сетевой ресурс

networked servers сетевые серверы; серверы, объединенные в сеть

networked use сетевое применение; использование в сети

networked user сетевой пользователь; пользователь, подключенный к сети

network element сетевой элемент

network-enabled поддерживающий работу в сети; сетевой; с сетевыми средствами

network encryption unit сетевой шифровальный блок

network engineer сетевой инженер; инженер по сети

network entry point точка входа в сеть

network environment сетевая среда

network equipment сетевое оборудование

network error ошибка сети

Network Facsimile Service сетевая служба факсимильной связи

network file server сетевой файл-сервер

Network File Service сетевая файловая служба

Network File Standard стандартный протокол сетевых файлов

Network File System сетевая файловая система

network generation генерация сетевых средств

network graph сетевой график

network graphic protocol сетевой графический протокол

network independent file transfer protocol независимый от сети протокол передачи файлов

network information center информационный центр сети; сетевой информационный центр

network information database сетевая информационная база данных

network information processor информационный процессор сети

Network Information Service сетевая информационная служба

network infrastructure инфраструктура сети; сетевая инфраструктура

network infrastructure management system управленческая система с сетевой инфраструктурой; система администрирования с сетевой инфраструктурой

networking 1. организация сети; объединение в сеть; создание сети; 2. передача данных по сети; 3. построение сетевого графика

networking capabilities возможности организации сети

networking client сетевой клиент

networking compatibility сетевая совместимость

networking partner сетевой партнер

networking platform сетевая платформа

networking product сетевой программный продукт

networking professional специалист по сетям; профессионал в сетевой области

networking protocol сетевой протокол

networking technology сетевая технология

network installation 1. инсталляция сети; 2. инсталляция (ОС) из сети (с другого компьютера)

network integrator сетевой интегратор (компания, специалист)

network interconnection межсетевое взаимодействие; объединение сетей

network interconnection device устройство сетевого взаимодействия

network interface board плата сетевого интерфейса; сетевая интерфейсная плата

network interface card плата сетевого интерфейса; сетевая интерфейсная плата; сетевой адаптер

network interface controller контроллер сетевого интерфейса; сетевой контроллер

network interface device устройство сопряжения с сетью

network interface layer уровень сетевого интерфейса

network-interface printer принтер с сетевым интерфейсом

network inventory инвентаризация сети

network I/O сетевой ввод-вывод

network language язык управления сетью
network layer сетевой уровень
network layer protocol протокол сетевого уровня
network layer protocol data unit блок протокольных данных сетевого уровня
network level уровень сети; сетевой уровень
network-level compatibility совместимость на сетевом уровне
network licence server сервер контроля лицензий
network lock manager сетевой администратор блокировок
network lock-up блокировка ресурсов сети
network log сетевой журнал
network logical structure логическая структура вычислительной сети
network management сетевое управление; управление сетью; административное управление сетью
network management application приложение управления сетью; приложение сетевого администрирования
network management center центр управления сетью
network management option средства сетевого управления
network management software программное обеспечение управления сетью
network management station станция управления сетью
network management system система управления сетью
network management vector transport векторная передача данных управления сетью
network management workstation управляющая рабочая станция; рабочая станция для управления сетью
network manager 1. программа управления сетью; 2. администратор сети
network media сетевой носитель; сетевая среда передачи данных
network module сетевой модуль
Network Name Service сетевая служба имен
network navigation навигация в сети; перемещение в сети; перемещение по схеме сети
network navigation services средства навигации в сети
network neighbourhood сетевое окружение
Network News Reading Protocol протокол для чтения сетевых новостей; протокол NNRP
Network News Transfer Protocol протокол передачи новостей по сети; протокол передачи сетевых новостей; протокол NNTP
Network News Transport Protocol протокол передачи новостей по сети
network node узел сети
network node control point пункт управления узлами сети
network node identifier идентификатор узла связи
network node interface интерфейс «сеть-узел»
Network Node Manager программа управления узлами сети
network number номер сети; сетевой номер; адрес сети
network of networks сеть сетей
network operating system сетевая операционная система
network operational protocol рабочий протокол обслуживания сети
network operation center центр управления сетью
network path name имя сетевого маршрута
network performance optimization оптимизация производительности сети
network planning планирование сети
network planning optimization оптимизация сетевого планирования
network power мощность сети; возможности сети
network printing service сетевая служба печати
network processing system система сетевой обработки
network processor сетевой процессор

network professional специалист в области вычислительных сетей
network protocol сетевой протокол
network provider 1. провайдер сетевого сервиса; сетевой поставщик услуг; поставщик доступа к сети; 2. компонент сетевого доступа
network proxy сетевой посредник
network recovery восстановление сети
network redirector сетевой редиректор
network redundancy избыточность сети
network rendering сетевой рендеринг; распределенный рендеринг; одновременный рендеринг кадров анимации разными компьютерами в сети
network resource manager администратор сетевых ресурсов
network resources ресурсы сети; сетевые ресурсы; ресурсы вычислительной сети
network resource server сервер сетевых ресурсов; сервер для распределения ресурсов сети
network ring кольцевая локальная сеть
network schedule сетевая таблица; сетевой график
network scheduling application сетевое приложение для решения задач планирования
network security защита сети; безопасность информационной сети; защита данных в сети
Network Security Center Центр по защите сетей
network security program программа защиты данных в сети
network security server сетевой сервер защиты данных
network security system система защиты данных в сети
network segment сетевой сегмент
network semaphore сетевой семафор
network-sentric computing сетевая модель вычислений; «сетецентрическая» модель вычислений
network server сетевой сервер; сервер сети; узел обслуживания сети
network service сетевой сервис; сетевая служба
network service access point точка доступа к сетевой службе; точка доступа к сетевому сервису
network service data unit блок служебных данных в сети
network service provider поставщик сетевых услуг
network services engine механизм сетевого обслуживания
Network Services Protocol протокол сетевого обслуживания; протокол обслуживания сети вычислительных систем
network share 1. общий сетевой каталог; 2. совместно используемый ресурс сети
network shared-modem pool сетевой многомодемный пул
network signaling system система передачи сигналов в сети; система передачи управляющих сообщений
network socket сетевой соединитель
network software сетевое программное обеспечение
network solution сетевое решение
network station сетевая станция; рабочая станция сети
network structure 1. структура сети; конфигурация сети; 2. сетевая структура
network suite сетевой комплект приложений
network supervisor сетевой супервизор; супервизор сети
network support сетевая поддержка
Network Support Encyclopedia энциклопедия сетевой поддержки
network switching center коммутационный центр сети
network synthesis синтез сети
network system сетевая система
network technique техника создания вычислительных сетей
network technology сетевая технология; технология проектирования сетей
network telephony сетевая телефония
network terminal сетевой терминал

N

network terminal unit оконечное устройство сети

network termination оконечная станция сети; сетевая оконечная станция

network termination device оконечное сетевое устройство

network termination type 1 широкополосный сетевой выход типа 1 (в ISDN)

network termination unit оконечный комплект сети

Network Time Protocol сетевой протокол службы времени; протокол NTP

network-to-network connectivity products продукты межсетевого взаимодействия

network-to-network interface межсетевой интерфейс

network topology топология сети

network topology information информация о топологии сети; топологическая информация

network topology map топологическая схема сети

network transport сетевой транспорт

network trusted computing base сетевая достоверная вычислительная база

network user identification идентификатор пользователя сети

network utility сетевая служба

network version сетевая версия (программы)

network virtual terminal сетевой виртуальный терминал; виртуальный терминал сети

network-wide в масштабе сети; во всей сетевой среде; общесетевой

network with data routing сеть с маршрутизацией данных

network with data selection сеть с селекцией данных

network workstation сетевая рабочая станция

NEU сетевой шифровальный блок

neural net mechanism механизм работы нейронной сети

neural net product программный продукт, использующий принципы нейронных сетей

neural-net technology технология нейронных сетей

neural network нейронная сеть

neutral conductor нейтраль; нейтральный провод

neutral ground заземление нейтрали

neutralizing circuit цепь нейтрализации (обратной связи)

neutral system нейтральная система

neutral transmission однополярная передача

new новый; новейший; современный

newbie новичок; новый пользователь

new branding strategy новая стратегия именования

newer новее

newest новейший; последний

New Information Services Architecture новая архитектура информационных услуг

new-line character символ «новая строка»; символ новой строки

new-line escape sequence управляющая последовательность «новая строка»

newly formatted disk заново отформатированный диск

new-page section mark маркер типа «окончание страницы в конце раздела»

new post новое сообщение (в папке)

new profile новая конфигурация

newscast информационная передача; передача новостей (в Internet)

newsfeed «податчик новостей»; сервер, передающий статьи новостей для другого сервера

newsgroup группа новостей (в Internet); телеконференция

newsgroup category категория групп новостей

news headlines заголовки новостей

newsletter информационный бюллетень; рекламный проспект

newsprint газетная бумага

newsreader программа чтения новостей; средство чтения новостей

news vehicle передвижная станция видеожурналистики

newtape новая лента; чистая лента

new technology новая технология

Newton's method метод Ньютона

NEXT перекрестные помехи на ближнем конце линии; перекрестные наводки на ближнем конце линии

next 1. следующий; 2. ближайший; соседний; 3. потом; затем; 3. рядом; около

next decade 1. следующий десятичный разряд; 2. следующее десятилетие

next entry table таблица очередных вводов

next free следующий свободный

next-generation следующего поколения

next hop routing одношаговая маршрутизация

next paragraph style стиль следующего абзаца

next record следующая запись

2NF вторая нормальная форма

3NF третья нормальная форма

4NF четвертая нормальная форма

N-fold N-кратный

N-fold computations N-кратные вычисления

N-fold multiple integral N-кратный интеграл

NFR не предназначенный для перепродажи

NFS 1. сетевая служба факсимильной связи; 2. сетевая файловая система; стандартный протокол сетевых файлов; протокол NFS; 3. сетевая файловая служба

NFS-server NFS-сервер

NGM глобальная служба обработки сообщений NetWare

NI без чередования строк; со сплошной разверткой

nib кончик (кисти)

nibble полубайт

nibble copier полубайтовый копировщик

nibble mode режим передачи данных полубайтами

nib picker указатель кисти

NIC 1. информационный центр сети; сетевой информационный центр; 2. сетевая интерфейсная плата; плата сетевого интерфейса; сетевой адаптер

nicad никель-кадмиевый

NICE естественный интерфейс вычислительных сред

nickel-cadmium никель-кадмиевый

nickel-metal hydride никель-металл-гидридный

nickel metal hydryde battery никель-метал-гидридная батарея

nickname мнемоническое имя; псевдоним

NID 1. сетевая информационная база данных; 2. устройство сопряжения с сетью

NIF 1. фрейм информации об узле; 2. файл информации о сети

NIFTP независимый от сети протокол передачи файлов

NII национальная информационная инфраструктура США

NIIT 1. Испытательный стенд национальной информационной инфраструктуры; 2. рабочая группа NIIT

nil пустой указатель; нуль

NIM модуль сетевого интерфейса

NiMH battery никель-металл-гидридная батарея

nine's complement поразрядное дополнение в десятичной системе

nine-track magnetic tape девятидорожечная магнитная лента

nine-track tape девятидорожечная магнитная лента

NIOS подсистема ввода-вывода NetWare

NIP программа инициализации ядра

NIR стандартизованная скорость передачи информации

NIS сетевая информационная служба

NISA новая архитектура информационных услуг

nisa link связи типа «не принадлежит к»; отрицание связи типа «часть — целое»

N-ISDN узкополосная сеть с интеграцией служб; узкополосная ISDN

NISO Национальная организация по информационным стандартам (США)

NIST Национальный институт стандартов и технологий (США)

NITC Национальный центр информационных технологий (США)

NITT новая информационная телекоммуникационная технология

NLANR Национальная лаборатория прикладных исследований в области сетей; Национальная лаборатория сетевых исследований (США)

N-layer board N-слойная плата

N-lead flatpack плоский корпус с N выводами

N-level address N-уровневый адрес

N-level code N-уровневый код

N-level interrupts N-уровневая система прерываний

N-level logic N-уровневые логические схемы; N-уровневая логика

NLI интерфейс на естественном языке

NL interface естественно-языковый интерфейс

NLM загружаемый модуль NetWare; NLM-модуль

NLM system developer's kit комплект разработчика NLM

NLP обработка текста на естественном языке

NLPID идентификатор протокола сетевого уровня

NLQ режим высококачественной печати; печать с типографским качеством

NLQ mode режим качественной печати

NLS 1. поддержка национальных языков; 2. сервер контроля лицензий

NLSP протокол сервиса связи NetWare; протокол обслуживания связей

NLU восприятие естественного языка

NM управление сетью

nm нанометр; миллиардная доля метра

NMA 1. управляющий программный агент NetWare; 2. приложение сетевого администрирования

NMC 1. центр управления сетью; 2. нуль-модемный кабель; 0-модемный кабель

NMH никель-металл-гидридный

NMI немаскируемое прерывание; незапрещаемое прерывание

NMO средства сетевого управления

NMOS design N-канальная МОП-структура

NMRQ запрос от исполнителя

NMS 1. система сетевого администрирования NetWare; 2. станция управления сетью; 3. система управления сетью

NMVT векторная передача данных управления сетью

NN сетевой узел (в ATM)

NNCP пункт управления узлами сети

NNI 1. интерфейс «узел-сеть»; 2. межсетевой интерфейс; интерфейс «сеть-сеть»

NNM программа управления узлами сети

N-node computer N-узловая ЭВМ; машина, организованная в виде сети N процессоров

NNRP протокол для чтения сетевых новостей

NNS служба имен NetWare; служба именования в ОС NetWare

NNS domain домен NNS

NNTP протокол передачи новостей по сети; сетевой протокол передачи новостей

no-address instruction безадресная команда

no-address search безадресный поиск

NOC центр управления сетью

no-charge time не оплачиваемое время

no color object бесцветный объект

no-cost бесплатный

nodal analogy узловая аналогия

nodal licensed с лицензированием по числу узлов

nodal point узловая точка

node 1. узловая точка; узел; 2. элемент (расчетной схемы); 3. вершина (дерева, графа); 4. узел сети; 5. точка пересечения; 6. узловой

node address switch переключатель адреса узла

node capacity количество узлов (поддерживаемое сетью)

node computer узловой компьютер; компьютер-узел сети

node editing редактирование узлов

node handle идентификатор узла

node ID идентификатор узла

node information frame фрейм информации об узле

node list узловой список

node management управление узлами сети

node number номер узла

node point узловая точка

node position положение узла

node splitting расщепление узлов

node-to-datum path matrix матрица узловых путей; матрица маршрутов от каждого узла к опорному узлу

node type тип узла

node voltage узловой потенциал

No Electronic Theft Act Акт о запрете электронных краж

noise шум; помехи

noise burst signal сигнал шума

noise cancellation подавление помех

noise characteristic шумовая характеристика

noise combating code помехоустойчивый код

noise control filter фильтр «управление шумом»

noise effects эффекты шумов

noise factor коэффициент шума

noise function шумовая функция; функция шума

noise generator генератор шума

noise immunity помехоустойчивость

noise killer подавитель шума; подавитель помех; шумоподавитель

noiseless channel канал без помех

noiseless coding помехоустойчивое кодирование

noise level уровень шума; уровень помех

noise margin запас помехоустойчивости

noise method шумовой метод

noise protection помехозащищенность

noise ratio коэффициент шума

noise reducer шумоподавитель

noise regulations нормативы допустимого уровня шумов

noise sequence шумовая последовательность; случайная последовательность

noise silence подавление шума; шумоподавление

noise silencer шумоподавитель

noise source источник помех

noise suppression шумоподавление; защита от помех

noisy channel канал с помехами

noisy line «шумная» линия; линия с высоким уровнем помех

noisy message сообщение с помехами

noisy power некачественное электропитание; нестабильное электропитание; питание с помехами; питание с «шумами»

no justification без выравнивания

no-load 1. холостой ход; 2. нулевая нагрузка

nomadic computing мобильные вычисления

N

nomadic user путешествующий пользователь; разъезжающий пользователь; мобильный пользователь

nomenclature 1. номенклатура; система условных обозначений; спецификация; 2. обозначения на иллюстрации

nominal номинальный; нарицательный

nominal definition номинальное определение

nominal dimension номинальный размер

nominal key номинальный ключ

nominal speed номинальное быстродействие; номинальная скорость

nominal value заданная величина; номинальная величина; номинальное значение

nomogram номограмма

nonactive queue очередь неактивных программ

nonadaptive behavior неадаптивное поведение

non-addressable memory неадресуемая память; неадресуемое запоминающее устройство

non-addressable register неадресуемый регистр

non-address instruction system безадресная система команд

nonalgebraic adder арифметический сумматор

nonalgorithmic language неалгоритмический язык

non-alterable не изменяемый; постоянный; не поддающийся перезаписи

non-arithmetic data неарифметические данные

non-assured mode режим негарантированной доставки

non-authonomous неавтономный

nonbinary error correction недвоичное исправление ошибок

nonbinary logic недвоичная логика

nonblank character непробельный символ; непустой символ

nonblocking mode режим без блокировки; неблокирующий режим

non-blocking performance высокая производительность неблокирующего режима

nonbreaking hyphen неразрывный дефис

nonbreaking space неразрывный пробел

non-buffered небуферизованный

nonburst device устройство, работающее в немонопольном режиме

noncacheable region of memory область адресного пространства памяти с запрещением отображения в кэш-памяти

non-cache-coherent transaction транзакция, не требующая когерентности кэша

noncentral distribution нецентральное распределение

noncentralized system децентрализованная система

nonce value специальное значение; временное значение

nonchargeable failure неответственный отказ

non-client area неклиентская область

noncoincidence circuit схема несовпадения

noncommercial network некоммерческая сеть

noncommercial use некоммерческое использование

noncomputable function невычислимая функция

nonconjunction отрицание конъюнкции

nonconstant game игра с непостоянной суммой

non-contiguous не непрерывный; состоящий из несмежных участков

noncontiguous item независимый элемент

noncopyrighted material печатный материал без охраны авторского права

noncoverable defect необнаруживаемый дефект

noncritical task некритическая задача

nondata operation операция, не связанная с обработкой данных

nondebug code программный код, не содержащий отладочной информации

nondedicated невыделенный; неспециализированный

nondedicated file файл общего назначения

nondedicated file server невыделенный файловый сервер

nondedicated server невыделенный сервер

nondefault parameters параметры, отличные от заданных по умолчанию

nondense index неплотный индекс

nondestructive неразрушающий

nondestructive addition сложение без уничтожения первого слагаемого

nondestructive backspace возврат без удаления

nondestructive check неразрушающий контроль

nondestructive cursor неразрушающий курсор; нестирающий курсор

nondestructive reading неразрушающее чтение; считывание без стирания информации; считывание без разрушения данных

nondestructive register model of execution регистровая модель вычислений без разрушения информации

nondestructive storage память без разрушения информации

nondestructive testing неразрушающее испытание

nondeterminism недетерминизм

nondeterministic algorithm недетерминированный алгоритм

nondeterministic automaton недетерминированный автомат

non-differential optimization недифференциальная оптимизация

non-digital information нецифровая информация

non-dimensional parameter безразмерный параметр

nondirect address непрямой адрес

nondirect addressing непрямая адресация

nondisclosure agreement договор на условиях неразглашения; соглашение о неразглашении

nondisjunction отрицание дизъюнкции

nondistinct image нечеткое изображение; нерезкое изображение

non-DOS disk 1. диск, не содержащий DOS; 2. дискета в формате, отличном от DOS

nondrop frame time code стандартизированный метод кодирования адресов путем хронологической нумерации кадров

none никто; ничто; никакой; нисколько

non editable нередактируемый

nonequivalence неэквивалентность; неравнозначность

nonequivalence gate схема «исключающее ИЛИ»

nonequivalence interrupt прерывание по несовпадению с заданным условием

non-erasable storage накопление без стирания

non-executable statement невыполняемый оператор

nonexistent code запрещенный код; запрещенная кодовая комбинация

nonexistent memory interrupt прерывание при обращении к несуществующей области памяти

nonfaulty исправный

nonformatted неформатированный

nonformatted data неформатированные данные

non-glare не дающий бликов; безбликовый

non-glare screen безбликовый экран

non-graphic output неграфический вывод

non-heuristic program неэвристическая программа

nonhierarchical cluster analysis неиерархический кластерный анализ

nonhost database локальная база данных

non-human resources материальные ресурсы

non-impact printer устройство бесконтактной печати; бесконтактный принтер; безударный принтер; принтер безударного действия

non-impact printing безударная печать
nonimplication отрицание импликации
non-indexed fields неиндексированные поля
nonintelligent adapter неинтеллектуальный адаптер
noninteractive call вызов для односторонней связи; вызов для неинтерактивной связи
noninteractive program неинтерактивная программа
non-interlaced без чередования строк; со сплошной разверткой
non-interlaced color monitor цветной монитор со сплошной разверткой
noninterruptable execution непрерываемое выполнение
noninterrupt driven без управления от прерываний; управляемый без прерываний
noninterruption discipline дисциплина без прерывания обслуживания
nonlinear нелинейный
nonlinear approximation нелинейное приближение; нелинейная аппроксимация
nonlinear dependence нелинейная зависимость
nonlinear distortion нелинейное искажение
nonlinear 3D surface нелинейная трехмерная поверхность
nonlinear editing нелинейное редактирование
nonlinear element нелинейный элемент
nonlinear function нелинейная функция
nonlinear function generator 1. генератор нелинейной функции; нелинейный функциональный преобразователь; 2. блок нелинейной функции
nonlinear link 1. нелинейное звено; 2. нелинейная связь
nonlinear optimization нелинейная оптимизация
nonlinear program нелинейная программа
nonlinear programming нелинейное программирование
nonlinear regression mode нелинейная регрессионная модель
nonlinear system нелинейная система
nonlinear video editing нелинейное редактирование видео; система нелинейного видеомонтажа; система видеомонтажа с произвольным доступом к любому кадру
nonlinear viewing просмотр с переходом к произвольной странице
nonlinked database несвязная база данных
non-local 1. глобальный; нелокальный; 2. локализованный
non-local entity нелокализованный объект
non-local identificator нелокализованный идентификатор
non-local information нелокальная информация
nonlocking escape переход без блокировки
nonlocking shift character символ смены регистра без блокировки
non-maskable interrupt немаскируемое прерывание
nonmasked interrupt немаскированное прерывание
non-master request запрос от исполнителя
non-mechanical line printer механическое построчно-печатающее устройство
non-member некомпонентный; не являющийся членом
non-memory automaton автомат без памяти
nonmemory-reference instruction команда, не требующая обращения к памяти
nonmodal dialog box немодальный блок диалога; нережимное диалоговое окно
non-modifiable lvalue expression немодифицируемое именующее выражение
nonmonolitic conclusion нестрогий вывод; немонотонное заключение
nonmonotonic logic немонотонная логика
nonmonotonic reasoning немонотонный вывод; немонотонное умозаключение

non-mouse program программа, не поддерживающая работу с мышью
non-multiplexed asynchronous protocol немультиплексированный асинхронный протокол
non-native environment чужеродная среда; «неродная» среда
non-networked 1. несетевой; 2. не подключенный к сети
non-nonsense licence agreement серьезное лицензионное соглашение
non-numerical calculations нечисловые расчеты
non-numerical character нецифровой символ
non-numerical information нечисловая информация; нецифровая информация
non-numerical literal нецифровой литерал
non-numeric character нецифровой знак
non-numeric coding числовое кодирование
non-numeric computation нечисловой расчет; нецифровые вычисления
non-numeric data нечисловые данные
non-numeric item нечисловой терм; нечисловое слово данных
non-numeric literal нечисловой литерал
non-numeric move нечисловая пересылка
nonoccurrence of event отсутствие события
nonoperability неисправное состояние; неработоспособность; непригодность для эксплуатации
non-overlaid unit неоверлейный модуль
non-overloadable operator непереопределяемая операция
nonpacked format неупакованный формат
non-packet data stream непакетированный поток данных
nonpageable dynamic area динамическая область памяти без страничной организации
nonpageable partition раздел без страничной организации; бесстраничный раздел
nonpageable region зона без страничной организации
nonpaged не выгружаемый на диск (при страничном обмене)
nonpaged pool пул памяти, не подлежащей страничному обмену (с диском)
nonparametric techniques непараметрические методы
non-periodical function непериодическая функция
non-persistent object временный объект
nonplanar surface неплоская поверхность
non-polarized return-to-zero recording неполяризованная запись с возвращением к нулю
non-preemptive allocation распределение ресурсов без прерывания обслуживания
non-preemptive discipline дисциплина без прерывания обслуживания; дисциплина без вытеснения
non-preemptive multitasking многозадачный режим без вытеснения; многозадачный режим без прерывания обслуживания
non-preemptive scheduling невытесняющее планирование; неприоритетное планирование; планирование без выгрузки; планирование без выбрасывания
non-preemptive system система без вытеснения
nonpresent key отсутствующий ключ
nonprintable character непечатаемый символ; непечатаемый знак
nonprintable color непечатаемый цвет; цвет, невоспроизводимый в режиме CMYK
nonprint code код запрета печати
nonprinting character неотображаемый знак; непечатаемый символ
nonprivileged instruction непривилегированная команда
nonprocedural непроцедурный

nonprocedural data access непроцедурный доступ к данным
nonprocedural language непроцедурный язык
nonprocedural program непроцедурная программа
nonprocessor grant разрешение прямого доступа; разрешение внепроцессорной передачи
non-profit некоммерческий
non-profit organization некоммерческая организация
nonprogrammable decision непрограммируемое решение
non-programmed halt непрограммируемый останов; незапрограммированный останов
non-programmer пользователь, не владеющий программированием; не программист
non-programmer user пользователь-непрограммист
non-read notification уведомление о непрочтении (в электронной почте)
non-real-time variable bit rate передача с переменной скоростью не в реальном времени
non-recordable task незаписываемая задача
non-rectangular bitmap растровое изображение непрямоугольной формы; непрямоугольное растровое изображение
non-recurring cost единовременные издержки; разовые затраты
nonredundancy безызбыточность; отсутствие избыточности
non-reentrant нереентерабельный
nonrelational database нереляционная база данных; база данных нереляционного типа
nonreproducing code невоспроизводимый код
non-reserved word нерезервируемое слово; незарезервированное слово
non-resident нерезидентный
non-resident data set нерезидентный набор данных
non-resident part нерезидентная часть
non-resident portion нерезидентная часть
non-resident volume нерезидентный том
nonrestoring division деление без восстановления остатка
nonrestoring method метод работы без возврата в исходное состояние
non-return-to-reference recording потенциальный способ записи без возвращения к начальному состоянию
non return to zero без возврата к нулю
non-return-to-zero change on ones recording запись без возвращения к начальному состоянию с инверсией
non return to zero inverted запись без возврата к нулю с инвертированием; без возврата к нулю с инверсией; инвертированное кодирование без возврата к нулю
non-return-to-zero mark метка записи без возвращения к нулю
non-return-to-zero mark recording потенциальный модифицированный способ записи без возвращения к начальному состоянию
non-return-to-zero recording потенциальный способ записи без возвращения к начальному состоянию
nonreusable однократно используемый
nonrobustness неустойчивость; ненадежность
nonscalar value нескалярная величина
nonscheduled maintenance time время внепланового профилактического обслуживания
non-seed неосновной
non-seed router неосновной маршрутизатор
nonsemantic information несемантическая информация
nonsense 1. бессмыслица; абсурд; 2. бессмысленный
nonsequential computer ЭВМ с принудительным порядком выполнения операций
non-sequential pages отдельные страницы
nonshared не разделяемый; не используемый совместно; индивидуального пользования

nonshared port порт индивидуального пользования
nonsignaled event несигнализирующее событие
nonsignaled object занятый объект
nonsignificant digit незначащая цифра
nonsignificant zero незначащий нуль
nonsimultaneous transmission неодновременная передача
nonsingular matrix невырожденная матрица; неособая матрица
nonspecific volume request потенциальный запрос тома
nonstandard access method нестандартный метод доступа
nonstandard facilities кадр NSF; кадр нестандартных возможностей
nonstandard facilities setup кадр установки нестандартных возможностей
nonstandard file нестандартный файл
nonstandard label нестандартная метка
nonstop computer безостановочно работающая ЭВМ; невыключаемая ЭВМ
nonstop system безостановочная система; отказоустойчивая система; многократно резервированная вычислительная система
nonstratified language нестратифицированный язык
nonsuspectibility невосприимчивость; неподверженность
nonswapable невыгружаемый
non-switched line некоммутируемая линия
non-switched network некоммутируемая сеть
nonswitching hub некоммутирующий концентратор
non-symbolic debugger отладчик, работающий на уровне машинных команд
nonsystematic code несистематический код
non-system disk несистемный диск
non-technical user пользователь, не осведомленный в технических вопросах; технически неподкованный пользователь
nontemporary data set постоянный набор данных
nonterminal node нетерминальный узел древовидной схемы; не оконечный узел
nonterminal symbol нетерминальный символ
non-text cell нетекстовая ячейка
nontime-sensitive с нестрогими требованиями ко времени (доставки)
nontransparent mode непрозрачный режим
non-uniform clocking неравномерная синхронизация
non-uniform convergence неравномерная сходимость
nonuniformity 1. неравномерность; 2. неоднородность
non-uniform memory access память с неунифицированным доступом; память NUMA
Non-Uniform Memory Architecture архитектура распределенной разделяемой памяти; архитектура NUMA
non-uniform rational B-spline неоднородный рациональный B-сплайн
nonunique неуникальность
nonunique associative criterion групповой ассоциативный признак
nonunique key неуникальный ключ
non-void непустой
non-volatile долговременный; неразрушающийся; не изменяющийся
non-volatile data 1. не изменяющиеся данные; 2. слабо изменяющиеся данные
non-volatile data memory постоянная память; нестираемая память данных
non-volatile flash memory энергонезависимая память на базе флэш-технологии
non-volatile medium энергонезависимая среда; среда с сохранением информации при выключении питания

non-volatile memory энергонезависимая память; энергонезависимое запоминающее устройство; постоянная память

non-volatile object объект в памяти, изменяемый только программой

non-volatile RAM file manager программа управления файлами для поддержки энергонезависимого ОЗУ

non-volatile storage энергонезависимое запоминающее устройство

non-Von-Neuman architecture нефоннеймановская архитектура

non-Von-Neuman machine нефоннеймановская машина

nonweighted code невзвешенный код

nonworkday нерабочий день

nonwrap mode режим без автоматического переноса слов на следующую строку

non-zero ненулевой

non-zero initial conditions ненулевые начальные условия

no-op холостая команда; пустая операция

no operation 1. пустая операция; холостая операция; пустая команда; 2. в нерабочем состоянии

no-op instruction пустая команда; холостая команда; пустая операция

NOP 1. рабочий протокол обслуживания сети; 2. в нерабочем состоянии; 3. пустая операция

no paper нет бумаги

no-paper error ошибка из-за отсутствия бумаги

NOR ИЛИ-НЕ

N-order logic исчисление предикатов N-ого порядка

NOR element элемент НЕ-ИЛИ

no-response status состояние бездействия

no rewind без перемотки

NOR gate схема «ИЛИ-НЕ»

norm норма; нормировать

normal 1. нормаль; 2. нормальный

normal algorithm нормальный алгоритм

normal attribute атрибут «нормальный»

normal binary чисто двоичный

normal clone tool инструмент «нормальное клонирование»

normal conditions нормальные условия; нормальный режим

normal coordinates нормальные координаты

normal cut срез X

normal data обычные данные

normal derivative производная по нормали

normal-direction flow поток в прямом направлении; нормальное направление потока

normal disconnected mode нормальный разъединенный режим

normal distribution нормальное распределение; гауссово распределение

normal equation нормальное уравнение

normal font нормальный шрифт

normal form нормальная форма; канонический вид

normal index нормальный индекс

normality нормальность

normalization 1. нормализация; стандартизация; представление в нормальной форме; 2. нормирование

normalization principle принцип нормирования; метод нормирования

normalize 1. нормализовать; нормализовывать; стандартизировать; 2. нормировать

normalized data нормализованные данные

normalized database нормализованная база данных

normalized device coordinates нормализованные координаты устройства

normalized filename стандартная запись имени файла

normalized form нормализованная форма

normalized information rate стандартизированная скорость передачи информации; стандартизованная скорость передачи информации

normalized number нормализованное число

normalized operation операция с нормализацией

normalized quality ratio нормализованный показатель качества

normalized relation нормализованное отношение

normalized representation нормализованное представление

normalized throughput нормализованная пропускная способность

normalize instruction команда нормализации

normalizing interblock блокировка нормализации

normal job реальная работа (в сетевом графике)

normal lens обычный объектив

normally closed contact нормально замкнутый контакт

normal magnetization curve нормальная кривая намагничивания

normal processing run нормальный процесс обработки

normal program termination нормальное завершение работы программы

normal response mode режим нормального ответа

normal shutdown нормальное завершение; нормальный останов (системы)

normal spacing font обычный шрифт; непропорциональный шрифт

normal stream нормальный поток

normal subgroup нормальная подгруппа

normal termination нормальное завершение

normal transport service data unit нормальный сервисный блок данных транспортного уровня

normal vector нормальный вектор

normal view нормальный вид; обычный вид

normative document нормативный документ

normilizer нормализатор (сигнала)

NOS сетевая операционная система

nosampling error постоянная ошибка; систематическая ошибка

not не

NOT AND element элемент НЕ-И

not applicable неприменимо

notarization заверение; регистрация у доверенного лица

notation 1. нотация; запись; представление; 2. система счисления; 3. обозначение; система обозначений

notational conventions условные обозначения

notation constant нотационная константа

notation conventions условные обозначения

notch зарубка; надрез; засечка; отметка

note примечание; замечание; сноска

notebook 1. портативный компьютер; ноутбук; ПК-блокнот; 2. блокнот; записная книжка; 3. книга (в электронной таблице)

notebook computer ноутбук; блокнотный компьютер; ПК-блокнот; портативный компьютер

notebook pad ярлычок блокнота; блокнотный ярлык

notebook printer принтер в формате блокнота; портативный принтер

notebook sheet лист книги (электронной таблицы)

notebook-style interface блокнотный интерфейс; интерфейс в виде блокнота

NOT element элемент НЕ

note link связь-примечание (в гипертекстовых документах)

note-off запирающий сигнал

note-on инициирующий сигнал

notepad записная книжка; блокнот

not-equal-to operator операция «не равно»; знак операции «не равно»

notes заметки

note text текст примечания

NOT gate инвертор

notice примечание; замечание

notification извещение; оповещение; уведомление; уведомляющее сообщение

notification area область сообщений; область индикации; строка состояния

notification database база данных уведомлений

notification icon уведомляющая пиктограмма; значок-индикатор

notification message уведомление; уведомляющее сообщение

notification of alarm уведомление об аварийной ситуации

notification of new product releases уведомления о новых версиях

notification profile профиль уведомления

notification service сервис уведомлений

notify оповещать; уведомлять

not installed не установлен

notion понятие; представление

not monospaced font пропорциональный шрифт

NOT OR element элемент НЕ-ИЛИ

not ready неготовность; не готов (состояние устройства)

not ready error ошибка из-за неготовности

not used не используется

not valid filename неверное имя файла

not-well-thought-out change плохо продуманное изменение

noun/verb method метод «объект — действие»

N-out-of-M logic логика N из M

Novell Authorized Education Center авторизованный учебный центр компании Novell; центр NAEC

Novell Authorized Reseller авторизованный реселлер компании Novell

Novell Distributed Management Services службы распределенного управления Novell

novice новичок; неопытный пользователь

novice mode обучающий режим; режим для неопытных пользователей; учебный режим; режим с выводом пояснений

no-wait с нулевым временем ожидания

no-wait algorithm алгоритм без ожидания

no-wait mode режим без ожидания

now-how ноу-хау

NPA архитектура периферийных устройств NetWare

N-pass method метод N просмотров; метод N проходов

NP code код запрета печати

NP-complete недетерминированный полиномиальный; НП-полный

NPDU блок протокольных данных сетевого уровня

N-person game игра N лиц

NPH неанализируемый заголовок

NP-hard НП-трудный

N-pin N-выводный; N-контактный; N-штырьковый

N-pin connector N-контактный соединитель; N-штырьковый разъем

N-place code N-элементный код

N-plus-a-half loop цикл типа «N плюс 1/2»; цикл с выходом из середины тела

NPP сетевой протокол пейджинговой связи

NPS 1. система сетевой обработки; 2. сетевая служба печати

NQR нормализованный показатель качества

NREN Национальная научно-исследовательская и образовательная сеть

NRFM программа управления файлами для поддержки энергонезависимого ОЗУ

N-ring ladder цепная схема из N звеньев

NRM режим нормального ответа

NRS 1. сервер сетевых ресурсов; сервер для распределения ресурсов сети; 2. служба тиражирования Novell

nrtVBR передача с переменной скоростью не в реальном времени

NRZ без возврата на нулевой уровень; без возвращения к нулю; кодирование без возврата к нулю

NRZI инвертированное кодирование без возврата к нулю; кодирование без возврата к нулю с инверсией

NRZ-I без возвращения к нулю с инверсией; инвертированное кодирование без возврата к нулю; запись без возврата к нулю с инвертированием

NRZ-I coding кодирование без возврата к нулю с инверсией

NRZ-M метка записи без возврата к нулю

NS служба именования

NSA Агентство национальной безопасности (США)

NSAP 1. протокол рекламного сервиса в среде NetWare; 2. точка доступа к сетевой службе; точка доступа к сетевому сервису

NSC 1. коммутационный центр сети; 2. Центр по защите сетей

NSCA Национальная ассоциация компьютерной безопасности

N's complement поразрядное дополнение

NSDU блок служебных данных в сети

NSE механизм сетевого обслуживания

N-segment character N-сегментный знак

NSF 1. Национальный научный фонд; 2. кадр нестандартных возможностей

NSI интерфейс службы имен

NSIC Национальный консорциум производителей устройств хранения данных

N-slot backboard N-гнездовая объединительная плата

N-slot case N-гнездовой блок

N-slot chassis N-гнездовой блок; N-слотовое шасси

N-slot enclosure N-гнездовой корпус; N-слотовый корпус

NSP 1. обработка сигналов с использованием ресурсов ЦП; естественная обработка сигналов; 2. протокол обслуживания сети вычислительных систем; протокол сетевого обслуживания; 3. поставщик сетевых услуг

NSPACE недетерминированный в пространстве

NSS 1. сетевой сервер защиты данных; 2. система защиты данных в сети; 3. кадр установки нестандартных возможностей

N-state machine автомат с N состояниями

NSTL Национальная лаборатория тестирования программного обеспечения

NSTL-benchmark тестовый пакет NSTL

N-symbol alphabet алфавит из N символов

N-symbol lookahead просмотр вперед на N символов

NT 1. сетевой терминал; 2. новая технология; 3. сетевая оконечная станция

NT1 сетевой выход типа 1 (в ISDN); сетевой терминатор типа 1; оконечное сетевое устройство; оконечная станция типа 1

NTCB сетевая достоверная вычислительная база; сетевая достоверная компьютерная база

NTFS файловая система NT; файловая система новой технологии

N-th level address адрес N-го уровня

N-th root корень степени N; корень N-ой степени

N-tier model N-звенная модель

NTIME недетерминированный во времени

NTIS Национальная служба технической информации

NTP сетевой протокол службы времени

NTSC Национальный комитет стандартов США по телевидению

NTU оконечное устройство сети; оконечный комплект сети

n-tuple кортеж из n элементов

n-type channel канал n-типа; n-канал

nuclear dimension размеры ядра

nuclear initialization program программа инициализации ядра

nuclei ядро (системы)

nucleus ядро (системы)

nucleus initialization инициализация ядра

nucleus library библиотека ядра

nudge перемещение клавишами курсора

nudging смещение шагами; перемещение с заданным шагом; пошаговое перемещение

nudging objects перемещение объектов с заданным шагом

NUG национальная группа пользователей

NUI 1. международная организация пользователей NetWare; международная группа пользователей NetWare; 2. идентификатор пользователя сети

null 1. нуль; символ «пусто»; пустое значение; пустой символ; неопределенная величина; 2. обнуление; сброс; аннулирование; 3. отсутствие информации; 4. нулевой; 5. пустой; фиктивный; 6. обнулять; сбрасывать; аннулировать

null argument пустой аргумент

null-attached concentrator автономный концентратор; концентратор, не подключенный к распределенной магистрали

null attribute 1. неопределенный атрибут; 2. атрибут неопределенного значения

null character символ отсутствия информации; нулевой символ; нуль-символ

null cycle холостой цикл

null data set пустой набор данных

null device нулевое устройство

null distribution распределение, соответствующее нулевой гипотезе

null event событие с нулевой вероятностью; невозможное событие

null hypothesis нулевая гипотеза

nullification 1. обнуление; сброс; аннулирование; приведение к нулю; нуллификация; 2. подавление помех

null information отсутствие информации

nulling 1. обнуление; сброс; аннулирование; 2. подавление помех

nullity of a graph циклический ранг графа

null key пустой ключ

null link нулевая связь

null list пустой список

null method нулевой метод

null-modem cable 0-модемный кабель; кабель, не требующий применения модема для обмена между машинами; кабель для соединения двух ПК через последовательные порты

null pointer указатель null

null pointer constant null-указатель

null process фиктивный процесс

null processing directive null-директива

null relation нуль-отношение

null set пустое множество; множество меры нуль

null statement пустой оператор

null string пустая строка; нулевая строка

null suppression подавление нулей; подавление незначащих нулей; подавление незначащей информации

null symbol символ «пусто»; нулевой символ

null-terminated string строка с завершающим нулем

null vector нулевой вектор; нуль-вектор

NUMA память с неунифицированным доступом; архитектура распределенной разделяемой памяти

number 1. число; 2. цифра; показатель; 3. шифр; 4. колон-цифра; 5. выпуск; экземпляр; 6. считать: 7. нумеровать

number adder сумматор чисел

number address адрес числа

number attribute атрибут количества; описатель количества

number code код числа

number coding кодирование чисел

number converter преобразователь чисел; преобразователь чисел из одной системы счисления в другую

number cruncher 1. быстродействующий вычислитель; 2. арифмометр

number crunching решение числовых задач большого объема

number-crunching application приложения с большим объемом вычислений

number designation запись числа

numbered buffer нумерованный буфер

numbered message номерованное сообщение

numberer нумератор

number exponent 1. порядок числа; 2. показатель степени числа

number fonts числовые шрифты

number generator генератор чисел

number group группа чисел; массив чисел

numbering нумерация

numbering area зона нумерации

numbering plan план нумерации

numbering system система счисления

numberless 1. бесчисленный; 2. не имеющий номера

number mantissa мантисса числа

number module модуль числа

number of characters количество символов

number of copies число копий

number of decimal places displayed число выводимых десятичных знаков

number of iterations число итераций

number of lines количество строк

number of notes количество примечаний

number of pages количество страниц

number of paragraphs количество абзацев

number of regions число областей

number of revolutions число оборотов

number of update retries число повторов обновления

number of volumes per album количество томов в альбоме; количество дисков в альбоме

number of words количество слов

number pad цифровая клавиатура

number representation представление чисел

number representation system система представления чисел

number selector селектор номера

number sign знак числа; знак номера

number system система счисления

number-to-frequency converter преобразователь кода в частоту

number-to-position converter преобразователь кода в положение

number-to-time converter преобразователь кода в интервал времени

number transfer bus числовая шина; шина передачи данных

number variable числовая переменная

numeral 1. цифра; 2. запись числа; нумерал; 3. цифровой
numeral system система счисления
numeration 1. счисление; 2. система счисления; 3. представление числа; 4. нумерация
numerator числитель
numeric числовой; цифровой
numerical числовой; цифровой
numerical analysis численный анализ
numerical approximation численная аппроксимация; приближение
numerical argument численный аргумент
numerical assignment module модуль задания номера (сотового телефона)
numerical code числовой код; цифровой код
numerical control числовое программное управление; цифровое управление; ЧПУ
numerical data числовые данные
numerical differentiation численное дифференцирование
numerical error численная ошибка
numerical evaluation 1. численная оценка; 2. приближенное вычисление
numerical experimentation численное экспериментирование
numerical expression численное выражение
numerical information storage запись цифровой информации
numerical instability неустойчивость численного решения
numerical integration численное интегрирование
numerical item цифровой элемент (данных)
numerical key цифровая клавиша
numerical limits ограничения на представление числовых данных; ограничения числовых значений
numerical linear algebra численные методы линейной алгебры
numerical literal цифровой литерал
numerically controlled с числовым программным управлением
numerical method численный метод
numerical properties количественные характеристики
numerical solution численное решение
numerical sorting цифровая сортировка; числовая сортировка
numerical stability устойчивость численного решения
numerical value числовое значение; численное значение
numerical variable числовая переменная
numeric character цифра; числовой знак
numeric code числовой код; цифровой код
numeric code alphabet алфавит кода с цифровыми знаками
numeric comparison сравнение числовых данных
numeric concept числовое понятие
numeric constant числовая константа

numeric coprocessor socket разъем для установки арифметического сопроцессора
numeric field числовое поле; цифровое поле
numeric handprinting рукописные цифры
numeric instruction арифметическая команда
numeric keyboard цифровая клавиатура
numeric keypad числовая клавиатура; цифровая клавиатура
numeric literal числовой литерал
numeric mode режим ввода цифр; числовой режим
numeric move числовая пересылка
numeric parameter числовой параметр
numeric picture накладной шаблон
numeric printer цифровой принтер
numeric representation представление в числовой форме; цифровое представление
numeric shift клавиша установки регистра цифр
numeric technology технология числовой обработки
numeric type числовой тип
numeric word цифровое слово
num lock фиксация числового регистра (на клавиатуре); фиксация регистра числовых клавиш; ; клавиша переключения и фиксации числового регистра
N-unit load нагрузка в виде N устройств
NURBS неоднородный рациональный B-сплайн (метод моделирования объектов, обеспечивающий претензионный контроль их формы)
N-valued logic N-значная логика
N-variate distribution N-мерное распределение
NVOD система «видео по требованию»
NVP 1. виртуальный сетевой терминал; 2. нормализованная скорость распространения сигнала
NVRAM энергонезависимая память произвольного доступа
NVS энергонезависимое запоминающее устройство
NVT сетевой виртуальный терминал
N-way branch N-альтернативное ветвление; ветвление на N путей
N-way cluster кластер из N узлов
N-way interleaving N-кратное чередование
N-wire N-проводный
NWN общенациональная беспроводная сеть
N-word block блок из N слов
NWRA Национальная ассоциация реселлеров услуг беспроводной связи
nylon ribbon нейлоновая красящая лента
Nyquist criterion критерий Найквиста
Nyquist rate частота Найквиста
NYSE Нью-йоркская фондовая биржа

– Oo –

OACS система автоматизированного проектирования с открытой архитектурой

OAM 1. администрирование и обслуживание в процессе эксплуатации; 2. формат административных данных OAM

OAW оптический винчестер; винчестерская технология с оптическими методами хранения данных

OBEX обмен объектами; средство обмена объектами

OBID идентификатор объекта

OBIOS открытая базовая система ввода-вывода

object 1. объект; экземпляр класса; 2. цель; 3. предмет; 4. возражать; 5. объектный; целевой; выходной

object-action model модель «объект-операция»

object actions команды объекта

object adapter объектный адаптер

object adapter interface интерфейс объектного адаптера

object address register регистр объектных адресов

object application объектное приложение; объект-приложение

object architecture объектная архитектура

object-based language объектно-базирующийся язык

object broker брокер объектных запросов; посредник объектных запросов

object browser средство просмотра объектов

object character recognition объектное распознавание символов

object class класс объекта; объектный класс

object code объектный код; объектная программа

object combo box список объектов

object command объектная команда

Object Component Framework библиотека объектных компонентов; структура объектных компонентов; объектная компонентная среда

object configuration объектная конфигурация

object constructor конструктор объекта

object converter конвертер объектов

object creation создание объекта

object creation from clipboard создание объекта из содержимого буфера обмена

object data 1. данные объекта; 2. объектные данные

object database объектная база данных; объектно-ориентированная база данных

Object Database Management Group Группа по управлению объектными базами данных

object-database technology технология объектно-ориентированных баз данных

object data manager программа-менеджер объектных данных

object definition описание объекта

Object Definition Language язык описания объектов

object display визуализация объекта

object editing редактирование объекта

object-editing mode режим редактирования объектов

object exchange обмен объектами

object file объектный файл

object file system объектная файловая система

object hierarchy иерархия объектов

object identifier идентификатор объекта

object indicator индикатор объекта

object instance экземпляр объекта

objective 1. цель; 2. задача; задание; 3. требование; 4. целевая функция; 5. стремление; 6. объективный; 7. целевой

objective event целевое событие

objective function целевая функция

objective point 1. цель движения; 2. конечная цель; 3. объект действий

objective probability distribution функции распределения объективных вероятностей

objective tree дерево целей

object language объектный язык

object-language язык-объект

object lesson наглядный урок; наглядное пособие

object library объектная библиотека

object location broker программа-брокер местоположения объектов

object machine целевая машина

Object Management Architecture архитектура управления объектами; архитектура объектного управления; архитектура OMA

object management facility средства управления объектами

Object Management Group 1. Группа по управлению объектами; 2. стандарт OMG

object management workbench инструментальные средства объектного управления

object manager диспетчер объектов; администратор объектов

object marquee выделяющая рамка объекта

object modeling объектное моделирование

object modeling technique метод объектного моделирования

object module объектный модуль

object module format формат объектного модуля

object module library библиотека объектных модулей

object name имя объекта

object not found объект не найден

object of classification объект классификации

object-oriented analysis объектно-ориентированный анализ

object-oriented analysis and design объектно-ориентированный анализ и проектирование

object-oriented architecture объектно-ориентированная архитектура

object-oriented concepts объектно-ориентированные концепции; принципы объектно-ориентированного программирования

object-oriented database объектно-ориентированная база данных

object-oriented design объектно-ориентированное проектирование

object-oriented development technology объектно-ориентированная технология разработки

object-oriented extensions объектно-ориентированные расширения

object-oriented features объектно-ориентированные средства

object-oriented hypermedia software программное обеспечение гипермедиа, ориентированное на объект

object-oriented language объектно-ориентированный язык

object-oriented library объектно-ориентированная библиотека

object-oriented modeling объектно-ориентированное моделирование

object-oriented paradigm объектно-ориентированная парадигма; парадигма объектно-ориентированного программирования

object-oriented programming объектно-ориентированное программирование; ООП

object-oriented programming system объектно-ориентированная система программирования

object-oriented technology объектно-ориентированная технология

object-oriented tutor объектно-ориентированная обучающая система

Object-Oriented User Interface объектно-ориентированный пользовательский интерфейс

object permissions полномочия на объект

object picker tool инструмент «указатель объекта»

object program конечная программа; объектная программа

object program instruction команда объектной программы

object reference ссылка на объект

object-relational adapter объектно-реляционный адаптер

object-relational database объектно-реляционная база данных

object relational database management system система управления объектно-ориентированной реляционной базой данных; объектно-реляционная СУБД

object-relational data management system объектно-реляционная СУБД

object-relational interface объектно-реляционный интерфейс

object repository хранилище объектов; библиотека объектов

object reuse повторное использование объекта

object rights 1. права в объекте; 2. полномочия объекта; права объекта

object selection выделение объекта

object selection cursor курсор выбора объекта

object selection cycling циклический выбор объектов

object-selection prompt приглашение для выбора объектов

object server объектный сервер

object services сервисы объектов

object's event событие объекта

object shading layers слои фактуры объекта

object shape форма объекта

object snap 1. объектная привязка; привязка к объектам; 2. фиксация объекта; привязка объекта; объектная привязка

object snap cursor курсор фиксации объекта; курсор привязки объекта

object snap mode режим объектной привязки

object space объектное пространство

object-space method 1. метод анализа взаимного расположения объекта и точки наблюдения; 2. алгоритмы удаления невидимых поверхностей

objects roll-up свиток «объекты»

objects rotating поворот объектов

objects snap to grid привязка объектов к сетке

object state состояние объекта; набор свойств объекта, описывающих его в конкретный момент времени

object storage объектно-ориентированная память

object store 1. объектно-ориентированная память; 2. хранилище объектов; библиотека объектов

object technology объектная технология

object-time обрабатываемый во время выполнения

object-time system библиотека процедур исполняющей системы

object trajectory траектория движения объекта

object transformations трансформация объекта

object transparency прозрачность объекта

object transparency brush tool инструмент «кисть прозрачности» (в графических пакетах)

object transparency brush кисть «прозрачность объекта» (в графических пакетах)

object transparency tool инструмент «прозрачность объекта» (в графических пакетах)

object type 1. тип объекта; 2. объектный тип

object-type declaration объявление объектного типа

object variable объект-переменная; объектная переменная; предметная переменная

object-verb syntax синтаксис типа «объект-действие»

oblique 1. наклонная (линия); 2. косая черта

oblique coordinates косоугольные координаты

oblique extension lines выносные линии, направленные под углом

oblique font наклонный шрифт

obliqueing angle угол наклона

obliqueing factor коэффициент наклона

obliquity 1. наклон; 2. угол наклона; 3. перекос; скос

OBS организационная структура разделения работ

obscure command сложная команда; непонятная команда

obscure failure скрытый отказ

observability наблюдаемость

observation 1. наблюдение; 2. данные наблюдений; 3. отсчет; замер; 4. обследование

observed data данные наблюдений

obsolence моральное старение; моральный износ

obsolete software устаревшее программное обеспечение

obtain access получать доступ

obtuse triangle тупоугольный треугольник

ОС 1. учрежденческая связь; 2. оптоволоконная линия связи

ОСА открытая архитектура связи

OCCAM язык программирования параллельных процессов

occasionally connected computing вычисления без постоянного соединения с корпоративной сетью

occasional user случайный пользователь; непрофессиональный пользователь

occluding boundaries границы взаимного перекрытия объектов (на изображении); границы загораживания (в машинной графике)

occlusion преобразование сцены (в графических пакетах)

occlusion mask растровый шаблон, определяющий перекрытие изображений

occupancy bit двоичный разряд занятости

occupation 1. заполнение; размещение; 2. занятость (диапазона частот)

occupation code код заполнения

occur случаться; происходить

occurrence 1. появление; возникновение; 2. событие; происшествие; 3. вхождение; экземпляр; 4. присутствие; наличие

occurs clause оператор индекса

OCDU дисплей, подключаемый с помощью волоконно-оптической линии

OCE среда открытого сотрудничества

OCF структура объектных компонентов

OCR 1. оптическое распознавание символов; 2. оптическое считывающее устройство

OCR-A font шрифт OCR-A

OCR system OCR-система; система оптического распознавания символов

OCS учрежденческая система связи

oct восьмеричный

octal восьмеричный

octal addition восьмеричное сложение; сложение в восьмеричной системе

octal address восьмеричный адрес

octal constant восьмеричная константа

octal escape sequence «символ в восьмеричной форме»

octal notation восьмеричная система счисления; восьмеричное представление

octal number восьмеричное число

octal number system восьмеричная система счисления

octal system восьмеричная система

octet октет

octet alignment синхронизация по октету

octet byte восьмиразрядный байт; октет

octothorpe символ #; «решетка»

octree дерево октантов; 8-дерево

OCX специализированный элемент управления OLE

OD дисковод для оптических дисков; оптический диск

ODA 1. архитектура учрежденческой документации; архитектура учрежденческих документов; архитектура документов учреждения; 2. открытая архитектура обработки документов

ODAPI открытый интерфейс прикладного программирования баз данных; открытый интерфейс к базам данных

ODB объектная база данных; объектно-ориентированная база данных

ODBC механизм ODBC; интерфейс открытого взаимодействия с базами данных; открытые средства связи с базами данных; открытое подключение баз данных

ODBC connect string строка подключения ODBC

ODBC database база данных ODBC

ODBC refresh interval период обновления ODBC

ODBC source источник данных ODBC

ODBC timeout время ожидания ODBC

ODBMS объектно-ориентированная СУБД; объектная СУБД

ODBS система на оптических дисках

ODCS открытая структура распределенных вычислений

ODD оптический диск

odd нечетный

ODDD оптический диск для цифровых данных

odd-even check контроль по четности

odd/even line separation разделение четных и нечетных строк

odd function нечетная функция

odd harmonic нечетная гармоника

odd parity контроль по нечетности; нечетность; проверка на нечетность

odd-parity check проверка на нечетность

ODDR устройство записи дисков оптической памяти

odd register нечетный регистр

odds разница; преимущество; шансы

ODI спецификация ODI; открытый интерфейс передачи данных; открытый сетевой интерфейс; открытый интерфейс канала данных

ODI-compatible ODI-совместимый; соответствующий спецификации ODI

ODIF формат взаимного обмена учрежденческими документами

ODL 1. оптический канал передачи данных; 2. язык описания объектов

ODM 1. программа-менеджер объектных данных; 2. производитель систем собственной разработки

ODMA открытая архитектура управления документами

ODMG Группа по управлению объектными базами данных

ODP 1. открытая распределенная обработка; открытые распределенные вычисления; 2. устройство для проигрывания оптического диска

ODR оптическое считывающее устройство

ODT объектно-ориентированная технология разработки

ODTP открытая распределенная обработка транзакций

OECR рейтинг общей оценки класса

OEM изготовитель оригинального оборудования; производитель комплектного оборудования; производитель комплексного оборудования; компании, продающие изделия других фирм под собственной маркой; OEM-производители

OEM market рынок оборудования, функционирующий на условиях комплектных поставок

OF флаг переполнения

OFC 1. волоконно-оптический кабель; 2. коммуникации по волоконно-оптической линии связи; волоконно-оптическая связь

of-chip access обращение к внекристальной памяти; обращение к устройству вне кристалла

OFDM мультиплексирование с ортогональным частотным разделением каналов

off-bit нулевой бит; нулевой разряд

off-board вне платы

off-board access обращение к памяти вне платы; обращение к устройству вне платы

off-by-one error ошибка завышения/занижения на единицу

off-chip memory память вне кристалла

off condition закрытое состояние; состояние «выключено»

off-cycle нерабочая часть цикла

off-design нерасчетный

off-diagonal cell ячейка вне главной диагонали

off-duty невключенный; резервный

offending line строка, содержащая ошибку

offer the challenge ставить задачу; открывать перспективу

off grade низкого качества

off-heat отходящая теплота

off-hook signal сигнал ответа абонента

office 1. учреждение; отделение; отдел; офис; 2. ведомство; министерство

office automation автоматизация конторских работ; автоматизация учрежденческой деятельности; автоматизация офиса; автоматизация делопроизводства

office automation system система автоматизации учрежденческой деятельности; учрежденческая автоматизированная система

office communication manager администратор средств связи учреждения

office communications учрежденческая связь

office communication system учрежденческая система связи

office computer конторский компьютер; учрежденческая ЭВМ

office computing учрежденческая обработка данных

Office Document Architecture архитектура учрежденческих документов; архитектура документов учреждения; архитектура, ориентированная на обработку учрежденческих документов; стандарт ODA

Office Document Interchange Format формат взаимного обмена учрежденческими документами; формат ODIF

office equipment офисное оборудование

office information network учрежденческая сеть передачи информации

office information system учрежденческая информационная система

office integrated system интегрированная учрежденческая система

office mail офисная система электронной почты

office network exchange станция учрежденческой сети связи

office organization организация конторы; структура офиса

office phone рабочий телефон; номер рабочего телефона

office printer канцелярское печатающее устройство

office server офисный сервер

office system automation автоматизация делопроизводства

office terminal учрежденческий терминал

office test государственные испытания

OFF impedance обратное полное сопротивление перехода

off-line 1. отключенный; отключенный от сети; переведенный в автономный режим; автономный; независимый; 2. автономно; независимо; 3. недоступно (состояние устройства)

off-line application прикладная система, работающая в автономном режиме

off-line computer компьютер, работающий в автономном режиме

off-line computing автономные вычисления

off-line control автономное управление

off-line converter автономный преобразователь

off-line cryptooperation автономное шифрование

off-line data acqusition system автономная система сбора данных

off-line database backup архивирование базы данных в автономном режиме

off-line data processing автономная обработка данных

off-line debugging автономная отладка

off-line duplication автономное дублирование

off-line equipment автономное оборудование

off-line input независимый ввод; автономный ввод

off-line learning автономное обучение

off-line mode автономный режим

off-line operation автономная работа; автономный режим; независимый режим работы

off-line organization автономная организация; независимая организация

off-line power backup резервный источник питания

off-line printer автономный принтер

off-line processing автономная обработка

off-line reader программа чтения (новостей) в автономном режиме

off-line state отключенное состояние

off-line storage автономная память; автономное запоминающее устройство; автономное устройство хранения данных; оффлайновое устройство хранения информации

off-line system независимая система; автономная система

off-line test 1. автономные испытания; 2. автономный контроль

off-line unit автономное устройство; автономный блок

off-line UPS резервный источник бесперебойного питания

off-line viewing автономный просмотр; просмотр в режиме «офф-лайн»

off-line work автономная работа (вне сети)

offload сбрасывать; переписывать; разгружать

off-nominal test испытания в неноминальных режимах

off-peak hours часы невысокой нагрузки; непиковый период работы системы

off-peak times период наименьшей нагрузки; непиковый период работы системы

off-period 1. период нерабочего состояния; 2. период состояния «выключено»

off-position нерабочее положение; положение «выключено»

off-premise standby equipment дистанционное резервное оборудование; резервная аппаратура, расположенная в другом помещении

offpress proof пробный оттиск (вне печатной машины); оттиск, имитирующий результат печати

off-screen 1. вне экрана; за экраном; 2. скрытый; не отображаемый

off-screen buffer неотображаемый буфер

off-screen draw скрытая перерисовка

off-screen positioning размещение за пределами экрана

offset 1. смещение; сдвиг; рассогласование; 2. офсет; офсетная печать; 3. установившаяся ошибка (в системах автоматического регулирования); 4. разбаланс; 5. напряжение смещения; 6. компенсация; коррекция; 7. ветвление; 8. смещать; сдвигать

offset address относительный адрес; адрес с указанием смещения

offset binary двоичный код на выходе устройства

offset filter фильтр «смещение»

offset lithography офсет; офсетная печать; офсетная литография

offset machine program программа для офсетной машины

offset-printing master офсет-шаблон

offset ratio коэффициент смещения

offset value значение смещения

off-site вне рабочего места

off-site user удаленный пользователь

offspring task подзадача; подчиненная задача

off-state нерабочее состояние; выключенное состояние; состояние «выключено»; закрытое состояние

off-the-shelf 1. имеющийся в наличии; 2. не требующий доработок; готовый

off-the-shelf availability 1. коэффициент готовности при хранении; 2. наличие в готовом виде; доступность для приобретения

off-the-shelf chip стандартная микросхема

off-the-shelf computer серийная машина; компьютер, имеющийся в продаже

off-the-shelf software программное обеспечение, готовое к использованию

off-time 1. время выключения; 2. время нахождения в выключенном состоянии; время пребывания в состоянии «выключено»

off-track position смещение головки относительно дорожки; смещение головки со считываемой дорожки

off unit выключенное устройство

OFS 1. объектная файловая система; 2. офисный сервер; 3. разделитель полей вывода

OFSTP процедуры тестирования систем на волоконно-оптическом кабеле

OFTL волоконно-оптическая линия связи

OFTS система передачи данных по волоконно-оптическому кабелю

OH занятие линии (в модемах)

OHCA сообщение о звонке при снятой трубке

ohm ом

ohmic contact омический контакт
ohmic heat омический нагрев
ohmic loss активные потери; омические потери
OID идентификатор объекта
oil pastel мягкая пастель (в графических пакетах)
OIN учрежденческая сеть передачи информации
OIS 1. учрежденческая информационная система; 2. интегрированная учрежденческая система
OK подтверждение
«OK» message подтверждение работоспособности
OL 1. режим «онлайн»; 2. интерактивный; под управлением основного оборудования
OLAP средства оперативного анализа; оперативная аналитическая обработка данных
OLB программа-брокер местоположения объектов
OLCP оперативная комплексная обработка; оперативная обработка сложных транзакций
old apps старые приложения; имеющееся прикладное программное обеспечение
old balance старое сальдо
old master необновленный исходный файл
OLE связывание и внедрение объектов
OLE Automation OLE-автоматизация; автоматическое управление OLE
OLE automation protocol протокол автоматизации OLE
OLE bound присоединенный OLE
OLE class класс OLE
OLE control элемент OLE; элемент управления на базе OLE
OLE custom control property свойство специального элемента управления OLE
OLED органический светоизлучающий диод
OLE/DDE links связи OLE/DDE
OLE drag-and-drop OLE-перетаскивание
OLE link связь OLE
OLE links in records связи OLE в записях
OLE nondefault drag-and-drop условное OLE-перетаскивание
OLEO открытая компоновка объектов
OLE object встраиваемый и компонуемый объект; внедряемый объект; объект OLE
OLE type тип OLE
OLE type allowed допустимый тип OLE
OLE unbound свободный OLE
OLE verb OLE-операция; OLE-команда; команда OLE
OLI интерфейс оптических линий связи
olive оливковый (цвет)
OLM режим соединений
OLTP оперативная обработка транзакций; средства оперативной обработки транзакций; задачи массового ввода и модификации данных
OLTP product OLTP-продукт
OLTP server OLTP-сервер
OLTP system система оперативной обработки транзакций; система обработки транзакций в реальном масштабе времени; OLTP-система
OLTP technology OLTP-технология; технология оперативной обработки транзакций
O&M эксплуатация и техническое обслуживание
OMA архитектура управления объектами; архитектура объектного управления
OMCR устройство записи дисков оптической памяти
OME открытая среда передачи сообщений
OMF 1. средства управления объектами; 2. формат объектного модуля
OMG 1. Рабочая группа по управлению объектами; 2. стандарт OMG

OMI открытый интерфейс передачи сообщений
omission пропуск данных; упущение
omit пропускать; не включать; упускать
omnibus approach обобщенный подход
omnidirectional ненаправленный
omnifont system омнишрифтовая система
omni light ненаправленная освещенность; ненаправленный источник света
omnipattern всенаправленная диаграмма направленности (антенны)
omnirange всенаправленный; ненаправленный
OMR 1. устройство для оптического считывания меток; 2. оптическое считывание меток
OMS оптическое запоминающее устройство
OMT 1. метод объектного моделирования; 2. технология управления объектами
OMUX мультиплексор вывода
OMW инструментальные средства объектного управления
on включено; открыто
ONA открытая сетевая архитектура
on-bit единичный бит; единичный разряд
on-board внутриплатный; встроенный; расположенный на плате
on-board firmware встроенное ПЗУ с микропрограммами; микропрограммы на одной плате с логическими схемами
on-board logic логические схемы, размещенные на плате; встроенная логика платы; внутриплатная логика
on-board main memory оперативная память, расположенная на плате
on-board processor встроенный процессор; процессор, расположенный на плате
on-board routing встроенная маршрутизация
on-board status gauge встроенный индикатор состояния
ONC открытые сетевые вычисления; открытая сетевая вычислительная среда
on-call maintenance обслуживание по вызову
on card расположенный на плате
on-chip находящийся в микросхеме; накристальный; встроенный
on-chip cache накристальная кэш-память; встроенный кэш; внутренний кэш
on-chip control logic встроенная управляющая логика кристалла
on-chip decoder встроенный дешифратор
on-chip decoding внутрисхемное дешифрирование
on condition при условии
ON condition состояние «включено»
on-cycle рабочая часть цикла
on demand по требованию; по запросу
on-demand connection линия с установлением соединения по запросу
on-demand publishing издание по заказу; заказное издание
on-demand SVC коммутируемые виртуальные каналы, формируемые по требованию
on-demand system система обслуживания по запросам
ONE станция учрежденческой сети связи
one-address code одноадресный код
one-address computer одноадресная ЭВМ
one-address instruction одноадресная команда
one-address system одноадресная система
one-ahead addressing повторная адресация
one-aspect request одноаспектный запрос
one at a time по одному; поочередно
one block at a time поблочно
one-by-one по одному; поочередно
one-byte command однобайтовая команда

one-chip однокристальный
one-chip design однокристальная конструкция
one-chip microprocessor однокристальный микропроцессор
one-column adder одноразрядный сумматор
one complement дополнение до единицы
one condition единичное состояние; состояние «1»
one-digit adder одноразрядный сумматор
one-dimensional одномерный
one-dimensional code одномерный код
one-dimensional run-length coding одномерное последовательное кодирование
one-dimension array одномерный массив; вектор
one-for-one translation трансляция «один к одному»; перевод «один в один»
one-head recording одноголовочная запись; запись с использованием одной головки
one-level address одноуровневый адрес; прямой адрес
one-level memory одноуровневая память
one-level subroutine одноуровневая подпрограмма
one-line assembler построчный ассемблер
one-of-n code код 1 из n
one-one взаимно-однозначный
one-one mapping взаимно-однозначное соответствие
one output единичный выход
one-parameter distribution однопараметрическое распределение
one-pass compiler однопроходный компилятор; однопроходный транслятор
one-pass translator однопроходный транслятор
one-port 1. однопортовый; с одним портом; 2. двухполюсный
one-purpose computer узкоспециализированная ЭВМ
one's complement дополнение до единицы; обратный код; поразрядное дополнение
one-shot одноразовый
one-shot circuit одноходовая схема; схема одноразового срабатывания
one-shot jobs разовые задания; однократные задания
one-shot multivibrator моновибратор; ждущий моновибратор; моностабильный мультивибратор
one-shot operation одношаговая работа
one-sided disk односторонний диск
one state состояние единицы
one-stop reference полный справочник
one-task monitor однозадачный монитор
one-third-stroke random-seek время произвольного перепозиционирования на первой трети диска
one-time единовременный
one-time fee единовременная выплата
one-time PROM ППЗУ однократного программирования
one-to-many один-ко-многим
one-to-many dependence зависимость типа «один ко многим»; зависимость «один ко многим»
one-to-many relation отношение «один ко многим»; взаимно-однозначное отношение
one-to-one взаимно-однозначный; «один к одному»
one-to-one assembler ассемблер «один к одному»
one-to-one correspondence взаимно-однозначное соответствие
one-to-one dependence зависимость типа «один к одному»; взаимно-однозначное соответствие
one-to-one mapping взаимно однозначное отображение; взаимно однозначное соответствие
one-to-one marketing маркетинг «один на один»; индивидуальный маркетинг
one-to-one relation взаимно-однозначное соответствие; отношение «один к одному»; изоморфизм

one-to-one relationship взаимно-однозначное соответствие
one-touch access доступ по одному нажатию клавиши
one-valued однозначный
one-way односторонний
one-way classification классификация по одному признаку
one-way communication односторонняя связь; однонаправленные коммуникации
one-way communication device коммуникационное устройство, передающее данные в одном направлении
one-way interaction одностороннее взаимодействие
one-way interface однонаправленный интерфейс
one-way list односвязный список; однонаправленный список
one-way only channel однонаправленный канал
one-way only operation однонаправленная передача; передача в одном направлении
one-way trunk односторонняя магистраль
one-word command команда, состоящая из одного слова
one-year subscription годовая подписка
on fly «на лету»; оперативно
ongoing maintenance текущее обслуживание
ongoing support текущая поддержка
on hand имеющийся; рассматриваемый
on-hook signal сигнал отбоя
ON impedance прямое полное сопротивление перехода
onion skin architecture слоистая архитектура; многослойная архитектура
on-key delivery поставка «под ключ»
ONL интерактивный; под управлением основного оборудования
on-line 1. работающий в системе; неавтономный; 2. под управлением основного оборудования; непосредственно под управлением центрального процессора; централизованно; 3. в темпе поступления информации; 4. постоянно действующий; 5. интерактивный; диалоговый; оперативный
on-line activity онлайновая деятельность; деятельность в Internet
on-line ads электронная реклама; онлайновая реклама; реклама в Internet
on-line analysis диалоговый анализ
on-line analytical processing 1. оперативная аналитическая обработка; 2. консорциум OLAP
on-line assistance system оперативно-доступная консультативная система
on-line banking онлайновые банковские операции
on-line books 1. электронная документация; 2. онлайновые книги; литература, публикуемая в Internet
on-line community группа по интересам (в Internet); сообщество пользователей
on-line complex processing оперативная комплексная обработка; технология обработки объектов OLCP
on-line computation вычисления в темпе поступления данных; вычисление в реальном масштабе времени
on-line computing вычисления в темпе поступления данных; вычисление в реальном масштабе времени
on-line configuring онлайновый заказ конфигурации (приобретаемого компьютера)
on-line control 1. управление в оперативном режиме; 2. управление в реальном времени; управление в темпе поступления информации
on-line cryptooperation шифрование информации в темпе ее поступления
on-line data оперативные данные; данные в памяти; данные, поступающие в оперативном режиме; данные, доступные в интерактивном режиме
on-line data base интерактивная база данных; диалоговая база данных
on-line database backup оперативное архивирование базы

данных; архивирование информации базы данных без ее перевода в автономный режим

on-line data input ввод данных в оперативном режиме

on-line data processing обработка данных по мере их поступления; обработка данных в оперативном режиме

on-line data set оперативный набор данных

on-line design оперативное проектирование

on-line detection оперативное обнаружение

on-line diagnostics диалоговая система диагностики; диалоговая тестовая система; оперативная диагностика

on-line documentation оперативная документация; документация, используемая в оперативном режиме; оперативно-доступная документация; электронная документация; диалоговая документация

on-line editing редактирование в режиме «онлайн»

on-line encylopedia электронная энциклопедия; диалоговая энциклопедия

on-line entry диалоговый ввод данных

on-line environment среда для работы в реальном масштабе времени; среда диалогового доступа

on-line equipment оборудование, работающее в онлайновом режиме

on-line file файл с непосредственным доступом

on-line game диалоговая игра

on-line guidance utility диалоговое обучающее средство; справочная утилита

on-line help встроенная справочная система; диалоговая справка; оперативная подсказка; оперативно доступная помощь; диалоговые консультации; оперативный справочник; оперативный вывод справочной информации

on-line help system диалоговая справочная система; интерактивная справочная система

on-line information онлайновая информация; информация, получаемая в режиме «онлайн»

on-line information service оперативная информационная служба

on-line input 1. ввод данных параллельно с их обработкой; 2. прямой ввод данных; 3. ввод в реальном масштабе времени

on-line maintenance оперативное техническое обслуживание

on-line marketing электронный маркетинг

on-line mode режим «онлайн»; режим работы под управлением основного оборудования; неавтономный режим; оперативный режим

on-line operation работа в реальном времени; оперативный режим; неавтономный режим; диалоговый режим

on-line order entry оперативный ввод заказов

on-line organization неавтономная организация; связная организация; зависимая организация

on-line output вывод данных в оперативном режиме; вывод данных в реальном масштабе времени

Online Privacy Alliance Союз защиты личной информации в электронной сфере

on-line problem solution оперативное решение задач

on-line processing 1. диалоговая обработка; неавтономная обработка данных; 2. оперативная обработка данных; обработка в оперативном режиме; 3. обработка в реальном масштабе времени; обработка по мере поступления; 4. управляемая обработка

on-line programming программирование в диалоговом режиме

on-line recovery server оперативно восстанавливаемый сервер

on-line resource guide диалоговое руководство

on-line service онлайновая служба; информационная служба

on-line service provider поставщик интерактивных услуг

on-line services 1. интерактивная поддержка программного продукта; 2. диалоговая служба

on-line session сеанс оперативной связи; интерактивный сеанс

on-line shopping system система электронной торговли

on-line state 1. состояние «готово»; 2. подключенное состояние

on-line storage 1. непосредственно управляемая память; оперативно доступная память; 2. неавтономное запоминающее устройство; неавтономное устройство хранения данных; онлайновое устройство хранения информации

on-line system онлайновая система; система онлайнового доступа; оперативная система

on-line test 1. неавтономное испытание; комплексное испытание; проверка в составе системы; 2. оперативный контроль; 3. диалоговый тест

on-line test executive program программа выполнения неавтономных тестов

on-line testing неавтономное тестирование; тестирование в оперативном режиме

on-line test system система неавтономных тестов

on-line transaction processing оперативная обработка транзакций

on-line tutorial обучающая программа; диалоговое руководство

on-line unit оперативно-доступное устройство; подключенное устройство

on-line UPS постоянно действующий источник бесперебойного питания; постоянно включенный источник бесперебойного питания; источник бесперебойного питания постоянного включения

on-line version онлайновая версия; электронная версия (документа)

only loadable без самозагрузки

only-under-stress failure неисправность, появляющаяся в тяжелом режиме

ONMA открытая архитектура управления сетью

on-off двухпозиционный; релейный; действующий по принципу «включено-выключено»

on-off action действие по принципу «включено-выключено»

on-off code двоичный код

on-off device 1. двухпозиционный переключатель; 2. релейное устройство

on/off switch выключатель питания

on/on ambiguities неоднозначность распознавания из-за взаимного перекрытия объектов

on-period 1. период рабочего состояния; 2. период состояния «включено»; 3. рабочая токовая посылка

on-position рабочее положение; положение «включено»

on-premise standby equipment местное резервное оборудование; резервная аппаратура, расположенная в том же помещении

on request по запросу

on-screen на экране

on-screen button экранная кнопка

on-screen formatting экранное форматирование; форматирование документа на экране; непосредственное форматирование; немедленное форматирование

on-screen graphics экранная графика

on-screen indicators экранные индикаторы

on-screen menu экранное меню

on-screen pointer экранный курсор

on-site programmer местный программист

on-site service обслуживание по месту установки

on-state 1. рабочее состояние; 2. состояние «включено»; открытое состояние

on-the-fly 1. оперативно; динамически; «на лету»; немедленно; во время выполнения; 2. немедленный; непрерывный

on-the-fly CD recording запись CD «на ходу»; пересылка данных с жесткого диска на устройство записи CD

on-the-fly compiler динамический компилятор

on-the-fly configuration настройка (конфигурации) «на лету»

on-the-fly file compression оперативное уплотнение файлов

on-the-fly garbage collection параллельная чистка памяти

on-the-fly printer принтер с непрерывной печатью

on-the-fly switching коммутация «на лету»; динамическая коммутация

on-time 1. время включения; 2. время нахождения во включенном состоянии; время пребывания в состоянии «включено»

onto function сюръективное отображение; сюрьекция; отображение на

on top сверху; поверх

ON unit включенное устройство

OOA объектно-ориентированный анализ

OOAD объектно-ориентированный анализ и проектирование

OOA/OOD объектно-ориентированный анализ и разработка

OOD объектно-ориентированное проектирование

OODB объектно-ориентированная база данных

OOL 1. язык, ориентированный на оператора; 2. объектно-ориентированный язык

OOM объектно-ориентированное моделирование

OOP объектно-ориентированное программирование; ООП

OOP concepts концепции объектно-ориентированного программирования; принципы объектно-ориентированного программирования

OOP extension объектно-ориентированные расширения

OOPL объектно-ориентированный язык программирования

OOPS объектно-ориентированная система программирования

OOT объектно-ориентированная технология

OOUI объектно-ориентированные пользовательский интерфейс

opacity 1. непрозрачность; 2. кроющая способность краски; укрывистость

opacity map трафарет

OPAL язык программирования для решения задач исследования операций

opaque 1. непрозрачный; 2. ретушировать (негатив)

opaqueness 1. непрозрачность; 2. кроющая способность краски; укрывистость

op art оп-арт (в графических пакетах)

opcode код операции

opcode bit разряд кода операции

opcode decoder дешифратор кода операции

OPDAC оптический преобразователь данных

open 1. разрыв; обрыв; 2. раскрытый; 3. разомкнутый; незамкнутый; 4. расширяемый; открытый; 5. открываться; раскрываться; 6. размыкать

open a file открыть файл

open architecture открытая архитектура

open architecture CAD system система автоматизированного проектирования с открытой архитектурой

open beta 1. открытое бета-тестирование; 2. открытая бета-версия

open beta software открытая бета-версия программного обеспечения

open circuit разомкнутая схема; разомкнутый контур

open-circuit failure отказ типа обрыва цепи

open code открытый код

Open Collaboration Environment среда открытого сотрудничества; OCA

Open Communication Architecture открытая архитектура связи; архитектура OCA

open cycle незамкнутый цикл

Open Database Application Programming Interface открытый интерфейс прикладного программирования баз данных; ODAPI-интерфейс

Open Database Connectivity открытые средства связи с базами данных; архитектура ODBC

Open Data-link Interface открытый интерфейс передачи данных; открытый сетевой интерфейс; интерфейс ODI

Open Distributed Computing Structure открытая структура распределенных вычислений

open distributed transaction processing открытая распределенная обработка транзакций

open distributing processing открытая распределенная обработка; открытые распределенные вычисления

Open Document Architecture открытая архитектура обработки документов; архитектура ODA

Open Document Management Architecture открытая архитектура управления документами; архитектура ODMA

open-ended открытый; расширяемый

open-ended library открытая библиотека

open-ended line разомкнутая линия

open figure незамкнутая фигура

open file table таблица открытых файлов

open form открыть форму

opening 1. начало; 2. открытие; 3. отверстие; 4. открывающий; начальный; исходный

opening brace открывающая фигурная скобка

opening bracket левая квадратная скобка; открывающая квадратная скобка

opening parenthesis левая круглая скобка; открывающая круглая скобка

open jumper неустановленная перемычка

open lead оборванный вывод; вывод с разрывом

open licence pack соглашение на использование ПО в пределах компании; лицензия на использование ПО в пределах компании

open linking and embedding of objects открытая компоновка объектов; технология OLEO

open loop 1. разомкнутая петля; 2. разомкнутый контур; 3. разомкнутый цикл

open-loop control регулирование по разомкнутому циклу; регулирование без обратной связи

open messaging environment открытая среда передачи сообщений

Open Messaging Interface открытый интерфейс передачи сообщений

Open Network Architecture открытая сетевая архитектура

Open Network Computing открытая сетевая вычислительная среда; открытые сетевые вычисления

Open Network Management Architecture открытая архитектура управления сетью

open numbering открытая нумерация

open parameter открытый параметр

open path незамкнутый контур

open prepress interface программный интерфейс подготовки публикаций

open publisher открыть источник

open query открыть запрос

open/run открытие/запуск

open/run object открытие/запуск объекта

Open Scripting Architecture открытая архитектура сценариев; архитектура OSA

open select alternative открытая выбираемая альтернатива

Open Service Network Architecture архитектура сети с открытым сервисом

open services frameworks структура открытых служб

open-set identification идентификация на открытом множестве

open shop открытый доступ пользователей к ЭВМ; ВЦ с доступом пользователей к ЭВМ; открытый доступ

open shortest path first protocol протокол маршрутизации с определением кратчайшего маршрута; протокол OSPF

open-size prefix префикс размера операнда

open slot свободный разъем

open software открытые программные средства

Open Software Foundation Фонд открытого программного обеспечения; консорциум OSF

open source software программное обеспечение с открытым исходным кодом

open statement оператор открытия

open string parameter открытый строковый параметр

open subroutine открытая подпрограмма; подставляемая подпрограмма

open system открытая система; расширяемая система

open system architecture архитектура открытых систем

open system environment среда открытых систем

Open System Interconnect протокол взаимодействия открытых систем; протокол OSI; соединение открытых систем; взаимодействие открытых систем

open system interconnection взаимодействие открытых систем; соединение открытых систем

open system local area network локальная сеть, взаимодействующая с открытыми системами

Open System Philosophy философия открытых систем

open systems adapter адаптер открытых систем

Open Systems Architecture архитектура открытых систем; архитектура OSA

Open Systems Cabling Architecture кабельная структура открытых систем

Open Systems Interconnection/Reference Model эталонная модель взаимодействия открытых систем; эталонная модель OSI

Open Systems Interconnection/Transaction Processing обработка транзакций в среде OSI; стандарт OSI/TP

open systems message exchange обмен сообщениями в открытых системах

open systems standards стандарты открытых систем

open systems user recommended solutions технические решения, рекомендуемые пользователям открытых систем

Open Tape Format открытый формат лент; стандарт OTF

open-to-buy system система обеспечения наличия товаров в продаже

open transmission line неэкранированная линия передачи

open-via chip carrier кристаллодержатель со сквозными металлизированными отверстиями

open working открытая работа

operability 1. работоспособность; 2. простота использования

operable рабочий; действующий

operable time время готовности

operand операнд; компонент операции; объект действия

operand address адрес операнда

operand code код операнда

operand field поле операнда

operand register регистр операнда

operand-size prefix префикс размера операнда

operand specifier спецификатор операнда

operand word слово-операнд

operate 1. выполнять работу; работать; функционировать; 2. производить операцию; выполнять ряд операций; 3. приводить в действие; управлять

operated управляемый; приводимый в действие

operating 1. эксплуатация; 2. операционный; рабочий; оперативный; действующий; функционирующий

operating bandwidth рабочая полоса пропускания

operating benefits эффективность функционирования; выгоды от эксплуатации

operating calculus операционное исчисление

operating characteristic 1. рабочая характеристика; 2. эксплуатационная характеристика; рабочие параметры

operating chart графическая схема программы; рабочая диаграмма; блок-схема программы

operating conditions условия работы

operating console пульт управления

operating control оперативное управление

operating costs эксплуатационные расходы; текущие расходы

operating current 1. рабочий ток; 2. ток срабатывания

operating cycle рабочий цикл

operating data технические данные

operating delay задержка в работе системы; операционная задержка

operating environment условия эксплуатации

operating error 1. ошибка из-за нарушения правил эксплуатации; 2. неправильное управление; ошибка управления

operating function оперативная функция

operating key рабочая клавиша; оперативная клавиша

operating level рабочий уровень

operating loss эксплуатационные убытки

operating maintenance текущее обслуживание и ремонт

operating manual руководство по эксплуатации

operating mechanism рабочий механизм

operating memory cycle рабочий цикл памяти

operating mode рабочий режим

operating personnel обслуживающий персонал; технический персонал

operating program действующая программа; рабочая программа

operating range рабочий диапазон

operating ratio коэффициент использования

operating regime режим работы; режим эксплуатации

operating repair текущий ремонт

operating requirements требования к функционированию

operating shell операционная оболочка

operating speed быстродействие; скорость выполнения операций; рабочая скорость

operating system операционная система

operating system configuration 1. конфигурация операционной системы; 2. настройка конфигурации операционной системы

operating system generation генерация операционной системы

operating system installation инсталляция операционной системы; установка операционной системы

operating system kernel ядро операционной системы

operating system management управление и сопровождение операционных систем

operating system penetration преодоление защиты операционной системы

operating system reconfigurating изменение конфигурации операционной системы

operating system resident резидент операционной системы

operating system service служба операционной системы; системная служба

operating system simulation language язык моделирования операционных систем

operating system subsystem подсистема операционной системы

Operating System/Virtual Storage операционная система/ виртуальная память

operating temperature рабочая температура

operating time рабочее время

operating-time clock часы для определения общего времени работы

operating trouble нарушение работы; нарушение режима работы

operation 1. процесс; работа; функционирование; 2. цикл обработки; 3. операция; команда; 4. срабатывание; 6. управление; 8. действие; 9. режим; 10. задание

operation abstraction абстракция операций

operational 1. операционный; 2. оперативный; действующий; рабочий; функционирующий; работающий; 3. работоспособный; сданный в эксплуатацию

operational-address instruction операционно-адресная команда

operational amplifier операционный усилитель

operational approach операционный подход

operational calculus операционное исчисление

operational character операционный символ

operational characteristic рабочая характеристика; рабочий параметр

operational condition работоспособное состояние

operational costs расходы на эксплуатацию

operational cycle рабочий цикл

operational data рабочие данные

operational data security операционная безопасность данных

operational decision оперативное решение

operational design проектирование на уровне операций

operational development эксплуатационная доводка

operational efficiency высокая оперативность

operational environment операционная среда

operational factors рабочие характеристики; действующие параметры

operational failure эксплуатационный отказ; отказ при эксплуатации

operational functionality эксплуатационные возможности

operational grammar операционная грамматика

operational key оперативная клавиша; функциональная клавиша

operational label маркировочная метка

operational line функциональная шина

operational management оперативное управление

operational manager руководитель оперативного подразделения; управляющий текущими операциями

operational method операторный метод

operational microprogram рабочая микропрограмма

operational pack рабочий пакет

operational performance analysis решение задач исследования операций; исследование операций

operational performance analysis language язык программирования для решения задач исследования операций

operational profile функциональный разрез

operational regulations правила технической эксплуатации

operational reliability надежность работы; надежность функционирования

operational research исследование операций

operational safe надежность функционирования

operational support system система оперативной поддержки

operational system действующая система; рабочая система

operational system development совершенствование действующей системы

operational test эксплуатационные испытания; рабочее тестирование

operational testing испытание в реальных условиях; опытная эксплуатация

operational unit 1. операционный блок; функциональный блок; 2. работоспособное устройство

operation analysis исследование операций

operation and maintenance эксплуатация и техническое обслуживание

operation and maintenance phase промышленная эксплуатация

operation automaton операционный автомат

operation blank пустое поле кода операции

operation centre цент управления

operation code код операции

operation code field поле кода операции

operation commutator коммутатор операции

operation condition 1. рабочее состояние; 2. условия работы; рабочие условия; 3. эксплуатационный режим; рабочий режим; 4. условия эксплуатации

operation cycle цикл выполнения операции; рабочий цикл

operation declaration объявление операции

operation decoder дешифратор операций; дешифратор команд

operation failed сбой операции; не удается выполнить операцию

operation field поле команды; поле кода операции; поле операции

operation instruction действующая команда

operation interface операционный интерфейс

operation keyboard рабочая клавиатура

operation life эксплуатационная долговечность; эксплуатационный ресурс

operation loop рабочий цикл

operation method операционный метод

operation number номер операции

operation part операционная часть; код операции

operation principle принцип работы

operation process chart операционная карта (технологического процесса)

operation register регистр команд; регистр операции; регистр кода операции

operation research исследование операций

operations analysis анализ операций; исследование операций

operations analyst специалист по исследованию операций; аналитик по операциям; операционист

operations centre центр управления

operations flow выполнение операций

operations flowchart блок-схема; подробная блок схема

operations manager начальник машины; руководитель группы сопровождения

operations research исследование операций

operations staff обслуживающий персонал

operation table таблица операций

operation testing эксплуатационные испытания; рабочее тестирование

operation threshold порог срабатывания

operation time время выполнения операции; время выполнения команды

operation type тип операции

operative 1. рабочий; действующий; функционирующий; 2. оперативный

operative algorithm рабочий алгоритм

operative efficiency коэффициент занятости (канала)

operativeness оперативность

operative task оперативная задача

operator 1. оператор; 2. операция; 3. человек-оператор; пользователь; 4. компания-оператор; 5. управляющее устройство; 6. знак операции

operator accessibility операторская доступность; доступность со стороны оператора

operator arity арность оператора

operator command директива оператора; команда оператора

operator communication связь с оператором

operator console пульт оператора

operator control station станция управления оператора; операторская станция

operator documentation операторская документация

operator equality оператор тождества; знак операции тождества

operator error ошибка оператора

operator facility средства оператора

operator grammar операторная грамматика

operator guide 1. указание оператора; 2. руководство оператора

operator interfacing сопряжение системы с оператором

operator intervention вмешательство оператора

operator manual руководство для оператора; руководство оператора

operator message сообщение оператору

operator oriented language язык, ориентированный на оператора

operator precedence приоритет операций; иерархия знаков операций согласно приоритету их выполнения

operator precedence grammar грамматика с операторным предшествованием

operator response ответ оператора

operator's keyboard клавишный пульт оператора

operator spoof обман оператора

operator-triggered event событие, инициируемое оператором

OPI программный интерфейс подготовки к печати

OPLA оптическая программируемая логическая матрица

opm операций в минуту

oportunistic locking уступающая блокировка

opportunity cost альтернативные издержки; стоимость упущенной возможности

opposite 1. противоположный; противолежащий; 2. напротив; против

opposite corner противоположный угол

opposite event противоположное событие

opposite hand view зеркальное изображение

opposition 1. противодействие; 2. противофаза; сдвиг по фазе на 180 градусов; 3. встречное включение

opposition method компенсационный метод

oprrtunity respond возможность ответа (состояние канала передачи)

optical оптический

optical amplifier оптический усилитель

optical bypass switch блок оптического обхода; оптический переключатель

optical cable оптический кабель

optical carrier оптоволоконная линия связи

optical channel оптический канал

optical character оптический знак

optical character reader оптическое считывающее устройство; оптическое устройство считывания знаков

optical character recognition оптическое распознавание символов

optical check оптический контроль

optical checking оптический контроль

optical code reader устройство оптического считывания кодов

optical communication channel оптический канал связи

optical communication circuit оптическая переключающая схема; оптический переключатель

optical computer оптическая ЭВМ

optical conductor световод; светопровод

optical connector оптический разъем; оптический соединитель

optical data card оптическая информационная карта

optical data collecting station оптическое устройство сбора данных

optical data converter оптический преобразователь данных

optical data disk оптический диск

optical data link оптический канал передачи данных

optical data reader оптическое считывающее устройство

optical digital data disc оптический диск для цифровых данных

optical disc-based system система на оптических дисках

optical disc test system система проверки оптических дисков

optical disk оптический диск

optical disk player устройство для проигрывания оптических дисков

optical disk storage накопитель на оптических дисках

optical display system система оптического вывода

optical drive накопитель на оптических дисках

optical encoder оптическое кодирующее устройство

optical entry оптический ввод

optical fiber оптическое волокно

optical fiber cable волоконно-оптический кабель

optical fiber communication коммуникации по волоконно-оптической линии связи; волоконно-оптическая связь

optical fiber repeater оптоволоконный повторитель; волоконно-оптический повторитель

optical fiber transmission line волоконно-оптическая линия связи

optical fiber transmission system система передачи данных по волоконно-оптическим каналам

optical font шрифт для оптического распознавания

optical glass fiber световод

optical head оптическая головка

optical information store оптическое хранение информации

optical interface device устройство оптического интерфейса

optical isolator оптическая развязка

optical jukebox оптический дисковод с автоматической сменой дисков

optical label оптическая метка

optical line оптическая линия связи

Optical Line Interface интерфейс оптических линий связи; интерфейс OLI

optical loss оптические потери

optically assisted winchester оптический винчестер

optically coupled circuit схема с оптической связью

optically read memory память с оптическим считыванием

optical mark reader устройство для оптического считывания меток

optical mark scanning оптическое считывание меток

optical mass store оптическая память большого объема

optical media оптический носитель

optical memory оптическая память

optical memory card оптическая карта памяти; карта оптической памяти

optical memory disk recorder устройство записи дисков оптической памяти

optical memory driver recorder устройство записи дисков оптической памяти

optical memory system оптическое запоминающее устройство

optical network волоконно-оптическая сеть

optical path computer ЭВМ на световодах; компьютер на волоконной оптике

optical pick-up unit блок оптической головки считывания (с компакт-диска)

optical power оптическая мощность

optical programmable logic array оптическая программируемая логическая матрица

optical reader оптическое считывающее устройство

optical reading оптическое чтение; оптическое считывание

optical read-only memory оптическое ПЗУ

optical recording оптическая запись

optical resolution оптическое разрешение; оптическая разрешающая способность

optical scanner оптическое сканирующее устройство

optical scanning device оптическое сканирующее устройство; сканер

optical scanning service система оптического сканирования

optical size оптический размер

optical spectrum оптический спектр

optical storage оптические устройства хранения данных; оптическое запоминающее устройство

optical storage and retrieval хранение и поиск на оптических дисках

optical stylus оптическое перо

optical time-domain reflectometer оптический измеритель отраженного сигнала

optical transmission line оптическая линия передачи

optical-type font шрифт для устройств оптического распознавания знаков

optical wand световой карандаш

optic coupling display unit дисплей, подключаемый с помощью волоконно-оптической линии

optics 1. оптика; 2. оптическая система

optimal оптимальный

optimal assignment algorithm алгоритм оптимальных назначений

optimal coding оптимальное кодирование

optimal control оптимальное управление

optimal control problems задачи оптимального управления

optimal cutting algorithm алгоритм оптимального раскроя

optimal design 1. оптимальное проектирование; 2. оптимальная конструкция

optimal mode оптимальный режим

optimal parameter оптимальный параметр

optimal process оптимальный процесс

optimistic duration оптимистическая продолжительность

optimistic estimation оптимистическая оценка

optimization оптимизация; определение оптимальных характеристик

optimization condition условие оптимизации

optimization model оптимизационная модель

optimization problem задача оптимизации

optimization strategy методы оптимизации

optimization techniques методы оптимизации

optimize оптимизировать; отыскивать оптимальное решение; обеспечивать достижение наивысшей эффективности

optimized code оптимизированный код; оптимизированная программа

optimized data coding оптимизированное кодирование данных

optimized machine code оптимизированный машинный код

optimizer 1. оптимизатор; оптимизирующий транслятор; 2. блок оптимизации

optimizing compiler оптимизирующий компилятор

optimizing translator оптимизирующий транслятор

optimum оптимум; оптимальное условие

optimum code оптимальный код

optimum detecting filter оптимальный фильтр

optimum programming оптимальное программирование

optimum-scale integration 1. интеграция оптимального уровня; 2. с оптимальным уровнем интеграции

optimum value оптимальное значение

option 1. выбор; элемент выбора; пункт; 2. вариант; альтернатива; версия; опция; 3. необязательный параметр; 4. факультативные средства; дополнительные средства; 5. факультативное оборудование; 6. дополнительная возможность; 7. режим

optional 1. необязательный; дополнительный; факультативный; 2. выбираемый; выборочный

optional argument необязательный аргумент

optional attribute необязательный атрибут

optional cash memory факультативная кэш-память

optional character set дополнительный набор символов

optional equipment необязательное оборудование; факультативное оборудование; дополнительная аппаратура

optional extension факультативное расширение

optional halt останов по выбору

optional information необязательная информация

optionality функциональные возможности

optional label необязательная метка; факультативная метка

optional member необязательный элемент; необязательный член набора

optional membership необязательное членство

optional parameter необязательный параметр; дополнительный параметр

optional retention необязательное членство

optional unit 1. факультативный компонент; необязательный элемент; 2. необязательный модуль; 3. дополнительный блок

optional word необязательное ключевое слово

option button флажок; кнопка выбора; кнопка с независимой фиксацией; переключатель

option group группа переключателей

option of error action действие по ошибке

option sheet перечень вариантов

option value значение параметра

optoelectronic circuit оптоэлектронная схема

optoelectronics оптоэлектроника

optoelectronic technology оптоэлектронная технология

OPX card плата линии связи добавочного номера за пределами офиса

OQL объектный язык запросов; объектно-ориентированный язык запросов; язык запросов к объектным СУБД

O/R отправитель/получатель

OR 1. оптическое считывающее устройство; 2. операция ИЛИ; 3. повторное использование объекта

Orange Book «Оранжевая книга»; «Критерий оценки пригодности компьютерных систем (TCSEC)»

ORB брокер объектных запросов; посредник передачи объектных запросов

ORB Services Interface интерфейс служб ORB

OR-circuit схема ИЛИ

ORDBMS объектно-реляционная СУБД; система управления объектно-ориентированной реляционной базой данных; ОРСУБД

order 1. порядок; очередность; последовательность; 2. упорядоченность; 3. степень; порядок; кратность; 4. разряд (числа); место; позиция; 5. индекс моды; порядок моды; 6. команда; распоряжение; директива; приказ; 7. заказ; 8. упорядочивать; 9. заказывать; 10. давать команду

order by порядок сортировки

order code код команды

ordered упорядоченный

ordered graph упорядоченный граф

ordered list упорядоченный список
ordered pair упорядоченная пара
ordered seek queuing упорядоченная очередность поиска
ordered-service discipline обслуживание в порядке поступления
order-entry system система ввода заказов
order form бланк заказа; форма заказа
order index индекс команды
ordering упорядочение; упорядоченность; расстановка; приведение в порядок
ordering algorithm алгоритм упорядочения
ordering bias упорядочивающее смещение
ordering criterion критерий упорядочения; критерий упорядоченности
ordering information информация для заказа
ordering object упорядочивание объектов
ordering relation способ упорядочения; отношение порядка
orderly closedown останов с соблюдением установленной процедуры; нормальное завершение работы; правильное завершение работы; правильный останов
order number 1. порядковый номер; 2. номер для заказа (изделия/продукта)
order of magnitude порядок величины
order of priority очередность приоритетов
order of relevance порядок значимости
order processing system система обработки заказов
order selection выборка команды
order sequence последовательность команд; последовательность инструкций
order system система команд
ordinal linkage связывание по порядковым номерам
ordinal number 1. порядковое числительное; 2. номер по порядку; порядковый номер
ordinal type порядковый тип; перечислимый тип
ordinal value порядковое значение
ordinary обычный
ordinary symbol простое символическое имя
ordinate ордината
ordinate dimensions ординатные размеры
OR element элемент ИЛИ
organigram организационная схема; структурная схема; алгоритмическая схема
organization 1. организация; учреждение; 2. структура; 3. архитектура
organizational assets корпоративные ресурсы; ресурсы организации
organizational charting построение организационных графиков
organizational role object объект «организационная функция»; организационный ролевой объект
organizational structure организационная структура
organizational unit подразделение организации; отдел; организационная единица
organizational unit object объект «организационная единица»
organization breakdown structure организационная структура разделения работ
organization object объект «организация»
organization problem задача организации
organization process definition описание используемых технологических процессов
organization support организационное обеспечение
organization support documentation документация организационного обеспечения
organizer организатор; секретарь (программа)
orient ориентировать; ориентироваться

orientation 1. ориентация; ориентирование; 2. положение
oriented занимающийся чем-либо; ориентированный на что-либо; пригодный для чего-либо
oriented branch ориентированная ветвь
oriented graph ориентированный граф; направленный граф
origin 1. начало координат; 2. начало отсчета; 3. исходное положение; 4. начальный адрес; адрес начала (программы, блока); 5. источник; происхождение; 6. корень дерева (графа); 7. пункт отправления
origin address начальный адрес
original 1. оригинал; 2. исходный документ; 3. оригинальный; исходный; первичный; первоначальный
original computer базовая ЭВМ
original copy оригинал
original design manufacturer производитель систем собственной разработки
original disk исходный диск
original document исходный документ; подлинный документ
Original Equipment Manufacturer производитель комплексного оборудования; OEM-компания
originally первоначально
original message исходное сообщение
original programmer местный программист
original size первоначальный размер
originate брать начало; происходить; инициировать
originate tone сигнал вызова
origination 1. создание издательского оригинала; 2. изготовление набора и иллюстраций; создание второго оригинала
originator автор; отправитель
originator/recipient отправитель/получатель
origin counter счетчик начала
ORing применение к операндам операции OR (ИЛИ)
OROM оптическая память с доступом только по чтению; оптический диск ROM; оптическое ПЗУ
orphan висячий (о строке); «зависший» (файл); «осиротевший» (процесс)
orphan control контроль висячих строк
orphaned file «зависший» файл; файл с утраченным именем
orphan process «осиротевший процесс»; процесс без родительского процесса
orphan-widow control удаление начальных и концевых висячих строк
orthgonality ортогональность
ortho ортогональный
orthogonal прямоугольный; ортогональный
orthogonal coordinates ортогональные координаты; декартовы координаты
orthogonal dimensions ортогональные размеры
orthogonality ортогональность
orthogonal list прямоугольная таблица
orthogonal matrix ортогональная матрица
orthogonal memory прямоугольная память
orthogonal processor ортогональный процессор
orthogonal projection ортогональная проекция
orthographic 1. орфографический; 2. ортогональный
orthographic view ортогональные представления; ортогональные виды (модели)
orthography орфография; правописание
ortho mode ортогональный режим
orthonormal analysis ортонормированный анализ
orthonormal basis ортонормированный базис
orthotronic error control ортогональный контроль ошибок
OS операционная система
OSA 1. автоматизация делопроизводства; 2. открытая архитектура сценариев; 3. адаптер открытых систем; 4. архитектура открытых систем

375

OSCAR 1. хранение и поиск на оптических дисках; 2. оптическое читающее устройство

oscillate 1. колебаться; осциллировать; 2. выбрировать; 3. генерировать

oscillation 1. колебание; 2. осцилляция; 3. вибрация; 4. генерация

oscillatory interpolation кратная интерполяция

oscilloscope осциллограф; осциллоскоп

OSD оптическое сканирующее устройство

OS Domain домен операционной системы

OSE среда открытых систем

OSF Фонд открытых систем; Фонд открытого программного обеспечения; консорциум OSF

OSF technology технология открытого программного обеспечения

OSI протокол взаимодействия открытых систем; соединение открытых систем; взаимодействие открытых систем; стандарт OSI

OSI basic reference model базовая эталонная модель OSI; базовая эталонная модель взаимодействия открытых систем

OSI environment среда OSI; среда взаимодействия открытых систем

OSI model модель открытого системного взаимодействия; модель взаимодействия открытых систем

OS-inegrated интегрированный с ОС

OSI reference model эталонная модель OSI

OSI resources ресурсы OSI

OSI/RM эталонная модель OSI

OSI/TP обработка транзакций в среде OSI

OSLAN локальная сеть, взаимодействующая с открытыми системами

OS loader загрузчик ОС

OSME обмен сообщениями в открытых системах

OSNA архитектура сети с открытым сервисом

osnap cursor курсор фиксации объекта; курсор привязки объекта

OSP 1. открытый стандарт профилирования; 2. философия открытых систем

OSP Domain защищенный домен операционной системы

OSPF открытый протокол предпочтения кратчайшего пути; протокол маршрутизации с выбором кратчайшего маршрута; «первым выбирается кратчайший путь»

OS Protected Domain защищенный домен операционной системы

OSQL объектно-ориентированный SQL

OSS 1. система оперативной поддержки; 2. система оптического сканирования

OSSL язык моделирования операционных систем

OSTA Ассоциация производителей оптических накопителей

OS/VS операционная система для IBM/370, поддерживающая управление виртуальной памятью

OT объектная технология; объектно-ориентированная технология

OTDR оптический измеритель отраженного сигнала

OTF открытый формат лент; стандарт OTF

OTOH с другой стороны (сокращение, принятое в Internet)

OU организационная единица

ounce унция; 28,3 грамма

outage выходить из строя

outboard error recorder программа записи ошибок в оборудовании

outboard recorder регистратор ввода-вывода

outbound call-switching device коммутирующее устройство для подключения к внешним (по отношению к сети) службам

«outbound» folder папка «Исходящие» (в системах электронной почты)

outbox «исходящие»; выходной ящик; выходной почтовый ящик системы электронной почты

outbox folder папка «исходящие»

outcome результат; итог; исход; выход

outcome array матрица исходов

outcome description способ описания исхода

outcoming group группа вывода

outconnector внешний коннектор

outdegree полустепень исхода

outdent 1. смещение влево; 2. выступ; 3. сместить влево

out device выводное устройство; устройство вывода

out directory выходной каталог

outer внешний; наружный

outer code внешний код

outer face внешняя сторона

outer loop внешний цикл

outer macro instruction внешняя макрокоманда

outer syntax внешний синтаксис

outfit 1. оборудование; аппаратура; 2. установка; агрегат; 3. оснастка; принадлежности; 4. комплект; набор (инструментов); 5. оборудовать; снаряжать

outgoing исходящий; выходящий

outgoing data исходящие данные

outgoing flow выходной поток; поток обслуженных требований

outgoing group исходящая группа

outgoing inspection выходной контроль

outgoing line исходящая линия

outgoing message исходящее сообщение

outlay расходы; издержки; затраты

outlet 1. вывод; выход; 2. розетка питания; стенная розетка; точка присоединения потребляющего прибора; 3. рынок сбыта; 4. торговая точка

outlet for investment сфера применения капитала

outline 1. иерархическая структура; 2. набросок; эскиз; 3. абрис; контур; 4. схема; план; конспект; 5. основы; основные принципы; 6. контур; очертание; 7. элемент блок-схемы; 8. обзор; 9. нарисовать контур; обвести; оконтурить; 10. наметить в общих чертах; сделать набросок

outlined area оконтуренная область

outlined font контурный шрифт

outline drawing контурный чертеж; контурный рисунок

outline family структурная группа

outline flowchart укрупненная блок-схема

outline font контурный шрифт

outline format иерархический формат

outline function обычная функция; не подставляемая функция

outline group структурная группа (в электронной таблице)

outline icons значки структуры документа

outline of hierarchy иерархическая схема

outline options dialog box окно опций схемы; окно параметров схемы

outliner 1. окно сборки; 2. средство вывода иерархической схемы

outline style стиль абриса

outlining 1. задание схемы; определение структуры; построение схемы; 2. автоматическое преобразование недопустимых в подставляемых функциях конструкций в обычные функции; 3. оконтуривание

outlying data выбросы значений

out-of-balance batch пакет данных с неверной контрольной суммой

out-of-band conrtol внешнее управление; управление по вспомогательному каналу;

out-of-band management 1. внешнее управление; управление по вспомогательному каналу; 2. управление через локальный порт

out-of band message экстренное сообщение

out-of-band signaling управление по внешнему каналу

out of date устаревший

out-of-date module модуль, измененный со времени последней компиляции

out-of-focus image расфокусированное изображение; нечеткое изображение; нерезкое изображение

out-of-gamut color цвет вне границ

out of justment в неправильном положении

out-of-line coding написание подпрограммной части программы

out of memory не хватает памяти; недостаточно памяти

out of memory error ошибка из-за нехватки памяти

out-of-operation бездействующий

out-of-order 1. нестандартный; 2. неисправный

out-of-order execution выполнение команд с изменением их очередности

out-of-process внепроцессный

out-of-process Automation server внепроцессный сервер Automation; сервер Automation, выполняемый в процессе, отличном от процесса вызывающего приложения

out of range выход из допустимого диапазона

out-of-range вне диапазона

out-of-range address адрес за пределами адресного пространства; адрес вне диапазона адресов

out-of-range number число, превышающее диапазон представления

out-of-roundness овальность; отклонение от формы окружности

out-of-sequence несвоевременный; внеочередной

out-of-sequence delivery несвоевременная доставка

out-of-sequence execution внеочередное выполнение

out-of-sequence message несвоевременное сообщение

out of synch рассинхронизированный; не синхронизированный; не согласованный

out parameter выходной параметр; параметр-результат

outperform 1. опережать по производительности; иметь большее быстродействие; 2. превосходить по функциональным характеристикам

out-point точка конца (клипа)

output 1. вывод; вывод данных; 2. выход; 3. выходная мощность; 4. выходные данные; результаты; 5. устройство вывода; 6. выходной сигнал; 7. выводимый; выходной; 8. выводить

output alphabet выходной алфавит

output area область вывода; буфер вывода; память для хранения выводимой информации

output assertion выходное утверждение

output blocking factor емкость выводного блока

output-bound task задача, ограниченная скоростью вывода данных

output buffer 1. выходной буфер; 2. буферное устройство на выходе

output buffering буферизация на выходе

output bus выходная шина

output capabilities нагрузочная способность

output capacity нагрузочная способность схемы; коэффициент разветвления по выходу; выходной нагрузочный множитель; нагрузочный множитель по выходу

output carry выходной сигнал переноса

output channel выходной канал; канал вывода

output class класс выводных данных; выходной класс

output current выходной ток

output data выходные данные; результаты обработки; выходная информация

output data bulk количество выводимых данных

output data set выходной набор данных

output device выходное устройство; устройство вывода

output discipline порядок ухода обслуженных требований из системы

output display processor выходной процессор дисплея

output document выходной документ

output equipment выходное оборудование; выходная аппаратура; оборудование вывода; устройства вывода

output error 1. ошибка на выходе; выходная ошибка; 2. ошибка вывода; 3. ошибка выходной величины

output factor коэффициент отдачи

output file выходной файл; файл вывода; файл результатов

output format формат вывода; выходной формат

output hopper выходной накопитель; буфер вывода

output impedance выходное (полное) сопротивление

output information выходная информация

output instruction команда вывода

output-limited process ограниченный по выводу процесс

output limiting facility средство ограничения вывода

output line выходная линия; выходная шина

output list список вывода

output load выходная нагрузка

output mechanism 1. механизм вывода; 2. устройство вывода

output medium 1. среда для записи выводимых данных; носитель выводимых данных; 2. способ вывода данных

output method метод вывода; способ вывода

output multiplexer мультиплексор вывода

output operation операция вывода

output parameter выходной параметр

output polarity inversion смена полярности выходного сигнала

output primitive графический примитив; элемент отображения; выходной примитив; примитив вывода

output printer выходное печатающее устройство

output process процесс вывода

output program выходная программа

output quantity выходная величина

output queue очередь вывода

output register регистр результата; выходной регистр

output resolution выходная разрешающая способность

output routine программа вывода

output signal выходной сигнал

output speed скорость вывода

output spy программа слежения за выводом

output state состояние вывода

output statement оператор вывода

output stream выходной поток

output subroutine подпрограмма вывода

output terminal выходной терминал

output to RTF вывод в формате RTF

output to text вывод в текстовом формате

output traffic исходящий трафик

output traffic filter фильтр исходящего трафика

output tray выходной лоток (принтера)

output unit выходное устройство; блок вывода; устройство вывода

output-until-busy mode режим передачи по готовности устройства

output variable выходная переменная

output version конечная версия

output work queue очередь вывода

output writer выходной регистратор; программа — регистратор вывода

outset отступ

out-shipping опережение по числу продаж
outside снаружи
outside gamut цвета, не входящие в CMYK
outside loop внешний цикл
outside path внешний контур
outsize 1. размер больше номинального; 2. имеющий припуск; с припуском
outsourcing аутсорсинг; использование внешних ресурсов для решения собственных задач; передача части заказов сторонним организациям
outsourcing of network management передача функций по управлению сетью сторонним организациям
outstanding 1. ожидающий обработки; 2. не подтвержденный; 3. выдающийся; замечательный; знаменитый; 4. невыплаченный; непогашенный; незавершенный; 5. характерный
outstanding characteristics характерные черты; характерные особенности
outstanding debt непогашенная задолженность
outstanding frame неподтвержденный кадр
outstanding session незавершенный сеанс
outstep переступать границы; выходить за пределы
outswap выгружать
out-tasking передача некоторых задач сторонним организациям; аутсорсинг
OV избыток; переполнение
ovecurrent перегрузка по току
over над; выше; свыше
overage equipment оборудование, выработавшее технический ресурс
overall 1. полный; общий; суммарный; предельный; 2. всеобъемлющий; всеохватывающий; 3. полностью; в общем; в целом
overall dimensions габаритные размеры
overall efficiency общий коэффициент полезного действия; общая эффективность
overall evaluation class rating рейтинг общей оценки класса; рейтинг безопасности
overall gain общее усиление; полное усиление; общий коэффициент усиления
overall index обобщенный показатель; общий показатель
overall instability общая потеря устойчивости; глобальная потеря устойчивости
overall length полная длина
overall maximum глобальный максимум
overall planning генеральное планирование
overall processing speed полная скорость обработки; общая скорость обработки
overall processing time полное время обработки; общее время обработки
overall resistance полное сопротивление; импеданс
overall score общая оценка
overall view общий вид
overassigned переназначенный
overbanding чрезмерная функциональность
overbias 1. избыточное смещение; 2. избыточное подмагничивание
overcapacity избыточная мощность; 2. запасная производительность
overclocking завышение тактовой частоты процессора (шины)
overcommutation ускоренная коммутация; перекоммутирование
overcorrection 1. перерегулирование; 2. избыточная коррекция
overdesign 1. перепроектирование; пересмотр конструкции;

2. проектирование с большим запасом по параметрам
overdimension избыточный размер; припуск
overdraw превышать ограничения
overdrive 1. ускоряющая передача; 2. перегрузка; 3. перегружать
overflow 1. переполнение; избыток; 2. выход за границы указателя стека; 3. переполняться
overflow alarm сигнал переполнения
overflow area область переполнения
overflow attribute признак переполнения
overflow bucket область памяти для размещение переполняющих данных
overflow check контроль переполнения
overflow cylinder цилиндр переполнения
overflow data данные переполнения
overflow exit address адрес выхода по переполнению
overflow in addition переполнение при сложении
overflow indicator индикатор переполнения; указатель переполнения
overflow in shifting переполнение при сдвиге
overflow jump instruction команда перехода при переполнении
overflow pointer указатель на область переполнения
overflow position позиция переполнения
overflow record 1. переполняющая запись; запись переполнения; 2. запись, перемещаемая в область переполнения
overflow register регистр переполнения
overflow test condition условие проверки на переполнение
overflow track дорожка переполнения
overflow trigger триггер переполнения
overhaul 1. тщательный осмотр; детальный осмотр; 2. капитальный ремонт; 3. выполнять капитальный ремонт; 4. детально осматривать
overhaul base ремонтная база
overhead 1. непроизводительные затраты; затраты; издержки; непроизводительные потери; 2. накладные расходы
overhead bit дополнительный разряд
overhead cost непроизводительные затраты; издержки
overhead information информация о накладных расходах; сведения о непроизводительных затратах; 2. дополнительная служебная информация
overhead message служебное сообщение
overhead multiplier коэффициент непроизводительных затрат
overhead operation служебная операция; вспомогательная операция
overlaid unit оверлейный модуль
overlap 1. перекрытие; совмещение; 2. набегание; 3. перекрывать; совмещать; перекрывать; накладывать
overlapped access выборка с перекрытием; доступ с перекрытием
overlapped seeks совмещенные операции установки головок
overlapping совмещение; перекрытие; работа с перекрытием
overlapping activities совмещаемые операции; неперекрывающиеся функции
overlapping events перекрывающиеся события
overlapping fields перекрывающиеся поля
overlapping of additions совмещение операций сложения
overlapping windows перекрывающиеся окна
overlay 1. оверлей; наложение; перекрытие; 2. перекрывающая плата; 3. оверлейный сегмент; 4. надпечатка; 5. оверлейный
overlayable storage оверлейная память; память оверлейной структуры

overlay access code код доступа к оверлею
overlay area оверлейная область
overlay buffer оверлейный буфер
overlay icon накладной значок
overlay method оверлейный метод; метод наложения
overlay module оверлейный модуль
overlay path оверлейный путь
overlay plane плоскость перекрытия
overlay program оверлейная программа; программа с оверлейной структурой
overlay region оверлейная зона
overlay segment оверлейный сегмент
overlay structure оверлейная структура
overlay supervisor супервизор перекрытий; оверлейный супервизор; программа управления оверлеями
overlay template накладной шаблон
overlay threshing пробуксовка оверлейной системы; издержки из-за подкачки оверлеев
overlay tree дерево перекрытий; оверлейное дерево; дерево совмещений
overlay unit оверлейный модуль
overlay video накладываемое изображение
overline 1. надчеркивание; 2. надчеркнутый
overload 1. переопределение; 2. перегрузка; 3. совмещение; 4. переопределять
overloadable operator переопределяемая операция
overload bug ошибка из-за перегрузки системы
overload conditions условия перегрузки
overloaded member function переопределенная компонентная функция
overloaded operator 1. переопределенная операция; замещаемый оператор; 2. совмещенная операция
overload indicator индикатор перегрузки
overloading 1. переопределение; 2. перегрузка; 3. совмещение
overload level уровень перегрузки
overload light индикатор перегрузки
overload relay реле перегрузки; реле максимального тока
overpint 1. наложение (цветов); печать с наложением; печать поверх; 2. надпечатывать
overprinted печатаемый поверх
overprint fill печатать заливку поверх
overprinting печать поверх
overprint limit предел при наложении
overprint outline печатать абрис поверх
overrange 1. выход за пределы диапазона; 2. величина отклонения от номинала
overridden function переопределенная функция
override 1. замена; переопределение; 2. управление с блокировкой автоматики; 3. обход; 4. обходить; игнорировать; 5. корректировать; 6. подавлять; отменять; 7. замещать; переопределять; 8. пересекать
overrun 1. выход за установленные пределы; 2. переход на заданную позицию; 3. выход за границы; переполнение; 4. перегрузка; 5. перебор (накопление лишних данных);

6. перенабор (строки текста); 7. превышение (времени передачи); 8. потеря информации; 9. холостой ход; 10. выходить за границы; выходить за установленные пределы
overrun bit признак выхода за допустимые границы
overrun byte набегающий байт; опережающий байт
overrun error ошибка из-за увеличения темпа работы; ошибка из-за переполнения
oversampling передискретизация; супердискретизация; дискретизация с повышенной частотой; дискретизация с запасом по частоте
overscan каемка экрана
overscore надчеркивание
overshoot 1. выход за установленные пределы; переход за заданную позицию; 2. перерегулирование; 3. избыточный отклик на ступенчатое воздействие; последействие; 4. выброс на фронте импульса; 5. перегрузка входным сигналом; 6. превышение возможностей системы
overshoot period время перерегулирования
overstock 1. чрезмерный запас; 2. создавать чрезмерный запас
overstrike наложение; печать с наложением
overtaxing перегрузка (линий подачи электроэнергии)
overthrow выброс на фронте импульса
overtime cost дополнительные затраты
overtime hours сверхурочные часы
overtime multiplier коэффициент сверхурочных работ
overtype mode режим замены
overview обзор
overvoltage повышение напряжения в сети; перенапряжение; бросок питания; превышение напряжения
overwrite 1. затирание (предыдущей записи); наслоение; наложение новых данных на прежние; 2. перезапись; 3. перезаписывать; затирать; писать поверх; 4. заново набирать
overwrite mode режим замены
overwriting 1. перезапись; 2. транскрипция
OWL объектная библиотека для среды Windows; библиотека объектов Windows
own 1. собственный; 2. иметь; владеть
own bit бит принадлежности
own code собственная подпрограмма; собственный код
own coding прикладная часть стандартной программы
owned собственный
owner владелец
owner-drawn нарисованный пользователем
owner ID идентификационный номер владельца
owner-member chain цепочка подчинения
owner of token владелец маркера; владелец полномочия на передачу
owner process процесс-владелец
owner security ID идентификатор защиты владельца
ownership принадлежность; право собственности; монополизация; монопольное использование
owner type тип пользователя; тип владельца
owner window окно-владелец
oz унция

– Pp –

PA 1. агент принтера; 2. анализ рабочих характеристик; анализ производительности

PABX автоматическая учрежденческая АТС; частная автоматическая телефонная станция с выходом в сеть общего пользования

PACE 1. управление анализом программ и их оценка; 2. управление с возможностью приоритетного доступа; 3. технология контроля приоритетов доступа к среде передачи данных; техника управления приоритетом доступа

pace of development темпы развития

PACF частичная автокорреляционная функция

Pacific Daylight Time тихоокеанское летнее время

Pacific Standard Time тихоокеанское стандартное время

pacing пошаговое продвижение

pacing factor основной фактор; определяющее условие

pack 1. упаковка; плотное размещение; уплотнение; 4. блок; узел; сборка; 5. формировать пакет; 6. упаковывать; уплотнять; концентрировать

package 1. контейнер; упакованный объект; 2. корпус; 3. модуль; скомпонованный блок; 4. пачка; 5. пакет; пакет программ; комплект; набор; 6. совокупность; массив; 7. упаковка; 8. упаковывание; 9. блок; узел; сборка; 10. исполнение; вариант; 11. упаковывать; 12. помещать в корпус; монтировать в корпусе

package closure герметизация корпуса

packaged 1. объединенный в пакет; 2. упакованный; 3. комплексный

packaged defect дефект внутри корпуса микросхемы

packaged file упакованный файл; уплотненный файл

packaged software пакетное ПО; комплексное программное обеспечение

package generator генератор пакетов прикладных программ

package induction индуктивность корпуса

package specification описание пакета; спецификация пакета

packaging 1. упаковывание; 2. упаковка; 3. компоновка; монтаж; сборка; 4. герметизация; 5. монтаж в корпусе; корпусирование; 6. пакетирование; оформление в пакеты; 7. создание пакетов программ; компоновка программ

packaging density 1. плотность монтажа; плотность упаковки элементов; 2. плотность записи

packed array упакованный массив

packed data упакованные данные

packed decimal упакованный десятичный формат

packed decimal constant упакованная десятичная константа

packed format упакованный формат

packed number упакованное число

packed switched data service служба коммутации пакетов данных

packed word упакованное слово; составное слово

packet пакет; пачка

packet assembler/disassembler 1. модуль сборки/разборки пакетов; сборщик/разборщик пакетов; 2. пакетный адаптер; устройство сборки/разборки пакетов

packet assembly формирование пакета

packet assembly/disassembly формирование и разборка пакетов; формирование и декомпозиция пакетов

packet burst 1. блок пакетов; 2. высокоскоростная пакетная передача данных

packet-burst mode пакетный режим

packet burst polling procedure процедура опроса при передаче блока пакетов

Packet Burst Protocol протокол передачи блока пакетов; протокол высокоскоростной пакетной передачи данных; протокол PBP

packet bust cache конвейерно-пакетный кэш

packet capture захват пакетов

packet capture and decode перехват и декодирование пакетов

packet classifier классификатор (сетевых) пакетов

packet data stream пакетированный поток данных

packet delay задержка при передаче пакета; пакетная задержка

packet desequencing нарушение последовательности пакетов

packet disassembly разборка пакета

packet driver драйвер пакетов

Packet Encoding Protocol протокол пакетного кодирования; протокол PEP

packet filter фильтр пакетов

packet filtering фильтрация пакетов

packet forwarding пересылка пакетов

packet handler обработчик пакетов

packet interleaving частота пакетов; чередование пакетов

packet internetwork interface интерфейс между сетями коммутации пакетов

packetize оформлять в виде пакетов; передавать в виде пакетов; разбивать на пакеты

packetized automatic routing integrated system интегрированная система автоматизированной маршрутизации пакетов

packetizing пакетирование; образование пакетов; формирование пакетов

packet LAN локальная сеть пакетной передачи данных

packet length длина пакета

packet level уровень пакетов (в X.25)

packet level discard отмена передачи на уровне пакетов

packet level logical interface логический интерфейс пакетного уровня

packet level protocol протокол пакетного уровня
packet mode пакетный режим; режим передачи пакетов
packet-mode terminal пакетный терминал
packet network сеть с коммутацией пакетов
packet packing объединение пакетов в блоки
packet parser программа поиска формата пакетов; анализатор пакетов
packet radio пакетная радиосвязь
packet radio network пакетная радиосеть
packet receive buffer буфер приема пакетов
packet relay ретрансляция пакетов
packet satellite network спутниковая сеть связи с коммутацией пакетов
packet signature подпись пакетов; сигнатура пакетов
packet specification описание пакета; спецификация пакета
packet switch узел коммутации пакетов; коммутатор пакетов
packet switched data network сеть с коммутацией пакетов данных
packet-switched network сеть с коммутацией пакетов
packet switched public data network сеть передачи данных общего пользования с коммутацией пакетов
packet switching коммутация пакетов
packet switching center центр коммутации пакетов
packet switching data network сеть передачи данных с коммутацией пакетов
packet-switching device устройство коммутации пакетов
packet switching exchange пункт коммутации пакетов; центр коммутации пакетов; станция коммутации пакетов
packet-switching interface интерфейс пакетной коммутации
packet switching network сеть с коммутацией пакетов
packet switching network line канал сети связи с коммутацией пакетов
packet switching node узел связи с коммутацией пакетов
packet switching system система (передачи данных) с коммутацией пакетов
packet switching unit коммутатор пакетов
packet switch node узел коммутации пакетов
packet switch stream network сеть потоковой передачи данных с коммутацией пакетов
packet-timing хронометрирование пакетов
packet transfer mode режим пакетной передачи
packet transmission channel канал пакетной передачи; канал передачи пакетов
packing 1. упаковывание; 2. упаковочный материал; упаковка; 2. объединение; 4. сжатие; уплотнение (данных); упаковка
packing density 1. плотность записи; плотность упаковки; 2. плотность монтажа; плотность компонентов; плотность размещения
packing factor плотность упаковки; коэффициент уплотнения
packing rate скорость уплотнения данных; скорость сжатия данных
PACT оплата за фактически использованное время ЭВМ; система оплаты за фактически использованное рабочее время
PAD 1. сборщик/разборщик пакетов; устройство сборки/разборки пакетов; пакетный адаптер; 2. формирование и декомпозиция пакетов; формирование и разборка пакетов; сборка/разборка пакетов
pad 1. нуль; «пустышка» (в криптографии); 2. клавиатура; клавишная панель; 3. заполнять; набивать; дополнять пробелами; заполнять незначащей информацией
pad character пустой знак; имитирующий знак; заполняющий символ
padding заполнение; дополнение; наполнение; набивка
page 1. страница; лист; вкладка; 2. страница памяти; 3. разбивать на страницы; 4. переместить страницу

pageable страничный; листаемый; со страничной организацией
pageable dynamic area динамическая область памяти с замещением страниц; динамическая область памяти со страничной организацией
pageable nucleus ядро со страничной организацией
pageable partition раздел со страничной организацией; страничный раздел
pageable region зона со страничной организацией
page address адрес страницы
page-a-time printing постраничная печать
page band поле страницы
page border рамка страницы
page break перевод страницы; конец страницы; разрыв страницы; переход на новую страницу
page break control элемент управления «разрыв страницы»
page change notifier средство автоматического уведомления об обновлении Web-страницы
page check групповой страничный контроль
page control block блок управления страницами
page cross-reference ссылка на страницу
page curl filter фильтр «загиб угла» (в графических пакетах)
page data set страничный набор данных
page description language язык описания страниц
page descriptor дескриптор страницы
page directory каталог страниц
page directory base register базовый регистр каталога страниц
page directory entry запись каталога страниц
page directory table таблица каталога страниц
page divider разделитель страниц
paged memory страничная организация памяти; память со страничной организацией; страничная память
page down на страницу вниз
paged RAM оперативная память с постраничным отображением; оперативная память со страничной организацией
paged system система со страничной организацией памяти
page entry вход страницы; страничный вход
page erasing постраничное стирание
page exit выход страницы; страничный выход
page fault ошибка из-за отсутствия страницы; страничный отказ; страничное прерывание; ошибка страницы памяти
page fault interrupt прерывание по отсутствию страницы
page file файл виртуальной памяти; файл страничного обмена
page fixing фиксация страницы; закрепление страницы
page flip отражение страницы
page footer нижний колонтитул страницы; служебная информация в конце страницы
page footing служебная информация в конце страницы; нижний колонтитул страницы
page frame блок страниц памяти; страничный блок; страница памяти; кадр страницы; страничный кадр
page frame database база данных страничных блоков
page frame table таблица страничных блоков
page gap межстраничный интервал
page granular разбитый на страницы
page hdr/ftr колонтитулы
page header верхний колонтитул; заголовок страницы
page header/footer колонтитулы
page-in загрузка страницы
page input ввод страницы
page-interleaved memory память с расслоением и страничным режимом обмена
page interrupt страничное прерывание
page layout 1. страница-шаблон; 2. макет страницы; компоновка страницы; разметка страницы; верстка полос

P

page layout program программа компоновки страниц; программа верстки полос

page left на страницу влево

page length длина листа бумаги

page limit граница страницы

page-locked блокированная страница

page locking блокировка страницы; закрепление страницы; фиксация страницы; запрет свопинга страницы

page manager диспетчер страниц

page memory страничная память

page migration пересылка страниц; перенос страниц; перемещение страниц

page mode страничный режим

page mode access постраничное обращение

page mode RAM память с поддержкой страничного режима

page number номер страницы

page number indicator индикатор номера страницы

page numbers номера страниц

page offset смещение на странице

page-on-demand пересылка страницы по требованию; загрузка страниц по запросу

page orientation ориентация страницы

page-out удаление страницы

page placing спуск полос (в издательских системах)

page plate печатная форма (фотоформа) одной страницы

page pool страничный пул

page positioning спуск полос (в издательских системах)

page printer постранично-печатающее устройство; страничный принтер

page proof 1. пробный оттиск страницы; 2. страничная корректура

pager 1. программа постраничного вывода; программа листания; 2. пейджер

page reader устройство считывания страниц

page reclamation восстановление адресации к странице; рекламация страниц

page replacement замещение страниц

page return возврат страниц

page right на страницу вправо

page selector указатель страницы; селектор страницы

page setup макет страницы; параметры страницы

page size формат страницы

page stealing изъятие страницы

page supervisor супервизор страничного обмена

page swapping подкачка страниц (виртуальной памяти); переключение страниц экранной памяти

page-switching подкачка; отображение страниц в оперативной памяти

page system страничная система

page table таблица страниц; таблица переадресации страниц

page-table entries записи таблицы страниц; элементы таблицы страниц

page table entry элемент таблицы страниц

page translation exception особый случай использования страницы

page up на страницу вверх

page-up key клавиша подлистывания страниц; клавиша листания

pageview подборка

page wait ожидание страницы

page width ширина листа бумаги

page-width printer постранично-печатающее устройство

page zero нулевая страница

paginate 1. нумеровать страницы; 2. разбивать текст на страницы; 3. разбивать текст по полосам; верстать полосу

pagination 1. нумерация страниц; 2. разбивка текста по полосам; полосная верстка; 3. разбиение на страницы

paging 1. замещение страниц; страничный обмен; подкачка страниц (в память); постраничная подкачка (виртуальной памяти); 2. разбиение памяти на страницы; страничная организация (памяти); 3. разбиение (текста) на страницы; 4. листание; перелистывание; 5. пейджинговая связь; поддержка пейджеров; передача коротких сообщений; 6. режим внутренней связи; внутренняя связь (в телефонных системах)

paging activity indexes показатели интенсивности страничного обмена

paging algorithm алгоритм замещения страниц; алгоритм листания

paging area область страничного обмена

paging cluster страничный кластер

paging device устройство страничной памяти

paging file страничный файл; файл свопинга; файл виртуальной памяти; файл страничного обмена

paging hardware аппаратные средства страничной организации

paging-in загрузка страницы; подкачка страниц в память

paging link пейджинговая связь

paging logic логические схемы управления страничной организацией памяти

paging-out удаление страницы; откачка страниц из памяти; выгрузка страниц из памяти

paging program программа постраничного вывода; программа листания

paging rate интенсивность страничного обмена

paging request страничный запрос

paging service пейджинг-сервис; пейджинговые средства; служба пейджинговой связи

paging speed скорость страничного обмена

paging supervisor супервизор переноса страниц

paint раскрашивать; закрашивать; заниматься живописью

paintbrush инструмент «кисть» (в графических программах)

paint bucket инструмент «банка с краской» (в графических программах)

paint color цвет краски

painted покрашенный; закрашенный; раскрашенный

painter's algorithm «алгоритм художника»

painting 1. окраска; окрашивание; закрашивание; закраска; 2. рисование; живопись

painting along a path рисование вдоль пути

painting program редактор растровой графики; программа художественного редактирования

painting tool инструмент художественного редактирования; инструмент для рисования

paint mode режим рисования

paint on mask mode режим «рисование по выделению»

paint program программа рисования на экране; программа для подготовки иллюстраций; рисующая программа

paint shape рисованная фигура

paint tool инструмент «рисование»; инструмент рисования

pair 1. пара; 2. двухпроводная линия; 3. парный; 4. образовывать пары; спаривать; подбирать в пары

paired-disparity code попарно-сбалансированный код

pair kerning кернинг пар

pair line двухпроводная линия

pair of bits пара двоичных разрядов; битовая пара

PAIRS система поиска видео и звуковой информации

pair-selected ternary троичное кодирование пар

pair skew асимметрия пары

pairwise exchange попарная перестановка

PAL 1. стандарт PAL; 2. библиотека прикладных программ; 3. язык программирования приложений Paradox; язык PAL

palette палитра; панель (инструментов)

paletted основанный на палитре; созданный на основе палитры

paletted color mode режим цветов палитры

palette index индекс палитры

palette source источник палитры

palette swapping переключение палитры

palette window окно шаблонов

palettizing уменьшения числа битов на точку представлением меньшего числа цветов палитры

palm rest упор для рук (под клавиатурой)

palm-size карманный

palm-size computer портативный компьютер; карманный компьютер; компьютер «размером с ладонь»

palmtop computer карманный компьютер; миниатюрный портативный компьютер

8-PAM восьмипозиционная амплитудно-импульсная модуляция

PAM 1. модуль назначения портов; 2. администратор приложений для ПК; 3. программа доступа пользователя; 4. импульсно-амплитудная модуляция; 5. метод приоритетного доступа

PAMA множественный доступ с жестким закреплением каналов

pan панорамирование; выбор отображаемого участка; перемещение; плавное смещение

panacea универсальное средство

Pandorra box «ящик Пандоры»

pane секция окна документа; панель; область; подокно

panel 1. табло; информационное табло; 2. панель; 3. область; 4. пульт; щит управления; 6. плата; 5. группа экспертов; совет консультантов; комиссия; группа специалистов; 6. участники дискуссии

panel board приборная доска

panel dial шкала панели

panel light панельная индикация; панельный индикатор

panel tapping простукивание платы

panic button аварийная кнопка

panning горизонтальная прокрутка; панорамирование; параллельный перенос окна по изображению

panorama 1. панорама; 2. панорамировать

panoramic stitching «сшивка» панорамных изображений

panoramic video панорамное видео

pan scrolling плавная прокрутка содержимого экрана

PANTONE process color триадная палитра PANTONE

PANTONE spot color плашечные цвета PANTONE

pan tool инструмент «панорамирование»

PAP 1. протокол аутентификации по паролю; 2. протокол доступа к принтеру; протокол управления принтером

paper 1. бумага; 2. газета; журнал; 3. документ; 4. научный доклад; статья; 5. бумажный

paper-advance mechanism механизм протяжки бумаги

paperback edition в бумажном переплете

paper bail прижимная планка

paper-based печатный

paper-based publications печатные публикации

paper carriage каретка для бумажной ленты

paper color цвет фона; цвет бумаги

paper curl скручивание бумаги

paper cutter линейка, по которой отрывается бумага

paper deformation деформация бумаги

paper document печатный документ

paper documentation печатная документация

paper end detector датчик конца бумаги

paper feed протяжка бумаги; прогон бумаги (в печатающем устройстве); подача бумаги

paper guide механизм, направляющий движение бумаги; механизм направления бумаги

paper holding rod бумагоприжимная шина

paper injector рычаг подачи бумаги

paperless office безбумажный офис; безбумажное делопроизводство

paperless programming безбумажное программирование

paperless technology безбумажная технология

paper margins поля

paper movement подача бумаги; протяжка бумаги

paper-moving control устройство протяжки бумаги

paper-moving device устройство протяжки бумаги

paper offset смещение страницы

paper release lever рычаг освобождения бумаги

paper roll holder держатель бумажного рулона

paper sheet бумажный формуляр; бумажный бланк

paper size формат листа; размер бумаги; формат бумаги

paper skip переход на другой формуляр; прогон бумаги

paper slew прогон бумаги

paper space пространство листа (САПР)

paper support стойка для бумаги

paper table щиток для приема бумаги

paper tape reader перфосчитыватель; устройство ввода с перфоленты

paper throw прогон бумаги

paper throw character знак прогона бумаги; символ прогона бумаги

paper type тип бумаги

paperwork техническая документация

PAR подтверждение приема с повторной передачей

para параграф; абзац

parabola 1. парабола; 2. параболическая антенна

parabolic antenna параболическая антенна

paraboloid параболическая антенна

paradigm пример; образец; парадигма

paradigm dictionary словарь парадигм

paragraph 1. параграф; 2. абзац; 3. знак абзаца; 4. разделять на абзацы

paragraph assembly компоновка текста из фрагментов

paragraph boundary граница параграфа

paragraph formatting форматирование абзаца

paragraph indent marker маркер абзацного отступа

paragraphing структурирование текста (по абзацам)

paragraph mark маркер абзаца; знак конца абзаца

paragraph name имя параграфа

paragraph return символ конца абзаца

paragraph style стиль абзаца

paragraph style sheet стиль абзаца

paragraph text простой текст

parallel 1. параллельные прямые; 2. параллельный; 3. выполняемый одновременно; 4 соединять параллельно; включать параллельно

parallel access 1. параллельный доступ; 2. параллельная выборка

parallel accumulator параллельный накапливающий сумматор

parallel adder параллельный сумматор

parallel addition параллельное сложение

parallel algorithm параллельный алгоритм

parallel architecture параллельная архитектура

parallel arithmetic 1. параллельная арифметика; 2. арифметическое устройство параллельного действия

parallel array параллельная матрица; матрица параллельных процессорных элементов

P

parallel-by-bit параллельным двоичным кодом; параллельно по битам

parallel carry параллельный перенос

parallel clause параллельное предложение

parallel cluster databases параллельная кластерная база данных

parallel columns соседние колонки

parallel columns with block protect соседние колонки с защитой блоков

parallel computer ЭВМ параллельного действия; параллельная вычислительная машина

parallel computing параллельное вычисление

parallel control параллельное управление

parallel coordinates параллельные координаты

parallel database база данных со средствами параллельной обработки

parallel data controller контроллер параллельной передачи данных

parallel data output параллельная выдача данных; параллельный вывод данных

parallel data query параллельный запрос к данным; параллельное выполнение запросов; средства реализации параллельных запросов к БД

parallel device устройство с параллельным интерфейсом

parallel-enabled database база данных со средствами параллельной обработки

parallelepiped параллелепипед

parallelizing распараллеливание (вычислений)

parallel-feedback integrator интегратор с параллельной обратной связью

parallel hardware аппаратные средства для параллельных вычислений

parallel highway параллельная магистраль

parallel information параллельная информация

paralleling 1. параллельное соединение; параллельное включение; 2. включение на параллельную работу; запараллеливание; 3. распараллеливание (процессов, вычислений)

parallel in — parallel out параллельный ввод — параллельный вывод

parallel input параллельный ввод

parallel input/output параллельный ввод-вывод

parallel input/parallel output параллельный ввод-вывод; параллельный ввод/параллельный вывод

parallel input/serial output параллельный ввод/последовательный вывод

parallel in — serial out параллельный ввод — последовательный вывод; с параллельным вводом и последовательным выводом

parallel interface параллельный интерфейс

parallelism параллельность

parallelize распараллеливать

parallel machine машина параллельного действия

parallel memory память параллельного действия; запоминающее устройство с параллельной выборкой

parallel multiprocessing параллельная мультипроцессорная обработка

parallel object параллельный объект

parallelogram параллелограмм

parallel operating system операционная система со средствами параллельной обработки

parallel operation параллельная работа; параллельное действие

parallel output параллельный вывод

parallel port параллельный порт; порт параллельного интерфейса

parallel port adapter адаптер параллельного порта

parallel printer параллельный принтер; принтер, подключаемый через параллельный порт

parallel process параллельный процесс

parallel processing параллельная обработка

parallel-processing computer вычислительная машина параллельной обработки

parallel projection параллельная проекция

Parallel Query Option средство параллельной обработки запросов

parallel query server сервер параллельной обработки запросов

parallel replication параллельное тиражирование

parallel representation параллельное представление

parallel rewriting system система параллельной перезаписи

parallel search параллельный поиск

parallel search file файл с параллельным доступом

parallel-search memory память с параллельным поиском; запоминающее устройство с параллельным поиском; ассоциативная память

parallel search storage память с параллельным поиском

parallel-serial arithmetic арифметическое устройство параллельно-последовательного действия

parallel-serial computer ЭВМ параллельно-последовательного действия

parallel-serial conversion преобразование параллельного кода в последовательный

parallel storage 1. память параллельного типа; память параллельного действия; 2. параллельное запоминание

parallel subtraction параллельное вычитание

parallel system bus параллельная системная магистраль; параллельная системная шина

parallel tasking параллельное выполнение задач

parallel-to-serial converter преобразователь из параллельного в последовательный

parallel transaction server сервер параллельной обработки транзакций

parallel transfer параллельная передача

parallel transmission параллельная передача

parallel users параллельно работающие пользователи; одновременно работающие пользователи

parallel word transmission параллельная передача слов

paramagnet парамагнетик

parameter параметр; коэффициент; характеристика

parameter acceptance прием параметра

parameter access control управление выборкой параметров

parameter adaptive control параметрическое адаптивное управление

parameter association связь параметров

parameter block блок параметров

parameter call вызов фактических параметров

parameter change изменение параметра

parameter delimiter разделитель параметров

parameter-dependent operator оператор, зависящий от параметров

parameter descriptor описатель параметра

parameter differentiation дифференцирование по параметру

parameter directive директива-параметр

parameter identification идентификация параметров

parameterized query параметризованный запрос

parameter limit предельное значение параметра

parameter list список параметров

parameter management frame фрейм управления параметрами

parameter mismatch несоответствие параметров

parameter passing передача параметров

parameter passing by name передача параметра по имени

parameter passing by reference передача параметра по ссылке

parameter passing by value передача параметров по значению

parameter processing обработка параметров

parameter query параметрический запрос; запрос с параметрами

parameter register регистр параметра

parameter representation 1. параметрическое представление; 2. представление параметра

parameter setting задание параметров; подстановка параметров

parameter setting instruction команда подстановки параметра

parameters for secure access control параметры управления защитой доступа

parameter specification описание параметров; спецификация параметров

parameter substitution подстановка параметра

parameter tracking слежение за параметрами

parameter type list параметр в виде списка типов

parameter value значение параметра

parameter word параметрическое слово

parametric параметрический

parametric analysis параметрический анализ

parametric CAD system система параметрического автоматизированного проектирования и черчения

parametric converter параметрический преобразователь

parametric dimensioning параметрическое назначение размеров

parametric equation параметрическое уравнение

parametric generality параметрическая универсальность

parametric keyframe animation параметрическая анимация по ключевым кадрам

parametric programming параметрическое программирование

parametric search-and-compare параметрический поиск/сравнение

parametric surface параметрическая поверхность

parametric techniques параметрические методы

parametrization 1. параметризация; описание физических процессов с помощью параметров модели; 2. описание параметров

parametrized cell параметризованная ячейка

parametrized class параметризованный класс

parametrized function параметризованная функция

parametrized object параметрический объект

parametrized test параметризованный тест

parametron principle принцип параметрона

parasite 1. паразитный элемент; паразитный компонент; 2. паразитный сигнал; 3. пассивный элемент антенны

parasitic analysis анализ паразитных эффектов

parcel 1. посылка (из передаваемых сообщений); 2. набор графических примитивов; 3. группировать (штучные изделия)

parent 1. исходный элемент; 2. предок; родитель; родительский элемент; порождающий элемент; родительская запись; 3. порождающий; родительский

parental родительский

parent-child association группа из родительской и дочерней записей

parent class класс-предок

parent color родительский цвет

parent directory исходное оглавление; родительский каталог; порождающий каталог

parent distribution теоретическое распределение; распределение генеральной совокупности

parent folder родительская папка

parent group родительская группа

parentheses круглые скобки

parentheses punctuator круглые скобки (как знак препинания)

parenthesis круглая скобка

parenthesis-free expression бесскобочное выражение

parenthesis-free notation бесскобочная запись

parenthesize заключать в круглые скобки

parenthesized expression выражение, заключаемое в круглые скобки

parent ID код родительского сообщения

parent matrix исходная матрица

parent node родительская вершина; родительский узел; порождающий узел

parent object родительский объект; порождающий объект

parent objects родительские объекты

parent partition родительский раздел

parent PID идентификатор родительского процесса

parent process родительский процесс; процесс-предок; породивший процесс

parent program порождающая программа

parent record родительская запись

parent texture исходная текстура

parent VLM родительский VLM

parent window порождающее окно; родительское окно

Pareto optimum оптимум Парето

Parikh's theorem теорема Парика

PARIS интегрированная система автоматизированной маршрутизации пакетов

parity 1. контроль по четности; контроль четности; 2. четность; 3. паритет; паритетный контроль; 4. равноценность; 5. сравнимость по модулю; 6. равенство

parity bit бит контроля четности; бит четности; контрольный бит; контрольный двоичный разряд; контрольный разряд четности; бит проверки на четность

parity check контроль на четность; контроль по четности; проверка на четность

parity-check alphabet алфавит с контролем по четности

parity check bit контрольный разряд четности

parity-check code код с контролем на четность

parity-check error ошибка, выявленная контролем по четности

parity check internal memory внутренняя память с проверкой на четность

parity digit контрольный разряд для проверки на четность; разряд контроля четности

parity error ошибка контроля четности; ошибка при проверке на четность; ошибка четности

parity failure нарушение четности

parity flag флаг четности; признак четности

parity generation формирование сигнала четности

parity line линия контроля по четности; шина контроля четности

parity matrix матрица четности

park 1. парковка; позиционирование головок; 2. парковать головки

parking парковка

Parkinson's law закон Паркинсона

park of heads «парковка» (магнитных) головок накопителя

parse 1. синтаксический анализ; грамматический разбор; 2. проводить синтаксический анализ; проводить грамматический разбор; анализировать (синтаксис); синтаксически выделять; разбирать; разбивать

parse command команда разбора

parser синтаксический анализатор; программа синтаксического анализа; программа грамматического разбора

parser generator генератор грамматического разбора

parse tree дерево синтаксического анализа

parsing лексический анализ; синтаксический анализ; синтаксический разбор

parsing automaton анализирующий автомат; автомат синтаксического анализа

parsing the data интерпретация данных

part 1. часть; доля; 2. компонент; элемент; 3. деталь; 4. узел; 5. совокупность; 6. раздел; фрагмент; 7. отделять; разделять; 8. детализировать

part design failure отказ из-за ошибок проектирования узла

part handler обработчик фрагмента

partial частичный; частный

partial address отдельный адрес

partial answer частный ответ

partial automatization частичная автоматизация

partial carry частичный перенос

partial-CAV частично-постоянная угловая скорость

partial correctness частичная правильность

partial correlation частная корреляция; частичная корреляция

partial dependency частичная зависимость

partial derivative частная производная

partial dialing неполный набор (номера)

partial differential частный дифференциал

partial differential equation дифференциальное уравнение в частных производных

partial divident частичное делимое

partial divident-remainder частичный остаток делимого

partial evaluation частичное вычисление; смешанное вычисление

partial fault-tolerance частичная отказоустойчивость

partial function частичная функция

partially частично; отчасти

partially completed незавершенный; неполностью завершенный

partially good chip частично годный кристалл

partially ordered set частично упорядоченное множество

partially replicated distributed database распределенная база данных с частичным тиражированием

partially selected cell частично выбранная ячейка

partial-match retrieval поиск по неполному соответствию; поиск по неточному совпадению

partial name относительное имя; частичное имя

partial order частичный порядок; частичная упорядоченность

partial ordering частичное упорядочение; частичный порядок

partial packet discard частичная отмена передачи пакета

partial pathname относительный маршрут

partial recursive function частично-рекурсивная функция

partial replication тиражирование частичных изменений; тиражирование неполных изменений

partial result частичный результат

partial sum частичная сумма

partial tag memory частично-признаковая память

partial verification частичная верификация

participant участник

participating databases составляющие базы данных; компонентные базы данных

particle systems системы частиц (для моделирования дождя и снега в графических программах)

particular 1. частность; подробность; деталь; 2. частный; особый;

parting отделение; разделение

partition 1. секционирование; 2. раздел; сегмент; 3. разделение; разбиение; декомпозиция; 4. разделять; разбивать на разделы; выделять разделы; выделять сегменты; 5. секционировать; 6. разделяться; распадаться на части

partition control управление разделами

partition manager менеджер разделов; диспетчер разделов

partition control block блок управления разделом

partition deletion удаление раздела

partitioned access method библиотечный метод доступа

partitioned database секционированная база данных; база данных, структурированная по разделам

partitioned data set библиотечный набор данных

partitioned decomposition разбиение на модули

partitioned mode режим разделения (ресурсов)

partitioning разделение; создание разделов; разбиение на разделы; выделение разделов; организация разделов; декомпозиция; секционирование

partitioning algorithm алгоритм разбиения; алгоритм декомпозиции

partitioning attribute атрибут фрагментации

partitioning directory разделение каталога

partitioning hierarchy иерархия разбиений

partition manager администратор разделов

partition queue element элемент очереди свободных разделов

partition root корень раздела

partition root entry корневой элемент раздела

partition root object корневой объект раздела; объект-корень раздела

partition standard label area область стандартных меток разделов

partition synchronization синхронизация разделов

partition table таблица разделов; таблица разбиения диска

partner партнер

partnership agreement соглашение о партнерстве

partner's showcase выставка продукции партнеров

part number номер части; номер детали; инвентарный номер

part-time connection временное соединение; временное подключение; линия с периодическим соединением

part variety номенклатура деталей

party сторона

Pascal calling convention соглашение о вызовах языка Pascal

pass 1. прогон; проход; просмотр; 2. выход из игры

passband полоса пропускания

pass by reference передача по ссылке

pass by value передача по значению

pass control управление прохождением данных

pass count счетчик проходов

passed data set передаваемый набор данных

passing 1. передача; пересылка; 2. проход; прохождение

passing by address передача по адресу

passing by name передача по имени

passing by reference передача по ссылке

passing by value передача по значению

passive пассивный

passive backplane пассивная объединительная панель

passive construction пассивная конструкция

passive-element array сетка массивных элементов

passive graphics пассивная графика

passive hub пассивный хаб; пассивный концентратор

passive leg пассивная ветвь

passively tapped data bus информационная шина с пассивными ответвлениями

passive-matrix screen экран (LCD) на основе пассивной матрицы; пассивно-матричный экран

passive network пассивная сеть

passive release пассивное освобождение

passive star пассивная звезда (топология сети)
passive station пассивная станция
passive testing пассивное тестирование
passive topology пассивная топология
pass key пароль; ключ доступа
pass muster выдержать испытания; пройти осмотр
pass through проходить
pass-through authentication сквозная аутентификация
pass-through messaging services средства ретрансляции сообщений
pass-through mode режим ретрансляции
pass-through security сквозная защита
pass-through security provider сервер сквозной защиты
pass-through server сервер сквозной защиты
pass-through validation 1. сквозной контроль; 2. проверка на допуск
password пароль
password aging «старение» пароля; срок действия пароля
password allow change разрешение изменения пароля
password authentication проверка подлинности паролей; идентификация пароля; проверка пароля; аутентификация пользователя по паролю
Password Authentication Protocol протокол аутентификации по паролю; протокол PAP
password caching кэширование паролей
password encryption шифрование пароля
password expiration date and time дата и время истечения пароля
password expiration interval интервал истечения пароля
password expiration time время истечения пароля
password expired истек срок действия пароля
password file файл паролей
password identification идентификация пароля
password is invalid пароль указан неверно
password list список пользователей; список паролей
password list file файл списка паролей
password minimum length минимальная длина пароля
password modem модем с паролем; модем с доступом по паролю
password protect защита паролем
password protected защищенный паролем
password-protected shares совместно используемые ресурсы, защищаемые с помощью пароля
password protection парольная защита; защита с использованием пароля; защита по паролю; защита с помощью пароля
password required требование пароля; «необходимо ввести пароль» (системное сообщение)
password restriction ограничения пароля
password security 1. защита с помощью паролей; 2. сохранность паролей
passwords used использованные пароли
password uniqueness уникальность пароля
password unique required требование уникальности пароля
password verification верификация пароля; проверка пароля
past copy последняя копия
paste вставить; вставить из буфера
paste append добавить из буфера
paste as selection вставить как выделение
pasteboard карман; буфер хранения; компоновочный буфер; буфер для монтажа изображений
pasteboard width ширина монтажного стола
paste buffer буфер вставки
paste button image вставить рисунок кнопки
paste errors ошибки вставки
paste in progress выполняется добавление из буфера

paste into selection вставить в выделенную область
pastel пастель (в графических программах)
paste link вставить связь; вставить ссылку; связать; вставить со связью
paste options параметры вставки
paste special специальная вставка; специальный режим вставки
paste-up process процесс монтажа
past history of a system предыстория системы (в кибернетике)
pasting вставка
PAT переназначение портов и адресов
patch 1. «заплата»; корректировка; исправление; вставка в программу; файл с исправлениями; 2. склейка; 3. перемычка; 4. ставить заплаты
patchbay 1. панель для разъемных соединений; шасси для разъемных соединений; 2. наборное поле
patchboard коммутационная панель; наборное поле
patch cable соединительный кабель; соединительный шнур
patchcord коммутационный шнур
patched program программа с корректировками; «штопаная» программа
patch error 1. «ошибка в исправлении»; 2. ошибка в результате корректировки
patch indicator индикатор корректировки
patching 1. коммутация (с помощью штепсельного соединителя); 2. корректировка; 3. быстрый ремонт; 4. вставка «заплат» в программу; 5. изменять программу с помощью корректировок
patching error 1. ошибка корректировки; 2. ошибка, внесенная при исправлении программы
patching facilities средства коммутации
patch modeling кусочное моделирование
patch panel коммутационная панель; соединительная панель
patchplug коммутационный штекер; коммутационный штепсель
patchword слово-связка
patent 1. патент; право; 2. явный; очевидный
patent pending патент заявлен
patent-pending technology патентованная технология
path 1. маршрут; путь; путь доступа; 2. траектория; 3. длина пути; 4. канал; тракт; 5. межсоединение; 6. ветвь (программы); 7. дорожка (магнитной записи); 8. контур
path contents содержимое контура; охватываемая контуром область
path contents saving сохранение охватываемой контуром области
path-cost-update packet пакет для коррекции маршрута на основе оценки стоимости пути
path-data информация о траектории; траекторные данные
path description line линия обозначения траектории
path expression выражение маршрута; формула маршрута
path-independent routing маршрутизация, не зависящая от пути прохождения входной информации
path information информация о маршруте; информация о траектории; траекторные данные
pathname составное имя файла; имя пути; полный путь к файлу; имя маршрута
pathname error ошибка пути; ошибка в имени маршрута
pathname expansion расширение имени маршрута
path node узел
path node edit редактирование узлов
path node edit tool инструмент «редактирование узлов и путей»
path of extrusion маршрут экструзии (в САПР)
path programmable logic логика с программируемыми соединениями

path prompt подсказка маршрута; приглашение для ввода маршрута

path segments сегменты пути

path selection выбор маршрута

path stroking обвод пути

path table таблица маршрутов

path test тестирование ветвей

path-tracing algorithm 1. алгоритм выбора пути; селективный алгоритм; 2. алгоритм прокладки маршрута; алгоритм трассировки

pathway 1. маршрут; 2. частная шина; 3. направляющая; 4. магистраль

patient file массив данных о пациентах

pattern 1. рисунок; изображение; узор; картина; 2. образ (в распознавании образов); 3. образец; шаблон; трафарет; 4. форма; 5. графический шаблон; 6. набор; комбинация; 7. кодограмма; кодовая комбинация; 8. растр; 9. промежуточный оригинал; 10. систематизированная структура; строение; модель; конфигурация; 11. схема; диаграмма; 12. формировать рисунок; формировать изображение

pattern-based scanning сканирование с поиском по шаблону

pattern bitmap битовая матрица шаблона

pattern brush шаблонная кисть

pattern comparison сравнение с образцом

pattern fill 1. заливка узором (в графических пакетах); 2. заполнение трафарета

pattern graph граф образа

pattern index индекс образца

patterning 1. формирование рисунка; формирование изображение; формирование рельефа; 2. структурирование; 3. муар

pattern inventory ряд, перечисляющий конфигурации; опись конфигураций

pattern matching 1. сопоставление образцов; 2. сравнение с образцом; сопоставление с эталоном; 3. поиск по шаблону

pattern-matching feature средство поиска по шаблону

pattern-matching search поиск по шаблону

pattern processing language язык обработки шаблонов

pattern recognition 1. определение зависимостей в данных; выявление «шаблонов данных»; 2. распознавание образов

pattern recognition system система распознавания образов

pattern register регистр выбора конфигурации (сети)

pattern-sensitive error кодочувствительная ошибка; кодозависимая ошибка

pattern sensitive fault кодочувствительный отказ

pattern transparency прозрачность узора

pattern tree дерево образа (в анализе изображений)

pause пауза

paused приостановлено

pause for input пауза для ввода

pause instruction команда паузы

pause statement оператор паузы

pavillion стенд; выставочный павильон

PAWS защита от циклического перехода порядковых номеров

PAX учрежденческая АТС без исходящей и входящей связи

pay actual computer time оплата за фактически использованное время ЭВМ; система оплаты за фактически использованное машинное время

payback period срок окупаемости

payload информационное наполнение; полезная информация (пакета); полезная нагрузка

payload and general support computer компьютер общей поддержки

payment уплата; выплата; платеж

payment method способ расчета

payment system система (электронных) платежей

payment technology технология электронных платежей

payoff выигрыш

payoff function платежная функция; математическое ожидание выигрыша

payoff matrix платежная матрица

pay out расплачиваться; выплачивать

payphone кассовый терминал мобильной связи; мобильный кассовый терминал

payroll платежная ведомость

payroll accounting расчет заработной платы; начисление зарплаты

payroll software ПО расчета зарплаты

PB 1. звуковоспроизведение; 2. воспроизведение; выполнение; 3. протокол передачи блока пакетов; протокол высокоскоростной пакетной передачи данных; 4. петабайт; квадриллион байтов; 2^{50} байтов; 1125899906842624 байтов

PBC контроллер периферийной платы

PB cache пакетно-конвейерный кэш

PBO оптимизация, основанная на профилировании

P-board плата прототипа; макетная плата

PBS клавишный переключатель

PBX учрежденческая телефонная станция с исходящей и входящей связью; частная телефонная станция с выходом в общую сеть; телефонная система частного пользования; офисная АТС;

PBX внутренний коммутатор; коммутатор, обеспечивающий внутренние телефонные линии

PBX driver драйвер PBX; драйвер для взаимодействия с офисной АТС

2PC двухфазная фиксация

PC 1. указатель команд; 2. персональный компьютер; ПК; 3. персональный компьютер семейства IBM PC; IBM-совместимый ПК

P-CAV частично-постоянная угловая скорость

PCB 1. блок связи программ; 2. блок управления воспроизведением; 3. блок управления процессом; 4. блок программного управления; 5. печатная плата

PC backup product программа резервного копирования для ПК; пакет архивирования

PC-based с использованием ПК; на базе ПК

pc board печатная плата

pc-board layout проектирование топологии печатных плат

PC-cache PC-кэш

PC-compatible 1. ПК-совместимый; 2. совместимый с IBM PC

PC computing персональные вычисления; вычисления на ПК

PC DOS дисковая операционная система персональных компьютеров

PCE 1. электронные устройства для индивидуальной связи; 2. аппаратура управления процессом ввода-вывода

PCG программируемый знакогенератор

PCI 1. взаимное соединение периферийных компонентов; интерфейс периферийных устройств; стандарт PCI; 2. управляющая информация протокола

PCI bus arbiter арбитр шины PCI

PCI-ISA bridge «мост» PCI-ISA

PCIset набор кристаллов шины PCI

PCL 1. язык описания страниц; 2. язык управления принтерами; 3. список команд управления воспроизведением информации

PC LAN 1. локальная сеть ПК; 2. сеть, построенная на основе IBM-совместимых машин

PCM 1. производитель плат, совместимых по разъему; изготовитель совместимых ПК; 2. импульсно-кодовая модуляция

PCMCIA 1. Международная ассоциация производителей плат памяти для персональных компьютеров; 2. стандарт PCMCIA (ныне PC Card)

PCMCIA card PCMCIA-плата

PCMCIA slot разъем PCMCIA

PCMIM сетевой интерфейсный модуль ПК

PC mouse mode трехкнопочный режим работы мыши

PCN 1. персональная сеть передачи данных; сеть личной связи; сеть персональной связи; 2. сеть персональных компьютеров

PCNE протокольный конвертер для оборудования, не соответствующего архитектуре SNA

PCnet сеть ПК

PC network 1. сеть ПК; 2. сеть, объединяющая компьютеры, совместимые с IBM PC

PCO точка контроля и наблюдения

p-code р-код; байт-код; промежуточный язык

P-counter счетчик команд

PCP главная управляющая программа; первичная управляющая программа

PCR пиковая скорость передачи (трафика)

PC-relative address адрес относительно счетчика команд

PCS 1. спецификация видеоконференц-связи между ПК; 2. обслуживание личной связи; службы персональных коммуникаций; 3. персональная система связи; персональная радиокоммуникационная система; 4. персональный сервер связи

PCSA архитектура персональных вычислительных систем; архитектура систем на основе ПК

PC server сервер на базе IBM/PC-совместимого ПК; ПК-сервер

PC shopper покупатель ПК

PCSS система поддержки ПК

PC/T (магнитная) лента для персональных компьютеров

PCT технология частных коммуникаций

PCTE переносимая универсальная инструментальная среда

PC-to-host communication связь между ПК и главной машиной

PC-to-TV преобразование видеоданных, поступающих в ПК, в видеоданные, воспринимаемые телевизором

PC/TV компьютер/телевизор; ПК/ТВ; устройство, комбинирующее персональный компьютер и телевизор

PCU блок управления периферийными устройствами

PC videoconferencing ПК-видеоконференции

PC-videophone ПК-видеофон

PCW-benchmark тестовая программа PCW; стандартная программа оценки производительности ПК

PD 1. каталог страниц; 2. база данных о процессах 3. общего пользования; свободно копируемый (сокращение, принятое в Internet)

PDA 1. «электронный помощник»; персональный цифровой ассистент; персональный цифровой секретарь; персональный электронный ассистент; электронный секретарь; 2. автомат с магазинной памятью

PDB 1. физическая база данных; 3. наполненная база данных; 4. защищенная база данных; 5. база данных о процессах; база данных процесса; 6. протокольный блок данных

PDBR базовый регистр каталога страниц

PDC главный контроллер домена; основной контроллер домена; первичный контроллер домена

PDCT портативный терминал сбора данных

PDD драйвер физического устройства

PD-drive дисковый накопитель с изменяемой фазой

PDET портативный терминал ввода данных

PDF 1. формат переносимого документа; 2. файл определения принтера

PDH плезиохронная цифровая иерархия

PDL 1. язык описания страниц; специализированный язык описания страниц для печати; 2. язык описания принтеров; 3. язык описания процедур; 4. язык описания проекта

PDM модуляция по длительности импульса; широтно-импульсная модуляция

PDN сеть передачи данных общего пользования

PDO переносимые распределенные объекты

PDP 1. газоразрядная индикаторная панель; плазменный дисплей; 2. процессор с программируемыми данными

PDQ параллельное выполнение запросов; параллельный запрос данных; параллельный запрос к данным

PDS 1. подсистема устройств печати; 2. система проектирования производства; 3. проектное задание и обзор концепций; 4. система разработки программ

PDT переносной терминал для обмена данными

PDU 1. устройство предварительной выборки и диспетчеризации команд процессора; 2. протокольный блок данных

PE 1. конец бумаги; 2. фазовое кодирование

peak 1. пик; выброс; высшая точка; максимум; вершина; 2. амплитуда; 3. кратковременный выброс (сигнала); 4. амплитудный; 5. пиковый; максимальный; 6. осуществлять частотную коррекцию; поднимать частотную характеристику в области высоких частот; 7. усиливать контуры изображения

peak cell rate пиковая скорость передачи (трафика)

peak current максимальный ток

peak-detect read channels technology метод считывания обнаружением пика сигнала

peak flux density пиковое значение плотности магнитного потока

peak hour analysis анализ пикового периода

peak performance пиковая производительность

peak transfer rate пиковая скорость передачи; максимальная скорость передачи данных

peak usage times периоды максимального использования; часы максимальной нагрузки системы

pearsonian skewness coefficient коэффициент асимметрии Пирсона

PEB блок переменных окружения процесса

peculiar особенный; специфический; свойственный

peculiarities особенности

pedestal cabinet базовый корпус; базовый конструктивный блок

pedestal-style 1. (устройство) настольного типа; 2. (устройство) устанавливаемое на подставку

peek 1. операция чтения из ячейки оперативной памяти; считывание информации по машинному адресу; 2. взять из ячейки ОЗУ

peek-a-boo system картотека с визуальным поиском

peeper звуковой сигнализатор

peephole mask маска с отверстиями

peephole optimization локальная оптимизация

peer 1. одноранговый узел сети; 2. одноранговый; равноправный; принадлежащий к одному и тому же уровню; одноузловой

peer code review экспертная оценка программы

peer entity равноправный объект

peer-entity authentication аутентификация однорангового объекта

peer LAN одноранговая локальная сеть

peer-layer communication одноуровневые коммуникации

peer network одноранговая сеть

peer resource sharing одноранговое разделение ресурсов

peer reviews сквозной контроль (при разработке ПО)

peers одноранговые узлы

peer to peer 1. равноправная связь; 2. одноранговый

peer-to-peer равный к равному; равноправный; одноранговый

peer-to-peer architecture одноранговая структура; архитектура равноправных систем

peer-to-peer communications передача между равноправными узлами; коммуникации в одноранговой сети

peer-to-peer network одноранговая сеть

peer-to-peer networking 1. передача от узла к узлу; одноранговые коммуникации; 2. построение одноранговой сети

peer view instances равноправные экземпляры видимого элемента

PE file переносимый выполняемый файл

peg board коммутационная доска; штекерная панель

PE insulation полиэтиленовая изоляция

Peirce function функция Пирса

pel элемент изображения; элемент-растр; пиксел

PEM 1. модуль расширения; 2. почта повышенной секретности; электронная почта с усовершенствованной защитой

pen перо

penalty потери; штраф; ухудшение

pen application приложение, способное работать с перьевым вводом

pen attribute атрибут пера

pen-based computer компьютер с перьевым вводом

pen carriage перьевая каретка

pencil графитовый карандаш; инструмент «карандаш» (в графических программах)

pencil pen карандаш; пишущий элемент

pencil plotter графопостроитель с грифельными пишущими узлами

pen computer компьютер с рукописным вводом; компьютер с перьевым вводом

pen data перьевые данные; данные перьевого ввода

pen data object объект перьевых данных

pending 1. «повисший»; 2. ждущий обработки; в ожидании

pending condition условие ожидания; ситуация ожидания обработки

pending event событие, ожидающее очереди на обработку

pending input «подвешенный» ввод

pending input/output operations операции ввода вывода с ожиданием

pending interrupt «висящее» прерывание; ждущее прерывание

pending interruption прерывание с ожиданием

pending job повисшее задание

pending message «подвешенное» сообщение

pending print jobs задания, ожидающие в очереди на печать

pending request отложенный запрос; ждущий запрос; «подвешенный» запрос

pen down перо опущено

pen-driving mechanism привод пера (графопостроителя)

pen-enabled system система с перьевым вводом

penetration проникновение; преодоление защиты

penetration entraption ловушка для злоумышленников; ловушка для нарушителей

penetration route путь проникновения

penetration test испытание на проникновение

penetration work factor объем работы по преодолению защиты

pen handle логический номер пера

pen-input device устройство с перьевым вводом

pen-mouse рукописный указатель

pen object объект пера; перьевой объект

pen operating system операционная система для рукописного ввода

pen plotter графопостроитель с пишущим узлом перьевого типа; перьевой плоттер

pen settings настройки пера

pen size толщина пера; размер пера

pen speed скорость пера

pen tablet перьевой планшет

pentagon пятиугольник

pentop computer ПК с планшетным вводом; компьютер с перьевым вводом

penumbra «мягкое» затенение (в графике)

pen up перо поднято

pen width ширина пера

PEP 1. протокол пакетного кодирования; 2. методика оценки программ

per annum в год

percent процент; знак процента

percentage процент; процентное содержание; процентный состав; процентное отношение

percent dot area относительная площадь растровых точек в процентах

percent fill factor коэффициент начальной загрузки

percent sign знак процента; %

percent test выборочное испытание

percent uptime относительный период работоспособного состояния; коэффициент использования

perceptal facilities перцепционные возможности; способности к восприятию

perfect binding клеевое скрепление; бесшвейное скрепление (книги)

perfect codes совершенные коды

perfect-information game игра с полной информацией

perfect integrator идеальный интегратор

perfect tape feeding безупречная подача ленты

per flow queuing поддержка раздельных очередей для каждого потока данных

perforated paper фальцованная бумага

perforation перфорирования; перфорация; пробивка

perform выполнять; исполнять; производить

performability качество обслуживания

performance 1. работа; функционирование; действие; исполнение; 2. эксплуатационные показатели; рабочие параметры; рабочая характеристика; функциональная характеристика; эксплуатационная характеристика; 3. режим (работы); 4. производительность; эффективность; быстродействие; 5. работоспособность; 6. коэффициент полезного действия

performance analysis анализ рабочих характеристик; анализ производительности

performance analysis and evaluation анализ и оценка производительности

performance capabilities 1. возможности; 2. рабочие характеристики

performance characteristic рабочая характеристика

performance criterion критерий качества; критерий эффективности функционирования

performance-degrated equipment аппаратура с ухудшенными характеристиками

performance evaluation tools средства для оценки характеристик; средства анализа производительности

performance grading классификация производительности; тестирование производительности

performance index показатель производительности

performance management управление производительностью

performance monitor монитор производительности

performance monitoring контроль за функционированием; мониторинг производительности

performance-monitoring register регистр мониторинга производительности

performance objectives требуемые рабочие характеристики

performance option выбранный вариант функциональных характеристик

performance profiling профилирование производительности

performance reliability надежность в работе

performance requirements 1. требования к рабочим характеристикам; требования к производительности; 2. правила и нормы

performance support поддержка исполнения

performance test эксплуатационные испытания

performance trends тенденции изменения производительности

performance tuning настройка производительности

performance unit единица производительности

per hour в час

period 1. период; промежуток; интервал; 2. цикл; 3. продолжительность; длительность; 4. точка; десятичная точка; 5. период (в математике); 6. разделитель; знак разделителя

periodic периодический

periodic advertising периодическое оповещение (в сети)

periodical периодический; регулярный

periodical fraction периодическая дробь

periodic error периодическая ошибка

periodicity 1. периодичность; повторяемость; 2. число периодов

periodic log журнал периодического контроля

periodic solution периодическое решение

periodic vibrations периодические колебания

perioding decimal периодическая десятичная дробь

period mark метка периода

peripheral 1. периферийное устройство; внешнее устройство; внешнее оборудование; периферийное оборудование; 2. дополнительные устройства; 3. внешний; периферийный

peripheral adapter адаптер периферийных устройств; периферийный адаптер

peripheral board controller контроллер периферийной платы

peripheral bus периферийная шина

peripheral cell периферийный элемент

peripheral chip периферийный процессор; чип со схемой управления периферийными устройствами

peripheral component interconnect взаимодействие периферийных компонентов

Peripheral Component Interface интерфейс периферийных устройств; стандарт PCI

peripheral computer 1. периферийная машина; 2. компьютер для управления периферийным оборудованием

peripheral control управление периферийным оборудованием

peripheral control unit блок управления периферийными устройствами; устройство управления периферией

peripheral data acquisition сбор данных с помощью внешних устройств

peripheral device периферийное устройство; внешнее устройство

peripheral equipment периферийное оборудование; внешние устройства; внешнее оборудование

peripheral facilities периферийное оборудование

peripheral input-output внешний ввод-вывод

peripheral interface интерфейс периферийных устройств

peripheral interface adapter адаптер связи с периферийными устройствами; периферийный интерфейсный адаптер

peripheral interface channel канал связи с периферийными устройствами

peripheral interrupt прерывание ввода-вывода; прерывание от периферийного устройства; прерывание от внешнего устройства

peripheral limited ограниченный возможностями периферийных устройств; ограниченный быстродействием периферийного устройства

peripheral memory периферийная память; периферийное запоминающее устройство

peripheral operation периферийная операция

peripheral oriented architecture архитектура, ориентированная на подключение периферийных устройств

peripheral output периферийные устройства вывода

peripheral part периферийная часть системы

peripheral processor периферийный процессор

peripherals периферия; периферийное оборудование; внешние устройства; периферийные устройства

peripheral storage периферийное устройство хранения данных

peripheral support computer вычислительная машина для управления периферийным оборудованием

peripheral transfer внешний обмен

peripheral unit периферийное устройство; внешнее устройство

periphery 1. периферия; 2. периферийное оборудование; внешнее оборудование; 3. границы фигуры; границы тела (в графике)

PERM предварительно размеченный магнитный носитель

permanent постоянный; неизменный

permanent connection постоянное соединение

permanent data file файл с постоянными данными; файл с редко меняющимися данными

permanent entity постоянный объект

permanent error постоянная ошибка; систематическая ошибка

permanent failure устойчивый отказ; устойчивая неисправность

permanent fault регулярная ошибка; устойчивая неисправность

permanent file постоянный файл

permanent font резидентный шрифт

permanent lag постоянное запаздывание

permanently locked envelope постоянно ограниченный конверт

permanent memory долговременное запоминающее устройство; постоянная память

permanent menu статическое меню

permanent pool постоянный пул

permanent read/write error постоянная ошибка считывания-записи

permanent request перманентный запрос

permanent segment постоянный сегмент

permanent status постоянный статус

permanent storage постоянная память; нестираемая память

permanent storage area область постоянного хранения

permanent swap file постоянно подкачиваемый файл; постоянный файл свопинга

permanent virtual channel постоянный виртуальный канал

permanent virtual circuit постоянное виртуальное соединение; постоянный виртуальный канал

permanent virtual connection постоянное виртуальное соединение

permanent WAN call destination постоянная цель вызова WAN

permissible допустимый

permissible error допустимая ошибка

permissible limit допустимый предел

P

permission bits биты полномочий (доступа)

permissions права доступа; полномочия

permissions mapping отображение полномочий; отображение прав доступа

permit позволять; допускать; разрешать

permittance электрическая емкость

permitted value разрешенное значение; допустимое значение

permittivity диэлектрическая проницаемость

per month в месяц

permutation 1. перестановка; перемена; 2. размещение

permutation code перестановочный код

permutation group группа перестановок

permutation index перестановочный индекс; пермутационный указатель

permute переставлять; менять порядок

permuted code перестановочный код

permuted index перестановочный индекс

perpendicular перпендикуляр

perpendicularity перпендикулярность

perpetual inventory file текущий инвентарный список

per seat licensing лицензирование «за рабочее место»

per server licensing лицензирование «за сервер»

persist упорствовать; настаивать

persistance 1. инерционность изображения; 2. послесвечение (люминофора); 3. стойкость; постоянство; сохранность; устойчивость; 4. долговременное хранение (объектов)

persistence service служба сохранения состояния объекта между сеансами

persistent упорный; устойчивый; стойкий

persistent client state HTTP cookies маркеры HTTP устойчивого состояния клиента

persistent connection постоянное подсоединение; постоянное соединение

persistent object постоянный объект; объект, не требующий многократной загрузки (из Web)

personal 1. личный; персональный; 2. субъективный

personal account личные учетные данные; личная учетная запись (пользователя)

personal address book личная адресная книга

personal address book logon вход в личную адресную книгу

personal address list личный список адресов

personal application manager администратор приложений для ПК

personal area network персональная сеть

personal calendaring средства ведения персональных календарей; ведение персональных календарей

personal certificate персональный сертификат

personal communication electronics электронные устройства для индивидуальной связи

personal communication server персональный сервер связи

personal communications network сеть персональной связи; сеть личной связи

personal communications services обслуживание личной связи; обслуживание персональной система связи

personal communication system персональная система связи

personal computer ПК; персональный компьютер

personal computer architecture архитектура ПК

personal computer compatibility совместимость ПК

personal computer family семейство ПК

personal computer line линия ПК; семейство ПК

personal computer media interface module сетевой интерфейсный модуль ПК

Personal Computer Memory Card International Association 1. Международная ассоциация производителей плат памяти для персональных компьютеров; 2. стандарт PCMCIA (ныне PC Card)

personal computer model модель ПК

personal computer network сеть персональных компьютеров; сеть ПК

personal computer performance производительность ПК

personal computer series серия ПК

personal computer support system система поддержки ПК

personal computer system система ПК

personal computer tape лента для персональных компьютеров

personal computer world benchmark тестовая программа PCW; стандартная программа оценки производительности ПК

personal computing вычисления на ПК

Personal Computing System Architecture архитектура персональных вычислительных систем; PCSA

personal computing systems architecture архитектура систем на основе ПК

personal database персональная база данных; личная база данных

personal digital assistant «электронный помощник»; персональный цифровой ассистент; персональный цифровой секретарь; электронный секретарь; PDA

personal distribution list личный список рассылки

personal filer персональное устройство работы с файлами

personal folder личная папка

personal folders password пароль (доступа) к личным папкам

personal forms личные формы

personal identification code персональный идентификационный код; идентификатор пользователя

personal identification number 1. личный идентификационный номер; индивидуальный идентификационный номер; персональный идентификационный номер; PIN; 2. пароль для доступа к системе

personal identification system система идентификации личности

personal image processing system персональная система обработки изображений

personal imaging персональная обработка изображений

personal information management system система управления личной информацией

Personal Information Manager персональный информационный администратор; личная информационная система; персональный информационный менеджер

personal information store личный банк сообщений

personal information system персональная информационная система; личная информационная система

personal intelligent communicator персональный интеллектуальный коммуникатор

personality card 1. идентификационная карта; 2. специализированная плата персонализации

personalization персонализация

personalized pages персонализированные Web-страницы

personal library библиотека пользователя

personal local area network локальная сеть с персональными компьютерами

personal mail личная почта

personal measuring system персональная измерительная система

personal number личный номер

personal organizer персональный организатор; электронный секретарь; органайзер

personal phonebook личная телефонная книга

personal printer data stream поток данных, направляемых на персональный принтер

personal productivity applications приложения для повышения персональной производительности; средства повышения личной продуктивности

personal professional-orienter computer профессиональный ПК

personal publishing system персональная издательская система

personal radio network сеть персональной радиосвязи

personal radio service персональная радиослужба

personal security безопасность персонала

personal server персональный сервер

personal software products программные продукты для персональных систем; программное обеспечение для персональных компьютеров

personal system персональная система

personal views личные представления

personnel file картотека данных о персонале; файл данных о сотрудниках

personnel resources людские ресурсы

person's identity идентификация личности

perspective 1. вид; перспектива; 2. перспективный

perspective coordinate координата перспективы

perspective correction коррекция перспективы (в графике)

perspective filter фильтр «перспектива» (в графических пакетах)

perspective foreshortering перспективное уменьшение

perspective mode режим «представления в перспективе»

perspective view представление в перспективе; вид с перспективой

PERT 1. сетевой график; 2. метод сетевых логических диаграмм; планирование с использованием сетевого графика; метод оценки и согласования проекта

pertain принадлежать; иметь отношение

pertinency релевантность

pertinent уместный; соответствующий; относящийся; подходящий

perturbation возмущение; нарушение; отклонение; помеха; пертурбация; размер волны (в графике)

perturbation action возмущающее воздействие

perturbations method метод возмущений

pervasive computing всепроникающая вычислительная техника; всеобъемлющие вычисления; полная информатизация

pervasive multitasking тотальная многозадачность

PES система оценки программы

pessimistic estimation пессимистическая оценка

pessimizing compiler «пессимизирующий» компилятор

PET 1. средства оценки производительности; средства анализа производительности; средства оценки характеристик; 2. позитронно-эмиссионная томография

petabyte 1. петабайт; квадриллион байт; 2^{50} байтов; 1125899906842624 байта; $2 \cdot 10^{15}$ байтов

petal printer лепестковое печатающее устройство

Petri net сеть Петри

PEX протокол расширения X Window для поддержки трехмерной графики PHIGS+

PF флаг четности

PFA упреждающий анализ отказов; анализ прогнозируемых сбоев

PFM file файл метрик шрифта принтера

PFQ поддержка раздельных очередей для каждого потока данных

P-frames P-кадры; предсказанные кадры; кадры, сжатые с использованием ссылки на одно изображение

PGCS компьютер общей поддержки

PgDn key клавиша листания вниз

PGP «надежная конфиденциальность»; алгоритм шифрования PGP

PgUp key клавиша листания вверх

PH описатель порта; логический номер порта

phantom 1. искусственная линия связи; фантомная цепь; 2. фантом; призрачное изображение; иллюзия; фикция

phantom branch фиктивное ветвление

phantom current фантомный ток

phantom drive «фантомный» дисковод

phantom element псевдоэлемент; фиктивный элемент

phantom memory фантомная память

phase 1. фаза; 2. стадия; этап; ступень; 3. фазовый угол; 4. провод (линии); 5. фазировать; 6. временный сдвиг кода

phase change изменение фазы; фазовое кодирование

phase characteristic фазовая характеристика

phase delay задержка по фазе; фазовая задержка

phase diagram фазовая диаграмма; диаграмма состояний

phased integration поэтапная компоновка

phase distortion фазовое искажение

phased memory фазированная память

phase down прекращать; закрывать; сворачивать

phase encoding фазовое кодирование

phase entry point адрес входа в фазу

phase equalization стабилизация фазы; коррекция фазы

phase factor фазовая постоянная

phase in вводить в строй; включать

phase inverter фазоинвертер

phase lag запаздывание по фазе; отставание фазы

phase lead опережение по фазе

phase-locked clock часы с фазовой синхронизацией

phase-locked looped system система фазовой автоподстройки частоты

phase-locked-loop retiming sync синхронизация с фазовой автоподстройкой частоты

phase modulation фазовая модуляция

phase out прекращать

phase qualification характеристика фазы

phase response фазочастотная характеристика

phase reversal опрокидывание фазы; изменение фазы на 180 градусов

phase shift 1. сдвиг фазы; сдвиг по фазе; 2. временной сдвиг кода

phase-shift coder преобразование фазового сдвига в цифровую форму

phase shift keying фазовая манипуляция

phases of translation фазы трансляции

phase-space cell ячейка фазового пространства

phase start address адрес входа в фазу

phase transfer фазовый переход

phasing 1. фазирование; 2. синхронизация

phasing adjustment фазирование

PhD кандидат наук

phenomenon явление; эффект

PHIGS стандарт трехмерной графики PHIGS

philosophy of measurement методика измерений

phon фон (единица уровня громкости)

phone 1. телефонный аппарат; телефон; 2. головной телефон; 3. звонить по телефону

phone billing system система учета телефонных переговоров; телефонная биллинговая система

phonebook телефонная книга (для удаленного подключения)

phonebook entry элемент телефонной книги; запись телефонной книги

phone company телефонная компания; компания — поставщик услуг телефонной связи

phone dialer номеронабиратель

phone equipment телефонное оборудование; аппаратура телефонной связи

phone jack телефонная розетка

phone line телефонная линия

phoneme фонема

phoneme lattice фонемная решетка

phone port порт для подключения телефонной линии

phone subscriber абонент телефонной сети

phone support телефонное обслуживание; поддержка по телефону

phone system телефонная сеть; телефонная система

phonetic code фонетический код

phonetic font фонетический шрифт

Phong shading закраска по методу Фонга; затенение по Фонгу

phonocard телефонная кредитная карточка

phonogram фонограмма

phosphor люминофор

phosphor pitch люминофорный элемент

photo 1. фотография; фотоснимок; 2. фотографировать

photo album фотоальбом

photo CD image фотоизображение на компакт-диске

photocell фотоэлемент

photo-conductor фотопроводник; фоторезистор

photocopier фотокопировальный аппарат

photodiod фотодиод

photo-direct method метод прямой фотографии

photo-editing редактирование фотоизображения

photo-editing package пакет редактирования фотоизображений

photo-editing program программа редактирования фотоизображений

photographic chroma mapping метод отображения диапазона цветов «фотография»

photographic gamut mapping метод отображения не входящих в CMYK цветов «Фотография»

photographic image фотоизображение

photograph retoucher специалист по ретушированию фотоизображений

photography image фотоизображение

photo image editor редактор фотоизображений

photo inks фоточернила

photomask фотошаблон

photomultiplier tube фотоэлектронный умножитель; фотоумножитель

photoplotter фотопостроитель; графопостроитель с фотовыходом; фотографопостроитель

photoprint фотокопия; фотоотпечаток

photo printer фотопринтер; принтер для печати фотоизображений

photoreader фотоэлектрическое считывающее устройство

photorealistic graphics фотореалистическая графика; фотореалистичная графика

photorealistic image фотореалистическое изображение

photorealistic quality фотореалистическое качество

photorealistic renderer средство фотореалистической визуализации

photorealistic rendering фотореалистичный рендеринг; фотореалистическое отображение

photoreceiver фоторесивер; фотоприемник

photo reproduction фоторепродукция; фотовоспроизведение

photo-retouching application приложение ретуширования фотографий

photo retouch program программа ретуширования фотоизображений

photorgaphic quality фотографическое качество

photo-sensing mark оптически считываемая метка

photosetter фотонаборная машина

photosetting фотонабор

phototile фигура для многократного неперекрывающегося заполнения плоскости

phototype фототипная печатная машина

phototypesetter фотонаборный автомат; фотонаборная машина

phototypesetting фотонабор

phototypesetting equipment фотонаборное оборудование

phrase фраза

phrase marker показатель непосредственно составляющих структуры; показатель НС-структуры

phrase recognition technology технология распознавания фраз

phrase structure grammar контекстная грамматика; грамматика непосредственных составляющих; НС-грамматика

PHS система персональной телефонной связи

PHY физический; физического уровня

physical физический; машинный; материальный

physical address физический адрес

physical-address extender расширитель физического адреса

physical addressing физическая адресация

physical address space пространство физических адресов

physical analog физический аналог; физическая модель

physical benchmark метод эталонной программы

physical blocking физическое блокирование

physical coordinates абсолютные координаты; физические координаты

physical database физическая база данных

physical data independence независимость от физического представления данных

physical date organization физическая организация данных

physical delivery office name имя почтового отделения для доставки

physical design проектирование на физическом уровне

physical device физическое устройство

physical disk alert предупреждение физического диска

physical drive физический накопитель; дисковод

physical driver драйвер физического устройства

physical failure физический отказ; реальный отказ

physical fault физический дефект

physical font физический шрифт

physical format физический формат

physical-hardware-dependent code 1. аппаратно-зависимый код; 2. машинозависимая программа

physical hierarchy иерархия физических представлений

physical-image file файл физического образа (диска)

physical independence физическая независимость

physical input/output физический ввод-вывод

physical input-output control system физическая система управления вводом-выводом

physical interface 1. физический интерфейс; 2. физическое сопряжение

physical IOCS физическая система управления вводом-выводом

physical I/O error физическая ошибка ввода-вывода

physical layer физический уровень

physical layer protocol протокол физического уровня

physical-layer switching коммутация на физическом уровне

physical layout физическое размещение

physical line 1. физическая линия; физический канал передачи данных; 2. физическая строка исходного текста

physical link физический канал передачи данных

physical links физические звенья связи
physical locking физическое блокирование
physically interleaved files физически перемежаемые файлы
physically-secure физически защищенный
physical machine физическая машина; реальная машина
physical medium attachment подсоединение к физической среде
physical medium dependent зависимый от физического носителя
physical memory физическая память
physical node address физический адрес узла
physical packet size of a server физический размер пакета, характерный для данного сервера
physical page физическая страница
physical plane физическая плоскость
physical protection device физическое устройство защиты
physical protocol физический протокол
physical record физическая запись
physical recording density физическая плотность записи
physical record lock threshold порог блокировки физической записи
physical reorganization физическая реорганизация
physical ring segment физический сегмент кольца
physical signaling sublayer физический подуровень передачи сигналов
physical storage физическая память
physical track физическая дорожка
physical unit 1. физический блок; 2. физическое устройство
physics of failure природа отказа; механизм отказа
PIA 1. адаптер связи с периферийными устройствами; периферийный интерфейсный адаптер; 2. персональный доступ к Internet
PIC 1. персональный интеллектуальный коммуникатор; 2. персональный идентификационный код; 3. сжатие неподвижных изображений; формат PIC
pica пика; кегль; цицеро (в полиграфии); 1/12 пункта или 1/6 дюйма
PICA платформно-независимый API-интерфейс шифрования данных
pica type тип печати «пика»
pick 1. выбор; 2. выбирать; отбирать; выбрать
pick an object выбрать объект
pickbox 1. блок выбора; 2. курсор выбора
pickbox cursor курсор выбора
pick button кнопка выбора
pick device устройство указания
picked 1. отобранный; собранный; 2. выбранный
picked point выбранная точка (чертежа)
picker tool инструмент «указатель»
picking 1. сортировка; сортирование; отбор; 2. захватывание; 3. выбор; 4. указание объектов
picking device устройство указания
pick list список выбора
pick-to-pick amplitude двойная амплитуда
pickup 1. захват; захватывание; 2. захватывающее устройство; 3. перекрестная помеха; наводка; 4. порог срабатывания (реле); 5. микрофон; 6. съемник; 7. датчик; чувствительный элемент; 8. считывание; съем
pickup loop петля съема сигнала
pickup voltage напряжение срабатывания
picoprogramming пикопрограммирование
PICS 1. свидетельство о конформности протокольной реализации; 2. платформа для спецификации содержимого Internet; платформа для выбора содержимого Internet
pictogram пиктограмма; значок
pictography пиктографический

pictorial 1. живописный; изобразительный; 2. иллюстрированный; 3. яркий; живой; 4. наглядный; графический
pictorial art живопись
pictorial description иллюстрированное описание
pictorial diagram наглядная диаграмма
pictorial information наглядная информация; графическая информация
picture 1. изображение; 2. шаблон; образец; 3. рисунок; картина
picture alignment выравнивание рисунка
picture and audio information retrieval system система поиска видео и звуковой информации
picture angle угол поворота изображения
picture box 1. рамка с изображением; графический блок; 2. графическое окно; окно рисунка; 3. графическая кнопка
picture character символ шаблона
picture clause оператор маски; оператор шаблона; оператор задания шаблона
picture digitizer преобразователь изображения в цифровой код; устройство оцифровки изображения
picture element элемент изображения
picture field поле изображения
picture generation формирование изображения
picture image compression сжатие неподвижных изображений
picture-in-a-picture воспроизведение изображения в окне; «картинка в картинке»; функция PIP
picture level benchmark контрольный тест оценки характеристик средств машинной графики; контрольные задачи визуальной оценки характеристик графики; эталонный тест уровня изображения; тест PLB
picture map отображение рисунка
picture palette палитра рисунка
picture placeholder место для рисунка
picture processing обработка изображений
picture processor видеопроцессор
picture skew наклон изображения
picture specification спецификация шаблона
pictures per second кадров в секунду
picture stop остановка изображения
picture telegraphy фототелеграфия
picture tiling мозаичное заполнение
picture type тип рисунка
picture validator средство проверки допустимости по шаблону
picture writing пиктографическое письмо
PID идентификатор процесса
pie сектор; кусок; часть; фрагмент; отдельный элемент; деталь; штука
PIE элемент программного прерывания
piece linear function кусочно-линейная функция
piece of information порция информации
piece register список предметов
piece register exlposion развертывание ведомостей спецификации
piece regular function кусочно-регулярная функция
piecewise continuous function кусочно-непрерывная функция
piecewise linear кусочно-линейный
piecewise linear approximation кусочно-линейная аппроксимация
piecewise linear function generator генератор кусочно-линейной функции; кусочно-линейный функциональный преобразователь
piece work сдельная работа
pie chart круговая диаграмма; секторная диаграмма
pie graph круговая диаграмма

P

Pierce arrow стрелка Пирса
pie slice сектор круговой диаграммы
pie wedge клин; сектор геометрической фигуры
piezoelectric 1. пьезоэлектрик; 2. пьезоэлектрический
PIF файл информации о программе; файл описания программы
PIF Editor редактор PIF-файлов
PIG пакет генерации идеи
piggyback 1. совмещение передачи запросов и ответов; 2. автоматический регулятор напряжения; 3. размещение одного элемента на другом; монтаж «поверх»; 4. вложенный; дополнительный
piggyback ACK вложенное подтверждение приема
piggyback acknowledgement вложенное подтверждение; подтверждение, вложенное в блок данных обратного направления
piggyback entry паразитирование; «подкладывание свиньи»; атака на безопасность системы с имитацией ее работы
piggybacking acknowledgement передача подтверждения, вложенного в блок данных обратного направления
piggyback lockup блокировка по совмещению
piggyback memory память для одновременного хранения прямых и обратных пакетов (сообщений)
pilot 1. пробный; пилотный; экспериментальный; первоначальный; опытный; 2. контрольный; сигнальный; 3. вести; управлять
pilot channel испытательный канал
pilot circuit контрольная цепь
pilot copy опытный экземпляр
pilot design 1. опытная конструкция; 2. пилотный проект
piloting макетирование; разработка прототипа
pilot lamp контрольная лампочка; сигнальная лампочка
pilot model опытная модель
pilot project пилотный проект; экспериментальный проект
pilot statement оператор прототипа
pilot study первоначальный этап исследований; экспериментальное исследование; испытательное наблюдение
pilot system макет системы; минимальная версия системы; прототип
PIM персональный информационный менеджер
pin 1. штырек; игла; 2. штифт; штекер; 3. вывод; контакт; 4. пуансон
PIN 1. персональный код пользователя; персональный идентификационный номер; пароль для доступа к системе; 2. сигнал негативного прерывания процедуры
PIN-access device устройства доступа по личному идентификационному номеру
pinboard коммутационная панель; коммутационная доска; наборное поле
pin carriage каретка с установочными шрифтами
pincers клещи; щипцы
pinch/punch вдавить/выдавить
pinch/punch filter фильтр «вдавливание/выдавливание» (в графических пакетах)
pinch roller прижимной ролик
pin connector штыревой разъем; штырьковый разъем
pin count число выводов
pincushion подушкообразное искажение
pincushioning подушкообразные искажения
pin feed mode режим подачи фальцованной бумаги
pin-for-pin compatibility совместимость по выводам
pinging тестирование по методу «запрос-ответ»; эхо-тестирование
ping-pong buffers буферы с попеременным переключением
ping ponging переключение страниц (экранной памяти)

ping-pong method пинг-понговый метод работы
pinhole микроотверстие; микроканал; прокол
pinhole camera model модель камеры с точечной диафрагмой
pin jack контактное гнездо для штырькового вывода
pin-level interface интерфейс на уровне выводов
pinning in memory закрепление в памяти
pinout 1. разводка выводов; 2. вывод
pinout выводные контакты; вывод; цоколевка
pinout configuration расположение выводов; конфигурация выводов
pinpoint accuracy очень высокая точность
pinpointing локализация неисправностей; нахождение неисправностей
pinpoint the problem выявлять источник проблемы
PIO 1. параллельный ввод-вывод; 2. программируемый параллельный интерфейс; 3. программируемый ввод-вывод
PIP 1. воспроизведение изображения в окне; 2. сигнал позитивного прерывания процедуры
pip 1. выброс; 2. импульс; 3. резкий перегиб (кривой)
pip amplifier импульсный усилитель
pipe 1. канал; программный канал; 2. канальный
pipeline 1. конвейер; 2. конвейерный
pipeline adder конвейерный сумматор
pipeline burst access конвейерное поблочное обращение
pipeline chip кристалл конвейерного процессора
pipelined architecture конвейерная архитектура
pipelined arithmetic конвейерное арифметическое устройство
pipelined array процессорная матрица с конвейерной структурой
pipelined burst cache конвейерная кэш-память с групповым режимом обмена; конвейеризированный кэш с групповым обменом
pipelined instruction interpretation конвейерная интерпретация команд; интерпретация команд в конвейерном режиме
pipelined system bus системная шина с конвейерной архитектурой; конвейеризированная системная шина
pipeline mode конвейерный режим; режим поточной обработки
pipeline processing конвейерная обработка; поточная обработка
pipeline processor процессор поточной обработки; конвейерный процессор
pipeline system конвейерная система
pipelining конвейерный режим; конвейерная обработка
pipe signature сигнатура канала
pipe symbol символ конвейеризации
piping конвейеризация; конвейерная обработка
piping of data конвейерная пересылка данных
pip integrator импульсный интегратор
PIPO параллельный ввод-вывод; параллельный ввод — параллельный вывод
piracy пиратство; незаконное использование программного продукта
PIS 1. личный банк сообщений; 2. личная информационная система; персональная информационная система
PISO параллельный ввод — последовательный вывод; с параллельным вводом и последовательным выводом
pit выемка; ямка; «пит»; впадина
pitch шаг; шаг символа; ширина символов
pitch algorithm алгоритм расчета длительности и высоты основного тона
pitchbending изменение высоты генерируемого звука
pitch extended уточнение ширины символов
pitch-synchronous approach метод синхронизации частоты основного тона

pitfall западня; ловушка
pivot основной элемент; точка опоры; точка вращения
pivot table сводная таблица (в Exec)
pixalization 1. пространственная дискретизация изображения; разбиение на элементы изображения; разложение изображения на минимальные элементы; 2. мозаика (видеоэффект)
pixel минимальный элемент изображения; точка растра; пиксел
pixel array матрица элементов растра; массив точек
pixel aspect ratio соотношение размеров элемента изображения
pixelate пикселизация
pixelate filter фильтр «пикселизация»
pixel-by-pixel image editing поэлементное редактирование изображений
pixel cache кэш элементов изображения
pixel centered coordinated mesh координатная сетка с узлами в центрах элементов растра
pixel color цвет пиксела
pixel data данные элемента изображения
pixel data format формат данных элемента изображения
pixel displacement перестановка элементов изображения
pixel graphics графика с поэлементным формированием изображения
pixel grid сетка элементов растра
pixel-level operation операция уровня обработки элементов изображения; операция обработки элементов изображения; операция на уровне растра
pixel-oriented output вывод по точкам
pixel processor процессор обработки элементов изображения
pixels per inch элементов изображения на дюйм
PIXIT дополнительная информация для тестирования протокольной реализации
pixmap пиксельное изображение; карта элементов изображения
PJL язык заданий вывода на печать
PKCS криптографический стандарт с общим ключом
PLA программируемая логическая матрица
place 1. место; положение; 2. помещать; размещать; 3. разряд
placeable EPS EPS с замещением
place dimensions проставлять размеры
placeholder шаблон; поле для подстановки; заменитель; метка-заполнитель; символ-заполнитель
placement размещение; расположение; установка; монтаж
placement algorithm алгоритм размещения; алгоритм компоновки
placement grid сетка для трассировки
placement on page размещение на странице
place order размещать заказ
place value вес разряда
placing размещение
plain простой; ясный; очевидный
plain char тип char без модификаторов типа
plain conductor неизолированный провод
plain font простой шрифт (без стиля)
plain old telephone service обычная аналоговая телефонная линия
plain text читаемый тест; нешифрованный текст; открытый текст
PLAN локальная сеть с персональными компьютерами; локальная сеть ПК
plan 1. план; проект; схема; 2. планирование; программа; намерения; 3. проектировать

planar array планарная матрица
planar construction планарная конструкция
planar data планарные данные
planar graph планарный граф; плоский граф
plane 1. плоскость; поверхность; 2. плата; 3. матрица; 4. плоский
plane display отображение плоскости
planner блок планирования; планировщик
planning планирование; составление планов
planning department плановый отдел
planning horizon интервал планирования
plant 1. оборудование; средства; 2. установка; агрегат; 3. кабельная проводка сети
plan view проекция на плоскость; вид сверху; план; представление в виде плана
plasma display плазменный индикатор
plasma display panel газоразрядная индикаторная панель; плазменный дисплей
plasma-panel display плазменный дисплей
plastic card пластиковая карточка
plastic-embedded запрессованный в пластмассу
plastic-encased в пластмассовом конверте
plastic-encased floppy дискета в пластиковом конверте
plastic fiber пластиковый волоконно-оптический кабель
plastic jacket 1. пластмассовая оболочка (кабеля); 2. пластиковый конверт
plastic optical fiber пластиковый волоконно-оптический кабель; волоконно-оптический кабель на пластиковом волокне
plastic overlay пластиковая накладка
plastic template пластиковый шаблон
plastic trim shield пластиковый защитный слой
plate плашка; печатная форма
plated-through interface connection соединение методом сквозной металлизации
platen валик
platen release lever выключатель валика
platen release mechanism механизм свободного хода валика
platen roller валик
plate proof пробный оттиск с формы
platform 1. платформа; среда операционной системы; 2. платформа; компьютерная система
platform emulator эмулятор платформ
platform for hosting applications платформа выполнения приложений
platform-neutral независимый от платформы
platform support module модуль поддержки платформы
platter жесткий диск; «тарелка» диска
play 1. выполнение; 2. воспроизведение; 3. игра; 4. выполнять; действовать; 5. воспроизводить; проигрывать; 6. играть
playable demo действующая демонстрационная версия компьютерной игры; демонстрационная версия игры с ограниченными функциями или урезанным сценарием
playback 1. звуковоспроизведение; 2. воспроизведение; 3. выполнение
playback engine 1. механизм воспроизведения (звука, изображения); 2. механизм выполнения (макрокоманды)
playback head воспроизводящая головка; считывающая головка
playback mechanism 1. механизм воспроизведения (звука, изображения); метод воспроизведения; 2. механизм выполнения (макрокоманды)
playback mode 1. режим воспроизведения (звука, изображения); 2. режим выполнения (макрокоманды)

397

play control block блок управления воспроизведением

play control list список команд управления воспроизведением

player 1. игрок; 2. проигрыватель; устройство воспроизведения; система воспроизведения; средство воспроизведения; плейер

playing 1. воспроизведение; 2. выполнение; прогон

playing a live stream воспроизведение в потоковом режиме

playing automaton игровой автомат

playing sound воспроизведение звука

play/pause control управление паузой/воспроизведением

PLB эталонный тест уровня изображения; контрольные задачи визуальной оценки характеристик графики; контрольный тест оценки характеристик средств машинной графики

PLC 1. распределенная система лицензирования; 2. программируемый контроллер; 3. технология связи по линиям электропередачи

PLC card плата контура системной линии

PLCP протокол преобразования физического уровня

PLCS контроллер физического уровня с кодировщиком

«please call» message запрос на вызов; запросное сообщение, инициирующее вызов

plenum 1. пазуха подвесного потолка; 2. вентиляционная камера

plenum cable огнестойкий кабель; пожаростойкий кабель, прокладываемый в помещениях (не содержащий полихлорвинила)

plenum-grade cable огнестойкий кабель; кабель, не содержащий полихлорвинила

plesiochronous digital hierarchy плезиохронная цифровая иерархия

plex 1. сеть; сплетение; 2. фрагмент диска

plex entry статья-сплетение

pling восклицательный знак

PLL механизм автоподстройки фазы внутреннего генератора

PLMN сеть связи с подвижными системами

plot 1. график; диаграмма; 2. чертить; строить график; 3. выводить на графопостроитель

plot drawing выводить чертеж на графопостроитель

plot file downloader программа для вывода файлов чертежей на внешние устройства

plotter графопостроитель; плоттер

plotter-emulation software программное обеспечение эмуляции графопостроителя

plotter output данные, выводимые на графопостроитель

plotter step size шаг графопостроителя; размер шага графопостроителя

plotting area область вывода чертежа на графопостроителе; площадь изображения

plotting board устройство для вычерчивания кривых; планшет; планшетный графопостроитель

plotting control графопостроитель; графический регистратор

plotting device графопостроитель; графическое регистрирующее устройство

plotting head пишущая головка графопостроителя

plotting machine графопостроитель

plotting software программное обеспечение для вывода данных на графопостроитель

plotting table планшетный графопостроитель

PLP 1. протокол пакетного уровня; 2. протокол уровня представления данных; протокол представительного уровня

plug 1. разъем; вилка; штепсель; штекер; 2. вставлять в гнездо

plug-and-jack штепсельный электрический соединитель

plug-and-play 1. автоматическое конфигурирование аппаратных средств; конфигурирование системы во время сеанса работы; технология «включай и работай»; 2. готовый к выполнению; оперативно подключаемый; 3. режим автоматического конфигурирования; режим динамической настройки конфигурации

plug-and-play configuration manager администратор динамической настройки конфигурации

plug-and-play device устройство, соответствующее спецификации Plug and Play; самонастраиваемое устройство

plug-and-socket штепсельный электрический соединитель

plugboard chart схема коммутации

plug-compatible совместимый по соединителю; совместимый по разъемам

plug-compatible computer полностью совместимый компьютер

plug-compatible equipment полностью совместимое оборудование

plug-compatible hardware полностью совместимое оборудование

plug-compatible manufacturer 1. производитель плат, совместимых по разъему; 2. изготовитель совместимых ПК

plug connection штепсельное соединение; штепсельный контакт; разъем

plug connector вилочная часть соединителя; вилка; штепсельный разъем

pluggable unit съемный блок; сменный блок

plugged 1. подключаемый; 2. стыкуемый; совместимый

plugging chart схема коммутации

plug-in 1. расширение; интегрируемый программный модуль; встраиваемое расширение; подключаемое расширение; дополнительный модуль; фильтр (в графических пакетах); 2. интегрированный; 3. вставной; сменный; встраиваемый; 4. встраивать; интегрировать; подключать

plug-in architecture расширяемая архитектура; наращиваемая архитектура; архитектура, допускающая применение программных расширений

plug-in assembly 1. съемный блок; съемная блочная конструкция; 2. компоновка текста из фрагментов

plug-in board сменная плата; съемная плата; сменная панель

plug-in card съемная плата; сменная плата; встраиваемая плата

plug-in filter подключаемый фильтр; подключаемый эффект (в графических пакетах)

plug-in module интегрированный модуль

plug-ins API API-интерфейсы программных расширений

plug-in unit вставной блок; вставной модуль; съемный блок; сменный блок

plug switch аппаратный переключатель; схемный переключатель

plug-to-plug compatibility полная совместимость

plug-to-plug compatible unit устройство, совместимое по разъему; совместимое устройство

plug-type connection разъемное соединение; разъем

plug-wire коммутационный шнур

plus плюс

plus sign знак плюса

plus symbol символ плюса

plus tolerance допуск в сторону увеличения

PLV 1. видео промышленного уровня; видеосредства промышленного уровня; 2. алгоритм сжатия изображений PLV; алгоритм PLV

p.m. после полудня

PM 1. обрабатывающий модуль; 2. фазовая модуляция; 3. управление презентацией
PMA подсоединение к физической среде
PMD подуровень физического уровня
PM DRAM динамическая память страничного режима
PMF фрейм управления параметрами
PMFJI простите, что я встреваю (сокращение, принятое в Internet)
PM layer уровень физической среды передачи данных; уровень физического носителя (в АТМ)
PMP параллельная мультипроцессорная обработка
PMS 1. система обмена сообщениями коллективного пользования; 2. персональная измерительная система
PM sublayer подуровень физической среды (в АТМ)
PMT 1. фотоумножитель; фотоэлектронный умножитель; 2. пакетный терминал
PMU блок управления электропитанием
pneumatic logic пневматическая логика
p-n junction p-n-переход
p-n junction isolation изоляция p-n переходом
PNNI частный интерфейс сетевого узла; интерфейс связи между частными сетями; частный межсетевой интерфейс; интерфейс взаимодействия частных сетей
P-node Р-узел
PN sequence PN-последовательность; псевдошумовая последовательность
PO 1. почтовое отделение (в электронной почте); 2. параллельный объект; 3. заказ на покупку; заказ на поставку
pocket 1. карман; 2. карманный
pocket computer карманный компьютер
pocket-size карманный; миниатюрный; портативный
pocket-sized calculator карманный калькулятор
pocket-sized printer портативный принтер
POF пластиковый волоконно-оптический кабель; волоконно-оптический кабель на пластиковом волокне
POI индикатор включения питания
point 1. пункт (единица измерения); 2. точка; 3. указывать; показывать
point a camera at an object наведение камеры на объект
point alignment установка десятичной точки; выравнивание десятичной точки
point-and-click «укажи и выбери»; метод «указания и щелчка»; указать и щелкнуть
point-and-click access быстрый доступ
point-and-click operation операция указания мышью
point-and-click procedure процедура ввода данных с использованием мыши
point-and-shoot графический интерфейс для работы с пиктограммами
point conditions условия в выбранной точке
point contact точечный контакт
point defect точечный дефект
point design конструкция, отвечающая заданным требованиям
pointed corner острый угол
pointer указатель; ссылка
pointer address 1. адрес указателя; 2. адрес-указатель
pointer addressable value значение, адресуемое указателем
pointer array массив указателей
pointer conversion преобразование указателя
pointer data данные типа «указатель»
pointer field поле типа «указатель»
pointer in memory protection бит защиты указателя в памяти
pointer list список указателей
pointer operation операция «указатель»

pointer qualification описание указателя
pointer qualification symbol символ описание указателя
pointer qualifier описатель указателя
pointer register регистр-указатель
pointer set набор указателей
pointers method метод указателей
pointer substraction вычитание указателей
pointer to function указатель на функцию
pointer type тип «указатель»; ссылочный тип
pointer variable переменная-указатель
point estimate точечная оценка
pointillism пуантилизм
point imperfection точечный дефект
pointing указание; ссылка
pointing device координатное устройство; координатно-указательное устройство; позиционирующее устройство; указывающее устройство; устройство управления позицией
point-in-time recovery восстановление до заданной контрольной точки
point light точечный источник света
point-light source точечный источник света
point location координаты точки
point object объект-точка; точечный объект
point of control and observation точка контроля и наблюдения
point of inflection точка перегиба
point of invocation точка вызова
point of presence 1. месторасположение; 2. местное отделение; местный поставщик Internet-услуг; точка входа в сеть
point-of-presence server местный сервер
point of reference ссылка; точка ссылки
point-of-sale 1. электронный кассовый автомат; 2. торговый терминал
point-of-sale system система кассовых терминалов; система торговых автоматов
point-of-sale terminal торговый терминал
point-of-service пункт обслуживания
point of view 1. точка обзора; 2. точка зрения
point selection cursor курсор выбора точки
point-selection mode режим выбора точек
points/inch 1. пунктов в дюйме; 2. точек на дюйм
point size кегль; размер в пунктах
point size changing изменение кегля
point source точечный источник (света)
point-to-multipoint 1. соединение одного абонента с несколькими; 2. многоточечный
point-to-point circuit двухточечный тракт
point-to-point communications прямые коммуникации; коммуникации между двумя узлами; двухточечная связь
point-to-point connection двухточечное соединение; непосредственное соединение; прямое соединение
point-to-point data link двухпунктовое звено данных
point-to-point line двухточечная линия
point-to-point links связи «точка-точка»
Point-to-Point Protocol протокол «точка-точка»; протокол двухточечной связи; протокол двухточечного соединения; протокол PPP
point-to-point switched network коммутируемая сеть с прямыми соединениями
point-to-point transmission передача данных по двухточечной линии; прямая передача
point-to-point videoconferencing организация двусторонних видеоконференций
point-to-point wiring навесной монтаж
point value значение точки
point variable переменная типа «точка»

Poisson distribution распределение Пуассона; пуассоновское распределение

Poisson generator генератор случайных чисел с распределением Пуассона

Poisson's equation уравнение Пуассона

poke 1. операция записи в ячейку оперативной памяти; запись информации по машинному адресу; 2. записать в ячейку оперативной памяти

POL проблемно-ориентированный язык

polar array полярный массив

polar coding полярное кодирование

polar coordinates полярные координаты

polar diagram полярная диаграмма

polar grid полярная сетка

polar grid generation генерация полярной сетки

polar grid generation routine программа генерации полярной сетки

polarity полярность

polarization axis ось поляризации

polarogram полярограмма

polar transmission полярная передача

policy 1. поведение; 2. метод; алгоритм; 3. политика; стратегия; курс действий

policy-based management управление на основе заданных правил

policy-based networking построение сетей на основе правил; организации работы в сети на основе установленных правил

policy definition выработка стратегии

policy design разработка стратегии; разработка политики

policy downloader загрузчик системных правил

policy management application приложение управления на основе заданных правил

policy part компонент правила

Polish accumulator technique метод польских аккумуляторов

Polish notation польская запись

Polish notation expression выражение в польской записи; выражение в бесскобочной записи

poll 1. опрос; 2. опрашивать

polled опрашиваемый

polled bus шина с последовательным опросом

polled interface интерфейс, использующий метод опроса абонентов

polled network сеть с опросом

polling ждущий режим; опрос

polling character опросный символ; символ опроса

polling interrupt прерывание по вызову

polling interrupt routine программа прерывания по вызову

polling interrupt sequence последовательность прерываний по вызову

polling interval интервал опроса

polling list опросная таблица; опросный список; список опроса

polling operation операция опроса; процедура опроса; метод опроса

polling process процесс опроса

polling program программа опроса

polling signal опрашивающий сигнал

polling table опросная таблица

polling technique техника опроса; метод опроса

polyadic form полиадическая форма

polyadic operation операция с множеством операндов

polycell layout многоэлементная компоновка

polycenter licensing system распределенная система лицензирования

polyface mesh произвольная сеть

polygon многоугольник

polygon as star звезда (геометрическая фигура)

polygon object processor процессор обработки многоугольных объектов

polyline ломаная линия; полилиния

polyline arc дуга, ограниченная ломаной линией

polyline area 1. область ограниченная ломаной линией; 2. площадь области, ограниченной ломаной линией

polyline outline полилинейный контур; контур, образованный ломаной линией

polyline profile профиль, образованный ломаной линией

polyline spline полилинейный сплайн; полилинейная сплайновая кривая

polymarker последовательность точек; полимаркер; графический объект с маркером и списком его положений

polymorphic function полиморфная функция

polymorphic objects полиморфные объекты; полиморфические объекты

polymorphic operation полиморфная операция

polymorphic system полиморфная система

polymorphic virus полиморфный вирус

polymorphism полиморфизм

polymorphy полиморфизм

polynomial многочлен; полином

polynomial approximation аппроксимация при помощи полиномов; полиномиальная аппроксимация; полиномиальное приближение

polynomial checksum полиномиальная контрольная сумма

polynomial code полиномиальный код

polynomial equation алгебраическое уравнение

polynomial extrapolation полиномиальная экстраполяция

polynomial factoring полиномиальное разложение

polynomial interpolation алгебраическое интерполирование; интерполирование многочленами; интерполяция с помощью многочленов

polynomial-like game полиномиальная игра; разделимая игра

polynomially bounded algorithm полиномиально ограниченный алгоритм

polynomial number алгебраическое число

polynomial space полиномиальное пространство

polyphase merge многофазное слияние; многофазное объединение

polysurface сложная поверхность

polyline ломаная

pool 1. объединение; 2. общий фонд; объединенный резерв; 3. пул (устройств); 4. буферная область; 5. объединять; соединять

pooled data данные, объединенные в пул; совокупность данных

pooling объединение в пул; организация пула

pooling modems организация пулов модемов

poor недостаточный; плохой; скудный

poor accuracy 1. низкая точность; 2. недостаточная точность

poor approximation плохая аппроксимация; неудовлетворительное приближение

poor data скудные данные

poor design 1. плохой проект; 2. неудовлетворительный план; 3. некачественная конструкция

POP 1. почтовый протокол; 2. месторасположение; точка присутствия; 3. точка входа в сеть; узел входа в сеть; узел подключения к Internet; местный поставщик Internet-услуг; 4. информационная торговая точка

pop выталкивать; выбирать из стека; извлекать из стека

pop-down menu спускающееся меню; выпадающее меню

P operation операция занятия семафора; семафорная операция P

popping 1. выталкивание; 2. нежелательное деформирование объектов при смене кадров

populated board плата с интегральными схемами; плата с микросхемами

populated database наполненная база данных

populating начальная загрузка данных; наполнение БД

population 1. численность; количество; 2. заселенность; 3. совокупность; 4. генеральная совокупность (в математике); 5. популяция; население; 6. парк (машин); номенклатура (изделий)

population entropy энтропия совокупности

population mean математическое ожидание; среднее по совокупности

pop-up 1. всплывающий элемент; 2. всплывающий

pop-up help всплывающая подсказка

pop-up list 1. всплывающий список; 2. очередь

pop-up menu всплывающее меню; меню, выводимое на экране; меню во временном окне

pop-up mouse menu всплывающее меню, управляемое с помощью мыши

pop-up note всплывающее примечание

pop-up window всплывающее окно; временное рабочее окно

4-port 4-портовый

PORT портативная радиотелефонная станция; мобильная радиотелефонная станция

port 1. порт; 2. переносить на другую машину

portability совместимость; переносимость; мобильность

portable 1. переносной; мобильный; 2. портативный; 3. переносимый (на другую платформу)

portable common tools environment переносимая универсальная инструментальная среда

portable computer портативный компьютер; переносной компьютер

portable computing мобильные вычисления

portable data collection terminal портативный терминал сбора данных

portable data entry terminal портативный терминал ввода данных

portable data medium съемный носитель данных

portable data terminal переносной терминал для обмена данными

portable desktop computer портативный настольный компьютер

portable distributed objects переносимые распределенные объекты

portable document format формат переносимого документа; формат файлов электронных документов PDF

portable mode мобильный режим

Portable Operating Systems Interface переносимый интерфейс для операционных систем; интерфейс переносимых операционных систем; стандарт POSIX

portable program мобильная программа

portable radiotelephone terminal портативная радиотелефонная станция; мобильная радиотелефонная станция

portable software мобильное программное обеспечение; переносимое программное обеспечение

portable system мобильная система

portal портал; Internet-портал

port and address translation переназначение портов и адресов

port-assignment module модуль назначения портов

port bypass circuitry схемотехника обхода порта

port capacity число поддерживаемых портов; количество портов

port configuration конфигурация портов

port-contention mechanism механизм разрешения конфликтов на уровне портов

port density плотность портов

port driver драйвер порта

portfolio of orders портфель заказов

portfolio selection выбор лиц на данную должность

porthole искажение в трубке монитора из-за снижения чувствительности на краях поля изображения

porting перенос (программы)

porting tool инструментальное средство переноса (приложений с одной платформы на другую)

portion 1. часть; доля; порция; 2. узел; блок; 3. делить на части

port-mapped input/output ввод-вывод с распределением по портам

port mirroring «отражение» трафика порта модуля на другие его порты

port page страница портов ввода-вывода

port-protected device устройство защиты компьютера, подключаемое через порт

portrait 1. вертикальная печать на отдельных страницах; 2. книжная (ориентация листа); портретный; вертикальный

portrait display дисплей с вытянутым по вертикали изображением; портретный дисплей

portrait orientation книжная ориентация; вертикальная ориентация

port range диапазон портов

port replicator репликатор портов

port sharing unit устройство разделения порта

port switching коммутация портов

port-switching hub концентратор с коммутацией портов

port trunking объединение портов (коммутатора); группирование портов

POS 1. компьютерная кассовая система; электронный кассовый аппарат; 2. программная установка режима; 3. оплата в точке продажи; 4. портативная операционная система; 5. оптическая сервосистема (дисковода)

pose 1. предлагать; излагать; 2. формулировать; ставить

poset частично упорядоченное множество

pose to pose от позиции к позиции

POS expression выражение в виде произведения сумм

POSI переносимый интерфейс для операционных систем

position 1. позиция; положение; место; разряд; 2. расположение; 3. позиционировать; ставить; помещать

positional позиционный; связанный с положением

positional association позиционное сопоставление

positional audio позиционированный звук; объемный звук; 3D-звук

positional code позиционный код

positional coding позиционное кодирование

positional 3D audio пространственная локализация 3D-звука

positional descriptor позиционный дескриптор

positional event событие позиционирования

positional game позиционная игра

positional light локальное освещение

positional macrocommand позиционная макрокоманда

positional macrodefinition позиционное макроопределение

positional macroinstruction позиционная макрокоманда

positional operand позиционный операнд

positional parameter позиционный параметр

positional representation позиционное представление

position code позиционный код

position coder шифратор положение

position control 1. регулирование положения; 2. регулирование по положению; позиционное регулирование

position-dependent code позиционно-зависимый программный код

position grammar позиционная грамматика

position independent переместимый; перемещаемый

position-independent code программа в относительных адресах; непозиционный код; позиционно-независимый программный код

positioning 1. установка в заданное положение; позиционирование; 2. координатное перемещение; 3. определение местоположения; 4. юстировка; 5. компоновка; разметка (при верстке); 6. центрирование (кадров)

positioning device устройство указания позиции

positioning pages позиционирование страниц

positioning pages when printing позиционирование страниц при печати

positioning printed image позиционирование печатаемого изображения

positioning style стиль размещения

positioning system система позиционирования

positioning time время позиционирования; время установки

position of storage class keyword местоположение ключевого класса памяти

position setting регулировка положения

position-to-number converter преобразователь положения в код; цифратор положения; аналого-цифровой преобразователь положения

position tree дерево положений

position with precision точное позиционирование

positive 1. позитив; 2. положительный

positive acknowledgement and retransmission подтверждение приема с повторной передачей

positive balance положительный итог; положительный остаток

positive correlation положительная корреляция

positive integer положительное целое

positive jump переход по знаку плюс

positive level положительный уровень

positive limiting ограничение положительного сигнала

positive logic положительная логика; позитивная логика

positive number положительное число

positive remainder положительный остаток

positive value положительное значение

positron emission tomography позитронно-эмиссионная томография

POSIX интерфейс переносимых операционных систем; стандарт POSIX

POS machine кассовый аппарат

possessor of token владелец маркера

possibility возможность

possible возможный; вероятный

POST процедура начального самотестирования; процедура самотестирования при загрузке; самоконтроль по включению; самотестирование после включения питания

post 1. отправление; 2. объявление; 3. пульт управления; 4. отправить; передать сообщение (в группу новостей); отправлять асинхронно (до востребования объектом-получателем); 5. осведомлять; давать информацию; 6. переносить (запись) в гроссбух; 7. зарегистрировать; отметить; 8. поместить (в папку); 10. опубликовать (в Web)

post-administrator mode режим пост-администратора

postal address почтовый адрес

postal code почтовый код

postal office box ящик почтового отделения

postambling заключение; заключительная часть

postassembly listing листинг программы после ассемблирования

postcondition постусловие

postconnection logon procedure процедура регистрации, выполняемая после соединения

postdecremental addressing постдекрементная адресация

post dialing delay постнаборная задержка

post-dial logon procedure процедура регистрации, выполняемая после набора номера (при удаленном доступе)

post document отправить документ

postedit постредактирование; заключительное редактирование

postediting постредактирование

posted message асинхронное сообщение

posted-write mode режим отложенной записи; режим задержанной записи

posterior последующий; позднейший; апостериорный

posterior distribution апостериорное распределение

posterior entropy апостериорная энтропия

posterior probability апостериорная вероятность

posterization постеризация; выделение границ областей с уменьшением числа градаций цвета и яркости; преобразование данных о градации тонов в серию видимых тональных переходов

posterize 1. эффект плаката; 2. постеризовывать

posterize filter фильтр «постеризация»

post-filter постфильтр

post-filtering постфильтрация

postfix expression постфиксное выражение

postfix notation постфиксная запись

postfix operation постфиксная операция

post gap конечный промежуток

posting 1. запись; занесение; 2. сообщение; уведомление

postings dictionary реестр рассылки

postmark метка сообщения; почтовая марка

postmaster почтмейстер

postmaster general главный почтмейстер; администратор системы электронной почты

postmaster's mailbox почтовый ящик почтмейстера

postmortem check постконтроль

postmortem dump дамп аварийного завершения; послесчетный дамп; постпечать

postmortem program отладочная программа вывода после останова

postmortem routine постпрограмма

postnormalization постнормализация; нормализация результата

post office почтовое отделение

post office addressing адресация почтового отделения

postoffice address list список адресов почтового отделения

postoffice location путь к почтовому отделению

postoffice path путь к почтовому отделению

Post Office Protocol почтовый протокол; протокол POP

postoffice selection выбор почтового отделения

postorder walk обратный обход; обход снизу

postpone откладывать; отсрочивать

postponed result отсроченный результат

postprocessor постпроцессор

post-production пост-производство; окончательный монтаж

post-production change доработка на этапе серийного производства

Post-production system система продукций Поста; порождаемость по Посту

post routine программа сообщения

post-sales support послепродажная поддержка

PostScript язык описания страниц печатных документов; язык PostScript

Postscript fill заливка PostScript

PostScript font шрифт PostSript

PostScript halftone screen тип растра PostScript

PostScript preferences параметры PostScript

PostScript Printer definition file файл описания PostScript-принтера

PostScript texture fill заливка узором PostScript

PostScript textures PostScript-текстуры; текстуры PostScript

POST splitter телефонный разделитель

post-test diagnosis апостериорное диагностирование

postulate принимать без доказательства; постулировать

pot 1. зарезервированная область памяти; 2. потенциометр

POTS обычная старая телефонная система; обычная аналоговая телефонная линия; простая (нецифровая) телефонная сеть; простой телефонный сервис

POTS plug разъем POTS; разъем для подключения аналогового телефона

POTS port телефонный порт; порт для подключения телефона и аналоговых устройств

POTS telephone аналоговый телефон

pound фунт; 454 г.

pound sign знак фунта; знак #

power 1. мощность; энергия; 2. степень; показатель степени; 3. производительность; вычислительная мощность; 4. способность

POWER оптимизация производительности путем усовершенствования RISC-технологии

power amplifier усилитель мощности

power brownout длительное повышение/понижение напряжения

power bus шина питания; разводка питания

power cable силовой кабель

power check проверка уровня заряда (батареи)

power circuit силовая цепь

power conditioners/regulators источники стабилизированного питания

power conditioning управление (качественными) параметрами электропитания

power connection подача питания; подключение к сети

power connector разъем питания

power consumption потребляемая мощность; потребление энергии

power control включение/выключение питания

power cord сетевой шнур; шнур питания

power dependence степенная зависимость

power dissipation рассеяние мощности

power divider делитель мощности

power-down выключение питания

power dump аварийное выключение питания

power event нарушение энергоснабжения

power expansion разложение по степеням; разложение в ряд

power-fail circuit схема защита от исчезновения питания

power-fail interrupt прерывание по сбою электропитания

power failure сбой питания

power-failure control контроль напряжения питания (на возможный отказ)

power frame стойка питания

powerful program эффективная программа; мощная программа

powerful workstation мощная рабочая станция

power function степенная функция

power glitch выброс питания

power-hungry энергоемкий

power-hungry application энергоемкая прикладная система

power interface сопряжение с блоком питания; интерфейс с блоком питания

power-law series экспоненциальный ряд

power lead 1. провод питания; шина питания; 2. вывод питания

power line электропроводка; сеть электропитания; шина питания; линия электропитания

power-line-carrier data transceiver трансивер для передачи данных по электросети

powerline communication технология связи по линиям электропередачи

power loss 1. потери мощности; 2. потеря питания

power management управление энергопотреблением; управление потреблением мощности; регулирование питания; управление питанием

power management unit блок управления электропитанием

power margin запас мощности (сигнала в сети)

power module блок питания

power monitoring circuit схема управления источником питания

power-off выключение питания

power-on включение питания

power on indicator индикатор включения питания

power on/off sequence последовательность действий при включении/выключении питания

power-on self-test самотестирование после включения питания; самоконтроль по включению

power outage отказ питания

PowerPC Reference Platform эталонная платформа PowerPC

power requirement номинальная мощность

power routing разводка питания

power set показательное множество

power source источник питания

power sprayer с сильной струей

power-sum NEXT суммарные перекрестные помехи на другом конце линии

power supply 1. питание; 2. источник питания; блок питания

power supply unit устройство питания; блок питания

power switch сетевой выключатель; выключатель питания

power unit блок питания

power-up включение питания

power-up mode режим питания при включении

power-up time момент включения питания

power user пользователь, решающий ресурсоемкие задачи; продвинутый пользователь; квалифицированный пользователь

power warning interrupt прерывание, предупреждающее о выключении питания

PP 1. физическая плоскость; 2. периферийный процессор

ppcm пикселов на сантиметр

PPD частичная отмена передачи пакета

PPDS поток данных, направляемых на персональный принтер

PPGA пластиковый корпус с матричным расположением контактов; корпус PGA в пластмассовом варианте

PPI программируемый интерфейс периферийных устройств

ppi элементов изображения на дюйм; пикселов на дюйм

PPID идентификатор родительского процесса

PPL 1. список предпочтительной продукции; 2. связь между процессами

ppm 1. страниц в минуту; 2. пакетов в минуту

PPM 1. фазово-импульсная модуляция; 2. модуль питания процессора

PPP протокол «точка-точка»; протокол двухточечной связи; протокол PPP; протокол парного соединения абонентов

PPP-ML многоканальный протокол PPP

PPS персональная издательская система

pps 1. пакетов в секунду; 2. импульсов в секунду

PPSN сеть общего пользования с коммутацией пакетов; сеть общественного пользования с коммутацией пакетов

PPTP протокол туннелирования двухточечной связи; протокол двухточечной связи с туннелированием

PQE элемент очереди разделов

PQET технология повышения качества печати

PQO средство параллельной обработки запросов

PQS сервер параллельной обработки запросов

practice 1. практика; деятельность; действие; 2. применять; действовать

pragma директива; прагма; указание

P-rating specification спецификация измерения производительности по отношению к процессору Pentium

PRB буфер приема пакетов

PRD первичное приемное устройство

pre-allocated alert message nodes предварительно выделенные узлы предупреждающего сообщения

pre-assembly time время макрогенерации

preassigned стандартный; заранее присвоенный

preassigned multiple access множественный доступ с жестким закреплением каналов

prebinding библиотечный переплет

pre-boot sequence предзагрузочная последовательность; последовательность операций, предшествующих загрузке

precanned program фирменная программа

precautionary error подозреваемая ошибка

precautions меры предосторожности

precedence очередность выполнения операций; предшествование; последовательность выполнения; приоритет; старшинство

precedence code предваряющий код

precedence conflict конфликт предшествования

precedence grammar грамматика с предшествованием; грамматика предшествования

precedence matrix матрица предшествования; таблица предшествования

precedence parsing анализ предшествований

precedence relation отношение предшествования

precedence rule правило старшинства

precedence table таблица старшинства; таблица предшествования; таблица приоритетов

preceding предыдущий

preceding column предыдущая колонка

precise точный; определенный

precise information точные данные

precise positioning точное позиционирование

precision точность

precision loss потеря точности

precision score коэффициент точности (поиска)

precompiler предкомпилятор; предтранслятор

preconceived level заранее заданный уровень

precondition входное условие; предусловие

pre-coordinate indexing прекоординатное индексирование

predecessor element предшествующий элемент ·

predecessor event предшествующее событие

predeclared предопределенный; предписанный

predeclared function встроенная функция

predeclared variable предписанная переменная

predecremental addressing предекрементная адресация

predefined предопределенный; встроенный; стандартный

predefined cursor стандартный курсор

predefined declaration неявное объявление; неявное описание

predefined function стандартная функция; предопределенная функция

predefined identificator зарезервированный идентификатор

predefined macro предопределенная макрокоманда; встроенная макрокоманда

predefined numeric constant предопределенная числовая константа

predefined report встроенный отчет; предопределенный отчет

predetermined counter счетчик с предварительной установкой

predicate 1. предикат; 2. утверждать

predicate calculus исчисление предикатов

predicate constant предикатная константа

predicate logic логика предикатов

predicate transformer преобразователь предикатов

predicate variable предикатная переменная

predicative aid средство прогнозирование

predicative arithmetic арифметика предикатов

predicative calculus исчисление предикатов

predicative PCM кодово-импульсная модуляция с предсказанием

predict предсказывать; предполагать; утверждать

predictability предсказуемость

predictability model модель для предсказания поведения; модель прогнозирования

predictable loss of information предсказуемая потеря информации

predicted fault предсказуемая неисправность

predicted frames P-кадры; кадры, сжатые с использованием ссылки на одно изображение

predicted value ожидаемое значение

prediction прогнозирование; предсказание; прогноз; предредактирование

prediction algorithm алгоритм прогнозирования; прогнозирующий алгоритм

prediction error ошибка в прогнозе

prediction model модель для прогнозирования

prediction process процесс прогнозирования

predictive analysis упреждающий анализ

predictive coding кодирование с предсказанием

predictive model модель с предсказанием

predictor 1. независимая переменная; 2. прогнозирующий параметр; 3. предсказывающее устройство

predictor-corrector method метод предсказаний и поправок; метод с предикатором и корректором

predictor unit предсказывающее устройство

predictor unit filters фильтры предсказывающего устройства

pre-embossed rigid magnetic предварительно размеченный магнитный носитель; PERM

preempt выгружать; вытеснять; резервировать

preempted instructed прерванная команда

preempted instruction прерванная команда

preemptible kernel ядро ОС, реализующее планирование с вытеснением задач

preemption выгрузка; вытеснение (задачи); переключение (процесса)

preemption count номер приоритетного переключения процессов

preemptive вытесняющий

preemptive allocation приоритетное распределение

preemptive discipline дисциплина с абсолютным приоритетом

preemptive kernel вытесняющее ядро

preemptive multitasking многозадачная система с вытеснением; вытесняющая многозадачность; многозадачность с вытеснением

preemptive multitasking application приложение, работающее в условиях вытесняющей многозадачности

preemptive program вытесняющая программа; прерывающая программа

preemptive-repeat discipline дисциплина с продолжением прерванного обслуживания

preemptive-resume discipline дисциплина с возобновлением прерванного обслуживания

preemptive scheduling планирование с вытеснением; планирование с выгрузкой; планирование с выбрасыванием

preemptive system система с вытеснением

preexisting interconnection заранее проведенное соединение

prefabricated form готовая форма

preface предисловие; введение

pre-failure alerting средства уведомления о приближающемся отказе

pre-failure device устройство, близкое к отказу

prefault condition состояние, предшествующее появлению неисправности

prefer предпочитать

preference 1. глобальные параметры; 2. предпочтение; преимущество; привилегия

preference options 1. привилегированные параметры; 2. глобальные параметры

preferences глобальные параметры

preferences settings привилегированные установки

preference theory теория предпочтений

preferred предпочитаемый; привилегированный

preferred axis of magnetization ось предпочтительного намагничивания

preferred gateway server предпочтительный сервер шлюза

preferred plane активная плоскость

preferred product list список предпочтительной продукции

preferred server основной сервер

prefetch предварительная выборка; выборка с упреждением

prefetch buffer буфер предвыборки

prefill length длина предварительного заполнения

pre-filter префильтр

pre-filtering префильтрация

prefix префикс

prefix code префиксный код

prefix condition префикс-ситуация

prefix expression префиксное выражение

prefix label префиксная метка

prefix notation прямая польская запись; префиксная запись

prefix operation префиксная операция

prefix property префиксные коды

prefix register регистр префикса

prefix storage area префиксная область памяти

preformatted фабрично отформатированный

preformatted data данные в заданном формате

preformed knowledge заранее сформулированные знания

pre-gap передний промежуток; зона в начале дорожки данных

pre-image предварительное изображение

preincremental addressing преинкрементальная адресация

pre-installation routine предустановочная процедура

preinstalled прединсталлированный; заранее установленный

preliminary предварительный

preliminary amplifier предварительный усилитель

preliminary design технический проект; техническое проектирование

preliminary estimate предварительная оценка

preliminary journal технический журнал

preliminary program предварительная программа

preliminary system design техническое проектирование систем; предварительная разработка проекта

preliminary version предварительная версия

pre-linked library библиотека динамической компоновки

pre-linking прекомпоновка

preload 1. загрузка при инициализации; предзагрузка; 2. выполнять предзагрузку; предварительно загружать

preloading of registers предварительная загрузка регистров

preload segment предварительно загруженный сегмент

premastering создание макета оригинала диска; макетирование оригинала; премастеринг

premastering/mastering software программы предварительной подготовки и управления изготовлением (компакт-дисков)

premastering software программные средства подготовки (для записи CD)

premature преждевременный

premier support премьер-поддержка

premise 1. предпосылка; 2. помещение

premise wiring кабельная проводка внутри помещения

Premo среда представления объектов мультимедиа; стандарт среды презентации объектов мультимедиа

prenex form предваренная форма

prenormalization преднормализация

preorder traversal обход в ширину

preorder walk прямой обход; упорядоченный обход

PREP эталонная платформа PowerPC

preparation приготовление; подготовка; составление

preparation center центр подготовки данных; центр предварительной обработки

preparatory program подготовительная программа

prepare готовить; подготавливать; составлять

prepared code page стандартная кодовая страница

prepare for callback подготовка к ответному звонку

prepend добавлять к началу

preplanned allocation выполненное заранее распределение

prepress допечатная подготовка; предпечатная подготовка

prepress color separation цветоделение при подготовке к печати

prepress proof пробный оттиск

prepress software программные средства подготовки печатной продукции

preprocessing предварительная обработка

preprocessing directive директива препроцессора

preprocessing token препроцессорная лексема

preprocessor препроцессор

preprocessor expression препроцессорное выражение

preprocessor facilities препроцессорные средства

preprocessor function препроцессорная функция

preprocessor processing препроцессорная обработка

preprocessor statement препроцессорный оператор; оператор препроцессора

preprocessor symbol переменная препроцессора

preprocessor text препроцессорный текст

preprocessor variable переменная препроцессора

preprogram предварительная программа

preread disturbing разрушение перед считыванием

preread error ошибка предварительного чтения

preread head головка предварительного считывания

prerelease предварительный выпуск

pre-release version предварительная версия; пробная версия; финальная бета-версия

prerequisite 1. предпосылка; 2. необходимое условие

prescale counter масштабируемый счетчик; счетчик с предварительно задаваемым масштабом

prescan предварительное сканирование

pre-scan protocol stacks протокольные стеки предварительного сканирования

prescheduled запланированный; заранее намеченный; планируемый

405

prescribe предписывать; задавать
prescribed заданный; предписанный
prescribed accuracy заданная точность
prescript предписание
prescriptive knowledge знания в форме предписаний
preselected value заранее выбранное значение
presence присутствие; наличие
presence bit признак наличия; флаг присутствия; разряд присутствия
presence detector детектор наличия
presence detect pin контрольно-диагностический контакт
present 1. настоящий; имеющийся; 2. представлять
presentation представление; воспроизведение; презентация
presentation data визуальные данные (OLE-объекта)
presentation endpoint конечная точка представления
presentation format формат представления; формат презентации
presentation graphics иллюстративная графика; сопроводительная графика; презентационная графика; средства графического представления
presentation layer уровень представления; представительный уровень
presentation level protocol протокол уровня представления данных
presentation manager программа управления презентацией
presentation model модель представления данных; способ представления информации
presentation of number представление числа
presentation product программный продукт для представления информации
presentation protocol протокол представления данных
presentation service презентационная служба
presentation unit компонент представления
preserve сохранять
preserving предохранение
preset 1. предварительно заданный; установленный; стандартный; 2. предварительно устанавливать; заранее задавать; 3. инициализировать
preset address предварительно установленный адрес
preset brush type заготовка кисти (в графических пакетах)
preset counter счетчик с предварительной установкой
preset database error ошибка инициализации базы данных
preset parameter предварительно установленный параметр
preset time заданное время
presorting предварительная сортировка
pre-specified event заданное событие; заранее определенное событие
press 1. нажимать; 2. сжимать; уплотнять
press a button нажать кнопку
press and hold down нажать и удерживать (кнопку мыши)
press-down lettering накатный способ нанесения аппликаций; накатный способ переноса шрифта
press proof сигнальный экземпляр
press release пресс-релиз
press roundup обзор печати
press-sensitive чувствительный к нажиму
press-sensitive pad панель, чувствительная к давлению
pressure-sensitive чувствительный к нажиму
pressure-sensitive pen перо, чувствительное к давлению
pressure-welded junction сварной переход
pre-standard предварительный стандарт; проект стандарта
prestandard implementation достандартная реализация
prestore предварительно запоминать; заранее накапливать
prestored fault каталогизированная неисправность; неисправность, внесенная в справочник
prestored query типовой запрос

presumed logic предопределенная логика
presumptive address 1. предварительный адрес; опорный адрес; исходный адрес; 2. базовый адрес
presumptive instruction исходная команда; команда до модификации
pretax до выплаты налогов; без учета налогов
pre-tested предварительно протестированный
pretty print структурная распечатка программы
pretty printer программа структурированной распечатки
prev предыдущий
prevalue предзначение
prevent предотвращать; предупреждать; препятствовать
prevent fill lock предохраняющая полная блокировка
preventive diagnostics профилактическая диагностика
preventive maintenance профилактика; профилактическое обслуживание
preventive maintenance time время профилактического обслуживания
preview предварительный просмотр
preview board плата с предварительным просмотром
previewing просмотр; предварительный просмотр
previewing a CD-ROM image просмотр изображения с компакт-диска
previewing image предварительный просмотр изображения
previewing separations просмотр цветоделения
preview mode режим предварительного просмотра
preview object просмотреть объект
preview pane область предварительного просмотра
preview quality низкая детализация
previous предыдущий
previous carry перенос из предыдущего разряда
previous decade 1. предыдущий десятичный разряд; 2. минувшее десятилетие
previous record предыдущая запись
previous screen предыдущий экран
previous version предыдущая версия
prev word предыдущее слово
PRI интерфейс основного доступа к сети; интерфейс первичного уровня; интерфейс передачи с основной скоростью
price 1. цена; стоимость; 2. оценивать
price formation ценообразование
price leader диктующий цены (на рынке)
price-list прейскурант
price maintenance установление и поддержание цен
price/performance соотношение цена/производительность; соотношение стоимость/технические характеристики
pricing structure структура цен
pricing system система цен
PRI-EOM прерывание процедуры — конец сообщения
PRI-EOP прерывание процедуры — конец процедур
primaries основные цвета
primaries of light основные спектральные цвета
primary первичный; основной; самый первый; первоначальный; исходный
primary acqusition получение первичных данных; сбор исходных данных
primary algorithm элементарный алгоритм
primary area основная область
primary center первичный центр
primary channel основной канал
primary collecting получение первичных данных; сбор исходных данных
primary colors аддитивные первичные цвета; основные цвета
primary console главная консоль
primary constituent первичная компонента

primary control program главная управляющая программа; первичная управляющая программа

primary control program nucleus ядро первичной управляющей программы

primary copy основная копия

primary core characteristic первичная характеристика магнитного сердечника

primary data первоначальные данные; первичные данные

primary data management управление первичными данными

primary data processing первичная обработка данных

primary disk первичный диск

primary document первичный документ

primary document file файл первичных документов

primary domain controller главный контроллер домена; основной контроллер домена; первичный контроллер домена

primary entry point основная точка входа

primary equipment основное оборудование; основная аппаратура

primary event основное событие

primary expression первичное выражение

primary failure первичный отказ

primary file основной файл

primary index основной индекс

primary input основной ввод; первичный ввод

primary instance основной экземпляр

primary key первичный ключ (индекса БД)

primary key migration миграция первичного ключа

primary key of relationship первичный ключ связи

primary mailbox главный почтовый ящик (в электронной почте)

primary mouse button первая кнопка мыши

primary operation первичная операция

primary operator console station главная консоль оператора; основной абонентский пульт

primary paging device первичное устройство страничной памяти

primary partition главный раздел (диска); основной раздел

primary prompt symbol основной символ приглашения системы

Primary Rate Interface первичный интерфейс обмена; интерфейс передачи с базовой скоростью

primary receive device первичное приемное устройство

primary ring первичное кольцо (в топологии кольцевой сети)

primary server первичный сервер

primary site replication тиражирование из основного узла; репликация из основного узла

primary sort field основное поле сортировки

primary spreadsheet основная электронная таблица

primary station первичная станция; основная станция

primary storage основная память; первичное запоминающее устройство; основное запоминающее устройство

primary store store capacity емкость основной памяти

primary system operator главный оператор системы

primary time server первичный сервер времени; основной сервер времени

primary track основная дорожка; рабочая дорожка

primary type простой тип; первичный тип

primary user disc основной диск пользователя

primary window главное окно; первичное окно; основное окно

prime 1. основной; первичный; 2. простой; элементарный

prime attribute основной атрибут; первичный атрибут

prime formula элементарная формула

prime implicant простая импликанта

prime number простое число

primitive 1. примитив; базисный элемент; 2. элементарное действие; 3. простой; несложный; примитивный; простейший

primitive block элементарный компонент; примитив

primitive component базисный элемент; примитив

primitive concept элементарное понятие; концепт-примитив

primitive cube простой куб

primitive data type базисный тип данных

primitive element простейший элемент; первичный элемент; примитив

primitive library библиотека примитивов

primitive object объект-примитив; примитив; простой объект

primitive operation простейшая операция; базовая операция; примитив

primitive polynomial примитивный многочлен

primitive recursive function примитивно-рекурсивная функция

primitive type простой тип; примитив

primitive value элементарное значение

primordial concept изначальное понятие; изначальная концепция

PRI-MPS прерывание процедуры — многостраничный сигнал

principal 1. администратор доступа; 2. оригинал; 3. главный; основной

principal axis главная ось

principal group главная группа

principal item главный элемент

principle принцип; правило; закон

principle of duality принцип двойственности

principle of simultaneous operations принцип одновременной работы

principle services основные службы

print 1. печать; распечатка; отпечаток; 2. печатать; распечатывать

printable background печатаемый фон

printable character печатный знак; печатаемый символ

printable color печатаемый цвет

printable field поле для печати

printable page печатаемая страница

print bar печатающая штанга

print barrel печатающая шарообразная головка

print buffer буфер печати

print chain печатающая цепь; литерная цепь

print character matrix матрица печатных знаков

print control управление печатью

print control character знак управления печатью; символ управления печатью

print definition file файл определения принтера

print device definition определение устройства печати

printed character печатный знак

printed circuit печатная схема; печатный монтаж

printed-circuit backboard объединительная печатная плата

printed circuit board печатная плата

printed circuit card печатная плата

printed-circuit connector разъем печатной платы

printed document печатный документ

printed documentation печатная документация

printed program 1. напечатанная программа; 2. изданная программа

printed proof контрольный оттиск

printed register mark приводочная метка; метка для контроля точности приводки

printed wiring печатный монтаж

printed-wiring board плата с печатным монтажом

print engine механизм печати; средство печати; процессор печати

printer принтер; печатающее устройство

printer access protocol протокол доступа к принтеру

printer bound ограничение по печати; ограничение по скорости печати

P

printer configuration конфигурация принтера
printer contact печатный контакт
printer control управление принтером
Printer Control Language язык управления принтерами; язык PCL
printer description language язык описания принтеров
printer driver драйвер принтера; драйвер печати
printer dual mode принтер с двойным режимом печати
printer engine печатающий механизм (принтера)
printer font встроенный шрифт принтера; набор литер принтера
printer form принтерная форма
printer gateway software программное обеспечение шлюза печати
printer graphics набор символов принтера
printer keyboard клавиатура печатающего устройства
printer layout 1. макет печати; 2. формат печати
printer memory буфер ОЗУ принтера
printer object объект «принтер»; объект принтера
printer option вариант выбора принтера
printer orientation control управление ориентацией печати
printer output вывод на печать; распечатанные данные
printer-plotter графический принтер; печатающий графопостроитель
printer pooling организация пула принтеров
printer port порт принтера
printer profile профиль принтера
printer queue status состояние очереди печати
printer RAM ОЗУ принтера
printers' marks метки печати
printer spacing chart схема формата печати
print file файл печати
print format формат для печати; формат печати
print gateway шлюз печати
print head печатающая головка
printing печать; распечатка
printing all text in black печать всего текста черным
printing bitmaps печать растровых изображений
printing calculator калькулятор с печатающим устройством; печатающий калькулятор
printing capacity скорость печати
printing character spacing расстояние между печатаемыми символами
printing command команда печати
printing control устройство печати; принтер
printing density плотность печати
printing device устройство печати; принтер
printing direction направление печати
printing element печатающий элемент
printing emulsion down печать эмульсией вниз
printing engine печатающий механизм (принтера)
printing firm полиграфическая фирма
printing format формат печати
printing gap рабочий зазор принтера
printing head печатающая головка
printing height высота шрифта
printing in color цветная печать; печать в цвете
printing ink печатная краска
printing layers печать слоев
printing mechanism печатающий механизм
printing multiple documents печать нескольких документов
printing negatives печать негативов
printing non-sequential pages печать отдельных страниц
printing object объект печати
printing problems проблемы печати
printing resolution разрешение при печати; слияние при печати

printing selected objects печать выделенных объектов
printing text печать текста
printing to file печать в файл
printing unit печатающее устройство
printing vectors печать векторной графики
printing width ширина печати
print intensive program программа с большим объемом печати
print job задание на печать; задание печати
print job capture захват заданий печати
print job configuration конфигурация задания печати
print job redirection переадресация заданий печати
print job request запрос печати
print layout page страница схемы печати
print line печатная строка; отпечатанная строка
print manager диспетчер печати; администратор печати
print member печатающий элемент
print merge объединение при печати
print merging печать со слиянием
print mode режим печати
print needle печатающая игла
print on the screen выводить информацию на экран
print operator оператор печати
print out распечатывать; выводить на печать
printout распечатка; твердая копия
printout object объект распечатки
print position позиция печати
print preview предварительный просмотр информации, выводимой на печать
print publishing типографское издание
print quality качество печати
print quality enhancement technology технология повышения качества печати; технология PQET
print queue очередь к принтеру; очередь печати; очередь на печать
print queue object объект «очередь печати»; объект очереди печати
print queue operator оператор очереди печати
print request запрос печати
print request id идентификатор запроса печати
print screen печать экрана
Print Screen key клавиша распечатки экрана
print server сервер печати; принт-сервер
print server object объект «сервер печати»; объект сервера печати
print service служба печати; средства печати
print setup установка печати
print shop типография
print sideways печать в альбомной ориентации
print spooler спулер; программа спулинга; программа буферизации; администратор печати
print spooling спулинг печати
print style стиль печати
print suppression отмена печати
print timing dial регулятор печати
print to file печать в файл
print-to-fit печать с подбором размера; печать с размещением
print tuning настройка печати
print wheel шрифтоноситель; ромашка (лепесткового принтера); литерная обойма
print wire печатающая игла
prior предыдущий; прежний; предшествующий; априорный
prior copy предшествующая копия
priorities system система приоритетов
prioritization назначение приоритетов
prioritized interrupt прерывание с приоритетом

prioritized task list список задач по приоритетам
prioritizing приоритизация; определение приоритетов; назначение приоритетов
priority приоритет; очередность; первоочередность; старшинство
priority access control enabled управление с возможностью приоритетного доступа
priority arbitration разрешение конфликтов на основе приоритетов
priority-based queue очередь с приоритетами; очередь по приоритетам
priority circuit схема приоритетов
priority class of traffic класс приоритета трафика
priority control приоритетное управление; управление по приоритетам
priority grading уровни приоритетов; классификация приоритетов
priority indicator индикатор приоритета
priority interrupt высокоприоритетное прерывание; приоритетное прерывание; прерывание с приоритетом
priority level уровень приоритета
priority limit верхняя граница приоритета
priority lockup приоритетный тупик
priority message приоритетное сообщение
priority mode 1. режим приоритета; 2. приоритетный режим
priority number номер приоритета
priority ordering упорядочение по приоритетам
priority performance option приоритет виртуальной машины
priority printing system приоритетная система обработки
priority processing обработка по приоритетам
priority program приоритетная программа
priority queuing организация очередей с приоритетами
priority resolution определение приоритета
priority scheduler диспетчер с планированием по приоритетам; приоритетный планировщик
priority scheduling system система планирования по приоритетам
priority-service discipline приоритетное обслуживание
priority-shifted interrupt прерывание с изменяемым приоритетом
priority support приоритетная поддержка
priority system система приоритетов
priorization нумерация объектов (по положению относительно наблюдателя)
prior probability априорная вероятность
prior unsertainty априорная неопределенность
privacy приватность; секретность; конфиденциальность
privacy check проверка конфиденциальности; проверка степени секретности
Privacy Enhanced Mail электронная почта с усовершенствованной защитой; почта повышенной секретности
privacy key ключ секретности; закрытый ключ
privacy key encryption шифрование с помощью закрытых ключей
privacy lock замок защиты; замок секретности; пароль; ключ защиты; код секретности данных
privacy problem проблема сохранения тайны
privacy protection защита собственности
privacy strength степень владения
private частный; собственный; личный; скрытый; закрытый
private address space выделенная область адресов; собственное адресное пространство
private ATM switch частный коммутатор АТМ
private attribute атрибут «личный»
private automatic branch exchange частная автоматическая телефонная станция с выходом в сеть общего пользования; учрежденческая автоматическая телефонная станция с исходящей и входящей связью
private automatic exchange частная телефонная станция без выхода в общую сеть; учрежденческая АТС без исходящей и входящей связи
private branch exchange учрежденческая телефонная станция с исходящей и входящей связью; частная телефонная станция с выходом в общую сеть
private business network частная коммерческая сеть
private circuit выделенный канал; частный канал
private class member скрытый компонент класса
private code личный код
private communication technology технология частных коммуникаций
private computer center индивидуальный вычислительный центр
private data личные данные; индивидуальные данные; приватные данные; скрытые данные; частная информация; частные данные; данные частного характера
private database частная база данных; закрытая база данных
private extranet частная экстрасеть
private file личный файл; частный файл
private information закрытая информация; личная информация
private intercompany network частная межкорпоративная сеть
private IP network частная сеть IP
private key личный ключ; секретный ключ; частный ключ
private library личная библиотека
private line выделенный канал; частный канал; частная линия; индивидуальная линия
private line service обслуживание частных линий
privately inherited member компонент класса, наследуемый как скрытый
private management domain частный домен управляющей системы
private member скрытый компонент
private memory собственная память
private network частная сеть

Private Network-to-Network Interface интерфейс связи между частными сетями; спецификация PNNI
private part закрытая часть
private section раздел определения скрытых компонентов класса
private terminal индивидуальный абонентский пункт; частный терминал
private type частный тип
private use индивидуальное использование
private volume личный том; том личного пользования
privilege class класс привилегий
privileged привилегированный
privileged file привилегированный файл; файл с высоким приоритетом
privileged instruction привилегированная команда
privileged mode привилегированный режим
% privileged time % привилегированного времени
privileged user привилегированный пользователь
privilege level уровень привилегий
privilege matrix матрица полномочий
privileges привилегии; права; полномочия
privilege sharing разделение привилегий
privilege violation нарушение полномочий
PRMD частный домен управляющей системы
PRML технология «частичный отклик — максимальная вероятность»

PRML method метод частичного отклика и максимального правдоподобия

PRN 1. пакетная радиосеть; 2. сеть персональной радиосвязи

pro 1. профессионал; 2. профессиональный; 2. за; ради; для

proactive diagnostics превентивная диагностика

proactively заранее; с упреждением

proactive management упреждающее управление

probabilistic вероятностный

probabilistic approach 1. вероятностный подход; 2. вероятностный метод

probabilistic automaton вероятностный автомат

probabilistic behavior вероятностное поведение

probabilistic decoding вероятностное декодирование

probabilistic logic вероятностная логика

probabilistic method вероятностный метод

probabilistic model вероятностная модель

probabilistic system вероятностная система

probability вероятность; возможность

probability algorithm вероятностный алгоритм

probability-analysys compaction уплотнение (данных) на основе вероятностного анализа

probability calculation теория вероятностей; исчисление вероятностей

probability calculus исчисление вероятностей

probability density плотность вероятности

probability distribution распределение вероятности

probability limit вероятностный предел

probability matrix матрица вероятностей

probability propagation распространение вероятности

probability theory теория вероятностей

probability vector вектор вероятностей

probable вероятный; возможный

probable error вероятная ошибка

probation area область испытаний

probation-reprive method метод испытания-отсрочки

probe 1. зонд; пробник; щуп; 2. зонд; аппаратное устройство для сбора информации о трафике; 3. исследовать; изучать

probe card зондовая плата

probe effect эффект пробника; эффект зондирования

problem 1. ошибка; проблема; 2. вопрос; задача; 3. трудность

problem algorithm алгоритм задачи

problem area 1. проблемная область; 2. область памяти для размещения проблемных программ

problem data данные задачи; проблемные данные

problem definition постановка задачи

problem description описание задачи; постановка задачи; содержательная постановка задачи

problem determination выявление отказа

problem determination aids средства выявления отказов

problem diagnosis диагностика неисправностей; диагностика отказов

problem file файл задачи; проблемный файл

problem frame фреймовое представление задачи; фрейм задачи

problem of dispute проблема подтверждения отправителя

problem-oriented проблемно-ориентированный

problem-oriented language проблемно-ориентированный язык; язык типовых задач

problem-oriented package проблемно-ориентированный пакет

problem-oriented program проблемно-ориентированная программа

problem-oriented programming language проблемно-ориентированный язык программирования

problem-oriented software проблемно-ориентированное программное обеспечение

problem program проблемная программа; программа задачи

problem programmer прикладной программист; разработчик прикладного ПО

problem setting условия задачи

problem solver решатель

problem solving решение задачи

problem solving ability 1. способность к самостоятельному решению задач; 2. способность к автоматическому решению задач

problem-solving environment проблемная среда; средства поддержки программирования; программная среда

problem-solving knowledge знания о методах решения задач; знания о стратегиях автоматического решения задач

problem space пространство состояний

problem specification условия задачи; спецификация задачи

problem state состояние «задача»; режим задачи

problem statement language язык постановки задач

problem time время решения задачи

procedural abstraction процедурная абстракция

procedural animation алгоритмическая анимация; процедурная анимация

procedural depth процедурная глубина

procedural interrupt negative сигнал негативного прерывания процедуры

procedural interrupt positive сигнал позитивного прерывания процедуры

procedural language процедурный язык; процедурно-ориентированный язык

procedural language interface сопряжение на уровне процедурного языка

procedural parameter процедурный параметр

procedural program процедурная программа

procedural programming процедурное программирование; программирование на процедурном языке

procedural type процедурный тип

procedural variable процедурная переменная

procedure 1. процедура; 2. процесс; методика

procedure abstraction процедурная абстракция

procedure analysis 1. анализ процесса; 2. анализ алгоритма; 3. исследование процедур

procedure base база процедуры

procedure block процедурный блок

procedure body тело процедуры

procedure caller оператор (программы), обратившийся к процедуре

procedure call model модель вызова процедуры

procedure chart блок-схема процедуры

procedure combo box список процедур; комбинированный блок со списком процедур

procedure declaration объявление процедуры; описание процедуры

procedure definition определение процедуры

procedure definition language язык описания процедур

procedure division раздел процедур

procedure header заголовок процедуры

procedure heading заголовок процедуры

procedure interrupt — end of procedure прерывание процедуры — конец процедур

procedure interrupt — multipage signal прерывание процедуры — многостраничный сигнал

procedure library библиотека процедур

procedure modification модификация процедуры

procedure name имя процедуры

procedure of self-testing процедура начального самотестирования

procedure-oriented language процедурно-ориентированный язык

procedure separator разделитель процедур

procedure statement оператор процедуры

procedure step шаг процедуры

procedure synchronous action синхронное время процедур

procedure variable переменная процедурного типа

proceed продолжать; происходить; действовать

process 1. процесс; 2. способ обработки; 3. движение; 4. прием; 5. обрабатывать

process algorithm алгоритм процесса

process change management контроль за изменениями в процессах (разработки ПО)

process chart 1. диаграмма потоков данных; 2. блок-схема процесса

process color триадные краски; триадная палитра; палитра основных цветов; CMYK-краска; составной цвет; триадный цвет

process color printing многокрасочная печать; печать с использованием цветов CMYK

process control управление процессом; управление технологическим процессом

process control block блок управления процессом

process control computer компьютер для управления технологическими процессами

process control language язык управления процессами

process convergence сходимость процесса

process creation формирование процесса; порождение процесса

process data данные процесса

process database база данных о процессах; база данных процесса

process descriptor описатель процесса; дескриптор процесса

process dispatcher диспетчер процессов

processed обработанный

process engineering технология

process execution выполнение процесса

process-handling procedure процедура управления процессом

process identificator идентификатор процесса

process identifier идентификатор процесса

process image образ процесса

processing 1. обработка; 2. выполнение

processing and control element микропроцессор на одном кристалле

processing bandwidth производительность системы обработки (данных)

processing block блок обработки; операторный блок

processing capacity обрабатывающая способность; производительность обработки

processing center центр обработки данных

processing context контекст обработки

processing costs затраты на обработку

processing element 1. обрабатывающий элемент; процессорный элемент; 2. обрабатываемый элемент

processing environment условия обработки

processing equipment оборудование для обработки данных

processing function функция обработки; вычислительная функция

processing graph граф обработки; граф процесса обработки

processing independence независимость от технологического разброса параметров

processing information обрабатываемая информация

processing intensive требующий интенсивной обработки

processing logic логическая последовательность обработки

processing loss потери при обработке данных

processing model модель обработки

processing options параметры обработки

processing period период обработки

processing power вычислительная мощность

processing program программа обработки; обрабатывающая программа

processing speed быстродействие; скорость выполнения операций; скорость обработки

processing time время обработки

processing unit 1. процессор; устройство обработки данных; 2. блок обработки

process input-output control electronics аппаратура управления процессом ввода-вывода

process management управление процессами

process model модель процессов

process modeler средство моделирования процессов; средство анализа и моделирования информационных потоков

processor 1. процессор; 2. программа обработки

processor affinity привязка задачи к процессору

processor allocation распределение процессорных ресурсов

processor anonymity анонимность процессоров

processor array матрица процессоров; процессорная матрица

processor autonomy процессорная автономия

processor bound ограниченный быстродействием процессора

processor bus процессорная шина

processor chip микросхема процессора

processor command команда процессора

processor cycle time время цикла процессора

processor-dependend interrupt процессорно-зависимое прерывание

processor element 1. процессорный элемент; 2. обрабатывающий элемент

processor-error interrupt прерывание из-за ошибки процессора

processor fan вентилятор на корпусе процессора

processor horsepower вычислительная мощность процессора

processor-independent interrupt процессорно-независимое прерывание

processor-intensive application приложение с интенсивной нагрузкой процессора; приложение с интенсивными вычислениями

processor interface интерфейс процессора; устройство сопряжение процессора

processor interrupt прерывание процессора

processor-level compatibility совместимость на уровне процессоров

processor module процессорный модуль

processor register регистр процессора

processor's instruction set набор команд процессора

processor-specific code программа, привязанная к определенному процессору

processor speed 1. быстродействие процессора; 2. тактовая частота процессора

processor state состояние процессора

processor storage процессорная память

% processor time % времени процессора

processor time процессорное время; время процессора

processor timer таймер процессора

processor word 1. слово состояния процессора; 2. разрядность процессора

process owner владелец процесса
process panel окно процесса
process pool пул процессов
process queue очередь процессов; очередь на обработку
process sheet бланк описания процесса
process state состояние процесса
process status состояние процесса; статус процесса
process table таблица процессов
process-termination code код завершения процесса
process-to-process linking связь между процессами
process trapping треппинг составных цветов
process tree дерево процессов
process variable регулируемая переменная
process word слово состояния процесса
procrastination algorithm алгоритм отсроченного выбора; алгоритм отложенного выбора
procurement поставка оборудования
produce производить; вырабатывать; получать; создавать; порождать; выводить
producer производитель; поставщик
product 1. произведение; результат; 2. пересечение; 3. продукт; продукция; изделие
product accumulator накапливающий сумматор произведений
Product and Support Requirements Request обратная связь с разработчиками программного обеспечения
product cipher продукционный шифр
product code композиционный код
Product Directory справочник продуктов; каталог по программным продуктам
product family семейство продуктов
product-function matrix матрица «функция-программные изделия»
product graph произведение графов; граф-произведение
product integrator интегратор произведений
production 1. продукция; изделие; 2. производство; изготовление; выпуск
production application 1. производственное приложение; прикладное программное обеспечение, обслуживающее потребности производственного предприятия; 2. рабочее приложение
production colors цвета CMYK
production control управление производством
production data производственные данные
production database рабочая БД; база данных на рабочих местах
production frame 1. окончательный кадр; 2. рамка видоискателя (в графических пакетах)
production level video 1. видеосредства промышленного уровня; видео промышленного уровня; 2. алгоритм сжатия изображений PLV
production libraries method метод порождающих библиотек
production planning system система производственного планирования; система планирования производства
production program рабочая программа
production release рабочая версия
production rule правило вывода
production run эксплуатация
productions method метод продукций
production system система продукций
production Z-buffer Z-буфер для окончательного изображения
productive time полезное время; продуктивное время; производительное время; время полезной работы
productivity 1. полезность; 2. производительность; продуктивность; эффективность
productivity gaing выигрыш в продуктивности

productivity suite комплект приложений для продуктивной работы
product label торговый ярлык
product line семейство программных продуктов
product manager менеджер по продукту
product matrix матрица произведений
product name название продукта
product of sum expression выражение в виде произведения сумм
product portability переносимость продукта; мобильность программ
product-quotient storage запоминание произведений и частных
product specification sheet таблица со спецификациями продукта
product strategy стратегия развития программных продуктов
product support services служба сопровождения программных продуктов
product term логический терм И; терм логического произведения; произведение; конъюнктивный член
product tryout пробная версия продукта
professional 1. профессионал; специалист; 2. профессиональный
professional computer профессиональный компьютер; компьютер для профессионального использования
professional edition профессиональная редакция; профессиональная версия; профессиональное издание (программного продукта)
professional-looking профессионального вида; профессионального качества; выглядящий, как работа профессионала
professional-looking color цвет профессионального качества
professional personal computer профессиональный ПК
professional purpose application program package пакет прикладных программ профессиональных применений
professional-quality drawing чертеж профессионального качества
proficiency квалификация; опыт
profile 1. профиль; контур; 2. сечение; разрез; 3. параметры использования; конфигурация; набор параметров, определяющих настройку системы; профильный файл; набор цветовых характеристик устройств ввода-вывода
profile based optimization оптимизация, основанная на профилировании
profile configuration failed сбой настройки конфигурации
profile-driven recompilation повторная компиляция с учетом профиля программы
profile file файл параметров (пользователя, устройства)
profile functions функции, определяющие профиль программы; параметры, контролирующие конфигурацию программы
profile handle указатель на профиль; описатель профиля
profile login script процедура регистрации, заданная в профиле; профильный сценарий регистрации
profile name имя конфигурации; название конфигурации; имя профиля
profile object объект «профиль»; профильный объект
profiler профилировщик; программа оптимизации профиля
profile screen дескрипторный файл (в системе управления документооборотом)
profile settings настройка конфигурации
profiling профилирование
profiling information личная информация; информация с личными данными
profit 1. выгода; польза; прибыль; 2. пользоваться; извлекать выгоду

profit and loss account расчет прибыли и убытка
profit and loss statement отчет о прибыли и убытках
profit function функция прибыли
program 1. программа; 2. программировать
program accessible с программным доступом
program address 1. адрес программы; 2. адрес в программе
program addressable clock часы с возможностью обращения из программы
program analysis control and evaluation управление анализом программ и их оценка
program area программная область; программная зона
program attention key клавиша прерывания программы
program attribute атрибут программы
program authorization авторизация программы; разрешение на использование программы
program autonomy автономность программы
program background фон программы
program bank банк программ
program behavior поведение программы; реакция программы
program binding связывание программ; компоновка программ
program block программный блок
program body тело программы
program branch ветвь программы
program buddy партнер по программированию
program builder разработчик программ
program bus шина команд
program calculus исчисление программ
program call вызов программы
program capacity объем программы
program carrier носитель программы
program certification аттестация программы; сертификация программы
program change смена программ; переключение программ
program check 1. отладка программы; проверка программы; контроль программы; 2. программный контроль
program checking отладка программы; проверка программы; контроль программы
program-check interrupt прерывание из-за ошибки в программе
program check-out 1. проверка программы; 2. извлечение программы из библиотеки с блокировкой оригинала
program comment комментарий к программе
program communication block блок связи программ
program compatibility программная совместимость; совместимость на уровне программ; совместимость программ
program-compatible computer программно-совместимый компьютер
program complexity сложность программы
program composition композиция программ; составление программы
program comprehension обозримость программы
program construction структура программы
program control программное управление; управление программой
program control block блок программного управления
program control instruction команда управления программой
program-controlled interrupt программно-управляемое прерывание; прерывание, управляемое программой
program control unit блок программного управления
program control word управляющее слово программы; дескриптор
program conversion преобразование программы
program copy копия программы
program correction коррекция программы
program correctness proof доказательство правильности программы

program counter счетчик команд; указатель команд
program counter relative addressing адресация относительно счетчика команд
program crash разрушение программы; аварийное завершение программы
program cycle цикл программы; цикл в программе; циклическая часть программы
program debugging отладка программы
program decomposition декомпозиция программы
program-dependent error программно-зависимая ошибка; ошибка, проявляющаяся при выполнении конкретной программы
program design проектирование программы; разработка программы; разработка спецификаций программы; конструирование программы
program design language язык проектирования программ
program development system система разработки программ; система программирования; система поддержки программных разработок
program difficulty сложность программы; трудность программы
program directory 1. справочник программ; указатель программ; 2. каталог программы (на диске)
program disk программный диск
program document программный документ
program documentation документация к программе; программная документация; документация на программу
program document modification изменение программного документа
program-driven программно-управляемый
program driver программный драйвер
program dump распечатка программы; дамп программы
program duplicate дубликат программы
program editor редактор текстов программы
program element элемент программы
program entry вход в программу
program error ошибка в программе; программная ошибка
program evaluation and review technique метод сетевых логических диаграмм; сетевой график; метод PERT
program evaluation procedure методика оценки программ
program evaluation system система оценки программы
program event программное событие; событие в программе
program event recording средство регистрации программных событий
program example пример программы
program extension расширение программы
program feature программное средство
program fetch считывание программы; загрузка программы; выборка программы
program fetch time время загрузки программы
program file программный файл; файл программы; исполняемый файл
program filename имя программы; имя программного файла; имя файла программы
program flow 1. ход программы; процесс выполнения программы; 2. блок-схема программы
program flow analyzer анализатор хода выполнения программы
program flowchart блок-схема программы
program flow diagram блок-схема программы
program for production planning программа производственного планирования
program generation генерация программы
program generator генератор программ; генерирующая программа
program group группа программ; программная группа

413

program halt останов программы; программный останов
program hang-up зависание программы
program header заголовок программы
program heading заголовок программы
program icon пиктограмма программы; значок программы
program idea generator пакет генерации идеи
program identification идентификация программы
program identifier идентификатор программы
program information сведения о программе
program information file информационный файл программы; файл информации о программе; файл описания программы; PIF-файл
program input входные данные программы
program interaction взаимодействие программ
program interface программный интерфейс
program interpreting интерпретация программы
program interrupt control area область управления программными прерываниями
program interrupt element элемент программного прерывания
program interruption прерывание программы
program interruption control area область управления программными прерываниями
program interrupt key клавиша прерывания программы
program item программный элемент
program item properties параметры программы
program kernel ядро программы
program label программная метка
program language язык конкретной программы; язык, на котором написана программа
program layout схема программы; разбивка программы (на модули)
program length длина программы
program library библиотека программ
program line программная строка; строка программы
program listing распечатка программы; листинг программы
program load загрузка программы
program-load command команда загрузки программы
program loader загрузчик программ
program loading загрузка программы
program logic логика программы
programmability программируемость
programmable программируемый; с программным управлением
programmable action программируемое действие
programmable array программируемая матрица
programmable array logic программируемая матричная логика
programmable automation 1. автоматизация с применением программных средств; 2. автоматизация с применением программируемых устройств
programmable calculator программируемый калькулятор
programmable character generator программируемый знакогенератор
programmable communication interface программируемый коммуникационный интерфейс; программируемый коммуникационный адаптер
programmable controller программируемый контроллер
programmable decision программируемое решение
programmable delay программируемая задержка
programmable function key программируемая функциональная клавиша
programmable interconnection программируемое межсоединение; программируемая схема соединений
programmable interface программируемый интерфейс
programmable interrupt программируемое прерывание

programmable logic программируемая логика
programmable logic array программируемая логическая матрица
programmable logic controller программируемый контроллер
programmable option selection программная установка режима
programmable parallel input/output программируемый параллельный интерфейс
programmable peripheral interface программируемый интерфейс периферийных устройств
programmable read-only memory программируемое постоянное запоминающее устройство; ППЗУ
programmable ROM ППЗУ; программируемое постоянное запоминающее устройство
program maintenance обслуживание программы; сопровождение программ
program making разработка программы
program management сопровождение программного продукта; управление разработкой и сопровождением программ
Program Manager Диспетчер программ
program manual 1. руководство по программированию; 2. руководство по работе с программой
program map программный план
program mask маска программы; программная маска
programmatically программным путем; программно
programmatic interface программный интерфейс
programmed algorithm запрограммированный алгоритм
programmed channel программируемый канал
programmed check программный контроль; программная проверка
programmed computer ЭВМ с хранимой программой
programmed control программное управление
programmed data processor процессор с программируемыми данными
programmed education of employees программированное обучение сотрудников
programmed function программная реализация функции
programmed halt программируемый останов
programmed input/output программируемый ввод-вывод
programmed interconnection программируемое межсоединение
programmed interrupt программное прерывание
programmed I/O программно-управляемый ввод-вывод
program medium программоноситель
programmed key программируемая клавиша
programmed keyboard программируемая клавиатура
programmed learning программированное обучение
programmed logic программируемая логика
programmed logic array программируемая логическая матрица
programmed logic matrix программируемая логическая матрица
programmed operation программная реализация операции
programmed polling программный опрос
programmed processor программируемый процессор
programmed switch программный переключатель
programmer 1. программист; 2. программатор
programmer-analyst программист-аналитик
programmer engineer инженер-программист
programmer interface средства взаимодействия программиста
programmer language язык, используемый программистом
programmer manual руководство для программиста; руководство программиста
programmer of ability одаренный программист

programmer rating показатель квалификации программиста

programmer selection отбор программистов

Programmer's Hierarchical Interface for Graphics Systems стандарт трехмерной графики PHIGS

programmer's manual руководство для программиста; руководство программиста

programmer's reference справочник программиста; справочное руководство программиста

programmer's workbench автоматизированное рабочее место программиста

programmer training обучение программистов

programmer unit программирующее устройство

programming 1. программирование; составление программы; 2. планирование

programming aids вспомогательные средства программирования

programming and application aids прикладное программное обеспечение

programming assignment распределение работы по программированию

programming automation facility средство автоматизации программирования

programming community сообщество программистов; специалисты в области программирования

programming cost стоимость программирования; затраты на программирование

programming course курс программирования

programming cycle цикл программирования; период программирования

programming effort объем программных работ; работа по программированию

programming effort analysis анализ трудозатрат при программировании

programming environment среда программирования

programming environment kernel ядро системы программирования

programming experience программистский опыт; опыт в области программирования

programming flowchart блок-схема программы; графическая схема программы

programming-free не требующий программирования

programming group группа программирования

programming industry индустрия программного обеспечения

programming language язык программирования; алгоритмический язык

programming language elements элементы языка программирования

Programming Language for Microprocessors язык программирования для микропроцессоров

programming man-hours трудозатраты на программирование

programming manual руководство по программированию

programming matrix матрица программирования

programming maxims заповеди программиста; принципы программирования

programming method метод программирования

programming methodology методология программирования

programming module программный модуль

programming of graphic devices программирование графических устройств

programming place рабочее место программиста

programming problem 1. задача программирования; 2. проблема при программировании

programming RPQ запрос стоимости программного обеспечения

programming standards стандарты программирования

programming support 1. средства обеспечения программирования; средства поддержки программирования; 2. программное обеспечение

programming support environment средства обеспечения программирования; средства поддержки программирования; среда программирования

programming system система программирования

programming technique техника программирования; методика программирования

programming technology технология программирования

programming text processing программированная обработка текста

programming theory теория программирования

programming time время программирования

programming tools инструментальные программные средства

programming work работа по программированию

program module программный модуль

program multisequensing распараллеливание программ

program name имя программы

program object программный объект

program of foreign origin программа зарубежного производства

program optimization оптимизация программы

program-oriented программно-ориентированный

program origin начальный адрес программы

program overlay оверлейный сегмент программы

program pack пакет программ

program package программный пакет; пакет программ

program parameter параметр программы

program passage пуск программы; прогон программы

program piracy незаконное копирование программ; программное пиратство

program preparation aids средства подготовки программ

program producers фирмы-разработчики программ

program product программа-изделие; программный продукт; программное изделие

program profile профиль программы

program proof доказательство правильности программы

program protection программная защита; защита программы

program proving доказательство правильности программ

program quality estimation оценка качества программного обеспечения

program recirculation рециркуляция программы

program register регистр команд

program relocation перемещение программы

program repeat повторение программы

program residence time время пребывания программы в оперативной памяти; время резидентности программы

program run выполнение программы

program scheduler планировщик; диспетчер

program section сегмент программы; программная секция

program segment сегмент программы

program segmentation сегментация программы

program segment prefix префикс сегмента программы; PSP

program selection выбор программы

program semantics семантика программы

program-sensitive error программно-зависимая ошибка; ошибка, проявляющаяся при выполнении конкретной программы

program sensitive fault 1. неисправность, проявляющаяся при выполнении конкретной программы; программно-чувствительный отказ; 2. программно-чувствительный дефект; дефект, обнаруживаемый программой; программно-обнаруживаемый отказ

P

program-sensitive malfunction программно-зависимое нарушение правильного функционирования системы

program sensitivity чувствительность программы

program sequence следование программ; последовательность программ

program set набор программ

program setting настройка программы

program setup 1. программный сброс; 2. установка программы; сборка программы; инсталляция и настройка программы

program sharing разделение программы; совместное использование программы

program sheet бланк для записи программы; программный бланк

program size размер программы

program's logic логика программы

program specification спецификация программы; описание процедуры

program specification block блок спецификации программ

program's structure структура программы

program stability устойчивость программы

program start запуск программы

program status состояние программы

program status area область регистрации состояния программы; область фиксации состояния программы

program status word слово состояния программы

program step шаг программы

program stepping пошаговое выполнение программы

program structure структура программы

program switch переключение программ

program system комплекс программ

program tape лента с программой

program temporary fix временная настройка в программе

program termination завершение выполнения программы

program tester специалист по программным испытаниям; тестировщик программы

program testing 1. программный контроль; 2. тестирование программы

program testing log журнал программных испытаний

program text текст программы

program-timing matrix программируемая матричная схема генерации синхроимпульсов

program trace трассировка программы

program transformation преобразование программ

program translation трансляция программы; конвертирование программ

program transmission передача программы

program uncompexity metric показатель простоты программы

program unit программная секция; программный модуль; программная единица

program validation аттестация программы

program verification верификация программы; проверка правильности программы

program viability живучесть программного изделия

progress 1. ход выполнения; 2. прогресс; развитие; успех; продвижение

progress bar индикатор выполнения; индикатор прохождения обработки; индикатор процента выполнения операции

progress indicator индикатор выполнения; индикатор прохождения обработки; индикатор процента выполнения операции

progression 1. прогрессия; 2. последовательность; 3. продвижение

progression chart диаграмма прохождения программы

progressive approximation последовательное приближение

progressive average промежуточное среднее

progressive display постепенное отображение (графики)

progressive overflow прогрессирующее переполнение

progressive rendering поэтапная визуализация

progressive rendering of images постепенная визуализация изображений (по мере загрузки из Internet); постепенный рендеринг

progress meter индикатор выполнения

prohibit запрещать; препятствовать

project 1. проект; план; 2. планировать; проектировать; 3. проецировать; получать проекцию

project builder компоновщик проектов; средство построения проектов

project definition and survey проектное задание и обзор концепций

Project Definition Language язык описания проекта

project details screen экран детализации проекта

Project Distributed Objects Everywhere пакет технологий распределенной обработки объектов

projected sales планируемый объем продаж

project evaluation and review technique планирование с использованием сетевого графика

project file файл описания проекта; файл проекта

project holidays выходные дни проекта

project-independent database проектно-независимая база данных

project information проектная информация

projection проекция

projection cascade каскад проекций

projection mapping проекционное наложение

projection plane плоскость проекции

projective language проективный язык

project management управление проектом; целевое управление; сетевое планирование

project manager администратор проектов

project members члены коллектива, совместно работающие над проектом

project name имя проекта

project-oriented занимающийся выполнением проектов; проектно-ориентированный

project-oriented database проектно-ориентированная база данных

project window окно проекта

project workdays рабочие дни проекта

proliferate разрастаться; распространяться

proliferation быстрое распространение

prologue comment вводный комментарий

PROM программируемое постоянное запоминающее устройство; ППЗУ

PROM blaster устройство программирования ППЗУ

PROM burner программатор ППЗУ

promiscuous разнородный; смешанный

promiscuous mode режим приема всех сетевых пакетов; разнородный режим

promiscuous-mode adapter адаптер, поддерживающий режим перехвата всех пакетов; многорежимный адаптер

promiscuous-mode driver драйвер, функционирующий в смешанных режимах; многорежимный драйвер

promising многообещающий; перспективный

promote 1. преобразовать; переводить; 2 содействовать; способствовать; продвигать

promotion продвижение (продукции); реклама; организация продаж; расширение сбыта

promotional flyer рекламный плакат

PROM programmer программатор ППЗУ

prompt приглашение (ко вводу); подсказка; строка приглашения; командная строка

prompt area область приглашения; область подсказки
prompted command команда-подсказка
prompted dialog диалог с подсказкой
prompted entry ввод с подсказкой; предписанный ввод
prompting запрос дополнительных данных
prompt string строка приглашения
PROM zapping программирование ППЗУ
proof 1. доказательство; 2. проверка; проба; контрольный оттиск; пробный оттиск; оттиск издания для проверки верстки и цветоделения; 3. корректура; исправление ошибок в наборе; 4. обеспечение защиты; 5. защищенный; 6. непроницаемый
proof-correction symbol корректурный знак
proofing проверка
proofing tools средства проверки правописания и грамматики
proofing type тип проверки
proof listing контрольный листинг; контрольная распечатка
proof of purchase регистрационная карточка
proof quality пробный
proofread корректура; гранки
proofreader 1. корректор; 2. корректурный знак
proofreading корректура; вычитка корректуры
proof room корректорская
proof scheme схема доказательства
proof theory теория доказательств
prop опорная линия (на чертеже)
propaedeutics пропедевтика; вводный курс
propagate 1. размножаться; 2. распространяться; передаваться
propagated error распространяющаяся ошибка; ошибка, влияющая на последующие операции; наведенная ошибка; накапливающаяся ошибка
propagation распространение; размножение; продвижение; передача
propagation circuit схема продвижения
propagation delay время распространения; задержка распространения; задержка на распространение; время прохождения данных от исходной точки до точки назначения
propagation error накапливающаяся ошибка
propagation instruction команда продвижения данных
propel продвигать; стимулировать
proper grammar приведенная грамматика
properly правильно; должный образом
proper program рациональная программа; подходящая программа
proper subgroup собственная подгруппа
proper subset собственное подмножество
properties for document свойства документа
property характеристика; свойство; качество
property bar панель свойств; линейка параметров
property detector детектор свойства; детектор признака
property page страница характеристик; страница свойств
property rights права на свойства объекта; полномочия на характеристики; права на характеристики
property setting значение характеристики; значение свойства
property sheet окно свойств; таблица свойств; ведомость свойств; таблица характеристик; таблица параметров
property sort сортировка по признаку
property value значение характеристики
proper value собственное значение; характеристическое число
proponent сторонник
proportional пропорциональный

proportional action пропорциональное действие; линейная реакция; действие по отклонению
proportional band относительный диапазон
proportional control линейное регулирование; регулирование по отклонению
proportional counter пропорциональный счетчик
proportional font пропорциональный шрифт; шрифт пропорционального размера
proportionality пропорциональность
proportional resizing mode режим пропорционального изменения размера
proportional spacing пропорциональное распределение пробелов
proportional spacing font пропорциональный шрифт
proportional typeface пропорциональный шрифт
proportions пропорции
propose предлагать; предполагать; высказывать
proposition предложение; суждение; предположение; высказывание; фраза
propositional пропозициональный
propositional algebra алгебра высказываний
propositional calculus исчисление высказываний; пропозициональное исчисление
propositional function пропозициональная функция
propositional hierarchy пропозициональная иерархия; иерархия высказываний
propositional inference пропозиционный вывод
propositional variable пропозициональная переменная
proprietory патентованный; уникальный; собственный; оригинальный; специфический; узкоспециализированный; «доморощенный»
proprietory desing оригинальная разработка
proprietory software патентованное программное обеспечение; оригинальное программное обеспечение
prorated maintenance сопровождение на пропорциональной основе
prospect 1. вид; панорама; перспектива; 2. предполагаемый клиент; подписчик; 3. перспектива; виды; планы на будущее
prospective data analysis анализ тенденций
prospective partner предполагаемый партнер
prosumer потребитель-профессионал; пользователь профессионального уровня
protect 1. защита; 2. защищать; предохранять
protected защищенный
protected address space защищенное пространство адресов
protected alloc memory защищенная распределяемая память
protected area защищенная область
protected class member защищенный компонент класса
protected copy защищенная копия
protected database защищенная база данных
protected directory защищенный каталог
protected domain защищенный домен
protected field защищенное поле
protected file защищенный файл
protected location защищенная ячейка
protected memory защищенная память; защищенная область памяти
protected-mode защищенного режима; работающий в защищенном режиме
protected mode защищенный режим
protected network защищенная сеть; сеть с автоматической защитой от несанкционированного доступа
protected processing защищенная обработка

protected queue area защищенная область очередей
protected storage память с защитой
protected system защищенная система
protected virtual address mode защищенный виртуальный режим; режим защищенной виртуальной адресации
protecting files from loss защита от потери файлов
protection защита; средства защиты
protection against intruders защита от злоумышленников
protection and secure module модуль защиты и обеспечения секретности
protection bit разряд защиты; бит защиты
protection character знак защиты
protection circuit схема защиты
protection domain область защиты
protection group administrator групповой администратор доступа
protection key ключ защиты
protection key error ошибка ключа защиты
protection lock защитная блокировка
protection system система защиты
protection tag признак защиты
protective action защитная мера
protective jacket защитный конверт; защитная оболочка (кабеля)
protective lacked coating защитное покрытие лаком; защитное лаковое покрытие
protective layer защитный слой
protect key field поле ключа защиты
protect unload temporary stack временный стек для выгрузки из памяти
protocol протокол
protocol analysis анализ протоколов
protocol analyzer анализатор протокола; протокольный анализатор
protocol binding привязка протокола
protocol class класс протокола
protocol conformance test report отчет о тестировании конформности реализации протокола
protocol connection identifier идентификатор протокольного соединения
protocol control information управляющая информация протокола
protocol conversion преобразование протоколов
protocol converter to non-SNA equipment протокольный конвертер для оборудования, не соответствующего архитектуре SNA
protocol data block протокольный блок данных
protocol data unit протокольный блок данных
protocol dialup access доступ по телефонной линии с использованием протокола
protocol element элемент протокола
protocol error нарушение протокола; ошибка протокола
protocol flag флаг кадра данных; кадр протокола
protocol for messaging протокол обмена сообщениями
protocol frame кадр данных; кадр протокола
protocol frame check sequence контрольная последовательность кадра протокола
protocol handler блок управления протоколом
protocol hierarchy иерархия протоколов
protocol identifier идентификатор протокола
protocol implementation протокольная реализация; реализация протокола
protocol implementation conformance statement свидетельство о конформности протокольной реализации
protocol implementation extra information for testing дополнительная информация для тестирования протокольной реализации
protocol independent routing маршрутизация, независимая от протокола
protocol layering многоуровневое представление протоколов
protocol machine протокольная машина
protocol package пакет протоколов; комплект протоколов
protocol packet пакет данных
protocol port порт протокола
protocol specification спецификация протокола
protocol stack стек протоколов; комплект протоколов; набор протоколов; пакет протоколов
protocol stack level уровень стеков протоколов
protocol suite комплект протоколов; стек протоколов
protocol translation преобразование протоколов
prototype прототип; прообраз; опытный образец; макет
prototype board плата прототипа; макетная плата
prototype program программа-прототип; макетная программа
prototyper средство макетирования; генератор прототипов; средство разработки прототипов; средство создания опытных образцов
prototype scope область действия прототипа
prototype software экспериментальное программное обеспечение; опытный экземпляр программного обеспечения
prototyping макетирование; разработка упрощенной версии
prototyping board макетная плата
prototyping system система макетирования
prove 1. доказывать; 2. проверять; испытывать
proven technology апробированная технология; проверенная технология
provide 1. предусматривать; предвидеть; 2. обеспечивать; снабжать
provided при условии; если только
provider провайдер; поставщик
provider ID идентификатор поставщика
provider optional service необязательная услуга уровня поставщика
proving time время проверки
provision 1. обеспечение; 2. положение; условие
proximate ближайший; соседний
proximity recording запись с малым зазором между индуктивной головкой и носителем
proximity recording heads головки записи с незначительной величиной зазора между головкой и поверхностью носителя
proxy 1. полномочие; передача голоса; доверенность; 2. модуль-посредник; программа, которой передаются полномочия на установление связи; заместитель (в OLE); 3. сервер-посредник; proxy-сервер; 4. полномочный
proxy agent агент-посредник
proxy ARP полномочный ARP
proxy cache кэширующий сервер-посредник
proxy caching опосредованное кэширование; промежуточное кэширование с контролем полномочий доступа; локальное кэширование Web-страниц со средствами защиты
proxy gateway шлюз-заместитель
«proxy» image изображение-заместитель; изображение с низким разрешением, представляющее картинку-оригинал
proxy object объект-представитель
proxy server сервер-заместитель; сервер-посредник; уполномоченный сервер; сервер-представитель; proxy-сервер
proxy configuration полномочная конфигурация
PRS система распознавания образов
pruning обрезка; отсечение; подрезка
pruning the tree сокращение древовидной структуры; усечение дерева

PS 1. узел коммутации пакетов; коммутатор пакетов; 2. персональная система; 3. источник питания

PSB 1. параллельная системная магистраль; параллельная системная шина; 2. блок спецификации программ

PSC 1. центр коммутации пакетов; 2. персональный суперкомпьютер

PSD техническое проектирование систем; предварительная разработка проекта

PSDN 1. сеть передачи данных с коммутацией пакетов; 2. коммутируемая сеть передачи данных общего пользования

PSE 1. пункт коммутации пакетов; центр коммутации пакетов; станция коммутации пакетов; 2. средства поддержки программирования; программная среда

pseude-combination псевдокомбинация

pseudo-abstract method псевдо-абстрактный метод

pseudo-address псевдо-адрес

pseudo-application program псевдоприкладная программа

pseudo-clock псевдо-часы

pseudocode псевдокод

pseudocoloring псевдоокрашивание

pseudocomment псевдокомментарий

pseudocyclic code псевдоциклический код

pseudo-device псевдоустройство

pseudo-disable routine псевдопрерываемая программа

pseudographics character символ псевдографики

pseudo hop count счетчик псевдопереходов

pseudohost processor псевдоведущий процессор

pseudo instruction псевдокоманда

pseudo-instruction псевдокод; псевдокоманда

pseudo-key псевдоключ

pseudo-key input Alt-ввод символа

pseudolanguage псевдоязык

pseudometric space псевдометрическое пространство

pseudoname псевдоимя

pseudonoise sequence псевдошумовая последовательность

pseudooperation псевдооперация

pseudo-page fault псевдостраничный сбой

pseudopage fault ошибка обращения к отсутствующей странице

pseudo-random псевдослучайный

pseudo-random functions функции генерации псевдослучайных последовательных

pseudo-random number псевдослучайное число

pseudo-random number generator генератор псевдослучайных чисел

pseudo-random sequence псевдослучайная последовательность

pseudo-random sequence generator генератор псевдослучайных последовательностей

pseudo-record псевдозапись

pseudo-register псевдорегистр

pseudo-terminals псевдотерминалы

pseudotetrad псевдотетрада

pseudo-variable псевдопеременная

pseudo vector code generator генератор псевдовекторного кода

pseusoternary coding псевдотроичное кодирование (в ISDN)

PSF постоянно подкачиваемый файл; постоянный файл свопинга

PSK кодирование со сдвигом фазы; фазовая манипуляция

PSM 1. модуль защиты и обеспечения секретности; 2. модуль поддержки платформы; 3. администратор службы печати

PSN 1. спутниковая сеть с коммутацией пакетов; 2. сеть с пакетной коммутацией; 3. узел коммутации пакетов

PSNL канал сети связи с коммутацией пакетов

PSP префикс сегмента программы

PSPACE класс полиномиально-пространственных задач

PSPDN сеть передачи данных общего пользования с коммутацией пакетов

PSS 1. служба сопровождения программных продуктов; 2. физический подуровень передачи сигналов; 3. сеть передачи данных с коммутацией пакетов; 4. система передачи данных с коммутацией пакетов

PS thumbnails этикетки PS

PSTN телефонная коммутируемая сеть общего пользования; телефонная сеть общего пользования

PSU 1. коммутатор пакетов; 2. блок питания

PSW слово состояния программы

PSW data network сеть передачи данных с коммутацией пакетов

psychadelic effect психоделический эффект

psychadelic filter фильтр «психоделика»; «психоделический» фильтр

p-system р-система

PT 1. тип информационного наполнения; 2. фототелеграфия

PTC канал пакетной передачи; канал передачи пакетов

PTE таблица страниц

PTF временные исправления в программе

PTIME полиномиальное время

PTT национальная администрация, регулирующая вопросы предоставления услуг связи; предприятие почтовой, телеграфной и телефонной связи

p-type channel канал р-типа; р-канал

P-type constant константа Р-типа; упакованная десятичная константа

p-type semiconductor полупроводник дырочного типа

PTZ панорамирование/наклон/масштабирование

PU 1. процессорный блок; 2. физическое устройство; 3. физический блок

pub date дата публикации

public общий; общедоступный; открытый; экспортируемый

public access открытый доступ; общий доступ

public address system широковещательная система; система громкой связи

publication language язык публикаций

public ATM switch коммутатор ATM общего пользования

public beta открытая бета-версия; общедоступная бета-версия

public change общедоступное изменение

public class member общедоступный компонент класса

public data общедоступные данные; данные коллективного пользования; общие данные

public database общая база данных; база данных общего пользования

public data network общедоступная сеть передачи данных; сеть передачи данных общего пользователя

public dial network line линия коммутируемой сети общего пользования

public domain свободно копируемые программы

public domain object объект общего пользования

public domain software общее программное обеспечение; программное обеспечение, не требующее лицензирования; бесплатное программное обеспечение; программное обеспечение, не защищенное авторскими правами

public file файл общего пользования; общедоступный файл

public information общедоступная информация

public key общий ключ; открытый ключ

public-key algorithm алгоритм шифрования с открытым ключом

public-key cryptography шифрование с общим ключом; шифрование с открытым ключом; криптография с открытым ключом

Public Key Cryptography Standard криптографический стандарт с общим ключом; стандарт PKCS

Public Key Infrastructure Инфраструктура открытого ключа

public key registry регистрация открытого ключа

public key system криптосистема с открытым ключом; криптосистема с ключом общего пользования; система шифрования с открытым ключом

public library общая библиотека; общедоступная библиотека

public line общедоступная линия связи; линия связи общего пользования

publicly-accessible общедоступный; открытый для общего доступа; открытый для всех пользователей

publicly inherited member компонент, наследуемый как общедоступный

public member общедоступный компонент класса

public messaging service система обмена сообщениями коллективного пользования

public model модель с общими данными

public network сеть общего пользования

public packet network сеть пакетной передачи данных общественного пользования

public packet switching network сеть общего пользования с коммутацией пакетов; сеть общего пользования с коммутацией пакетов

public part открытая часть

public permission полномочия общего доступа

public section раздел общедоступных компонентов

public storage общедоступное запоминающее устройство

public switched data network коммутируемая сеть передачи данных общего пользования

public switched telephone network коммутируемая телефонная сеть общего пользования; телефонная сеть общего пользования

public switching network коммутируемая сеть общественного пользования

public telecommucations network телекоммуникационная сеть общего пользования

public telephone line телефонная линия общего пользования; общая телефонная сеть

public trustee опекун «Public»

public volume общий том; том общего пользования

Public Windows Interface интерфейс Windows общего пользования; общедоступный интерфейс Windows; интерфейс PWI

publicy available file общедоступный файл

publish издавать; опубликовывать; публиковать

publish and subscribe публикация и подписка; средство типа «публикация и подписка»

publisher издатель

publisher database БД-издатель; первичная база данных

publisher identifier идентификатор издателя

publishing подготовка; публикация; издание; выпуск в обращение

publishing equipment издательское оборудование

publishing PC ПК для издательства

publishing platform платформа для публикаций

publishing server сервер для публикации

pull тянуть; тащить

pull-down box спускающийся список; раскрывающийся список

pull-down list прокручиваемый список

pull-down menu спускающееся меню; вертикальное меню; ниспадающее меню

pull-dows menu ниспадающее меню

pulled position отжатое положение кнопки

pull-in current ток срабатывания

pulling data извлечения данных; считывание данных

pull-model system система с активным опросом сообщений

pull policy распространение ПО (в сети) методом опроса наличия изменений

«pull» propagation распространение изменений при тиражировании данных методом «вытягивания»; тиражирование с опросом наличия изменений

«pull» protocol протокол с опросом

pull-up register нагрузочный резистор

pulse импульс

pulse advancing прохождение импульса

pulse amplifier импульсный усилитель

pulse amplitude modulation импульсно-амплитудная модуляция

pulse analyzer анализатор импульсов; импульсный анализатор

pulse blocking блокированные импульсы

pulse-broadening circuit схема распространения импульсов

pulse bus импульсная шина

pulse circuit импульсная схема

pulse code импульсный код

pulse-code modulation импульсно-кодовая модуляция

pulse coder кодово-импульсное устройство; импульсный шифратор

pulse coding импульсное кодирование

pulsed bias импульсное смещение

pulse direction полярность импульса

pulse duration modulation модуляция по длительности импульса; широтно-импульсная модуляция

pulse envelope огибающая импульса

pulse frequency частота следования импульсов

pulse generator генератор импульсов

pulse group группа импульсов; серия импульсов

pulse height высота импульсов

pulse integration интеграция импульсов

pulse jitter дрожание импульса

pulse length длительность импульса; ширина импульса

pulse-position modulation фазово-импульсная модуляция

pulse repetition rate скорость повторения импульсов

pulseshaping формирование импульсов

pulse stretcher расширитель импульсов

pulse-time период повторения импульсов

pulse train последовательность импульсов

pulse train generator генератор серии импульсов

pulse-triggered flip-flop триггер с импульсным запуском

pulse width длительность импульса

pulse-width modulation широтно-импульсная модуляция

pump 1. генератор накачки; 2. излучение накачки

pumping lemmas леммы накачки

pumping level уровень сигнала накачки

punch 1. перфоратор; 2. перфорация; 3. пробивка; 4. пуансон

punched card перфокарта

punched tag перфорированная этикетка

punch position позиция пробивки

punch tape перфолента

punctuation пунктуация

punctuation bit разряд знака пунктуации

punctuation character знак препинания; символ пунктуации

punctuation in declarators пунктуация в деклараторах

punctuation mark знак препинания

punctuator знак пунктуации

punk filter фильтр «сморщивание» (в графических пакетах)

purchase order распоряжение на покупку; заказ на покупку

purchase price цена покупки

pure чистый; строгий; без побочного эффекта

pure amplification фактическое усиление

pure binary code чистый двоичный код

pure binary notation чистое двоичное представление

pure code программа, не изменяемая в процессе выполнения; «чистый» код

pure color чистый цвет

pure data константы; неизменяемые данные

pure function функция без побочного эффекта

pure interpreter чистый интерпретатор

pure notation system однорядная индексация

pure procedure чистая процедура

pure transmission чистая передача

pure virtual function чистая виртуальная функция

purge 1. очистка; уничтожение; чистка; 2. стирать; сбрасывать; чистить

purge attribute атрибут «очищаемый»

purge date дата чистки; дата истечения срока хранения

purge file очищать удаленный файл

purification очистка; устранение ошибок

purity of core чистота стекловолокна (кабеля)

purple сиреневый

purport 1. смысл; содержание; 2. текст документа

purpose 1. цель; намерение; назначение; 2. иметь целью

purposeful behavior целенаправленное поведение

pursue преследовать; следовать; продолжать

push 1. втолкнуть; 2. помещать в стек

pushback character символ, возвращаемый в поток

push button 1. экранная кнопка; командная кнопка; 2. кнопка запуска; пусковая кнопка; 3. кнопка-переключатель; нажимаемая кнопка; 3. кнопка выталкивателя (диска); 4. заключительная клавиша

push-button control кнопочное управление

push-button dialing тастатурный набор номера; клавишный набор номера

push-button dialing pad клавишная приставка к номеронабирателю

push-button entry кнопочный ввод

push-button switch кнопочный переключатель; клавишный переключатель

push-down automaton автомат с магазинной памятью; магазинный автомат

push-down block пробойный блок (для монтажа сетевого кабеля)

push-down list магазинный список; стек

push-down memory магазинная память

push-down stack спускающийся список; список, организованный как стек; стек

push-down storage магазинная память; стековая память; запоминающее устройство магазинного типа

push-down store память магазинного типа

pushing data принудительная передача данных; рассылка данных

push-model processing пассивная модель приема сообщений

push policy распространение ПО (в сети) методом принудительной рассылки

pushpool поочередная работа; поочередное заполнение

«push» propagation распространение изменений при тиражировании данных методом «выталкивания»; тиражирование с принудительной рассылкой изменений

«push» protocol протокол с принудительной рассылкой

push technology технология «проталкивания» (информации); технология оперативной доставки информации; push-технология

push tractor устройство протяжки

push-up list очередь; обратный магазинный список

push-up stack очередь; обратный магазинный список

push-up storage запоминание по списку

put помещать; класть; положить; выводить

put down записывать; вписывать; приписывать; помещать; заносить

put in вводить

put out устранять; убирать

puzzle головоломка

puzzle filter фильтр «головоломка»

PV физический том

PVC 1. постоянный виртуальный канал; 2. частный виртуальный канал; 3. постоянное виртуальное соединение; 4. поливинилхлорвинил

PVC jacket полихлорвиниловая оболочка

PVP постоянные виртуальные маршруты

PWC разъем питания

PWI интерфейс Windows общего пользования; общедоступный интерфейс Windows

PWM широтно-импульсная модуляция

P-words слова проверки на четность; кодовые слова в матрице проверки четности

pyramiding factor коэффициент разветвления

– Qq –

64-QAM 64-точечная квадратурно-амплитудная модуляция

QAM 1. многопозиционная амплитудная модуляция; 2. метод доступа с организацией очереди; метод доступа с очередями

q-ary q-значный; q-арный; q-ичный

q-ary logic q-ичная логика; многозначная логика

QBE запрос по примеру; запрос по образцу

QBE language язык запросов QBE

QBF запрос через форму

QBM запрос по модели

Q-bus магистраль с мультиплексированными шинами адреса и данных; системная шина

QCB блок управления очередью

QCIF формат изображения 176x144 пикселов; квартетный формат CIF

q.e.d. что и требовалось доказать

QEL элемент очереди

QFA ускоренный доступ к файлу

Q-factor добротность; коэффициент добротности; показатель качества

QFP плоский корпус с четырехсторонним расположением выводов

QHY оцифрованный сигнал яркости Y с высоким разрешением

QIC 1. четвертьдюймовый картридж; 2. совместимость с 1/4 дюйма

QICDS стандарт на 1/4-дюймовые стримеры и магнитные ленты

QID идентификатор очереди

QISAM иерархический метод доступа с очередями

QL язык запросов

QLLC квалифицированное управление логическим каналом

QLP языковый процессор для обработки запросов

Q-meter измеритель добротности; куметр; Q-метр

QMS сервис управления очередями

QMS events события QMS; события диспетчерского обслуживания очереди

QNA анализатор сети массового обслуживания

QoS качество услуг; качество обслуживания; качество сервиса

QoS routing маршрутизация качества услуг

QPA четырехпортовый ускоритель

QPLC четырехканальный контроллер физического уровня

QPSK квадратурная фазовая модуляция

QRAM гарантия качества, надежности и ремонтопригодности

QSAM последовательный метод доступа с очередями

QTAM телекоммуникационный метод доступа с очередями

quad 1. четверка; 2. пробельный материал (в полиграфии); 3. квадрат (типографская единица)

quadded logic логические схемы с четырехкратным резервированием

quad flatpack плоский корпус с выводами с четырех сторон; плоский корпус с четырехсторонним расположением выводов

quad flat package плоский корпус с выводами с четырех сторон; плоский корпус с четырехсторонним расположением выводов

quadratic B-spline квадратичный B-сплайн

quadratic equation квадратное управление

quadratic form квадратичная форма

quadratic programming квадратичное программирование

quadratic programs задачи квадратичного программирования

quadratic spline квадратичный сплайн

quadrature phase-shift-key modulation квадратурная фазовая модуляция

quadruple 1. тетрада; четверка; 2. учетверенный; 3. кратный четырем; 4. учетверять;

quadruple backy счетверенная маркировка

quad-speed drive дисковод с учетверенной скоростью вращения

quadtone полутоновое изображение, полученное четырьмя красками

quadtree дерево квадрантов; 4-дерево

quadword учетверенное слово

qualification 1. квалификация; подготовленность; годность; 2. уточнение; префикс; 3. ограничение; 4. определение характеристик (линии)

qualificator уточнитель; квалификатор

qualified 1. уточненный; специфицированный; ограниченного использования; 2. квалифицированный

qualified bit указательный бит

qualified call уточненный вызов

qualified compound key уточненный составной ключ

qualified expression квалифицированное выражение

qualified method уточненный метод

qualified method activation активизация уточненного метода

qualified name составное имя; уточненное имя

qualified state byte байт уточненного состояния

qualified type специфицированный тип

qualified user квалифицированный пользователь

qualifier квалификатор; описатель; уточнитель; спецификатор; префикс

qualifier expression квалифицирующее выражение

qualify 1. оценивать; квалифицировать; 2. ограничивать; 3. обучаться; приобретать специальность; 4. получать право; 5. определять; классифицировать; называть; 5. ослаблять

qualifying bit разряд указания; указательный бит; указательный разряд

qualifying data file файл уточняющих данных

qualitative качественный; выраженный в качественной форме

qualitative analysis качественный анализ

qualitative behavior качественное поведение

qualitative information качественная информация

qualitative method качественный метод

quality 1. качество; свойство; 2. ценность; достоинство

quality assurance обеспечение качества

quality control контроль качества

quality factor коэффициент качества; коэффициент добротности; показатель качества

quality knob ключ качества

quality loop петля качества; спираль качества (модель взаимозависимых видов деятельности)

quality management управление качеством

quality of data качество данных

quality of implementation качество реализации

quality of program качество программного изделия

quality of service качество обслуживания; качество сервиса

quality paperback учебно-педагогическая литература

quality tracking контроль качества

quant специалист по количественному анализу

quantative method количественный метод

quantative tool количественный метод

quantification 1. квантификация; дискретизация; квантование; 2. количественная оценка

quantified 1. количественный; выраженный в количественной форме; 2. связанный квантором

quantified system analysis количественный анализ системы

quantifier квантификатор; квантор

quantify определять количество

quantifying bit указательный бит

quantitative количественный

quantitative analyst специалист по количественному анализу

quantitative consideration количественное рассмотрение

quantitative method количественный метод

quantitative process management управление процессом разработки (ПО) на основе количественных характеристик

quantitize количественно характеризовать

quantity количество; величина; размер

quantity curve параметрическая кривая количества

quantization distortion искажение квантования

quantization error ошибка квантования; ошибка дискретизации

quantization noise шум квантования

quantization program программа квантования

quantized high Y оцифрованный сигнал яркости Y с высоким разрешением

quantizer аналого-цифровой преобразователь; устройство оцифровывания; устройство квантования; квантователь; квантизатор

quantizing level уровень квантования

quantum квант; квант времени

quarantined directory карантинный каталог; каталог для записи зараженных вирусом файлов

quard-height board плата учетверенной ширины; плата с четырехсекционным краевым разъемом

quart-band clipping отсечение по четырем граням

quarter четверть

Quarter CIF квартетный формат CIF

quarter-inch cartridge четвертьдюймовый картридж

Quarter-Inch Cartridge Drive Standard стандарт на 1/4-дюймовые стримеры и магнитные ленты

quarter inch compatibility совместимость с 1/4 дюйма

quarter screen четверть экрана

quartertone тона, лежащие между высокими светами и полутенями

quartic equation уравнение четвертой степени

quartile квартиль

quasiabstract квазиреферат

quasidiagonal matrix квазидиагональная матрица

quasiformal description квазиформальное описание

quasi-instruction квазикоманда; команда-константа; псевдокоманда

quasilinearization квазилинеаризация

quasireentarable program квазиреентерабельная программа

quasirelation database квазиреляционная база данных

quaternary квадратурный

quaternary logic четырехзначная логика

queries per second запросов в секунду

quering опрос

query 1. опрос (в сети); 2. запрос (к БД); 3. вопросительный знак; вопрос

query analyzer анализатор запросов

query and reporting tool средство генерации запросов и отчетов

query answer ответ на запрос

query builder построитель запросов; средство формирования запроса

query by example запрос по образцу; запрос по примеру

query by form запрос через форму; запрос по форме

query-by-mail запрос по электронной почте; запрос, оформляемый в виде сообщения электронной почты

query by model запрос по модели

query completion расширение запроса

query composer формирователь запросов

query construction dialog диалог формирования запроса

query decomposition декомпозиция запроса

query designer конструктор запросов

query design grid сетка проектирования запроса

query enhancement расширение запроса

query facilities средства организации запросов; средства обеспечения запросов; средства запросного режима; средства построения запросов; средства запроса

query file файл запроса

query flattening выравнивание запросов

query form форма для задания запроса

query functionality функции формулирования запросов

query interrupt прерывание по запросу

query language язык запросов

query language processor языковый процессор для обработки запросов

query mode справочный режим; режим запросов

query name имя запроса

query processing обработка запроса

query properties свойства запроса

query rewrite переформирование запроса

query server сервер запросов

query service служба запросов

query tool средство запроса; инструментальное средство генерации запроса

query type тип запроса

query view представление запроса

question вопрос; запрос

questionable непроверенный; стоящий под вопросом; сомнительный

questionable coding непроверенный способ программирования

question-answer dialog диалог в форме вопросов и ответов

question-answering system запросно-ответная система

question-answer mode запросно-ответный режим

questioner 1. запрашивающий узел (распределенной системы); 2. интервьюер

question mark знак вопроса; вопросительный знак

question mark button кнопка контекстной подсказки

question mark escape sequence управляющая последовательность «вопросительный знак»

questionnarie анкета

queue 1. очередь; очередность; 2. вставать в очередь; ставить в очередь

queue area область очередей

queue behavior поведение очереди

queue buffering буферизация с очередями

queue configuration command line командная строка конфигурации очереди

queue control block блок управления очередью

queue control record главная управляющая запись

queued access доступ с очередями; доступ с организацией очереди

queued access method метод доступа с организацией очереди; метод доступа с очередями

queued hierarchical access method иерархический метод доступа с очередями

queue directory каталог очереди

queue discipline дисциплина очереди; очередность обслуживание; правило упорядочения очереди; порядок очереди

queue dispatcher диспетчер очередей

queued sequential access method последовательный метод доступа с очередями

queued telecommunication access method телекоммуникационный метод доступа с очередями

queued TP администратор транзакций с очередями

queue element элемент очереди

queue entry поступление в очередь

queueing постановка в очередь; организация очереди; формирование очереди

queueing analysis анализ очередей

queueing discipline организация очереди; дисциплина очереди; алгоритм планирования очереди

queueing list таблица очереди

queueing mechanism механизм ведения очередей

queueing network сеть массового обслуживания

queueing network analyzer анализатор сети массового обслуживания

queueing of interrupts организация очереди прерываний

queueing overhead затраты ресурсов на ведение очередей

queueing service система обслуживания очередей

queueing theory теория очередей; теория массового обслуживания

queue length длина очереди

queue management управление очередью

queue management services сервис управления очередями

queue manager программа управления очередями; администратор очередей

queue monitor монитор очереди; администратор очередей

queue object объект «очередь»

queue operator оператор очереди

queue processor процессор очередей; программа обработки очередей

queue server сервер очередей

queue server mode режим сервера очередей

quibinary code двоично-пятеричный код

QUIC четвертьдюймовый картридж

quick быстрый; скорый

quick-access memory память с быстрой выборкой; память с малым временем выборки

quick cell «быстрая» область

quick cell facility метод «быстрых» областей

quick check быстрая проверка

quick doodler подмалевок (в графических пакетах)

quickersort ускоренная сортировка

quick file access ускоренный доступ к файлу; QFA

quick-justify icon пиктограмма для быстрого выравнивания текста

quick kaunch key клавиша быстрого запуска

quick key оперативная клавиша; кодовая комбинация клавиш

quick operating быстродействующий

quick overview беглый обзор

quick path card карточка с краткими инструкциями; справочная карточка

quick reference краткий справочник

quick-reference card краткая справочная карта

quick reference guide краткое справочное руководство

quick setup быстрая установка

quick sort быстрая сортировка

quiet тихий; спокойный

quiet mode режим без сообщений; режим выполнения без вывода информации на экран

quiet operation тихая работа; бесшумная работа

quiet record mode режим работы без регистрации случайных сбоев

quinary notation представление чисел в пятеричной системе

quinbinary двоично-пятеричный

quirks особенности; хитрости

quit 1. выход; 2. выходить из системы; завершать сеанс; 3. заканчивать; завершать

quit change «скрытое» изменение

quit command команда завершения; команда прекращения сеанса; команда выхода

quite 1. полностью; совершенно; 2. почти; до некоторой степени

quit key клавиша выхода

quit PC бесшумный ПК

quiz опрос; экзамен

quod erat demonstrandum что и требовалось доказать

quota доля; часть; квота

quotation 1. цитирование; цитата; 2. цена; 3. котировка; курс

quotation mark апостроф; кавычки

quotations find поиск цитат

quote 1. цитировать; ссылаться; 2. заключать в кавычки

quoted string строка в кавычках

quote rates квотировать тарифы

quotes кавычки

quotient 1. частное; 2. отношение

quoting 1. заключение в кавычки; «экранирование» символа ; 2. цитирование

q-valued q-значный

QWERTY keyboard стандартная клавиатура; клавиатура с американским стандартом расположения клавиш

Q-words слова проверки на четность

– Rr –

RA код гарантированного возврата продукта
rabbit ears двойные кавычки
RACE Европейские исследования передовых технологий связи
race-free assignment бесконфликтное распределение
race game состязательная игра
raceway-type floor частично съемный пол
RACF средства управления доступом к ресурсам
RACH канал произвольного доступа
rack стойка; каркас
rack cabinet 1. шкаф; стойка; 2. гнездо шкафа; гнездо стойки; 3. стеллаж
rack-mountable монтируемый в стойке
rackmount computer компьютер, смонтированный в стойке
rack-size computer компьютер размером со стандартную стойку
RACOM система связи с произвольным доступом
RAD быстрая разработка приложений; быстрая графическая разработка программ; средства ускоренной разработки программного обеспечения; средства быстрой разработки приложений
radial blur filter фильтр «радиальная размывка»
radial exploration method метод радиального зондирования
radial fill радиальная заливка; радиальная градиентная заливка
radial interface радиальный интерфейс
radial tracking радиальное слежение
radial transparency радиальная прозрачность
radiate излучать
radical equation уравнение в радикалах
radical sign знак корня; радикал
radio button кнопка-переключатель; переключатель; зависимый переключатель; кнопка с зависимой фиксацией; селективная кнопка
radio communications link линия радиосвязи
radio data standard международный стандарт радиоданных RDS
radio-frequency высокочастотный; СВЧ
radio message system система радиосообщений
radiosity 1. диффузное отражение (от поверхности); мягкая полутоновая освещенность сцены; 2. метод излучательности
radio waves радиоволны
radio-wire integration интеграция радио и проводных средств связи
radius радиус
RADIUS служба удаленной аутентификации пользователей по телефонным линиям
radius of fillet радиус сопряжения

radix 1. основание; основание системы счисления; 2. основной объем выборки; 3. корень
radix complement дополнение до основания системы счисления; точное дополнение; дополнение по основанию
radix converter преобразователь системы счисления
radix exchange поразрядный обмен
radix minus one complement дополнение по основанию минус единица; поразрядное дополнение
radix notation позиционное представление; позиционная система счисления
radix number основание системы счисления
radix numeration system позиционная система счисления
radix point точка в позиционной системе счисления; десятичная точка в позиционном представлении числа; отделение десятичной части от дробной
radix sorting поразрядная сортировка
RADSL автоматическая настройка скорости передачи; с подстраиваемой полосой пропускания; DSL с адаптивной скоростью передачи
ragged array массив со строками разной длины; невыровненный массив; массив записи разной длины
ragged text рваный текст; текст с рваным краем
RAI интерфейс дистанционной работы с приложениями
RAID матрица недорогих дисковых накопителей с избыточностью; массив резервных недорогих дисков; группа дисков, работающих как единое устройство; блок дисков с избыточностью информации; дисковый массив; дисковая матрица
railroad diagram синтаксическая диаграмма
RAINBOW независимые широкополосные радиосети
rainbow contour радужный контур
raise поднимать; устанавливать флаг; повышать; увеличивать
raised floor фальшпол
raised grid «рельефная» сетка; рельефные разделительные линии
raise the event устанавливать флаг; устанавливать признак; возбуждать особую ситуацию
raising to a power возведение в степень
RAIT массив резервных недорогих лент
raked nib царапающее перо
Raleigh distribution распределение Релея; релеевское распределение
RAM ОЗУ; оперативная память; память с произвольным доступом
RAM address адрес в оперативной памяти
RAM-based video controller видеоконтроллер на базе ЗУ с произвольной выборкой
RAM disk электронный диск; псевдодиск; виртуальный диск, моделируемый в оперативной памяти

ramp function пилообразная функция; линейно нарастающая функция

RAMPS многопортовый сервер дистанционного доступа

RAM-resident program резидентная программа

RAN региональная сеть; зональная сеть; сеть, объединяющая несколько локальных сетей

random случайный; произвольный; беспорядочный; нерегулярный

random access 1. произвольная выборка; 2. прямой доступ; произвольный доступ; 3. случайный порядок выборки

random-access channel канал произвольного доступа

random-access database база данных с произвольным доступом

random-access device запоминающее устройство с прямым доступом; ОЗУ

random access file файл прямого доступа; файл с произвольной выборкой

random-access input/output ввод-вывод с произвольной выборкой

random-access I/O routines программы ввода-вывода с произвольным обращением к данным

random-access memory оперативная память; память с произвольным доступом

random access semiconductor memory полупроводниковая память с произвольным доступом

random-access store память с произвольной выборкой

random-access time slot интервал, отведенный для произвольного доступа

random action случайное воздействие

random communication система связи с произвольным доступом

random copies произвольно размещаемые копии (объекта на чертеже)

random coupling случайное соединение

random data произвольные данные

random dependence случайная зависимость

random distribution распределение случайной величины

random disturbance случайное возмущение

random error случайная ошибка

random event случайное событие

random failure случайный отказ

random fault случайная неисправность; эпизодическая неисправность

random file файл прямого доступа

random function случайная функция

random interconnections случайные соединение

randomization рандомизация

randomizer генератор случайных чисел

randomizing хеширование; рандомизация; перемешивание; тасовка

random logic произвольная логика; нерегулярная логика

random-logic board плата с произвольной логикой

random logic chip кристалл с произвольной логикой

random noise случайный шум; случайные помехи

random-noise generator генератор шума

random number случайное число

random number generator генератор случайных чисел

random order произвольный порядок

random password generator генератор случайных паролей

random process стохастический процесс; случайный процесс

random processing обработка с произвольной выборкой; произвольная обработка

random routing случайная маршрутизация; маршрутизация с выбором произвольного маршрута

random sample случайная выборка

random sampling случайная выборка

random-scan display векторный дисплей

random search algorithm алгоритм случайного поиска

random sequence случайная последовательность

random sequential access произвольно-последовательный доступ

random sequential logic произвольно-последовательная логика

random-service discipline дисциплина со случайным выбором требований на обслуживания; случайный выбор на обслуживание

random test data случайные тестовые данные

random variable случайная переменная

random variables generation генерация случайных переменных

random walk случайное блуждание

random-walk method метод случайного блуждания; метод случайного поиска

range 1. диапазон (значений); область; интервал; 2. размер выборки; широта распределения; 3. отрезок; область значений; 4. заключаться в пределах

range check контроль попадания в интервал; граничный контроль; контроль по диапазону; проверка по диапазону; проверка диапазона

range index интервальный указатель

range mask маска диапазона

range of addresses диапазон адресов

range of application область применения

range of definition область определения

range of function множество значений функции

range of selectors диапазон вариантов в операторе выбора

range partitioning декомпозиция данных по диапазонам значений

range sensing определение расстояния (при обработке трехмерных изображений)

range type тип-диапазон

range validator средство проверки допустимости по диапазону

range validator object объект проверки по диапазону

rank 1. разряд; место; позиция; 2. ранг; 3. перечислять; 4. классифицировать; 5. занимать место; 6. ранжировать; располагать в определенном порядке; устанавливать очередность

rank correlation ранговая корреляция

ranked data ранжированные данные; упорядоченные данные; отсортированные данные

ranked list ранжированный список

ranking ранжирование; упорядочивание

ranking function функция ранжирования

rank-order depth ранговая глубина

rapid быстрый; скорый

rapid access 1. быстрый доступ; 2. быстрая выборка

rapid-access loop участок памяти с быстрой выборкой

rapid access storage память с быстрой выборкой

rapid application development ускоренная разработка приложений; быстрая разработка приложений; RAD

rapid application development environment среда быстрой разработки приложений

rapid convergence быстрая сходимость

rapid information оперативная информация

rapid multiplication ускоренное умножение

rapid processing ускоренная обработка

rapid prototyping быстрое макетирование

rapid relay быстрая коммутация

rapid retrieval engine механизм быстрого поиска и извлечения данных; средства быстрого поиска информации

Rapid Transport Protocol протокол ускоренной передачи данных; протокол RTP

rapid zeroization быстрое обнуление

RARE Европейская ассоциация сетевых организаций

rare редкий

rare event редкое событие; маловероятное событие

RARP протокол обратного определения адреса

RAS 1. надежность, работоспособность и удобство эксплуатации; обеспечение повышенной готовности, надежности и сервисных возможностей; высокий уровень надежности, бесперебойность в работе и удобство обслуживания; 2. сервер дистанционного доступа; 3. служба удаленного доступа; служба дистанционного доступа; 4. стробирующий сигнал адресов строки

RAS connection удаленное подключение

RAS only refresh построчная регенерация (памяти DRAM)

raster 1. растр; двумерный массив точек; 2. растровый

raster count число элементов растра

raster display растровый дисплей

raster-display device растровое устройство отображение

raster display unit растровое устройство отображения

raster-format file файл в формате растровой графики

raster generation routine программа генерации растра

raster graphics растровая графика

raster grid растровая сетка

raster image растровое изображение; растровая графика

raster image processing процессор растровых изображений; процессор для обработки растровых изображений

raster image processor процессор растровых изображений

raster import импорт растровых изображений

rasterization растеризация

rasterized image output вывод изображения в виде растра

rasterizer растеризатор

rasterizing растеризация; преобразование векторной графики в растровую

raster line строка элементов растра; строка элементов изображения

raster-mode graphic display графическое изображение с растровой разверткой

raster operation режим наложения рисунков; правило отображения пересечений; растровая операция

raster plotter растровый графопостроитель

raster processor растровый процессор

raster scan растровое сканирование; развертка растра

raster unit единица растра; шаг растра; расстояние между элементами изображения; элемент растра

RAT 1. технология удаленного управления; 2. таблица псевдонимов регистров

rate 1. соотношение; отношение; коэффициент; степень; доля; пропорция; 2. размер; 3. норма; ставка; тариф; расценка; 4. скорость; интенсивность; 5. оценка; 6. оценивать; 7. устанавливать; определять

rate action действие по производной

rate control 1. регулирование скорости; 2. регулирование по скорости

rated 1. номинальный; паспортный; 2. пригодный; приспособленный

rate divisor делитель тарифа

rated voltage номинальное напряжение

rate-grown junction выращенный переход

rate of information transfer скорость передачи информации

rating 1. оценка; характеристика; 2. номинальное значение; параметр; 3. рейтинг; 4. присвоение рейтинга; ранжирование

rating broker брокер рейтингов

rating data оценочные данные; характеристические данные

rating process рейтинговый процесс

rating value номинальное значение; номинал

ratio 1. отношение; пропорция; 2. коэффициент; соотношение; 3. множитель; 4. степень

ratio control регулирование соотношения

ratio estimator оценка в виде отношения

rational разумный; целесообразный; рациональный

rational approximation рациональная аппроксимация; рациональное приближение

rational behavior целесообразное поведение

rational integral function рациональная интегральная функция

rational operation рациональная работа

rational tangent screening технология растрирования (на базе PostScript), в которой тангенсы рациональных углов используются для приближения к иррациональным тангенсам углов

raw необработанный; непосредственный

raw address strobe строб адреса строки

raw binary data несформированные двоичные данные

raw data несформированные данные; необработанные данные; исходные данные

raw data reading считывание первичных данных

raw device устройство, функционирующее в непосредственном режиме; устройство, не выполняющее обработку данных

RAW image изображение RAW

raw information необработанная информация

raw input-output прозрачный ввод-вывод

raw input thread поток необработанного ввода; поток необработанных входных данных

raw mode режим без обработки

ray лучевая линия; бесконечная линия, начинающаяся из точки

ray combination комбинация лучей

ray tracing трассировка лучей; лучевое зондирование (в графике)

ray-tracing procedure процедура просчета хода лучей

RBCS дистанционно-управляемая система штрихового кода

RBE дистанционный пакетный ввод заданий

RBG intensive характеристики цвета по его интенсивности; режим RGBI

RBHC региональная холдинговая компания Bell

RBOC региональное отделение компании Bell

RBV видеоконтроллер на базе ЗУ с произвольной выборкой

RC дистанционное управление

RCASI Консультативный совет по развлекательному программному обеспечению в Internet

RCE оборудование с дистанционным управлением

RCL линия радиосвязи

r-commands r-команды

RCP маршрутизирующий сопроцессор

RCP 1. дистанционный связной процессор; 2. управляющий протокол реального времени; 3. восстановить позицию курсора

RCS 1. программа дистанционного управления; 2. система контроля за новыми редакциями документов

R&D научно-исследовательский

RD 1. прием данных; 2. принимаемые данные (в модемах)

RDA дистанционный доступ к базам данных; доступ к удаленным данным; протокол доступа к удаленным базам данных; протокол RDA

RDA model модель доступа к удаленным данным; RDA-модель

RDB реляционная база данных

RDBMS система управления реляционными базами данных; РСУБД

RDC удаленное управление данными

RDD сменный драйвер базы данных
RDF язык описания ресурсов
RDI ray tracer трассировщик лучей RDI
R disk эталонный диск
RDM 1. модуль реляционного моделирования; 2. реляционная программа управления документами
RDMS реляционная система управления базами данных
RDN относительное отличительное имя
RDS международный стандарт радиоданных
RDT устройство для дистанционной передачи данных
R&D works научно-исследовательские работы
RE технология повышения разрешения (при печати)
reach достигать; доходить; простираться
reachability достижимость
reachability information информация о доступности (узлов сети)
reachability matrix матрица достижимости
Reach Text Format расширенный текстовый формат
react реагировать; отзываться
reaction control регулирование величины обратной связи
reaction handler обработчик реакций
READ относительное обозначение адреса элемента
read читать; считывать
readability 1. возможность считывания; 2. читаемость; удобочитаемость
readable 1. доступный для чтения; 2. удобочитаемый; пригодный для чтения
read address mode режим реальной адресации; режим абсолютной адресации
read-after-write output вывод с проверкой чтением после записи
read-after-write procedure процедура проверки чтением после записи
read-after-write verification проверка чтением после записи
read ahead опережающее чтение; чтение с упреждением
read-ahead caching упреждающее кэширование при чтении
read-ahead optimization оптимизация с помощью упреждающего чтения
read-and-regenerate cycle цикл считывания с восстановлением; цикл считывания с регенерацией
read-around ratio коэффициент допустимого числа считываний; число обращений между операциями
readback эхосчитывание
read-back check эхоконтроль; эхопроверка
readblock проблема; трудность; препятствия
read buffer буфер считывания
read bus шина считывания
read current ток считывания
read cycle цикл считывания
read cycle time время цикла считывания
read data flow поток считываемых данных; поток данных чтения
read data transfer передача данных чтения; передача считываемых данных
readdressing переадресация
read-enable buffer буфер разрешения считывания
reader 1. считывающее устройство; считыватель; 2. программа чтения
reader element считывающий элемент
reader/interpreter программа считывания/интерпретации; считыватель-интерпретатор
read error ошибка чтения
reader's mark корректурный знак
read fault сбой при чтении
read-for-update access доступ для чтения и обновления
read head головка считывания

read-in ввод данных
reading считывание; восприятие; чтение
reading automation автоматизация чтения
reading circuit схема считывания
reading machine считывающее устройство
reading mechanism механизм считывания; считывающий механизм
reading method метод считывания
reading task задача системного ввода; задача считывания
reading time время считывания
read-in program программа, вводимая по требованию
read lock блокировка считывания
read notification уведомление о прочтении
read-only только для чтения; только считывание; только чтение; доступный только по чтению
read only attribute атрибут «только чтение»
read-only bit флаг «только чтение»
read-only data set постоянный набор данных
read-only distributed memory постоянно-распределенная память
read-only file файл с доступом только по чтению; файл, защищенный от записи; постоянный файл; файл только для считывания
read-only memory память, доступная только по чтению; постоянная память; постоянное запоминающее устройство; ПЗУ
read only replica реплика «только для чтения»; тиражируемая копия, доступная только для чтения
read operation операция чтения; чтение
readout 1. вывод и считывание; вывод считываемых данных; динамически считываемые и отображаемые значения; отсчет; 2. выводить информацию из внутренней памяти
read pass цикл чтения
read-protected защищенный от чтения
read rate скорость считывания
read receipt уведомление о прочтении
read right право чтения
read select line шина выборки при считывании
read time время считывания
read-write чтение/запись
read-write access доступ для считывания/записи
read-write area область считывания/записи
read write attribute атрибут «чтение/запись»
read-write channel канал чтения/записи
read-write check indicator индикатор контроля при считывании/записи
read-write conflict конфликт по совпадению обращения при чтении и записи; конфликт чтения/записи
read-write head комбинированная универсальная головка; универсальная головка; головка чтения/записи
read-write memory память чтения-записи; оперативная память; ОЗУ
read/write replica реплика «чтение/запись»; тиражируемая копия, доступная по чтению/записи
read-write-write check контроль считывания при записи
ready готовый; подготовленный
ready bit бит готовности
ready condition готовность к обработке; состояние готовности
ready flag флаг готовности
ready light индикатор готовности
ready line линия готовности
ready list таблица готовности
ready-made solution готовое решение
ready mode режим готовности
ready signal сигнал готовности

ready task готовая к продолжению задача; задача, готовая к продолжению

ready-to-run готовый к выполнению

ready-to-use готовый к использованию; готовый к применению

real вещественный; действительный

real accumulator накапливающий сумматор для действительных частей комплексных чисел

real address реальный адрес; действительный адрес

real address area область реальных адресов

real address mode режим абсолютной адресации; режим реальной адресации; реальный режим

real architecture реальная архитектура

real constant вещественная константа

real DOS kernel реальное ядро DOS

real estate реальный объем; доступное на диске пространство

realistic musical rendition реалистичное воспроизведение музыки

realistic rendering реалистичный рендеринг; получение фотореалистичного изображения

reality emulation technology технология эмуляции действительности

realize 1. сознавать; понимать; 2. осуществлять

realizing a brush реализация кисти

real-life environment реальные условия

real-life sound effects реалистичные звуковые эффекты; звуковые эффекты реального мира

reallocate перераспределять

reallocating disk space перераспределение пространства диска

reallocation перераспределение; перемещение

realm область; область действия

real memory реальная память; физическая память

realm item элемент-идентификатор области (в БД)

real mode реальный режим

real-mode реального режима; работающий в реальном режиме

real-mode driver драйвер реального режима

real-mode networking работа в сетях реального режима

real number вещественное число; действительное число

real-number constant вещественная константа; действительная константа

real part вещественная часть

real partition реальный раздел

real perspective реальная перспектива (трехмерная графика)

real sound реальный звук

real storage реальная память; физическая оперативная память

real storage management программа управления реальной памятью

real storage page table таблица страниц реальной памяти

real time реальное время; реальный масштаб времени; истинное время

real-time в реальном времени

real-time access доступ в реальном времени

real-time animation анимация в реальном масштабе времени

real-time application приложение реального времени; прикладная система реального времени; программа, работающая в реальном масштабе времени

real-time buffer 1. буфер для работы в реальном масштабе времени; 2. буферное запоминающее устройство для работы в реальном масштабе времени

real-time calculation вычисление в реальном времени

real-time capture захват в реальном времени

real-time channel evaluation оценка характеристик канала в реальном времени

real-time clock часы истинного времени; датчик истинного времени; генератор импульсов истинного времени

real-time collaboration коллективная работа в реальном времени

real-time communication передача в реальном времени; коммуникации в реальном масштабе времени

real-time compression interface интерфейс сжатия данных в реальном времени

real-time computation вычисление в реальном времени

real-time computer ЭВМ, работающая в реальном масштабе времени

real-time computer system вычислительная система реального времени

real-time control управление в реальном времени; управление в реальном масштабе времени

real-time control area область управления в реальном масштабе времени

real-time data данные, поступающие в реальном времени

real-time delivery доставка (данных) в реальном времени

real-time dummy фиктивное реальное время

real-time emulation эмуляция в реальном времени

real-time environment среда реального времени; условия режима реального времени; режим реального времени

real-time executive система-исполнитель реального времени; система реального времени

real-time information flow поток информации в истинном масштабе времени

real-time input ввод в реальном времени

real-time input/output ввод-вывод в реальном времени

real-time kernel ядро ОС, ориентированной на работу в реальном времени

real-time language язык реального времени

real-time mode режим реального времени

real-time monitor монитор реального времени

real-time object manager система управления объектами в реальном времени

real-time operating system операционная система реального времени

real-time operation вычисление в реальном времени; работа в реальном времени; обработка в реальном масштабе времени; работа в реальном масштабе времени

real-time output вывод в реальном времени

real-time processing обработка в реальном времени; работа в реальном времени; режим реального времени

real-time project планирование в реальном времени

Real-Time Protocol протокол реального времени; протокол RTP

real-time response реакция в реальном времени

real-time restore восстановление в реальном времени

real-time simulation моделирование в реальном масштабе времени

real-time system система реального времени; система, работающая в истинном масштабе времени

real-time testing испытания в реальном времени

real-time variable bit rate передача в реальном времени с переменной скоростью

real-time video 1. видео в реальном времени; видеосредства реального времени; 2. алгоритм уплотнения изображения RTV

real type вещественный тип

real value фактическое значение; действительное значение

real variable вещественная переменная; действительная переменная

real-word реальный; практический

real-word problem реальная проблема

real world interface интерфейс реального мира

real zero нормализованный нуль
rear gap задний зазор
rearrange переупорядочивать; перегруппировывать; переставлять
rearrangement перестройка; переупорядочение; перестановка; перегруппировка; перераспределение
reasonability check проверка на допустимость; смысловая проверка
reasonable разумный; обоснованный; приемлемый
reasonable error допустимая погрешность; допустимая ошибка
reasoning 1. обоснование; 2. рассуждение; логический вывод; умозаключение
reasoning agent «мыслящее» исполнительное устройство
reasoning chain цепь рассуждений; последовательность выводов
reassembly block блок сборки
reassembly lockout блокировка сборки; блокировка компоновки
reassembly lockup блокировка сборки; блокировка компоновки
reassign 1. переназначение; 2. переназначать; переприсваивать
reassignment переназначение
reauthenticate повторная проверка подлинности; повторная аутентификация
rebate coupon купон для возврата части денег после оплаты покупки
reboot 1. перезагрузка; 2. повторять начальную загрузку; перезагружать
reboot button кнопка перезапуска
rebooting перезагрузка
rebuild воссоздавать; строить повторно; перестраивать; реорганизовывать
recalculation пересчет; повторное вычисление
recalibration рекалибровка
recall 1. повторный вызов; 2. повторный звонок (абоненту); 3. выборка (данных); 4. отмена; аннулирование; 5. повторно вызывать; 6. восстанавливать; 7. вспоминать; 8. выбирать (данные)
recast приводить (тип данных)
recasting приведение типа данных
receipt 1. получение; прием; 2. квитанция
receivable принимаемый; могущий быть принятым
receive получать; принимать
receive data принимать данные
receive-data buffer буфер принимаемых данных
receive data with HDLC framing принимать данные в соответствии с протоколом HDLC
receive interruption прерывание приема
receive not ready не готов к приему
receive only только для приема данных; «только прием»
receive-only terminal терминал, работающий только на прием
receiver приемник; получатель
receiver congestion перегрузка приемника
receive ready готов к приему
receiver level уровень сигнала на входе приемника
receiver threshold порог чувствительности ресивера
receiver/transmitter приемопередатчик
receive shadow получение тени (объектом); отбрасывание тени на объект (в графике)
receive silence принимать тишину
receive window окно приема
receiving circuit приемная схема
receiving-data circuit схема приема данных
receiving end передающий конец (линии)
receiving terminal приемный терминал

recent недавний; последний; новый
receptacle 1. приемник; вместилище; хранилище; 2. штепсельная розетка; патрон; держатель; приемная часть соединения
reception прием; получение
reception congestion перегрузка при приеме
receptor 1. приемник; 2. гнездо
recharge 1. перезарядка; 2. перезаряжать (батарею)
recharge time время перезарядки (аккумуляторной батареи)
recinstruct реконструировать; восстанавливать
recipient получатель; адресат
recipient could not be resolved адресат не найден
recipients table таблица адресатов
reciprocal 1. обратная величина; 2. обратный; 3. реверсивный
reciprocal counter реверсивный счетчик
reciprocal variable обратное значение переменной
reciprocity law закон взаимности
recirculating loop 1. петля рециркуляции; 2. цепь рециркуляции
reclaim возвращать (память); восстанавливать ресурс
recoder element элемент записи; минимальное расстояние между двумя точками фотонаборного автомата
recognition распознавание; опознавание
recognition criterion критерий распознавания
recognition matrix распознающая матрица; опознающая матрица
recognition of speech распознавание речи
recognition technology технология распознавания
recognized publicly available specifications признанные общедоступные спецификации
recognizer средство распознавания; распознаватель
recognizing grammar распознающая грамматика
recombination рекомбинация
recommendational standard рекомендуемый стандарт
recommendation systems рекомендательные системы
recompilation перекомпиляция
recompile перетранслировать; перекомпилировать
recompiling перекомпиляция; повторная компиляция
reconcile согласовывать; синхронизировать
reconciler синхронизатор
reconciliation 1. синхронизация; объединение нескольких версий документа в одну; 2. согласование; согласованность
reconfigurable add-on реконфигурируемое дополнение
reconfiguration реконфигурация
reconfigure переконфигурировать; перенастроить конфигурацию
reconnect 1. восстановление соединения; 2. восстанавливать соединение; повторно подключаться
reconnection восстановление соединения
reconstruct восстанавливать
reconversion обратное преобразование
record 1. запись; 2. регистрация; 3. записывать; 4. регистрировать
recordable CD записываемый компакт-диск
recordable CD-ROM записывающий дисковод CD-ROM
record access block блок доступа к записи
record access mode режим доступа к записи
record address адрес записи
record address file файл указателей адресов записей
record aggregate составное комбинированное значение записи
record block блок записей
record blocking объединение записей в блоки; блокирование записей
record carrier линия передачи документальной информации

record change изменение записи
record clustering кластеризация записей
record cluster кластер записей
record count количество записей; число записей
record counter счетчик записей
record declaration описание записи
record deletion удаление записи
record description entry элемент описания записи
record descriptor дескриптор записи
record destruction code код удаления записи
recorded area область записи; записанная область
recorded value записанная величина
record entry статья записи
recorder регистратор
recorder chart запись на ленте самописца
record exception исключение записи
record field поле записи
record format формат записи
record gap интервал между записями; промежуток между записями
record generator генератор записей
record group блок записей; группа записей
recording 1. запись; регистрация; 2. регистрирующий; записывающий
recording amplifier усилитель записи
recording area область записи; участок записи
recording channel канал записи; канал регистрации
recording characteristics характеристики канала записи
recording density плотность записи
recording device записывающее устройство
recording equipment 1. оборудование записи; аппаратура записи; 2. регистрирующая аппаратура
recording medium носитель записи; среда записи
recording method метод записи
recording preset запись заготовки
recording/reproducing system система записи/воспроизведения; устройство записи/воспроизведения
recording system система записи
recording track дорожка записи
record input ввод записи
record insertion включение записи; вставка записи
record instance экземпляр записи
record-keeping регистрация; ведение записей
record key ключ записи
record label метка записи
record layout 1. расположение записи; 2. структура записи
record length длина записи
record localization локализация записей
record lock блокировка записи; захват записи
record locking запрет изменения записи; блокировка записи; захват записи
record locks блокировка записей
record management services служба управления записями
record management system система управления записями
record mark метка записи; маркер записи; разделитель записей
record name имя записи
record object объект-запись
record occurrence экземпляр записи
record-oriented device устройство с доступом записями; устройство, ориентированное на работу с записями
record packing уплотнение записи; упаковка записи
record pointer указатель записи
record region область записи
record resolved indexing индексирование с точностью до записи

record segment сегмент записи
record selection expression выражение выбора записи
record selector указатель записи
record separator разделитель записей
record separator character знак разделения записей; разделитель записей
record set набор записей; множество записей
recordset type тип набора записей
record size размер записи; длина записи
record skip пропуск записи
record source источник записей (для формы/отчета)
record store добавление записи
record transfer передача записями
record type запись; тип записи
re-count пересчитывать
recover восстанавливать
recoverability восстанавливаемость
recoverable восстановимый
recoverable abend аварийное окончание с возможностью восстановления; исправимый аварийный останов; аварийный останов с восстановлением функционирования
recoverable error ошибка, допускающая восстановление; исправимая ошибка
recoverable malfunction сбой с возможностью восстановления работоспособности (системы)
recoverable queuing service обслуживание очередей (транзакций) с восстановлением при отказах
recover design master восстановить основную реплику (в Access); восставновить основую тиражируемую копию
recovered folder восстановленная папка
recovered personal folders восстановленные личные папки
recovery восстановление; исправление; возврат
recovery bug ошибка с восстановлением
recovery characteristic характеристика переходного процесса; кривая восстановления
recovery curve кривая восстановления
recovery data восстановительные данные; данные для восстановления
recovery facilities средства восстановления
recovery log журнал восстановления
recovery logic логические схемы восстановления; логика восстановления
recovery management управление восстановлением
recovery management support средство восстановления
recovery phase фаза восстановления
recovery procedure процедура восстановления; восстановительная процедура
recovery program программа восстановления
recovery system восстанавливаемая система
recovery time время восстановления
recreational software развлекательное программное обеспечение
rectangle прямоугольник
rectangle control элемент управления «прямоугольник»
rectangle mask прямоугольное выделение (в графических пакетах)
rectangle mask tool инструмент «прямоугольное выделение» (в графических пакетах)
rectangular прямоугольный
rectangular box прямоугольный блок
rectangular coordinates прямоугольные координаты; декартовы координаты
rectangular distribution прямоугольное распределение
rectangular grid прямоугольная сетка
rectangular integration вычисление интеграла по формуле прямоугольников

431

rectangular marquee selector инструмент «выделение прямоугольником» (в графических программах)
rectification выпрямление (тока)
rectilinear прямолинейный
recur повторяться
recurrence рекуррентное соотношение
recurrence formula рекуррентная формула
recurrent циклический; повторяющийся
recurrent code циклический код; рефлексный код
recurrent error повторяющаяся ошибка
recurrent inequality рекуррентное неравенство
recurring at pre-defined intervals повторяющийся через заданные интервалы
recurring events повторяющиеся события
recurring expenses текущие расходы
recursion рекурсия
recursion equation рекурсивное уравнение
recursion formula рекуррентная формула; рекурсивная функция
recursion theorem теорема рекурсии
recursive рекурсивный
recursive algorithm рекурсивный алгоритм
recursive analysis рекурсивный анализ
recursive call рекурсивное обращение; рекурсивный вызов
recursive compiler рекурсивный компилятор
recursive computation рекурсивное вычисление
recursive construction 1. рекурсивная конструкция; 2. рекуррентное соединение
recursive data structure рекурсивная структура данных
recursive definition рекурсивное определение; рекурсивное задание
recursive descendant method метод рекурсивного спуска
recursive descent рекурсивный спуск
recursive doubling рекурсивное удвоение
recursive editing рекурсивное редактирование
recursive function рекурсивная функция
recursive grammar рекурсивная грамматика
recursive language рекурсивный язык
recursive list рекурсивный список
recursiveness рекурсивность
recursive procedure рекурсивная процедура
recursive relation рекурсивное отношение
recursive set рекурсивное множество; рекурсивный набор
recursive structure рекурсивная структура
recursive subprogram рекурсивная программа
recursive subroutine рекурсивная подпрограмма
recursive transition network рекурсивная сеть переходов
recycling повторное использование
red красный
Red Book «Красная книга» (стандартов и спецификаций); «Интерпретация надежных сетей (TNI) в соответствии с критерием оценки пригодности компьютерных систем (TCSEC)»
redeclaration переобъявление; повторное описание; переопределение; повторное определение
redefenition of macro переопределение макрокоманды
redefine переопределять
red-eye-reducing flash mode режим уменьшения эффекта «красных глаз»
red eye replacement коррекция «красных глаз» (в графических пакетах)
redirect перенаправлять; переадресовывать; переназначать
redirected drive переназначенный диск
redirecting переназначение; переадресация
redirection переадресация; переназначение
redirection character символ переназначения
redirection layer уровень переназначения

redirection of program изменение хода программы
redirection software программное обеспечение переадресации
redirector редиректор; программа переназначения; сетевое программное обеспечение клиента; сетевой клиент; программа переадресации (запросов)
redisplay повторить отображение; перерисовать; восстановить изображение
redo 1. повтор; 2. повторить; вернуть; 3. переделывать
re-dock закрепление; фиксация в новой позиции
redrawing повторное отображение; повторный вывод на экран; перерисовка
reduce 1. сокращать; уменьшать; упрощать; понижать; редуцировать; 2. приводить; 3. предварительно обрабатывать
reduce by half сокращать вдвое; уменьшать в два раза
reduced приведенный; сокращенный
reduced automaton приведенный автомат
reduced data сжатые данные
reduced design сокращенный план
reduced equation приведенное уравнение
reduced equation system приведенная система уравнений
reduced error приведенная ошибка
reduced instruction set сокращенный набор команд
reduced instruction set computing вычисления с ограниченным набором команд
reduced instruction set chip микросхема с сокращенным набором команд
reduced instruction set computer ЭВМ с сокращенным набором команд; RISC-машина; архитектура микропроцессора на основе сокращенного набора команд
reduced matrix приведенная матрица
reduced order приведенный порядок
reduced scale уменьшенный масштаб
reduced view уменьшенный вид; ограниченное представление
reduce selection сократить выделение; уменьшить выделенную область
reduce window to icon свернуть окно в значок; представить окна в виде пиктограммы
reducibility axiom аксиома сходимости
reducible polynomial приводимый полином
reduction 1. приведение; уменьшение; упрощение; редукция; 2. сокращение; сжатие понижение; сведение; 3. превращение; преобразование; предварительная обработка; 4. редукционный
reduction architecture редукционная архитектура
reduction computer редукционная вычислительная машина
reduction machine редукционная машина
reduction of image уменьшение размера изображения
reduction to normal form приведение к нормальной форме
reduction without any loss сжатие без потерь
reductive operation редуктивная операция
reductor редуктор
redundancy избыточность; резервирование
redundancy bit избыточный контрольный разряд
redundancy check контроль с введением избыточности; контроль за счет избыточности; контроль по избыточности
redundancy elimination устранение избыточности
redundancy of language избыточность языка
redundancy reduction устранение избыточности
redundancy reliability надежность за счет избыточности; надежность за счет резервирования
redundancy testing избыточное тестирование
redundant избыточный; излишний; резервный
redundant array of inexpensive disks блок дисков с избыточностью информации; массив резервных недорогих дисков; дисковый массив RAID

redundant automaton избыточный автомат
redundant bit избыточный контрольный разряд
redundant bus резервная шина
redundant character избыточный знак
redundant circuit избыточная схема; дублирующая схема
redundant code избыточный код
redundant coding избыточное кодирование
redundant computation избыточное вычисление
redundant data избыточные данные
redundant equation 1. уравнение, содержащее посторонние корни; 2. избыточное уравнение
redundant failure отказ резервированной системы
redundant indexing избыточное индексирование
redundant information избыточная информация
redundant system избыточная система
Reed — Muller alphabet алфавит Рида — Мюллера
Reed — Muller code код Рида — Мюллера
Reed — Solomon code код Рида — Соломона
reel катушка; бобина
reel hold-down закрепление бобины магнитной ленты
reel label маркировочный знак бобины
reenable повторно разрешать
reengineering реорганизация; перестройка; перепроектирование
reenter 1. ввести заново; 2. входить повторно
reenterability реентерабельность
reenterable реентерабельный; допускающий повторное вхождение
reenterable code повторно входимая программа; реентерабельный код
reenterable module реентерабельный модуль
reenterable procedure реентерабельная процедура; повторно выполняемая процедура
reenterable program реентерабельная программа
reentrant code программа с возможностью повторного вхождения; реентерабельная программа
reentrant program повторно входимая программа; реентерабельная программа
reentry point точка повторного входа
refer ссылаться; обращаться; относиться; справляться
reference 1. ссылка; обращение; 2. справка; сноска; 3. справочник; справочное руководство; 4. указатель; 5. эталонный; опорный; справочный
reference address 1. адрес обращения; адрес ссылки; 2. опорный адрес; базовый адрес
reference axis опорная ось
reference bit бит обращения; разряд обращения; признак обращения
reference booklet справочный буклет
reference button кнопка ссылки
reference card карта ссылок
reference cell опорный элемент
reference circuit контрольная схема; эталонная схема
reference clock основная частота (синхронизации); опорная частота; эталонная частота
reference color эталонный цвет
reference count 1. контрольный счет; 2. контрольный отсчет; 3. счетчик ссылок
reference-counting garbage collection «сборка мусора» путем подсчета числа ссылок
reference data справочные данные; справочная информация
referenced cell ссылка на ячейку; ячейка, на которую ссылаются
reference disk эталонная дискета
reference edge базовый край носителя записи; опорный край

reference element 1. опорный элемент; эталонный элемент; 2. элемент типа ссылки
reference file эталонный файл
reference format эталонный формат
reference frequency 1. опорная частота; эталонная частота; основная частота; 2. частота обращений
reference guide справочное руководство
reference information 1. справочная информация; 2. информация о ссылках; ссылочная информация
reference input 1. контрольный ввод; контрольные входные данные; 2. контрольный входной сигнал
reference instruction команда обращения
reference language эталонный язык
reference level контрольной уровень; опорный уровень; отсчетный уровень
reference line опорная линия; линия отсчета; ось координат
reference listing распечатка ссылок; листинг ссылок
reference logic контрольная логическая схема; эталонная логическая схема
reference manual справочное руководство
reference mark 1. метка ссылки; 2. знак сноски
reference model эталонная модель
Reference Model for Open Systems Interconnection эталонная модель взаимодействия открытых систем
reference model of open systems эталонная модель соединения открытых систем
reference monitor concept концепция монитора ссылок
reference operator операция ссылки
reference parameter параметр-ссылка; параметр, передаваемый по ссылке
reference platform эталонная платформа
reference point ориентир; точка отсчета; опорная точка; базовая точка; контрольная точка
reference-providing information system документальная информационно-поисковая система
reference recording medium типовой носитель записи
reference register регистр использования ссылок
reference resolution разрешение ссылки
reference resolving разрешение ссылки
reference table таблица ссылок
reference time начальный момент времени; опорная точка отсчета
reference time server эталонный сервер времени
reference to linked object ссылка на связанный объект
reference type ссылочный тип
reference value эталонное значение; исходное значение
reference variable переменная ссылочного типа
referential ссылочный
referential argument аргумент ссылочного типа
referential integrity целостность на уровне ссылок; ссылочная целостность
refer to ссылаться на; отсылать к; обращаться к
refill повторное заполнение
refine 1. очищать; 2. улучшать; совершенствовать
refined data уточненные данные
refinement 1. ретуширование; 2. уточнение
refinement operation операция уточнения данных
reflect отражаться; отображать
reflectance отражающая способность (поверхности)
reflect correlation прямолинейная корреляция
reflected background 1. отражаемый задний план; 2. отражающий фон
reflected code циклический код; рефлексный код
reflected color цвет отражения
reflecting barrier отражающий барьер

R

reflect in x перевернуть по горизонтали (операция в графических пакетах)

reflect in y перевернуть по вертикали (операция в графических пакетах)

reflection отображение; отражение

reflection densitometer денситометр для измерений в отраженном свете

reflection standard эталонный образец отражения

reflective index коэффициент отражения (в оптическом волокне)

reflective optical videodisc format формат отражающего оптического видеодиска; формат ROVF

reflexive action рефлекторное действие; рефлекс

reflexive code рефлексивный код

reflexive law закон рефлексивности

reformat переформатировать

reformatting 1. изменение формата; 2. переформатирование

refraction преломление

refraction of light рефракция света

refractive index коэффициент преломления

refresh 1. регенерация; обновление; 2. регенерировать; актуализировать; обновлять

refreshable восстанавливаемый; регенерируемый

refreshable module регенерируемый модуль

refresh buffer буфер изображения; буфер регенерации

refresh counter счетчик регенерации

refresh cycle цикл регенерации (памяти)

refresh file list обновить список файлов

refresh icons обновить значки

refreshing регенерация; обновление; восстановление

refreshing circuit схема восстановления

refresh interval период обновления

refresh RAM видеопамять; память изображения

refresh rate частота регенерации

refresh-rate meter измеритель частоты регенерации

refurbished отремонтированный

refurbished personal computer отремонтированный ПК; восстановленный ПК

refusal отказ

refutable formula опровержимая формула

refutation противоречие

regenerating восстановление; перезапись; регенерация; регенерирование

regeneration counter счетчик регенерации

regeneration process процесс регенерации (данных)

regenerative integrator интегратор с положительной обратной связью

regenerative memory регенеративная память

regenerative reading считывание с регенерацией

regenerative storage регенеративная память

regime режим

regimen режим

region регион; область; сфера; зона; участок

regional региональный

regional address региональный адрес; адрес участка памяти

regional area network зональная сеть; региональная сеть; сеть, объединяющая несколько локальных сетей

regional center главная узловая междугородная станция

regional computer center региональный вычислительный центр

regional computer network региональная компьютерная сеть

region control task управляющая задача; задача управления зоной

region job pack area часть области выполнения заданий

region labeling пометка областей (на изображении)

region specification спецификация области

region window окно произвольной формы

register 1. регистр; 2. регистрировать; 3. накапливать; суммировать

register address адрес регистра

register addressing регистровая адресация

register aliased variables регистровые переменные-псевдонимы

register alias table таблица псевдонимов регистров

register allocation распределение регистров; назначение регистров

register arithmetic арифметические операции над данными в регистрах; регистровая арифметика

register bank банк регистров

register caching of array elements кэширование элементов массива в регистрах

register capacity длина регистра; разрядность регистра; емкость регистра

register custom controls подключить специальный элемент управления

registered зарегистрированный

registered resources зарегистрированные ресурсы

registered user зарегистрированный пользователь

register file 1. регистровый файл; 2. массив регистров

registering регистрация

register insertion вставка регистров

register instruction регистровая команда

register length длина регистра; емкость регистра; разрядность регистра

register name имя регистра

register notation обозначение регистра

register optimization оптимизация регистров

register-oriented architecture регистровая архитектура; регистровая структура

register pair регистровая пара

register renaming переименование регистров

register request регистровый запрос

register-saving conventions соглашения о сохранении регистров

register storage регистровая память

register-to-index cell instruction команда формата «регистр-индексная ячейка»

register-to-register instruction команда межрегистровой пересылки; команда формата «регистр-регистр»

register-to-storage instruction команда формата «регистр-память»

register transfer language язык межрегистровых пересылок

register variable регистровая переменная

register window окно регистров

registration регистрация; учет

registration attribute атрибуты регистрации

registration card регистрационная карточка

registration database регистрационная база данных

registration entries данные реестра

registration mark типографская метка; метка совмещения

Registry реестр; системный реестр; база конфигурации системы

Registry editor редактор реестра

Registry entry элемент реестра

Registry error ошибка реестра

Registry key раздел реестра; ключ Registry

Registry key control block управляющий блок ключа Registry

Registry subkey подраздел реестра

registry transfer level описание на уровне регистровых передач

Registry value значение реестра

regression регрессия

regression analysis регрессионный анализ
regression coefficient коэффициент регрессии
regression curve кривая регрессии
regression equation уравнение регрессии
regression model регрессионная модель
regression routine подпрограмма вычисления регрессии
regression testing регрессивное тестирование
regressive analysis обратный анализ
regressive interpolation обратная интерполяция
regret criterion критерий сожаления
regret matrix матрица потерь (в теории игр)
regular 1. правильный; регулярный; 2. обыкновенный
regular costs нормативные затраты
regular entity регулярная сущность
regular entity relation регулярное отношение сущностей
regular event регулярное событие
regular expression регулярное выражение
regular file обычный файл
regular grammar регулярная грамматика
regular graph однородный граф; регулярный граф
regular graph of degree N однородный граф N-ой степени; регулярный граф N-ой степени
regular hours нормативные часы
regularity factor коэффициент регулярности
regular language регулярный язык; язык с регулярной структурой
regular logic регулярная логика
regular polygon правильный многоугольник
regular shape правильная фигура
regulation 1. регулирование; 2. стабилизация; 3. правило
regulator amplifier регулирующий усилитель
regulatory control автоматическое регулирование
rehashing рехеширование
reinitialize переинициализировать; инициализировать повторно
reinsert вставлять заново
reinstall реинсталлировать; переинсталлировать; инсталлировать заново; повторно устанавливать
reinstate устанавливать в новое состояние
reissue повторять команду
REJ отказ
reject 1. отказ; 2. отказывать; отвергать; отбрасывать
rejected data отвергаемые данные
rejection отказ; отклонение; непринятие
rekey набирать заново (на клавиатуре); вводить повторно
rel элемент записи; минимальное расстояние между двумя точками фотонаборного автомата
relabeling actor переименованный актор
relate устанавливать соотношение; соотносить
related родственный; связанный; имеющий отношение; относящийся; зависимый
related database зависимая база данных
related fields связанные поля
related form зависимая форма
related forms связанные формы; формы, для которых установлены отношения между базовыми таблицами
related table/query связанная таблица/запрос
related topic смежная тема; связанный вопрос
relation отношение; соотношение; зависимость; связь
relational реляционный; относительный; родственный
relational algebra алгебра отношений; реляционная алгебра
relational approach реляционный подход
relational calculus реляционное исчисление
relational capabilities возможность работы с реляционной моделью данных
relational database реляционная база данных

relational database management system реляционная система управления базами данных; РСУБД
relational database system реляционная СУБД; система управления реляционной базой данных
relational data modeler модуль реляционного моделирования
relational data structure реляционная структура данных
relational document manager реляционная программа управления документами
relational expression выражение отношения
relational features реляционные возможности; возможности описания отношений
relational field реляционное поле
relational file реляционный файл
relation algebra реляционная алгебра
relational indexing реляционное индексирование
relational intersection пересечение отношений
relational language язык отношений; реляционный язык
relational mechanism реляционный механизм; механизм работы с реляционной БД
relational model реляционная модель
relational on-line analytical processing оперативная аналитическая обработка реляционных данных
relational operation реляционная операция; операция отношения; операция сравнения
relational operator операция отношения; знак операции отношения; операция сравнения; оператор отношения
relational programming недетерминированное программирование
relational query by example реляционный запрос по образцу
relational schema реляционная схема
relation arity арность отношения
relation binding связывание отношений
relation calculus исчисление отношений; реляционное исчисление
relation character знак отношения
relation completeness реляционная полнота
relation composition композиция отношений
relation concatenation объединение отношений
relation data model реляционная модель данных
relation decomposition декомпозиция отношения
relation difference разность отношений
relation division деление отношения
relation expression выражение отношения
relation extension расширение отношений
relation join соединение отношений
relation key ключ отношения
relation language реляционный язык
relation model реляционная модель
relation normalization нормализация отношений
relation operation операция реляционной алгебры; оператор отношения
relation operator оператор отношения
relation quotient частное отношений
relation rank ранг отношения
relations отношения
relation set набор отношений
relationship 1. взаимоотношение; 2. соотношение; отношение; 3. связь; зависимость
relationship access доступ по отношению
relationships схема данных; связи
relationships between tables отношения между таблицами (в БД)
relationship service служба связей
relationship tuple кортеж связей
relationship type тип отношения
relation type тип отношения

relative сравнительный; относительный

relative address относительный адрес; смещение

relative addressing относительная адресация

relative alignment взаимное выравнивание (объектов)

relative block address относительный адрес блока

relative code 1. код команды с относительной адресацией; 2. программа в относительных адресах

relative coding относительное кодирование; программирование в относительных адресах

relative command относительная команда

relative coordinate относительная координата

relative data относительные данные

relative distinguished name относительное отличительное имя; относительно-характерное имя

relative divergence of parameter относительное отклонение параметра

relative element address designation относительное обозначение адреса элемента

relative entropy относительная энтропия

relative error относительная ошибка; относительная погрешность

relative expense относительные затраты; относительная стоимость

relative frequency относительная частота

relative grid относительная сетка

relative-grid symbolic layout символическое представление топологии методом относительной сетки

relative instruction команда в относительных координатах

relative line number 1. относительный номер строки; 2. относительный номер линии

relatively prime взаимно-простые числа

relative name относительное имя

relative order относительный порядок

relative organization относительная организация

relative pathname относительное составное имя маршрута; относительный маршрут; относительный путь

relative polar coordinates относительные полярные координаты

relative programming программирование в относительных адресах

relative severity factor коэффициент нагрузки

relative shift относительное смещение; относительный сдвиг

relative-time clock часы относительного времени

relative vector относительный вектор

relativization относительная адресация

relator знак отношения

relax ослаблять; уменьшать

relaxation релаксация

relaxation algorithm релаксационный алгоритм

relaxation decomposition релаксационная декомпозиция

relay 1. реле; 2. ретранслятор; 3. передавать; ретранслировать

relay center коммутационный центр; центр коммутации сообщений; коммутационная станция

relaying function функция ретрансляции

relay station ретрансляционная станция

release 1. версия; редакция; 2. пресс-релиз; 3. разъединение; разблокировка; освобождение; 4. отпускать; освобождать

release a lock снимать блокировку

release bulletin информационный листок выпуска

release command команда разблокировки

released version финальная версия; конечная версия

release key 1. кнопка сброса; 2. клавиша освобождения

release sequence number порядковый номер версии

release version окончательная версия; рабочая версия; версия, выпущенная в продажу

releasing 1. возврат (ранее выделенных ресурсов системе); освобождение (ресурсов); 2. освобождение; отпускание (клавиши)

releasing the heap освобождение динамически распределяемой области памяти

relevance уместность; релевантность; соответствие

relevance feedback релевантная обратная связь

relevance logic логика определения релевантности информации; механизм определения релевантности

relevance ratio коэффициент релевантности

relevance score коэффициент релевантности

relevance tree дерево соотношений

relevancy criterion критерий релевантности; критерий смыслового соответствия

relevant подходящий; уместный; соответствующий

relevant data релевантные данные; релевантная информация

relevant document релевантный документ

relevant information релевантная информация

reliability надежность

reliability, availability and serviceability надежность, работоспособность и удобство эксплуатации

reliability data данные о надежности

reliability engineering техника обеспечения надежности

reliability index показатель надежности

reliability test испытания на надежность

reliability theory теория надежности

reliable надежный; достоверный

reliable data надежные данные; достоверная информация

reliable link связь повышенной надежности

reliable transfer service служба надежной пересылки

relief effect фильтр «рельеф»; эффект «рельеф»

relief printing рельефная печать; высокая печать

relink перекомпоновать; выполнять повторную компоновку

relinquish освобождать

reload 1. перезагрузка; повторная загрузка; 2. повторно загружать; перезагружать

reloadable control storage перезагружаемая управляющая память

relocatability переместимость; перемещаемость

relocatable перемещающий; настраиваемый; переместимый

relocatable address настраиваемый адрес; перемещаемый адрес

relocatable address constant перемещаемая адресная константа

relocatable assembler 1. перемещаемый ассемблер; 2. ассемблер, генерирующий перемещаемые программы

relocatable code перемещаемая программа; перемещаемый код

relocatable expression перемещаемое выражение

relocatable library библиотека перемещаемых модулей; перемещаемая библиотека

relocatable library module модуль библиотеки перемещаемых модулей

relocatable linking loader настраивающий компоновщик-загрузчик

relocatable loader настраивающий загрузчик; перемещающий загрузчик

relocatable memory image настраиваемый в памяти образ программы

relocatable module перемещаемый модуль

relocatable object code перемещаемый объектный код

relocatable program перемещаемая программа

relocatable program library библиотека настраиваемых программ; библиотека перемещаемых программ

relocatable program loader перемещающий программный загрузчик; настраивающий загрузчик

relocatable subprogram перемещаемая подпрограмма; перестимая подпрограмма

relocatable term перемещаемый терм

relocate перемещать; переносить; настраивать

relocating loader перемещающий загрузчик; настраивающий загрузчик

relocation 1. модификация адресов; переадресация; 2. настройка; перемещение; перераспределение

relocation address адрес перемещения

relocation bias величина перемещения

relocation dictionary словарь перемещений; таблица настройки

relocation factor константа настройки; коэффициент перемещения

relocation table таблица настройки

remain оставаться

remainder остаток; разность; остаточный член

remainder assignment operator операция вычисления остатка и присваивания

remainder function функция вычисления остатка

remainder of division остаток от деления

remainder operator операция вычисления остатка; знак операции вычисления остатка

remainder register регистр остатка

remaining costs остаточные затраты

remaining duration оставшаяся продолжительность

remaining duration as percent of baseline duration оставшаяся продолжительность как процент базовой продолжительности

remaining magnetization остаточная намагниченность

remaining resource total hours оставшиеся общие часы ресурса

remaining total cost оставшиеся общие затраты

remapping перераспределение; переназначение

remark 1. примечание; комментарий; замечание; ссылка; 2. замечать; отмечать

remedial maintenance ремонтное обслуживание; ремонтные работы; ремонт

reminder оповещение; средство оповещения

reminder dialog box диалоговое окно-напоминание

remirror переотражение (данных)

remodulator ремодулятор

remote удаленный; дистанционный

remote access 1. дистанционный доступ; удаленный доступ; 2. дистанционная выборка

remote access concentrator концентратор удаленного доступа

remote access management управление удаленным доступом

remote access multiport server многопортовый сервер дистанционного доступа

remote access point пункт удаленного доступа

remote access router маршрутизатор удаленного доступа

remote access server сервер удаленного доступа; сервер дистанционного доступа

remote access service служба удаленного доступа; служба дистанционного доступа

remote action удаленное действие

remote adapter адаптер удаленного терминала

remote administration удаленное администрирование

Remote Application Interface интерфейс дистанционной работы с приложениями

remote authentication dial-in user service служба удаленной аутентификации пользователей, устанавливающих соединение по телефонным линиям

remote automation дистанционная автоматизация (механизм)

remote automation technology технология удаленного управления

remote bar coding system дистанционно-управляемая система штрихового кода; RBCS

remote batch дистанционный пакет

remote batch access доступ в пакетном режиме

remote batch entry дистанционный ввод заданий; дистанционный пакетный ввод

remote batch processing дистанционная пакетная обработка данных

remote batch terminal терминал пакетной обработки

remote boot удаленная загрузка

remote-boot загружаемый удаленно

remote booting удаленная загрузка

remote-boot PROM ППЗУ с удаленной загрузкой

remote boot ROM ПЗУ удаленной загрузки

remote calculator дистанционное вычислительное устройство

remote client software программное обеспечение удаленного клиента

remote communication multiplexer удаленный мультиплексор передачи данных

remote communications manager менеджер удаленных коммуникаций; диспетчер удаленного доступа

remote communications processor дистанционный связной процессор

remote computing дистанционные вычисления

remote computing system exchange аппаратура обмена между центральным компьютером и дистанционными устройствами

remote concentrator концентратор дистанционных передач; телеконцентратор

remote configuration настройка удаленного доступа

remote connectivity products продукты удаленного доступа

remote console удаленный терминал; удаленная консоль

remote console management управление с удаленной консоли

remote control дистанционное управление; пульт дистанционного управления

remote-control device устройство дистанционного управления; пульт дистанционного управления

remote control equipment 1. аппаратура дистанционного управления; 2. оборудование с дистанционным управлением

remote-control product программа дистанционного управления; программное обеспечение для дистанционного управления

remote-control program программа удаленного управления

remote control software программное обеспечение удаленного управления; программа дистанционного управления

remote data 1. данные, поступающие с удаленных пунктов; 2. данные на удаленном узле

remote data access дистанционный доступ к данным; доступ к удаленным данным; модель доступа к удаленным данным

remote data access protocol протокол доступа к удаленным базам данных; протокол RDA

remote database access дистанционный доступ к базам данных

remote data exchange обмен данными между центральной ЭВМ и удаленными устройствами

remote data processing дистанционная обработка данных

remote data transmitter устройство для дистанционной передачи данных

remote debugging удаленная отладка; дистанционная отладка

remote device удаленное устройство

remote diagnosis дистанционная диагностика

R

remote diagnostic assignment дистанционное диагностичес-кое обслуживание

remote diagnostics дистанционная диагностика

remote dial-in/dial-out удаленные входящие и исходящие со-единения (с сетью) по телефонным линиям

remote dial-up bridge/router удаленный мост/маршрутизатор

remote display package пакет удаленного отображения

remote display unit удаленный дисплей

remote entry unit удаленное устройство ввода

remote execution service служба удаленного исполнения

remote file файл на другом узле сети; дистанционный файл

remote file server удаленный файл-сервер; удаленный фай-ловый сервер

remote file system удаленная файловая система

remote format удаленный формат

remote format item косвенный элемент формата; элемент косвенного определения формата

remote host удаленный главный компьютер; удаленная хост-система

remote input дистанционный ввод

remote input/output дистанционный ввод-вывод

remote input/output queue очередь удаленного ввода-вы-вода

remote inquiry unit устройство дистанционного опроса

remote installation удаленная инсталляция

remote job дистанционное задание; задание, введенное с удаленного терминала

remote job entry удаленный ввод заданий; дистанционный ввод заданий; передача массива информации с удаленно-го узла

remote job execution дистанционное выполнение задания

remote LAN access удаленный доступ к локальной сети

remote LAN access server сервер удаленного доступа к ло-кальной сети

remote LAN node удаленный узел локальной сети

remote location удаленный пункт

remote login регистрация в удаленной системе

remotely operated дистанционно управляемый

remote mail удаленная почта

remote mail item элемент удаленной почты

remote maintenance processor процессор дистанционного обслуживания

remote management facility утилита удаленного управления; средство удаленного управления

remote measurement дистанционное измерение; телеизме-рение

remote message processing дистанционная обработка сооб-щений

remote modem access удаленный доступ через модем

remote monitoring дистанционный сбор административной информации; дистанционный мониторинг

Remote NetWare Control дистанционное управление в среде NetWare

remote network access служба удаленного доступа; удален-ный доступ к сети

remote network controller дистанционный сетевой контрол-лер

remote node удаленный узел

remote operation service element сервисный элемент уда-ленной обработки

remote presentation дистанционный вывод информации

remote printer mode режим удаленного принтера

remote printing удаленная печать

remote procedure call дистанционный вызов процедуры; удаленный вызов процедуры

remote processing дистанционная обработка; телеобработка

remote program load дистанционная загрузка программ

remote reset удаленный сброс

remote sensing дистанционное считывание

remote session сеанс удаленного доступа

remote site 1. удаленный узел; 2. удаленный офис; удален-ная локальная сеть

remote station дистанционный терминал; удаленный терми-нал; удаленная станция

remote support удаленная поддержка

remote terminal удаленный терминал; дистанционный терми-нал

remote terminal access method дистанционный терминаль-ный метод доступа; метод доступа к удаленным термина-лам

remote terminal concentrator концентратор удаленных тер-миналов

remote update удаленное обновление

remote user удаленный пользователь

remote viewing дистанционная визуализация

remote viewing and manipulation дистанционные выбор и манипулирование кадром

remote wakeup удаленная активизация

remote workstation удаленная рабочая станция

remount повторно монтировать

removable съемный; сменный

removable data storage устройство хранения данных со сменным носителем

removable disk сменный диск; съемный диск

removable disk storage запоминающее устройство на съем-ных дисках

removable file system монтируемая файловая система

removable hard disk сменный жесткий диск

removable media съемный носитель; сменный носитель

removable-media drive накопитель со сменным носителем

removable random access произвольный доступ к устрой-ству со сменным носителем

removable storage устройства хранения данных со съемным носителем

removable volume съемный том

removal удаление; устранение; перемещение

remove 1. удалить; устранить; 2. извлечь; вытащить (плату)

removeable media съемные диски

remove filter удалить фильтр

remove hidden lines удалить невидимые строки

remove matte удалить кляксу (в графических пакетах)

remove noise effect удалить шум

remove noise filter фильтр «удаление шумов»

remove split убрать разбиение

remove table удалить таблицу

removing a user удаление пользователя

removing folder удаление папки

removing scan lines удаление следов развертки

rename переименовать

rename inhibit переименовать нельзя

rename inhibit attribute атрибут «переименовать нельзя»

rename object right право объекта «переименование»

rename right право «переименование»

renaming переименование

renaming declaration объявление переименования

render effects эффекты визуализации

renderer модуль рендеринга; программа рендеринга; сред-ство визуализации; подсистема визуализации

rendering рендеринг; визуализация; расчет цветовых пере-ходов; обсчет изображения; построение и отображение сцены; просчет последовательностей кадров

rendering equation уравнение визуализации

rendering walk-through визуализация перемещения в виртуальной среде
render preview tool инструмент «предварительная визуализация»
render window окно визуализации
rendezvous рандеву
rendition визуальное воспроизведение; передача изображения
rendition table таблица соответствий; таблица преобразования
renew обновлять
renewable resources возобновляемые ресурсы
renewal возобновление
renewal interval интервал обновления
renumbering изменение порядка; перенумерация
reorder переупорядочивать
reorder buffer буфер переупорядочения
reordering переупорядочивание
reorganization реорганизация
repaginate переустанавливать разделители страниц
repaging подкачка страниц памяти
repainting перерисовывание
repaint object обновить объект
repair исправлять; восстанавливать; ремонтировать
repairability ремонтопригодность
repairable defect устранимый дефект
repair database восстановление базы данных; восстановление поврежденной базы данных
repair delay time время задержки устранения неисправностей
repair directory каталог для восстановления (системы)
repairing a filesystem восстановление файловой системы
repair time время ремонта
repartition заново организовывать разделы (диска)
repeat повторить
repeatability повторяемость
repeat bit бит повтора
repeat count число повторов
repeat-different discipline дисциплина с изменением распределения времени обслуживания при его возобновлении; повторно-различное обслуживание
repeated-character compression уплотнение повторяющихся символов (метод сжатия файлов)
repeated event повторяющееся событие
repeatedly циклически; неоднократно
repeater ретранслятор; повторитель; регенератор сигналов
repeater set повторительная секция
repeat expression условие повтора
repeat-identical discipline дисциплина с неизменным распределением времени обслуживания; повторно-идентичное обслуживание
repeat instruction команда повторения
repeat length длина оттиска
repeat rate частота автоповтора
repeat section повторение раздела
repeat-statement оператор цикла с условием завершения
repeat stroke tool инструмент «повтор мазка»
repeat-until loop цикл с проверкой условия в конце; цикл повторения до выполнения условия; цикл с условием завершения
repel отбить (текст)
repertoire набор; совокупность
repertory набор; совокупность
repertory code система команд; набор команд
repetition повторение
repetition character символ повторения

repetition factor коэффициент повторения; коэффициент кратности; кратность
repetition instruction команда организации цикла; команда повторения; повторяемая команда; инструкция с повторителем
repetition of transmission повторение передачи
repetitive 1. повторение; 2. повторяемый
repetitive addressing адресация с повторением адреса
repetitive computer вычислительная машина с периодизацией решения
repetitive cycle повторный цикл
repetitive error повторяющаяся ошибка
repetitive execution повторяющееся выполнение; цикл
repetitive letter автоматически составляемое стандартное письмо; стандартное письмо, рассылаемое нескольким лицам
repetitive specification спецификация повторения
repetitive statement оператор цикла
REPL линейное предсказание и усеченное возбуждение (в кодерах)
replace 1. замена; 2. заменять; подставлять; замещать
replaceable database driver сменный драйвер базы данных
replaceable parameter заменяемый параметр
replace all заменить все
replace colors filter фильтр «замена цветов» (в графических пакетах)
replacement замена; замещение; подстановка
replacement character признак замены; символ замены; символ исправления
replacement module модуль замены; резервный модуль
replacement redundancy резервирование замещением
replacement sotfware product заменяющий программный продукт; программное изделие-заменитель
replacement text замещаемый текст
replace mode режим замены; режим замещения
replacer tool инструмент «заменитель»
replace selected text заменить выделенный текст
replace string строка замены
replace succeeded замена выполнена
replace with заменить на
replacing color замена цвета
replay воспроизведение (информации)
replica реплика; точная копия; тиражируемая копия
replica control управление тиражированием; управление использованием копий
replica list список реплик; список тиражируемых копий
replica management управление тиражируемыми копиями
replica ring кольцо тиражирования; кольцо реплик; кольцо тиражируемых копий; список копий
replicate повторять; копировать; тиражировать
replicate algorithm алгоритм копирования
replicated append query реплицированный запрос на добавление; тиражированный запрос обновления
replicated copy идентичная копия
replicated data тиражируемые данные; дублирующая копия данных
replicated database база данных с тиражированием
replicated filter реплицируемый фильтр
replicating тиражирование реплик; репликация
replicating partitions тиражирование реплик разделов; репликация разделов
replication тиражирование; репликация; копирование; повторение; дублирование
replication agent (программный) агент тиражирования; агент репликации
replication engine механизм тиражирования

439

replication group группа тиражирования; группа узлов сети, участвующих в тиражировании данных

replication ID код репликации; код тиражирования

replication of code тиражирование программы

replication server сервер тиражирования

replication service служба тиражирования

replication system система тиражирования

replication tree дерево тиражирования; дерево репликации

replicator 1. репликатор; средство тиражирования; 2. сервер тиражирования

reply 1. ответ; 2. отвечать

reply command команда ответа

reply message ответное сообщение

reply packet пакет ответа

reply to all ответить всем

reply to sender ответить отправителю

report 1. отчет; сообщение; 2. представлять отчет; сообщать

report and update generator генератор отчетов и дополнений

report builder конструктор отчетов

report creation создание отчета

report designer конструктор отчетов

report documentation отчетная документация

report editor редактор отчетов

report file файл отчета

report filter фильтр отчета

report footer примечание отчета

report footing служебная информация в конце страницы

report format формат отчета; формат вывода результатов

report generation генерация отчетов

report generator генератор отчетов

report header заголовок отчета

report heading заголовок отчета

reporting facilities средства генерации отчетов; средства формирования отчетов

report making формирование отчетов

report name имя отчета

report preparation формирование отчетов

report-program generator генератор программ печати отчетов

report section секция отчетов

report template шаблон отчета

report view представление отчета

report writer генератор отчетов

report writing tool инструментальное средство генерации отчетов

reposition переустановить; позиционировать снова

repository репозиторий; централизованная база данных проекта; единая база проектных данных; центральная координационная база данных; информационный архив; банк; библиотека

represent представлять; изображать

representation представление; изображение; способ задания

representation of data flow charts представление схем потоков данных; представление информационных потоков

representation specification описание представления

representation system система представления

representative 1. представитель; 2. характерный; показательный; репрезентативный; представительный

representative calculating time среднее время вычисления; среднее время счета

representative computing time эталонное время счета

representative data репрезентативные данные

representative fault репрезентативная неисправность

representative sample представительная выборка; репрезентативная выборка

representativity репрезентативность

reprieve отсрочка

reprint перепечатка; переиздание

reprioritize изменять приоритет

reproduce воспроизводить; дублировать

reproducer репродуктор

reproducible error воспроизводимая ошибка

reproducing воспроизведение

reproducing amplifier усилитель воспроизведения

reproducing channel канал воспроизведения

reproducing device устройство воспроизведения

reproducing head воспроизводящая головка; головка воспроизведения

reproducing mode режим воспроизведения

reproducing system система воспроизведения

reproducing track дорожка воспроизведения

reproduction репродукция; воспроизведение

reproduction of instruments воспроизведение звучания инструментов

reprogram перепрограммировать

reprogrammable перепрограммируемый

reprogrammable memory перепрограммируемая память

reprography копировально-множительные процессы и оборудование; репрография

REPT планирование с использованием сетевого графика

repudation 1. отказ от авторства; 2. непризнание участия

request запрос; требование

request block блок запроса

request block of program блок запроса программы

request button кнопка запроса

requested data затребованные данные; запрошенные данные

requested information затребованная информация; запрошенная информация

requested item требуемый элемент

requested privilege level запрашиваемый уровень привилегий

request enter key клавиша ввода запроса

requester запросчик; абонент; реквестор; реквестор; сетевое программное обеспечение клиента; инициатор запросов

requester software клиентское программное обеспечение

request for comments запрос на комментарии и предложения

request for information запрос на получение информации

request forwarding перепоручение запроса; переадресация запроса

request header заголовок запроса

request input mode ввод по запросу; ввод с приглашением

request line запросная шина

request message сообщение с запросом

requestor запросчик; абонент; реквестор; реквестор; сетевое программное обеспечение клиента; инициатор запросов

requestor-server design структура типа «реквестор-сервер»; схема типа «запросный узел — обслуживающий узел»

request packet пакет запроса

request parameter list список параметров запроса

request phase фаза запроса

request queue очередь запросов

request queue element элемент очереди запросов

request queuing организация очередей запросов

request-repeat system система с автоматическим переспросом

request-response communication взаимодействие типа «запрос/ответ»; диалоговые коммуникации

request-response time время между запросом и ответом

request retry count подсчет повторных запросов

request to send запрос на передачу; запрос передатчика

request to send/clear to send запрос/подтверждение готовности

requeue повторно ставить в очередь; возвращать в очередь

require требовать; нуждаться

required требуемый; обязательный

required argument обязательный аргумент

require data entry обязательный ввод данных

required data set обязательный набор данных

required field обязательное поле; поле, требующее заполнения

required font требуемый шрифт

required parameter обязательный параметр

required property обязательное свойство; обязательная характеристика

required space обязательный пробел

requirement требование; необходимое условие; потребности

requirement description описание требований; техническое задание

requirement error ошибка в определении технических требований

requirements потребность; требования

requirements compliance error ошибка из-за нарушения технических требований

requirements management контроль исходных требований

requirements specification техническое задание; спецификация требований; техническое условие; описание требований (к программному средству)

requirement statement language язык формулирования требований

requisition заказ; требование

RER коэффициент необнаруженных ошибок

reraise распространить

reread повторное чтение

rerecording 1. перезапись; 2. сведение (фонограммы)

rerouter маршрутизатор (сети)

rerun 1. перезапуск, повторный запуск; 2. повторный прогон; повторное выполнение; повторный проход; 3. повторять запуск; повторно выполнять; перезапускать

rerun point точка повторения

rerun procedure процедура повторения

rerun routine программа перезапуска; программа повторения

rerun specification спецификация повторения

resample 1. изменение размера; 2. изменить размер растрового изображения; 3. сделать перевыборку

resampling перевыборка; повторная выборка

resampling bitmap изменение разрешения растрового изображения

rescale изменять масштаб

rescan повторно просматривать

rescanning повторный проход; повторный просмотр

reschedule переупорядочивать; перепланировать

reschedule interval период переупорядочивания очереди

rescheduler планировщик

rescue disk восстановительная дискета; дискета для восстановления системы

rescue dump аварийная разгрузка; аварийный дамп; защитная разгрузка памяти; защитный дамп; дамп контрольной точки; полный дамп

rescue point точка восстановления с перезапуском; контрольная точка

research 1. изучение; исследование; изыскания; 2. исследовать

research and development научно-исследовательский

research area область исследований

research center исследовательский центр

research efforts программа исследовательских работ

research prototype экспериментальный образец

research software программное обеспечение, созданное в исследовательских целях

reseller дилер; реселлер

reseller license лицензия реселлера

reselling перепродажа

resend повторно передавать

resend Cc переслать копию (в электронной почте)

resend undeliverable item повторно передать недоставленный элемент (в электронной почте)

reservation machine машина для регистрации предварительных заказов

reservation system система резервирования мест (в гостиницах); система предварительного заказа билетов

reserve резервировать

reserved резервируемый; резервный; служебный

reserved code зарезервированная команда

reserved error зарезервированное сообщение об ошибке

reserved identificator зарезервированный идентификатор

reserved identifier зарезервированный идентификатор

reserved instruction зарезервированная команда

reserved memory зарезервированная память

reserved page option режим резервирования страниц

reserved style запасной стиль; резервный стиль

reserved symbol зарезервированный идентификатор

reserved volume резервируемый том

reserved word ключевое слово; зарезервированное слово

reserves запасы; ресурсы

reserve shortcut keys резервировать оперативные клавиши

reset 1. сброс; возврат в исходное положение; возврат в исходное состояние; 2. сброс и перезагрузка системы; 3. возвращать в исходное состояние; сбрасывать; переустанавливать

reset button кнопка перезагрузки; кнопка восстановления; кнопка возврата в исходное состояние; кнопка сброса

reset button image восстановить рисунок кнопки

reset condition условие сброса

reset input 1. вход сигнала установки в 0; 2. сигнал установки в 0

reset key клавиша перезагрузки

reset line шина стирания; шина сброса; шина установки на 0

reset mode режим возврата

resetting установка в исходное состояние; установка в исходное значение

resetting method метод повторных решений

resetting paint and paper colors восстановление цветов краски и фона

resetting time время возврата в исходное состояние

reshape tool инструмент «измерить форму»

residal error остаточная ошибка; остаточная погрешность

residence independence независимость от местоположения

residence volume резидентный том

resident 1. резидент; резидентная программа; 2. резидентный

resident access method резидентный метод доступа

resident area резидентная область

resident assembler резидентный ассемблер

resident assembly резидентная компоновка

resident command резидентная команда

resident compiler резидентный компилятор

resident data set резидентный набор данных

resident executive резидентная операционная система

resident font встроенная гарнитура шрифта; резидентный шрифт; резидентный шрифтовой комплект

residential installation стационарная установка

441

residential use использование в жилых помещениях; домашнее использование

resident library резидентная библиотека

resident module резидентный модуль

resident program резидентная программа

resident programming system резидентная система

resident software резидентное программное обеспечение

resident virus резидентный вирус

resident volume рабочий том

residual 1. остаток; разность; 2. остаточный; оставшийся

residual error ratio коэффициент необнаруженных ошибок

residual excited linear prediction линейное предсказание и усеченное возбуждение (в кодерах)

residual failure остаточный отказ

residual value остаточная стоимость

residue 1. остаток; остаток от деления; 2. остаточный файл

residue arithmetic арифметика остаточных классов

residue check проверка по остатку; контроль по остатку

resilience 1. эластичность; 2. устойчивость

resiliency способность к восстановлению; отказоустойчивость

resilient отказоустойчивый

resilient computing эластичные вычисления; вычисления с альтернативными ветвями счета

resist противодействовать; препятствовать; сопротивляться; противостоять

resistance loss активные потери; омические потери

resistive load активная нагрузка

resizable с изменяемым размером; допускающий изменение размера

resizable window окно с изменяемым размером; настраиваемое окно

resize изменить размер

resize box элемент изменения размера

resize button кнопка изменения размера

resize corner угол изменения размера

resizing изменение размеров

resizing mode режим изменения размера

resizing while opening изменение размеров (изображения) при открытии

resolution 1. разрешающая способность; разрешение; 2. резолюция

resolution cell клетка растра; ячейка растра

resolution enhancing technology технология повышения разрешения

resolution error ошибка из-за ограничения разрешающей способности; ошибка по недостаточной разрешающей способности

resolution high разрешение по вертикали

resolution method метод резолюций

resolution phase фаза разрешения

resolution principle принцип резолюций (в языке Пролог)

resolution request запрос на определение адреса

resolution theorem proving доказательство теорем методом резолюции

resolution threshold порог разрешения

resolution width разрешение по горизонтали

resolve разрешать

resolve conflicts устранить конфликты

resolve replication conflicts устранить конфликты репликации (тиражирования)

resolving capacity разрешающая способность

resolving hardware conflicts разрешение аппаратных конфликтов

resolving power разрешающая способность

re-sorting повторная сортировка

resource ресурс; средство; возможность; способ

resource access control facility средства управления доступом к ресурсам

resource access unit компонент доступа к информационным ресурсам

resource accounting учет использования ресурсов

resource administrator администратор ресурсов

resource aggregation агрегирование ресурсов

resource allocation распределение ресурса; предоставление ресурса; выделение ресурса; назначение ресурса

resource allocator распределитель ресурсов

resource arbitrator арбитр ресурсов

resource authentication подтверждение права доступа к ресурсу

resource base материальная база

resource calendar календарь ресурсов

resource collection коллекция ресурсов; набор ресурсов

resource compiler компилятор ресурсов

resource conflict конфликт ресурса

resource conflict hours конфликтные часы ресурса

resource contention состязание за обладание ресурсами

resource control управление ресурсами

resource deallocation освобождение ресурсов

resource description описание ресурса

resource descriptor дескриптор ресурса

resource details детализация ресурса

resource driven управляемый ресурсами

resource editor редактор ресурсов

resource efficiency factor коэффициент эффективности ресурсов

resource file файл ресурса

resource fork ветвь ресурсов

resource header заголовок ресурса

resource histogram диаграмма ресурсов; гистограмма ресурсов

resource-hungry program ресурсоемкая программа; программа, требовательная к ресурсам

resource ID идентификатор ресурса

resource-intensive application приложение, интенсивно использующее ресурсы; программа, требовательная к ресурсам; ресурсоемкое приложение

resource interchange file format формат файлов взаимодействия ресурсов

resource leveling перераспределение ресурсов; выравнивание ресурса

resource limit profile профиль лимитов ресурсов; профиль ограничений ресурсов

resource linker компоновщик ресурсов

resource location механизм указания местонахождения ресурсов

resource locking захват ресурса; блокировка ресурса

resource lockout блокировка ресурса

resource management system система управления ресурсами

resource manager администратор ресурсов; менеджер ресурсов; распорядитель ресурсов; распределитель ресурсов; подсистема управления ресурсами

resource name имя ресурса

resource object объект ресурса

resource outline иерархическая схема ресурса

resource overtime hours сверхурочные часы ресурса

resource ownership владение ресурсами; принадлежность ресурсов

resource planning system система планирования ресурсов

resource record запись ресурса

resource record set набор записей ресурсов

resource regular hours нормативные часы ресурса
Resource Reservation Protocol протокол резервирования ресурсов; протокол RRP
resources 1. ресурсы; 2. средства; фонды; возможности
resources aggregation агрегирование ресурсов
resource scheduling планирование ресурсов
resource script сценарий ресурса
resource sharing разделение ресурсов; совместное использование ресурсов
resource-sharing control управление разделением ресурсов
resource shell командный процессор ресурсов
resources manager администратор ресурсов
resource tag признак ресурса; тег ресурса
resource template шаблон ресурса
resource-tracking tool инструмент отслеживания системных ресурсов
resource type тип ресурса
resource-usage information информация об использовании ресурсов
resource workday length длина рабочего дня ресурса
Resource Workshop пакет разработчика ресурсов
respect отношение
respond отвечать; реагировать
respondent 1. респондент; 2. реагирующий узел (сети); 3. отвечающий; реагирующий; 3. ответный
responder исполнитель; респондер; ответчик; отвечающий элемент
responding node отвечающий узел
responding subscriber отвечающий абонент
respond-typeout key клавиша блокировки клавиатуры
response 1. ответ; отклик; 2. реакция; ответное действие; 3. характеристика; 4. срабатывание; 5. зависимость; 6. реагировать; отвечать
response assembly компоновка ответа
response delay задержка ответа; задержка реакции
response editing редактирование ответа
response error ошибка ответной реакции; неслучайная ошибка
response file файл подсказки
response formatting форматирование ответа
response frame активный кадр
response function 1. функция отклика; 2. частотная характеристика
response lag запаздывание реакции; задержка ответа
response message ответное сообщение
response phase фаза ответа
response queue очередь ответов; очередь результатов
response ratio коэффициент ответа
response table таблица реакции
response time время ответа; время реакции; время отклика
responsibility ответственность; обязанность; платежеспособность
responsive легко реагирующий; чувствительный; отзывчивый
responsiveness реакция; «отзывчивость»
rest 1. остаток; 2. остальной; 3. оставаться
restart 1. перезапуск; возобновление; повторный запуск; рестарт; 2. возобновить
restartable instruction повторно выполняемая команда; прерываемая команда
restart address адрес повторного запуска; адрес рестарта; адрес перезапуска
restart button кнопка рестарта
restart condition условие рестарта
restart instruction команда рестарта; команда повторного исполнения

restart point точка возобновления; точка повторного пуска; точка рестарта
restart program программа рестарта
restoration восстановление
restoration error ошибка восстановления
restoration time время восстановления
restore восстанавливать; копировать из архива; регенерировать
restore calling environment function функция восстановления среды вызова
restore defaults восстановить исходные параметры
restore style восстановить стиль
restore to checkpoint вернуться к контрольной точке
restore window to normal size восстановить обычные размеры окна
restoring восстановление
restoring a backup восстановление с резервной копии
restoring division деление с восстановлением остатка
restoring facility средства восстановления
restoring time время восстановления
restraint ограничение
restrict ограничивать
restricted ограниченный
restricted access ограниченный доступ
restricted account учетные данные пользователя с ограниченными полномочиями; учетная запись пользователя с ограниченными полномочиями
restricted data закрытые данные; защищенные данные; информация с ограниченным доступом
restricted instruction set computer компьютер с сокращенным набором команд; RISC-машина
restricted interruption discipline дисциплина с ограниченным числом прерываний начатого обслуживания; ограниченно прерываемое обслуживание
restricted language упрощенная версия языка; подмножество языка
restricted-magnitude-error code код с исправлением ограниченных ошибок
restricted predicate calculus узкое исчисление предикатов
restricted resource ресурс с ограниченным доступом
restricted shell ограниченная оболочка; усеченный вариант командного процессора (операционной системы)
restricted type ограниченный тип; лимитируемый тип; строгий тип
restriction ограничение; сужение; препятствие; помеха
restructurable реструктурируемый; с изменяемой структурой
restructure изменять структуру; реструктурировать
restructuring реструктурирование
resubstitution повторная подстановка
result 1. исход; результат; вывод; 2. следовать; получаться; происходить в результате
result address 1. результирующий адрес; 2. адрес результата
resultant action суммарное действие; результирующее воздействие
resultant error итоговая ошибка; суммарная ошибка; накопленная ошибка
result area зона результата
result buffer буфер результатов
result bus шина результатов
result data item результирующий элемент данных
result field поле результата
result file файл результатов
result flag признак результата
resulting полученный в результате
resulting deduction результирующий вывод

R

resulting information итоговая информация

result register регистр результатов

results log протокол выдачи результатов; протокол вывода результатов

results page страница результатов

results window окно результатов

resume 1. возобновлять; продолжать; 2. подводить итог; резюмировать

resume character field поле знака продолжения

resynch ресинхронизация

resynching ресинхронизация; согласование

resynchronization ресинхронизация; восстановление синхронизации; повторная синхронизация

RET 1. технология эмуляции действительности; 2. технология повышения разрешения; технология улучшенного разрешения

retail price розничная цена

retain compression сохранять сжатие

retained mode режим отображения после группирования объектов

retain video memory удерживать видеопамять

retard замедлять; задерживать

retarded запаздывающий; с запаздыванием

retarded argument запаздывающий аргумент

retarded control регулирование с запаздыванием

retarget перенастраивать

retargeting 1. переориентация (программы); 2. смена объектной ЭВМ

retention 1. членство; 2. удержание; хранение

retention cycle срок хранения

retention period период хранения

retest 1. повторное тестирование; повторное испытание; 2. проводить повторное испытание

retinal scan сканирование радужной оболочки глаза (метод аутентификации)

retinal scanner устройства сканирования радужной оболочки глаза

retire пересортировывать результат

retouching ретушь; ретуширование (фотоизображений)

retouching filter фильтр ретуширования

retract брать назад; убирать

retrain negative frame кадр RTN; кадр негативной повторной настройки

retrain positive frame кадр RTP; кадр позитивной повторной настройки

retranslation перетрансляция; ретрансляция

retranslator ретранслятор

retransmission ретрансляция; повторная передача

retransmission request запрос на повторную передачу

retrieval поиск; выборка

retrieval capacity разрядность выборки

retrieval code код поиска; код для поиска

retrieval operation информационно-поисковая операция

retrieval request информационный запрос; поисковый запрос

retrieval system система поиска

retrieval time время загрузки

retrieve выводить; считывать; искать; извлекать; восстанавливать

retrieve a copy загрузить копию

retrieve document восстановить документ

retriggerable с повторным запуском

retrofit 1. модификация; усовершенствование; 2. модификация; модифицированная модель; усовершенствованная конструкция; 3. модифицировать

retrospective search ретроспективный поиск

retry 1. повторная передача; 2. повторение; повтор; 3. повторное выполнение; 4. повторная попытка; 5. повторить попытку

retry authentication повтор проверки

retry count подсчет повторений

retry delay задержка повторения; интервал повторения; задержка повторной попытки

retry features возможности повторения

retry value число повторений

return 1. возврат; возвращение; 2. выход из подпрограммы; 3. возвращать; возвращаться

return address обратный адрес (на конверте); адрес возврата

return authorization code код гарантированного возврата продукта

return button кнопка возврата

return channel возвратный канал; обратный канал

return character символ возврата

return code код возврата; код завершения

return code register регистр кода возврата

return command команда возврата

returned value возвращаемое значение

return instruction команда возврата

return key клавиша возврата каретки; клавиша ввода

return line обратный провод

return loss возвратные потери

return message возвращаемое сообщение

return point точка возврата

returns on investment доходность; окупаемость затрат

return sorting обратная сортировка

return-to-application time время, необходимое на возврат управления программе

return to main menu возврат в основное меню

return to zero возврат на нулевой уровень

return-to-zero code код с возвращением к нулю

return type тип возврата функции

return value возвращаемое (функцией) значение

retype повторно набирать; повторно вводить

reusability возможность повторного использования; возможность многократного применения

reusable многократно используемый; многократного пользования

reusable module повторно используемый модуль

reusable object повторно используемый объект

reusable program многократно используемая программа

reusable resource многократно используемый ресурс

reusable software повторно используемое ПО; многократно используемое программное обеспечение

reusable software components повторно используемые программные компоненты

reuse повторно использовать; многократно применять

reveal шторка (эффект смены изображения в презентации)

revenue 1. объем продаж; 2. доходные статьи; 3. таможенный

revenue-per-employee доход на одного сотрудника

reversal check реверсивная проверка

reverse обратный; противоположный; реверсивный

Reverse Address Resolution Protocol протокол обратного разрешения адресов; протокол RARP

reverse assembler дизассемблер, реассемблер

reverse authentication обращенное подтверждение права на доступ

reverse blend поменять направление перехода

reverse calculation обратный счет; вычисления с повторным просчетом

reverse channel обратный канал

reverse characteristic обратная характеристика

reverse clipping экранирование; внутреннее отсечение изображения

reverse compiler обратный компилятор; компилятор, преобразующий объектный код программы в исходный

reverse conversion обратное преобразование

reversed bias обратное смещение

reverse direction обратное направление

reverse-direction flow поток в обратном направлении

reverse engineering обратное проектирование; генерация модели данных на основе анализа существующей БД

reverse-engineering tool средство обратного проектирования

reverse image обращенное изображение; негативное изображение

reverse indent обратный отступ

reverse index обратный индекс

reverse interrupt обратное прерывание

reverse landscape orientation перевернутая ландшафтная ориентация; перевернутая альбомная ориентация

reverse linefeed character символ обратного перевода строки

reverse name resolution обратное разрешение имен; преобразование IP-адреса в имя; определение имени по адресу IP

reverse order инвертировать порядок

reverse-order-of-service discipline обслуживание в порядке, обратном поступлению; дисциплина LIFO

reverse paper feed подача бумаги в обратном направлении

reverse Polish notation постфиксная запись; обратная польская запись

reverse portrait orientation перевернутая портретная ориентация

reverse slash обратный слеш; обратная косая черта

reverse video негативное изображение; обратный видеорежим

reverse video display дисплей с негативным изображением

reversible обратимый

reversing инвертирование; изменение на противоположный

reversive execution реверсивное выполнение

revert восстановление

review 1. обзор; 2. просмотр; проверка; 3. рецензия; реферат; 4. периодическое издание с обзорами и рецензиями; 5. обозревать; осматривать; 6. просматривать; проверять; 7. рецензировать; делать критический обзор; проводить анализ; 9. пересматривать

review article method метод рефератов; библиографический метод

review diagram обзорная диаграмма

reviewer обозреватель; рецензент

revise 1. вторая корректура; сверка; 2. проверять; исправлять; 3. изменять; пересматривать; 4. перечитывать; просматривать

revise a document вносить правку в документ; исправлять документ

revised пересмотренный

revised design 1. пересмотренный проект; скорректированный проект; 2. переделанная конструкция

revised text откорректированный текст

revision исправление; модификация; новая версия

revision control system система управления версиями; система управления редакциями; система контроля за новыми редакциями (документов)

revision date дата обновления

revision marks пометки исправлений; редакторская правка

revision number редакция; номер редакции; номер издания

revision utility утилита обновления

revival возрождение; восстановление

revocation of capability отмена полномочий

revoke отменять; аннулировать (полномочия)

revoke a right отменять права

revolution 1. оборот; 2. революция; переворот

revolve вращаться; поворачиваться

revolved solid тело вращения

revolved surface поверхность, полученная путем вращения

rewind 1. перемотка; 2. перематывать к началу

rewind and unload перемотка и разгрузка

rewinding перемотка

rewind speed скорость перемотки

rewiring изменения в кабельной системе сети; изменения в прокладке кабелей

rework 1. доработка; переделка; исправление; 2. дорабатывать; исправлять

rewrite 1. перезапись; 2. переписывать

rewrite rule правило подстановки

rewriting circuit схема перезаписи

rewriting system перезаписывающая система

rewriting task задача перезаписи

REX служба удаленного исполнения

RF радиочастоты

RF adapter радиочастотный адаптер

RFC запросы на комментарий; запрос на комментарии и предложения

RFD приглашение к дискуссии

RFI 1. запрос на получение информации; 2. помехи из-за функционирования радиоустройств; радиопомехи

RFS совместное использование удаленных файлов

RF signal сигнал в диапазоне радиочастот

RGB красный, желтый, зеленый

RGB color RGB-цвет

RGBI характеристики цвета и интенсивности

RGB-model RGB-модель; модель RGB

RGB-monitor RGB-монитор; цветной монитор с раздельными входными сигналами цветов

RGB-signal RGB-сигнал; сигнал основных цветов изображения

RGB triplet RGB-триплет

RH относительная влажность

RI 1. реляционное индексирование; 2. кольцевой индикатор

RIAA Ассоциация звукозаписывающей отрасли США

ribbon лента; красящая лента

ribbon cable ленточный соединительный кабель

ribbon chart ленточный график

ribbon feed протяжка красящей ленты

ribbon mask лентоводитель

rich богатый; ценный

rich black насыщенный черный

rich color интенсивный цвет; насыщенный цвет

rich content богатое информационной наполнение; богатое содержимое

rich database база данных с богатым содержимым; мощная база данных

rich edit control поле ввода с форматированием

rich network access расширенный доступ к сети

rich syntax богатые синтаксические возможности

rich-text box форматируемое поле

Rich Text Format усовершенствованный текстовый формат; формат RTF

rich user interface пользовательский интерфейс с широкими функциональными возможностями

RID 1. относительный идентификатор; 2. идентификатор строки (таблицы)

RIF поле информации о маршруте

RIFF формат RIFF; формат файлов для обмена ресурсами; формат файла взаимодействия ресурсов

RI field информационное поле маршрутизатора
RIFO «случайный на входе, первый на выходе»
right право; полномочие
right 1. право; полномочие: 2. направо; 3. правый; верный; правильный
right-align выровнять по правому краю
right aligned выровненный по правому краю; выровненный справа; выровненный по правым разрядам
right angle знак «больше»; символ >
right arrow стрелка вправо
right-arrow key клавиша «стрелка вправо»
right-click щелкнуть правой кнопкой мыши; нажать правую кнопку мыши
right-click menu контекстное меню; меню, выводимое при нажатии правой кнопки мыши; меню, выводимое по правой кнопке мыши
right-facing page правая страница разворота
right-hand adder сумматор правого разряда
right-hand derivative производная справа
right-hand justification выравнивание по правому знаку; выравнивание по правому разряду
right-hand value значение в правой части
right justification выравнивание по правому краю; выравнивание по правому знаку
right justified выровненный справа; выровненный по правому краю
right justify выравнивать вправо
right linear grammar праволинейная грамматика
right margin правое поле
right-margin justification выравнивание по правому краю
rightmost крайний справа; крайний правый
rightmost character правый крайний знак; самый правый знак
rightmost position крайний правый разряд
right mouse button правая кнопка мыши
right parsable grammar правоконтекстная грамматика
right-reading прямой; незеркальный (текст, изображение)
right-recursive grammar праворекурсивная грамматика
rights права; полномочия
rights check проверка полномочий
right shift instruction команда сдвига вправо
right-shift operator операция сдвига вправо; знак операции сдвига вправо
right-side view вид сбоку; вид справа
rightsizing выбор оптимального масштаба; выбор оптимальной платформы
rights list список полномочий; перечень прав доступа
right subtree правое дерево
right technology подходящая технология; верная технология
rigid жесткий; устойчивый; строгий; жестко заданный
rigidity жесткость; стойкость
rigid length фиксированная длина
rigorous строгий; точный
RIMM модуль памяти Rambus
Ring 0 кольцо уровня 0
ring 1. кольцо; кольцевая схема; кольцевая сеть; 2. кольцевой
ring accumulator кольцевой накапливающий сумматор
ring buffer кольцевой буфер
ring circuit кольцевая схема
ring configuration кольцевая конфигурация
ring connector plug вилка сетевого соединителя
ring counter кольцевой счетчик
ring database кольцевая база данных
ringdown посылка сигнала вызова
ring indicator кольцевой индикатор
ringing 1. «звон»; звонок; 2. затухающие колебания; 3. зацикливание
ring interface кольцевой интерфейс
ring latency кольцевая задержка (в ЛС)
ring network кольцевая сеть; сеть с кольцевой топологией
ring-of-trees кольцо из деревьев
ring order физический порядок следования станций в кольце Token Ring
ring protection кольцевая защита
ring signal сигнал вызова абонента
ring structure кольцевая структура; кольцевой список
ring switch кольцевой коммутатор
ring topology топология кольца; кольцевая топология (сети)
ring transition кольцевой переход
ring with a wiring concentrators кольцо с переключающимися концентраторами
RIO вывод изображения в виде растра
rip рябь (графический эффект)
RIP 1. процессор растровых изображений; процессор для обработки растровых изображений; 2. протокол обмена информацией о маршрутизации; протокол маршрутной информации; информационный протокол маршрутизаторов; 3. фотовывод
RIPE Организация европейских поставщиков услуг в сети Internet
ripple adder сумматор со сквозным переносом
ripple blanking последовательное гашение
ripple carry сквозной перенос
ripple-carry adder сумматор со сквозным переносом
ripple counter счетчик со сквозным переносом
ripple effect волновой эффект
ripple filter 1. сглаживающий фильтр; 2. фильтр «рябь» (в графических пакетах)
rips repairing восстановление разрывов
RIR региональный регистрационный центр Internet
RISC 1. компьютер с сокращенным набором команд; RISC-машина; 2. архитектура микропроцессора на основе сокращенного набора команд; 3. микросхема с сокращенным набором команд; микропроцессор с ограниченным набором команд; RISC-микропроцессор
RISC architecture RISC-архитектура; архитектура с ограниченным набором команд
RISC CPU процессор с RISC-архитектурой; процессор с ограниченным набором команд
RISC processor процессор с RISC-архитектурой; RISC-процессор; процессор с ограниченным набором команд
RISC workstation RISC-рабочая станция
rise 1. подъем; повышение; 2. подниматься; повышаться
riser надстрочечный элемент
riser card удлинитель системной шины; «елочка»
rise time of a pulse время нарастания импульса
rising characteristic возрастающая характеристика
risk риск; опасность
risk analysis анализ риска
risk assesment оценка риска; оценка степени риска
risk estimation определение степени риска; оценка степени риска
risk evaluation определение степени риска; оценка степени риска
risk function функция риска
RIT 1. скорость передачи информации; 2. таблица информации о маршрутах; таблица маршрутизации
river подтек (краски при печати)
RJ стандартный разъем
RJ-45 connector соединитель RJ-45; разъем RJ-45
RJE удаленный ввод заданий; дистанционный ввод заданий; передача массива информации с удаленного узла

RL реальный; из реальной жизни (сокращение, принятое в Internet)

RLE групповое кодирование

RLL coding кодирование с ограничением расстояния между переходами намагниченности

RLL controller контроллер с методом записи RLL

RLL interface интерфейс RLL; интерфейс устройств с ограничением расстояния между переходами при кодировании

RLN удаленный узел локальной сети

RLN software программное обеспечение удаленного узла

RM 1. управление ресурсами; 2. администратора ресурсов; диспетчер ресурсов; 3. эталонная модель

R/M чтение/модификация

RMA код гарантийного возврата

RM code код Рида — Мюллера

RMF средство удаленного управления; утилита удаленного управления

RMI дистанционный вызов метода; удаленный вызов метода

RMON 1. монитор сбора информации об удаленных сетях; среда дистанционного контроля; 2. удаленный мониторинг технология дистанционного мониторинга; дистанционный контроль

RMS 1. система управления записями; 2. среднеквадратичный

RMT card плата контура дистанционного управления

RN кольцевая сеть; сеть с кольцевой топологией

RNC 1. дистанционный сетевой контроллер; 2. дистанционное управление в среде NetWare

RNR не готов к приему

RO 1. только для считывания; 2. только для приема данных

roaming роуминг; автоматическая настройка на местную сеть связи

ROB буфер переупорядочения

ROBO удаленный офис/дочерний офис

robot робот

robot brain «мозг» робота; управляющая роботом ЭВМ

robot control system система управления роботом

robotics робототехника

robotics control роботизированное управление; управление с использованием роботов

robust 1. прочный; 2. надежный; устойчивый к сбоям; устойчивый к ошибкам; 3. робастный (в статистике)

robust algorithm живучий алгоритм; устойчивый алгоритм; робастный алгоритм

robust design робастное проектирование

robustness надежность; робастность; ошибкоустойчивость; живучесть

robust operating system устойчивая к сбоям операционная система

rocker switch кулисный переключатель

roffs программы обработки текста семейства roff (в UNIX)

rogue code инородный программный код

rogue value нестандартное значение; признак конца

ROI коэффициент окупаемости инвестиций; показатель прибыли на инвестированный капитал

ROI tool инструментальное средство оценки уровня окупаемости

ROLAP реляционная оперативная аналитическая обработка; оперативная аналитическая обработка реляционных данных

role-based administration ролевое администрирование

role-based network administration ролевое администрирование (сети); управление сетью на основе выполняемых данным администратором обязанностей

role-defining category категория схемы

role frame ролевой фрейм

role indicator указатель функции; указатель исполняемой роли

role occupant исполнитель функции; исполнитель роли

role occupant list список исполнителей роли

role-occupant property свойство «исполнитель»

role playing game ролевая игра

role value map отображение «роль-значение»

roll прокручивать; просматривать

roll back 1. откат «назад»; откат; возврат; отмена; поэтапная отмена изменений при транзакции; 2. откатывать; отменять (транзакцию)

rolled up tasks «свернутые» задачи

roller ролик

roll forward 1. откат «вперед»; поэтапное восстановление измененных изменений при транзакции; 2. прокручивать вперед; восстанавливать (транзакцию)

roll forward recovery восстановление с повтором транзакций

roll-in 1. загрузка; подкачка; 2. «подкачивать»

rolling 1. вертикальное прокручивание; прокрутка информации на экране; 2. развертывание

rolling average скользящее среднее

rolling bug перемещающийся «жук»

rolling device подвижная головка

rolling out развертывание

roll-in optimizer оптимизатор считывания

roll-in/roll-out подкачка в оперативную память; подкачка и выгрузка программ

roll-out 1. выгрузка; откачка; сохранение; 2. выгружать; сбрасывать

roll out — roll in развертывание — свертывание

rollover одновременное нажатие

roll paper рулонная бумага

roll-poll calling круговой опрос абонентов

roll stationery рулонная бумага для принтера

roll-up свиток (в CorelDraw)

roll-up menu «раскручиваемое» меню

ROM постоянное запоминающее устройство; память, доступная только по чтению; ПЗУ

ROMable пригодный для записи в ПЗУ

Roman alphabet латинский алфавит

Roman numerals римские цифры

Roman type прямой шрифт; латинский шрифт

ROM-based operating system операционная система; загружаемая из ПЗУ

ROM-based software программное обеспечение, записанное в ПЗУ

ROM cartridge кассетное ПЗУ

ROM character generator знакогенератор в ПЗУ

ROM disk электронный диск в ПЗУ

ROM firmware микропрограммное обеспечение ПЗУ

ROM optical disk оптический диск ПЗУ

romware программное обеспечение постоянного хранения; программы в ПЗУ

ROOM объектно-ориентированное моделирование в реальном времени

room место; пространство; участок памяти

room-base videoconferensing организация групповых видеоконференций; организация видеоконференций между конференц-залами

root 1. корень; 2. корневой каталог; 3. корневой

root album корневой каталог альбома

root ancestor корневой предок

root class корневой класс

root directory корневой каталог

root element корневой элемент

root file system корневая файловая система

root folder корневая папка; охватывающая папка; главная папка

root-mean-square 1. среднеквадратичное значение; 2. среднеквадратичный

root-mean-square error среднеквадратичная ошибка

root-mean-square minimum error criterion критерий минимума среднеквадратичной ошибки

root node корневой узел

root object объект «корень»; корневой объект; объект «Root»

root record корневая запись

root segment корневой сегмент

root symbol обратный слеш

root universe корневое пространство

root window корневое окно

R-operation R-операция; RISC-операция

roping искажение ширины и яркости линии

ROSE 1. Исследовательская открытая система для европейских стран; 2. сервисный элемент удаленной обработки

rosette растровая розетка (микрорисунок при цветной печати)

rotary dialing дисковый набор; импульсный набор

rotary head вращающаяся головка

rotate 1. вращать; поворачивать; 2. циклически сдвигать

rotate about x-axis поворачивать вокруг оси x

rotate canvas поворот картины (в графических пакетах)

rotated bar graph горизонтальная столбчатая диаграмма; горизонтальный повернутый столбчатый график

rotated in 3D повернутый в трехмерном пространстве

rotated text поворачиваемый текст; текст, располагаемый под углом

rotate grip mode визуальное вращение объекта с помощью блоков захвата

rotate instruction команда циклического сдвига

rotate text повернутый текст

rotating поворот

rotating buffer циркулирующий буфер

rotating head вращающаяся головка

rotating on a three dimensional plane вращение в трехмерной плоскости

rotating on a three dimension plane вращение в трех плоскостях

rotation 1. поворот; вращение; 2. сканирование; развертка; 3. циклический сдвиг; циклическая перестановка

rotation about X axis вращение по оси X

rotation about Y axis вращение по оси Y

rotation about Z axis вращение по оси Z

rotation angle угол поворота

rotation latency задержка при вращении диска

rotation magnetization перемагничивание вращением вектора намагниченности

rotation method метод ротации; метод циклического сдвига

rotation position sensor датчик позиций вращения

rotations per minute оборотов в минуту

rote learning обучение методом «заучивания наизусть»

rotoscoping ротоскопирование; захват видеокадров для использования в анимации

rotund client мощный клиент

rough 1. приблизительный; неточный; 2. примерно; грубо

rough approximation грубая аппроксимация; грубое приближение

rough draft эскиз; набросок

round 1. круглый; 2. округлять

round down округлять в меньшую сторону

rounded округленный

rounded corners скругленные углы

rounded line cap скругленный конец линии

rounded rectangle прямоугольник с округлыми углами; прямоугольник с закругленными углами; скругленный прямоугольник

rounding округление

rounding error ошибка округления

round off 1. округление; 2. округлять; округлять до ближайшего целого

round-off accumulator накапливающий сумматор с округлением

round-off error ошибка округления

round-robin алгоритм циклического обслуживания; алгоритм кругового обслуживания; кольцевой список; «карусель»

round-robin algorithm алгоритм кругового обслуживания

round-robin assignment предоставление (средства) в порядке круговой очереди

round-robin servicing циклическое обслуживание

round-robin technique карусельный метод

round screen концентрично-круглый растр

round-trip delay задержка из-за подтверждения приема; задержка, связанная с подтверждением приема

round-trip propagation time задержка кругового обхода (в ЛС); время двойного пробега

round-trip support поддержка двустороннего перемещения объектов (в OLE)

round-trip time время на передачу и подтверждение

roundup 1. обзор; сводка новостей; 2. сборище

round up округлять в большую сторону

routable маршрутизируемый

routable protocol маршрутизируемый протокол

route 1. путь; маршрут; 2. трассировка; 3. направлять; маршрутизировать

routed connection протрассированное соединение

route description описание маршрута

routed foil оттрассированные соединения

routed IP network маршрутизируемая сеть IP

route discovery выявление маршрута

route discovery function функция выявления маршрута

routed network маршрутизируемая сеть; сеть с маршрутизацией

routed protocol маршрутизируемый протокол

route length длина маршрута

route maintenance обслуживание маршрутов

router 1. маршрутизатор; 2. программа маршрутизации; 3. программа трассировки

router discovery обнаружение маршрутизатора

router discovery protocol протокол обнаружения маршрутизатора

router table таблица маршрутизатора

routine программа; подпрограмма

routine library библиотека подпрограмм; библиотека стандартных программ

routine maintenance регламентное обслуживание; обслуживание по заведенному порядку; сопровождение; профилактика

routine program программа; стандартная программа

routing 1. маршрутизация; 2. трассировка; назначение тракта

routing a binder document отправка подшивки по маршруту

routing algorithm алгоритм маршрутизации; алгоритм трассировки; алгоритм выбора маршрута

routing area область трассировки

routing bridge маршрутизирующий мост

routing buffer буфер маршрутизации

routing code код маршрутизации

routing component маршрутизирующий компонент; компонент обеспечения маршрутизации

routing coprocessor маршрутизирующий сопроцессор

routing directory таблица маршрутизации

routing grid координатная сетка

routing hub маршрутизирующий концентратор
routing indicator указатель маршрутизации
routing information field поле информации о маршруте
Routing Information Protocol протокол обмена информацией о маршрутизации; протокол RIP
routing layer слой трассировки
routing mask трассировочный фотошаблон
routing packet пакет маршрутизации
routing pointer указатель маршрута
routing protocol протокол маршрутизации
routing software программное обеспечение маршрутизации
routing switch маршрутизирующий коммутатор; коммутатор-маршрутизатор
routing table маршрутная матрица; таблица маршрутизации
Routing Table Maintenance Protocol протокол обслуживания таблиц маршрутизации
Routing Table Management Protocol протокол управления таблицами маршрутов
ROVF формат отражающего оптического видеодиска
roving dialback security защита методом обратного вызова по указанному номеру
row 1. строка; ряд; 2. линия
row and columns borders адресные полосы
row buffer 1. буфер на одну строку; 2. буферное устройство на одну строку
row-by-row method метод умножения «строка на строку»
row constraint ограничение по строкам
row heading заголовки строк
row height высота строки
row-level locking блокировка на уровне строк
row-major order развертывание (массива) по строкам; построчный порядок
row-oriented layout рядная компоновка
row pitch шаг строки
row properties свойства строки
row-ragged не выровненный по строкам
row-ragged array массив, не выровненный по строкам; массив со строками разной длины
row source источник строк
row source type тип источника строк
row trigger строчный триггер
row type тип, определяемый записью
row vector вектор-строка
rowwide reduction построчное сжатие изображения в памяти
rowwise по строкам
rowwise reduction построчное сжатие (изображения в памяти)
royalty лицензионный платеж; авторский гонорар; отчисления владельцу патента
royalty-free не требующий авторских выплат; не требующий лицензионных отчислений
RPC RPC-механизм; вызов удаленных процедур; удаленный вызов процедуры; дистанционный вызов процедуры; механизм вызова удаленной процедуры
RPC session сеанс RPC
RPC system система с удаленными вызовами процедур
RPE организация бизнес-процессов
RPG 1. генератор отчетов; 2. ролевая компьютерная игра
RPG game ролевая игра
RPG sheet бланк РПГ
RPL 1. удаленная загрузка программ; дистанционная загрузка программ; 2. запрашиваемый уровень полномочий
rpm оборотов в минуту
RPN обратная польская запись
RQBE реляционный запрос по образцу
RQE элемент очереди запросов

RQS обслуживание очередей транзакций с восстановлением при отказах
RR готов к приему
RRA предоставление средства в порядке круговой очереди
RR scheduling циклическое круговое планирование
RS 1. разделитель записей; 2. рекомендуемый стандарт
RS-232 последовательный интерфейс RS-232
RSA алгоритм цифровой подписи Ривеста-Шамира-Адлемана
RSA algorithm алгоритм цифровой подписи Райвеста-Шамира-Адлемана
RSAC Консультативный комитет по развлекательному программному обеспечению
RSA coding кодирование данных по принципу «открытого ключа»
RSA encryption шифрование по методу RSA
RS-232 based system система передачи данных стандарта RS-232
RS-232C стандарт последовательного интерфейса
RS-232C interface интерфейс RS232C; стандартный последовательный интерфейс для медленных устройств
RS code код Рида-Соломона
RS flip-flop триггер с раздельными входами; RS-триггер
RSP стоимость без учета налогов и таможенных пошлин
R-S-T flip-flop RST-триггер
RSVD быстрое последовательное визуальное представление
RSVP протокол резервирования ресурсов
RT 1. реальное время; 2. RISC-технология
RTAM дистанционный терминальный метод доступа
RTC 1. концентратор удаленных терминалов; 2. системные часы; часы реального времени
RTCA 1. область управления в реальном масштабе времени; 2. Ассоциация по вычислениям в реальном времени
RTCE оценка характеристик канала в реальном времени
RTCP протокол управления передачей в реальном времени; управляющий протокол реального времени
RTD фиктивное реальное время
RTF усовершенствованный текстовый формат; формат обмена текстовыми документами компании Microsoft; расширенный текстовый формат
RTFM читайте соответствующее руководство (сокращение, принятое в Internet)
RTI идентификация удаленного терминала
RTL 1. библиотека этапа выполнения; 2. резисторно-транзисторные логические схемы; РТЛ-схемы; 3. описание на уровне регистровых передач; 4. микросхемы контроля межрегистрового обмена
RTM диспетчер исполняющей системы
RTMP протокол обслуживания таблиц маршрутизации; протокол управления таблицами маршрутов; протокол поддержания таблицы маршрутизации
RTN frame кадр негативной повторной настройки
RTOM система управления объектами в реальном времени
RTOS операционная система реального времени
RTP протокол ускоренной передачи данных; транспортный протокол реального времени; протокол передачи данных в реальном времени
RTP frame кадр позитивной повторной настройки
RTPT время двойного пробега
RTR восстановление в реальном времени
RTS 1. запрос на передачу; 2. служба надежной пересылки; 3. служба реального времени; 4. исполняющая система языка
RTS/CTS запрос/подтверждение готовности
RTSP потоковый протокол реального времени; протокол поточной передачи реального времени
RTS pin контакт RTS

RTT динамическая идентификация типов
RTTI определение типов в период выполнения
RTV 1. видеосредства реального времени; видео в реальном времени; 2. алгоритм уплотнения изображения RTV
rtVBR передача в реальном времени с переменной скоростью
RTX 1. осуществляющийся в реальном времени; 2. система-исполнитель реального времени
RTZ возврат на нулевой уровень
rubber-band graphics эластичная графика; графика «с резиновой нитью»
rubber banding метод «резиновой нити»; трансформация объекта с фиксацией его точки
rubber band line отрезок типа «резиновая нить»
rubber band method метод «резиновой нити»
rubber band tool инструмент «резиновая нить»
rubber-sampling размножение двумерных объектов перемещением вдоль траектории движения
rubber stamp инструмент «резиновый штамп» (в графических программах)
rubout key клавиша стирания
rubricator рубрикатор
rugged text рваный текст; текст с рваным краем
rule 1. правило; закон; 2. масштаб; линейка; 3. абзацная линия
rule base база правил
rule based на основе правил; управляемый с помощью правил
rule-based message management обработка сообщений на основе правил; управление сообщениями на основе правил
rule-based security policy инструкционная методика безопасности; инструкционная методика защиты
rule-check utility утилита проверки правил
rule database база правил
ruled surface поверхность, формируемая по заданным кривым
rule induction вывод правил методом индукции
rule language язык правил
rule memory память для хранения правил
rule of inference правило вывода
rule of thumb железное правило; эмпирическое правило
rule-oriented language продукционный язык; язык логического программирования
rule-oriented programming продукционное программирование
ruler линейка; линейка разметки; управляющая линейка
ruler bar guides направляющие линии
ruler column marker маркер ширины колонки
ruler crosshair перекрестие линейки
ruler guides направляющие линии
ruler margin boundary граница поля на линейке
ruler scale шкала управляющей линейки
ruler tabs метки табуляции
rules-based processing обработка на базе правил
rule set множество правил
ruling line направляющая линейка
ruly English однозначный английский язык
ruly language правильный язык; язык без омонимии и синонимии
Rumbaugh method метод Рамбо (в CASE-системах)
Rumbough notation нотация Рамбо
run 1. запуск; 2. счет; работа; 3. отрезок; 4. прогон; выполнение; проход; 4. серия; 5. выполнять; запускать на выполнение; работать
run app запуск приложения
runaround обтекание; расположение текста вокруг рисунка

runaway 1. выход из под контроля; 2. уход; отклонение (параметров)
run book книга регистрации вычислительных работ
run button пусковая кнопка; кнопка пуска
run code запуск программы
rundown закрытие; процедура завершения
run duration продолжительность работы; длительность работы (программы)
run file исполняемый файл
run from CD-ROM запуск с компакт-диска
Runge-Kutta method метод Рунге-Кутта
run-in index неструктурированный предметный указатель; одноуровневый индекс
run-in style текст, сверстанный без абзацных отступов
run length 1. последовательное кодирование; 2. расстояние между соседними переходами; 3. тираж; величина тиража; количество экземпляров издания; 4. тиражестойкость; количество экземплятор, которые можно получить с данной печатной формы
run-length compression сжатие с ограничением длины
run-length encoding групповое кодирование; последовательное кодирование; кодирование с переменной длиной строки; кодирование на основе длин серий
run-length-limited coding кодирование с ограничением расстояния между переходами намагниченности
Run Length Limited interface интерфейс RLL; интерфейс устройств с ограничением расстояния между переходами при кодировании
run macro запуск макроса
run mode режим выполнения
runnable thread поток, готовый к выполнению
running 1. выполнение; 2. проход; прогон; 3. работающий; выполняемый; активный
running accumulator аппаратный стек; регистровое запоминающее устройство магазинного типа
running across diverse platform работающий на различных платформах; функционирующий в неоднородной среде
running head подвижная головка
running key динамический ключ; бегущий ключ
running log синхронный протокол
running query выполнение запроса
running service текущее обслуживание
running speed рабочая скорость; быстродействие
running sum сумма с накоплением
running task текущая задача; активная задача
running time время прогона; время выполнения; время прохождения задания
run object запуск объекта
run of cable участок кабеля
run-once action однократно исполняемая операция
run out 1. истекать; 2. истощаться; исчерпываться
run permissions права при запуске
run position рабочее положение
run query выполнение запроса
run queue очередь готовых к выполнению задач
run schedule график предстоящих работ
run SQL запуск запроса SQL
runt пакет-»коротышка»; пакет с недопустимо малой длиной
run text around all sides полное обтекание текстом
runtime 1. время выполнения; время прохождения задания; этап выполнения; период выполнения; 2. рабочая среда
runtime динамический; этапа выполнения; предназначенный для рабочего использования
runtime activity операция, выполняемая в ходе прогона
runtime allocation динамическое выделение; динамическое распределение

runtime check динамическая проверка; проверка на этапе выполнения; динамический контроль

runtime cloner конструктор объектов

runtime constant константа времени выполнения

runtime DBMS рабочая СУБД

runtime debugging отладка программы при прогоне; отладка на этапа выполнения

runtime diagnostics сообщения об ошибках во время выполнения

runtime environment среда выполнения; оперативные средства

runtime error ошибка этапа выполнения; ошибки при исполнении

runtime journal регистрационный журнал работы системы

runtime library библиотека периода выполнения; стандартная библиотека; библиотека поддержки; библиотека исполняющей системы; библиотека рабочих программ

runtime licence лицензия на использование; соглашение об использовании

runtime manager администратор этапа выполнения

runtime module 1. модуль исполняющей системы; 2. загрузочный модуль

runtime parameter параметр периода выполнения

runtime procedure library библиотека процедур исполняющей системы

runtime royalty fee отчисление автору за распространяемый выполняемый код; лицензионные отчисления

runtime server сервер среды выполнения

runtime storage administration управление памятью при работе готовой программы

runtime system исполняющая система; система поддержки выполнения; система подготовки выполнения

runtime type identification динамическая идентификация типов; определение типов в период выполнения

runtime version версия этапа выполнения; рабочая конфигурация

Russell's paradox парадокс Рассела

russian русский

RV дистанционная визуализация

rvalue значение переменной; значение выражения

rvalue expression «правое» выражение

RVI обратное прерывание

RV&M дистанционный выбор и манипулирование кадром

RWED код защиты, определяющий операции над данными; код RWED

RWI интеграция радио и проводных средств связи

RX 1. получение данных; 2. число принятых ячеек (ATM)

RxCells число принятых ячеек

RZ возврат на нулевой уровень

RZ coding кодирование с возвратом к нулю

SA 1. адрес отправителя; 2. администратор системы; системный администратор

SAA архитектура прикладных систем; архитектура построения прикладных систем; системная прикладная архитектура

SAB Совет по работе со стандартами; Совет по стандартам Компьютерного общества IEEE

SAC концентратор с одинарным подключением

sacred зарезервированный; предназначенный для конкретной цели

saddle point седловая точка

saddle point method метод седловых точек

SADT методология структурного анализа и проектирования; технология структурного анализа и проектирования

SADT diagram диаграмма структурного анализа и проектирования; диаграмма SADT

SADT technology технология структурного анализа и проектирования

SAF средства доступа к службе; средства доступа к сервису

safe 1. безопасность; надежность; 2. безопасный; надежный

SAFE средства доступа к защищенным данным в сети масштаба предприятия

safe failure безопасный сбой

safeguard 1. защитная мера; 2. предохранять; защищать; охранять

safe macro надежная макрокоманда

safe shutdown безопасный останов

safety безопасность; защита; надежность

safety code безопасный код

safety factor коэффициент надежности; коэффициент безопасности

safety interlock защитная блокировка

safety level уровень безопасности

safety margin запас надежности

safety pool пул надежности; буфер безопасности

safety system система безопасности

SAF-TE корпус с возможностью доступа для обеспечения отказоустойчивости

sag провал напряжения питания

SAG Группа по средствам доступа с использованием языка SQL

SAL язык описания приложений SQL

salaries accounting бухгалтерский расчет зарплаты

salary оклад; жалованье

salary accounting расчет заработной платы; начисление зарплаты

sale продажа; сбыт

sales accounting учет склада

sales analysis анализ оборота; статистика оборота

sales and support infrastructure инфраструктура сбыта и поддержки

sales costs издержки при продаже

sales manager администратор отдела сбыта

sales partner торговый партнер

salient features существенные характеристики

salvage 1. восстановление; 2. восстановить; восстанавливать

salvageable восстановимый

salvageable file восстановимый файл

salvage deleted files восстанавливать удаленные файлы

salvaged file восстановленный файл

salvager программа восстановления (удаленных файлов)

SAM 1. управление защищенным доступом; 2. последовательный метод доступа; 3. инструментальные средства системного администратора; 4. администратор учетных данных пользователей; администратор доступа; администратор управления доступом

sample 1. сэмпл (звука); 2. отсчет; 3. выборка; 4. замер; 5. образец; проба; эталон; пример; 6. замерять; опрашивать

sample-and-hold amplifier усилитель выборки и записи

sample bit depth глубина отсчета в битах; глубина отсчета в разрядах

sample capture выборка; осуществление выборки

sample-change compaction уплотнение на основе вероятностного анализа

sample code пример программы

sampled data 1. выборочные данные; 2. дискретные данные

sampled-data system система дискретных данных

sample design выборочный план

sampled information выборочная информация

sample editor редактор сэмплов

sample error ошибка выборки

sample estimate выборочная оценка

sample estimation оценка по выборке; выборочная оценка

sample extreme крайнее значение выборки

sample file файл-пример

sample item стандартный элемент

sample mean выборочное среднее значение

sample program пример программы; программа-пример; типовая программа; эталонная программа

sampler 1. самплер; звуковая плата синтеза звука по таблице волн; 2. преобразователь аналоговых данных в дискретную форму

sample rate частота выборки

sample rate converter преобразователь частоты квантования

sample scene design шаблон проектируемой сцены

sample space выборочное пространство; пространство выборок

sample/target balance filter фильтр «настроить уровни»

sample theory теория выборочного исследования; теория дискретизации

sample unit элемент выборки

sample unit mode режим ввода с доступом к последнему значению

sampling 1. взятие отсчетов; 2. квантование; дискретизация; процесс аналого-цифровых преобразований путем взятия серии измерений; 3. выборка; сэмплирование; выборочное наблюдение; выборочный метод; отбор; получение образцов; 4. опрос

sampling distribution выборочное распределение

sampling error 1. ошибка квантования; 2. ошибка выборки; ошибка выборочного обследования

sampling instant момент выборки; момент замера

sampling method выборочный метод; метод выборки

sampling rate частота дискретизации; частота выборки

sampling ratio выборочное отношение

sampling test выборочный контроль

sampling theory теория выборочного метода

sampling unit элемент выборки

sampling with replacement выборка с возвращением

SAN 1. сеть хранения данных; сетевая инфраструктура «сервер-хранилище данных»; 2. сетевая архитектура систем

sandbox «песочница»; изолированная программная среда (внутри ОС)

sandwich method метод сандвича

sandwitch-type construction конструкция слоистого типа

sane flag флаг нормального режима

sanitization очистка

sans serif шрифт без засечек

sans serif font шрифт без засечек; шрифт сансериф; рубленый шрифт; гротесковый шрифт

SAP 1. точка доступа к службам; точка доступа к сервису; 2. протокол представления сервиса; протокол представления услуг; протокол извещения об услугах; протокол рекламного сетевого сервиса; протокол с объявлением о служебных средствах

SAPA полуавтоматический протокольный анализатор

SAPI идентификатор точки доступа к службе (в ISDN); идентификатор точки доступа к сервису

SAP service query запрос о сетевых службах протокола SAP

SAR 1. сегментация и сборка пакетов; 2. декомпозиция и повторное объединение

SAR level подуровень сегментации и сборки

SARM установление режима асинхронного ответа

SARME установить режим асинхронного ответа с расширенным полем управления

SAS 1. система статистического анализа; 2. системное прикладное программное обеспечение; 3. станция с единственным подключением; станция с одинарным подключением; станция класса В

SATAN инструментарий администрирования защиты для анализа сетей

satellite спутник; искусственный спутник Земли

satellite-based WAN спутниковая глобальная сеть; глобальная сеть со спутниковыми каналами передачи данных

satellite computer 1. вспомогательная вычислительная машина; сателлитная ЭВМ; периферийная ЭВМ; 2. бортовая вычислительная машина спутника

satellite data transmission system система передачи информации с помощью искусственных спутников; система передачи данных через спутник

satellite delay compensation unit спутниковый блок компенсации задержки

satellite dish спутниковая тарелка; антенна спутниковой связи

satellite earth station наземная станция спутников связи

satellite equipment оборудование спутниковой связи

satellite graphic job processor программа обработки графической информации с сателлитной ЭВМ

satellite link спутниковый канал

satellite network спутниковая сеть

satellite task сопутствующая задача

satellite telecommunications спутниковые телекоммуникации

satellite television system система спутникового телевидения

satellite TV спутниковое телевидение; спутниковое телевещание

satisfaction guarantee гарантия качества

satisfiability выполнимость

satisfiability problem проблема выполнимости

satisfied demand выполненное требование

satisfy удовлетворять; выполнять

satisfying убедительный; удовлетворительный

saturated насыщенный

saturated arithmetic арифметика «с насыщением»

saturated colors насыщенные цвета

saturating selected areas повышение насыщенности выбранных участков

saturation насыщение; насыщенность

saturation adjusting коррекция насыщенности

saturation characteristic характеристика насыщения

saturation induction индукция насыщения

saturation point точка насыщения

save 1. сохранение; 2. сохранять; записывать; 3. сберегать; экономить

save all сохранить все

save area область сохранения

save as сохранить под именем

save as query сохранить как запрос

save as report сохранить как отчет

save calling environment function функция сохранения среды вызова

save changes сохранить изменения

saved procedure хранимая процедура

saved query хранимый запрос

saved system копия виртуальной памяти

save fail безопасный сбой

save form as report сохранение формы в виде отчета

save layout сохранить макет

save password сохранить пароль

savepoint точка сохранения

save record сохранить запись

save screen сохранять содержимое экрана

save table сохранить таблицу

save text сохранить текст

saving 1. сохранение; 2. сбережение; экономия

saving field order сохранение порядка полей

savings account счет в сберегательном банке

savings bank банк сбережений

savvy project хитроумный проект

savvy user сообразительный пользователь; смекалистый пользователь

SAW протокол передачи с остановкой и ожиданием

sawtooth waveform пилообразный сигнал

SB 1. селекторный пульт; 2. последовательный двоичный; 3. прямой двоичный (код)

SBA 1. адресация к боковой полосе; 2. архитектура, основанная на стандартах; 3. Ассоциация разработчиков программ; 4. Ассоциация малого бизнеса

SBC одноплатный компьютер

SBCS набор однобайтовых символов

SBS небольшая вычислительная система для финансовых и управленческих задач

S-bus системная шина; магистраль системного блока

SC 1. счетчик команд; 2. служебный канал; сервисный канал; 3. подкомитет; 4. диспетчерское управление; диспетчерский контроль; 5. вспомогательный кэш

SCA 1. одноразъемное соединение; 2. архитектура системной связи

scalability масштабируемость; расширяемость

scalable масштабируемый; расширяемый; изменяемый

scalable font масштабируемый шрифт

scalable parallel processor наращиваемый параллельный процессор

scalable platform масштабируемая платформа

Scalable Processor Architecture наращиваемая архитектура процессоров; архитектура процессоров с изменяемой вычислительной мощностью; архитектура SPARC

scalable reliable multicast расширяемая многоадресная рассылка

scalable server масштабируемый сервер

scalable system расширяемая система

scalar 1. скаляр; 2. скалярный

scalar chain кортеж скалярных величин

scalar expression скалярное выражение

scalar function скалярная функция

scalar instruction скалярная команда

scalar machine машина для обработки скалярных данных; скалярная машина

scalar product скалярное произведение

scalar type скалярный тип; простой тип

scalar value скалярная величина

scalar variable простая переменная; скалярная переменная

scale 1. масштаб; 2. градация; шкала; 3. система счисления; 4. масштабировать

scale across масштабирование по горизонтали

scale attribute атрибут масштаба

scaled arithmetic арифметика с разбиением на целую и дробную части

scaled-down software программное обеспечение, предлагаемое по сниженной цене

scale down 1. масштабирование по вертикали; 2. уменьшить масштаб; 3. понижать; уменьшать

scaled risk ранжированный риск

scale factor масштабный множитель; масштабный коэффициент

scale factor designation задание масштабного коэффициента

scale factoring подбор масштаба

scale factor method метод масштабных коэффициентов

scale grip mode визуальное масштабирование объекта с помощью блоков захвата (манипуляторов)

scale label метка шкалы

scale of effectiveness шкала эффективности

scaler 1. блок масштабирования; 2. делитель частоты

scale range диапазон шкалы

scale with image сохранять пропорции изображения

scaling изменение масштаба; масштабирование

scaling circuit пересчетная схема

scaling envelope масштабирование оболочки

scaling factor коэффициент масштабирования

scaling method метод масштабирования

scaling object масштабирование объекта

scaling problem проблема размерности

scaling unit блок масштабирования

scalloped dab порошковая краска (в графических пакетах)

SCAN автоматическая сеть с коммутируемыми каналами

scan 1. просмотр; сканирование; опрос; анализ; поиск; 2. анализ изображения; 3. поле зрения; 4. развертывание; развертка; 5. просматривать; сканировать; 6. развертывать; 7. анализировать изображение

scan code код опроса

scan conversion сканирующее преобразование

scan converter преобразователь развертки; сканирующий преобразователь

scan frequency частота развертки

scan graphics растровая графика

scan-in загрузка сдвигового регистра

scaning bar выбирающий прямоугольник; прямоугольный курсор

scan interleave mode режим чередования (видеоплаты)

scan into прием тест-последовательности (команд или данных)

scan line 1. строка развертки; 2. шина опроса

scan-line algorithm алгоритм построчного построения изображения

scan-line coherence связность растровых строк

scan lines removing удаление чересстрочных линий

scan mode режим сканирования

scanned сканированный

scanned document сканированный документ; документ, введенный с помощью сканера

scanned image сканированное изображение; сканированный образ

scanner 1. сканер; сканирующее устройство; устройство ввода изображения; 2. блок сканирования; 3. сканирующая программа; 4. лексический анализатор

scanner control unit блок управления сканирующим устройством

scanner device сканер; устройство автоматического ввода графической информации

scanner profile профиль сканера

scanner setting настройка сканера

scanner target образец для сканера

scanner transfer mode режим передачи сканера

scanning 1. сканирование; просмотр; обследование; 2. развертывание

scanning bar выбирающий прямоугольник

scanning beam развертывающий луч; сканирующий луч

scanning diagram схема сканирования; схема просмотра

scanning digitizer сканирующий цифровой преобразователь

scanning operation операция сканирования

scanning parameters параметры сканирования

scanning routine программа сканирования

scanning speed скорость сканирования

scanning transfer mode режим передачи данных со сканера

scanning velocity скорость сканирования

scan-off beam 1. развертывающий луч; сканирующий луч; 2. стирающий луч

scan path approach метод сканирующего пути; метод сдвигового регистра

scan routine программа сканирования

scan-set method метод сканирования-установки

scarce недостаточный; скудный; дефицитный

S-card короткая плата

scatter 1. разброс; рассеяние; 2. рассеивать; разбрасывать

scatter chart точечная диаграмма; диаграмма дисперсий

scatter effect эффект рассеивания

scatter format «разбросанный» формат; рассыпной формат

scatter load загрузка вразброс

scatter loading загрузка вразброс; загрузка с разнесением по разным участкам памяти; чтение вразброс

scatter read считывание вразброс
SCB блок управления станцией
SCC 1. центр управления коммутацией; 2. связной контроллер системы
SCCE упрощенное устройство подключения пользователей
SCCS система контроля за исходным кодом
S-CDMA channel канал связи с кодовым разделением
SCEF функция среды создания услуг
scenario сценарий; план действий
scene сцена; визуализируемое трехмерное пространство; вид; обстановка
scene analysis анализ сцен; распознавание трехмерных изображений
scene template шаблон сцены
scene wizard мастер построения сцен
SCEP 1. узел среды создания услуг; 2. функция управления услугами
schedule 1. расписание; график; срок; 2. схема; таблица; 3. план; программа; 4. режим; 5. составлять расписание; планировать
scheduled data запланированная дата
scheduled delivery планируемая доставка
scheduled duration плановая продолжительность
scheduled finish плановое окончание
scheduled list список задач, управляемых планировщиком
scheduled maintenance запланированное профилактическое обслуживание; плановое обслуживание; обслуживание по графику
scheduled performance index percent плановое процентное отношение; процент индекса плановой производительности
scheduled resource total hours плановые общие часы ресурса; плановые итоговые часы ресурса
scheduled session сеанс по расписанию
scheduled start плановое начало
scheduled time время по графику; планируемое время
schedule off дезактивировать
schedule-overrun несоблюдение сроков; превышение установленного времени
scheduler планировщик; диспетчер
schedule request запрос планирования
scheduler work area рабочая область планировщика
scheduler work area data set набор данных рабочей области планировщика
schedule variance плановые расхождения; дисперсия плана
schedule variance percent процент плановых расхождений; процент дисперсии плана
scheduling 1. планирование; диспетчеризация; 2. составление расписания; составление графика; календарное планирование
scheduling algorithm 1. алгоритм планирования; алгоритм диспетчеризации; 2. алгоритм составления расписания
scheduling an appointment планирование встречи
scheduling delay access mechanism механизм доступа с планированием задержки
scheduling meetings планирование встреч
scheduling method метод календарного планирования
scheduling system система планировщика задач
scheduling unit блок диспетчеризации
schema attribute атрибут «схема»
schema compiler компилятор схемы базы данных
schema entry статья схемы
schema language язык описания схемы (в БД)
schema number номер схемы
schema occurrence экземпляр схемы
schematic circuit принципиальная схема

schematic data 1. данные в схематическом виде; 2. данные о схеме
schematic design схемотехническое проектирование
schematic diagram схематическое представление; принципиальная схема
schematic entry ввод описаний
scheme схема; диаграмма; структура; план; проект; чертеж
scholarship 1. ученость; эрудиция; 2. стипендия
Schonhage algorithm алгоритм Шонгейджа
SCI одноканальный интерфейс
science наука; теория
science-based technology методы, основанные на научных данных
science-oriented language язык для научных задач
scientific 1. научный; 2. экспоненциальный (формат чисел)
scientific and engineering computation научно-технические расчеты
scientific and engineering information processing обработка научно-технической информации
scientific and technological information network сеть научной и технической информации
scientific application научно-исследовательская прикладная система; прикладная система для научных исследований
scientific computations научно-технические расчеты
scientific computer компьютер для научных расчетов
scientific efforts научные работы; программа научных работ
scientific informatics научная информатика
scientific notation экспоненциальное представление; научное представление; представление с мантиссой и порядком; экспоненциальный формат
scientific numeral work численное решение научных задач
scientific research automation автоматизация научных исследований
scientific software научно-исследовательское программное обеспечение
scientist научный сотрудник; ученый
SCIS коммуникационная интегральная сеть повышенной «живучести»
scissoring отсечение; вырезание
scissors mask tool инструмент «выделение ножницами» (в графических пакетах)
SCM 1. управление конфигурацией программного обеспечения; 2. сверхоперативная память; блокнотная память; 3. модуль управления системой
SCMP протокол управляющих сообщений ST
scope 1. область действия (переменных); область определения; диапазон действия; область видимости; 2. контекст; масштаб; размах; 3. область применения; 4. оценка; 5. метка; отметка; 6. оценивать; 7. делать отметку
scope information информация об области действия
scope operator операция разрешения контекста; операция явного задания объекта
scope-overriding syntax синтаксис переопределения области действия
scope resolution разрешение контекста
scope resolution operator операция разрешения контекста
scope rules правила области действия; правила видимости
scoping ограничение
score 1. счет; 2. метка; положение; 3. отмечать; вести счет; 4. таблица кадров
score card карта с насечкой
scoring buffer буфер весовых коэффициентов (в системе распознавания речи)
SCP 1. процессор управления коммутацией; 2. пункт контроля сигналов; 3. узел управления услугами; 4. пункт обслуживания

S

SCPC один канал на несущую

SCR нормальная скорость передачи (ячеек ATM)

scrambled зашифрованный

scrambler скремблер; шифрующее устройство

scramble with password защитить паролем

scrambling 1. скремблирование; шифрование; кодирование; 2. перестановка элементов

scrambling matrix шифраторная матрица; кодирующая матрица

scrap карман; временный буфер хранения

scrapbook библиотека заготовок

scratch 1. начальная позиция; 2. чистка; 3. рабочий; временный; черновой; вспомогательный

scratch area рабочая зона; рабочая область

scratch data черновые данные

scratch disk временный диск

scratch file вспомогательный файл; рабочий файл

scratchpad сверхоперативная память

scratchpad memory сверхоперативная регистровая память; сверхоперативная память

scratchpad register оперативный регистр

scratch tape рабочая лента; оперативная лента

scratch volume рабочий том

screen 1. экран; 2. изображение; 3. полутоновый растр; 4. защита; 5. защищать; экранировать; 6. выводить на экран

screen addressability адресуемость элементов изображения на экране

screen angles углы растра; углы поворота растра

screen areas экранные элементы

screen builder 1. генератор сценариев; 2. контроллер экрана

screen cache экранный кэш

screen capacity емкость экрана дисплея

screen capture utility утилита захвата изображения экрана

screen clearing очистка экрана

screen clutter перенасыщение экрана лишними деталями

screen colors экранные цвета

screen designing system система проектирования экранного интерфейса

screen dithering смешивание цветов

screen door transparency полупрозрачность

screen dot элемент изображения; точка растра

screen editing редактирование на экране

screen editor экранный редактор

screen exchange обмен с экраном

screen font экранный шрифт

screen formatting форматирование изображения

screen frequency 1. экранная частота; плотность полутонового изображения на экране; 2. линиатура растра

screenful полноэкранный; экранный

screen gain коэффициент усиления экрана

screen grid экранная сетка

screen hard copy копия экрана

screen image отображаемое изображение; образ экрана; изображение на экране

screening 1. растрирование# 2. фильтрация

screening design план отсеивающего эксперимента

screening router экранирующий маршрутизатор

screen interface экранный интерфейс

screen labeled key виртуальная клавиша (на сенсорном экране)

screen line строка экрана

screen management управление экраном

screen manipulation манипулирование изображениями

screen memory память для хранения содержимого экрана; видеопамять; экранная память

screen message сообщение для вывода на экран

screen mimic имитация экрана

screen mode режим экрана; экранный режим

screen-oriented экранно-ориентированный; экранный; ориентированный на работу с экраном

screen-oriented capabilities возможности использования экрана

screen-oriented editor экранный редактор

screen-oriented output экранно-ориентированный вывод

screen page страница экранной памяти; страница видеопамяти; дисплейная страница

screen panel область экрана

screen preview просмотр на экране информации для печати; режим предварительного просмотра текста

screen previewer средство предварительного просмотра на экране печатаемой информации

screen refresh регенерация экрана; восстановление изображения; регенерация изображения

screen ruling линиатура растра

screen saver 1. заставка; 2. программа предохранения экрана; программа, предохраняющая выгорание люминофорного слоя экрана; хранитель экрана; 3. режим сохранения экрана

screen shot «снимок экрана»; экран

screen table экранная таблица

screen updating обновление изображения

scretch-pad memory сверхоперативная память

screwdriver отвертка

scribble tool инструмент «небрежный мазок» (в графических пакетах)

scribe описывать

script 1. сценарий; командный файл; программа командного процессора; макрос; 2. оригинал; документ; подлинник; 3. рукописный шрифт

script driver драйвер сценария

script file файл сценария

scripting language язык сценариев

scripting tool средство написания сценариев

script interpreter интерпретатор сценариев

script language язык сценариев; язык описания сценариев

scriptlet апплет-сценарий; скриплет

script nodes узлы сценариев

scroll прокрутка; прокручивать; перемещать; продвигать информацию на экране

scrollable прокручиваемый

scrollable cursor прокручиваемый курсор

scrollable list прокручиваемый список

scrollable window прокручиваемое окно

scroll arrow стрелка направления прокрутки; кнопка прокрутки

scroll bar полоса прокрутки; зона прокрутки

scroll box бегунок; движок (полосы прокрутки)

scroll buffer буфер прокрутки

scroller элемент прокрутки; скроллер

scroller object объект полосы прокрутки; скроллер

scrolling прокрутка; просмотр; перемещение

scrolling action операция прокрутки

scrolling arrow стрелка прокрутки (изображения)

scrolling bar полоса прокрутки; линейка прокрутки

scrolling increment шаг прокрутки

scrolling list box прокручиваемый блок списка

scrolling region область прокрутки (текста на экране дисплея)

scrolling unit единица прокру к/

scrubbing of errors устранение перемежающихся ошибок; чистка динамической памяти

scrutinize 1. тщательно исследовать; 2. внимательно рассматривать

SCS структурированная кабельная система

SCSA архитектура вычислительных систем обработки сигналов

SCSI интерфейс малых вычислительных систем; системный интерфейс малых персональных компьютеров

SCSI adaptor SCSI-адаптер

SCSI-base CD-ROM drive привод CD-ROM с интерфейсом SCSI

SCSI bus шина SCSI

SCSI controller SCSI-контроллер

SCSI electronics устройства, соответствующие стандарту SCSI

SCSI terminator терминатор SCSI

SCU 1. блок управления сканирующим устройством; 2. устройство управления памятью

sculpted box рельефная рамка

sculpting «лепка» изображения

sculptured keyboard клавиатура с рельефными клавишами; рельефная клавиатура

SD 1. передача данных (в модемах); посылка данных; 2. одинарная плотность; 3. стандартное отклонение

SDA стандартная аннотация

SDAM механизм доступа с планированием задержки

SDBMS система управления специализированной базой данных

SDC 1. последовательный контроллер данных; 2. преобразователь данных; 3. сжатие синхронных потоков данных; 4. спутниковый блок компенсации задержки

SDDI распределенный интерфейс передачи данных по экранированной витой паре

SDE среда разработки программного обеспечения; среда разработки программ

SDF 1. структурированный формат каталога; 2. формат с разделителями-пробелами; 3. синхронный поток данных; 4. функция поддержки данных услуги

SDH синхронная цифровая иерархия; международная иерархия цифровой синхронной передачи

SDI однодокументальный интерфейс; интерфейс по работе с одним документом

SDI application SDI-приложение; приложение, способное открывать только одно окно документа

SDIF формат цифрового интерфейса фирмы Sony

SDK набор инструментальных средств разработки программ; пакет разработки программ; средства разработки программного обеспечения; комплект разработчика

SDLC 1. протокол управления синхронным каналом передачи данных; протокол управления синхронной передачей данных; протокол SDLC; 2. синхронная система управления линиями передачи данных; синхронное управление передачей данных

SDM 1. синхронный цифровой мультиплексор; 2. управление информационными потоками в среде SNA

SDMA множественный доступ с пространственным разделением каналов

SDN программно определяемая сеть; технология виртуальных сетей

SDP 1. пакет для разработки программ; 2. узел поддержки данных

SDRAM синхронная динамическая память; динамическая память с синхронизацией сигналов чтения/записи с входной тактовой частотой; синхронное ДОЗУ

SDRAM-DDR модуль памяти SDRAM с удвоенной скоростью передачи данных

SDS система проектирования экранного интерфейса

SDSL симметричная DSL; симметричная цифровая абонентская линия

SDTS 1. система передачи информации с помощью искусственных спутников; 2. стандарт на передачу географических данных

SDU сервисный блок данных

SE 1. сервисная аппаратура; сервисное оборудование; 2. эффективность системы; 3. системное проектирование; системотехника

SEA 1. самораскрывающийся архив; саморазворачивающийся архив; 2. стандартный электронный блок; стандартная электронная схема

seal изоляция

seamless бесшовный; цельный

seamless background бесшовное фоновое изображение

seamless environment «бесшовная» среда; эффективно интегрированная среда

seamlessly integrate эффективно интегрировать

seamless tile бесшовная мозаика

search 1. поиск; перебор; 2. искать; исследовать; перебирать

search address mark метка адреса поиска

search and insertion algorithm алгоритм поиска и вставки

search and replace поиск с заменой

search-and-replace function функция поиска и замены

search area область поиска

search argument аргумент поиска

search argument ключ поиска; аргумент поиска

search array 1. И-матрица; 2. поисковый массив

search attribute атрибут «поиск»; поисковый атрибут; атрибут поиска

search bot средство поиска по полному тексту на Web-сайте

searchcase поисковая комбинация; поисковый образ

search command команда поиска

search completeness полнота поиска

search condition условие поиска

search control word управляющее слово поиска

search criterion критерий поиска

search cycle цикл поиска

search depth глубина поиска

search device поисковое устройство

search document image поисковый образ документа

search domain область поиска

search drive диск поиска; маршрут поиска

search drive mapping назначение диска поиска; задание маршрута поиска

search engine механизм поиска; сервер поиска (в Internet)

search entirely factor коэффициент полноты поиска

search functions функции поиска

search image поисковый образ; образец поиска

searching поиск

searching method метод поиска

searching procedure техника поиска

searching tool инструментальное средство поиска

searching tree дерево поиска; дерево перебора

search instruction команда просмотра; команда поиска

search key поисковый ключ; ключ поиска; поисковый код

search keydata данные ключа поиска

search line строка поиска; искомая строка

search list список поиска

search logic логика поиска

search menu меню поиска

search method метод перебора

search operativeness оперативность поиска

search path путь поиска файлов; маршрут поиска

search pattern шаблон поиска

search precision точность поиска

search precision ratio коэффициент точности поиска

search procedure процедура поиска

457

search representation поисковое предписание
search result результат поиска
search ring method метод циклического опроса
search root начало поиска
search site поисковый узел
search software программное обеспечение поиска информации
search space область поиска
search string строка поиска; искомая строка
search structure поисковая структура
search succeeded образец поиска обнаружен
search time время поиска
search tool инструментальное средство поиска
search tree дерево поиска
search word 1. поисковый признак; 2. искомое слово
seasonal factors сезонные факторы
seasoned user бывалый пользователь; опытный пользователь
seat 1. гнездо; разъем; посадочное место; место установки; 2. устанавливать
seat reservation system система заказа мест
SEC 1. научно-технические расчеты; 2. плата с односторонними краевыми контактами
SECC контактный картридж с одним краевым разъемом
SEC-DED код с исправлением одиночных и обнаружением двойных ошибок
SECO саморегулирующийся кодер-декодер с исправлением ошибок
second 1. секунда; 2. второй; вторичный
secondary вторичный; дополнительный; вспомогательный; подчиненный; второстепенный; побочный
secondary access method вторичный метод доступа
secondary action дополнительное действие
secondary address вторичный адрес
secondary attribute вторичный атрибут
secondary cache вторичный кэш
secondary channel дополнительный канал
secondary color вторичный цвет
secondary console вспомогательный пульт; вспомогательная консоль; вторичная консоль
secondary data производные данные; вторичные данные
secondary disk вторичный диск
secondary document вторичный документ
secondary entry point дополнительная точка входа
secondary failure вторичный отказ
secondary index младший индекс; вторичный индекс
secondary indexing вторичное индексирование
secondary key вторичный·ключ; дополнительный ключ
secondary memory вторичная память; память второго уровня
secondary mouse button вторая кнопка мыши
secondary normal form вторая нормальная форма
secondary operator control station вспомогательный абонентский пульт
secondary paging device вспомогательное устройство страничной памяти
secondary pointer дополнительный указатель; вторичный указатель
secondary prompt symbol вспомогательный символ приглашения системы
secondary register вспомогательный регистр
secondary resources вспомогательные ресурсы
secondary ring вторичное кольцо
secondary server вторичный сервер
secondary sort field дополнительное поле сортировки; вторичное поле сортировки
secondary station вторичная станция; управляемая станция

secondary storage вторичная память
secondary time server вторичный сервер времени; вспомогательный сервер времени
secondary window вспомогательное окно; вторичное окно
second-generation computer ЭВМ второго поколения
second generation hub концентратор второго поколения
secondhand computer машина, бывшая в употреблении
second key вторичный ключ
second-level address адрес второго уровня; косвенный адрес
second-level cache кэш-память второго уровня; кэш второго уровня
second order difference разность второго порядка
second-system effect эффект второй системы
second-to-last предпоследний
secret key секретный ключ
section 1. секция; раздел; 2. область; часть; 3. группа; 4. отрезок; 5. сегмент; сектор; 6. сечение
sectional center местная станция; кустовой центр
sectional computer center кустовой вычислительный центр
sectionalization секционирование
sectional view of a solid сечение фигуры; сечение трехмерного тела
section cut outline контур плоскости сечения (САПР)
section graph подграф
section header заголовок секции; заголовок раздела
sectioning секционирование
sectioning and joining instruction команда секционирования и соединения
sectioning method метод сечений
section name имя секции; имя раздела
section of object 1. часть объекта; 2. сечение объекта
section plane плоскость сечения
section start начало раздела (книги)
section view сечение; вид в разрезе
sector сектор
sector address адрес сектора
sector buffer буфер секторов
sectoring разбиение на секторы; разметка; форматирование
sector interleave factor коэффициент чередования секторов
sector structure структура сектора
sector translation трансляция секторов
secular equation вековое уравнение
secure 1. защищенный; безопасный; секретный; 2. надежный; гарантированный; 3. обеспечивать защиту; защищать
secure access защищенный доступ; безопасный доступ
secure access facility for enterprise средства доступа к защищенным данным в сети масштаба предприятия
secure access management управление защищенным доступом
secure business-transactions защищенные бизнес-транзакции
secure computing environment защищенная вычислительная среда; безопасная вычислительная среда
secured защищенный; снабженный средствами защиты
Secure Electronic Payment Protocol протокол безопасных электронных платежей; протокол SEPP
secure e-mail электронная почта со средствами защиты
secure environment защищенная среда; среда, имеющая средства защиты
Secure Fast Packet Switching защищенная быстрая коммутация пакетов; защищенная скоростная коммутация пакетов
secure hash algorithm защищенный алгоритм хеширования
secure modem модем с защитой передаваемой информации
Secure Network Services сетевая служба безопасности; служба сетевой защиты

secure object защищенный объект

secure operating system безопасная операционная система; операционная система с защитой информации

secure payment technology технология защищенных электронных платежей

secure server защищенный сервер; сервер со средствами защиты

Secure Sockets Layer протокол безопасных соединений; уровень защищенных разъемов; протокол SSL

secure standard стандарты на средства защиты информации

secure state безопасное состояние

secure storage память (системного) модуля обеспечения надежности

secure transaction technology технология надежных транзакций; технология безопасных транзакций; технология защиты транзакций; механизм электронных платежей

security защита конфиденциальных данных; обеспечение безопасности; безопасность; секретность; конфиденциальность; сохранность

security access feature средства защиты доступа

security accreditation гарантия защиты; гарантия безопасности

security administrator администратор системы защиты; администратор по вопросам защиты

security analysis анализ надежности

security architecture архитектура защиты

security assessment software программное обеспечение оценки защиты; ПО оценки безопасности

security attribute атрибут защиты; атрибут секретности

security audit проверка безопасности; контроль защиты

security auditing ревизия защиты; контроль системы защиты

security audit trail данные проверки безопасности; результаты контроля защиты

security bit бит защиты

security breaches пробелы в защите; бреши в защите

security certificate сертификат безопасности

security certification сертификация защиты

security check проверка системы защиты

security classificaion гриф секретности; категория защиты

security classification гриф секретности; категория защиты (данных)

security clearance категория допуска; уровень защиты

security context контекст защиты

security database база данных системы защиты

security declaration объявление прав доступа

security descriptor дескриптор защиты

security dial-back option средство защиты с функцией обратного вызова

security domain домен безопасности; домен защиты

security equals эквиваленты защиты

security equivalence 1. эквивалентность по правам; 2. эквивалентный по правам

security evaluation оценка защиты

security event auditing ревизия событий в системе защиты

security facilities средства защиты; средства ограничения доступа

security fetch protection защита от несанкционированного доступа

security filter защитный фильтр; фильтр защиты

security firewall брандмауэр

security flaw брешь безопасности; пробел в защите

security framework инфраструктура защиты

security ID идентификатор защиты; идентификационный номер, используемый системой защиты

security kernel ядро безопасности

security label метка грифа; уровень безопасности; уровень защиты

security log журнал системы защиты; журнал защиты

security management управление безопасностью; управление защитой

security manager администратор безопасности

security model модель механизма защиты (от несанкционированного доступа)

security object объект безопасности

security officer офицер безопасности, ответственный за защиту данных

security permissions полномочия доступа

security plan план по обеспечению безопасности

security policy политика безопасности; методика безопасности; политика защиты; методика защиты; стратегия защиты

security policy model модель политики безопасности; модель политики защиты

security processing mode режим обеспечения безопасности

security protection обеспечение секретности

security reference monitor монитор защиты

security-related events события, связанные с системой защиты

security report отчет о состоянии системы защиты

security rights права защиты

security service служба обеспечения безопасности; сервис безопасности; служба защиты; системная служба защиты; сетевые средства защиты

security standard стандарт по защите от несанкционированного доступа; стандарт обеспечения защиты

security subject субъект безопасности; субъект защиты

security subsystem подсистема защиты

security system охранная система; система защиты

security table таблица защиты

security terminal защищенный терминал

security time-lag безопасное время

security trapdoor проход через систему защиты; обходной путь

sedding обработка с помощью потокового редактора sed UNIX

SEE среда разработки программ

SEED устройство на автоэлектрооптическом эффекте

seeding подсев

seed value случайное значение; значение, инициирующее генератор случайных чисел; величина рандомизации

seek 1. операция установки; подвод головок; 2. искать; разыскивать

seek access запрашивать доступ

seek address адрес поиска

seek area область поиска

seek command команда установки

seek complete завершение позиционирования

seek error ошибка поиска; ошибка позиционирования; ошибка установки (головки)

seek instruction команда установки

seek time время поиска дорожки; время установки (головки); время позиционирования головки (диска) над нужной дорожкой

see-through function функция «сквозного просмотра» (в VR-шлеме)

segment 1. сегмент; область; 2. сегментировать

segmentable сегментируемый

segmentable hub сегментируемый концентратор

segmentation сегментация; декомпозиция; разбиение; секционирование

segmentation and reassembly декомпозиция и повторное объединение; сегментация и сборка

segmentator сегментатор; соединитель

segment attribute атрибут сегмента

segment base начало сегмента

segment buffering сегментная буферизация

segment crossover переход межсегментной границы

segment descriptor дескриптор сегмента

segment descriptor table таблица дескрипторов сегментов

segment display file дисплейный файл сегментов

segmented сегментированный

segmented approximation сегментированная аппроксимация; сегментированное приближение

segmented database сегментированная база данных; база данных с сегментной структурой

segmented image database сегментированная база данных изображений

segmented key сегментированный ключ

segmented memory model сегментированная модель памяти

segmented program сегментированная программа

segmented system система с сегментной организацией

segment file файл сегментов

segmentize a subnet сегментирование сети; разбиение сети на подсети

segment limit граница сегмента

segment mapping схема размещения сегментов

segmentmark маркер сегмента

segment number номер сегмента

segment offset смещение в сегменте

segment override prefix префикс замены сегмента; префикс переопределения сегмента

segment recording сегментная магнитная запись

segment register сегментный регистр; регистр сегмента

segment-relative address адрес относительно начала сегмента

segment search argument аргумент поиска сегмента

segment selector селектор сегмента

segment switch коммутатор сетевых сегментов

segment table таблица сегментов

segment table entry запись в таблице сегментов

segment translation exception особый случай использования сегмента; прерывание из-за трансляции сегмента

segment value значение сегмента

segment wrap выход за пределы сегмента

segregation junction сегрегационный переход

SEH-frame SEH-фрейм; фрейм структурной обработки исключений

SEI 1. Институт по разработке программного обеспечения; Институт автоматизации программирования (США); 2. стандартный интерфейс ввода данных

seldom редко

select 1. выбирать; выделять (текст); отбирать; 2. установить (флажок)

select a custom control выбор специального элемента

select all выделить все

select all records выделить все записи

select bit разряд селекции; разряд выбора

select button нажать кнопку; указать кнопку; щелкнуть мышью на кнопке

select by typing выбор по набору

select check box установить флажок; установить независимый переключатель

select code код выборки

select criteria критерий выбора

select database выбрать базу данных

selected block выделенный блок

selected cell выбранная ячейка

selected emphasis индикатор выбранного элемента

selected item 1. выбранный пункт (меню); 2. выделенный элемент

selected properties выбранные свойства

selected text выделенный текст; выбранный текст

select entire field выделить поле целиком

select error ошибка выборки; ошибка по отсутствию связи

select file выбрать файл

select form выделить форму

select format выбор формата

selecting выбор

selecting a paint color выбор краски

selection 1. выделенный фрагмент; подсвеченная область; 2. подсветка; выбор; выделение; 3. отбор; 4. выборка; селекция; 5. выбранные элементы; 6. вызов

selection bar полоса выделения

selection board селекторный пульт

selection box блок выделения; блок выбора

selection cascade каскад селекций

selection check выборочная проверка; выборочный контроль

selection circuit схема выборки

selection control управление выборкой

selection creation создание выделения

selection criteria критерий отбора; критерий выбора

selection criterion критерий выбора; критерий отбора

selection cursor курсор выделения; курсор выбора

selection cycling циклическое переключение выделения

selection expression выражение выбора; выбирающее выражение

selection field поле выбора

selection filter фильтр выбора

selection formula формула отбора; формула выбора

selection handle маркер выделения

selection indicator индикатор выбора

selection key клавиша выбора

selection line шина выборки

selection list список выбора

selection marker маркер выделения

selection mask word слово маски выбора

selection matrix матрица выборки; матричный дешифратор

selection mechanism механизм выборки

selection method метод выбора

selection mode режим выбора

selection phase фаза выбора

selection rule правило выборки; критерий фильтрации записей

selection-set variable переменная выбора группы объектов; переменная, в которой хранится информация о группе выбираемых объектов

selection statement команда выбора

selection text выделенный фрагмент

selection tool инструмент «указатель»

selection tree дерево выбора; древовидная схема выбора

selection window рамка выбора (в AutoCAD)

selective выборочный; избирательный; селективный

selective call избирательный вызов; селекторный вызов

selective clause оператор отбора

selective dumb выборочный дамп; выборочная разгрузка; избирательный дамп

selective erase выборочное удаление объектов; селективное стирание

selective eraser избирательно действующий ластик (в графических программах)

selective flow control избирательное управление трафиком

selective information propagation избирательное распространение информации

selective numbering произвольная нумерация

selective output выборочный вывод

selective print избирательная печать; выборочная печать

selective printing избирательная печать; выборочная печать

selective replace избирательная замена

selective replication избирательное тиражирование данных; избирательная репликация

selective search избирательный поиск

selective structure структура выбора

selective trace условная трассировка; выборочная трассировка

selectivity избирательность

select menu меню выбора

select object выбор объекта

select option button выбрать параметр

selector 1. константа варианта в операторе выбора; 2. переключатель; искатель; 3. селекторный канал; 4. селектор; адрес сегмента

selector channel селекторный канал

select-project operator оператор выбора-проектирования

select query запрос на выборку; выборка

select record выделить запись

select report выделить отчет

select statement оператор выбора

select unique record identifier выбор уникального индекса (записи)

select window выбор окна

self-acting control саморегулирование

self-adapted computer самоадаптирущийся компьютер

self-adapting 1. самоадаптация; 2. самонастраивающийся; самоизменяющийся; адаптивный

self-adapting process самоприспосабливающийся процесс

self-addressed самоадресуемый; содержащий адрес (пакет)

self-checking 1. самоконтроль; 2. с самоконтролем

self-checking code код с обнаружением ошибок; код с самопроверкой; самоконтролируемый код

self-checking logic логические схемы с внутренней синхронизацией

self-checking loop цикл самоконтроля

self-cleaning lens самоочищающиеся линзы (дисковода CD)

self-clocking автосинхронизация; самосинхронизация

self-compiling compiler самокомпилируемый компилятор; транслятор, компилирующий сам себя

self-complementing code самодополняющий код

self-configuring с автоматическим конфигурированием

self-contained автономный; замкнутый; полный; самодостаточный; независимый

self-contained component автономный компонент

self-contained DBMS замкнутая СУБД

self-contained language замкнутый язык

self-contained program независимая программа

self-contained system замкнутая система

self-contained unit автономное устройство

self-correcting code самокорректирующийся код; код с коррекцией ошибок

self-defining самоопределяемый

self-defining delimiter самоопределяемый ограничитель

self-defining structure самоопределенная структура

self-defining term самоопределяемый терм; автоматически определяемый терм; самоопределенный терм

self-demarking code код с обнаружением ошибок

self-descriptive самодокументированный; не требующий дополнительного описания

self-diagnose самодиагностика

self-diagnostics самодиагностика

self-distributive law закон самодистрибутивности

self-documenting program самодокументированная программа

self-dual самодвойственный

self-explanatory label информативная метка; осмысленная метка

self-explanatory term термин, смысл которого ясен из названия

self-extending саморасширяющийся

self-extracting саморазворачивающийся (архив); самораскрывающийся

self-extracting archive самораскрывающийся архив; саморазворачивающийся архив

self-extracting file саморазворачивающийся файл

self-focusing element самофокусирующая оптическая линза

self-healing самовосстановление

self-instructed carry автоматический перенос

self-interruption самопрерывание

self-learning самообучающийся

self-learning process самоприспосабливающийся процесс

self-loading program самозагружаемая программа

self-locking автоблокировка

self-maintaining самообслуживание; самоподдержка

self-modifying самомодифицирующийся

selfoc самофокусирующая оптическая линза

self-operated control автоматическое управление

self-organizing самоорганизующийся

self-organizing machine самоорганизующаяся машина

self-organizing model самоорганизующаяся модель

self-organizing system самоорганизующаяся система

self-programming 1. автоматическое программирование; 2. самопрограммирующийся

self-protected file файл с самозащитой от вирусов

self reference самоадресация

self-regulating error-correction coder-decoder саморегулирующийся кодер-декодер с исправлением ошибок

self-relative address самоопределяющийся адрес; самоотносительный адрес; самоопределяющийся относительный адрес

self-relative addressing самоопределяющаяся относительная адресация

self-relocatable program автоматически перемещаемая программа; самоперемещаемая программа

self-repair 1. самовосстановление; 2. самовосстанавливающийся

self-repairing самовосстанавливающийся

self-replicating самотиражирование

self-replicating machine самовоспроизводящаяся машина

self-reproducing automaton самовоспроизводящийся автомат

self-reproducing machine самовоспроизводящая машина

self-resetting loop цикл с самоустановкой начальных значений

self-running 1. несинхронизированный; 2. самовыполняющийся

self-running slide show самовыполняющееся слайд-шоу

self-similarity самоподобие

self-sufficient экономически самостоятельный

self-switching 1. самопереключение; 2. самопереключающийся

self-teaching system самообучающаяся система

self-test 1. самотестирование; 2. с самотестированием; с самоконтролем

self-test capability возможность самоконтроля; возможность самопроверки

self-test equipment аппаратура с самоконтролем; аппаратура с самотестированием; самотестирующая аппаратура

S

self-test function функция автотестирования

self-testing 1. самотестирование; самоконтроль; 2. самотестируемый; самотестирующийся; с самоконтролем

self-test program программа с самоконтролем; программа с самотестированием

self-test system система с самотестированием

self-triggering 1. самозапуск; самовозбуждение; 2. самозапускающийся; самовозбуждающийся

self-tune самонастройка

self-verification самопроверка

selling value продажная цена

semantic семантический

semantic analysis семантический анализ

semantic analyzer семантический анализатор; блок семантического анализа; семантический блок

semantic attribute семантический атрибут

semantic check семантический контроль

semantic code семантический код

semantic constraint семантическое ограничение

semantic database семантическая база данных

semantic definition семантическое определение

semantic domain область семантики; раздел семантики

semantic entailment семантическое воплощение

semantic error семантическая ошибка; ошибка этапа выполнения

semantic fields семантические области

semantic grammar семантическая грамматика

semantic information семантическая информация

semantic integrity семантическая целостность

semantic interpretation семантический анализ

semantic interrelationship семантическая взаимная связь

semantic knowledge семантические знания

semantic loader семантический загрузчик

semantic matrix семантическая таблица

semantic memory семантическая память

semantic method семантический метод

semantic model семантическая модель

semantic network семантическая сеть

semantic normalization семантическая нормализация

semantic relations семантические отношения

semantics семантика

semantic simulation семантическое моделирование

semantic storage семантическая память

semantic subroutine семантическая подпрограмма

semantic transformation семантическая трансформация

semantic violation нарушение семантики

semaphore семафор

semaphore bug ошибка в расстановке семафоров

semaphore channel канал с семафором

semaphore handle описатель семафора; логический номер семафора

semaphore mechanism механизм семафоров; семафорный механизм

semaphore timer таймер семафора

semi-adder полусумматор

semi-advanced user пользователь со средним уровнем подготовки

semi-automatic encoding полуавтоматическое кодирование

semi-automatic message switching center полуавтоматический центр коммутации сообщений

semi-automatic procedure for deriving syntax algorithms полуавтоматическая процедура оценки синтаксических алгоритмов

semi-automatic procedure полуавтоматическая процедура

semi-automatic protocol analyzer полуавтоматический протокольный анализатор

semi-automatic search полуавтоматический поиск

semi-bold полужирный

semicircle полукруг

semicolon точка с запятой

semicolon operator операция точки с запятой; знак операции точки с запятой

semicompiled полутранслированный; частично транслированный

semi condensed font полусжатый шрифт

semiconductor device полупроводниковое устройство

semiconductor memory полупроводниковая память

semiconductor storage полупроводниковая память

semicontinuos function полунепрерывная функция

semi expanded font полуширокий шрифт

semifixed record запись ограниченной длины, изменяемая в заданных пределах

semiformal language полуформальный язык

semigraphics псевдографика

semigroup полугруппа

semigroup method метод полугрупп

semi-intelligent device полуинтеллектуальное устройство

semilog полулогарифмический

semilogarithmic полулогарифмический

semiotic model семиотическая модель

semiotics семиотика

semiotic system знаковая система

semipermanent circuit полупостоянный канал

semipermanent connection полупостоянное соединение (в ATM)

semi-permanent information полупостоянная информация

semi-permanent memory полупостоянное запоминающее устройство; полупостоянная память

semi-permanent pool полупостоянный пул

semi-permanent store полупостоянное запоминающее устройство

semiring полукольцо

semi-Thue system полусистема Туэ

semi-vocoder полувокодер

semi-word полуслово

semi-word add команда сложения полуслов

send передавать; посылать; отправлять (синхронно)

send again отправить заново

send a link отправить ссылку

send buffer пересылочный буфер

sender 1. отправитель; 2. передатчик

sender-receiver terminal приемопередающий терминал

send group блок передачи

sending посылка; отправка

sending a message failed сбой при отправке сообщения

sending end передающий конец (линии)

sending instruction команда пересылки

sending station передающая станция; станция-отправитель

send mail отправка почты

send object отправить объект

send options параметры отправки

send-receive-forward time время на отправку, прием и продвижение сообщения

send-request circuit схема запроса на передачу

send to back на задний план

SENET сеть с разделенными временными интервалами

senior analyst старший аналитик

senior programmer старший программист

senior scientist старший научный сотрудник

senior vice-president старший вице-президент

sense 1. смысл; значение; 2. чувство; ощущение; 3. сознание; разум; 4. воспринимать; определять; ощупывать; считывать

sense address адрес восприятия; адрес считывания; адрес уточненного состояния

sense amplifier усилитель чтения

sense bit бит считывания

sense byte байт уточненного состояния

sense command команда считывания; команда уточненного состояния

sensed signal принятый сигнал

sense information считанная информация

sense light 1. сенсорный индикатор; 2. программно доступный световой индикатор

sense of motion иллюзия движения

sense signal сигнал считывания

sense switch программно опрашиваемый переключатель

sense wire шина считывания; считывающий провод

sensing 1. восприятие; опознавание; считывание; 2. чувствительный

sensing current ток считывания

sensing device датчик; чувствительный элемент

sensing element чувствительный элемент; датчик

sensing head считывающая головка

sensing method метод считывания

sensing station считывающее устройство

sensing time время считывания

sensing unit считывающий элемент; датчик

sensitive 1. чувствительный; восприимчивый; 2. важный; критичный

sensitive data уязвимые данные

sensitive information критичная информация

sensitive microphone чувствительный микрофон

sensitive segment чувствительный сегмент

sensitivities конфиденциальная информация

sensitivity чувствительность

sensitivity analysis анализ чувствительности

sensitivity control регулирование чувствительное

sensitivity function функция чувствительности

sensitivity list список сигналов запуска (процесса)

sensor измерительный элемент; чувствительный элемент; сенсорное устройство; сенсорный датчик; сенсор

sensor-based computer управляющая ЭВМ; ЭВМ, получающая информацию от датчиков

sensor-based control управление с использованием датчиков

sensor-based system система, основанная на использовании датчиков

sensory unit сенсорное устройство

sentence 1. предложение; оператор программы; 2. высказывание; суждение

sentence-by-sentence syntactic analysis пофразовый синтаксический анализ

sentence structure determination определение структуры предложения

sentence symbol начальный символ

sentential form сентенциальная форма

sentential language сентенциальный язык; язык высказываний

sententional calculus исчисление высказываний

sententional form пропозициональная форма; сентенциальная форма

sentinel сигнальная метка

separability measure мера отделимости (множества)

separable approximation сепарабельное приближение

separable code разделительный код; сепарабельный код

separable game вырожденная игра

separate 1. отделяться; разделяться; 2. раздельный; отдельный; изолированный; 3. разделить

separate bit отдельный двоичный разряд

separate clock signal отдельный сигнал синхронизации

separate compilation раздельная трансляция; раздельная компиляция

separate databases разобщенные базы данных

separately instructed carry управляемый перенос

separate pages отдельные листы

separate shifting instruction специальная команда сдвига

separate shifting operation специальная операция сдвига

separating character разделительный знак; разделитель

separating edge разделяющее ребро

separation 1. цветоделение; 2. разделение; выделение; разбиение; деление

separation distance зазор

separation losses потери из-за разделения зон; потери на промежутки между зонами

separation printer принтер с цветоделением

separation printing печать с цветоделением

separations цветоделенные пленки; комплект цветоделенных фотоформ

separator разделитель; разделительный знак

separator bar разделительная черта (в меню)

separator character знак разделения; разделитель

separator page страница-разделитель (при выводе на печать)

SEPM управление разработкой и проектированием программного обеспечения

SEPP протокол безопасных электронных платежей

seq шаг

sequel продолжение; следующая версия; развитие

sequence 1. упорядоченный список значений; последовательность; порядок следования; 2. натуральный ряд чисел; 3. устанавливать последовательность; упорядочивать; сортировать

sequence access последовательная выборка

sequence address последовательный адрес

sequence break разрыв упорядоченности

sequence character символ следования

sequence check 1. контроль порядка следования; 2. проверка упорядоченности

sequence checking проверка последовательности

sequence checking routine программа проверки последовательности; программа контроля последовательности

sequence control управление последовательностью

sequence count значение порядкового номера

sequence counter счетчик команд

sequenced frames последовательные кадры

sequence diagram диаграмма последовательности

Sequenced Packet Exchange последовательный обмен пакетами; протокол последовательной передачи; протокол SPX

Sequenced Packet Protocol протокол последовательной передачи пакетов

sequence error ошибка из-за неправильной последовательности; нарушение последовательности; неправильный порядок

sequence name символическое имя перехода

sequence number порядковый номер

sequence of collating последовательность сравнения

sequence of instructions последовательность команд; порядок следования команд

sequence point точка оценки; точка следования

sequencer устройство генерации последовательности; программный автомат

sequences frames последовательные кадры

sequencing планирование хода; последовательное прохождение; установление последовательности; упорядочивание

sequencing axiom аксиома следования

sequencing criterion критерий упорядочения; критерий упорядоченности

sequencing key ключ упорядочения; ключ упорядочивания

sequencing number последовательная нумерация

sequency секвента

sequenser указатель следования

sequenser register счетчик команд

sequensing задание последовательности

sequensing key ключ упорядочения

sequensor секвенсор

sequent следующий; вытекающий

sequential последовательный

sequential access 1. последовательный доступ; 2. последовательная выборка

sequential access method последовательный метод доступа; метод последовательного доступа

sequential access storage запоминающее устройство последовательного доступа; память с последовательным доступом

sequential access volume том последовательного доступа

sequential addressing последовательная адресация

sequential algorithm последовательный алгоритм

sequential analysis последовательный анализ

sequential approach последовательный подход

sequential binding последовательная связь; связь типа следования

sequential carry последовательный перенос

sequential circuit схема последовательного действия

sequential coding последовательное кодирование

sequential collating слияние путем упорядочения

sequential computation последовательное вычисление

sequential computer последовательная ЭВМ

sequential control последовательное управление

sequential controllability последовательная управляемость

sequential data set последовательный набор данных

sequential decoding последовательное декодирование

sequential decomposition последовательная декомпозиция

sequential file файл последовательного доступа; последовательный файл

sequential frames последовательные кадры

sequential function последовательная функция

sequential list последовательный список

sequential load 1. последовательная нагрузка; 2. последовательная загрузка

sequential logic 1. последовательная логика; 2. последовательные логические схемы

sequential logic element элемент последовательной логики

sequentially последовательно

sequentially controlled automatic transmitter start сеть терминалов с автоматическим запуском трансмиттеров

sequential machine последовательная машина

sequential operation последовательная работа; последовательная операция

sequential operator оператор следования; оператор, управляющий последовательностью программы

sequential order последовательная организация; последовательное упорядочение

sequential organization последовательная организация

sequential pointer последовательный указатель

sequential port последовательный порт

sequential process многостадийный процесс

sequential processing последовательная обработка

sequential queue простая очередь

sequential retrieval последовательная выборка

sequential routing последовательная маршрутизация

sequential scheduler последовательный планировщик

sequential scheduling system система последовательного планирования; система с последовательным планированием

sequential search algorithm алгоритм последовательного поиска

sequential selection последовательная выборка

sequential stacked job control управление естественной очередностью прохождения заданий

sequential storage память последовательного действия

sequential stored data последовательно запомненные данные

sequential structure структура следования

sequential test последовательный критерий

sequential transfer последовательная передача

SER частота появления ошибочных символов

SERC инициатива по надежным критическим информационным системам

serial 1. последовательный; порядковый; 2. серийный; 3. посимвольный

serial access 1. последовательный доступ; 2. последовательная выборка

serial-access memory последовательная память; последовательное запоминающее устройство

serial adder последовательный сумматор; сумматор последовательного действия

serial addition последовательное сложение

serial algorithm линейный алгоритм

serial arithmetic 1. последовательная арифметика; 2. арифметическое устройство последовательного действия

serial binary последовательный двоичный

serial busy interface протокол последовательного интерфейса

serial by bit поразрядный; последовательный по битам

serial by byte посимвольный; побайтовый

serial by character посимвольный

serial by word пословный

serial cable последовательный кабель

serial clause последовательное предложение

serial code последовательный код

serial coding порядковое кодирование

serial computer 1. серийная машина; 2. компьютер последовательного действия

serial computing последовательное вычисление

serial connection последовательное соединение

serial correlation автокорреляция

serial counter последовательный счетчик

serial data последовательные данные; последовательная информация; данные, передаваемые последовательно

serial data controller последовательный контроллер данных

serial file number последовательный номер файла

serial infra-red инфракрасное последовательное соединение

serial in/parallel out последовательный ввод/параллельный вывод

serial input/serial output последовательный ввод/последовательный вывод

serial in serial out последовательный ввод и последовательный вывод

serial interface последовательный интерфейс

serial interface card плата последовательного интерфейса

serialization 1. установка серийного номера; присваивание серийного номера; 2. преобразование в последовательную форму

serialization packets пакеты контроля лицензирования

serialize преобразовывать в последовательную форму

serialized input упорядоченный ввод

serial language язык последовательного программирования

Serial Line Access Protocol протокол доступа к последовательному каналу

Serial Line Internet Protocol межсетевой протокол для последовательного канала; протокол последовательной межсетевой связи; протокол SLIP

serially reusable повторно используемый

serially reusable load module повторно используемый загрузочный модуль

serially reusable program повторно используемая программа

serial machine 1. машина последовательного действия; 2. серийная машина

serial manufacture серийное производство

serial number номер по порядку; регистрационный номер; заводской номер; последовательный номер; серийный номер

serial of steps последовательность шагов

serial operation последовательная работа

serial-parallel последовательно-параллельный

serial-parallel arithmetic последовательно-параллельная арифметика

serial-parallel conversion преобразование последовательного кода в параллельный

serial-parallel interface последовательно/параллельный интерфейс

serial-parallel representation последовательно-параллельное представление

serial peripheral interface последовательный периферийный интерфейс

serial port последовательный порт

serial-port attached подключаемый к последовательному порту

serial port controller контроллер последовательного порта

serial principle принцип последовательного действия

serial printer посимвольно печатающее устройство; последовательный принтер

serial process 1. многостадийный процесс; 2. последовательный процесс; линейный процесс

serial processing последовательная обработка

serial production серийное производство

serial programming последовательное программирование

serial protocol последовательный протокол; протокол последовательной передачи данных

serial query линейный запрос

serial read-only memory последовательная постоянная память

serial representation последовательное представление

serial routing последовательная маршрутизация

serial search последовательный перебор; последовательный поиск; поиск последовательным перебором

serial-serial arithmetic последовательная арифметика

serial-serial operation последовательно-последовательная работа

serial system bus последовательная системная шина; последовательная системная магистраль

serial transfer последовательная передача; последовательная пересылка

serial transmission последовательная передача

serial volume number порядковый номер тома

serial write data данные последовательной записи

serial writing head записывающая головка последовательного действия

series последовательность; ряд; серия

series limiter последовательный ограничитель

series of changes последовательность изменений

series of steps последовательность шагов

serif 1. шрифт с дополнительными графическими элемента-

ми; 2. засечка (литеры)

serif font шрифт с засечками; сериф; шрифт с дополнительными графическими элементами

serifstyle форма засечек

certificate server сервер сертификатов

serve 1. служить; 2. годиться; быть полезным; 3. обслуживать

served demand обслуженное требование

server сервер; специализированная станция; спецпроцессор; узел обслуживания; обслуживающий процессор; обслуживающее устройство

server adapter адаптер сервера

server appliance серверная система; серверное устройство; одноцелевой сервер

server application 1. приложение-сервер; 2. серверное приложение; приложение сервера

server-based серверный; реализуемый на сервере; функционирующий на сервере

server-based application серверное приложение; приложение, работающее на сервере

server-based architecture серверная архитектура; архитектура с обслуживающими узлами

server-based Btrieve Btrieve для сервера

server-based network серверная сеть; сеть с сервером

server-based routing маршрутизация на базе сервера

server-based setup программа серверной установки

server-based software серверное программное обеспечение

server busy сервер недоступен; сервер занят

server-clustering кластеризация серверов

server complex комплекс высокопроизводительных серверов; серверный комплекс

server console консоль сервера

server down закрытие сервера; выключение сервера

server-end portion of application серверная часть приложения

server farm пул серверов

server fault tolerance отказоустойчивость сервера

server indexer индексатор для сервера

server installation 1. инсталляция сервера; 2. инсталляция с сервера

Server Message Block блок сообщений сервера; блок SMB

server object серверный объект; объект сервера

server OLE OLE-сервер; сервер OLE

server operating system серверная операционная система

server processing обработка на сервере

server replication тиражирование данных сервера

server room помещение для установки серверов

server router сервер-маршрутизатор

server service серверная служба

server-side API интерфейс прикладного программирования серверных приложений

server-side application серверное приложение; приложение, выполняемое на сервере (в отличие от клиентского)

server side includes расширения серверной стороны

server-side map серверная карта ссылок

server-side sertificate серверный сертификат

server system 1. серверная вычислительная система; аппаратура сервера; сервер; 2. серверная ОС

server type number номер типа сервера

service 1. служба; услуги; обслуживание; сервис; 2. служебный; сервисный; 3. сервис; серверный процесс (в Windows NT)

serviceability удобство обслуживания

service access facility средства доступа к службе; средства доступа к сервису

service access point точка доступа к сервису; точка доступа к службе

S

service adaptation network сеть с адаптацией сервиса

service advertisement packets пакеты объявления о служебных средствах; пакеты сетевого рекламного сервиса

Service Advertising Protocol протокол оповещения о сервисе; протокол объявления об услугах; протокол рекламного сетевого сервиса; протокол с объявлением о служебных средствах; протокол SAP

service and support сервис и поддержка

service bit служебный бит; служебный разряд

service bureau сервисное бюро; бюро предпечатной подготовки; бюро допечатной подготовки

service center центр обслуживания; вычислительный центр

service channel служебный канал; сервисный канал

service computer служебная машина; компьютер, выполняющий вспомогательные функции; обслуживающая ЭВМ

service conditions условия эксплуатации

service control function функция управления услугами

service control point узел управления услугами

service costs стоимость профилактики; стоимость технического обслуживания

service creation environment function функция среды создания услуг

service creation environment point узел среды создания услуг

service data block сервисный блок данных

service data function функция поддержки данных услуги

service data point узел поддержки данных

service data unit сервисный блок данных

service demand 1. запрос на обслуживание; 2. потребность в обслуживании

service digit служебный символ; служебный разряд

service engineering техническое обслуживание

service enhancement module модуль расширенного сервиса

service environment условия эксплуатации

service equipment сервисная аппаратура; сервисное оборудование

service function сервисная функция; служебная функция; функция обслуживания

service identification packet пакет идентификации службы

service-in line входная шина служебной информации

service integration совмещение обслуживания

service interval интервал обслуживания

service logic interpreter логический интерпретатор вида услуг

service management access function функция доступа к системе эксплуатационной поддержки и администрирования услуг

service management access point узел доступа к системе эксплуатационной поддержки и администрирования услуг; узел доступа к управлению услугами

service management function функция эксплуатационной поддержки и администрирования услуг

service management point узел обновления услуг

service message служебное сообщение

service mode сервисный режим

service node узел услуг

service-oriented computer компьютер для обслуживания запросов

service-out line входная шина служебной информации

Service Pack пакет обновления

service principle принцип обслуживания

service process сервисный процесс; обслуживающий процесс

service processor сервисный процессор

service program служебная программа; обслуживающая программа; утилита

service protection network сеть с автоматической защитой от несанкционированного доступа

service protocol протокол обслуживания

service provider 1. SP-компания; поставщик услуг; 2. системная служба; компонент, предоставляющий сервис

service provider interface интерфейс драйвера службы (электронная почта); интерфейс поставщиков услуг; интерфейс с системной службой

service provider network сеть поставщика услуг

service query запрос об услугах; запрос о сетевых службах

servicer 1. обслуживающий персонал; 2. узел обслуживания

Service Registry Сервис реестра

service request запрос на обслуживание

service routine вспомогательная программа; обслуживающая программа; сервисная программа; служебная программа

service routine set комплекс обслуживающих программ

services сервисы; сервисные функции; сервис

services integration network сеть с интеграцией услуг

service switching and control point узел коммутации и управления услугами

service switching function функция коммутации услуг

service time время обслуживания

service unit блок обслуживания

servicing technique техника обслуживания

servlet сервлет; Java-приложение, выполняемое на сервере; специализированная серверная Java-программа

servomechanism approach подход с позиций теории автоматического регулирования

servo-operated control управление с использованием следящего привода

servosurface рабочая поверхность

SES 1. средства мониторинга состояния среды; 2. интеллектуальная система энергосбережения

session сеанс работы; сеанс

session access доступ в сеансе связи

session-bind с привязкой к сеансу

session connection сеансовое соединение

session control protocol протокол управления соединением

session diary журнал сеанса

session entity участник сеанса

session ID идентификатор сеанса

session key код сеанса; ключ сеанса; сеансовый ключ

session layer уровень сеанса; сеансовый уровень

session layer of network protocol function сеансовый уровень функций сетевого протокола

session layer subset подмножество сеансового уровня

session log журнал сеанса

session log information содержимое журнала сеанса

session management управление сеансом

session pool пул сеансов

session protocol сеансовый протокол

session-state file файл состояния сеанса

session variable переменная сеанса

SET защищенные электронные транзакции; безопасные электронные сделки

set 1. множество; система; набор; совокупность; 2. ряд; серия; 3. комплект; 4. устанавливать; присваивать

set algebra алгебра множеств

set a problem поставить задачу

set as default использовать по умолчанию; задать по умолчанию

set asynchronous response mode установить режим асинхронного ответа

set asynchronous response mode extended установить режим асинхронного ответа с расширенным полем управления

set autocorrect options задание параметров автозамены

set-based operation операция, ориентированная на работу с наборами (данных)

set constant константа множественного типа
set database password задать пароль базы данных
set defaults присвоить стандартные значения
set difference разность множеств
set element элемент множества
set functions функции множества; агрегатные функции
set graphics rendition установить графическое отображение
set-in 1. установка; 2. отступ
set input 1. вход сигнала установки в 1; 2. сигнал установки в 1
set intersection пересечение множеств
set line шина включения; шина установки в активное состояние; шина установки в 1
set member элемент множества; элемент набора; член набора
set menu item задать команду меню
set mode установить режим
set name имя набора
set occurrence экземпляр набора
set of curves семейство кривых
set of drawings комплект чертежей
set of values набор величин
set oriented RDBMS система управления реляционными базами данных, ориентированная на обработку наборов
set owner владелец набора
setpoint adjustment задание установок
set-reset flip-flop RS-триггер
set resume date as scheduled date установить плановую дату в качестве даты продолжения
set scheduled date as resumed date установить дату продолжения в качестве плановой даты
set selection выбор набора; селекция набора
set symbol set-переменная
setter механизм настройки; схема настройки
set-theoretical approach теоретико-множественный подход
set theory теория множеств
setting 1. установочный параметр; устанавливаемый параметр; установка; 2. значение параметра; 3. размещение; монтаж; 4. настройка; 5. запуск
setting device задающее устройство
setting movement установка
setting of parameters установка параметров
settings adjustment задание установок; настройка параметров
settings file файл параметров
setting time время установки
setting up 1. настройка (параметров); 2. установка (программы); подготовка к работе
settle организовывать; устанавливать; приводить в порядок
set to nil обнулить; установить в 0
set-top box декодер каналов кабельного телевидения; телеприставка
set type тип набора; множественный тип; тип множества
setup 1. инсталляция; установка; создание; организация; настройка; регулировка; подготовка к работе; 2. размещение; 3. подготовка; сборка; монтаж; наладка; 5. схема; устройство; система; 6. структура; 7. устанавливать; настраивать
setup code программа настройки
setup control panel панель настройки параметров
setup diagram схема настройки; таблица настройки
setup disk установочный диск
setup error ошибка начальной установки
setup file файл начальных параметров; настроечный файл
setup program программа установки; программа настройки и конфигурирования

setup routine программа установки; программа настройки и конфигурирования
setup script сценарий установки; файл с описанием параметров установки системы
setup software программные средства настройки; программные средства начальной установки
setup string управляющая строка; командная строка
setup time время установки; время подготовки к работе
set value 1. заданное значение; установленное значение; заданная величина; 2. задать значение
set variable 1. переменная-множество; SET-переменная; 2. установить переменную; установить значение переменной; определить переменную
setwise direction горизонтальное направление (вдоль строки текста)
seven bit code семиразрядный код
seven-layer OSI model семиуровневая модель OSI
seven-level reference model семиуровневая эталонная модель
seven-segment display семисегментный индикатор
several-for-one translation трансляция «несколько к одному»
severe error серьезная ошибка
severity строгость; степень «тяжести» ошибки; серьезность ошибки
severity code код серьезности ошибки
S-expression S-выражение; точечное выражение
SF 1. безопасный сбой; 2. последовательный файл; 3. флаг знака
SFPS защищенная быстрая коммутация пакетов; защищенная скоростная коммутация пакетов
S-frame кадр диспетчеризации (в ISDN)
SFT средства обеспечения отказоустойчивой работы; средства обеспечения отказоустойчивости
SFX самораскрывающийся архив
SGA системная глобальная область
S-gate троичный пороговый вентиль; S-вентиль
SGML стандартный обобщенный язык описания документов
SGR установить графическое отображение
SGRAM синхронная графическая оперативная память; графическая память с синхронизацией сигналов чтения/записи с входной тактовой частотой
SHA защищенный алгоритм хеширования
shade 1. тень; 2. штриховка; 3. уровень яркости цвета; оттенок; тон; 4. затенять; 5. штриховать
shaded graphics теневая графика
shaded image 1. изображение с автоматически формируемыми тенями; 2. затушеванное изображение
shaded view представление с тенями
shader 1. фактура; оттенок; 2. модуль создания эффекта подсветки поверхности объекта; программа построения теней
shader channel канал фактуры
shader components компоненты фактуры
shader editor редактор фактур
shaders browser каталог фактур
shader tree дерево фактуры
shades of gray шкала серого
shading затенение; построение теней; затемнение; тонирование; обработка полутонов
shading color цвет затенения
shading extrusion добавление теней при выдавливании
shading gradation градация затенения
shading language язык обработки полутонов (в графике)
shading layers слои фактуры
shading process процесс применения фактуры
shadow тень

467

shadow casting формирование тени; построение тени (объекта)

shadow-casting light свет, отбрасывающий тени

shadow copy дубликат; точная копия

shadow cursor теневой курсор

shadowed с тенью (в графике)

shadowing параллельное резервирование; горячее резервирование

shadow map растровое изображение тени

shadow mask теневая маска (монитора)

shadow mask grid теневая маска (монитора)

shadow memory скрытая память

shadow object псевдоним; указатель приложения; объект-указатель

shadow page table таблица теневых страниц

shadow printing печать знаков с тенью

shadow process теневой процесс

shadow RAM теневое ОЗУ; дублирующее ОЗУ; теневая память

shadow register теневой регистр

shadow softness мягкость тени; плавность перехода границы тени

shaft link стержневое соединение

shallow binding поверхностное связывание; слабая связность

shallow copy поверхностное копирование

shallow port поверхностный перенос

Shannon шеннон (ед. измерения)

Shannon code код Шеннона

Shannon entropy шенноновская энтропия

Shannon's text текст Шеннона

shape 1. фигура; форма; шаблон; очертание; 2. формировать; придавать форму

shaped beam сформированный луч

shaped-character printer принтер со шрифтоносителем

shape editor редактор форм

shape factor коэффициент формы; форм-фактор

shape interpolation интерполяция фигур

shape library библиотека стандартных фигур

shape objects графический объект

shape tool инструмент «фигура»; инструмент формы

shaping изменение формы

shaping amplifier формирующий усилитель; формирователь

shaping filter формирующий фильтр

shaping of employment place оформление рабочего места

shaping unit формирующий блок; формирователь

shapshop dump мгновенный дамп; выборочный дамп

sharable разделяемый; совместно используемый; коллективного доступа; общий

sharable area общая область

sharable data общие данные; совместно используемые данные

sharable database общая база данных; совместно используемая база данных; база данных коллективного пользования

sharable file файл совместного доступа; общий файл

sharable image file многопользовательский загрузочный файл

sharable lock блокировка с обеспечением совместного доступа

sharable memory 1. совместно используемая память; 2. совместно используемое запоминающее устройство

sharable program совместно используемая программа

sharable resource общий ресурс; совместно используемый ресурс; разделяемый ресурс

sharable storage 1. совместно используемая память; 2. совместно используемое запоминающее устройство

share 1. доля; часть; 2. акция; 3. совместно используемый ресурс (в Windows); общий каталог; 4. разделять; совместно использовать

shareable совместно используемый; общий; разделяемый

shareable attribute атрибут «совместно используемый»

shareable memory 1. совместно используемая память (на диске); 2. совместно используемое запоминающее устройство

shared совместно используемый; коллективного пользования; общий; совместный; разделяемый (ресурс)

shared access 1. коллективный доступ; групповой доступ; 2. параллельная выборка

shared-access network сеть с общим доступом (в отличие от коммутируемой сети)

shared bus общая шина

shared control совместное управление

shared copy общая копия

shared DASD option программа совместного использования данных (на диске)

shared data общие данные; совместно используемые данные; разделяемые данные

shared data warehouse общее хранилище данных

shared directory общий каталог

shared-disk cluster кластер с общими дисками; кластер с разделяемыми дисками

shared document repository совместно используемое хранилище документов

shared file общий файл; коллективный файл; совместно используемый файл; файл коллективного доступа

shared file server файловый сервер коллективного доступа

shared folder общая папка; совместно используемая папка; разделяемый архив

shared front-end server process совместно используемый процесс сервера, обеспечивающий внешнее взаимодействие; разделяемый интерфейсный процесс сервера

shared installation разделяемая установка

shared LAN локальная сеть с общим доступом (в отличие от коммутируемой сети)

shared-level security защита на уровне доступа; защита при совместном использовании (ресурсов)

shared lock разделяемая блокировка; блокировка с разделением (доступа); блокировка, допускающая чтение

shared logic system система с совместно используемой логикой

shared main storage multiprocessing мультиобработка с разделяемой памятью

shared media разделение доступа к среде передачи; совместно используемый носитель

shared media network совместно используемая сетевая среда; сеть с общей средой передачи данных; сеть с разделенной пропускной способностью

shared memory общая память; разделяемая память; совместно используемая память

shared-memory connection сопряжение с общей памятью

shared-memory heap совместно используемая динамически распределяемая память

shared network совместно используемая сеть (в отличие от коммутируемой); сеть с общей средой передачи данных

shared-nothing approach метод, не предполагающий разделения ресурсов

shared nothing clusters кластеры без разделения; кластеры без общих ресурсов

shared nothing database clusters кластеры базы данных без разделения ресурсов

shared nothing implementations среды без разделения

shared-nothing machine машина, не использующая общих с другими компьютерами ресурсов

shared pages страницы, используемые несколькими полями

shared peripheral interface периферийный интерфейс коллективного пользования

shared processor system система обработки коллективного пользования

shared read-only system residence disk совместно используемый резидентный диск, доступный только для чтения

shared resource разделяемый ресурс; совместно используемый ресурс

shared space совместно используемая область; общая область

shared system library совместно используемая системная библиотека

shared track разделенная дорожка

shared unit совместно используемое устройство; устройство коллективного доступа

shared variable общая переменная

shared variables сцепленные переменные (в языке Пролог)

shareholder акционер

shareholder meeting собрание акционеров

share-level security защита на уровне доступа к разделяемым ресурсам; защита на уровне ресурсов

share list курсовой бюллетень

share name 1. совместно используемое имя; общее имя; 2. имя разделяемого ресурса; сетевое имя

share nothing без разделения ресурсов

share-nothing architecture неразделяемая архитектура; архитектура без разделения ресурсов

share-out распределение дохода

shareware условно-бесплатные программы

sharing коллективное использование; совместное использование; разделение; распределение

sharing options параметры совместного доступа

sharing violation нарушение правил совместного использования ресурсов

shark символ ^

sharp 1. резкий; четкий; острый; 2. символ #

sharp edge резкая граница

sharpen 1. повышение резкости (полутонового изображения); 2. повысить резкость

sharpen control filter фильтр «повышение резкости»; фильтр «управление резкостью» (в графических пакетах)

sharpen effect эффект резкости

sharpen filter фильтр «повышение резкости» (в графических пакетах)

sharpening повышение резкости; увеличение резкости

sharpening brush кисть «повышение резкости» (в графических пакетах)

sharpening filter фильтр увеличения резкости

sharp image четкое изображение; резкое изображение; хорошо сфокусированное изображение

sharply image четкое изображение; резкое изображение; хорошо сфокусированное изображение

sharpness резкость

sharpness effects эффекты резкости (в графических пакетах)

shatter разрушение

shear сдвиг; перемещение

shear filter фильтр «излом» (в графических пакетах)

shearing смещение; сдвиг фрагмента изображения

sheet 1. лист; страница; 2. карта; схема; 3. таблица; бланк; формуляр; ведомость

sheet-by-sheet feed полистовая подача; подача отдельными листами

sheet feed автоматическая подача страниц

sheet feeder устройство подачи бумаги (по листам)

sheet magazine кассета для подачи бумаги по листам

sheet paper листовая бумага

sheet size размер листа

Sheffer stroke код Шеффера

shelf life срок годности при хранении

shell командный процессор; оболочка (операционной системы)

shell escape переключение на командный процессор

shell extension расширение оболочки; продукт, расширяющий функции графической среды

shell out 1. выход в командный процессор; 2. временно выйти из среды программы в DOS (не выгружая ее их памяти)

shell program программа-оболочка; программа командного процессора

shell programming language язык программирования командного процессора

shell prompt приглашение командного процессора

shell script сценарий командного процессора

Shell's method метод Шелла

shellsort сортировка методом Шелла

shell variable переменная командного процессора

SHF супервысокие частоты

shield 1. защита; 2. щиток; экран; 3. защищать; экранировать

shielded экранированный

shielded cable экранированный кабель

Shielded Distributed Data Interface распределенный интерфейс передачи данных по экранированной витой паре

shielded twisted pair экранированный кабель «витая пара»; экранированная витая пара

shielded twisted pair cable экранированный кабель «витая пара»

shielding 1. экранирующая оболочка; 2. экранирование

shift 1. сдвиг; 2. сдвигать

shift character знак смены регистра; символ смены регистра; символ переключения; признак смены регистра

shift charges расходы на одну смену (работы системы)

shift-click щелчок мышью одновременно с нажатием клавиши Shift

shift-code counter сдвигающий счетчик; счетчик со сдвигом кода

shift counter счетчик со сдвигом

shift down сдвигать в сторону младших разрядов

shifted divisor сдвинутый делитель

shifted function key функциональная клавиша, нажимаемая одновременно с клавишей смены регистра

shifted text выдвинутый текст

shift exponent число сдвигов

shift-in character 1. знак возврата к прежней позиции; символ возврата к прежней последовательности; символ восстановления кода; 2. символ перехода на нижний регистр; символ установки стандартного регистра; символ переключения на стандартный регистр

shifting function функция сдвига

shifting in parallel register сдвиг на параллельном регистре

shift instruction команда сдвига

shift key клавиша смены регистра; клавиша переключения регистра

shift knob ручка переключения; переключатель

shift left сдвиг влево

shift lock фиксация регистра

shift lock key клавиша переключения регистра; клавиша регистра с фиксацией

shift of one position сдвиг на один разряд

shift operation операция сдвига

shift-out character 1. символ перехода к новой последовательности; символ расширения кода; 2. символ перехода на новый регистр; символ установки дополнительного регистра; символ переключения на дополнительный регистр

S

shift register регистр сдвига; сдвигающий регистр; сдвиговый регистр

shift right сдвиг вправо

shift-right-click щелчок правой кнопкой мыши при нажатой клавише Shift; щелкнуть правой кнопкой мыши с одновременным нажатием клавиши Shift

shift state состояние сдвига

shift-time printout ежесменная распечатка

shift to right сдвиг вправо

shift up сдвигать в сторону старших разрядов

shift vector вектор сдвига

shine the light from behind источник света, установленный позади сцены

shininess блеск (в графических пакетах)

shining of a finish блеск поверхности; блеск материала (в графических пакетах)

ship отправлять

shipping box упаковочная коробка

shipping screws транспортировочный крепеж

shipping version коммерческая версия

shock hazard опасность поражения током

shockproof удароустойчивый

shock resistant hard ударостойкий жесткий диск

shoot-'em-up game игра-«стрелялка»; шутер

shooting method метод пристрелки

shooting of documents фотографирование документов

shortage недостаток; нехватка

short attribute усеченный атрибут

short block укороченный блок; короткий блок; усеченный блок

short card короткая плата

short circuit 1. короткое замыкание; 2. цепь короткого замыкания

short-circuit transfer impedance передаточное полное сопротивление при коротком замыкании

shortcoming недостаток; изъян

shortcut 1. сокращение; уменьшение; краткая форма; 2. аббревиатура (о клавишах); оперативная клавиша; комбинация клавиш для быстрого вызова; 3. псевдоним; ярлык (в Windows 9x); пиктограмма для быстрого доступа к объекту; 4. краткий путь; быстрая ссылка; 5. сокращенный

shortcut button кнопка действия

short-cut division сокращенный способ деления; ускоренное деление

shortcut key клавиша быстрого вызова; «быстрая клавиша»

shortcut menu контекстное меню; подручное меню; меню для быстрого вызова команд

shortcut menu bar контекстное меню

short-cut multiplication сокращенный способ умножения; ускоренное умножение

shortcut name сокращенное имя; псевдоним

shortcut object ярлык

shortcut's target menu меню оригиналов псевдонимов

short date краткий формат даты

short division ускоренное деление

shorted укороченный; замкнутый

shortest latency time first «с наименьшим временем ожидания — первый»

shortest path algorithm алгоритм поиска кратчайшего маршрута

shortest remaining processing time discipline дисциплина с завершением обслуживания заявки, требующей минимального времени; обслуживание по методу наименьшей длительности завершения

short-form краткий; краткосрочный; кратковременный

shorthand стенография

shorthand name краткое условное обозначение

short haul modem модем для физических линий

short integer короткое целое число

short machine type короткий машинный тип

short memory запоминающее устройство малой емкости

short message service служба коротких сообщений; служба пейджинга, электронной почты, факсов и коротких сообщений

short-neck CRT ЭЛТ-монитор с короткой трубкой

short number короткое число

short precision ограниченная точность

short-range baseband modem модем ближней связи по выделенной линии без несущей

short reference короткая ссылка

short term краткосрочный

short term cache dirty hit совпадение при обращении в краткосрочный измененный кэш

short term cache hit попадание в краткосрочный кэш; совпадение при обращении в краткосрочный кэш

short-term failure кратковременный отказ

short-term memory краткосрочная память; кратковременная память; оперативная память

short-term memory pool пул краткосрочного выделения памяти

short time краткий формат времени

short type короткий тип

short word короткое слово

shot мгновенный снимок

shoulder tap прямое соединение

show отобразить; показать

show all показать все

show all relationships показать все связи

show animations визуализация изменений (в Access)

show baseline grid показать сетку для базовых линий

show both gridlines отобразить полную сетку

show-card 1. реклама; 2. карточка образцов

showcase 1. стенд; витрина; 2. представлять; показывать; демонстрировать

showflake schema схема снежинки (метод многомерного моделирования данных)

show grid вывести линии сетки

show guides показать направляющие

show hidden columns отобразить скрытые столбцы

show horizontal gridlines отобразить горизонтальные линии сетки

show invisibles показать непечатаемые элементы

show lights and cameras отображение источников света и камер

show maximize button отображение кнопки развертывания окна

show minimize button отображение кнопки свертывания окна

show minimize/maximize buttons отображение кнопок свертывания/развертывания окна

showmode демонстрационный режим

show no gridlines скрытие линий сетки; отмена вывода линий сетки

show rulers показать линейки

show table показать таблицу; отобразить таблицу

show tool tips показывать подсказки по инструментам

show vertical gridlines отображение вертикальных линий сетки

SHRC плата сверхвысокой разрешающей способности

shredder бумагорезательная машина; уничтожитель документов

shrink сжимать; стягивать; сокращать; уменьшать размер; сдвигать; уплотнять

shrink image сжатое изображение
shrinking 1. сжатие; стягивание; 2. стягивающий; сокращающий
shrinking algorithm алгоритм сжатия
shrinking design проектирование методом линейного сжатия
shrink-wrapped универсальный
shrink-wrapped application универсальное приложение; приложение, модифицируемое для решения конкретных задач
shrink-wrapped licence упакованная лицензия; лицензия, вступающая в силу после вскрытия упаковки
shrink-wrapped software закрытые программные средства; программный пакет без раскрытия внутренней структуры
shrunk image сжатое изображение
S-HTTP протокол защищенной пересылки документов; защищенный протокол HTTP
shuffle 1. тасование; перемещение; 2. перетасовать
shuffle function функция переключения
shunt limiter параллельный ограничитель
shut закрываться; запирать
shutdown 1. закрытие системы; завершение задачи; останов; завершение операций; прекращение работы; 2. завершать работу; закрывать систему
shutdown sequence последовательность действий при завершении задачи; последовательность завершения работы
shut down SQL Server останов SQL Server
shut-off останов; остановка; выключение
shutter затвор (цифровой фотокамеры)
shutting down the system останов системы
shuttle carriage челночная каретка
SI 1. индекс источника; индекс-регистр источника; 2. переход на нижний регистр; 3. индекс быстродействия; 4. системный интегратор
SIB масштаб-индекс-база
sibling connection родственная связь; связь между объектами одного уровня
sibling list список элементов одного уровня
sibling nodes «братские» вершины
siblings объекты, имеющие общий родительский объект; узел-брат; родственный узел
sibling window «братское» окно; окно равного уровня
SIC стандартный отраслевой классификационный код
SID 1. идентификатор защиты; идентификационный номер, используемый системой защиты; 2. сегментированная база данных изображений
side сторона; боковая поверхность; край; полюс
sideband боковая полоса частот
sidebar врезка; боковое поле
side-by-side расположенные бок о бок; рядом
side condition дополнительное условие
side effect побочный эффект
sidehead боковой заголовок; заголовок, размещаемый сбоку от основного текста
side heading боковой заголовок; заголовок, размещаемый сбоку от основного текста
side information дополнительная информация; побочная информация
side-mounted keyboard выносная клавиатура
side of card сторона карты
side view вид сбоку
SIDF системно-независимый формат данных; формат данных, независимый от системы
sieve method метод решета
sieve of Erasthopthenes benchmark эталонная программа «Решето Эрастофена»
SIF фрейм информации о статусе
sift тщательно анализировать; подробно рассматривать

sift command команда отсева
SIG группа пользователей по специальному вопросу; группа конечных пользователей по какой-либо проблеме; группа по интересам; отраслевая группа, занимающаяся решением конкретной проблемы
sight 1. поле зрения; 2. точка зрения; 3. видеть; наблюдать
sight check визуальный контроль
sight control визуальный контроль
sigma language сигма-язык
sigma word сигма-слово
sign 1. знак; признак; символ; обозначение; 2. отмечать; ставить знак; подписывать
sign addition сложение знаков
signal 1. сигнал; 2. сигнальный; 3. сигнализировать; подавать сигнал
signal adapter адаптер сигналов
signal block сигнальный блок
signal code сигнальный код
signal compression сжатие сигнала; удаление отдельных параметров сигнала при сохранении основной информации
Signal Computing System Architecture архитектура вычислительных систем по обработке сигналов; SCSA
signal conditioning преобразование сигнала; формирование сигнала
signal control point пункт контроля сигналов
signal-conversion equipment устройство преобразования сигнала
signal data параметры сигнала
signal data assertment определение параметров сигнала
signal data converter преобразователь данных
signal distance расстояние Хэмминга; кодовое расстояние
signaled object свободный объект; незанятый объект
signal element сигнальный элемент
signal extraction выделение сигналов
signal flow поток сигналов
signal-flow diagram диаграмма потока сигналов
signal-flow graph сигнальный потоковый граф; граф прохождения сигнала
signal flux поток сигналов
signal frequency частота сигнала
signal function сигнальная функция
signal ground «земля» логических сигналов; «подвешенная земля»
signal handler обработчик сигнала
signal indicator сигнальный индикатор
signaling передача сигналов; сигнализация; распространение сигнала
signaling consensus соглашение на уровне служебных сигналов
signaling key сигнальная кнопка; сигнальная клавиша
signal lag запаздывание сигнала; задержка сигнала
signalled event сигнализирующее событие
signalled state сигнализирующее состояние
signal level уровень сигнала
signal limiting ограничение сигнала
signal line сигнальная шина; сигнальный провод; сигнальная линия
signalling regime режим передачи сигналов
signal loss исчезновение сигнала; потеря сигнала
signal operation операция освобождения; сигнальная операция
signal phase сигнальная фаза
signal processing обработка сигналов
signal propagation speed скорость распространения сигнала
signal-regenerating repeater повторитель, регенерирующий сигнал

signal regeneration восстановление сигнала
signal regenerator регенератор сигнала
signal scanner сигнальное сканирующее устройство
signal shaping формирование сигнала
signal-to-interference ratio отношение сигнал/шум
signal-to-noise сигнал/шум
signal-to-noise merit шум-фактор
signal transfer point пункт передачи сигнала
signal transition сигнальный переход
signature подпись; сигнатура
signature analysis сигнатурный анализ
signature analyzer сигнатурный анализатор
signature compressor сигнатурное устройство сжатия данных
signature file файл сигнатуры
sign automaton автомат для подписей
sign bit знаковый бит; знаковый разряд
sign check контроль по знаку
sign code код знака
sign constant знаковая константа
sign correction исправление знака
sign-cutting machine режущий плоттер; режущий графопостроитель
sign detection определение знака
sign digit знаковый разряд; цифра знака; знаковая цифра
signed со знаком
signed char type conversion преобразование типа signed char
signed complement дополнение со знаком
signed decimal десятичное число со знаком
signed field поле чисел со знаками; поле значения со знаком
signed integer целое число со знаком
signed integer type тип целочисленных данных со знаком; тип «целое со знаком»
signed magnitude величина со знаком
signed magnitude arithmetic 1. арифметические операции над числами со знаком; 2. арифметическое устройство для работы с числами со знаком
signed-magnitude representation представление в виде величины со знаком
signed number число со знаком
sign-extended value значение, дополненное знаком
sign flag флаг знака
sign identity сохранение знака
significance 1. важность; значительность; 2. значение; смысл; 3. значимость разряда; вес
significance exception исключительная ситуация при потере значимости; исключение по значимости
significance indicator индикатор значимости
significance level уровень значимости
significance test критерий значимости; проверка по критерию значимости
significand значащая часть числа; мантисса
significant 1. старший; 2. значащий; 3. значительный; важный; существенный
significant bit значимый бит
significant digit значащий разряд; значащая цифра
significant digit arithmetic арифметика значащих цифр
significant event существенное событие; значащее событие
significantly значительно
significant position значащий разряд
signify означать; иметь значение
sign in входить в систему
sign indication индикация знака
sign invertor знакоинвертер
sign negation отрицание знака
sign off 1. выход; завершение работы; выход из системы; 2. регистрировать выход из системы; выходить из системы

sign on 1. предъявление пароля; 2. входить в систему
sign-on message установочное сообщение на экране
sign position знаковая позиция; знаковый разряд; позиция знака
sign representation изображение знака; представление знака; изображение знакового разряда
sign test проверка знака
sign trailing separate знак конечного разделителя
signup подписка
SI LED индикатор быстродействия
silent character непроизносимый знак
silent interval интервал между тональными сигналами
silhouette силуэт
silhouette quality качество прорисовки
silicon кремний; кремниевый
silicon chip кремниевый кристалл
silicon compilation кремниевая компиляция
silicon compiler кремниевый компилятор; компилятор кремниевых структур; программа компоновки ИС; СБИС-транслятор
silicon design проектирование кристаллов; проектирование интегральных схем
silicon die кремниевый кристалл
silicon-on-insulator технология «кремний на изоляторе»
silver светло-серый
Silvester matrices матрицы Сильвестра
SIM Общество информационного управления
SIMD один поток команд и множество потоков данных (архитектура)
SIMD architecture архитектура параллельной ЭВМ с одним потоком команд и нескольким потоками данных
SIMD processor процессор с одним потоком команд и множеством потоков данных
similar подобный; сходный
similarity подобие; сходство; сходные элементы
similarity measure степень сходства; коэффициент подобия
similar to похож на; подобен; аналогичен
similar trees подобные деревья
SIMM модуль с односторонним расположением контактов
simple простой; элементарный
simple arithmetic expression простое арифметическое выражение
simple assignment operator операция присваивания; знак операции присваивания
simple association простая ассоциация
simple binary computer простая двоичная ЭВМ
simple Boolean expression простое булево выражение
simple box простая рамка
simple buffering простая буферизация
simple chaining простое объединение; простое сцепление
simple combo box простой комбинированный блок (в интерфейсе)
simple completeness простая полнота
simple condition простое условие
simple domain простой домен
simple equation линейное уравнение
simple evaluation определение выходных реакций и состояний простых элементов
simple event элементарное событие
simple function однозначная функция; простая функция
simple grammar простая грамматика
simple-grid symbolic layout символическое представление топологии методом простой сетки
simple inheritance простое наследование
simple interest простой процент
simple interest formula формула простых процентов

Simple Internet Protocol Plus расширенный простой протокол IP

simple list простой список

Simple Mail Transfer Protocol протокол простого обмена электронной почтой; упрощенный протокол электронной почты; простой протокол пересылки почты; протокол SMTP

Simple Management Protocol простой протокол управления; упрощенный протокол управления

simple name простое имя

Simple Network Management Protocol простой протокол управления сетью; простой сетевой управляющий протокол; упрощенный протокол управления сетью; протокол администрирования сети; протокол SNMP

simple operation простая операция; простое обслуживание

simple parity check простая проверка четности

simple picture evaluation language упрощенный машинный язык анализа изображений

simple precedence grammar грамматика с простым предшествованием

simple proposition простое высказывание; элементарное высказывание

Simple Protocol for ATM-Network Signaling упрощенный протокол передачи сигналов в сетях ATM

simple register простой регистр

simple relocatable expression простое перемещаемое выражение

simple request простой запрос

simple root простой корень

simple statement простой оператор

simple structure простая структура

simple-to-follow tutorial логично построенное руководство по обучению

simple type простой тип

simple-type constant константа простого типа

simple variable простая переменная

simple wireframe упрощенный проволочный каркас

simplex симплексное соединение; симплекс

simplex algorithm симплексный алгоритм

simplex channel однонаправленный канал; симплексный канал

simplex circuit симплексная схема

simplex codes симплексные коды

simplex criterion симплексный метод

simplex fault односторонняя неисправность; симплексная неисправность

simplex method симплекс-метод; симплексный метод

simplex method of linear programming симплексный метод линейного программирования

simplex mode симплексный режим

simplex operation симплексная операция; однонаправленная операция

simplicial approximation симплициальное приближение

simplified упрощенный

simplified automatic multiplication упрощенное автоматическое умножение

simplified block diagram упрощенная блок-схема

simplified customer connecting equipment упрощенное устройство подключения пользователей

simplified estimate упрощенная оценка

Simplified Storage Management упрощенное управление хранением информации

simulate моделировать; имитировать

simulated annealing algorithm алгоритм модельной «закалки»

simulated attention имитированное «Внимание»

simulated environment имитируемые условия; моделируемые условия

simulated model имитационная модель

simulated program моделируемая программа

simulate printer color моделировать цвет принтера

simulating of model прогон модели; процедура прогона модели

simulating testing проверка методом моделирования

simulation моделирование; имитационное моделирование; имитация

simulation adequacy адекватность моделирования

simulation approach имитационный принцип; имитационный подход; подход, основанный на моделировании

simulation clock часы модельного времени

simulation coding language программный язык моделирования

simulation data 1. данные моделирования; результаты моделирования; 2. данные для моделирования

simulation debugger моделирующий отладчик

simulation equipment оборудование для моделирования

simulation language язык моделирования

simulation model имитационная модель

simulation paradigm имитационная парадигма

simulation program моделирующая программа; программа моделирования

simulation software программное обеспечение моделирования

simulation technique техника моделирования; метод моделирования

simulation test имитационная проверка; проверка методом моделирования

simulation testing имитационная проверка; проверка методом моделирования

simulative generator имитирующий генератор

simulator 1. модель; 2. имитатор; тренажер; 3. моделирующее устройство; 4. моделирующая программа

simulcasting одновременная передача файлов нескольким узлам

simultaneous одновременный

simultaneous carry одновременный перенос; параллельный перенос

simultaneous device устройство с совмещением операций

simultaneous equations 1. система уравнений; 2. совместные уравнения

simultaneous estimation совместная оценка

simultaneous failure одновременный отказ

simultaneous inference совместный вывод

simultaneous input-output параллельный ввод-вывод

simultaneously одновременно

simultaneous-operation computer ЭВМ с совмещением операций

simultaneous processing параллельная обработка

simultaneous running programs одновременно работающие программы

simultaneous transmission встречная передача; одновременная передача

SINC единое представление сетевых вычислений

single 1. единственный; единичный; 2. единый

single-action printer построчно печатающее устройство

single-address одноадресный

single-address architecture одноадресная структура

single-address code 1. код одноадресной команды; 2. программа для одноадресной машины

single-address instruction одноадресная команда

single-address message одноадресное сообщение; сообщение, направляемое одному получателю

S

single-aspect indexing одноаспектное индексирование

single assignment одноразовое присваивание; однократное присваивание

single-assignment language язык с однократным присваиванием

single attached station однократно подключенная станция; станция с однократным подключением; станция с одинарным подключением

single-attachment concentrator концентратор с одинарным подключением

single-attachment station станция с единственным подключением; станция с одинарным подключением

single-bit error одиночная битовая ошибка; ошибка в одном разряде

single-bit store память для одного двоичного разряда

single-board одноплатный

single-board computer одноплатный компьютер

single building block элементарный стандартный блок; элементарная ячейка

single burst of errors одиночный пакет ошибок; отдельный пакет ошибок

single-button mouse однокнопочная мышь

single-byte character set набор однобайтовых символов

single byte transfer передача отдельных байтов; побайтовая передача

single carry одновременный перенос

single channel interface одноканальный интерфейс

single channel per carrier один канал на носитель

single character отдельный знак

single-character command односимвольная команда

single-chip однопроцессорный

single-chip computer однопорцессорный компьютер

single-chip PDA однопроцессорный PDA

single-crystal element монокристаллический элемент

single-cycle access выборка в течение одного цикла

single cycle program простая циклическая программа

single density одинарная плотность

single-density disk дискета с одинарной плотностью

single-density recording запись с обычной плотностью

single-digit adder одноразрядный сумматор

Single Document Interface однодокументальный интерфейс; интерфейс по работе с одним документом; интерфейс SDI

single domain одиночный домен

single-domain network однодоменная сеть

single-drive однодисковый; с одним дисководом

single-drive system система с одним дисководом

single-edge contact cartridge контактный картридж с одним краевым разъемом

single-ended cell запоминающая ячейка с несимметричным выходом

single-ended channel несимметричный канал

single-ended circuit несимметричная схема

single-ended SCSI симметричный интерфейс SCSI

single error одиночная ошибка; однократная ошибка

single error correcting исправление одиночных ошибок

single error correcting — double error detecting code код с исправлением одиночных ошибок и обнаружением двойных ошибок

single error correcting code простой код с исправлением ошибки; код с исправлением одиночных ошибок

single export level экспорт одного уровня

single-factor experiment однофакторный эксперимент

single failure единичный отказ; одиночный отказ

single fault одиночная неисправность; одиночная ошибка

single hypothesis простая гипотеза

single-image network computing единое представление сетевых вычислений

single inheritance простое наследование

single-in-line memory module модуль с однорядным расположением микросхем памяти; модуль памяти с односторонним расположением выводов; модуль SIMM

single-in-line package корпус с однорядным расположением выводов

single input разовый ввод

Single Instruction Multiple Data один поток команд, множество потоков данных

single-item ejection получение отдельных статей

single-keystroke command команда, вводимая одним нажатием клавиши; одноклавишная команда

single-language design одноязыковое проектирование

single large expensive disk дорогостоящий одиночный диск большой емкости

single-layering command команда перемещения объекта изображения на один уровень

single-length dividend делимое однократной длины

single-level address одноуровневый адрес; прямой адрес

single-level circuit одноступенчатая схема

single-level store одноуровневая память

single-line channel однопарный канал

single-line entry field однострочное поле ввода

single-line scrolling построчная прокрутка

single linked list односвязный список; однонаправленный список

single link procedure однозвенная процедура

single login to network единая регистрация в сети

single-loop control одноконтурное регулирование

single master font SM-шрифт

single-mode fiber одномодовый волоконно-оптический кабель

single-order 1. одноразрядный; 2. на один порядок

single-order device одноразрядное устройство

single-parity code код с одним разрядом контроля по четности

single-pass assembler однопроходный ассемблер

single-pass compiler однопроходный компилятор

single-path instruction method безцикловый метод следования команд

single-phase однофазный

single-phase pulse logic логические схемы с однофазной синхронизацией

single point administration централизованное администрирование

single-point failure отказ из-за выхода из строя одного элемента

single point of failure единственное уязвимое звено; единичный отказ

single precision одинарная точность

single-precision computation вычисление с обычной точностью; вычисления с одинарной точностью

single precision integer целое число с обычной точностью; целое число с одинарной точностью

single price цена одной штуки; штучная цена

single-process architecture архитектура с одним процессом

single-processor version однопроцессорная конфигурация

single-program initiator инициатор одиночных программ

single-program mode однопрограммный режим

single-program operation однопрограммная работа

single-purpose узкоспециализированный; одноцелевой

single-purpose computer узкоспециализированная машина

single quote escape sequence управляющая последовательность «одиночная кавычка»

single reference 1. эталонный; 2. односсылочный

single reference time server единственный эталонный сервер времени

single-remote application прикладная автономная система

single-route одномаршрутный

single-route broadcasting одномаршрутное широковещание

single-selection list box простой список

single-server network односерверная сеть; сеть с одним сервером

single-session recording односеансная запись; запись данных (на компакт-диск) за один сеанс

single-sheet feed полистовая подача; подача отдельными листами; подача по листам

single-sheet stationery бумага, разрезанная на листы

single shot mode однотактовый режим

single-sided с односторонней записью; односторонний

single-sided board односторонняя плата

single-sided disk односторонний диск; односторонняя дискета

single sign-on единая регистрация (в сети); регистрация во всей сети путем однократного ввода пароля; однократное предъявление пароля

single-site administration администрирование из одного узла

single-sorted logic односортная логика

single-source data distribution централизованное распределение данных

single space одиночный пробел

single-stage однокаскадный; одноступенчатый

single-step 1. одношаговый; 2. пошаговый

single step по шагам

single-step debugging пошаговая отладка

single-step error погрешность шага

single-step execution пошаговое выполнение

single-step key клавиша пошагового режима; клавиша пошагового выполнения

single-step mode пошаговый режим

single-step operation пошаговая работа

single stepping выполнение по шагам; пошаговое исполнение; выполнение в пошаговом режиме

single-strike mode режим печати в один проход

single system image единый образ системы (в кластерах)

single-system view единое представление всей системы

single-table form однотабличная форма

single-task environment однозадачная среда; работа с одной задачей

single-tasking system однозадачная система

single-task-machine approach принцип специализации машин по отдельным задачам

single-task operation однозадачный режим

single-task system однозадачная система

single-threaded application однопоточное приложение

single-threaded program последовательная программа; программа, выполняющая только одну задачу в каждый конкретный момент времени

single threading последовательная обработка вызовов; индивидуальная обработка; однопоточный режим

single timeshared bus общая шина с временным разделением

singleton одноточечный

single total однократная сумма

single track отдельная дорожка

Single UNIX Specification единая спецификация UNIX

single use однократное использование

single-user однопользовательский

single-user access доступ для единственного пользователя; однопользовательский доступ

single-user computer ЭВМ, работающая в монопольном режиме; однопользовательская ЭВМ

single-user environment однопользовательская среда

single-user machine однопользовательская машина

single-user state однопользовательский режим

single-valued однозадачный

single-valued attribute атрибут, содержащий одно значение

single-valued function однозначная функция

single-valued relationship отношение по одному значению; связь по одному значению

single-vendor environment однородная конфигурация; конфигурация из оборудования одного поставщика

single-wire line однопроводная линия; несимметричная линия

single-wire memory однопроводная запись

single word отдельное слово

single word justify выключка одного слова

singular сингулярный; особенный; вырожденный

singular distribution сингулярное распределение; вырожденное распределение

singular graph сингулярный граф; вырожденный граф

singular matrix вырожденная матрица; особенная матрица; сингулярная матрица

singular point особая точка

singular set сингулярный набор

sink 1. приемник; 2. опускаться; падать; 3. тонуть; погружаться; 4. убывать; уменьшаться

sink tree корневое дерево; входящее дерево

SIO последовательный ввод-вывод

SIP 1. пакет идентификации службы; 2. корпус с однорядным расположением выводов

SIPC простой интерактивный ПК

SIPO последовательный ввод и параллельный вывод

SIPP расширенный простой протокол IP

SIR 1. инфракрасное последовательное соединение; 2. отношение сигнал/шум

SISC компьютер с рациональным набором команд; компьютер с SISC архитектурой

SISD architecture архитектура ЭВМ с одним потоком команд и одним потоком данных

SISD processor процессор с одним потоком команд и одним потоком данных

SISO последовательный ввод и последовательный вывод

SIT технология связи и передачи информации

site 1. сайт; узел (в Internet); 2. объект связи (в OLE); 3. рабочее место; 4. филиал компании; 5. сеть подразделения корпорации; 6. объект заказчика

site autonomy автономность абонентов

site-based pricing определение цены, исходя из числа рабочих мест

site licence установочная лицензия; лицензия для применения продукта всеми сотрудниками компании; корпоративная лицензия; лицензия использование в данном подразделении

site manager местный администратор; менеджер отдельно расположенного филиала компании

site map схема узла (Web); схема сайта; карта сайта

situated system ситуационная система

situation ситуация; установка; положение; случай; состояние

situation bug ситуационная ошибка

situation calculus ситуационное исчисление

situation control ситуационное управление

SIU абонентское устройство сопряжения

six-speed с шестикратной скоростью

sizable button командная кнопка с изменяемым размером; кнопка с настраиваемым размером

size размер; величина; длина; объем; емкость (диска); измерение

size control элемент управления размером

size index индекс размера
size limit предельный размер
size range диапазон возможных кеглей набора
size table таблица размеров
size to fit по размеру данных
size to fit form вписать в форму
size to grid размер по узлам сетки
sizing 1. задание размеров; изменение размера; настройка размера; 2. оценка размеров; определение размера
sizing artwork изменение размера изображения
sizing handle манипулятор размера
sizing printed image изменение размера печатаемого изображения
SKAT интеллектуальные средства сбора знаний
skeletal code скелетный код; скелетная программа; эскизная программа
skeletal coding кодирование «скелета» программы; скелетное программирование; скелетное кодирование
skeletal grammar основная грамматика
skeleton 1. заготовка; план; скелет; 2. скелетный; структурный
skeleton code план программы; «скелет» программы
skeleton diagram скелетная схема
sketch эскиз
sketched method описательный метод
sketch line эскизная линия
sketch method метод эскиза
sketch mode режим эскиза
skew 1. перекос; 2. расфазировка; 3. косой; асимметричный; 4. искажать; перекашивать
skew anchor point наклон относительно центра трансформации
skewed distribution несимметричное распределение; скошенное распределение
skewed tree дерево с перекосом; несбалансированное дерево
skew failure отказ из-за перекоса
skewing наклон фигуры; перекашивание; перекос
skewness асимметрия
skew-symmetric matrix кососимметрическая матрица
skill умение; опыт; практические навыки; мастерство; искусство
skilled квалифицированный; умелый; искусный
skilled user квалифицированный пользователь
skin поверхность; натягивание поверхности
skin objects натягивание поверхности на объекты
skip 1. пропуск; прогон бумаги; 2. обход; игнорирование; 3. прыжок; скачок; 4. обходить; игнорировать; не обрабатывать; опускать; 5. пропускать; прогонять
skip chain цепь переходов
skip code код пропуска
skip command команда пропуска
skip flag признак пропуска
skip instruction команда пропуска
skip key клавиша пропуска
skipping обход; пропуск
skip-searched chain цепочка, просматриваемая с пропусками
SKU карман для бумаги
skulk 1. обратная синхронизация; 2. придать элементам сети невидимый статус
slab слог; часть слова
slack 1. провисание; слабина; 2. допуск; 3. резерв времени; 4. ослабленный; ненатянутый; ненапряженный
slack bits заполняющие биты
slacken простаивать; снижать интенсивность работы
slackeness нехватка; недостаточность; нежесткость
slack inequality слабое неравенство
slack space потерянное место

slack time резерв
slack variable дополнительная переменная
slant слеш; наклон; наклонная черта
slant and tilt representation представление (ориентации поверхности) углами поворота и наклона
slanted dimension line наклонные размерные линии
slanted object наклоненный объект
slanting скос; перекашивание
SLAP протокол доступа к последовательному каналу
slash косая черта; слеш; символ /; наклонная черта
slave управляемый; подчиненный; ведомый
slave adapter подчиненный адаптер; ведомый адаптер
slave application подчиненная прикладная система; прикладная система, работающая в подчиненном режиме
slave command подчиненная команда
slave computer дублирующий компьютер; резервный компьютер; подчиненная машина
slave controller подчиненный регулятор
slave equipment подчиненное оборудование; оборудование, работающее в подчиненном режиме
slave line подчиненная линия
slave memory подчиненная память; подчиненное запоминающее устройство
slave mode непривилегированный режим
slave port подчиненный порт
slave program подчиненная программа
slave station подчиненная станция; ведомая станция; подчиненная система
slave task подчиненная задача
slave terminal подчиненный терминал
slave variable зависимая переменная
SLC card плата контура обычной телефонной линии
SLED дорогостоящий одиночный диск большой емкости
sleek гладкий; «зализанный» (корпус ПК)
sleep находиться в режиме ожидания; ожидать; переходить в неактивный режим; переключаться в неактивное состояние
sleep button кнопка перевода в неактивное состояние
sleep mode неактивный режим; ждущий режим; отложенная обработка
slew 1. поворот; поворотное движение; 2. прокручивание; 3. прогон бумаги; 4. поворачивать; прокручивать
slew rate скорость просмотра файла изображения
slew round поворачиваться; вращаться
SLI логический интерпретатор вида услуг
slice 1. сектор круговой диаграммы; 2. срез; сечение; вырезка; 3. операция отсечения по плоскости; 4. квант (времени)
slice architecture секционированная архитектура
slice concept концепция секционирования
slice plane плоскость разбиения (пространственной фигуры); разделяющая плоскость
slicing квантование
slide 1. слайд; кадр; 2. скольжение; 3. сдвигать; скользить
slide control плавное регулирование
slide editor редактор слайдов
slide file файл слайда
slide-in chassis съемный блок; сменный блок; вставной блок
slide layout макет слайда
slide library библиотека слайдов
slide-like сравнимый по качеству со слайдом
slide maker устройство для вывода информации на слайды
slide outliner макетировщик слайдов
slide-out system board выдвижная системная плата (компьютера)
slide presentation слайдовая презентация; презентация с выводом слайдов; слайд-шоу
slide printer слайд-принтер

slide quality качество на уровне слайдов

slider 1. бегунок; скользящий маркер; 2. ползунок; регулятор; 3. заслонка; задвижка

slider bar 1. бегунок; скользящий маркер; скользящий указатель; 2. ползунок; регулятор;

slider box ползунок полосы прокрутки; бегунок полосы прокрутки; маркер линейки прокрутки; «движок»

slider link скользящее соединение; нежесткое соединение (в графике)

slide scanner сканер диапозитивов; слайд-сканер

slide show демонстрация слайдов; слайдовая презентация; слайд-шоу; покадровый вывод

slide show masters образцы слайд-шоу

slide show program программа демонстрации слайд-шоу; презентационная программа с покадровым выводом; программа-проектор слайдов

slide show window окно показа слайдов

slide sorter сортировщик слайдов

sliding bar перемещаемый маркер; регулятор

sliding contact скользящий контакт

slight незначительный; легкий

slightly слегка; немного

slim battery тонкая батарея; узкая батарея

slim calculator плоский калькулятор

slimline computer компактный компьютер

slimware небольшие программные продукты; программные средства, поставляемые на одной дискете; программное обеспечение, умещающееся на одном диске; компактное программное обеспечение

slip 1. описка; ошибка; 2. скольжение; сдвиг; 3. сдвигать; переносить; отставать по срокам

SLIP межсетевой протокол для последовательного канала; протокол последовательной межсетевой связи

slippage отставание по срокам

slit mask щелевой трафарет

slit width ширина щели; ширина зазора

slope-keypoint compaction уплотнение информации о кривой с использованием углов наклона в ключевых точках

slot 1. разъем; гнездо; установочное место; посадочное место; слот; 2. прорезь; отверстие; 3. интервал времени; 4. позиция; поле; сегмент; участок; 5. область, занимаемая страницей

slot grammar слот-грамматика

slot group группа областей, занимаемых страницей

slotless real time clock встроенные часы реального времени

slotless RTC встроенные часы реального времени

slot mask щелевая маска (монитора)

slot number номер области, занимаемой страницей

slot structure тактовая группа

slotted disk диск, разделенный на несколько областей

slotted envelope network сеть с разделенными временными интервалами

slotted ring кольцевая сеть с квантованной передачей

slotted-ring network кольцевая сеть с тактированным доступом; кольцевая локальная сеть с квантованной передачей; кольцевая сеть с сегментированной передачей

slot time временной квант; интервал ответа (в ЛС)

slow 1. замедлять; 2. медленный; 3. медленно

slow access медленная выборка

slow access memory память с медленной выборкой; медленнодействующая память

slow changing functions method метод медленно меняющихся функций

slow execution замедлить выполнение

slow in — slow out смягчение начала и завершения движения (в анимационных пакетах)

slow link медленная линия связи

slow material магнитный материал с большим временем переключения

slow memory 1. медленнодействующая память; 2. медленнодействующее запоминающее устройство

slow motion медленное движение

slow scan медленное сканирование

slow sync отложенная синхронизация

SLT 1. однолинейный телефон; 2. терминал абонентской линии

SL technology технология управления энергопотреблением процессора

SLTF «с наименьшим временем ожидания — первый» (алгоритм обслуживания)

slug литая строка

SM 1. вторичная память; память второго уровня; 2. разделяемая память; 3. установить режим

SMA архитектура системного мониторинга

SMAF функция доступа к системе эксплуатационной поддержки и администрирования услуг

small маленький; малый; небольшой

small account с малым числом пользователей

small and medium business малые и средние компании; малый и средний бизнес

small and medium-sized business малые и средние компании

small business 1. малый бизнес; 2. небольшая фирма; малая компания

small business computer малая машина для административно-коммерческих задач

small business solution решение для предприятий малого бизнеса

small business system небольшая вычислительная система для финансовых и управленческих задач

small-capacity memory память небольшой емкости; запоминающее устройство небольшой емкости

small capitals капитель (шрифт)

small caps капители; малые прописные (буквы)

small color swatches маленькая линейка цветов (в графических пакетах)

small computer малая ЭВМ; миникомпьютер

small computer system interface интерфейс для малых вычислительных машин

small delay небольшая задержка

smallest extreme нижний предел

small-footpring 1. занимающий мало место; не требующий много площади; 2. нетребовательный к ресурсам; экономичный (о ресурсах)

small icons мелкие значки

small integer двухбайтовое целое; тип данных smallint

small ladder цепная схема с малым количеством звеньев; короткая цепная схема

small letter строчная буква

small memory model малая модель памяти

small multiuser computer малая многопользовательская ЭВМ

small networks малые сети; небольшие сети

small offset office printer малогабаритное офсетное печатающее устройство

small organization малая фирма

small press publishing малотиражное независимое издательство

small-scale computer компьютер ограниченных возможностей

small-scale integration 1. низкая степень интеграции; интеграция малого уровня; 2. с малым уровнем интеграции

477

small-size computer малогабаритный компьютер; портативный компьютер

small-size server сервер малого класса

small stream с узкой струей

small workgroup небольшая рабочая группа

SMAP узел доступа к системе эксплуатационной поддержки и администрирования услуг

SMART средства анализа и выдачи сообщений самомониторинга; технология самоконтроля, анализа и вывода отчета

smart развитый; интеллектуальный; изящный; рациональный; эффективный

smart buffer интеллектуальный буфер

smart card 1. смарт-карточка; интеллектуальная карточка; карточка со встроенной микросхемой; микропроцессорная карточка; 2. интеллектуальная плата

smart compiler интеллектуальный компилятор; компилятор с развитой логикой

smart completion интеллектуальное дополнение ввода

smart energy system интеллектуальная система энергосбережения

smart icons «интеллектуальные» пиктограммы

smart knowledge acquisition tool интеллектуальные средства сбора знаний

smart large data object сложный двоичный объект

smart linker интеллектуальный компоновщик; рациональный компоновщик

smart linking механизм рациональный компоновки

smart memory интеллектуальная память

smart network services интеллектуальные сетевые службы

smart permanent virtual circuit интеллектуальный постоянный виртуальный канал

smart phone интеллектуальный телефон

smart protection card интеллектуальный модуль защиты

smart quotes автоматические кавычки

smart recovery плавное продолжение (установки)

smart swapping эффективное переключение экрана

smart terminal интеллектуальный терминал

smart use разумное использование; эффективное использование; рациональное применение

smart wiring hub интеллектуальный концентратор проводных соединений

SMAU интеллектуальное устройство многостанционного доступа

SMB 1. протокол SMB; протокол обмена информацией с сервером; 2. блок системных сообщений; блок сообщений сервера; 3. малые и средние компании; малый и средний бизнес

SMC 1. малая многопользовательская ЭВМ; 2. стандартная многопользовательская ЭВМ

SMDL стандартный язык описания музыки

SMDR 1. запросчик управления хранением данных; 2. подробное протоколирование сообщений абонента

SMDS 1. коммутируемая мультимедийная цифровая служба; коммутируемая цифровая служба передачи мультимедиа-информации; 2. служба коммутируемой мультимегабитной передачи данных; служба многобитовой коммутации данных

SME механизм управления запоминающими устройствами

smear .ool инструмент «мастихин» (в графических пакетах)

smeary oil pastel пачкающая мягкая пастель (в графических пакетах)

SMF 1. стандартный формат сообщений; 2. одномодовый волоконно-оптический кабель; 3. функция эксплуатационной поддержки и администрирования услуг

SMFA специфическая функциональная область управления

SM fiber одномодовый волоконно-оптический кабель

SMI 1. структура управляющей информации; 2. прерывание для управление системой

smileys символы эмоций (в электронной почте)

SMIP общий протокол управляющей информации

SMIT инструментальное средство интерфейса системного управления

Smith plot диаграмма Смита

SMK комплект инструментальных средств переноса программного обеспечения; инструментальные средства переноса программного обеспечения

SMM режим системного управления; режим управления системой

smoked glass filter фильтр «дымчатое стекло» (в графических пакетах)

smooth 1. гладкий; ровный; плавный; однородный; 2. беспрепятственный 3. сглаживать; уравнивать

smooth animation мультипликация с плавными переходами между кадрами

smoothed array сглаженный массив; массив сглаженного соглашения

smooth filter фильтр «сглаживание» (в графических пакетах)

smoothing сглаживание

smoothing algorithm алгоритм сглаживания

smoothing angle угол сглаживания

smoothing circuit сглаживающий фильтр

smoothing factor коэффициент сглаживания

smoothing filter фильтр сглаживания; сглаживающий фильтр

smoothing group группа сглаживания

smoothness 1. плавность; 2. однородность; 3. шероховатость

smooth node сглаженный узел (кривой)

smooth point точка сглаживания (кривой)

smooth scrolling плавная прокрутка (изображения)

smooth shading плавное затенение; плавные переходы при выводе теней; процесс сглаживания цветового перехода

SMP 1. симметричная мультипроцессорная обработка; симметричная мультиобработка; симметричная многопроцессорность; 2. симметричный мультипроцессор; 3. упрощенный протокол управления; простой протокол управления; 4. узел обновления услуг

SMP architecture SMP-архитектура

SMP-aware application SMP-приложение; приложение, поддерживающее работу на симметричных многопроцессорных системах

SMP server SMP-сервер; сервер с симметричным параллельным мультипроцессированием; симметричная многопроцессорная серверная система

SMP supercomputer симметрично-многопроцессорный суперкомпьютер

SMP system система с симметричной многопроцессорной обработкой; система с симметричными процессорами; симметричная многопроцессорная система; SMP-система

SMPTE Общество инженеров кино и телевидения

SMPTE time code стандартизированный временной код для редактирования, принятый Обществом инженеров кино и телевидения

SMR специальная радиосвязь с подвижными объектами

SMS 1. система управления дисковой памятью; система управления запоминающими устройствами; 2. служба управления запоминающими устройствами; 3. система управления сервером; 4. служба коротких сообщений; сервис коротких сообщений

SMSDI интерфейс накопителя SMS

SMT стандарт управления станциями; стандарт SMT

SMTP упрощенный протокол электронной почты; простой протокол пересылки почты; протокол SMTP

smudge размазывание

smudge tool инструмент «размазывание» (в графических пакетах)

SMV 1. измерение характеристик программного обеспечения; измерение метрик ПО; 2. поставщик систем управления хранением данных

SN узел услуг

S/N сигнал/шум

SNA системная сетевая архитектура

SNA datastream management управление информационными потоками в среде SNA

SNADS распределенное обслуживание в среде SNA

snake-line connection соединение змейкой; серпантинное соединение

snap 1. привязка (к сетке); фиксация; 2. защелка; запор; 3. запирать

SNAP стандартный протокол доступа к сети; стандартный протокол сетевого доступа; протокол доступа к подсетям

snap action быстрое срабатывание

snap-action switch переключатель мгновенного действия

snap-back action скачкообразный переход в запертое состояние

snap distance порог выравнивания

snap dump дамп снимков памяти

snap file snap-файл

snap generator генератор отображения памяти

snap-in встраиваемый модуль

snap-in application интегрируемое приложение

snapping привязка

snap points точки привязки

snapshot метод моментального снимка; моментальный снимок; статическое множество (БД)

snapshot copy моментальная копия

snapshot debugging отладка с распечаткой промежуточных результатов

snapshot dump выборочный дамп; выборочный динамический дамп; моментальный дамп; снимок памяти

snapshot facilities средства фиксирования состояния процесса

snapshot of a screen выборочный снимок изображения с экрана

snapshot program программа избирательного вывода

snapshot viewer средство просмотра фотографий

snap-to притягивание элементов (к линиям сетки)

snap to grid 1. привязка к сетке; 2. привязать к сетке

snap to guidelines привязывать к направляющим

snap to guides выровнять по направляющим

sneakernet метод переноса данных с машины на машину вручную

sneak preview предварительный просмотр

SNI интерфейс абонент/сеть

SNIA Отраслевая ассоциация сетевой дисковой памяти

sniffer средство выявления неисправностей; анализатор

SNMP простой протокол управления сетью; упрощенный протокол управления сетью; простой протокол администрирования сети; простой сетевой управляющий протокол

SNMP console SNMP-консоль

SNMP trap ловушка SNMP; SNMP-ловушка

snow «снег» на экране (помехи)

snowball быстро расти; быстро увеличиваться

SNS сетевая служба безопасности

SO 1. переход на верхний регистр; 2. и еще одно важное замечание (сокращение, принятое в Internet)

SOC подтверждение заказа на продажу

social cost социальная цена; общественно-необходимые издержки

society 1. сообщество; общество; 2. совокупность (элементов)

Society for Information Management Общество информационного управления

Society for Worldwide Interbank Financial Telecommunications Международная межбанковская электронная система платежей; СВИФТ

socket разъем; гнездо; сокет; розетка; патрон

socket address адрес гнезда

socket connector розетка соединителя; розетка разъема; штепсельный разъем

socratic heuristics сократова эвристика

SOF начало кадра

soft 1. программируемый; программно-управляемый; программный; 2. мягкий; гибкий; непостоянный

soft adder нежесткий сумматор

soft automation гибкая автоматизация

softbot служба метапоиска (в Internet)

soft codec программный кодировщик/декодировщик; программа-кодек

soft context мягкий контекст

soft copy мягкая копия; изображение на экране; недокументальная копия

soft-copy graphics экранная графика

soft-copy terminal недокументирующий терминал

soften смягчать (изображение)

soften filter фильтр «смягчение» (в графических пакетах)

softening смягчение

softening the focus смягчение резкости; расфокусировка

soft error кратковременная ошибка; безопасная ошибка; нерегулярная ошибка; случайный сбой

soft-error immunity устойчивость к случайным сбоям

softer software более дружественное программное обеспечение

soft font загружаемый шрифт

soft-handoff технология «мягкой передачи» (в сотовой связи)

soft handover сохранение соединения при переходе из зоны в зону (в мобильной связи)

soft hardware программно-аппаратные средства

soft image неконтрастное изображение

softkey программируемая клавиша; переназначаемая клавиша; клавиша с изменяемой функцией

soft keyboard программируемая клавиатура

softkey terminal терминал с программируемой клавиатурой

soft link гибка ссылка

soft material «мягкий» магнитный материал; низкоэрцитивный магнитный материал

soft modem программный модем

soft page break мягкий разделитель страницы; «мягкая» граница страницы

soft power signal сигнал выключения питания программными средствами

soft proof цветопроба на экране монитора

soft return программный возврат

soft-sectored с программной разметкой; секционируемый

soft-sectored disk программно-секционированный диск; диск с программной разметкой

softset card программно настраиваемая плата; плата с программно настраиваемой конфигурацией (без перемычек)

soft shadows мягкие тени

soft-start circuitry схемы плавного включения

soft testing программное тестирование

software программное обеспечение; программные средства

software adaptation адаптация программных средств

software address программный адрес

software algorithm программно-реализованный алгоритм

software architect специалист по архитектуре систем программного обеспечения

software architecture архитектура программного обеспечения

software assets программные ресурсы; имеющееся программное обеспечение

software augmentability дополняемость программных средств; расширяемость программных средств

software backplane программная основа; базовое ПО, наращиваемое легко подключаемыми дополнительными средствами

software-based программно реализованный; использующий программное обеспечение

software-based router программный маршрутизатор; программно реализованный маршрутизатр

Software Business Association Ассоциация разработчиков программ

software catalog каталог программного обеспечения

software command команда, реализуемая программными средствами; программируемая команда

software company софтверная компания; программотехническая фирма; фирма-разработчик программного обеспечения

software compatibility совместимость программных средств; программная совместимость

software-compatible программно-совместимый

software-compatible computer программно-совместимый компьютер

software component программный компонент; программная часть; компонент программного обеспечения

software-configurable программно-конфигурируемый

software configuration конфигурация программного обеспечения; состав программных средств

software configuration management управление конфигурацией программного обеспечения

software configured программно конфигурируемый

software constraint программное ограничение

software context контекст программного обеспечения

software counter программный счетчик

software defined network программно определяемая сеть; технология виртуальных сетей

software design community специалисты по проектированию программных средств; системотехники

software designer разработчик программного обеспечения; разработчик программных средств; специалист по разработке систем; системотехник

Software Developer Kit набор инструментальных средств разработки программ; пакет разработки программ; комплект разработчика ПО

software development разработка программного обеспечения

software development environment среда разработки программ

Software Development Kit набор инструментальных средств разработки программ; пакет разработки программ; инструментальные средства разработки программного обеспечения

software development methodology методология разработки программного обеспечения

software development package пакет для разработки программ

software development tools средства разработки программного обеспечения

software distribution распространение программного обеспечения

software division отделение программного обеспечения

software documentation документация по программному обеспечению; программная документация

software driver программный драйвер

software engineer разработчик программного обеспечения; специалист по программному обеспечению

software engineering программирование; разработка программного обеспечения; разработка программного обеспечения; программотехника

software engineering and project management управление разработкой и проектированием программного обеспечения

software engineering environment средства поддержки программных разработок; среда разработки программ

Software Engineering Institute Институт по разработке программного обеспечения; Институт автоматизации программирования (США)

software environment условия разработки программного обеспечения; средства разработки программного обеспечения; программная среда; программные средства

software error программная ошибка

software errors failure отказ из-за ошибок в программе

software failure программная ошибка; сбой в программном обеспечении

software fallback нейтрализация программных ошибок

software firm фирма по разработке и продаже программного обеспечения

software fixes корректировки к программному обеспечению; исправления, внесенные в программное обеспечение

software flexibility гибкость программного обеспечения

software for merchandising программное обеспечения для торговли (через Internet); ПО для электронных продаж

software graph граф программы; граф структуры программы; граф структуры программного обеспечения

software house фирма по разработке и сбыту программных средств; программотехническая фирма; фирма по разработке программного обеспечения

software-implemented fault-tolerance программно-реализованная отказоустойчивость

software industry промышленность программного обеспечения; индустрия программных средств

software installation установка программного обеспечения; ввод в действие программ

software integration компоновка системы программного обеспечения

software-intensive преимущественно программный

software-intensive approach преимущественно программный метод

software interrupt программное прерывание

software inventory инвентаризация программного обеспечения

software key программный ключ; вставляемое в порт устройство защиты от копирования

software licence лицензия на программное обеспечение; лицензия на использование пакета программ

software license agreement лицензионное соглашение по программному обеспечению

software life-cycle жизненный цикл программного обеспечения; жизненный цикл программы

software lock-in программная замкнутость; программная обособленность

software maintenance сопровождение программного обеспечения

software management 1. управление программным обеспечением; 2. программное управление; управление с помощью программного обеспечения

software manufacturer фирма по разработке программного обеспечения; производитель программного обеспечения

480

software manufacturing производство программного обеспечения

software manufacturing framework инфраструктура производства ПО

software matrix таблица программ

software metering измерение количественных характеристик программного обеспечения

software methodology методология проектирования программного обеспечения; принципы организации программных средств

software metrics метрика программного обеспечения

software migration kit комплект инструментальных средств переноса программного обеспечения; инструментальные средства переноса программного обеспечения

software model программная модель

software modem программный модем; программно реализованный модем; модем, реализуемый программными средствами

software module программный модуль

software-only чисто программный; реализованный только программными средствами

software package программный пакет; пакет программ; система программного обеспечения

software parts technology технология программных компонентов

software patches программные корректировки; корректировки к программному обеспечению

software piracy компьютерное пиратство; незаконная деятельность в сфере программного обеспечения; незаконное распространение программ; нелегальное использование ПО

software platform программная платформа

software portability переносимость программного обеспечения; мобильность программного обеспечения

software process 1. программный процесс; программно-реализуемый процесс; 2. процесс создания и эксплуатации программного обеспечения

software product программный продукт; программное изделие

software product line серия программных изделий; семейство программных продуктов

software product maintenance сопровождение программного изделия

software program вспомогательная программа; программа пакета программного обеспечения

software-programmable программно-реализуемый

software program maintenance сопровождение программного продукта

software programmer программист; разработчик программного обеспечения

software project planning планирование проектов

software project tracking and oversight мониторинг программных проектов

software protection защита ПО от копирования

software protection device средство защиты программного обеспечения

software prototyping создания опытного образца программного обеспечения; программное моделирование; создание прототипа ПО

software publisher издатель программного обеспечения

Software Publishers Association Ассоциация издателей программных продуктов; Ассоциация издателей программного обеспечения

software quality assurance обеспечение качества программных средств; обеспечение качества программного обеспечения; гарантии качества программного обеспечения

software redundancy программная избыточность

software rejuvenation монолитный шрифт

software reliability надежность программного обеспечения

software renovation обновление программного обеспечения

software requirements требования к программному обеспечению

software resources программные ресурсы

software restriction программное ограничение

software reuse повторное использование программного обеспечения; многократное использование программного кода

software router программный маршрутизатор; программно реализованный маршрутизатор

software routine программа системы программного обеспечения; системная программа

software science теория программного обеспечения

software security through printer port защита программного обеспечения через порт принтера

software security through serial port защита программного обеспечения через последовательный порт

software self-descriptiveness информативность программного обеспечения

software simulation 1. программное моделирование; 2. моделирование программного обеспечения

software simulator 1. программная модель; 2. модель программного обеспечения

software specification технические условия на средства программного обеспечения

software station станция разработки программных средств; АРМ программиста

software subcontract management менеджмент субподрядчиков по разработке ПО

software suite программный комплект

software support программная поддержка; поддержка программного изделия

software system система программного обеспечения

software system architect разработчик архитектуры программного обеспечения

software system independence независимость от других программных средств

software technology методика разработки программных средств

software technology for adaptable reliable systems технология создания программного обеспечения для адаптируемых надежных систем; методика разработки программ для адаптируемых надежных систем

software theft незаконное использование программного обеспечения; кража программного обеспечения

software tools инструментальные программные средства; программный инструментарий; программные инструменты; вспомогательные программы

software-to-software interface межпрограммные средства сопряжения; межпрограммный интерфейс

software transparency «прозрачность» программного обеспечения

software update and distribution system система обновления и распространения программного обеспечения

software virtual server программный виртуальный сервер

software virus вирус; программа-вирус; программный вирус

software writer редактор программной документации

software writing программная документация

soft wide cover легкая широкая закраска (в графических пакетах)

softwire communication medium гибкая среда передачи данных; беспроводная среда передачи данных

softwiring link программируемая связь

SOH начало заголовка

SOHO 1. малый/домашний офис; 2. компьютеры для домашнего применения и малого бизнеса; 3. пользователи, работающие дома, и служащие сферы малого бизнеса

SOHO market продукты для служащих малых офисов и пользователей, работающих дома

SOHO software программное обеспечение, применяемое в небольших офисах и дома

SOI технология «кремний на изоляторе»

SOL библиотека географических объектов

solarize effect соляризация (в графических пакетах)

solarize filter фильтр «соляризация»

solder паять; припаивать

soldered joint паяное соединение

sole единственный

solid 1. трехмерная фигура; тело; «сплошная» трехмерная модель; 2. сплошной; непрерывный; 3. твердый; прочный; монолитный; крепкий; солидный; надежный; 4. пространственный

solid burst error плотный пакет ошибок

solid color чистый цвет; сплошной цвет

solid color background сплошная заливка фона

solid conductance объемная проводимость

solid error постоянная ошибка; систематическая ошибка; устойчивая ошибка

solid failure устойчивый отказ

solid fault устойчивый отказ

solid fill сплошная заливка

solid filled area область со сплошной закраской

solid fill pattern сплошной заполнитель

solid font монолитный шрифт

solid-font printer принтер с монолитным шрифтом; принтер с литым шрифтом

solid geometry стереометрия

solid graphics графика монолитных тел

solid line сплошная линия; непрерывная линия

solid model пространственная модель

solid modeling моделирование сплошных тел; твердотельное моделирование; моделирование трехмерных тел; пространственное моделирование

solid security надежная защита

solid-state 1. твердотельный; 2. полупроводниковый

solid-state calculator полупроводниковое вычислительное устройство

solid-state logic твердотельная логика; монолитные логические схемы

solid state modeling твердотельное моделирование; моделирование сплошных тел; моделирование трехмерных тел; пространственное моделирование

solid surface сплошная поверхность; поверхность сплошного тела

solid texture function функции определения текстуры твердых тел

solid texturing наложение текстуры твердого тела; текстурирование твердого тела

solitaire пасьянс; солитер

soliton солитон

solution 1. решение; 2. приложение; законченное решение

solution frame фрейм решения; фреймовое представление решения

solution length длительность решения

solution provider системный интегратор

solvable разрешимый

solvability разрешимость

solve решать

solve for variable решить относительно переменной

solver 1. счетно-решающий прибор; решатель; 2. решающая программа

solving решение; процесс решения

solving for the optimum отыскание оптимального решения

SOM 1. модель системных объектов; 2. начало сообщения

something like около; приблизительно

son card дочерняя плата; плата более низкого уровня

SONET служба синхронной передачи данных по оптическим сетям; синхронная оптическая сеть; сеть синхронной оптической связи

son file новая версия файла

SONOC сеть синхронной передачи с волоконно-оптическим носителем

Sony Digital Interface Format формат цифрового интерфейса фирмы Sony; SDIF

soon-to-be-released program программа, планируемая к выпуску; программа, которая должна быть выпущена в ближайшее время

SOP expression дизъюнктивная форма

sophisticated изощренный; современный; сложный; на современном уровне; развитый

sort 1. сортировка; упорядочение; 2. вид; класс; род; 3. сортировать; упорядочивать

sort ascending сортировать по возрастанию

sort blocking factor коэффициент объединения при сортировке; коэффициент блокирования при сортировке

sort by created сортировать по дате создания

sort by description сортировка по описанию

sort by modified сортировать по дате изменения

sort by name сортировать по имени

sort by type сортировать по типу

sort criteria параметры сортировки

sort data in ascending order сортировка данных в порядка возрастания

sort data in descending order сортировка данных в порядке убывания

sort descending сортировать по убыванию

sort direction порядок сортировки; направление сортировки

sort down сортировка по убыванию

sorted table упорядоченная таблица

sorter сортировщик; сортирующее устройство

sorter-comparator сортировщик-компаратор

sort file файл сортировки

sort generator генератор программы сортировки

sorting упорядочение; сортировка

sorting break разрыв упорядоченности

sorting field поле сортировки

sorting in ascending order сортировка по возрастанию

sorting in descending order сортировка по убыванию

sorting item элемент сортировки

sorting key ключ сортировки

sorting problem задача сортировки

sorting program программа сортировки

sorting scheme способ сортировки

sorting sequence последовательность сортировки

sort key ключ сортировки; сортировочный ключ

sort-merge join объединение сортировкой/слиянием

sort-merge program программа сортировки/слияния

sort-merge utility программа сортировки/слияния

sort order порядок сортировки

sort out рассортировывать

sort utility программа сортировки

SOS 1. серверная операционная система; 2. операционная система с защитой информации

sound 1. звук; 2. зонд; щуп; 3. правильный; надежный; 4. логичный; правдоподобный; 5. звучать; 6. зондировать

sound approach обоснованный подход
sound bite звуковой фрагмент
sound boards standard стандарт на платы звукового вывода
sound breakup прерывистость воспроизведения звука
sound card звуковая плата
sound channel звуковой канал
sound clip файл звукозаписи
sound editing редактирование звука
sound editor редактор звука
sound effect звуковой эффект
sound file звуковой файл; файл, содержащий звуковую информацию
sound-file message сообщение, сохраненное в звуковом файле
sound font звуковой шрифт
sound group звуковая группа
soundless состоятельность
sound machine исправная машина
soundmap звуковая карта; звуковой образ
soundness of data правдоподобность данных
sound output 1. звуковой вывод; 2. устройство звукового вывода
sound parameters параметры звука
sound protocol надежный протокол
sound quality level уровень качества звука
sound recorder звукозаписывающее устройство
sound recording звукозапись
sound-recording and editing software программное обеспечение для записи и редактирования звука
sound sample образец звучания; оцифрованный образец звука; сэмпл
source 1. источник; 2. исходная точка; 3. исходный текст; 4. поставщик; 5. исходный
source address 1. адрес источника; адрес отправителя; 2. исходный адрес
source album альбом-источник
source alphabet входной алфавит
source block исходный блок
source code исходный код (программы); исходный текст; исходная программа
source code control system система контроля за исходным кодом
source-code-level на уровне исходного кода
source coding theorem теорема о кодировании источника
source compression factor коэффициент сжатия в источнике сообщений
source configuration исходная конфигурация
source connect str строка подключения-источник (в Access)
source data 1. исходные данные; 2. данные источника
source data automation автоматическое формирование первичных данных
source database база данных-источник
source database connection string строка подключения к базе данных-источнику (в Access)
source debugger отладчик, работающий на уровне исходного кода
source dictionary исходный словарь
source directory исходный каталог
source document документ-источник; исходный документ; первоисточник; первичный документ
source editor редактор исходной программы; редактор текста программ
source environment инструментальная среда
source-explicit forwarding пересылка от заданных адресов
source field исходное поле; исходный элемент данных
source file файл-источник (в OLE); исходный файл

source file inclusion включение исходного файла
source grammar исходная грамматика; грамматика исходного языка
source image исходное изображение
source index индекс источника
source information исходная информация
source item источник данных
source key исходный ключ; внешний ключ
source language язык исходного текста; исходный язык; входной язык
source language debugger отладчик, работающий на уровне исходного кода
source-level compatibility совместимость на уровне исходного кода
source-level debugger отладчик, работающий на уровне исходного кода
source library библиотека исходных модулей
source license лицензия на исходный код
source listing распечатка исходного кода; листинг программы
source macro definition исходное макроопределение
source module исходный модуль
source module library библиотека исходных модулей
source name имя источника
source object объект-источник (в OLE)
source/object code ratio коэффициент преобразования кода
source of control's data источник данных элемента управления
source of error источник погрешности
source operand операнд-источник
source program исходная программа
source record исходная запись
source recording исходная запись
source reduction редукция источника; исключение трафика на источнике данных
source route bridging ретрансляция с маршрутизацией от источника; маршрутизация от источника с функциями моста; мостовая передача с маршрутизацией от источника; протокол SRB
source route transparent bridging прозрачная ретрансляция с маршрутизацией от источника
source routing маршрутизация от источника; маршрутизация по источнику
source routing bridge мост с маршрутизацией от источника
source routing driver драйвер маршрутизации от источника
source routing protocol протокол маршрутизации от источника
source segment исходный сегмент
source server сервер-источник
Source Service Access Point точка доступа к обслуживанию источника
source sharing совместное использование ресурсов
source statement исходный оператор; оператор исходного кода; оператор исходной программы
source-statement library библиотека исходных модулей
source-to-target simulation моделирование исходной вычислительной архитектуры на целевой
southwest corner левый нижний угол (окна)
SP 1. поставщик услуг; 2. параметры звука; 3. регистр SP; указатель стека
SPA Ассоциация издателей программных продуктов (США)
space 1. пространство; место; область; 2. интервал; пробел; промежуток; 3. пропуск; 4. расстояние; 5. сигнал логического нуля
space after отбивка после
space/align распределить/выровнять
space allocation распределения места

spacebar пробел; клавиша пробела
space before отбивка до
space bit разделительный разряд
space character пробел; символ пробела
space code код интервала; код пробела
space combat simulator боевой космический имитатор (вид компьютерных игр)
space complexity пространственная сложность
space-delimited format формат с разделителями-пробелами
space division пространственное разделение; пространственное уплотнение
space-division multiple access множественный доступ с пространственным разделением каналов
space-division multiplexing мультиплексирование с пространственным разделением
space-division system система с пространственным разделением
space domain пространственная область сигнала
space fill заполнение пробелами
space-hold состояние покоя линии
space key клавиша пробела
space list список свободных участков
SPACELOOP схема сжатия и обработки аналоговых речевых сигналов
space of parameters пространство параметров
space quantization квантование пространства
spacer 1. расстановщик пробелов; 2. разделитель
space record разделяющая запись
space reservation system система заказа мест; система резервирования мест
spacer layer разделительный слой
space-separated разделенный пробелами
space sharing разделение по месту
space-shooty game космическая игра-»стрелялка»; космический шутер
space simplexity пространственная сложность
space suppression подавление интервалов; подавление пробелов; удаление пробелов
space switching переключение интервала
space-time division multiple access множественный доступ с пространственно-временным разделением каналов
space typing печать вразрядку
space typing setter клавиша для печатания вразрядку
spacing разрядка; расстояние; промежуток; интервал; отбивка; шаг; пропорциональность
spacing bias смещение пробела
spacing chart схема размещения; схема формата
spacing check контроль разделяющих промежутков
SPAG Группа по продвижению стандартов и приложений
spaghetti code неструктурная программа
spaghetti program программа со слишком большим числом переходов; программа с избыточной передачей управления
spam спам; нерелевантные сообщения Internet, посылаемые большому числу людей
spamming рассылка по электронной почте информации, не нужной адресату (например, рекламного характера); спам
span 1. диапазон; интервал; промежуток; 2. протяженность; пролет; расстояние; 3. период времени; 4. оболочка; 5. совокупность одновременно обрабатываемых элементов изображения вдоль линии сканирования; 6. изменять; 7. натягивать на векторы; 8. охватывать; стягивать
spanned record связная запись; сцепленная запись
spanning 1. охват; 2. интервал; 3. распределение данных по дискам
spanning angle угол охвата
spanning subgraph основной подграф

spanning-tree algorithm древовидный алгоритм; алгоритм «охвата деревьев»
spanning trees охват деревьев
spanning trees algorithm алгоритм «охвата деревьев»
span of control зона контроля
spans горизонтальные пиксельные прямые
SPANS упрощенный протокол передачи сигналов в сетях ATM
span task интервальная задача
SPARC наращиваемая архитектура процессоров; архитектура процессоров с изменяемой вычислительной мощностью
SPARC architecture архитектура SPARC
spare запасной; свободный; резервный
spare block запасной блок; резервный блок
spare board запасная плата
spare card запасная плата
spare channel резервный канал
spare cycle свободный цикл
spare part запасной компонент; резервный компонент; запасная часть
sparse разреженный; неплотный
sparse array разреженный массив
sparse file разреженный файл; неплотный файл
sparse index разреженный индекс
sparse matrix разреженная матрица
sparsity неплотность; разряженность
spatial пространственный; территориальный
spatial aliasing пространственные искажения (из-за недостаточной частоты дискретизации)
spatial area физическое пространство
spatial cohesion пространственное сцепление
spatial compression пространственное уплотнение
spatial correlation пространственная корреляция
spatial data area область пространственных данных
spatial databases рассредоточенные базы данных
spatial data system система обработки рассредоточенных данных
spatial data transfer standard стандарт на передачу географических данных; SDTS
spatial development развитие, выраженное в пространственном измерении
spatial dimension пространственное измерение
spatial disaggregation территориальное дизагрегирование
spatial feedback территориальная обратная связь
spatial filtering пространственная фильтрация
spatial index пространственный индекс
spatial intellect способность (системы) к ориентированию в пространстве
spatial object library библиотека географических объектов; библиотека SOL
spatial pattern пространственная диаграмма
spatial polar coordinates сферические координаты
spatial structure пространственная структура
spatial uniformity пространственная однородность
spati-temporal пространственно-временной
spawn порождать подпроцесс
SPC контроллер стандартных периферийных устройств
S-PCS спутниковая система персональной связи
speaker 1. громкоговоритель; акустическая система; 2. говорящий абонент
speaker-discriminating information информация об отличительных признаках голоса
speaker identification идентификация говорящего
speaker-independent product продукт распознавания речи, не требующий настройки на говорящего
speaker-independent speech recognition system система распознавания речи, не нуждающаяся в настройке на говорящего

speaker notes заметки докладчика
speaker output выход на громкоговоритель
speakerphone спикерфон
speaker system акустическая система; динамики
speaker volume control регулятор громкости; ручка настройки громкости динамика
SPEC Группа по оценке системной производительности
SPEC benchmarks эталонные тесты, разработанные Группой по оценке системной производительности
special особенный; особый; частный; специальный
special application специальное применение
special bug ошибка специального вида
special character специальный знак; специальный символ
special computer проблемно-ориентированный компьютер; специализированный компьютер
special effect эффект; специальный эффект
special features специальные средства
special file специальный файл; файл устройства (в UNIX)
special-function login script специальный сценарий регистрации
Special Interest Group специальная группа по интересам; группа пользователей по специальному вопросу; группа конечных пользователей по какой-либо проблеме; группа компаний-производителей, занимающаяся решением конкретной проблемы
specialist area специальная область; область специалиста
specialized database management system система управления специализированной базой данных; специализированная СУБД
specialized DBMS специализированная СУБД
specialized mobile radio специальная радиосвязь с подвижными объектами
specialized resources function функция специализированных услуг
special key специальная клавиша
special language специализированный язык
specially conditioned line специально оборудованная линия
special-purpose специализированный
special-purpose computer специализированный компьютер
special-purpose memory специализированная память; запоминающее устройство специального назначения
special-purpose server специализированный сервер
special test program специальная испытательная программа
special video mode специальный видеорежим
specific специальный; специфический; определенный; особенный; особый; характерный; заданный; конкретный
specific address абсолютный адрес; истинный адрес
specification спецификация; определение; описание; детализация; технические требования; техническое задание
specification-driven software generation генерация программного обеспечения на основе спецификаций
specification error ошибка в описании; ошибка в спецификации; ошибка в технических требованиях
specification exception исключительная ситуация при нарушении заданных условий; исключение по спецификации
specification language язык спецификаций
specification part совокупность спецификаций; раздел спецификации
specifications sheet бланк спецификаций; бланк описаний; лист спецификаций
specification statement оператор описания; оператор спецификации
specific coding местное кодирование
specific feature особенность; характерная черта
specific program специальная программа
specific-purpose processor специализированный микропроцессор

specified заданный; указанный; определенный
specified behavior предписанное поведение
specified criterion установленный критерий
specified data уточненные данные
specified user конкретный пользователь
specifier описатель; спецификатор
specifity специфичность
specify задавать; уточнять; точно определять; специфицировать
specifying sort order указание порядка сортировки
specimen образец; экземпляр; пример
speckle 1. спекл; дифракционное пятно изображения; 2. непропечатка; рябой оттиск
SPECmarks результаты выполнения комплекта тестов оценки производительности SPEC
spectacular execution эффективное выполнение
spectator наблюдатель
specting пятнистость
spectral amplitudes амплитудно-частотная характеристика; энергетический спектр
spectral bandwidth полоса пропускания
spectral eqaulization усреднение энергетического спектра
spectral function спектральная функция
spectral power distribution распределение спектральной интенсивности
spectral signature сигнатура спектра
spectropfotometer спектрофотометр; прибор для измерения спектральных характеристик цвета
spectrum 1. область; диапазон; 2. разнообразие
spectrum analyzer анализатор спектра
spectrum roll-off убывание спектра
specular reflection зеркальное отражение; отражение света
speculative execution выполнение «по предположению»; спекулятивное выполнение; интеллектуальное выполнение
speech речь
speech analog compression and editing loop схема сжатия и обработки аналоговых речевых сигналов
speech analyzer анализатор речи
speech board плата для речевого ввода
speech capabilities способность к синтезу речи
speech compression сжатие речевой информации
speech control управление выступлением в телеконференции
speech converter преобразователь речи
speech generator генератор речи; генератор речевых сигналов
speech generator device генератор речи
speech input речевой ввод; устройство речевого ввода
speech output вывод речи
speech output unit устройства вывода речи
speech recognition распознавание речи
Speech Recognition Application Programming Interface прикладной программный интерфейс распознавания речи
speech recognition system система распознавания речи
speech signal storage запоминание сигналов разговорной речи
speech synthesis синтез речи
speech synthesis software программное обеспечение синтеза речи
speech synthesizer синтезатор речи
speech technology технология работы с речью; технология синтеза/распознавания речи
speech understanding понимание речи
speech-understanding system система распознавания речи
speech-waveform correlator коррелятор для анализа речи
speed 1. скорость; быстродействие; 2. скоростной; быстродействующий; 3. ускорять;

S

SpeedBar скоростная линейная панель управления; оперативная панель

speed-enhancing algorithm алгоритм увеличения скорости

speed fallback автоматический переход (модема) на более низкую скорость передачи

speed fallforward автоматически переход модема на более высокую скорость передачи

speed index индекс быстродействие

speeding повышение быстродействия; увеличение производительности; увеличение скорости (работы)

SpeedMenu оперативное меню

speed of adder скорость сумматора

speed of addition скорость сложения

speed of computer быстродействие вычислительной машины

speed of operation рабочая скорость

speed of response скорость реакции; быстрота отклика

speed out расширение

speed penalty потеря скорости

speed scroll быстрая прокрутка

speed switch переключатель быстродействия; переключатель тактовой частоты; переключатель скорости

speedup ускорение; увеличение быстродействия

speedup theorem теорема ускорения

SPEL упрощенный машинный язык анализа изображений

spell assist помощник по правописанию (утилита)

spell checker средство проверки орфографии; орфографический корректор; блок орфографического контроля

spell checking проверка орфографии

spelling правописание; орфография

spelling checker корректор; программа поиска опечаток; программа проверки орфографии

spelling checking проверка орфографии; проверка правописания

spelling correction исправление орфографических ошибок

spelling corrector корректор; орфографический корректор

spelling error ошибка набора; орфографическая ошибка

spelling variant вариант написания слов

spell options параметры проверки орфографии

SPGA плоский корпус с матрицей штырьковых выводов, расположенных в шахматном порядке

sphere 1. сфера; шар; 2. поле деятельности

spherical сферический

spherical coordinates сферические координаты

spherize filter фильтр, создающий эффект наложения изображения на часть сферы; фильтр «наложение на сферу»

SPI 1. интерфейс системного программирования; 2. интерфейс драйвера службы (электронная почта); 3. интерфейс поставщиков услуг; интерфейс с системной службой; 4. улучшение процессов создания программного обеспечения; 5. интерфейс доступа к сервису; 6. последовательный периферийный интерфейс

SPID 1. идентификатор профиля службы; 2. идентификатор поставщика услуг

spider программа-робот; «паук»; программа глобального поиска в системе Web

spider bonding паучковое крепление

spidering глобальный поиск в системе Web

spider-like leads паучковые выводы

spider search «паучковый» метод поиска; метод с индексацией каждого слова документов на опрашиваемых Web-узлах

spike 1. импульсный бросок напряжения; бросок питания; импульсное повышение напряжения; 2. символ |

spike and noise suppression подавление бросков и шумов (в сети электропитания)

spill file разрозненный файл

spill-over побочный результат; сопутствующий результат

spill resistant keyboard клавиатура, не боящаяся проливания не нее жидкости

spin вращаться

spin box счетчик; наборный счетчик

spin button счетчик; наборный счетчик

spindle шпиндель; дисковод

spin lock 1. взаимоблокировка; 2. блокировка с ожиданием из-за занятости

spinner поле ввода со значением, изменяемым с помощью мыши; блок с изменяемым значением (в интерфейсе); изменяемое кнопкой числовое поле; счетчик; наборный счетчик

spinner control элемент управления с циклически изменяемым значением; счетчик; наборный счетчик

spin up раскручиваться

spin waiting ожидание в состоянии занятости

spiral delay line спиральная линия задержки

spiral tracking спиральная разметка дорожек

SPL язык хранимых процедур

splash screen начальный экран; экран-заставка (с названием ОС)

splat звездочка

splice соединение внакрой; сращивание; место сращивания кабеля; сросток; стык

splice center стыковочный центр (кабелей)

spline curve сплайновая кривая

spline surface technique метод аппроксимации отображаемых поверхностей сплайнами

split 1. расщепление; разбиение; разделение; 2. разделенный; 3. дробить; разбивать; разделять; расщеплять

split assignments раздельное распределение

split bar линия разбивки; вешка разбивки

split box вешка разбивки

split catalog разделенный каталог

split control fields разделенные управляющие поля

split file разделенный файл

split-hair accuracy высочайшая точность

spliting partitions деление разделов

split pair разделение пар (кабеля из-за неправильной распайки разъемов)

split screen полиэкран; разделенный экран

split-screen format полиэкранный формат изображения

split-screen mode полиэкранный режим

splitted disk диск, разделенный на несколько областей

splitter разделитель; разветвитель; делитель

splitting 1. дробление; разбиение; расщепление; 2. расщепленный

splitting a partition разбиение раздела; секционирование раздела

splitting a window разделение окна

splitting index расщепление индекса

splitting lines расходящееся ветвление

splitting pages расщепление страниц

split transfer передача (данных) с разделением буфера; передача (данных) с попеременным переключением буферов

split window 1. окно с несколькими панелями (областями); 2. разделить окно

SPM моделирование процессов производства программного обеспечения

SPN сеть с автоматической защитой от несанкционированного доступа

spoken command речевая команда

spoken message речевое сообщение

spoken voice разговорная речь

sponge tool инструмент «губка» (в графических пакетах)

spontaneous magnetization спонтанная намагниченность

spontaneous request произвольный запрос; незапланированный запрос

spoofing обманное действие (при несанкционированном доступе); спуфинг; средства имитации соединений

spool 1. бобина; катушка магнитной ленты; 2. подкачивать данные; 3. буферизовывать; подкачивать; записывать в буферный файл

spool a print job поместить задание в очередь

spooled print печать из буфера; печать с буферизацией

spooler спулер; программа спулинга; программа буферизации данных; программа буферизации печати

spooler queue очередь буфера

spool file буферный файл

spooling буферизация; спулинг; буферизация входных и выходных потоков периферийных устройств

spooling area область спулинга; область буферизации

spool program программа спулинга; программа буферизации

spool tape катушка ленты

sporadic спорадический; единичный; случайный

sporadic fault спорадическая ошибка

sport game спортивная игра

spot 1. точка; место; ячейка; 2. пятно; 3. рекламная вставка; 4. короткая информационная передача; срочное сообщение 5. покрывать пятнами; 6. указывать; 7. определять положение; определять координаты; 8. делать разметку; 9. определять место неисправности; локализовать сбой

spot color плашечный цвет; комбинированный цвет; цвет, образуемый другими цветами

spot-color printing печать с использованием плашечных цветов

spot light точечный источник света; источник направленного света; направленная освещенность

spot palette плашечная палитра

spotty неоднородный

spotty automation неравномерная автоматизация

SPP протокол последовательной передачи пакетов

SP pool постоянный пул

SPQE элемент очереди подпулов

spray can аэрозоль (графический инструмент)

spread 1. внешний треппинг; 2. разворот (формат верстки); 3. протяжение; разброс; охват; 4. продолжать; продлевать; 5. распространяться; простираться

spread across a network распространяться по сети

spreading ratio коэффициент распределения

spread of network протяженность сети

spread of spotlight распространение направленного света

spreads разброс; расширение

spreadsheet 1. (динамическая) электронная таблица; 2. программа составления динамических (электронных) таблиц; табличная программа

spreadsheet calculations табличные вычисления; вычисления с использованием электронных таблиц

spreadsheet cell ячейка электронной таблицы

spreadsheet presentation представление информации в виде электронной таблицы

spreadsheet program программа табличных вычислений; программа электронной таблицы

spreadsheet size размер электронной таблицы

spreadsheet type тип электронной таблицы

spreadsheet window окно электронной таблицы

spread-spectrum растяжка сигнала

spread spectrum frequency hopping multiple access скачкообразная перестройка частоты с множественным доступом

spread spectrum modulation спектральная модуляция

spread spectrum radio network радиосеть с передачей сигнала в широком спектре

spread-spectrum transmission радиообмен в рассеянном спектре; передача с разнесением сигнала по спектру; спектральная модуляция

spring пружина

spring jack гнездо с контактной пружиной; подпружиненное гнездо

sprite спрайт; независимый графический объект, свободно перемещающийся по экрану

sprite hardware аппаратная поддержка спрайтов

sprite-oriented graphics спрайтовая графика

sprocket bit метка положения

sprocket channel транспортная дорожка

sprocket feed подача бумаги с помощью звездчатки; подача перфорированной бумаги

sprocket hole маркерное отверстие

sprocket paper фальцованная бумага

sprocket tooth зуб звездочки; зуб шестеренки

SPS 1. резервный источник питания; 2. резервная система электропитания

spurious 1. ложный; кажущийся; 2. побочный

spurious accuracy мнимая точность

spurious correlation ложная корреляция

spurious coupling паразитная связь

sputtering напыление

SPVC интеллектуальный постоянный виртуальный канал; конфигурируемый постоянный виртуальный канал

SPX последовательный обмен пакетами; упорядоченный обмен пакетами; протокол последовательного обмена пакетами

spy point контрольная точка (в языке Пролог)

SQA обеспечение качества программных средств; обеспечение качества программного обеспечения

SQE signal сигнал контроля качества

SQE test тестирование качества сигнала

SQL язык структурированных запросов

SQL Access Group Группа по средствам доступа с использованием языка SQL

SQL aggregate function агрегатная функция SQL

SQL application SQL-приложение; приложение на языке SQL

SQL Application Language язык описания приложений SQL

SQL database база данных SQL-типа

SQL pass-through query запрос к серверу SQL

SQL server SQL-сервер

SQL view режим SQL

square 1. квадрат; 2. площадь; 3. вторая степень

square brackets квадратные скобки

square fill квадратная градиентная заливка; прямоугольная градиентная заливка

square interpolator квадратичный интерполятор

square-law characteristic квадратичная характеристика

square matrix квадратная матрица

square rooting algorithm алгоритм извлечения квадратного корня

square transparency прямоугольная прозрачность

square ware прямоугольный сигнал

square-wave generator генератор прямоугольных импульсов

squashing сплющивание (метод сжатия файла); сжатие

squash/stretch сжатие/растяжение

squeeze уплотнять; упаковывать; сжимать; сдвигать

squeezed file сжатый файл; уплотненный файл; упакованный файл

squeezing сжатие; сдавливание

squiggle тильда

squiggle brackets фигурные скобки

487

SR сдвиговый регистр

SRAM статическая память с произвольной выборкой; статическое ОЗУ; статическая оперативная память

SRAPI интерфейс прикладного программирования для систем распознавания речи; прикладной программный интерфейс распознавания речи

SRB мостовая передача с маршрутизацией от источника; ретрансляция с маршрутизацией от источника

SRF 1. кадр сообщения о состоянии; 2. функция специализированных услуг

SRM 1. масштабируемый протокол надежной многоадресной доставки пакетов; 2. администратор системных ресурсов; 3. расширяемая многоадресная рассылка

SRN кольцевая локальная сеть с квантованной передачей

SROM последовательная постоянная память

SRP предполагаемая розничная цена

SRT прозрачная маршрутизация от источника

SRT bridging прозрачная ретрансляция с маршрутизацией от источника

SS 1. переключатель скорости; переключатель быстродействия; 2. регистр сегмента стека; 3. односторонний

SSA архитектура последовательной памяти; архитектура дисковых устройств с последовательным интерфейсом

SSAP точка доступа к обслуживанию по источнику

SSB последовательная системная магистраль; последовательная системная шина

SSBLT technology технология синхронной передачи блоков

SSCOP одноранговый протокол, специфический для сервиса и ориентированный на установление соединения

SSCP узел коммутации и управления услугами

SSF функция коммутации услуг

SSI 1. многопроцессорная среда, воспринимаемая пользователем как единая система; 2. низкая степень интеграции; 3. расширения серверной стороны; 4. единый образ системы (в кластерах)

SS instruction команда типа «память-память»

SSL шифрованное соединение между узлами; протокол безопасных соединений; уровень защищенных разъемов; защита на уровне гнезд

SSM упрощенное управление хранением информации

SSP программная обработка сигналов

SSRC идентификатор источника синхронизации

SSRN радиосеть с передачей сигнала в широком спектре

SSRU стандартный блок воспроизведения речи

SSS абонентская подсистема

SST 1. передача с разнесением сигнала по спектру; спектральная модуляция; 2. синхронное прерывание

SST 1. передача с разнесением сигнала по спектру; спектральная модуляция; 2. синхронное прерывание

SST routine программа реакции на синхронное прерывание

ST потоковый протокол

STA 1. стереолитографический аппарат; 2. древовидный алгоритм

stability устойчивость; стабильность

stability behavior устойчивое поведение

stability condition условие устойчивости

stability criterion критерий устойчивости

stability diagram диаграмма устойчивости

stabilized values стабилизированные значения

stable стабильный; устойчивый; постоянный

stable behavior 1. стабильный режим; 2. устойчивое поведение

stable component стабильный элемент; устойчивое звено

stable condition устойчивое состояние

stable equilibrium устойчивое равновесие

stable failure устойчивый отказ

stable sorting сортировка с сохранением (порядка расположение записей с одинаковым значением ключа)

stable sorting algorithm алгоритм сортировки с сохранением

Stac compression алгоритм сжатия Стака; метод сжатия Стака

stack 1. магазин; стековый список; стек; 2. колода; пачка; стопка; 3. пакет; набор; комплект

stackable hub наращиваемый концентратор; стековый концентратор

stackable intelligent hub наращиваемый интеллектуальный концентратор

stack addressing стековая адресация

stack adjustment настройка стека

stack algorithm стековый алгоритм; магазинный алгоритм

stack architecture стековая архитектура

stack arithmetic арифметические операции над числами в стеке

stack bit заполняющий бит

stack bottom дно стека; нижняя граница стека

stack cache стековый кэш

stack delimiter ограничитель стека

stacked bar graph стопочная диаграмма; составной столбчатый график

stacked capacitor cell запоминающий элемент динамического ЗУПВ с многослойной конденсаторно-транзисторной структурой

stacked graph «этажерочный» график; составная столбчатая диаграмма

stacked job control управление очередностью прохождения заданий

stacked job processing обработка предварительно накопленных заданий; стековая обработка заданий

stacker приемник; накопитель; укладчик

stacker hopper приемный карман

stack event tree дерево событий стека

stack fault отказ стека; сбой стека; ошибка стека; ошибка в стеке

stack frame кадр стека; стековый активирующий кадр; стековый фрейм

stack-history list список предыстории работы со стеком

stack indicator указатель стека

stacking 1. укладка в стопку; 2. занесение в стек

stacking of parameters занесение параметров в стек

stacking order порядок размещения

stack instruction команда работы со стеком; стековая команда

stack manipulation стековая обработка

stack of disks пакет дисков

stack-oriented computer ЭВМ со стековой организацией

stack overflow переполнение стека

stack pointer указатель стека

stack probe стековый зонд

stack probe routine подпрограмма проверки стека

stack processing стековая обработка

stack register регистр стека

stack segment сегмент стека

stack tracing трассировка стека

stack underflow обращение к несуществующей области стека; выход за нижнюю границу стека

STAE выход на обработку аварийных ситуаций

staff штат; персонал

staff-year человеко-год

stage 1. сцена; 2. этап; стадия; ступень; фаза; шаг; 3. каскад; 4. разряд; ячейка

staged memory многоуровневая память

stage editor редактор сцены

stagger 1. расположение в шахматном порядке; 2. разнесение боковых полос канала; 3. располагать по ступеням; 4. колебаться; шататься; 5. регулировать (часы работы)

staggered pin grid array плоский корпус с матрицей штырьковых выводов, расположенных в шахматном порядке

staggering 1. расположение в шахматном порядке; 2. попарная расстройка контуров с целью расширения полосы пропускания

staging 1. сценичность; 2. перемещение данных; перенос данных; перемещение блоков данных между устройствами памяти различных уровней

staging server промежуточный сервер; серверов дополнительного распределения информации; сервер постадийной работы

staging warehouse вспомогательное хранилище данных; промежуточное хранилище данных

STAI подпрограмма обработки аварийных ситуаций

staircase function ступенчатая функция

staircase level уровень последней ступеньки (функции)

staircase plot ступенчатый график

staircasing лестничный эффект

stair-step ступенчатый

stairstep effect эффект ступенчатости (линий)

stair-stepping ступенчатость

stale data устаревшие данные

stalemate «мертвая» точка

staleness error ошибка запаздывания сигнала

stamp 1. штамп; оттиск; марка; 2. штамповать

stamper матрица

stamper disk матрица компакт-диска

stanby 1. резервирование; 2. вспомогательный; резервный; запасной

stanby-ferro UPS феррорезонансный источник бесперебойного питания

stand 1. остановка; позиция; место; 2. стойка; стенд; 3. стоять; ставить; находиться; 4. выдерживать; 5. помещать

stand-alone независимый; автономный

stand-alone application автономная прикладная система; автономное приложение

stand-alone assembler автономный ассемблер

stand-alone automaton автономный автомат

stand-alone block автономный блок

stand-alone computer автономный компьютер; компьютер, не подключенный к сети

stand-alone control автономное устройство

stand-alone debugger автономный отладчик

stand-alone emulator автономный эмулятор

stand-alone environment автономная среда

stand-alone machine 1. автономная машина; 2. выделенная машина; отдельная машина

stand-alone mode автономный режим

stand-alone multimedia program автономная мультимедиа-программа

stand-alone program автономная программа

stand-alone system автономная система

stand-alone test of program product автономные испытания программного изделия

stand-alone unit автономное устройство

stand-alone utility автономная обслуживающая программа

standard 1. стандарт; норма; норматив; эталон; 2. стандартный; типовой; обычный

standard bar graph обычная столбчатая диаграмма

standard-based основанный на стандартах

standard channel стандартный канал

standard code стандартный код

standard data card карта со стандартной информацией

standard days/month стандартное число дней в месяце

standard days/week стандартное число дней в неделе

standard descriptive abstract стандартная аннотация

standard deviation 1. среднеквадратичное отклонение; 2. стандартное отклонение

standard device byte стандартный байт устройства

standard dialog стандартный блок диалога; стандартное диалоговое окно

standard edition стандартная редакция; стандартная версия программного продукта

standard electronic assembly стандартный электронный блок; стандартная электронная схема

standard em space круглая шпация (в полиграфии)

standard entry interface стандартный интерфейс ввода данных

standard error стандартное устройство для вывода сообщений об ошибках

standard error of estimate типичная погрешность при оценке

standard error stream стандартный поток вывода сообщений об ошибках; стандартный поток ошибок

standard feature стандартное средство

standard file стандартный файл

Standard for Documentation of Computer Software стандарт на документацию по компьютерному программному обеспечению

standard form 1. стандартная форма; 2. стандартный бланк

standard for protecting information стандарт защиты информации

standard function стандартная функция

Standard Generalized Markup Language стандартный обобщенный язык описания документов; язык SGML

standard header стандартный заголовок

standard in стандартное устройство ввода (в UNIX)

standard industrial classification стандартный отраслевой классификационный код

standard input 1. стандартный ввод; стандартное устройство ввода; 2. стандартный вход

standard input device стандартное устройство ввода; клавиатура

standard input stream стандартный поток ввода

standard instruction set стандартный набор команд; стандартная система команд

standard interface блок стандартного интерфейса; стандартный интерфейс

standardization стандартизация; нормализация

standardization of programming languages стандартизация языков программирования

standardize стандартизировать; калибровать

standardized стандартизированный; нормированный

standardized normal distribution стандартизированное нормальное распределение; нормированное нормальное распределение

standard key definition стандартное определение клавиш

standard label стандартная метка

standard label area область стандартных меток

standard language construct стандартная языковая конструкция

standard library библиотека стандартных подпрограмм

standard linkage register регистр стандартной связи

standard message format формат стандартных сообщений

Standard Messaging Format стандартный формат передачи сообщений

standard mode стандартный режим

standard multiuser computer стандартная многопользовательская ЭВМ

standard music description language стандартный язык описания музыки

Standard Network Access Protocol стандартный протокол сетевого доступа; стандартный протокол доступа к сети; протокол SNAP

standard normal distribution стандартное нормальное распределение

standard Olivetti peripheral interface стандартный периферийный интерфейс фирмы Olivetti

standard out стандартное устройство вывода (в UNIX)

standard output 1. стандартный вывод; стандартное устройство вывода; 2. стандартный выход

standard output device стандартное устройство вывода

standard output stream стандартный поток вывода

standard peripheral controller контроллер стандартных периферийных устройств

standard product of sums нормальная конъюнктивная форма

standard request стандартный запрос

standards approach подход, основанный на применении стандартов; подход с применением стандартов

standards-based architecture архитектура, основанная на стандартах

standards bearer «блюститель стандартов»

standard-scale integration 1. интеграция стандартного уровня; 2. со стандартным уровнем интеграции

standards compliance соответствие стандартам

standard security стандартная защита (модель защиты в SQL Server)

standards group группа стандартизации

standard shift стандартный сдвиг

standard software стандартное программное обеспечение

standards organization организация стандартизации

standard speech reproducing unit стандартный блок воспроизведения речи

standard store стандартная память

standard stream стандартный поток

standard subroutine стандартная подпрограмма

standard subroutine library библиотека стандартных подпрограмм

standard sum of products нормальная дизъюнктивная форма

standard sum term элементарная дизъюнктивная форма; минитерм

standard support стандартная поддержка

standard system action стандартное действие системы

standard toolbar стандартная панель инструментов

standard transmission code стандартный код передачи данных

standard value стандартное значение; стандартная величина

standby 1. резервирование; резерв; 2. резервный; запасной

standby application 1. резервированная прикладная система; 2. резервная прикладная система; дублирующая система

standby block запасной блок; резервный блок

standby computer резервный компьютер

standby equipment резервное оборудование

standby power supply резервный источник питания

standby power system резервная система электропитания

standby register резервный регистр

standby server резервный сервер

standby UPS резервный источник бесперебойного питания

standing-on-nines carry сквозной перенос через девятки

standing-on-ones carry сквозной перенос через единицы

stansmit done code код состояния «передано»

stansmit done condition состояние «передано»

stapple 1. главный элемент; основной элемент; 2. главный продукт; 3. основная тема; 4. главный; основной

star звезда (топология сети)

star bus topology шинно-звездообразная топология (сети)

star configuration звездообразная конфигурация

star-height высота итерации языка

star network сеть со звездообразной топологией; звездообразная сеть; сеть типа «звезда»; радиальная сеть

star-ring network звездообразно-кольцевая сеть

star-ring topology звездообразно-кольцевая топология (сети)

STARS методика разработки программ для адаптируемых надежных систем

start 1. начало; запуск; пуск; старт; 2. запускать; начинать

start address начальный адрес; стартовый адрес

start after начать после

start before начать перед

start bit стартовый бит

start button пусковая кнопка

start date дата начала; начальная дата

start delay задержка начала

start element стартовый элемент

starter 1. пусковое устройство; 2. пусковая система; система запуска

starter formula начальная формула

starter operating system операционная система запуска

start flag флаг старта

starting начальный; в начальной точке

starting address начальный адрес

starting condition 1. начальное условие; 2. условия на входе; входные условия; 3. пусковой режим

starting data начальные данные

starting endpoint начальная точка; точка начала

starting event начальное событие; исходное событие

starting location начальная ячейка

starting point начальная точка

starting value начальное значение

start instruction set стартовый набор команд

start key пусковая кнопка; клавиша запуска

Start menu меню Пуск (в Windows 98)

start node начальный узел

start of frame начало кадра

start of header начало заголовка

start of heading character символ начала заголовка; признак начала заголовка

start of heap начало динамически распределяемой области памяти

start of message начало сообщения

start of significance character символ начала значимости

start of text character символ начала текста; признак начала текста

star topology топология типа «звезда»; звездообразная топология

startover запуск; пуск

start point стартовая точка; начальная точка

start position стартовая позиция; начальная позиция

start-stop channel стартстопный канал

start-stop counter старт-стопный счетчик

start-stop envelope старт-стопный конверт

start-stop operation старт-стопный режим

start-stop transmission стартстопная передача; асинхронная передача данных

start symbol начальный символ

start time время запуска; время инициирования; время разгона

start-to-start link сцепленные старт-старт; связь «начало-начало»

startup начальные действия; установка в исходное состояние; запуск; загрузка; автозагрузка; инициализация

startup code код инициализации; код запуска

startup dialog диалоговое окно-заставка

startup dialog box окно запуска; начальное диалоговое окно
startup directory рабочий каталог; каталог запуска
startup disk системный диск; загрузочный диск; диск для первоначального запуска системы
startup disk image образ загрузочного диска
startup file файл запуска
startup group группа запуска
startup information установочная информация
startup macros макрокоманда, активизируемая при запуске; макрос запуска
startup options 1. начальные опции; 2. параметры запуска
startup pragma директива задания приоритетов подпрограмм инициализации начального кода загрузки
startup time время запуска; этап запуска
start value начальная величина
star-type network радиальная сеть; звездообразная сеть
starvation зависание процесса; зависание; перегрузка; информационный голод
star-wired physical layout схема соединения «физическая звезда»
state 1. состояние; режим; положение; 2. государство; страна; 3. излагать; формулировать
state abbreviation код штата; аббревиатура штата
state analysis анализ логических состояний
state assignment присваивание состояния; распределение состояний
state bit бит состояния
state block блок состояния
State Board of Управление по делам...
state counter счетчик числа состояний
state-dependent event событие, определяемое состоянием; событие-состояние
state diagram диаграмма состояний
stated point фиксированная точка
state element элемент, хранящий состояние
state equation уравнение состояния
state flag флаг состояния
stateful server сервер выдачи адреса устройству с сохранением информации о нем; адресный сервер с сохранением адресов
state graph граф состояний
state information информация о состоянии
stateless protocol протокол, не использующий информацию о состоянии
stateless server сервер выдачи адреса устройству без его запоминания; адресный сервер без сохранения адресов
state machine конечный автомат
state-machine approach метод, основанный на теории конечных автоматов
state maintenance поддержание текущего состояния; запоминание состояния
statement 1. оператор; 2. постановка; формулировка; высказывание; утверждение; предложение
statement block блок операторов
statement body тело оператора
statement bracket операторная скобка
statement class класс операторов
statement function операторная функция; оператор-функция
statement identification идентификация операций
statement identifier идентификатор оператора
statement interlude вставка операторов
statement label метка оператора
statement label array массив меток операторов
statement label constant константа типа операторной метки
statement nesting вложение операторов
statement number номер оператора

statement of account выписка из счета
statement part раздел операторов
statement profile операторный профиль программы
statement trigger операторный триггер
statement type тип оператора
state of the art современный; соответствующий последним достижениям
state query function функция опроса состояния
state space пространство состояний
state-space method метод анализа в пространстве состояний
state table таблица состояний
state transition diagram диаграмма перехода состояний
state-transition encoding кодирование переходом состояний
state transition function функция перехода состояний
state transition table таблица перехода состояний
state variable переменная состояния
state variable approach подход, использующий переменные состояния системы
state vector вектор состояния
static 1. статический; неподвижный; 2. электростатический заряд
static addressing статическая адресация
static allocation статическое распределение
statically linked статически скомпонованный
static binding раннее связывание; статическое связывание; статическая привязка
static buffer pool статический буферный пул
static characteristic статическая характеристика
static check статический контроль
static conditions статический режим
static constant статическая константа
static control статический управляющий элемент
static CP area статическая область управляющей программы
static cursor статический курсор (в БД)
static data статические данные
static data structure статическая структура данных
static dump распечатка статического состояния памяти; статический дамп
static error статическая ошибка
static expression статическое выражение
static failure статический отказ
static flip-flop статический триггер
static graphics статическая графика
static handling статическая обработка
static image фоновое изображение; статическое изображение
static instability статическая неустойчивость
static level статический уровень
static link статическая связь; статическая связка
static linking статическая компоновка
static-link library статически подключаемая библиотека
static load balancing статическое балансирование нагрузки
static-mapping database базы данных статического преобразования (IP-адресов)
static memory 1. статическая память; 2. статическое запоминающее устройство
static memory allocation статическое распределение памяти
static method статический метод
static patch статическая корректировка
static path статический маршрут
static picture статический рисунок
static print статическая печать
static processing статическая обработка
static RAM статическая память; память с произвольной выборкой
static random access memory статическая память с произвольной выборкой; статическая оперативная память

static routing статическая маршрутизация

static scope статическая область действия; статический контекст; контекст описания

static segment статический сегмент

static storage запоминающее устройство статического типа; статическая память

static storage duration статическая продолжительность хранения

static subroutine статическая подпрограмма

static switching статическая коммутация

static symbol статический идентификатор

static system статическая система

static test статическая проверка; статические испытания

static text статический текст

static variable статическая переменная

station станция; терминал; абонентский пульт; пункт; узел сети; устройство

stationary 1. стационарность; 2. бумага для принтеров; 3. стационарный; несъемный; закрепленный

stationary distribution стационарное распределение

stationary random process стационарный случайный процесс

station asymmetry асимметрия станций

station control block блок управления станцией

station delay задержка станции

station management управление станциями

station manager диспетчер станции (в ЛС)

station number номер станции

station restriction ограничение станции

station selection code код выбор станции

station switching hub концентратор-коммутатор станций

station-to-station между станциями; от станции к станции

statistical статистический

statistical analysis статистический анализ

statistical analysis system система статистического анализа

statistical averaging method метод статистического усреднения

statistical business forecasting software программное обеспечение статистического прогнозирования бизнеса

statistical check статистический контроль

statistical computer компьютер для проведения статистических расчетов

statistical control статистический контроль

statistical databank статистический банк данных

statistical data manipulation статистическая обработка данных

statistical data record запись статистических данных

statistical data recorder регистратор статистических данных

statistical decision статистическое решение

statistical discrimination установление статистического различия

statistical distribution статистическое распределение

statistical equivalence статистическая эквивалентность

statistical error статистическая ошибка

statistical estimation статистическая оценка; статистическое оценивание

statistical functions статистические функции

statistical hypothesis статистическая гипотеза

statistical independence статистическая независимость

statistical inference статистический вывод

statistical measure статистическая оценка

statistical multiplexer статистический мультиплексор; мультиплексор, использующий статистическое мультиплексирование с разделением времени

statistical multiplexing статистическое мультиплексирование; статистическое уплотнение; статистическое мультиплексирование с разделением времени

statistical processing статистическая обработка

statistical records статистическая регистрация

statistical supersampling статистическая избыточная выборка

statistical test 1. статистические испытания; 2. статистический критерий

statistical time-division multiplexing статистическое мультиплексирование с разделением времени; статистическое уплотнение с разделением времени

statistical unsertainty статистическая неопределенность

statistic analysis статистический анализ

statistic information system статистическая информационная система

statistics статистика; статистические данные

statistics collector средство сбора статистики

statistics file файл статистических данных

statistics gathering сбор статистики

statistics page страница статистики

StatMux статистический мультиплексор; мультиплексор, использующий статистическое мультиплексирование с разделением времени

StatTDM статистическое мультиплексирование с разделением времени

status 1. признак; 2. состояние; статус

status bar строка состояния

status bit разряд индикации состояния

status buffer буфер состояния; буфер для хранения информации о состоянии

status byte байт состояния

status code код состояния

status controller block блок состояния контроллера

status data информация о состоянии; данные о состоянии

status dump дамп состояния

status enquiry запрос состояния

status flag флаг состояния

status indicator индикатор состояния

status information информация о состоянии

status information frame фрейм информации о статусе

status key клавиша состояния; клавиша строки состояния

status line строка состояния

status map карта состояний

status message сообщение о состоянии

status monitor protocol протокол мониторинга состояния

status of process состояние процесса

status panel панель состояния

status polling опрос состояния

status register регистр состояния

status report frame кадр сообщения о состоянии

status scan опрос состояния

status screen экран состояния

status signal сигнал состояния

status test проверка состояния

status tracking контроль состояния

status value значение состояния; код состояния

status word слово состояния

stay up оставаться активным

STC стандартный код передачи данных

STD 1. диаграмма переходов состояний; 2. стандарт

STDM синхронное временное мультиплексирование

STDMA множественный доступ с пространственно-временным разделением каналов

STDS система передачи данных через спутник

steady state установившийся режим

steady-state characteristic характеристика установившегося режима

steady-state conditions стационарный режим; установившийся режим

steady-state equation уравнение для установившегося режима

steady-state error установившаяся ошибка; статическая ошибка

stealth virus вирус-»невидимка»; вирус, упаковывающий свое содержимое

steepest ascent algorithm алгоритм крутого восхождения

steepest descent method метод наискорейшего спуска

steep learning curve быстрое обучение; быстрое освоение

steep-sided characteristic характеристика с крутым фронтом; характеристика с крутым срезом

steering circuit управляющая схема

steering program управляющая программа

steganography «стеганография»; защита информации путем записи скрытого кода в участки файлов

stem основной штрих (очка литеры); ножка

stem analysis анализ разветвлений в логической схеме

stem dictionary словарь основ

stemming выделение основы (слова)

stencil шаблон; трафарет

stencil bit разряд задания формата операции

stenography 1. стенография; 2. маскировка информации; представление данных в неочевидной форме

STEP стандарт обмена данными моделей продуктов

step 1. шаг; ступень; 2. этап; стадия; 3. выполнять шаг

step-and-repeat копировально-множительный процесс

step attenuator шаговый аттенюатор

step-by-step 1. по шагам; постепенно; 2. пошаговый

step-by-step approach 1. последовательное приближение; 2. поэтапный метод

step-by-step approximation пошаговое приближение; последовательное приближение

step-by-step calculations пошаговые вычисления; пошаговые расчеты

step-by-step carry поразрядный перенос

step-by-step computation пошаговое вычисление

step-by-step control шаговое регулирование

step-by-step method метод последовательных операций; пошаговый метод; метод последовательного выполнения; метод последовательных приближений; метод последовательных интервалов

step-by-step operation шаговая работа

step-by-step system пошаговая система

step-by-step wizard пошаговый мастер

step change ступенчатое изменение

step control ступенчатое регулирование

step counter счетчик тактов; счетчик циклов

step disturbance скачкообразное возмущение

step frame кадровая ступенька; покадровое перемещение

step-frame recording покадровая запись

step function ступенчатая функция

step into шаг с заходом в процедуры

step into procedures шаги по инструкциям вызываемых процедур

step key клавиша пошагового перемещения курсора

stepless control 1. непрерывное управление; 2. плавное регулирование

step library библиотека шага задания

step mode режим пошагового выполнения

step over шаг с обходом процедур; шаг с обходом вызываемых программ

step over procedures обход инструкций вызываемых процедур

stepped addressing адресация с повторением адреса; адресация с повторением; пошаговая адресация

stepped motor шаговый двигатель

stepping выполнение по шагам; пошаговое выполнение; продвижение по шагам

stepping motor шаговый двигатель

stepping register сдвиговый регистр

stepping tнrough пошаговая отладка

stepping through the statements пошаговое выполнение операторов

step response реакция на ступенчатое возмущение

step restart рестарт шага задания; повторение шага

stepsize размер шага

step-time capture пошаговый захват

step to cursor переход к позиции курсора; до позиции курсора; выполнить до текущей позиции

step width ширина шага

step-wise refinement пошаговое уточнение; поэтапная детализация; поэтапное усовершенствование

stereo file файл со стереозвуком; стереозвуковой файл

stereolithography стереолитография

stereophonic recording стереофоническая запись

stereo sound card звуковая плата со стереозвуком

stereotype стереотип

stereotype situation стереотипная ситуация

stick diagram штриховая диаграмма

sticky bit бит закрепления в памяти

sticky-note-like comment комментарий-наклейка

sticky notes наклейки

stiff equations жесткие уравнения

still image статическое изображение

still-image compression сжатие неподвижных изображений; уплотнение статических изображений

still-image modification модификация неподвижного изображения

stimulus terminal инициирующее терминальное устройство (в ISDN)

STI network сеть научной и технической информации

stint 1. ограничение; предел; граница; 2. урочная работа; (определенная) норма работы

stipple растровое изображение из повторяющихся шаблонов

stitch петли (тип закраски)

STN 1. супертвистированные нематические жидкие кристаллы; 2. супертвистовая нематическая матрица; 3. коммутируемая телефонная сеть; 4. статистическое мультиплексирование; статистическое уплотнение; 5. режим синхронной передачи (данных)

stochastic стохастический; вероятностный

stochastic automaton стохастический автомат

stochastic convergence сходимость по вероятности

stochastic disturbance стохастическое возмущение

stochastic grammar стохастическая грамматика

stochastic linear programming стохастическое линейное программирование

stochastic matrix вероятностная матрица; стохастическая матрица

stochastic model стохастическая модель; вероятностная модель

stochastic modeling стохастическое моделирование; вероятностное моделирование

stochastic problem стохастическая задача

stochastic process стохастический процесс

stochastic programming стохастическое программирование

stochastic ray tracing вероятностная трассировка лучей

stochastic sampling вероятностная выборка

stochastic testing стохастическое тестирование

stochastic variable случайная величина

stochastic screening стохастическое растрирование; частотно-модульное растрирование

stock 1. запас; заготовка; 2. готовый; имеющийся в наличии; 3. инвентарь; ассортимент; 4. основной капитал; фонды

stock accounting учет продаж

stockbroker биржевой маклер

stock brush кисть-заготовка; стандартная кисть

stock card карта с данными о наличии товаров

stock card index складовое расписание; картотека на складе

stock company акционерная компания

stock control контроль уровня запасов

stock GDI object готовый GDI-объект

stock-in-trade 1. запас товаров; 2. арсенал средств

stock-keeping unit карман для бумаги

stock-market фондовая биржа

stock market data данные биржевого рынка; биржевые сводки

stock market pool биржевое объединение

stock market quotes котировки фондового рынка

stock object готовый объект; стандартный объект

stock pen перо-заготовка; стандартное перо

stock quotes биржевые сводки

stock-taking 1. переучет товара; инвентаризация; 2. обзор; оценка; анализ

stock-ticker data биржевые данные; биржевые сводки

stolen cycle захваченный цикл

Stone's code код Стоуна

stop 1. останов; 2. сигнал останова; команда останова; 3. останавливаться; остановить

stop address адрес останова

stop-and-go с остановками

stop-and-go message сообщение, передаваемое с остановками

stop-and-wait protocol протокол с остановкой и ожиданием

stop bit стоповый разряд; стоповый бит; стоп-бит

stop button кнопка останова

stop code код останова

stop element стоповый элемент

stop instruction команда останова

stop key стоп-клавиша; клавиша останова

stop loop 1. цикл останова; 2. ждущий цикл

stopped task остановленная задача

stopper ограничитель; предельная ячейка (отведенной области памяти)

stop sharing прекратить совместное использование; закрыть совместный доступ

stop time время останова

stopwatch контрольный таймер

stopword игнорируемое слово (в запросе поиска)

storage 1. запоминание; 2. память; дисковая память; устройство памяти; запоминающее устройство; накопитель; внешняя память; система хранения данных; 3. хранилище (в OLE); 4. запоминать; хранить

storage access 1. выборка из памяти; 2. обращение к запоминающему устройству

storage access conflict конфликт по обращению к памяти

storage address 1. адрес ячейки памяти; 2. адрес блока запоминающего устройства

storage allocation распределение памяти (на диске)

storage area область данных; область памяти; участок памяти

storage bay отсек накопителя

storage bit бит памяти

storage block 1. блок запоминающего устройства; 2. блок данных в запоминающем устройстве; блок памяти

storage budgets ресурсы памяти

storage capacity 1. емкость запоминающего устройства; 2. емкость памяти; объем памяти

storage cell ячейка запоминающего устройства; запоминающая ячейка

storage channel канал с памятью

storage charges плата за хранение

storage circuit запоминающая схема; запоминающая ячейка

storage class класс памяти

storage-class specifiers спецификаторы классов памяти

storage-communications technology технология коммуникаций с системами хранения данных

storage contents содержимое памяти

storage control запоминающее устройство

storage controller контроллер внешней памяти

storage control unit блок управления ЗУ; устройство управления памятью

storage counter накопительный счетчик

storage density плотность размещения информации на запоминающем устройстве

storage device устройство хранения данных; запоминающее устройство; устройство памяти

storage disk диск запоминающего устройства

storage dispatcher диспетчер памяти

storage duration продолжительность хранения

storage element запоминающий элемент

storage expansion kit комплект для увеличения объема дисковой памяти ПК

storage fragmentation фрагментация памяти

storage function функция хранения

storage hierarchy иерархия запоминающих устройств; иерархия памяти

storage humidity допустимая влажность при хранении

storage image дубликат содержимого памяти

storage-in bus входная шина запоминающего устройства

storage integrator интегратор с памятью

storage interference конфликт при обращении к памяти

storage key 1. ключ хранения; 2. ключ защиты памяти; ключ памяти

storage light индикатор запоминающего устройства

storage-limited ограниченный возможностями запоминающего устройства

storage location адрес; ячейка памяти

storage-logic array матрица логических и запоминающих элементов

storage management управление памятью; управление запоминающими устройствами

storage management engine механизм управления запоминающими устройствами

storage management services сервис управления хранением данных; служба управления запоминающими устройствами

storage management software программное обеспечение управления устройствами хранения данных

storage management system система управления запоминающими устройствами; система управления памятью

storage manager администратор хранения данных; диспетчер памяти

storage map карта памяти; схема распределения памяти

storage medium носитель данных; запоминающая среда; среда для хранения информации

storage module модуль памяти

storage network сеть хранения данных

storage object объект в памяти

storage of text хранение текста

storage pool динамически распределяемая память; динамическая область памяти; динамически распределяемая область памяти; пул памяти

storage problem задача о хранении

storage protection защита памяти

storage protection key ключ защиты памяти
storage reconfiguration реконфигурация памяти
storage refresh cycle цикл обновления памяти
storage regeneration обновление памяти
storage register 1. регистр запоминающего устройства; 2. регистр хранения; запоминающий регистр
storage request запрос памяти
storage requirements потребности в памяти
storage scan просмотр ячеек памяти
storage scheduler планировщик памяти
storage scheme схема хранения
storage-selection circuit 1. схема выбора ячейки запоминающего устройства; 2. схема выбора запоминающего устройства
storage server сервер хранения данных
storage size емкость запоминающего устройства
storage space пространство памяти
storage structure структура представления в памяти; представление данных в памяти; структура хранения данных
storage subsystem подсистема хранения данных
storage system система хранения данных
storage technology технология хранения информации; технология хранения данных; технология накопителей
storage temperature допустимая температура хранения
storage time время запоминания; время хранения данных
storage-to-immediate operand instruction команда формата «память-непосредственный операнд»
storage-to-storage instruction команда типа «память-память»; команда формата «память-память»
storage unit 1. единица памяти; 2. запоминающее устройство
storage zone зона апоминающего устройства
store 1. запоминающее устройство; память; 2. запас; склад; 3. банк сообщений; 4. вводить в память; запоминать; хранить; записывать; накапливать; помещать
store address адрес хранения
store allocation распределение памяти
store-and-forward с промежуточной буферизацией; с промежуточным хранением
store-and-forward block блок, передаваемый с промежуточным хранением
store-and-forward mode режим передачи с запоминанием; режим передачи с промежуточным хранением
store-and-forward switching коммутация с буферизацией пакетов; коммутация с промежуточным хранением пакетов
store-and-forward switching center коммутационный центр с промежуточным буфером; коммутатор с буфером
store-and-forward transfer передача с промежуточным накоплением; передача с промежуточным хранением
store-and-forward transmission передача с промежуточным накоплением; передача с буферизацией; передача данных с промежуточным хранением
store area область памяти
store bank банк памяти
store cell ячейка памяти
store circuit запоминающая схема
store class класс памяти
store cleaning стирание памяти
store cycle цикл работы запоминающего устройства
stored algorithm «зашитый» алгоритм
stored carry запоминаемый перенос
stored data запомненные данные; запоминаемые данные; хранимые данные
stored display хранимое изображение
stored error накопленная ошибка

stored function хранимая функция
stored information хранимая информация
stored logic хранимая логика; «запаянная» логика
stored package хранимый пакет
stored procedure хранимая процедура
stored procedure language язык хранимых процедур
stored program запомненная программа; введенная в память программа; хранимая программа
store element запоминающий элемент; элемент памяти
store erasing стирание памяти
storefront электронная витрина; электронный магазин
storefront software программное обеспечение проектирования «электронного магазина»; программное обеспечение для электронной торговли
store information хранимая информация
store key ключ памяти
store login сохранить подключение (в Access)
store map таблица распределения памяти
store mechanism механизм памяти
store modification модификация памяти
store organization организация памяти
store protection защита памяти
store protection key ключ защиты памяти
store regeneration восстановление информации в памяти; регенерация памяти
store register регистр памяти
store reservation резервирование памяти
store search register регистр адреса памяти
store size объем памяти
store snapshot распечатка памяти; «снимок» памяти
store space formula формула распределения памяти
store system система памяти
store technique техника хранения информации
store unit блок памяти
store write instruction команда записи в память
store zone область памяти; зона памяти
storing запоминание
story область
stowage уплотнение; упаковка (файлов)
stowage factor коэффициент уплотнения (архивируемого файла)
STP 1. экранированная витая пара; 2. синхронное приемопередающее устройство; 3. пункт передачи сигнала; точка передачи сигнала; 4. программа тестирования ПО
STR синхронный приемопередатчик
straight binary code прямой двоичный код
straightening выпрямление; правка; выравнивание по базовой линии
straightening an image выравнивание изображения (по базовой линии)
straightforward прямой; простой; непосредственный
straight-line code программа без циклов; линейный участок программы
straight-line coding бесцикловое кодирование; программирование без циклов; программирование линейных участков программы
straight lines прямые линии
straight quotes прямые кавычки
straight selection sorting сортировка методом простого выбора
straight text обычный текст
stranded conductor многожильный кабель; многожильный провод
stranded-core wire провод с многожильным проводником
strap полоска; планка

S

Strassen algorithm алгоритм Страссена

strategic game стратегическая игра

strategic project стратегическое планирование

strategy алгоритм; стратегия; ведение операций; методология; методика; поведение

strategy address адрес драйвера программы стратегии

strategy for a program стратегия для программы

strategy game стратегическая игра

strategy routine драйвер устройства

stratification стратификация

stratified language стратифицированный язык

stratum 1. уровень докомпозиции; 2. слой; пласт

stray 1. побочный; паразитный; 2. заблуждаться

stray keystroke случайное нажатие клавиши

stray parameter паразитный параметр

stream 1. поток; течение; 2. потоковый 3. работать в инерционном режиме

streamable object потоковый объект

stream-based communications потоковые коммуникации

stream cipher поточное шифрование

stream communication потоковое взаимодействие

stream editor потоковый редактор

stream encryption поточное шифрование

streamer запоминающее устройство на магнитной ленте; стример

stream file library библиотека операций с потоками

stream functions потоковые функции

streaming audio потоковое воспроизведение звука

streaming audio technology потоковые аудиотехнологии

streaming media потоковое мультимедиа

streaming mode потоковый режим

streaming protocol протокол поточной передачи

streaming tape стример; бегущая лента; стримерная лента

streaming tape backup 1. стример; 2. дублирование данных на стримерную ленту

streaming tape transport инерционный лентопротяжный механизм

streaming video потоковое видео

stream input потоковый ввод

stream input/output ввод-вывод потока данных; потоковый ввод-вывод

stream interface потоковый интерфейс

streamlined модернизированный; усовершенствованный; хорошо налаженный

streamlined-instruction set computer компьютер с рациональным набором команд; компьютер с SISC архитектурой

stream manager администратор потоков

stream methods правила для операций с потоками

stream object потоковый объект

stream of information информационный поток; поток информации

stream operators операции с потоками

stream-oriented device потоковое устройство

stream output потоковый вывод

stream output function функция потокового вывода

stream pointer указатель потока

Stream Protocol потоковый протокол

stream registration регистрация потока

STREAMS interface интерфейс STREAMS

stream transfer передача потоком

street price реальная розничная цена

strength 1. сила; мощность; 2. интенсивность; насыщенность

strength of color set насыщенность цветовых тонов

stress усилие; нагрузка; напряжение; воздействие

stress test нагрузочные испытания; тестирование с возрастающей нагрузкой

stress testing нагрузочные испытания; тестирование с возрастающей нагрузкой

stretch 1. растяжение; растягивание; 2. растягивать; вытягивать

stretching растягивание; растяжение

stretching mode режим растяжения; режим растягивания изображения

stretchtext link связь-расширение текста (для гипертекстовых документов)

stretch to corners растягивать до углов

strict строгий; точный; определенный

strict implication строгая импликация

strict inequality строгое неравенство

strictly строго; точно; определенно

strictly conforming program программа, строго удовлетворяющая требованиям; строго адекватная программа

strictly structured control flow жестко структурированная управляющая логика

strict queue discipline обслуживание в порядке поступления

strict type checking строгий контроль типов

stride шаг по индексу

strike 1. удар; 2. ударять; нажимать

strikeout 1. зачеркивание; 2. зачеркнутый (шрифт)

strike out вычеркивать

strikethrough перечеркнутый (шрифт)

strike through перечеркивать

striking hammer печатающий молоточек

string 1. строка; 2. последовательность; 3. вектор-строка; цепочка

string bracket строковая скобка

string collection строковая коллекция

string constant строковая константа

string conversion functions функции преобразования строк

string data строковые данные; данные типа строки

string descriptor дескриптор строки

string designation запись строки

string device строчно-ориентированное устройство; устройство ввода строк

string function строковая функция

string handling операции со строками символов

string identifier строковый идентификатор

string index номер символа в строке

string item строковый элемент

string length длина строки

string literal строковая литеральная константа; строковый литерал

string manipulation работа со строками; построчная обработка; обработка строк; операции над строками

string matching сопоставление строк; сравнение строк

string operation строковая операция

string parameter строковый параметр

string pointer указатель на строку

string segment сегмент символьной строки

string type строковый тип

string variable строковая переменная; переменная строкового типа

strip полоса; полоска

strip chart регистрирующая бумажная лента

strip code штриховой код; полосковый код

stripe set набор с чередованием; том, распределенный по дискам массива

striping 1. чередование (данных на дисках); параллельная запись на диски; распределение данных (по устройствам дискового или ленточного массива); распределение порций данных между различными накопителями; 2. подчеркивание

striping tool инструмент для зачистки кабеля
striping with parity чередование с контролем четности
strip off вырезать; удалять из текста
stroke 1. штрих; черта; 2. элемент; 3. ход; 4. нажатие; 5. обвод по контуру
stroke and fill контур и заливка
stroke centerline средняя линия штриха; центральная линия штриха
stroke character font штриховой шрифт; векторный шрифт
stroke character generator штриховой генератор символов; генератор штриховых знаков
stroke collection вычерчивание линий
stroked character штриховой знак
stroked character generator штриховой генератор символов
stroke device устройство ввода последовательности позиций; устройство ввода массива позиций
stroked font штриховой шрифт; векторный шрифт
stroke edge граница штриха; край штриха
stroke method штриховой метод
stroke weight жирность (шрифта)
strong строгий; сильный; ясный; определенный
strong affinity сильная привязка (задач к процессору)
strong approximation строгое приближение
strong context сильный контекст
strong cryptography сильная криптография
strong key стойкий ключ
strong lockout полная блокировка
strongly coerced сильно приведенный
strongly connected сильно связанный
strongly connected graph сильно связанный граф
strongly consistent data строго согласованные данные
strongly generate порождать в узком смысле
strongly-typed language язык со строгим контролем типов
strong typing строгий контроль типов
str prefix префикс str
structural структурный
structural analysis структурный анализ
structural automaton структурный автомат
structural coding construct конструкция структурного кодирования; конструкция структурного программирования
structural complexity сложность структуры
structural constant логическая связка
structural decomposition структурная декомпозиция
structural description структурное описание
structural estimation структурное оценивание
structural expression структурное выражение
structural feature 1. особенность структуры; структурная особенность; 2. возможности структурирования
structurally equivalent структурно эквивалентный
structural synthesis структурный синтез
structural variable структурная переменная
structure 1. структура; строение; 2. конструкция; устройство
structure analyzer анализатор структуры
structure array массив структур
structure chart структурная схема
structure copying копирование структуры
structured структурный; структурированный
structured analysis структурный анализ
structured analysis and design technique методология структурного анализа и проектирования; технология структурного анализа и проектирования
structured cabling system структурированная кабельная система; структурированная кабельная сеть
structured coding структурное программирование
structured command структурированная команда
structured constant структурная константа

structured data структурированные данные
structured data file структурированный файл данных
structured data model структурная модель данных
structured design структурное проектирование
structured directory format структурированный формат каталога
structured exception handling структурная обработка исключений; структурированная обработка исключительных ситуаций
structured field структурированное поле
structured program структурированная программа
structured program language структурированный язык программирования
structured programming структурное программирование
structured schematic editor структурный редактор схем
structured system analysis структурный системный анализ
structured type структурный тип
structured walkthrough сквозной структурированный контроль
structured wiring system структурированная система кабельной разводки
structure expression выражение со структурами
structure flowchart структурная блок-схема; укрупненная блок-схема
structure handling манипулирование структурами данных
structure mapping отображение структур
structure of digits структура цифр
structure of field структура поля
structure of management information структура управляющей информации
structure redundancy структурная избыточность
structure tag имя типа структуры; тег структуры
structure/union name space пространство имен членов структур или объединений
structuring структуризация; структурирование
structuring facilities средства структурирования
STS разрешение на передачу
STT механизм электронных платежей; технология безопасных транзакций; технология защиты транзакций; технология надежных транзакций
stub «заглушка»; пустая подпрограмма; фиктивный модуль
stub card карта с отрывным корешком; карта с отрывным ярлыком
stub procedure фиктивная процедура
stuck-at константный
stuck-at fault ошибка типа залипания контактов
Student's distribution распределение Стьюдента; t-распределение
study анализ; исследование; изучение; область науки; научная работа
study guide учебное руководство
stuff 1. заполнитель; начинка; 2. сущность; суть
stuffed file архивированный файл; файл, преобразованный в архивный формат
stuffing подстановка; вставка; заполнение
stunt box вспомогательный блок; неосновной блок
STX начало текста; символ начала текста
style 1. стиль; тип; вид; начертание; 2. стилевой
style bits биты стиля
style definition определение стиля; набор описаний параметров стиля
styled font стилизованный шрифт
styled line стилизованная линия; линия с назначенным ей стилем
styled pen перо, рисующее стилизованную линию
style guide руководство по стилю оформления

S

style library библиотека стилей
style list список стилей
style of control's borderline стиль линии границы элемента управления
style of new object стиль нового объекта
stylesheet таблица стилей; стилевой файл; таблица характеристик шрифтов и форматов; стилевое оформление
style sheets стили
style sheets palette палитра стилей
style template шаблон стилей
styling стилизованное оформление текста
stylistic formating форматирование текста с применением стилей; форматирование с использованием стилей
stylus 1. копир; 2. перо; 3. резец
stylus printer матричный принтер с игольчатой головкой
SUB подстановка
subaddress субадрес
subalbum раздел альбома
suballocated block вторично распределенный блок
suballocation выделение подблоков; подвыделение; вторичное распределение
subarea подобласть
subband codec кодек с многополосным кодированием
subblock подблок
sub brances подветви
subcarrier 1. поднесущая; 2. цветовая поднесущая
sub-category подкатегория
subchannel 1. подканал; 2. канал поднесущей (радио)
subclass подкласс
subclass object объект подкласса
subcode channel субкод канала
subcommand подкоманда; подоперация; команда подсистемы
subcommand index индекс подкоманды
subcommittee подкомитет
subcomponent подкомпонент
subcycle подцикл
subdescriptor поддескриптор
subdialog подокно диалогового окна; дочернее окно диалога; дочернее диалоговое окно
subdialog box подокно диалогового окна; дочернее окно диалога; дочернее диалоговое окно
subdirectory подкаталог
subdisk поддиск
subdivide подразделять
subdivision 1. подраздел; 2. подразделение; 3. разбиение
subdocument вложенный документ
subdomain поддомен
subentry подчиненный элемент; подстатья
sub-entry model модель самого нижнего уровня
subexchange телефонная подстанция
subexpression вторичное выражение; вложенное выражение; подвыражение
subfield подполе
subfile подфайл
subfolder вложенная папка; подпапка; папка в папке
subform datasheet таблица подчиненной формы
subform/subreport control элемент управления «подчиненная форма/отчет»
subframe подкадр; субфрейм
subfunction подфункция
subgraph подграф
subgroup подгруппа
subheader подзаголовок
subheading подзаголовок
subimage фрагмент изображения; часть изображения
subinstruction подкоманда

subject 1. тема; предмет; вопрос; 2. субъект; 3. подчиненный; подлежащий
subject area предметная область
subject catalog тематический каталог
subject directory тематический каталог (информации в Web)
subjective probability субъективная вероятность
subject line строка темы (в электронной почте)
subject profile method метод ключевых слов; метод предметных сечений
subject sensitivity labels метки, критичные к субъекту
subjugation подчинение
sublanguage подъязык
sublayer подуровень
sublist подсписок
submatrix подматрица
submenu подменю
subminiature computer сверхминиатюрный компьютер
submission 1. подчинение; 2. представление; подача документов; 3. приписывание
submit 1. запустить; инициализировать выполнение; 2. предъявлять на рассмотрение
submit a file вставить файл в очередь
submit field поле адресата
submit image field поле изображения адресата
submode подрежим
submodel подмодель
submodular phase подмодульная фаза
subnet 1. подсеть; 2. подсетевой; 3. разбивать на подсети; выделять подсеть
subnet ID идентификатор подсети
subnet mask маска подсети
subnetting выделение подсети; разбиение на подсети
subnetwork подсеть; фрагмент сети
Subnetwork Access Protocol протокол доступа к подсетям
subnetwork mask маска подсети
subnetwork sharing разделение сети на подсети
subnotebook субблокнотный ПК; субблокнотный компьютер; субблокнот
subnotebook computer субблокнотный ПК; субблокнотный компьютер; субблокнот
subnotion подпонятие; видовое понятие
subnumber дополнительный шифр
sub-Nyquist sampling подвыборка Найквиста
sub-object подобъект; дочерний объект; объект, входящий в состав другого объекта
suboptimisation субоптимизация
suboption подопция
subordinate reference ссылка на подчиненный раздел; подчиненная ссылка
subordinate reference replica справочная тиражируемая копия подчиненных разделов; справочная подчиненная реплика
subordinate replica подчиненная реплика; подчиненная тиражируемая копия
subparameter подпараметр
subpath внутренний контур
subpicture элемент рисунка; фрагмент рисунка
subpool подпул
subpool queue element элемент очереди подпулов
subprocedure процедура-подпрограмма
subprocess подпроцесс; подчиненный процесс
subproduct промежуточный результат
subprogram подпрограмма
subproject фрагмент проекта; подпроект
subquery подзапрос; подчиненный запрос
subrange поддиапазон

subrange-type тип-диапазон
subrecursive hierarchy подрекурсивная иерархия
subregion подобласть
subroutine подпрограмма
subroutine bug ошибка в подпрограмме
subroutine call вызов подпрограммы; обращение к подпрограмме
subroutine declaration описание подпрограммы
subroutine jump переход к подпрограмме
subroutine library библиотека подпрограмм; библиотека стандартных подпрограмм
subroutine library method метод библиотечных подпрограмм
subroutine linkage компоновка подпрограмм
subroutine return address адрес возврата из подпрограммы
subrun подпроцесс
subsampling подквантование
subschema подсхема
subscractive color system система субтрактивного синтеза цветов
subscreen подэкран; часть экрана
subscriber абонент; пользователь; абонент телеобработки данных; удаленный абонент; подписчик
subscriber channel абонентский канал
subscriber computer абонентский компьютер
subscriber interface unit абонентское устройство сопряжения
subscriber line абонентская линия
subscriber line terminal терминал абонентской линии
subscriber list абонентский список
subscriber loop абонентская линия; абонентский шлейф
subscriber organization абонентская организация
subscriber subsystem абонентская подсистема
subscriber system абонентская система
subscriber table абонентская таблица
subscriber terminal абонентский пункт; терминал абонента
subscriber-to-net interface интерфейс абонент/сеть
subscribing подписка
subscribing site узел-подписчик
subscribing wisard «мастер» подписки
subscript 1. индекс; нижний индекс; 2. подстрочный
subscript bound граница индекса; предельное значение индекса
subscript boundary граница индекса
subscript bracket индексная скобка
subscripted name индексированное имя
subscripted qualified name индексированное составное имя
subscripted variable индексированная переменная; переменная с индексами
subscript expression выражение с индексами; индексное выражение
subscription подписка
subscript list список индексов
subscript operator операция индексирования; знак операции индексирования
subscript quantity индексная величина
subsemigroup подполугруппа
subsequence подпоследовательность
subsequent последующий; следующий
subsequent instruction следующая команда
subset подмножество
subset module модуль подмножества
subshader субфактура
subshell подоболочка; дочерний командный процессор
subsidiary deduction вспомогательный вывод
subsidy publishing издание за счет средств автора
subsplit разделенный на две неравные части
subsrciber database БД-подписчик; подписная база данных

substance сущность; суть; содержание; материя; субстанция
substantive input ввод большого массива данных
substitute 1. заменять; 2. замененный
substitute character символ замены
substituted method of operation режим работы с подстановкой
substituted mode of operation режим работы с подстановкой
substitute for variable подставить вместо переменной
substitute item элемент замены
substitute mode режим подстановки
substitution замена; замещение; подстановка
substitution box блок подстановки
substitution cipher подстановочный шифр
substitution point точка подстановки
substitution rule правило подстановки
substitution statement оператор подстановки
substorage вторичное хранилище (в OLE)
substractive mask mode режим вычитания выделения; субстрактивный режим (в графических пакетах)
substrate holder подложкодержатель
substring подстрока; часть строки
substring identifier идентификатор подстроки
substructure подструктура; субструктура
subsystem подсистема; часть системы; системный компонент
subsystem interface интерфейс подсистемы
subsystem optimization оптимизация подсистемы
subtask подзадача
subtitle подзаголовок
subtle error неочевидная ошибка; неявная ошибка
subtotal промежуточная сумма; промежуточный итог; подсумма
subtotalling промежуточное суммирование
subtract вычитать
subtract counter вычитающий счетчик
subtracter схема вычитания; блок вычитания; вычитатель
subtraction вычитание
subtraction assignment operator операция вычитания и присваивания
subtraction circuit схема вычитания
subtraction operator операция вычитания; знак операции вычитания
subtractive субтрактивная
subtractive colors субтрактивные цвета
subtractor вычитающее устройство; вычитатель
subtrahend вычитаемое
subtree поддерево
subtree key ключ поддерева
subtype подтип
subtype modeling моделирование подтипов
subtyping выделение подтипа; порождение подтипа
subunit 1. подэлемент; подблок; субблок; 2. элемент блока; элемент узла; сборочная единица; 3. элементарный пучок кабеля
subview 1. деталь видимого элемента; видимый подэлемент; отображаемый подэлемент; 2. часть представления данных; подмножество представляемых данных
subvoice-grade channel канал подтональной частоты
subwindow подокно
subwoofer саббас; низкочастотный динамик
succeed 1. следовать за; 2. достигать цели; иметь успех; 3. наследовать
success удачное завершение
success factor фактор успеха
successful успешный; удачный
successfully успешно

S

succession of phases последовательность чередования фаз; порядок чередования фаз

successive approximation 1. последовательное приближение; 2. последующее приближение

successive carry последовательный перенос

successive cycles последовательные циклы

successor преемник; наследник; последующий элемент

successor function функция упорядочения; функция следования

SUDS служба обновления и распространения программного обеспечения; система обновления и распространения программного обеспечения

suffer страдать; нарушаться

suffixing суффиксация

suffucient condition достаточное условие

suggested рекомендуемый; предлагаемый

suggested hyphenation предлагаемый перенос

suggested price цена, рекомендуемая изготовителем

suggested retail price предполагаемая розничная цена

suggestion 1. рекомендация; 2. вариант

suit 1. удовлетворять требованиям; годиться; подходить; соответствовать; 2. набор; комплект; 3. стек (протоколов)

suitability пригодность; соответствие

suitable подходящий; годный

sum 1. сумма; итог; 2. складывать; суммировать

sum check проверка на сумму; проверка по сумме; контроль суммированием

sumcheck контрольная сумма

sum digit разряд суммы

summarize суммировать; подводить итог; резюмировать

summary 1. итог; сумма; 2. заключительный раздел; заключение; резюме; конспект; сводка; информационная сводка; итоговая информация

summary billing выписка итоговых счетов

summary column итоговая колонка; колонка суммы

summary counter накапливающий счетчик

summary error суммарная ошибка

summary field итоговое поле

summary function функция подсчета итога

summary information информационная сводка; итоговая информация

summary operator итоговая операция

summary record match подходящая итоговая запись

summary report итоговый отчет

summation суммирование; подытоживание

summation check проверка суммированием; контроль суммированием

summation formula формула суммирования

summation instrument суммирующий прибор

summator сумматор

summing integrator суммирующий интегратор

summing junction суммирующее соединение

summing unit суммирующий блок

summon вызывать

sumption большая посылка

sumstat накопленная статистика; совокупность статистических данных

sum term дизъюнктивный член

sunk cost невозместимые издержки

sunken утопленный

sunken button утопленная кнопка

sunken grid «утопленная» сетка

sunlight filtering фильтрация солнечного света

superblock суперблок; системный блок; управляющая информация файловой системы (в UNIX)

super cell суперэлемент; суперячейка

superclass суперкласс; базовый класс

supercompact element сверхкомпактный элемент

super compress режим сверхсжатия

supercomputer супер-ЭВМ; суперкомпьютер; сверхбольшая ЭВМ

supercomputing организация вычислений на супер-ЭВМ

superconducting loop сверхпроводящий контур

superconducting memory сверхпроводниковая память

superconducting technology сверхпроводниковая технология

superdense list сверхплотный список

superdescriptor супердескриптор

super-fast сверхбыстрый

superfine cover плотная раскатка (в графических пакетах)

superfluous information избыточная информация

superframe суперфрейм

supergroup 1. вторичная группа каналов; 2. сверхгруппа

super-high aperture сверхвысокая апертура

superhigh frequency сверхвысокая частота

super-high-level language язык сверхвысокого уровня

super high resolution card плата сверхвысокой разрешающей способности; видеоадаптер SHRC

superhigh-speed computer сверхбыстродействующая вычислительная машина

superimpose 1. размещение объекта с прозрачными областями поверх другого объекта; 2. накладывать

superimposed coding суперпозиционное кодирование

superimposed coding method суперпозиционный метод кодирования

superimposed encoding суперпозиционное кодирование

superimposed encoding method суперпозиционный метод кодирования

super inference machine супермашина логического вывода

superintendent руководитель; управляющий; надзирающий

superior высший; старший; верхний

superkey сверхключ

superlight notebook субблокнот

super-nudge ускоренное перемещение (с заданным шагом); ускоренное перемещение клавишами курсора

superordinate concept понятие более высокого уровня; видовое понятие; видовой концепт

superparallel architecture суперпараллельная архитектура

superpersonal computer ПК большой мощности; персональный компьютер расширенных возможностей

superpipelining суперконвейеризация; технология конвейерной обработки команд

superposed magnetization подмагничивание

superposition 1. суперпозиция; 2. совмещение; наложение

superprogram суперпрограмма

superproject основной проект

super-reliable высоконадежный

super-resolution сверхвысокое разрешение

supersampling избыточная выборка

superscalar architecture суперскалярная архитектура

superscalar processor суперскалярный процессор

superschema суперсхема

superscript 1. верхний индекс; показатель; 2. надстрочный

superscript mode режим печати верхних индексов

superscript position расположение символов выше позиций строки текста

supersede заменять; вытеснять; перекрывать

superserver суперсервер

superset 1. надмножество; расширенное множество; 2. расширенный комплект; расширенный набор; 3. расширенный вариант; расширенная версия

supersonic delay line сверхзвуковая линия задержки

superstation рабочая станция на основе суперкомпьютера

supertwisted-nematic супертвистированные нематические (жидкие кристаллы)

supertwisted nematic/simple matrix супертвистовая нематическая матрица

supertype супертип

superuser привилегированный пользователь; «суперпользователь»

super VGA комбинированная система для стандарта VGA; супер VGA

Super Video Home System супер-VHS

supervise наблюдать; контролировать; руководить

supervision наблюдение; управление; контроль

supervisor 1. супервизор; диспетчер; управляющая программа; 2. привилегированный пользователь; главный администратор

supervisor actors акторы супервизора

supervisor call обращение к операционной системе; вызов супервизора

supervisor-call interrupt прерывание по обращению к супервизору

supervisor equivalent эквивалент супервизора

supervisor interrupt прерывание по обращению к супервизору

supervisor mode привилегированный режим; режим супервизора

supervisor queue area область очередей супервизора

supervisor request block блок вызова супервизора

supervisor resident резидент операционной системы

supervisor right право «супервизор»

supervisor sequence супервизорная последовательность

supervisor state состояние «супервизор»; режим супервизора

supervisory администраторский

supervisory computer машина-диспетчер; координирующая машина

supervisory console диспетчерский пульт

supervisory control 1. диспетчерское управление; диспетчерский контроль; 2. управление в супервизорном режиме

supervisory equipment контрольная аппаратура

supervisory keyboard центральный пульт управления; диспетчерский пульт

supervisory program супервизор; управляющая программа

supervisory program simulation моделирование управляющей программы

supervisory signals контрольные сигналы

supervoltage перенапряжение; сверхвысокое напряжение

supplement 1. дополнение; добавление; приложение; 2. добавлять; дополнять

supplemental information дополнительная информация

supplemental window дополнительное окно

supplementary angle дополнительный угол

supplementary maintenance обслуживание по модификации и усовершенствованию системы

supplementary maintenence time дополнительное время обслуживания

supplier поставщик; источник снабжения

supply 1. снабжение; поставка; 2. подача; подвод; 3. питание; электропитание; электроснабжение; 4. источник питания; блок питания; устройство питания; 5. запас; общее количество; 6. подводить электропитание; снабжать электроэнергией; 7. поставлять; снабжать

supply chain management управление поставками; управление цепочкой процессов, обеспечивающих выпуск продукции

supply line шина питания

supply unit блок питания

supply voltage номинальное напряжение

support 1. поддержка; опора; 2. обеспечение; средства обеспечения; 3. поддерживать; сопровождать; 4. служебный; вспомогательный; инструментальный

support chip микросхема поддержки; микросхема обслуживания

support computer инструментальная ЭВМ

supported connections поддерживаемые соединения

supported services поддерживаемый сервис

supported typeface поддерживаемый шрифт

support environment среда поддержки; средства поддержки

support equipment вспомогательное оборудование

support expert system инструментальная экспертная система

support file файл поддержки

support function функция поддержки

support information информация поддержки

supporting spreadsheet поддерживающая электронная таблица; вспомогательная электронная таблица; служебная электронная таблица

supporting system вспомогательная система; поддерживающая система

support level уровень поддержки

support microprocessor вспомогательный микропроцессор

support program служебная программа; вспомогательная программа

support software инструментальное программное обеспечение

support staff персонал поддержки; сотрудники службы поддержки

support system исполняющая система; административная система; система разработки

support transformation инструментальная трансформация

suppose предполагать; допускать; полагать

suppress подавлять; запрещать; гасить

suppress an output подавить вывод

suppressed exception заблокированная исключительная ситуация

suppressing of repeating values подавление повторяющихся значений

suppression гашение; подавление

suppression filter режекторный фильтр; заграждающий фильтр

suppress length indicator индикатор подавления длины

suppressor подавитель

suppress output подавить вывод

suppress printout не печатать

sure верный; надежный; безопасный; достоверный

sure event достоверное событие

SURF быстрое поверхностное плавление

surface 1. поверхность; плоскость; 2. поверхностный

surface analysis анализ состояния поверхности носителя

surface chart диаграмма поверхности

surface conductance поверхностная проводимость

surface coordinate координаты поверхности

surface element элемент поверхности

surface fidelity точность воспроизведения поверхности

surface grammar поверхностная грамматика

surface integral поверхностный интеграл

surface mail обычная почта (не электронная)

surface mapping поверхностное наложение

surface model поверхностная модель; трехмерная модель, полученная с помощью поверхностей

surface modeling моделирования поверхностей; построение модели трехмерного тела с помощью поверхностей

surface-mounted board плата с поверхностным монтажом; плата с монтажом на поверхности

S

surface normal нормаль поверхности; нормаль
surface of a solid поверхность фигуры; поверхность трехмерного тела
surface rapid fusing быстрое поверхностное плавление
surface reflectance коэффициент отражения света поверхностью; отражающая способность поверхности
surface structure поверхностная структура
surface test тест поверхности
surface testing тестирование поверхности
surfing исследование Internet
surge бросок; выброс напряжения; перенапряжение; кратковременное повышение напряжения сети
surge current ток перегрузки
surge protector устройство защиты от бросков напряжения
surge suppressor ограничитель перенапряжений; средство защиты оборудования от бросков электропитания
surname фамилия
surpass превосходить; превышать
surplus 1. излишек; 2. остаток; 3. избыточный; добавочный
surprising удивительный; неожиданный
surrogate 1. суррогат; 2. идентификатор объекта; 3. замещать; замещать
surrogate key суррогатный ключ
surrogate travel имитированное путешествие; моделирование физического перемещения
surround окружать
surround sound system система амбиофонического звучания; система объемного звучания; система «звук вокруг»
surveillance 1. надзор; ревизия; 2. идентификация; подтверждения права доступа
surveillance program программа контроля доступа
survey 1. обзор; исследование; изыскание; наблюдение; осмотр; 2. обозревать; обследовать
survey information обзорная информация
surveyor's units геодезические единицы
survivability живучесть
survivable communication integration system коммуникационная интегральная сеть повышенной «живучести»
survivable network сеть с повышенной «живучестью»
survivable system «живучая» система
survival живучесть; долговечность
survival analysis анализ долговечности
survival guide «руководство по выживанию»; практические советы для освоения системы
survival probability вероятность долговечности
survive сохранять работоспособность; выживать
SUS единая спецификация UNIX
susceptibility восприимчивость
suspect предполагать; сомневаться; подозревать
suspect data подозрительные данные; данные, подвергаемые сомнению
suspectibility уязвимость
suspect routine подозрительная программа
suspend приостанавливать; откладывать; переводить в состояние ожидания
suspended program приостановленная программа
suspended state состояние ожидания; остановленное ожидание
suspended task остановленная задача
suspend lock отсроченная блокировка
suspension подвешивание; приостановка; зависание
suspicious подозрительный
sustainable cell rate нормальная скорость передачи (ячеек ATM)

sustain color сохранять цвет
sustained fault устойчивое повреждение
sustained performance усредненная производительность; производительность за длительный промежуток времени
sustained rate усредненная скорость (передачи данных)
SUUG Ассоциация пользователей ОС UNIX
SVC 1. коммутируемый виртуальный канал; коммутируемое виртуальное соединение; 3. обращение к супервизору; 4. регулятор громкости; ручка настройки громкости динамика
SVC interruption прерывание при обращении к супервизору
SVC-program супервизорная программа
SVC routine программа обработки прерываний по обращению к супервизору
SVD одновременная передача речи и данных
SVGA супервидеографическая матрица; стандарт супер-VGA
SVGA superset супернабор SVGA; набор микросхем для реализации адаптера SVGA
SVHS супер-VHS
SVID определение интерфейса System V
S-Video разделенное видео; стандарт S-Video
SVN номер верификации абонента
SVPN защищенная виртуальная частная сеть
SW 1. программное обеспечение; 2. переключатель; блок переключателей
SWA рабочая область планировщика
swab помазок (графический инструмент)
swap 1. перестановка; 2. свопинг; обмен; подкачка; 3. свопинговый; 4. выполнять свопинг; подкачивать; 5. переставлять; менять местами
swap allocation unit устройство для свопинга
swap area область подкачки; область выгрузки программ; область сохранения; область свопинга
swap colors поменять цвета
swap data set набор пересылаемых данных; набор данных свопинга
swap data set control block блок управления набором данных свопинга; блок управления набором пересылаемых данных
swap device устройство свопинга
swap disk диск файла подкачки; диск подкачки; диск страничного обмена
swap file файл свопинга; область свопинга; область выгрузки программ; файл страничного обмена; файл подкачки
swap file available резерв файла подкачки
swap file limit предел файла подкачки
swap file setting режим файла свопинга; режим файла подкачки
swap-file size размер файла свопинга; размер файла подкачки
swap file usage заполнение файла подкачки
swap in 1. пересылка информации в ОЗУ; загрузка; подкачка; 2. подкачивать; загружать
swap out 1. пересылка информации из ОЗУ; 2. выгружать
swapper программа подкачки
swapping 1. подкачка; обмен; свопинг; 2. обмен местами; перестановка
swapping file файл свопинга; файл подкачки; файл страничного обмена
swapping in свопинг внутрь; подкачка
swapping out свопинг наружу; выгрузка; разгрузка
swapping paint and paper поменять местами цвета краски и фона
swap space область свопинга; область выгрузки программ; область подкачки

swap time время подкачки; время свопинга; время страничного обмена
sweep 1. развертка; 2. охват; обзор; 3. развертывать
sweep circuit схема развертки
sweep frequency частота развертки
sweep path путь развертки; траектория развертки
sweep representation «заметание»
sw/hw interface программно-аппаратный интерфейс
SWIFT Международная межбанковская организация по ва-
лютным и финансовым расчетам по телексу; Международная межбанковская электронная система платежей;
СВИФТ
swinging buffer переключающийся буфер
swipe reader рычажный считыватель
swirl завиток; завихрение
swirl filter фильтр «завихрение» (в графических пакетах)
SWIS университетская информационная система
switch 1. перемычка; переключатель; выключатель; 2. оператор выбора; 3. ключ; параметр; 4. коммутатор; 5. переключать; коммутировать
switchable device переключаемое устройство
switchable keyboard переключаемая клавиатура
switch block блок переключателей
switchboard 1. коммутационная панель; наборное поле;
2. коммутатор
switchboard operator оператор коммутатора
switch box переключатель
switchbox area область пересечения каналов
switch case label метка case команды switch
switch conflict конфликт коммутации
switch-control computer коммутационная ЭВМ
switch control processor процессор управления коммутацией
switch declaration объявление переключателя; описание переключателя
switch directive директива-переключатель
switch driver драйвер коммутатора
switched channel коммутируемый канал
switched circuit коммутируемая линия; коммутируемый
канал
switched circuit automatic network автоматическая сеть
с коммутируемыми каналами
switched connection коммутируемая линия; коммутируемое
соединение
switched line коммутируемая линия
Switched Multimedia Digital Service коммутируемая мультимедийная цифровая служба; коммутируемая цифровая
служба передачи мультимедиа-информации
switched multimegabit data service служба коммутируемой
мультимегабитной передачи данных
switched network коммутируемая сеть
switched star network коммутируемая звездообразная сеть
switched telephone network коммутируемая телефонная
сеть
switched virtual channel коммутируемый виртуальный канал
switched virtual circuit коммутируемый виртуальный канал;
коммутируемое виртуальное соединение
switched virtual network виртуальная коммутируемая сеть
switched virtual routing маршрутизация в коммутируемой
среде
switch hub концентратор коммутирующего типа; концентратор-коммутатор
switch in включать; подключать
switching 1. переключение; коммутация; 2. коммутирующий;
переключающий
switching algebra алгебра переключательных схем
switching backbone коммутируемая магистраль

switching between databases переключение между базами
данных
switching blank мертвая зона
switching card коммутационная плата
switching center коммутационный центр; коммутатор;
центр коммутации сообщений; коммутационная станция;
распределительный центр; распределительное устройство
switching circuit переключающая схема; переключательная
схема
switching coefficient 1. постоянная перемагничивания; 2. постоянная переключения
switching control center центр управления коммутацией
switching criterion критерий переключения
switching curve кривая перемагничивания
switching device переключающее устройство; коммутирующий элемент; коммутатор
switching element переключающий элемент
switching fabric коммутирующая матрица
switching facilities коммутационное оборудование
switching frequency частота переключения
switching function переключательная функция
switching hub коммутирующий концентратор; концентратор-
коммутатор
switching logic логические схемы коммутации; коммутирующая логика
switching matrix переключающая матрица; переключательная матрица; матричный переключатель
switching processor коммутационный процессор
switching pulse переключающий импульс
switching speed скорость переключения
switching technique технология коммутации
switching theory теория переключательных схем
switching threshold порог переключения
switching unit переключающее устройство; коммутатор
switch key переключатель
switch list список переключателей; переключательный список
switch memory коммутационная память; коммутирующее запоминающее устройство
switch meshing объединение коммутаторов в общий домен
switch off выключать
switch on включать
switchover переключение
switch processor коммутационный процессор
switch-repeater коммутатор-повторитель
switch room коммутационный зал
switch router коммутатор-маршрутизатор; коммутирующий
маршрутизатор
switch settings комбинация переключателей
switch statement оператор-переключатель
switch to перейти; переключиться
switch to toolbar перейти к панели
switch transit delay переходная задержка коммутации
switch variable переменная типа «переключатель»; переменная с конечным числом состояний
SWOP технические спецификации на рулонную офсетную
печать изданий
SWS структурированная система кабельной разводки
sybermall электронный супермаркет
sybsystem подсистема; часть системы; узел системы
syllable 1. слог; 2. звук
syllable code слоговый код
symbionts симбионты
symbol 1. идентификатор; 2. символ; знак
symbol address символический адрес

symbol code 1. код символа; 2. символьный код
symbol debugger символьный отладчик
symbol definition определение идентификатора
symbol error rate частота появления ошибочных символов
symbol file файл идентификаторов
symbol generator генератор символов
symbolic символьный; символический
symbolic address символический адрес; символьный адрес
symbolic addressing символическая адресация
symbolic analysis символический анализ
symbolic assembler символьный ассемблер
symbolic character символический знак
symbolic circuit 1. мнемосхема; 2. функциональная схема
symbolic coding программирование в условных обозначениях; программирование в символический обозначениях; символическое кодирование
symbolic computation символьное вычисление
symbolic computing символьные вычисления
symbolic constant символическая константа
symbolic debugger символьный отладчик; отладчик, работающий на уровне исходного кода
symbolic designation символическое обозначение
symbolic disassembler символьный дизассемблер
symbolic editor символьный редактор
symbolic field символьное поле
symbolic instruction команда на символическом языке; команда в символической записи
symbolic I/O assignment присвоение символического имени устройству ввода-вывода
symbolic language язык символического кодирования
symbolic layout символическое представление топологии
symbolic library символическая библиотека
symbolic link символьная ссылка
symbolic linkage связывание по символьным именам
symbolic logic символическая логика
symbolic name символическое имя; имя идентификатора
symbolic notation условное обозначение; символическая запись
symbolic parameter символический параметр
symbolic programming символическое программирование
symbolic programming system система символического программирования
symbolic unit символическое устройство
symbol key клавиша символа
symbol manipulation посимвольная обработка; работа с символами
symbol name 1. символ; знак; обозначение; 2. имя переменной; идентификатор
symbology символика
symbol printing знаковая печать
symbol string строка символов
symbol switch символьный переключатель
symbol table таблица символов; таблица имен; таблица идентификаторов; таблица символических имен
symlink символьная ссылка
symmetrical autentication симметричная аутентификация
symmetrical clustering симметричная кластеризация
symmetrical configuration симметричная конфигурация
symmetrical equation system симметричная система уравнений
symmetrical matrix симметрическая матрица
symmetrical multiple processor симметричный мультипроцессор
symmetrical multiprocessing симметричная мультиобработка; симметричная мультипроцессорная обработка

symmetrical multiprocessing system система с симметричной многопроцессорной обработкой; симметричная многопроцессорная система; SMP-система
symmetrical node симметричный узел
symmetric channel симметричный канал
symmetric cipher симметричный шифр
symmetric difference строгая дизъюнкция; исключающее ИЛИ
symmetric encryption симметричное шифрование
symmetric function симметрическая функция
symmetric group симметрическая матрица
symmetric image compression симметричное сжатие; сжатие со временем, равным времени распаковки
symmetric list processor язык для обработки списков
symmetric matrix симметричная матрица
symmetric multiprocessing симметричная мультипроцессорность; симметричная мультиобработка; симметричная мультипроцессорная обработка; симметричная многопроцессорная обработка
symmetric multiprocessor support поддержка симметричной многопроцессорной обработки
symmetric relation симметричное отношение
symmetric replication симметричное тиражирование; симметричная репликация
symmetric system симметричная система
symmetric traversal симметричный обход
symmetry group группа симметрии
symmetry law закон симметрии
symposium симпозиум
symptomatic error симптоматическая ошибка
SYN синхронизация; символ синхронизации
sync character холостой знак синхронизации
synch синхронизация
synch bit бит синхронизации
synching синхронизация
synch-on-close синхронизация при закрытии
synch point точка синхронизации
synchronization синхронизация
synchronization detector детектор синхронизации
synchronization field поле синхронизации
synchronization object объект синхронизации; синхронизирующий объект
synchronization pattern синхрогруппа
synchronization primitives базисные элементы синхронизации
synchronization pulse синхронизирующий импульс
synchronize синхронизировать
synchronized up to vector вектор времени синхронизации
synchronizer синхронизатор; синхронизирующее устройство
synchronize with синхронизировать с
synchronizing generator генератор синхроимпульсов
synchronous одновременный; синхронный; с ожиданием
synchronous bit synchronization синхронная синхронизация битов; синхронные коммуникации
synchronous bus 1. синхронная шина; 2. синхронный канал
synchronous counter синхронный счетчик
synchronous data adapter адаптер синхронной передачи данных
synchronous data compression сжатие синхронных потоков данных; технология SDC
synchronous data flow синхронный поток данных
Synchronous Data Link Control 1. протокол управления синхронным каналом передачи данных; протокол SDLC; 2. синхронное управление передачей данных; синхронная система управления линиями передачи данных; SDLC

synchronous data link interface протокол управления синхронной передачей данных

synchronous dial-up синхронный набор (телефонного номера)

Synchronous Digital Hierarchy синхронная цифровая иерархия; международная иерархия цифровой синхронной передачи

synchronous error синхронная ошибка

synchronous frames синхронные кадры (в сети FDDI)

synchronous harmonic sampling выборка на частотах гармоник системного тактового сигнала

synchronous idle character символ синхронизации; знак синхронизации

synchronous message синхронное сообщение

synchronous modem синхронный модем

synchronous network синхронная сеть

synchronous optical network optical carrier сеть синхронной передачи с волоконно-оптическим носителем; сеть SONOC

synchronous optical network сеть синхронной оптической связи; SONET

synchronous replication синхронное тиражирование; синхронная репликация

synchronous system синхронная система

synchronous system trap синхронное прерывание

synchronous TDM синхронное временное мультиплексирование

synchronous terminal синхронный терминал

synchronous-tracking computer синхронно-следящее вычислительное устройство

synchronous transmission синхронная передача

synchronous transmitter-receiver синхронный приемопередатчик; синхронное приемопередающее устройство

syncronous time division multiplexing синхронное временное мультиплексирование

syncword синхрогруппа

syndetic синдетический

syndicate 1. агентство печати, приобретающее информацию и продающее ее газетам для одновременной публикации; 2. синдикат; 3. приобретать информацию; покупать статьи для их одновременной публикации в различных изданиях; 4. объединять в синдикат

syndrome синдром

synergistic взаимно усиливающий

synonym синоним

synopsis конспект; краткий обзор

syntactic синтаксический

syntactic algorithm синтаксический алгоритм

syntactic analyzer синтаксический анализатор

syntactic class синтаксический класс; синтаксическая единица

syntactic control синтаксический контроль

syntactic definition синтаксическое определение

syntactic description синтаксическое описание

syntactic entity синтаксическая единица; синтаксический класс

syntactic error синтаксическая ошибка

syntactic function синтаксическая функция

syntactic graph синтаксический граф

syntactic loader синтаксический загрузчик

syntactic method синтаксический метод

syntactic translation method синтаксический метод трансляции

syntactic tree синтаксическое дерево

syntagma синтагма

syntagmatic relations синтагматические отношения; ситуационные отношения

syntax 1. синтаксис; 2. синтаксический

syntax analysis синтаксический анализ

syntax analyzer синтаксический анализатор

syntax checker средство проверки синтаксиса

syntax checking проверка синтаксиса

syntax diagram синтаксическая диаграмма

syntax-directed compiler синтаксический компилятор; компилятор, управляемый синтаксисом; синтаксически-ориентируемый транслятор

syntax-directed editing синтаксически управляемое редактирование

syntax equation синтаксическое уравнение

syntax error синтаксическая ошибка; ошибка этапа компиляции

syntax highlighting подсветка синтаксиса; выделение синтаксических конструкций

syntax notation синтаксическое обозначение

syntax-oriented editor синтаксически-ориентированный редактор

syntax-oriented method синтаксически-ориентированный метод

syntax rule правило синтаксиса

syntax violation нарушение синтаксиса; несоблюдение синтаксических правил

synthesis синтез

synthesis circuit синтезатор; синтезирующая микросхема

synthesizer синтезатор

synthetic address синтезируемый адрес; формируемый адрес

synthetic data искусственные данные

synthetic method дедуктивный метод

systactic diagram синтаксическая диаграмма

system 1. система; 2. способ; метод; 3. вычислительная система; 4. системный

system accounting системный учет; учет системных ресурсов

system ACL системный список управления доступом

system action действие системы

system activity действия операционной системы

system administration системное администрирование

system administrator администратор системы; системный администратор

system administrator means инструментальные средства системного администратора

system analysis системный анализ

system analyst системный аналитик; специалист по системному анализу; системотехник; специалист по системам

System Application Architecture архитектура построения прикладных систем; архитектура прикладных систем

system application software системное прикладное программное обеспечение

system approach системный подход

system architect разработчик архитектуры системы; системный архитектор

system architecture архитектура системы; системная архитектура

system area network системная сеть; сетевая инфраструктура систем

systematic системный; систематический

systematic approach системный подход; системный метод

systematic classification систематическая классификация

systematic code систематический код

systematic design системное проектирование

systematic error систематическая ошибка; постоянная ошибка

systematic error checking code код с обнаружением систематических ошибок

systematic inaccuracy систематическая погрешность

S

systematic testing системное тестирование; комплексное тестирование

system attribute атрибут «системный»

system availability готовность системы; доступность системы; бесперебойность работы системы

system availability index коэффициент готовности системы

system block системный блок

system board системная плата

system buffered I/O ввод-вывод через системный буфер

system bus системная шина; магистраль системного блока; системный интерфейс

system call обращение к операционной системе; системный вызов

system-call interrupt обращение к операционной системе

system capabilities возможности системы

system catalog системный каталог

system characteristics характеристики системы

system check проверка системы; системная проверка; системный контроль

system code код системы

system color системный цвет

system command системная команда

System Communication Architecture архитектура системной связи; SCA

system communication controller связной контроллер системы

system compatibility 1. совместимость на системном уровне; 2. совместимость систем

system completion code системный код завершения

system component элемент системы

system configuration конфигурация системы

system configuration byte байт системной конфигурации

system configuration data информация по конфигурации системы

system configuration editor редактор файлов настройки

system constant системная константа; константа операционной системы

system control block блок управления системой

system control data системная управляющая информация; данные для управления системой; системные управляющие данные

system control programming системное программное обеспечение

system crash фатальный сбой операционной системы; аварийный отказ системы; полный отказ системы

system data file системный набор данных

system date системная дата

system debugging 1. отладка системы; 2. системная отладка; комплексная отладка

system default значение системной переменной (функции), устанавливаемое по умолчанию

system-defined системный; определяемый системой

system-defined constant системная константа

system definition системное описание

system department отдел разработки систем

system description системное описание; описание системы

system description manual техническое описание системы

system design проектирование систем; разработка систем

system designer системотехник; специалист по разработке систем; системщик

system developer системный разработчик

System Development Kit набор инструментальных средств разработки систем

system device системное устройство

system dictionary системный словарь; словарь системы; системный каталог

system disk системный диск

system documentation документация по системе

system dynamics динамика системы

system efficiency эффективность системы

system element элемент системы

system engineer системотехник; системный инженер; инженер-системотехник; специалист по системам

system engineering системный метод разработки; системотехника; техника разработки систем; проектирование больших систем; системное проектирование; техника системного анализа

system error системная ошибка; ошибка системы

system event системное событие

system event sound editor редактор звуков для системных событий; редактор звукового сопровождения системных событий

System Exclusive Messages специальные сообщения

system expansion расширение системы

system extended bus системный интерфейс расширения

system extension расширение системы

system fault tolerance средства обеспечения отказоустойчивой работы; отказоустойчивость системы

system file системный файл

system flexibility гибкость системы

system flowchart блок-схема системы

system folder системная папка

system function системная функция

system function control keys клавиши управления системными функциями; системные функциональные клавиши

system generation генерация системы

system generation option параметр генерации системы

system hacker системщик-виртуоз; системный хакер

system high наивысший уровень полномочий

system hole ошибка в системе; прокол

system holiday системный выходной

system house системотехническая фирма

system identificator системный идентификатор

system identifier системный идентификатор

system image образ системы; состояние системы

system implementation реализация системы

system-in-a-room configuration комнатная конфигурация (распределенной системы)

system independent data format системно-независимый формат данных; формат данных, независимый от системы; формат SIDF

system info информация о системе; сведения о системе

system information информация о системе; сведения о системе

system initialization инициализация системы

system initiation инициация системы

system input системный ввод

system input device устройство системного ввода

system input language входной язык системы

system input program программа системного ввода

system input task задача системного ввода

system input unit устройство системного ввода

system integration системная интеграция

system interface системный интерфейс

system interrupt обращение к операционной системе

system interval системный интервал

system key системный ключ

system language системный язык; язык системного программирования

system-level системного уровня; системный

system-level command команда системного уровня; системная команда

system-level interface интерфейс системного уровня
system-level software системное программное обеспечение
system librarian библиотекарь системы
system library библиотека системы; системная библиотека; библиотека системных программ
system life cycle жизненный цикл системы
system link area системная область связи
system loader 1. системный загрузчик; 2. загрузчик системы
system-load test тест, проверяющий систему на нагрузку
system lock системная блокировка
system log системный журнал
system log file системный файл журнала
system logical device системное логическое устройство
system logical unit системное логическое устройство
system login script системная процедура регистрации; системный сценарий регистрации
system macro definition системное макроопределение
system macro instruction системная макрокоманда
system mailbox системный почтовый ящик
system maintenance program программа обслуживания системы
system management сопровождение системы; обслуживание системы; управление системой; системное администрирование
system management facility средства обслуживания системы; средства сбора информации о работе системы
system management interface tool инструментальное средство интерфейса системного управления
system management mode режим системного управления; режим управления системой
system manager администратор системы; системный администратор
system mask системная маска
system memory системная память
system menu системное меню
system menu box кнопка оконного меню
system menu icon пиктограмма системного меню
system message системное сообщение
system message block блок системных сообщений
system-modal dialog box режимное диалоговое окно системы
system modularity модульность системы
system monitor системный монитор
system name системное имя; системный идентификатор
System Network Architecture системная сетевая архитектура; сетевая архитектура систем; архитектура SNA
system object системный объект
System Object Model модель системных объектов; стандарт SOM
system of equations система уравнений
system of notation система обозначений; система представления; система счисления
system operativeness оперативность системы
system optimization method метод системной оптимизации
system-oriented language системно-ориентированный язык
system output системный вывод
system output class класс системного вывода
system output data данные системного вывода
system output device устройство системного вывода
system output task задача системного вывода
system output writer 1. программа системного вывода; 2. устройство печати для системного вывода
system-owned принадлежащий системе
system palette системные цвета
system parameter системный параметр
system partition системный раздел; загрузочный раздел

system performance evaluation оценка системной производительности
system planning системное планирование
system policy системное правило; системная политика; набор системных правил
system policy editor редактор системной политики; редактор системных правил
system pool системный пул
system printer системный принтер
system process системный процесс
system productivity производительность системы
system profile системный профиль
system program системная программа
system programmer системный программист
System Programming Interface интерфейс системного программирования; интерфейс SPI
system project team группа системного проектирования
system properties свойства системы
system-provided поставляемый в составе системы
system queue системная очередь
system queue area область системных очередей
system recorder file системный регистрационный файл; файл регистрации сбоев
system recovery process процесс восстановления системы
system redundancy избыточность системы
system relationships системная схема данных (в Access)
system reset сброс системы
system residence размещение системы; резиденция системы; резидентный том
system residence data carrier резидентный том системы
system residence unit резидентное устройство системы
system residence volume резидентный том системы
system resource ресурс системы; системный ресурс
system resources системные ресурсы
system resources manager администратор системных ресурсов
system response реакция системы
system restart повторный пуск системы; рестарт системы; системный рестарт
system sandwich approach построение системы методом сэндвича
Systems Application Architecture архитектура прикладных систем; архитектура SAA
system saturation насыщение системы
systems concept системный подход; системные принципы
system screen colors системные экранные цвета
systems department отдел разработки систем
systems development method метод разработки систем
system security защита системы
systems engineering системотехника; проектирование больших систем; системное проектирование; техника системного анализа
system services системные функции; системные службы
system shutdown завершение работы системы
systems implications последствия, носящие системный характер
system simulator системный имитатор
Systems Management Server сервер системного управления
systems management software программное обеспечение системного управления; ПО управления системой
systems monitor architecture архитектура системного мониторинга
system software системное программное обеспечение
system specification системная спецификация; спецификация системы
systems programming системное программирование

507

systems project management организация системного проектирования

systems study системные исследования

systems-support professional специалист по системной поддержке

system state состояние системы

system-status indicator индикатор состояния системы

systems theory теория систем

system stored procedures системные хранимые процедуры

system-support file файл системной поддержки

system swap file системный файл свопинга

system table системная таблица

system task системная задача

system technique системотехника

system terminal системный терминал

system test проверка системы; системные испытания; системный тест

system testing системные испытания; тестирование системы

system theory теория систем

system thread системный поток

system time системное время

system tools служебные программы

system tray системная область

system tuning настройка системы

system utility системная утилита

system utility device запоминающее устройство промежуточных данных

system utility key служебная системная клавиша

system utility programs системные утилиты

system utilization logger регистратор статистики об использовании системы

system variable системная переменная

system volume системный том

system-wide общесистемный; в масштабе системы

system-wide lock блокировка на системном уровне

system-wide login script системный сценарий регистрации; системная процедура регистрации

system with one degree of freedom система с одной степенью свободы

systolic algorithm систолический алгоритм

systolic approach систолический метод

systolic array систолическая матрица

systolic chip кристалл систолической матрицы

systolic design систолическая схема

– Tt –

TA 1. терминальный адаптер; абонентский адаптер; 2. доступ к магистрали; доступ к соединительным линиям

tab 1. символ табуляции; табуляция; 2. вкладка (в оконном интерфейсе); ярлычок; 3. метка; ярлык; закладка; 4. табулятор

tab alignment button кнопка выбора типа табуляции

tab bar полоса табуляции

tabbed dialog диалоговое окно с закладками; диалоговое окно с ярлычками; диалоговое окно с вкладками; многостраничное диалоговое окно

tabbed dialog box диалоговое окно с вкладками; диалоговые окна с ярлычками

tabbed list список с ярлычками; список, снабженный закладками

tabbed pages страницы (окна) с ярлычками; вкладки

tabbed pane панель с вкладками

tabbed window окно с вкладками; окно с ярлычками; окно с несколькими страницами

tabbing перемещение по клавише табуляции

tabbing order порядок табуляции; порядок перемещения по клавише Tab

tab character символ табуляции

tab control элемент управления «набор вкладок»

Tab index индекс перехода по Tab

Tab key клавиша табуляции

table 1. таблица; 2. стол; планшетный стол; 3. сводка; расписание; табель; 4. настольный

table argument аргумент для поиска в таблице; ключ для поиска в таблице

tableau табло

table-based address translation трансляция адресов на базе таблицы; табличная трансляция адресов

table block табличный блок

table border рамка таблицы

table column столбец таблицы; графа таблицы

table datasheet таблица в режиме таблицы (в Access)

table description описание таблицы

table designer конструктор таблиц

table device настольный прибор; настольное устройство

table driglines сетка таблицы

table-driven algorithm алгоритм табличного поиска

table-driven graphics графика с формированием изображения с помощью таблиц

table entry элемент таблицы

table frame табличная рамка

table function табличная функция

table handling обработка таблиц; работа с таблицами

table lines линии таблицы

table lock табличная блокировка; блокировка таблиц

table look-up поиск в таблице; табличный поиск; просмотр таблицы; поиск по справочной таблице; табличное преобразование

table look-up instruction команда поиска в таблице

table method метод таблиц

table modification изменение таблицы

table name имя таблицы

table of authorities таблица ссылок

table of contents содержание; оглавление; таблица содержания

table partitioning сегментирование таблиц

table properties свойства таблицы

table property bar панель свойств таблицы

table representation табличное представление

table row строка таблицы

table searching поиск в таблице

tablespace табличная область; место, зарезервированное для таблиц

tables pinning прикрепление таблиц

tablet графический планшет

tabletop настольный

table-type табличного типа

table-type object объект табличного типа; объект-таблица

table view представление таблицы; табличное представление

table writing device устройство для печати таблиц

tabloid format табличный формат

tabloid page половинный формат полосы

Tab order последовательность перехода (по клавише Tab); порядок табуляции; порядок перехода по клавише табуляции

tab out выходить (из поля) с помощью клавиши табуляции

tab spacing шаг табуляции

Tab stop переход по Tab; позиция табуляции

Tab-stop marker маркер позиции табуляции

Tab stop width интервал табуляции

tabular табличный

tabular calculator табличное счетное устройство

tabular columns табулированные колонки

tabular data табличные данные

tabular difference табличная разность

tabular form табличная форма

tabular format табличный формат

tabular language табличный язык

tabular program language табличный программный язык; табличный язык программирования

tabular report табличный отчет

tabular text табличный текст

tabulate табулировать; составлять таблицу; сводить в таблицу

tabulated surface плитчатая поверхность (в машинной графике)

tabulated value табличное значение

tabulating department машинно-счетная станция

tabulation табулирование; табуляция; сведение в таблицу; табличные данные

tabulation character символ табуляции

tabulator key клавиша табуляции

tabulator setting установка позиций табуляции

TAC 1. контроллер доступа к терминалу; 2. центр технической помощи

TACS полнодоступная система связи; система связи со всеобщим доступом

tact такт; период

tactical wargame тактическая военная игра

tactile display тактильный дисплей; сенсорный дисплей

tactile keyboard тактильная клавиатура; сенсорная клавиатура

TAG техническая консультативная группа

tag 1. тег; признак; дескриптор; 2. ярлык; бирка; этикетка

tag and drag feature средство выделения и перемещения

tag bit двоичный разряд тега; теговый разряд; бит признака; теговый бит

tag field поле признака; дескриптор вариантов; поле для меток; поле метки

tag format формат тега

tagged отмеченный; помеченный

tagged architecture теговая архитектура

tagged command queuing очереди помеченных команд

tagged computer ЭВМ с теговой организацией

tagged data тегированные данные; помеченные данные

tagged-data architecture тегированная архитектура

tagged file 1. размеченный файл; 2. отмеченный файл

tagged grammar грамматика с индикаторами

tagged image file format формат файлов изображений, снабженных метками; теговый формат графических файлов; формат растровой графики TIFF

tagged name имя с признаком

tagged regular expression помеченное регулярное выражение

tagged-token architecture потоковая архитектура с тегированными фишками; архитектура с помеченными фишками; архитектура с подцвеченными фишками

tagging идентификация; тегирование; маркирование

tagging reading считывание маркеров

tag image file format тегированный формат файлов изображений; формат TIFF

tag number кодовая метка

tag RAM оперативная память для хранения тегов

tags-active mode режим активных тегов

tag sorting сортировка признаков

tag-switching technology технология тег-коммутации

tail остаток; последний элемент; хвост списка

tail area 1. шлейф; 2. хвост

tail conditions постусловия

tailless mouse мышь без соединительного кабеля; «бесхвостая» мышь

tail of list хвост списка

tailored специальный; специализированный; заказной; настроенный

tailored architecture специализированная архитектура; заказная архитектура; специфицированная архитектура

tailored environment настроенная среда

tailoring приспособление; настройка; адаптация; подгонка

tailor-made заказной; нестандартный

take брать; принимать; получать

take advantage воспользоваться; использовать (преимущества)

take care of заботиться; следить; принимать меры

take control получать управление

takedown демонтаж; разборка; освобождение

takedown time время освобождения; время освобождения до следующего использования

take into account принимать во внимание; учитывать

take off вычитать; отнимать

take-off roller приемная катушка (ленты)

talker address адрес передатчика

talker authentication установление подлинности говорящего

talking computer вычислительная машина с речевым выводом

talking terminal терминал с речевым выводом

talking text feature средство произнесения текста компьютером; «говорящий» интерфейс

tail station междугородная телефонная станция

tally 1. подсчет; 2. подсчитывать; подводить итог; подсчитывать, прибавляя/вычитая по единице

tamper 1. вмешиваться; 2. портить; искажать; 3. подделывать

tampering искажение (информации); подделка

tamper-proof chip кристалл с защитой от копирования

tamper-resistant case корпус с защитой от несанкционированного доступа

TAN малая вычислительная сеть

tandem тандем; последовательное соединение каналов

tandem connection тандемное соединение; парное соединение

tandem heads головки, установленный тандемом

tandem system тандемная система

tangent касательный; касающийся

tangent condition условие касательной

tangent equation уравнение касательной

tangential coordinate тангенциальная координата

tangent method метод касательных

tangible benefit явная выгода; прямая выгода

TAP тест-порт

tap 1. отвод; ответвление; тройник; тройной сросток (кабеля); 2. отпайка; 3. подключение (к линии связи); 4. касание (в графике); 5. подключаться; 6. делать отпайку

tape 1. лента; магнитная лента; 2. заклеивать лентой

tape alternation попеременное обращение к нескольким магнитным лентам; работа с двумя магнитными лентами

tape archives архивы лент; архивы на лентах

tape array массив накопителей на магнитной ленте

tape attachment прикрепление ленты; закрепление ленты

tape backup архивирование на магнитной ленте

tape-backup device ленточный накопитель для резервного копирования

tape base несущая основа ленты

tape bin ленточный бункер; карман для ленты

tape block блок ленты

tape bootstrap routine программа начальной загрузки с магнитной ленты; программа предввода с магнитной ленты

tape carousel запоминающее устройство карусельного типа на магнитных лентах

tape carrier package корпус на ленточном носителе

tape carrier packaging бескорпусное исполнение (процессора) на ленточном носителе

tape cartridge кассета; кассета магнитной ленты

tape cassette кассета магнитной ленты

tape catalog каталог магнитной ленты

tape-certifier устройство для обнаружения дефектов лент

tape channel 1. канал ленты; 2. дорожка ленты

tape code код ленты

tape command команда обращения к ленте; команда ленты

tape comparator ленточный компаратор; устройство для сверки двух лент

tape-controlled управляемый лентой; управляемый с ленты

tape-controlled carriage каретка, управляемая лентой

tape-controlled invoicing machine машина для составления счетов, управляемая лентой

tape control system система управления лентой

tape control unit устройство управления лентой

tape core ленточный сердечник

tape data processing обработка данных с ленты

tape deck 1. комплект лент; 2. лентопротяжное устройство

tape delete стирание ленты

tape device блок записи на ленту; запоминающее устройство на ленте; лентопротяжное устройство; лентопротяжный механизм; магнитофон

tape drive ленточный накопитель

tape-drive mechanism лентопротяжный механизм

tape equipment блок записи на ленту; запоминающее устройство на ленте, магнитофон

tape feed 1. подача ленты; протяжка ленты; 2. лентопротяжный механизм

tape feed device механизм подачи ленты

tape feeding подача ленты; протяжка ленты

tape file файл на ленте; ленточный файл

tape format формат ленты

tape generation генерация на ленте

tape header заголовок ленты

tape initial block начальный блок на ленте

tape jam запутывание ленты; зажевывание ленты

tape label метка магнитной ленты

tape leader начальный участок ленты

tape library ленточная библиотека; библиотека лент

tape limited ограниченный возможностями ленточного устройства

tape loop кольцо ленты

tape mark метка ленты; маркер ленты; ленточный маркер

tape mechanism лентопротяжный механизм

tape mode режим работы магнитной ленты

tape-moving control лентопротяжное устройство

tape number номер ленты

tape operating system ленточная операционная система

tape-out condition ситуация «конец ленты»

tape output вывод на ленту

tape printer ленточный принтер

taper angle угол сужения

tape reading device устройство считывания с ленты

tape reading head головка считывания с ленты; считывающая головка

tape reading system система считывания с ленты

tape read routine программа считывания данных с ленты

tapered суживающийся; клиновидный

tapered line segment суживающийся линейный сегмент

tape relay ленточный перенос

tape reservoir вакуумный карман; карман для ленты

tape resident system ленточная операционная система

tapering 1. придание конусности; утончение (на конус или клин); 2. плавное изменение (параметра)

tapering an extrusion экструзия с сужением; сужение фигуры, полученной путем выдавливания (в САПР)

tape set комплект магнитных лент

tape skip прогон ленты

tape-skip restore character знак конца участка ленты, прогоняемого без считывания/записи

tape start пуск ленты

tape stop останов ленты

tape subsystem подсистема с лентой; подсистема на магнитной ленте

tape tester устройство для проверки магнитных лент

tape-to-tape communication передача с ленты на ленту

tape trailer заправочный конец; хвост ленты

tape transport лентопротяжный механизм; лентопротяжное устройство; протяжка ленты; подача ленты

tape transport mechanism лентопротяжный механизм

tape volume том на ленте

tape zone зона магнитной ленты

TAPI TAPI-интерфейс; программный интерфейс компьютерной телефонии; интерфейс прикладного программного обеспечения систем телефонной связи; интерфейс программирования приложений телефонной связи; стандарт TAPI

tapped coil катушка с отводами; секционированная катушка

target 1. адресат; место назначения; объект назначения; приемник; 2. цель; мишень; 3. флаг; 4. целевой; конечный; объектный; выходной

target address адрес результата

target alphabet выходной алфавит

target attribute описатель цели; целевой атрибут

target audience целевая аудитория

target computer целевой компьютер; целевая машина

target configuration целевая конфигурация

target conversion адаптация программы к особенностям компьютера

target database принимающая база данных; целевая БД

target directory целевой каталог

target diskette целевая дискета; дискета, на которую выполняется копирование

target label целевая метка

target language выходной язык; целевой язык; машинный язык; объектный язык

target list целевой список

target machine целевая машина

target method метод проб; метод «пристрелки»

target platform целевая платформа; целевая операционная система

target processor целевой процессор; объектный процессор

target program объектная программа; программа на выходном языке; целевая программа

target record целевая запись

target system целевая система

target text результирующий текст

target-to-camera distance расстояние между камерой и целевым объектом

target token rotation time контрольное время обращения маркера; ожидаемое время обхода кольца Token Ring маркером

target variable вспомогательная переменная; рабочая переменная

TAS сервер телефонного доступа

task 1. работа; индивидуальное задание; 2. задача; программный модуль; 3. ставить задачу

task administrator администратор задач

task assignment request запрос назначения задачи пользователю

taskbar панель задач

taskbar notification area область индикаторов на панели задач

task body тело задачи

task builder построитель задач

task code 1. код задачи; 2. программа задачи

task control block блок управления задачей

task control table управляющая таблица задач
task data данные задачи
task database база данных задачи
task description описание задачи
task details детализация задачи
task dispatcher диспетчер задач
task family семейство задач
task flow diagram диаграмма выполняемых задач
Task Force Рабочая группа
task gate вентиль задачи
task ID идентификатор задачи
task identification идентификатор задачи
task identifier идентификатор задачи
task image загрузочный модуль; образ задачи
tasking управление задачами
task input-output block блок ввода-вывода задачи
task input-output table таблица ввода-вывода задач
task list список задач
task management управление задачами
task manager диспетчер задач
task mode режим задачи
task module задачный модуль; модуль задачи
task monitor монитор задач
task name имя задачи
task options параметр задачи
task-oriented проблемно-ориентированный
task outline иерархическая структура задачи
task queue очередь задач; очередь готовых процессов
task register регистр задачи
task scheduler планировщик задач; планировщик
task scheduling планирование задач; планирование заданий
task segment state сегмент состояния задачи
task selection выбор задачи
task selection mechanism механизм выбора задач
task-specific ориентированный на конкретную задачу
task stack стек задачи
task stack segment сегмент состояния задачи
task state состояние задачи
task supervision контроль задач
task supervisor супервизор задач
task swapper переключатель задач
task switching переключение задач
task-switching support software программы поддержки переключения задач
task tailoring настройка на структуру задачи
task-to-task communication связь между задачами; межзадачное взаимодействие
task type тип задачи
task variable 1. переменная типа «задача»; 2. переменная задачи
tautology тавтология
taut tape attachment приспособление для натяжки ленты
tax deductible подлежащий налогообложению
TAXI «прозрачный» асинхронный интерфейс приема/передачи
taxon information таксономическая информация
taxonomic hierarchy классификационная иерархия; таксономическая иерархия
taxonomic location таксономическая позиция
taxonomy таксономия; частичное наследование
TB 1. терабайт; 2^{40} байтов; 1099511627776 байтов; 2. 1000 Гбайт; 10^{12} байтов
TBC корректор временных искажений
TBN локальная сеть с маркерной шиной
Tbps терабит в секунду; Тбит/с
TBR регистр базы ловушек; регистр особых прерываний; регистр TBR (в RISC-архитектуре SPARC)

TBS стандарт прозрачных мостов
TBT обучение с применением технических средств
TC 1. передача завершена; передача выполнена; сигнал TC; 2. передать управление
TCAM общий телекоммуникационный метод; телекоммуникационный метод доступа
T-carrier 1. канал класса T; 2. поставщик коммуникационных услуг, предлагающий сервис класса T
TCB 1. достоверная вычислительная база; достоверная компьютерная база; 2. блок управления задачей
TCF кадр проверки настройки
TCH 1. канал информационного обмена; 2. решетчатое кодирование
TC layer уровень конвергенции передачи (в ATM)
TCM модуль управления синхронизацией
TCO общая стоимость владения; стоимость создания, эксплуатации и технической поддержки системы; стоимость покупки и эксплуатации
T-connector T-разъем; T-коннектор; тройниковый разъем; тройниковый соединитель; тройник
TCP 1. протокол управления передачей данных; управляющий протокол передачи; 2. корпус на ленточном носителе
TCP connection TCP-соединение
TCP/IP протокол управления передачей/межсетевой протокол; протокол TCP/IP
TCP/IP LAN локальная сеть, использующая протокол TCP/IP; сеть TCP/IP
TCP rate control контроль скорости передачи TCP-пакетов
TCS тысяча знаков в секунду
TCSEC критерий оценки пригодности компьютерных систем
TCU 1. мультиплексор передачи данных; 2. устройство связи с магистралью; 3. блок управления обменом сообщениями
TDB база данных задачи
TDC прозрачный канал передачи данных
TDDL канал передачи данных с разделением времени
TDI интерфейс транспортных протоколов
TDI compliant TDI-совместимый
T-display сенсорный дисплей
T-distribution T-распределение
TDM временное мультиплексирование; временное уплотнение; мультиплексирование с квантованием времени; мультиплексирование с разделением времени
TDMA множественный доступ с разделением времени; множественный доступ с временным уплотнением каналов; множественный доступ с квантованием
TDMA technology технология множественного доступа с временным разделением каналов; технология множественного доступа с временным уплотнением каналов
TDM protocol протокол мультиплексирования с временным уплотнением
TDR измеритель отраженного сигнала
TDS коммутация с разделением времени; коммутация с временным уплотнением каналов
TE 1. терминальное оборудование; 2. эффективность информационного обмена; эффективность трафика
teach учить; обучать; давать уроки
teach-in свободная дискуссия; собрание с обсуждением вопроса
teaching machine обучающая машина
teaching mode режим обучения
teal бирюзовый
team бригада; команда; коллектив
team computing коллективные вычисления: средства коллективных вычислений
team mail групповая электронная почта; функции групповой рассылки сообщений

team operations групповая разработка; коллективная работа
team programming коллективное программирование
team review коллективный просмотр; режим коллективного доступа к документу
teamserver сервер для коллективной работы
tear разрывать; отрывать
tear down connection закрыть связь; завершить соединение
tearing decomposition декомпозиция на основе разбиения
tear off отрыв
tear-off interface интерфейс с механизмом вызова по требованию
tear-off menu отрывное меню
tears repairing восстановление разрывов
TEB блок переменных окружения потока
tech achievement технологическое достижение
technical технический; промышленный; методический
technical advisory group техническая консультативная группа
Technical and Office Protocols технические и служебные протоколы; универсальный протокол учрежденческих локальных сетей
technical assistance center центр технической помощи
technical director технический директор
technical drawing технический чертеж
technical feasibility техническая допустимость; технико-экономическое обоснование
technical illustration tool инструментальное средство для подготовки технических иллюстраций
technical information техническая информация
technical information document документ с технической информацией
technical information service техническая информационная служба; служба предоставления технической информации
technically sound approach технически обоснованный подход
technical manual техническое руководство
technical patch library библиотека корректировок; библиотека исправленных частей кода
technical personal computer ПК технического применения
technical resources технические ресурсы
technical reviewer технический редактор
technical session технический семинар
technical staff технический персонал
technical statistic техническая статистика
technical support техническое сопровождение; техническая поддержка
technical training техническая подготовка
technical writer технический писатель; документалист; редактор технической документации
technician техник
technique 1. метод; способ; методика; умение; технический прием; 2. техника; оборудование
technique cybernetics техническая кибернетика
technique-economic index технико-экономический показатель
technique maintenance техническое обслуживание
technological технологический; технический; научно-технический
technological advance технологический прогресс; технологические достижения
technological advancements совершенствование техники
technological breakthrough важное научно-техническое открытие; важное техническое достижение
technological change научно-технический прогресс
technological expansion распространение технологий
technological facilities техническое оборудование
technological forecasting прогнозирование научно-технического прогресса

technological maturity assessment оценка технологической зрелости
technological options технические альтернативы
technological progress научно-технический прогресс; технический прогресс
technological schema технологическая схема
technological spillover побочные результаты основных разработок
technological standards технические нормативы
technologies of network cabling технология проводки кабельных сетей
technology научно-технические дисциплины; технические и прикладные науки; технология; техника
technology assessment оценка технологии
technology-based training обучение, основанное на новой технологии; обучение с применением технических средств
technology change management контроль за изменениями в технологии
technology database технологическая база данных
technology-independent machine interface независимый от технологии машинный интерфейс
tech support техническая поддержка
tee intersection Т-образное пересечение; пересечение в виде Т
teflon-coated cable кабель с тефлоновым покрытием
teg switching тег-коммутация
TEI идентификатор конечной точки (в ISDN)
telco телекоммуникационный
telecom firm телекоммуникационная компания
telecommunication дистанционная связь; дистанционная передача данных; телекоммуникация
telecommunication access теледоступ
telecommunication access method телекоммуникационный метод доступа
telecommunication carrier телекоммуникационная компания; поставщик телекоммуникационных услуг
telecommunication company телекоммуникационная компания; компания, предлагающая телекоммуникационные услуги; поставщик телекоммуникационных услуг
telecommunication control unit блок управления дистанционной обработкой данных; мультиплексор передачи данных; МПД; телекоммуникационное устройство управления
telecommunication facility средства дистанционной связи; средства телекоммуникаций
telecommunication line линия дальней связи; линия телесвязи
telecommunication monitor телекоммуникационный монитор
telecommunication network сеть связи; сеть передачи данных
telecommunications телесвязь; телекоммуникации; дистанционная передача
telecommunications closet монтажный шкаф; телекоммуникационный технологический шкаф; комната для телекоммуникационного оборудования
Telecommunications Education Research Network научно-образовательная телекоммуникационная сеть; сеть TERN
telecommunications equipment телекоммуникационное оборудование
telecommunication service priority категория услуг при предоставлении связи
telecommunications management network сеть управления телекоммуникациями
telecommunications management network system система управления телекоммуникационными сетями
telecommunications room коммуникационный отсек; комната для телекоммуникационного оборудования
telecommunications service provider поставщик телекоммуникационных услуг

Telecommunications Standardization Sector комитет TSS; Сектор стандартизации телекоммуникаций
telecommunications system система телекоммуникаций
telecommunication terminal телекоммуникационный терминал; терминал телесвязи
telecommute работать на дому; осуществлять дистанционный доступ
telecommuter сотрудник, работающий на дому (или в удаленном офисе); дистанционный пользователь; надомник с ПК
telecommuting осуществление дистанционного доступа; дистанционная передача данных
telecoms carrier компания-поставщик телекоммуникационных услуг
telecoms network телекоммуникационная сеть
teleconference телеконференция
teleconferencing телеконференцсвязь; организация телеконференций
telecontrol system система телеуправления
telegraph code телеграфный код
teleinformatics телеинформатика
telemail дистанционная электронная почта
telemarketing телемаркетинг
telemarketing system система телемаркетинга; электронная биржа
telematics интегрированные средства обработки и передачи информации; телематика
telemedicine телемедицина
telemeter измерять на расстоянии; телеметрировать
telemetering дистанционное измерение; телеизмерение
telemetering data transmission передача данных телеизмерений
telemetering system дистанционная измерительная система
teleological mechanism механизм с целенаправленным поведением
telephone 1. телефон; 2. телефонный
telephone access carrier поставщик услуг коммуникаций по телефонным линиям; провайдер телефонного сервиса
telephone access server сервер телефонного доступа
telephone answering system телефонный автоответчик
telephone circuit телефонный канал
telephone communication unit блок связи по телефонной линии
telephone dialer телефонное наборное устройство
telephone directory телефонный справочник
telephone network телефонная сеть
telephone network service служба телефонной сети
telephone server сервер телефонной связи
Telephone Service Provider Interface интерфейс поставщика телефонных услуг; интерфейс TSPI
telephone support поддержка по телефону
telephone support centre центр (технической) поддержки по телефону
telephone switch телефонный коммутатор; АТС
telephone tools инструментарий для работы с телефоном
telephony телефония
telephony application приложение телефонии
Telephony Application Programming Interface интерфейс программирования приложений телефонной связи; стандарт TAPI
telephony features средства телефонии
Telephony Messaging Services служба передачи сообщений по телефонным линиям
telephony server телефонный сервер
telephony services application programming interface интерфейс программирования сервисных приложений телефонной связи; интерфейс TSAPI

telephony solution приложение телефонии
telephony switch телефонный коммутатор
telephoto lens телескопический объектив
telepresence телеприсутствие; дистанционное присутствие
teleprint телепечать
teleprinter телетайп
teleprinter code код телетайпа
teleprocessing телеобработка; дистанционная обработка
teleprocessing complex комплекс телеобработки
teleprocessing facility средство телеобработки данных
teleprocessing mode режим телеобработки
teleprocessing program программа дистанционной обработки данных
teleprocessing system система телеобработки данных
telequery опрос через линию передачи
telesale продажа путем заказа по телефону
telescript дистанционно передаваемый рукописный текст
telesoftware программные средства; пересылаемые по телесвязи; дистанционное программное обеспечение
telesupervision system система дистанционного контроля
teletex телетекс
teletext телетекст; вещательная видеография
teletype 1. телетайп; 2. режим телетайпа
teletype code код телетайпа
teletypewriter телетайп
teletypewriter exchange телетайпный обмен
television network телевизионная сеть
television programming просмотр телепрограмм
television-quality video видео телевизионного качества
television-type terminal телевизионный терминал
telewriter tape лента телетайпа
telewriting дистанционная запись
telex телекс
telex server станция телексной связи
telex system система телексной связи
teller банковский автомат; банкомат
teller machine банковский автомат
teller terminal банковский терминал; банковский автомат; банкомат
teller workstation банковский терминал
temp directory каталог временных файлов
tempera blend темпера
temperature температура; температурный предел
temperature sensor температурный датчик
template шаблон; образец; маска; эталон; трафарет
template breakpoint точка останова в шаблоне
template-driven управляемый с помощью шаблонов; управляемый по шаблонам
template macro toolbar панель шаблонов макросов
template matching сравнение с шаблоном
template object объект «шаблон»
template utilities утилиты шаблонов
template wizard мастер шаблонов
temporal временной; преходящий; временный; скоротечный
temporal aliasing временные искажения при дискретизации
temporal binding связь по времени; временная связь
temporal changes изменения во времени
temporal cohesion временное сцепление
temporal compression временное уплотнение
temporal decomposition временная декомпозиция
temporal development развитие во времени
temporal knowledge знания, зависящие от времени; знания с временной зависимостью
temporal logic временная логика
temporary временный; рабочий; промежуточный

temporary allocation временное назначение; временное распределение

temporary area временная область

temporary assignment временное назначение; временное присваивание

temporary binary information промежуточная двоичная информация

temporary data set временный набор данных; набор временных данных; промежуточный набор данных

temporary disk временный диск; рабочий диск

temporary error неповторяющаяся ошибка; нерегулярная ошибка

temporary file промежуточный файл; временный файл; рабочий файл

temporary file storage временный файл хранения

temporary library временная библиотека

temporary name временное имя

temporary read/write error временная ошибка ввода-вывода

temporary realm временная область; рабочая область

temporary storage временное запоминающее устройство; временная память; запоминающее устройство для временного хранения информации; рабочая память; буфер

temporary stored procedure временная хранимая процедура

temporary table временная таблица

tenancy condition условие членства

tend стремиться; приближаться

tendency тенденция

ten-key numerical keyboard десятиклавишная цифровая клавиатура

tenor общее направление

ten's complement дополнение до десяти

tension arm демпфирующий рычаг; рычаг регулирования натяжения; рычаг регулировки напряжения

tentative 1. пробный; опытный; 2. дополнительный; уточняемый

tentative definition уточняемое определение

terabit per second терабит в секунду; Тбит/с

terabyte 1. терабайт; 2^{40} байтов; 1099511627776 байтов; 2. 1000 Гбайт; 10^{12} байтов

terabyte scalability масштабируемость базы данных в широких пределах

teraflops терафлопс; триллион операций с плавающей точкой в секунду

teraflops computer машина класса терафлопс

teraflops hardware аппаратные средства класса терафлопс

teraflops super computer суперкомпьютер с производительностью свыше триллиона операций с плавающей точкой в секунду

term 1. член; элемент; составляющая; 2. термин; 3. терм; 4. срок; период; продолжительность; 5. название; 6. условия

term-by-term addition почленное сложение

terminal 1. терминал; 2. конец; конечная точка; 3. зажим; клемма; вывод; 4. конечный слог; конечное слово; 5. концевая кабельная муфта; 6. терминальный; конечный

terminal access controller контроллер доступа к терминалу

terminal adapter адаптер терминала; абонентский адаптер; терминальный адаптер

terminal alphabet терминальный алфавит

terminal board выходной щиток; выводной щиток

terminal box распределительный блок; соединительная коробка

terminal buffer буфер терминала; буферная память терминала

terminal computer оконечное вычислительное устройство; терминальная машина

terminal configuration схема расположения терминалов; конфигурация сети терминалов

terminal decision окончательное решение

terminal device оконечное устройство; терминальное устройство

terminal emulation service служба эмуляции терминалов

terminal emulator эмулятор терминала

terminal equipment терминальное оборудование; оконечное оборудование

terminal frame терминальный фрейм

terminal handling управление терминалом

terminal/host computing вычисления «терминал/хост-система»

terminal identification идентификация терминала

terminal input buffer входной буфер терминала

terminal interchange аппаратура обмена с терминалами

terminal I/O wait ожидание сообщения с терминала

terminal ISDN adapter терминальный ISDN-адаптер

terminal job терминальное задание

terminal job identification идентификация задания терминала

terminal keyboard клавиатура терминала

terminal lockout блокировка терминала

terminal logon регистрация в режиме терминала

terminal manager программа управления терминалами

terminal module терминальный модуль

terminal monitor терминальный монитор

terminal monitor program программный монитор для терминалов

terminal node лист дерева (в древовидной структуре); конечный объект

terminal object конечный объект

terminal parameter конечный параметр; предельный параметр; терминальный процессор

terminal processor терминальный процессор

terminal profile профиль терминала; параметры терминала

terminal queue очередь терминала

terminal server сервер терминала; терминальный сервер

terminal session сеанс работы на терминале; сеанс диалога

terminal statement конечный оператор

terminal station терминальная станция; абонентский пункт

terminal string терминальная строка

terminal symbol терминальный символ

terminal system терминальная система

terminal table таблица терминалов

terminal tailoring настройка терминала

terminal transaction system диалоговая система обработки запросов

terminal unit терминал; абонентский пункт; оконечное устройство

terminal user диалоговый пользователь; пользователь терминала

terminal view терминальный видимый элемент

terminate 1. завершать; заканчивать; 2. прерывать; прекращать

terminate-and-stay-resident «после выполнения остаться в памяти»; резидентный

terminate-and-stay resident program резидентная программа; TSR-программа

terminated 1. прерванный; 2. нагруженный

terminated abnormally прервано из-за ошибки

terminated line нагруженная линия

terminating оконечный

terminating character оконечный знак

terminating connector оконечный разъем

terminating equipment оконечная аппаратура; оконечное оборудование (сети)

terminating handling обработка завершения

terminating load оконечная нагрузка

terminating program нециклическая программа

terminating resistor оконечная нагрузка; терминатор

terminating symbol признак завершения

termination 1. оконечная нагрузка; 2. согласованная нагрузка (линии передачи); 3. окончание; прекращение; завершение; штатное завершение (программы); 4. вывод; выход; 5. концевая заделка (кабеля); 6. неразъемное соединение

termination code код завершения

termination connector оконечный разъем

termination control терминальное управление; контроль по достижению цели

termination phase фаза завершения

termination procedure процедура завершения

termination register резистор оконечной нагрузки

termination time время завершения

terminator 1. оконечная нагрузка; согласующее сопротивление; терминатор; 2. оконечный элемент; 3. ограничитель; признак конца; служебный терминатор; завершающая запись; 4. заглушка

terminator bug ошибка в применении разделителя

terminator record последняя запись на диске; запись конца содержания; завершающая запись

terminology standardization стандартизация терминов

term of proportion член пропорции

term planning планирование сроков

terms of agreement условия соглашения

TERN научно-образовательная телекоммуникационная сеть

ternary троичный; трехзначный; тернарный

ternary adder троичный сумматор

ternary addition троичное сложение; сложение в троичное системе

ternary arithmetic 1. троичная арифметика; 2. троичное арифметическое устройство

ternary code троичный код

ternary counter троичный счетчик

ternary logic трехзначная логика

ternary number notation представление числа в двоичной системе

ternary operator трехместная операция; знак трехместной операции

ternary relation тернарное отношение

ternary selector gate троичный вентиль; Т-вентиль

ternary threshold gate троичный пороговый вентиль; S-вентиль

terrain tool инструментарий моделирования геофизических особенностей местности

Terrazzo filter фильтр Terrazzo (в графических пакетах)

tertiary третичный

tertiary sort value третичное значение для сортировки

TES служба эмуляции терминалов

test 1. испытания; тестирование; 2. контроль; проверка; 3. тест; программа тестирования; 4. признак; критерий; 5. проверять; испытывать; тестировать

testability тестируемость; проверяемость; контролируемость; контролепригодность

testability check проверка на контролепригодность

testability design проектирование контролепригодных схем

testability insertion guidance expert system экспертная система для автоматизированного включения средств обеспечения тестируемости; система TIGER

testability measure критерий тестируемости; критерий контролепригодности

testable тестируемый; контролируемый

testable fault проверяемая неисправность; обнаружимая неисправность; проверяемый отказ

test access port тест-порт

test aids средства отладки

test-and-measurement system language язык программирования для испытательных и контрольно-измерительных систем; язык TMSL

test and set проверить и установить; команда установки семафора

test-and-set instruction команда установки семафора

test answer evaluator блок оценки результатов тестирования

test bar испытательная шина

test battery комплект испытательной аппаратуры

test bed 1. испытательная модель; 2. испытательный стенд; испытательная площадка; 3. система отладки

testbed system макетная система; экспериментальная система

test bus тестовая шина

test case контрольный пример; набор тестовых данных

test case generator генератор контрольных примеров

test chamber камера испытаний

test check тестовый контроль; кадр проверки настройки; кадр TCF

test circuit контрольная схема

test circuitry испытательные схемы

test condition условие; логическое выражение

test conditions условия испытаний

test confidence полнота теста; полнота тестирования

test configuration тестовая конфигурация

test coverage эффективность теста; полнота теста; процент покрытия ошибок тестом; тестовое покрытие

test data 1. тестовые данные; контрольные данные; 2. данные испытаний

test database тестовая база данных; демонстрационная база данных

test data generator генератор тестовых данных; генератор тестов

test documentation документация по тестированию

test driver тестовый драйвер

test duration продолжительность тестирования; продолжительность испытаний; длительность испытаний

tested loop цикл с проверкой условия

tested OK проверка прошла успешно

test engineer специалист по тестированию; специалист по испытаниям

test equipment тестовое оборудование

tester 1. тестировщик; 2. тестер; проверочное устройство

test facilities испытательное оборудования

test function функция критерия

test grammar тестовая грамматика

test group тестовая группа; контрольная группа; группа тестирования ПО

testing испытание; проверка; тест; тестирование; контроль

testing aids средства тестирования; испытательный средства

testing algorithm алгоритм тестирования; алгоритм проверки

testing criterion критерий проверки

testing equipment испытательное оборудование; испытательная аппаратура

testing function проверочная функция

testing group группа тестирования

testing program 1. программа тестирования; 2. программа-тест; программа оценки качества знаний

testing real-time system система испытаний в истинном масштабе времени

testing rules проверочные условия

testing time время проверки; время тестирования

test inserter инструментальная подсистема выборочной вставки элементов диагностического сканирования в схему (кристалла ИС)

test instruction команда теста; контрольная команда; проверочная команда

test latch контрольная схема с самоблокировкой

test logic тестовая логика; логика для целей тестирования

test, measurement and diagnostic equipment контрольно-измерительная и диагностическая аппаратура

test mode режим тестирования; режим проверки

test monitor контрольный монитор; тест-монитор

test normalization предварительная обработка текста; приведение текста в нормализованную форму

test of systems отладка систем

test pattern тестовый образец

test point контрольная точка

test point address адрес контрольной точки

test problem тестовая задача; испытательная программа; контрольная программа; тест-программа

test reading контрольное считывание

test register регистр тестирования

test request запрос на тестирование

test result результат испытания

test run тестовый прогон; тестовый запуск; прогон теста

test selection field поле выбора теста

test sequence тестовая последовательность

test set набор тестов

test statement оператор проверки условия

test suite набор тестов; тестовая последовательность

test system испытательная система; испытательный комплекс

test thoroughness глубина тестирования; полнота тестирования

test track контрольная дорожка

test translator тест-транслятор; тестовый транслятор

tetrad тетрада

Texas Instruments Graphics Architecture графическая архитектура Texas Instruments; графическая подсистема TIGA; стандарт TIGA

texel тексел; элемент текстуры; пиксел текстуры; элемент изображения текстуры

text 1. текст; 2. текстовый

text align выравнивание текста

text angle угол поворота текста

text area 1. область вывода текста; 2. текстовая область (в Web-документе)

text attributes атрибуты текста

text-based document текстовый документ

text block текстовый блок

text box 1. текстовое поле; текстовый блок; текстовое окно; 2. рамка с текстом; текстовый блок (в программах верстки); 4. текстовая врезка; 5. надпись

text box control элемент управления типа текстового поля

text box form field поле формы «текстовое поле»

text button текстовая кнопка

text carrier носитель текста

text color цвет символов

text control текстовый управляющий элемент; текстовый элемент управления

text converter текстовый конвертер

text cursor текстовый курсор

text cutting вырезание текста

text database текстовая база данных

text device drivers драйверы устройств для работы с текстовыми файлами

text drawing routine программа вывода текста

text editing редактирование текста

text editor текстовый редактор; редактор текстов

text effect текстовый эффект

text entry ввод текста

text-entry mode режим ввода текста

text field текстовое поле

text file текстовый файл

text-file device устройство, предназначенное для текстовых файлов

text file filter фильтр текстового файла

text file formatter программа форматирования текстовых файлов

text file variable файловая переменная текстового типа

text form текстовая форма

text formatter форматировщик текста; программа форматирования текста

text formatting форматирование текста

text frame текстовая рамка

text graph текстовый график; текстовая схема

text highlighting выделение текста

text in a box текст в рамке (в электронной таблице)

text indexing текстовое индексирование

text inset отступ от границы блока

text I/O текстовый ввод-вывод

text justification выравнивание текста

text manipulation обработка текста; преобразование текста

text metrics метрики текста; характеристики текста

text mode текстовый режим

text modeler окно моделирования текста

text object текстовый объект; объект-текст

text-only version текстовая версия

text orientation ориентация текста

text-oriented interface тексто-ориентированный интерфейс; интерфейс, ориентированный на работу с текстом

text origination ввод текста с клавиатуры

text path текст по контуру

text pattern symbols таблица графических шаблонов символов

text/picture combine объединение текста и иллюстраций

text pointer текстовый указатель

text processing обработка текста; подготовка текста

text processing equipment оборудование для обработки текста

text-processing software программное обеспечение обработки текста

text processor система обработки текста; текстовый процессор

text recognition распознавание текста

text record текстовая запись

text region текстовая область; область вывода текста

text retrieval выборка текстовой информации

text-retrieval system документальная информационная система; система поиска текстовых документов

text revision редактирование текста

text routine текстовая программа

text scrolling прокрутка текста

text segment сегмент текста; процедурный сегмент

text shaping изменение формы текста

text sizing изменение размеров текста

text skew наклон текста

text splitting дробление текста; разбиение текста

text string текстовая строка

text string текстовая строка

text style стиль текста

text synthesis синтез текста

text to box перевести текст в графический блок Безье

text tool инструмент «текст»

text-to-speech преобразование текста в речь

textual текстовый

texture 1. текстура; детализация поверхности объекта; 2. текстурирование

texture fill текстурная заливка; заливка текстурой

texture filtering фильтрация текстур

texture map текстура; растровое изображение текстуры; растровая картинка, используемая для текстурирования объекта

texture map image file файл растрового изображения текстуры

texture mapping наложение текстуры; текстурирование

texture memory память для хранения текстур

texture options параметры текстуры

texture transparency прозрачность текстуры

texturing текстуризация

textware средства, ориентированные на обработку текста

text warping деформация текста

text wrap заверстывание текста (вокруг иллюстрации); обтекание текстом (изображения)

TF флаг трассировки

T flip-flop Т-триггер

TFLOPS терафлопс

TFPC безотказные вычисления на персональных компьютерах

TFT тонкопленочный транзистор

TFT LCD жидкокристаллический дисплей на тонкопленочных транзисторах; ЖК-табло на основе тонкопленочной технологии

TFTP тривиальный FTP; простейший протокол передачи файлов; элементарный протокол передачи файлов

T-gate троичный вентиль; Т-вентиль

thaw a layer отменить «заморозку» уровня (в САПР); «разморозить» слой

THD коэффициент нелинейных искажений

thematic 1. тематический; 2. основообразующий

theme тема; предмет

theorem теорема

theoretical frequency теоретическая частота; вероятность

theoretical maximum теоретический максимум

theoretical maximum throughput теоретическая максимальная пропускная способность

theoretical model теоретическая модель

theoretical relevance теоретическое значение

theory теория; учение; толкование; методика; метод

theory of algorithm теория алгоритмов

theory of coding теория кодирования

theory of games теория игр

theory of types теория типов

thermal computer компьютер для тепловых расчетов

thermal fixing термическое фиксирование

thermal inkjet printer термографический струйный принтер

thermal printer термографический принтер; устройство термопечати; термографическое печатающее устройство

thermal transfer printer термографическое печатающее устройство с подачей красящего вещества

thermal wax printer принтер, использующий способ воскового термического переноса

thermal wax transfer восковой термический перенос

thermo-copying device термическое копировальное устройство

thermoplastic recording термопластическая запись

thermo stencil transfer device устройство передачи на термоматрицах

thernal paper термобумага

thesaurus тезаурус; словарь синонимов и антонимов

thesaurus find поиск в тезаурусе

thesaurus maintenance ведение тезауруса

thesaurus nest гнездо тезауруса; дескрипторная статья

thesaurus structure структура тезауруса

thick толстый; жирный

thick box утолщенная рамка

thick cable segment сегмент толстого кабеля

thick frame жирная рамка

thickness 1. толщина; 2. превышение объекта (в трехмерной машинной графике)

thicknet «толстая» Ethernet; сеть на толстом кабеле

thicknet coaxial cable толстый коаксиальный кабель

thin тонкий

thin cable segment сегмент тонкого кабеля

thin client простой клиент; слабый клиент; тонкий клиент

thin-client architecture архитектура с тонкими клиентами; архитектура с простыми клиентами; архитектура со слабыми клиентами

thin-client model модель с тонким клиентом

thin-client/server software программное обеспечение клиент/сервер для работы с тонкими клиентами

thin film тонкий слой; тонкая пленка

thin-film component тонкопленочный элемент

thin-film memory запоминающее устройство на тонких пленках; тонкопленочное запоминающее устройство; память на тонких пленках

thin-film reliability надежность тонкой пленки

thin-film storage запоминающее устройство на тонкий пленках; тонкопленочное запоминающее устройство

thin-film technique техника тонких пленок

thin-film transistor тонкопленочный транзистор

thin-film transistor liquid-crystal display жидкокристаллический дисплей на тонкопленочных транзисторах

thin graphics графическое изображение, выполненное тонкими линиями; графическое изображение в тонких линиях

thinking machine машина с элементами искусственного интеллекта; «мыслящая» машина

thinking simulation моделирование мышления

thin layer тонкая пленка

thinnet «тонкая» Ethernet; сеть на тонком кабеле

thinnet coaxial cable тонкий коаксиальный кабель

thin-route system малоканальная система (передачи данных)

thinspace узкий пробел

third-generation computer ЭВМ третьего поколения

third generation hub концентратор третьего поколения

third-level address дважды косвенный адрес

third normal form третья нормальная форма

third party database сторонняя база данных

third-party supplier независимый поставщик; посредник

third-party vendor независимый поставщик; независимый производитель

third root кубический корень; корень третьей степени

this pointer скрытый указатель

thoroughness тщательность; доскональность

thousand characters per second тысяча знаков в секунду

thrashing перегрузка; «пробуксовка» (системы)

thread 1. поток; цепочка выполняемых задач; порождаемый подпроцесс; «легковесный» процесс; нить; 2. тема (в электронной почте); дискуссия; поток сообщений; 3. жила; проводник; 4. прошивать

thread creation создание потока

threaded code «шитый» код

threaded conversation протоколируемый диалог

threaded file цепочечный файл

threaded language язык, транслируемый в шитый код

threaded list связный список; список со ссылками; список на указателях

threaded newsreader приложение чтения новостей, поддерживающее тему дискуссии

Thread Environment Block блок переменных окружения потока

thread function функция потока

Thread Information Block блок информации потока

threading обработка сообщений

thread local storage локальная память потоков

thread of execution поток выполнения

thread pooling организация пула потоков; поддержка пула потоков

thread priority приоритет потока

thread-safe поточно-ориентированный (в C++)

thread-save library библиотека с поддержкой потоков; библиотека с параллельным выполнением функции, вызываемой разными потоками; библиотека с многопоточной поддержкой

threads-aware graphical application debugger графический отладчик приложений, поддерживающий потоки

thread termination завершение потока

thread testing тестирование функциональных возможностей

threat угроза; попытка преодоления системы защиты данных

three-address трехадресный

three-address code код трехадресной команды; трехадресный код

three-address instruction трехадресная команда

three-dimensional трехмерный; объемный

three-dimensional array трехмерный массив

three-dimensional cluster трехмерная группа

three-dimensional computing трехмерные вычисления

three-dimensional data processing трехмерная обработка данных

three-dimensional fly-through «глобальное» трехмерное представление; представление трехмерных данных «с высоты птичьего полета»

three-dimensional graphics трехмерная графика

three-dimensional polyline трехмерная ломаная линия

three-dimensional space трехмерное пространство

three-excess-code код с избытком три

three-pin plug трехконтактный штепсель

three-plus-one address instruction четырехадресная команда

three-position counter трехразрядный счетчик

three-quarter три четверти

three-row keyboard трехрядная клавиатура

three-stage management information system трехкаскадная информационная система управления

three-state с тремя состояниями

three-state bus шина с тремя состояниями

three-state logic логические схемы с тремя состояниями

three-tier трехуровневый

three-tier application трехзвенное приложение; трехуровневое приложение; приложение с трехуровневой архитектурой

three-tier architecture трехуровневая архитектура

three-tiered client-server architecture трехуровневая архитектура клиент/сервер

three-tier model трехуровневая модель

three-tuple тройка; трехэлементный блок

three-valued function трехзначная функция

three-way communication трехсторонняя связь

threshing «пробуксовка» системы; издержки из-за подкачки; перегрузка памяти; снижение пропускной способности

threshold порог; граничное значение; граница; предел; предельная величина

threshold behavior пороговое поведение; пороговая реакция

threshold circuit пороговая схема

threshold decision пороговое решение

threshold decoding алгоритм порогового декодирования

threshold effect пороговый эффект

threshold element пороговый элемент

threshold filter фильтр «порог»

threshold frequency граничная частота; пороговая частота

threshold function пороговая функция

threshold level пороговый уровень

threshold logic 1. пороговая логика; логика на пороговых элементах; 2. логические схемы на пороговых элементах

threshold network пороговая сеть

throughput производительность; пропускная способность

throw an exception генерация исключительной ситуации; создание исключительной ситуации

throw away отбрасывать

throw-away character отбрасываемый знак

throw-away code технологическая программа

throw-away hardware временно используемые аппаратные средства

THT датчик времени блокировки маркера

Thue-system система Туэ

thumb «бегунок» полосы прокрутки; «движок»; ползунок

thumbnail миниатюра; представление полного изображение в виде пиктограммы; эскиз (мелкое изображение страницы); этикетка

thumbnail pages пиктограммы страниц

thumbnail picture микрокартинка; миникартинка; графическая миниатюра

thumbnail sketch миниатюрное представление (слайдов)

thumbnail view миниатюра; миниатюрное представление (графического файла); представление в виде графической миниатюры; миникартинка

thumb-print reader устройство считывания отпечатка пальца

thumbwheel координатный манипулятор; указатель типа «колесо»

thunk шлюз

thunk compiler компилятор шлюзов

thunking преобразование 16- и 32-разрядного форматов

thunking layer шлюзовой уровень

TIA 1. заранее благодарен (сокращение, принятое в Internet); 2. Ассоциация промышленности средств связи; Ассоциация телекоммуникационной индустрии (США)

TIAT транспортно-независимый протокол среды AppleTalk

TIB блок информации потока

tick цикл; такт

tick count счетчик времени (в тактах)

tick divisions промежуточные деления

ticker tape message сообщение типа «бегущая строка»

ticket мандат; паспорт

ticket file файл мандатов

ticket granting server сервер выдачи разрешений; сервер мандатов

ticket-granting ticket разрешение на получение разрешения

ticket lifetime время действия мандата (в Kerberos)

tick marks 1. такты; 2. отметки; указывающие линии; отметки на осях; засечки

ticks засечки (на оси графика)

tick spacing цена деления

tic-tac-toe game игра в крестики-нолики

TID документ с технической информацией

tie 1. связь; соединение; привязка; 2. связывать; привязывать

tie-in привязка

tie ligature лигатура

tie line канал прямой связи; линия прямой связи; прямая связь

tie link канал прямой связи; линия прямой связи
tier уровень
tie trunk прямой канал; прямая магистраль
TIFF тегированный формат файлов изображений; формат файлов изображения, снабженных признаками; формат файлов изображений, снабженных метками; формат TIFF
TIGA графическая архитектура компании Texas Instruments; графическая подсистема TIGA
TIGER 1. экспертная система для автоматизированного включения средств обеспечения тестируемости; система TIGER; 2. топологически интегрированное географическое кодирование и стандартизация
TIGERS топологически интегрированная географическая справочная система с шифрованием изображений
tight тугой; плотный; жесткий; сжатый
tight consistency жесткая согласование
tight constraint жесткое ограничение
tight coupling сильная комплексация
tight deadline жесткие сроки
tighter font делать шрифт плотнее
tight lines строки со слившимися символами
tightly-coupled с сильной связью; сильносвязанный
tightly-coupled architecture сильносвязанная архитектура; архитектура с непосредственными связями
tightly-coupled multiprocessor system многопроцессорная система с сильной связью; сильно связанная многопроцессорная система
tightly-coupled system система с сильной связью
tightly integrated хорошо интегрированный
tilde тильда
tile располагать мозаикой (окна)
tile вывод без перекрытия; мозаичное размещение; рядом (расположение окон)
tile filter фильтр «мозаика» (в графических пакетах)
tile horizontally сверху вниз (расположение окон)
tile vertically слева направо (расположение окон)
tiling 1. мозаика; создание мозаики; 2. вывод окон без перекрытия
tilt 1. наклон; угол наклона; 2. наклоняться; 3. отклоняться
tilted повернутый
tilt/swivel adjustment настройка наклона/поворота (монитора)
tilt/swivel display дисплей с шарнирным механизмом наклона и поворота экрана
tilt-up keyboard наклоняемая клавиатура; приподнимаемая клавиатура
time время; период
time allocation распределение времени
time-and-attendance application приложение учета рабочего времени
time-and-frequency analysis частотно-временной анализ
time-anticoincidence circuit схема антисовпадения; схема несовпадения по времени
time average среднее по времени
time base 1. временная ось; 2. масштаб по оси времени
time-base corrector корректор временных искажений
time-base error ошибка синхронизации
time base input вход синхронизации
time behavior характер изменения во времени
time between failures время наработки на отказ; наработка между отказами
time-bounded ограниченный по времени
time-bound processing срочная обработка
time checking контроль по времени
time clock датчик времени; таймер
time code временной код; покадровый временной адресный код

time complexity временная сложность
time components компоненты времени
time compression сжатие времени; изменение масштаба времени
time constant постоянная времени
time-consuming продолжительный; отнимающий много времени; требующий много времени; трудоемкий
time conversion functions функции преобразования времени
time coordinate временная координата
time correlation временная корреляция
time-critical information информация, критическая во времени
timed-access logic логические схемы с синхронизирующим доступом
timed delay фиксированная задержка; заданная задержка; временная задержка
time decoding device дешифратор времени
time delay временная задержка; запаздывание
time-delay circuit схема задержки; цепь задержки
time-delay line линия задержки
time delay neural network нейросеть с временной задержкой
time dependence временная зависимость
time-dependent behavior поведение, зависящее от времени
time derivative производная по времени
time-derived channel мультиплексный канал с временным разделением; мультиплексный канал с временным уплотнением
time division временное разделение; разделение времени
time-division с разделением времени
time-division data link канал передачи данных с разделением времени
time-division multiple access множественный доступ с квантованием; множественный доступ с разделением времени; множественный доступ с временным уплотнением каналов
time-division multiplexing мультиплексирование с разделением времени; временное мультиплексирование; мультиплексирование квантованием времени; временное уплотнение
time-division switch временной коммутатор; коммутатор, работающий в режиме разделения времени
time-division switching коммутация с разделением времени; коммутация с временным уплотнением каналов; временная коммутация
time-division system система с временным разделением
timed loop цикл заданной длительности
time domain временной интервал; временная область
time-domain measurement измерение временных характеристик
time-domain method метод анализа систем во временной области
time domain reflectometer измеритель отраженного сигнала
time element элемент времени
time encoding device шифратор времени
time error ошибка отсчета времени; сбой времени
time estimate оценка продолжительности; временная оценка
time factor 1. фактор времени; 2. временной коэффициент; коэффициент времени
time frame выделенный интервал времени; выделенный квант времени; период; временной интервал
time function временная функция
time granularity величина кванта времени; временное разбиение
time horizon временной горизонт; временной интервал
time inconsistency временная противоречивость
time interval временной интервал; промежуток времени; интервал времени

time label метка времени; отметка времени

time lag 1. запаздывание по времени; отставание по времени; временная задержка; 2. интервал времени; промежуток времени (между двумя связанными событиями)

time limit 1. временной предел; предельный срок; 2. выдержка времени

timeline временная шкала; ось времени

time management управление временем

time manipulation functions функции манипуляции временем

time matching согласование во времени

time-multiplexed switch коммутатор с временным разделением

time-multiplexed switching коммутация с временным разделением

time-of-day clock часы истинного времени; датчик истинного времени; генератор импульсов истинного времени

time of day macrocommand макрокоманда «время дня»

time of operation время работы; продолжительность работы; период работы

time-out 1. время простоя; 2. тайм-аут; истечение времени ожидания; превышение лимита времени; 3. блокировка по времени; блокировка по превышению лимита времени

timeout counter счетчик лимита времени

timeout procedure процедура тайм-аута

time-phased распределенный во времени

time-phasing совмещение событий во времени

time provider group группа источников времени

time providers источники времени

time quantization квантование по времени

timer таймер; часы; датчик времени; синхронизирующее устройство

time rate быстрота; скорость

timer clock счетчик времени; датчик времени; таймер

time recording equipment аппаратура регистрации времени

time redundancy временная избыточность

time-referenced data данные с привязкой ко времени

time restriction ограничение времени

timer event control block блок управления событиями таймера

timer interrupt прерывание по таймеру

timer interval интервал таймера

timer routine подпрограмма таймера

timer-supervisor таймер-супервизор

timer tick counter счетчик тактов

times гарнитура таймс

time sampling квантование по времени

timesaver средство, экономящее время

time-saving 1. усовершенствования, дающее экономию времени; 2. экономящий время; ускоряющий

time-saving function функция, экономящая время

time scale 1. масштаб времени; 2. шкала времени

timescale factor масштаб времени

time schedule календарный план

time series временной ряд

time-series data временные данные

time server сервер времени

time share работать с разделением времени

timeshared computer компьютер, работающий в режиме разделения времени

time-share executive операционная система с разделением времени

time-sharing разделение времени; режим разделения времени

time-sharing allocator распределитель в системе разделения времени; блок распределения в системе разделения времени

time-sharing application прикладная система, работающая в режиме разделения времени

time-sharing control task задача управления режимом разделения времени

time-sharing data acqusition сбор данных с разделением времени

time-sharing dispatcher диспетчер режима разделения времени

time-sharing driver драйвер режима разделения времени

time-sharing environment конфигурация с разделением времени

time-sharing interface area интерфейсная область для режима разделения времени

time-sharing interface program интерфейсная программа режима разделения времени

time sharing language язык для работы с системой разделения времени

time-sharing method метод разделения времени

time-sharing monitor монитор разделения времени

time-sharing operation system система разделения времени

time-sharing option возможность работы с разделением времени; средства разделения времени

time-sharing priority система приоритетов в режиме разделения времени

time-sharing solution принцип разделения времени

time-sharing system система с разделением времени; система разделения времени

time-sharing terminal терминал в системе с разделением времени

time-sharing workload рабочая нагрузка в режиме разделения времени

time sheet расписание

time slice квант времени; квант машинного времени; временной промежуток; временной интервал; коэффициент временного соотношения

time slicing квантование времени

time slot временной квант; базовый интервал времени

time-slotted с выделением квантов времени

time source server сервер-источник времени

time span временной интервал

time stamp отметка времени; метка даты/времени; временная «бирка»; временная метка; время создания/модификации файла; штамп времени

timestamp-based optimistic concurrency control оптимистическое управление параллелизмом на основе проверки маркера времени

timestamp datatype тип данных timestamp; маркер времени, временной маркер

time supervision контроль времени

time supervisor супервизор времени

timesync синхронизация времени

time synchronization синхронизация времени

time synchronization service служба синхронизации времени

time-synchronized синхронизированные во времени

timetable конкретные сроки; временные рамки; временная диаграмма; расписание

timetable program программа составления расписания

timetable scheduling algorithm алгоритм составления расписания

time-to-digital conversion преобразование временных интервалов в код

time-to-failure distribution распределение времени безотказной работы

time trigger триггер, срабатывающий при наступлении заданного времени

time unit единица времени

521

time-variable control регулирование по времени

time-varying memory память с переменным временем обращения

time zone часовой пояс; временная зона; временной пояс

time zone name название временного пояса

timing 1. синхронизация; согласование во времени; 2. определение времени; расчет времени; хронометрирование; тактирование; таймирование

timing analysis временной анализ

timing analyzer 1. анализатор времени выполнения; 2. анализатор временных диаграмм

timing budgets ресурсы времени; временные ресурсы

timing bug ошибка синхронизации

timing channel временной канал; канал синхронизации

timing chart временная диаграмма

timing code временной код

timing control управление выдержкой временем; управление синхронизацией; управление в соответствии с временной диаграммой

timing cycle период синхронизации

timing data временные характеристики

timing diagram временная диаграмма

timing error ошибка синхронизация

timing estimations оценки времени

timing fault неисправность синхронизации

timing integrity сохранность временных соотношений

timing logic логические схемы синхронизации

timing loop временной цикл; цикл синхронизации

timing mechanism устройство синхронизации; механизм синхронизации

timing recovery восстановление синхронизации

timing sequence chart таблица последовательности времен

timing template временной план; временной эталон

TIMS набор средств измерения искажений при передаче

tint 1. оттенок; тон; насыщенность; 2. бледный

tinted grayscale lens линза «градация цвета» (в графических пакетах)

T-interface Т-интерфейс; внутрисетевой интерфейс

tinting изменение оттенка

tint tool инструмент «оттенок»; инструмент «сумерки»; инструмент «солнцезащитные очки»; инструмент «оттенок» (в графических пакетах)

tiny крошечный

tiny area network малая вычислительная сеть

tiny memory model минимальная модель памяти; миниатюрная модель памяти

TIOT таблица ввода-вывода задач

tip совет; подсказка; рекомендация

tip jack однополюсное гнездо

TIR полное внутреннее отражение (в волоконной оптике)

TI-RPC удаленный вызов процедуры, независимый от транспортного протокола

TISC Комитет по стандартам на интерфейсы инструментальных средств

tissue architecture тканевая структура

title 1. название; наименование; заглавие; заголовок; 2. должность

title bar линейка заголовка; заголовок окна; строка заголовка

title block титульный блок (чертежа)

title descriptor заглавный дескриптор

title domain домен названий; область заголовка

title domain name имя домена названий

title heading титульный заголовок

title list список заголовков

title page титульный лист (издания)

title slide титульный слайд

TIU блок приемо-передачи/интерфейса

TLB 1. таблица динамической трансляции адреса; буфер быстрого преобразования адресов; буфер динамической переадресации; буфер ассоциативной трансляции; 2. буфер опережающей выборки при передачах

TLD домен высшего уровня

TLI интерфейс транспортного уровня

TLS локальная память нитей; локальная память потоков

TLU табличный поиск

TM 1. администратор транзакций; монитор транзакций; 2. товарный знак

TMDE контрольно-измерительная и диагностическая аппаратура

TMN сеть управления телекоммуникациями

TMN system система управления телекоммуникационными сетями

tmp транзакций в минуту

TMS 1. система управления трафиком; 2. служба передачи сообщений по телефонным линиям; 3. коммутатор с временным разделением; 4. коммутация с временным разделением

TMSL язык программирования для испытательных и контрольно-измерительных систем; язык TMSL

TNI интерпретация надежных сетей

TNN транспортный узел сети; асинхронный коммутатор

TNO номер дорожки

TNT телекоммуникационная сеть Telnet

TOC содержание; оглавление; таблица содержания

to-do list список текущих дел; текущие дела без строгой временной привязки

TOF начало страницы

toggle 1. тумблер; переключатель с двумя состояниями; переключатель; выключатель; 2. переключение; 3. флаг; 4. переходить между двумя состояниями; переключать

toggle button выключатель; кнопка-переключатель; переключатель

toggle circuit триггерная схема

toggle key клавиша-переключатель

to grid по узлам сетки

token 1. аппаратный ключ; устройство идентификации; 2. лексема; 3. маркер; 4. маркерный

token access эстафетный доступ

token-based authentication аутентификация на основе маркера

token-based switching коммутация на основе маркеров

token bridge станция межсетевого сопряжения с маркерным доступом

token bus маркерная шина

token-bus network локальная сеть с маркерной шиной

token data данные маркера

token-holding timer датчик времени блокировки маркера

tokenized размеченный

token passing передача маркера; эстафетная передача

token passing multiple access множественный доступ с передачей маркера

token-passing network эстафетная сеть

token pasting operator операция «склеивания» лексем; знак операции «склеивания» лексем

Token Ring маркерное кольцо; эстафетное кольцо; кольцевая сеть с маркерным доступом

token-ring architecture кольцевая архитектура с эстафетным доступом

Token Ring network локальная сеть с маркерным кольцом; сеть типа «эстафетное кольцо»

Token Ring station станция «маркерного кольца»; станция сети Token Ring

token rotation time время оборота маркера; временной интервал до возвращения маркера в сети Token Ring

token-rotation timer датчик периода повторения маркера

tolerable limit допустимый предел; допуск

tolerance толерантность; допуск

tolerance box пространство допусков

tolerance stack-up наихудшее сочетание допусков

tolerant level допустимый уровень

tolerated error допустимая погрешность; допустимая ошибка

toll center междугородная телефонная станция

toll-free call бесплатный междугородный телефонный звонок; заранее оплаченный телефонный звонок

toll quality качество телефонной связи

TOM организация систем управления качеством

tonal correction коррекция цвета; коррекция оттенков

tonal range градационная шкала; максимальный диапазон видимых на изображении цветов; диапазон тонов

tonal range adjusting коррекция диапазона цветов

to narrowest по самому узкому

tone 1. тон; оттенок; полутон; 2. цветовой тон; 3. звуковой сигнал; тональный сигнал; 4. тонировать (изображение)

tone art полутоновые иллюстрации

tone curge градационная кривая

tone curve filter фильтр «кривая тонов»

tone dialing тональный вызов

tone duration длительность тонального сигнала

toner тонер

toner cartridge картридж с тонером

toner saver средство экономии тонера

toning тонирование

tool 1. инструментарий; инструментальное средство; инструмент; 2. метод; аппарат

toolbar инструментальная панель; набор инструментальных средств; панель инструментов

toolbar button кнопка панели инструментов

toolbar docking закрепление панели инструментов (в окне интерфейса)

Toolbar Editor редактор панели инструментов

toolbar name название панели инструментов

toolbox 1. панель инструментов; набор инструментов; комплект инструментов; инструментарий; 2. инструментальные средства разработки прикладных программ; набор инструментальных средств

tool-free не требующий применения инструментов

tool-free housing корпус (компьютера), открываемый без помощи инструментов

tooling data обрабатываемые данные

Tool Interface Standards Committee Комитет по стандартам на интерфейсы инструментальных средств

toolkit инструментальные средства разработки прикладных программ; набор инструментальных средств; инструментальный комплект; инструментарий; пакет разработчика

toolless entry доступ, не требующий инструментов

toolpad инструментальная панель

tool palette панель инструментов; палитра инструментов

tools инструментальные программные средства; средства разработки; вспомогательные программы; сервис

tools portability переносимость средств разработки

tooltip всплывающее описание (команды); всплывающая подсказка; пояснение действия, выполняемого элементом интерфейса

tooltip balloons «говорящие» подсказки; всплывающие пояснения

tooltip message всплывающее сообщение

TOP технические и служебные протоколы; универсальный протокол учрежденческих локальных сетей

top 1. верх; вершина; 2. верхний

top digit самый старший разряд

top-down нисходящий; сверху вниз

top-down analysis нисходящий анализ

top-down analyzer нисходящий распознаватель

top-down approach нисходящий принцип

top-down coding нисходящее программирование; программирование сверху вниз

top-down desing нисходящее проектирование; проектирование сверху вниз

top-down development нисходящая разработка; разработка сверху вниз

top-down implementation нисходящая реализация

top-down integration нисходящая компоновка

top-down parsing нисходящий анализ

top-down prioritization назначение приоритетов в порядке убывания категории важности абонентов

top-down programming нисходящее программирование; программирование сверху вниз

top-down testing нисходящее тестирование; тестирование сверху вниз

top element вершина (стека)

top event конечное событие; завершающее событие

topic тематический раздел; тема; предмет; статья; вопрос

topical 1. значительный; актуальный; 2. тематический

topical points узловые вопросы

topic file информационный файл; файл статьи

top key клавиша верхнего регистра

top left верхний левый

top-left corner левый верхний угол

top-level верхнего уровня

top-level computer вычислительная машина верхнего уровня

top-level domain домен верхнего уровня

top-level goal цель верхнего уровня

top-level menu меню верхнего уровня

top-level window окно верхнего уровня

top margin верхнее поле

top-notch превосходный; первоклассный

top of form начало страницы

top of heap вершина динамически распределяемой области памяти

top of list начало списка

top of page header верхний колонтитул

top of stack вершина стека

top of stack pointer указатель вершины стека; вершина стека

top-of-the-line старшей модели

top-of-the-line computer компьютер старшей модели; наиболее мощный компьютер из семейства машин

top of tree 1. корень дерева; 2. вершина дерева

topological топологический

topological analysis топологический анализ

topological decomposition топологическое разбиение

topological isomorphism топологический изоморфизм

topologically integrated geographic encoding and referencing топологически интегрированное географическое кодирование и стандартизация; стандарт представления географических данных TIGER

topological mapping топологическое отображение

topological sorting топологическая сортировка

topology топология

topology design топологическая схема

topology restriction protocol протокол для сетей с ограниченной топологией

topology specific module модуль для конкретной топологии

topology spreadsheet сводная топологическая таблица

top quality высшее качество

523

to prefix префикс to
top right верхний правый
top-right corner верхний правый угол
top-selling product продукт-бестселлер; наиболее хорошо продаваемый продукт
toptalkers пара узлов (в коммутируемой среде), наиболее интенсивно обменивающиеся данными
top tier of menu верхний ярус меню; верхний уровень меню
top to bottom сверху вниз
top view вид сверху
torsion strain gauge тензодатчик крутящего момента
torus тор
TOS 1. тип обслуживания; 2. вершина стека
to shortest по самому низкому
total 1. сумма; общий итог; 2. полный; всеохватывающий
Total Access Communication System полнодоступная система связи; система связи со всеобщим доступом; система TACS
total amount общая сумма; конечная сумма
total area coverage общая область покрытия
total calculations итоговые вычисления
total chain суммирующая цепочка
total checking проверка суммированием; проверка по сумме; контроль суммированием
total column итоговая колонка; колонка суммы
total control of document workflow полное управление потоком документов
total cost итоговые затраты; совокупные расходы
total cost of ownership общая стоимость владения
total counter 1. итоговый счетчик; 2. счетчик контрольной суммы
total cycle цикл формирования суммы
total derivative полная производная
total differential полный дифференциал
total entropy полная энтропия; суммарная энтропия
total error общая ошибка; суммарная ошибка; накопленная ошибка; суммарная погрешность
total float общий запас времени
total formula формула суммы
total harmonic distortion коэффициент нелинейных искажений
total inspection полный контроль
total internal reflection полное внутреннее отражение (в волоконной оптике)
totalize суммировать; подводить итог
to tallest по самому высокому
totalling суммирование; сложение; подитоживание; подведение общего итога
total-load program автономная программа (не требующая загрузки дополнительных программ)
total loss суммарные потери; общие потери
totally вполне; полностью
totally self-checking circuit схема с полным самоконтролем
total machine time общее машинное время
total mechanism итоговый сумматор; механизм образования суммы; суммирующее устройство
total ordering нестрогий порядок (тип отношения между элементами множества); общий порядок; общее упорядочение
total pages число страниц
total printing печать суммы
total record итоговая запись
total satisfaction guarantee общая гарантия качества
total time суммарное время; полное время
touch 1. касание; 2. касаться; затрагивать
touch-control keyboard сенсорная клавиатура

touch display сенсорный дисплей
touch-input control сенсорное устройство ввода
touch-input device сенсорное устройство ввода; устройство сенсорного ввода
touch keyboard сенсорная клавиатура
touch method with ten fingers десятипальцевый метод (набора на клавиатуре)
touch monitor сенсорный монитор; монитор с сенсорным экраном
touchpad сенсорный планшет; манипулятор курсора типа Touchpad; сенсорное координатно-управляющее устройство; тактильное поле; сенсорная панель
touch panel сенсорная панель; сенсорный экран
touchpen CRT monitor монитор с сенсорным экраном и перьевым вводом
touch points per inch количество чувствительных к прикосновению точек на дюйм
touch regulator регулятор удара
touch roll прижимной ролик
touch screen сенсорный экран
touch-sensitive сенсорный
touch-sensitive device сенсорное устройство
touch-sensitive display сенсорный дисплей
touch-sensitive screen сенсорный экран
touch-tone dialling кнопочный тональный набор
touchtone telephone телефон с тональным набором
touch-type печатать слепым методом
touch-type keyboard клавиатура, позволяющая печатать вслепую
tough user небрежный пользователь
tout зазывать; расхваливать; навязывать; рекламировать
tower напольный корпус; тумбовое исполнение; башенный корпус
tower case башенный корпус; напольный корпус
to widest по самому широкому
toy problem искусственная задача; модельная задача
TP 1. транспортный протокол; 2. обработка транзакций; 3. витая пара; 4. маршрут передачи данных
TPA область временного хранения программ
TPAU устройство доступа к кабелю «витая пара»
TPC 1. Совет по обработке транзакций; Совет по оценке производительности обработки транзакций; 2. набор стандартов для тестирования СУБД
TP cable кабель «витая пара»
TPC-C набор тестов, разработанных Transaction Processing Council
TPC-CS тест измерения производительности систем OLTP в архитектуре клиент/сервер
TPC-D тест измерения производительности систем поддержки принятия решений
TPC-E тест измерения производительности систем OLTP
TPD транспортный протокол для пересылки данных
TPEP программа оценки надежности продуктов и сетей
TP-FDDI экранированная витая пара-FDDI
tpi дорожек на дюйм
T-pipe Т-конвейер
TPL библиотека корректировок; библиотека исправленных частей кода
TPMA множественный доступ с передачей маркера
tpmC транзакций класса C в минуту
TP monitor администратор транзакций; монитор транзакций; монитор обработки транзакций
TP monitoring ТР-мониторинг
tppi количество чувствительных к прикосновению точек на дюйм
TP-PMD витая пара, зависящая от физической среды

TP-R тиражирование в системах обработки транзакций; репликация в системах обработки транзакций

TPS 1. набор тест-кодов; 2. маршрут передачи данных

TQM сквозной контроль качества

TR 1. регистр задачи; 2. регистр тестирования

trace 1. регистрация; след; трассировка; 2. полоса (САПР); 3. отслеживать; трассировать; копировать; отыскивать; регистрировать; фиксировать; записывать

traceable caching трассируемое кэширование

trace analysis 1. анализ кривых; 2. трассировочный анализ

trace area область слежения

traceback системная диагностика задач

trace back algorithm алгоритм обратного прослеживания

trace back code код обратного пути

trace bit бит трассировки

trace contour filter фильтр «трассировка контура»

trace-driven управляемый трассировочной записью

trace facility средство трассировки

trace file файл трассировки; трассировочный файл

trace flag флаг трассировки

trace leakage ток утечки между соединениями

trace line соединительная линия

trace point точка трассировки

trace program программа трассировки

tracer 1. средство трассировки; 2. следящее устройство; прибор обнаружения неисправностей

traceroute utility трассировка маршрута (в сети)

trace routine программа трассировки

trace table таблица слежения

tracing 1. трассировка; отслеживания; поиск; 2. калькирование

tracing facilities средства поиска

tracing routine программа контроля последовательности; программа трассировки; регистрирующая программа

track 1. дорожка; 2. проводник; 3. учебная программа; учебный курс; 4. данные отслеживания; 5. отслеживать

track accuracy точность установки на дорожку

track address адрес дорожки

track angle угол наклона дорожки

track assignment распределение дорожек

track-at-once recording одномоментная запись дорожки

trackball трекбол; указательное устройство; шаровой указатель; шаровой манипулятор; координатный шар

track-by-track copy program программа копирования по дорожкам

track density число дорожек на единицу ширины; поперечная плотность записи

track descriptor описатель дорожки

tracker ограничивающий прямоугольник; рамка объекта

tracker ball шаровой манипулятор; трекбол

track-error mark метка ошибки при передаче; маркер ошибки при передаче данных

track format формат дорожки

track hold блокировка дорожки; захват дорожки

track index индекс дорожки

tracking 1. трекинг; 2. установка междустрочного интервала; установка интерлиньяжа; 3. отслеживание; контроль; трассировка; 4. определения местонахождения; 5. разметка

tracking/actuals fields поля отслеживания/фактических значений

tracking ball шаровой манипулятор

tracking cross следящее перекрестие

tracking options параметры отслеживания

tracking signal сигнал слежения

tracking speed скорость отслеживания

tracking symbol символ трассировки

track label метка дорожки

track mark маркер дорожки

track number номер дорожки; номер цилиндра

track overflow переполнение дорожки

track overrun переполнение дорожки

trackpad сенсорная панель; координатно-указательное устройство; указывающее устройство

track pitch расстояние между соседними дорожками; интервал между дорожками; шаг между дорожками

track reference field контрольное поле дорожки

tracks index индекс дорожек

track spacing шаг между дорожками

track switching matrix матрица переключения дорожек

track table таблица распределения дорожек

track-to-track seek time время перехода с дорожки на дорожку

track width ширина дорожки

traction bar тяга

tractor drive тянущая передача

tractor feed 1. непрерывная подача (перфорированной бумаги); подача бумаги зубчаткой; подача перфорированной бумаги; 2. устройство протяжки бумаги; механизм протяжки бумаги

trade занятие; профессия

Trade Board комиссия по урегулированию спорных вопросов

trademark товарный знак; торговая марка

trade-off компромисс; соотношение; принятие компромиссных решений

trade-off analysis анализ компромиссный решений

trade-off decision компромиссное решение

trade secret производственный секрет; секрет фирмы

trade show выставка-ярмарка; коммерческий просмотр; демонстрация

trading over the Internet торговые операции через Internet

tradition-bound programmer консервативный программист

traffic поток обмена информацией; трафик; рабочая нагрузка

traffic ability способность к информационному обмену

traffic analysis анализ трафика

traffic area зона связи; область информационного обмена

traffic channel информационный канал; канал информационного обмена

traffic class класс трафика

traffic control 1. управление трафиком; управление рабочей нагрузкой; 2. управление информационными транспортными потоками

traffic division разделение рабочей нагрузки

traffic efficiency эффективность информационного обмена

traffic flow confidentiality конфиденциальность потока трафика; конфиденциальность трафика

traffic level уровень трафика

traffic load нагрузка по потоку сообщений

traffic management system система управления трафиком

traffic matrix матрица потоков; матрица трафика

traffic overboard protection защита трафика от перегрузки

traffic padding подстановка трафика

traffic pilot мультиплексор; устройство управления выполнением нескольких команд

traffic requirement matrix матрица трафика

traffic-service category категория транспортных услуг (сети)

traffic shaping управление формой трафика

traffic terminal связной терминал

trailer 1. концевик; завершитель; трейлер; 2. концевой; хвостовой; конечный; задний

trailer label конечная метка; маркер конца

trailer record концевая запись

trailing конечный; хвостовой

trailing blanks конечные пробелы; пробелы в конце полей
trailing decision замыкающее решение
trailing edge задний фронт (импульса)
trailing end задний конец (ленты)
trailing spaces конечные пробелы
trailing zero конечный нуль
train 1. устройство из последовательных элементов; ряд; серия; цепочка; 2. обучать
trained user обученный пользователь
training 1. обучение; тренировка; 2. учебный
training aids средства обучения
training computer обучающая ЭВМ
training game учебная игра; обучающая игра
training infrastructure инфраструктура системы обучения
training mode режим обучения
training philosophy методы подготовки кадров
train printer цепной принтер
trajectory траектория
tranking транкирование; агрегирование (портов); объединение (каналов)
transaction 1. транзакция; обработка запроса; 2. входное сообщение; 3. деловая операция; сделка
transactional attribute атрибут «транзакционный»
transactional data store транзакционное хранилище данных
transaction and variable data данные транзакций и переменных
transaction backout отмена транзакции; откат
transaction backout volume том отмены транзакции
transaction-based file system файловая система с поддержкой транзакций
transaction-based journaling журнализация на основе транзакций; ведение журнала транзакций
transaction-based replication репликация на основе транзакций; тиражирование на основе транзакций
transaction center концентратор транзакций
transaction code код транзакции
transaction commitment подтверждение транзакции; фиксация транзакции; завершение транзакции
transaction completion завершение транзакции
transaction control механизм управления транзакциями
transaction control управление транзакциями
transaction data параметры транзакции; данные транзакции
transaction/database activity воздействие транзакции на базу данных
transaction file файл транзакций; временный файл текущей информации; деловой файл; файл операции; файл входных сообщений; вспомогательный файл; файл изменений
transaction fixing фиксация транзакции
transaction graph граф транзакций
transaction ID идентификатор транзакции
transaction in doubt сомнительная транзакция
transaction-intensive system система, ориентированная в основном на транзакции
transaction key клавиша управления коммутацией сообщений
transaction log журнал транзакций
transaction logic логика формирования транзакций
transaction management software программное обеспечение управления транзакциями
transaction management system система управления транзакциями
transaction manager администратор транзакций; монитор транзакций; монитор обработки транзакций; TP-монитор
transaction monitoring мониторинг транзакций
transaction-oriented system диалоговая система обработки запросов

transaction processing обработка транзакций
Transaction Processing Council 1. Совет по обработке транзакций; 2. набор стандартов TPC
transaction processing development suite комплект приложений для обработки транзакций
transaction processing monitor монитор обработки транзакций; администратор транзакций
Transaction Processing Performance Council Совет по оценке производительности обработки транзакций
transaction processing replication тиражирование в системах обработки транзакций
transaction redo log журнал повтора транзакций
transaction rollback отмена транзакции
transaction roll-forward повтор транзакции
transaction routing стандартная программа операций
transaction security system система безопасности транзакций; система защиты транзакций
transaction server сервер обработки транзакций
transaction service служба обработки транзакций
transactions file журнал транзакций; файл изменений
transactions log журнал транзакций
transactions monitor монитор транзакций; администратор транзакций
transaction software программное обеспечение обработки транзакций
transaction system система обработки запросов; система обработки транзакций
transaction tape детальная лента
transaction tracking system система отслеживания транзакций; система контроля транзакций; система регистрации транзакций; средство TTS
transborded data flow поток данных через границу государства
transborder flow поток данных через границу государства
transceiver трансивер; приемопередатчик
transceiver code передаточный код
transceiver interface module модуль интерфейсного приемопередатчика
transceiver/interface unit блок приемо-передачи/интерфейса
transcend превосходить; превышать
transcendental трансцендентный
transcendental equation трансцендентное уравнение
transcriber 1. устройство воспроизведения; 2. устройство преобразования формата данных
transcription 1. переписывание; 2. копия; 3. транскскрибирование; транскрипция
transcription break разрыв линии с надписью на блок-схеме
transcriptive data преобразуемые данные
transducer преобразователь; датчик
transfer 1. передача; пересылка; перенос; перемещение; 2. преобразование; 2. передача управления; команда перехода; передавать; 3. пересылать; 4. передавать (управление); 5. преобразовывать
transferability переносимость
transfer address адрес буфера дисковой операции
transfer check контроль правильности передачи; контроль передачи; проверка передачи
transfer control переходить; передавать управление
transfer database преобразовать базу данных
transfer device передающее устройство
transfered information 1. переданная информация; 2. количество сообщенной информации
transfer function 1. функция преобразования; 2. передаточная функция
transfer impedance передаточное полное сопротивление
transfer in вход в блок

transfer instruction команда перехода
transfer interpreter трансфертный интерпретатор
transfer loop 1. цикл синхронизации; 2. сдвигающая цепь
transfer mail передать почту
transfer matrix матрица передачи; передаточная матрица
transfer medium передающая среда
transfer of control передача управления
transfer of technology передача технологии
transfer out выход из блока
transfer paper копировальная бумага
transfer payment передаточные платежи; трансфертные платежи
transfer protocol коммуникационный протокол
transfer rate скорость передачи
transfer table таблица переходов; переключатель
transfer target 1. точка передачи управления; 2. место назначения; приемник
transfer time время передачи
transfer to baseline пересылка в базовый
transfer type тип преобразования
transfer unit порция обмена; блок обмена; слово обмена
transfer vector таблица передачи управления
transfluxor matrix memory матричная память на трансфлюксорах
transform 1. преобразование; трансформация; превращение; 2. преобразовывать; трансформировать
transformation трансформация; преобразование; превращение
transformational criterion критерий трансформационного анализа
transformational grammar трансформационная грамматика
transformation matrix матрица преобразования
transformation semantics трансформационная семантика
transformation semigroup полугруппа преобразования
transform domain область преобразования
transform engine процессор преобразований; механизм преобразования; процессор трансформации
transformer 1. трансформатор; 2. преобразователь
transient 1. бросок питания; кратковременное повышение напряжения; 2. переходной процесс; 3. нерезидентный; 4. переходный; кратковременный; временный; 5. транзитный
transient analysis анализ переходных процессов
transient analyzer анализатор переходных процессов
transient area нерезидентная область; транзитная область
transient behavior переходный режим
transient command нерезидентная команда
transient curve кривая переходного процесса
transient data 1. динамическая информация; переменная информация; 2. транзитные данные
transient diagram диаграмма перехода
transient equation 1. уравнение переходного процесса; 2. уравнение для переходного режима
transient error перемежающаяся ошибка; неповторяющаяся ошибка; спорадическая ошибка; нерегулярная ошибка; случайная ошибка; сбой
transient failure самоустраняющийся отказ; исчезающий отказ
transient fault неустойчивая неисправность; перемежающаяся неисправность
transient instruction нерезидентная команда
transient member временный элемент (набора)
transient module транзитный модуль
transient object временный объект
transient portion нерезидентная часть системы; рабочая часть
transient program area область временного хранения программ

transient routine нерезидентная программа
transient routine area поле транзитной программы
transient state переходное состояние; переходный режим; промежуточное состояние; неустойчивое состояние
transinformation content количество обобщенной информации; объем переданной информации
transistorized counter счетчик на транзисторах
transistor-transistor logic транзисторно-транзисторная логика; ТТЛ
transit delay задержка передачи; транзитная задержка
transit exchange транзитная станция
transition переход; перемещение; переход
transitional monitor монитор передачи управления; монитор перехода
transition count число логических переходов
transition effect эффект смены слайдов (в программах презентации)
transition function переходная функция
transition graph граф переходов
transition lookaside buffer буфер опережающей выборки при передачах
transition matrix матрица переходов
transition network сеть переходов
transition probability matrix матрица вероятностей переходов
transition style тип переходного эффекта
transition table таблица переходов
transitive транзитивный
transitive closure транзитивное замыкание
transitive dependence транзитивное отношение; транзитивная зависимость
transitive graph транзитивный граф
transitive law закон транзитивности
transitive relation транзитивное отношение
transitive synchronization транзитивная синхронизация
transitivity транзитивность
transit time время переключения
translate 1. трансляция; конвертирование; преобразование; 2. перемещать; 3. переводить; транслировать; пересчитывать; преобразовывать; 4. сдвигать
translate file преобразовать файл
translate mode режим трансляции
translating трансляция; преобразование
translating machine 1. преобразующая ЭВМ; машина-транслятор; 2. трансляционная ЭВМ (в сети с коммутацией пакетов); 3. машина-переводчик
translating of numbers перевод чисел; преобразование чисел
translating router транслирующий маршрутизатор; маршрутизатор, выполняющий преобразование
translating time время трансляции
translation 1. перевод; 2. преобразование; трансляция; конвертирование; 3. сдвиг; смещение элементов (в графике)
translation algorithm 1. алгоритм преобразования; алгоритм трансляции; 2. алгоритм автоматического перевода
translation bridging ретрансляция с преобразованием
translation circuit схема преобразования
translation code код трансляции; код преобразования
translation device устройство преобразования
translation limits ограничения трансляции; пределы трансляции
translation lookaside buffer буфер ассоциативной трансляции; буфер быстрой переадресации; буфер быстрого преобразования адресов; буфер динамической трансляции
translation method метод трансляции
translation of data перекодировка данных; преобразование данных

translation principle принцип перевода; метод трансляции

translation process процесс преобразования; процесс перевода; процесс трансляции

translation specification exception особый случай спецификации переадресации

translation table таблица преобразования; таблица страниц; адресная таблица; таблица переадресации; трансляционная таблица

translation tables code код таблиц трансляции

translation unit единица трансляции

translation vector вектор сдвига

translator 1. транслятор; преобразователь; конвертор; 2. программа-переводчик; 3. транслирующая программа

translator control byte байт управления транслятором

translator scheme схема транслятора; схема трансляции

translator writing system система создания трансляторов

transliterate транслитерировать; перекодировать

transliteration транслитерация

translucent просвечивающий; полупрозрачный

translucent object просвечивающий объект; полупрозрачный объект (в графике)

transmirgifation превращение; метаморфоза

transmission 1. передача; пересылка; 2. пропускание; прохождение

transmission adapter адаптер связи; связной адаптер

transmission capacity пропускная способность

transmission channel канал передачи

transmission code код передачи

transmission code violation нарушение кода передачи

transmission coefficient коэффициент передачи

transmission control character символ управления передачей

Transmission Control Protocol управляющий протокол передачи; протокол управления передачей; протокол TCP

Transmission Control Protocol/Internet Protocol протокол управления передачей/межсетевой протокол; протокол TCP/IP

transmission control unit блок управления обменом сообщениями; устройство управления передачей

transmission delay задержка передачи

transmission device устройство передачи данных

transmission equipment аппаратура передачи данных

transmission error ошибка передачи

transmission factor коэффициент пропускания

transmission impairment measurement set набор средств измерения искажений при передаче

transmission interruption прерывание передачи

transmission lag задержка в линии передачи; задержка на линии связи

transmission level уровень передачи

transmission line линия передачи

transmission link звено передачи данных

transmission loss потери при передаче

transmission media среда передачи данных

transmission medium 1. передающая среда; среда передачи данных; 2. средство передачи

transmission of digital information передача цифровой информации

transmission of metering intelligence передача измеренного значения

transmission performance скорость передачи (данных)

transmission repetition повторение передачи

transmission reversal реверсирование передачи

transmission speed скорость передачи данных

transmission technology технология передачи данных

transmit передавать; посылать; распространять; пересылать

transmit channel канал передачи

transmit data передавать данные

transmit-data buffer буфер передаваемых данных

transmit data with HDLC framing передавать данные в соответствии с протоколом HDLC

transmit mode режим передачи

transmit silence передавать тишину

transmitted error внесенная ошибка

transmitted light преломленный свет

transmitted-start code стартовый код трансмиттера

transmitter 1. отправитель; передатчик; трансмиттер; 2. радиопередатчик; 3. телепередатчик; 4. микрофон

transmitter-distributor трансмиттер-распределитель

transmitter/receiver interface интерфейс приема/передачи

transmitting element передающий элемент

transmitting subscriber identification кадр TSI; кадр идентификации передающего абонента

transmitting unit устройство передачи

transmit window окно передачи

transmute превращать

transparencies диапозитивы

transparency 1. пленка; слайд; 2. прозрачность; незаметность

transparency grid сетка прозрачности

transparency lens линза «прозрачность» (в графических пакетах)

transparency level степень прозрачности

transparent прозрачный

Transparent Asynchronous Transmitter/Receiver Interface «прозрачный» асинхронный интерфейс приема/передачи

transparent background прозрачный фон

transparent border прозрачная линия границы

transparent bridge прозрачный мост (в сети)

Transparent Bridging Standard стандарт прозрачных мостов; стандарт TBS

transparent code прозрачный код; легко читаемая программа

transparent color цвет прозрачности

transparent data прозрачные данные; абстрактные данные

transparent data channel прозрачный канал передачи данных

transparent interface прозрачный интерфейс

transparent language язык с очевидной семантикой

transparent mode прозрачный режим

transparent multiprocessing прозрачная мультипроцессорная обработка

transparent source route bridging маршрутизация от источника с функциями прозрачного моста

transparent to the user прозрачный для пользователя

transparent transmission кодонезависимая передача

transponder ретранслятор; транспондер; повторитель сигналов

transport 1. транспортное средство; средство передачи данных; транспортный протокол; 2. переносить; перемещать; транспортировать

transportability 1. мобильность; переносимость; транспортируемость; 2. способность к передаче информации

transportable computer транспортируемый компьютер

transport address транспортный адрес

transportation операция транспортировки

transportation algorithm алгоритм решения транспортной задачи

transportation lag транспортное запаздывание

transport connection транспортное соединение

Transport Driver Interface интерфейс транспортных протоколов

transport factor коэффициент переноса

Transport Independent AppleTalk транспортно-независимый протокол среды AppleTalk

Transport Independent Remote Procedure Call удаленный вызов процедуры, независимый от транспортных средств

transport layer транспортный уровень

transport layer interface интерфейс транспортного уровня

transport layer protocol протокол транспортного уровня

Transport Level Interface интерфейс транспортного уровня; интерфейс TLI

transport module транспортный модуль

transport network data unit блок данных транспортной сети

transport network node транспортный узел сети; асинхронный коммутатор

transport problem транспортная задача

transport protocol транспортный протокол; протокол транспортного уровня

transport protocol for data services транспортный протокол для пересылки данных

transport station транспортная станция

transport station address адрес транспортной станции

transport station address space адресное пространство транспортной станции

transport system система доставки

transport theory теория перевозок

transpose переставлять; транспонировать

transposed matrix транспонированная матрица

transposition транспозиция; транспонирование

transposition cipher перестановочный шифр

transputer транспьютер

transputer array матрица транспьютеров

transversality трансверсальность

transverse поперечный

transverse axis поперечная ось

transverse check поперечный контроль; контроль поперек дорожек

transverse recording поперечно-строчная запись

transverse sum поперечная сумма

trap 1. реакция на исключительную ситуацию; 2. внутреннее прерывание; прерывание при возникновении непредусмотренной ситуации; системное прерывание; 3. захват; ловушка; 4. треппинг; 5. перехватывать

trap base register регистр базы ловушек; регистр особых прерываний; регистр TBR (в RISC-архитектуре SPARC)

trap door «лазейка» (в системе защиты)

trapdoor security предохранение от прохода через систему защиты

trap event срабатывание ловушки

trapezium method метод трапеций

trapezoid трапециевидное искажение (изображения)

trapezoidal integration вычисление интеграла по формуле трапеций

trapezoidal rule правило трапеций

trap flag флаг трассировки

trap gate вентиль ловушки

trap information информация о треппинге

trap instruction команда прерывания; команда системного прерывания

trappable error перехватываемая ошибка

trapped flux захваченный магнитный поток

trapping 1. треппинг; цветовые ловушки; компенсация (неприводки красок при печати); 2. обнаружение; перехват; 3. прерывание при исключительной ситуации

trapping an event перехват события

trash 1. ненужная информация; мусор; 2. «мусорная корзина» (в графическом интерфейсе)

trash can мусорная корзина

trash folder папка для «мусора»

travelling-salesman problem задача коммивояжера

travelling user путешествующий пользователь; мобильный пользователь

travel-mapping software картографическое программное обеспечение для путешествующих

traversal обход; прохождение; просмотр

traverse 1. пересечение; 2. проход; 3. пересекать; 4. просматривать (массив); 5. обходить (граф)

tray лоток (в дисководах CD-ROM); желоб

tray loader механизм загрузки с помощью лотка

treat 1. обращаться; обходиться; 2. рассматривать; обрабатывать; трактовать; интерпретировать

treatment интерпретация; трактовка; обработка; переработка

treatment time время обработки

tree дерево; древовидная схема

tree automaton автомат над деревьями

tree chart древовидная схема; дерево

tree circuit древовидная схема

tree-coded menu древовидное меню

tree depth глубина дерева

tree entry элемент дерева; элемент древовидного представления

tree-fold в три раза

tree grammar грамматика деревьев; древовидная грамматика

tree graph древовидный график; дерево

tree index древовидный индекс

tree-input adder полный сумматор; сумматор с 3 входами

tree language древовидный язык

tree-level logic трехуровневая логика

tree-like древовидный

tree-like structure древовидная структура

tree link связь в древовидной структуре

tree list control элемент управления «список с древовидным отображением»

tree monochannel древовидный моноканал

tree network древовидная сеть

tree of elements дерево элементов

tree pane область дерева

tree-phase трехфазный

tree-row keyboard трехрядная клавиатура

tree search поиск по дереву; древовидный поиск

tree-search algorithm алгоритм древовидного поиска; алгоритм поиска по дереву

tree search method метод поиска по дереву

tree selection sort древовидная сортировка

tree structure древовидная структура

tree-structured с древовидной структурой

tree-structured architecture древовидная архитектура

tree-structured control древовидная схема управления

tree-structured database древовидная база данных; база данных с древовидной структурой

tree-structured system система с ветвящейся структурой

tree-tier model трехзвенная модель

tree topology древовидная топология

tree traversal обход вершин дерева; обход дерева

tree view control элемент управления «список с древовидным отображением»

tree walking перебор дерева; поиск по дереву; проход по дереву; обход дерева

tree weight вес дерева

trellis-coded modulation решетчатое кодирование

trend тенденция; направления развития; направление

trend analysis анализ тенденций

trend log журнал трендов

trial 1. проба; испытание; попытка; опыт; 2. пробный; испытательный

trial-and-error метод проб и ошибок

trial-and-error adjustment регулировка методом проб и ошибок; уточнение решения методом проб и ошибок

trial-and-error approach метод проб и ошибок

trial-and-error method метод проб и ошибок; метод подбора

trial-and-error test проверка методом проб и ошибок

trial-and-error testing проверка методом проб и ошибок

trial design пробная конструкция; опытный образец

trial divisor начальный делитель; пробный делитель; начальное значение делителя

trial function пробная функция

trial run пробный прогон

trial version оценочная версия; пробная версия

triangular треугольный

triangular function generator генератор треугольной функции

triangular matrix треугольная матрица

triangular waveform сигнал треугольной формы

triangulation триангуляция

tributary station подчиненная станция

trick уловка; хитрость; прием

trickle charging непрерывная подзарядка (батарей)

trickology замысловатое программирование

tricky coding хитроумное программирование; хитроумное кодирование

tridiagonal matrix тридиагональная матрица

trie TRIE-структура

tried technology проверенная технология; опробованная технология

trie search трай-поиск

trigger 1. триггер; пусковая схема; 2. присоединенная процедура; 3. запускать; срабатывать; инициировать; отпирать

trigger an event возбудить событие

trigger button кнопка пуска

trigger circuit триггерная схема

trigger condition условие срабатывания; условие триггера

triggering запуск; срабатывание; прерывание; взведение триггера

triggering event запускающее событие; инициирующее событие

triggering queue очередь инициирования вызова

trigger interface запускающий интерфейс

trigger level уровень переключения

trigger output выход триггера

trigger restriction ограничение триггера

trigonometric functions тригонометрические функции

trig package тригонометрический пакет

trigraph триграф

trilinear трилинейный

trilinear MIP mapping трилинейная фильтрация MIP-текстур

trilinear texture filtering трилинейная фильтрация текстур

trim исключение; вырезка

trimmed-down version усеченная версия

trimming line линия отсечения

trim of an array вырезка массива

trinary operator трехместная операция; троичная операция

triple 1. тройной; утроенный; трехполосный; 2. утраивать

triple access 1. тройная выборка; 2. тройное обращение

triple click тройной щелчок; мышью

triple coincidence тройное совпадение

triple-coincidence matrix матрица с тройным совпадением

triple error тройная ошибка

triple-error correcting code код с исправлением тройных ошибок

triple pass тройной проход

triple-ply трехэкземплярный

triple precision утроенная точность

tripler утроитель

triple state тройное состояние

triple-state с тремя состояниями

triple-state toggle button кнопка-переключатель с тремя состояниями

triplet триплет; тройка

triplex font триплексный шрифт

triplex mode триплексный режим

tripling утроение; умножение на три

trip log журнал поэтапной регистрации

tripod координатная тройка; сходящиеся в точке отрезки, показывающие ориентацию осей x, y, z

trip-planning software программы для планирования поездок

tristate с тремя состояниями

tristate logic логические схемы с тремя состояниями

tritone триплекс

Trivial File Transfer Protocol простейший протокол передачи файлов; элементарный протокол передачи файлов; тривиальный FTP

trivial FTP элементарный протокол передачи файлов; тривиальный FTP

trivial graph тривиальный граф

trivial response тривиальный ответ

TRN локальная сеть кольцевого типа

trojan horse «троянский конь»; нетиражируемый вирус

trouble 1. неисправность; повреждение; нарушение; 2. проблема; затруднение; 3. нарушать; повреждать; 4. затруднять; 5. беспокоить

trouble chart таблица неисправностей

trouble-free надежный

trouble-free personal computing безотказные вычисления на персональных компьютерах

trouble indication индикация неисправностей

trouble lamp лампочка аварийной сигнализации

trouble-location problem задача локализации неисправности

trouble sectionalization секционирование для выявления неисправностей

troubleshoot искать и устранять неисправности

troubleshooting поиск неисправностей; поиск и устранение проблемы; диагностика; отладка; выявление недостатков; устранение неполадок; выявление ошибок; устранение ошибок

troubleshooting data данные диагностики; информация для поиска неисправностей

troubleshooting guide руководство по устранению неисправностей

troubleshooting phase этап диагностики неисправностей

troubleshooting problem диагностическая задача

troubleshooting routine диагностическая программа

troubleshooting test диагностический тест

troublesome 1. ненадежный; 2. затруднительный

trouble-ticketing application приложение классификации проблем

TRT время оборота маркера; временной интервал до возвращения маркера в сети Token Ring

true 1. истина; 2. истинный; правильный

true add истинное сложение

true address истинный адрес

true bit lines разрядные линии прямого кода

true carry истинный перенос

true color естественный цвет; истинная цветопередача; 24-разрядные цвета

true-color image изображение с реальными цветами

TrueColor mode графический режим с реальными цветами; графический режим с поддержкой 16,7 млн. цветов
true compatible полностью совместимый
true complement точное дополнение
true/false истина/ложь
true instruction истинная команда
true multitasking истинная многозадачность; реальная многозадачность
trueness истинность
trueness of data истинность данных
trueness of expression истинность выражения
true perspective реальная перспектива; истинная перспектива (в САПР)
true proposition истинное высказывание
true push «настоящее Web-вещание»
true state истинное состояние
true statement истинное утверждение
True Type font шрифт True Type
true value фактическое значение
truncate 1. усечение; отбрасывание младших разрядов; 2. усекать; округлять; укорачивать; отбрасывать; отсекать
truncated binary exponential backoff усеченный экспоненциальный двоичный алгоритм отсрочки (в ЛС)
truncated corner усеченный угол
truncate distribution усеченное распределение
truncated line cap усеченный конец линии
truncation усечение; отбрасывание; досрочное завершение
truncation condition условие прерывания
truncation error ошибка отбрасывания; погрешность отбрасывания; ошибка усечения; ошибка округления
trunk магистраль; соединительная линия; канал; канал связи; магистральный канал; шина
trunk access доступ к магистрали; доступ к соединительным линиям
trunk access node удел доступа к магистрали
trunk channel магистральный канал
trunk circuit 1. магистральная линия; 2. междугородный канал
trunk coupling unit устройство связи с магистралью
trunk exchange магистральная станция; междугородная станция
trunk group магистральная группа каналов связи
trunking 1. транкинг; организация магистральной сети; 2. объединение; группирование (портов)
trunk interface интерфейс магистрального канала
trunk line магистральная линия; магистраль; магистральный канал
trunk monochannel магистральный моноканал
trust надежный; проверенный
trusted надежный; проверенный; достоверный; доверительный; доверенный
trusted computer base достоверная компьютерная база
trusted computer system evaluation criteria критерии оценки пригодности компьютерных систем
trusted connections доверительные соединения
trusted database interpretation интерпретация достоверных баз данных
trusted distribution достоверная доставка
trusted domain домен, с которым установлены доверительные отношения
trusted facility management управление достоверными средствами
trusted facility manual руководство по достоверным средствам
trusted functionality функциональная достоверность; доверительность

trusted network надежная сеть; защищенная сеть
trusted network interpretation интерпретация достоверных сетей; интерпретация надежной сети
trusted path достоверный маршрут
trusted recovery достоверное восстановление
trusted software достоверное программное обеспечение
trusted system достоверная система
trustee уполномоченный объект; «опекун»
trustee access rights права доступа опекуна
trustee assignment назначение опекуна; назначение полномочий объекту; присвоенные полномочия доступа
trustee list список уполномоченных объектов
trustee rights права уполномоченного объекта; опекунские права; права опекуна
trustee type тип опекуна; тип уполномоченного объекта
trust funds доверительные фонды
trusting domain доверяющий домен (в сетях NT)
trust relationships доверительные отношения (между доменами)
truth правда; истина; истинность
truth diagram диаграмма истинности; таблица истинности
truth function функция истинности
truth table таблица истинности
truth value истинностное значение
try block блок повторных попыток (запуска программы после сбоя)
tryout version пробная версия; оценочная версия
TSA Объединение по техническому сопровождению
TSAPI интерфейс программирования сервисных приложений телефонной связи
TS dispatcher диспетчер режима разделения времени
TSI кадр идентификации передающего абонента
TSO система разделения времени
TSO command language язык команд режима разделения времени
TSP категория услуг при предоставлении связи
TSPI интерфейс поставщика телефонных услуг
TSR программа, резидентная в памяти; резидентная программа; TSR-программа
TSRM технология перепроектирования систем
TSR program программа; резидентная в памяти
TSS 1. Сектор стандартизации телекоммуникаций; 2. сегмент состояния задачи; 3. система безопасности транзакций
TSW таймерный переключатель
TT связной терминал
TTL транзисторно-транзисторная логика; транзисторно-транзисторные логические схемы; ТТЛ
TTM тонкопленочная транзисторная матрица
TTRT контрольное время обращения маркера; ожидаемое время обхода кольца Token Ring маркером
TTS 1. система протоколирования транзакций; система регистрации транзакций; система отслеживания транзакций; система автоматической отмены транзакций; 2. преобразование текста в речь
TTS conversion преобразование текста в речь
TTY телетайп
T-type flip-flop Т-триггер
tube трубка; лампа
tuckaway keyboard выдвижная клавиатура
tumbling кувыркание; динамическое изображение вращающихся вокруг оси примитивов
tunable parameter настраиваемый параметр
tune 1. регулировка; 2. настройка; 3. тон; мелодия; мотив; 4. регулировать; настраивать; 5. редактировать
tuner 1. тюнер; 2. устройство настройки; орган настройки; 3. согласующее устройство (линии передачи)

531

tuning регулировка; настройка

tuning keyboard настроечная клавиатура

tunnel connection сетевое соединение, использующее туннелирование

tunneling туннелирование

tunneling router шифрующий маршрутизатор

tuple кортеж

tuple-structured data данные в форме кортежей

turbo быстрый режим; наивысшая из двух частот работы процессора

turbo button кнопка режима «турбо»

turbo FAT индексированная таблица размещения файлов

Turbo FAT index table таблица индексов Turbo FAT

turbo speed повышенная скорость; турбо-режим

Turing computable вычислимый по Тьюрингу

Turing machine машина Тьюринга

Turing-type computer вычислительная машина типа машины Тьюринга

turn вращаться; поворачиваться

turn about time время смены направления передачи в полудуплексной линии связи

turnaround document сквозной документ; оборотный документ

turnaround time 1. время двустороннего обмена; время оборота; полное время; оборотное время; время оборачиваемости; 2. время реверсирования направления передачи; 3. длительность подготовки производства; 4. длительность цикла обработки

turnkey готовый к использованию; со «сдачей под ключ»

turnkey approach принцип «сдачи под ключ»

turnkey operation сдача «под ключ»

turnkey solution готовое решение

turnkey system система, сдаваемая «под ключ»

turnkey vendor поставщик готовых систем

turn off выключать

turn-off bias запирающее напряжение смещения

turn on включать

turnover 1. оборот; 2. коэффициент текучести рабочей силы

turn-tape switching center коммутационный центр с переводом информации на ленту

turtle graphics графика в относительных командах

tutor обучающая система; инструктор; учитель

tutorial 1. учебное пособие; самоучитель; учебник; учебное руководство; введение; 2. обучающая программа; средство обучения

tutorial material учебные материалы

tutoring heuristics эвристика обучения

TV monitor телемонитор

TV-out телевизионный выход; выход для передачи сигнала на телевизор

TV-PC ПК/ТВ; устройство, комбинирующее персональный компьютер и телевизор

TV-quality телевизионное качество; качество видео, близкое к телевизионному

TV screen экран телевизора

TV server сервер интерактивного телевидения

TV services телевизионные услуги; телесервис

TV set-top box телевизионная компьютерная приставка; приставка, монтируемая на телевизор

TV tuner телевизионный тюнер

TV video monitor телевизионный видеомонитор

TWAIN технология без определенного адресата

TWAIN driver драйвер TWAIN

TWAIN Source Manager диспетчер TWAIN-устройств

tweening заполнение промежутков; вырисовка промежуточных кадров

twiddle тильда

twin 1. близнец; 2. двойной; сдвоенный; спаренный

twinaxial cable биаксиальный кабель

twinaxial interface биаксиальный интерфейс

twin band двойная лента; сдвоенная лента

twin channel interface двухканальный интерфейс

twin check двойная проверка; проверка дублированием; двойной просчет

twin disk memory сдвоенное запоминающее устройство на дисках

twin jack 1. сдвоенное гнездо; 2. сдвоенный переключатель

twinning 1. сдваивание; 2. двойниковый

twirl filter фильтр «завиток»; фильтр, создающий эффект воронки (в графических пакетах)

twist скручивание (вид графического преобразования)

twisted cable витой кабель

twisted pair витая пара

twisted pair cable кабель «витая пара»; кабель типа «витая пара»

twisted pair extension удлинитель для витой пары

Twisted Pair-FDDI (экранированная) витая пара-FDDI

Twisted Pair-Physical Medium Dependent витая пара, зависящая от физической среды

twisted pair wire кабель типа «витая пара»; кабель типа «витая пара»

twisting скручивание

twisting an image скручивание изображения

twisting the camera поворот кадра

twistor array твисторная матрица

twistor memory память на твисторах

two-access mechanism механизм двойного доступа

two-address двухадресный

two-address architecture двухадресная структура

two-address code код двухадресной команды

two-address computer двухадресная ЭВМ

two-beat cycle двухфазный цикл

two-channel switching переключение по двум каналам

two-color bitmap pattern двуцветный узор из растрового изображения

two-color bitmap pattern fill двуцветная заливка узором из растровых изображений

two-color fountain fill двуцветная градиентная заливка

two-color pattern двухцветный узор

two-coordinate address двухкоординатный адрес

two-coordinate addressing двухкоординатная адресация

two-dimensional двумерный

two-dimensional array 1. двумерная плоская матрица; 2. двумерный массив

two-dimensional file двумерный файл

two-dimensional graph двумерный граф

two-dimensional image двумерное изображение

two-dimensional matrix двумерная матрица

two-dimensional placement алгоритм двумерной компоновки

two-dimensional plane двумерная плоскость

twofold двукратный; удвоенный

two-head recording запись с использованием двух головок

two-input circuit схема с двумя входами

two-input table таблица с двумя входами

two-level address двухуровневый адрес; косвенный адрес

two-level circuit 1. двухуровневая схема; 2. двухступенчатая схема

two-level memory двухуровневая память

two-linked list двусвязный список

two-norm норма по скалярному квадрату

two-pair cable двухпарный кабель

two-part address двухкомпонентный адрес

two-pass двухпроходный

two-pass assembler двухпроходный ассемблер
two-pass compiler двухпроходный компилятор
two-person game игра двух лиц; игра для двух лиц
two-phase commit двухфазное подтверждение транзакции; двухфазная фиксация; двухфазная запись данных; обоюдный контроль завершения транзакции
two-phase locking двухфазное блокирование
two-point perspective угловая перспектива
two-priority discipline двухприоритетное обслуживание; дисциплина с двумя приоритетными уровнями
two-rail code парафразный код
two's complement двоичное дополнение; дополнение до двух; двоичный дополнительный код
two-segment callout двухсегментная выноска
two-set buffer сдвоенный буфер
two-sided board двусторонняя плата
two-sided printing печать на обеих сторонах листа; двусторонняя печать
two-spot двоеточие
two-stage operation двухступенчатая операция
two-stage sampling двухступенчатая выборка
two-terminal device элемент с двумя выводами; двухполюсник
two-tier двухуровневый
two-tier architecture двухуровневая архитектура
two-tier client/server middleware двухзвенное клиент-серверное промежуточное программное обеспечение; двухуровневое связующее ПО клиент/сервер
two-tier model двухуровневая модель; двухзвенная модель
two-to-four conversion переход от двухпроводной линии к четырехпроводной
two-valued decision element двоичный решающий элемент
two-variable matrix матрица функции двух переменных
two-way 1. двухканальный; 2. двойной; 3. двусторонний; 3. дуплексный; 4. двухпроцессорный
two-way alternate communication полудуплексная связь
two-way alternate interaction двустороннее поочередное взаимодействие
two-way alternate operation двусторонняя поочередная передача
two-way alternative communication двусторонний поочередный обмен
two-way array двумерная классификация
two-way associative cache двухвходовый ассоциативный кэш
two-way circuit двухканальная схема; дуплексный канал
two-way classification классификация по двум признакам
two-way communication двусторонняя связь
two-way communications двухсторонние коммуникации
two-way exchange двусторонний обмен
two-way layout двухфакторная схема (дисперсионного анализа)
two-way list двунаправленный список
two-way merge двойное слияние
two-way set-associative cache двухвходовый кэш с множественной ассоциацией
two-way simultaneous communication двусторонний одновременный обмен; дуплексная связь
two-way simultaneous interaction двустороннее одновременное взаимодействие
two-way simultaneous operation двусторонняя одновременная передача
two-way tool 1. инструментальное средство двунаправленной разработки; 2. инструментарий двойного назначения; двухфункциональный инструментарий; инструментальное средство, реализующее двойной подход к разработке приложений; 3. технология соответствия визуального представления и кода

two-way trust relationship двусторонние доверительные отношения
two-wire channel двухпроводный канал
two-wire circuit двухпроводная цепь
two-wire line двухпроводная линия
TWX телетайпный обмен
TX число переданных ячеек (ATM)
txCells число переданных ячеек
tying streams связывание входного и выходного потоков
typamatic keyboard клавиатура с автоматическим повторением
type 1. вид; тип; класс; род; 2. шрифт; 3. печатать; набирать на клавиатуре
type-ahead упреждающий; опережающий
type-ahead buffer буфер клавиатуры; буфер опережающего ввода; буфер вводимых символов
type assistent помощник по правописанию (программа)
type association присвоение типа; присваивание типа
type attribute описатель типа
type bar литерный стержень; литерный рычаг
type bar printer принтер с литерными рычагами
type body тело литеры; литера
type box шрифтовая каретка
type cast приведение типа
typecasting приведение типа
type check 1. контроль типов; проверка типов; 2. проверять соответствие типов
type coercion приведение типов
type compatibility совместимость типов; соответствие типов
type constructor конструктор типов
type conversion преобразование типов данных
type creator создатель шрифта; создатель типа
typed block типовой блок
typed buffer типизированный буфер
typed constant типизованная константа; типизированная константа
typed document машинописный документ; печатный документ
type declaration описание типа
type-declaration character символ описания типа; символ объявления типа
typedef declaration оператор описания типа (в языке Си); оператор typedef
type definition определение имени типа
typedef name имя typedef
type design 1. начертание шрифта; 2. разработка шрифта
typed expression типизированное выражение
typed file типизированный файл
type disk литерная шайба
typed language язык с контролем типов; язык с определением типов данных
typed object типизированный объект
typed pointer типизированный указатель
type face вид шрифта; гарнитура шрифта; начертание шрифта; очко литеры
typeface family семейство гарнитур
type font печатный шрифт
Type 1 fonts шрифты Type 1
type form рисунок шрифта; начертание шрифта
typefull naming типизированное наименование; использование имен с указанием типов; использование типизированных имен
typeful name полнотиповое имя; имя с типами
type height высота литер
type identifier идентификатор типа
type-in ввод с клавиатуры; набор; впечатывание; вводить

type language язык с определением типов данных

typeless безтиповый; не предусматривающий определения типов данных

typeless name бестиповое имя; имя без типа

typeless naming безтиповое наименование; использование имен без указания типов; использование нетипизированных имен; применение имен без типов

type library библиотека типов

type line линия-контур шрифта

type list список типов

type mismatch несоответствие типов

type name имя типа

type number номер типа

type of card тип карт

type of coding вид кодирования

type of constant тип констант

type of data object тип информационного объекта

type of error вид ошибки

type of light source тип источника света

type of mapping тип текстурирования; тип наложения растрового изображения (на поверхность)

type of object тип объекта

type of operation режим работы

type of style тип стиля

type operation операция типа

type-out вывод на печать

type printer буквопечатающее устройство; шрифтовой принтер

type qualifier спецификатор типа

type safe function name выправленное имя

type safe linking компоновка с использованием имен функций с префиксами типов аргументов и возврата

type set набор шрифтов

typeset quality полиграфическое качество; качество типографского набора

typesetter наборное устройство

typesetting 1. набор текста; типографский набор; 2. типографский; полиграфический

typesetting characters типографские значки

typesetting equipment наборное оборудование

typesetting point пункт

type size кегль шрифта

type specification описание типа; спецификация типа

type statement оператор типа

typewriter пишущая машинка; принтер; печатающее устройство

typewriter keyboard клавиатура типа пишущей машинки

typewriter-type keyboard клавиатура типа пишущей машинки

typewritten speech текст выступления (машинописный)

typical обычная (установка)

typical configuration типовая конфигурация

typical operation conditions типовой рабочий режим

typing 1. ввод с клавиатуры; печатание; набор на клавиатуре; 2. контроль типов

typing error 1. ошибка ввода с клавиатуры; опечатка; 2. ошибка в определении типа

typing of forms запись на бланке

typing system система типов

typographic space control управление разрядкой строк и символов

typography 1. типографское дело; 2. типография; 3. книгопечатание; 4. высокая печать; 5. оформление книги; 6. типографская разметка; интерлиньяж

typography terms типографские соглашения

typology типология

– Uu –

U 4,44 см (единица измерения высоты для вычислительных систем, монтируемых в стойке)

UA агент пользователя; пользовательский агент; абонентская служба

UAE 1. неустранимая ошибка в приложении; невосстановимая ошибка приложения; неустранимая ошибка прикладной программы; критическая ошибка приложения; 2. неидентифицированная ошибка в приложении; 3. уровень агента пользователя

UART универсальный асинхронный интерфейс; универсальный асинхронный приемник/передатчик

UART chip микросхема приемопередатчика последовательного порта

ubiquitous product распространенный продукт; повсеместно встречающийся продукт

UBR передача с не заданной заранее скоростью

UCA универсальная архитектура связи

UCB-lookup table таблица поиска UCB

UCD однородное распределение звонков

UCI 1. универсальный абонентский стык; 2. интерфейс «абонент-система»

UCM модуль связи пользователя; универсальный кабельный модуль; программа связи пользователя

UCOL сверхширокополосная когерентная оптическая локальная сеть

U-component U-компонента

UCR вычитание (цветов) из-под черного; удаление цвета низлежащего слоя; удаление паразитных цветов

UCS 1. объединенная система обслуживания кредитных карточек; 2. система координат пользователя; 3. универсальная коммуникационная система

UCT универсальное скоординированное время; универсальное время

UDC 1. команда, определяемая пользователем; 2. универсальная десятичная классификация

UDF 1. функция, определяемая пользователем; пользовательская функция; 2. каталог файлов пользователя

UDM стандартная модель данных

UDP протокол передачи пользовательских дейтаграмм; протокол дейтаграмм пользователя

UDP/IP протокол пользовательских дейтаграмм/протокол Internet

UDR подпрограмма, определяемая пользователем

UDS универсальная служба каталогов

UDT тип данных, определяемый пользователем

UETP пакет тестов системы

UFI интерфейс, дружественный к пользователю

UFO объекты, знакомые пользователю; привычные пользователям объекты

U-format U-формат; формат U

UHF ультравысокие частоты

UHQ сверхвысокое качество; высочайшее качество

UI интерфейс пользователя; пользовательский интерфейс

UIC 1. устройство абонентского сопряжения; 2. код идентификации пользователя

UID идентификатор пользователя

UIR универсальный инфракрасный канал

UKP британских фунтов (денежная единица)

ULA несвязная логическая матрица

ULANA унифицированная архитектура локальных сетей

ULP протокол верхнего уровня

ULS служба поиска пользователей

ULSR однонаправленное коммутируемое кольцо

ultimate 1. крайний; последний; окончательный; 2. первичный; элементарный; основной; неделимый; 3. предельный

ultimate effect отдаленный эффект

ultimate load предельная нагрузка

ultimate result окончательный результат

ultimate user конечный пользователь

ultradense 3-D circuit объемная микросхема со сверхплотной упаковкой элементов

ultrafast computer сверхбыстродействующий компьютер

ultra-high quality сверхвысокое качество; высочайшее качество

ultra-high-speed сверхвысокоскоростной

ultra-large-scale integration 1. интеграция ультравысокого уровня; 2. с ультравысоким уровнем интеграции

ultra-large-scale-integration circuit ультрабольшая интегральная схема

ultramultisync ультрамультичастотный

ultraportable серхпортативный ПК-блокнот

ultraportable computer сверхпортативный компьютер

ultra-rapid auxilliary store сверхбыстродействующая вспомогательная память

ultrareliable сверхнадежный

ultraspeed сверхбыстродействующий

ultraviolet-erasable programmable read-only memory программируемое ПЗУ с ультрафиолетовым стиранием информации

ultra-wideband coherent optical LAN сверхширокополосная когерентная оптическая локальная сеть

UM 1. абонентская система управления; 2. вынесенный модуль

UMA 1. унифицированная архитектура памяти; архитектура единой памяти; 2. универсальная архитектура для измерений

U-matic tape кассетная видеолента

U-matrix ортогональная матрица

UMB блоки старшей памяти; блоки верхней памяти; UMB-блоки

UME 1. объект управления интерфейс «пользователь/сеть»; 2. контролируемые UNI-объекты

UMIG Группа по универсальному взаимодействию систем передачи сообщений

UML унифицированный язык моделирования

umlaut умляут; две точки над гласной

UMTS универсальная мобильная телекоммуникационная система; универсальная система мобильной связи; универсальная мобильная система связи

unable to open file невозможно открыть файл

unable to register ошибка регистрации

unallowable запрещенный; недопустимый

unallowable code check контроль на наличие запрещенных комбинаций

unambiguity однозначность

unambiguous бесконфликтный; однозначный; однозначно идентифицируемый

unambiguous agreement бесконфликтное соглашение

unambiguous call однозначное обращение

unambiguous grammar однозначная грамматика

unambiguous malfunction однозначный сбой; однозначно идентифицируемый сбой

unambiguous sentence однозначное предложение

unanimous agreement бесконфликтное соглашение; единогласное соглашение

unary arithmetic operators знаки арифметических одноместных операций

unary minus унарный минус

unary operator одноместная операция; знак одноместной операции; символ одноместной операции; унарная операция

unary relation унарное отношение

unassemble дизассемблировать; разбирать

unassign отменить назначение

unate function однородная функция

unattended необслуживаемый; автоматический; работающий без оператора

unattended equipment оборудование, не требующее внимания оператора; аппаратура, работающая в автоматическом режиме

unattended full repair полное восстановление без участия оператора

unattended installation файлы автоматической инсталляции

unattended mode автоматический режим; работа без участия оператора

unattended operation работа без присутствия оператора

unattended terminal необслуживаемый терминал

unattended time время пребывания в необслуживаемом состоянии

unauthorized несанкционированный

unauthorized access несанкционированный доступ

unauthorized duplication несанкционированное копирование

unauthorized intrusion несанкционированный доступ

unauthorized operation несанкционированная операция

unauthorized use of system несанкционированное использование системы

unauthorized user незарегистрированный пользователь

unavailable неготовый; недоступный

unavailable choice недоступный вариант выбора; запрещенная команда меню

unavailable emphasis визуальное блокирование выбора

unbalance 1. дисбаланс; рассогласование; 2. несбалансированный; 3. непарный; незакрытый

unbalanced brackets незакрытые скобки; непарные скобки; несбалансированные скобки

unbalanced data link несбалансированный канал передачи данных; несимметричный канал

unbalanced line несбалансированная линия; несбалансированный канал передачи данных

unbalanced parentheses незакрытые скобки; непарные скобки

unbalanced tree несбалансированное дерево

unbalance factor коэффициент неравномерности нагрузки

unbiased error несистематическая ошибка; случайная ошибка

unbiased estimator несмещенная оценка

unbind освободить; отменить привязку; разобрать

unblanked beam непогашенный луч

unblocked 1. незаблокированный; неблокированный; 2. незаблокированный

unblocked format неблокированный формат

unblocked record неблокированная запись

unblocking 1. разблокировка; деблокирование; 2. распаковка блока

unbound свободный; несвязанный; неограниченный

unbound control несвязанный элемент управления

unbounded 1. неограниченный; 2. несвязанный

unbounded queue неограниченная очередь; очередь неограниченной длины

unbounded variable несвязанная переменная

unbound form несвязанная форма

unbound object frame свободная рамка объекта

unbound report несвязанный отчет

unbound variable несвязанная переменная

unbuffered небуферизованный

unbuffered device устройство без буферизации; безбуферное устройство

unbuffered network сеть без буферизации; сеть без промежуточного накопления информации

unbuffered stream поток без буферизации

unbuffered terminal безбуферный терминал

unbundled attribute конкретный атрибут

unbundled software программное изделие, поставляемое отдельными компонентами

unbundling развязывание (цен)

unburdening уменьшение нагрузки; разгрузка

UNC универсальные правила именования; соглашение об универсальных именах

uncertain неопределенный; сомнительный; недостоверный

uncertain knowledge неопределенные знания; неполностью определенные знания

uncertainty неопределенность; погрешность; недостоверность

unchanged не изменившийся; не измененный

uncheck отменять выбор; отменять установку; отменять проверку

unchecked language язык без контроля типов

unclaimed memory невостребованная память

unclassified information 1. некритичная информация; 2. несекретная информация

unclustered table некластеризованная таблица

UNC name UNC-имя; имя UNC

uncommitted logic array несвязная логическая матрица

uncommitted transaction незавершенная транзакция

uncompatible data несовместимые данные

uncompensated error нескомпенсированная ошибка

uncomplemented variable переменная без отрицания (в булевом выражении)

uncompress распаковывать

uncompression декомпрессия; разуплотнение; распаковка

unconditional безусловный

unconditional branch безусловный переход

unconditional entropy безусловная энтропия; абсолютная энтропия

unconditional inequality безусловное неравенство; абсолютное неравенство

unconditional jump безусловный переход; безусловная передача управления; операция безусловного перехода

unconditional jump instruction команда безусловного перехода; команда безусловной передачи управления

unconditional security безусловная безопасность

unconditional stability criterion критерий абсолютной устойчивости

unconditional statement безусловный оператор

unconditional transfer безусловный переход; безусловная передача управления; команда безусловного перехода; операция безусловного перехода

unconditioned line неприспособленная линия; линия с неэффективным использованием ресурсов

unconfirmed service неподтверждаемая услуга

unconstraint minimization алгоритм безусловной минимизации

unconvertible value непреобразуемое значение

uncorrectable error неисправимая ошибка; некорректируемая ошибка

uncouple разъединять; расцеплять

uncoupling развязывание; развязка; расцепление; разъединение

UNC provider UNC-провайдер; поставщик UNC-имен

UNC redirection переназначение UNC

uncrunching развертывание; разуплотнение; распаковка

uncurve удалить кривую

undamaged file неиспорченный файл

undamaged network сеть с исправными элементами

undecidable неразрешимый

undecipherable неразборчивый; не поддающийся расшифровке

undeclared неописанный

undeclared symbol неописанный символ

undeclared variable неописанная переменная

undefined неопределенный

undefined behavior неопределенное переопределение

undefined error code неопределенный код ошибки

undefined format неопределенный формат

undefined-length record запись неопределенной длины

undefined record запись неопределенной длины

undefined record length неопределенная длина записи

undefined symbol неопределенный идентификатор; неопределенный символ

undefined variable неопределенная переменная

undelete восстанавливать; отменять удаление

undent выступ; отступ; смещение влево

underbar символ подчеркивания

under color removal вычитание (цветов) из-под черного; удаление цвета низлежащего слоя; удаление паразитных цветов

under composition идет составление (сообщение программы)

under cursor указываемый курсором

underflow 1. потеря значимости; отрицательное переполнение; антипереполнение; исчезновение значащих разрядов; 2. выход за нижнюю границу стека

underflow error ошибка обнуления; ошибка из-за потери значимости

underflow test condition условие проверки на антипереполнение

underlie лежать в основе

underline 1. подчеркивание; подчеркивать; символ _; 2. подчеркнутый

underline character символ подчеркивания

underlined подчеркнутый

underline distance положение подчеркивания

underlined letter подчеркнутая буква

underlined text подчеркнутый текст

underline height жирность подчеркивания

underline position положение линии подчеркивания

underlining подчеркивание

underload 1. недогрузка; 2. недогружать

underlying лежащий в основе; базовый

underlying hardware используемое оборудование; базовое аппаратное обеспечение; базовое оборудование

underlying structure внутренняя структура

underneath ниже

underrate 1. давать заниженные показания; 2. недооценивать

underrun неполное завершение работы программы

underrun error ошибка, связанная с неполным завершением программы

underscheduled hours неплановые часы

underscore 1. символ подчеркивания; подчеркивание; 2. недооценка; 3. подчеркивать; 4. занижать; недооценивать

understability понятность

understanding понимание; интерпретация

undetectable error необнаруживаемая ошибка; нераспознаваемая ошибка

undetectable failure необнаруживаемый отказ

undetectable fault необнаруживаемая неисправность

undetected error rate коэффициент необнаруженных ошибок; частота необнаруженных ошибок

undirected неориентированный

undirected edge неориентированное ребро

undirected graph неориентированный граф

undirected tree неориентированное дерево

undisturbed halfread one неискаженный единичный сигнал при считывании методом полутоков

undisturbed halfread zero неискаженный нулевой сигнал при считывании методом полутоков

undisturbed one неискаженная единица

undo 1. отказ; 2. отмена; откат; возврат; 3. развязка; 4. вернуться на шаг; отменить; 5. демонтировать; разбирать

undo align отменить выравнивание

undo autocorrect отменить автозамену

undo cell edit восстановить значение поля

undo change отменить преобразование; отменить изменение

undocking отстыковка; расстыковка; отключение переносного компьютера от стыковочной станции

undo column width восстановить ширину столбца

undo command команда отмены

undo create отменить создание

undocumented недокументированный; не описанный в документации

undocumented facility неописанные средства; недокументированные средства

undocumented feature недокументированное средство; неописанное средство

undo current field восстановить текущее поле

undo cut отменить удаление в буфер

undo delete отменить удаление

undo delete object восстановить объект

undo duplicate отменить дублирование

undo field builder отменить построение поля

undoing changes отмена изменений

undo insert отменить вставку

undo last отменить последнее изменение

undo last change to text отмена последнего изменения текста

undo levels уровни отмены

undo most recent change отмена последних внесенных исправлений

undo move отменить сдвиг

undo paste отменить вставку из буфера

undo primary key отменить ключевое поле

undo property setting восстановить свойство

undo-redo log журнал поэтапной регистрации отмен и восстановлений

undo rename отменить переименование

undo replace отменить замену

undo row height восстановить высоту строки

undo saved record восстановить запись

undo sizing отменить изменение размера

undo spacing отменить изменение интервала

undo tool средство «восстановление»; инструмент отмены

undo typing отменить ввод

undraw исключить из прорисовки

undulation частота волн (в графике)

undulatory motion волнообразное движение

unencrypted нешифрованный

unencrypted password нешифрованный пароль

unequal 1. неравный; неравноценный; 2. несоответствующий; неадекватный; неподходящий

unerase восстановить; отменить удаление

uneven нечетный

unevenness 1. шероховатость; неровность; 2. непараллельность; непрямолинейность; 3. неравномерность; 4. переменность качества

unexclusive OR неисключающее ИЛИ

unexpected неожиданный; непредвиденный

unexpected application error неожиданная ошибка в прикладной программе; непредвиденная ошибка в приложении

unexpected error неожиданная ошибка; непредвиденная ошибка

unexpected error occurred неизвестная ошибка

unfailing безотказный; бездефектный

UNFF процент правильной диагностики

unfixed нефиксированный; незафиксированный

unforeseen непредвиденный

unformal declaration неформальное описание

unformatted неформатированный

unformatted capacity полная емкость носителя; общая емкость; емкость неотформатированного диска; неформатированная емкость

unformatted data неформатированные данные

unformatted display неформатируемый дисплей

unformatted input-output бесформатный ввод-вывод; бесформатный обмен

unformatted read statement оператор бесформатного считывания

unformatted record неформатированная запись; неформатная запись

unformatted write statement оператор бесформатной записи

unfreeze снять закрепление; «разморозить»

unfreeze columns освободить столбцы

Unger analyzer анализатор Унгера

ungrammar language язык без грамматики

ungroup разгруппировать

ungrouped data несгруппированные данные

ungrouping разгруппирование

ungrouping objects разгруппирование объектов

ungroup objects разгруппировать объекты

unguarded незащищенный

unhide вывести; показать

unhide columns отображение столбцов

unhide window отображение окна

unhook отцеплять; отсоединять

unhooking отключение; отсоединение

UNI интерфейс пользователя с сетью; сетевой интерфейс пользователя; интерфейс «абонент-сеть»; интерфейс «пользователь-сеть»

unibus магистраль; общая шина; формат шины мини-ЭВМ

unicast адресация конкретному устройству

unices версии ОС UNIX

unicode уникод

unicode translation tables трансляционные таблицы Unicode

unidentified application error неидентифицированная ошибка в приложении

unidentified error неидентифицируемая ошибка; ошибка с невыясненной причиной

unidirectional однонаправленный

unidirectional antenna однонаправленная антенна

unidirectional bus однонаправленная шина

unidirectional channel однонаправленный канал

unidirectional error однонаправленная ошибка

unidirectional flow однонаправленный поток

unidirectionality однонаправленность

unidirectional line swithed ring однонаправленное коммутируемое кольцо

unidirectional list однонаправленный список

unidirectional print однонаправленная печать; печать в одну сторону

unidirectional pulses монополярные импульсы

unidirectional ring bus однонаправленная кольцевая шина

unidirectional transducer невзаимный преобразователь

unification унификация; отождествление

unified architecture архитектура на основе унифицированных модулей; унифицированная архитектура

unified bus общая шина

unified-bus architecture архитектура с общей шиной

Unified LAN Architecture унифицированная архитектура локальных сетей

unified logon унифицированный вход в систему

unified logon prompt унифицированное приглашение к регистрации

Unified Memory Architecture унифицированная архитектура памяти

unified messaging единая среда обмена сообщениями

unified networking technology обобщенная теория проектирования сетей

Unified Network Management Architecture единая архитектура управления сетями; унифицированная архитектура управления сетью; архитектура UNMA

unified notation объединенная нотация

unified simulator единая система моделирования

uniform равномерный; однородный; униформный; стандартный

uniform approximation равномерное приближение

uniform clocking равномерная синхронизация

uniform color fill однородная заливка

uniform color palette палитра базовых цветов

uniform convergence равномерная сходимость

uniform data model стандартная модель данных; стандарт UDM

uniform distribution равномерное распределение

uniform encoding линейное кодирование

uniform field однородное поле

uniform fill однородная заливка

uniform impedance transmission line однородная линия передачи

uniform line линия передачи с однородными параметрами

uniform load равномерная нагрузка

uniformly bounded error равномерно ограниченная ошибка
uniform magnetization однородная намагниченность
uniform mesh network сеть с равномерным размещением узлов
uniform resource location унифицированный механизм указания местонахождения ресурсов
Uniform Resource Locator унифицированный указатель ресурсов; URL
uniform scale пропорциональное масштабирование
uniform scaling пропорциональное масштабирование; однородное масштабирование
uniform transparency однородная прозрачность
unify отождествлять
unilateral односторонний
unilaterally connected graph односвязный граф
UNI management entities контролируемые UNI-объекты
unimaster font SM-шрифт
unimeter универсальный измерительный прибор; мультиметр
unimodal distribution одномодальное распределение; одновершинное распределение
uniname уникальное имя
uninitialized неинициализированный
uninitialized variable неинициализированная переменная
uninstall деинсталлировать; отменять установку (программы)
uninstaller утилита отмены инсталляции; деинсталлятор
unintentional непредумышленный; непреднамеренный
unintentional access непреднамеренный доступ
uninterpreted message необработанное сообщение
uninterruptible бесперебойный; непрерываемый
uninterruptible power supply источник бесперебойного питания; ИБП
uninterruptible power supply unit блок бесперебойного питания
uninterruptible power system система бесперебойного электропитания
uninterruptible wait state непрерываемое состояние ожидания
unintuitive interface сложный в использовании интерфейс; не интуитивно понятный интерфейс
union объединение (в ООП)
union catalog объединенный каталог
union initialization инициализация объединения
union query запрос на объединение
union tag тег объединения
unipath heuristics эвристическое правило выбора единственной ветви
uniplanar bending простой изгиб; плоский изгиб
unipolar coding однополярное кодирование; униполярное кодирование
unipolar nonreturn to zero однополярное представление без возврата на нулевой уровень; однополярное представление без возврата к нулю
uniprocessing однопроцессорная обработка
uniprocessor configuration однопроцессорная конфигурация; конфигурация с одним процессором
uniprocessor design однопроцессорная конструкция; однопроцессорная архитектура
uniprocessor system однопроцессорная система
unique уникальный; однозначно определяемый; однозначный; особенный; единственный
unique address однозначный адрес; единственный адрес
unique existence существование и единственность
unique identifier уникальный идентификатор
unique records уникальные записи

unique values уникальные значения
uniquiely decipherable coding кодирование с однозначным дешифрованием
unirecord block блок с одной записью; блок, содержащий одну запись
unit 1. модуль; блок; 2. элемент; звено; компонент; 3. устройство; 4. единица измерения
unit address адрес устройства
unitary code унитарный код; агрегатный код
unitary declaration однократное объявление
unitary matrix 1. единичная матрица; 2. унитарная матрица
unitary semiring унитарное полукольцо
unit assignment распределение устройств
unit bit единичный бит
unit concept простое понятие; элементарное понятие
unit construction блочная конструкция; блочная структура
unit control block блок управления устройством
unit cost себестоимость единицы продукции; затраты на единицу продукции
unit delay единичная задержка
unit digit разряд единиц
unit-distance code код с одиночным расстоянием
unit distribution распределение нормированной случайной величины
United Card Service объединенная система обслуживания кредитных карточек
United States Bureau of Standards Бюро стандартов США
unit element единичный элемент
uniterm унитерм
uniterm indexing дескрипторное индексирование; индексирование в унитермах
unit error ошибка в устройстве
unit exceptional condition условие исключения устройства
unit function единичная функция
unit group группа устройств
unit identifier имя модуля
unit implementation раздел реализации модуля
unit impulse единичный импульс
unit interval единичный интервал
unit matrix единичная матрица
unitname имя модуля
unit number номер устройства
unit of charge тарифная единица
unit of work единица работы; элементарная операция
unit price штучная цена
unit record единичная запись
unit-record device устройство ведения единичных записей
unit recording запись единицы
units assigned назначенные единицы
unit separation разделение устройств
unit separator разделитель элементов
units of measurement единицы измерения
unit step единичный скачок
unit string единичная строка
unit test тест устройства
unit testing блочное тестирование
unit time единичное время; квант времени
unit-to-unit compatibility совместимость устройств
unit type number номер типа устройства
unit value единичное значение
unit vector единичный вектор
unity единица; число 1
unity operator единичный оператор
universal универсальный; всеобщий
universal access универсальный доступ
universal access number универсальный номер доступа

539

universal AC charger универсальный адаптер переменного тока для заряда батарей

universal administration универсальное администрирование

universal algebra универсальная алгебра; абстрактная алгебра

universal algorithm универсальный алгоритм

universal asynchronous receiver/transmitter универсальный асинхронный приемопередатчик

universal button box универсальная клавиатура

universal cable module универсальный кабельный модуль

universal character set универсальный набор символов

universal client универсальный клиент

universal communication system универсальная коммуникационная система

Universal Communications Architecture универсальная архитектура связи; UCA

universal compiler универсальный компилятор

Universal Compound Document универсальный интерфейс документов

universal computer компьютер общего назначения; универсальный компьютер

universal computer-oriented program универсальный машинно-ориентированный язык

universal computer program программа для универсальной ЭВМ

Universal Coordinated Time универсальное скоординированное время; время по Гринвичу

universal customer interface универсальный абонентский стык

universal database универсальная база данных; база данных, способная хранить различные виды информации

Universal Decimal Classification Универсальная десятичная классификация

Universal Directory Services универсальная служба каталога

universal driver универсальный драйвер

universal features 1. общие черты; универсальные черты; 2. универсальные средства

universal flip-flop универсальный триггер

universal function универсальная функция

universal identificator универсальный идентификатор

universal in box универсальный почтовый ящик (в системах электронной почты)

universal instruction универсальная команда

universal language универсальный язык

universal macro language универсальный макроязык

universal mail box универсальный почтовый ящик (в системах электронной почты)

universal mean математическое ожидание; среднее по совокупности

Universal Measurement Architecture универсальная архитектура для измерений; архитектура UMA

Universal Messaging универсальный интерфейс сообщений

Universal Messaging Interoperability Group Группа по универсальному взаимодействию систем передачи сообщений

universal name универсальное имя

Universal Named Pipes универсальные интерфейсы каналов

universal naming conventions универсальные правила именования; соглашение об универсальных именах

Universal NetWare Client универсальный клиент NetWare

universal network interface универсальный сетевой интерфейс

universal product code универсальный код товара

universal programming language язык общего назначения; универсальный язык

universal programming system универсальная система программирования

universal program transmitter универсальный программный передатчик

universal proposition общее суждение

universal quantifier квантор всеобщности

universal relation универсальное отношение

universal remote procedure call универсальный дистанционный вызов процедур; универсальный удаленный вызов процедур

universal resource locator URL-локатор; унифицированный указатель ресурсов

universal serial bus универсальная последовательная шина

universal server универсальный сервер

universal set универсальное множество; универсальное подмножество; универсум

universal synchronous/asynchronous receiver/transmitter универсальный синхронно-асинхронный приемопередатчик

universal time coordinated время по Гринвичу; универсальное координированное время

universe пространство; область; совокупность; генеральная совокупность; универсальное множество

universe mean математическое ожидание; среднее значение; генеральное среднее

univocal однозначный

univocal correspondence однозначное соответствие

UNIX host головная машина UNIX

UNIX name space пространство имен UNIX

UNIX-server UNIX-сервер

UNIX Software Operation подразделение по программным средствам ОС UNIX

UNIX station UNIX-станция

UNIX to UNIX copy program программа копирования UNIX-UNIX

unjustified packet незапрашиваемый пакет; пакет прерывания

unknown неизвестный

unknown attachment неизвестное вложение (в системах электронной почты)

unknown data format неизвестный формат данных

unknown error неизвестная ошибка

unknown flags неизвестные флаги

unknown key значение клавиши не определено

unknown media type неизвестный тип носителя

unknown object 1. объект «неизвестный»; 2. объект неизвестен

unknown organization учреждение неизвестно

unknown recipient адресат неизвестен

unknown source неизвестный источник

unknown state неизвестное состояние

unknown type неизвестный тип

unknown user пользователь неизвестен

unkown error неизвестная ошибка

unlabeled непомеченный

unlabeled basic statement непомеченный основной оператор

unlabeled block непомеченный блок; блок без метки

unlabeled compound statement непомеченный составной оператор

unlabeled file 1. непомеченный файл; 2. файл без меток

unlabeled magnetic tape непомеченная магнитная лента

unlabeled statement непомеченный оператор

unlike в отличие от; непохожий; противоположный

unlikely маловероятно

unlimited credit неограниченный кредит

unlink разорвать; отменить связь; отсоединить

unlink a field отсоединить поле

unlinked file несвязанный файл; несвязный файл

unload 1. разгрузка; выгрузка; 2. разгружать; выгружать; снимать; извлекать

unload address адрес разгрузки

unloaded незагруженный; выгруженный

unloaded characteristic характеристика холостого хода; характеристика без нагрузки

unloading operation операция разгрузки

unlock 1. снятие блокировки; разблокировка; 2. разблокировать; отпирать; освобождать

unlocked feedback loop несинхронизированная цепь обратной связи

unlock file 1. разблокировка файла; 2. разблокировать файл

unlocking разблокировка

unlogged operation операция, не регистрируемая в журнале транзакций

UNMA единая архитектура управления сетями

unmaintainable program программа, неудобная в эксплуатации; трудно поддерживаемая программа

unmake разбирать; аннулировать; демонтировать

unmanned необслуживаемый; автоматический

unmap прекращать проецирование; отключать от адресного пространства

unmapped 1. неназначенный; неотображенный; 2. без управления памятью

unmapped system система без управления памятью

unmark снять пометку; снять выделение

unmarked data непоименованные данные

unmasked interrupt разрешенное прерывание; немаскированное прерывание

unmatched несогласованный; несовпадающий

unmatched key несогласованный ключ (поиска)

unmirror выключить отражение

unmoderated mailing list нерегулируемая группа электронной почты

unmoderated newsgroup нерегулируемая группа новостей

unmodified state исходный вид

unmount 1. демонтирование; 2. демонтировать

unmounted размонтированный

unmounting размонтирование

unnamed неименованный; неназванный; без названия

unnamed color неназванный цвет

unnamed common area неименованная общая область

unnamed file файл без имени; безымянный файл

unnamed object объект без названия; неименованный объект

unnamed pipe неименованный программный канал

unnamed program section неименованная программная секция

unnormalized ненормализованный

unnormalized number ненормализованное число

unnormialized operation ненормализованная операция

unnumbered error message ненумерованное сообщение об ошибке

unnumbered message ненумерованное сообщение (об ошибке)

unoccupied свободный; незанятый

unoccupied band свободное поле

unoccupied element свободный элемент

unopened file неоткрытый файл

unoperable mode нерабочий режим; режим простоя

unpack 1. распаковка; 2. распаковывать

unpackaged chip бескорпусный кристалл

unpackaged circuit бескорпусная схема

unpacked неупакованный; распакованный

unpacked decimal неупакованное десятичное

unpacked decimal constant распакованная десятичная константа

unpacked format распакованный формат; неупакованный формат

unpacked number неупакованное число

unpacking распаковка

unplanned downtime незапланированный простой

unplug вынимать из гнезда; вынимать из розетки

unpredictable непредсказуемый

unpredictable behavior непредсказуемое поведение

unpredictable condition непредсказуемое условие

unprime attribute неосновной атрибут; непервичный атрибут

unprintable character непечатаемый символ

unprintable region область, недоступная для печати

unprotected незащищенный

unprotected color цвет незащищенной ячейки

unprotected field незащищенное поле

unprotected memory незащищенная память

unproved недоказанный

unqualified call необусловленный вызов; свободное обращение

unqualified name неполное имя; неуточненное имя

unraveling interpreter развертывающий интерпретатор

unreachable недоступный; недостижимый

unrecognized неопознанный

unrecognized device неопознаваемое устройство

unrecoverable невосстановимый; неисправимый; невосстанавливающийся

unrecoverable application error критическая ошибка приложения; неустранимая ошибка в приложении

unrecoverable error неисправимая ошибка; ошибка, не допускающая восстановления; невосстановимая ошибка

unrecoverable module невосстанавливающийся модуль

unreducible несократимый

unreferenced не имеющий ссылки

unreferenced file файл без ссылки; «зависший» файл; файл с утраченным именем

unregister разрегистрировать; лишить регистрации; отключить

unreliable ненадежный

unremovable недемонтируемый; несъемный

unremovable file system немонтируемая файловая система

unresolved reference неразрешенная ссылка

unrestricted grammar грамматика общего вида; грамматика без ограничений

unrestricted usage mode режим неограниченного использования

unrouted connection невыполненное соединение; непротрассированное соединение

unsafe macro ненадежная макрокоманда

unscheduled maintenance внеплановое обслуживание

unscramble with password разархивировать по паролю; дешифровать

unscrambling дешифрование

unscrew отвинчивать; развинчивать; отпускать (гайку); выворачивать (винт)

unseen page неактивная страница; страница, не отображаемая на экране

unsegmented несегментированный

unselect отменить выделение

unselect all полная отмена выбора

unsertainty неопределенность; неточность; недостоверность

unserviceable неудобный для обслуживания

unset database password удалить пароль базы данных

unset variable неустановленная переменная; переменная, которой не присвоено значение

unsharp image нечеткое изображение; нерезкое изображение

unsharp mask маска, снижающая резкость (в графике)
unsharp mask filter фильтр «контурная резкость»
unshielded cable неэкранированный кабель
unshielded twisted pair неэкранированный кабель «витая пара»
unshrink метод извлечения из архива
unsigned беззнаковый
unsigned integer целое (число) без знака
unsigned-integer format формат целого числа без знака
unsigned integer type тип целочисленных данных без знака
unsigned number беззнаковое число; число без знака
unsigned preserving rule правило сохранения представления числового значения без знака
unsigned type беззнаковый тип
unsized array массив неопределенной размерности
unskilled неквалифицированный; необученный; неопытный
unskilled user неквалифицированный пользователь
unsolicited незатребованный; непредусмотренный; незапрашиваемый
unsolicited input непредусмотренный ввод
unsolicited response незапрашиваемый ответ
unsolicited variable незапрашиваемая переменная
unsolvable неразрешимый; нерешаемый
unsorted неотсортированный
unspanned расположенный в одном блоке
unspecified behavior неспецифицированное поведение
unspecified bit rate передача с не заданной заранее скоростью
unspecified input 1. непредусмотренная совокупность входных данных; 2. непредусмотренный вход
unsquashing развертывание (сжатого файла); распаковка (метод извлечения из архива)
unsqueeze распаковывать
unstabilized ring oscillator нестабилизированный кольцевой генератор (тактовой частоты)
unstable неустойчивый; нестабильный
unstable component нестабильный элемент; неустойчивое звено
unstandard request нестандартный запрос
unsteady неустановившийся; непостоянный
unstratified language нестратифицированный язык
unstructured неструктурированный; бесструктурный
unstructured data file неструктурированный файл данных; файл неструктурированных данных
unstructured exit неструктурный выход
unstructured initialization бесструктурная инициализация
unstructured service неструктурированная служба
unstuffed file разархивированный файл; файл, преобразованный в рабочий формат
unsubscribe отменять подписку; аннулировать подписку (на группу новостей USENET)
unsuccessful call неудачное обращение; безуспешный вызов
unsuccessful connection attempt безуспешная попытка подключения
unsuccessful connection setup attempt безуспешная попытка установления соединения
unsupported неподдерживаемый
unsupported extension неизвестное расширение
unsupported feature неподдерживаемое средство
unsupported format неподдерживаемый формат
unsupported operation неподдерживаемая операция
unsupported program программа, не поддерживаемая разработчиком
unsuspend возобновить приостановленный процесс
unsynchronization рассинхронизация
unsynchronized несинхронизованный

UNT обобщенная теория проектирования сетей
untag отменить пометки
untagged нетегированый; непомеченный
untagged data нетегированные данные; непомеченные данные
untappable защищенный от перехвата сообщений
unterminated незавершенный
untestable непроверяемый; неудобный для контроля
untestable fault непроверяемый дефект
untestable fault area область непроверяемых неисправностей
unthesaurus document input безтезаурусный ввода документов; неконтролируемый ввод документов
unthreaded newsreader приложение чтения новостей, не поддерживающее тему дискуссии
untie развязывать
untitled attachment безымянное вложение (в электронной почте)
untrustworthy routine незащищенная программа; уязвимая программа
untyped нетипизированный; без контроля типов
untyped file нетипизированный файл
untyped language язык без контроля типов; язык без типов
untyped parameter нетипизированный параметр
untyped pointer нетипизированный указатель
unusable неиспользуемый; непригодный для использования
unusable disk диск, не пригодный для использования
unused неиспользуемый
unused channel свободный канал; неиспользуемый канал
unused code 1. неиспользуемый программный код; 2. неиспользуемая кодовая комбинация
unused command неиспользуемая команда
unused memory неиспользуемая память
unused time неиспользуемое время
unvarying sequence строго заданная последовательность; постоянная последовательность
unveil объявлять; анонсировать; обнародовать; огласить; представить
unwanted нежелательный; необслуживаемый; автоматический
unweighted mean невзвешенное среднее
unwind 1. перемотка в обратное состояние; 2. возврат в исходное состояние; 3. раскрывать цикл; 4. расписывать; развертывать
unworkable неработоспособный
unwritten незаписанный
un-zip file распаковать уплотненный файл; разуплотнить файл
un-zipper программа-распаковщик; программа разуплотнения данных
unzipper program программа распаковки
unzipping распаковка; разуплотнение; извлечение из архива
unzoom закрыть; «запахнуть»; вернуть к прежнему размеру
uops микрооперации; микрокоманды
UOW единица работы; элементарная операция
up вверх
up and running состояние рабочей готовности
up arrow стрелка вверх
up-arrow key клавиша «стрелка вверх»
UPC 1. контроль за использованием полосы пропускания; 2. универсальный код продукта; универсальный код товара
up counter суммирующий счетчик
updatable обновляемый
update 1. корректировка; обновление; 2. обновленная редакция; 3. изменение; замена; 4. изменять; корректировать; модифицировать; 5. модернизировать (аппаратные средства); обновлять (программное обеспечение); совершенствовать; 6. актуализировать (БД)

update anomalies аномалии обновления

update anomaly аномалия обновления

update-anywhere replication model модель тиражирования с произвольным обновлением; тиражирование с внесением изменений в любую копию; репликация с произвольным обновлением

update broadcast транслирование запроса на обновление данных

update by copy модификация с созданием новой копии

update cursor курсор обновления

updated database скорректированная база данных; обновленная БД

updated program скорректированная программа; программа с внесенными изменениями

update file 1. обновляемый набор данных; обновляемый файл; дополняемый файл; файл изменений; регистрируемый файл; 2. обновить файл

update inconsistency противоречивость при обновлении

update-in-place обновление на месте

update-in-progress flag признак незавершенного обновления

update in situ обновление на месте

update language язык корректирующих запросов

update links обновить связи

update lock блокировка обновления

update module обновляемый модуль

update options параметры обновления

update query запрос на обновление; обновляющий запрос; запрос, обновляющий информацию

updater устройство корректировки текущей информации

update rate период обновления

update retry interval период повторов обновления

update subproject обновление подпроекта

update trigger триггер обновления

update utility program утилита обновления; служебная программа обновления

update version новая версия

update visibility появление внесенных изменений

updating корректировка; обновление; актуализация; коррекция; модернизация; исправление

updating procedure процедура обновления данных

up-down counter реверсивный счетчик

up from the page отступ от нижнего края страницы

upfront оплачиваемый авансом; внесенным авансом

upgradable расширяемый; наращиваемый; модернизируемый

upgrade 1. модернизация; наращивание системы; 2. обновление; модификация предыдущих версий программы; 3. пакет изменений; 4. переходить к новой версии; 5. повышать уровень; совершенствовать; улучшать

upgradeability возможность модернизации; возможность обновления

upgrade card заменяющая плата

upgraded version улучшенный вариант; усовершенствованная версия

upgrade kit комплект расширения; пакет перехода к новой версии

upline 1. пересылка на верхний уровень; 2. к верхнему уровню; 2. пересылать; передавать на верхний уровень

uplink 1. линия связи абонента с центральным узлом; соединение с магистралью; 2. соединение для каскадирования

uplink port 1. порт для соединения с центральным узлом; порт для соединения с магистральной сетью; 2. порт для каскадирования

upload 1. загрузка; перекачка; считывание по линии связи; 2. загружать в главную систему из подчиненной; передавать

uploading передача; отправка

uploading messages отправка сообщений; передача сообщений

up one level переход на один уровень вверх

up operation операция освобождения семафора

upper верхний; высший

upper bound верхняя граница

upper boundary верхняя граница; верхний предел

upper CASE интегрированные системы CASE-разработки со средствами построения концептуальных моделей; мощные CASE-системы; CASE-системы высокого уровня

uppercase 1. верхний регистр; в верхнем регистре; 2. заглавная; прописная

uppercase alphabet алфавит верхнего регистра

uppercase character символ верхнего регистра

uppercase letter буква верхнего регистра; прописная буква

uppercase shift переключение на верхний регистр

upper control limit 1. верхний контрольный предел; 2. верхний предел регулирования

upper data bus шина старших разрядов

upper estimate оценка сверху; верхняя оценка

upper half of word старшее полуслово

upper-layer protocol протокол верхнего уровня

upper limit of integration верхний предел интегрирования

upper memory верхняя память; старшая память

upper memory area область верхней памяти

upper memory blocks блоки старшей памяти; блоки верхней памяти

uppermost верхний; старший

uppermost bit самый старший разряд; старший бит

upper range верхний предел

upper window edge верхняя граница окна

upright font прямой шрифт

UP rule правило UP

UPS источник бесперебойного питания; устройство бесперебойного питания; ИБП

upset нарушать (работу); расстраивать

upsizing централизация; укрупнение

UPS monitoring мониторинг источника бесперебойного питания; отслеживание источника бесперебойного питания; контроль ИБП

up state работоспособное состояние

upstream от абонента к коммутирующему узлу; поток данных от абонента к центральному узлу

upstream signal «восходящий» сигнал; сигнал от абонента к коммутирующему узлу

up system исправная система

UPT универсальная персональная телефонная связь

up time рабочее время; время работоспособности системы; время доступности; период работоспособного состояния

up to вплоть до

up-to-date современный; новейший

up-to-date data новые данные; свежие данные

up-to-the-minute самый современный; самый последний

upward направленный снизу вверх

upward compatibility совместимость снизу вверх

upward-compatible совместимый снизу вверх

upward reference ссылка снизу вверх; ссылка вверх

URAD универсальный инструмент ускоренной разработки приложений

urgent насущный; необходимый; экстренный; срочный

URL унифицированный указатель ресурсов

URPC универсальный дистанционный вызов процедур

US разделитель элементов; символ-разделитель элементов

usability простота использования; практичность; применимость; используемость; удобство применения; удобство использования

usability testing проверка на простоту использования
usable disk space доступное дисковое пространство
usage 1. употребление; использование; 2. коэффициент нагрузки; частота использования; 3. используемость; расход
usage costs плата за использование (линии)
usage count счетчик пользователей
usage error ошибка из-за неправильного использования; ошибка из-за неумелого обращения
usage mode режим использования
usage-parameter control контроль за использованием (полосы пропускания)
usage tracking software программное обеспечения контроля использования (ресурсов)
USART универсальный синхронно-асинхронный приемопередатчик
USB универсальная последовательная шина; стандарт USB
USB hub концентратор USB
U/S bit флаг режима пользователя/супервизора
USBS Бюро стандартов США
use 1. употребление; использование; 2. польза; 3. употреблять; использовать
use as default использование текущих умолчаний
use bit разряд использования; бит использования
use count счетчик использования
used занятый; используемый
used space занятое место; используемое пространство
use environment условия использования
use factor коэффициент использования
useful полезный; пригодный
useful information полезная информация
useful life срок полезного использования
useful time полезное время
useless бесполезный
usenet сетевые новости
use of store использование запоминающего устройства
use pattern шаблон использования
use pattern matching соответствие шаблону использования
user пользователь; абонент
user abort прервано пользователем
user acceptance одобрение пользователем; приемлемость для пользователя
user access area зона абонентского доступа
user-access profile параметры пользователя; полномочия доступа пользователя; профильный файл пользователя; файл параметров пользователя
user account учетная запись пользователя; бюджет пользователя; учетные данные пользователя
user account management управление учетными данными пользователей; управление пользовательскими учетными записями
user account manager администратор учетных данных пользователей; диспетчер учетных записей пользователей
user account name учетное имя пользователя
user accounts database учетная база данных пользователей
user account table таблица учетных данных пользователей; таблица учетных записей пользователей
user agent агент пользователя; пользовательский программный агент; посредник пользователя; абонентская служба
user agent entity уровень агента пользователя
user area область пользователя; пользовательская область; зона пользователя; память пользователя
user association ассоциация пользователей
user attribute data set набор признаков пользователя
user autentication проверка подлинности пользователя; аутентификация пользователя; опознавание пользователя
user authorization file файл полномочий пользователей

user break прерывание по инициативе пользователя; прерывание от пользователя; прерывание пользователем
user-callable subprogram подпрограмма; допускающая вызов пользователем
user category категория пользователя
user code код пользователя
user command директива пользователя; пользовательская директива
user communication manager модуль связи пользователя; программа связи пользователя
user community коллектив пользователей
user computer машина пользователя
user configurable file файл, конфигурируемый пользователем; файл, настраиваемый пользователем
user console пользовательская консоль
user context контекст пользователя; пользовательский контекст
user coordinate координата пользователя; координата в системе координат пользователя
user coordinate system система координат пользователя
user data пользовательские данные; данные пользователя
user data capacity информационная емкость средств пользователя
user data field поле данных пользователя
User Datagram Protocol протокол пользовательских дейтаграмм; протокол дейтаграмм пользователя; протокол UDP
user datagram protocol/Internet protocol протокол пользовательских дейтаграмм/протокол Internet
user-definable key клавиша с функциями, определяемыми пользователем
user-defined определенный пользователем; пользовательский
user-defined command команда, определяемая пользователем
user-defined data type тип данных, определяемый пользователей
user-defined exception пользовательская исключительная ситуация; исключительная ситуация, определяемая пользователем
user defined filter пользовательский фильтр
user-defined function пользовательская функция
user-defined functions функции, определяемые пользователем
user-defined key 1. клавиша, программируемая пользователем; клавиша, определенная пользователем; 2. ключ пользователя
user-defined library библиотека, определенная пользователем
user-defined macro макрокоманда, определенная пользователем
user-defined routine подпрограмма, определяемая пользователем
user-defined screen изображение, заданное пользователем
user-defined type пользовательский тип данных; тип, определенный пользователем
user directory каталог пользователя; список пользователей
use remote mail использовать удаленный доступ
user environment пользовательское окружение; условия работы пользователя; операционная среда пользователя
user environment profile профиль среды пользователя
user event пользовательское событие
user exit выход к программе пользователя
user familiar objects объекты, знакомые пользователю; привычные пользователям объекты; объекты UFO
user feedback обратная связь с пользователем
user file directory каталог файлов пользователя

user-friendly удобный для пользователя; ориентированный на пользователя; дружественный; дружественный по отношению к пользователю

user-friendly interface удобный для пользователя интерфейс; дружественный интерфейс; интерфейс, дружественный к пользователю

user-generated data данные, генерируемые пользователем

user-generated event событие, инициированное пользователем

user group группа пользователей

user GUEST пользователь GUEST

user group организация пользователей; группа пользователей; ассоциация пользователей

user guide руководство пользователя

userid идентификатор пользователя

user identification идентификация пользователя; код пользователя

user identification code код идентификации пользователя; код пользователя

user identifier идентификатор пользователя

user input area область ввода для пользователя

user interaction взаимодействие с пользователем; взаимодействия пользователя с системой

user interface интерфейс пользователя; пользовательский интерфейс

user interface circuit устройство абонентского сопряжения

user interface event событие от пользовательского интерфейса

user interface specific со специальным пользовательским интерфейсом

user interface toolkit инструментальный комплект для разработки пользовательского интерфейса

userkit пользовательский набор

user label метка пользователя; пользовательская метка

user language язык пользователя

user learner учебник пользователя; интерактивный учебник

user level уровень пользователя

user-level authorization контроль полномочий на уровне пользователей

user-level program программа уровня пользователя

user-level security защита на уровне пользователя

user-level threads primitives примитивы потоков уровня пользователя

user library библиотека пользователя

user logging регистрация пользователей

user login name регистрационное имя пользователя

user login script процедура регистрации пользователя

user machine 1. абонентская машина; 2. машина пользователя

user main storage map карта оперативной памяти пользователя

user maintenance обслуживание пользователей

user manager 1. диспетчер пользователей; 2. абонентская система управления

user manual руководство для пользователя; руководство пользователя

user memory пользовательская память

user mode режим пользователя; пользовательский режим; режим задачи; непривилегированный режим

user-mode process процесс режима пользователя

user module пользовательский модуль

user name имя пользователя; регистрационное имя

username/password logon регистрационная запись пользователя

user network interface интерфейс «абонент-сеть»; интерфейс пользователя с сетью

user node 1. абонент сети; 2. пользовательская рабочая станция; узел пользователя

user number код пользователя; номер пользователя

user object объект «пользователь»; пользовательский объект

user-operation mode пользовательский режим; режим работы с пользователем

user optional service дополнительная услуга уровня поставщика; необязательная услуга поставщика

user organization 1. организация-пользователь; 2. организация пользователей

user-oriented ориентированный на пользователя

user-oriented activities операции, ориентированные на пользователя

user-oriented language язык, ориентированный на пользователя

user permissions полномочия пользователя

user port пользовательский порт

user preferences установки пользователя

user privileges полномочия пользователя

user process пользовательский процесс; процесс пользователя

user profile профиль пользователя; персональная конфигурация; параметры пользователя; профиль системы, настроенной пользователем

user profile table таблица профилей работы пользователей

user program программа пользователя; пользовательская программа

user programmability возможность программирования пользователем; программируемость пользователем

user-programmable программируемый пользователем

user-programmable device устройство, программируемое пользователем

user program switch переключатель программ пользователя

user rights права пользователя

users association ассоциация пользователей

user screen экран пользователя; экран вывода программы

user selectable interrupt прерывание, переключаемое пользователем

user service class класс абонентских услуг; категория абонентских услуг

user services пользовательские агенты

user session сеанс пользователя; пользовательский сеанс

user-set устанавливаемый пользователем

user's guide руководство пользователя

user shell оболочка пользователя

user software программные средства пользователя

user space limit ограничение пространства (на диске) для пользователя

user's set абонентский аппарат; абонентская установка

user state режим пользователя; пользовательский режим

user station абонентская станция

user structure контекст процесса (в операционной системе UNIX)

user/supervisor bit флаг режима пользователя/супервизора

user-supplied data данные, вводимые пользователем

user-supplied routine программа, заданная пользователем

user-supplied subprogram пользовательская подпрограмма

user supported software программное обеспечение, поддерживаемое самим пользователем

user system абонентская система; пользовательская система

user-system interface интерфейс «абонент-система»

user target requirements конечные потребности пользователя

user template шаблон (создания) пользователей

user terminal пользовательский терминал; терминал пользователя

% user time % времени пользователя

user time время пользователя; пользовательское время процесса

User-to-Network Interface сетевой интерфейс пользователя; спецификация UNI

user tools инструментальные средства пользователя

user trailer label конечная метка пользователя

user word слово пользователя

user word list список слов пользователя

user-written пользовательский; написанный пользователем

user-written driver драйвер пользователя

U-shaped distribution U-образное распределение; U-образная кривая распределения

using templates использование шаблонов

USO подразделение по программным средствам ОС UNIX

USPS Почтовая служба США

usual arithmetic conversion неявное арифметическое преобразование (типов данных)

U suffix суффикс U

UTC время по Гринвичу; универсальное скоординированное время; универсальное время

UTD целевое информационное описание

utilisable program программа, пригодная к использованию

utility 1. утилита; служебная программа; обслуживающая программа; сервисная программа; 2. служба; функция обеспечения; средства обеспечения; 3. полезность; практичность; 4. выгода

utility assessment оценка полезности

utility curve параметрическая кривая полезности

utility equation уравнение занятости

utility function 1. служебная функция; утилита; сервисная программа; 2. функция полезности

utility package пакет утилит

utility program сервисная программа; утилита; программа-утилита

utility program generation генерация обслуживающей программы; генерация сервисной программы

utility software утилиты; служебные программы; обслуживающее программное обеспечение; служебное программное обеспечение; сервисное программное обеспечение

utility-supplied voltage напряжение в электросети

utility theory теория полезности

utilization 1. использование; применение; утилизация; 2. коэффициент использования

utilization factor коэффициент использования

utilize использовать

utmost предельный; крайний

utmost permissible operations conditions предельный рабочий режим

UTP-5 кабель «неэкранированная витая пара» категории 5

UTP неэкранированная витая пара

UTP wire неэкранированный кабель типа «витая пара»

U-turn поворот на 180 градусов

UUCP 1. протокол обмена файлами в сети машин UNIX; протокол связи между UNIX-системами; 2. программа копирования UNIX-UNIX

UUCP configuration конфигурация пакета коммуникаций UNIX-UNIX

UUCP service UUCP-услуги

UUID универсальный уникальный идентификатор

UVEPROM программируемое ПЗУ с ультрафиолетовым стиранием информации

– Vv –

V вольт
VA вольт-ампер
VAC 1. высококачественная арендуемая линия связи; 2. компания-владелец сети, предоставляющей дополнительные услуги; 3. расхождение при выполнении; 4. вольт в сети переменного тока
vacancy пропуск; пустое место
vacancy bit разряд занятости
vacant свободный; пустой; незанятый
vacuum joint вакуумное соединение
vacuum-tube ламповый
VAD 1. дистрибьютор, вносящий добавленную стоимость; поставщик, интегрирующий систему «под ключ»; 2. инструментарий визуальной разработки приложений; 3. определение присутствия голосового сигнала
VA display дисплей с вертикальной настройкой
VADN сеть с «добавленной стоимостью»; сеть с дополнительными услугами
VADS служба передачи данных, расширяющая ассортимент услуг
VAFC усовершенствованный разъем VESA
valid достоверный; действительный; справедливый; допустимый; имеющий силу; действующий; годный; подходящий; обоснованный; правильный; юридически действительный
validate проверять достоверность; подтверждать правильность
validation 1. проверка допустимости; проверка достоверности; подтверждение правильности; проверка правильности (данных); 2. аттестация; обоснование; допустимость
validation category категория достоверности
validation criterion критерий правильности; критерий достоверности
validation procedure 1. процедура проверки допустимости; механизм проверки допустимости; 2. метод доказательства
validator система проверки достоверности; средство проверки допустимости; механизм проверки допустимости
validator class класс проверки допустимости
validator object объект проверки допустимости
valid data допустимые данные; достоверные данные
valid digit значащая цифра
valid exclusive reference действительная исключающая ссылка
valid filename characters допустимые символы в имени файла
validity правильность; допустимость; истинность; справедливость; достоверность; действительность; законность; обоснованность; доказанность
validity bit бит достоверности

validity check контроль правильности; проверка корректности; проверка допустимости; проверка адекватности; контроль достоверности; проверка правильности данных
validity checking контроль допустимости; контроль выполнения условий
validity interval период достоверности
valid option допустимый параметр
valid parameter допустимый параметр
valid text pointer действительный текстовый указатель
valuable значимый; ценный
valuable information ценная информация
valuable-stealing algorithm алгоритм свободного захвата
valuation смета
valuator вычислитель; устройство ввода чисел
valuator device устройство ввода чисел
value 1. ценность; важность; 2. эквивалент; значение; величина; 3. цена; стоимость; значимость
value-added с дополнительными услугами; с добавленной стоимостью
value-added and data service служба передачи данных, расширяющая ассортимент услуг
value-added carrier 1. высококачественная арендуемая линия связи; линия связи с дополнительными услугами; 2. компания-владелец сети, предоставляющей дополнительные услуги
value-added data network сеть с дополнительными услугами
value-added distributor дистрибутор (дистрибьютор), вносящий добавленную стоимость; поставщик, интегрирующий систему «под ключ»
value-added network интегрированная сеть; сеть с дополнительными услугами
value-added process добавляемый процесс
value-added reseller фирмы, продающие вместе с готовыми продуктами собственные решения; реселлер, вносящий добавленную стоимость; продавец компонентов для интеграции системы «под ключ»
value-added services дополнительные средства; дополнительный сервис; дополнительные услуги
value-added tax налог на добавленную стоимость; НДС
value area область значений
value assignment присваивание значений
value-based optimistic concurrency control оптимистическое управление параллелизмом на основе сравнения всех значений
value button кнопка со значением; кнопка-переключатель
value data данные значения (в Registry)
value engineering техника разработки изделий с минимальной стоимостью
value judgment весовые оценки

value line серия экономичных моделей
value list список значений; таблица значений
value model экономичная модель
value name имя значения
value of check контрольное значение
value parameter параметр-значение; параметр, передаваемый по значению
value preserving rule правило сохранения значения
value set набор значений
vampire «вампир»; врезаемый в кабель съемник
VAN сеть с дополнительными услугами; интегрированная сеть
V and V верификация и подтверждение правильности; верификация и проверка допустимости; аттестация
vanishing point точка схода
vanity publishing издание за счет средств автора
Van Jacobson standard стандарт Вана Якобсона (сжатия заголовков IP)
VANS сеть с дополнительными услугами
VAP 1. провайдер, предлагающий дополнительный услуги; 2. дополнительный серверный процесс; добавляемый процесс
vaporware «дутое» программное обеспечение
VAR реселлер, повышающий качество изделий за счет собственных доработок и услуг; реселлер, обеспечивающий дополнительные услуги; реселлер, вносящий добавленную стоимость
var переменная
variability непостоянство; изменчивость
variable 1. переменная; 2. количественный признак; количественная переменная; 3. переменный; изменяемый; изменяющийся
variable access time переменное время выборки
variable address 1. адрес переменной; 2. переменный адрес
variable alphabet алфавит переменных
variable binding связывание переменной
variable bit rate передача с переменной скоростью; переменная скорость передачи двоичных данных
variable block 1. блок переменной длины; 2. блок переменных
variable block length переменная длина блока
variable bug ошибка в описании переменных
variable coefficient переменный коэффициент
variable connector переключаемый логический блок объединения
variable cost переменные затраты; переменные издержки
variable cycle duration переменная длительность цикла
variable data переменные данные; варьируемые данные
variable data structure переменная структура данных
variable declaration описание переменной; объявление переменной
variable delay line регулируемая линия задержки
variable execution time переменное время выполнения
variable feedback controller регулятор с обратной связью
variable field переменное поле; поле переменной длины; изменяемое поле; поле переменной
variable format переменный формат; формат переменной длины
variable-format message сообщение с переменным форматом
variable identificator идентификатор переменной
variable identifier идентификатор переменной
variable in full state полная переменная; переменная полной длины
variable initiation инициирование переменных

variable in partial state переменная в частичном состоянии
variable instruction переменная команда; команда переменной длины
variable length переменная длина
variable-length переменной длины
variable-length array массив переменной длины
variable-length block блок переменной длины
variable-length cell ячейка с переменной длиной
variable-length code код переменной длины
variable-length column поле переменной длины
variable-length command команда переменной длины
variable-length datatype тип данных переменной длины
variable-length field поле переменной длины
variable-length format формат переменной длины
variable-length message сообщение переменной длины
variable-length record запись переменной длины
variable-length string строка переменной длины
variable-length vector вектор переменной длины
variable-length word слово переменной длины
variable logic программируемая логика
variable macrocommand переменная макрокоманда
variable macro instruction переменная макрокоманда
variable name имя переменной
variable numbering переменная с переменной длиной номера
variable of integration переменная интегрирования
variable parameter 1. параметр-переменная; 2. переменный параметр
variable-point representation переменная с переменным положением запятой
variable range 1. диапазон значений переменной; 2. переменный диапазон
variable record length переменная длина записи
variable reference ссылка на переменную
variable-scan interface видеоинтерфейс с изменяемыми параметрами развертки
variable separation method метод разделения переменных
variable symbol идентификатор переменной
variable text буфер-текст (в системах обработки текстов)
variable-tolerance-band compaction уплотнение с использованием допуска с переменными границами
variable type тип переменной
variable value значение переменной
variable word переменное слово; слово переменной длины
variable word-length с переменной длиной слова
variance 1. дисперсия; 2. изменчивость; 3. расхождение; несоответствие
variance analysis дисперсионный анализ
variance components компоненты дисперсии
variance-ratio distribution распределение отношения дисперсий
variant 1 вариант; 2. разновидность; 3. различный; отличный от других
variant field поле признака
variant list список вариантов
variant part вариантная часть записи
variant record запись с вариантами; вариантная запись
variation 1. вариация; разновидность; 2. изменение; варьирование; 3. колебания; разброс
variational approach вариационный подход
variational equation вариационное уравнение; уравнение в вариациях
variational method вариационный метод
variety разнообразие; множество
various различный; разнообразный
var parameter параметр-переменная

vary меняться; изменяться
varying LAN speed переменная скорость обмена в локальной сети
varying text изменения в.тексте
VAS дополнительный сервис; дополнительный услуги
VAT 1. видео-аудио-телеконференция; 2. налог на добавленную стоимость
VATP адаптивное векторное преобразование
VAX unit of performance вычислительная мощность одного компьютера VAX модели 11/780 фирмы DEC (как единица измерения быстродействия)
VBI период вертикального обратного хода луча; вертикальный пустой интервал
VBN номер виртуального блока
vBNS сверхпроизводительная магистральная сетевая служба
VBR переменная скорость передачи двоичных данных
VBX управляющий элемент Visual Basic; модуль расширения Visual Basic; специализированный элемент управления Visual Basic; интерфейсный управляющий элемент
VC 1. виртуальный канал; виртуальное соединение; 2. видеоконференция
VCA 1. адаптер оцифровки видеоизображений; 2. стандарт VCA
VCC соединение виртуальных каналов
VCI идентификатора виртуального канала (в ATM)
V-component V-компонента
VCPI программный интерфейс виртуального управления
VCR-like controls элементы управления, аналогичные кнопкам видеомагнитофона
VCS система контроля версий
VDC вольт постоянного тока
VDC-to-DC transformation преобразование из координат виртуального устройства в координаты дисплея
VDD 1. драйвер виртуального устройства; 2. распознавание передачи голоса/данных
VDE элемент данных изображения; элемент видеоизображения
VDI 1. интерфейс виртуального устройства; 2. интерфейс видеоустройств; стандарт VDI; 3. интеграция речи и данных
VDM виртуальная машина DOS; виртуальная DOS-машина
VDMA виртуальный прямой доступ к памяти
VDP видеодисплейный процессор; процессор выдачи видеосигнала на дисплей
VDSA последовательность видеоданных; логический блок данных изображения
VDSL сверхскоростная DSL; сверхскоростная цифровая абонентская линия
VDT видеотерминал; дисплей; устройство визуального отображения
VDU устройство визуального отображения; терминал; монитор
vector вектор; одномерный массив
vector accelerator векторный ускоритель; векторный процессор-ускоритель
vector adaptive transform processing адаптивное векторное преобразование
vector address векторный адрес
vector analysis векторный анализ
vector base база вектора
vector communication processor architecture архитектура векторного процессора телекоммуникаций
vector computer векторный компьютер
vector depth длина вектора
vector descriptor описатель массива
vector display векторный дисплей
vector/drawing application приложение векторной иллюстративной графики

vectored font штриховой шрифт
vectored interrupt векторные прерывания
vector event векторное событие
vector facility векторная обработка
vector font векторный шрифт; контурный шрифт
vector function векторная функция
vector generator 1. генератор векторов; 2. векторный генератор
vector graphics векторная графика
vector graphics format формат векторной графики
vector image векторное изображение
vector information векторная информация
vector interrupt векторное прерывание
vectorization векторизация; распараллеливание
vectorize векторизовать; распараллеливать
vectorized data векторизованные данные
vectorizing векторизация; преобразование растровой графики в векторную
vectorizing compiler векторизирующий компилятор
vector length размерность вектора
vector machine векторная машина; машина для обработки векторных данных
vector-mapped font штриховой шрифт
vector mode векторный режим
vector-mode display векторный дисплей
vector-mode graphic display векторное графическое отображение
vector of time stamps вектор временных меток
vector parallel supercomputer векторный параллельный суперкомпьютер
vector parameter векторный параметр
vector pattern векторный узор
vector processing векторная обработка
vector processing unit устройство обработки векторов
vector processor векторный процессор
vector product векторное произведение
vector quantization векторное квантование; упаковка изображения разбиением по группам подобия и кодированием
vector space векторное пространство; линейное пространство
vector-space model модель с векторами в пространстве состояний
vector-swapping обмен векторов
vector tripod тройка векторов
vector value векторная величина
vector variable векторная переменная
VEE-pointer указатель адреса таблицы адресов виртуальных функций
VEE-table таблица адресов виртуальных функций
vehicle метод; аппарат; средство
veiled dot ореольная растровая точка
vein blending перетекание узора (в графических пакетах)
vein count шаг прожилок (в графике)
Veitch chart диаграмма Вейтча
Veitch diagram диаграмма Вейтча
veiwdata видеотекс
velocity скорость
vending machine торговый автомат
vendor производитель; поставщик; вендор; торговец
vendor feature node узел с дополнительными услугами, реализуемыми средствами поставщика
vendor independent независимый от производителя; независимый от поставщика
vendor independent messaging передача сообщений, независимая от поставщиков
vendor-manufactured software программное обеспечение поставщика компьютера

vendor programmable программируемый поставщиком
vendor-specific определяемый фирмой-поставщиком; зависящий от поставщика
Venn diagram диаграмма Венна
venture предприятие
ver версия
veracity достоверность
verb 1. операция; команда; имя команды; 2. глагол; глагольная форма
verbal command речевая команда
verbal input 1. речевой ввод; 2. речевые входные данные
verbal input/output речевой ввод-вывод
verbal intellect способность (системы) к общению на естественном языке
verbal message словесное сообщение
verbal request устный запрос
verbal translation буквальный перевод
verb/noun method метод «действие-объект»
verbose словесный
verbose listing подробная характеристика; подробный листинг; расширенный листинг
verbose mode режим отображения всей информации; режим расширенного вывода
verbosity level уровень детальности сообщений
verdict вердикт; заключение
verification верификация; контроль; проверка
verification and validation верификация и подтверждение правильности; аттестация; приемочные испытания
verification condition условие верификации
verification mode режим верификации
verification office пункт проверки права доступа в сеть
verified data проверенные данные
verified design проверяемая разработка
verified protection проверяемая защита
verifier 1. верификатор; программа верификации; программа контроля; 2. устройство контроля; контрольник
verify 1. проверка; подтверждение; 2. верифицировать; проверять; контролировать
verifying system objects проверка системных объектов
verity истина; истинность
Vernam cipher шифр Вернама; шифроблокнот
Versabus Module Europe-bus модульная интерфейсная система на евроконструктивах
Versatile Message Transaction Protocol универсальный протокол обработки сообщений; протокол VMTP
versatile test equipment многоцелевое испытательное оборудование
versatility многосторонность; разносторонность; эксплуатационная гибкость; гибкость; универсальность
version версия; вариант
versionable schema схема с помеченным номером версии
version check контроль версий
version check system система контроля версий
version-conflict manager диспетчер конфликтов версий
version control управление версиями; контроль версий
version control system система контроля версий
version control tool средство управление версиями
version design method вариантный метод проектирования
versioning engine механизм отслеживания версий; механизм актуализации
versioning software программное обеспечение для контроля версий
version number номер версии
version numbering схема нумерации версий
versus против; в сравнении с
vertex вершина

vertex cover вершинное покрытие
vertex-edge incidence matrix матрица инцидентности; матрица инциденций
vertex-weighted graph граф со взвешенными вершинами
vertical вертикальный; по вертикали
vertical alignment выключка по вертикали
vertical applications вертикальные приложения
vertical architecture вертикальная архитектура; вертикальная структура
vertical bar symbol символ вертикальной черты
vertical binding вертикальная связь
vertical blanking interval период вертикального обратного хода луча
vertical check поперечный контроль; контроль по разрядам
vertical constraint вертикальная ограничительная линия
vertical cursor вертикальный курсор
vertical distance расстояние по вертикали
vertical distribution вертикальное распределение
vertical exchange вертикальная перестановка
vertical focusing фокусировка лазерного луча на диске
vertical format формат по вертикали
vertical format unit блок формирования по вертикали
vertical fragmentation вертикальная фрагментация
vertical frequency частота вертикальной развертки
vertical integration вертикальная интеграция
vertical interval time code временной код в вертикальном интервале
vertical line вертикальная линия; символ |
vertically alignment paragraph text вертикальное выравнивание простого текста
vertical market вертикальный рынок; рынок с вертикальной структурой
vertical-measures единицы измерения по вертикали
vertical menu вертикальное меню
vertical microcode вертикальный микрокод
vertical microinstruction вертикальная микрокоманда
vertical microprogramming вертикальное микропрограммирование
vertical page flip отражение страницы по вертикали
vertical parity продольный контроль четности
vertical pincushioning вертикальные подушкообразные искажения
vertical processor процессор с вертикальным микропрограммированием
vertical recording вертикальная запись; перпендикулярная запись; глубинная запись
vertical redundancy check проверка на четность по столбцам; вертикальный контроль избыточности; продольный контроль за счет избыточности
vertical refresh rate частота вертикальной развертки
vertical scale масштабирование по вертикали
vertical scroll вертикальная прокрутка; перемещение по вертикали
vertical spacing интервал по вертикали; интервал строк; межстрочный интервал
vertical-tab character символ вертикальной табуляции
vertical-tab escape sequence управляющая последовательность «вертикальная табуляция»
vertical tabulation character знак перемещения на новую строку; знак вертикальной табуляции; символ вертикальной табуляции
vertical value 1. эффективное значение; действующее значение; 2. мнимая величина
very dense topology сверхплотная топология; сверхплотное расположение узлов
very expanded font сверхширокий шрифт

very high-performance backbone network service сверхпроизводительная магистральная сетевая служба
very-high-speed сверхбыстродействующий
very-high-speed computer сверхбыстродействующая ЭВМ
very-hight-level language язык сверхвысокого уровня
very large databases сверхбольшие базы данных
very large local area network сверхбольшая локальная сеть
very large memory сверхбольшая память; память сверхбольшого объёма
very large-scale integration 1. интеграция сверхвысокого уровня; 2. со сверхвысоким уровнем интеграции
very long instruction word система команд сверхбольшой разрядности; «очень длинное командное слово»; широкая команда
very low data rate сверхнизкая скорость передачи данных
very small aperture terminal терминал с очень малой апертурой; терминалы с малым диаметром антенны; малая наземная станция спутниковой связи; малый терминал спутниковой связи узкой направленности
VESA 1. Ассоциация по стандартам в области видеоэлектроники; 2. Ассоциация производителей средств видеоэлектроники; 3. локальная шина VESA
VESA Advanced Feature Connector усовершенствованный разъем VESA
VESA Local Bus локальная шина VESA
VESA Media Channel канал мультимедиа на шине VESA
VESA XGA проект интерфейса видеоподсистемы XGA
vest-pocket calculator карманный калькулятор
veteran user опытный пользователь
vetting контроль исходных данных; проверка правильности исходных данных
VF 1. речевые частоты; звуковая частота (речи); 2. векторная обработка
VFAT таблица размещения файлов виртуальной файловой системы
V-format V-формат; формат V; переменный формат
VFS виртуальная файловая система
VFU блок формирования по вертикали
VGA 1. адаптер видеографики; видеографическая матрица; графическая видеоматрица; 2. видеографический стандарт VGA
VHDL язык описания аппаратуры сверхскоростных ИС; язык VHDL
VHF очень высокие частоты
VHS 1. домашняя видеосистема; 2. бытовое видео; стандарт VHS; формат VHS
VHSIC hardware description language язык описания аппаратуры сверхскоростных ИС; язык VHDL
VI 1. виртуальный инструмент; 2. виртуальный интерфейс
VIA 1. архитектура на основе виртуального интерфейса; 2. Ассоциация поставщиков услуг ISDN
viability живучесть; жизнеспособность
viable приемлемый; пригодный; жизнеспособный; устойчивый к условиям эксплуатации
via interconnection межслойное соединение
VI architecture архитектура на основе виртуального интерфейса
vibrograph виброграф
VIC консорциум по интерфейсам шины VMEbus
vicinity окрестность; соседство; близость
video видео; видеоинформация; видеоданные
video accelerator видеоакселератор; видеоускоритель
video adapter видеоадаптер
video attribute видеоатрибут
video audio teleconference видео-аудио-телеконференция
video board видеоплата

video buffer буфер изображения; видеопамять
video bus шина видеосигналов
video cable кабель для подключения дисплея
video camera видеокамера
video capture оцифровка изображений
video capture adapter адаптер оцифровки видеоизображений
video capture board плата захвата видео
video card видеоплата
video cassette видеокассета
video CD видеокомпакт-диск
video channel канал изображения
video clip видеофрагмент; видеоклип; видеоролик
video conference server сервер видеоконференций
videoconferencing видеоконференции; видеоконференц-связь; организация видеоконференций
videoconferencing system система видеоконференций
video controller видеоконтроллер
video controller chip микросхема контроллера видеоадаптера
videocoupler соединитель видеоустройства
videodata видеоданные
video data elements элементы видеоизображения
video data sequence последовательность видеоданных; логический блок данных изображения
video decoder видедеокодер
video decoder delay задержка видеодекодера
Video Device Interface интерфейс видеоустройств; стандарт VDI
video digitizing board плата для оцифровки видеоизображений
videodisk видеодиск
videodisk course курс обучения на видеодиске
video display дисплей
video display elements элементы видеоизображения
video display problems проблемы с выводом на экран
video display unit видеодисплей; видеомонитор
video driver видеодрайвер; драйвер видеосистемы
video editing видеоредактирование; редактирование видеофрагментов
video editor видеоредактор
Video Electronics Standards Association Ассоциация по стандартам в области видеоэлектроники
video encoder видеокодер
video file видеофайл
video footage видеооснова
video format видеоформат; формат видеозаписи
video frame видеокадр
video frequency видеочастота
video game видеоигра
video generator генератор видеосигналов
videograph видеограф
video graphic array видеографический массив; видеографическая матрица; графическая видеоматрица
video graphics array 1. адаптер видеографики; 2. видеографический стандарт VGA
videographics hardware platform платформа видеографических аппаратных средств
video head видеоголовка
video home system домашняя видеосистема
video image processor процессор видеоизображений
video instruction set набор видеокоманд
video interface видеоинтерфейс
video interlace lines чересстрочные линии видеоизображения
video keyboard terminal видеотерминал с клавиатурой
video-mail видеопочта; электронная почта со средствами передачи видеоинформации

video memory видеопамять; экранная память; память для хранения видеоданных

video memory controller контроллер видеопамяти

video-memory manager диспетчер видеопамяти

video mode видеорежим; режим дисплея

video monitor видеомонитор

video-on-demand видео по требованию; видео по запросу; передача видеоинформации по заказу

video output 1. видеовыход; выход видеосигнала; 2. вывод видеоданных

video overlay наложение изображений

video page страница видеопамяти; дисплейная страница

video paraphernalia видеоаппаратура и принадлежности к ней

video phone видеотелефон

video playback воспроизведение видео

video playback performance производительность воспроизведения видеоинформации

video playback program программа видеовоспроизведения на компьютере

video player видеоплейер

video port порт видеоадаптера; порт монитора

video presentation видеопрезентация; видеодемонстрация

video processing card плата обработки видеоизображений

video processor видеопроцессор

video RAM видео ОЗУ; видеопамять; память изображения

video random-access memory видеопамять

video recording видеозапись

video reversal реверсирование изображения

video sector сектор видеоданных

video segment видеофрагмент

video sequence видеопоследовательность; последовательность видеокадров

video server видеосервер

video service видеофункции

video service unit блок обслуживания видеоустройства

video signal видеосигнал

video stream видеопоток; поток видеоданных

video streaming потоковое видео (в Internet)

video subsystem видеоподсистема

video subsystem interface proposal проект интерфейса видеоподсистемы XGA

video surveillance system система видеонаблюдения

video tape видеолента

videotape recorder устройство записи на видеоленту

video-taping запись на видеоленту; видеозапись

video technology видеотехнология

video terminal видеотерминал

video terminal screen экран видеотерминала

videotex видеотекс

videotex abonent абонент видеотекса

videotex terminal терминал видеотекса

videotexture видеотекстура

videotexture mapping наложение видеотекстур

video to the desktop доставка видео на настольные системы

video track видеодорожка

video transmission 1. видеопередача; передача видеосигнала; 2. телепередача

videounit видеоустройство

video window видеоокно; окно для вывода видеоизображения

vidiprinter effect эффект телетайпа; побуквенный вывод текста

view 1. представление; вид; 2. проекция (таблицы); проекция нескольких таблиц; 3. видимый элемент; отображаемый элемент; область просмотра; 4. проекция; 5. точка обзора; 6. точка зрения; 7. режим просмотра; 8. просматривать

viewable area видимая область (экрана)

viewable size размер видимой области (экрана)

view buttons кнопки режимов просмотра

view chain цепочка видимых элементов

view class класс «вид»

view cone конус просмотра

viewdata видеоданные; данные изображения; видеотекс

view database objects in detail просмотр таблицы объектов базы данных

view database objects using icons просмотр объектов базы данных в виде значков

view design 1. проектирование представлений; 2. режим конструктора (в Access)

view direction направление просмотра; направления взгляда наблюдателя

viewer 1. зритель; наблюдатель; 2. программа просмотра; средство просмотра; подсистема просмотра; визуализатор

viewfinder видоискатель (цифровой камеры)

viewing визуализация; визуальное изображение; просмотр

viewing angle угол визирования; угол зрения; угол обзора

viewing area зона просмотра; полезная площадь экрана

viewing bezel окно индикатора

viewing coordinates видовые координаты

viewing engine подпрограмма просмотра

viewing frustum видимое пространство

viewing options параметры просмотра

viewing position позиция обзора; точка просмотра

viewing transformation преобразование для просмотра; преобразование изображения; видовое преобразование

viewing window окно просмотра

view integration интеграция представлений

view memory layout просмотр структуры памяти

view mode режим просмотра

view object объект «вид»; объект — видимый элемент; объект отображаемого элемента

view of data представление данных

view of file представление файла

viewpoint 1. перспектива; точка просмотра; точка обзора; точка наблюдения; точка съемки; 2. точка зрения

viewpoint mechanism механизм формирования убеждений (в системах искусственного интеллекта)

viewport 1. окно просмотра (рабочих данных на экране); порт просмотра; область просмотра; демонстрационное окно; графическое окно; 2. окно (конкретной) проекции (в САПР); 3. видовой экран (в AutoCAD)

view procedures просмотр процедур

view quality качество просмотра

views allowed допустимые режимы (просмотра)

view SQL режим SQL (в Access)

view tree дерево видимых элементов

view volume отображаемый объем

view window окно отображения; окно просмотра; окно представления

vignette виньетирование (в графических пакетах)

vignette filter фильтр «виньетка» (в графических пакетах)

VILD язык описания видеоизображений для баз данных

VIM передача сообщений, независимая от поставщиков

Vintr algorithm алгоритм Винтра

VIO виртуальный ввод-вывод

violate нарушать

violation нарушение; противоречие

violator злоумышленник (пытающийся проникнуть в защищенную систему); нарушитель

violet фиолетовый

VIP 1. программа-интерпретатор входных данных для пакета PostScript; 2. процессор видеоизображений

VIPS сервер обработки речевой информации

virgin первичный; чистый; находящийся в исходном состоянии; неразмеченный

virgin medium чистый носитель; нетронутый носитель

virgin paper чистая бумага

virgin system исходная система; система в исходном состоянии

virgin tape чистая лента

virtual 1. виртуальный; 2. фактический; действительный; возможный

virtual access technology технология виртуального доступа

virtual address виртуальный адрес

virtual address area область виртуальных адресов

virtual addressing виртуальная адресация

virtual address mode виртуальный режим; режим виртуальной адресации

virtual address space пространство виртуальных адресов; виртуальное адресное пространство

virtual architecture виртуальная архитектура

virtual array виртуальный массив

virtual block виртуальный блок

virtual block number номер виртуального блока

virtual call непостоянный канал; виртуальный канал; канал, устанавливаемый по вызову (в X.25)

virtual call 1. виртуальный вызов; 2. виртуальное соединение

virtual call mode режим виртуального вызова

virtual call network сеть виртуального вызова

virtual call service служба виртуальных вызовов

virtual camera виртуальная камера

virtual CD image виртуальный образ компакт-диска

virtual central office виртуальный центральный офис

virtual chain виртуальная цепь

virtual channel виртуальный канал

virtual channel connection соединение виртуальных каналов

virtual-channel packet switching коммутация пакетов в виртуальных каналах

virtual channel switching коммутация виртуальных каналов

virtual circuit 1. виртуальный канал; 2. виртуальная схема

virtual circuit identifier идентификатор виртуального канала

virtual-circuit packet switching коммутация пакетов в виртуальных каналах

virtual circuit switching коммутация виртуальных каналов

virtual computer виртуальная машина; виртуальная ЭВМ

virtual computer monitor монитор виртуальных машин

virtual conferencing system система виртуальных телеконференций

virtual conferencing technology технология виртуальных конференций

virtual connection виртуальное соединение

virtual console виртуальный терминал; виртуальная консоль

virtual console utility утилита виртуальной консоли

Virtual Control Program Interface программный интерфейс виртуального управления; интерфейс VCPI

virtual CPU time виртуальное время центрального процессора

virtual data виртуальные данные

virtual database виртуальная база данных

virtual datagram виртуальная дейтаграмма

virtual debugger виртуальный отладчик

virtual 3D environment виртуальная трехмерная среда

virtual derived data item виртуальный производный элемент данных

virtual desktop виртуальный рабочий стол

virtual device виртуальное устройство

virtual device coordinates координаты виртуального устройства

virtual device driver драйвер виртуального устройства

virtual device interface интерфейс виртуального устройства

virtual direct memory access виртуальный прямой доступ к памяти

virtual disk псевдодиск; виртуальный диск

virtual disk initialization function программа инициализации виртуальных дисков

Virtual DOS Machine виртуальная машина DOS

virtual field виртуальное поле

virtual file виртуальный файл

virtual file allocation table таблица размещения файлов виртуальной файловой системы

virtual filestore виртуальное хранилище файлов

virtual file structure структура виртуальных файлов

virtual file system виртуальная файловая система

virtual folder виртуальная папка

virtual ground виртуальная «земля»

virtual ground line линия виртуального заземления

virtual hosting хостинг виртуальных Web-сайтов

virtual image 1. мнимое изображение; виртуальное изображение; 2. виртуальный образ

virtual-image file файл виртуального образа

virtual input-output виртуальный ввод-вывод

virtual instrument виртуальный инструмент

virtual interface виртуальный интерфейс

virtual I/O виртуальный ввод-вывод

virtual item виртуальный элемент

virtual Java machine виртуальная Java-машина

virtual keyboard виртуальная клавиатура

virtual leased line виртуальная арендуемая линия

virtual loadable module виртуальный загружаемый модуль

virtual local area network виртуальная локальная сеть

virtual machine виртуальная машина

virtual machine manager диспетчер виртуальных машин

virtual memory виртуальная память

virtual memory management система управления виртуальной памятью

virtual memory manager администратор виртуальной памяти

virtual memory pagefile страничный файл виртуальной памяти; файл страничного обмена; файл свопинга виртуальной памяти

virtual-memory swap file страничный файл виртуальной памяти; файл страничного обмена; файл свопинга виртуальной памяти

virtual memory system система виртуальной памяти

virtual method виртуальный метод

virtual method table таблица виртуальных методов

virtual mode виртуальный режим

virtual network виртуальная сеть передачи данных

virtual networking организация виртуальных сетей

virtual node name виртуальное имя узла

virtual notebook system система виртуальных записных книжек

virtual office виртуальный офис

virtual operating system виртуальная операционная система

virtual page страница виртуальной памяти; виртуальная страница

virtual partition виртуальный раздел

virtual path виртуальный маршрут; виртуальный путь

virtual path identifier идентификатор виртуального маршрута; идентификатор виртуального пути

virtual phone «виртуальный телефон»

virtual print виртуальная печать

virtual printer technology технология виртуальных принтеров

virtual private application виртуальные частные приложения

virtual private data network частная виртуальная сеть передачи данных

virtual private network виртуальная частная сеть

virtual processor виртуальный процессор; процесс сервера базы данных

virtual program виртуальная программа

virtual protocol виртуальный протокол

virtual push button виртуальная кнопка

virtual reality виртуальная реальность; виртуальная действительность; искусственная реальность

Virtual Reality for Vivid A&I space system система поддержки принятия решений в виртуальном пространстве

virtual reality system VR-система; система со средствами виртуальной реальности

virtual reality walk-through перемещение в виртуальной среде

virtual = real option режим «виртуальный = реальный»

virtual real-time object-oriented memory manager объектно-ориентированная программа управления виртуальной памятью в режиме реального времени

virtual region виртуальная зона

virtual relation виртуальное отношение

virtual result виртуальный результат

virtual result data item элемент данных — виртуальный результат

virtual routing виртуальная маршрутизация

virtual run-time object-oriented memory manager объектно-ориентированный менеджер виртуальной памяти

virtual storage виртуальная память

virtual storage access memory метод доступа к виртуальной памяти

virtual storage access method виртуальный метод доступа

virtual storage allocation распределение виртуальной памяти

virtual storage interrupt прерывание по отсутствию страницы

virtual storage management управление виртуальной памятью

virtual storage partition раздел виртуальной памяти

virtual storage region зона виртуальной памяти

virtual switching виртуальная коммутация

virtual symbol виртуальный идентификатор

virtual system виртуальная система

virtual table виртуальная таблица

virtual telecommunications access method виртуальный телекоммуникационный метод доступа

virtual terminal виртуальный терминал

Virtual Terminal Protocol протокол виртуального терминала; протокол VTP

virtual trackball виртуальный трекбол

virtual value действующее значение

virtual workgroup виртуальная рабочая группа

virus вирус

virus-checking database база данных с информацией об известных вирусах

virus database база данных с информацией о вирусах; база данных по вирусам

virus detection system система обнаружения (компьютерных) вирусов

virus-findind software программное обеспечение для поиска (компьютерных) вирусов

virus infection вирусная инфекция; проникновение в систему программных вирусов

virus infiltration проникновение вирусов

virus-like behavior «вирусоподобное» поведение; активность, напоминающая деятельность вирусов

virus pattern шаблон вируса

virus pattern file файл с шаблонами вирусов

virus pattern update обновление шаблонов вирусов

virus programmer программист, создающий компьютерные вирусы

virus protection защита от вирусов; антивирусная защита

virus protection software антивирусное программное обеспечение; программные средства защиты от вирусов

virus scanner программа сканирования вирусов; средство сканирования вирусов; средство поиска вирусов

virus scanning поиск вирусов; сканирование вирусов

virus-scanning software программное обеспечение сканирования вирусов; программа поиска вирусов

virus signature сигнатура вируса; характерный признак вируса

virus signature file файл с информацией о вирусах; файл признаков вирусов

VIS набор видеокоманд; набор команд обработки графической информации; инструкции для работы с графикой и видео

visibility видимость

visibility of identifiers «обозримость» идентификаторов

visibility rules правила видимости

visibility scope область видимости

visible defect 1. видимый дефект; 2. явная недоработка

visible file визуализированный файл

visible image видимое изображение

visible surface identification определение видимости поверхностей

vision 1. зрение; восприятие; система технического зрения; 2. представление

visionary interpreter for PostScript программа-интерпретатор входных данных для PostScript

vision interface сопряжение с системой технического зрения

vision operating system операционная система VOS

visitor посетитель; пользователь, обращающийся к Web-узлу

visual визуальный; зрительный

visual angle угол поля изображения; угол поля зрения

Visual AppBuilder визуальный проектировщик приложений

visual application design environment среда визуальной разработки приложений; среда визуального проектирования

visual application designer инструментарий визуальной разработки приложений

visual builder визуальный построитель (приложений)

visual capacity возможности зрительной системы

visual check визуальный контроль

visual checking визуальный контроль

visual coding information byte байт кодирования визуальной информации

visual communication видеосвязь

visual computing визуальные вычисления; вычисления с активным использованием графики

visual data mining tools визуальные инструментальные средства поиска, анализа и представления данных в хранилища информации

visual design визуальное проектирование; визуальное конструирование

visual development environment среда визуальной разработки; среда разработки приложений, реализующая методы визуального программирования

visual display terminal видеотерминал

visual display unit устройство визуального отображения

visual editor визуальный редактор; экранный редактор

visual environment визуальная среда

visual iconic interface образно-графический интерфейс

visual image 1. визуальное изображение; наглядное изображение; 2. визуальное отображение

visual image processing устройство обработки изображений

visual information информация в наглядной форме; визуальная информация

visual inheritance визуальное наследование; наследование визуальных элементов

visual inspection визуальный контроль

visual instruction set инструкции для работы с графикой и видео

visualization software программные средства визуализации

visualize визуализировать

visualizer визуализатор; блок видеоконтроля

visualizing визуализация

visual language for databases язык описания видеоизображений для баз данных; язык VILD

visual learning environment визуальная учебная среда; визуальная среда обучения

visual metaphor зрительный образ

visual output визуальный вывод

visual page отображаемая страница; визуализируемая страница

visual programming визуальное программирование

visual prompt визуальная подсказка

visual property builder визуальный конструктор свойств; редактор свойств; визуальный редактор характеристик объектов

visual query designer визуальный конструктор запросов

visual recognition распознавание зрительных образов

visual record визуально читаемая запись

visual scanning визуальное восприятие

visual searching визуальный поиск

visual selector визуальный указатель; визуальный селектор

visual transmitter передатчик сигналов изображения

visual user environment визуальная пользовательская среда; среда обработки визуальной информации

visual user interface визуальный пользовательский интерфейс; визуальный интерфейс пользователя

visual verification визуальный контроль

visual warning визуальная сигнализация; визуальное предупреждение

VITC временной код в вертикальном интервале

Viterbi decoding декодирование по Витерби

VIVA система поддержки принятия решений в виртуальном пространстве

VIVID видео, речь, изображение и данные

VLAN виртуальная локальная сеть

VLB локальная шина VESA

VLDB сверхбольшие базы данных

VLDR сверхнизкая скорость передачи данных

VLF очень низкие частоты

VLIW 1. «очень длинное командное слово»; широкая команда; 2. система команд сверхбольшой разрядности

VLIW processor процессор со сверхдлинным командным словом

VLLAN сверхбольшая локальная сеть

VLM виртуальный загрузочный модуль

VLR визитный регистр местонахождения (в системах мобильной связи)

VLSI 1. интеграция сверхвысокого уровня; 2. сверхбольшая интегральная схема; СБИС

VLSI algorithm алгоритм, реализованный в СБИС

VLSM маска подсети переменной длины

VM виртуальная машина

v-mail речевая почта

VMC контроллер видеопамяти

VME-bus модульная интерфейсная система на евроконструктивах

VMEbus Interface Consortium консорциум по интерфейсам шины VMEbus

VME subsystem bus шина подсистемы VME; шина VSB

VMM 1. диспетчер виртуальных машин; менеджер виртуальных машин; 2. система управления виртуальной памятью; система виртуальной памяти; 3. канал мультимедиа на шине VESA

VMT таблица виртуальных методов

VMTP универсальный протокол обработки сообщений

VNC виртуальная сетевая система

VNS 1. служба поддержки виртуальных сетей; служба виртуальных локальных сетей; 2. система виртуальных записных книжек

vocabulary словарь; словарный запас

vocal input речевой ввод

vocoder вокодер

VOD видео по запросу

voice-activating управляемый голосом; запускаемый голосом

voice activity detection определение присутствия голосового сигнала

voice annotated e-mail электронная почта, дополненная дикторскими сообщениями

voice answer речевой ответ

voice/audio processing system интеллектуальный контроллер синтеза и распознавания речи

voice authentication отождествление голоса; установление подлинности говорящего по голосу

voiceband диапазон звуковых частот; речевой диапазон

voice-band channel речевой канал; телефонный канал

voice channel речевой канал; телефонный канал

voice chat речевой диалог

voice communication речевая связь; передача речи

voice control речевое управление

voice/data discrimination распознавание передачи голоса/данных

voice/data integration интеграция речи и данных

voice digital synthesizer цифровой синтезатор речи

voice digitization кодирование голоса; преобразование речи в цифровую форму

voice encoding кодирование голоса; кодирование речи

voice encoding scheme схема кодирования речи

voice entry terminal терминал с речевым вводом

voice forwarding пересылка речевых сообщений

voice grade cable кабель для передачи речевых данных

voice-grade channel речевой канал; телефонный канал; канал тональной частоты; канал речевого диапазона

voice identification идентификация голоса; распознавание по голосу

voice information processing server сервер обработки речевой информации

voice input речевой ввод

voice input device устройство речевого ввода

voice input-output device устройство речевого ввода и вывода

voice line линия голосовой связи

voice macro речевая макрокоманда

voice mail голосовая почта; речевая корреспонденция; речевая почта

voice mail server сервер голосовой почты

voicemail software программное обеспечение голосовой почты

voice message речевое сообщение

voice messaging передача речевых сообщений; обмен речевыми сообщениями

voice messaging system система передачи голосовых сообщений

voice network сеть передачи речевой информации

voice operated device устройство, управляющее передачей речи

voice output речевой вывод

555

voice-over наложение речи (на видео)
voice pitch frequency частота основного тона голоса
voice print образец голоса
voice print authentication идентификация по образцу голоса
voice processing system система обработки голосовой информации
voice recognition распознавание голоса; распознавание речи
voice recognition system система распознавания речи
voice recorder диктофон
voice response application программа речевого ответа
voice response system система ответа на телефонные звонки; система речевой связи; система с речевым ответом; система речевого ответа
voice response unit устройство вывода речи
voice retrieval system система с речевым поиском информации
voice session protocol протокол сеанса телефонной связи
voice simulation and recognition синтез и распознавание речи
voice simulation and recognition software программное обеспечение систем синтеза и распознавания речи
voice syntesizer синтезатор голоса; синтезатор речи
voice synthesis синтез речи; синтез голоса
voice traffic речевой трафик
voice tramsmission передача речи
voice verification верификация голоса
voicing aperiodicities аномалии голоса
void 1. пусто; пустая операция; 2. непропечатка
void cast приведение к типу void
void expression выражение void
void in prototypes тип void в прототипах
void pointer пустой указатель; указатель void
void set пустое множество
void * type тип void *
void type conversion преобразование данных типа void
VoIP передача речи по протоколу IP
vol том
volatile 1. изменчивый; меняющийся; 2. энергозависимый
volatile file изменчивый файл; часто меняющийся файл; меняющийся файл
volatile medium энергозависимая среда; запоминающая среда с разрушением информации при выключении питания
volatile memory энергозависимая память; память с разрушением информации
volatile object изменчивый объект
volatility 1. изменчивость; изменяемость; 2. энергонезависимость
volt вольт
voltage напряжение
voltage coder преобразователь напряжения
voltage-control circuit схема управления напряжением
voltage-current characteristic вольтамперная характеристика
voltage divider делитель напряжения
voltage-doubling circuit схема удвоения напряжения
voltage failure авария напряжения
voltage function функция напряжения
voltage interruption кратковременное исчезновение напряжения
voltage reduction technology технология понижения напряжения
voltage variation отклонения от номинального уровня напряжения (в сети)
Volterra integral equation интегральное уравнение Вольтерра
volt-ohm meter вольтметр/измеритель сопротивления; мультиметр

volume 1. том; 2. объем; емкость; 3. громкость; уровень громкости
volume attribute атрибут тома
volume auditor аудитор тома
volume block size размер блока тома
volume conductance объемная проводимость
volume control регулировка громкости
volume control block блок управления томом
volume decomposition пространственная декомпозиция; декомпозиция объема
volume discount оптовая скидка
volume disposition диспозиция тома
volume ID имя тома
volume identification идентификация тома
volume identifier идентификатор тома
volume initialization инициализация тома
volume label метка тома
volume-licensing лицензирование по числу пользователей
volume-licensing program программа лицензирования по числу пользователей
volume manager менеджер тома
volume mounting установка тома; монтирование тома
volume object объект «том»
volume program программа лицензирования по числу пользователей
volume recognition опознавание тома
volume rendering визуализация объемов
volume repair utility утилита восстановления тома
volume scanning сканирование тома
volume segment сегмент тома
volume sequence number порядковый номер тома; серийный номер тома
volume serial number архивный номер тома; регистрационный номер тома; порядковый номер тома; серийный номер тома
volume set 1. групповой том; 2. набор томов
volume space limit ограничение пространства тома
volume state состояние тома
volume table of contents оглавление тома; таблица содержимого тома; каталог тома
volume test нагрузочные испытания
volumetric light объемный свет
volumetric shadows объемные тени
volume unmount демонтирование тома
voluntary произвольный
VOM вольтметр/измеритель сопротивления; мультиметр
von Neumann architecture фон-неймановская архитектура
von Neumann computer ЭВМ фон-неймановского типа
von Neumann machine машина фон Неймана
von Neumann programming фон-неймановское программирование
V operation операция открытия семафора; операция освобождения семафора
VOS виртуальная операционная система
voter control circuitry схемы управления схемой голосования
voting 1. мажоритарная выборка; 2. голосование (процедура определения единого времени на серверах глобальной сети)
voucher reading device устройство, считывающее документы
voxel воксел; объемный элемент; элемент объема; элемент объемного изображения
VP 1. точка схода; 2. виртуальный маршрут; 3. вице-президент
VPC соединение виртуальных маршрутов
VPDN частная виртуальная сеть передачи данных

VPI 1. идентификатор виртуального маршрута; идентификатор виртуального пути; 2. индикатор виртуального маршрута

VPN виртуальная частная сеть; частная виртуальная сеть

VP rule правило VP

VPS система обработки голосовой информации

VPT технология виртуальных принтеров

VR виртуальная реальность

VRAM видеопамять

VRC проверка на четность по столбцам; вертикальный контроль избыточности

V response ответ V

VR-headset мультимедиа-шлем; шлем виртуальной реальности; VR-шлем

VRM регулятор напряжения

VRML язык моделирования виртуальной реальности

VRML browser VRML-браузер; система просмотра и навигации в модели VRML

VROOMM объектно-ориентированный менеджер виртуальной памяти; администратор виртуальной памяти; виртуальная объектно-ориентированная система управления памятью

V = R option режим «виртуальный = реальный»

VRRP протокол резервирования виртуальных маршрутизаторов

VRS 1. система распознавания видео; 2. система распознавания речи

VRT технология понижения напряжения

VRU устройство вывода речи

vs против

VSA виртуальная системная архитектура

VSAM виртуальный метод доступа

VSAT терминал с очень малой апертурой; терминал с малым диаметром антенны; малая наземная станция спутниковой связи; малый терминал спутниковой связи узкой направленности

VSAT network сеть передачи данных средствами VSAT

VSB шина подсистемы VME; шина VSB

VSB technology технология частичного подавления боковой полосы

V-series рекомендации сети V

VSU блок обслуживания видеоустройства

VS/VD method метод виртуальных источников и адресатов

VT 1. вертикальная табуляция; 2. видеотерминал; 3. виртуальный терминал

VTAM виртуальный телекоммуникационный метод доступа

VT network utility сетевая служба виртуального терминала

VTP протокол виртуального терминала

VTR видеомагнитофон; устройство записи на видеоленту

VTR controller VTR-контроллер; контроллер для управления видеомагнитофоном

VTS экран видеотерминала

V-type address constant адресная константа типа V

VUE визуальная пользовательская среда; среда обработки визуальной информации

VUI визуальный пользовательский интерфейс

vulgar fraction простая дробь; обыкновенная дробь

vulnerability чувствительность; уязвимость

vulnerable уязвимый

VUMA унифицированная архитектура памяти стандарта VESA

VUP вычислительная мощность одного компьютера VAX модели 11/780 фирмы DEC (как единица измерения быстродействия)

VWC Консорциум виртуальных миров

VxD виртуальное устройство

VxD driver драйвер виртуального устройства

– Ww –

WABI двоичный интерфейс Windows-приложения; прикладной двоичный интерфейс Windows; двоичный интерфейс приложений среды Windows

WAC объединяющий блок для глобальной связи

wafer пластина; подложка

wafer-scale integration интеграция в масштабе целой пластины

wages accounting расчет заработной платы; начисление зарплаты

Wagner code код Вагнера

waidable paper сращиваемая бумага

WAIS сервер глобальной информации; глобальный информационный сервер

wait 1. ожидание; 2. ожидать

wait condition состояние ожидания

waiting ждущий; ожидающий

waiting count индекс ожидания

waiting list очередь; список очередности

waiting loop цикл ожидания

waiting process ждущий процесс

waiting program 1. программа ожидания; 2. ждущая программа; ожидающая программа

waiting task ждущая задача

waiting time время ожидания; время простоя

waiting time equation уравнение времени ожидания

waiting time factor коэффициент времени простоя

wait lock блокировка ожидания

wait loop ждущий цикл

wait node ожидающий узел

wait operation операция ожидания

wait state состояние ожидания; период ожидания; такт ожидания

wait state code код состояния ожидания

wait-state generator блок управления периодами ожидания

wait time время ожидания

wait timeout тайм-аут ожидания

waiver формуляр предварительного выпуска программного изделия

Wake-on LAN технология дистанционного включения по сети; инициализация в сети

Wake-on-Modem технология дистанционного включения через модем

wakeup активизироваться

WAL регистрация записи с упреждением

walk обход

walkdown уход параметров

walker система глобального поиска в Web; «паук»; программа-робот

walking menu плавающее меню

walkthrough 1. перемещение (в виртуальной среде); 2. сквозной контроль; критический анализ

wall cleanup utility утилита стыковки стен (в САПР)

wallet-sized magnetic card магнитная карта размером с бумажник

wall-jack power supply блок питания, скомбинированный со штепселем

wall outlet стенная розетка

wallpaper 1. «обои»; фоновое изображение; фоновая графическая картинка; 2. длинная распечатка; «простыня»

Walsh analysis анализ Уолша

Walsh transform преобразование Уолша

WAN глобальная сеть; распределенная сеть; территориально распределенная сеть

WAN adapter адаптер глобальной сети

WAN board плата для подключения к глобальной сети

WAND распространение ПО по глобальной сети

wand цифровой зонд; щуп; пробник

wander отклонение; смещение; дрейф

wanderer система глобального поиска в Web; «паук»; программа-робот

WAN MIB информационная база данных управления глобальной сетью

WANODI спецификация сетевого интерфейса для глобальной сети

WARC Международная комиссия по распределению радиочастот

warehouse хранилище (данных, объектов); хранилище метаданных

warehouse administration администрирование хранилищ данных

warehousing software программное обеспечение для доступа к хранилищам данных; средства доступа к базам данных

warehouse management system система управления хранилищем данных

war game военная игра; боевая игра

warm backup «теплое» резервирование

warm boot «теплая» перезагрузка; перезапуск из памяти

warm docking «теплая» стыковка; подключение переносного компьютера к стыковочной станции без его выключения

warm restart «теплый» перезапуск; перезапуск из памяти

warm standby «теплое» резервирование; горячее резервирование; автоматическое резервирование

warm start «теплый» старт; «мягкая» загрузка

warm swapping «теплая» замена; смена устройств, находящихся в режиме ожидания

warning предупреждение; предостережение; предупреждающее сообщение

warning box .окно с предупреждением
warning character предупреждающий символ
warning diagnostics предупреждающее сообщение; предупреждение; профилактическая диагностика; предупредительная диагностика
warning error ошибка типа «предупреждение»
warning level уровень диагностики (компилятора)
warning lights предупредительная световая сигнализация
warning message предупреждение; предупреждающее сообщение
warnings on включить сообщения
warning threshold порог предупреждения
warp отклонение поверхности диска от вертикали
warped surface поверхность, искривленная в двух направлениях
warping деформация
warranty гарантия; гарантийное обязательство
warranty data данные приемочных испытаний
warranty event случай гарантийного обслуживания
warranty life гарантийная наработка; гарантийный срок службы
warranty lifetime гарантийная наработка; гарантийный срок службы
warranty service гарантийное обслуживание
waste 1. избыточный расход; потери; убыток; брак; 2. портить; истощать; опустошать; 3. отработанный
wastebasket корзина
waste instruction холостая команда; фиктивная команда
watch следить; наблюдать
watchdog 1. сторож; сторожевая схема; схема обеспечения безопасности; 2. сторожевой; контрольный
watchdog abort timeout сторожевой тайм-аут отключения соединений
watchdog packet сторожевой пакет; контрольный пакет
watchdog request контрольный запрос
watchdog routine сторожевая программа
watchdog timer контрольный таймер; сторожевой таймер
watchdog verify timeout сторожевой тайм-аут проверки соединений
watch expression контрольное выражение
watch facility средство наблюдения
watching отслеживание; наблюдение
watchpoint точка наблюдения
watch type тип контрольного значения
watch window окно наблюдения
watchword пароль
water color акварель (тип фона в графических пакетах)
watermark водяной знак; непрокручиваемое фоновое изображение (Web-страницы)
watermark detection определение водяных знаков
watermark intensity интенсивность водяного знака
watermarks reading чтение водяных знаков
watermarks registering регистрация водяных знаков
water smudge мокрая бумага (в графических пакетах)
WATS 1. служба междугородной телефонной связи; телефонная служба континентальной части США; 2. глобальная служба телекоммуникаций
wave 1. волна; 2. колебание; колебательный сигнал; 3. график колебательного процесса
wave a dead chicken искать проблему не в том месте
wave encoding шифрование сигналограмм
waveform analyzer анализатор формы сигналов
waveform diagram временная диаграмма сигналов
waveform digitizer дискретизатор аналоговых сигналов
waveform distortion искажение формы сигнала
waveform monitor монитор видеосигналов

waveform signal аналоговый сигнал
wavefront array волновая матрица
wavelength длина волны
wavelength-division multiplexing мультиплексирование по длинам волн
wavelet algorithm волновой алгоритм
wave synthesis table синтез звука по таблице волн
wavetable synthesis табличный синтез (звука); синтез по таблице волн; таблично-волновой синтез
wax crayon пластичный карандаш (в графических пакетах)
wax-transfer printer принтер, работающий по принципу декалькомании (с использованием восковой печатной формы)
way 1. способ; средство; метод; образ действия; 2. магистраль
way station станция в многоточечной сети
WBEM корпоративное управление на базе Web-технологий; управление предприятиями на основе Web-технологий
WBS структура разделения работ; структура классификации работ
WBS chart структурная диаграмма классификации работ
WBS code код структуры классификации работ
WBS mask маска структуры классификации работ
WCN региональная сеть, совместно используемая несколькими компаниями
WCS 1. система мировых координат; реальная система координат; физическая система координат; внешняя система координат; 2. система управления оружием; джойстик WCS
wcs prefix префикс wcs
WD накопитель типа «винчестер»; винчестерский накопитель
WDM 1. мультиплексирование по длине волны; мультиплексирование с разделением по длинам волн; 2. модель драйверов Win32
weak слабый
weak bridge problem проблема слабой связки (между последовательными меню)
weak context слабый контекст
weak convergence слабая сходимость; плохая сходимость; медленная сходимость
weak coupling слабая связь
weak cryptoalgorithm нестойкий криптоалгоритм
weak entity слабый объект
weak entity relation слабое отношение сущностей
weakest precondition слабейшее предусловие; слабейшее входное условие
weak external reference слабая внешняя ссылка
weak impression of typing непропечатка; слабая печать
weak key нестойкий ключ
weak lockout частичная блокировка
weakly generated порождать в широком смысле
weak precedence grammar грамматика со слабым предшествованием
weapons control system система управления оружием; джойстик WCS
wear износ; изнашивание
wearable computer миниатюрный компьютер
wearout износ; изнашивание
wearout failure отказ из-за износа; отказ по износу
Web authoring tool инструментальное средство подготовки Web-страниц;
Web-master администратор Web-узла; Web-мастер
Web authorint tool авторский инструмент Web
Web-based management управление на базе Web
Web browser Web-браузер; средство просмотра Web; система навигации и просмотра информации Web

WebBrowser control элемент управления «средства про-смотра Web»

webcasting широковещательная трансляция через Web

Web-centric network computer Web-компьютер

Web channels Web-каналы

Web client Web-клиент

Web commerce server Web-сервер электронной коммерции; сервер для коммерции в Web

Web designer дизайнер Web-страниц; разработчик Web-страниц

Web developer разработчик Web-страниц; разработчик Web-сайтов

Web discussing Web-конференции

Web document Web-документ; документ World Wide Web

Web find поиск файлов в Web

Web folders папки Web

Web hosting Web-хостинг

Web hosting services услуги по организации и размещению Web-сайтов; услуги Web-хостинга

Web link ссылка на Web-узел; ссылка на Web-страницу; ссылка на сайт

Web-master Web-мастер

Web page Web-страница

Web PC ПК для доступа к Web; Web-ПК

web press рулонная печатная машина

Web programming language язык программирования для Web

Web publishing Web-публикации; публикации в World Wide Web

Web publishing firm фирма, публикующая информацию в Web; Web-издательство

Web publishing language язык для Web-публикаций

Web publishing suite комплект для Web-публикаций

Web publishing tools инструментальные средства для Web-публикаций; средства разработки и публикации Web-страниц

Web-ready готовый к применению в Web

Web searching поиск в Web

Web server Web-сервер; сервер системы World Wide Web

Web site Web-узел; узел Web; сайт; Web-сайт; Web-сервер; сервер Web; информационный центр Web

Web site design разработка Web-узла; проектирование Web-сайта

Web site engineering проектирование Web-сайта

Web store Web-магазин

Web surfing навигация по WWW; «прогулки» по WWW

Web technologies Web-технологии; технологии Web-серверов

WebTV Web-телевизор; комбинация ПК и телевизора для работы с Web

Web view Web-представление

Web visitor посетитель Web; пользователь, обращающийся к Web-узлу

webware программные средства коллективного пользования для системы World Wide Web

wedge 1. клин; 2. сектор диаграммы

wedged terminal зависший терминал

weekdays по рабочим дням

weight 1. вес; весовой коэффициент; 2. плотность; насыщенность (шрифта); 3. присваивать вес; взвешивать

weighted взвешенный

weighted approximation взвешенное приближение

weighted average взвешенное среднее

weighted-checksum code 1. код на основе взвешенной контрольной суммы; 2. код взвешенной контрольной суммы

weighted code код с весами; взвешенный код

weighted directed graph взвешенный ориентированный граф

weighted mean взвешенное среднее

weighted moving average взвешенное смещенное среднее

weight factor весовой множитель; весовой коэффициент

weight function весовая функция

weighting algorithm алгоритм, использующий весовые коэффициенты

weighting coefficient весовой коэффициент

weighting factor весовой коэффициент; весовой множитель

weight of type насыщенность шрифта

welding «сварка» (объектов)

well-defined строго определенный; хорошо определенный

well-defined rules строго определенные правила

well-designed хорошо спроектированный

well-established product 1. признанный продукт; 2. хорошо проработанный продукт

well-formed правильно построенный

well-formed formula правильно построенная формула

WEP 1. протокол обеспечения конфиденциальности; 2. процедура выхода Windows

wet paint жидкая краска (в графических пакетах)

wet paint filter фильтр «жидкая краска» (в графических пакетах)

wet trapping печать по сырому

WFMC Коалиция по автоматизации документооборота

WFS программное обеспечение автоматизации деловых процедур

WG рабочая группа

wheel color цветовой круг

wheel printer колесное печатающее устройство

where condition условие отбора

Whetstone тест оценки производительность арифметических операций

while loop цикл с проверкой условия; цикл с условием продолжения

while statement оператор цикла с условием продолжения

whirlpool 1. ворс (эффект в графике); водоворот (графический эффект); 2. символ @

whirlpool filter фильтр «ворс» (в CorelDraw)

whirpool effect эффект водоворота

whisker 1. контактный волосок; контактный усик; 2. точечный контакт

whispy light blend легкая размывка (в графических пакетах)

whispy light wash очень тонкие полосы

white белый

white balance баланс белого

whiteboard 1. лекционная доска (вид конференц-связи); 2. совместимая плата прототипа

whiteboarding коллективное редактирование растровых изображений

White Book «Белая книга»

white calibration plaque белая калибровочная пластина

white keys белые клавиши клавиатуры

white paper официальный документ

white point белая точка (монитора)

whitespace 1. разделитель; пробел; пробельный символ; неотображаемый символ; 2. свободное место; пустая область (документа)

white-space character разделитель (в тексте)

white-space control управление промежутками и незанятыми полями (документа Web)

white-to-back error ошибка при переходе от белого к черному

who-are-you «кто там?»

who-are-you character символ «кто там»; символ запроса автоответчика

whois server сервер с базой данных о пользователях

whole весь; целый; полный

whole field поле целиком

whole optimization оптимизация в целом

wholesale 1. оптовая торговля; 2. оптовый; 3. массовый; в больших размерах

wholesale dealer оптовый торговец

wholesale price оптовая цена

wholesale price index индекс оптовых цен

whole word only только слово целиком (установка при поиске)

WHQL тест на совместимость с Windows

wide 1. с большим числом разрядов (о шине); 2. широкий

wide-angle LCD ЖК-дисплей с широким углом обзора

wide angle lens широкоугольный объектив

wide-area территориально-распределенный; глобальный

wide area call обращение к глобальной сети

wide area connections территориально удаленные соединения

wide area connector объединяющий блок для глобальной связи

wide area corporate network региональная сеть, совместно используемая несколькими компаниями

Wide-Area Information Server сервер глобальной информации; глобальный информационный сервер; сервер WAIS

wide area intranet глобальная интрасеть

wide-area network глобальная сеть; широкомасштабная сеть; распределенная сеть; территориально распределенная сеть

wide-area network distribution распространение (ПО) в глобальной сети

wide area networking hardware аппаратура глобальных сетей; аппаратные средства для создания глобальных сетей

wide-area network interface coprocessor сопроцессор взаимодействия с глобальной сетью

wide-area telecommunications service глобальная служба телекоммуникаций

wide-area telephone service служба междугородной телефонной связи; телефонная служба континентальной части США

wide area transport protocol транспортный протокол глобальных сетей

wideband 1. полоса частот; 2. широкополосный

wideband amplifier широкополосный усилитель

wideband channel широкополосный канал

wide carriage широкая каретка

wide character «широкий» символ; символ расширенной формы

wide character constant символьная константа расширенной формы

wide cover с широкой струей (в графических пакетах)

wide graphics графическое изображение, выполненное жирными линиями

wide interface интерфейс с большой разрядностью (шины данных)

widening расширение

wide power sprayer с широкой сильной струей

wide range 1. широкий диапазон; 2. широкий спектр (устройств)

wider register регистр большей разрядности

wide text carrier широкоформатный носитель текста

wide type широкий тип

wide use широкое применение

wide variety широкий спектр; большое разнообразие

wide word длинное слово

widget специальный графический элемент; интерфейсный элемент окна; реквизит окна; виджет; объект-виджет

widgets palette палитра деталей

widow висячая строка

widow and orphan control удаление начальных и концевых висячих строк (в системах обработки текстов)

widow line изолированная строка

width ширина; длина

width of bus разрядность шины

width of field длина поля

width of line число символов в строке; длина строки

width of object ширина объекта

width of outline 1. толщина абриса; 2. толщина контура

width of page ширина страницы

width-to-height ratio отношение ширины к высоте

width type тип «ширина»

wildcard универсальный символ; шаблон; метасимвол; символ групповой операции; трафаретный символ; символ универсального сопоставления; подстановочные знак; знак подстановки

wildcard character универсальный символ; шаблон; метасимвол; символ групповой операции; трафаретный символ; символ универсального сопоставления; подстановочные знак; знак подстановки

wildcard file specification шаблон файлов

wildcard matching сопоставление с трафаретным символом; совпадение с трафаретным символом; универсальное сопоставление; сравнение по трафаретным символам

WIM регистр маски недействительного окна (в RISC-архитектуре SPARC)

WIMP многооконная среда, управляемая мышью

WIN 1. узел взаимодействия с рабочими станциями; 2. беспроводная информационная сеть; 3. беспроводная сеть внутри здания; беспроводная внутренняя сеть; 4. информационный менеджер для рабочих групп: 5. беспроводная интеллектуальная сеть

winchester винчестер; винчестерский диск

winchester-based technology drive винчестерский накопитель; накопитель, использующий винчестерскую технологию

winchester disk винчестер; винчестерский диск

winchester drive винчестерский дисковод; винчестерский диск

winchester technology винчестерская технология

wind filter фильтр «ветер» (в графических пакетах)

winding 1. обмотка; 2. виток; 3. намотка; 4. провод прошивки

window 1. окно; 2. рамка (выбора объекта); 3. заключать в рамку; 4. создавать окно

window allocation выделение окна

window-based оконный

window border граница окна

window border style тип границы окна

window class оконный класс

window component компонент окна

window control управляющий элемент окна

window corner угол окна

window database база данных с информацией об окнах

windowed address адрес в адресном пространстве окна

windowed application программа с оконным интерфейсом

windowed end-to-end protocol сквозной протокол со стробированием информационного потока; сквозной протокол со стробированием информации

windowed mode оконный режим; режим выполнения в окне

window element элемент окна

window equipment оформление окон

window frame рамка окна

window-full scrolling пооконная прокрутка

W

561

window handle указатель окна; описатель окна; логический номер окна

window information информация окна

windowing 1. организация многоэкранного интерфейса; 2. работа с окнами; 3. кадрирование; отсечение

windowing environment оконная среда; многооконая среда

windowing software программное обеспечение управления окнами

windowing system система управления окнами

windowing transformation преобразование для просмотра

window invalid mask register регистр маски недействительного окна (в RISC-архитектуре SPARC)

window layout схема организации окон; конфигурация окон (на экране дисплея); схема окна; конфигурация окна

window maintenance организация окон

window manager администратор многооконного режима; администратор окон; диспетчер окон

window message оконное сообщение

window mode режим окна

window number номер окна

window object объект окна; оконный объект

window object classes классы оконных объектов

window object type тип объекта окна

window-oriented ориентированный на работу с окнами

window palette палитра окна

window polygon многоугольная рамка (выделения объектов)

window printout object объект печати окна

window procedure оконная процедура

Window RAM двухпортовая память

window-related оконный

Windows application приложение для Windows; Windows-приложение; приложение Windows; прикладная программа Windows

Windows Application Binary Interface двоичный интерфейс Windows-приложения; двоичный интерфейс приложений среды Windows; прикладной двоичный интерфейс Windows; интерфейс WABI

Windows Application Programming Interface интерфейс прикладных программ Windows

Windows-based функционирующий в среде Windows; на базе Windows

Windows-based MIDI software программные средства поддержки устройств MIDI в среде Windows

window's client area пользовательская область окна; область пользователя

window-scrolling прокрутка окна

Windows desktop настольная Windows-система; настольный ПК со средой Windows

window selection выбор (объектов) с помощью рамки

Windows Explorer Проводник (в Windows)

Windows-friendly дружественный к пользователю, как среда Windows

Windows Integrated Name Server интегрированный сервер имен Windows; интегрированный сервер именования среды Windows

Windows Integrated Name Services интегрированная служба именования среды Windows

Windows Internet Naming System система межсетевых адресов в среде Windows

window size 1. размер окна; 2. размер группы сетевых пакетов

windows manager администратор окон

Windows metafile метафайл среды Windows

windows objects объекты-окна

Windows Open Services Architecture открытая архитектура служебных функций для среды Windows; архитектура WOSA

window split разделение окна

window split box маркер разбиения окна

Windows program программа для Windows

Windows Program Manager администратор программ Windows

Windows system printer системный принтер Windows

window-style bits биты стиля окна

window subclassing создание оконных подклассов

windows unrecoverable application error невосстановимая ошибка приложения Windows

Windows workstation рабочая станция для Windows; рабочая станция с ОС Windows

window text оконный текст

window title заголовок окна

window title bar строка заголовка окна; заголовок окна

window toolkit набор инструментов оконного интерфейса

window tree дерево окон; древовидная структура окон

wind-up spool бобина для намотки; катушка для намотки (магнитной ленты)

WinMark test комплексный тест для видеоадаптеров

WINS 1. интегрированный сервер имен Windows; интегрированный сервер именования среды Windows; 2. интегрированная служба именования среды Windows; 3. система межсетевых адресов в среде Windows

Win16 software 16-разрядные программы Windows

Win32 software 32-разрядные программы Windows

WINS proxy agent агент-посредник WINS

WINS server сервер службы имен Windows

wipe смена изображений путем смещения разделяющей их границы; постепенная смена изображений; сдвиг кадров

wipe left сдвиг (кадра) влево

wipe right сдвиг (кадра) вправо

wire 1. провод; проволока; проводник; шина; перемычка; 2. телеграф; телеграфировать

wire board 1. коммутационная доска; коммутационная панель; 2. монтажная панель; монтажная плата

wire bonding монтаж проводных соединений; проводное соединение

wire communication проводная связь

wired «зашитый»; реализованный в ПЗУ

wired AND монтажное И

wired-in check аппаратный контроль

wired-in program зашитая программа

wired logic монтажная логика; логика монтажного соединения

wired-program computer машина с «зашитой» программой

wireframe проволочный каркас; каркасное представление (пространственной модели)

wireframe model каркасная модель

wireframe of solid каркас трехмерной фигуры

wireframe representation каркасное представление

wireframe view каркасное представление; представление в виде каркасной модели

wire lead проволочный вывод

wireless беспроводный

wireless bridge беспроводный мост; канал беспроводной связи, соединяющий два сегмента сети

wireless communication беспроводная связь

wireless equipment оборудование беспроводной связи

wireless inbuilding network беспроводная внутренняя сеть; беспроводная сеть внутри здания

wireless information network беспроводная информационная сеть

wireless LAN беспроводная локальная сеть

wireless modem беспроводный модем
wireless network беспроводная сеть
wireless office system учрежденческая система радиосвязи
wireless personal area network персональная беспроводная сеть
wireless technology беспроводная технология
wireless telegraphy радиотелеграфия
wire line проводная линия связи
wireline carrier проводная линия связи
wire map test тест распайки разъемов кабеля (проверяющий правильность подключения контактов)
wire mesh tube цилиндрическая оплетка (кабеля)
wire printer матричный принтер с игольчатой головкой
wire rack проволочный держатель
wire routing проводка; монтаж
wire-speed со скоростью, соответствующей среде передачи данных (о коммутации или маршрутизации в сетях)
wire speed скорость передачи данных по кабелю
wire-speed performance производительность, соответствующая среде передачи данных
wire-speed switching коммутация с производительностью, соответствующей среде передачи данных; коммуникации со скоростью среды передачи данных
wiretap 1. подключение к линии; 2. перехват
wire-way короб для прокладки кабеля
wire-wrap method метод монтажа накруткой
wiring board монтажная панель; монтажная плата
wiring card 1. карта монтажных соединений; 2. монтажная плата
wiring closet монтажный шкаф; коммутационный отсек; технологический шкаф; аппаратный шкаф; комната для коммутационного оборудования; серверная комната
wiring concentrator концентратор проводных линий
wiring delay задержка в проводных соединениях
wiring diagram коммутационная схема; монтажная схема соединений
wiring error ошибка монтажа
wiring hub концентратор проводных соединений; концентратор
wiring layout монтажная схема
wiring list таблица монтажных соединений
wiring method метод проводного монтажа
wiring panel коммутационная панель; концентратор
wiring program программа монтажа проводов
wiring scheme монтажная схема; схема коммутации
wiring system кабельная система; система кабельной разводки
Wisconsin benchmark тест «Висконсин»; тест измерения производительности реляционных запросов
within внутри; в пределах
within delta of в пределах дельты; почти точно
within of epsilon в пределах эпсилон
witness line вспомогательная линия построения (чертежа)
wizard «мастер»; «оперативный консультант»; «советчик»; модуль оперативной помощи; функция-мастер; эксперт-программа
WKS автоматизированное рабочее место; рабочая станция; АРМ
WKSH многооконная оболочка Korn (в ОС UNIX)
WMF метафайл Windows; графический формат Windows
WMS forms registry DLL DLL-библиотека реестра форм WMS
WMS spooler диспетчер очереди WMS
WN беспроводная сеть; радиосеть
WNIC сопроцессор взаимодействия с глобальной сетью
woe «головная боль»; проблемы

wood древесина (фактура)
woodcut method метод надреза
wood grain pattern узор древесной структуры (в графических пакетах)
word слово; машинное слово
word address адрес слова
word addressable адресуемый по словам
word alignment выравнивание по границе слова
word boundary граница слова; словораздел
word-by-word пословный
word capacity емкость в словах
word composition композиция слов
word delimiter символ ограничения слова; ограничитель слова
word error rate вероятность ошибки в кодовом слове
word format формат слова
word formation словообразование
word frequence частота следования слов
word graph график с текстовой информацией; график с текстом
word hypothesis гипотеза о распознанном слове
word index индекс слова
wordiness многословность (корректорский знак)
word interval интервал слов
word length размер слова; длина слова
word mark метка слова; маркер слова
word mark bit бит маркера слова
word of variable length слово переменной длины
word-organised memory память с пословной организацией; память с обращением по словам
word-organized bus шина с пословной организацией
word-oriented computer компьютер с пословной организацией
word-oriented processor процессор с пословной обработкой
word position позиция слова
word processing 1. текстообработка; обработка текстов; подготовка текстов; 2. пословная обработка
word processing auxiliary equipment дополнительное оборудование систем обработки текстов
word processing equipment средства обработки текста
word processor текстовый процессор; программа редактирования текстов; система подготовки текстов; текстовый редактор
word recognizer устройство опознавания слов; устройство распознавания слов
word selection 1. выборка слов; пословная выборка; 2. выбор слова
word-select store запоминающее устройство с обращением по словам; память с пословной выборкой
word separator разделитель слов
word-serial пословный
word-serial coding пословное кодирование
word-serial transfer пословная передача
word space пробел между словами
word spacing интервал между словами
words per minute слов в минуту
word stock запас слов
word time время выборки слова
wordwide chip полноразрядный кристалл
word wrap автоматический переход на новую строку; перенос строк; перенос слова (без разбивки) на новую строку; «обтекание» иллюстраций
word wrap-around переход на новую строку; перенос без разбивки слов
work 1. работа; действие; занятие; 2. рабочий; 3. работать; действовать

W

workability применимость; годность к обработке

workable system работоспособная система

work area рабочая зона; рабочая область

workbench 1. автоматизированное рабочее место программиста; 2. инструментальные средства

workbench technology автоматизированная технология

workbench window инструментальное окно

work between работа между (в сетевом планировании)

workbook 1. сборник упражнений; конспект; рабочая книга; 2. «подшивка» электронных таблиц

work breakdown chart диаграмма структуры классификации работ

work breakdown structure структура классификации работ; структура разделения работ

work cycle рабочий цикл

workday driven управляемая рабочим днем

workday length длина рабочего дня

workday limit лимит рабочего дня

workday start/finish начало/окончание рабочего дня

work directory рабочий каталог

work environment рабочая среда

worker thread рабочий поток; поток-исполнитель

worker thread pool пул рабочих потоков

work factor показатель трудозатрат

work file рабочий файл

workflow автоматизация деловых процедур; АДП; автоматизация документооборота; последовательность операций; поток деятельности

workflow application builder средство разработки приложений АДП

workflow chart диаграмма последовательности операций

workflow management организация документооборота; управление делопроизводством; автоматизация делопроизводства

Workflow Management Coalition Коалиция по автоматизации делопроизводства

workflow process analysis анализ документооборота

workflow program программа автоматизации делопроизводства

workflow routing маршрутизация документооборота; маршрутизация потока документов

workflow software программное обеспечение автоматизации деловых процедур; ПО автоматизации документооборота

workflow system система автоматизации документооборота

work function рабочая функция

workgroup рабочая группа

workgroup administrator администратор рабочей группы

workgroup computer машина коллективного пользования

workgroup computing коллективная работа; коллективные вычисления

workgroup database коллективная база данных

workgroup edition версия для коллективной работы

workgroup hub концентратор для рабочей группы

workgroup information manager информационный менеджер для рабочих групп

workgroup manager менеджер рабочей группы; администратор рабочей группы

workgroup network сеть рабочей группы

workgroup productivity software программное обеспечение для поддержки рабочих групп

workgroup repository manager администратор хранилища проекта

workgroup scheduling коллективное планирование

workgroup solution приложения для рабочих групп

workgroup-support functions функции поддержки рабочих групп; функции поддержки коллективной работы

workhorse исполнительный компонент

working accuracy рабочая точность; практическая точность

working approximation рабочее приближение

working area рабочая область

working cell рабочая ячейка

working condition 1. рабочее состояние; 2. условия работы; 3. эксплуатационный режим; рабочий режим; 4. условия эксплуатации

working copy рабочая копия

working data рабочие данные

working data set рабочий набор данных

working directory рабочий каталог

working drawing рабочий чертеж

working equation рабочая формула

working equipment рабочее оборудование; действующее оборудование

working memory рабочая память; оперативная память

working page рабочая страница

working plane рабочая плоскость

working program рабочая программа

working register рабочий регистр

working room рабочее пространство; рабочая область памяти

working set рабочий набор; рабочее множество; рабочий комплект

working space рабочая область

working storage рабочая память

working storage section секция рабочей памяти

working temperature рабочий диапазон температуры

working thesaurus рабочий тезаурус

working-total store рабочее и итоговое запоминающее устройство

working voltage рабочее напряжение

work journal журнал учета работы

workload рабочая нагрузка

workload factor коэффициент рабочей нагрузки

workload management управление рабочей нагрузкой

work location subsystem подсистема рабочих мест; рабочие места

work order system система обработки заказов

workpath рабочий путь

workplace рабочее пространство; рабочая область

work process automation автоматизация деловых процедур; автоматизация рабочих процессов

work queue entry запись в очереди работ

work set рабочий набор

worksheet рабочая таблица; рабочий бланк (в динамических электронных таблицах); рабочий лист

worksheet audit feature средство ревизии электронных таблиц

workshop 1. инструментальный пакет; набор средств; 2. семинар; симпозиум; секция; практика

workshop session специализированный семинар

workspace рабочая область; рабочее пространство

workspace profile конфигурация рабочего пространства

work specification спецификация работы

workstation рабочая станция; автоматизированное рабочее место

workstation interface node узел взаимодействия с рабочими станциями

workstation number номер рабочей станции

workstation printer принтер, подключаемый к рабочей станции; удаленный принтер

workstation screen экран рабочей станции

workstation security защита рабочих станций

work tape рабочая лента

work-to-do list список текущих работ
work volume рабочий том
workweek рабочая неделя
world access доступ посторонних пользователей; глобальный доступ
World Administrative Radio Conference Международная комиссия по распределению радиочастот
world coordinate мировая координата
world coordinate system система мировых координат; реальная система координат; физическая система координат; внешняя система координат
world execute общее использование
world execute file attribute bit бит разрешения выполнения
world read file attribute bit бит разрешения считывания
worldwide во всем мире; всемирный
worldwide access глобальный доступ
worldwide leader мировой лидер
worldwide service всемирная служба
worldwide service and support сервис и поддержка в разных странах мира
World Wide Web «Всемирная паутина»; глобальная гипертекстовая система Internet
worm 1. «червь»; самораспространяющаяся программа; вирусная программа самотиражирования; 2. тире
WORM 1. запоминающее устройство без возможности перезаписи; 2. писать единожды, читать многократно
WORM disk диск с записью по способу WORM
WORM drive дисковод без перезаписи; дисковод с однократной записью и многократным чтением
WORM media физический носитель, допускающий только однократную запись
WORM memory память для однократной записи
worn calligraphy тупое перо (в графических пакетах)
worn Hi-Liter использованный текстовый маркер
worst наихудший
worst-case в самом тяжелом случае; в наихудшем случае
worst-case analysis анализ наихудшего случая
worst-case conditions наихудшие условия
worst-case delay задержка в худшем случае; максимальная задержка
worst-case fault неисправность, проявляющаяся в худшем случае
worst-case loading наихудший вариант нагрузки
worst-case situation нештатная ситуация
WOS 1. учрежденческая система радиосвязи; 2. операционная система рабочей станции
WOSA 1. архитектура открытых сервисов Windows; открытая архитектура служб Windows; открытая архитектура служебных функций для среды Windows; 2. API-интерфейс служебных функций Windows
WOW «Windows поверх Windows»
WPAN персональная беспроводная сеть
wpm слов в минуту
WRAM двухпортовая память; память, допускающая одновременное чтение и запись
wrap 1. свертка; 2. обход; 3. заворачивать; возвращать; 4. делать оборку; обтекать; обертывать
wraparound циклический возврат (от конца к началу); заворачивание (текстовых строк); циклический переход
wraparound addressing круговая адресация; циклическая адресация
wraparound image заворачивание изображения
wrap in инкапсулировать
wrapped field поле, разбитое на несколько экранных строк
wrapped format «свернутый» формат

wrapped underflow псевдонормализованное число (в случае потери значимости)
wrapper оболочка; надстройка
wrapper class класс-оболочка
wrapper object охватывающий объект; объект-оболочка
wrapping оборка; текст, заверстанный вокруг иллюстрации
wreck поломка; заклинивание; замятие
wristband (антистатический) браслет
writable с возможностью записи; записываемый; доступный для записи
writable control store перезаписываемое управляющее запоминающее устройство
writable memory записываемая память; память с возможностью перезаписи
write запись; записывать
write access права доступа на запись; доступ на запись; доступ для записи; обращение по записи
write-ahead запись с упреждением
write-ahead log регистрация записи с упреждением
write-ahead logging опережающее ведение журнала
write amplifier усилитель записи
write attribute атрибут «запись»
write audit аудит записи
write back отложенная запись
write-back 1. обратная запись; 2. с задержанной записью; с отложенной записью
write-back cache кэш с отложенной записью
write-back caching кэширование с отложенной записью
write-back caching controller кэширующий контроллер с отложенной записью
write-back mode режим отложенной перезаписи
write behind отложенная запись (при кэшировании)
write-behind caching упреждающее кэширование при записи
write buffer буфер записи
write bus шина записи
write condition состояние записи
write conflict конфликт записи
write current ток записи
write cycle цикл записи
write data данные записи
write data error ошибка данных записи
write-enable buffer буфер разрешения записи
write-enable notch прорезь разрешения записи
write-enable ring кольцо разрешения записи
write-enable tag наклейка разрешения записи
write-enabling ring кольцо разрешения записи
write-enabling tag наклейка разрешения записи
write error ошибка при записи; ошибка записи
write fault сбой при записи
write head головка записи; записывающая головка
write-in запись
write instruction команда записи
write key ключ записи
write lock блокировка записи
write-once memory память с однократной записью
write once, read many писать единожды, читать многократно
write-only только запись; только для записи
write operation операция записи
write pass цикл записи
write-protected с защитой от записи; защищенный от записи
write protected disk диск, защищенный от записи
write-protected diskette дискета с защитой записи
write-protected memory память с защитой от записи
write protect error ошибка из-за защиты от записи
write protect label прорезь разрешения записи

565

write protection блокировка записи; защита от записи
writer 1. записывающее устройство; устройство, выполняющее запись; 2. редактор; программа записи; программа, выполняющая запись; 3. автор
write register регистр записи
write right право «запись»; право записи
write ring кольцо разрешения записи
write select line шина выборки при записи
write statement 1. оператор записи; 2. оператор печати
write through сквозная запись
write-through со сквозной записью
write-through cache запись в обход кэша
write-through caching кэширование со сквозной записью
write-through mode режим сквозной записи
write time время записи
write track дорожка записи
write-write conflict конфликт при совпадении обращения по записи
writing 1. регистрация; запись; 2. документация; 3. записывающий
writing access time время выборки при записи; время обращения при записи
writing beam записывающий луч
writing capacity объем печати
writing character matrix матрица печатных знаков
w.iting circuit схема записи
writing cycle time время цикла записи
writing dictating machine пишущий диктофон
writing error ошибка записи
writing of a one state запись состояния единицы
writing task задача системного вывода

writing tools средства проверки правописания
written documentation печатная документация
WRM администратор хранилища проекта
wrong неправильный; ошибочный; неверный; неадекватный
wrong distribution неадекватное распределение
wrong mode неверный режим
wrong word неправильное слово
WRT относительно; по отношению к (сокращение, принятое в Internet)
WRU «кто вы» (сигнал запроса абонента)
W/S рабочая станция
WW неправильное слово (корректорский знак)
WWAP software средства анализа многомерных данных и поддержки принятия решений в World Wide Web
WWW «Всемирная паутина»; глобальная гипертекстовая система Internet; система World Wide Web
WxHxD ширина × высота × толщина
WYDIWYS «что сделаешь, то и увидишь»
wye 1. тройник; 2. звезда
WYPIWYF «что печатаешь на принтере, то и передается по факсу»
WYSBYGI «сначала просмотр, потом применение»; средство, позволяющее просмотреть изменения перед фактическим их применением
WYSIWIS «что вижу я, то видите и вы»
WYSIWYG «что на экране, то и на принтере»; высокий уровень соответствия между изображением на экране монитора и печатной копией; режим наглядного отображения; режим полного соответствия
WYSIWYG mode режим полного соответствия
WYSIWYG philosophy принцип соответствия вывода на экран и на печать

– Xx –

XA расширенная архитектура
X application X-приложение
x-axis ось x
X-based application X-приложение; приложение X-системы
x86-based microprocessor микропроцессор типа x86
xBase package dBase-совместимый пакет
32X CD-ROM CD-ROM с 32-кратной скоростью вращения диска
X-client X-клиент
XDP внешнее представление данных
XDR 1. внешнее представление данных; 2. служба каталогов/именования (разработанная X/Open)
XDR routines подпрограммы внешнего представления данных
xerocopy ксерокопия
xerographic copying ксерографическое копирование
xerographic printer ксерографическое печатающее устройство
xerographic printing электрографический способ печати
xerography ксерография
xerox ксерокс; ксерокопировать
Xerox Network Services сетевая служба Xerox; сетевой стандарт фирмы Xerox
XGA адаптер расширенной графики; расширенная графическая архитектура
x-height высота строчных литер; высота символов нижнего регистра
XMM программа управления расширенной памятью
xmouse мышь, работающая в стиле X Window
XMP протокол управления консорциума X/Open
XMS 1. расширенная память; память типа XMS; XMS-память; 2. спецификация расширенной памяти
XMS memory расширенная память; XMS-память
XNA 1. расширенная сетевая архитектура; расширенная архитектура сети; 2. сетевая служба Xerox
X-off передатчик выключен
XOFF стоп-сигнал
X-on передатчик включен

XON старт-сигнал
XON-XOFF протокол связи последовательного интерфейса
X/Open Directory Service служба каталогов/именования, разработанная X/Open
XOR mask mode режим выделения XOR; режим выделения «исключающее ИЛИ»
X/PAD сборщик/разборщик пакетов; сборщик/разборщик пакетов для серии X
XPG документ стандартов X/Open
X program X-программа
X protocol X-протокол
XPS экспертная система
X read-write switching circuit схема переключения считывания-записи для оси X
X-reference перекрестная ссылка
XS-3 code код с избытком 3
X-series стандарты серии X
X-server X-сервер
X server software программное обеспечение X-сервера
X-station X-станция
XT-bus шина ПК с расширенной технологией
Xterminal X-терминал; терминал с интерфейсом X-Windows
XTI транспортный интерфейс консорциума X/Open
X-type constant константа X-типа; шестнадцатеричная константа
24x365 uptime безостановочное функционирование; круглогодичная работа без остановки на профилактику
24x7 uptime безостановочное функционирование; круглосуточная работа 7 дней в неделю
xWidth ширина малой латинской буквы
XY chart диаграмма XY
X-Y encoder двухкоординатный шифратор
XY graph график XY; график типа XY
XY plane плоскость XY; плоскость, определяемая осями X и Y; горизонтальная плоскость
XY plotter двухкоординатный графопостроитель
XY printer двухкоординатное печатающее устройство
X-Y table координатный графопостроитель

– Yy –

YACC компилятор компиляторов

yank копировать заданный текст в буфер (текстового редактора)

yaw 1. поворот в горизонтальной плоскости; поворот вокруг вертикальной оси; 2. сгибание (манипулятора в запястье); угол сгибания

Y-axis ось Y; ось ординат

Y/C яркость/цвет (сигнала)

Y-component Y-компонента

yellow желтый

Yellow Book «Желтая книга»

yes-no decision выбор типа «да/нет»

yield 1. выпуск; выход; объем выпуска; результат; 2. вырабатывать; выдавать; возвращать; 3. давать; производить

100%-yield approach метод обеспечения 100% выхода

yield enhancement увеличение выхода годных изделий

yielding 1. пластическая деформация; 2. текучесть; податливость

yield map карта годности

yield ratio выход годных (изделий)

Y2K-compliant application приложение, поддерживающее правильный отсчет дат после 2000 г.

YMMV у вас скорость может отличаться; ваши показатели могут быть другими (сокращение, принятое в Internet)

Y/N да/нет

yoke обойма; блок

Yourdon notation нотация Йордона (в CASE-системах)

ypserver сервер службы Yellow Pages

Y read-write switching circuit схема переключения считывания-записи для оси Y

Y-type address constant адресная константа типа Y

Y-type constant константа Y-типа; адресная константа

YUV схема сжатия с разделением информации о яркости и цвете; кодирование цветового сигнала по методу YUV

YUV color system цветовая система YUV

YX plane плоскость, определяемая осями Y и X

– Zz –

zap 1. команда полного стирания рабочей области; 2. затирать

Zapf Dingbat font пиктографический шрифт (в текстовых редакторах)

zapping пережигание перемычек (в ППЗУ); прожигание перемычек

zatocoding system система координатного индексирования

z-axis ось z

z-buffer z-буфер; буфер глубины; буфер для хранения трехмерных изображений; выделенная область графической памяти для хранения Z-координат точек объекта, соответствующих расстоянию до наблюдателя

z-buffering z-буферизация

ZCAV зонная постоянная угловая скорость

Z-CLV зонально-постоянная линейная скорость

ZDL блокировка ошибок с нулевой задержкой

zenith угол отклонения плоскости головки от вертикали

zero 1. нуль; 2. начало отчета; 3. нулевой; 4. обнулять

zero-access memory память с малым временем обращения; память с малым временем выборки; запоминающее устройство с мгновенной выборкой

zero-access storage сверхбыстродействующее запоминающее устройство

zero-access time memory память с малым временем выборки; запоминающее устройство с пренебрежимо малым временем выборки

zero address нулевой адрес

zero-address безадресный

zero-address code код безадресной команды

zero-address instruction безадресная команда

zero adjustment установка нуля; подстройка нуля

zero administration «нулевое администрирование»; программно-аппаратные средства, не требующие администрирования

zero argument нулевой аргумент

zero as blank нуль как пробел

zero-based отсчет от нуля

zero-based array массив с нулевой базой

zero bias 1. нулевое напряжение смещения; нулевое смещение; 2. нулевое поле подмагничивания; 3. нулевое преобладание

zero bit нулевой разряд; нулевой бит

zero byte нулевой байт

zero-byte packet 0-байтовый пакет; пакет; содержащий 0 байтов

zip code почтовый индекс

zero capacity queue очередь нулевой вместимости

zero complement точное дополнение

zero compression сжатие информации за счет нулей; уплотнение за счет нулей

zero condition нулевое состояние

zero crossing переход через нуль; пересечение нулевого уровня

zero-crosstalk connection соединение без перекрестных помех; соединение без переходных помех

zero cylinder нулевой цилиндр

zero data length длина нулевых данных

zero defects полное отсутствие дефектов

zero defects program программа нулевых ошибок

zero-deflection method метод нулевого отклонения

zero delay нулевая задержка

zero delay locking блокировка ошибок с нулевой задержкой

zero divide деление на нуль

zero drift сдвиг нуля

zero error 1. сдвиг нуля; уход нуля; ошибка в нулевой точке; ошибка установки нуля; 2. нулевая погрешность

zero error capacity пропускная способность при отсутствии ошибок

zero-extended value значение, дополненное нулем

zero extension дополнение нулями

zero fill 1. заполнение нулями; 2. обнулять; заполнять нулями

zero filled заполненный нулями

zerofilling обнуление

zero flag признак нуля; флаг нуля

zero function нулевая функция

zeroing обнуление; установка в 0

zeroing instruction команда обнуления

zero-initial condition нулевое начальное состояние

zero-initialize memory инициализировать память нулями

zero input нулевой вход

zero insertion вставка нулей

zero insertion force установка без усилий; с нулевым усилием сочленения

zero insertion force socket гнездо с захватными контактами

zeroize очищать; обнулять; устанавливать в 0; сбрасывать

zero kill заполнение нулями

zero-knowledge protocol протокол с «нулевым знанием»

zero lag нулевое запаздывание; нулевая задержка

zero length 1. нулевая длина; 2. нулевой длины

zero-length file файл нулевой длины; пустой файл

zero level уровень логического нуля; нулевой уровень

zero-level address адрес нулевого уровня; непосредственный операнд; адрес-операнд

zero-level addressing непосредственная адресация

zero matrix нулевая матрица

zero method нулевой компенсационный метод измерений

zero offset indexed addressing индексная адресация с нулевым смещением

zero padding дополнение нулями

zero page thread поток обнуления страниц

zero point error сдвиг нуля; уход нуля; ошибка в нулевой точке

zero position нулевое положение

zero queue probability вероятность образования нулевой очереди

zero-sized array массив нулевого размера

zero stuffing вставка нулей

zero-sum game игра с нулевой суммой

zero-sum two-person game антагонистическая игра; игра с противоположными интересами

zero-suppress отбрасывать незначащие нули; подавлять нули

zero suppression подавление незначащих нулей; гашение нулей; отбрасывание незначащих нулей; устранение незначащих нулей

zero-time activity фиктивная работа

zero transmission level reference point опорная точка нулевого уровня передачи

ZF флаг нуля

ZIF установка без усилий; с нулевым усилием сочленения

ZIF socket гнездо с захватными контактами

zigzag filter фильтр «зигзаг»; фильтр, накладывающий картинку волны

zigzag folding складывание гармошкой; фальцевание гармошкой

zigzag-in-line package плоский корпус со штырьковыми выводами, расположенными зигзагообразно

ZIP 1. плоский корпус со штырьковыми выводами, расположенными зигзагообразно; 2. формат уплотненных файлов ZIP; 3. протокол информации зоны

zip 1. почтовый код; индекс; 2. перебрасывать

zip code почтовый индекс

zip file упаковать файл; уплотнить файл

zipfile архивный файл

zipping уплотнение; упаковка; сжатие

ZIT таблица информации зоны

Z-line Z-дорожка

zone зона; область; пояс

zone adder суммирующее устройство зон; сумматор зон

zone bit бит зоны; зональный бит; разряд зоны; код буквенно-цифрового знака

zone code код зоны

zoned CAV постоянная зональная угловая скорость

zoned-constant angular velocity зонально-постоянная угловая скорость

zoned-constant linear velocity зонально-постоянная линейная скорость

zoned decimal quartet зонный десятичный квартет

zoned format зонированный формат; зонный формат; распакованный формат

zone format зонированный формат

zone for printing поле для печати

Zone Information Protocol протокол информации зоны

zone information table таблица информации зоны

zones to be read поля для считывания

zoning зонная система

zoom 1. распахивание; раскрытие; 2. масштаб; масштабирование; изменение масштаба; 3. увеличивать; 4. распахивать

zoom box элемент распахивания

zoom button кнопка трансфокации

zoom control выбор масштаба

zoom factor коэффициент увеличения изображения

zoom feature способность к масштабированию

zoom in 1. «наезд» на изображение; приближение; наплыв; 2. раскрыть; распахнуть

zooming 1. уменьшение/увеличение; 2. приближение; наплыв; постепенное масштабирование; трансфокация; 3. распахивание; изменение размеров окна до максимума или минимума; 4. масштабирование; увеличение

zooming command команда изменения масштаба изображения

zooming in/out приближение/отдаление (объекта)

zooming tool средство увеличения/уменьшения области просмотра

zoom in on subproject раскрытие подпроекта

zoom in/out увеличение/уменьшение масштаба изображения

zoom into details раскрытие деталей

zoom lens фокусировка объектива

zoom level уровень масштабирования; коэффициент масштабирования

zoom out 1. отодвинуть; отдалить (изображение); 2. закрыть; запахнуть (окно); сжать

zoom ratio коэффициент масштабирования

zoom tool инструмент «масштабирование»; инструмент масштабирования

zoom window окно увеличения изображения

Z-order Z-порядок

z-order упорядоченность (объектов) по z-координате; Z-последовательность; Z-упорядочивание

zstring Z-строка; строка; заканчивающаяся нулевым символом

Z-type constant константа Z-типа; распакованная десятичная константа

Z winding обмотка Z

ZX plane плоскость, определяемая осями Z и X

Сокращения

AACS asynchronous address communication system
AAD active addressing display
AAI Application-to-Application Interface
AAL ATM Adaptation Layer; ATM Adaptation Level
AAP American Association of Publishers
AAR automatic alternative routing
AARP AppleTalk Address Resolution Protocol
AAS advanced automation system
AAUI Apple Attachment Unit Interface
ABC 1. activity-based costing; 2. Application Building Classes; 3. analog boundary cell
ABCA American Business Communication Association
ABCD a better circuit description (language)
ABDL automatic binary data link
ABI Application Binary Interface
ABIOS advanced basic input/output system
ABM advanced battery management
ABR available bit rate
ABSTI Advisory Board on Scientific and Technological Information
ABT Automatic Bench Test
ABVS Advanced Broadcasting Video Services
AC 1. access control; 2. access class; 3. alternating current; 4. analog computer
ACA 1. Application Control Architecture; 2. American Communication Association
ACB 1. automatic call back; 2. audio conference bridge
ACBA American Business Communications Association
ACC 1. active configuration area; 2. all charge card; 3. area control center
ACCESS automatic computer-controlled electronic scanning system
ACD 1. automatic call distribution; 2. automatic call distributor
ACE 1. access control encryption; 2. access control equipment; 3. Advanced Computing Environment; 4. Asynchronous Communication Element; 5. advanced computational element; 6. Advanced Collaborative Filtering; 7. Associated Computer Experts
ACF 1. autocorrelation function; 2. advanced communications function
ACH 1. Association for Computers and Humanities; 2. automated clearing house
ACI 1. adjacent channel interference; 2. AT&T communications ISDN; 3. AutoCAD Color Index; 4. Advanced Chip Interconnect
ACIA asynchronous communications interface adapter
ACID 1. atomicity, consistency, isolation, durability; 2. automatic classification and interpretation of data
ACIS Andy, Charles, and Ian's System
ACK acknowledgment

ACL 1. Association for Computer Linguistics; 2. access control list; authorization control list
ACM 1. access control machine; 2. Association for Computing Machinery
ACMS 1. Application Control and Management System; 2. automated connection management server
ACPA Association of Computer Programmers and Analysts
ACPI Advanced Configuration and Power Interface
ACR 1. automatic call return; 2. audio cassette recorder; 3. Attenuation-to-Crosstalk Ratio
ACS 1. Asynchronous Communications Server; 2. automated cartridge system; 3. Automated Commercial System; 4. access control store
ACSE Association Control Service Elements
ACT 1. audio conference terminal; 2. automatic code translation; 3. Association of Color Thermoprinting; 4. Acoustic Charge Transport
ACTS 1. Advanced Communications Technologies and Services; 2. Advanced Communications and Telecommunications Satellite
ACU 1. automatic calling unit; 2. availability control unit; 3. automatic client update
AD addendum document
ADA automatic data acquisition
ADAS 1. architecture design and assessment system; 2. automatic data acquisition system
ADB 1. input-device bus; 2. Apple desktop bus
ADC analog-to-digital converter
ADCP advanced data communication procedure
ADE 1. Automatic Directory Exchange; 2. application development environment
ADES Automatic Digital Encoding System
ADF 1. automatic document feeder; 2. adapter definition file; adapter description file
ADFM automatic data-flow management
ADHS Analog Data Handling System
ADI Autodesk Device Interface
ADIS Automatic Data Interchange System
ADL 1. Animation Description Language; 2. automated data library
ADM add/drop multiplexer
ADMA 1. Advanced Display Manufacturers of America; 2. Advanced DMA
ADMD Administration Management Domain
ADMS automated data management system
ADO ActiveX Data Object
ADP 1. Answerer Detection Pattern; 2. application development platform; 3. Automatic data plotter; 4. automatic data processing

ADPCM adaptive delta pulse code modulation; adaptive differential pulse code modulation

ADPE automatic data processing equipment

ADPS automatic data processing system

ADS 1. Autodesk Development System; AutoCAD Development System; 2. administration server

ADSI Active Directory Services Interface

ADSL 1. Asynchronous Digital Subscriber Loop; 2. Asymmetric Digital Subscriber Line; Asymmetrical Digital Subscriber Line

ADSP AppleTalk Data Stream Protocol

ADT 1. Address-Data Transceiver; 2. abstract data types

ADW Application Development Workbench

ADX automatic data exchange

AE application entity

AEA American Electronics Association

AEC 1. Authorized Education Center; 2. automatic error correction; 3. architecture, engineering and construction; architectural or engineering construction

AEL acceptable emission limit

AEP 1. asynchronous event packet; 2. AppleTalk Echo Protocol; 3. application environment profiles

AES 1. Application Environment Specifications; 2. auto emulation switching; 3. Asynchronous Event Scheduler; Asynchronous Events Services; 4. Audio Engineering Society; 5. Advanced Encryption Standard

AF adaptation field

AFC 1. Application Foundation Classes; 2. advanced feature connector; 3. automatic frequency control

AFD 1. application flow diagram; 2. automatic file distribution

AFI authority and format identifier

AFIPS American Federation of Information Processing Societies

AFM Applications from Models

AFN Access Feeder Node

AFP 1. Advanced Function Printer; 2. AppleTalk Filing Protocol

AFR automatic format recognition

AFS Adnrews File Systems

AFSP advanced feature service provider

AGA Advanced Graphics Adapter

AGC 1. automatic gain control; 2. audio graphic conferencing

AGP 1. Accelerated Graphics Port; Advanced Graphic Port; 2. Advanced Graphic Processor

AGRAS anti-glare, anti-reflection, anti-static

AH Authentication Header

AHT aggregate hardware test

AI 1. artificial intelligence; 2. automated instruction; 3. application interface

AIA 1. American Institute of Architects; 2. Apple Integration Architecture

AID application identifier

AIE American Information Exchange

AIFF Audio Interchange File Format

AIIM Association for Information and Image Management

AIM associative indexed (access) method

AIMS 1. Advanced Image Management System; 2. Auto Indexing Mass Storage

AIN Advanced Intelligent Network

AIO 1. analog input/output; 2. asynchronous input/output

AIP Active Internet Platform

AIS 1. alarm indication signal; 2. automated information system

AIT Advanced Intelligent Tape

AIV advanced interactive video

AIX Advanced Interactive Extension; Advanced Interactive Executive

AL 1. adaptation level; 2. arbitrated loop; 3. artificial life

ALE 1. application linking and embedding; application launching and embedding; 2. address lifetime expectation

ALM 1. Application Loadable Module; 2. AppWare Loadable Module

ALP automated language processing

ALS application layer structure

ALW Advanced Laboratory Workstation

AM 1. associative memory; 2. auxiliary memory; 2. amplitude modulation

AMA absolute mail address

AMAS automatic message accounting system

AMCA Apple's Media Control Architecture

AMD Advanced Micro Device

AMDS automatic message distribution system

AME Advanced Metal Evaporated (Media)

AMF auto multi feeder

AMG Advanced Messaging Group

AMI 1. alternate mark inversion; 2. Application of Metrics in Industry; 3. automatic number identification

AMIS Audio Messaging Interchange Specification

AMLCD active matrix liquid-crystal display; active-matrix LCD

AMOA Amusement & Music Operators Association

A-modem acoustic modem

AMP 1. asymmetric multiprocessing; asymmetrical multiprocessing; 2. Advanced Metal Powder

AMP asymmetric multiprocessing

AMPS Advanced Mobile Phone System

AMR automatic message recording

AMS Administration and Management Services

AMSS Aeronautical Mobile-Satellite Services

AMT Address Mapping Table

AMTFT active-matrix thin-film transistor

AMU Across-the-Wire migration Utility

A/N alphanumeric

AN Abstract Syntax Notation

ANDF Architecture Neutral Distribution Format

ANDMS advanced network design and management system

ANG Advanced Networking Group

ANI automatic number identification

ANO automated network operations

ANR automatic network routing

ANS American National Standard

ANSI American National Standards Institute

AN.1 with BER Abstract Syntax Notation One with Basic Encoding Rules

AO analog output

AOC automated operations control

AOCE Apple Open Collaboration Environment

AOF automated office of the future

AOL America Online

AP 1. application profile; 2. application process; 3. acquisition processor

APA all points addressable

APC 1. asynchronous procedure call; 2. automatic paper cutter

APCUG Association of PC Users Groups

APD 1. avalanche photodiod; 2. average packet delay

APDA Application Programming Developers Association

APDU Application Protocol Data Unit

APEX Advanced Processor EXtension

API 1. automatic priority interrupt; 2. Application Programming Interface; 3. Application Platform Interface

APIC advanced programmable interrupt controller

APIM ATM Port Interface Module

APLF Application Process Local Functions

APM Advanced Power Management

APMI application program multiple interface

APP Application Portability Profile

APPC Advanced Program-to-Program Communications

APPI Advanced Peer-to-Peer Internetworking
APPLI/COM application/communication
APPN Advanced Peer-to-Peer Networking
APPN-NN Advanced Peer-to-Peer Networking - Network Node
APR Automatic Placement and Routing
APRP Adaptive Pattern Recognition Processing
APS 1. Asynchronous Protocol Specification; 2. Automated Patent System; 3. Automatic Protection Switching
APSE Ada Programming Support Environment
APT 1. Advanced Parallel Technology; 2. all-picture transfer; automatic picture transmission; 3. application programming tools
APTC Authorized Prometric Testing Center
AR automatic restoration
ARA 1. Advanced RISC Architecture; 2. Apple Remote Access
ARAG anti-reflection, anti-glare
ARAP AppleTalk Remote Access Protocol
ARB address-reorder buffer
ARBD automatic bit rate detection
ARC 1. Advanced RISC Computer; Advanced RISC Computing; 2. attached resource computer system
ARCnet Attached Resource Computing Network
ARDIS Advanced Radio Data Information Services
ARF acknowledge run flag
ARIMA auto-regressive integrated moving average
ARL 1. adjusted ring length; 2. access rights list
ARLL advanced run-length-limited
ARM 1. advanced recovery mode; 2. asynchronous response mode; 3. address resolution message
AROM alterable read-only memory
ARP Address Resolution Protocol
ARPA Advanced Research Projects Agency
ARPANET Advanced Research Projects Agency Network
ARQ Automatic Repeat reQuest; automatic request
ARRL Advanced RLL
ARS automatic route selection
ART 1. Adaptive Recognition Technology; 2. Automatic Recognition Technology; 3. Advanced Resolution Technology
ARTA Apple Real-Time Architecture
ARTE Ada real-time executive
ARU audio response unit
AS 1. Application Server; 2. Architectural Simulator
AS automated software distribution
ASA 1. American Software Association; 2. American Standards Association
AS3AP ANSI SQL standard scalable and portable benchmark for relational database systems
ASC 1. accounting and statistics center; 2. automatic setup computer; 3. Apple sound chip; 4. advanced scientific computer
ASCAP American Society of Composers, Authors and Publishers
ASCF application specific coding flag
ASCII American National Code for Information Interchange
ASE 1. Active Streaming Format; 2. Application Service Element; 3. Accredited System Engineer; 4. AutoCAD SQL Extensions
ASF 1. automatic sheet feed; 2. application specific coding flag; 3. ActiveMovie Streaming Format; 4. Advanced Streaming Format; Active Streaming Format
ASI asynchronous serial interface
ASIC application-specific integrated circuits
ASIS American Society for Information Science
ASK amplitude-shift keying
ASP 1. average selling price; 2. AppleTalk Session Protocol; 3. Active Server Page; 4. Application Service Provider
ASPI Advanced SCSI Programming Interface
ASQ Automated Software Quality
ASR 1. Automatic System Recovery; Automatic Server Recovery; 2. automatic speech recognition

ASSET Advanced Support System for Emulation and Test
AST 1. Advanced System Technology; 2. asynchronous system trap; 3. Atlantic Standard Time
ASTRAL Alliance for Strategic Token Ring Advancement
ASVD analog simultaneous voice and data
AT Advanced Technology
ATA 1. ARCnet Trade Association; 2. AT Attachment
ATAF ATM Test Access Function
ATAPI AT Attachment Packet Interface
AT-bus advanced technology bus
ATC 1. authorization to copy; 2. Authorized Training Center; 3. address translation cache
ATCP AppleTalk Control Protocol
aTdHvAaNKcSe thanks in advance
ATDM Asynchronous Time Division Multiplexing
ATDMA Asynchronous Time Division Multiple Access
ATE automatic test equipment
ATEC Authorized Technical Education Centers
ATF automatic track finding
ATI analog test input
ATIS Automated Tool Identification System
ATL active template library
ATM 1. Adobe Type Manager; 2. automatic teller machine; 3. asynchronous transfer mode
ATMI Application Transaction Monitor Interface; Application-to-Transaction Manager Interface; Application-Transaction Manager Interface
ATMS Advanced Text Management System
ATN augmented transition network
ATO 1. analog test output; 2. assemble-to-order
ATOMM Advanced Super Thin-layer and high-Output Metal Media
ATP 1. ATM Interface Processor; 2. AppleTalk Transaction Protocol
ATPA Automatic Transmit Power Adjustment
ATPS AppleTalk Print Services
ATR audio tape recorder
ATRN Active Token Ring Network
ATS 1. automatic transfer system; 2. automated troubleshooting system
ATSC Advanced Television Systems Committee
AT&T American Telephone & Telegraph
ATVG automatic test-vector generating
AU access unit
AUI 1. Access Unit Interface; 2. Attached Unit Interface; Attachment Unit Interface; Attachment Universal Interface; 3. Auxiliary Unit Interface
AUP acceptable use policy
AURP AppleTalk Update-based Routing Protocol
AV audio/video
AVA 1. audio visual authoring; 2. audio-visual aids
AVC audio-visual connection
AVD alternating voice and data
AVI Audio-Video Interleave
AVNP Autonomous Virtual Network Protocol
AVP attached virtual processor
AVR automatic voice recognition
AVS application visualization system
AVS Application Visualization System
AVSS Audio/Visual Support System
AVT address vector table
AWC Association of Women in Computing
AWG American Wire Gauge
AWP At Work Printing
AWT Abstract Windowing Toolkit
AWTTW a word to the wise

BA 1. bus arbiter; 2. byte available
BAC balanced asynchronous class
BACP Bandwidth Allocation Control Protocol
BALI BackWeb Authoring Language Interface
BAPI Business Application Programming Interface
BAS basic activity subset
Bash Bourne-Again Shell
BASIC Beginners All-purpose Symbolic Instruction Code
BASM built-in assembler
BAT bouquet association table
BAVC Bay Area Video Coalition
BB bulletin board
B2B business-to-business
BBC British Broadcasting Corporation
BBS 1. building-block system; 2. Bulletin Board System; 3. Bulletin Board Service
BBTAG Broadband Technical Advisory Group
BC 1. byte computer; 2. Broadcast channel
BCC 1. blind carbon copy; blind courtesy copy; 2. block check character
BCN 1. broadband communication network; 2. business communication network; 3. Backbone Concentrator Node
BCR Business Card Reader
BCS 1. basic combined subset; 2. block checking sequence; 2. basic catalog structure; 3. British Computer Society; 4. Backplane Communication Services
2B+D ISDN Basic Rate
bd bit density
BDC backup domain controller
BDF Business Design Facility
BDLC Borroughs Data Link Control Protocol
BDOS Basic Disk Operating System
BDT bias data training
BDU basic display unit
BE 1. byte enable; 2. basic equipment
BEA bit error rate
BEB binary exponential backoff
BEC back-end computer
BECN Backward Explicit Congestion Notification
BEDO Burst EDO
BELLE Basic Embedded Layout Language
BEP back-end processor
BER 1. basic encoding rules; 2. bit error rate
BERT bit error rate tester
BES bursty error seconds
BEV bird eye view
BFD binary file descriptor
BFS Boot File System
BFT binary file transfer
BG background
BGA 1. Ball Grid Array; 2. Business Graphics Array
BGP Border Gateway Protocol
BHE bus-high enable
BHT Branch History Table
BHW branch highway
BI business intelligence
BIA best information algorithm
BIC bus interface controller
BICI Broadband Intercarrier Interface
BICMOS bipolar complementary metal-oxide-semiconductor
BIDM Basic Interoperability Data Model
BIDS Broadband Internet Delivery System;
BIF 1. Benchmark Interface Format; 2. Binary Initialization Files
BIFF Binary Interchange File Format
BIM 1. beginning-of-information marker; 2. Business Information Manager

BIN bank identification number
BINAC binary automatic computer
BIND Berkeley Internet Name Domain
BIOS basic input/output system
BIP bit interleave parity
BIPS billion instruction per second
BIS Business Information System
BISDN Broadband ISDN; Broadband Integrated Services Digital Network
BIST built-in self test
BIT 1. Broadband Infrastructure Technology; 2. binary information transfer
BitBlt bit block transfer
BitFAT bitmapped file allocation table
BITNET Because It's Time Network
BITS Builded Integrated Timing Source
BIU 1. buffer interface unit; 2. bus interface unit
BIX Binary Information eXchange
BLAM binary logarithmic arbitration method; binary logarithmic access method
BLAST blocked asynchronous transmission
BLER block error rate
BLN Backbone Link Node
BLOb Binary Large Object
BLOB Binary Large Object Block
BLR Binary Language Representation
BLSR bidirectional line switched ring
BMIC bus master interface chip; bus master interface controller
BMMC bus master microchip
BMP 1. bitmap; 2. Burst Mode Protocol
BMS 1. Broadcast Message Server; 2. Business Management System
BMU Buffer Management Unit
BMWG Benchmarking Methodology Working Group
BN bus network
BNA Broadband Network Architecture
BNC 1. British naval connector; 2. bayonet nut connector; 3. baby N-connector
BNS Broadband Network Services
BNU 1. Basic Networking Utilities; 2. Branch-Neuron Architecture
BOA Basic Object Adapter
BOC byte-oriented computer
BOM beginning of message
BOND bandwidth on demand
BONES Block-Oriented Network Simulator
BOOTP Bootstrap Protocol; BOOT protocol
BOOTPD Boot Protocol Daemon
BOP bit-oriented protocol
BOPS billion operations per second
BOS basic operating system
BOT Bit Optimization Query Technology
B/P backplane
BP 1. base pointer; 2. back propagation
BPB BIOS Parameter Block
BPE 1. business-process engineering; 2. back propagation of error
BPI business process improvement
BPR business process reengineering
B-program benchmark program
BPSK binary phase shift keying
BPU branch prediction unit
BPV bipolar violation
2B1Q 2 binary 1 quaternary
BR boundary routing
BRB be right back
BRI Basic Rate Interface

BRIM Bridge/Router Interface Module
BRISC bipolar RISC
BRM 1. backward resource management; 2. basic reference model
BRS Business Recovery Server
BSA Business Software Association; Business Software Alliance
BSAM basic sequential access method
BSC 1. binary synchronous communications; 2. binary synchronous control
BSCA binary synchronous communication adapter
BSD Berkeley Software Distribution
BSDL Boundary-Scan Description Language
BSI British Standards Institute
BSL Berkeley Socket Library
BSN back-end storage network
BSP bit-serial processing
BSRF Basic System Reference Frequency
BSS base station system
BSUM bounded sum
BT 1. bit transmission (time); 2. batch terminal
BTAC Branch-Target Address Cache
BTB branch target buffer
BTC Branch Target Cache
BTD B-tree dictionary
BTF B-tree filer
BTLD Boot Time Loadable Driver
BTP bulk transfer protocol
BTR bit transfer rate
BTU basic transmission unit
BTW by the way
BUS broadcast and unknown server
BW bus watcher
BW-display black-and-white display
BWN broad site local wideband communication system
BWOD BandWidth On Demand
BWTP BackWeb Transfer Protocol
BYMUX byte-multiplexer channel
B8ZS binary eight zero substitution
CA 1. common application; 2. communication adapter; 3. certificate authority
CAA computer augmented acceleration
CABLE Computer Associates Basic Language Extended
CAC 1. connection-admission control; 2. computer-aided composition
CACH Call Appearance/Call Handling
CAD 1. computer-aided design; 2. cash against documents; 3. computer-assisted diagnostic; 4. Card Acceptance Device
CADAM computer-graphics augmented design and manufacturing
CAD/CAM computer-aided desing/computer aided manufacturing
CADD computer-aided design and drafting
CADDIF CAD Data Interchange Format
CADE computer-aided design and evaluation
CADIS computer-aided design interactive system
CADL communication and data link
CADS computer-aided design system
CAE 1. Common Application Environment; 2. computer-aided engineering
CAF content addressable filestore
CAGR compound annual growth rate
CAL 1. computer-augmented learning; 2. computer-aided learning; 3. Common Application Language
CALS Computer-Aided Acquisition and Logistics Support
CAM 1. computer-aided management; 2. computer-aided manufacturing; 3. controlled attachment module; controlled attached module; 3. common access method; 4. communication access module; 5. content-addressable memory; 6. condition access module
CAMAC computer automated measurement and control; computer-aided measuring and control
CAMP Corporate Association for Microcomputer Professionals
CAMPUS Clustered Architecture Massively Parallel Unified-Memory System
CAN customer access network
CAP 1. communication access point; 2. communications access processor; 3. competitive access providers; 4. computer-aided publishing; computer-assisted publishing; 5. computer-aided planning; 6. controlled access protection; 7. Central Arbitration Point; 8. Carrierless Amplitude Phase modulation
CAPG control of application process group
CAPI 1. Cryptography API; 2. Common ISDN-API
CAPP computer-aided production process
CAQ computer-aided quality
CAR central access routing
CARE computer-aided reusable engineering
CARL Colorado Alliance of Research Libraries
CART classification and regression tree
CAS 1. Communication Application Software; Communication Application Specification; 2. computer-aided system; 3. Column Address Strobe
CASD computer-aided system design
CASE 1. computer-aided system engineering; 2. computer-aided science engineering; 3. computer-aided software engineering; 4. common application service element
CAST computer-aided software testing
CAT 1. computer-aided technologies; 2. computer-aided translation; 3. computer-aided typesetting; 4. Customer-activated terminal; 5. computer-aided training; 6. computerized axial tomography; 7. computer-aided testing; 8. condition access table
CATE computer-aided test engineering
CATT configuration and test tool
CATV 1. cable television; 2. community antenna TV
CAU 1. cable access unit; 2. controlled access unit
CAUCE Coalition Against Unsolicited Commercial E-mail
CAV constant angular velocity
CAVE Cave Automatic Virtual Environment
CBC cipher block chaining
CBCS computer-based conference system
CBE computer-based education
CBF computer-based fax
CBIOS customized BIOS
CBL computer-based learning
CBMS computer-based message system
CBP change bus phases
CBR 1. case-based reasoning; 2. constant bit rate; continuous bit rate; 3. content-based retrieval
CBR/CBQ content-based retrieval/querying
CBT computer-based training
CC 1. central computer; 2. color code; 3. combination card; 4. combinatorial circuit; 5. command complete; 6. condition code
CCA 1. Common Cryptographic Architecture; 2. conceptual communication area; 3. clear channel assessment
CCAF call control agent function
CCB cyclic check byte
CCC 1. cache coherency check; 2. Copyright Clearance Center
CCD charge-coupled device
CCE 1. Collaborative Computing Environment; 2. Collaborative Communications Environment
CCEP Commercial COMSEC Endorsement Program

CCF 1. call control function; 2. common communication format

CCIA Computer and Communications Industry Association

CCIS coaxial cable information system

CCITT Consultative Committee on International Telegraph and Telephone

CCL communication control language

CCLK constant clock

CCN computer communication network

CC-NUMA Cache Coherent Non Uniform Memory Architecture; cache-coherent non-uniform memory access

CCP 1. communication control package; communication control program; 2. certified computing professional

CCR 1. commitment, concurrence and recovery protocol; 2. computer-controlled retrieval; 3. Continuing Certification Requirements

CCS 1. common command set; 2. common communication support; 3. common channel signaling; 4. Component Control System; 5. Continuous Composite Servo

CCU 1. communication control unit; 2. common control unit; 3. cable control unit; 4. cache control unit

CCW continuous composite write

CC WORM continuous composite write once read many

C&D control and display symbol

CD 1. compact-disk; 2. calling device; 3. carrier detect; 4. committee draft

CDA Common Data Access

CDAM committee draft amendment

CDB command descriptor block

CDC common data channel

CDD compact disk drive

CD-DA CD Digital Audio; compact disk-digital audio

CDDI Copper Distributed Data Interface

CD-DVI CD-digital video interactive

CD-E CD-Erasable

CDE 1. Common Desktop Environment; 2. Cooperative Development Environment; 3. Concurrent Design Environment

CD-EROM CD-Erasable Read-Only Memory

CDF comma-delimited format; 2. Cyberspace Description Format; 3. Channel Definition Format

CDFM CD File Manager

CDFS CD File System; CD-ROM File System

CDG CDMA Development Group

CD-I compact disk interactive; CD Interactive

CDIF 1. Case Data Interchange Format; 3. CASE Definition Interchange Format

CDK 1. Cyberspace Developer Kit; 2. Component Developer's Kit

CDM Custom Device Module

CDMA code-division multiple access

CDML Claris Dynamic Markup Language

CDP 1. cache data path; 2. compound document processor; 3. communication data processor

CDPD Cellular Digital Packet Data

CD-PROM CD-programmable read-only memory

CDPS communication data processing system

CD-R CD-Recordable

CDR 1. constant density recording; 2. call detail record

CD-ROM compact disc read-only memory

CD-ROM/XA CD-ROM/Extended Architecture

CD-RTOS CD-real-time operation system

CD-RW Compact disk-rewritable

CDS 1. conceptual data store; 2. color display system; 3. CD-ROM with sound; 4. Cell Directory Services

CDSA Common Data Security Architecture

Adaptive Network Security Alliance

CDSL consumer DSL; consumer digital subscriber line

CDT 1. credit allocation; 2. change data table

CDTV 1. CD television; 2. Commodore Dynamic Total Vision

CD-V compact-disk-video

CDV 1. cell-delay variation; 2. CD video

CD-WO CD write once

CE 1. communication electronics; 2. cost of error; 3. customer engineering; 4. concurrent engineering

CEBus Consumer Electronic Bus

CEC communications engine controller

CECOM Central European Mass Communication Research Documentation Centre

CED capacitance electronic disk

CEG continuous-edge graphics

CELP code excited linear prediction

CEM contract electronic manufacturers

CEMA Consumer Electronics Manufacturers Association

CEO 1. comprehensive electronic office; 2. chief executive officer

CEP channel end point

CEPT 1. Conference of European Post and Telegraph; European Conference of Posts and Telecommunications; 2. Computer Emergency Response Team

CER cellular radio

CERT Computer Emergency Response Team

CES Circuit Emulation Service

CF 1. central file; 2. context free; 3. Common Facilities; 4. carry flag; 5. Compact Flash

CFB configurable function block

CFD computational fluid dynamics

CFEC Cellular Forward Error Correction

CFI CAD Framework Initiative

CFL CAD Framework Laboratory

CFO chief financial officer

CFOOT Corporate Facilitators of Object-Oriented Technology

CFR constant frame rate

CFS Caching File System

CFV Call for Votes

CG computer graphics

CGA color graphic adapter

CGG computer generated graphics

CGI 1. Common Gateway Interface; 2. Computer Graphics Interface; 3. computer generated imagery; computer generated imaging

CGM 1. central graphics processor; 2. computer graphics metafile

CGP central graphics processor

CGR gray component replacement

CHAID Chi Square Automation Interaction Detection

CHAP 1. Challenge-Handshake Authentication Protocol; 2. channel processor

CHCP change code page

CHDL Computer Hardware Description Language; Computer Hardware Definition Language

CHI 1. Concentration Highway Interface; 2. computer-human interface

CHIP character-handling interface processor

CHIPS clearing house interbank payment system

CHRDYRTN CHannel ReaDy ReTurN

Chris Controller having reduced instruction set

CHRP Common Hardware Reference Platform

C/I command and indication

CI 1. chain index; 2. computer interface; 3. copy-inhibit; 4. component interface; 5. common interface

CIA Computer and Communications Industry Association

CIC 1. carrier identification code; circuit identification code; 2. commercial Internet carrier; 3. CEBus Industry Control

CICS 1. Customer Information Control System; 2. Custom IC Conference

CID 1. chain identifier; 2. configuration, installation and distribution
CIDR Classless Inter-Domain Routing
CIEA Commercial Internet Exchange Association
CIF 1. Common Intermediate Format; 2. Common Interface Format; 3. Cells in Frame; 4. Customer Information File
CIFS Common Internet File System
CIG calling subscriber identification
CIH compiler-independent heterogeneity
CIL 1. Component Integration Laboratories; 2. channel index list
CIM 1. CompuServe Information Manager; 2. computer-integrated manufacturing; 3. Corporate Information Management; 4. Common Information Model
CIMS computer-integrated manufacturing system
CIO 1. Chief Information Officer; 2. communication input/output
CIOCS communication input/output control system
CIOP communication input/output processor
CIO PC controller input/output PC
CIP 1. channel interface processor; 2. complex information processing
CIR 1. committed information rate; 2. current instruction register
CIRC Cross-Interleaved Reed-Solomon Code
CIS 1. communication interface system; 2. CompuServe Information Service; 3. Card Identification Structure; 4. Card Information Structure
CISC Complete Instruction Set Computer; Complex Instruction Set Computer
CISPR International Special Committee on Radio Interference
CIT 1. communication and information technology; 2. computer-integrated telephony
CIU computer interface unit
CIX Commercial Internet Exchange
CKA central keying authority
CL 1. cable link; 2. current loop
CLA 1. communication line adapter; 2. Corporate License Agreement
CLAIT Computer Literacy and Information Technology
CLASS Custom Local Area Signaling Services
CLEC local exchange carrier
CLEF Commercial Licensed Facility
CLF common logfile format
CLI 1. command-line interpreter; 2. Call-Level Interface; 4. Command Line Interface
CLIB C Interface Library; C-Library
CLIO conversational language for input/output
CLK clock
CLM 1. collective mark; 2. communication line multiplexing
CLNP Connectionsless Network Protocol; Connectionless Layer Network Protocol
CLNS 1. connectionless-mode networking service; 2. Connectionless Network Service
CLOB character large object
CLOS Common Lisp Object System
CLP 1. Communications Linking Protocol; 2. Cell Loss Priority
CLR 1. cell-loss ratio; 2. clear
CLS clear screen
CLSID class identification
CLT communication line terminal
CLTS Connectionless Transport Service
CLU command-line utilities
CLUT color look-up table
CLV constant linear velocity
CM 1. communication module; 2. central module; 3. control module; 4. communication multiplexer; communication multiplexing; 5. command mode; 6. configuration management; 7. core memory; 8. contact manager; 9. cache-movable; 10. command mode

CMA 1. Communications Managers Association; 2. Computer Music Association; 3. Concert Multithread Architecture
CMC 1. communication channel; 2. Common Mail Calls; Common Messaging Calls; 3. computer mediated communications
CMD core memory driver
CMI Coded Mark Inversion
CMIP Common Management Information Protocol
CMIS Common Management Information Services
CMISP CMIS protocol
CMIT common management information transmission
CMM Color Matching Method
CMN community multimedia network
CMOL CMIP over LLC
CMOS complementary metal-oxide-semiconductor
CMOT CMIP over TCP/IP
CMP 1. cellular multiprocessing; 2. Customized Media Player
CMS 1. Call Management System; 2. Color Management System; 3. Connection Management System; 4. Conversational Monitor System
CMT 1. cassette magnetic tape; 2. connection management
CMTS Connection-Mode Transport Service
CMVC configuration management and version control
CMW compartment mode workstation
CMY Cyn-Magenta-Yellow
CMYB Cyan-Magenta-Yellow-Black
CMYK Cyan-Magenta-Yellow-blacK
CN 1. computer network; 2. common name
C/N carrier to noise ratio
CNA Certified Novell Administrator
CNAPS Connected Network of Adaptive Processors
CNC computer numerical control
CNE Certified Novell Engineer
CNF Compressed Volume File
CNI 1. common network interface; 2. Certified Novell Instructor
CNIDR Clearinghouse for Networked Information Discovery and Retrieval
CNLP Connectionless Network Layer Protocol
CNM 1. Customer Network Management; 2. Cache-Nonmovable
CNS Certified Novell Salesperson
CNT Certified NetWare Technician
CNX Certified Network Expert
CO central office
COBOL common business oriented language
COCOM Coordinating Committee of East-West Trade Policy
CODE client/server open development environment
CODEC 1. coder/decoder; 2. compression/decompression
CODES COnceptual Design System
COFF Common Object File Format
COI connection-oriented interconnection
CO-IPX Connection-Oriented IPX
COL computer-oriented language
COLD computer output to laser disk
COM 1. Common Object Model; 2. Component Object Model
computer bp computer battery-powered
CONS Connection-Oriented Network Service
COO Chief Operating Officer
COOL Crocus Object-Oriented Layer
COP 1. character-oriented protocol; 2. cellular optimized processor
COPP connection-oriented presentation protocol
COQ cost of quality
COR connection-oriented routing
CORBA Common Object Request Broker Architecture; Common ORB Architecture
CORBA-CF Common Object Request Broker Architecture-Common Facilities

COS 1. class of service; 2. concurrent operating system; 3. Common Object Services; 4. Compound Document Service; 4. Corporation for Open Systems

COSE Common Open Software Environment; Common Operating System Environment

CoSN Consortium for School Networking

COSP connection-oriented session protocol

COSS Common Object Services Specification

COTP connection-oriented transport protocol

CP 1. central processor; 2. command processor; 3. communication processor; 4. current point; 5. current pointer; 6. current position; 7. Centronics Parallel

CPA channel port adapter

CPCI Compact PCI

CPCS Common Part Convergence Sublayer

CPD 1. concurrent product development; 2. Clarion Professional Developer

CPE 1. Cross-Platform Environment; 2. customer premises equipment

CPI 1. Common Programming Interface; 3. computer-to-PBX interface; 4. characters per inch; 5. cycles per instruction

CPI-C Common Programming Interface for Communications; Common Programming Interface-Communications

CPL current privilege level

CP/M Control Program for Microprocessors; Control Program/Monitor

CPM 1. command processor module; 2. critical path method

CPN 1. customer premises node; 2. Colored Petri Net

C3PO Custom 3rd-Party Objects

CPO concurrent peripheral operation

CP-R control program for real-time

CPRN cellular packet radio network

CPS 1. Communication Platform Services; 2. characters per second

CPT 1. critical path technique; 2. customer provided terminal

CPU central processing unit

CQE command queuing engine

CR 1. call request; 2. carriage return; 3. control register; 4. cell relay

CRA Computing Research Association

CRADA Corporative Research and Development Agreements

CRAM Cyberspatial Reality Advancement Movement

CRC 1. cyclic redundancy check; 2. class, responsibility and collaboration

CREN Corporation for Research and Educational Networking

C-RISC Commercial RISC

CRISP complexity-reduced-instruction-set processor

CRL Certificate Revocation Lists

CRM 1. Communication Resource Manager; 2. Customer Relationship Management

CRMS Concurrent Resource Management Subsystem

CRO Corporate Reseller Organization

CROM control read-only memory

CRP Cambridge ring protocol

CRS 1. computerized reservation system; 2. customer response system

CRT 1. Case-based Reasoning Tool; 2. cathode ray tube

CRU customer replaceable unit

CS 1. code segment; 2. Card Services; 3. carrier sense; 4. computer class; 5. convergence sublayer

CSA 1. Calendaring and Scheduling API; 2. client/server architecture; 3. common system area; 4. China Software Alliance; 5. Chip System Architecture; 6. Communication Signal Analyzer; 7. Canadian Standards Association

CSC centralized security controller

CSCW computer supported cooperative work

CSD 1. circuit-switched data; 2. configuration status descriptor

CSDN circuit-switched data network

CSE 1. circuit switch exchange; 2. control and switching equipment

CSF cut sheet feeder

CSG 1. Computer System Group; 2. constructive solid geometry

CSI 1. Computer Science Institute; 2. Construction Standards Institute; 3. called subscriber identification; 4. Component Service Interface

CSIC 1. customer-specified IC; 2. Call Subscriber ID

CSL 1. call support layer; 2. computer-sensitive language

CSLIP compressed SLIP

CSM 1. Central Services Module; 2. Communications Services Manager

CSMA carrier sense multiple access

CSMA/CA carrier sense multiple access with collision avoidance

CSMA/CD carrier sense multiple access with collision detection

CSMIM Communications Server Media Interface Module

CSO 1. Central Services Organizations; 2. Computing Services Office

CSP 1. Certified Support Partner; 2. Certified Systems Professional; 3. Cryptographics Service Provider; 4. communicating sequential processes; 5. Compucom Speed Protocol

CSPP Computer System Policy Project

CSRG 1. Computer Systems Research Group; 2. continuous-speech recognition system; 3. Card and Socket Services

CSS 1. controlled flip seconds; 2. Cascading Style Sheet; Cascading Stylesheets

CSSO Service and Support Offerings

CSS-P CSS position

CST code segment table

CSTA Computer Supported Telephony Applications

CSU channel service unit

CSU/DSU channel service unit/digital service unit

CSV comma-separated variables

CSW channel status word

CT 1. conformance testing; 2. cassette tape; 3. cordless telephone

CTB Communications ToolBox

CTCA channel-to-channel adapter

CTD 1. cell transfer delay; 1. carpal tunnel disease

CTI 1. Computational Testbed for Industry; 2. computer/telephone integration; 3. Channel Terminal Interconnector

CTIA Cellular Telecommunications Industry Association

CTM 1. Cell Transfer Matrix; 2. communication terminal module

CTO 1. Chief Technical Officer; Chief Technology Officer; 2. Configure-to-Order

CTS 1. Clear To Send; 2. communication terminal synchronous

CTV cable television

CTW compartmental technology workstation

CU 1. control unit; 2. cryptographic unit; 3. see you

CUA Common User Access

CUB cursor backward

CUD cursor down

CUF cursor forward

CUG closed user group

CUI 1. character user interface; character-based user interface; 2. Common User Interface

CUM computer utilization terminal

CUP cursor position

CUPS connection updates per second

CUT control-unit terminal

CUU cursor up

CV 1. common version; 2. computer vision

CVA Computer Virus Association

CVD compact video disk

CVF Compressed Volume File
CVI Compressed Video Interoperability
CVP Constant Vectoring Protocol
CVS 1. Centralized Voice Switching; 2. computer vision system
CVTS Compressed Video Transmission Service
CVU cost-versus-use
CW clockwise
CWIS Campus Wide Information System
CX central exchange
DA 1. data available; 2. destination address; 3. disk array; 4. display adapter
DAA data access arrangement
DAB data acquisition board
DAC 1. discretionary access control; 2. digital-to-analog converter; 3. data authentication code; 4. dual attachment concentrator
DA&D data acquisition and distribution
DAD 1. digital audio disk; 2. Desktop Application Director
DAE 1. data access equipment; 2. Distributed Application Environment
DAI Disk Application Interface
DAL Data Access Language
DAM 1. data access method; 2. data addressed memory; 3. Data Access Manager; 4. draft amendment
DAMA demand-assignment multiple access
DAMPS data acquisition multiprogramming system
DANS Distributed Administration of Network Software
DAO Data Access Object
DAP 1. Data Access Protocol; 2. Directory Access Protocol; 3. distributed array processor; 4. Database Access Point; 5. Developer Assistance Program
DAQ data acquisition
DARPA Defence Advanced Research Projects Agency
DART 1. Diagnostic Assistance Reference Tool; 2. Demand Assessment Requirements
DAS 1. data acquisition software; 2. data acquisition system; 3. distributed application services; 4. dual attached station; dual attachment station; 5. database application simulation; 6. Document Agent Service
DASA Dial Access Stacking Architecture
DASK digital amplitude shift keying
DAT 1. data access tools; 2. digital audio tape
DATAP data transmission and processing
DATC Drake Authorized Testing Centers
DATS data transmission system
DAU data adapter unit
DAV 1. Digital Audio Video; 2. data above voice
Davic Digital Audio-Visual Council
DB 1. digital block; 2. database
DBA database administrator
DBC database computer
DBCL database control language
DBCS double-byte character set
DBCU data bus control unit
DBD Database Descriptor
D-benchmark Dhrystone benchmark
DBL database load
DBMS database management system
DBP database processor
DBR dial-up bridge/router
DBS 1. direct broadcast satellite; 2. database server
DC 1. device context; 2. direct current; 3. data channel; 4. data collection; 5. direct control; 6. data communication; 7. desktop conference
DCA 1. Digital Communications Associates; 2. data communication adapter; 3. Document Content Architecture

DCB 1. directory cache buffers; 2. disk controller board; 3. disk coprocessor board; 4. Domain Control Database; 5. data carrier detect; 6. Data Control Block
DCC 1. data communication channel; 2. digital cellular communications; 3. digital compact cassette; digital compact cartridge; 4. digital content creation
DCD data carrier detect
DCDB Domain Control Data Base
DCE 1. Data Circuit-terminating Equipment; 2. data communications equipment; 3. Distributed Computing Environment; 4. data conversion equipment
DCE CIOP DCE Common Inter-ORB Protocol
DCI 1. data communication interface; 2. Display Control Interface; 3. Data Control Language
DCME digital circuit multiplication equipment
DCN distributed computer network
DCP 1. display control program; 2. data communication processor; 3. distributed component platform
DCR dynamic color rendition
DCS 1. digital color separation; desktop color separation; 3. data communication system; 2. distributed computing system; 4. distributed control system; 5. Digital Cross-Connect System
DCSA digital cryptographic security agent
DCSS dynamic cellular speed selection
DCT 1. data communication terminal; 2. discrete cosine transform
DCU 1. data control unit; 2. data communication unit; 3. device configuration utility
DCV digital coding of voice
DD 1. digital display; 2. double density
DDA Dell Drive Array
DDAS digital data acquisition system
DDB 1. distributed database; 2. Device Dependent Bitmap; 3. distributed data bus; 4. device descriptor block; 5. device data block
DDBMS distributed database management system
DDC 1. digital data channel; 2. direct digital control
DDC1 Display Data Channel 1
DDCB DOS device control block
DDCMP Digital Data Communications Message Protocol
DDCS 1. Distributed Data Communications Server; 2. Distributed Database Connectivity Services
DD/D data dictionary/directory
DDD 1. double-density disk; 2. direct distance dialing
DDDLU Dynamic Definition of Dependent Logical Units
DDE 1. direct data entry; 2. dynamic data exchange
DDF digital data fast
DDFD double-density floppy disk
DDI 1. Direct Driver Interface; 2. Display Driver Interface; 3. Device Driver Interface
DDK Device Driver Kit
DDL Data Definition Language
DDLCN distributed double-loop computer network
DDM distributed data manager; distributed data management
DDMA disk direct memory access
DDMF Dynamically Dispatchable Member Functions
DDN digital data network
DDNS Dynamic DNS
DDP 1. digital data processor; 2. distributed data processing; 3. decentralized data processing; 4. Datagram Delivery Protocol
DDR 1. double-data rate; 2. dynamic device reconfiguration
DDRM Device Driver Interface/Driver Kernel Interface Reference Manual
DDR SRAM Data Rate SRAM
DDS 1. Digital Data Service; 2. direct digital synthesis; 3. digital data storage; 4. data-phone digital service; 5. dedicated digital line

DDSN Digital Derived Services Network
DDVT Dynamic Dispatch Virtual Tables
DEA data encryption algorithm
DEB 1. data extension block; 2. desktop expansion base
DEC Digital Equipment Corp.
DECnet Digital Equipment Corporation Network
DECT Digital European Cordless Telecommunications; Digital European Cordless Telephony; Digital Enhanced Cordless Telephone
DED data entry design
DEE data encipherment equipment; data encryption equipment
DEL direct execution language
DEMARC Distributed Enterprise Management Architecture
DEMS digital electronic message service
DEN directory-enabled network; document enabled networking
DES 1. Data Encryption Standard; Digital Encryption Standard; 2. Data Exchange System; 3. Data Entry System
DES-CBC Data Encryption Standard, Cipher Block Chaining
DET Directory Entry Table
DEVNET Development Information Network
DEVT data entry virtual terminal
DF direction flag
DFA Differential Fault Analysis
DFC 1. data flow computer; 2. data flow control; 3. disk file controller; 4. Decorrelated Fast Cipher
DFD 1. data-flow diagrammer; 2. data-flow diagram
DFE decision feedback equalizer
DFI 1. Design File Interface; 2. digital facility interface
DFL display formatting language
DFP 1. Drive Failure Prediction; 2. digital fuzzy processor; 3. distributed functional place
DFR design for recycling
DFS 1. dual fail-safe system; 2. Direct File System; 3. Distributed File System; 4. design for service
Dfs Distributed File System
DFT 1. diagnostic function test; 2. disk fault tolerance; disk failure tolerance
DFWMAC distributed foundation wireless MAC
DG 1. datagram; 2. Data General
DGIS Direct Graphics Interface Standard
DG/L Data General Programming Language
DGL 1. data graph language; 2. Distributed Graphics Library
DHCP 1. Dynamic Host Configuration Program; 2. Dynamic Host Configuration Protocol
DI 1. destination index; 2. dispatch index; 3. digital input; 4. delete-inhibit; 5. data integrity; 6. database integrity
DIA 1. digital input adapter; 2. direct interface adapter; 3. Document Interchange Architecture
DIB 1. Device-Independent Bitmap; 2. Directory Information Base; 3. Dual Independent Bus; 3. data interface buffer
DIBI Device Independent Backup Interface
DID 1. data identifier; 2. direct inward dialing
DIDLY digital integrated data library
DIF 1. digital interface frame; 2. data interchange format
DIG domain information groper
DII Dynamic Invocation Interface
DIL 1. direct line; 2. dual-in-line
DIME Direct Memory Executive
DIMM Dual Inline Memory Module
DIMS data input management system
DIN Deutshe Industrie Normali
DINA distributed information processing network architecture
DIO direct input-output
DIOS direct memory access input-output system
DIP 1. distributed information processing; 2. document and image processing; document image processing; 3. dual in-line package

DIRAC direct access
DIS 1. diagnostic information system; 2. Draft International Standard; 3. digital identification signal; 4. Data Interpretation System; 5. Dealer Information System; 6. Distributed Interaction Simulation
DISA 1. Data Interchange Standards Association; 2. direct inward system access
DiSEqC Digital Satellite Equipment Control
DISN Defense Information System Network
DISNET Defense Integrated Secure Network
DISP Directory Information Shadowing Protocol
DIT directory information tree
DIU digital internetworking unit
DIV data in voice
DIVA data input voice answerback
DIVOT digital-to-voice translator
DivX Digital Video Express
DIX Digital/Intel/Xerox
DKI driver kernel interface
DL 1. data link; 2. dynamic load; 3. distribution lists
DLA Dynamic Locking Architecture
DLC data link control
DLCI Data Link Channel Identifier; Data Link Connection Identifier
DLCN distributed loop computer network
DLCP Data Link Control Protocol
DLE 1. Distributed LAN Emulation; 2. data link escape
DLI digital line interface
DLL dynamic link library
DLM 1. Distributed Local Monitor; 2. Data Line Multiplexer
DLMS Digital Link Management System
DLNCOS Dynamic Nematic Liquid Crystal on Silicon
DLP display-list processing
DLPDU Data-Link Protocol-Data-Unit
DLPI Data Link Provider Interface
DLS 1. downloadable sounds; 2. Dynamic Lookup Service
DLSDU data link service data unit
DLSw Data Link Switching
DLT digital linear tape
DLU dependent logical unit
D&M design and modeling
DM 1. data management; 2. disconnect mode; 3. data mode; 4. disk mirroring; 5. data mining; 6. degraded minutes
DMA 1. Document Management Alliance; 2. direct memory access
DMAC 1. DMA channel; 2. DMA controller
DMB domain master browser
DMC direct multiplexed control
DMD 1. digital micromirror display; 2. Data Modeling Desktop; 3. Differential Mode Delay
DME Distributed Management Environment
DMF data migration facility
DMI 1. digital multiplexed interface; 2. Desktop Management Interface
DML Data Manipulation Language
DMM 1. digital multimeter; 2. dynamic memory management; 3. distributed management module; 4. direct metal mastering
DMOV data move
DMP 1. desktop multimedia publishing; 2. dynamic memory pool
DMQ direct memory queue
DMR distributed message router
DMS 1. data management system; 2. data management software; 3. display management system; 4. distributed maintenance services; 5. dynamic mapping system; 6. document management system; document management service; 7. Defense Messaging System
DMT 1. digital modulation tester; 2. dynamic methods table;

3. Discrete MultiTone Modulation
DMTF Desktop Management Task Force
DMX digital matrix switch
DN distinguished name
DNA 1. DEC Network Architecture; Digital Network Architecture; 2. Distributed interNet Architecture
DNIC data network identification code
DNIS Dialed Number Identification Service
DNL differential nonlinearity
DNR domain name resolver
DNS 1. Distributed Name Service; 2. Domain Name System; 3. Domain Name Service
DNT device names table
DO digital output
DOA digital output adapter
DOAPI DOS Open API
DoC Declaration of Conformity
DOD 1. U.S. Department of Defense; 2. digital optical disk
DOE 1. Distributed Object Environment; 2. distributed objects everywhere
6DOF six degrees of freedom
DO/IT digital input/output translator
DOM 1. Document Object Model; 2. Distributed-Object Manager
DOMAIN Distributed Operating Multiaccess Interactive Network
DOMF Distributed Object Management Facility
DOMS Distributed Object Management System
DOP Directory Operational Binding Management Protocol
DOPE databank of program evaluation
DOR digital optical recording
DoS Denial of Service
DOS disk operating system
DOSCIS Data Over Cable Interface Specification
DOT domain tip
DOV data over voice
DP 1. data processing; 2. data processor; 3. draft proposal; 4. dynamic programming; 5. dual processor; 6. document publishing
DPA 1. data processing automation; 2. Demand Protocol Architecture; 3. Document Printing Application; 4. Demand Priority Architecture
DPC 1. deferred procedurer call; 2. data processing center
DPCM differential pulse-code modulation
DPCX distributed processing control executive
DPE data processing equipment
DPG digital pulse generator
DPLNB Dual Polarizes Low Noise Block
DPM 1. data processing manager; 2. dual processor mode; 3. digital panel meter
dpm documents per minute
DPMI DOS Protected Mode Interface
DPMS 1. Display Power Management System; 2. display power management signaling; 3. DOS Protected Mode Services
DPN Data Packet Network
DPP 1. distributed parallel processing; 2. Demand Priority Protocol
DPR data processing rate
DPS 1. Data Processing Standard; 2. data processing system; 3. document processing system; 4. distributed processing system
DPT drive parameter tracking
DQDB distributed queue double bus; distributed queue dual bus
DQM Dynamic Queue Manager
DQS Distributed Queuing Service
3DR 3DRender
DR 1. data rate; 2. data register; 3. digital readout; 4. distant reading; 5. debug register
DRAM dynamic random access memory

DRAW direct read after write
DRAWF debug with arbitrary record format
DRC 1. design-rule checking; 2. dynamic RAM controller
DRD data recording device
DRDA Distributed Relational Database Architecture
DRL 1. data retrieval language; 2. Dirty Region Logging
DRO destructive readout
DRPD distinctive ring pattern detection
DSA 1. Digital Signature Algorithm; 2. Directory Synchronization Agent; 3. Directory System Agent; 4. Dynamic Scalable Architecture; 5. data striping array; 6. dynamic signal analyzer
DSAD Network System Architecture and Design
DSAE directory system agent entity
DSAP Destination Service Access Point
DSB 1. digital storage buffer; 2. data structure definition
DSDL Data Storage Description Language
DSDM DDE Share Database Manager
DSDM dynamic systems development method
DSE 1. data storage equipment; 2. data switching exchange; 3. distributed system environment
DS/ED Double-Sided/Extra-Density
DSG distributed systems gateway
DS/HD Double-Sided/High-Density
D-SIMM Dual/RAS SIMM
DSIP data set information map
DSKY display and keyboard
DSL 1. Digital Subscriber Line; 2. digital simulation language
DSM 1. direct sequence modulation; 2. disk storage module; 3. distributed shared memory
DSMA distributed scheduling multiple access
DSMS 1. digital electronic message service; 2. Delivery Service Management System
DSN 1. digital switching network; 2. distributed system network
DSO 1. Dynamically Shared Objects; 2. data security officer; 3. digital storage oscilloscope
DSOM Distributed System Object Model
DSP Directory System Protocol
DS/P Document Service for Printing
DSP 1. device stop; 2. digital signal processor; 3. digital signal processing; 4. distributed system program; 5. digital sound program; 6. discretionary security protection; 7. Domain Specific Part
DSPF Dynamic Shortest Path First
DSPS digital signal processing system
DSR 1. data scanning and routing; 2. data set ready; 3. device status report; 4. document search and retrieval
DSS 1. data set security; 2. data system specification; 3. digital speech signal; 4. digital subset; 5. digital subsystem; 6. digital switching system; 7. display subsystem; 8. Directory Services Synchronization; 9. Digital Signature Standard; 10. decision support system; 11. Digital Signature Standard; 12. Digital Data Service; 13. Directory and Security Services; 14. Directory and Security Server; 15. Domain SAP/RIP Server; 16. Digital Signaling System
DSSA Distributed System Security Architecture
DSSD double-sided single-density
DSSI Digital System Storage Interconnect
DSS-R decision-support replication
DSSS Direct Sequence Spread Spectrum
DST 1. day saving time; 2. device start
DSTAT device status
DSTC Distributed Systems Technology Center
DSTN dual-scan supetwisted nematic
DSTP Data Source Transport Protocol
DSU 1. data synchronization unit; 2. digital service unit; 3. disk storage unit; 4. data service unit

DSU/CSU data service unit/channel service unit
DSV digital sum value
DSVD digital simultaneous voice and data
DSVT digital subscriber voice terminal
DSW 1. device status word; 2. digital switching system
DT 1. data track; 2. data transceiver; 3. data transfer; date transmission; 4. device type; 5. desktop
DTA digital transmission analyzer; data transmission analyzer
DTAS data transmission and switching
DTC 1. data transfer channel; 2. desktop computer; 3. digital transmit command
DT computer desktop computer
DTCS data transmission and control system
DTD document type definition; document type description
DTDS Disaster Tolerant Disk System
DTE 1. data terminal equipment; 2. data test equipment; 3. data transmission equipment
DTF data transmission feature
DTFS Desktop File System
DTG Database Task Group
DTI 1. data transmission interface; data transfer interface; 2. digital trunk interface
DTL data transmission line
DTMF dual-tone multi-frequency; dual tone multiple frequency
DTN data transmission network
DTO data transfer operation
DTP 1. data transfer path; 2. desktop publishing; 3. distributed transaction processing
DTR 1. data transfer rate; data transmission rate; 2. digital tape recorder; 3. data terminal reader; 4. data terminal ready; 5. desktop reproduction; 6. Dedicated Token Ring
DTS 1. Distributed Time Service; 2. data transmission system; data transfer system; 3. decode time stamp
DTT 1. data transmission terminal; 2. data transmission time
DTTU data transmission terminal unit
DTTV Digital Tuner TV
DTU 1. data transfer unit; 2. data transformation unit
DTV digital TV
DTVS desktop video studio
DTW dynamic time-warping
DUA directory user agent
DUAL dynamic universal assembly language
DUN Dial-Up Networking
DUP 1. Data User Part; 2. disk utility program
DUV data under voice
DV digital video
DVA 1. distance vector algorithm; 2. distant vector approach
DVB digital video broadcasting
DVC desktop videoconferencing
DVD Digital Versatile Disk
DVD-R DVD-Recordable
DVD+RW DVD+ReWritable
DVE Digital Video Editor
DVF data-voice-fax
DVI Digital Video Interactive
DVM digital volt meter
DVMRP Distance Vector Multicast Routing Protocol
DVR 1. digital video recording; 2. digital video recorder
DVX digital voice exchange
DW 1. data warehouse; 2. data word
DWA double-word access
DWDM dense wave-division multiplexing
DWDM dense wavelength division multiplexed
DWF Drawing Web Format
DWI descriptor word index
DWIM do what I mean

DWL data word length
DWMT discrete wavelet multitone
DWORD double word
DWP 1. daisy wheel printer; 2. dataway processor
DX Directory Exchange
DXB drawing exchange binary
DXF 1. Drawing Exchange Format; 2. Data Exchange Format
DXI Data Exchange Interface
DXML Digital Extended Math Library
DXS 1. Directory Exchange Server; 2. data exchange system
DYANET dynamic assignment network
DYSTAL dynamic storage allocation language
2E two-edge
EA 1. effective address; 2. extended attribute; 3. electrically alterable
EAB Extended Attributes Block
EACC error-adaptive control computer
EAD enhanced access diversity
EAN European Article Number
EARN European Academic Research Network
EAROM electrically alterable read-only memory
EASE 1. Easy Access System Europe; 2. Embedded Advanced Sampling Environment; 3. evaluate, adopt, standardize easily
EAX electronic automatic exchange
EB exabyte
EBB electronic bulletin board
EBCS electronic business communication system
EBER equivalent binary error rate
EBI extended bus interface
EBP Exterior Border Protocol
EBR electron beam recording
EBS Electronic Banking System
EBU European Broadcasting Union
EC 1. error checking; 2. error control; 3. error correction; 4. European Commission; 5. electronic conference; 6. engineering change; 7. electronic commerce; 8. education computer
EC2 Enhanced Cellular Control
ECAD electronic CAD
ECB 1. electronic code book; 2. Event Control Block
ECC 1. error checking and control; 2. error checking capability; 3. error-correcting code; 4. experimental computer complex; 5. embedded control channel; 6. extended character code
ECCA European Cable Communication Association
ECD Edit/Compile/Debug
ECF enhanced communication facilities
ECHT European Conference on Hypertext
ECL 1. emitter-coupled logic; 2. executive control language; 3. Execution Control List
ECM 1. error control mode; 2. error correcting mode; error correction mode
ECMA European Computer Manufacturer's Accociation
ECNE Enterprise Certified NetWare Engineer; Enterprise Certified Novell Engineer
ECP 1. error correcting program; 2. Enhanced Capabilities Port
ECP/EPP Enhanced Capabilities/Enhanced Parallel Port
ECR 1. electronic conference; 2. exchange control record; 3. Efficient Customer Response
ECS external cache socket
ECSA 1. Exchange Carriers Standards Association; 2. European Communication Security Agency
ECSW extended channel status word
ED 1. editor; 2. electroluminescent display; 3. error detection; 4. external device; 5. extra-high density; 6. end delimiter
EDA 1. Electronic Design Automation; 2. electronic digital analyzer; 3. Enterprise Data Access
EDAC 1. Electronic Design Automation Companies; 2. error detection and correction

EDAPS electronic data processing system
EDB external database
EDBMS engineering data-base management system
EDC error detecting code
EDCB Enhanced Disk Controller Board
EDCC error detection and correction code
EDD Electronic Document Delivery
E-DDP Extended Datagram Delivery Protocol
EDEC Error Detection and Error Correction Code
EDFA erbium doped fiber amplifier
EDGE Enhanced Data rates for GSM Evolution
EDI 1. electronic data interface; 2. electronic data interchange
EDIFACT electronic data interchange for administration, commerce and transport
EDIT engineering document image transmission
EDITS engineering document image transmission system
EDL 1. edit decision list; 2. event definition language
EDM 1. electronic document management; 2. enterprise document management
EDMS 1. Electronic Document Management System; 2. Extended Data Management System
EDO Enhanced Data Out
EDOD erasable digital optical disc
EDO DRAM extended-data-out DRAM
EDP 1. electronic data processing; 2. electronic data processor; 2. enhanced dot pitch
EDPM electronic data processing machine
EDPS electronic data processing system
EDR 1. Enhanced Data Replication; 2. external data representation
EDRO Enhanced Diversity Routing Option
EDS 1. electronic data switching; 2. exchangeable disk storage; 3. electronic data system
EDT 1. electronic data transfer; electronic data transmission; 2. Eastern daylight time
EE 1. Electrical Engineering; 2. Extended Edition; 3. external environment
EEC Electronic Equipment Committee
EEI External Environment Interface
EEMA European Electronic Mail Association
EEMS enhanced EMS; enhanced expanded memory specification
EEPROM electrically erasable programmable read-only memory
EET edge enhancement technology
EFB Environmental Fault Bus
EFCI explicit forward congestion indication
EFD ending-frame delimiter
EFDA European Federation of Data Processing Association
EFF Electronic Frontier Foundation
EFI electronics for imaging
EFL error frequency limit
EFM eight-to-fourteen modulation
EFT 1. error-free transmission; 2. electronic funds transfer
EG Eurographics Association
EGA Enhanced Graphic Adapter
EGP Exterior Gateway Protocol
EHF extremely high frequency
EI electronic imaging
EIA Electronic Industries Association
EIA/TIA Electronic Industry Association/Telecommunications Industry Association
EID Equipment Identifier
EIDS Electronic Information Delivery System
EIES Electronic Information Exchange System
EIFO Ethernet In FDDI Out
EIGRP Enchanced Interior Gateway Routing Protocol
EII electronically invisible interconnect

EIN electronic ID number
EIRP Effective Isotropic Radiated Power
EIS 1. executive information system; 2. electronic information system
EISA Extended Industry Standard Architecture; extended ISA
EIS/DSS Executive Information System and Decision Support System
EIT 1. electronic information technology; 2. event information table
EJ electronic journal
EKTS electronic key telephone system
ELAN 1. Emulated LAN; 2. enhanced local area network
ELAP EtherTalk Link Access Protocol
ELD electronic license distribution
ELDA European Laser Disk Association
ELEAT Entry-Level Enhanced AT
ELF Executable and Link Format; Executable and Linkable Format
ELFEXT Equal-Level, Far-End Crosstalk
ELP Enterprise License Pack
ELS 1. entry level system; 2. entry level solution; 3. Enterprise Library System
ELSI extra large-scale integration
ELT electronic typewriter
ELV extremely low frequency
EM 1. electronic mail; 2. electronic messaging; 3. end of medium; 4. erasable memory; 5. electromagnetic memory
EMA 1. Electronic Mail Association; Electronic Messaging Association; 2. Electronic Manufacturers Association; 3. Enterprise Management Architecture
E-mail electronic mail
EMB extended memory blocks
EMC 1. expanded math coprocessor; 2. electromagnetic compatibility
EMEA Europe, Middle East and Africa
EMF 1. electromagnetic field; 2. enhanced metafile format
EMI electromagnetic interference
EMM 1. Expanded Memory Manager; 2. entitlement management message
EMMI Enhanced Multimedia Interface
E-modem external modem
EMS 1. electronic mail service; 2. electronic message system; 3. Expanded Memory Specification; Expanded Memory System; 4. Enterprise Messaging Server; Enterprise Management System; Electronic Messaging Server; 5. expanded memory specification
EMUG European MAP user group
EN 1. end node; 2. European Norm; 3. Electronic Newsstand
ENAC European Networking and Applications Center
endec encoder/decoder
ENMS enterprise network management system
ENOB effective number of bits
ENS 1. Enterprise Naming Services; 2. Enterprise Networking Services; Enterprise Network Services; 3. Event Notification Service
EO electronic office
EOA end of address
EOC 1. Embedded Operation Channel; 2. end of conversion; 3. edge of coverage
EOD end of DMA
EOF 1. end of frame; 2. end of file; 3. Enterprise Object Framework
EOI 1. end of identify; 2. end of interrupts
EOM 1. event-oriented modeling; 2. end of message
EOP 1. end of output; 2. end of procedures
EOR 1. end of record; 2. end of run
EOS ECC-on-SIMM

EOW engineering order wire
EP 1. editing program; 2. end of program; 3. electronic publishing; 4. evaluation program
EPA Environmental Protection Agency
EPD early packet discard
EPDM enterprise performance data manager
E-peripherals external peripherals
EPG 1. External Gateway Protocol; 2. Electronic Programme Guides
EPHOS European Procurement Handbook for Open Systems
EPIC 1. Electronic Privacy Information Center; 2. Explicitly Parallel Instruction Computing
EPIM Ethernet Port Interface Module
EPL 1. effective privilege level; 2. evaluated products list
EPMI European Printer Manufacturers and Importers
EPP 1. enhanced parallel port; 2. enhanced partial response
EPROM erasable programmable read-only memory
EPS 1. earnings per share; 2. emergency power supply; 3. Encapsulated PostScript; 4. Encapsulated Security Payload
EPSS electronic packet-switched data transmission
EPU electrical power unit
EQ equal
EQP equipment
ER explicit rate
ERA erase character
ERCC error correction code
ERD element relations diagram; entity-relationship diagramming; entity-relationship diagram
ERIC Educational Resources Information Center
ERMES European Radio Messaging Service
EROM erasable read-only memory
ERP 1. Enterprise Resource Planning; 2. error recovery procedure; 3. estimated retail price
ERX entity-relationship expert
ES 1. electronic standard; 2. expansion slot; 3. expert system; 4. end system; 5. extra segment; 6. enterprise system; 7. elementary stream
ESA Enterprise System Architecture
ESC exit from the program instruction
ESCD extended system configuration data
ESCON Enterprise System Connection; Enterprise Systems Connection Architecture
ESC/P Epson Standard Code for Printers
ESD 1. electronic software distribution; 2. electrostatic discharge
ESDA electronic systems design automation
ESDE expert system development environment
ESDI 1. Enhanced Small Device Interface; Enhanced Small Disk Interface
ESDL electronic software distribution and licensing
ESDP evolutionary system for data processing
ESF Extended Superframe Format; extended superframe
ES-IS end system - intermediate system
ESL electronic software licensing
ESM 1. Enterprise Storage Manager; 2. Ethernet Switching Module; 3. European Multimedia Services
ESMA European Computer Manufacturers Association
ESN electronic serial number
ESP 1. electrostatic protection; 2. emulation sensing processor; 3. Expert System Protocol; 4. Emulation Sensing Processor; 4. Enterprise Service Provider; 5. Encapsulating Security Payload
ESPRIT European Strategic Program on Research in Information Technology
ESQL Embedded SQL
ESR event service routine
ESRC European Research Council

ESS electronic switching system
ET ElectroText
ETANN Electrically Trainable Analogous Neural Network
ETC 1. enhanced transmission correction; 2. Enhanced Throughput Cellular
ETOM Electron Trapped Optical Memory
ETR Extended Tag RAM
ETS electronic tandem switching
ETSI 1. entry time-sharing system; 2. experimental time-sharing system; 3. European Telecommunications Standards Institute
ETSO European Telecommunication Satellite Organization
EU 1. expected utility; 2. execution unit
EUnet European UNIX network
EUUG European UNIX Systems User Group
EV expected value
EVA Economic Value Added
EVC Economic Value to the Customer
EVE 1. electronic video exchange; 2. data entry and validation equipment
EVR 1. electronic video recording; 2. electronic video reproduction
EVSB Extensible VSB
EWOS European Workshop on Open Systems
EWS engineering workstation
ExCA Exchangeable Card Architecture
EXCH exchange
EXD external device
EXODUS Experiments On the Deployment of UmtS
EXOS Extension Outside
ext2fs Second Extended Filesystem
EXTND extended data transfer
e-zine electronic magazine
FA 1. fully accessible; 2. fully automatic
FAB 1. file attribute bit; 2. file access block
FAC file access channel
FACE Framed Access Command Environment
FACS facsimile
FAD facility access device
FAM 1. file access auxiliary memory; 2. file access manager
FAN factory area network
FAQ Frequently Asked Questions
FAQL frequently asked question list
FARNET Federation of American Research Networking; Federation of Advanced Research Networks; Federation of Academic and Research Networks
FAS 1. File and Application Server; 2. flexible access system; 3. frame alignment sequence
FASST Flexible Architecture Standard System Technology
FAST Federation Against Software Theft
FASTAR Fast Automatic Restoration
FAT file allocation table
FAU fax access unit
FAX faximile
FBC Frame Buffer Controller
FBR framing bit error
FBX Fastback Express
FC 1. face change; font change; 2. font cartridge; 3. file compare; 4. Fibre Channel; 5. frame control
FCA Fibre Channel Association
FC-AL Fibre Channel - Arbitrated Loop
FCAP Fiber Channel Arbitrated Loop
FCAPS fault, configuration, accounting, performance and security
FCB File Control Block
FCC Federal Communications Commission
FCE frame count error
FCIF Full Common Intermediate Format
FCLC Fibre Channel Loop Community

FC-LT Fiber Channel Low-Cost Topologies
FCM 1. fuzzy cognitive maps; 2. file control processor
FCN facsimile communication service
FCON Fibre Systems Connection
FCP 1. Fiber Channel Profile; Fiber-Channel Protocol; 2. for co-operative processing
FC-PH Fiber Channel Physical and Signaling Interface
FCS 1. facsimile communication system; 2. frame check sequence; frame check sequencer ; 3. Fiber Channel Standard; 4. fast circuit switching; 5. Flight Control System
FCSI Fibre Channel System Initiative
FCT 1. frame control table; 2. function call tree
FD 1. file device; 2. floppy diskette; 3. full duplex
FDB file description block
FDC 1. flexible disk cartridge; 2. floppy disk controller
FDD 1. fixed disk drive; 2. floppy disk drive
FDDI Fiber Distributed Data Interface
FDDL frequency-division data link
FDDQ Fair Dual Distributed Queuing
FDHD floppy drive high density
FDI floppy disk interface
FDM 1. frequency-division modulation; 2. frequency-division multiplexing
FDMA frequency-division multiple access
FDMF first deliverable message first
FDP 1. fast digital processor; 2. factory default model
FDS fundamental data structures
FDSE Full Duplex Switched Ethernet
FDT fluorescent discharge tube
FDU flexible disk unit
FDV/VDI Fiber Distributed Video/Voice Data Interface
FDX full duplex
FE 1. format effector; 2. File Engine
FEA 1. Fast Ethernet Alliance; 2. finite-element analysis
FEBE Far End Block Error
FEBF Far End Receive Failure
FEC forward error correction
FECN Foreward Explicit Congestion Notification
FECP front-end communication processor
FED 1. ferroelectric display; 2. Field Emission Display; 3. field-effect diod
FEDFIRE Federal Reserve Wire Network
FEF Fast Ethernet Forum
FEFO first-ended, first-out
FEM facsimile electronic mail
FEP front-end processor
FERF far end receive failure
FES focus error signal
FET field-effect transistor
FEXT Far-End Crosstalk
F2F face-to-face
FFE Feed Forward Equalizer
FFIVW File Format for the Interchange of Virtual Worlds
FFP fan folded paper
FFST first failure support technology
FFT fast Fourier transformation
FGA Future Graphics Adapter
FGCP first generation computer project
FH frequency hopping
FHD fixed head disk
FHSE fixed head storage facility
FHSS frequency hopping spread spectrum
FIC fractal image compression
FICS Facsimile Intelligent Communication System
FID field identificator
FIDE Fuzzy Interface Development Environment

FIF Fractal Image Format
FIFO first in first out
FIGS figures shift
FIHPCC Federal Initiative on High-Performance Computing and Communication
FIM finite-element modeling
FIPS Federal Information Processing Standards
FIR Fast InfraRed
FIRMPOC Federal Information Resources Management Policy Council
FIRO first-in, random out
FIS foundations of information science
FITS Flexible Image Transfer System; Functional Interpolating Transformation System
FIU 1. fuzzy interface unit; 2. fingerprint identification unit
FLAG fiber optic link around the globe
FLC fuzzy-logic controller
FLCD ferroelectric LCD; ferroelectric liquid crystal display
FLO fault locator
FLOP floating point
FLOPS floating point operation per second
FLX file exchange utility
F/M fax/modem
FM 1. file memory; 2. frequency modulation
FMLI Forms and Menu Language Interpreter
FMP Function Management Protocol
FMV 1. Frame Vector Metafile; 2. full-motion video
FNA Fujitsu network architecture
FNB Flexible Network Bus
FNC Federal Networking Council
FO fiber optics
FOAF friend of a friend
FOC 1. fiber optic cable; 2. fiber optic communications
FOCL fiber optic communication line
FOCS fiber optic communication system
FOD fax-on-demand
FOIRL Fiber Optic Inter Repeater Link
FOL fiber optic link
FOLAN fiber-optic LAN; fiber-optic local area network
FORTRAN Formula Translation language
FOS file-oriented system
FOTAG Fiber-Optic Technical Advisory Group
FOTP Fiber Optic Test Procedures
FOTS Fiber Optic Transmission System
FOV field of view
FP 1. file protection; 2. floating point; 3. function processor; 4. format prefix
FPC facsimile personal computer
FPCB field-programmed circuit board
FPD 1. full-page display; 2. flat panel display
FPFR fast-packet frame-relay
FPGA field-programmed gate array
FPIC field-programmed interconnect components
FPIM FDDI Port Interface Module
FPLA field programming logic array
FPLIC field-programmed logic IC
FPLMTS Future Public Land Mobile Telecommunication System
FPM 1. file protected memory; 2. floppy disk processor module; 3. Fast Page Mode
FPM DRAM Fast Page Mode DRAM
fpmh failures per million hours
FPO for position only
FPS Fast Packet Switching
fps frames per second
FPSNW File and Print Service for NetWare
FPU Floating-Point Unit

FQDN fully qualified domain name
FQL Function Query Language
FQN Fully Qualified Name
FR 1. Frame Relay; 2. failure rate
FRAD 1. Frame Relay Access Device; 2. Frame Relay Assembler/Disassembler
FRC 1. Frame Rate Control; 2. functional redundancy checking
FRDS Failure Resistant Disk System
FREQ file request
FRL Frame Representation Language
FRM forward resource management
FRMR frame reject
FRS 1. Forms Runtime System; 2. fast retrieval system
FR-SSCS Frame Relay Service-Specific Convergence Sublayer
FRX Frame Relay Exchange
FS 1. de-facto standard; 2. file server; 3. frame status
FSA Financial Services Architecture
FSB 1. Front Side Bus; 2. function system block
FSD 1. file system driver; 2. flat screen display
FSF Free Software Foundation
FSFM full screen, full motion
FSFMV full-screen FMV
FSH frame synchronization header
FSI Flexible Scenario Interface
FSIC function-specific IC
FSK frequency-shift keying
FSN Full Service Network
FSP file service process
FSS file search system
FSTN Film-compensated SuperTwist Nematic
FSU 1. fiber optic subscriber unit; 2. file storage unit; 3. former Soviet Union
FT fault tolerant
FT1 Fractional T1
FTA failure tree analysis
FTAM 1. file transfer, access and management; 2. File Telecommunications Access Method; File Transfer Access Method
FTC Federal Trade Commission
FTDS Failure Tolerant Disk System
FTF file transfer facility
FTIR frustated total internal reflection
FTL flash transaction layer
FTM flat technology monitor
FTMD flat-tension mask display
FTMP fault-tolerant multiprocessor
FTP 1. file transfer program; 2. File Transfer Protocol; 3. fault-tolerant processing
FTPD File Transfer Protocol Daemon
FTS functional test suite
FTU first-time user
FUI file update information
FUNI Frame User Network Interface
FWIW For what it's worth
FWTD Fast Work To Do
FX foreign exchange
FXP fixed-point
FY fiscal year
FYI for your information
GAAP generally accepted accounting principles
GAM graphic access method
GAPPN Gigabit Advanced Peer-to-Peer Networking
GART graphics address remapping table
GAT general application template
Gb gigabit
GB gigabyte
GBIC Gigabit Interface Converter

Gbps Gigabit per second
GC game computer
GCA Graduate Course Advisor
GCC general conference control
GCD greatest common denominator
GCI 1. General Circuit Interface; 2. Generalized Communication Interface
GCR 1. gray component replacement; 2. group coded recording
GCRA Generic Cell Rate Algorithms
GCS general classification schema
GCT Generalized Chen Transform
GDA Graphic Device Adapter; Graphic Display Adapter
GDF Geographic Database Format
GDG generation data group
GDI 1. General Data Interface; 2. Graphic Device Interface
GDS Global Directory Services
GDSS group decision support system
GDT Global Descriptors Table
GDTR global descriptor table register
GE 1. Gigabit Ethernet; 2. General Electric
GEM Graphical Environment Manager
GENESIM generic network simulator
GERT graphical evaluation and review technique
GFA Gated Full Array
GFC generic flow control
GFI general format identifier
GFP global functional plane
GFS grandfather/father/son
GGP gateway-to-gateway protocol
GIC general input/output channel
GID Group ID; Group Identificator
GIF 1. Graphic Interchange Format; 2. Graphics Image Format
GIGO garbage-in, garbage-out
GII Global Information Infrastructure
GIN 1. general information network; 2. generic information network
GIOC generalized input/output controller
GIOP general-purpose input/output processor
GIP Global Internet Project
GIPS Graph Information Retrieval System
GIRL General Information Retrieval Language
GIRS Graphic Information Retrieval System
GIS 1. Graphical Information System; 2. Geographical Information System
GIWG Geographic Information Working Group
GJP graphic job processor
GKS Graphic Kernel System
1GL First Generation Language
2GL Second Generation Language
3GL Third Generation Language
4GL Fourth Generation Language
5GL Fifth Generation Language
GL Generation Language
GLOCOM global communications; Global Communication System
GLOP Graphical Library Object Parser
GM 1. global memory; 2. general manager
GMF Graphics Monitor Facility
GMHS Global Message Handling Service; Global Message Handling System
GMR giant magneto-resistive technology
GMT Greenwich Mean Time
GMU Gigabit Memory Unit
GND ground
GOOP Graphical Object-Oriented Programming
GOP group of pictures
GOPS Giga Operations per Second

GOS 1. grade of service; 2. graphic operating system
GOSIP Government OSI Profile; Government OSI Protocols
GP 1. game port; 2. generalized programming; 3. general purpose
GPC 1. general peripheral controller; 2. general-purpose computer; 3. Graphics Performance Characterization
GPD gas plasma display
GPDC general purpose digital computer
GP-display gas-plasma display
GPF General Protection Faults
GPI 1. General-Purpose Interface Bus; 2. Graphic Program Interface
GPI 1. graphic program interface; 2. general protection interrupt
GPIA general-purpose interface adapter
GPIB general-purpose interface bus
GPL General Public License
GPO Government Printing Office
GPOS general-purpose operating system
GPP Generic Packetized Protocol
gppm graphics pages per minute
GPRS General Packet Radio Services
GPS 1. general-purpose system; 2. graphic signal processor; 3. global positioning system; 4. Global Positioning Satellite
GPSDIC general purpose scientific document image code
GPSG general phrase structure grammar
GPU graphics processing unit
GQE Graphical Query by Example
GRAIL graphic input language
GRBI RGB intensive
GR&D 1. grinning, running and ducking; 2. generalized remote access data base
GRID graphic interactive display
GRT 1. generic run-time; 2. general-purpose terminal
GRU Graphics Unit
GS 1. grayscale; 2. group separator; 3. ground station; 4. general station
GSA General Services Administration
GSAM generalized sequential access method
GSE general support for engineers
GSI Giant Scale Integration
GSL generalized simulation language
GSM Global System Mobile; Global System for Mobile communications
GSMP Generic Switch Management Protocol
GSS General Security Services
GSSAPI generic security services API
GTL Ganning transceiver logic
GTM graphic text mode
GTN Global Transportation Network
GTS Global Telecommunications System
GUE Graphical User Environment
GUI graphical user interface
GUID Globally Unique Identifier
GVPN Global Virtual Private Network
GWOAPI GroupWise Object API
GWP 1. gateway processor; 2. Government White Paper
HA high-availability
HACMP High Availability Cluster MultiProcessing
HAL hardware abstraction layer
HAM 1. hardware associative memory; 2. hierarchical access method; 3. Host Attachment Module
HAMT human-assisted machine translation
HARP Hybrid Action Representation and Planning
HBA host-bus adapter
HBC home banking computer
HC hard card

HCA High-Contrast Addressing
HCI human-computer interface
HCL Hardware Compatibility List
HCP Host Communications Processor
HCS 1. header check sum; 2. Hierarchical Storage Controller
HCSD High-speed Circuit Switched Data
HCSS High Capacity Storage System
HCT home communication terminal
HD half-duplex
HDA head-and-disk assembly
HDAM hierarchical direct access method
HDB high-density bipolar (coding)
HDB high density bipolar
HDC handle to device context
HDD hard disk drive
HDDR high-density digital recording
HDI 1. high density interconnect; 2. hard disk indicator
HDL Hardware Description Language
HDLC High-Level Data Link Control
HDML Handheld Device Markup Language
HDMS High-Density Modem System
HDN High-bandwidth Data Network
HDPS high-definition projection system
HDR High Dynamic Range
HDSL High bit rate Digital Subscriber Line
HDSL High-level Digital Subscriber Line
HDTV High Definition Television
HDU hard disk unit
HDVD high-definition volumetric display
HEC Header Error Check
HEL hardware emulation layer
HEP 1. heterogeneous element processor; 2. homogeneous element processor
HF high frequency
HFC hybrid fiber-coax
HFS Hierarchical File System
HFT high function terminal
HGC Hercules graphic card
HHC hand-held computer
HHD half-height drive
HID Human Interface Device
HIF hybrid interface
HI-FI high fidelity
HILAN hierarchical integrated local area network
HIMIB Hardware Integrated Management Information Base
HIMSS Healthcare Information and Management Society
HIOM high-speed input/output module
HIOS High Performance Input/Output System
HIPPI High Performance Parallel Interface
HiPPI High-Speed Parallel Processing Interconnect
HLI high-level interface
HLL 1. high-level language; 2. high level logic
HLLAPI High-Level Language/Application Program Interface
HLP high-level protocol
HLR home location register
HLS hue-level-saturation
HMA High Memory Area
HMC horizontal microcode
HMD head-mounted display
HMI Hub Management Interface
HMM Hidden Markov Model
HMMP HyperMedia Access Management Protocol
HMMS HyperMedia Access Management Scheme
HMOM HyperMedia Object Manager
HMS Hardware-Specific Module
HNA Hitachi Network Architecture

HNET hub network
HomePNA Home Phoneline Networking Alliance
HOOPS Hierarchical Object-Oriented Picture System
HOPS HOst Proximity Service
HOST Hybrid Open Systems Technology
HP Hewlett-Packard
HPA High Performance Addressing
HPC 1. Hasty Pudding Cipher; 2. high-performance computing
HPCC high-performance computing and communications
HPCCI High Performance Computing and Communication Initiative
HPCL Hewlett-Packard Control Language
HPCN High Performance Processing, Communications, Networking
HPDS High Performance Disk Subsystem
HPF 1. High Performance FORTRAN; 2. highest priority first
HPFS High Performance File System
HPGL Hewlett-Packard Graphics Language
HPIA HP/Intel architecture
HP-IB Hewlett-Packard interface bus
HP-IL Hewlett-Packard interface loop
HPnP Home Plug and Play
HPP Harward Professional Publisher
HP/PA Hewlett-Packard Precision Architecture
HPPI High Performance Parallel Interface
HPR high performance routing
HPSN High Performance Scalable Networking
HPSS High Performance Storage System
HPT head-per-track
HRC 1. Hybrid Ring Control; 2. High Resolution Control
HRMS human resource management system
HRT high-resolution timer
HS high-speed
HSB hue-saturation-brightness
HSD High Speed Draft
HSDL high-speed data link
HSEL high-speed selector channel
HSG High Sierra Group
HSI 1. hue, saturation, intensity; 2. human system interface; 3. high-speed integration; 4. High-Speed Interface
HSL 1. hue, saturation, luminance; 2. Hub Support Layer
HSLA high-speed line adapter
HSLDO High Speed Line Driver Option
HSM 1. hierarchical semantic model; 2. high speed memory; 3. Hierarchical Storage Management; 4. Hardware Specific Module
HSM Host Security Module
HSP 1. Host Signal Processing; 2. high-speed printer
HSRP Hot Standby Router Protocol
HSS high-speed storage
HSSB high-speed serial bus
HSSI High Speed Serial Interface
HST High Speed Technology
HSTR High-Speed Token Ring
HSV hue-saturation-value
HTFS High Throughput File System
HTML Hypertext Markup Language
HTTP HyperText Transfer Protocol
HTTPD HyperText Transfer Protocol daemon
HVP horizontal and vertical position
HVQ hierarchical vector quantization
HW hardware
HYP horizontal & vertical position
IA-64 Intel Architecture - 64
I&A identification and authentication
IA 1. instruction address; 2. initial appearance; 3. indirect addressing; 4. integrated adapter

IAB 1. Internet Architecture Board; 2. Internet Activities Board; 3. Internet Advertising Bureau
IAC interapplication communications
IACK interrupt acknowledge
IAF Identification and Authorization Facility
IAN Integrated Access Node
IANA Internet Assigned Numbers Authority
IANAL I am not a lawyer
IA-SPOX Intel Architecture Portable Operating System
IBA Independent Broadcasting Authority
iBase information base
IBCN Integrated Broadband Communication Network
IBM International Business Machines
IBN 1. Integrated Branch Node; 2. integrated business network
I2C Inter-Integrated Circuit
IC 1. immediate constituent; 2. instruction card; 3. instruction counter; 4. interface control; 5. internal connection; 6. image capture
ICA 1. immediate constituent analyzer; 2. intercomputer adapter; 3. Intelligent Console Architecture; 4. International Communications Association; 5. interapplication communication architecture; 6. Intelligent Communication Adapter; 7. Interapplications Communications Architecture; 8. Independent Computing Architecture
ICAD interactive computer-aided design
ICAI intelligent computer-assisted instruction
ICANN Internet Corporation of Assigned Names and Numbers
I-card interface card
ICASE Integrated Computer-Aided Software Engineering
ICC 1. International Color Consortium; 2. image compression co-processor
ICCCM inter-client communications conventions
ICCP Institute for Certification of Computer Professionals
ICD 1. Installable Client Driver; 2. international code designator
ICDA Integrated Cashed Disk Array
ICDL Integrated Circuit Description Language
ICE 1. in-circuit emulation; 2. in-circuit emulator; 3. input checking equipment
ICFA International Computer Facsimile Association
ICI Inter-Carrier Interface
ICIMS Integrated Control and Information Management System
ICL instructional course lecturer
ICLID incoming caller identification
ICM 1. Image Color Matching; 2. Image Compression Manager
ICMP Internet Control Message Protocol
ICN interconnection network
iCOMP Intel Comparative Microprocessor Performance
ICP intelligent call processing
ICP/SPP Interprocess Communications Protocol/Sequenced Packet Protocol
ICR intelligent character recognition
ICS 1. Integrated Commerce Services; 2. Integrated Communication Subsystem
ICSA International Computer Safety Association
ICST Institute of Computer Science and Technology
ICTS Inter-City Telecommunications System
ICU 1. integrated control unit; 2. instruction control unit
ID 1. instruction decoder; 2. identificator
IDA 1. increment/decrement address; 2. independent disk array; 3. intelligent drive array; 4. integrated digital access
IDAPI Integrated Database Application Programming Interface
IDB 1. index data base; 2. integrated data base
IDC 1. Internet Database Connector; 2. identification code
IDCT indirect cosine transform
IDD international direct dial
IDDE Interactive Development and Debugging Environment

IDE 1. Integrated Device Electronics; Integrated Disk Electronics; Integrated Drive Electronics; 2. Integrating Development Environment; Integrated Developer's Environment; 3. Intelligent Drive Equipment

IDEA Interactive Digital Electronic Appliance

IDEF Integration Definition Method

IDI 1. Initial Domain Identifier; 2. Intermediate Digital Interface; 3. Integrated Digital Interface

I-disk initialized disk

IDL 1. Interchip Digital Link; 2. Interface Definition Language; 2. interactive distance learning

IDM impact dot matrix

IDN integrated digital network

IDO Interface Definition Object

IDP 1. industrial display system; 2. input data processor; 3. integrated data processing; 4. internetwork datagram packet; 5. Internet Datagram Protocol; Internetwork Datagram Protocol; 6. integrated data processing

IDR Implementation Detail Register

IDS 1. Information Display System; 2. Information Distribution System; 3. Integrated Data System; 4. Interface Design Specification

IDSL ISDN DSL; ISDN Digital Subscriber Line

CdPN called party number

IDSL ISDN DSL

IDT Interrupt Descriptor Table

IDTR interrupt descriptor table register

IDU interface data unit

IE information engineering

IEC 1. Information Exchange Center; 2. International Electrotechnical Commission; 3. informational exception control

IEEE Institute of Electrical and Electronic Engineers

IEF Information Engineering Facility

IEN Integrated Enterprise Network

IES information exchange system

IESG Internet Engineering Systems Group

IET Image Enhancement Technology

IETF Internet Engineering Task Force

IFA integrated file adapter

IFAC International Federation of Automatic Control

IFD interface device

IFE intelligent front-end

IFEP integrated front-end processor

IFIP International Federation for Information Processing

IFL Intelligent Form Language

IFOCL integrated fiber optic communication

IFS installable file system

IFT Interbank File Transfer

IGC Intelligent Graphic Controller

IGES 1. Initial Graphics Exchange Standard; 2. International Graphical Exchange Standard; Initial Graphics Exchange Specification

IGMP Internet Group Management Protocol; Internet Group Messaging Protocol

IGOR Intelligent Graphics Object Recognition

IGRP Interior Gateway Routing Protocol

IGS Interactive Graphic System

IGT intelligent graphical terminal

IH interrupt handler

IHD internal hard disk

IHF image handling facility

IHV Independent Hardware Vendor

IIA Information Industry Association

IIOP 1. intelligence input/output processor; 2. Internet Inter-ORB Protocol

IIST Institute for Information Storage Technology

IIU input interface block

IKBS Intelligent Knowledge Based System

IKP Internet Keyed Payment

IL interface loop

ILAN integrated local area network

ILD injection laser diode

ILE Integrated Language Environment

ILMI Interim Local Management Interface

ILP instruction level parallelism

ILS Integrated Learning System

ILV interactive laser vision

IM 1. information model; 2. inheritance mask; 3. information management; 4. industrial manufacturer

IMA 1. Interactive Multimedia Association; 2. International MIDI Association; 3. Ingres Management Architecture

IMAC ISDN Media Access Control

IMAP Internet Message Access Protocol; Interactive Mail Access Protocol

IMB 1. Intel Media Bench; 2. intermodule bus

IME input method editor

IMHO In my humble opinion

I-modem internal modem

IMP 1. Interface Message Processor; 2. Internal Message Protocol; 3. Integrated Multiprotocol Processor

IMPI Internal Microprogrammed Interface; Internal Microprogramming Interface

IMR 1. Integrated Multiport Repeater; 2. Internet Mountly Report

IMS 1. Information Management System; 2. integration of management systems; 3. Intelligent Messaging Service; 4. Interprocessor Messaging System

IMSP Independent Manufacturer Support Program

IMT-200 International Mobile Telecommunications 2000

IMT Inductive Modeling Technology

IMTC International Multimedia Teleconferencing Consortium

IMUN International Mobile User number

IMX IBM Message Exchange

IN 1. intelligent network; 2. information network

INA information not available

INAP Intelligent Network Application Part

INC Internet computer

INCA integrated network communications architecture

INCM IN conceptual model

INDB intelligent network data base

INF installation file format

INM Internet Network Management

INP 1. integrated network processor; 2. intelligent network processor

INS information network system

INT 1. integer; 2. interrupt

INT14 Interrupt 14

InterNIC Internet Network Information Center

INWG International Network Working Group

I2O Intelligent I/O

I/O input/output

IOC 1. input/output channel; 2. input-output controller; 3. ISDN ordering code

IOCS input/output control system

IOD 1. input-output definition; 2. input-output driver

IOF input-output front end

IOLA Input-Output Link Adapter

IOLC Input-Output Link Controller

IOM 1. ISDN-oriented modular; 2. Input-Output Multiplexer

IOMP Input-Output Microprocessor

ION internetworking over non-broadcast

IOP I/O processor; input-output processor

IOPL 1. Input-Output Protected Level; 2. input/output privilege level

IOR Interoperability Object Reference
IOS 1. Input-Output Subsystem; 2. Input-Output System; 3. Integrated Office System; 4. Internetworking Operating System; Internetwork Operating System
IOSS Input-Output Subsystem
IOX input-output executive
IP 1. instruction pointer; 2. information processing; 3. image processing; 4. Internet Protocol; 5. insertion point; 6. intelligent peripheral; 7. in-house publishing; in-plant publishing; 8. integrated processes
IPA 1. Information Processing Architecture; 2. Integrated Printer Adapter
IPAR Initial Product Assessment Report
IPAT ISDN primary access transceiver
IPB interprocessor buffer
IPC 1. information processing center; 2. information processing code; 3. integrated peripheral channel; 4. interprocessor communications; 5. interprocess communications
IPCP Internet Protocol Control Protocol
IPDN International Public Data Network
IPDS 1. Intelligent Print Data Stream; Intelligent Printer Data Stream; 2. Intelligent Printer Data System
IPE Instructor Performance Evaluation
I-peripherals internal peripherals
IPF Information Presentation Facility
IPI Intelligent Peripheral Interface
IP-IEEE Internet Protocol on IEEE 802
IPL 1. Information Processing Language; 2. initial program load; 3. interrupt priority level
IPM intelligent power management
IPMI 1. Intelligent Platform Management Interface; 2. IP Multicast Initiative
IPMS interpersonal messaging system
IPM UA interpersonal messaging system user agent
IPNG Internetwork Protocol of Next Generation
IPng IP next generation
I-PNNI Integrated PNNI
IPO Initial Public Offering
IPP Internet Printing Protocol
IPPV impulse pay-per-view
IPR 1. intellectual property rights; 2. Interactive Photorealistic Rendering
IPS 1. information processing system; 2. image processing system; 3. Internet Protocol Suite; 4. in-plane switching
IPSC 1. Intel parallel scientific computer; 2. Intel personal computer
IPSec IP Security (Protocol)
IPSS International Packet Switched Service
IPX Internetwork Packet Exchange
IPXCP IPX Control Protocol
IR 1. instruction register; 2. interrupt register; 3. infrared; 4. intermediate representation; 5. information retrieval
IRAD Internet Rapid Application Development
IRB instruction reorder buffer
IRC 1. international record carrier; 2. Internet Relay Chat; 3. Information Resource Commission; 4. Integrated Remote Console
IRD integrated receiver decoder
IRDA Infrared Data Association
IRF Inherited Rights Filter
IRG inter-record gap
IRIS ifrared internal shield
IRL Information Retrieval Language
IRM 1. information resources management; 2. information resource manager; 3. inherited rights mask
IRMA Information Resources Management Adapter
IRP 1. Infinite Resource Planning; 2. Interrupt Request Packet

IRQ interrupt request level; interrupt request line
IRS Information Retrieval System
IRSG Individual References Services Group
IRTF Internet Research Task Force
IRTO International Radio and Television Organization
IS 1. indexed sequential; 2. information science; 3. information services; 4. information separator; 5. information system; 6. international standard
ISA 1. International Standard Association; 2. Industry Standard Architecture; 3. Intelligent Storage Architecture
ISAC ISDN subscriber access controller
ISAKMP Internet Security Association Key Management Protocol
ISAN Integrated Services Academic Network
ISAPI Internet Server API
ISBN international standard book number
ISC intersystem communication
ISDN Integrated Services Digital Network
ISDN-UP ISDN User Part
IS-ES intermediate system - end system
ISI 1. Institute for Scientific Information; 2. intelligent standard interface; 3. intersymbol interference
IS-IS intermediate system - intermediate system
ISL 1. Inter-Switch Link; 2. intersystem link; 3. Instrument Script Language
ISLAN Integrated Service Local Area Network
ISLS Infinite State Login Simulator
ISM Internet Management Specification
ISN integrated system network
ISO International Organization for Standardization
ISO-A International Standards Organization - font A
ISOC Internet Society
ISODE ISO development environment
ISONET 1. ISO network; 2. Isochronous Internet
ISP 1. international standardized profile; 2. Internet Service Provider; 3. Image Synthesis Processor
IS printer ink-spray printer
ISQL Interactive SQL
ISR 1. information storage and retrieval; 2. interrupt service routine; 3. international simple resale; 4. Integrated Switch Router
ISRC International Standard Recording Code
ISS integrated support station
ISSA 1. Integrated Scalable System Architecture; 2. Information Systems Security Association
ISSM Incompletely Specified State Machine
ISV Independent Software Vendor
IT 1. information technology; 2. information transfer
ITA Interactive Television Association
ITAA Information Technology Association of America
ITB intermediate text block
ITC 1. International Trade Commission; 2. Interoperability Technical Committee; 3. integrated terminal controller
ITF interactive terminal facility
ITG Interactive Test Generator
ITSEC Information Technology Security Evaluation and Certification Scheme; Information Technology Security
ITT invitation to transmit
ITU International Telecommunication Union
ITU-R International Telecommunication Union Recommendations
ITU/TSS International Telecommunication Union/Telecommunications Standardization Sector
IUS Image-Understanding System
IVD integrated voice and data
IVDLAN integrated voice/data LAN
IVDM integrated voice/data multiplexer
IVDT integrated voice/data terminal
IVR interactive voice response

IVRS Interactive Voice Response System
IVS Interactive Virtual System
IWBNI it would be nice if
IWP International Word Processing Organization
IWR Ignore Wide Residue
IXC interexchange carrier
IXES Information Exchange System
IYEG insert your favorite ethnic group
JCE Java Card Environment
JCRE Java Card runtime environment
JDBC Java Database Connectivity
JDK Java Development Kit
JEDEC Joint Electronic Device Engineering Council
JEIDA Japan Electronic Industry Development Association
JEPI Joint Electronic Payment Initiative
JES Job Entry System
JESA Japanese Engineering Standards Association
JEU Jump Execution Unit
JFC Java Foundation Classes
JIAWG Joint Integrated Avionics Working Group
JIEO Joint Interoperability Engineering Organization
JIG jitter generator
JIM jitter measurement
JIS 1. Japanese Industrial Standard; 2. Japanese Information Service
JISC Japan Industrial Standards Committee
JIT just-in-time compiler
JMS Java Message Service
JNDI Java Naming and Directory Interface
JNI Java Native Interface
JPEG Joint Photographic Experts Group
JRE 1. Java Runtime Edition; 2. Java Runtime Environment
JSA Japan Standards Association
JTAG Joint Test Automation Group
JTC1 ISO/IEC Joint Technical Committee 1
JTEC Japanese Technology Evaluation Center
JTM job transfer and manipulation
JTS Java Transaction Service
JVM Java Virtual Machine
KASC Knowledge Availability System Centre
KB 1. keyboard; 2. Kilobyte; 3. knowledge base
Kb kilobit
KBD keyboard
KBM knowledge base management
KBMS knowledge base management system
KBP keyboard processor
KBPS kilobytes per second
KBS Knowledge Base System
KC Kid Computer
KDR keyboard data recorder
KDS key to diskette
KEE Knowledge Engineering Environment
KIPS knowledge information processing system
KISS 1. keep it simple, stupid; 2. keep its syntax simple
KM knowledgebase management
KMON keyboard monitor
KP keyboard port
KWINDEX key word index
LAA LAN Administration Architecture
LADT Local Area Data Transport
LALR 1. Logic Automation Development Language; 2. look-ahead left right
LAM lobe access module
LAN Local Area Network
LAND Local Area Network Directory
LANE LAN Emulation

LANRES LAN Resource Extension and Services
LAP 1. link access procedure; 2. Link Access Protocol
LAP-B Link-Access Protocol - Balanced
LAP-D Link-Access Protocol, D channel
LAP-M Link-Access Procedure for Modems
LAT Local Area Transport
LATA local access and transport area
LAU LAN access Unit
LB line buffer
LBA logical block addressing
LBN logical block number
LBP Linpack benchmark
LBR 1. laser beam recording; 2. laser beam recorder; 3. low-burst rate; 4. low bit rate
LBX low-bandwidth X
LC logical channel
LCAP Local Craft Access Panel
LCD 1. lowest common denominator; 2. liquid-crystal display
LCFS Least Completed First Served
LCGI Local Common Gateway Interface
LCN 1. logical channel number; 2. loosely coupled network
LCR least-cost routing
LCS 1. Lotus Communication Server; 2. library control system
LCS printer large capacity store printer
LCSS Line Conditioners, Surge Suppressors
LCT 1. line control table; 2. Link Certification Test
LD laser disc
LDAP Lightweight Directory Access Protocol
LDC Linguistic Data Consortium
LD-CELP low-delay Codebook Exited Linear Precompression
LDDI Local Distributed Data Interface
LDN 1. Logical Distributed Network; 2. Local Distributed Network
LDP 1. language data processor; language data processing; 2. Berkeley UNIX Line Printer Daemon Protocol
LD-ROM laser disk ROM
LEC 1. LAN Emulation Client; 2. Local Exchange Carrier
LEC-ID LAN Emulation Client Identifier
LECS 1. LAN Emulation Configuration Service; 2. LAN Emulation Configuration Server
LED light-emitting diode
LEL Link, Embed and Launch-to-Edit
LEN Low Entry Node
LENNI LAN Emulation Network to Network Interface
LEOS low-earth-orbit satellites
LER Link Error Rate
LES 1. LAN Emulation Server; 2. LAN Emulation Services; 3. line error seconds
L2F Layer Two Forwarding
LF low frequency
LFD large fixed disk
LFN long file names
LFU least frequently used
LGL legal
Li Lisp interpreter
LI live insertion
LIC licensed internal code
LICS Lotus International Character Set
LIDB Line Information Data Base
LIF Logical Interchange Format
LIFO last in first out
LIGHT Life cycle Global HyperText
LiIon lithium ion
LILO last in - last out
LIM 1. Lotus-Intel-Microsoft; 2. line interface module
LION local integrated optical network
LIP 1. Loop Initialization Process; 2. Large Internet Packets

lips logical inferences per second
LIPX Large Internetwork Packet Exchange
LISP list processing
LIU Line-Interface Unit
LIW long instruction word
LL 1. line link; 2. lamp lock
LLAP LocalTalk Link Access Protocol
LLC logical link control
LLCS Logical Link Control Sublayer
LLL Low-Level Language
LLRC Length/Longitudinal-Redundancy Check
LMCS/LMDS Local Multipoint Communication Service/Local Multipoint Distribution Service
LMDS Local Multipoint Distribution System
LME layer management entity
LMI Local Management Interface
LMP LAN management protocol
LM/X LAN Manager for UNIX
LNA low-noise amplifier
LNM LAN Network Manager
LO 1. line occupancy; 2. low order
LOB 1. line-of-business; 2. large object
LOBjects Line of Business Objects
LOD Level of Details
LOF loss of frame
LOG Laplacian of Gaussian
LOID Logical Object Identifier
LOL laughing out loud
LOMF loss of multi-frame
LON 1. LAN Outer Network; 2. local operational network
LONS local on-line network system
LOP loss of pointer
LOS loss of signal
LP light pen
LPA LAN Performance Analyzer
LPB Linpack benchmark
LPC 1. local procedure call; 2. longitudinal parity check
LPD Line Printer Daemon
LPDGWY Line Printer Gateway
L-pen light pen
lpi lines per inch
LP-mode low-power mode
LPR Line Printer Requester
LPR/LPD Line Print Requester/Line Print Demon
LPT line printer
LQ letter quality
LQ printer letter quality printer
LRC 1. loop resiliency circuit; 2. longitudinal redundancy check
LRCC longitudinal redundancy check character
LRPC Lightweight Remote Procedure Call
LRU 1. Last Recently Used; 2. Least Recently Used
LS load server
LSA LAN security architecture
LSAE Low-Speed Asynchronous Encryptor
LSAPI License Server Application Programming Interface; License Service Application Programming Interface; Licensing Services API
LSB least-significant bit
LSF Load Sharing Facility
LSI large-scale integration
LSL Link Support Layer
LT 1. link trailer; 2. local tandem; 3. line terminator
LT computer laptop computer
LTE 1. lightwave terminating equipment; 2. line termination equipment
LTM Log Transfer Manager

LTO Linear Tape Open
L2TP Layer Two Tunneling Protocol
LTR letter
LTRS letters shift
LTU line terminal unit
LU Logical Unit
LUG Local User Group
LUN logical unit number
LUT 1. local user terminal; 2. Look Up Table
LV 1. LaserVision; LaserVideo; 2. logical volume; 3. low volume
LVC line coding violations
ES errored seconds
LVC line code violation
LVD Low Voltage Differential
LVDS Low Voltage Differential SCSI
LVM Logical Volume Manager
LVQ 1. learning vector quantization; 2. linear vector quantization
LV-ROM LaserVision read only memory
LV system laser vision system
LWC loop wiring connector
LWPCON LAN WorkPlace CONfiguration
LWS Lightweight Session
LZS Lempel-Ziv-Stack
LZW Lempel-Ziv-Welch
M master
MA Management Agent
MAA message authentication algorithm
MAC 1. medium access control; media access control; 2. mandatory access control; 3. message authentication code; 4. memory address controller; 5. multiplexed analog component
Mac Macintosh
MAC-LLB MAC-Layer Learning Bridge
MACP Medium Access Control Protocol
MACS 1. metropolitan area communication system; 2. Medium Access Control Sublayer
MACs/s Multiply-And-aCcumulate operations per second
MADK Microsoft ActiveX Development Kit
MAE Macintosh Application Environment
MAF mainframe facility
MAG metropolitan area gateway
MAIS Maintenance Information System
MAN 1. medium area network; 2. metropolitan area network
MAP 1. Manufacturing Automation Protocol; 2. modular acoustic processor; 3. Mobile Application Part; 4. Microprocessor Analysis Package; 5. Manageability, Availability, Performance
MAPI Messaging Application Programming Interface
MAPL Multiple-Array Programmable Logic
MAS 1. multimedia access system; 2. Macintosh Application Services
M-ATM Microband ATM
MAU 1. medium access unit; media access unit; media attachment unit; 2. multitasking access unit
MAW Microsoft At Work
MB 1. megabyte; 2. Master Browser
Mb megabit
MBCS multi-byte character set
MBM magnetic bubble memory
Mbone Multicasting backbone
MBR Master Boot Record
MBS 1. Mobile Broadband Services; 2. maximum burst size
MC Motorola Corp.
MCA 1. Multiprotocol Communication Adapter; 2. Macro Cell Array; 4. Micro Channel Architecture
MCAD mechanical CAD
MCAM Multiple Communications Adapter Module
M-card multicard

MCB Memory Control Block
MCC man-computer communication
MCCOI Multimedia Communications Community Of Interest
MCGA Multicolor Graphics Adapter; Multicolor Graphics Array
MCI Medium Control Interface
MCM multichip module
MCN multiservice corporate network
MCNS Multimedia Cable Network Partners
MCP 1. master control program; 2. message control processor; 3. Microsoft Certified Professional
MCPC multi channel per carrier
MCS 1. Microsoft Cluster Server; 2. Micro Computer Systems
MCSD Microsoft Sertified Solution Developer
MCSE Microsoft Certified Systems Engineer
MCU 1. multipoint conferencing unit; 2. multipoint control unit; 3. main control unit; 4. multichip unit; 5. main control unit
MD management domain
MD5 Message Digest 5
MDA 1. multidimensional analysis; 2. mono display adapter; 3. mirrored disk array; 4. modulation domain analysis; 5. media dependent adapter
MDB Master Domain Browser
MDC Multi-Device Controller
MDD multidimensional database
MDDBMS multi-dimensional database management system
MDF multi-step dynamic focus
MDI 1. Multiple Document Interface; 2. Medium Dependent Interface
MDIS Mobile Data Intermediate System
M-display monochrome display
MDK Multimedia Development Kit
MDL Metadata Definition Language
MDM multidimensional modeling
MDP Message Driven Processor
MDPS Mass Data Processing System
MDR medium data rate
MDRAM Multibank DRAM
MDS 1. multiple-data-set system; 2. multiprocessor development system
MDSL medium-bitrate SDL
ME media engine
MEC movement estimation coprocessor
MEE Multimedia Enabled Ethernet
MEGO my eyes glaze over
MEI Ministry of Electronics Industry
MER modem equivalent rate
MES Manufacturing Execution System
MESI Modified, Exclusive, Shared, Invalid
MF medium frequency
MFC Microsoft Foundation Classes
MFDU minifloppy disk unit
MFLOPS million of floating-point operation per second
MFM modified frequency modulation
MFP Multi-Function Peripheral
MFPA Multi-Function Peripheral Association
MFS MultiFrame Synchronization
MFSS Military and Federal Specifications and Standards
MFT 1. modeling-for-testability; 2. multiprogramming with fixed number of tasks
MF-TDMA Frequency Time Division Multiple Access
MFTP Multicast File Transfer Protocol
MFWS multifunction workstation
MGA Multimedia Graphics Architecture
MGE Modular GIS Environment
MGX Microway Graphics Extensions
MH Message Handling

MHS 1. Message Handling Service; 2. Message Handling System
MHz megahertz
MI 1. microimage; 2. microinstruction; 3. machine interface
MIB 1. Management Information Base; 2. Management Information Block
MIC 1. Management Integration Consortium; 2. medium interface connector; 3. multimedia interactive control; 3. Memory In Cassette
MICA Modem ISDN Channel Aggregation
MICE Management Information, Control and Exchange
MICS manufacturing information and control system
MID Multiplexing Identification
MIDI Musical Instruments Digital Interface
MIF 1. Management Information File; 2. Management Information Format
MIG metal-in-gap
MII Media-Independent Interface; Medium Independent Interface
MIL machine-independent language
MIM Media Interface Module
MIMD Multiple-Instruction, Multiple-Data
MIME Multipurpose Internet Messaging Extensions; Multipurpose Internet Mail Extensions
MIN multipath interconnection network
MIO modular input/output
MIPS million of instructions per second
MIS 1. Management Information System; 2. manager of information system; 3. main integration switch
MIT 1. master instruction tape; 2. Massachusetts Institute of Technology
MIW multimedia integrated workstation
MIX 1. Multiservice Interchange; 2. Modular Interface eXtension
MJPEG Motion Joint Picture Expert Group
MKS Manufacturing Knowledge System
ML 1. machine language; 2. metalanguage
MLA 1. Master License Agreement; 2. Multi-License Agreement
MLB multilayer board
MLC 1. multilevel cell; 2. multi-line controller
MLFA Machine-Learned Fragment Analysis
MLFR MultiLink Frame Relay
MLI Multiple Link Interface
MLID Multiple Link Interface Driver
MLP 1. Multiple License Pack; Multiunit License Pack; 2. multilink procedure
MLPPP Multilink PPP
MLS Multilevel Security
MLSP Multi-Protocol Label Switching
MM 1. multimedia; 2. mass memory
MMA MIDI Manufacturers Association
MMAC MultiMedia Access Center
MMC Microsoft Management Console
MMCC Malicious Mobile Code Consortium
MMCD MultiMedia Compact Dick
MMCF MultiMedia Communications Forum
MMD multimedia document
MMDF Multi-Memorandum Distribution Facility
MMDS Multichannel Multipoint Distribution System
M-media multimedia
MMF 1. multimode fiber; 2. multimedia movefile format
MMI man-machine interface
MMP Multilink Multichassis Point-to-Point Protocol
MMPC Microsoft point-to-point compression
MMPM MultiMedia Presentation Manager
MMS Manufacturing Messaging Specification
MMSB Multi-Master Serial Bus
MMU memory management unit
MMVF Multimedia Video Format

MMX MultiMedia eXtensions
MNI mobile network integration
MNLS Multinational Language Standards
MNP Microcom Networking Protocol
M-O magneto-optical
MO 1. money order; 2. music objects
MOA modulation analyzer
MOB 1. movable object block; 2. memory order buffer
MOC Microsoft Official Curriculum
MOD magneto-optical disk
MODB Managed Object Database
modec modem and codec
MOLAP multidimensional OLAP
MOLP Microsoft Open License Pack
MOM message-oriented middleware
MOP Maintenance Operation Protocol
MOPing Multiple Original Printing
MORS multiple overlapping register sets
MOS metal-oxide-semiconductor
MOSPF Multicast Open Shortest Path First
MOSS 1. MIME Object Security Services; Multipurpose Internet Main Extensions Object Security Services; 2. member of the same sex
MOTAS member of the appropriate sex
motd message of the day
MOTIS Message-Oriented Text Interchange System
MOTOS member of the opposite sex
MP 1. Multilink PPP; 2. multiprocessing
MPB multiprocessor parallel bus
MPC 1. multimedia personal computer; multimedia PC; 2. multipurpose communications; 3. message-passing coprocessor; 4. multiproject chip; 5. MPOA client
MPC-2 Multimedia PC Level 2
MPCC multiprotocol communication controller
MPE 1. multipulse exitation; 2. maximum permissible exposure
MPEG Motion Picture Experts Group
MPI 1. Multibus II Peripheral Interface; 2. Multiple Protocol Interface
MPLS Multi-Protocol Label Switching
MPMM Multiple Ports Multiple Memories
MPOA Multiprotocol-over-ATM; MultiProtocol Over Asynchronous Transfer Mode
M-port mouse port
MPP 1. massively parallel processing; 2. massively parallel processor; 3. Machine State Register
MPPE Microsoft Point-to-Point Encryption
MPPP Multilink PPP
MPR 1. Multiple Provider Router; 2. MultiProtocol Router; 3. Multivendor Protocol Router
MPS 1. microprocessor system; 2. multiprocessor system; 3. multiprocessing specification; multiprocessor specification; 3. microprogramming system; 4. multipage signal; 5. multiprogramming system; 6. MPOA server
MPSM Multiple Ports Single Memory
MP system 1. multiprocessor system; 2. mass-parallel system
MPTN MultiProtocol Transport Network
MPTS MultiProtocol Transport Service
MPU microprocessor unit
MPW Macintosh Programmers Workbench; Macintosh Programmers Workshop
Mpx musical performance expression
MQI Message Queue Interface
MR memory reclaimer
MRAC meter-reading access circuit
MRC 1. magneto resistive cluster; 2. mesh router components
MRCI Microsoft Realtime Compression Interface

MREQ master request
MRI magnetic resonance imaging
MRX magnetoresistive extended
MS 1. Microsoft; 2. main storage; 3. magnetic storage; 4. message store; 5. message server; 6. mirrored server; 7. management system; 8. management services; 9. mobile station
MSAU Multistation Access Unit
MSC mobile switching centre
MSCDEX Microsoft CD Extension
MSCG Multimedia and Supercomputing Components Group
MSCHAP Microsoft Challenge-Handshake Authentication Protocol
MSCS Mirosoft Cluster Server; Microsoft Clustering Server
MSCU Main Store Control Unit
MSD Microsoft System Diagnostics; Microsoft Support Diagnostics
MSDL Manchester Scene Description Language
MSDN Microsoft Developer Network
MS DOS Microsoft DOS
MSDS Microsoft Domain Name Services
MSEngine mirrored server engine
MSF Microsoft Solution Framework
MSH multiservice hub
MSL 1. manufacturer suggested list price; 2. Mirrored Server Link
MSLAN multiservice local area network
MSM 1. Media Specific Module; 2. Media Support Module
MSN 1. Microsoft Network; 2. multiservice network
MSNF multi systems network facility
MSP 1. Media Signal Processor; 2. Message Security Protocol; 3. Microsoft Certified Professional; 4. Management Service Provider
MSR Multiple Step Register
MSS 1. MAN switching system; 2. mass storage system
MST Mountain Standard Time
MSU modem sharing unit
MS Windows Microsoft Windows
MT minitower
MTA Message Transport Agent
MTBDL mean time between data losses
MTBE mean time between errors
MTBF mean time between failures
MTBSF mean time between system failures
MTC MIDI Time Code
MTF 1. modulation transfer function; 2. Microsoft Tape Format
MTN message transfer network
MTNT Multiple Technology Network Testbed
MTOPS millions of theoretical operations per second
MTP 1. Message Transfer Part; 2. Media Transport Protocol
MTS 1. message tool service; 2. message transfer service
MTT multi-transaction timer
MTTD mean time to detect
MTTF mean time to failure
MTTFF mean time to first failure
MTTR 1. mean time to recovery; 2. mean time to repair
MTU 1. maximum transmission unit; maximum transfer unit; 2. mail transfer unit
MUA Mail User Agent
MUD Multiple User Dimension; Multiple User Dungeon
MUI Media User Interface
muldem multiplexer/demultiplexer
MULTICS MULTiplexed Information and Computing System
MUNI Midrange User Network Interface
MUP Multiple Universal Naming Convention Provider
MUSE 1. Mail Users' Support Environment; 2. Multidimensional User-oriented Synthetic Environment
MUSICAM Masking pattern adaptive Universal Subband Integrated Coding and Multiplexing
MUX 1. multiplex; 2. multiplexer; 3. multiplexing

MVA 1. Motion Video Accelerator; 2. Macro Virus Analyzer
MVC Model Viewer Controller
MVIP Multi-Vendor Integration Protocol
MVM multiple virtual machines
MVP 1. Most Value Product; 2. Multimedia Video Processor; 3. Multimedia for PS/ValuePoint
MVS 1. multiple virtual storage; 2. multiprogramming with variable number of tasks
MX mail exchange
MXbus Multimedia eXpansion bus
Mx/s megatransfers/s
MXS Microsoft Exchange Server
NAC 1. network access controller; 2. Null-Attached Concentrator
NACS NetWare Asynchronous Connection Service; NetWare Asynchronous Communications Services
NADN nearest active downstream neighbor
NAEC Novell Authorized Education Center
NAF 1. network address folding; 2. network access facility
NAFS NetWare Advanced File Services; NetWare Advanced File System
NAL NetWare Application Launcher
NAM 1. network access machine; 2. network access method; 3. numerical assignment module; 4. not a number; 5. NetWare Application Manager
NAP 1. network access point; 2. Network Applications Platform; 3. network access processor; 4. network access provider
NAPI 1. Netscape API; 2. Network Application Program Interface
NAPL National Printing Equipment and Supply Association
NAPLPS North American Presentation-Level Protocol Syntax; North America's Presentation Level Protocol Standard
NAR Novell Authorized Reseller
NAS 1. NetWare Access Server; 2. Network Application Support; 3. Network Administration System; 4. node address switch; 5. Numerical Aerodynamic Simulation; 4. network attached storage
NASC Novell Authorized Service Center
NASI NetWare Asynchronous Services Interface
NAT network address translation
NAU network addressable unit
NAUN nearest active upstream neighbor
NB 1. noise blocker; 2. no banner
NBF NetBIOS Frame
NBI NetWare Bus Interface
NBNS NetBIOS Name Server
NBP Name Binding Protocol
NBS National Bureau of Standards
NC 1. network control; 2. numerical control; 3. network computer
NCA 1. National Communications Association; 2. Network Client Administrator; 3. Network Computing Architecture
NCB Network Control Block
NCC 1. network control center; 2. National Computing Centre
NCD 1. network computing device; 2. network call distributor
NCE Network Control and Exchange
NCF 1. Network Computing Framework; 2. NetWare Command File
NCITS National Committee for Information Technology Standards
NCL Network Control Language
NCP 1. NetWare Core Protocol; 2. network control point; 3. Network Control Program; 4. Network Control Protocol
NCPS Novell Cross-Platform Services
NCR National Cash Register
NCS 1. NetWare Connect Services; 2. Network Computing System; Network Computer System; 3. network control system
NCSA 1. National Center for Supercomputing Application; National Center for Supercomputer Applications; 2. National Computer Security Association

NCSC National Computer Security Center
ND Neighbor Discovery (Protocol)
NDA non disclosure agreement
NDBS network database system
NDC National Destination Code
NDD 1. network data driver; 2. NetWare Directory Database
NDIS Network Device Interface Specification
NDL network description language
NDM 1. network data mover; 2. normal disconnected mode
NDMP Network Data Management Protocol
NDMS Novell Distributed Management Services
NDPS Novell Distributed Print Services
NDR 1. Network Direct RAID; 2. nondestructive readout
NDS Novell Directory Services
NDSU network service data unit
NDT nondestructive testing
NEA network architecture
NEAP Novell Education Academic Partner
NEBS Network Equipment Building Systems
NEC Nippon Electronic Company
NEP network entry point
NEST 1. Novell Embedded Systems Technology; 2. Novell Enhanced Support Training
Net Internet
NetBEUI Network Basic Input/Output System Extended User Interface; NETBIOS Extended User Interface
NetBIOS network basic input/output system
NetBT NetBIOS over TCP/IP
NETSP Network Security Program
NEU Network Encryption Unit
NEXT near-end crosstalk
NF noise figure
NFF 1. neural file format; 2. no form feed
NFR 1. not for resale; 2. near-field recording
NFS 1. Network File System; 2. Network File Standard; 3. Network Facsimile Service; 4. Network File System; 5. Network File Service
NGIO Next-Generation Input/Output
NGM NetWare Global Messaging; NetWare Global MHS
NGSA NetWare Global Security Architecture
NHC next hop client
NHRP Next Hop Resolution Protocol
NHS next hop server
NI-2 National ISDN-2
NIC 1. Network Information Center; 2. Network Interface Card; 3. network interface controller
NICA Novell Integrated Computing Architecture
NICE Natural Interface for Computing Environment
NID 1. network information database; 2. network interface device
NIF 1. Node Information Frame; 2. network information file
NiFTP network-independent FTP
NII National Information Infrastructure
NIIT National Information Infrastructure Testbed
NIM network interface module
NiMH nickel metal hydride
NIOS NetWare I/O Subsystem; NetWare Input/Output System
NIR normalized information rate
NIS 1. Network Information Service; 2. Network Information System
NISA New Information Services Architecture
NISO National Information Standards Organization
NIST National Institute of Standards and Technology
NITC National Information Technology Center
NITT new information telecommunication technology
NIUF North American ISDN Users Forum
NLANR National Laboratory for Applied Research
NLI Natural Language Interface

NLM 1. Network Lock Manager; 2. NetWare Loadable Module
NLP 1. NetWare Lite Protocol; 2. natural language processing
NLPID network layer protocol identifier
NLQ near letter quality
NLS 1. national language support; 2. Network License Server; 3. NetWare Licensing System
NLSP NetWare Link Services Protocol
NLU natural language understanding
NM network management
NMA 1. NetWare Management Agent; 2. network management application
NMC 1. network management center; 2. null modem cable
NMH nickel-metal hydride
NMI non-maskable interrupt
NMO network management option
NMPA National Music Publishing Association
NMRQ non-master request
NMS 1. NetWare Management System; 2. network management station; 3. network management system
NMT Nordic Mobile Telephone
NMVT Network Management Vector Transport
NMX 1. Network Modular Extension; 2. Network Management Extension
NN network node
NNCP network node control point
NNI 1. network-node interface; 2. network-to-network interface
NNM Network Node Manager
NNN Novell NewsNet
NNRP Network News Reading Protocol
NNS NetWare Name Service; NetWare Naming Service
NNTP Network News Transfer Protocol
NOC Network Operation Center
NOCA Network Open Services Architecture
NOP 1. Network Operational Protocol; 2. no operation
NOS network operating system
NOSA Network Open Services Architecture
NP network provider
NPA 1. NetWare Peripheral Architecture; 2. Network Professional Association; 3. Network Printer Alliance
NP code nonprint code
NPD Novell Professional Developer
NPDU Network Protocol Data Unit
NPE Network Processing Engine
NPH nonparsed header
NPM network processor module
NPP Network Paging Protocol
NPS 1. network processing system; 2. network printing service; 3. Novell Productivity Specialist
NPSI Network Packet-Switching Interface
NPTN National Public Telecomputing Network
NQR normalized quality ratio
NREN National Research and Educational Network
NRFM non-volatile RAM file manager
NRM normal response mode
NRS 1. Novell Replication Services; 2. network resource server
nrtVBR non-real-time variable bit rate
nrtVFR non real-time variable frame ratio
NRZ non return to zero
NRZ-I non return to zero inverted
NRZ-M non return to zero mark
NS 1. Nonsharable; 2. National Semiconductor; 3. Name Services
NS Name Services
NSA National Security Agency
NSAP 1. NetWare Service Advertising Protocol; 2. Network Service Access Point
NSAPI Netscape Server API; Netscape API

NSC 1. Network Security Center; 2. network switching center
NSDU Network Service Data Unit
NSE 1. Network Services Engine; 2. Network Support Encyclopedia
NSEPro Network Support Encyclopedia Professional Volume
NSF 1. National Science Foundation; 2. non standard facilities
NSI Name Service Interface
NSIC National Storage Industry Consortium
NSM NetWare Service Manager
NSP 1. native signal processing; 2. Network Services Protocol; 4. Network Service Provider; 5. Nationally Significant Number
NSS 1. Network Security Server; 2. Network Security System; 3. non standard facilities setup
NSTL National Software Testing Laboratory
NT1 network termination type 1
NT 1. network terminal; 2. network termination; 3. new technology; 4. no tabs
NTAS NT Advanced Server
NTCB Network Trusted Computing Base
NTDS NT Directory Service
NTFS New Technology File System; NT File System
NTHQ Windows NT Hardware Qualifier
NTI 1. Network Termination Interface; 2. Novell Technology Institute
NTIS National Technical Information Service
NTP Network Time Protocol
NTS 1. NetWare Telephony Services; 2. Novell Technical Support; 3. Novell Technical Services
NTSC 1. National Television Systems Committee; 2. National Telephony Solution Centers
NTU network terminal unit; network termination unit
NUC NetWare UNIX Client
NUCFS NetWare UNIX Client File System
NUG National User Group
NUI 1. network user identification; 2. NetWare Users International
NUMA Non-Uniform Memory Architecture
NURBS non-uniform rational B-spline
NVP Normal Velocity of Propagation
NVS nonvolatile storage
NVT 1. network virtual terminal; 2. Novell Virtual Terminal; NetWare Virtual Terminal
NVTS Network Virtual Terminal Service
NWCS NetWare Compatible Service
NWN nationwide wireless network
NWPA NetWare Peripheral Architecture
NWRA National Wireless Resellers Organization
NYC New York City
NYSE New York Stock Exchange
O Organization
OACS open architecture CAD system
OAG Open Application Group
OA&M operations administration and maintenance
OAW optically assisted winchester
OBEX Object Exchange Technology
OBI Online Book Initiative
OBID object ID
OBIOS open BIOS
OC 1. office communications; 2. optical carrier
OCA Open Communication Architecture
OCDU optic coupling display unit
OCE Open Collaboration Environment
OCF Object Component Framework
OCI Oracle Call Interface
OCLC Online Computer Library Center
OCR 1. optical character reader; 2. Optical Character Recognition
OCS office communication system
OD optical disk

ODA 1. Office Document Architecture; 2. Open Document Architecture
ODAPI Open Database Application Programming Interface
ODB object database
ODBC Open Database Connectivity
ODBS optical disc-based system
ODCS Open Distributed Computing Structure
ODD optical data disk
ODDD optical digital data disc
ODDR optical memory disk recorder
ODF OpenDoc Developer Framework
ODI Open Data-Link Interface
ODIF office document interchange format
ODINSUP Open Data-Link Interface Network
ODK Office Development Kit
ODL 1. optical data link; 2. Open Data Link; 3. Object Definition Language
ODLI Open Data-Link Interface
ODM 1. object data manager; 2. original design manufacturer; 3. online data manager
ODMA 1. Open Document Management API; 2. Object Document Management Alliance; 3. Open Document Management Architecture
ODMG Object Database Management Group
ODP 1. open distributing processing; 2. optical disk player; 3. output display processor
ODR optical data reader
ODS operational data store
ODSI Open Directory Services Interface
ODT object-oriented development technology
ODTP Open Distributed Transaction Processing
OECR Overall Evaluation Class Rating
OEM original equipment manufacturer
OFC 1. optical fiber cable; 2. optical fiber communication
OFDM orthogonal frequency division multiplexing
OFS 1. object file system; 2. office server
OFSTP Optical Fiber Systems Test Procedures
OFTL optical fiber transmission line
OFTS optical fiber transmission system
OFX Open Financial Exchange
OHCI open host controller interface
OID object identifier
OIN 1. on-link mode; 2. office information network
OIS 1. office information system; 2. office integrated system
OL on-line
OLAP on-line analytical processing
OLB object location broker
OLCP On-Line Complex Processing
OLE Object Linking and Embedding
OLED organic light emitting diode
OLE DS Object Linking and Embedding Directory Service
OLEO Open Linking and Embedding of Objects
OLI Optical Line Interface
OLM on-link mode
OLR on-line replacement
OLTP on-line transaction processing
O&M operations and maintenance
OMA Object Management Architecture
OMCR Optical Memory Driver Recorder
OMDG Object Database Group
OME Open Messaging Environment
OMF 1. object management facility; 2. Object Module Format; 3. open media framework
OMG Object Management Group
OMI Open Messaging Interface
OMR 1. optical mark reader; 2. optical mark recognition

OMS optical memory system
OMT object management technique; object modeling technique; object methodology technique
OMUX output multiplexer
OMW Object Management Workbench
ONA Open Network Architecture
ONC Open Network Computing
ONE 1. Open Network Environment; 2. office network exchange
ONL on-line
ONMA Open Network Management Architecture
ONP open network provision
ONTC Optical Networks Technology Consortium
OOA object-oriented analysis
OOAD object-oriented analysis and design
OOD object-oriented design
OODB object-oriented database
OOGL Object-Oriented Graphics Language
OOL Operator-Oriented Language
OOM object-oriented modeling
OOP object-oriented programming
OOPS object-oriented programming system
OOT object-oriented technology
OOUI Object-Oriented User Interface
OPAC Online Public Access Catalog
OPAL operational performance analysis language
OPC OpenGL Performance Characterization
OPDAC optical data converter
OpenGL Open Graphics Library
OPI Open Prepress Interface
OPLA optical programmable logic array
opm operations per minute
OPS Open Profiling Standard
OPT Open Protocol Technology
OPX off-premise exchange
OQL Object Query Language
OR 1. optical reader; 2. Organizational Role; 3. object reuse
ORB Object Request Broker
ORCA Open Repository CASE Architecture
ORDBMS object-relational database management system
OROM optical read-only memory
OS operating system
OSA 1. Open Scripting Architecture; 2. Open Solutions Architecture; 3. Open Systems Architecture; 4. Open System Adapter; 5. office system automation
OSCA Open Systems Cabling Architecture
OSCAR optically scanned character automatic retrieval
OSD 1. Open Software Description; 2. optical scanning device
OSE Open System Environment
OSF 1. output field separator; 2. Open Software Foundation
OSI Open Systems Interconnection; Open Systems Interface
OSI BRM OSI basic reference model
OSI IS-IS Open Systems Interconnections Intermediate System to Intermediate System
OSI/RM Open Systems Interconnection/Reference Model
OSI/TP Open Systems Interconnection/Transaction Processing
OSLAN open system local area network
OSME Open Systems Message Exchange
OSNA Open Service Network Architecture
OSP 1. Open Systems Phylosophy; 2. OS protected; 3. Open Profiling Standard
OSPF open shortest path first
OSS 1. Operational Support System; 2. optical scanning service
OSSL operating system simulation language
OSTA Optical Storage Technology Association
OT object technology
OTDR optical time domain reflectometer

597

OTF Open Tape Format
OTOH On the other hand
OU Organizational Unit
OURS Open User Recommended Solutions
OV 1. OfficeVision; 2. overflow
OWL Object Windows Library
PA 1. Precision Architecture; 2. performance analysis; 3. printer agent
PABX private automatic branch exchange
PAC PCI AGP Controller
PACE 1. processing and control element; 2. program analysis control and evaluation; 3. Priority Access Control Enabled
PACF partial autocorrelation function
PACT pay actual computer time
PAD packet assembly/disassembly; packet assembler/disassembler
PADL part and assembly description language
PAIRS picture and audio information retrieval system
PAL 1. phase alternating line; 2. Programming Application Language; 3. program assembly language; 4. Paradox Application Language; 5. programmed application library
PAM 1. personal application manager; 2. Port-Assignment Module; 3. pulse amplitude modulation; 4. priority access method
PAMA preassigned multiple access
PAN personal area network
PAP 1. Password Authentication Protocol; 2. Printer Access Protocol; 3. Personal Animation Recorder
PAR positive acknowledgment and retransmission
PARC Xerox Palo Alto Research Center
PA-RISC Precision Architecture-Reduced Instruction Set Computing
PAT 1. port and address translation; 2. Program Association Table
PAWS protection against wrapped sequence (numbers)
PAX private automatic exchange
PB 1. playback; 2. packet burst; 3. petabyte
PBC peripheral board controller
PBM Portable Bit Map
PBO Profile Based Optimization
P-board prototype board
PBP Packet Burst Protocol
PBS push button switch
PBX private branch exchange
2PC two-phase commit
PC 1. personal computer; 2. primary cache
PCA Printed Circuit Assemblies
P-CAV Partial-CAV
PCB 1. Play Control Block; 2. Process Control Block; 3. Program Control Block; 4. printed circuit board
PC Card Personal Computer Card
PC DOS personal computer disk operating system
PCE 1. personal communication electronics; 2. process input-output control electronics
PCG programmable character generator
PCI 1. Peripheral Component Interface; Peripheral Component Interconnect; 2. protocol control information
PCIA Personal Communications Industry Association
PCL 1. play control list; 2. Printer Control Language; Print Control Language
PCM 1. plug-compatible manufacturer; 2. pulse-code modulation
PCMCIA Personal Computer Memory Card International Association
PCMIM Personal Computer Media Interface Module
PCN 1. personal communications network; 2. personal computer network
PCNE protocol converter to non-SNA equipment
PCnet personal computer network

PCO point of control and observation
PCP primary control program
PCR 1. peak cell rate; 2. program clock reference
PCS 1. Personal Communications Services; 2. Personal Communication System; 3. personal communication server; 4. Personal Conferencing Specification
PCSA Personal Computing Systems Architecture
PCSS Personal Computer Support System
PCT Private Communication Technology
PCTE Portable Common Tools Environment
PCU peripheral control unit
PCV path coding violation
PCW-benchmark personal computer world benchmark
PD 1. page directory; 2. process database; 3. phase-change dual; phase-dual; 4. public domain
PDA Personal Digital Assistant
PDB 1. physical database; 2. populated database; 3. protected database; 4. protocol data block; 5. process database
PDBR page directory base register
PDC primary domain controller
PDCT portable data collection terminal
PDD Physical Device Driver
PDET portable data entry terminal
PDF 1. Portable Document Format; 2. Portable Document File; 3. Print Definition File
PDI Portable Device Interface
PDIAL Public Dial-up Internet Access List
PDK Professional Developer's Kit
PDL 1. Page Description Language; 2. Printer Description Language; 3. Project Definition Language; 4. Procedure Definition Language
PDM 1. physical medium-dependent (layer); 2. pulse duration modulation
PDN public data network
PDO Portable Distributed Objects
PDP 1. Professional Developer's Program; Professional Development Program; 2. programmed data processor; programmed data processing; 3. plasma display panel
PDQ Parallel Data Query
PDS 1. project definition and survey; 2. program development system; 3. processor direct slot; 4. Premises Distribution System; 5. Plant Design System; 6. print device subsystem; 7. Premises Distribution System; 8. Plant Design System
PDS PC-CD with sound
PDT portable data terminal
PDU protocol data unit
PE 1. paper end; 2. portable executable; 3. phase encryption; 4. Portable Executable
PEB Process Environment Block
PEL picture element
PEM 1. product expansion module; 2. Privacy Enhanced Mail
PEP 1. Packet Encoding Protocol; 2. program evaluation procedure
perl Practical Extraction and Report Language
PERM Pre-Embossed Rigid Magnetic
PERT project evaluation and review technique
PES 1. program evaluation system; 2. packetised elementary stream
PET 1. positron emission tomography; 2. performance evaluation tools
PFA Predictive Failure Analysis
PFM pipe file manager
PFQ per flow queuing
PGA Pin Grid Array
PGML Precision Graphics Markup Language
PGP Pretty Good Privacy

PH port handler
PHIGS Programmer's Hierarchical Interactive Graphics System
PHS Personal Handyphone System
PHY PHYsical
PIA 1. Personal Internet Access; 2. Peripheral Interface Adapter
PIC 1. personal identification code; 2. picture image compression; 3. personal intelligent communicator
PICA Platform-Independent Cryptography API
PICS 1. Internet Content Selection; 2. protocol implementation conformance statement; 3. Platform Internet Content Specification
PICT Picture
PID 1. process ID; 2. packet identificator
PIF program information file
PIG program idea generator
PII program integrated information
PIIX PCI ISA/IDE Accelerator
PIM 1. Port Interface Module; 2. Personal Information Manager; 3. Protocol Independent Multicast
PIN 1. personal identification number; 2. Processor Independent NetWare; 3. procedure interrupt negative
PING Packet InterNet Groper
PIO 1. programmed input/output; 2. parallel input/output
PIOFS parallel input/output file system
PIP 1. picture-in-a-picture; 2. procedure interrupt positive
PIPO parallel input/parallel output
PIS 1. Personal Information System; 2. personal information store
PISO parallel input/serial output
PITA pain in the ass
pixel picture element
PIXIT protocol implementation extra information for testing
PJL Printer Job Language
PKCS Public Key Cryptography Standard
PLA programmable logic array
PLAN personal local area network
PLB Picture Level Benchmark
PLC 1. Polycenter Licensing System; 2. programmable logic controller; 3. powerline communication
PLC5 printer control language 5
PLCP Physical Layer Conversion Protocol
PLL phase-locked loop
PL/M Programming Language for Microprocessors
PLMN Public Land Mobile Network
PLP 1. packet level protocol; 2. presentation layer protocol; presentation level protocol
PLV production level video
PM 1. processing module; 2. presentation manager; 3. physical medium
PMA Physical Medium Attachment
PMD 1. physical medium-dependent; 2. Physical Layer Medium Dependent
PMF parameter management frame
PMFJI pardon me for jumping in
PMP parallel multiprocessing
PMS 1. public message service; 2. personal measuring system
PMT 1. photomultiplyer tube; 2. packet-mode terminal; 3. program map table
PMU power management unit
PNG Portable Network Graphic
PNNI Private Network Node Interface; Private Network-to-Network Interface
PnP Plug and Play
PnP ISA Plug and Play Industry Standard Architecture
PO 1. parallel object; 2. parallel object
POF Plastic Optical Fiber
POI power on indicator

POL problem-oriented language
POP 1. Point of Presence; 2. Post Office Protocol; 3. point-of-purchase
POP3 Post Office Protocol 3
PORT portable radiotelephone terminal
P/OS Personal/OS
POS 1. point-of-sale; 2. programmable option selection; 3. portable operating system; 4. pivoting optical servo
POSI 1. Promotion of OSI; 2. portable operating system interface
POSI/AOW Promotions of OSI/Asia and Oceania Workshop
POSIX portable operating system interface for UNIX
POST procedure of self-testing; power-on self-test
POTS plain old telephone system; plain old telephone service
POWER Performance Optimization With Enhanced RISC
PP physical plane
P3P Platform of Privacy Preferences
P&P plug-and-play
PP peripheral processor
PPD partial packet discard
PP-display plasma panel display
PPDS personal printer data stream
ppi pixels per inch
PPI programmable peripheral interface
PPL 1. preferred product list; 2. process-to-process linking
PPM pulse-position modulation
PPP Point-to-Point Protocol
PPS 1. personal publishing system; 2. packet per second; 3. pulses per second
PPSN public packet switching network
PPTP Point-to-Point Tunneling Protocol
PQET Print Quality Enhancement Technology
PQO Parallel Query Option
PQS Parallel Query Server
PR public relations
PRB packet receiving buffers
PRD Primary Receive Device
Premo Presentation Environments for Multimedia Objects
PREP PowerPC Reference Platform
PRI Primary Rate Interface
PRMD Private Management Domain
PRML partial response, maximum likelihood
PRN 1. packet radio network; 2. personal radio network
P-ROM partial read only memory
PROM program read-only memory
PRR print request router
PRS pattern recognition system
PR/SM Processor Resource/System Manager
PS 1. packet switch; 2. personal system; 3. power supply
PSAPI Paging Service Provider API
PSB 1. parallel system bus; 2. program specification block
PSC 1. packet switching center; 2. personal supercomputer
PSD preliminary system design
PSDN 1. packet switched data network; 2. public switched data network
PSE packet switching exchange
PSF permanent swap file
PSI program specific information
PSK 1. phase shift keying; 2. Platform Support Kit
PSM 1. Platform-Specific Module; 2. Platform Support Module; 3. protection and secure module; 4. persistent stored module
PSN 1. packet satellite network; 2. packet switching network; 3. packet switch node
PSNL packet switching network line
PSPDN packet switched public data network
PSS 1. Physical Signaling Sublayer; 2. Product Support Services; 3. packet switching system; 4. packet switch stream

PSTN public switched telephone network
PSU 1. packet switching unit; 2. power supply unit
PT picture telegraphy
PTC packet transmission channel
PT-computer pentop computer; palmtop computer
PTE page-table entries
PTF 1. program temporary fixes; 2. problem trouble fix
PTS 1. Parallel Transaction Server; 2. presentation time stamp
PTT Post, Telegraph and Telephone
PU 1. processing unit; 2. physical unit
PV physical volume
PVC 1. permanent virtual circuits; permanent virtual channel; 2. permanent virtual connection; 3. private virtual circuit
PVP Permanent Virtual Path
PVR Perception Video Recorder
PVS Power Visualization System
PWC power connector
PWI Public Windows Interface
PWM pulse-width modulation
PWS Peer Web Services
QA Quality Assurance
QAM queued access method
QBC queue controller block
QBE Query by Example
QBF Query by Form
QBM Query by Model
QCIF Quarter CIF
QCRA Queued Continuous Reservation Aloha
QEMM Quarterdeck Expanded Memory Manager
Q factor quality factor
QFP quad flat package
QHY quantized high Y
QIC 1. quarter-inch cartridge; 2. quarter inch compatibility
QICDS Quarter-Inch Cartridge Drive Standard
QID queue identifier
QL query language
QLLC Qualified Logical Link Control
QLP query language processor
QNA queuing network analyzer
QOS quality of service
QPLC quad physical layer controller
QPSK quadrature phase shift keying; quadrature phase-shift-key modulation
QRAM Quality, Reliability Assurance and Maintainability
QTM Quadratic Texture Map
RAB RAID Advisory Board
RACE Research in Advanced Communications for Europe
RACF Resource Access Control Facility
RACH random access channel
RACOM random communication
RAD rapid applications development
RADIUS Remote Authentication Dial-In User Service
RADSL Rate Adaptive DSL
RAI Remote Application Interface
RAID redundant array of inexpensive disks
RAINBOW RAdio Independent Broadband On Wireless
RAIT Redundant Array of Inexpensive Tapes
RAM random access memory
RAMDAC Random Access Memory Digital to Analog Converter
RAMP Rating Maintenance Phase
RAMPS Remote Access MultiPort Server
RAN regional area network
RAP Roving Analysis Port
RARP Reverse Address Resolution Protocol
RAS 1. Remote Access Service; 2. Remote Access Server; 3. raw address strobe; 4. reliability, availability and serviceability

RAT 1. remote automation technology; 2. Register Alias Table
RAVE Rendering Acceleration Virtual Engine
RBCS Remote Bar Coding System
RBE remote batch entry
RBHC regional Bell holding company
RBHC/RBOC Regional Bell Holding/Operating Company
RBOC Regional Bell Operating Company
RBV RAM-based video controller
RC remote control
RCASI Recreational Software Advisory Council
RCE remote control equipment
R-CGI Remote Common Gateway Interface
RCGI Remote Common Gateway Interface
RCL 1. Radio Communications Link; 2. Replication Command Language
RCMD Remote Command Service
RCP 1. Remote CoPy; 2. restore cursor position; 3. remote communications processor; 4. Real-Time Control Protocol; 5. routing coprocessor
RCS 1. remote control software; 2. Revision Control System; 3. Resource Construction Set
RD receive data
R&D research and design
RDA remote data access; remote database access
RDB relational database
RDC remote data control
RDD replaceable database driver
RDF Resource Description Framework
R disk reference disk
RDM 1. relational data modeler; 2. Relational Document Manager
RDN relative distinguished name
RDO remote data objects
RDRAM Rambus dynamic RAM; Rambus DRAM
RDS 1. Radio Data Standard; 2. Relational Data System; 3. Rational Data Systems; 4. Remote Document Server
RDT remote data transmitter
RE resolution enhancement
READ relative element address designate
rel recorder element
REPL residual excited linear prediction
RER residual error ratio
RET 1. Reality Emulation Technology; 2. Resolution Enhancing Technology
REX Remote Execution Service
REXEC remote execution
RF radio frequency
RFC Request For Comments
RFD 1. Request for Discussion; 2. relayed file distribution
RFI 1. request for information; 2. radio frequency interference
RFP request for proposal
RFS Remote File Sharing
RGB Red, Green, Blue
RGBI RGB intensive
RI 1. relational indexing; 2. ring indicator; 3. rename-inhibit; 4. Ring In
RIAA Recording Industry Association of America
RID 1. Relative ID; 2. row id
RIF routing information field
RIFF resource interchange file format
RIFO random-in, first out
RIM repository information models
RIMM Rambus In-Line Memory Module
RIO rasterized image output
RIP 1. raster image processor; 2. Routing Information Protocol
RISC 1. reduced instruction set computer; 2. reduced instruction set computing

RIT 1. rate of information transfer; 2. route information table; routing information table
RJ registered jack
RJE remote job entry
RL real life
RLE run-length encoding
RLL run-length limited
RLN Remote LAN Node
RM 1. resource management; 2. resource manager
RMF Remote Management Facility
RMI Remote Method Invocation
RMON 1. remote monitor; 2. remote monitoring
RMS 1. Record Management Services; 2. root mean square
RMTP Reliable Multicast Transport Protocol
RN ring network
RNA remote network access
RNC 1. Remote NetWare Control; 2. remote network controller
RNR receive not ready
RnR registration and resolution
RO 1. read only; 2. receive only; 3. Ring Out
ROB reorder buffer
ROBM Resource Object Data Management
ROBO Remote Office/Branch Office
ROI return of investment
ROLAP relational on-line analytical processing
ROM read-only memory
ROMP Research/Office Products Microprocessor
ROOM real-time object-oriented modeling
ROS record-on-silicon
ROSE 1. Research Open System for Europe; 2. remote operation service element
ROTFL rolling on the floor, laughing
ROVF reflective optical videodisc format
RPC remote procedure call
RPG 1. report program generator; 2. role playing game
RPL remote program load
RPM rotations per minute
RPN Reverse Polish Notation
RQBE relational query by example
RR receive ready
RRA round-robin assignment
RS 1. RISC System; 2. recommendational standard
RSA Rivest-Shamir-Adleman
RSAC Recreational Software Advisory Council
RSH Remote Shell
RSHD Remote Shell Daemon; RSH Daemon
RSN Real Soon Now
RSVD Rapid Sequential Visual Display
RSVP ReSerVation Protocol; Resource Reservation Protocol
RT 1. real time; 2. RISC technology
RTAM remote terminal access method
RTC 1. remote terminal concentrator; 2. real time clock; 3. run-time code
RTCA 1. real-time control area; 2. Real Time Computing Association
RTCE real-time channel evaluation
RTCP Real-time Transport Control Protocol; Real-Time Control Protocol
RTD real-time dummy
RTDM real time data migration
RTF Rich Text Format
RTFM Read the fascinating manual...
RTL 1. registry transfer level; 2. real-time library
RTM real-time manager
RTMP Routing Table Maintenance Protocol
RTN retrain negative

RTOM Real-Time Object Manager
RTOS Real-Time Operating System
RTP Real Time Protocol; Real-time Transport Protocol; Real-Time Transfer Protocol; 2. retrain positive
RTPT round-trip propagation time
RTR real-time restore
RTS 1. request to send; 2. reliable transfer service
RTS/CTS Request To Send/Clear To Send
RTSP Real-Time Streaming Protocol
RTTI runtime type identification
RTV real-time video
rtVBR real-time variable bit rate
rtVFR real-time variable frame ratio
RTX real-time executive
RTZ return to zero
RUN Regular Update of NetWare
RUNCMD run command
RV Remote Viewing
RVI reverse interrupt
RV&M Remote Viewing and Manipulation
R/W read/write
RWI radio - wire integration
RZ return to zero
S slave
SA smart applet
SAA System Application Architecture
SAB Standards Activities Board
SAC Single Attachment Concentrator
SADT structured analysis and design technique
SAF service access facility
SAFE secure access facility for enterprise
SAF-TE SCSI Accessed Fault-Tolerant Enclosure
SAG SQL Access Group
SAL 1. SQL Application Language; 2. SQLWindows Access Language; 3. soft alloy layer
SAM 1. Secure Access Management; 2. Security Access Manager; Security Account Manager; 3. sequential access method; 4. System Administrator Means
SAN 1. Server-Storage Area Network; 2. System Area Network
SAP 1. system assist processor; 2. Service Advertising Protocol; 4. Service Access Point
SAPA semi-automatic protocol analyzer
SAPD Service Advertising Protocol Daemon
SAPI service access point identifier
SAR segmentation and reassembly
SARM set asynchronous response mode
SARME set asynchronous response mode extended
SARPS Standards and Recommended Practices
SAS 1. statistical analysis system; 2. system application software; 3. single attachment station
SASI Shigart Associates system interface
SATAN Security Administration Tool for Analyzing Networks
SAW stop-and-wait
SB 1. selection board; 2. serial binary; 3. straight binary
SBA 1. Small Business Association; 2. Software Business Association; 3. standards-based architecture
SBC single-board computer
SBCS single-byte character set
SBK System Builder's Kit
SBP-2 Serial Bus Protocol – 2
SBS small business system
S-bus system bus
SC 1. sequence counter; 2. service channel; 3. subcommittee; 4. supervisory control; 5. secondary cache
SCA 1. single connector attachment; 2. System Communication Architecture

SCALE Scalable Architecture for Large Enterprises
SCAM SCSI Configured Automatically
SCAN switched circuit automatic network
S-card short card
SCB station control block
SCbus Signal Computing Bus
SCC 1. switching control center; 2. system communication controller
SCCE simplified customer connecting equipment
SCCP Signaling Collection Control Part
SCCS Source Code Control System
SCE Service Creation Environment
SCEF service creation environment function
SCEP service creation environment point
SCF service control function
SCI single channel interface
SCIS survivable communication integration system
SCM 1. software configuration management; 2. scratch-pad memory; 3. Synchronous Coherent Memory; 4. software configuration management; 5. System Control Module
SCMP ST Control Message Protocol
SCO Santa Cruz Operations
SCP 1. switch control processor; 2. signal control point; service control point
SCPC single channel per carrier
SCR sustainable cell rate
SCS Structured Cabling System
SCSA Signal Computing System Architecture
SCSI Small Computer Systems Interface
SCU scanner control unit
SD 1. standard deviation; 2. super density
SDA standard descriptive abstract
SDAM scheduling delay access mechanism
SDBMS specialized database management system
SDC 1. serial data controller; 2. signal data converter; 3. synchronous data compression; 3. satellite delay compensation unit
SDDI Shielded Distributed Data Interface
S-DDP Short Datagram Delivery Protocol
SDE software development environment
SDF service data function
SDF 1. space-delimited format; 2. Structured Directory Format; 3. synchronous data flow
SDH Synchronous Digital Hierarchy
SDI 1. Storage Device Interface; 2. Single-Document Interface
SDIF Sony Digital Interface Format
SDK Software Development Kit; Software Developer's Kit
SDL Simplified Data Link
SDLC Synchronous Data Link Control
SDM SNA Datastream Management
SDMA space-division multiple access
SDN Software Defined Network
SDP 1. service data point; 2. Software Development Package
SDRAM synchronous DRAM
SDRAM-DDR SDRAM - double data rate
SDS 1. Screen Designing System; 2. Spatial Data System
SDSL Single Pair Digital Subscriber Line; Symmetric Digital Subscriber Line; Single-Line DSL, Symmetrical DSL
SDT service description table
SDTS 1. satellite data transmission system; 2. Spatial Data Transfer Standard
SDU service data unit
SE 1. service equipment; 2. system efficiency; 3. system engineering; 4. software engineering
SEA 1. self-extracting archive; 2. standard electronic assembly
SEC 1. scientific and engineering computation; 2. Security Exchange Commission; 4. Single Edge Contact

SECAM 1. sequential couleur avec memoire; 2. Sequential Color and Memory
SEC-BED-DED single error correcting - byte error detecting - double error detecting
SECC single-edge contact cartridge
SEC-DID single error correcting - double error detecting
SECO self-regulating error-correction coder-decoder
SEE Software Engineering Environment
SEED self-electro-optic effect device
SEF severely errored framing seconds
SEI 1. Software Engineering Institute; 2. standard entry interface
SEIH stackable Ethernet intelligent hub
SEM Server Enhancement Module
SENET slotted envelope network
SEP Secure Electronic Transactions
SEPM software engineering and project management
SEPP Secure Electronic Payment Protocol
SER symbol error rate
SERC Safety Critical Systems Initiative
SES 1. Smart Energy System; 2. Strategic Engineering Support; 3. severely errored seconds; 4. SCSI Enclosure Services
SET secure electronic transactions
SF 1. save fail; 2. sequential file; 3. sign flag; 4. superframe; 5. Single Frequency
SFPS Secure Fast Packet Switching
SFS 1. SecureFast Switching; 2. Storage File System
SFT System Fault Tolerance
SFVN SecureFast Virtual Networking
SGA 1. general support agreement; 2. system global area
SGML Standard Generalized Markup Language
SGR set graphics rendition
SHA Secure Hash Algorithm
SHD slim hard drive
SHF super high frequency
SHPC Scalable High Performance Computer
SHRC Super High Resolution Card
SHS Secure Hash Standard
SHTTP Secure Hypertext Transfer Protocol
SHV Standard High Volume
SI 1. shift in; 2. speed index; 3. system integrator; 4. service information mation
SIC Standard Industrial Classification
SID 1. security ID; 2. segmented image database
SIDF System-Independent Data Format
SIF 1. Status Information Frame; 2. Source Input Format
SIG Special Interest Group
SIGGRAHP Special Interest Group on Graphics
SIGhyper special interest group on hypertext and multimedia
SIL solid immersion lens
SIM Society for Information Management
SIMD single-instruction, multiple-data
SIMM single-in-line memory module
SIMULA Simulation Language
SINC single-image network computing
SIO serial input/output
SIP 1. service identification packet; 2. single in-line package; 3. SMDS Interface Protocol
SIPC simply interactive PC
SIPO serial input/parallel output
SIPP Simple Internet Protocol Plus
SIR 1. serial infra-red; 2. signal-to-interference ratio
SISC streamlined-instruction setcomputer
SISO serial input/serial output
SIT communication and information technology
SIU subscriber interface unit
SKAT smart knowledge acquisition tool

SKIP Simple Key-Management for Internet Protocol; Secure Key Internet Protocol
SKU stock-keeping unit
SLA Service Level Agreement
SLAP Serial Line Access Protocol
SLC subscriber-loop carrier
SLED Single Large Expensive Disk
SLI service logic interpreter
SLIC system licensed internal code
SLIP Serial Line Interface Protocol
SLT subscriber line terminal
SLTF shortest latency time first
SM 1. secondary memory; 2. shared memory; 3. services mark
SMA 1. Surface Mount Architecture; 2. Shared Memory Architecture; 3. Systems Monitor Architecture
SMAF service management access function
SMAP service management access point
SMART Self-Monitoring Analysis and Reporting Technology
SMAU Smart Multistation Access Unit
SMB 1. small and medium business; 2. Server Message Block
SMC 1. small multiuser computer; 2. standard multiuser computer
SMDL Standard Music Description Language
SMDR Storage Management Data Requester
SMDS 1. Switched Multimegabit Data Service; Switched Megabit Data Service; 2. Switched Multimedia Digital Service
SME Storage Management Engine
SMF 1. single-mode fiber; 2. Standard Messaging Format; Standard Message Format; 3. service management function
SMFA specific management functional area
SMF-PMD single-mode fiber - physical medium-dependent
SMGP Simple Gateway Management Protocol
SMI 1. Structure of Management Information; 2. System Management Interrupt
SMIL Synchronized Multimedia Integration Language
S/MIME Secure Multipurpose Internet Main Extension; Secure Multimedia Internet Main Extension
SMIT System Management Interface Tool; System Maintenance Interface Tool
SMK Software Migration Kit
SMM system management mode
SMP 1. symmetrical multiprocessing; 2. Simple Management Protocol; 3. service management point
SMPTE Society of Motion Picture and Television Engineers
SMR specialized mobile radio
SMS 1. Storage Management Services; 2. Storage Management System; 3. Systems Management Server; 4. short message service; short message/pager service
SMSDI SMS Storage Device Interface
SMT station management
SMTP Simple Mail Transport Protocol; Simple Mail Transfer Protocol
SMV storage management vendor
SN service node
S/N signal-to-noise
SNA System Network Architecture
SNADS SNA Distribution Services; Systems Network Architecture Distributed Services
SNA/MS Systems Network Architecture/Management Services
SNAP 1. Standard Network Access Protocol; 2. Subnetwork Access Protocol; 3. Switch Probe Analyzer
SNI subscriber-to-net interface
SNIA Storage Networking Industry Association
SNMP Simple Network Management Protocol
SNS 1. Simple Name Service; 2. Secure Network Services
SNTP Simple Network Transport Protocol
SO 1. shift out; 2. significant other

SOA start of authority
SOC Sales Order Confirmation
SO-DIMM Small Outline DIMM
SOE Standard Operating Environment
SOF start of frame
SOH start of header
SOHO small office/home office
SOI silicon-on-insulator
SOL Spatial Object Library
SOM 1. start of message; 2. System Object Model
SOM/DSOM System Object Model/Distributed System Object Model
SON service order number
SONET Synchronous Optical Network
SONOC Synchronous Optical Network Optical Carrier
SOS 1. server operating system; 2. secure operating system
SP Signaling Point
SP 1. semipermanent; 2. sound parameters
SP2 Scalable POWERparallel
SPA Software Publishing Association; Software Publishers Association
SPACELOOP speech analog compression and editing loop
SPAG Standards Promotions and Application Group
SPANS Simple Protocol for ATM-Network Signaling
SPAP Shiva PAP
SPARC Scalable Processor Architecture
SPC standard peripheral controller
S-PCS Satellite PCS
SPD Serial Presence Detect
SPE System Policy Editor
SPEC System Performance Evaluation Cooperative
SPEL Simple Picture Evaluation Language
SPG Service Protocol Gateway
SPGA Staggered Pin Grid Array
SPI 1. Service Provider Interface; 2. System Programming Interface; 3. Software Process Improvement; 4. Serial Peripheral Interface
SPID service profile ID
SPIE International Society for Optical Engineering
SPL stored procedure language
SPM Service Provider Multiplexer
SPN service protection network
SPOF single point of failure
SPOOL Simultaneous Peripheral Operation On-Line
SPP Sequenced Packet Protocol
SPS standby power supply
SPVC 1. soft permanent virtual channel (connection); 2. smart permanent virtual circuit
SPX Sequenced Packet eXchange
SPX/IPX NetWare Sequenced Packet Exchange/International Packet Exchange
SQA software quality assurance
SQE signal quality error
SQL Structured Query Language
SQP service query packet
SR symbol rate
SRAM static random access memory
SRAPI Speech Recognition Application Programming Interface
SRB source route bridging
SRE Standard for Robot Exclusion
SRF 1. specialized resources function; 2. status report frame
SRM 1. Scalable Reliable Multicast; 2. system resources manager
SRN slotted-ring network
SROM serial read-only memory
SRP suggested retail price
SRT source route transparent

SS7 Signaling System 7
SS 1. single sided; 2. speed switch; 3. stack segment
SSA Serial Storage Architecture
SSAP Source Service Access Point
SSB serial system bus
SSBLT source-synchronized block transfer
SSCOP Service Specific Connection Oriented Protocol
SSCOP Service Specific Connection-Oriented Peer-to-Peer Protocol
SSCP 1. service switching and control point; 2. system services control point
SSCS Service Specific Convergence Sublayer
SSD 1. Scalable Systems Division; 2. single-sided disk
SSF service switching function
SSI 1. single system image; 2. small scale integration; 3. Server Side Includes
S-SIMM Single/RAS SIMM
SSL Secure Sockets Layer
SSM 1. SAA Service Manager; 2. Simplified Storage Management
SSO single sign-on
SSR Streaming Superscalar RISC
SSRC Synchronization Source Identifier
SSRN spread spectrum radio network
SSRP Simple Server Redundancy Protocol
SSRU standard speech reproducing unit
SSS subscriber subsystem
SST 1. Spread Spectrum Transmission; 2. synchronous system trap
ST 1. Stream Protocol; 2. Seagate technology
STA 1. spanning-tree algorithm; 2. Stereolithograph Apparatus
STARS Software Technology for Adaptable Reliable Systems
STC standard transmission code
STD 1. state transition diagram; 2. standards; 3. state transition diagram
STDM Synchronous Time Division Multiplexing
STDMA space-time division multiple access
STDS satellite data transmission system
STEP Standard of Exchange of Product Model Data
STI scientific and technological information
STM 1. statistical multiplexing; 2. Synchronous Transfer Mode; 3. Signal Transfer Mode
STN 1. super twisted nematic/simple matrix; 2. switched telephone network
STP 1. shielded twisted-pair; 2. Software Testing Program; 3. Signal Transfer Point; 4. Spanning Tree Protocol
STR synchronous transmitter-receiver
STRADIS Strategic Architecture for the Deployment of Information Systems
STS-1 Synchronous Transport Signal level 1
STS Synchronous Transport Signal
STT Secure Transaction Technology
SUDS Software Update and Distribution System; Software Update and Distribution Service
SUMI Software Usability Measurement Inventory
SURF surface rapid fusing
SUS Single UNIX Specification
SVC 1. switched virtual circuit; switched virtual channel; switched virtual connection; 2. speaker volume control
SVD Simultaneous Voice and Data
SVGA super VGA
SVHS Super Video Home System
SVID System V Interface Definition
SVN 1. subscriber verification number; 2. switched virtual networking
SVPN Secure Virtual Private Network
SVR UNIX System V Release
SVR4 System V Release 4.2

SW software
SWAP 1. Simple Workflow Access Protocol; 2. Shared Wireless Access Protocol
SWIFT Society for Worldwide Interbank Financial Telecommunications
SWIS Campus-Wide Information System
SWOP Specification for Web Offset Publications
SWS structured wiring system
SXGA Super XGA
TA 1. terminal adapter; 2. trunk access
TAC 1. terminal access controller; 2. technical assistance center
TACACS+ Terminal Access Controller Access Control System Plus
TACS Total Access Communications System
TAE Taligent Application Environment
TAG technical advisory group
TalAE Taligent Application Environment
TalDE Taligent Development Environment
TalOS Taligent Object Services
TAM transfer access method
TAN tiny area network
TAP 1. test access port; 2. Telocator Alphanumeric Paging
TAPI Telephone Application Programming Interface
TAR Tape ARchive
TAS Telephone Access Server
TAXI Transparent Asynchronous Transmitter/Receiver Interface
TB terabyte
TBC time-base corrector
TBN token-bus network
TBR trap base register
TBS Transparent Bridging Standard
TBT technology-based training
TC 1. transfer complete; 2. transfer control; 3. transmission convergence
TCAM telecommunication access method
TCAP Transaction Capabilities Application Part
TCB 1. Trusted Computing Base; Trusted Computer Base; 2. task control block
TCH traffic channel
TCL Tool Control Language
TCM 1. Timing Control Module; 2. Trellis-Coded Modulation
TCNS Thomas-Conrad Networking Solution; Thomas-Conrad Networking System
TCO total cost of ownership
TCP 1. Tape Carrier Package; 2. Transmission Control Protocol
TCP/IP Transmission Control Protocol/Internet Protocol
TCS thousand characters per second
TCSEC trusted computer system evaluation criteria
TCU 1. telecommunication control unit; 2. trunk coupling unit
TDB task database
TDC transparent data channel
TDDL time-division data link
TDI 1. Transport Driver Interface; 2. Thompson Digital Image
T-display touch display
TDM time-division multiplexing
TDMA time division multiple access
TDP 1. Telocator Data Paging; 2. Triton Data Path
TDR time-domain reflectometer
TDS time-division switching
TDT Time/Date Table
TE terminal equipment
TEB Thread Environment Block
TEI terminal endpoint identifier
TelAPI Telnet Application Programming Interface
TERN Telecommunications Education Research Network
TES Terminal Emulation Services

TFM trusted facilities management
TFP Tremendous Floating Point
TFPC trouble-free personal computing
TFT thin-film transistor
TFT LCD thin-film transistor liquid-crystal display
TFTP Trivial File Transfer Protocol; Trivial FTP
THD total harmonic distortion
THT token-holding timer
TI Texas Instruments
TIA 1. thanks in advance; 2. Telecommunication Industry Association
TIAT Transport Independent AppleTalk
TIB Thread Information Block
TID Technical Information Document
TIDB Technical Information Database
TIE Tools Integration for the Enterprise
TIFF Tagged Image File Format
TIGA Texas Instruments Graphics Architecture
TIGER 1. testability insertion guidance expert system; 2. Topologically Integrated Geographic Encoding and Referencing
TIGERS Topologically Integrated Geographic Encoding and Referencing System
TIMS transmission impairment measurement set
TIOT tasks input/output table
TIR total internal reflection
TIRPC Transport Independent Remote Procedure Call
TISC Tool Interface Standards Committee
TIU transceiver/interface unit
TLAP TokenTalk Link Access Protocol
TLB 1. transition lookaside buffer; 2. translation lookaside buffer
TLD top level domain
TLI Transport Layer Interface; Transport Level Interface
TLPB Transport Layer Protocol Boundary
TLS Transport Layer Security
TLU table look-up
TM 1. trademark; 2. transaction manager
TMDE test, measurement and diagnostic equipment
TME Tivoli Management Environment
TMED Temporal Modulated Energy Distribution
TMN Telecommunications Management Network
TMP transactions per minute
TMS 1. Telephony Messaging Services; 2. Traffic Management System; 3. time-multiplexed switch
TMSL test-and-measurement system language
TNI Trusted Network Interpretation
TNN Transport Network Node
TNT Telecommunications Network Telnet
TOC table of contents
TOM Total Quality Management
TOP Technical and Office Protocol
TOS Type of Service
TP 1. transaction processing; 2. transport protocol; 3. twisted pair
TPA transient program area
TPAD transparent PAD
TPAU twisted-pair access unit
TPC Transaction Processing Council
TPC-C Transaction Processing and Performance Council/C
TPD Transport Protocol for Data services
TPEP Trusted Product and Network Evaluation Program
TP-FDDI Twisted Pair-FDDI
TPIM Token Ring Port Interface Module
TPL technical patch library
TPMA token passing multiple access
TP-PDM twisted pair-physical medium dependent
tppi touch points per inch
TP-R transaction processing replication

TPS 1. test pattern set; 2. transmission path
TQM Total Quality Management
TRN Token Ring Network
TRT 1. token-rotation timer; 2. token rotation time
TS transport stream
TSA 1. Target Service Agent; 2. Technical Support Alliance; 3. terminate-and-stay-resident
TSANet Technical Support Alliance Network
TSAPI Telephony Server Applications Programming Interface; Telephony Services API
TSB Telecommunications Systems Bulletin
TSC Triton System Controller; Triton System Component
TSI 1. transmitting subscriber identification; 2. Telecommunication Standards Institute
TSL thread local storage
TSM 1. Topology Support Module; 2. Topology Specific Module
TSP telecommunication service priority
TSPI Telephone Service Provider Interface
TSR terminate-and-stay-resident
TSRM The Systems Redevelopment Methodology
TSS 1. Task State Segment; 2. Telecommunications Standardization Sector; 3. Time Synchronization Service; 4. Transaction Security System
TT traffic terminal
TTC transputer transistor and computer
TTFN ta ta for now
TTL Time To Live
TTM thin transistor matrix
TTRT target token rotation time
TTS 1. text to speech; 2. Transaction Tracking System
TUBA TCP & UDP with Bigger Addresses
TUP Telephone User Part
TVRO television receive only terminals
TWAIN Technology Without an Interesting Name
TWX teletype writer exchange
UA user agent
U-ADSL Universal ADSL
UAE 1. unidentified application error; 2. unrecoverable application error; 3. user agent entity
UART universal asynchronous receiver/transmitter
UAS unavailable seconds
UBR unspecified bit rate
UCA Universal Communications Architecture
UCAID University Corporation for Advanced Internet Development
UCB 1. University of California at Berkeley; 2. universal control block
UCI 1. universal customer interface; 2. user-system interface
UCM 1. user communication manager; 2. universal cable module; 3. User Communication Manager
UCOL ultra-wideband coherent optical LAN
UCR under color removal
UCS 1. United Card Service; 2. User Coordinate System; 3. universal communication system
UCT universal coordinated time
UDC user-defined command
UDD User Directory Database
UDF unified disk format
UDF 1. uniqueness database file; 2. user-defined function
UDLC universal data link control
UDM Uniform Data Model
UDP User Datagram Protocol
UDP/IP User Datagram Protocol/Internet Protocol
UDR user-defined routine
UDS Universal Directory Services
UDSL Universal ADSL

UFI user-friendly interface
UFO User Familiar Objects
UFR/AFR unspecified frame rate/available frame rate
UHCI universal host controller interface
UHF ultra high frequency
UHP Ultra High Performance
UHQ ultra-high quality
UIC 1. user interface circuit; 2. user identification code
UID User ID; User Identificator
UiObject User Interface Objects
UL Underwriter Laboratories
ULANA Unified LAN Architecture
ULP upper layer protocol
ULS User Location Service
ULSR unidirectional line swithed ring
UM user manager
UMA 1. Unified Memory Architecture; 2. Universal Measurement Architecture
UMB upper memory blocks
UME UNI Management Environment; User/Network-Interface Management Entity
UMIG Universal Messaging Interoperability Group
UML Unified Modeling Language
UMTS Universal Mobile Telecommunications System
UNC Universal Naming Convention
UNF Universal File System
UNI User-to-Network Interface; User Network Interface
UNMA Unified Network Management Architecture
UNT unified networking technology
UOW unit of work
UPA Ultra Port Architecture
UPC 1. user parameter control; usage-parameter control; 2. Universal Product Code
UPD User Datagram Protocol
UPS uninterruptible power supply
UPT Universal Personal Telephony
URAD universal rapid application development
URL Uniform Resource Locator
URPC universal remote procedure call
USART universal synchronous/asynchronous receiver/transmitter
USB Universal Serial Bus
USBS United States Bureau of Standards
USEC 1. Ultra SCSI Extender Card; 2. User-based Security Model
USENET User Network
USG UNIX Systems Group
USL UNIX Systems Laboratories
USO UNIX Software Operation
USOC Universal Service Order Code
USTA United States Telephone Association
UTC Universal Time Coordinated
UTES Utility Estimator
UTM Uniform Transfer Model
UTOPIA Universal Test and Operations Physical Layer Interface
UTP unshielded twisted-pair
UUCP 1. UNIX-to-UNIX Copy Program; UNIX-to-UNIX communications package; 2.
UNIX-to-UNIX Copy Protocol
UUE user unrecoverable error
UUID Universally Unique Identifier
UVEPROM ultraviolet-erasable programmable read-only memory
VA vertically aligned
VAC value-added carrier
VAD 1. value-added distributor; 2. Visual Application Designer; 3. voice activity detection
VADD value-added disk driver
VADN value-added data network

VADS value-added and data service
VAFC VESA Advanced Feature Connector
VAGI Video Advanced Graphics Interface
VAN value-added network
VANS Value Added Network Services
VAP value-added process
VAR value-added reseller
VAS value-added service
VAT Video Audio Teleconference
VATP vector adaptive transform processing
VAX Virtual Address eXtended
VB Visual Basic
VBA Visual Basic for Applications
VBI vertical blanking interval
vBNS very high-performance backbone network service
VBR variable bit rate
VBX Visual Basic Extension
VC videoconferencing
VCA video capture adapter
VCC virtual channel connection
VCI virtual channel indicator; virtual circuit identifier
VCPI Virtual Control Program Interface
VCS version check system; version control system
VDD virtual device driver
VDE 1. video data element; 2. video display elements
VDH video high density
VDI 1. video device interface; 2. virtual device interface; 3. voice/data integration
VDM virtual DOS machine
VDMA virtual direct memory access; virtual DMA
VDP video device interface
VDS Video Data Sequence
VDSL Very high bit rate DSL
VDT visual display terminal
VDU visual display unit
VERONICA Very Easy Rodent-Oriented Netwide Index to Computer Archives
VESA 1. Video Electronics Standards Association; 2. Video Electronics Suppliers Association
VESA XGA video subsystem interface proposal
VF 1. voice-fax; 2. Vector Facility; 3. voice frequency
VFAT Virtual File Allocation Table; virtual FAT
V.FC V.FastClass
VFIR Very Fast IR
VFS virtual file system
VFW Video for Windows
VGA video graphics array
VHDL VHSIC hardware description language
VHF very high frequency
VHS Video Home System
vi visual text editor
VI 1. virtual instrument; 2. virtual interface
VIA 1. Vendors ISDN Association; 2. Virtual Information Architecture; 3. Virtual Interface Architecture
VI Architecture Virtual Interface Architecture
VIC VMEbus Interface Consortium
VILD visual language for databases
VIM Vendor Independent Messaging
VINES VIrtual NEtworking System
VIP 1. video image processor; 2. visual programmer; 3. Versatile Interface Processor; 4. visionary interpreter for PostScript
ViPR Voice-over-IP Router
VIPS voice information processing server
ViRGE Video and Rendering Graphic Engine
VIS visual instruction set
VISA Virtual Instrument Software Architecture

VITC vertical interval time code
VIVA Virtual Reality for Vivid A&I space system
VIVID Video, Voice, Image and Data
VLA Volume License Agreement
VLAN very large local area network
VLB VESA Local Bus
VL-Bus VESA Local Bus
VLC Very Large Cache
VLD variable-length decoder
VLDB very large databases
VLDR very low data rate
VLIW very long instruction word
VLLAN virtual local area network
VLM 1. Very Large Memory; 2. Virtual Loadable Module
VLR visiting location register
VLSI very large-scale integration
VLSM variable-lenght subnet mask
VM Virtual Machine
VMC Video Memory Controller
VM channel VESA media channel
VM/CMS Virtual Machine/Conversational Monitor System
VME-bus Versabus Module Europe-bus
VML Vector Markup Language
VMM 1. Virtual Machine Manager; 2. Virtual Memory Management; Virtual Memory Manager
VMS 1. VESA Media Channel; 2. virtual memory system
VM/SP Virtual Machine/System Product
VMT virtual method tables
VMTP Versatile Message Transaction Protocol
VMX Video and Multimedia Extensions
VNS 1. Virtual Networking Services; 2. Virtual Notebook System
VOD video-on-demand
VoIP Voice over IP
VOM volt-ohm meter
VOS 1. Vision Operating System; 2. Virtual Operating System
VP 1. virtual path; 2. Value Point; 3. vice-president
VPC virtual path connection
VPDN virtual private data network
VPI virtual path identifier
VPIM Voice Protocol for Internet Mail
VPI/VCI Virtual Path Identifier/Virtual Channel Identifier
VPN virtual private network
VPort video-port
VPS voice processing system
VPT Virtual Printer Technology
VR virtual reality
VRAM Video Random-Access Memory; video RAM
VRBL Virtual Reality Behavior Language
VRC vertical redundancy check
VRM Voltage Regulator Module
VRML Virtual Reality Markup Language; Virtual Reality Modeling Language
VROA Voice Telephony over ATM
Vroom virtual-reality room
VROOMM Virtual Run-time Object-Oriented Memory Manager
VRRP Virtual Router Redundancy Protocol
VRS voice recognition system
VRT voltage reduction technology
VRTP Virtual Reality Transfer Protocol
VRU voice response unit
VSA Virtual System Architecture
VSAM virtual storage access method
VSAT very small aperture terminal
VSB VME subsystem bus
VSC VocalTec Sound Compression
VSM Visual System Management

VSU Video Service Unit
VS/VD virtual source/virtual destination
VT 1. vertical tab; 2. video terminal; 3. virtual terminal
VTAM Virtual Telecommunications Access Method
VTP Virtual Terminal Protocol
VTR videotape recorder
VTS video terminal screen
VUE Visual User Environment
VUI visual user interface
VUMA VESA UMA; VESA Unified Memory Architecture
VUP VAX unit of performance
VWC Virtual Worlds Consortium
VxD Virtual Device Driver
W3 World Wide Web
WABI Windows Application Binary Interface
WAC Wide Area Connector
WAIS Wide Area Information Server
WAN wide area network
WAND wide-area network distribution
WANIS Wide Area Network Interface Specification
WAN ODI Wide Area Network Interface Open Data-Link Interface
WAP Wireless Application Protocol
WAPF Wireless Application Protocol Forum
WARC World Administrative Radio Conference
WATS 1. Wide-Area Telecommunications Service; 2. Wide-Area Telephone Service
WAV waveform audio
WBEM Web-Based Enterprise Management
W-benchmark Whetstone benchmark
W3C World Wide Web Consortium
W-CDMA Wideband CDMA
WCN wide area corporate network
WCS 1. world coordinate system; 2. Weapons Control System
WD Winchester drive
WDM wave-division multiplexing
WDM 1. Windows Driver Model; Win32 Driver Model ; 2. Wavelength Division Multiplexing
WEP 1. Wired Equivalence Privacy; 2. Windows Exit Procedure
WFC Windows Foundation Classes
WFMC Workflow Management Coalition
WFQ Weighted Fast Queuing; Weighted Fair Queuing
WFS workflow software
WFW Windows for Workgroups
WG working group
WHQL Windows Hardware Quality Labs
WIDE Widely Integrated Distributed Environment
WIM 1. window invalid mask (register); 2. workgroup information manager
WIMP windows/icons/mouse pointer
WIN 1. Wireless In-building Network; 2. Wireless Information Network; 3. Workstation Interface Node; 4. Wireless Intelligent Network
WINS 1. Windows Integrated Name Server; 2. Windows Internet Naming Service; Windows Integrated Name Server; 3. Windows Internet Naming System; Windows Internet Name Service
WinSock Windows Socket
Wintel Windows-on-Intel
WIPO World Intellectual Property Organization
WISE 1. Windows Interface Source Environment; 2. WordPerfect Information System Environment
WIT World Wide Web Interactive Talk
WKS 1. workstation; 2. well known services
WKSH Windowing Korn Shell
WLL broadband wireless local loop

607

WMF Windows Metafile
WMI Windows Management Interface
WN wireless network
WNIC Wide-Area Network Interface Coprocessor
WNIM Wide Area Network Interface Module
WOAPI 1. Windows Open API; 2. WordPerfect Open API
WOCA Windows Open Services Architecture
WOL Wake On LAN
WORM write once, read many
WOS 1. wireless office system; 2. workstation operating system
WOSA Windows Open Services API; Windows Open Services Architecture
WOW Windows on Windows
WP word processing; word processor
WPAN wireless personal area network
WPIM Wide Area Physical Interface
wpm words per minute
WPS 1. Windows Printing System; 2. Workplace Shell
WRAM Window RAM
WRB 1. Oracle Web Request Broker; 2. workgroup repository manager
WRT with respect to
WRU who are you
WSF Work Station Function
WSS Windows Sound System
WSUPDATE automated workstation software update utility
WTAPI Writing Tools API
WW wrong word
WWAP World Wide Analytical Processing
WWW World Wide Web
WYDIWYS What You Do Is What You See
WYPIWYF What You Print Is What You Fax
WYSBYGI What You See Before You Get It
WYSIWIS What You See Is What I See
WYSIWYG What You See Is What You Get
WYSIWYM What You See Is What You Map
XA Extended Architecture
XAPIA X.400 Application Programming Interface Association

XBDA Extended BIOS Data Area
X/BSA X/Open Backup Services API
XCOFF Extended Common Object File Format
XDC Cross-Domain-Call
XDP External Data Presentation
XDR eXternal Data Representation
XDS X/Open Directory Service
XE Extended Edition
XGA 1. eXtended Graphics Adapter; 2. eXtended Graphics Array
XLT lexical technology
XML eXtensible Markup Language
XMM eXtended Memory Manager
XMP X/Open Management Protocol
XMS eXtended Memory Specification
XNA eXtended Network Architecture
XNS Xerox Networking Services; Xerox Network Services; Xerox Network Standard; Xerox Network System
XPC X Performance Characterization
XPG X/Open Portability Guide
XSL Extensible Stylesheet Language
XT Extended Technology
XT-bus eXtended Technology bus
XTI X/Open Transport Interface
XWD X Window dump
yacc yet another compiler compiler
YMMV your mileage may vary
YP Yellow Pages
ypages Yellow Pages
ypserver Yellow Pages server
ZAW Zero Administration Initiative for Microsoft Windows
ZCAV zoned constant angular velocity
Z-CLV Zoned-Constant Linear Velocity
ZDL zero delay locking
ZIF zero insertion force
ZIP Zone Information Protocol
ZIT Zone Information Table
ZPV Zoomed Port Video
ZV Zoomed Video